日本スポーツ事典

トピックス 1964-2005

日外アソシエーツ編集部編

日外アソシエーツ

A Cyclopedic Chronological Table of Sports in Japan

1964 — 2005

Compiled by
Nichigai Associates, Inc.

©2006 by Nichigai Associates, Inc.
Printed in Japan

本書はディジタルデータでご利用いただくことができます。詳細はお問い合わせください。

●編集担当● 城谷 浩／山本 幸子
装 丁：赤田 麻衣子

刊行にあたって

　1964年(昭和39年)、アジアで最初のオリンピックとなる東京大会が開催された。東京オリンピック組織委員会の下、日本は大会に向けて総力を挙げて選手強化に取り組み、また競技施設が集中的に整備された。さらに新幹線や高速道路などの交通網が整備されるなど、オリンピックは焼け跡から復興を遂げた戦後日本の最大の国家的イベントとなった。大会後、開会式が行われた10月10日は「体育の日」として国民の祝日となり、各地でスポーツ行事が催されるようになった。また市民のためのスポーツクラブが数多く生まれ、スポーツが国民の間に広く普及し、今日に至るスポーツの発展につながっていく。

　本書は日本のスポーツ界のトピックとなる出来事を年月日順に掲載した記録事典であり、この東京オリンピックが開催された1964年を起点に、2005年(平成17年)までの42年間のあらゆる競技の歴史的事項を幅広く収録した。

　今日ではテレビ・新聞・インターネット等を通じて、最新のスポーツニュースや特定競技の記録は比較的簡単に知ることができるが、まとまった期間・分野の客観的な記録を調べられる資料は意外なほど少ない。本書は、東京オリンピック以後の42年間にわたる日本スポーツ界の出来事を、競技の枠、プロ・アマの枠を超えて幅広く収録し、トピックを通じて日本のスポーツ史を概観できる基礎資料集を目指している。編集にあたっては人名やタイム・距離・点数の数字等に誤りのないよう努めたが、不十分な点もあるかと思われる。お気づきの点はご教示いただければ幸いである。

　本書がスポーツ分野の便利なデータブックとして、多くの方々に活用されることを期待したい。

2006年6月

　　　　　　　　　　　　　　　　　　　　　　　　日外アソシエーツ

#　凡　例

1．本書の内容
　　本書は、日本のスポーツ界の出来事を年月日順に掲載した記録事典である。

2．収録対象
（1）プロ・アマチュアを問わず、さまざまな競技の重要な大会、国際大会での入賞記録、新記録や通算記録などのメモリアルとなる一こま、新しい団体・制度の発足などの歴史的事項等、日本のスポーツ界のトピックとなる出来事を幅広く収録した。
（2）野球の大リーグ、テニスの四大トーナメントなどの海外のスポーツ界の出来事は、日本人の出場・活動、あるいは日本で行われた大会についてのみ収録した。
（3）収録期間は東京オリンピックが開催された1964（昭和39）年から2005（平成17）年までの42年間、収録項目は5,703件である。
（4）出来事とは別に、日本のスポーツ史の記憶に残る場面、特筆すべきテーマなど32項目のコラム記事を掲載した。

3．排列
（1）各項目を年月日順に排列した。
（2）オリンピックなど2日以上にわたる事項をまとめて取り上げる場合は、始まりの年月日を基準に排列した。
（3）日が不明な場合は各月の終わりに、月日とも不明または確定できないものは「この年」として各年の末尾に置いた。

4．記載事項
　　各項目は、競技名、内容を簡潔に示した見出し、本文記述で構成する。

5．競技別索引
　（1）本文に掲載した項目を競技別にまとめた。
　（2）各競技の中は年月日順に排列し、本文における項目の所在は、見出しと年月日で示した。

6．人名索引
　（1）本文に掲載した項目にあらわれる人名を見出しとし、読みの五十音順に排列した。
　（2）同一人物の中は年月日順に排列し、本文における項目の所在は、見出しと年月日で示した。

目　次

1964年（昭和39年） ……………………………………………………………… 1
　〈COLUMN〉東京五輪前の日本スポーツ界 ……………………………… 8
1965年（昭和40年） ……………………………………………………………… 10
1966年（昭和41年） ……………………………………………………………… 18
　〈COLUMN〉"アジアの鉄人"の世界記録破られる ……………………… 29
1967年（昭和42年） ……………………………………………………………… 30
1968年（昭和43年） ……………………………………………………………… 40
　〈COLUMN〉大横綱・双葉山 ……………………………………………… 53
1969年（昭和44年） ……………………………………………………………… 54
　〈COLUMN〉"ニッポン、チャチャチャ" ………………………………… 67
1970年（昭和45年） ……………………………………………………………… 69
　〈COLUMN〉10秒のカベ。 ………………………………………………… 82
1971年（昭和46年） ……………………………………………………………… 83
　〈COLUMN〉大鵬、45連勝 ………………………………………………… 93
1972年（昭和47年） ……………………………………………………………… 95
　〈COLUMN〉高見山が初優勝 ……………………………………………… 108
1973年（昭和48年） ……………………………………………………………… 109
　〈COLUMN〉選手・試合 …………………………………………………… 121
1974年（昭和49年） ……………………………………………………………… 122
1975年（昭和50年） ……………………………………………………………… 136
　〈COLUMN〉水をあけられた日本競泳陣 ………………………………… 146
1976年（昭和51年） ……………………………………………………………… 148
　〈COLUMN〉男子体操、五輪5連覇 ……………………………………… 155
1977年（昭和52年） ……………………………………………………………… 157
　〈COLUMN〉"ゼッケン"の謎 ……………………………………………… 165
1978年（昭和53年） ……………………………………………………………… 166
　〈COLUMN〉北の湖が年間82勝 …………………………………………… 175
1979年（昭和54年） ……………………………………………………………… 176
1980年（昭和55年） ……………………………………………………………… 187
　〈COLUMN〉秩父宮ラグビー場 …………………………………………… 196
1981年（昭和56年） ……………………………………………………………… 197
1982年（昭和57年） ……………………………………………………………… 208
　〈COLUMN〉アジア競技大会 ……………………………………………… 218
1983年（昭和58年） ……………………………………………………………… 220
　〈COLUMN〉ユニバーシアード …………………………………………… 229
1984年（昭和59年） ……………………………………………………………… 230

1985年（昭和60年） …………………………………………………… 238
　　　〈COLUMN〉スポーツ用語の転用 ………………………… 248
1986年（昭和61年） …………………………………………………… 249
1987年（昭和62年） …………………………………………………… 263
　　　〈COLUMN〉国民体育大会 …………………………………… 274
1988年（昭和63年） …………………………………………………… 275
　　　〈COLUMN〉千代の富士、53連勝 ………………………… 288
1989年（昭和64/平成元年） ………………………………………… 289
1990年（平成2年） …………………………………………………… 300
　　　〈COLUMN〉駅伝 ……………………………………………… 310
1991年（平成3年） …………………………………………………… 312
　　　〈COLUMN〉アフリカ勢が台頭、陸上競技、やがて競泳も？ …… 323
1992年（平成4年） …………………………………………………… 324
1993年（平成5年） …………………………………………………… 336
　　　〈COLUMN〉サッカー、Ｊリーグ発足 ……………………… 347
1994年（平成6年） …………………………………………………… 348
1995年（平成7年） …………………………………………………… 361
　　　〈COLUMN〉"がんばろうKOBE"、1995年 ……………… 375
1996年（平成8年） …………………………………………………… 376
　　　〈COLUMN〉スポーツの「ビジネス」化 …………………… 388
1997年（平成9年） …………………………………………………… 389
　　　〈COLUMN〉登山者の作法 ………………………………… 400
1998年（平成10年） …………………………………………………… 402
　　　〈COLUMN〉"横浜熱狂"の年、1998年 ………………… 413
1999年（平成11年） …………………………………………………… 414
　　　〈COLUMN〉122対0、高校野球青森大会で ……………… 423
2000年（平成12年） …………………………………………………… 424
　　　〈COLUMN〉女子マラソン、2時間20分のカベ、日本勢の活躍 … 433
2001年（平成13年） …………………………………………………… 434
　　　〈COLUMN〉イチローの、大リーグの、2001 ……………… 450
2002年（平成14年） …………………………………………………… 451
　　　〈COLUMN〉プロ・スポーツ人の引退後 …………………… 465
2003年（平成15年） …………………………………………………… 467
　　　〈COLUMN〉ドーピング ……………………………………… 482
2004年（平成16年） …………………………………………………… 483
　　　〈COLUMN〉パラリンピック ………………………………… 503
2005年（平成17年） …………………………………………………… 504
　　　〈COLUMN〉「スポーツ」と日本 …………………………… 520

競技別索引 ……………………………………………………………… 521
人名索引 ………………………………………………………………… 595

1964年
(昭和39年)

1.1　〔アメリカンフットボール〕**関西選抜がライスボウル勝利**　第17回ライスボウル東西学生選抜対抗戦が東京・後楽園でおこなわれ、関西選抜が12-6で関東選抜を下した。

1.3　〔駅伝〕**中大が初の箱根6連覇**　第40回東京‐箱根間往復大学駅伝競走は、往路1位の中央大が復路も制し、11時間33分34秒で総合優勝。大会史上初の6連覇を果たした。

1.7~12　〔バスケットボール〕**全日本選手権開催**　バスケットボール全日本選手権、第39回男子大会の決勝リーグは、日本鉱業と明大が2勝1敗で並んだが得失点差で日本鉱業が初優勝。第30回女子大会は、同じく決勝リーグで三菱電機名古屋と日紡平野が2勝1敗で並んだが直接対戦の勝敗により三菱電機名古屋が優勝。

1.8　〔高校サッカー〕**藤枝東が2連覇**　第42回全国高校サッカー選手権大会は、決勝で藤枝東(静岡)が2-0で明星(大阪)を破り前年につづき大会2連覇。

1.8　〔ラグビー〕**八幡製鉄が2連覇**　第16回全国社会人ラグビー大会の決勝で、八幡製鉄が16-3で近鉄を下し2年連続10回目の優勝。

1.15　〔サッカー〕**早大が25年ぶり日本一**　第43回天皇杯全日本サッカー選手権大会は、早大が2-1で日立本社を下して25年ぶり3回目の優勝を果たした。早大は、今季、関東大学、東西学生王座と合わせて三冠。

1.23　〔ボクシング〕**海老原が王座失う**　前年9月、東京で世界フライ級チャンピオンのポーン・キングピッチ(タイ)を1回KOで破って王座についた海老原博幸(金平)が、バンコクでキングピッチとタイトルをかけて再戦、判定で敗れて王座を失った。

1.26　〔相撲〕**大鵬が12回目の優勝**　大相撲初場所は横綱・大鵬が2度目の全勝で優勝。優勝回数は12となり双葉山の記録と並んだ。殊勲賞は関脇・大豪(2回目)。敢闘賞は前頭10枚目・北の富士(初)。技能賞は前頭13枚目・清国(初)。

1.29~2.9　〔オリンピック〕**インスブルック冬季五輪開催**　第9回冬季オリンピック大会がオーストリアのインスブルックで開催された。期待されたスケート500mの鈴木恵一(明大)は40秒7で5位におわった。国別ではソ連が金11(金銀銅合計25)と他の国を圧倒、地元オーストリアが金4(合計12)の2位と健闘。日本はどの種目でも3位以内に入れずメダル・ゼロに終わった。

2.11~17　〔ユニバーシアード〕**プラハで冬季大会開催**　ユニバーシアードの第3回冬季大会がチェコスロバキアのプラハで開催された。スキー複合で藤沢隆(早大)が3位に入賞、田中英一(芝工大)が6位。ジャンプで笠谷幸生(明

大) が5位。回転で福原吉春 (明大) が2位に入賞、富井一 (日本楽器) が4位。フィギュアスケート男子で佐藤信夫 (関大) が2位、女子では福原美和 (早大) が優勝、上野純子 (関学) が2位に入賞。

2.22～23 〔スピードスケート〕鈴木恵一が優勝　フィンランドのヘルシンキで開催された1964年度世界男子スピードスケート大会の500mで鈴木恵一 (明大) が41秒1で優勝。

3.4 〔柔道〕モスクワ国際柔道開催　モスクワで開催された国際柔道大会で、日本は全種目に優勝した。

3.13～14 〔バドミントン〕トマス杯で日本敗退　バドミントンの第6回トマス杯世界選手権大会の米国ゾーン決勝で日本は米国を下してゾーン優勝し、インターゾーン戦に進んだが準決勝で敗退。チャレンジラウンドは5月に東京でおこなわれ、チャレンジャーのデンマークが王者のインドネシアと対戦、インドネシアが5-4でデンマークの挑戦を退けた。

3.14 〔競馬〕ハヤトオに薬物投与　中山競馬、一番人気ハヤトオに薬物注射事件。調教師、過怠金5000円を徴収される。

3.20 〔ラグビー〕同志社が全日本選手権優勝　第1回全日本ラグビー選手権。花園ラグビー場で開催。同大が優勝。22日まで。

3.22 〔相撲〕大鵬が13回目の優勝　大相撲春場所は大鵬・柏戸の両横綱がそれぞれ14勝無敗の全勝どうしで千秋楽に決戦、2度目の柏鵬全焼決戦となり、大鵬がすくい投げで勝ち、初場所につづいて全勝優勝。優勝回数を13に伸ばし双葉山を抜いた。殊勲賞は前頭2枚目・開隆山 (2回目)。敢闘賞は前頭2枚目・若見山 (初)。技能賞は前頭9枚目・鶴ヶ嶺 (8回目)。

4.1 〔オリンピック〕オリンピック標語決まる　東京オリンピックの標語は、名古屋の中学生作「世界は一つ東京オリンピック」が入選作と決定。

4.1 〔スポーツ学〕体育学研究科創設　東京教育大学大学院、体育学研究科開設。

4.5 〔高校野球〕徳島海南が選抜初優勝　第36回選抜高校野球大会は、決勝で徳島海南 (徳島) が尾道商 (広島) を3-2で下して初優勝。優勝投手は後にゴルフに転身する尾崎将司。

4.10 〔登山〕ギャチュン・カン初登頂　長野県山岳連盟遠征隊がヒマラヤのギャチュン・カン (7922m) に初登頂。しかし9日に滝隊員が遭難している。

4.11～12 〔水泳〕室内水泳選手権で新記録続出　第6回日本室内水泳選手権大会が東京で開催された。男子100mバタフライで中島功 (BS) が58秒9の日本新。100m平泳ぎで松本健次郎 (稲泳会) が1分09秒1の日本新。女子では、200m自由形で優勝の木村トヨ子 (八幡) が2分18秒4、2位の早川一枝 (吉原市高) が2分18秒7でともに日本新。400m個人メドレーで江坂君子 (中京大) が5分41秒6の日本新記録。

4.12 〔マラソン〕君原が日本選手権優勝　第12回日本選手権兼第19回毎日マラソンが、東京の五輪マラソン・コースでおこなわれた。優勝は君原健二 (八幡製鉄)2時間17分11秒4、2位は円谷幸吉 (自衛隊郡山)2時間18分20秒

2、3位は寺沢徹 (倉レ) 2時間19分43秒0で、3位までが大会新記録。

4.17～25 〔体操〕欧州遠征で鶴見・遠藤が優勝　日本の体操チームがハンガリーとドイツで親善試合をおこなった。ハンガリーのブダペストでは男子個人総合で鶴見修治 (日体大教)、ドイツのシュツッツガルトで行われた日独対抗戦では同・遠藤幸雄 (日大教) が優勝した。

4.26 〔柔道〕神永昭夫が3回目の優勝　全日本柔道選手権で神永昭夫五段が3回目の優勝。

5.2 〔登山〕中共隊がゴサインタンに登頂　中共登山隊、チベット内の未踏峰ゴサインタン (8012m) に登頂。

5.3 〔プロ野球〕王が4打席連続本塁打　後楽園球場でおこなわれたプロ野球、巨人・阪神7回戦で、巨人の王貞治一塁手が日本人初の一試合4打席連続ホームランを放ち、不振の巨人軍のなかで一人気を吐いた。

5.16 〔登山〕立教隊がパタンツェ登頂　立教大学登山隊、ヒマラヤのパタンツェ (5730m) に登頂。

5.17 〔大学野球〕渡辺が完全試合　六大学野球春季リーグの慶応対立教の2回戦で、慶大の渡辺泰輔投手が東京六大学史上初の完全試合を達成し、慶大が1-0で勝った。

5.18～6.1 〔卓球〕日中交歓大会開催　中国の卓球チームが来日、東京、大阪、京都、名古屋、広島、川崎の各地を転戦した。通算成績は、男子は日本の2勝4敗1分け、女子は日本の4勝2敗1分け、ジュニアの部は、男子は日本の1勝6敗、女子は日本の2勝5敗だった。

5.24 〔相撲〕栃ノ海が3回目の優勝　大相撲夏場所は、二場所連続全勝優勝した大鵬が体調が万全でなく5敗、柏戸も13日目から休場、横綱・栃ノ海が13勝2敗で3回目の優勝を果たした。殊勲賞は前頭4枚目・沢光 (初)。敢闘賞は前頭8枚目・若浪 (2回目)。技能賞は前頭5枚目・北の冨士 (初)。

6.6～11 〔国民体育大会〕新潟国体開催　五輪開催のため秋の大会をくりあげて新潟おこなわれた第19回国民体育大会は、地元新潟勢の活躍がめざましく、男女とも常勝の東京をやぶり天皇杯、皇后杯の両方を獲得した。東京以外の府県が両杯を同時に獲得したのは国体史上初。

6.7 〔プロ野球〕南海・近鉄戦で大乱闘　大阪球場の南海・近鉄戦で、判定に端を発して両軍選手大乱闘、日本プロ野球史上初めての不祥事に。

6.11～7.9 〔バレーボール〕男子バレーが欧州遠征　男子バレーボール五輪候補チームが欧州に遠征、チェコ、東ドイツ、オランダ、ベルギー、フランス、イタリアを転戦し17勝2敗。

6.13 〔プロ野球〕広瀬が27試合連続安打　プロ野球・南海の広瀬叔功が27試合連続安打を記録した。27試合連続安打は、1951年 (昭和26年) に松竹の岩本義行外野手が記録して以来。今季の広瀬は一時4割台の打率を維持し、盗塁は9割以上の成功率で、プロ野球の前半戦を大いに盛り上げた。シーズンを終わって、打率は3割6分6厘で首位打者、72盗塁で盗塁王の活躍。

1964 年 (昭和 39 年)

6.14　〔陸上〕飯島秀雄が 100m10 秒 1　ドイツの西ベルリン陸上競技会で行われた競技会の男子 100m 競走で、飯島秀雄 (早大) が 10 秒 1 を記録。吉岡隆徳が 1935 年 (昭和 10 年) に記録した 10 秒 3 を 29 年ぶりに破る日本新記録。

6.16〜7.12　〔バレーボール〕日紡貝塚が欧州遠征で全勝　日紡貝塚のバレー・チームが欧州に遠征、ブルガリア、ルーマニア、東ドイツ、ハンガリー、ソ連、北朝鮮を転戦し 16 勝全勝。連勝記録を 150 に伸ばした。

6.20　〔柔道〕明大が学生柔道 4 連覇　第 13 回全日本学生柔道優勝大会 (東京都体育館)、明治大学初の 4 連覇。

6.22　〔大学野球〕首都大学野球連盟が発足　東都大学野球連盟を再編成、東海大など 5 校で「首都大学野球連盟」を新組織。

6.23　〔大学野球〕駒大が大学王座　東都大学の春季リーグで優勝した駒大は、全日本学生野球選手権大会で、東京六大学の早大を決勝で破り、学生野球の王座につくとともに、東京オリンピック大会のデモンストレーションとして行われる野球への出場権を得た。

6.27　〔国民体育大会〕国体夏季大会が中止　新潟地震で国民体育大会 (夏期大会) が中止に。

6.27〜28　〔体操〕体操の五輪最終選考　東京五輪に向けての最終選考の協議会が、5 月の第 1 次選考に続けて東京体育館でおこなわれた。第 1 次の成績と合わせた総合成績で、男子は、1 位は遠藤幸雄 (日大教)、2 位は早田卓次 (日大教)、3 位は鶴見修治 (スワロー)、4 位は三栗崇 (大塚ク)、5 位は山下治広 (スワロー)、6 位は小野喬 (東レ)。女子は、1 位は池田敬子 (スワロー)、2 位は相原俊子 (スワロー)、3 位は小野清子 (慶大教)。

6 月　〔柔道〕柔剣道の高校職員に検定へ　「教育職員免許法の一部を改正する法律案」国会で可決。剣道・柔道等の高校職員検定制度の途開かれる。

7.3〜5　〔陸上〕全日本選手権開催　第 48 回全日本陸上競技選手権大会が東京・国立競技場でおこなわれた。男子 400m で早瀬公忠 (八幡製鉄) が 47 秒 2 の日本新。3000m 障害で 1 位の青葉昌幸 (日大) が 8 分 48 秒 6、2 位の若松育太 (東洋工業) が同タイムで、ともに日本新。1600m リレーでは選抜チーム (誉田・路野・大串・吉田) が 3 分 12 秒 6 の日本新。女子では、400m で平山可都良 (日大) が 56 秒 8 の日本新記録。

7.5　〔相撲〕富士錦が平幕優勝　大相撲名古屋場所は、柏戸が全休、大鵬が 6 日目から休場、残る横綱、前場所優勝の栃ノ海が 11 勝 4 敗にとどまり、前頭 9 枚目の富士錦が 14 勝 1 敗で平幕優勝を果たした。殊勲賞は前頭 1 枚目・明武谷 (初)。敢闘賞は前頭 9 枚目・富士錦 (4 回目)。技能賞は前頭 9 枚目・富士錦 (初)。

7.10　〔施設〕岸記念体育会館落成　東京・代々木に建設されていた岸記念体育会館が落成。

7.13　〔大学野球〕首都大学野球連盟を承認　全日本大学野球連盟が、日体大や東海大など 7 校で新たに組織した「首都大学野球連盟」を承認。

7.16	〔プロ野球〕金田が奪三振世界記録	神宮球場でおこなわれたプロ野球・セ・リーグの国鉄・大洋戦で、国鉄の金田正一投手が、1950年(昭和25年)の初登板以来通算4003個目の三振を奪った。米大リーグの奪三振記録を抜く世界新記録となった。30日には14年連続20勝の世界タイ記録を達成。
7.16~19	〔水泳〕日本選手権開催	昭和39年度日本水泳選手権大会が東京・神宮競泳場で開催された。男子1500m自由形で佐々木末昭(中大)が17分22秒4の日本新記録。女子100m自由形で木原美知子(山陽女高)が1分3秒8、400m自由形で早川一枝(吉原市高)が4分51秒9、100m平泳ぎで山本憲子(八幡)が20秒1のそれぞれ日本新記録。
7.23	〔オリンピック〕駒沢オリンピック公園が完成	東京世田谷に東京都立「駒沢オリンピック公園」完成。
7.26~8.4	〔社会人野球〕日通浦和が都市対抗初優勝	第35回都市対抗野球大会が東京・後楽園球場で開催された。決勝で日本通運浦和がコロンビア(川崎)を2-0で破り初優勝。この大会で、黒江幸弘遊撃手(熊谷組)が、8打席連続安打を含む5試合18打席12安打21塁打で首位打者になるとともに大会特別賞を受賞。
7.29	〔ヨット〕ヨットで太平洋横断	名古屋大学OBら3人乗組のヨット「チタ2世」(6月6日名古屋港出発)、54日20時間で太平洋横断。ロス到着。
8.9~18	〔高校野球〕高知が初優勝	第46回全国高校野球選手権大会は、決勝で高知(高知)が早鞆(山口)を2-0で下して初優勝。
8.21	〔オリンピック〕聖火が採火される	オリンピア・ヘラ神殿で聖火採火式。
8.27	〔陸上〕円谷が世界最高記録	円谷幸吉選手(自衛隊)1万mで28分52秒6の本年度世界最高記録。
8.31	〔大リーグ〕村上が大リーガー入り	プロ野球、南海ホークスの村上雅則投手、日本人初の大リーガーとなる。ジャイアンツ傘下の1Aのフレスノに野球留学中に2A、3Aを飛び越えてメジャー昇格、サンフランシスコ・ジャイアンツに入団。
9.5	〔施設〕代々木体育館が落成	丹下健三らが設計した代々木の国立屋内総合体育館の落成式が行われる。
9.6	〔プロ野球〕王が日本最多53号本塁打	川崎球場でおこなわれたプロ野球、巨人・大洋戦で、巨人の王貞治一塁手が今季53号の本塁打を放った。1963年(昭和38年)にパ・リーグ南海の野村克也捕手が記録したシーズン52本塁打の日本プロ野球最多記録を破った。王は、今季、本塁打王、打点王を確実にし、首位打者も3割1~2分で江藤慎一(中日)、吉田義男(阪神)、長嶋茂雄(巨人)と争ったが、最終的に江藤が首位となり、三冠はならなかった。
9.9	〔オリンピック〕聖火が本土に到着	聖火、沖縄から本土入り、鹿児島、宮崎、千歳の3カ所から本土聖火リレー始まる。
9.15	〔大学野球〕末次が最多9本塁打	東都大学野球の秋季リーグ戦、中大・日大戦で、中大の末次民夫外野手がリーグ戦通算9本目の本塁打を放った。こ

れは東都大学リーグの新記録であり、東京六大学リーグの長嶋茂雄 (立大‐巨人) の 8 本を凌いだ。なお関西では近畿六大学リーグで 1957 年 (昭和 32 年) に呉山義雄 (近大‐阪急) が 11 本を記録している。

9.19 〔プロ野球〕南海が 9 回目の優勝　プロ野球パ・リーグは、前年最下位の阪急が首位を走り、南海 (鶴岡一人監督) がそれを追う展開となり、終盤になってついに南海が阪急を振りきり優勝。南海のパ・リーグ優勝は 7 度目 (1 リーグ時代を含めて通算 9 度目)。最終順位は 2 位阪急、3 位東映、4 位東京、5 位西鉄、6 位近鉄。

9.20 〔相撲〕大鵬が 14 回目の優勝　大相撲秋場所は、横綱・大鵬が 14 勝 1 敗で 14 回目の優勝。殊勲賞は前頭 5 枚目・開隆山 (3 回目)。敢闘賞は前頭 1 枚目・明武谷 (2 回目)。技能賞は前頭 6 枚目・前田川 (初)。

9.26 〔相撲〕部屋別総当り実施へ　日本相撲協会は蔵前国技館で理事会を開き、時津風理事長が提唱し懸案となっていた「部屋別総当り」制を来年初場所から実施することを決定した。大相撲の取組制度は、1909 年 (明治 42 年)、両国国技館完成を機におこなわれた制度改革の一つとして「東西対抗」制 (番付の東西両陣営が対抗して取組み、勝った陣営が翌場所は東にすわる) が採用されてそれが長くつづけられたのち、1947 年 (昭和 22 年) から現行の「系統別」制 (番付上の東西にかかわりなく部屋・一門の系統別に取組む) となって今日に至った。新制度では、これまで本場所では取組むことがなかった一門として同じ系統に属する出羽の海部屋の力士と春日野部屋の力士の取組もおこなわれる。

9.29 〔大リーグ〕村上が大リーグ初勝利　日本人として初めて米大リーグ入りした元・南海の村上雅則投手 (サンフランシスコ・ジャイアンツ) は、対ヒューストン・コルツ戦の 9 回からリリーフとして登板、11 回まで 1 安打無失点に抑え、その間に味方が得点したので初の勝利投手となった。日本人投手の初勝利でもある。この年大リーグで 9 試合を 1 勝 0 敗 1S、防御率 1.80 の活躍。

9.30 〔プロ野球〕阪神がリーグ優勝　プロ野球セ・リーグは、阪神 (藤本定義監督) と大洋が首位を争い、終盤に大洋に 4 連勝するなど阪神が大洋を振りきってリーグ優勝。阪神のセ・リーグ優勝は 2 度目 (1 リーグ時代を含めて通算 6 度目)。最終順位は 2 位大洋、3 位巨人、4 位広島、5 位国鉄、6 位中日。

10.3 〔施設〕日本武道館開館　日本武道館の開館式が行われた。日本武道館は東京オリンピックの会場のひとつとして建設が決まり、1963(昭和 38) 年 10 月に着工、工事期間 12 ヵ月で完成にこぎつけた。設計は山田守、八角形の壮麗な建物となった。

10.10 〔プロ野球〕南海が 2 回目の日本一　第 15 回日本シリーズは、パ・リーグ優勝の南海 (鶴岡一人監督) が阪神を 4 勝 3 敗で下し 5 年ぶり 2 回目の日本一に輝いた。シリーズ MVP は J. スタンカ。

10.10〜24 〔オリンピック〕アジア初・東京五輪開催　第 18 回夏季オリンピック東京大会が、94 ヶ国、7000 余の選手・役員が参加して開催された。1940 年 (昭

和15年)の第12回オリンピックの開催返上から24年めのオリンピック開催となる。日本オリンピック委員会(JOC)、文部省、東京都の三者が協議して東京オリンピック組織委員会を設け、準備が進められた。総予算1兆800億円、うち間接事業費 (道路整備・新幹線建設・地下鉄整備など) が9000億円、直接事業費は約300億円 (競技施設整備に164億円余、大会運営費94億円、選手強化費用23億円など) の戦後最大の国家プロジェクトであった。大会期間を通じて好天に恵まれ、競技は順調に進み、世界新記録も多く生まれた。大会の様子は五輪大会として初めて世界の国々にテレビ中継された。整えられた諸施設、乱れない大会運営、他の国の選手の敢闘にも惜しみなく拍手を送る観衆は、内外の賞賛を受けた。〈競技別成績〉陸上競技では、マラソンのアベベ・ビキラ (エチオピア) が2時間12分11秒2でローマ大会につづいて連覇。日本の円谷幸吉はゴール直前でヒートリー (英) に抜かれ3位、君原健二は8位。円谷は1万mでも出場し6位。トラック競技とマラソンの両方で五輪代表を務めた唯一の日本人選手となった。女子では80m障害で依田郁子が決勝に進み5位。男子棒高跳びは、ハンセン (米) とラインハルト (独) の2選手が8時間52分に及ぶ熱戦の末、ハンセンが5m10の五輪新記録で優勝。この競技時間は、ベルリン大会のこの種目の日本の西田、大江とメドウス (米)3選手による6時間半を大幅に超える長時間記録であり、決着がついたのは夜10時を過ぎていた。水泳では、日本勢は男子400m自由形で山中毅が6位、1500mで佐々木末昭が6位、200m平泳ぎで鶴峰治が6位、200mバタフライで門永吉典が6位、200m背泳で福島滋雄が4位、400mリレーで日本 (岩崎邦宏、後藤忠治、藤本達夫、岡部幸明) は4位、800mリレーで日本 (福井誠、岩崎邦宏、庄司敏夫、岡部幸明) は8分03秒8の日本新で3位に入り、ようやく日の丸を掲げた。400mメドレーリレーは日本 (福島滋雄、石川健二、中島功、岡部邦明) は5位。女子では100m背泳で田中聡子が1分08秒6の日本新で4位。400mメドレーリレーで日本 (田中聡子、山本憲子、高橋栄子、木原美知子) が4分42秒0の日本新で4位に入った。レスリングでは、無敗の王者・渡辺らが日本選手団全体に活を与える活躍を見せた。フリースタイルのフライ級で吉田義勝が優勝、同バンタム級で上武洋次郎が優勝、同フェザー級で渡辺長武が優勝 (渡辺は通算168連勝)、軽量3階級を制した。同ライト級でも堀内岩雄が3位、ウェルター級、ミドル級でも渡辺保夫と佐々木竜雄が5位。グレコローマンのフライ級で花原勉が優勝、同バンタム級で市口政光が優勝。フェザー級とライト級で桜間幸次と藤田徳明が4位となった。ボクシングでは、バンタム級で桜井孝雄が優勝。アムステルダム大会 (1928) に初参加して以来、36年目の日本初優勝となった。重量挙げでは、バンタム級で一ノ関史郎が五輪新で3位。フェザー級で三宅義信が397.5kgの世界新で優勝。ミドル級で大内仁が3位。各階級で五輪新が続出した中で圧巻はヘビー級の巨人・ジャボンチンスキー (ソ連) で、プレス五輪新、スナッチ五輪新、ジャーク世界新の572.5kgの五輪新で優勝した。体操では、男子団体総合で日本 (小野喬、遠藤幸雄、鶴見修治、三栗崇、山下治広、早田卓次) がローマ大会につづき優勝。2位はソ連。個人総合は、1位遠藤、2位鶴見、3位シャハリン (ソ連)。日本は宿願の団体・個人総合の両種目優勝を果たした。種目別

では、ゆかで遠藤が2位、鞍馬で鶴見が2位、つり輪で早田が1位、跳馬は「山下跳び」の山下が1位、平行棒は遠藤が1位、2位鶴見。女子団体総合はソ連が優勝、2位はチェコ。規定でドイツに先行された日本 (池田敬子、相原俊子、小野清子、中村多仁子、辻宏子、千葉吟子) は自由で挽回し逆転3位。個人総合は、ベラ・チャスラフスカ (チェコ) がソ連勢を抑えて優勝。チャスラフスカは跳馬と平均台でも1位となり、華麗な演技は観衆を惹きつけて、女子体操にとどまらず東京五輪の華となった。バレーボールでは、男子はソ連が優勝、2位チェコ、日本 (出町豊、小山勉、菅原貞敬、池田尚弘、佐藤安孝、小瀬戸俊昭、樋口時彦、南将之、徳富斌、森山輝久、中村裕造、猫田勝敏) は優勝したソ連に唯一の黒星をつけて7勝2敗で3位。女子は、連勝記録の日紡貝塚チームを主力とし、大松博文監督が率いる"東洋の魔女"と呼ばれた日本チーム (河西昌枝、宮本恵美子、谷田絹子、半田百合子、松村好子、磯部サタ、藤本祐子、松村勝美、篠崎祥子、佐々木節子、近藤雅子、渋木綾乃) が全勝同士でソ連と決戦、熱戦の末、最後はソ連のオーバーネットで勝利、5戦全勝で悲願の初優勝を遂げた。2位ソ連、3位ポーランド。柔道では、軽量級は中谷雄英、中量級は岡野功、重量級は猪熊功が優勝したが、無差別級は神永昭夫が決勝でアントン・ヘーシング (オランダ) に敗れ2位、全階級制覇はならなかった。射撃男子フリーのピストルで吉川貴久が3位。国別成績は、米国が金36(銀・銅を合わせて計90)、ソ連が金30(計96) で2強は変わらず。日本は金16(計29) で、金メダル獲得数は米ソに次いで3位。ドイツが金10(計50)、イタリアが金10(計27) であった。

10.13　〔登山〕**アンナプル南峰に世界初登頂**　京大登山隊 (樋口隊長) が、世界で初めてヒマラヤのアンナプル南峰に登頂。

11.8　〔パラリンピック〕**アジア初のパラリンピック開催**　パラリンピック (国際身体障害者スポーツ大会) 東京大会開催。アジアでは初。11月14日まで。

11.22　〔相撲〕**大鵬が連続優勝**　大相撲九州場所は、横綱・大鵬が14勝1敗で秋場所につづいて15回目の優勝。柏戸、栃ノ海の両横綱が途中休場。殊勲賞は関脇・明武谷 (2回目)。敢闘賞は前頭3枚目・青ノ里 (初)。技能賞は前頭1枚目・北の冨士 (2回目)。

12.6　〔マラソン〕**寺沢が日本最高記録**　第18回金栗賞国際マラソンで寺沢徹 (倉レ) が2時間14分48秒2の日本最高で優勝。

12.12　〔プロ野球〕**金田が巨人へ**　国鉄の金田正一投手が退団を表明。24日巨人入団正式調印。

12.20　〔駅伝〕**実業団駅伝で旭化成が優勝**　第9回全日本実業団対抗駅伝で旭化成が初優勝。

東京五輪前の日本スポーツ界

　1936年のベルリン大会の次の1940年 (昭和15年)・第12回オリンピック大会が東京 (冬季大会はヘルシンキ) で開催される予定だったが戦時下にあって中止された。第二次大戦終了後の最初のオリンピックは1948年にロンドンで開催された。敗戦国・日本は国際競技団体やオリンピック委員会から除名されており、ロンドン大

会に参加することを阻まれた。日本水泳連盟の田畑政治会長は水泳の五輪参加に奔走したがそれが実現できないと知るや、ロンドン五輪と日を合わせて日本水泳選手権大会をおこなった。男子1500m自由形は古橋広之進が18分37秒0で優勝、橋爪四郎が18分37秒8で2位、どちらも世界新記録で、ロンドン五輪の同種目優勝のマクレーン(米)の19分18秒5より40秒以上早い(距離にすると60mほどの大差)。400m自由形は古橋が4分33秒4、ロンドンのスミス(米)の優勝タイムは4分41秒0で7秒以上の差。翌1949年、日水連は国際水連への再加入が認められ、同年8月、ロサンゼルスの全米選手権に古橋ら6人が招待された。古橋は400、800、1500、800リレーでいずれも世界新記録で優勝。1952年のヘルシンキ五輪に古橋は出場したが、その前の南米遠征中にアメーバ赤痢にかかって以来体調が万全でなく、400m一本にしぼって出場したが決勝で8位におわった。古橋は不運にも五輪の金メダルを獲得することはなかったが、リレーを含めて33回の世界記録をつくり、敗戦後の占領下にあった日本スポーツ界を鼓舞した。

1965年
(昭和40年)

- 1.1 〔アメリカンフットボール〕東軍がライスボウル圧勝　アメリカンフットボールの第18回ライスボウルが国立競技場でおこなわれ、東軍が44-6で西軍に圧勝した。通算成績は東軍の15勝3敗。
- 1.3 〔駅伝〕日大が箱根総合優勝　第41回東京 - 箱根間往復大学駅伝競走は、日大が11時間30分41秒のタイムで総合優勝。2位中大、3位順天大。
- 1.8 〔高校サッカー〕浦和市立が優勝　第43回全国高校サッカー選手権大会は、関東勢どうしの対戦となり、浦和市立(埼玉)が3-1で宇都宮学園(栃木)破り、4年ぶり3回目の優勝。
- 1.8 〔ラグビー〕八幡製鉄が優勝　全国社会人ラグビー大会の決勝が東京・秩父宮ラグビー場でおこなわれ、八幡製鉄が25-3でトヨタ自動車を下して優勝。
- 1.8～1.10 〔ラグビー〕法政大が優勝　第1回東西大学ラグビー選手権大会が秩父宮ラグビー場で開催され、法政大学が優勝した。
- 1.9 〔ラグビー〕秋田工が優勝　全国高校ラグビー大会の決勝が大阪・花園球技場でおこなわれ、秋田工(秋田)が6-3の接戦で天理(奈良)を下して優勝。秋田工は12回目の優勝。
- 1.15 〔アメリカンフットボール〕日大が甲子園ボウル勝利　関東と関西の学生優勝チームが日本一を争う第19回甲子園ボウルは、関東の日大が48-16で関学を下した。日大の優勝は7回目。
- 1.17 〔サッカー〕八幡・古河が両者優勝　第44回天皇杯全日本サッカー選手権大会は、決勝で古河電工と八幡製鉄が無得点で延長戦をおこなったが、結局両チーム得点できず、0-0で引き分け、両チームが優勝を分け合った。古河は3年ぶり3回目の優勝、八幡は初優勝。
- 1.24 〔相撲〕佐田の山が優勝・横綱昇進　大相撲初場所は、横綱・柏戸は全休、栃ノ海は8勝7敗と不振、大鵬は11勝4敗にとどまったなかで、大関・佐田の山が13勝2敗で3回目の優勝を果たした。殊勲賞は関脇・明武谷(3回目)。敢闘賞は前頭13枚目・若杉山(初)。技能賞は前頭1枚目・清国(2回目)。佐田の山は前年の秋場所、九州場所も13勝をあげて準優勝の成績で、場所後、第50代横綱に昇進。
- 1.25 〔一般〕日本女子体育大学設立　体育専門として初の女子大学となる日本女子体育大学の設立が許可された。
- 1.27 〔柔道〕三船十段死去　柔道の三船久蔵十段死去、81歳。
- 1.29 〔国民体育大会〕東京が総合で3連勝　第20回国体冬季スケート大会は東京が総合で3連勝。

1965年 (昭和40年)

2.1　〔バレーボール〕大松監督ニチボー退社　バレーボールの大松博文監督、ニチボーを退社。

2.7　〔マラソン〕寺沢が日本最高記録　別府毎日マラソンは、寺沢徹 (倉レ) が2時間14分38秒0の日本最高記録で優勝。2位中尾隆行 (東急)、3位宍戸 (東北電化) で、4位に新鋭・重松森雄 (福岡大) が入った。

2.13～14　〔スピードスケート〕鈴木が2連勝　第59回男子世界スピードスケート選手権大会がノルウェイのオスロで開催され、500mで鈴木恵一 (明大) が40秒7で大会2連覇。

2.17　〔国民体育大会〕北海道国体冬季17連覇　国民体育大会第20回冬季大会は、スケートは1月26～29日蓼科で、スキーが2月14～17日神鍋でおこなわれた。男子の天皇杯は北海道が首位、2位東京、3位長野。女子の皇后杯は北海道が首位、2位新潟、3位大阪。

2.22～25　〔スピードスケート〕全日本スケート開催　第33回全日本スケート選手権大会が軽井沢で開催され、男子では鈴木恵一 (明大) が500mと1500mで優勝。500mでは40秒2の本年度世界最高を記録。5000mと1万mを制した石幡忠雄 (三協精機) が総合得点190.508の日本新記録で優勝。女子3000mで高橋カネ子が5分18秒7の日本新を記録した。

2.28　〔プロ野球〕東大・新治が大洋入団　東京大学の新治伸治が大洋ホエールズに入団。東大からのプロ野球入り第1号となった。

3.19　〔登山〕ヒマラヤ登山全面禁止　ネパール政府は、すべてのヒマラヤ登山を禁止すると発表。その理由は明らかにされていないが、登山隊による障害ではなく、チベットとの国境争いが原因ではないかとみられる。その後、日本山岳会は来年のエベレスト遠征についてネパール政府と交渉したが当初の方針どおり入山を拒否された。5月28日、パキスタン政府もヒマラヤのカラコルム地域の登山を禁止した。こちらもインドと領有権を争っているカシミール問題が緊迫化しているのが理由である。

3.20　〔オリンピック〕五輪映画で波紋　東京オリンピックの記録映画 (市川崑監督) が20日から一般公開されるのに先立ち行われた試写会でこれを見た河野一郎五輪担当相が、日の丸の場面が少なすぎると発言、これをきっかけにこの映画が記録か芸術かという論争に発展した。五輪映画協会は修正を加えて公開。愛知文相もこの映画を文部省推薦にしないと表明。東宝側も推薦申請をとりやめた。しかし一般公開するとこの映画は予想を上回る大好評で、7億円の興行収入が見込まれる大成功。さらに5月におこなわれたカンヌ映画祭で国際批評家賞、青少年向け最優秀作品賞を受賞した。

3.21　〔相撲〕大鵬が優勝　大相撲春場所は、先場所につづいて横綱・柏戸が全休、新横綱・佐田の山が西の正横綱にすわり、12勝3敗と奮闘したが、大鵬が14勝1敗16回目の優勝。殊勲賞は前頭3枚目・玉乃島 (初)。敢闘賞は前頭1枚目・大豪 (2回目)。技能賞は小結・清国 (3回目)。

3月　〔水泳〕山田スイミングクラブ誕生　大阪に山田スイミングクラブ誕生、同じ頃東京に代々木スイミングクラブ発足。

1965 年 (昭和 40 年)   日本スポーツ事典

4.4　　〔高校野球〕岡山東商が初優勝　第 37 回選抜高校野球大会は、決勝戦で岡山東商 (岡山) が市和歌山商 (和歌山) を延長 10 回 2-1 で下して初優勝した。

4.7　　〔フィギュアスケート〕佐藤が 9 連勝　全日本フィギュアスケート選手権で男子の佐藤信夫選手 (大阪ク) 9 連勝。

4.15～25　〔卓球〕世界選手権開催　第 28 回世界卓球選手権大会がユーゴスラビアのリュブリアナで開催された。男子団体は決勝で日本 2-3 中国、女子団体の決勝も日本 0-3 中国で日本が敗れ 2 位。男子単複、女子複も中国が優勝したが、女子単の決勝で深津尚子が中国選手を下して優勝、混合複で木村興治・関正子が中国組を破って優勝。日本は 2 種目を制して中国の完全優勝を阻んだ。

4.19　　〔マラソン〕重松がボストンで優勝　ボストン・マラソンで、重松森雄 (福岡大) が 2 時間 16 分 33 秒で優勝。ボストン・マラソンで日本人の優勝は 10 年ぶり 4 度目。宍戸・中尾・船迫・松原の日本人選手 4 人も全員入賞した。

4.25　　〔卓球〕世界卓球選手権開催　世界卓球選手権の女子単で日本の深津尚子が初優勝。混合複は木村興治・関正子組が優勝。

4.28　　〔大リーグ〕村上契約問題解決　前年に大リーグのサンフランシスコ・ジャイアンツに入団した村上雅則投手が 12 月に帰国、日本での所属球団だった南海が村上を説得して契約、二重契約状態になった問題は、アメリカ側が日本のコミッショナーの示した妥協案を受け入れ、1965 年限りの米大リーグ参加に落ち着く。シーズン開幕後の解決となったが、この年は 45 試合で 4 勝 1 敗 8S、防御率 3.75、84 奪三振の成績を残す。12/14 南海復帰が決定。

4.30　　〔プロ野球〕内村コミッショナー退任　日本プロ野球の内村祐之コミッショナーが 3 年の任期が満了して退任。鈴木セ・リーグ会長と中沢パ・リーグ会長がコミッショナー代行をつとめていたが、6 月に中沢会長が急逝、コミッショナー問題の早期解決が求められ、コミッショナー委員会を設け、その会長に宮沢俊義立大教授を推すことになった。なおパ・リーグの後任会長には松浦晋・東京球団代表が就任。

5.1～2　〔柔道〕坂口が全日本優勝　全日本柔道選手権大会が東京・武道館でおこなわれ、決勝で坂口征二 (東京) が松阪猛 (近畿) を判定で破り優勝。

5.7　　〔オリンピック〕札幌五輪誘致委　1972 年の 11 回冬季オリンピック大会札幌招致委員会の設立総会を札幌でおこない、会長に川島正次郎・自民党副総裁、実行委員長に竹田恒徳・日本オリンピック委員会委員長を選出。実行委員会は東京部会と札幌部会に分けて招致運動を展開する。10 月、国際オリンピック委員会 (IOC) 総会に竹田実行委員長と原田札幌市長らの招致使節団を派遣。

5.9　　〔マラソン〕びわ湖マラソンで岡部 2 位　第 20 回びわ湖毎日マラソンは、招待選手のアベベ・ビキラ (エチオピア) が優勝したが、タイムは 2 時間 22 分 55 秒 8 とやや低調。2 位は岡部宏和 (西鉄)、3 位川端 (東急)。

5.10　　〔プロ野球〕サンケイ・スワローズ誕生　プロ野球セ・リーグの国鉄スワローズ (昭和 25 年創立) は、選手人件費の膨張による経営困難で、今季開幕後に

— 12 —

サンケイ新聞と事業提携を決めて共同経営してきたが、それも困難となり経営いっさいをサンケイ側に委ねると決定。球団はサンケイ・スワローズと改称。

5.18　〔ボクシング〕原田がバンタム級王座　ボクシング・世界フライ級チャンピオンの防衛に失敗したファイティング原田(笹崎)が、バンタム級に転じて、チャンピオンのジョフレ(ブラジル)に挑戦、判定で下して世界王座についた。

5.23　〔相撲〕佐田の山が優勝　大相撲夏場所は、このところ途中休場や全休を繰り返していた柏戸が久々に15日間土俵に上がったが9勝6敗におわり、佐田の山が14勝1敗で横綱になって初、通算4回目の優勝を果たした。殊勲賞は小結・玉乃島(2回目)。敢闘賞は前頭9枚目・前田川(2回目)。技能賞は該当なし。

6.3　〔レスリング〕アマレス世界選手権開催　アマレス世界選手権フリースタイルでフライ級吉田嘉久、バンタム級福田保夫両選手が優勝。

6.3　〔ボクシング〕桜井がプロ初戦勝利　東京オリンピックでボクシングでは日本人初の金メダルを獲得してプロ入りした桜井孝雄(三迫ジム)が、プロ転向第一戦を後楽園で全日本ジュニア・フェザー級6位のアトム畑井(東邦)との6回戦でおこない判定勝ちした。

6.6　〔サッカー〕日本サッカーリーグ開幕　日本サッカーリーグ(実業団A級8チーム)開幕。釜本邦茂や杉山隆一ら人気集める。開幕試合に5000人。

6.12　〔マラソン〕重松が世界最高タイム　ロンドン郊外ウインザー城・チズウィック間の第45回ポリテクニック・ハリアーズ・マラソンで、重松森雄(福岡大)が2時間12分0の世界最高記録で優勝。寺沢徹(倉レ)が2時間13分41秒のこれも日本最高で2位、岡部宏和(西鉄)も2時間16分47秒で4位と、ボストン・マラソンにつづいて全員入賞。重松の記録はアベベ(エチオピア)の12分11秒を上回り男子マラソンの世界最高記録。

6.28　〔プロ野球〕バッキーがノーヒットノーラン　プロ野球セ・リーグの阪神・巨人11回戦が甲子園球場でおこなわれ、阪神のジーン・バッキー投手が巨人打線を2四球・1失策出塁の3走者に抑えて完封、ノーヒットノーランを達成した。スタルヒン投手(巨人)を別にすると外国人投手として初。巨人のノーヒットノーランはチーム史上3度目。

6.30　〔オリンピック〕東京五輪委解散　オリンピック東京大会組織委員会(安川第五郎会長)は、第71回総会を開き、正式に解散した。記録映画の収入や残余資産はスポーツ振興資金財団が引き継いだ。

7.11　〔相撲〕大鵬が17回目の優勝　名古屋場所、大鵬が優勝。佐田の山と大鵬が12勝の相星で千秋楽の結びの一番で対戦し、大鵬が勝って17回目の優勝。柏戸も復調して12勝をあげた。殊勲賞は小結・清国(初)。敢闘賞は前頭12枚目・栃王山(初)。技能賞は該当なし。

7.13　〔ヨット〕ヨットで大西洋横断　鹿島郁夫、ヨットで大西洋横断に成功。

7.18　〔陸上〕飯島が日本記録　小田原でおこなわれた第5回実業団・学生対抗競

1965年 (昭和40年)

技会の男子200mで、飯島秀雄 (早大) が6月の第44回関東学生大会で記録した21秒0の日本記録を0秒1縮める20秒9の日本記録で優勝した。2位の誉田徹 (日レ) も21秒0を記録した。女子800mで、1位の宮本洋子 (東学大) が2分11秒0、2位の磯貝博子 (日女体大) が2分11秒8でともに日本新記録。

7.25　〔プロ野球〕巨人が通算2000勝　プロ野球セ・リーグの読売巨人軍は、中日球場でおこなわれた対中日14回戦で今季44勝目をあげ、チームとして公式戦通算2000勝を記録した。最初の1勝は昭和11年7月3日、戸塚早大球場での対大東京戦。通算勝利数の2位は阪神の1823勝。

7.25～8.1　〔社会人野球〕電電近畿が初優勝　第36回都市対抗野球大会が東京・後楽園球場で開催され、決勝で電電近畿 (大阪) が住友金属 (和歌山) を4-0で破り初優勝。

7.25～8.10　〔相撲〕大相撲初のソ連興行　出羽海親方の率いる大相撲の一団がソ連を訪問した。羽織・袴、チョンマゲ姿の一行はモスクワ市民の注目を集め、ボリショイ劇場で取組興行、帰途、ハバロフスクでも興行。興行が成功するとともに日ソ親善の役も果たした。

7.30　〔バレーボール〕ニチボーの連勝続く　東京五輪の女子バレーボール・チームの主軸となったニチボー貝塚は、五輪後、大松博文監督、河西昌枝主将をはじめ磯辺サタ選手一人を除く全員が引退したが、177連勝の伝統を守るべく小島孝治新監督の下で新チームを鍛え、4月の全日本年対抗で180連勝、南米に遠征して201連勝、7月の選抜北海道大会で209連勝と、連勝記録を伸ばしている。

8.2　〔プロ野球〕中日13連勝の日本新　中日ドラゴンズは対サンケイ戦に勝利し、同一カードで開幕以来13連勝の日本新を記録。

8.6　〔登山〕マッターホルン北壁登頂　服部満彦、渡部恒明、マッターホルン北壁、日本人初登頂。

8.16　〔登山〕アイガー北壁初登頂　高田光政がアイガー北壁 (3975m) の登頂に成功、しかし僚友・渡部恒明が犠牲に。渡部は10日前にマッターホルン (4482m) に登頂しており、休養をとらずにアイガーに挑んだのは無謀だったという声もある。

8.20～29　〔ユニバーシアード〕ブダペスト大会開催　ユニバーシアードの第4回大会がハンガリーのブダペストで、35ヶ国、約2500人の選手が参加して開催された。日本は全競技に88人が出場。陸上男子100mで飯島秀雄 (早大) が、東京五輪2位のフィゲロラ (キューバ) を抑えて、追い風参考ながら10秒1で優勝。男子5000mでは沢木啓祐 (順天大) が13分45秒2の日本新記録で優勝。男子水泳200m平泳ぎで鶴峰治 (日大) が2分33秒7で優勝。男子体操の団体総合で日本が優勝、個人総合も中山彰規が優勝した。米国がこの大会に初参加、日本は前回のポルトアレグレ (ブラジル) 大会より金メダルを二つ減らした。

8.22　〔高校野球〕三池工が初出場初優勝　第47回全国高校野球選手権大会は、初

— 14 —

出場の三池工 (福岡) が、主戦投手を病気で欠きながら2年生投手がふんばり、決勝で銚子商 (千葉) を 2-1 で破り初優勝した。

8.24 〔プロ野球〕「八時半の男」活躍　プロ野球セ・リーグの巨人軍のナイトゲームが始まって1時間半、午後8時半になると、きまって宮田征典投手が登板。絶妙の制球でリリーフ役をきっちり務める。リリーフ投手ながらここまでに17勝をあげ、巨人が優勝した場合の最高殊勲選手との呼び声もあがっている。

8.31 〔ユニバーシアード〕ユニバーシアード東京開催決定　今年度のユニバーシアード大会が開催されたハンガリーのブダペストで、次回の大会の開催地を決める国際学生スポーツ連盟 (FISU) の総会が開かれ、満場一致で東京に決まった。次回大会は2年後の1967年8月25日から10日間の日程で、競技種目は、陸上、水泳 (水球、飛び込みを含む)、テニス、バスケットボール、バレーボール、体操、フェンシング7競技に、開催地が選ぶ種目として柔道を加えた8種目とする。施設は東京五輪の施設や選手村を用いる。大会運営費は6億円と見込まれる。

9.7 〔陸上〕日本陸連会長に河野氏　日本陸連会長に河野謙三氏決定。

9.12 〔プロ野球〕野村が最多312号　パ・リーグ南海の野村克也選手が通算312号の最多本塁打記録を出す。

9.19 〔相撲〕柏戸が3回目の優勝　大相撲秋場所は、横綱・佐田の山と柏戸が12勝3敗で並び、決定戦に柏戸が勝って3回目の優勝。この場所は4横綱がそろって10番以上の白星、4人で45勝をあげた。そのため、大関・豊山が5勝10敗、栃光が6勝9敗、関脇・清国が4勝11敗、大豪が2勝13敗と、大関・関脇陣はさんざんの成績だった。殊勲賞は前頭1枚目・琴桜 (2回目)。敢闘賞は前頭5枚目・明武谷 (3回目)。技能賞は前頭2枚目・長谷川 (初)。

9.22 〔国民体育大会〕国体夏季大会開催　第20回国体夏季大会は19日から開かれ、総合で岐阜県が優勝。

9.26 〔プロ野球〕南海が10回目の優勝　プロ野球パ・リーグの南海は、対東映22回戦に勝ち今季19試合を残して2年連続10度目のリーグ優勝を決めた。1959年 (昭和34年) の巨人が10試合を残して優勝を決めた記録を大幅に破る早期優勝。今季の南海は、本拠地大阪球場での19連勝、対東京17連勝など9つのプロ野球新記録をつくる快進撃だった。杉浦忠投手と野村克也捕手を軸とする投打が安定し、鶴岡一人監督の用兵の妙もあいまって、開幕直後から独走した。最終順位は2位東映、3位西鉄、4位阪急、5位東京、6位近鉄。

10.5 〔プロ野球〕野村が戦後初の三冠王　プロ野球パ・リーグ阪急のスペンサー内野手が交通事故で今季の出場は不可能になった。打率と本塁打数で南海・野村克也捕手を追って2位につけていた同選手の欠場が決まったことにより、野村捕手が首位打者 (今季終了時点で3割2分)、打点王 (同110点)、本塁打王 (同42本) の打撃3部門の首位が確定した。捕手が首位打者になったのは1936年 (昭和11年) にわが国でプロ野球が始まって以来初めて。三冠

王は、2シーズン制だった1938年 (昭和13年) に2シーズン合算で中島治康 (巨人) が記録しているが、1950年 (昭和25年) に現在のプロ野球機構が発足してからは初。野村捕手はパ・リーグの最高殊勲選手 (MVP) にも選ばれた。

10.6～9 〔オリンピック〕女子バレーが五輪復帰　国際オリンピック委員会 (IOC) の第63回総会がスペインのマドリードで開催され、1968年メキシコ五輪に女子バレーボールを追加することを決定した。メキシコ大会の実施競技は18競技され、バレーボールは投票で19番目、柔道は最下位の22番目だったが、その後、水泳と水球が別の競技とされていたのを一つの競技とみることになり、バレーボールの男子が18番目に繰りあがった。しかし、女子で連続優勝をねらう日本が女子バレーも含めることを強く要請、今回の決定となった。柔道の復活は否決されたが、1972年大会から、柔道、アーチェリー、ハンドボールを加え21競技とすることが決議されたので、1972年大会から柔道も復活する。

10.12 〔柔道〕嘉納会長再選を拒否　国際柔道連盟は、ブラジルのリオデジャネイロで第5回の総会を開き、連盟会長に嘉納履正現会長の再選を阻止、嘉納氏を名誉会長とし、チャールス・パーマー氏 (英) を会長に選出した。講道館に対する欧州勢の不満から、ボネモリ連盟事務総長 (仏) が提案して12時間にわたる会議のすえに決まった。柔道の本家・日本から国際的な主導権が失われ、国際連盟の会長も事務総長も欧州が掌握することになった。

10.14 〔プロ野球〕巨人が18回目の優勝　プロ野球セ・リーグは、サンケイ・巨人戦が中止になったあと、川崎球場で2位中日が大洋に敗れたので、巨人の優勝が決まった。今季の巨人は、5月初めに金田正一投手が肱を痛めて苦しくなった投手陣を、復帰した中村稔投手と46試合に登板したリリーフ宮田征典投手の奮闘でなんとか支え、王貞治一塁手の本塁打量産もあって苦戦を乗り切った。巨人の優勝は18回目、川上哲治監督就任後3回目の優勝。最終順位は2位中日、3位阪神、4位大洋、5位広島、6位サンケイ。

10.15 〔柔道〕世界柔道選手権開催　第4回世界柔道選手権中・軽量、無差別級で日本の岡野功、松田博文、稲熊功の各選手が優勝。前日に重量級で優勝したオランダのヘーシングがこの日引退を発表。

10.28 〔重量挙げ〕三宅がフェザー級優勝　テヘランの重量挙げ世界選手権フェザー級で三宅義信選手優勝。

10.29 〔国民体育大会〕国体秋季大会開催　第20回国体秋季大会は24日から岐阜市で6日間にわたり開幕、岐阜県が天皇、皇后両杯を獲得。

11.5 〔プロ野球〕巨人が2年ぶり日本一　プロ野球の第16回日本シリーズは、パ・リーグ優勝の南海とセ・リーグ優勝の巨人の間で争われ、4勝1敗で巨人 (川上哲治監督) が優勝した。前年優勝の南海は連覇を逃し、巨人は2年ぶり7回目の日本一。シリーズMVPは長嶋茂雄。

11.6 〔障害者スポーツ〕身体障害者スポーツ大会開催　第1回全国身体障害者スポーツ大会が岐阜県下で開かれる。

11.17　〔プロ野球〕初の新人選択会議開催　日本プロ野球機構の第1回新人選択会議が東京・日生会館でおこなわれた。すぐれた新人を獲得するために契約金が高騰するのを防ぐために導入され制度。12球団の第1次選択のあと、今季公式戦成績の逆順によるウェーバー方式で第2次選択をおこなった。第1次選択は全球団の指名が重ならず、各球団の交渉権が決まった。巨人は堀内恒夫投手(甲府高)を指名。

11.17　〔プロ野球〕南海の蔭山監督が急死　プロ野球パ・リーグ南海の鶴岡一人監督は日本シリーズに敗れ11月6日に辞意を表明、13日に蔭山和夫コーチの監督就任が決まる。一方、鶴岡には東京、サンケイの2球団から監督就任要請があり、17日に鶴岡が東京で入団先を発表する予定だった。ところがその17日の朝、蔭山新監督の急死が伝えられ、鶴岡の発表はとりやめ。20日、鶴岡は南海復帰を発表した。鶴岡の監督就任が消えたパ・リーグ東京は田丸仁二軍監督、セ・リーグのサンケイは飯田徳治ヘッドコーチを監督に昇格させた。

11.21　〔相撲〕大鵬が優勝　大相撲九州場所は、柏戸が3日目から休場、栃ノ海も途中休場。大鵬が13勝2敗で18回目の優勝。殊勲賞は明武谷(4回目)、敢闘賞は先場所大きく負け越して関脇から平幕に陥落した大豪が今場所は12勝と大勝ちして3回目の受賞。技能賞は鶴ヶ峰(9回目)。

11.21　〔重量挙げ〕大内がミドル級世界新記録　第11回全日本学生重量挙選手権大会で、ミドル級の大内仁(法大)、トータル452.5kgの世界新記録樹立。

12.4　〔プロ野球〕川上・鶴岡が殿堂入り　野球博物館に掲額・表彰される昭和40年の「野球殿堂入り」の競技者表彰として、川上哲治(巨人)、鶴岡一人(南海)の両氏が選ばれた。また特別表彰委員会は、井上登、宮武三郎、景浦将、佐伯達夫(のち辞退)が選出された。

12.4～12　〔社会人野球〕社会人野球アジア大会開催　第6回アジア野球選手権大会が日本、韓国、台湾、フィリピンが参加してマニラで開催された。それぞれ2試合ずつ対戦し、日本は対台湾の第1戦を落したが5勝1敗で4回目の優勝。

12.5　〔卓球〕長谷川が初優勝　全日本卓球選手権男子単で長谷川信彦選手(愛工大)初優勝。

12.26　〔競馬〕シンザン初の五冠馬　第10回有馬記念レースが中山競馬場(芝2500m)で行われ、さつき賞、ダービー、菊花賞、天皇賞に勝って四冠を達成していたシンザン(松本善登騎手)が2分47秒2で1着となり、史上初の五冠を達成。今年の競馬界の話題を独占したシンザンはこのレースを最後に引退。

1966年
(昭和41年)

1.3　〔駅伝〕順天大が新記録で初優勝　第42回東京‐箱根間往復大学駅伝競走は、往路首位の順天大が復路でも首位を譲らず、11時間20分1秒の驚異的な大会新記録(前年優勝の日大は11時間30分41秒)で初優勝した。2位は日大、3位日体大。名門・中大は17年ぶりの4位と振るわなかった。

1.3～8　〔高校サッカー〕習志野と大阪明星が両校優勝　第44回全国高校サッカー選手権大会は、決勝で習志野(千葉)と大阪明星(大阪)が対戦、延長戦のすえ双方無得点で引き分け、両者が優勝となった。決勝戦引き分けで両チーム優勝は大会史上2度目。

1.8　〔ラグビー〕八幡が4年連続優勝　第18回全国社会人ラグビー大会は2日から花園ラグビー場で開催され、決勝で八幡製鉄が近鉄を8-3で下して前年につづき優勝、初の大会4連覇で12回目の優勝。

1.9　〔ラグビー〕盛岡工が初優勝　第45回全国高校ラグビー選手権大会が元日から花園ラグビー場で開催され、決勝で盛岡工(岩手)が天理(奈良)に逆転勝ちして初優勝。

1.13　〔マラソン〕重松にヘルムス賞　マラソンの重松森雄選手に65年度ヘルムス賞、日本人で12人目。

1.13～16　〔サッカー〕東洋工業が初優勝　第45回天皇杯全日本サッカー選手権大会は、決勝で東洋工業が3-2で八幡製鉄をくだして初優勝。東洋工業は前年の日本リーグを12勝0敗2引き分けで制しており、その勢いのまま日本一の座についた。

1.15　〔アメリカンフットボール〕西軍がライスボウル勝利　アメリカンフットボールの東西学生対抗戦・ライスボウルが東京・国立競技場でおこなわれ、西軍が20-14で東軍に勝った。通算成績は東軍の15勝4敗。

1.30　〔国民体育大会〕国体スケート大会開催　第21回国体冬季スケート大会は北海道が4年ぶり総合優勝。

1.30　〔相撲〕柏戸優勝・栃光引退　大相撲初場所は、一人横綱となった柏戸が14勝1敗で4回目の優勝。殊勲賞は関脇・北の富士(初)、敢闘賞は西前頭8枚目・玉乃島(初)、技能賞は西前頭11枚目・海乃山(3回目)。また大関栃光は5勝10敗の成績に終わり引退。1952年5月初土俵、1962年5月大関昇進。押し相撲を完成、後には四つ相撲もとった。礼儀正しい相撲ぶりで、立会い制限時間のあとは決して待ったをしなかった。真摯な態度で幅広い人気を集めた名大関。通算486勝403敗11休、殊勲賞3回、敢闘賞2回。引退して年寄・千賀ノ浦を襲名。1977年3月28日没。

2.5　〔登山〕登山団体が一本化　わが国の登山界は、これまで、古くからある日

本山岳会と全日本山岳連盟と二つの団体があり、両者をもって日本山岳協会をつくり体協に加盟するという変則的な形をとってきたが、この二重構造を解消して日本山岳協会に一本化した。遭難対策や海外派遣など、これまで二つの団体がそれぞれにおこなっていたので、指導官庁からも合併が求められていた。新協会の会長には武田久吉、専務理事には高橋定昌の両氏が選ばれた。

2.5～13　〔ユニバーシアード〕冬季トリノ大会開催　ユニバーシアードの第4回冬季大会がイタリア・トリノのセストリエーレで30ヶ国550余人が参加して開催された。日本勢は、男子15kmで小川弘 (日大) が4位、北村辰夫 (日大) が6位。40kmリレーで日本 (小川・北村・松岡・上村) がソ連に次いで2位。ジャンプは笠谷幸生 (明大) が優勝、藤沢隆 (早大) が3位。複合は藤沢隆が3位。アルペン種目はふるわず滑降の福原吉春 (明大出) の11位が最高。フィギュアスケートで男子の佐藤信夫 (関大出)、女子の福原美和が優勝 (早大)。福原は1964年大会でも優勝しており大会2連覇。

2.9～12　〔ノルディックスキー〕ノルディック大会開催　第44回全日本ノルディック大会が青森県・大鰐で開催された。男子15kmは鈴木宏尚 (谷村学院教)、30kmは大塚裕 (朝日鉄工)、40kmリレーは国鉄北海道 (工藤・成田・藤崎・渡辺) が優勝。オープン競技の少年15kmは高橋高吉 (富良野) が優勝。ジャンプ60m級は志村直紀 (拓銀)、同少年オープンは斎藤公男 (小樽潮陵定)、同90m級は板垣宏 (明大) が優勝。複合は板垣宏が優勝。少年複合は佐藤満留 (飯山南定) が優勝。女子5kmと10kmは加藤冨士子 (三馬ゴム)、15kmリレーは三馬ゴム (樋口・加藤・百合山) が優勝。

2.12～13　〔スピードスケート〕女子世界選手権開催　1966年度世界女子スピードスケート選手権大会がノルウェーのトロンヘイムで開催された。500mはエゴロワ (ソ連) が46秒9、1000mはラツオフシナ (ソ連) が1分35秒9、1500mは金松順 (北朝鮮) が2分29秒4、3000mはカイザー (オランダ) が5分6秒6で優勝。3000で2位、他の3種目ですべて3位に入ったワレンチナ・ステニナが総合優勝をさらった。日本の斎藤幸子は500m14位が最高、鷹野靖子は1000m18位が最高で、総合では斎藤が13位、鷹野が19位。

2.13　〔マラソン〕寺沢が別府4連勝　第15回別府毎日マラソンは、寺沢徹 (倉レ) が2時間14分35秒の大会新記録、国内最高記録で前人未踏の4連勝を達成。2位は岡部宏和 (西鉄)、3位は君原健二 (八幡製鉄)。

2.16～27　〔ノルディックスキー〕ジャンプで藤沢が2位　1966年度世界ノルディック選手権大会がノルウェーのホルメンコーレンで開催された。距離競走では15kmはエンゲン (ノルウェー)、30kmはマンチランタ (フィンランド) が優勝したほか、リレーはノルウェーが首位、フィンランドが2位と、ノルディックスキーのいわば本場といえるノルウェー、フィンランド両国勢が上位を占めた。日本勢は15kmの佐藤和夫 (東洋高圧) の27位が最高とふるわなかった。複合も谷口明見 (国鉄北海道) が15位、藤沢隆 (国土計画) は27位におわったが、藤沢はジャンプ90m級では優勝したウイルコーラ (ノルウェー) に次いで2位。ユニバーシアードで優勝した笠谷幸生 (明大) は28位。

1966年(昭和41年)　　　　　　　　　　　　　　　　　日本スポーツ事典

2.19～20　〔スピードスケート〕鈴木が世界選手権2位　世界男子スピードスケート選手権大会がスウェーデンのエーテボリで開催された。500mはグレイ(米)が40秒9で優勝、鈴木恵一が41秒2で2位に入った。総合優勝はセーヌ・フェルケルク。

2.21～27　〔フィギュアスケート〕世界選手権開催　1966年度フィギュアスケート世界選手権大会がスイスのダボスで開催された。男子はダンツアー(オーストリア)が優勝、佐藤信夫(国土計画)は5位、小塚嗣彦(早大)は19位。女子はフレミング(米)が優勝、福原美和(早大)は8位、大川久美子(関大)は10位。

2.23　〔国民体育大会〕国体スキー開催　第21回国体冬季スキーで男女総合優勝に北海道、女子に新潟が優勝。

2.23～26　〔スピードスケート〕日本選手権開催　第34回全日本スピードスケート選手権大会が軽井沢で開催された。男子500mは鈴木恵一(明大)が41秒3、1500mも鈴木恵一が2分13秒5で優勝。5000mは富原俊雄(三協精機)が8分13秒0、1万mも富原俊雄が17分3秒1で優勝。富原は1500mも2位で、総合の日本新記録。女子は、500mで斎藤幸子(東洋大)が46秒9で優勝、鷹野靖子(専大)が2位、1000mも斎藤が1分37秒2で優勝、鷹野が2位、1500mは鷹野が2分32秒8で優勝。総合では鷹野が4年ぶり3回目の優勝、斎藤が2位。

2.28～3.4　〔アイスホッケー〕王子製紙が優勝　第34回全日本アイスホッケー選手権大会の決勝リーグ戦が苫小牧でおこなわれ、王子製紙が12回目の優勝をとげた。2位岩倉組、3位福徳相互。

3.6　〔プロ野球〕メキシコ・タイガースが来日　メキシコのプロ野球2A級メキシカン・リーグの前年の優勝者、メキシコシチー・タイガース(ガルシア監督ら20人)が来日、日本プロ野球の阪神、南海、阪急、大洋、西鉄(2戦)、中日、巨人(5戦)、サンケイと計13試合を行って全敗。昨季チームを優勝に導いたガルシア監督だが、帰国後の第一戦に敗れたところでファーム・チームの監督に格下げされてしまった。

3.9　〔重量挙げ〕新興国大会に不参加　日本体育協会は常任委員会で、11月25日から12月4日までカンボジアのプノンペンで行われる第2回アジア新興国大会(GANEFO)に代表を送らないことを決めた。GANEFOは、国際オリンピック委員会(IOC)を脱退したインドネシアがアジア・アフリカ諸国に呼びかけて1963年に第1回を開催、IOC非加盟国であった中華人民共和国が参加したことから、IOCはGANEFOに参加しないよう各国に通知していた。5月に北京で開かれたGANEFO重量挙げ大会では、日本重量挙げ協会は正式に招待をことわったが、7人が反対を押し切って参加。この後7月中旬、国際オリンピック委員会(IOC)は同大会に参加しないよう各国に通知、参加した場合は12月のアジア大会参加の資格が停止されるおそれがあると警告した。

3.27　〔相撲〕大鵬が19回目の優勝　大相撲春場所は、横綱・大鵬が13勝2敗で19回目の優勝。横綱・佐田の山は11日目から休場。殊勲賞は関脇・北の富

士が先場所につづいて受賞 (2回目)、敢闘賞は西前頭9枚目の高鉄山 (初)、技能賞は東前頭2枚目というむずかしい位置で8勝7敗と勝ち越した浅瀬川 (初)。

4.3 〔高校野球〕中京商が優勝　第38回選抜高校野球大会は、決勝で中京商 (愛知) が相手投手陣に4安打に抑えられながら、1-0でしぶとく土佐 (高知) をくだして優勝。

4.10 〔ゴルフ〕呂が総合優勝　第5回極東サーキット・ゴルフ大会は、2月24日のマニラにはじまり、4月10日の第4回読売オープンまで、各地で7戦をおこなった。総合成績首位は呂良煥 (台湾) と決まり、賞金1000ドルが授与された。

4.11 〔自動車〕日産ブルーバードが1位　日産自動車ブルーバードが、第14回サファリラリーで1、2位を獲得。

4.11 〔格闘技〕キックボクシング登場　日本キックボクシング協会の旗揚げ興行が大阪府立体育館で開催された。メインイベントの沢村忠vsラクレー・シーハヌマンは2R右回し蹴りKOで沢村が勝利。沢村はこの後1977年の引退まで、キックボクシングのブームを巻き起こすヒーローとなる。

4.19 〔マラソン〕君原がボストンで優勝　第70回ボストン・マラソンは、君原健二 (八幡製鉄) が2時間17分11秒で優勝。2位は佐々木精一郎 (九州電工)、3位は寺沢徹 (倉レ)、4位は岡部宏和 (西鉄) と、上位4位までを日本勢が独占する快挙。ボストン・マラソンの日本選手の優勝は、1951年の田中茂樹に始まり、1953年山田啓蔵、1955年浜村秀雄、昨1965年の重松森雄とつづき、今回が5度目。

4.24～26 〔オリンピック〕72冬季五輪は札幌　国際オリンピック委員会 (IOC) の第64回総会がローマで開かれ、第11回冬季大会と第20回夏季大会の開催地が選ばれた。冬季大会の札幌招致は、一時は困難との見とおしがあったが、投票の結果、最も有力とみられていたバンフ (カナダ) は16票、ラハチ (フィンランド) 9票、ソルトレークシチー (米) 4票に対して、札幌は過半数の32票を得て、札幌開催が決まった。東京五輪を成功させた実績と1940年 (昭和15年) は夏季・東京、冬季・札幌と決まっていたのを返上した事情も札幌支持の要因かも知れない。また次の夏季大会の開催地はミュンヘン (ドイツ) に決まった。

4.29 〔競馬〕ハクズイコーが天皇賞制覇　第53回天皇賞 (春) レースが京都競馬場 (芝3200m) で行われ、ハクズイコウ (保田隆芳騎手) が3分19秒4の新記録で1着となった。

5.1 〔プロ野球〕佐々木が完全試合　プロ野球セ・リーグの大洋の佐々木吉郎投手が、広島球場でおこなわれた対広島6回戦で完全試合を達成した。プロ野球史上8人目。

5.7 〔卓球〕日中卓球は中国強し　世界最強を誇る中国卓球チームを迎えて日中交歓試合が、東京、大阪、名古屋でおこなわれた。日本は男女とも1勝1敗で最終戦を迎えたが、最終戦は男子は中国が全試合ストレート勝ちの0-5、

女子も 1-5 で中国が勝って、対戦成績は男女とも日本が負け越した。中国選手の速さとバック打ちへの対応が課題。

5.12 〔プロ野球〕田中が完全試合　プロ野球パ・リーグの西鉄の田中勉投手が、大阪球場でおこなわれた対南海 6 回戦で完全試合を達成した。プロ野球史上 9 人目。

5.21 〔バドミントン〕日本がユーバー杯王座　女子バドミントンの世界選手権である第 4 回ユーバー杯で、日本は 2 月にタイに勝ってインターゾーン戦に進出、5 月 17 日のゾーン決勝で英国を破ってチャレンジ・ラウンドに進んだ。ウエリントン (ニュージーランド) でおこなわれたチャレンジ・ラウンドで日本チーム (高木紀子、横山満子、横井文子、後藤和子、天野博江、高橋とも子) はチャンピオンの米国を 5-2 で下して、初のチャンピオンになった。日本は初出場初優勝。

5.29 〔相撲〕大鵬が 20 回目の優勝　大相撲夏場所は横綱・大鵬が 14 勝 1 敗で 20 回目の優勝。横綱・佐田の山は全休、栃ノ海は途中休場した。殊勲賞は 9 勝 6 敗の麒麟児 (初)、敢闘賞は新関脇で 10 番勝った玉乃島 (2 回目)、技能賞は 10 勝 5 敗の関脇・北の富士 (3 回目)。

5.29 〔競馬〕テイトオーが日本ダービー制覇　第 33 回日本ダービー (東京優駿) が東京競馬場 (芝 2400m) で行われ、テイトオー (清水久雄騎手) が 2 分 31 秒 1 で 1 着となった。

6.5 〔陸上〕菅原が好記録　東京陸上競技大会で、菅原武男 (リッカー) がハンマー投げで 67m12 を記録、これは今年度の世界 7 位に相当。

6.6 〔大学野球〕慶大がリーグ最下位　東京六大学野球の春季リーグは早慶戦で終了。慶大は明大と東大に各 1 勝しただけで最下位に沈んだ。大戦前の 1935 年 (昭和 10 年) 春に東大と同率最下位になったことはあるが、単独最下位は慶大にとって史上初。これに伴い、東大が 5 位となり 1960 年 (昭和 35 年) 以来、11 シーズンぶりに最下位を脱出した。

6.17 〔プロ野球〕小山が通算 58 無四球試合　東京の小山正明投手は対西鉄戦で通算 58 の無四球試合、日本新記録。

6.18 〔レスリング〕金子が世界選手権初優勝　アマレス世界選手権フリースタイルでフェザー級の金子正明選手 (自衛隊) が初優勝。

6.22 〔陸上〕沢木が日本新で優勝　ロンドンの競技会の 5000m で、沢木啓祐は世界記録保持者のクラーク (豪) とガムーディ(チュニジア) を抑えて 13 分 36 秒 2 の日本新記録で優勝。3000m でも日本記録。

6.23 〔バレーボール〕中大 70 連勝でストップ　1964 年 (昭和 39 年) 秋の関東大学秋季リーグ以来、連勝をつづけてきた中大バレーボール・チームは、全日本選抜大会で一般選抜チームに敗れ、連勝は 70 でとめられた。

6.23 〔柔道〕世界学生柔道で日本が優勝　第 1 回世界学生柔道選手権大会 (プラハ) に日本、団体戦で優勝。

6.26 〔陸上〕飯島が優勝　ヨーロッパ転戦中の飯島秀雄 (早大) は、西ベルリンの

競技会の 100m で、10 秒 1 の日本タイで優勝。7 月 2 日のオデッサ (ウクライナ) の競技会でも再び 10 秒 1 で優勝した。

6.28 〔プロ野球〕稲尾が 250 勝　プロ野球パ・リーグ西鉄の稲尾和久投手は、平和台でおこなわれた対東京 15 回戦で勝ち、1956 年 (昭和 31 年) 入団以来の通算 250 勝を記録した。このとき 250 勝以上を記録している投手は、金田正一 (国鉄、巨人)364 勝、別所毅彦 (南海、巨人)310 勝、スタルヒン (大戦前、巨人)303 勝の 3 人。

7.11 〔水上競技〕全日本サーフィン大会開催　第 1 回全日本サーフィン大会、千葉の鴨川海岸で、女性 1 人を含む 99 人が参加して開催。ドルフィンクラブ優勝。

7.17 〔相撲〕大鵬が 21 回目の優勝　大相撲名古屋場所は、横綱・大鵬が千秋楽に柏戸をはたきこみで破り、3 場所連続、21 回目の優勝。この場所に出場した役力士 8 人全員が勝ち越した。これは 1940 年 (昭和 15 年)1 月以来、102 場所ぶりの記録。殊勲賞は関脇・玉之島 (3 回目)、東前頭 10 枚目で 11 勝 4 敗の鶴ヶ峰が敢闘賞 (初) と技能賞 (10 回目) を受賞。

7.26 〔オリンピック〕札幌五輪組織委始動　札幌オリンピック冬季大会組織委員会の設立総会が東京・渋谷の岸記念体育館でおこなわれた。会長に植村甲午郎 (経団連副会長)、副会長に原田与作 (札幌市長) と竹田恒徳 (日本オリンピック委員会委員長)3 氏を選出、事務総長に佐藤朝生を委嘱。実行委員 14 人 (竹田恒徳委員長)、組織委最高顧問に川島正次郎・前札幌招致委会長 (自民党副総裁)、安川第五郎・前東京五輪組織委会長を移植した。事務局は札幌 (本部) と東京に置く。開催決定から 3 ヶ月、五輪開催へ向けての体制が整い準備が始動する。

7.27 〔プロ野球〕堀内が開幕 13 連勝　プロ野球セ・リーグ巨人の新人・堀内恒夫投手は、対阪神 16 回戦で勝利投手となり、開幕から無敗の 13 連勝、1957 年 (昭和 22 年) の阪神・御園生崇男投手の日本記録と並んだ。堀内投手の記録は、新人投手の開幕連勝記録および新人投手の連勝の新記録である。31 日、堀内投手は対広島 18 回戦で先発して 2 失点で初めて負け投手となり、連勝記録は 13 でとまった。

8.1 〔社会人野球〕熊谷組が優勝　第 37 回都市対抗野球は東京都代表の熊谷組が優勝。

8.6 〔バレーボール〕ニチボー連勝ストップ　東京・駒沢競技場でおこなわれた世界選手権アジア大会代表選考東京大会で、世界に名をとどろかせてきた女子バレーボールのニチボー貝塚がヤシカに 2-3 で破れ、連勝は 258 でとまった。ニチボー貝塚は、1959 年 (昭和 34 年)11 月の対・明治生命戦の勝利から 6 年余、大松監督の旧チームで 175 連勝、小島監督の新チームで 83 連勝を重ねてきた。

8.11 〔登山〕アルプス 3 大北壁登頂　高田光政 (名古屋出身) は、バウル (ドイツ人)、キシルコワ (チェコ人) ら 5 人でマッターホルン (4505m) 北壁の登高に成功した。同峰は前年 8 月に服部満彦 (水戸市) と渡部恒明が登高に成功し

ている。高田は前年8月にアイガー北壁登高に成功しており、アルプス3大北壁の二つの登高に成功したのは日本人初。17日、もう一つの北壁、モンブラン山塊のグランドジョラスを独標登高会の伊藤敏夫(東急航空)、伊佐忠義(学生)、石井重胤(富士メッキ)の日本人パーティが登高した。これでアルプス3大北壁のすべてを日本人が登高した。

8.13 〔陸上〕鳥居が新記録　高地訓練競技会で、鳥居義正(吉原市商教)が自らもっていた4m80を超える4m95の新記録。世界の第一線に伍する5mまであとひと息。

8.18 〔プロ野球〕王が250号　プロ野球セ・リーグ巨人の王貞治一塁手は、川崎球場でおこなわれた対大洋22回戦で、大洋・新治投手から今季38号の本塁打を打ち、通算250本塁打となった。プロ野球で本塁打を250本以上打っているのは、青田昇(昭和17年に巨人入団、応召・復員後、阪急、巨人、大洋松竹、阪急)、山内一弘(毎日、阪神、広島、巨人、阪神、ロッテ)、野村克也(南海)の3人。250号に達するのに青田が14年、山内が12年、野村が10年を要したが、王は8年(994試合)と最も速く到達した。本塁打を打つ率(試合数あたり)は、青田が265本/1536試合で本塁打率6.2試合、山内は323本/1355試合で同5.4、野村が343本/1127試合で同4.5に対して、王は250/994で本塁打率3.9、今季に限ってみると94試合で38本、本塁打率は2.4という驚異的な本塁打量産の勢いである。

8.19～21 〔カヌー〕日本選手権大会開催　カヌーの日本選手権大会が神奈川県・相模湖でおこなわれた。男子カヤック・シングル1000mは隈本富夫(専大)、同1万mは望月周(関東学院大)、ペア1000mは中村・広井(関学)、ペア1万mは渡辺・石谷(専大)、フォア1000mは専大(渡辺・石谷・三浦・隈本)、男子カナディアン・シングル1000mは元田好彦(関東学院大)同1万mは黒沢秀夫(平潟会)、ペア1000mは島崎・山本(専大)、ペア1万mは吉野・緒方(熊本県カヌー)が優勝。女子カヤック・シングル500mは岡本敬子(東女体大)、ペア500mは岡本敬子・白崎(東女体大)が優勝。ジュニア男子カヤック・シングル500mは土谷竜一(石巻商高)、同ペアは土谷・高橋(石巻商高)、同女子カヤック・シングル500mは堀田美代子(相模湖カヌー)、同ペアは堀田・萩原(相模湖カヌー)が優勝。

8.22～25 〔野球〕世界アマ野球で日本優勝　第1回世界アマチュア野球選手権大会が、日、米、フィリピン、韓国の4ヶ国が参加してハワイ・ホノルルで開催された。都市対抗大会で優勝した熊谷組を主体とした日本チームが3戦全勝で優勝した。この大会は、さきに米デトロイトで開かれたノンプロ野球世界大会とは別のもので、組織もまだ固まっていない。大会終了後、世界アマチュア野球連盟の結成調印がおこなわれたが、加盟国は今回参加した4ヶ国だけで、中南米などにこれから呼びかけていく。第2回大会を1970年に開催する予定(開催地は未定)。

8.24 〔高校野球〕中京商が春夏連覇　第48回全国高校野球選手権大会は、春の選抜大会で優勝した中京商(愛知)が松山商(愛媛)を3-1で下して春に続いて夏も優勝した。春夏連覇は、1962年(昭和37年)の作新学院(栃木)に次いで大会史上2度目。作新は、春の選抜大会は八木沢荘六、夏の大会は加藤斌

と別の投手を擁したが、今年の中京商は主戦の加藤英夫投手が春・夏の甲子園 10 試合を一人で投げきった。中京商は、1931 年 (昭和 6 年) の第 17 回から 1933 年 (昭和 8 年) の第 19 回大会まで 3 連覇、さらに第 23 回、第 36 回にも優勝しており、夏 6 回、春 4 回の優勝で高校野球全国大会の最多優勝記録を達成。

8.27～28 〔ボート〕全日本選手権開催　第 44 回全日本ボート選手権大会が戸田コースでおこなわれた。エイトは早大、シングル・スカルは佐々木直哉 (一橋大)、ダブル・スカルは宮田・佐野 (早大)、かじ無しペアは向後・田中 (日医大)、かじ付きペアは新潟大 (長尾・新田・若狭)、かじ付きフォアは法大 (大坪・石井康・小島・石井節・小杉) が優勝。合わせておこなわれた第 6 回オックスフォード盾エイトは日大が優勝した。オープン種目としておこなわれた高校かじ付きフォアは熊本商大付が優勝した。

8.28 〔柔道〕初の体重別選手権開催　第 1 回全日本選抜体重別柔道選手権大会が福岡の九電体育館で開催された。軽軽量級 (63kg 以下) は稲田明三段 (福岡大)、軽量級 (70kg 以下) は中谷雄英四段 (三菱レ)、中量級 (80kg 以下) は遠弥信一四段 (東レ)、重量級 (80kg 以上) は松永満夫五段 (高知県警) がそれぞれ初の大会で優勝した。

8.28～30 〔水泳〕日本選手権開催　昭和 41 年度日本水泳選手権大会が第 5 回アジア大会代表選考予選を兼ねて東京・渋谷の五輪プールで開催された。男子 100m 自由形で岩崎邦宏 (早大) が 57 秒 7、1500m 自由形で伊藤勝二 (日大) が 17 分 22 秒 1、女子 100m 自由形で木原美知子 (山陽女) が 1 分 2 秒 4、200m 個人メドレーで藤井康子 (山田 SC) が 2 分 40 秒 9 の日本新記録。また特に女子では 10 代前半の中学生・小学生の活躍がめだった。女子 100m 背泳ぎで 14 歳の我部貴美子 (山田 SC、大阪巽中 3 年) が、1 分 10 秒 0 で第一人者の田中聡子 (八幡製鉄、1 分 11 秒 0 で 2 位) を抑えて優勝、200m 背泳ぎでも優勝した。この 200m 背泳ぎでは、新谷 (しんがい) 孝子 (山田 SC、大阪北巽小 6 年) が 2 位になった。小学生が日本選手権の 2 位になったのは、1928 年 (昭和 3 年) の前畑秀子 (兵藤秀子) が優勝して以来の快挙。女子 100m バタフライでは石井雅子 (山田 SC、大阪浪花女高 3 年) が 1 分 7 秒 8 の日本タイ記録で優勝。山田スイミング・クラブ (山田 SC) は 27 選手のうち延べ 25 選手が入賞、6 種目で優勝して注目された。

8.30～9.11 〔バレーボール〕世界選手権で日本 5 位　第 6 回世界男子バレーボール選手権大会がチェコのプラハで開催された。日本は決勝リーグに進んだが 4 勝 3 敗で 5 位。開催国のチェコが 6 勝 1 敗で優勝。

9.4 〔陸上〕石田が三冠王　学生陸上競技会で石田義久選手 (日大) は戦後初の投擲で三冠王になる。

9.5 〔プロ野球〕ドラフト会議で混乱　プロ野球新人選択 (ドラフト) 会議は 9 月 5 日と 11 月 7 日の 2 回に分けておこなわれた。第 1 回は全球団が第 1 次選択で指名 (複数球団の指名が重なった場合は抽選)、第 1 次指名で、阪神が江夏豊投手 (大阪学院高)、サンケイが武上四郎内野手 (河合楽器) など 100 人の交渉権が決まった。第 2 回は今季成績の逆順に指名するウェーバー方

式で、大洋が平松政次投手 (日本石油)、東京が八木沢荘六投手 (早大) など 45 人の交渉権がきまった。中日が名商大在学中の高井投手を名商大中退として届けていたため交渉権を失い、南海も龍谷大在学中の松室武外野手を誤って指名し交渉権を取り消すなど、前年から始めたこの制度だが、一部に混乱がみられた。

9.9　〔ゴルフ〕橘田が国内最高 22 アンダー　関西プロゴルフで橘田規が通算 266 の 22 アンダー、国内最高で優勝。

9.17　〔野球〕野球団体分裂　日本学生野球協会、日本アマチュア野球協会を脱退。

9.17～10.2　〔ホッケー〕インド選抜チーム来日　インドの国技ともいわれるホッケーの選抜チームが来日、全日本のほか全国を転戦し各地の選抜チームと 10 試合をおこなった。全日本が第 2 戦 (9 月 18 日、札幌) で 3-1、第 4 戦 (同 24 日、横浜) で 1-0 で勝ったほかの 8 試合はインドが勝った。全日本は 2 勝 3 敗だった。

9.19～25　〔バスケットボール〕東南アジア選手権開催　第 4 回東南アジア女子バスケットボール選手権大会が韓国のソウルで開催された。韓国商銀が 6 戦全勝で優勝。韓国第一が 4 勝 2 敗で 2 位、日本の勧銀は 2 勝 4 敗で 3 位、台湾選抜が全敗で 4 位。

9.20～26　〔体操〕世界選手権開催　第 16 回世界体操選手権大会がドイツのドルトムントで開催された。男子団体総合は日本 (鶴見修治、中山彰規、遠藤幸雄、加藤武司、松田治広、三栗崇) が優勝、2 位ソ連、3 位東ドイツ。個人総合はボロニン (ソ連) が優勝、鶴見修治 (河合楽器)、中山彰規 (中京大教) が 2 位、3 位。種目別では、徒手で中山が優勝。跳馬では松田治広 (スワロー) が優勝、2 位加藤武司 (ソニー)、3 位中山、鉄棒でも中山が優勝、2 位遠藤幸雄 (日大教員)、3 位三栗崇 (順天大教) と両種目で 3 位までを独占。女子団体総合はチェコが優勝、2 位ソ連、3 位日本。個人総合はチャスラフスカ (チェコ) が優勝。池田敬子 (日体大教) が 3 位。種目別の平行棒で池田敬子、三栗多仁子が 2 位、3 位。

9.21　〔国民体育大会〕夏季大分国体開催　第 21 回大分国体夏季大会は 18 日から開かれ、総合で大分県が初優勝。

9.23　〔プロ野球〕巨人が 2 年連続優勝　セ・リーグは巨人 (川上哲治監督) が 2 年連続優勝。最終順位は 2 位中日、3 位阪神、4 位広島、5 位大洋・サンケイ (同率 5 位)。

9.25　〔相撲〕大鵬が 22 回目の優勝　大相撲秋場所は、大鵬、柏戸の両横綱が 13 勝 2 敗の相星で並び、優勝決定戦で大鵬が勝ち 22 回目の優勝、春場所からの連続優勝を 4 場所に伸ばした。殊勲賞は 11 勝 4 敗の関脇・玉乃島 (4 回目)、敢闘賞は西前頭 12 枚目で 12 勝 3 敗の禊鳳 (初)、技能賞は西前頭 4 枚目で 11 勝 4 敗の麒麟児 (初)。

10.9　〔プロ野球〕南海が 3 年連続優勝　プロ野球パ・リーグは、南海 (鶴岡一人監督) が 3 年連続 11 回目のリーグ優勝を決めた。最終順位は 2 位西鉄、3 位東映、4 位東京、5 位阪急、6 位近鉄。

1966 年 (昭和 41 年)

10.10　〔社会スポーツ〕初の「体育の日」　初の「体育の日」。全国各地でスポーツ行事。

10.12～18　〔プロ野球〕巨人が日本シリーズ連覇　プロ野球の第 17 回日本シリーズは、セ・リーグ優勝の巨人 (川上哲治監督) とパ・リーグ優勝の南海という前年と同じ顔合わせとなった。巨人はシリーズ最優秀選手となった柴田勲外野手をはじめ ON (王貞治一塁手・長嶋茂雄三塁手) らの主力打者が力を発揮、城之内邦雄投手を中心とする投手陣も好調で、4 勝 2 敗で南海を下し、8 度目の日本一。南海は、主砲の野村克也捕手が手の甲を痛めてふるわず、前年につづいて巨人に屈した。シリーズ MVP は柴田勲。

10.15～21　〔重量挙げ〕世界選手権開催　第 19 回重量挙げ世界選手権大会が東ベルリンで開催された。フェザー級で東京五輪優勝の三宅義信 (自衛隊) が優勝、三宅義行 (法大) が 3 位。バンタム級で野田澄夫 (明大) が 5 位。ライトヘビー級の石川邦夫 (名鉄) は 12 位。

10.20～11.16　〔プロ野球〕ドジャースが来日　米大リーグ前年のワールド・シリーズの覇者であるロサンゼルス・ドジャースが読売新聞の招きで来日。ドジャース一行は、三振奪取王の豪速球のコーファックス投手、2 年連続首位打者のトミー・デービスなど、監督、選手のほかオマリー会長と応援団も加え 100 人余。全国各地で 18 試合をおこなった。23 日に後楽園でおこなわれた巨人戦で巨人の益田昭雄投手はドジャース打線を散発 3 安打に抑えこむ好投で完封、巨人が勝った。巨人が大リーグ・チームに勝ったのは戦前・戦後を通じて 5 度目。巨人は 4 勝 3 敗とドジャースに勝ち越し、日本チームの 9 勝 8 敗 1 引き分けで終わった。ドジャースは来日した大リーグ・チームとしては最多の敗戦。一行とともに米大リーグのエッカート・コミッショナーも来日。日本チームの健闘ぶりもあり、中断されている日米野球交歓の復活への途が開かれる期待もある。

10.25　〔国民体育大会〕国体秋季大会開催　国体秋季大会は、天皇杯は地元大分県、皇后杯は東京都が獲得。重量挙げで三宅義信・大内仁が、ジュニアで今村・小松両選手が世界新記録を樹立。28 日、天皇杯は地元大分県、皇后杯は東京都が獲得。

10.26～11.1　〔ラグビー〕ウェリントン・クラブ来日　ニュージーランドのウェリントン・アスレチック・クラブが来日、4 試合をおこなった。第 1 戦 (27 日、西京極) は全同大が 30-17 で勝ち、第 2 戦 (29 日、花園) は近鉄が 11-9 で勝った。第 3 戦 (30 日、名古屋) はトヨタが 6-22 で負け、第 4 戦 (11 月 1 日、秩父宮) は八幡製鉄が 8-15 で敗れた。

11.3～6　〔ヨット〕全日本選手権開催　第 5 回全日本ヨット選手権大会が神奈川県・江ノ島でおこなわれた。ドラゴン級は松本・舟岡・日色組 (巴工業 A)、フライング・ダッチマン級は大野・橋本組 (江ノ島 YC)、スター級は貝道・岩崎組 (神奈川県連) が優勝。

11.13　〔サッカー〕東洋工業が 2 連覇　日本サッカー・リーグ戦で東洋工業が 2 年連続優勝。

1966年(昭和41年)　　　　　　　　　　　　　　　　　　　　　　日本スポーツ事典

11.13　〔ゴルフ〕カナダ杯開催　日本で開かれたカナダ杯ゴルフは団体で米国が8回目の優勝。

11.13　〔ボクシング〕ムサシ中野が8連続KO勝ち　ムサシ中野、連続KO日本新記録。プロ・ボクシングの日本ウェルター級1位のムサシ中野(笹崎)は、豊田市でおこなわれたエディ・ケンテ(フィリピン)との一戦でKO勝ちし、8試合連続KO勝ちを記録した。これまでピストン堀口ら4人が7試合連続KOをしており、8試合連続KOは日本新記録。中野はこのあとシチラン(タイ)、アリバラ(フィリピン)、コーテッツ(フィリピン)、ラバロ(フィリピン)をKOして12試合連続KO勝ちと記録を伸ばしたが、1967年(昭和42年)8月8日、ロペス(米)に逆にKO負けを喫して記録はとまった。

11.27　〔マラソン〕広島が首位と0秒6差　第1回日本国際マラソン選手権大会が福岡でおこなわれ、M・ライアン(ニュージーランド)が2時間14分04秒6で優勝、広島庫夫(旭化成)が首位と0秒6差の2時間14分05秒2の国内最高記録で2位。

11.27　〔相撲〕大鵬優勝・栃ノ海引退　大相撲九州場所は横綱・大鵬が4度目の全勝優勝を果たした。23回目の優勝で5場所連続優勝。柏戸、佐田の山の両横綱も10勝5敗と星を残したが大鵬の独走をとめられなかった。殊勲賞は10勝5敗の小結・琴桜(3回目)、敢闘賞は西前頭10枚目で11勝4敗の鶴ヶ峰(2回目)、技能賞は西前頭4枚目で12勝3敗の高鉄山(初)。夏場所から不振が続いていた横綱・栃ノ海は8日目から休場、引退した。28歳の若さは横綱最年少引退記録だった。1955年初土俵、1963年11月横綱昇進。初土俵で1年後輩の大鵬を倒すことに執念をもち、1964年夏場所で大鵬を破り3回目の優勝をとげた。その後は怪我が続き持ち前の鋭く機敏な相撲をとることができなかった。年寄中立を襲名。

11.28～30　〔フィギュアスケート〕小塚・大川が優勝　第35回全日本フィギュアスケート選手権大会が東京・後楽園で開催された。男子は小塚嗣彦(早大)が初優勝、女子は大川久美子(関大)が2年連続(4回目)の優勝。

12.4　〔相撲〕野見が全日本連覇　第15回全日本相撲選手権大会が東京・蔵前国技館で開催された。決勝で野見典展(和歌山県庁)が堀口圭一(立大)を下手投げで下して大会2連覇。

12.4　〔剣道〕千葉が優勝　第14回全日本剣道選手権大会が東京・武道館で開催され、決勝で千葉仁五段(警視庁)が村瀬五段(岐阜)を破り優勝した。

12.9～19　〔アジア競技大会〕バンコクでアジア大会　第5回アジア競技大会がタイのバンコクで18ヶ国、約2300人が参加して開催された。大会前に資金難から参加をとりやめると伝えられたインドも参加、15の競技がおこなわれた。200人の選手団を送りこんだ日本は、金メダル78、銀メダル53、銅メダル33と圧倒的な強さを示した。重量挙げミドル級で大内仁が455.0の世界新を記録した。

12.18　〔駅伝〕旭化成が3連勝　全日本実業団駅伝で旭化成が3連勝を達成した。

12.22～23　〔スピードスケート〕全日本選手権開催　第1回全日本スピードスケート

選手権大会が軽井沢で開催された。男子は、500m と 1500m で鈴木恵一 (国土計画)、5000m と 10000m で石幡忠雄 (三協精機) が、それぞれ 2 種目に優勝した。女子でも、斎藤幸子 (東洋大) が 500m と 1500m で勝ち、500m では 46 秒 1 の日本新記録。

12.25　〔競馬〕コレヒデが有馬記念制覇　第 11 回有馬記念レースが中山競馬場 (芝 2500m) で行われ、コレヒデ (保田隆芳騎手) が 2 分 37 秒 0 で 1 着となった。スピードシンボリは 3 位。

"アジアの鉄人" の世界記録破られる

陸上競技の十種競技は、100m 走、400m 走、1500m 走、110m 障害走、走り幅跳び、走り高跳び、棒高跳び、砲丸投げ、円盤投げ、やり投げの十種目の総合点を競う。十種競技の覇者は陸上競技の王者として尊敬される。台湾の楊伝広 (楊傳廣) は、1954 年の第 2 回アジア大会、1958 年の第 3 回アジア大会の十種競技を連覇、1960 年のローマ五輪で 2 位、そして 1963 年に 8089 点という十種競技の世界新記録をつくり、"アジアの鉄人" と讃えられた。東京五輪では楊は 5 位に終わったが、優勝者の得点は 7887 点で楊の世界記録には 200 点も及ばなかった。だが楊の記録がついに破られた。1966 年、ロサンゼルスでおこなわれた競技会でホッジ (米) が 8230 点をマーク、楊の世界記録を 3 年ぶりに更新した。楊伝広は 1933 年、台湾・台東生まれのアミ族、現役引退後は指導者となり、1990 年の第 11 回アジア大会 (北京) では台湾陸上競技チームのコーチをつとめた。"アジアの鉄人" 楊伝広はアジア大会が産んだ英雄でもあった。なお十種競技の記録はその後も何度か更新され、2001 年のセブレブル (チェコ) の 9026 点が現在の世界記録である。日本記録は金子宗弘の 7995 点 (1993 年)。

1967年
(昭和42年)

1.3　〔駅伝〕日大が箱根優勝　第43回東京 - 箱根間往復大学駅伝競走は、往路1位の日大が復路も制し、11時間24分32秒で総合優勝。

1.3～8　〔高校サッカー〕藤枝東・秋田商が両校優勝　第45回全国高校サッカー選手権大会が西宮で開催された。決勝は藤枝東(静岡)と秋田商(秋田)が無得点のまま延長戦を戦ったが互いに譲らず、0-0の引き分けで両校優勝となった。藤枝東は、前年夏の高校総体、国体と合わせて今年度三冠。高校サッカーでの年度三冠は史上初。

1.10～15　〔バスケットボール〕全日本選手権開催　第42回男子バスケットボール選手権大会と第33回女子バスケットボール選手権大会の決勝リーグ戦が東京・代々木体育館で開催された。男子は日本鉱業が全勝で優勝、2位日本鋼管、3位日大。女子はニチボー平野が全勝で優勝、2位勧銀、3位日体大。日本鉱業は前年につづき2連覇、ニチボー平野は大会3連覇。

1.12～15　〔サッカー〕早大が優勝　第46回天皇杯全日本サッカー選手権大会が東京・横浜で開催された。前年末の全国大学選手権を制した早大が決勝で延長戦のすえ東洋工業を3-2で破り優勝した。3位決定戦は八幡製鉄が4-1で古河電工を下した。

1.12～21　〔ハンドボール〕世界選手権は予選敗退　第6回男子ハンドボール世界選手権大会がスウェーデンのストックホルムで開催された。決勝でチェコがデンマークに勝って優勝。3位はルーマニア。日本はフランス、ポーランドとともに10位。

1.15　〔ノルディックスキー〕斎藤がジュニア部門1位　第62回ノルディック・クラブ大会が米イリノイ州ケリーでおこなわれ、ジュニア部門で斎藤公男(小樽潮陵高定)が1位になった。

1.26～28　〔バレーボール〕世界女子バレーに共産圏不参加　世界女子バレーボール選手権大会は、ペルーとメキシコが開催を返上、日本が開催を引き受けたが、日本が北朝鮮を正式国名で呼ばず国旗掲揚・国家吹奏をとりやめたのは不当だとして北朝鮮が参加を拒否、ソ連をはじめとする共産圏諸国がこれに同調して不参加。日本、米国、韓国、ペルーの4カ国だけが参加し、東京・武道館で開催された。日本が3戦全勝で優勝。

1.27　〔ボウリング〕プロ協会設立　日本プロボウリング協会設立。

1.29　〔国民体育大会〕国体スケート開催　第22回国体スケートは北海道が12度目の総合優勝。

1.29　〔ノルディックスキー〕藤沢がジャンプ1位　米セントポールでおこなわれたセントポール・ジャンプ大会に出場した藤沢隆(国土計画)が1位になった。

1.29　〔相撲〕大鵬が5度目全勝優勝　大相撲初場所は横綱・大鵬が5度目の全勝優勝、通算24回目の優勝で連続6場所優勝は連続優勝の史上最高記録と並ぶ。柏戸、佐田の山の両横綱もそれぞれ12勝、14勝、また大関・北の富士、玉乃島も10勝、9勝と、横綱・大関陣が充実。その横綱・大鵬と対戦した関脇以下前頭上位は、関脇・高鉄山12敗、小結・清国12敗、前頭筆頭・前の山11敗、二枚目・鶴ヶ峰10敗、同・海の山11敗と大きく負け越したのはやむをえまい。殊勲賞は9勝6敗の小結・麒麟児(2回目)、敢闘賞は西前頭4枚目で11勝4敗の明武谷(4回目)、技能賞は東前頭4枚目で9勝6敗の豊国(初)。

2.7　〔登山〕マッターホルン北壁登頂　東京の山岳会がマッターホルン北壁に冬季登頂、日本人で最初。

2.11〜12　〔スピードスケート〕鈴木が3回目の優勝　第61回世界男子スピードスケート選手権大会がノルウェーのオスロで開催された。5000mと1万mに勝ったフェルケルク(オランダ)が総合優勝。500mで鈴木恵一(国土計画)が40秒9で、この大会2年ぶり3回目の優勝。石幡忠雄(三協精機)は、5000mで31位、1500mで32位におわった。

2.17　〔国民体育大会〕国体スキー開催　国体スキーは北海道が総合優勝。

2.18〜19　〔スピードスケート〕女子世界選手権開催　第25回女子スピードスケート世界選手権大会がオランダのデベンダーで開催された。500mでマイヤーズ(米)が優勝したほかは、1000、1500、3000mの3種目はスティエン・カイザーが勝ち、総合優勝。カイザーは前年は総合3位だつた。斎藤幸子(東洋大)は500m7位、1000m17位、有賀秋子(東洋大)は500m、1000mとも26位におわった。

2.19　〔ノルディックスキー〕藤沢が優勝　ノルウェーのトロニエムで開催されたスキー・ジャンプの国際大会の70m級で、藤沢隆(国土計画)が優勝した。

2.19〜26　〔サッカー〕日本は無得点負け　ソ連のサッカー・チームが来日、東京・国立競技場と京都・西京極球技場で4試合をおこなった。全日本は第1戦は0-2、第2戦は0-3と無得点負け、第4戦は0-0の引き分け。正月の全日本選手権を制した早大は第3戦で1得点したが1-7と大敗。

2.23〜28　〔ノルディックスキー〕全日本選手権開催　第45回全日本ノルディック選手権大会が札幌で開催された。距離競走15kmは佐藤常貴雄(北方自衛隊)、30kmは佐藤和男(東洋高圧)、50kmも佐藤和夫が優勝。リレーは日大(浅野・小川・奥芝・高橋)が優勝。ジャンプ60m級は谷口明見(国鉄北海道)、同90m級は青地清二(雪印乳業)が優勝。複合は谷口明見が優勝。女子5kmと10kmは2種目とも加藤富士子(三馬ゴム)が優勝、リレーも三馬ゴム(樋口・加藤・百合野)が優勝した。

2.26〜3.21　〔ラグビー〕日本は9戦全敗　ニュージーランドの学生選抜ラグビー・チームが来日、全早大、全同大、日本学生選抜、全九州などと7試合、全日本と2試合をおこなった。全日本の最初の対戦(3月12日、花園)は3-19、二戦目(3月21日、秩父宮、最終戦)は8-55でニュージーランド学生選抜が圧

1967年(昭和42年)

勝。学生選抜を相手に日本は9戦全敗におわった。

2.28～3.3 〔アルペンスキー〕全日本選手権開催　第45回全日本アルペン選手権大会が長野県・八方尾根で開催された。男子は、滑降、回転、大回転の3種目とも丸山仁也(西沢ク)が優勝。女子滑降は大杖美保子(日大)、回転と大回転は酒井美代子(KKSク)が優勝。

2.28～3.5 〔フィギュアスケート〕世界選手権で大川が5位　世界フィギュアスケート選手権大会がオーストリアのウィーンで開催された。男子はエメリッヒ・ダンツァー(オーストリア)が優勝。前年11月の全日本選手権で優勝した小塚嗣彦(早大)は17位。女子はペギー・フレミング(米)が優勝。全日本優勝の大川久美子(関大)は5位。福原美和(早大)は病気棄権。

3.1～7 〔アイスホッケー〕岩倉組が優勝　第35回アイスホッケー全日本選手権大会の決勝リーグ戦が東京・品川でおこなわれ、岩倉組が優勝、2位西武鉄道、前年の覇者の王子製紙は3位。

3.3 〔アルペンスキー〕丸山が大会初の3冠王　全日本スキー選手権アルペン種目で丸山仁也選手は大会初の三冠王。

3.5 〔マラソン〕青梅マラソン開催　第1回青梅マラソン開催。

3.9 〔スキー〕楠村がスピード日本一　新潟の苗場で第1回全日本スピードスキー競技大会開催。楠村喜一が日本最高速度の134.479kmのスピードをマークした。

3.18～29 〔アイスホッケー〕五輪出場権を獲得　オーストリアのウィーンでアイスホッケーの世界選手権大会が開催され、最上位のA組はソ連が7戦全勝で優勝。次階級のB組はポーランドが優勝。日本はC組で4戦4勝で首位。冬季五輪出場国は、開催地フランスのほか、A組全8ヶ国、B組上位6ヶ国にC組1位と決められており、日本は五輪出場権を得た。

3.21 〔オリンピック〕金栗54年ぶりゴール　1912年のストックホルム・オリンピックにマラソン代表として出場、途中で意識を失いリタイアした金栗四三がオリンピック開催55周年記念式典の競技場で半世紀目のゴールを果たした。大会記録では棄権の届けがなく競技中の行方不明として扱われており、これに気付いたスウェーデンのオリンピック委員会が金栗を式典に招待した。この日記録された54年8ヶ月6日5時間32分20秒3のタイムは公認され、世界一遅いマラソン記録となった。75歳の金栗はゴール後のスピーチで「長い道のりでした。この間に孫が5人できました」とコメントしている。

3.26 〔相撲〕北の富士が初優勝　大相撲春場所は大関・北の富士が14勝1敗で初優勝した。先場所まで6場所連続優勝の横綱・大鵬は13勝2敗で7場所連続優勝はならなかった。殊勲賞は12勝3敗の東前頭4枚目の藤ノ川(初)、敢闘賞は東前頭14枚目・新入幕で13勝2敗の陸奥嵐(初)、技能賞も藤ノ川(初)。

3.31 〔高校野球〕野上がノーヒットノーラン　第39回選抜高校野球大会で市和歌山商(和歌山)の野上俊夫投手がノーヒットノーランを記録、大会史上7

人目。

4.7 〔高校野球〕津久見が選抜優勝　第39回選抜高校野球大会は、準決勝で延長10回2-1で報徳(兵庫)にせり勝った津久見(大分)が、決勝で高知(高知)と対戦、またも1-1で延長戦となり、12回表に1点を得て津久見が優勝した。

4.8 〔自動車〕日本初の長距離耐久レース　富士スピードウェイで日本初の長距離耐久自動車レース開催。

4.11～21 〔卓球〕世界選手権開催　第29回世界卓球選手権大会がスウェーデンのストックホルムで開催された。女子団体はソ連を3-0で下して4年ぶり7回目の優勝。男子団体は北朝鮮を5-3で破り8年ぶり6回目の優勝。日本がこの大会で団体男女とも優勝したのは1959年(昭和34年)のドルトムント(西ドイツ)大会以来8年ぶり。近年は世界最強の中国だか、今大会は「文化大革命」の影響で欠場した。日本女子チームは、森沢幸子(大生信金)、山中教子(タマス)、深津尚子(慶大出)、広田左枝子(専大)で、女子単は森沢が優勝、複は森沢・広田組が山中・深津組に勝って優勝。日本男子チームは、長谷川信彦(愛知工大)、河野満(専大)、木村興治(ゼネラル石油)、鍵本肇(早大)で、男子単は長谷川が河野を下して優勝、複はスウェーデン組が優勝し長谷川・河野組が3位。混合複は、長谷川・山中組が木村・深津組に勝って優勝。

4.15～22 〔バスケットボール〕世界選手権開催　第5回世界女子バスケットボール選手権大会がチェコのブラチスラワほかで開催された。ソ連が5戦全勝で優勝、4勝1敗の韓国が2位、日本は2勝3敗で5位におわった。

4.25 〔スキー〕三浦が富士山頂から滑降　プロ・スキーヤーの三浦雄一、富士山頂から滑降。

4.29 〔競馬〕スピードシンボリが天皇賞制覇　第55回天皇賞(春)レースが京都競馬場(芝3200m)で行われ、3月の目黒記念を勝ったスピードシンボリ(野平祐二騎手)が3分24秒2で1着となった。

4.29～30 〔柔道〕岡野が初優勝　全日本柔道選手権大会が東京・武道館で開催された。決勝で岡野功五段(近畿)が佐藤宣践四段(東京)を判定で下して優勝。

4.30 〔ボクシング〕藤猛が世界王座　プロ・ボクシング世界ジュニア・ウェルター級チャンピオンのサンドロ・ポポロ(イタリア)に藤猛(リキ)が東京・蔵前国技館で挑戦、藤が2回KOで勝ちタイトルを奪った。藤はハワイ生まれの日系三世。日本ボクシング・コミッション支配下のボクサーとしては、白井義男、海老原博幸、ファイティング原田についで4人目の世界チャンピオン。

5.9 〔プロ野球〕小山が250勝　パ・リーグ東京の小山正明投手はプロ入り250勝を達成、史上5人目。

5.14 〔競馬〕アサデンコウが日本ダービー制覇　第34回日本ダービー(東京優駿)が東京競馬場(芝2400m)で行われ、アサデンコウ(増沢末夫騎手)が2分30秒9で1着となった。さつき賞に勝ったリュウズキは5着。

5.22 〔大学野球〕田淵が大学通算10号　東京六大学野球春のリーグ戦、慶・法

1967年 (昭和42年)

戦で法大の田淵幸一捕手が2本塁打、通算10号の新記録を樹立。

5.25～30　〔サッカー〕全英アマ選抜が来日　サッカーの全英アマチュア選抜チーム・ミドルセックス・ワンダラーズが来日。第1戦 (国立競技場) は全英3-0日本代表、第2戦 (駒沢) は日本代表2-1全英、第3戦 (西京極) は全英2-1日本代表で、英国のアマチュア選抜を相手に日本代表チームは1勝2敗。

5.28　〔相撲〕大鵬が25回目の優勝　大相撲夏場所は、横綱・大鵬が14勝1敗で25回目の優勝をとげた。先場所初優勝した大関・北の富士は5勝10敗と負け越し。12勝3敗の小結・麒麟児が殊勲賞 (3回目) と技能賞 (初) を受賞、敢闘賞は西前頭7枚目で13勝2敗の長谷川 (初)。

6.7　〔プロ野球〕金田がリーグ新16奪三振　巨人の金田正一投手は対大洋戦で奪三振16のセ・リーグ新記録。

6.15　〔ボクシング〕沼田が世界王座　プロ・ボクシング世界ジュニア・ライト級チャンピオンのフラッシュ・オロルデ (フィリピン) と世界同級6位の沼田義明 (極東) のタイトル・マッチが東京・蔵前国技館でおこなわれ、沼田が判定勝ちしてチャンピオンになった。これで日本の世界チャンピオンは、バンタム級のファイティング原田 (笹崎)、ジュニア・ウェルター級の藤猛 (リキ) と現在3人となり、米国の2階級を上回って世界一のタイトル保持国となった。

6.18　〔大学野球〕中大が初優勝　全日本大学野球は中大が初優勝。

6.18　〔重量挙げ〕大内が世界新　大内仁選手がミドル級重量挙げで二つの世界新を記録。

6.18～25　〔サッカー〕ブラジル・パルメイラス来日　ブラジルのサッカー・チーム、パルメイラスが来日、東京・駒沢競技場で3試合をおこなった。第1戦はブラジル2-0日本、第2戦は日本2-1ブラジル、第3戦はブラジル2-0日本。

6.28～7.2　〔複合競技〕近代五種選考会開催　近代五種世界選手権代表を決める最終選考会が東京と埼玉県朝霞でおこなわれた。1位は福井敏雄 (自衛隊) 4725 (フェンシング907、射撃768、水泳985、陸上1045、馬術1030)。2位坂下 (自衛隊)、3位福留 (自衛隊)、4位田代 (自衛隊) で、以上4人が代表に決定。

6.30～7.2　〔自転車〕全日本選手権開催　第36回全日本自転車選手権大会が立川で開催された。1000mタイムトライアルは井上三次 (法大)、個人追い抜きは今村満 (日大)、スクラッチは井上三次、1万mポイントは宗玄清蔵 (日大)、ロードは斧隆夫 (ナショナル自転車) が優勝。1000mトライアルの井上と個人追い抜きの今村はともに前年につづき2年連続優勝。

7.13　〔ヨット〕鹿島が太平洋横断　鹿島郁夫、コラーサ2世号 (小型ヨット) で、101日かかり太平洋横断に成功。

7.16　〔相撲〕柏戸が5回目の優勝　大相撲名古屋場所は横綱柏戸が14勝1敗で5回目の優勝。先場所優勝の大鵬は4日目から休場。殊勲賞は9勝6敗の小結・長谷川 (初)、敢闘賞は11勝4敗の関脇・琴桜 (2回目)、技能賞は東前頭6枚目で11勝4敗の若浪 (初)。

7.19　〔登山〕**女性初の北壁登頂**　東京女子医大登山隊(今井通子隊長)、マッターホルン北壁を登頂。女性としては初。

7.21～23　〔射撃〕**アジア選手権開催**　第1回射撃アジア選手権大会が埼玉県で開催された。スモール・ボア・ライフル伏射団体で日本(渡辺・細川・斎藤・染矢)が優勝。同三姿勢団体も日本(石井・伊藤・八木・関根)が優勝。エア・ライフル立射団体で日本(石井・伊藤・斎藤・小野)が優勝。ラピッド・ファイア・ピストル個人で久保皖司(皇宮警察)が優勝、同団体も日本(久保・蒲池・山本・白石)が優勝。フリー・ピストル個人で吉川貴久(福岡警察)が優勝、同団体も日本(吉川・伊藤・秤・楠)が優勝。クレー・トラップ個人は井口哲次郎(東京)が日本新記録で優勝、同団体も日本(新里・納見・井口・佐波)が優勝。クレー・スキート個人は村田満男が優勝、同団体も日本(麻生・石原・山崎・小島)が優勝。日本チームは10種目のうち7種目で団体優勝を果たした。

7.22　〔登山〕**グランドジョラス登頂**　高田光政、グランドジョラス登頂に成功、マッターホルン、アイガーの北壁と併せアルプス三大北壁征服。

7.27～29　〔水泳〕**学生選手権開催**　第43回日本学生水泳選手権大会が東京・五輪プールで開催された。男子1500m自由形で、伊藤勝二(日大)が17分18秒3で優勝、2位の高瀬(日大)の17分18秒8とともに日本記録を更新。学校別得点は競泳、飛び込みとも日大が大差で優勝した。

8.8　〔社会人野球〕**日石が大会新5回目の優勝**　都市対抗野球は日石が優勝、通算5度目で大会新記録。

8.8～10　〔水泳〕**5種目で日本新記録**　水泳の日本選手権大会が東京・五輪プールで開催された。男子100m平泳ぎで石川健二(日大)が1分8秒9の日本新、200m個人メドレーで福島滋雄が2分30秒0の日本新で優勝。女子100m平泳ぎで中川清江(山田SC)が1分18秒7の日本新、200mバタフライで石井雅子(日大)が2分31秒7の日本新で優勝。女子では、7月におこなわれた全国大学女子大会で自由形100mと400mを制した木原美知子(日大)が100m自由形の優勝は川西繁子(日女体短大)に譲ったが、自由形200mと400mの2種目で優勝、我部貴美子(山田SC)が背泳ぎの100mと200mで優勝、藤井康子(山田SC)が個人メドレーの200mと400mで優勝、400mは5分35秒0の日本新記録。

8.9～12　〔柔道〕**全階級制覇ならず**　第5回世界柔道選手権大会が米ソルトレークシティで開催された。軽量級は重岡孝文、軽中量級は湊谷弘、軽重量級は佐藤宣践、中量級は丸木英二、無差別級は松永満雄が優勝したが、重量級は前島延行がルスカ(オランダ)に敗れ、ルスカが優勝した。

8.13　〔バレーボール〕**日本リーグ開催**　5月に開始した男女バレーボールの日本リーグが終了。男子は八幡製鉄が優勝、2位松下電器、3位日本鋼管。女子は日立武蔵、ヤシカ、ニチボーの3チームが勝ち数8で並んだがセット率によって日立武蔵が優勝、2位ヤシカ、3位ニチボー。

8.18～20　〔カヌー〕**全日本選手権開催**　全日本カヌー選手権大会が熊本・荒瀬でお

1967年(昭和42年)

こなわれた。カナディアン・シングル1000m は吉野信篤 (熊本県カヌー)、同1万 m は本田大三郎 (自衛隊体育学校)、カナディアン・ペア1000m は吉野・本田組、同1万 m は緒方・新立組 (関東学院大)、カヤック・シングル500m は大森謙治 (石巻商)、同1000m は丸山一二 (大経大)、同1万 m は中村信 (関学)、同ペア1000m と10000m は石谷・渡辺組 (専大)、同フォア1000m と1万 m は石谷・渡辺・隈本・三浦組が優勝 (専大)。カヤック・ペア1000 の石谷・渡辺と同フォア1000 の専大組は2年連続優勝。高校カナディアン・シングル500m は河合章二 (水俣工)、同ペア500m は宮島・河合組 (水俣工)、同カヤック・ペア500m は佐々木・大森組 (石巻商)、女子カヤック・シングル500m は白崎法子 (東女体大)、同ペア500m は岡本・白崎組 (東女体大) が優勝。ペア500 の岡本・白崎組は2年連続優勝。

8.20 〔高校野球〕習志野が初優勝　第49回全国高校野球選手権大会は、決勝で習志野 (東関東) が 7-1 で広陵 (広島) を 7-1 で下して初優勝。

8.24 〔高校野球〕選抜チームが米遠征　高校野球選抜チーム、ハワイとアメリカへ遠征。9月12日帰国。

8.25〜9.3 〔野球〕アジア野球選手権開催　第7回アジア野球選手権大会が、日本、韓国、台湾、フィリピンの4ヶ国が参加して東京・神宮球場でおこなわれた。日本が6戦全勝で優勝、2位韓国、3位台湾、4位フィリピン。

8.26 〔野球〕日本が初優勝　世界少年野球で日本は初優勝。

8.27〜9.4 〔ユニバーシアード〕ユニバ東京大会開催　ユニバーシアードの第5回夏季大会は初めて東京で開催された。北朝鮮の呼称をめぐる紛糾からソ連をはじめとする共産圏諸国が不参加、34ヶ国、約1300人が参加した。26日に予定されていた開会式は突然の雷雨で順延された。日本は約240人が参加し、金メダル21個を含む64メダルを獲得。水泳男子は米国チームに圧倒されながらも、男子100m 平泳ぎで石川健二が1分8秒7の日本新記録で2位、200m バタフライで山野内伸二が2分11秒5の日本新記録で3位、400m メドレー・リレーでも日本チームは4分4秒9の日本新記録で2位、と三つの日本新記録を生んだ。陸上競技では、男子400m リレーで日本 (阿部・石川・森谷・小倉) は40秒2の日本新記録で2位になった。体操は共産圏諸国が不出場で日本の独壇場、男子団体で優勝、男子個人は中山彰規が優勝、女子団体で優勝、女子個人も松久ミユキが優勝。テニス男子シングルスは渡辺功が優勝。バレーボールも共産圏を欠いて日本が男女とも無敗で優勝。バスケットボールは男子は米国、女子は韓国が優勝。柔道は、軽量級は園田義男、軽中量級は山崎裕次郎、中量級は園田勇、軽重量級は二宮和弘、重量級は西村昌樹、無差別級は篠巻政利が、それぞれ韓国選手との決勝戦ですべて一本勝ち、全階級制覇。

9.2〜3 〔ボート〕全日本選手権開催　第45回全日本ボート選手権大会が戸田コースでおこなわれた。エイトは一橋大、かじ付きフォアは東レ滋賀、かじ無しフォアは東医歯大、かじ付きペアは成城大、かじ無しペアは中大、ダブル・スカルは井上・中島組 (早大)、シングル・スカルは伊藤次男 (戸田RC) が優勝。合わせておこなわれた第7回オックスフォード盾レガッタ (ジュニア・

エイト) は日大が優勝した。

9.9〜27 〔ハンドボール〕西ドイツチーム来日　西ドイツの男女ハンドボール・チームが来日、全国各地で日本チームと対戦した。男子は、初戦と第2戦で全芝浦工大と全立教が勝ったが、そのあとは東日本選抜、中大、全早稲田など日本の10チームが連敗、最終戦で全日本が勝ち、対戦成績は日本の3勝10敗。女子は、三菱鉛筆、大崎電機、愛知紡、田村紡が勝ち西ドイツの6勝4敗で迎えた最終戦で全日本が勝ち、対戦成績は日本の5勝6敗。男女とも西ドイツに負け越した。

9.17 〔プロ野球〕若生がノーヒットノーラン　プロ野球パ・リーグ西鉄の若生忠男投手は、西宮球場でおこなわれた対阪急26回戦で無安打・無得点を達成した。無安打・無得点はパ・リーグで9人目(完全試合を含む)、プロ野球45回(37人)目。

9.20 〔国民体育大会〕埼玉で国体夏季大会開催　第22回国体夏季大会は地元埼玉県が総合で優勝。

9.23 〔プロ野球〕阪神が放棄試合　甲子園球場でおこなわれたセ・リーグの阪神-大洋24回戦が放棄試合となった。1回表、二死満塁で大洋の打者・森中千香良はカウント2-0の後のバッキーの3球目を空振り。和田徹捕手はワン・バウンドで捕球した後打者にタッチせず、ホームベースも踏まず、一塁にも投げずにボールを投手マウンドの方にころがしてベンチに向かった。これを見て大洋ベンチは森中を走らせ一塁ベースを踏ませ、各走者を進塁させた。阪神・藤本定義監督は「アウトと言った」と強硬に抗議して選手を引き揚げさせた。約30分後に試合再開にこぎつけたが、阪神選手がようやく守備につこうとしたとき、大谷泰司球審は「プレーボールの状態で1分待ったが阪神選手がグラウンドに入らないからゲーム・セットにする」と放棄試合を宣言した。プロ野球の放棄試合は史上5回目、13年ぶり。阪神の放棄試合は2回目。

9.24 〔相撲〕大鵬が全勝優勝　大相撲秋場所は、先場所途中休場した横綱・大鵬が3日目に幕内最多勝利551の新記録を樹立、その後も白星を重ねて全勝優勝、通算26回目。関脇・琴桜は4回目の殊勲賞を獲得、夏10勝、名古屋11勝につづく今場所11勝4敗の好成績で、場所後、大関に昇進。敢闘賞は東前頭6枚目で11勝4敗の海乃山(2回目)、技能賞は該当なし。この場所は幕内力士に休場者(途中休場を含む)は無かった。これは春場所以来3場所ぶり。

9.25〜10.1 〔バスケットボール〕アジア選手権開催　第4回アジア・バスケットボール選手権大会が10ヶ国が参加して韓国のソウルで開催された。フィリピンが9戦全勝で優勝、韓国が8勝1敗で2位、日本は7勝2敗で3位。フィリピンと韓国がオリンピック出場権を獲得、日本は五輪出場ならず。

10.1 〔プロ野球〕阪急が初優勝　プロ野球パ・リーグは、阪急が対東映26回戦(西京極)に勝ち、ダブルヘッダー第2試合には敗れたが、阪急を追っていた西鉄が敗れ、1936年(昭和11年)の球団創設以来の初優勝が決まった。西本幸雄監督に率いられた阪急は今季、投手陣が安定、打撃陣も4番・長池徳

二外野手を軸として若手野手にスペンサー、ウィンディの両外国人選手の活躍が噛み合って西鉄を振りきって優勝した。最終順位は2位西鉄、3位東映、4位南海、5位東京、6位近鉄。

10.7 〔プロ野球〕巨人がリーグ3連覇　プロ野球セ・リーグは、巨人(川上哲治監督)が対阪神27回戦(甲子園)に勝ち、3年連続22回目のリーグ優勝を決めた。今季前半はONの打棒がやや不振だったが、高倉照幸外野手、土井正三内野手がよくそれを補った。投手陣はシーズン中盤を城之内邦雄、金田正一両投手がほとんど二人で支え、後半に復活した堀内恒夫投手の8連勝もあった。最終順位は2位中日、3位阪神、4位大洋、5位サンケイ、6位広島。

10.10 〔プロ野球〕堀内がノーヒットノーラン　プロ野球セ・リーグの優勝を決めている巨人の堀内恒夫投手(高卒入団2年目、19歳)は、対広島22回戦(後楽園)で、広島を四球の走者4人だけに封じ無安打・無得点を達成した。打撃でも3打席連続ホームラン(投手としてはプロ野球初)の離れ業を演じた。無安打・無得点は9月17日の西鉄・若生投手につづいて今季二人目。セ・リーグで16回(15人)目、プロ野球通算で46回(38人)目。

10.10 〔サッカー〕アジア予選で優勝　五輪サッカーアジア予選で優勝、日本はメキシコ出場権を獲得。

10.21～28 〔プロ野球〕巨人が日本一3連覇　プロ野球パ・リーグ優勝の阪急とセ・リーグ優勝の巨人(川上哲治監督)が第18回日本シリーズで対戦。巨人3連勝、阪急2連勝で迎えた西宮での第6戦で巨人が王、高倉の本塁打などで9-3と打ち勝って日本シリーズ3連覇。日本シリーズ3連覇は、1951年から1953年の巨人(対戦相手は3季とも南海)、1956年から1958年の西鉄(対戦相手は3季とも巨人)につづいて史上3回目。シリーズMVPは森昌彦。

10.27 〔国民体育大会〕埼玉国体開催　第22回国体秋季大会は埼玉県が天皇・皇后両杯を獲得。

10.29 〔大会〕金メダル10個を獲得　第3回メキシコ国際スポーツ大会は56カ国が参加、日本は金メダル10個を獲得。

11.21 〔テニス〕16歳沢松が優勝　第42回全日本庭球選手権大会(12日開幕)で、高校生の沢松和子(16)が優勝。

11.23 〔ラグビー〕東西の大学ラグビー　関東大学ラグビー対抗戦グループは早大が全勝で優勝、2位慶大、3位明大。関東大学リーグ戦グループは法大が全勝で優勝、2位中大、3位日大。関西大学ラグビーは同志社大が全勝優勝、2位関大、3位天理大。

11.26 〔サッカー〕東洋工業が8年連続優勝　日本サッカー・リーグ戦は東洋工業が8年連続優勝。

11.26 〔相撲〕佐田の山が5回目の優勝　大相撲九州場所は、1敗で優勝争いの先頭に立っていた横綱・大鵬が12日目の豊山戦で左肱尺骨を骨折し13日目から休場。横綱・佐田の山が12勝3敗で5回目の優勝。新・大関の琴桜は8勝7敗。殊勲賞は新関脇の海乃山(初)、敢闘賞は西前頭5枚目で11勝4敗の福の花(初)、技能賞は該当なし。

12.2〜5	〔ホッケー〕全日本選手権開催　第41回全日本ホッケー選手権大会が広島で開催された。男子は決勝で早大と天理大が対戦、両者譲らず延長無得点、両者が同率1位。早大は前年につづき大会2連勝で6回目の優勝。女子は決勝で前年決勝で敗れた全羽衣が2-1で全丹生高を下して優勝。
12.3	〔マラソン〕佐々木が世界最高で2位　国際マラソンでクレイトン(豪)が史上初の2時間10分の壁を破り優勝、2位の佐々木精一郎も世界最高。
12.3	〔バスケットボール〕松下電器・ニチボーが優勝　第1回バスケットボール日本リーグで、松下電器とニチボーが男女それぞれの王者に。
12.3	〔剣道〕堀田が優勝　第15回全日本剣道選手権大会が東京・武道館で開催され、決勝で堀田国弘七段(兵庫)が前年優勝の千葉仁五段(東京)を下して優勝。
12.8	〔水泳〕古橋が殿堂入り　日本水連の古橋広之進が「水泳の殿堂」入り、日本人2人目。
12.14	〔ボクシング〕小林が世界王座　世界ジュニア・ライト級タイトルマッチが東京・蔵前国技館でおこなわれ、小林弘(中村)がチャンピオンの沼田義明(極東)に挑戦。KO勝ちで王座を獲得した。

1968年
(昭和43年)

1.1　〔サッカー〕サッカー日本選手権開催　第47回全日本サッカー選手権大会 (NHK杯元日サッカー) の決勝が東京・国立競技場でおこなわれ、東洋工業が1-0で関西大学を下した。

1.2~8　〔ラグビー〕近鉄が2連覇　第20回全国社会人ラグビー選手権大会が東京・秩父宮ラグビー場でおこなわれ、決勝で近鉄が6-5でトヨタ自工を下して2年連続優勝し、15日の日本選手権に進んだ。

1.3　〔駅伝〕日大が箱根2連覇　第44回東京-箱根間往復大学駅伝競走は、前年の覇者・日大が往路・復路とも制し、11時間26分06秒で2位に10分以上の大差をつけて2年連続優勝。2位は日体大、前年2位の順天大は3位。

1.6　〔相撲〕高見山が入幕　大相撲初場所の番付が相撲協会から発表された。ハワイ出身の高見山が新入幕、東9枚目。外国人の幕内力士は初。高見山は、この場所9勝6敗の好成績。

1.8　〔バスケットボール〕ニチボー平野の連勝止まる　第43回全日本男子バスケットボール選手権大会と同第34回女子選手権大会の決勝リーグが東京・代々木体育館で行われた (3日開幕)。男子は日本鉱業が3戦全勝で4年連続5回目の優勝。2位住友金属、3位日本鋼管。女子ニチボー平野が4連覇を決めたが、1964年1月の全日本選手権大会以来4年間国内無敗の連勝は、最終日に勧銀に敗れて170で止まった。2位は日本レイヨン、3位は興銀、最終日にニチボーの連勝をとめた勧銀は4位。

1.9　〔マラソン〕円谷が自殺　東京五輪のマラソンで3位、1万mで6位に入賞した円谷幸吉 (自衛隊体育学校教官、27歳) が、体育学校幹部宿舎の自室で右頸動脈をカミソリで切り自殺しているのが見つかった。円谷は前年8月、右アキレス腱と椎間板ヘルニアの手術を受け、その回復が思わしくなかった。「幸吉はもうすつかり疲れ切つてしまつて走れません」と記した家族宛の遺書は社会に大きな衝撃を与え、選手の精神面のサポートが重視されるきっかけとなる。

1.9~18　〔ユニバーシアード〕インスブルックで冬季大会　冬季五輪の前奏曲ともなるユニバーシアード第5回冬季大会がオーストリアのインスブルックで、30ヶ国、約700人が参加して開かれた。日本勢では、女子フィギュアスケートで、大川久美子 (関大) が優勝。この種目で日本は、1962年 (昭和37年) の上野純子 (関大)、1964年 (昭和39年)、1967年 (昭和42年) の福原美和 (早大) につづき大会4連覇。またスキー複合で板垣宏 (明大) が優勝した。

1.15　〔ラグビー〕近鉄がラグビー日本一　第5回ラグビー日本選手権試合が秩父宮ラグビー場でおこなわれ、近鉄が27-14で法大を破り、2年連続優勝。日本選手権で2度優勝したのは近鉄が初。同チームのメンバーは、バス事業の

現場、電車の修理工場、関連百貨店などの職務に就いており、夜間練習で鍛えてきたという。

1.27～28　〔スピードスケート〕世界女子選手権開催　第26回世界女子スピードスケート選手権大会がフィンランドのヘルシンキで開催された。500mはチトワ(ソ連)が46秒2で優勝、斎藤幸子は49秒4で25位。1000mもチトワが1分34秒5で優勝、斎藤は1分43秒5で30位。3000mはシュット(オランダ)が5分04秒8で優勝。総合得点はスチイエン・カイザー(オランダ)が195.050で優勝、2位はシュット、3位はヘイセン(オランダ)とオランダ勢が、500、1000m優勝のチトワをおさえて1～3位を独占。

1.28　〔国民体育大会〕北海道が優勝　第23回国体スケートで北海道が総合3連勝、通算13回目。同日、国体スキーは北海道が20連勝。

1.28　〔スピードスケート〕鈴木が500mで世界新　鈴木恵一(国土計画)は、ドイツのインツェルでおこなわれたスピードスケート競技会に出場、500mで39秒3の世界新記録。

1.28　〔相撲〕佐田の山が連続優勝　大相撲初場所は、先場所優勝して東の正横綱にすわった佐田の山が13勝2敗で2場所連続、6回目の優勝。大鵬は5日目から休場した。殊勲賞は9勝6敗の関脇・清国(2回目)、敢闘賞はこの場所新入幕で9勝6敗と勝ち越した東前頭9枚目の高見山、技能賞は該当なし。

2.6～18　〔オリンピック〕グルノーブル冬季五輪開催　第10回冬季オリンピックが、フランス中部の古都・グルノーブルで開催された。37ヶ国から約1500人の選手が参加、スキー、スケート、そりの3競技を争った。4年前の東京大会(夏季)で金メダル一つしか取れなかったフランスが、アルペンスキーの本場の一角としての面目と開催国の意地をみせて健闘、九つのメダル(金4、銀3、銅2)を獲得した。とりわけアルペンスキーの滑降、大回転、回転の3種目で優勝し三冠王となったジャン・クロード・キリーの活躍がめざましかった。アルペン三冠は、1956年、コルチナダンペッツォ大会でオーストリアのトニー・ザイラーが達成して以来、五輪史上二人目の快挙。キリーは、24歳、金髪の美青年で、その人気は地元フランスばかりではなく、ファンレターが毎日何千通も来るという。グルノーブル大会は、さながらキリーの大会の様相を示した。日本勢はどの競技種目でも持てる力を出し切れずメダルゼロの惨敗。世界新を連発していたスピードスケート500mの鈴木恵一(国土計画)は平凡な記録で8位、1月のユニバーシアードで優勝した女子フィギュアスケートの大川久美子(関大)は8位、同じくユニバーシアード優勝のスキー複合の板垣宏(明大)は10位に終わった。国別のメダル獲得数は、ノルウェー、ソ連、フランス、イタリア、オーストリア、オランダと、それぞれスキーもしくはスケートに独自の強みをもつ国が上位に並んだ。

2.22　〔ノルディックスキー〕中学生の石川が優勝　第46回日本選手権ノルディック(大鰐温泉)で、女子10kmで中学生(阿仁二中)の石川きぬ子が優勝。

2.24～25　〔スピードスケート〕鈴木が世界選手権2連覇　第62回の男子スケート世界選手権大会がスウェーデンのエーテボリで開催された。冬季五輪では不振だった鈴木恵一(国土計画)が500m40秒3で、この大会のこの種目2

連覇 (4回目の優勝)。1500m はトマッセン (ノルウェー) が2分07秒1で優勝。5000m はマイエル (ノルウェー) が7分25秒0、1万m もマイエルが15分26秒8のいずれも世界新で優勝。総合得点は、フレッド・アントン・マイエルが176.340で首位、2位トマッセン、3位シェンク (オランダ)、4位フェルケルク (オランダ) まで上位4人が総合得点の世界新記録。

2.25　〔陸上〕性別検査で失格者出る　国際陸連は、フランクフルトで開かれた評議員会で、エバ・クロブコウスカ (ポーランド) のもつ公認世界記録と東京五輪の金メダルを取り消すと決定し発表した。同選手は、個人では女子100mの11秒1、チーム (ポーランド) では女子400mリレーの43秒6の世界記録が公認されていたが、1967年 (昭和42年) 9月にキエフでおこなわれた欧州選手権大会のセックス・テストで失格とされていた。

2.27　〔ボクシング〕原田が王座失う　ファイティング原田、王座を失う。ボクシング世界バンタム級チャンピオンのファイティング原田は、世界タイトル5度目の防衛をかけて同級世界6位のライオネル・ローズ (豪) と対戦、判定で破れた。

3.1　〔スピードスケート〕鈴木がまた世界新　スケートの全日本選手権大会は、五輪優勝のエアハルト (西ドイツ) を招いて軽井沢で開催。鈴木恵一 (国土計画) が500m で39秒2で、自身のもつ世界記録を更新した。

3.10～24　〔ラグビー〕NZポンソンビーが来日　ニュージーランドのラグビー・チーム、ポンソンビーが来日、各地で計5試合をおこなった。初戦 (秩父宮) で全学生が30-7で勝ったが、そのあと全関東、全関西、全社会人、全九州が4連敗し、日本側の1勝4敗におわった。

3.14　〔相撲〕佐田の山が引退　大相撲春場所5日目、横綱・佐田の山は麒麟児に破れ、「体力の限界を感じた、精も根もつきはてた」として引退を表明。1956年 (昭和31年) 1月初土俵。昭和36年5月場所で平幕優勝。平幕優勝した者は大関になれないというジンクスを破り、1962年 (昭和32年) 大関昇進、1965年 (昭和40年) 初場所で3回目の優勝をとげて横綱昇進。身長182cm、体重は最盛時で129kg とやや軽量だったが、優勝6回は柏戸の5回に勝る。年寄鏡山を襲名。

3.24　〔相撲〕麒麟児が初優勝　大相撲春場所は、横綱・大鵬が休場、佐田の山が7日目から姿を消し、一人横綱の柏戸が9勝6敗と苦しい土俵。大関・玉乃島、同・豊山、小結・麒麟児が12勝3敗で並び、決定戦のすえ麒麟児が初優勝した。殊勲賞は麒麟児 (4回目)、敢闘賞は西前頭9枚目で11勝をあげた龍虎が初受賞、技能賞は東前頭8枚目で13勝2敗の若浪 (2回目)。

3月　〔格闘技〕キックボクシングを初放映　キックボクシングが初めてテレビ放送されて人気に。沢村忠ヒーローとなる。

4.3～17　〔バレーボール〕日ソ対抗はソ連勝ち越し　ソ連の男女バレーボール・チームが来日、各地でそれぞれ8試合をおこなった。男子はすべて全日本が対戦、日本の2勝6敗。女子は日立武蔵が3戦3勝、ヤシカは3勝3敗、ニチボー貝塚と全鐘紡が各1戦をおこない2敗で、女子は3勝5敗。男女ともソ

連が勝ち越した。

4.6 〔高校野球〕大宮工が初優勝　第40回選抜高校野球大会は、決勝戦で大宮工 (埼玉) が尾道商 (広島) を3-2で下して初優勝した。

4.8～15 〔卓球〕東南アジア選手権開催　第1回東南アジア太平洋沿岸卓球選手権大会がオーストラリアのメルボルンで開催された。男子団体、女子団体はともに日本が決勝で韓国を下して優勝。男子単は、長谷川信彦 (愛工大) が伊藤繁雄 (専大) を下して優勝。男子複は長谷川・伊藤組が韓国ペアに勝って優勝。混合複は伊藤繁雄・福野美恵子組 (専大) が韓国ペアを下して優勝。女子の単複は韓国が優勝した。

4.14 〔マラソン〕NHK初のマラソン完全中継　NHK、第23回毎日マラソン大会を、スタートからゴールまで初の完全中継。

4.21 〔オリンピック〕南アの五輪参加取り消し　2月2日、フランスのグルノーブルで開かれた国際オリンピック委員会 (IOC) の総会で、人種隔離政策をとる南アフリカをオリンピックに参加させるかどうか、71人のIOC委員全員による郵便投票で決定することを決定。投票の結果は賛成37、反対27で、南アはメキシコ大会に限って参加を認められることになった。この決定に対して、南アのオリンピック復帰に強く反対し続けてきたアフリカ諸国がいち早く反対を表明、オリンピック・ボイコット運動を展開。2月26日、アフリカの32ヶ国 (うちIOC加盟は26国) で構成するアフリカ・スポーツ最高会議は、コンゴのブラザビルで総会を開いて集団ボイコットを決議。アフリカ統一機構 (OAU) もボイコット運動を支援すると表明。つづいてソ連をはじめ共産圏諸国も相次いで同調、アジアの国々も加わり、ボイコットを声明した国は55ヶ国に達した。五輪マークからアフリカとアジアの大半が抜けて「三・五輪」となる危機を迎え、当初は強硬姿勢を崩さなかったブランデージ会長 (米) も、ついに緊急理事会で検討することにした。4月20～21日、ローザンヌ (スイス) で会合、いったん認めた南アの参加を取り消した。「ローザンヌの逆転劇」はIOC史上稀な決定変更。この理事会決定の承認を得るため、再び委員全員の投票を実施。71人中36人 (過半数) の賛成で決定としていたが、23日に早くも過半数を超え、南アの不参加が本決まり、50ヶ国以上の集団ボイコットの危機は辛うじて回避された。

4.28～29 〔柔道〕松阪が初優勝　全日本柔道選手権大会が東京九段の日本武道館で開かれ、近畿代表の松阪猛五段が決勝で岡野功五段を破り初優勝した。

4.29 〔競馬〕ヒカルタカイが天皇賞制覇　第57回天皇賞 (春) レースが京都競馬場 (芝3200m) で行われ、ヒカルタカイ (野平祐二騎手) が3分24秒6で、2着のタイヨウに大差をつけて勝った。

5.10～12 〔テニス〕デ杯予選勝ちすすむ　デービス杯東洋ゾーンAセクションの決勝が田園コロシアムでおこなわれ、小西一三 (住軽金)、渡辺康二 (住軽金)、渡辺功 (住軽金)、坂井利郎 (早大) の日本が4-1 (単3-1、複1-0) でフィリピンに勝った。

5.11～6.8 〔ラグビー〕ニュージーランドに遠征　ラグビーの全日本チームがニュー

ジーランドに遠征し、約1ヶ月の間に11試合をおこなった。はじめの4試合は、対ニュージーランド選抜のほか大学チームにも負けて4連敗、そのあとニュージーランド・ジュニアと大学チーム、地域チームと対戦して6連勝、最終戦のニュージーランド大学選抜に敗れて日本の6勝5敗でおわった。

5.19　〔競馬〕マーチスがさつき賞制覇　第28回皐月賞レースが中山競馬場 (芝 2000m) で行われ、マーチス (保田隆芳騎手) が2分06秒3で1着となった。タケシバオーが3/4馬身差で2着、3着はアサカオー。

5.23～29　〔サッカー〕英アーセナル来日　イングランド1部リーグのアーセナルが来日、釜本邦茂を擁する日本代表チームと3戦して3勝。日本は第1戦で1得点しただけで、アーセナルには3試合で計8点を奪われた。またこの交流試合で「ニッポン、チャチャチャ」の応援が初めて行われた。

5.26　〔相撲〕玉乃島が初優勝　大相撲夏場所は、大関・玉乃島が13勝2敗で初優勝。殊勲賞は前頭2枚目・栃東 (初)。敢闘賞は前頭5枚目・藤ノ川 (初)。技能賞は前頭2枚目・栃東 (初)。

6.15　〔マラソン〕君原が快勝　第48回ポリテクニック・マラソンがロンドンでおこなわれ、君原健二 (八幡製鉄) が2時間15分15秒0で、2位に4分以上の大差をつけて優勝した。

6.16　〔プロ野球〕城之内がノーヒットノーラン　プロ野球・巨人の城之内邦夫投手が、対大洋戦で2四球だけの無安打・無得点を達成。無安打・無得点試合は、1リーグ時代からのプロ野球通算47回目 (39人)、セ・リーグでは17回目 (16人) である。

6.20　〔スキー〕モンブラン初滑降　プロ・スキーヤー植木毅、モンブラン頂上から日本人初滑降に成功。

6.24　〔テニス〕沢松姉妹がウインブルドン出場　沢松和子 (松蔭高) は、6月におこなわれたシングルス予選会でタット (英) を破り出場権を獲得。日本女子のウインブルドン出場は、1964年の加茂幸子以来14年ぶり。沢松順子 (松蔭短大)・和子組は、同予選会でダブルスの出場権も獲得している。この大会の女子ダブルス出場は日本人初。

7.7　〔競馬〕タニノハローモアが日本ダービー制覇　第35回日本ダービー (東京優駿) が東京競馬場 (芝2400m) で行われ、タニノハローモア (宮本悳騎手) が2分31秒1で1着となった。5馬身差の2着はさつき賞2着のタケシバオー、3着はアサカオーで、さつき賞馬のマーチスは4着におわった。

7.7　〔登山〕小原がヒマラヤで行方不明　女性登山家小原ケイ、ヒマラヤで転落、行方不明。

7.12　〔プロ野球〕野村が初の400号本塁打　プロ野球・南海の野村克也捕手が、対東京13回戦で日本プロ野球初の通算400号のホームランを打った。この時、野村を追うのは山内 (広島)358号、王 (巨人)330号の二人。

7.13～14　〔体操〕NHK杯開催　体操のNHK杯大会がメキシコ五輪代表決定競技会を兼ねて東京体育館でおこなわれた。男子代表は決定準順に、加藤沢男

(東教大)、加藤武司 (ソニー)、遠藤幸雄 (日大教員)、監物永三 (日体大)、塚原光男 (日体大)、中山彰規 (中京大教員)、早田卓次 (日大教員)。女子代表は、松久ミユキ (日体大教員)、三栗多仁子 (東海大教員)、橋口佳代子 (日体大教員)、羽生和永 (武生高)、小田千恵子 (日体大)、香取光子 (中京大教員)、渋谷多喜 (日大教員)。

7.21 〔相撲〕琴桜が初優勝　大相撲名古屋場所は、大関・琴桜が13勝2敗で初優勝。殊勲賞は前頭4枚目・若二瀬 (初)。敢闘賞は前頭5枚目・陸奥嵐 (2回目)。技能賞は前頭5枚目・陸奥嵐 (初)。

7.24 〔オリンピック〕メキシコ五輪代表決定　日本オリンピック委員会の総会で、メキシコ五輪に17競技175選手を参加させることを決定。2月におこなわれたグルノーブル冬季大会の不成績から、当初は少数精鋭主義が唱えられたが、各競技団体の主張で人数がふくらみ、結局、選手185人、役員43人総勢228人の代表団となった。なお、陸上競技の女子はわが国五輪史上初めて1人も参加しないことになった。男子マラソンでは、4月に代表4人を選出したが、世論のきびしさに配慮して、佐々木精一郎 (九州電工)、君原健二 (八幡製鉄)、宇佐美彰朗 (日大桜門ク) の3人を正式代表とし、一度は代表とした采谷義秋 (広島竹原高教) を補欠とした陸上競技連盟の慌てぶりがかえって世論の批判を募らせた。

7.29 〔登山〕パキスタン7000m級に登頂　京都の女性登山隊、パキスタンの7000m級に登頂。京都の女性ばかりの登山隊「ユングフラウ」(佐藤京子隊長) の3人が、パキスタンのイストル・オ・ナール峰 (7403m) の登頂に成功した。女性隊による登頂記録としては、中国隊のコングール第1峰 (7595m) に次ぐ。また山頂近くでビバークしており、最高高度の露営の記録となった。この一隊はトルコとイランの最高峰にも登っている。

8.6 〔社会人野球〕富士鉄広畑が初優勝　第39回都市対抗野球大会は富士鉄広畑 (姫路市) が初優勝。

8.18〜15 〔バドミントン〕男女とも日本が優勝　第4回国際学生バドミントン選手権大会が9ヶ国が参加して東京・代々木体育館で開催された。男子団体は、本間 (中大)・我妻 (法大)・武岡 (早大) の日本が決勝でマレーシアを3-1で下して優勝。女子団体は、湯木 (日女体大)・相沢 (新潟青陵短大)・竹中 (新潟青陵短大) の日本が決勝で韓国を3-0で破り優勝。男子ダブルスは本間・武岡組がマレーシア組を退けて優勝。女子シングルスは決勝で湯木博恵が相沢を下して優勝、女子ダブルスは相沢・竹中組が湯木・高坂組を破って優勝、団体と合わせて女子は完全優勝。男子シングルスは本間順次が決勝でタン・アイク・モン (マレーシア) に敗れ、唯一、優勝を逃し日本の完全優勝は成らなかった。日本女子の活躍は男子のプレーのようだと外国選手を驚かせた。

8.22 〔高校野球〕興国が初優勝　全国高校野球選手権第50回記念大会は、決勝で興国 (大阪) が静岡商 (静岡) を1-0でくだし初優勝。静岡商の投手は新浦壽夫。今大会では、沖縄代表の興南が鋭い攻撃力と機動力で試合ごとに調子を上げ、沖縄代表として初めて準決勝に進み話題を呼んだ。なおこの記念大会のドキュメンタリー映画「青春」が市川崑監督によって制作され全国公開

される。

8.23～25　〔ボート〕全日本選手権開催　第46回全日本ボート選手権大会が戸田コースで開催された。エイトは同大が6分1秒4で優勝。シングル・スカルは伊藤次男 (戸田RC) が前年につづき2年連続優勝。ダブル・スカルは五十嵐・長谷川 (戸田RC) が優勝。かじ付きフォアは東レ滋賀が2年連続優勝。かじ無しフォアは学習院大、かじ付きペアは中大、かじ無しペアは法大が優勝。オックスフォード盾 (ジュニア・エイト) は大阪大が優勝。

8.24　〔野球〕和歌山チームが優勝　米国で開いた世界少年野球大会で日本の和歌山チームが優勝。

8.29～31　〔水泳〕日本選手権開催　日本水泳選手権大会が東京・五輪プールで開催された。男子200mバタフライで高田康雄 (稲泳会) が2分2秒6の日本新、200m個人メドレーで福島滋雄 (日本鋼管) が2分18秒5の日本新を記録。女子では、100m自由形で川西繁子 (BHク) が1分2秒0の日本タイ、400m自由形で井口妙 (山田SC) が4分51秒8の日本新、100m平泳ぎでは中川清江 (山田SC) が1分18秒6の日本新、200m平泳ぎで柴田智恵野 (山田SC) が2分49秒2、2位竹本ゆかり (山田SC)、3位西側よしみ (山田SC)、4位中川清江 (山田SC) まで日本新。200mバタフライで藤井康子 (山田SC) が2分28秒9の日本新。200m個人メドレーで西側よしみ (山田SC) が2分32秒7の日本新を記録した。

8.29～9.1　〔陸上〕日本選手権開催　第52回日本陸上選手権大会が、東京・国立競技場と駒沢競技場で開催された。男子100mは、神野正英 (日大) が10秒7で優勝、五輪代表の飯島秀雄 (茨城体協) は10秒8で2位。五輪代表の沢木啓祐 (順天堂大教) が5000mと1万mの2種目を制した。3000m障害で猿渡武嗣 (八幡製鉄) が8分41秒4の日本新で優勝。ハンマー投げで菅原武男 (リッカー) が68m56の日本新で優勝。400mリレーで、目黒高が42秒4の高校新で、優勝した順天堂大に次いで2位になった。女子走り高跳びでは、稲岡美千代 (小松島高) が1m68の高校新で学生・社会人をおさえて優勝。

8.初旬　〔登山〕ハルヒラ連邦5座に登頂　東京外国語大学の登山隊 (小沢重男隊長) が、モンゴルのハルヒラ連邦の5座の登頂に成功した。うち4座は初登頂である。主峰のハルヒラ (3998m) に登頂した後、第2峰をツァガン・ハルヒラ、第3峰を日本モンゴル友好峰、第4峰をウラン・ハルヒラ峰、第5峰をエリンピア峰と命名した。

9.3　〔スキー〕グリーンランド横断成功　日大隊 (池田錦重隊長) の5人はグリーンランドのアンマサリックに上陸、フォーレル峰を偵察した後、60日かけて960kmを走行し西海岸のヤコブスハウンに到着した。天測と気象観測所の電波で方位を測って進んだ。今回の成功は南極観測隊の極点到達とともに称えられる。

9.6～8　〔ゴルフ〕日本選手権開催　男子プロ・ゴルフの第36回日本選手権大会が習志野でおこなわれ、島田幸作 (宝塚) が282で優勝。1打差の2位は鈴村 (名古屋)、さらに1打差で3位は青木 (飯能)。

9.7	〔国民体育大会〕福井国体夏季大会開催	第23回福井国体夏季大会は大分県が総合優勝。

9.7 〔国民体育大会〕福井国体夏季大会開催 第23回福井国体夏季大会は大分県が総合優勝。

9.14 〔プロ野球〕外木場が完全試合 広島の外木場義郎投手、対大洋戦でプロ野球10人目の完全試合を達成。

9.17 〔プロ野球〕江夏がシーズン354奪三振 阪神の江夏豊投手は1シーズン奪三振354の日本新記録を樹立。

9.22〜29 〔卓球〕アジア選手権開催 第9回アジア卓球選手権大会がインドネシアのジャカルタで開催された。男子団体は決勝で日本が5-0でインドネシアを下して、4月にメルボルンでおこなわれた第1回東南アジア太平洋沿岸卓球選手権につづいて優勝。同大会で優勝した日本女子は、今大会では決勝で1-3で韓国に敗れた。男子シングルスは河野満、男子ダブルスは長谷川信彦・田阪登紀夫、女子シングルスは大関行江、女子ダブルスは大関行江・福野美恵子、混合ダブルスは伊藤繁雄・福野美恵子と全種目を日本勢が制した。

9.27 〔ボクシング〕西城がフェザー級王座 ボクシング、西城が世界王座に。西城正三(協栄)が、米ロスアンゼルスで、ボクシング世界フェザー級チャンピオンのラウル・ロハス(米)とのタイトルマッチ戦で大差の判定勝ちし、日本人として8人目の世界チャンピオンになった。西城はアメリカで単身武者修業、ロハスとのノンタイトル10回戦で判定勝ちし、それまで無名の西城が一躍同級世界第2位にランクされ、今回のタイトルマッチの機会を得た。

9.29 〔相撲〕豊山が引退 大相撲秋場所で4勝11敗と不振だった大関豊山は、千秋楽の夜、引退すると発表した。豊山(本名・内田勝男)は、1937年(昭和12年)8月、新潟県新発田市生まれ。東農大時代の1960年(昭和35年)に第38代学生横綱。1961年(昭和36年)3月、時津風部屋に入門。同年九州場所で十両全勝優勝し、次の1962年(昭和37年)初場所で入幕。1963年(昭和38年)春場所で大関に昇進。次代の横綱と期待されたが、殊勲賞3回、敢闘賞4回はあったが優勝することなく、大関在位34場所の記録を残したがその間に負け越しが9回もあり、ついに引退。年寄錦山を襲名。

9.29 〔相撲〕大鵬が27回目の優勝 大相撲秋場所は、横綱・大鵬が14勝1敗で27回目の優勝。殊勲賞は前頭3枚目・栃東(2回目)。敢闘賞は前頭3枚目・高見山(2回目)。技能賞は前頭3枚目・栃東(2回目)。

9月 〔冒険〕植村がアマゾン下り 単独でアマゾン源流からいかだでくだった植村直己(明大出)が帰国した。

10.1〜6 〔国民体育大会〕福井国体大会開催 第23回国民体育大会(秋季大会)が福井県で開催され、各都道府県の代表1万7千余が参加して29競技がおこなわれた。天皇杯(男子)は開催県の福井が獲得、皇后杯(女子)は東京が獲得。天皇杯を開催県が獲得するのは、1964年(昭和39年)の新潟大会から、岐阜、大分、埼玉とつづいて今年で5年連続。今回は皇后杯は東京の手に。

10.2〜4 〔ゴルフ〕日本オープン開催 男子プロ・ゴルフの日本オープン大会が千葉総武コースでおこなわれ、河野高明(芙蓉)が284で優勝。1打差の2位に鷹巣南雄(鹿野山)とデブリン(オーストラリア)が並んだ。

10.8 〔プロ野球〕巨人がリーグ優勝　プロ野球セ・リーグは、巨人 (川上哲治監督) が後楽園での対広島ダブルヘッダーに連勝して 4 年連続 23 回目の優勝をきめた。巨人は 77 勝 53 敗、2 位の阪神とは 5 ゲーム差。最終順位は 2 位阪神、3 位広島、4 位サンケイ、5 位大洋、6 位中日。

10.11 〔プロ野球〕阪急が連覇　プロ野球パ・リーグは、阪急が対東京戦の延長 11 回、矢野清外野手のサヨナラ本塁打で勝ち、2 年連続のリーグ優勝を決めた。阪急は米田哲也投手が 29 勝をあげるなど投手陣の頑張りと、スペンサー、長池徳二の安定した中軸に加えて今季一軍に定着した矢野清ら打線の活躍で、2 位南海とはわずか 1 ゲーム差ながらリーグ 2 連覇をはたした。最終順位は 2 位南海、3 位東京、4 位近鉄、5 位西鉄、6 位東映。

10.12〜20 〔プロ野球〕巨人が日本一　プロ野球・第 19 回日本シリーズは、セ・リーグ優勝の巨人 (川上哲治監督) が阪急を 4 勝 2 敗で下し、4 年連続で日本一の王座 (10 回目) を守った。シリーズの最優秀選手には巨人の新鋭・高田繁外野手、技能賞には最終戦で決勝スリーランを放った巨人の王貞治一塁手が選ばれた。

10.12〜27 〔オリンピック〕メキシコ五輪開催　第 19 回夏期オリンピック・メキシコ大会は、115 ヶ国、8000 人が参加して開催された。参加国が 100 を超えたのも、中南米で開催されるのも、2000m 以上の高地で開かれるのも、聖火の最終走者を女性がつとめたのも、いずれもオリンピック初。メキシコ市は標高 2200m、富士山の五合目にあたり、平均気圧は 775 ミリバール。また陸上競技場は、通常の土・芝ではなく、コンクリートの上に合成ゴム製の人工芝を敷いた「全天候型」であった。空気抵抗が小さいことは、陸上短距離や跳躍種目に有利に働き、一方、長距離種目では酸素不足に悩まされると予想された。実際、陸上ではトラック・フィールド競技に世界新記録が続出、一方、マラソンでは 3 連覇を狙ったアベベ (エチオピア) が 16km 付近で棄権するなど薄い空気が選手を苦しめた。優勝のマモ (エチオピア) を筆頭に、日ごろ標高の高い地で生活・練習している「高地」族の活躍が目立った中、日本の君原健二 (八幡製鉄) は、薄い空気と暑さを考えたベテランらしいペース配分で、首を傾けながら走りきり、2 時間 23 分 31 秒 0 で 2 位に入った。水泳では総じて記録は低調だった。日本勢は、男子 800m 決勝に残れないという惨敗。女子 200m 個人メドレーで西側よしみ (大阪・巽中) が 5 位、100m 平泳ぎで中川清江 (浪花女高) が 6 位と、山田スイミング・クラブ勢がわずかに気をはいて 6 位以内入賞を果たした。体操では日本勢の活躍がみられた。とくに男子体操は日本の独壇場の観を呈した。男子体操団体総合は日本がローマ、東京につづき 3 連覇。個人総合も加藤沢男が優勝、中山彰規が 3 位、監物永三と加藤武司が 4 位、5 位。種目別では、床運動で加藤沢男が優勝、中山、加藤武司、塚原光男と 4 位までを日本選手が占めた。つり輪は中山が優勝、加藤沢男が 3 位。跳馬は遠藤幸雄が 2 位。平行棒と鉄棒は中山が優勝、鉄棒 3 位に監物。女子体操個人総合はチャスラフスカヤ (チェコ) が東京大会につづいて優勝した。重量挙げでは、フェザー級で、三宅義信が東京大会につづき優勝、三宅義行が 3 位。バレーボールは、男女とも、ソ連優勝・日本は 2 位。レスリング・フリースタイルのフライ級で中

— 48 —

田茂男、同フェザー級で金子正明、同バンダム級で上武洋次郎がそれぞれ1位、グレコローマンスタイルのライト級で宗村宗二が1位、同フェザー級で藤本英男が2位。ボクシングのバンタム級で森岡栄治が3位。サッカーでは、予選リーグB組2位で決勝トーナメントに進んだ日本は、準決勝でハンガリーに敗れたが、3位決定戦で地元メキシコに2-0で勝って3位。決勝はハンガリーが4-1でブルガリアを破り優勝。サッカーの3位入賞は予想外の活躍で、日本のサッカーの初メダル獲得にして現在まで唯一のメダル。日本はフェアプレー賞も受賞した。メダル獲得数では、金45の米国が銀・銅を合わせた計107で首位、ソ連が金29計91でつづく。日本は金11(計25)で、金16(計29)だった東京大会には及ばなかったが金メダル獲得数では米ソに次ぎ第3位。銀・銅を含む獲得数では計32(金10)のハンガリーが3位、計26(金5)の西ドイツが4位、日本、東ドイツ(金9)が並んで5位。メダル獲得数上位に、ソ連、ハンガリー、東ドイツ、チェコ、ポーランド、ルーマニアなど共産圏諸国が並んだ。競技とは別に、メキシコ五輪はまた、さまざまの問題が噴出した大会であった。アパルトヘイト政策をとる南アフリカの参加をめぐって世界のスポーツ界が分裂、いったん参加を認められていたが最終的に参加を取り消された。国名呼称問題がこじれて北朝鮮が不参加。ソ連軍のチェコ侵入事件が大会に緊迫感をもたらし、政治とスポーツの分離を理想とするアマチュア・スポーツ界に動揺が走った。祖国の動乱を背に参加したチェコ・チームに熱い声援が送られ、女子体操の華・チャスラフスカの平行棒の演技で、9.60の採点を出した審判が観衆のヤジのなかで9.80と訂正するという一幕もあった。彼女は「四つの金メダルは祖国の首脳に捧げる」と語り、祖国の政府を支持する決意を表明した。彼女は「2000語宣言」の署名者の一人である。大会終了後、チェコ陸上代表のオドロジルとメキシコ市内で結婚式をあげた。米国の黒人選手が表彰式で黒人差別と迫害に抗議して、国歌吹奏・国旗掲揚の間、星条旗を仰がず芝生に目を落して片手を高く掲げ、米オリンピック委は2人の非礼な行為に遺憾の意を表すとともに、2人の選手資格を停止し選手村からの退去を命じた。スポーツ王国アメリカにおける人種差別の問題の根深さを示す事件であった。

11.1～9　〔テニス〕渡辺と沢松が連勝　第43回全日本テニス選手権大会が大阪で開催され、男子シングルスは渡辺康二(住献金)、女子シングルスは沢松和子(松蔭高)がいずれも前年につづき2年連続優勝。

11.2　〔相撲〕花田が最年少初入幕　九州場所で花田(のちの大関貴ノ花)が18歳の最年少記録で初入幕。

11.4～10　〔駅伝〕青森・東京駅伝は東京が優勝　第18回青森・東京間都道府県対抗駅伝(55区間780.5km)は、東京が40時間41分20秒で、2位の埼玉に9分以上の差をつけて優勝。前年優勝の神奈川が3位。

11.4～10　〔駅伝〕大阪・福岡駅伝は広島が優勝　第12回大阪・福岡間府県対抗駅伝(67区間796.1km)は、広島が41時間39分50秒で、2位の山口におよそ29分の大差をつけて優勝。3位は前年優勝の福岡。

11.10　〔剣道〕国士舘が2年ぶり優勝　第16回全日本学生剣道優勝大会開催。国士舘大が2年ぶり3回目の優勝。

1968 年 (昭和 43 年)　　　　　　　　　　　　　　　　　　　　　　　日本スポーツ事典

11.10～19　〔アイスホッケー〕日ソ親善試合は全敗　ソ連にアイスホッケー・チームのチェスカが来日、王子製紙、岩倉組、西武鉄道と各1戦、そのあとに全日本選抜と4戦をおこない、いずれも二ケタ得点で圧勝、日本は7戦7敗におわった。

11.12　〔プロ野球〕ドラフト会議開催　プロ野球の新人選択会議 (ドラフト) がおこなわれ、巨人入りを希望していた東京六大学リーグで本塁打新記録をつくった田淵幸一 (法大) は阪神が交渉権を得て、その後の交渉で阪神入団が決まった。田淵獲得をめぐって各球団が激しく争ったがドラフト制度の原則がしっかり守られた。また陸上100m、200mの日本記録をもつ快速スプリンター、飯島秀雄 (早大出) が、東京オリオンズの永田オーナーの発案で「走塁手」(ピンチランナー専用選手) として入団したのが話題を呼んだ。田淵は11月30日、飯島は12月2日に正式契約。

11.14～15　〔カヌー〕全日本選手権開催　全日本カヌー選手権大会が相模湖で開催された。男子カヤック・シングル1000mは丸山一二 (大経大)、同1万mは石谷光男 (専大)、カヤック・ペア1000mは石谷・坂本 (専大)、同1万mは浅沼・岡田 (大正大)、カナディアン・シングル1000mは山口徹正 (大正大)、同1万mも山口徹正、同ペア1000mは山口・吉野 (大正大、熊本カヌー) が優勝。女子カヤック・シングル500mは岡本敬子 (東女体大)、カヤック・ペア500mは岡本・奥野 (東女体大)、カヤック・ペア5000mは岡本・尾上 (東女体大) が優勝。男子カナディアン・シングル1000の山口は前年に続き2年連続優勝。カヤック・シングル1000mの丸山は一前年優勝、前年2位で2年ぶりの優勝。

11.14～17　〔ゴルフ〕ワールドカップ開催　男子プロ・ゴルフの国別対抗戦・第16回ワールドカップ (旧カナダ・カップ) 大会がイタリアのローマで開催された。カナダ (バルディング、ヌードソン) が優勝、2位は米国、3位は開催国のイタリア、台湾が4位に食い込んだが、日本 (河野高明、畑石憲二) は10位におわった。

11.17　〔競馬〕アサカオーが菊花賞制覇　第29回菊花賞レースが京都競馬場 (芝3000m) で行われ、アサカオー (加賀武見騎手) が3分09秒0で1着となった。1馬身1/4差でダテホーライが2着、さつき賞馬のマーチスが3着。

11.21～24　〔体操〕全日本選手権開催　第22回全日本体操選手権大会が盛岡で開催された。男子団体総合は日体スワロー、女子団体総合は日体大がいずれも前年に続き優勝。男子個人総合は中山彰規 (中京大教) が前年につづき優勝。女子個人総合は前年優勝の池田敬子 (スワロー) に替り、前年2位の香取光子 (中京大教) が初優勝。

11.22～25　〔ホッケー〕全日本選手権開催　第42回全日本ホッケー選手権大会が岐阜で開催された。男子決勝は法大と山陽クが延長戦のすえ0-0で引き分けた。女子は前年決勝で顔を合わせた聖徳女短クと全羽衣学園が準決勝で対戦し今年も聖徳が勝った。決勝は、前年準決勝で全羽衣に敗れた全丹生高が1-0で聖徳を下して優勝。

11.23　〔競馬〕ニットエイトが天皇賞　第58回天皇賞 (秋) レースが東京競馬場 (芝

2000m) で行われ、前年の菊花賞馬ニットエイト (森安弘明騎手) が3分20秒3で1着となった。2着は1馬身1/4差でフイニイ、3着はサトヒカル。

11.24 〔相撲〕大鵬が全勝で28回目の優勝　大相撲九州場所は、横綱・大鵬が15戦全勝で28回目の優勝。殊勲賞は該当なし。敢闘賞は前頭11枚目・大竜川 (初)。技能賞は前頭7枚目・二子岳 (初)。

11.24〜27 〔フィギュアスケート〕全日本選手権開催　第37回全日本フィギュアスケート選手権大会が東京・後楽園で開催された。男子は小塚嗣彦 (早大) が前年につづき2年連続優勝。女子は前年2位の山下一美 (関大) が優勝。アイスダンスは西浜直敏 (日大)・石川洋子 (後楽園ク) 組、ペアは長久保裕 (日大)・長沢琴枝 (川崎高) が優勝。

11.25〜12.1 〔卓球〕全日本選手権開催　昭和43年度全日本卓球選手権大会が名古屋で開催された。男子シングルスは伊藤繁雄 (専大) がシーソー・ゲームの熱戦となった決勝で長谷川信彦 (愛工大) を3-2で下して優勝。男子ダブルスは伊藤繁雄・河野満 (専大) が長谷川信彦・近藤有慶 (愛工大) を破り優勝。女子シングルスは小和田敏子 (中京大) が3-2で森沢幸子 (大生信用) を下して優勝。女子ダブルスは小和田敏子 (中京大)・今野安子 (愛工大) が広田左枝子・福野美恵子 (専大) を破り優勝。混合複は長谷川・今野の愛工大組が河原智 (早大)・大関行江 (青学大) を破り優勝。男子団体決勝は専大5-3愛工大、女子団体決勝は名古屋市3-0中京大。

12.1 〔剣道〕山崎が優勝　第16回全日本剣道選手権大会が東京・武道館で開催され、決勝で山崎正平七段 (新潟) が戸田忠男五段 (東京) をメン二本で下して優勝。

12.8 〔マラソン〕福岡マラソン開催　第3回国際マラソン選手権が福岡市の平和台陸上競技場・雁ノ巣折返しコースで行われ、メキシコ・オリンピック・マラソン5位のビル・アドコックス (英) が、今年度世界最高の2時間10分47秒8で優勝。五輪代表を逃した采谷義秋 (広島・竹原高教) が、今年度日本最高の2時間12分40秒6で2位。なおアドコックスの記録は、この大会の第2回 (1967年) にデレク・クレイトン (豪) が出した2時間9分36秒4に次ぐ世界歴代2位の好記録である。

12.8 〔サッカー〕東洋工業が4連勝　本年度日本サッカー・リーグで東洋工業が4連勝。

12.8 〔ラグビー〕早大と専大が優勝　関東大学ラグビー対抗戦グループの日程が終了、早大が8戦全勝で前年につづき優勝。同リーグ戦グループは1日に終了し、前年4位の専大が7勝1敗1引き分けで優勝した。

12.12 〔ボクシング〕藤猛が王座失う　ボクシング世界ジュニア・ウエルター級チャンピオンの藤猛 (リキ) が同級1位のニコリノ・ローチェ (アルゼンチン) とタイトルマッチ。「大和魂」を叫ぶハワイ生まれの日系三世・藤の持ち前の強打が期待されたが、試合巧者のローチェにじっくり攻められる展開になり、10ラウンド開始のゴングが鳴ってもコーナーから立てず、KOを宣せられた。

12.15 〔アイスホッケー〕王子製紙が優勝　11月からおこなわれた第3回日本アイ

スホッケー・リーグの日程を終了。前年2位の王子製紙が7勝0敗1引き分けで優勝。2位は西武鉄道で、前年優勝の岩倉組は3位。

12.16 〔相撲〕時津風理事長急逝　日本相撲協会の時津風理事長 (元・横綱 双葉山) が激症肝炎で急死 (56歳)。現役時代、69連勝を記録するなど不世出の名力士であった。引退後は長く日本相撲協会理事長を勤め相撲協会を支えた。17日、日本相撲協会は、後任の理事長に武蔵川 (前・出羽海) 理事を互選で選出した。25日、相撲協会葬が盛大におこなわれた。

12.17 〔アジア競技大会〕タイで再びアジア大会　韓国が開催を返上したため宙に浮いていた1970年の第6回アジア競技大会は、大会費用の一部を参加各国が分担することを条件に、タイ政府が開催を引き受けることを決定した。第6回大会は、1966年、第5回大会開催中のバンコクで開かれたアジア競技連盟 (AGF) 総会で、第6回大会の開催地に立候補した韓国のソウルに決まっていた。しかし1967年7月、朴・韓国大統領が、経済建設5カ年計画に基づく財政困難を理由に返上を指示し、韓国オリンピック委員会も1968年3月に正式に返上を決定した。代替地として日本もあげられたが、日本は1972年に札幌冬季オリンピックをひかえていることなどを理由に拒否。タイも、経費の問題で開催引き受けをためらっていたが、AGF加盟各国が不足分の40万ドルを負担し、競技数も第5回大会の16から10程度に縮小することで開催にこぎつけた。

12.22 〔サッカー〕東洋工業が連覇　サッカー日本リーグの後期日程が終了、前期で首位にたった東洋工業が10勝1敗1引き分けで優勝。2位は首位・東洋工業に1勝したヤンマー、3位は三菱重工業。

12.22 〔競馬〕リュウズキが有馬記念制す　第13回有馬記念レースが中山競馬場 (芝2500m) で行われ、リュウズキ (森安弘明騎手) が2分46秒2で1着となった。2着はニウオンワード、3着はスピードシンボリ。

12.29 〔駅伝〕小林高が優勝　第19回全国高校駅伝が京都でおこなわれ、小林高 (宮崎) が2時間11分00で優勝した。2位は大濠高 (福岡) 3位は世羅高 (広島)。

12月 〔一般〕日本プロスポーツ大賞決定　1968年 (昭和43年) の日本プロスポーツ大賞 (日本プロスポーツ協会主催) は、大賞が西城正三 (プロボクシング)、殊勲賞が玉の海正夫 (大相撲)、江夏豊 (プロ野球)、沢村忠 (キックボクシング) に決定。

この年 〔登山〕ヒマラヤの登山解除　1965年以来、ネパール政府が禁止していたネパール・ヒマラヤへの登山が近く解除されると伝えられ、各国の登山界を喜ばせた。解除されるのは、西から、ビーアス・リキー峰、カンジロバ峰、ダウラギリ峰、アンナプルナ峰、マナスル・ヒマルチュリ峰、およびエベレスト、プモリ、ヌプツ、ローツェ、マカールⅠ、Ⅱ峰。

この年 〔登山〕南米アンデス遠征　愛知隊と栃木隊が南米アンデスに遠征。愛知岳連隊 (加藤幸雄隊長) の7人が、サルカンクイ (6271m) に登頂成功。栃木岳連隊 (阿部重男隊長) の10人は、ボリビア・アンデスのイリマニの南・北峰の縦走に成功した。

この年　〔登山〕外国登山で遭難つづく　登山ブームに伴い、外国での遭難が例年になく多かった。日印合同婦人登山隊ではシェルパが死亡。パンジャブヒマラヤでは小原ケイ（登歩渓流会）が死亡。カナダのバンクーバー峰では大阪岳連隊の2人が雪崩で墜死。ヒンズークシュでは愛知学大と第2次RCCの3人が行方不明になった。相次ぐ遭難で、日本山岳協会は外国登山者の遭難対策に積極的に乗り出すことを決めた。

この年(夏)　〔登山〕アルプス三大北壁征服ならず　吉川昭男（東京雲稜会）ら3人が、ヨーロッパ・アルプスのマッターホルン、グランドジョラス、アイガーの三大北壁をひと夏で征服することを試みたが、アイガーだけ不成功で、失敗に終わった。

この年(夏頃)　〔スキー〕鈴木がモンブラン滑降　鈴木毅（プロ・スキーヤー）がモンブランをスキーで滑降した。

大横綱・双葉山

双葉山定次（本名 龝吉定次）は、1912年（明治45年）2月9日、大分県の回漕業を営む家に生まれた。少年のころから和船を漕いでいたのが足腰を鍛えることになったという。16歳のとき立浪部屋に入門。身長177cm、体重は最盛時で130kgと、けっして大兵ではない。立ち合いに変化したらという声に耳を貸さず、正攻法の相撲に精進した。1936年（昭和11年）春場所7日目から千秋楽（12日目）まで6連勝、以後、1939年（昭和14年）春場所4日目に安芸ノ海に破れるまで69連勝。この間に、関脇、大関を経て、1937年（昭和12年）の夏場所の後、26歳で第35代横綱に昇進。連続5場所全勝（2年半以上の間無敗）を含む69連勝は、大相撲史上不滅の大記録である。連勝が途切れたあとも2場所連続優勝、4場所連続優勝があり、12回の優勝を記録した。なお安芸ノ島とはその後9回対戦し全勝。強さに加えて「端整な風貌、悠揚迫らぬ土俵態度」と評される双葉山は国中を沸かせた。1945年（昭和20年）に引退。年寄時津風を襲名。また相撲協会理事長として大相撲の近代化に向けての数々の改革に取り組んだ。ところで、双葉山は少年時代に吹き矢が眼に当たり、右の眼はほとんど視力を失っていたが、現役のときはこれを語ることなく誰も気づかなかった。立ち合いに一度も待ったをかけたことがない潔さも、あるいは視力の不利を補う「後の先」の必要もあったかも知れない。引退の後、右眼の視力を失っていることをはじめて打ち明けられた出羽の海（元・横綱常ノ花）は、双葉山の手をとって号泣、感涙にむせんだという話が伝えられている。

1969年
(昭和44年)

1.1　〔サッカー〕ヤンマーが優勝　第48回天皇杯全日本サッカー選手権大会の決勝が東京・国立競技場でおこなわれ、準決勝で早大を下した三菱重工と同じく八幡製鉄を破ったヤンマーが対戦、ヤンマーが1-0で勝ち優勝した。

1.3　〔駅伝〕日本大が箱根優勝　第45回東京-箱根間往復大学駅伝競走は、日体大が往路・復路とも制し、11時間30分58秒で優勝した。2位日大、3位順天堂大。

1.3〜7　〔高校サッカー〕初芝が優勝　全国高校サッカー選手権大会の決勝戦が西宮でおこなわれ、初芝(大阪)が1-0で山陽(広島)にせり勝って優勝した。

1.5　〔ラグビー〕早慶が両校優勝　第5回全国大学ラグビー選手権大会の決勝戦が、東京・秩父宮ラグビー場でおこなわれ、早大と慶大が対戦した。白熱した試合は両者が譲らず14-14引き分けに終わり、両校優勝となった。社会人優勝チームと対戦する日本選手権にすすむ一校は、抽選によることになり、慶大が社会人優勝のトヨタと対戦することになった。

1.7〜12　〔バスケットボール〕日本鉱業とニチボー平野が連覇　第44回全日本男子バスケットボール選手権大会と同第35回女子大会が東京・代々木体育館ほかで開催された。男子決勝リーグは日本鉱業が3戦3勝で優勝。2位は日本鋼管、3位は住友金属。女子決勝リーグはニチボー平野が3戦3勝で優勝、2位は勧銀と日体大。男子の日本鉱業は5連覇で6回目の優勝、女子のニチボー平野も同じく、1965年(昭和40年)大会で2年ぶり5回目の優勝を果たして以来5年連続9回目の優勝。

1.16　〔プロ野球〕ロッテ・オリオンズ誕生　東京オリオンズ球団は、ロッテと業務提携することが決まり、チーム名をロッテ・オリオンズと改めることが決まった。ロッテは5年間に年間1億2000万円を融資する契約。

1.18〜2.2　〔卓球〕国際オープン大会開催　第1回国際オープン卓球大会が東京はじめ各地で開催された。第1戦(後楽園)で優勝した河原智(早大)が、第5、7、8戦と最終第9戦(東京体育館)でも優勝、9戦中5戦で優勝した。第2戦(札幌)第4戦(横浜)、第6戦(大阪)はシュルベック(ユーゴ)が勝ち、第3戦(青森)はロシヤス(ハンガリー)が優勝した。

1.19　〔ノルディックスキー〕岩谷が初の二冠王　学生スキー選手権で、岩谷俊一(法大)、30km、15kmに優勝し、大会史上初の二冠王に。

1.20　〔スキー〕同僚後押しで失格　第42回全日本学生スキー選手権大会の最終日、男子第1部のリレーで、日大の最終走者・長崎一男選手を同僚が後押ししたことが発覚。全日本学生スキー連盟は、24日、緊急理事会を開いて日大を失格とし、明大をくり上げ優勝とすると決定した。このため日大は総

合2位に転落、芝工大が総合優勝。

1.21 〔水泳〕木原が水着モデルに 水泳の木原美知子、日大水泳部に退部届を提出。東洋レーヨンの専属の水着モデルとなる。

1.26 〔相撲〕大鵬が3場所連続優勝 大相撲初場所は、横綱・大鵬が先場所につづく全勝で3場所連続、29回目の優勝をとげた。殊勲賞は10勝5敗の小結・清国が3回目の受賞、敢闘賞は東前頭7枚目で11勝4敗の戸田(初)、技能賞は西前頭2枚目で8勝7敗と勝ち越した藤ノ川(2回目)。

1.29 〔国民体育大会〕国体スケート競技会 第24回国体スケートで北海道が総合で4連勝、通算14回目。

2.1〜2 〔スピードスケート〕有賀が日本新連発も及ばず 1969年世界女子スピードスケート大会がフランスのグルノーブルで開催された。3000mでシュット(オランダ)が4分52秒0の世界新。1000mに勝ったカウニステ(ソ連)が総合得点で優勝。日本の有賀秋子(中京短大教)は、500mは24位、1000mは1分34秒8=日本新で15位、1500mは16位、3000mは5分11秒8=日本新で12位、総合得点197.866=日本新で15位。

2.2 〔マラソン〕上岡が別府毎日優勝 第18回別府毎日マラソンが別府市国際港-大分市鶴崎折返しコースで開催された。上岡忠明(東洋工業)が、2時間14分4秒3で優勝。采谷義秋(竹原高教)が、2時間17分38秒6で2位。

2.15 〔スピードスケート〕鈴木が3連覇 第13回世界男子スピードスケート選手権大会がオランダのデベンターで開催。500mで鈴木恵一(国土計画)が40秒1で優勝、同大会3連覇。鈴木のコーナーワークは世界一と評されており、札幌五輪での活躍に期待が高まる。

2.18〜22 〔スピードスケート〕三協勢が上位 第37回全日本スピードスケート選手権大会が岐阜県瑞浪で開催された。女子500mは西本三恵子(三協精機)、1000mは新津厚子(三協精機)、1500mも新津、3000mは斎藤幸子(東洋大)が優勝。総合得点は斎藤が首位、西本、新津が2位、3位。男子500mは肥田隆行(三協精機)、1500mは鈴木正樹(王子製紙)、5000mは石幡忠雄(三協精機)、1万mは伊藤清美(日大)が優勝。総合得点は石幡が首位。

2.23 〔バレーボール〕日本鋼管と日立武蔵が連覇 前年5月に始まった第2回日本バレーボール・リーグの全日程を終了。男子は日本鋼管が10戦全勝で優勝。2位は松下電器、3位は専売広島。女子は日立武蔵が9勝1敗で優勝。2位はヤシカ、3位はニチボー。日本鋼管、日立武蔵とも前年度につづき2年度連続優勝。

2.25〜3.2 〔ノルディックスキー〕勝呂が連覇 第47回全日本ノルディックスキー大会が小樽で開催された。男子複合で勝呂裕司(小樽北照高)がベテラン板垣宏(苗場国際)をおさえて前年につづき優勝。30kmと50kmの2種目を浅野義雄(日大)が制した。ジャンプは60m級、90m級とも笠谷幸生(ニッカ)が優勝。女子では5km、10kmの両種目を高橋弘子(大東文化大)が制した。女子15kmリレーは三馬ゴムが2年ぶりに優勝。

2.25〜3.2 〔フィギュアスケート〕世界選手権開催 1969年世界フィギュアスケート

選手権大会が米コロラドスプリングスで開催された。男子は前年2位のウッド (米) が優勝。前年6位と健闘した小塚嗣彦 (早大) は13位。女子も前年2位のザイフェルト (東ドイツ) が優勝。前年18位の山下一美 (関学) は11位、宮川恵子 (相愛学園大) は16位。

2.28 〔バイアスロン〕渋谷が5位入賞　ポーランドのザコパーネで開催されたバイアスロン世界選手権大会の20km競技で、渋谷幹 (自衛隊) が1時間24分59秒1で5位になった。スキーの距離競走と射撃を組み合わせたバイアスロンは札幌五輪に向けて強化を急いでいる種目で、自衛隊員だけが取り組んでいる。渋谷選手の予想外の好成績は関係者を勇気づけるだろう。

3.3～11 〔レスリング〕田中と森田が優勝　1969年世界レスリング選手権大会がアルゼンチンのマルデルプラタで開催された。日本勢はグレコローマン型では、バンタム級の服部正男 (オリンピア・サンワーズ) が4位、フェザー級の木口宣昭が5位、ウェルター級の山県盛治 (日体大) が4位。フライ級の杉山三郎 (日大)、ライト級の高橋義輝 (専大)、ミドル級の佐々木正純 (横須賀高教)、ライト・ヘビー級の藤側宏喜 (国士舘大) は二、三回戦で敗退。フリースタイルでは、バンタム級で田中忠道 (福岡大教)、フェザー級で森田武雄 (館林高教) が優勝した。ジュニア・フライ級の梅田昭彦 (東洋大) は3位、ライト級の吉田敏忠 (日大) は6位、ウェルター級の山県盛治は3位、ミドル級の野尻修一 (日大) は4位。フライ級、ライト・ヘビー級は2、3回戦で敗退。

3.3～14 〔アルペンスキー〕全日本アルペン開催　第47回全日本アルペンスキー大会が志賀高原と苗場スキー場で開催された。男子回転と大回転の2種目は大杖正彦 (慶大) が優勝、滑降は佐々木富雄 (拓銀) が優勝。女子大回転と滑降の2種目は林民子 (風間スキー)、回転は沖津はる江 (大東文化大) が優勝。

3.8～16 〔ラグビー〕日本が全勝で優勝　ラグビーの第1回アジア選手権大会が東京秩父宮ラグビー場で開催されたが、大雪のため全日程を消化できなかった。参加国は、日本、韓国、台湾、香港、タイの5カ国。日本が4戦全勝で優勝。全対戦を終了していないので2位以下の順位はつけられなかった。

3.10 〔相撲〕大鵬45連勝でストップ　大相撲、大鵬の連勝45でストップ。翌日の新聞は、相手の戸田の足が早く土俵を割った写真を掲載した。これを受け、日本相撲協会は18日、夏場所から写真を勝負判定の参考に使用することを正式に決定した。

3.21～29 〔サッカー〕ベラクルスが来日　メキシコのサッカー・ベラクルスが来日。第1、2戦は東京・国立競技場で日本代表が対戦、1-3、1-2で日本代表が破れた。第3、4戦は東洋工業とヤンマーが対戦、いずれも敗退。

3.23 〔相撲〕琴桜が2回目の優勝　大相撲春場所は、横綱・大鵬が六日目から休場、横綱・柏戸、大関・北の富士がともに9勝6敗とふるわず、西張出大関の琴桜が13勝2敗で2回目の優勝。琴桜は先場所は5勝10敗とくずれたが今場所の優勝で面目をとり戻した。殊勲賞は西前頭9枚目で12勝3敗の龍虎 (初)、敢闘賞も龍虎 (2回目)、技能賞は今場所小結に上がった藤ノ川が先場所につづいて受賞 (三回目)。

3.30	〔ボクシング〕海老原がフライ級復活　ボクシング・フライ級、海老原が5年ぶりに復活。オラシオ・アカバロ (アルゼンチン) の引退に伴うプロ・ボクシング WBA 世界フライ級王座決定戦が札幌でおこなわれ、海老原博幸 (協栄) がホセ・セベリノ (フィリピン) を判定で破り王座に復活した。1964年1月にバンコクでポーン・キングピッチ (タイ) に敗れてタイトルを失って以来、5年ぶりに王座を奪回した。
4.4	〔剣道〕第1回世界選手権開催　国際剣道連盟が発足 (15カ国) し、日本武道館で第1回剣道世界選手権大会を開催。
4.6	〔高校野球〕三重が選抜初優勝　第41回選抜高校野球大会は、堀越 (東京) と三重 (三重) が決勝で対戦。三重の上西投手が堀越を4安打におさえる好投、打線は堀越の3投手に17安打を浴びせて、12-0で快勝。三重県勢の甲子園優勝は初。
4.7	〔スキー〕最年少モンブラン滑降　12歳のスキー少年・金子裕之がモンブラン滑降に成功、世界最年少記録を樹立した。
4.8	〔プロ野球〕サンケイ・アトムズ誕生　プロ野球サンケイ、球団名をアトムズに。サンケイ球団の経営権がヤクルトに移ったのに伴い、同球団は、球団名をアトムズと改めた。
4.17〜27	〔卓球〕世界選手権開催　第30回世界卓球選手権大会がドイツのミュンヘンで開催された。日本は、男子シングルスで伊藤繁雄 (タマス)、女子シングルスで小和田敏子 (中京大)、混合複で長谷川信彦 (愛知工大出)・今野安子 (愛知工大) 組が優勝、男子団体の優勝と合わせて四つのタイトルを獲得した。前回大会で六つのタイトルを獲得したが、欧州勢が急速に成長して日本の前に立ちはだかった。1971年に名古屋で同大会を開催する日本にとってさらなる強化が課題となろう。
4.20	〔競馬〕ワイルドモアがさつき賞制覇　第29回皐月賞レースが中山競馬場 (芝2000m) で行われ、ワイルドモア (森安重勝騎手) が2分05秒2で1着となった。3馬身差の2着はギャロップ、3着はタカツバキ。
4.21	〔マラソン〕采谷がボストンで優勝　第73回ボストン・マラソンで、日本から参加した采谷義秋 (竹原高教) が、2時間13分49秒0の大会新記録で優勝した。2位は、2時間17分30秒のルゴ (メキシコ)。2月の別府マラソンを制した上岡忠明 (東洋工業) は2時間56分49秒と遅れ134位に沈んだ。
4.29	〔競馬〕タケシバオーが天皇賞制覇　第59回天皇賞 (春) レースが京都競馬場 (芝3200m) で行われ、タケシバオー (古川良司騎手) が3分29秒1で1着。タケシバオーは、前年、弥生賞、さつき賞、NHK杯、ダービーと4レースで2着だったが、ようやく重賞レースで勝った。2着は2馬身差で前年ダービー3着のアサカオー、3着はダイイチオー。
5.2	〔自動車〕JAFグランプリ開催　日本初のインターナショナル・フォーミュラー・カーレース、1969年度JAFグランプリを開催。
5.10〜12	〔テニス〕日本インドに9連敗　デービス杯テニス東洋ゾーン決勝トーナメントがインドのプーナでおこなわれた。4月におこなわれた準決勝でフィ

リピンを下して決勝に進んだ日本がインドと対戦。小西一三(住軽金)、渡辺康二(住友軽金属)、河盛順造(日本生命)の日本は、インドのクリシュナン、ラム、ムカージに対して単・複とも1勝もできず5-0と完敗。今年もインター・ゾーン戦に進めなかった。日本はインドに9連敗。

5.11　〔マラソン〕毎日マラソン開催　第24回毎日マラソンが、大津市皇子山‐守山町杉江折返しコースで開催された。松原一夫(全鐘紡)が、2時間22分44秒で優勝。優勝タイムが2時間20分台とやや低調だった。

5.13　〔相撲〕大相撲ビデオ判定導入　45連勝中の大鵬が敗れた一件から、五月場所よりビデオ判定導入。この日の大鵬対藤ノ川戦、初利用。

5.13〜21　〔サッカー〕全英選抜が来日　サッカーの全英選抜ミドルセックス・ワンダラーズが来日、東京・国立競技場と神戸で4戦をおこなった。初戦は日本代表が2-1で勝ち、第2戦は1-2で日本代表が敗れた。そのあとヤンマーと三菱重工と対戦、1-1、3-3の引き分け。両者1勝1敗2引き分けにおわった。

5.25　〔相撲〕大鵬が30回目の優勝　大相撲夏場所は、先場所途中休場した横綱・大鵬が13勝2敗で30回目の優勝。柏戸が9勝、関脇・清国が12勝と気を吐いたほかは三役陣が8、9勝どまりと不振、新・小結の藤ノ川は3勝12敗と大きく負け越した。殊勲賞は東前頭2枚目の龍虎が先場所につづき2回目の受賞。敢闘賞は西前頭筆頭で11勝4敗の前ノ山(初)、技能賞は関脇・清国(4回目)。

5.25　〔競馬〕ダイシンボルガードが日本ダービー制覇　第36回日本ダービー(東京優駿)が東京競馬場(芝2400m)で16万人の大観衆を集めて行われた。一番人気のタカツバキ(島田)がスタート直後に落馬する波瀾のレースとなり、ダイシンボルガード(大崎昭一騎手)が2分35秒1で1着となった。売上げは、56億7015万円の新記録。

6.4　〔相撲〕大関2場所負け越しで陥落　日本相撲協会の理事会は、今年の名古屋場所から、大関が連続3場所負け越したら大関陥落の規定を2場所連続負け越しで陥落と改めると決めた。同時に、関脇に陥落した次ぎの場所で10勝以上あげれば大関に復帰するという内規を定めた。このところの大関の成績不振で世論の批判を浴びていたことに対する対応策である。

6.7〜8　〔陸上〕走り高跳びと競歩で日本新　第17回全日本実業団陸上競技大会が京都・西京極競技場で開催された。男子走り高跳びで富沢英彦(群馬蚕糸高教)が2m15の日本新(これまでの記録は杉岡邦由の2m10)、5000m競歩で浅野輝彦(東芝堀川)が21分48秒4の日本新を記録した。男子得点は大昭和が首位、東急が2位、日レが3位。女子得点はリッカーが首位、大昭和が2位、日レが3位。男女合わせた総得点で大昭和が優勝、日レが2位、3位東急。

6.8　〔オリンピック〕札幌五輪会期決定　ワルシャワで開かれた国際オリンピック委員会(IOC)総会で、冬季五輪札幌大会の会期が、日本の原案どおり承認され、1972年2月3日から13日までの11日間と決まった。アイスホッケーは、大会規模縮小のためこれまでの半数の8チーム参加という案が同

競技の国際連盟から出されていたが、これも日本の希望どおり16チーム参加と決まった。

6.12 〔大学野球〕久保田が完全試合　第18回全日本大学野球選手権大会(東京・神宮球場)の第2日、1回戦の関大対千葉商大戦で、関大の久保田美郎投手(21)が完全試合を達成した。同大会では、第14回(1965年)の専大・芝池博明投手(現近鉄)に次いで大会史上二人目、大学野球全体では17人目。大会は15日、首都大学リーグの東海大が東都大学リーグの日大を3-0でくだして優勝した。

6.14 〔バドミントン〕ユーバー杯は日本が防衛　第5回ユーバー杯世界女子バドミントン選手権大会のチャレンジ・ラウンドが東京体育館でおこなわれた。王者の日本は、湯木博恵(日体大)、高木紀子(東海女短大教)、天野博江(東海女短大教)、高橋とも子(北辰電機)が挑戦者のインドネシアを6-1で退け王座を守った。日本は、第4回(1966年)に初参加して第1回(1957年)以来3大会を制していた米国を破って優勝、今大会で2大会連続覇者となった。

6.15～24 〔サッカー〕ボルシアが来日　ドイツのサッカー・チーム、ボルシア・メンヘングラドバッハが来日、日本代表と4戦。日本は第2戦を1-1で引き分けたが、あとの3戦はいずれも敗れた。

6.25～7.5 〔テニス〕沢松が全英ジュニア優勝　第83回全英テニス選手権大会がウインブルドンで開催された。男子単はレーバー(豪)が決勝でニューカム(豪)を下して前年につづき優勝。女子単はジョーンズ(英)が前年優勝のキング(米)を破り優勝。ジュニア女子シングルス決勝は沢松和子(松蔭女大)がカーク(南ア)を下して優勝した。

7.9 〔相撲〕柏戸が引退　大相撲名古屋場所の4日目、「体力の衰え」を理由に第47代横綱・柏戸が引退を届け出て、相撲史上に残る「柏鵬時代」が幕を閉じた。1953年(昭和29年)初土俵。1961年(昭和36年)11月大鵬とともに横綱昇進。勝負にこだわらないさっぱりとした気性で、それが相撲ぶりにも表れた。体勢が不利だとじっくり体勢を立て直して「敗けない」大鵬に対して、柏戸はひたすら、時にはがむしゃらに前に出る。その相撲ぶりの違いが両者の優勝回数の差となったろう。殊勲賞・敢闘賞各2回、技能賞4回、優勝5回。横綱在位47場所。記録の数字以上に、記憶に残る昭和を代表する大力士であった。引退して年寄鏡山を襲名。

7.12 〔バレーボール〕15分完封完全試合　東京体育館でおこなわれたバレーボールの全日本大学男子選手権大会の3回戦で、日体大が北海道教大札幌に15-0、15-0と相手を完封する「完全試合」で勝った。第1セット8分、第2セット7分、合計15分で試合が終了。これまでの女子の最短記録はヤシカ対増穂商高戦の16分。

7.19 〔陸上〕やり投げで日本新　第9回実業団・学生対抗陸上競技大会が東京・国立競技場で開催された。男子やり投げで山本久男(高岡ろう学教)が79m52の日本新記録(これまでの記録は三木孝志の78m51)。総得点で実業団が学生をおさえて勝利。

1969年(昭和44年)

7.20　〔マラソン〕マンチェスターで采谷が4位　英国マンチェスター・マラソン(第1回)で、地元のロン・ヒル(英)が、2時間13分46秒で優勝。世界最高記録を保持しているデレク・クレイトン(豪)は、2時間15分40秒で2位。日本勢では、采谷義秋(竹原高教)が2時間19分37秒で4位、君原健二(八幡製鉄)が7位。

7.20　〔相撲〕清国が初優勝　大相撲名古屋場所が6日から愛知県体育館でおこなわれ、千秋楽を前に、大鵬、清国、琴桜、藤ノ川が3敗で首位に並んだ。千秋楽に琴桜が4敗に後退、結びの一番で清国は大鵬を押し出して勝ち、つづいて優勝決定戦で藤ノ川を浴びせ倒して初優勝。新・大関の清国は、序の口以来の各段を通じて初めての優勝。新大関の優勝は1959年(昭和34年)九州場所の若羽黒以来二人目。先場所大勝ちして小結をとび越えて関脇にすわった前乃山が10勝5敗で殊勲賞(初)。先場所大負けして小結から東前頭5枚目に落ちた藤ノ川が12勝3敗で敢闘賞(2回目)、技能賞も藤ノ川(4回目)。

7.21　〔バレーボール〕チェコとポーランドが来日　バレーボール、チェコ(男子)とポーランド(女子)が来日、各地で日本チームと対戦。ポーランド女子チームは美人ぞろいで人気を呼んだが、チームを結成して日が浅く戦績は1勝6敗とふるわなかった。チェコは男子世界選手権者だが、最終戦で全日本に敗れて3勝4敗と負け越した。

7.24〜27　〔体操〕日体大が全種目優勝　第23回全日本学生体操選手権大会が駒沢体育館でおこなわれた。日体大は、男子個人総合でメキシコ五輪代表の監物永三、女子個人総合では小田千恵子が優勝、男女団体総合でも日大を破り、男女の個人・団体の全タイトルを独占した。日体大の同大会での全種目優勝は1965年(昭和40年)の第19回大会についで2回目。

8.1　〔ゴルフ〕「連続パット」制廃止へ　英国のロイヤル・アンド・エンシェント・クラブは、理事会で、今年から実施した「連続パット」ルールをやめて、来年からもとの規則に戻すことを決め、9月のクラブ総会で正式に決定される。米ゴルフ協会もこの決定を支持。日本のゴルフ界もこの決定に追随する見込み。

8.5　〔社会人野球〕電電関東が初優勝　第10回都市対抗野球大会は電電関東(千葉県)が初優勝。

8.7　〔駅伝〕リッカーAが優勝　第22回十和田八幡平駅伝(77.5km)はリッカーA(沖田・緒方・米重・鞍馬・御船)が4時間11分38秒で優勝。2位は全鐘紡で上位2チームは大会新記録。

8.9〜13　〔ハンドボール〕全立大と大洋デパートが優勝　第21回全日本総合ハンドボール大会が盛岡で開催された。男子は準決勝で日体大を破った大崎電機と同じく芝工大に勝った全立大が決勝で対戦、全立大が18-14で大崎電気を下して優勝。女子は準決勝で美和クラブを大差で下した大崎電気と同じく三菱鉛筆を破った大洋デパートが決勝で対戦、大洋デパートが13-3と大崎電気に圧勝して優勝。大崎電気の男子は2月におこなわれた第9回実業団大会で優勝、同女子は前年12月の第15回全日本選抜大会で優勝したが、こ

の大会では男女とも優勝を逃した。

8.10 〔柔道〕体重別柔道開催　第3回全日本選抜体重別柔道大会が福岡でおこなわれた。軽量級は湊谷弘五段(金沢工大教)、中量級は園田勇四段(福岡工大)、軽重量級は笹原冨美雄四段(神奈川県警)が優勝。重量級は篠巻政利四段(富士製鉄)が須磨周司四段(明大)を大外刈りで破って優勝した。

8.15 〔登山〕アイガー北壁直登に成功　ジャパン・エキスパート・クライマーズ・クラブ(JECC)の加藤滝男隊長ら6人が、スイス中南部アルプスのアイガー山の北壁(3974m、標高差1800m)の直登に成功した。夏のアイガー北壁は「魔の壁」と恐れられていて直登は史上初の快挙。

8.16 〔プロ野球〕成田がノーヒットノーラン　西宮球場でおこなわれたプロ野球。パ・リーグのロッテ・阪急戦で、ロッテの成田文男投手(22歳)は、四球3つだけの無安打・無得点で阪急を封じた。ノーヒットノーランは両リーグを通じて今年初。プロ野球1リーグ時代を含めて50回目(41人目)、パ・リーグでは11回目(11人目)。

8.18～19 〔高校野球〕決勝が引き分け再試合　第51回全国高校野球選手権大会は、決勝で松山商・井上明、三沢・太田幸司の両投手の力投で0-0のまま延長へ。「疲れを知らぬ剛速球」の太田、「精密機械のような制球力」の井上の投げ合いはそのままつづき、4時間16分、18回、無得点のまま引き分け再試合となった。19日の再試合も5回まで熱戦がつづいたが、6回、三沢に手痛い守備の乱れがあり、松山商が4-2で勝ち、4回目の優勝。2日間にわたる27回の熱闘は、甲子園の観衆だけでなくテレビを通じて全国の高校野球ファンの感動を呼んだ。なおこの大会の1回戦で、松商学園の降旗英行投手が、三笠高を無安打・無得点に封じた。夏の甲子園大会でのノーヒットノーランは17回目(16人目)。

8.29 〔相撲〕大鵬に一代年寄　日本相撲協会は理事会で、30回優勝の功績をたたえるため、横綱・大鵬(二所ノ関部屋)が、引退後も現役名「大鵬」のまま年寄を名のることを決めた。大鵬は他の年寄名跡を継がなくとも、引退後も相撲界にいる間は大鵬を名のり、大鵬部屋をつくることができる。ただし年寄大鵬は一代限りで、他の者に譲ることはできない。相撲協会には年寄名跡は現在105あるので106に増える。引退した柏戸にも、柏鵬時代の立役者としての功労を認め、1500万円を贈ることが決まった。9月14日、秋場所初日の土俵上で大鵬の表彰式がおこなわれた。

8.29～31 〔水泳〕高校勢が活躍　日本選手権水泳競技大会が東京・代々木オリンピックプールで開催された。西側よしみ(山田SC)が女子200m個人メドレーで2分31秒1、同400m個人メドレーで5分25秒3のどちらも日本新記録で2種目制覇。そのほかでは、男女とも高校生の活躍が目立った。男子200m自由形優勝の早稲田昇(尾道高)、400m自由形優勝の村田敏紀(佐伯鶴城高)、男子100m平泳ぎと同200mの2種目を制した田口信教(尾道高)、男子100m背泳ぎ優勝の本多忠(尾道高)、本多は200m、400mの個人メドレー2種目も制した。女子では、400m自由形で小林美和子(愛知淑徳高)が優勝、2位は井口妙(田辺商高)、3位は藤本幸子(熊本市高)と高校生が3位

1969年(昭和44年)

までを独占。800m 自由形でも、優勝は井口、2位は藤本、そして3位は中学生の羽場恵子(愛知淑徳中)。100mバタフライも堀池嘉津子(愛知淑徳高)が日本タイの好記録で優勝した。

8.30〜31　〔ボート〕エイトは同大が連覇　第47回全日本ボート選手権大会が戸田コースでおこなわれた。エイトは同大が6分04秒3で前年につづき優勝。2位は慶大で、招待出場のメルボルン大は3位。かじ付きフォアは東レ滋賀が6分51秒9の好タイムで3連覇。かじ無しフォアは法大、かじ付きペアはメルボルン大、かじ無しペアは法大、ダブル・スカルは慶大、シングル・スカルは笠木聡臣(美津濃)が優勝。オックスフォード盾エイトは早大。

9.10　〔国民体育大会〕初の2県優勝　長崎国体夏季大会は長崎と東京が国体史上初めて総合優勝を分ける。

9.19〜21　〔陸上〕杉岡が日本新　第53回日本陸上競技選手権大会が、埼玉県上尾運動公園競技場で開催された。男子走り高跳びで、杉岡邦由(八幡製鉄)が2m12の日本新記録で優勝(これまでの記録は杉岡本人の2m10、世界記録は2m28)。女子走り幅跳びで、山下博子(三潴高)が6m25(これまでの記録は山下本人と香丸恵美子の6m17、世界記録は6m82)の日本新記録で優勝した。

9.22〜25　〔重量挙げ〕三宅弟が初優勝　第23回世界重量挙げ選手権大会がポーランドのワルシャワでおこなわれた。フェザー級に出場した三宅義行(自衛隊体育学校)がトータル385kgで初優勝。兄・三宅義信(自衛隊体育学校教)が、1963年以来、東京、メキシコ両オリンピックを含めて世界大会のこの階級で5連勝しており、これで日本はフェザー級6連勝となった。ライトヘビー級では大内仁(警視庁)がスナッチで152.5kgの世界新記録、トータル487.5kgの日本新記録で優勝した。重量級での優勝は日本人初。

9.28　〔陸上〕太平洋沿岸5ヶ国競技会開催　米国、カナダ、オーストラリア、ニュージーランド、日本の5ヶ国が参加する第1回太平洋沿岸5ヶ国陸上競技大会が東京・国立競技場で27・28日に開かれた。メキシコ五輪女子障害2位のキルボーン(豪)ら一流選手が参加したが、天候に恵まれず、好記録は出なかった。男子5000mはスミス(米)が13分40秒2で優勝、沢木啓祐(順天堂大教)は4位。女子走り幅跳びで、高校生の山下博子(三潴高)が2位となった。

9.28　〔マラソン〕ソウルで宇佐美が優勝　第4回ソウル・マラソンで、メキシコ五輪優勝のマモを抑えて宇佐美彰朗(桜門陸友会)が2時間20分18秒0で優勝した。2位はマモ・ウォルデ(エチオピア)で2時間22分7秒2、3位は金政治(韓国)で2時間22分49秒8。ほかの日本勢では、田中隆之(日電三田)が9位、奈良野勇(日本鋼鉄弦)が10位、上岡忠明(東洋工業)が12位。

9.28　〔相撲〕玉乃島が2回目の優勝　大相撲秋場所は西張出大関・玉乃島が13勝2敗で2回目の優勝。柏戸が引退して一人横綱となった大鵬は11勝4敗。殊勲賞は9勝6敗の東前頭2枚目の栃東(三回目)、敢闘賞は西前頭8枚目で11勝4敗の大竜川、技能賞は栃東(3回目)。

— 62 —

9.30 〔プロ野球〕王が7季連続40本　プロ野球セ・リーグ、巨人の王貞治一塁手は対中日19回戦(中日球場)で今季40号の本塁打を放ち、1963年(昭和38年)からつづけている40本塁打を7季連続に伸ばした。

10.4～5 〔弓道〕今村が接戦を制し優勝　第20回全日本弓道選手権大会が伊勢でおこなわれた。決勝で3人が10射8中の同成績で並び、競射の結果、今村鯉三郎七段が優勝。

10.7 〔プロ野球〕八百長事件発覚　プロ野球パ・リーグの西鉄・永易将之投手が、暴力団にそそのかされて一試合20～50万円を受けとって八百長を仕組んだことが発覚した。西鉄球団は同投手を退団処分、中西太監督も責任をとって退団。11月28日、コミッショナー会議は、永易をプロ野球の権威を傷つけたという理由で「永久追放」すると採決。

10.9 〔プロ野球〕巨人が5年連続優勝　プロ野球セ・リーグは、後楽園で巨人が中日を破り、5年連続24回目の優勝を決めた。同日朝、日本プロ野球の父・正力松太郎読売新聞社主が死亡、川上哲治監督は喪章をつけて試合に臨んだ。今季の巨人は、左腕・高橋一三投手が22勝をあげる活躍で、ON(王貞治・長嶋茂雄)を軸とする打線も好調で、2位の阪神に6.5ゲーム差をつける快勝だった。最終順位は2位阪神、3位大洋、4位中日、5位アトムズ、6位広島。

10.10 〔プロ野球〕金田が400勝そして引退　プロ野球セ・リーグ巨人の金田正一投手(36歳)は、対中日24回戦の5回表から城之内邦夫投手の後を継いで登板、勝利投手となり、日本プロ野球史上初の400勝を達成した。1950年(昭和25年)に国鉄に入団して以来20年間943試合での大記録。同投手は入団の翌年から1964年(昭和39年)まで14年連続20勝以上、1958年(昭和33年)には33勝をあげた。米大リーグではサイ・ヤングの511勝、近代ではウォルター・ジョンソンの416勝が最高記録。金田はシーズン終了後の11月30日、奪三振4490、連続64回1/3無失点などの不滅の記録を残し引退。巨人は同投手の背番号34を永久欠番とした。

10.18 〔プロ野球〕王が通算400号　プロ野球セ・リーグ巨人の王貞治一塁手は、対中日25回戦(中日球場)で今季44号の本塁打を放ち、通算400号に達した。通算400本塁打はパ・リーグ南海の野村克也捕手に次いでプロ野球史上二人目、セ・リーグでは初めて。野村の400号は入団14年目だが、王は11年目で達成した。今季の王は7年連続100打点以上(プロ野球新)も記録した。

10.18 〔サッカー〕W杯アジア予選敗退　世界サッカー選手権(ワールドカップ)のアジア地区予選(第15群A組)が韓国・ソウルで、日本、韓国、オーストラリアの3ヶ国で、総当り・2回戦制でおこなわれた。日本は1勝もできず敗退。オーストラリアが2勝2引き分けで首位。

10.19 〔プロ野球〕阪急が3年連続優勝　プロ野球パ・リーグは、終盤に阪急(西本幸雄監督)と近鉄が激しく優勝を争ったが、阪急・近鉄の直接対決(藤井寺)で阪急が近鉄を下し、3年連続のリーグ優勝を決めた。今季の阪急は、投手陣が崩れたが、開幕以来17試合連続チーム本塁打(プロ野球新記録)など、

長池徳二外野手 (41本塁打で本塁打王、101打点で打点王) を軸とする打線の奮起で優勝を勝ち取った。最終順位は2位近鉄、3位ロッテ、4位東映、5位西鉄、6位南海。

10.19 〔ボクシング〕海老原が防衛失敗　海老原、王座を失う。プロ・ボクシングWBA世界フライ級チャンピオンの海老原博幸 (協栄) とビラカンポ (フィリピン) のタイトル・マッチが大阪でおこなわれ、海老原が判定負けで防衛に失敗、王座を失った。

10.20 〔大学野球〕山中が連盟最多48勝　東京六大学野球・法大の山中正竹投手は通算48勝の連盟最多勝利の新記録を樹立。

10.23～26 〔柔道〕世界選手権開催　第6回柔道世界選手権大会がメキシコ市で開かれた。日本は、軽量級で岡田義男 (日本運送)、軽中量級で湊谷弘 (金沢工大教)、中量級で園田勇 (福岡工大)、軽重量級で笹原富美雄 (神奈川県警)、重量級で須磨周司 (明大)、無差別級で篠巻政利 (富士鉄) が優勝、全階級のタイトルを獲得した。無敵の王者ヘーシング (オランダ) が引退したあとを継いだルスカ (オランダ) も難敵、篠巻が二回戦でこのルスカを大外返し破り、さらに決勝でも優勢勝ちしたのが全階級制覇のカギとなった。なお、この大会は、第1回 (昭和31年=1956、東京)、第2回 (昭和33年=1958、東京)、第3回 (昭和36年=1961、パリ) は無差別級だけでおこなわれ、第4回 (昭和40年=1965、リオデジャネイロ) で4階級制、前回の第5回 (昭和42年=1967、ソルトレークシチー) から現行の6階級制になった。

10.26～31 〔国民体育大会〕長崎国体開催　第24回国民体育大会秋季大会が、長崎県諫早市の県立総合運動公園を中心に長崎県下で開催された。選手・役員を合わせて史上最高の1万7千人余りが参加。競技成績では、重量挙げのバンタム級で安藤謙吉 (岐阜) が世界新記録、フェザー級では三宅義信 (自衛隊体育学校) がスナッチとジャークで世界新記録、トータルでフェザー級の限界と言われてきた400kgの世界新記録。天皇杯 (男子)、皇后杯 (女子) とも地元長崎が獲得。開催地の両杯獲得は、第19回大会の新潟、第20回大会の岐阜、第22回大会の埼玉、前年の第23回大会の福井と、3年連続、5回目。

11.2 〔プロ野球〕巨人がリーグ5連覇　第20回を迎えたプロ野球・日本シリーズは、セ・リーグ優勝の巨人 (川上哲治監督) がパ・リーグ優勝の阪急を4勝2敗で下して5年連続で日本一の座についた。シリーズの最優秀選手には4本塁打を放った長嶋茂雄内野手 (巨人) が選ばれた。

11.6～14 〔テニス〕沢松が女子3連覇　第44回全日本テニス選手権大会が東京・田園コートでおこなわれた。男子単は小林功 (住軽金) が決勝で小西一三 (住軽金) を下して初優勝。男子複は小林功・渡辺功 (住軽金) 組が初優勝。女子単は大学生となった沢松和子 (松蔭女大) がこの大会3連覇。女子複は畠中君代 (駿台ク)・村上智佳子 (朝日生命) 組が2年連続優勝。

11.10～16 〔駅伝〕東京が連覇　第19回青森・東京間都道府県対抗駅伝大会は最終ゴール地点を西新井大師前に変更されたコース (55区769.0km) でおこなわれ、東京が1着、2着は埼玉、3着は神奈川。東京は2年連続、6回目の優勝。

11.13～16　〔体操〕男女とも日体大が優勝　第23回全日本体操選手権大会が山口体育館でおこなわれた。男子団体総合は日体大 (監物・塚原・千田・河野・岡村・高島) が優勝、2位は日大、3位は河合楽器。個人総合は加藤沢男 (大塚ク) が優勝、2位中山彰規 (中京大教)、3位加藤武司 (ソニー)。女子団体総合は日体大 (小田・安田邦・安田美・水川・長尾・長谷川) が優勝、2位は日大、3位は河合楽器。個人総合は小田千恵子が優勝、2位橋口佳代子 (スワロー)、3位松久 (スワロー)。女子団体総合の日体大は3年連続優勝。団体総合の1～3位は男女とも同じチームが同じ順に並んだ。

11.13～16　〔バレーボール〕ヤシカが初の日本一　全日本6人制バレーボール女子総合選手権大会が東京体育館で開催された。準決勝で東洋紡守口を破ったヤシカと、同ユニチカ貝塚を下した日立武蔵が決勝で対戦、ヤシカが3-1で勝って初優勝。ヤシカは1960年 (昭和35年) のチーム結成以来10年目で初めての制覇。なお日立武蔵は、今大会終了を機に、メキシコ五輪代表チームに入っていた高山主将はじめ生沼・宍倉・井上の4人が引退。

11.16　〔競馬〕アカネテンリュウが菊花賞制覇　第30回菊花賞レースが京都競馬場 (芝3000m) で行われ、アカネテンリュウ (丸目敏栄騎手) が3分15秒3で1着となった。4馬身差の2位はリキエイカン。

11.17　〔テニス〕豪がデ杯東洋ゾーン出場　オーストラリア・テニス協会は、来年度のデ杯予選に東洋ゾーンのAセクションに出場すると発表した。オーストラリアは、地理的にみてデ杯予選の東洋ゾーンとアメリカ・ゾーンのどちらに出てもよいことになっている。日本は東洋ゾーンの予選で宿敵インドに苦しめられている上に、強豪・オーストラリアがこのゾーンに参戦することになり、さらに苦しいことになる。

11.20　〔プロ野球〕三沢・太田が近鉄入り　プロ野球の新人選択会議で6番目の指名権を得た近鉄は、夏の甲子園を沸かせた青森・三沢高校の太田幸司投手を指名。その後、太田投手の近鉄入団が決定した。

11.20～22　〔フェンシング〕全日本選手権開催　第22回全日本フェンシング選手権大会が一関で開催された。男子フルーレ団体は近大、女子フルーレ団体は専大、男子サーブル団体は警視庁、男子エペ団体はTFS世田谷が優勝。男子フルーレ個人は植原清 (日大)、エペ個人は石川誠 (警視庁)、サーブル個人は秋保篤 (警視庁)、女子フルーレ個人は佐藤直子 (専大) が優勝した。

11.22～23　〔体操〕世界優秀女子競技会開催　世界優秀女子体操競技会が東京・蔵前国技館で開かれた。個人総合はペトリク (ソ連) が優勝、2位はカラショワ (ソ連)、3位は橋口佳代子 (スワロー)。種目別は、跳馬、徒手、平均台の3種目はペトリク、平行棒は小田千恵子 (日体大) が優勝した。

11.23　〔サッカー〕三菱重工が初優勝　日本サッカー・リーグ、三菱重工・東洋工業戦で三菱が東洋工業を2-0で破り、東洋工業の同リーグ5年連続優勝を阻んで初優勝。

11.23　〔相撲〕北の富士が2回目の優勝　大相撲九州場所は、大関・北の富士が13勝2敗で2回目の優勝。殊勲賞は関脇・麒麟児 (5回目)。敢闘賞は前頭6枚

目・龍虎 (3 回目)。技能賞は小結・栃東 (4 回目)。

11.24～26 〔フィギュアスケート〕樋口・山下が優勝　第30回全日本フィギュアスケート選手権大会が大阪スケートリンクで開催された。男子は樋口豊 (明星学園出) が初優勝。女子は山下一美 (関学) が2年連続優勝。

11.29～30 〔相撲〕輪島が連覇　第47回全国学生相撲選手権大会が大阪府立体育館でおこなわれた。個人決勝で輪島博 (日大) が2年連続の学生横綱になった。団体の決勝は近大が3-2で拓大を破り優勝。

11.30 〔競馬〕メジロタイヨウが天皇賞制覇　第60回天皇賞 (秋) レースが東京競馬場 (芝2000m) で行われ、メジロタイヨウ (横山富雄騎手) が3分33秒0で1着となった。2馬身差の2着はライトワールド。

12.1～6 〔バドミントン〕小島が4連覇　昭和44年度全日本バドミントン総合選手権大会が東京・代々木体育館で開催された。男子単は小島一平 (ヨネヤマ) が優勝、この大会4連覇。男子複は秋山真男 (秋山紙店)・小島一平組が優勝、小島は複でも2年連続優勝。女子単は、11月におこなわれた学生選手権の女子単で3連覇の湯木博恵 (日女体大) がそのときの決勝戦で対戦した竹中悦子 (青陵女短大) をふたたび下して初優勝。女子複は相沢マチ子・竹中悦子 (青陵女短大) 組が前年につづき2年連続優勝。

12.5～8 〔卓球〕全日本選手権開催　昭和44年度全日本卓球選手権大会が東京で開催された。男子単の決勝は前年と同じく伊藤繁雄 (タマス) と長谷川信彦 (タマス) の対戦となり、大会2連覇していた伊藤を長谷川が破って3年ぶりに優勝。男子複は、前年は伊藤が専大組、長谷川が愛工大組と分かれて決勝で対戦した伊藤と長谷川が組んで、田阪登紀夫・今野祐二郎 (早大) 組を下して優勝。女子単は、ダブルスを組む小和田敏子 (中京大) と今野安子 (愛工大) が決勝で対戦、小和田が勝って前年につづき2年連続優勝。女子複は、福野美恵子・平野美恵子 (専大) の美恵子組が、前年優勝の小和田・今野組にせり勝って初優勝。

12.7 〔マラソン〕福岡で谷村が3位　第4回国際マラソン選手権大会が、福岡平和台競技場 - 雁ノ巣折返しコースで79選手が参加して開催された。招待選手ではなく一般参加のジェロム・ドレイトン (カナダ) が始終先頭を走り、世界歴代3位の2時間11分12秒8で初優勝。優勝候補のロン・ヒル (英) は、中盤で苦しんだがゴールの競技場入り口で前を走る谷村隼美 (倉敷レ) を抜いて、2時間11分54秒4で2位。谷村は2時間12分3秒4で3位。メキシコ五輪優勝のマモ・ウォルデ (エチオピア) は、30km地点で両足痙攣で棄権。ドレイトンは24歳の学生でマラソン歴2年、10月にデトロイト・マラソンで2時間12分台を記録して注目された新鋭。今大会は2日前に来日して優勝をさらった。日本の招待選手は宇佐美彰朗 (桜門陸友会) が2時間18分33秒2の14位が最高で、日本勢はふるわず、上位10位のうち5人を外国勢が占めた。

12.7 〔相撲〕田中が優勝　第18回全日本相撲選手権大会が東京・蔵前でおこなわれ、決勝で田中英寿 (日大職) が押し出しで長浜広光 (東農大) を破り優勝。

12.7 〔相撲〕輪島が花籠部屋へ　2年連続で学生横綱となった輪島博 (日大) は、全日本選手権大会の1回戦で敗れたが、日大相撲部とかねて関係の深い大相撲・花籠部屋に入門すると表明。

12.7 〔剣道〕千葉が優勝　第17回全日本剣道選手権大会が日本武道館でおこなわれ、決勝で千葉仁六段 (東京) が矢野洋二五段 (愛媛) を下して優勝した。

12.21 〔ラグビー〕日体大・法大が優勝　大学ラグビーの関東対抗戦グループは8日に全試合を終了、日体大が6戦全勝で優勝、2位は早大。関東リーグ戦グループは21日に日程を終了、法大が8戦全勝で優勝、2位は日大。関西Aリーグは同大が7戦全勝で優勝、2位は大経大。

12.21 〔競馬〕スピードシンボリが有馬記念制覇　第14回有馬記念レースが中山競馬場 (芝2500m) で行われ、スピードシンボリ (野平祐二騎手) が2分35秒1で1着となった。菊花賞馬のアカネテンリュウが鼻差の2着。

12.28 〔駅伝〕大濠が優勝　第20回全国高校駅伝大会が京都でおこなわれた。大濠 (福岡) が2時間10分08秒で優勝、2位宮崎中央、3位熊本一高、4位鹿児島実、5位鳥栖工 (佐賀) と5位までを九州勢が占めた。

12月 〔一般〕日本プロスポーツ大賞決定　1969年 (昭和44年) の日本プロスポーツ大賞 (日本プロスポーツ協会主催) は、大賞が読売巨人軍 (プロ野球)、殊勲賞が金田正一 (プロ野球)、小林弘 (プロボクシング)、清国忠雄 (大相撲) に決定。

"ニッポン、チャチャチャ"

　日本代表チームを応援するときに観衆がいっせいに「ニッポン、チャチャチヤ (拍手)」とやる光景はいまではすっかりおなじみとなっている。この応援法の始まりはサッカーで、発案したのは曹洞宗・東光寺 (愛知県東浦町) の住職で「日本サッカー狂会」の会長を務めたこともあるサッカー・ファンの鈴木良韶さんだという (産経新聞 2002.12.11)。1968年5月、イングランドの名門サッカー・クラブのアーセナルが来日、日本代表と対戦したときに「イングランド、チャチャチャ」とやるのを聞いて、日本代表の応援に取り入れたという。今ではサッカー・スタジアムよりもバレーボール会場で「日本、チャチャチャ」がおこなわれることが多い。白熱したプレイが進行している最中に「日本、チャチャチャ」が自然発生的にわきおこることもないではないだろうが、どちらかといえばプレイが停止したときにおこなわれる。バレーボールだとセットの合間、タイムアウト、選手交代のときのほか、どちらかの得点がきまるとサービスでプレイが再開されるまでいったんプレイが停まる。「日本、チャチャチャ」をやる機会が多い。サッカーではゲームが始まる前に「日本、チャチャチャ」をやって盛り上げることはできるが、ゲーム中はプレイが停まることは突発的で予想し難いからきっかけを掴みにくいだろう。バレーボールなどの屋内競技では「日本、チャチャチャ」は大音響となる。それは心的圧迫あるいは興奮という影響をプレイヤーに与えるだろう。それが応援の効用でありスポーツにはつきもの、といえばそうだろう。だが日本でおこなわれるゲームでの日本代表 (ホームゲームのホームチーム) に対して会場全体で「日本、チャチャチャ」とやるのは時には見苦しい。相手チームのためにあらかじめ相当の人数を準備して「○○ (相手国)、チャチャチャ」と対抗させてはいかがか。プレイヤーだけでなく観衆にもよき

スポーツマンシップが望まれる。

1970年
(昭和45年)

1.1 〔サッカー〕東洋工業が優勝　第49回天皇杯全日本サッカー選手権大会の決勝戦が東京・国立競技場でおこなわれた。準決勝で三菱重工に勝った立大と、同じく古河電工を退けた東洋工業が対戦、東洋工業が4-1で立大を下して優勝。

1.1 〔ラグビー〕日体大が初優勝　第6回全国大学ラグビー選手権大会の決勝が東京・秩父宮ラグビー場でおこなわれ、日体大が11-9で早大に競り勝ち初優勝。

1.2～11 〔バスケットボール〕日本鋼管・ユニチカが優勝　全日本総合バスケット・ボール選手権大会(男子第45回、女子第36回)が東京・代々木体育館別館でおこなわれた。男子は日本鋼管が3戦3勝で5年ぶり10回目の優勝。前年まで4連覇していた日本鉱業は2位、3位は住友金属。女子はユニチカ山崎が3戦3勝で6年連続10回目の優勝。2位は三菱電機名古屋、3位はユニチカ宇治。

1.3 〔駅伝〕日体大が箱根連覇　第46回東京-箱根間往復大学駅伝競走は、日体大が往路・復路とも制し、11時間31分21秒で2年連続優勝。およそ10分の大差の2位は順天大、3位は日大。2位、3位は前年と順位が入れ替わった。

1.3～7 〔高校サッカー〕浦和南が3冠　第48回全国高校サッカー選手権大会が西宮で開催された。決勝で浦和南(総体、国体1位)が1-0で初芝(関西)を下して優勝。浦和南は高校総合体育大会(総体)、国民体育大会(国体)優勝につづいてサッカー年度三冠を達成。

1.6 〔ボクシング〕ファイティング原田引退　ボクシングの原田、3回級制覇ならず、引退。プロ・ボクシングWBC世界フェザー級2位のファイティング原田(笹崎)が、同級チャンピオンのジョニー・ファムション(豪)に挑戦するタイトル・マッチが東京体育館でおこなわれた。原田は14回KOで敗れ、フライ、バンタム級につづく世界タイトル3回級制覇はならなかった。この1戦のあと、1月27日、原田(26歳)は体力の限界を理由に引退を表明。

1.10～ 〔ラグビー〕日本がアジア選手権連覇　第2回アジア・ラグビー選手権大会がタイのバンコクで開催され、決勝で日本が42-11でタイを下して2連覇。

1.15 〔ラグビー〕日体大が日本一　第7回日本ラグビー選手権が東京・秩父宮ラグビー場でおこなわれ、学生優勝の日体大が社会人優勝の冨士鉄釜石を29-13で破り日本一の座についた。学生王者と社会人王者が日本一を争う日本選手権で学生が勝ったのは、第1回の同大、第3回の早大につづいてこれで3度目。第4回以降は社会人チームが学生チームを圧倒していたが、第7回までの通算で社会人の4勝3敗と勝敗が接近してきた。

1970 年 (昭和 45 年)

1.15 〔アメリカンフットボール〕関西がライスボウル制覇　アメリカンフットボールの東西学生対抗戦・第 23 回ライスボウルが東京・国立競技場で行われ、関西学生が 14-8 で関東学生に勝った。関西はライスボウル 7 勝目。

1.25 〔相撲〕北の富士が連続優勝　大相撲初場所は、横綱・大鵬が全休、横綱不在の場所となった。大関・北の富士と大関・玉乃島が 13 勝 2 敗の相星で決定戦となり、北の富士が勝って前年九州場所につづいて連続優勝。殊勲賞は 10 勝 5 敗の小結・栃東 (4 回目)、敢闘賞は東前頭 5 枚目で 9 勝 6 敗の黒姫山 (初)、技能賞は栃東 (5 回目)。今場所新入幕の貴ノ花は西前頭 9 枚目で 10 勝 5 敗と健闘して注目された。

1.26 〔相撲〕北・玉が同時横綱昇進　日本相撲協会の横綱審議会は、大相撲初場所で 13 勝 2 敗で優勝した大関・北の富士と、同成績で準優勝した大関・玉乃島を横綱昇進を決めた。北の富士は 2 場所連続優勝。玉乃島は前年秋場所優勝のあと、九州場所 10 勝、初場所準優勝の成績。新横綱の誕生は、1965 年 (昭和 40 年) 初場所後の第 50 代横綱・佐田の山以来、5 年ぶり。二人同時昇進は、1961 年 (昭和 36 年) 秋場所後の大鵬、柏戸以来。なお、二人同時昇進のため、規定により、先に引退した方が第 51 代横綱、もう一方が第 52 代横綱となる。

1.27 〔登山〕冬季アイガー北壁登頂　冬のアイガー北壁に挑んでいた日本隊 (森田勝隊長) の 4 人が、日本人として初めて冬季の登頂に成功した。冬季の登頂は 1961 年にドイツ・オーストリア隊が初成功し、日本隊が三番目の成功。なお日本隊 5 人のうち木村憲司隊員は途中で転落したが、登頂成功の前日に 24 時間ぶりに救出。

2.8 〔マラソン〕君原が別府で優勝　第 19 回別府毎日マラソンは、君原健二 (八幡製鉄) が 2 時間 17 分 12 秒 0 で優勝。

2.8〜15 〔アルペンスキー〕全日本選手権開催　第 48 回全日本スキー選手権大会が札幌で開催された。男子複合で、一前年と前年のこの大会で優勝した勝呂裕司と同じ小樽北照高の中野秀樹が優勝、3 年連続高校生が優勝。女子では前年滑降と大回転の 2 冠の林民子 (カザマスキー) が大回転で優勝、滑降の優勝は猪谷素子 (慶大)。

2.8〜15 〔ボブスレー〕全日本選手権開催　第 4 回全日本ボブスレー選手権大会ガ札幌・手稲山コースでおこなわれた。男子二人乗りは、小谷博太郎 (立大)、太田寿 (札幌大)、男子四人乗りは、長田利久 (札幌ク)、兼山広吉 (三角ク)、村田摩査信 (同)、市橋善行 (北海学園大) が優勝した。

2.10〜 〔スピードスケート〕大塚・斎藤が優勝　第 38 回全日本スピードスケート大会が苫小牧で開催された。男子は 1500m1 位、1 万 m2 位の大塚博文 (専大) が総合得点で初優勝。女子は 500m1 位、1000m2 位の斎藤幸子 (三協精機、前年は東洋大) が総合得点で前年につづき 2 年連続優勝。各種目の記録は前年に比べてやや低調だった。

2.13 〔バイアスロン〕全日本選手権開催　第 7 回全日本バイアスロン選手権大会が真駒内で開催された。競技銃は菊地二久 (自衛隊北方スキー)、一般銃は

松本正義 (陸上第二師団) が優勝。単体総合は自衛隊北方スキー A が優勝、2 位は同北方スキー B、3 位は同北方スキー C。

2.14 〔ノルディックスキー〕笠谷が世界選手権 2 位　第 28 回世界ノルディックスキー選手権大会が開催された。70m 級ジャンプで、笠谷幸生 (ニッカ) が 84.5m の最長不倒距離を記録し、ナバルコフ (ソ連) に次いで 2 位となった。スキーの日本選手が世界選手権で入賞したのは 1966 年のオスロ大会 90m 級ジャンプで藤沢隆 (国土計画) が 2 位になって以来二人目。

2.20 〔高校野球〕選抜出場漏れで紛糾　帝京商工は東京都大会 2 位であったにもかかわらず春の選抜高校野球大会の東京代表にもれたことから、日本高校野球連盟 (高野連) を相手どり効力停止の仮処分を大阪地裁に申請。これに対し東京都高野連が、日本高野連との事態が円満に解決するまで同校の対外試合を認めないという制裁措置をとったことにより事態はさらに悪化。帝京側は都高野連に措置の取り消しを求める要望書を提出するとともに東京地裁に仮処分を申請。高野連側は帝京を選抜しなかったのは資料不足が理由としているが、都高野連の連絡不十分が原因とする見方もある。帝京側は、高校球界を牛耳る"佐伯天皇"(同連盟会長) に対する反発もあり、選抜もれや試合禁止は野球を通じて将来就職するのに不利になる、とプロ野球入りを目指す野球をはっきり表明。だが選考委員会の選抜権限を無視して裁判にもちこむのは強引。3 月 11 日に衆院法務委員会でこの件がとりあげられることが決まると、9 日、都高野連は対外試合禁止を撤回。国会では人権侵害の疑いで追及された。3 月 12 日、大阪地裁が帝京側に異議の権利は無いとして申請を却下。帝京側は、目的は達せられたとして東京での申請を取り下げ、この一件はいちおう決着。とはいえ高校球界の孕む諸問題が解決されたのではない。

2.21 〔スピードスケート〕スプリント選手権開催　米ウエストアリスで国際スケート連盟の第 1 回スプリント選手権大会が開催された。500m でベルエス (スウェーデン) が 39 秒 14 の世界新記録で優勝、鈴木恵一 (国土計画) は 39 秒 68 で 2 位。翌 22 日の 2 回目もベルエスが優勝、鈴木は 2 位で、総合得点でもベルエスが首位で鈴木は 2 位。

2.27~3.1 〔レスリング〕全日本選手権開催　全日本レスリング選手権大会が和歌山・粉河で開催された。今年の大会から重量階級が kg 表示になった。フリースタイル 52kg 級で前年フライ級優勝の加藤喜代美 (専大) が優勝。グレコローマンの最重量級の 100kg 以上級で、前年ライト・ヘビー級優勝の矢田静雄 (日体大) が優勝した。新しい重量階級は、48kg 級、52kg 級、57kg 級、62kg 級、68kg 級、74kg 級、82kg 級、100kg 級、100kg 以上級の 9 階級。

3.1~21 〔ラグビー〕NZ 大学選抜チームに惨敗　ニュージーランド大学選抜ラグビー・チームが来日、東京ほか各地で 7 試合をおこなった。日本側は全日本のほか、全早大、全法大、全同大、全九州が対戦。全日本は第 1 戦は 6-16、第 2 戦は 14-28 で負けた。名古屋でのトヨタ戦は 79 点を奪われる惨敗。ニュージーランド学生選抜の 7 戦 7 勝におわった。

3.2~3 〔駅伝〕第 1 回全日本大学駅伝開催　第 1 回全日本大学駅伝が名古屋—熱田

神宮-伊勢神宮を結ぶ8区間118kmのコースで開催された。正月の箱根駅伝の覇者・日体大が6時間5分24秒で第1回大会の優勝を飾った。2位は福岡大、3位は箱根3位の日大、4位は箱根5位の大東大、5位は中京大、6位は大阪商大。

3.9 〔オリンピック〕聖火リレー計画決まる　札幌五輪組織委員会の会議で1972年の札幌五輪の聖火をギリシャのオリンピアで採火、1月1日に東京に空輸、翌日から札幌に向けてリレーする計画が決まった。

3.15 〔バレーボール〕日本鋼管・ユニチカが優勝　12月に開始された第3回日本バレーボール・リーグが終了。男子は、日本鋼管が10戦全勝で優勝、2位は8勝2敗の松下電器、3位専売広島、4位八幡製鉄、5位住友軽金属。6位住友金属。男子の1位から3位までの順位は第1回から同じ。女子は、ユニチカが9勝1敗で初優勝、2位は8勝2敗のヤシカ、3位東洋紡、4位日立武蔵、5位倉紡倉敷、6位全鐘紡。女子は第1、2回の覇者・日立武蔵が5勝5敗、第1回大会2位の全鐘紡が1勝9敗で4位、6位に沈んだ。

3.15～28 〔ラグビー〕カナダに完敗　ラグビーの全カナダ・チームが来日、東京・秩父宮と広島で全慶大、全広島、日体大と3試合をおこなった。日本選手権優勝の日体大が0-32と完封されるなど、3試合ともカナダが圧勝した。

3.22 〔ボウリング〕中山が全日本選手権優勝　第1回全日本プロボウリング選手権大会で、中山律子が優勝。

3.22 〔相撲〕大鵬が31回目の優勝　大相撲春場所は、先場所休場した横綱・大鵬が14勝1敗で31回目の優勝。新・横綱の北の富士、玉の海(玉乃島を改名)はともに13勝2敗。殊勲賞は9勝6敗の関脇・前乃山(2回目)、敢闘賞は西前頭4枚目で11勝4敗の陸奥嵐、技能賞は東前頭4枚目で9勝6敗の錦洋(初)。先場所新入幕で10勝をあげて東前頭2枚目に上がった貴ノ花は3勝12敗と大きく負け越した。

4.2～9 〔ユニバーシアード〕ユニバで日本勢の優勝無し　ユニバーシアードの第6回冬季大会がフィンランドのロバニエミで開催された。日本は役員・選手48人参加。スピードスケートでは、男子500mで進藤聖一(日大)が4位、1500mで前田睦彦(国土計画)が6位、5000mで伊藤清美(日大)が4位、1万mで内藤修(日大)が3位、伊藤清美が4位。スキーではこれまでに実績のあるジャンプで振るわず、アルペン種目も10位内に入れず。距離では15kmで岡村富雄(慶大)の9位が最高だったが、40kmリレーは、岩谷俊一(法大)、高橋高吉(日大出)、岡村、佐藤新二(日大)の日本チームが優勝したソ連、2位の東ドイツに次ぎ3位に食い込んだ。フィギュアスケート男子では、吉沢昭(明大)、佐藤友美(法大)が9位、10位。女子は宮川恵子(相愛女大)が3位。日本のメダルは銅3個に終わった。

4.4 〔剣道〕国際剣道連盟発足　国際剣道連盟発足。加盟国はアメリカ、ブラジルを初めとする15カ国。沖縄とハワイを加えた17団体で。

4.5 〔ボクシング〕沼田が世界王座　沼田が新チャンピオンに。プロ・ボクシングWBC世界ジュニア・ライト級チャンピオンのバリエントス(フィリピン)

に沼田義明 (極東) が挑戦するタイトル・マッチが東京でおこなわれ、挑戦者・沼田が判定でチャンピオンを下し世界王座についた。

4.5,10 〔剣道〕第1回世界選手権開催　第1回世界剣道選手権大会が東京・日本武道館と大阪市立中央体育館でおこなわれた。団体決勝は日本が4-0で台湾を下した。個人決勝は、小林三留七段が一前年の全日本選手権準優勝の戸田忠男六段を下して優勝。

4.6 〔高校野球〕箕島が選抜初優勝　第42回選抜高校野球大会は、準決勝で鳴門を下した北陽 (大阪) と同じく広陵を下した箕島 (和歌山) が決勝で対戦、4-4の同点の延長12回裏、箕島が1点をあげてサヨナラ勝ちで優勝した。箕島は初優勝。

4.12 〔マラソン〕毎日マラソン開催　第25回毎日マラソン兼日本選手権マラソンが大津のコースでおこなわれ、アドコックス (英) が2時間13分46秒の大会新記録で優勝した。采谷義秋 (竹原高教) が2時間14分19秒で2位。

4.12 〔競馬〕タニノムーティエがさつき賞制覇　第30回皐月賞レースが中山競馬場 (芝2000m) で行われ、タニノムーティエ (安田伊佐夫騎手) が2分07秒9で1着となった。頭差の2着はアローエクスプレス、3着はプランジャー。

4.17～21 〔テニス〕デ杯東洋ゾーンは豪に完敗　テニスのデ杯東洋ゾーンAセクション決勝の日本対豪州戦が東京でおこなわれた。渡辺康二、小林功、河盛純造、小浦猛志の日本チームは、ストーン、スクーリー、ラッフルズの豪州チームに単・複とも1勝もあげられず0-5で完敗。

4.20 〔マラソン〕ボストンで日本は不振　第74回ボストン・マラソンは、ヒル (英) が2時間10分30秒で優勝。オライリー (米) が2時間11分12秒で2位。1位、2位は大会新記録。日本勢は、内野幸吉 (東洋工業) の55位が最高。

4.21 〔ヨット〕日本人初ヨット世界一周　日本人として初めてヨット世界一周に成功の羽由昌の「チタ3世号」が、1年2ヶ月ぶりに奄美大島の名瀬港に入港。

4.24 〔プロ野球〕野村が450本塁打　プロ野球パ・リーグ南海の野村克也捕手は、対東映1回戦で、プロ通算450号の本塁打を打った。450本塁打は日本プロ野球で初。野村捕手はプロ入り17年目。通算本塁打数ではセ・リーグ巨人の王貞治一塁手が404号で追っている。

4.29 〔競馬〕リキエイカンが天皇賞制覇　第61回天皇賞 (春) レースが阪神競馬場 (芝3200m) で行われ、リキエイカン (高橋成忠騎手) が3分25秒8のレース新記録でで1着となった。

5.6 〔スキー〕三浦がエベレスト滑降　日本エベレスト・スキー探検隊の三浦雄一郎スキー隊長が、エベレスト南面のサウスコル (標高7985m) から約3000mをスキーで滑降することに成功した。平均斜度は45度、時速およそ150km、滑降時間は2分20秒。滑降を開始して1分40秒後に一度転倒したが奇跡的に自力で停止、最後は制動用のパラシュートを開いて減速停止した。酸素ボンベとパラシュートを背負いヘルメットをかぶった高所での滑降という今回の冒険は医学的にも意味があると言われる。なお冒険決行の前日、氷磐の陥没で6人のシェルパが犠牲になった。

5.11　〔登山〕日本隊エベレスト初登頂　日本山岳会エベレスト登山隊(松方三郎隊長ら39人)が、世界最高峰のエベレスト(8848m)の登頂に成功した。第1次登頂隊の松浦輝夫・植村直己両隊員が、午前9時45分、登頂に成功、頂上にネパール、日本両国の国旗と日本山岳会旗とともに、4月に心臓麻痺で急死した成田潔思隊員の遺影を埋めた。翌12日に第2次登頂隊の平林克敏隊員とシェルパのチョット・タレの二人が登頂。1953年に英国隊が初登頂して以来6組目の登頂。

5.17　〔登山〕渡部がエベレストで女性の高度記録　日本エベレスト登山隊の渡部節子隊員(31)がエベレストのサウスコル(7985m)に到達。これは世界の女性登高新記録である。これまではクロード・コーガン(フランス)が1954年にチョー・オユー峰(8153m)の7730m地点に登ったのが女性の高度記録だった。

5.20　〔登山〕マルカー未踏ルート踏破　日本山岳会東海支部隊はマルカー未踏ルートを23日2回にわたり踏破に成功。

5.24　〔バスケットボール〕日本鋼管・ユニチカが優勝　4月からおこなわれてきたバスケットボールの第4回日本リーグが終了。男子は、日本鋼管が5戦全勝で優勝、2位は4勝1敗の日本鉱業、3位松下電器、4位住友金属、5位新日鉄、6位三井生命。女子は、ユニチカ山崎が5戦全勝で優勝、2位は4勝1敗の三菱電機名古屋、3位勧銀、4位ユニチカ宇治、5位日本通運、6位東芝。

5.24　〔相撲〕北の富士が4回目の優勝　大相撲夏場所は横綱昇進2場所目の北の富士が14勝1敗で4回目の優勝。大鵬、玉の海の両横綱も12勝、大関・琴桜が9勝、同・清国が10勝、関脇・前乃山が12勝、同・大麒麟が9勝と、関脇・大関・横綱が強く、対戦する小結・龍虎は10敗、同・陸奥嵐は9敗と、前頭3枚目までに勝ち越した者は無かった。先場所大負けして幕尻近い前頭11枚目に下がった貴ノ花は8勝7敗と辛うじて勝ち越した。殊勲賞は前乃山が先場所につづき3回目の受賞。敢闘賞は西前頭4枚目で8勝7敗と勝ち越した福の花(2回目)、技能賞は東前頭6枚目で9勝6敗の大受(初)。

5.24　〔競馬〕タニノムーティエがダービー勝利　第37回日本ダービー(東京優駿)が東京競馬場(芝2400m)で行われ、タニノムーティエ(安田伊佐夫騎手)が2分30秒0で1着となった。NHK杯でタニノムーティエに勝ったアローエクスプレスは5着におわった。

5.25　〔プロ野球〕八百長事件で永久追放　プロ野球八百長事件で、西鉄の池永正明・益田昭雄・与田順欣の3選手が永久追放となる。

5.29～31　〔陸上〕日本選手権開催　第54回陸上競技日本選手権大会が東京国立競技場で開催された。男子100mは神野正英(日大)が10秒9で優勝。棒高跳びで井上恭一郎(大昭和)が5m0の大会新で優勝(日本記録は5m15)。女子走り高跳びで鈴木久美江(東洋大)と曾根幹子(広島上下高)がともに日本記録(1m70)にあと1cmの1m69を跳び、日本学生新と全国高校新を記録。

5.30　〔アメリカンフットボール〕西宮ボウル関東勝利　第16回西宮ボウルは、全

関東が全関西を 14-12 の接戦で制した。通算で双方 8 勝 8 敗。

6.2 〔プロ野球〕野村が通算 1322 打点　プロ野球パ・リーグ南海の野村克也捕手は、対阪急 9 回戦でプロ通算 1322 打点を挙げた。川上哲治 (巨人) の 1320 打点を抜いて日本プロ野球記録を更新。

6.7 〔陸上〕山田が走り幅跳び日本新　第 10 回実業団・学生対抗陸上競技会の走り幅跳びで、山田宏臣 39 年ぶりに南部忠平の日本記録 7m98 を更新、8m01 の日本新記録を出した。

6.11 〔一般〕スポーツ障害補償を検討　第 1 回スポーツ障害補償懇談会、岸記念体育会館で開催。

6.24 〔大学野球〕中京大が初優勝　全日本大学野球で中京大が初優勝。

6.30 〔重量挙げ〕三宅アマ違反で注意　重量挙げの三宅義信、テレビ出演などで協会からアマチュア違反を注意。

7.3～5 〔重量挙げ〕堀越が日本新　第 30 回全日本重量挙げ選手権大会が尼崎で開催された。フライ級の堀越武 (青木重起) が 325.0(プレス 105＝日本新、スナッチ 100＝世界タイ、日本タイ、ジャーク 120) の日本新記録で 3 年連続優勝。バンタム級は小野弘 (法大) が 2 年連続、フェザー級は三宅義行 (自衛隊) が 2 年連続、ライト級は小野祐策 (法大) が 2 年連続で優勝。ミドル級は前年の日ソ親善大会と併催のこの大会で日本人首位の 2 位だった角南保 (明大) が優勝。ライト・ヘビー級は大内元 (警視庁) が 3 年連続優勝。ミドル・ヘビー級は後藤長三郎 (能代高職)、ヘビー級は岩崎雄二 (大商大) が優勝。

7.4～5 〔弓道〕全日本選手権開催　第 21 回全日本弓道選手権大会が東京・新宿体育館でおこなわれ、近的決勝で桑原稔 (埼玉) が 10 中で優勝。

7.19 〔相撲〕北の富士が連続優勝　大相撲名古屋場所は、先場所横綱・大鵬が五日目から休場。先場所優勝の北の富士が 13 勝 2 敗で並んだ関脇・前乃山を決定戦で下して 5 回目の優勝。先場所 11 勝をあげて東西の小結に並んだ高見山と三重ノ海は、高見山は 5 勝 10 敗、三重ノ海は 8 勝 7 敗。三重ノ海は初の殊勲賞を獲得。敢闘賞は準優勝の関脇・前乃山 (2 回目)、技能賞は 12 勝 3 敗の関脇・大麒麟 (3 回目)。

7.23～24 〔ゴルフ〕樋口が 2 年連続優勝　日本女子プロゴルフ選手権大会が豊田コースで開催された。前年優勝の樋口久子 (美濃野) が 2 位に 5 打差をつけて 2 年連続優勝。

7.24～8.3 〔社会人野球〕大昭和が優勝　第 41 回都市対抗野球大会が東京・後楽園でおこなわれた。決勝は三菱重工神戸と大昭和製紙の対戦となり、両者が 4 回に 1 点ずつ取ったまま延長 14 回、1-1 で引き分け再試合となった。再試合は、大昭和が序盤 1 回から 3 回まで 1 点ずつをあげ、3-0 で逃げ切って優勝。

8.4 〔プロ野球〕山内が 4000 塁打　広島の山内一弘がプロ野球史上初の通算 4000 塁打を達成。

8.9 〔柔道〕体重別柔道大会開催　第 4 回全日本選抜体重別柔道大会が鹿児島で開催された。軽量級 (70kg 未満) は湊谷弘五段 (金沢工大教)、中量級 (80kg

未満) は園田勇四段 (丸善石油)、軽重量級 (93kg 未満) は笹原冨美雄五段 (神奈川県警) といずれも世界選手権代表の面々が前年につづいて優勝。重量級 (93kg 以上) は高木長之助四段 (日大) が初優勝。

8.18～20 〔カヌー〕全日本選手権開催 全日本カヌー選手権大会が相模湖で開催された。カヤック・シングル 1000m と同 1 万は佐藤忠正 (勢能体育) が 2 種目優勝。カヤック・ペア 1 万 m とカヤック・フォア 1000m は大正大組が優勝。カナディアン・シシングル 1000m と同 1 万は山口徹正 (大正大 OB) が前年につづき優勝。カナディアン・ペア 1000m、同 1 万 m はともに大正大組が勝ち、男子では大正大勢の活躍が目立った。女子カヤック・シングル 500m と同 5000m は三瓶由利子 (東女体大) が 2 種目優勝。カヤック・ペア 500m と同 5000m も品川あや子と三瓶の東女体大組が優勝。女子は東女体勢が全種目を制した。

8.18～22 〔ハンドボール〕全日本総合選手権開催 第 22 回全日本総合ハンドボール選手権大会が和歌山・打田で開催された。男子は、決勝で大崎電気が 14-12 でワクナガ薬品を下して優勝。女子の決勝は前年と同じ顔合わせで、大洋デパートが 11-4 で大崎電気を退けて前年につづき優勝。

8.20 〔高校野球〕東海大相模が優勝 第 52 回全国高校野球選手権大会は、PL 学園 (大阪) と、東海大相模 (神奈川) が決勝で対戦。両者 11 安打の上に四球も多く、点取り合戦のすえ東海大相模が 10-6 で勝ち優勝した。

8.22 〔ヨット〕世界一周「白鴎号」凱旋 女性を含む 3 人乗り小型ヨットで日本人初の世界一周に成功した「白鴎号」の栗原景太郎・武田治郎・白瀬京子の 3 人が、神奈川県三崎港に 1 年 3 ヶ月ぶりに帰港。

8.24～29 〔水泳〕女子 4 種目で日本新 日本水泳選手権大会が東京・代々木プールで開催された。男子では、自由形 400m、1500m の 2 種目を村田敏紀 (中大)、平泳ぎ 100m、200m とも佐藤章 (BS タイヤ)、背泳ぎ 100m、200m とも星野浩二 (法大) が優勝するなど実力者が 2 種目を制する結果が目立った。女子でも同じ様相がみられた。自由形 100m、200m とも川西繁子 (下田 BHC)、400m と 800m は井口妙 (田辺商) が優勝。平泳ぎ 100m は谷上ひとみ (山田 SC)、200m は柴田智恵野 (山田 SC)。背泳ぎは 100m、200m とも合志幸子 (山田 SC)、バタフライは 100m、200m とも青木まゆみ (山田 SC)、個人メドレーは 200m、400m とも西側よしみ (山田 SC) が優勝した。100m 背泳ぎの合志の 1 分 7 秒 9、100m バタフライの青木の 1 分 5 秒 3、同 2 位の坂野和代 (椙山高) の 1 分 7 秒 5、200m 個人メドレーの西側の 2 分 26 秒 7、同 400m の 5 分 12 秒 6 がそれぞれ日本新記録。

8.26～28 〔ゴルフ〕佐藤が優勝 1970 年度日本プロ・ゴルフ選手権大会が茨城・水海道コースで開催され、佐藤精一 (袖ヶ浦) が 2 位に 1 打差で優勝。

8.29～30 〔ボート〕全日本選手権開催 第 48 回全日本ボート選手権大会が戸田コースで開催された。エイトは慶大が 6 分 42 秒 5 で優勝。かじなしフォアは中大、かじ付きペアは成城大、かじなしペアは日大が優勝。オックスフォード盾エイトは前年につづき早大が優勝。

8.30　〔ソフトボール〕日本が世界選手権優勝　万博記念第2回世界女子ソフトボール選手権大会が、日、米、豪、ニュージーランド、フィリピン、カナダ、メキシコ、ザンビアの9ヶ国が参加して22日から大阪長居球場ほかでおこなわれた。予選リーグは米国と日本が7勝1敗で並び、コイントスにより米国が1位、2位日本だったが、決勝で日本が米国を1-0で下して優勝。

9.12～20　〔重量挙げ〕世界選手権開催　1970年度世界重量挙げ選手権大会が米コロンバスで開催された。全日本選手権で日本新で優勝したフライ級の堀越武(青木重起)は失格、同じく日本選手権フェザー級優勝の三宅義信(自衛隊体育学校)は3位となったが薬物使用と判定されて失格、期待の両選手が消えた。バンタム級の安藤謙吉(日大)は2位、ライト級の小野祐策(法大)は5位、ミドル級の角南保(明大)は6位、ミドル・ヘビー級はテバンチェンコ(ソ連)が537.5kgの世界新で優勝、大内仁(警視庁)は6位、ヘビー級はタルツ(ソ連)が565.0kgの世界新で優勝、スーパー・ヘビー級はアレクセエフ(ソ連)が612.5kgの世界タイで優勝。

9.20～10.2　〔バレーボール〕世界選手権で日本健闘　男子第7回、女子第6回のバレーボール世界選手権大会がブルガリアで開催された。男子は東ドイツが優勝、2位ブルガリア、3位日本、4位チェコ、5位ポーランド、6位ソ連。女子はソ連が優勝、2位日本、3位北朝鮮、4位ハンガリー、5位チェコ、6位ブルガリア。男女とも6位までは日本のほかはすべてソ連・東欧と北朝鮮の共産圏諸国、非共産圏では唯一日本が2位、3位に食い込んだ。

9.23～26　〔ゴルフ〕アマ・ゴルフで日本8位　第7回世界男子アマチュア・ゴルフ選手権大会がスペインのマドリードで開催された。団体は1位米国、2位ニュージーランド、3位南アフリカで日本は8位。個人はレガルド(メキシコ)が優勝、2位はヘイズ(南ア)3位はワドキンス(米)、高橋信雄が7位。

9.27　〔相撲〕玉の海が3回目の優勝　大相撲秋場所は横綱・玉の海と大鵬が14勝1敗で横綱昇進後初の優勝(3回目)をはたした。新・大関の前乃山は休場。9勝6敗の新・小結の貴ノ花が殊勲賞(初)、東前頭11枚目で12勝3敗の龍虎が敢闘賞、技能賞は12勝3敗の関脇・大麒麟(4回目)。

9.30～10.1　〔ゴルフ〕橘田が日本オープン優勝　プロ・ゴルフの日本オープン選手権大会が武蔵カントリーで開催され、橘田光弘(広野)が282で優勝。1打差の2位は青木功(三栄興業)、さらに2打差の3位は謝敏男(台湾)と安田春雄(マルマン)。

10.6　〔プロ野球〕佐々木が完全試合　近鉄の佐々木宏一郎投手が、対南海戦でプロ野球11人目の完全試合を達成。

10.7　〔プロ野球〕ロッテが初優勝　パ・リーグはロッテ(濃人渉監督)が初優勝。最終順位は2位南海、3位近鉄、4位阪急、5位東映、6位西鉄。

10.10,13　〔空手〕日本が世界選手権優勝　第1回世界空手選手権大会が東京・武道館と大阪・府立体育館でおこなわれた。団体決勝は日本Eが3-1で日本Cに勝って優勝。三位決定戦は日本Bが3-1でアメリカBを下した。個人決勝は和田光二(慶大)がカルニエ(カナダ)を合わせ技で退けて優勝した。

1970年(昭和45年)　　　　　　　　　　　　　　　　　　　　　　　日本スポーツ事典

10.15　〔国民体育大会〕岩手国体開催　第25回国体は地元岩手が優勝。

10.22　〔ボクシング〕大場がフライ級王座　ボクシング、大場がチャンピオンに。プロ・ボクシングWBA世界フライ級チャンピオンのベルクレック(タイ)に大場政夫(帝京)が挑戦するタイトル・マッチ15回戦が東京・日大講堂でおこなわれ、13回2分16秒、大場がチャンピオンをKOで破り新チャンピオンになった。

10.22～27　〔体操〕世界選手権で日本男子優勝　第17回世界体操選手権大会がユーゴスラビアのリュブリアナで開催された。男子団体は日本が優勝、2位ソ連、3位東ドイツ。男子個人総合は監物永三(日体大教)が優勝、2位塚原光男(河合楽器)、3位中山彰規(中京大教)。種目別は徒手は中山、鞍馬はツェラール(ユーゴ)、跳馬は塚原、平行棒は中山、鉄棒は監物が優勝。日本男子は鞍馬の優勝を逃して全種目優勝の完全制覇はならなかったが存分に力を発揮した。女子団体はソ連が優勝、2位東ドイツ、3位チェコ、4位日本。女子個人総合はツリシチェワ(ソ連)が優勝、松久ミユキ(日体スワロー)は7位。

10.23　〔プロ野球〕巨人がリーグ6連覇　セ・リーグは巨人(川上哲治監督)が6年連続優勝。最終順位は2位阪神、3位大洋、4位広島、5位中日、6位ヤクルト。

10.24　〔馬術〕浅野が連続優勝　第22回全日本馬術大会が東京・馬事公苑で開催された。中障害跳越は伊納保夫(青学大・青大驪)、大障害飛越は福島正(岩手馬連・サーデン)、複合馬術は千葉幹夫(中央競馬会・ジョセフィン)、サン・ジョルジュ賞典馬場馬術は吉村喜信(福井工大・ナポレオン)、インターメディエート馬場馬術は浅野義長(岐阜馬連・ズイシン)が優勝。浅野(ズイシン)は前年につづき2年連続優勝。

11.1　〔サッカー〕東洋工業が連覇　4月に始められた第6回日本サッカー・リーグの日程を終了。東洋工業が11勝2敗1引き分けで優勝。2位三菱重工、3位日立本社、4位ヤンマー、5位古河電工、6位新日鉄。東洋工業は第1回から連続優勝。

11.1～3　〔レスリング〕全日本選手権開催　全日本レスリング選手権大会が九州学院を会場にして開催された。グレコローマン48kg級は松岡敏夫(日体大)、52kg級は杉山三郎(松阪工高教)、57kg級は山本郁栄(日体大出)、68kg級は田上高(鹿児島県庁)、74kg級は永野要祐(国士大)、82kg級は茂木優(国士大)、90kg級は谷公郎(国士大)、100kg級は矢田静雄(粉河高教)が優勝。杉山、山本、田上、永野は2年連続優勝。フリースタイル48kg級は松橋義行(八戸電波工高)、52kg級は加藤喜代美(専大)、57kg級は柳田英明(明大出)、62kg級は阿部巨史(自衛隊)、68kg級は柳田喜久夫(明大)、74kg級は吉田敏忠(アイシン精機)、82kg級は佐々木竜雄(自衛隊)、90kg級は谷公郎(国士大)、100kg級は磯貝頼秀(早大)が優勝。加藤、柳田、谷は2年連続優勝。

11.2　〔プロ野球〕巨人が6年連続日本一　第21回日本シリーズは、セ・リーグ優勝の巨人(川上哲治監督)がロッテを4勝1敗で下し6年連続12回目の日本一に輝いた。シリーズMVPは長島茂雄。

11.3〜4　〔アーチェリー〕6種目で日本新　第12回全日本アーチェリー選手権大会が大阪・長居競技場で開催された。男子90mで赤沢実 (神戸大) が286、70mも赤沢が318、男子総合で赤沢1234と2位の手島雅樹 (愛知県連) 1187がそれぞれ日本新記録。女子60mで黒宮るり子 (南山大) が301、30mで谷まゆみ (静岡県連) が322、女子総合で布浦裕子 (同大) が1159がそれぞれ日本新記録。

11.3〜11　〔テニス〕沢松和が女子4連覇　第45回全日本テニス選手権大会が大阪・うつぼ競技場で開催された。男子単は、マリガン (伊) が九鬼潤 (法大) を破り優勝。複は河盛純造 (日生)・小浦猛志 (久我産業) 組がマリガン、カイモのイタリア組を下して優勝。女子単は沢松和子 (松蔭女大) がハーター (米) を退けて4年連続の優勝。複はハーター (米)・ルンドクイスト (スウェーデン) 組が、前年この大会優勝の村上智佳子 (朝日生命)・畠中君代 (河崎ラケット) 組を破り優勝。混合複は森良一・村上美沙子の日本生命組が榎本正一 (桜門会)・畠中君代 (河崎ラケット) 組を下して優勝。

11.5〜8　〔バドミントン〕小島が男子3連覇　全日本総合バドミントン選手権大会が東京・代々木体育館で開催された。男子単で小島一平 (ヨネックス) が秋山真男 (秋山紙店) を下し、3年連続の優勝。

11.9〜15　〔駅伝〕東京が青森・東京駅伝連覇　第20回青森・東京間都道府県対抗駅伝は、東京が40時間57分28秒で前年につづき2年連続優勝した。2位神奈川、3位埼玉。

11.10　〔大学野球〕東海大が第1回王者　第1回明治神宮野球大会開催。東海大が優勝。

11.12〜17　〔ゴルフ〕W杯で日本は10位　プロ・ゴルフの第18回ワールドカップ大会がアルゼンチンのブエノスアイレスで開催された。団体はオーストラリアが優勝、2位アルゼンチン、3位南アフリカで、日本は10位。個人はデ・ビセンソ (アルゼンチン) が優勝、2位はグラハム (豪)、3位はデブリン (豪) で、安田春雄 (マルマン) は8位、河野高明 (芙蓉) は32位。

11.13〜15　〔バレーボール〕日本鋼管が優勝　全日本男子総合バレーボール選手権大会が大阪でおこなわれ、決勝で日本鋼管が3-1で松下電器を下して優勝。この大会は前年までの全日本6人制総合選手権大会を引き継いだ。

11.15　〔競馬〕ダテテンリュウが勝利　第31回菊花賞レースが京都競馬場 (芝3000m) で行われ、ダテテンリュウ (宇田明彦騎手) が3分10秒4で1着となった。

11.15〜23　〔サッカー〕スウェーデン・チームが来日　スウェーデンのユールゴルデン・サッカー・チームが来日、東京と京都で全日本と4試合をおこなった。全日本は初戦で1-6と大敗、第2、3戦も負けたが最終戦は1-0で勝ち、1勝3敗。

11.18　〔射撃〕アマ規程違反で初の除名処分　黒い霧問題の日本クレー射撃協会を体協会理事会はアマ規程違反で初の除名処分。

11.20〜22　〔バレーボール〕ユニチカ貝塚が優勝　全日本総合女子バレーボール選手権大会が東京でおこなわれ、決勝でユニチカ貝塚が、前年の全日本6人制総

合女子選手権の覇者・ヤシカを 3-2 で下して優勝。

11.20～23 〔体操〕中山・松久が優勝　第 24 回全日本体操選手権大会が神戸で開催された。男子団体総合は大塚クが優勝、2 位日体大、3 位中京大。男子個人総合は、前年 3 連覇を加藤沢男 (大塚ク) に阻まれた中山彰規 (中京大教) が 2 年ぶり 3 回目の優勝。種目別徒手は塚原光男 (河合楽器)、鞍馬は加藤沢男、つり輪は中山、跳馬は笠松茂 (東海テレビ)、平行棒は笠松、鉄棒は加藤次男 (大塚ク) が優勝。女子団体総合は日体大が優勝、2 位日大、3 位東教大。女子個人総合は、前年 3 位、今年の世界選手権 7 位の松久ミユキ (日体大スワロー) が初優勝。種目別の徒手、跳馬、平行棒、平均台の 4 種目すべて松久が優勝。全種目優勝の個人総合優勝は大会史上初。

11.21～26 〔卓球〕全日本選手権開催　昭和 45 年度全日本卓球選手権大会が伊勢で開催された。男子団体は専大が 3 年連続優勝、女子団体は青学大が優勝。男子単は長谷川信彦 (蝶友ク) が今野裕二郎 (早大) を下して 2 年連続優勝。男子複は、井上哲夫・仲村渠功 (専大) が河野満 (旺文社)・西飯徳康 (サンフレンド) を退けて優勝。女子単は大関行江 (青学大) が平野美恵子 (専大) を破り優勝。女子複は平野美恵子・阪本礼子の専大組が福野美恵子・山口朝子の大生信用組を下して優勝。混合複は長谷川信彦・大関行江組が伊藤繁雄 (蝶友ク)・阪本礼子組を退けて優勝。

11.23 〔自動車〕鈴木が冨士 200 マイル連覇　自動車競走の全日本ストッカー冨士 200 マイル・レースが冨士スピードウェイ・コースでおこなわれ、鈴木誠一 (ニッサン・スポーツカークラブ、セドリック) が 75 周、2 時間 8 分 20 秒 40 で優勝。鈴木 (セドリック) は前年につづき 2 年連続優勝、一前年のデイトナ・チャレンジ・カップ全日本ストッカー冨士 300 マイル・レースも優勝している。

11.25～29 〔ゴルフ〕杉原が優勝　男子プロ・ゴルフの第 7 回日本シリーズが大阪よみうり、東京よみうり両コースでおこなわれた。杉原輝雄 (ファーイースト) が 284 で優勝。3 打差の 2 位は島田幸作 (宝塚)、日本オープン優勝の橘田光弘 (広野) が 3 位。

11.27～29 〔フィギュアスケート〕樋口・山下が 3 連覇　第 19 回全日本フィギュアスケート選手権大会が東京・品川で開催された。男子は樋口豊 (後楽園ク) が 3 年連続の優勝。2 位は小塚嗣彦 (国土計画)。3 位佐野稔 (川崎南河原中)。女子は山下一美 (関学) が 3 年連続の優勝。ペアは長久保裕 (美須ク)・長沢琴枝 (日大) がこれも 3 年連続優勝。アイスダンスは能登康宏 (池袋ク)・阿知波恵子 (厚木南高) が前年につづき 2 年連続優勝。

11.29 〔相撲〕玉の海が連続優勝　大相撲九州場所は、横綱・玉の海と大鵬が 14 勝 1 敗で並び、決定戦で玉の海が大鵬を下して先場所につづき 4 回目の優勝。新・関脇の貴ノ花は 7 勝 8 敗、先場所 13 勝で一気に小結に上がった龍虎は 6 勝 9 敗と負け越し。8 勝 7 敗と勝ち越した西前頭 2 枚目の長谷川が殊勲賞 (2 回目)、西前頭 4 枚目で 11 勝 4 敗の福の花が敢闘賞 (3 回目)。

11.29 〔競馬〕メジロアサマが天皇賞　第 62 回天皇賞 (秋) レースが東京競馬場 (芝 2000m) で行われ、メジロアサマ (池上昌弘騎手) が 3 分 24 秒 8 で 1 着となっ

た。半馬身差の 2 位は春の第 61 回天皇賞 3 着のフィニイ、3 着は前年の菊花賞馬のアカネテンリュウ。

12.1 〔アイスホッケー〕西武鉄道が優勝　11 月からおこなわれていた第 5 回日本アイスホッケー・リーグが日程を終了。1 位は西武鉄道 (11 勝 1 敗)、2 位王子製紙 (9 勝 3 敗)、3 位岩倉組 (7 勝 5 敗)、4 位古川電工、5 位福徳相銀。

12.4～7 〔ホッケー〕天理と聖徳が連覇　第 44 回全日本ホッケー選手権大会が広島で開催された。男子は全天理大が決勝で山陽クを 3-2 で下して前年に続き優勝。女子は全聖徳女単短大が決勝で全羽衣を 4-0 と圧倒して前年につづき優勝した。

12.5～13 〔体操〕国際体操競技会開催　国際体操競技会の個人総合戦は 5～6 日に名古屋でおこなわれた。男子は中山彰規 (中京大教) が優勝、2 位笠松茂 (東海テレビ)、3 位クリメンコ (ソ連)。女子はブルダ (ソ連) が優勝、2 位ラザコビッチ (ソ連)、3 位コルブト (ソ連)。種目別競技会は 12～13 日に東京体育館でおこなわれた。男子の徒手は塚原光男 (河合楽器)、鞍馬は中山、つり輪は中山と塚原、跳馬はクリメンコ (ソ連)、平行棒と鉄棒は中山が優勝。女子の徒手はコルブト、跳馬と平均台はブルダ (ソ連)、段違い平行棒はブルダとラザコビッチが優勝。

12.6 〔マラソン〕宇佐美が福岡で優勝　第 5 回福岡国際マラソン大会は、宇佐美彰朗 (日大桜門陸友) が 2 時間 10 分 37 秒 8 で優勝。ほぼ 1 分差の 2 位はムーア (米)、3 位は采谷義秋 (竹原高教)。招待出場の第 3 回 (1968) の覇者で今年のびわ湖マラソン優勝のアドックス (英) は 2 時間 13 分 32 秒 0 で 6 位、前年のこの大会 2 位で今年のボストン・マラソンを制したヒル (英) は 2 時間 15 分 27 秒 0 で 9 位におわった。

12.6 〔剣道〕中村が優勝　第 18 回全日本剣道選手権大会が東京・武道館で開催された。千葉仁六段 (東京) と中村毅六段 (東京) が決勝で対戦、延長戦で中村が胴を決めて優勝。前年の覇者・千葉は連続優勝ならず。

12.9～20 〔アジア競技大会〕バンコクでアジア大会　第 6 回アジア競技大会が 18 ヶ国 1802 人が参加してタイのバンコクで開催され、13 の競技が行われた。日本選手は女子水泳で全種目優勝するなど大活躍。男子水泳で田口信教が 100m と 200m の平泳ぎで日本新記録を出すなど多くの日本新記録も生まれた。

12.11 〔ボクシング〕柴田がフェザー級王者　ボクシング、柴田がチャンピオンに。プロ・ボクシング WBC 世界フェザー級チャンピオンのサリジバル (メキシコ) に柴田国明 (ヨネクラ) が挑戦するタイトル・マッチ 15 回戦がメキシコのティファナでおこなわれ、13 回終了 TKO で柴田がサリジバルを下して新チャンピオンになった。

12.12 〔相撲〕田中が連続優勝　第 19 回全日本相撲選手権大会が東京・日大講堂で開催された。田中英寿 (東京) と高見利彦 (埼玉) が決勝で対戦、田中が下手投げで高見に勝ち、2 年連続優勝。準決勝まで進んだ荒瀬はその後大相撲入り。

12.13 〔アメリカンフットボール〕関学が日大を下す　アメリカンフットボールの

1970年 (昭和45年)

第25回甲子園ボウルは、関学が34-6と日大に圧勝した。

12.18〜20　〔ハンドボール〕大洋デパート3連覇　全日本選抜ハンドボール大会が男女4チームずつが選ばれて東京体育館で開催された。男子リーグは、日体大が3戦3勝で優勝、2位ワクナガ薬品、3位大崎電気、4位埼玉教員ク。女子は、大洋デパートが3戦3勝して3年連続の優勝、2位日本ビクター、3位大崎電気、4位全日本学生選抜。

12.20　〔競馬〕スピードシンボリが有馬記念連覇　第15回有馬記念レースが中山競馬場(芝2500m)で行われ、スピードシンボリ(野平祐二騎手)が2分35秒7で前年につづき2年連続優勝。首差の2位は秋の天皇賞3着のアカネテンリュウ、3着は菊花賞馬のダテテンリュウ。

12.27　〔駅伝〕相原が初優勝　第21回全国高校駅伝大会が京都でおこなわれた。相原(神奈川)が2時間11分36秒で優勝。神奈川代表の優勝は初。2位常盤(福岡)、3位世羅(広島)。

12.30　〔ラグビー〕新日鉄釜石とリコーが優勝　第23回全国社会人ラグビーの決勝戦が東京・秩父宮ラグビー場でおこなわれた。新日鉄釜石とリコーが6-6で引き分けて両者優勝。抽選の結果、新日鉄釜石が正月の日本選手権に出場することになった。

12月　〔一般〕日本プロスポーツ大賞決定　1970年(昭和45年)の日本プロスポーツ大賞(日本プロスポーツ協会主催)は、大賞が大鵬幸喜(大相撲)、殊勲賞が三浦雄一郎(プロスキー)、小林弘(プロボクシング)、中山律子(ボウリング)に決定。

10秒のカベ。

　陸上競技男子100m競走は長らく10秒0が世界記録となっていた。1960年にハリー(西独)とジェローム(カナダ)がそれぞれ別の競技会で10秒0で走り、世界記録を更新し、4年後、東京五輪でヘイズ(米)が同じく10秒0で走って優勝。その後、1967年にハインズ(米)とフィゲロラ(キューバ)が10秒0を記録。1960年から8年間に10秒0で走ったのは世界でこの5人だけだった。ところがメキシコ五輪を目前にした1968年6月、サクラメントで開催された全米陸上競技選手権大会の100m準決勝で、ジム・ハインズ、レイ・スミス、チャーリー・グリーンの3人が9秒9で走り、初めて100m10秒のカベを破った。ハインズはメキシコ五輪でも9秒9、もちろん五輪新記録で優勝。いったんカベが破られるとその後1970年代に数人が9秒9の世界タイを記録。さらに1980年代に9秒8台、2000年代に入ってついに9秒7台となり、現時点での世界記録は、アサファ・パウエル(ジャマイカ)の9秒77(2005年6月)。アテネ五輪金メダルのジャスティン・ガトリン(米)が2006年5月、カタール・グランプリでタイ記録。日本記録は伊東浩司の10秒00(1998年)でまだ10秒のカベが立ちはだかっている。

1971年
(昭和 46 年)

1.1 〔サッカー〕ヤンマーが優勝　第 50 回天皇杯全日本サッカー選手権大会は、決勝で東洋工業とヤンマーが対戦、ヤンマーが 2-1 で東洋工業を下し、2 年ぶりの優勝。

1.3 〔駅伝〕日体大が箱根 3 連覇　第 47 回東京 - 箱根間往復大学駅伝競走は、往路 4 位の日体大が 11 時間 32 分 10 秒で 3 年連続優勝。2 位順天大、3 位は往路 1 位の日大、4 位国士大。4 位までの順位は前年と同じ。順天大は前年は日体大に 10 分も遅れたが今年は 21 秒差の惜敗。

1.3～10 〔バスケットボール〕日本鋼管・ユニチカが優勝　全日本バスケットボール総合選手権大会 (男子第 46 回、女子第 37 回) が東京・武道館ほかで開催された。男子は日本鋼管が 3 戦全勝で優勝、2 位住友金属、3 位松下電器、4 位日本鉱業。女子はユニチカ山崎が優勝。男子の日本鋼管は、それまで 4 連覇していた日本鉱業から 5 年ぶりに王座を奪回した前年につづき 11 回目の優勝。女子のユニチカ山崎は、前身のニチボー平野から通じて 11 回目の優勝で 7 連覇。

1.5 〔ラグビー〕早大が優勝　第 7 回全国大学ラグビー選手権大会の決勝が東京・秩父宮ラグビー場でおこなわれた。前年と同じく日体大と早大が対戦、早大が 14-9 で日体大の連覇を阻んで優勝した。

1.7 〔ノルディックスキー〕笠谷が 112.5m　笠谷幸生、90m 級ジャンプで 112.5m の日本最長不倒をマーク。

1.15 〔ラグビー〕早大が日本一　第 8 回日本ラグビー選手権試合が東京・秩父宮ラグビー場でおこなわれた。社会人大会を勝ちあがって同点引き分けの決勝のすえ抽選でこの試合に出場した社会人代表の新日鉄釜石と、5 日の大学選手権で優勝した早大が対戦、早大が 30-16 で勝ち日本一の座に。前年は日体大が冨士鉄釜石を下して優勝しており、2 年連続して大学チームが優勝、両者の勝敗は 4 勝 4 敗と並んだ。

1.22 〔プロ野球〕永田が球団経営引退　プロ野球パ・リーグのロッテ・オリオンズ球団の永田雅一オーナーが球団経営から撤退することを正式に発表した。永田氏は 1948 年 (昭和 23 年) に大映球団を設立して以来、大映、大毎、東京、ロッテと球団名を変えながら 23 年間にわたって球団経営にたずさわってきたが、本業の映画産業が斜陽で不振、負債が大きくなるばかりの状態。オーナーが持つ球団株 50％を手放してロッテに経営権を譲る。球団も大映本社からの借入金 10 億円、ロッテ製菓からの融資 5 億円など累積赤字となっている。

1.24 〔相撲〕大鵬が 32 回目の優勝　大相撲初場所は、先場所につづき横綱・玉の海と大鵬が 14 勝 1 敗で並び、決定戦で大鵬が勝って 32 回目の優勝をは

たした。横綱・北の富士はと大関2場所目の大麒麟が11勝、ほかの大関・清国、琴桜、前の山も全員勝ち越し。強い横綱・大関陣と対戦する関脇以下前頭上位までは大負けで、関脇・長谷川は12敗、新小結の高見山は11敗、西前頭筆頭の黒姫山11敗、東二枚目の栃王山と三枚目の栃東は13敗。殊勲賞は該当者なしも当然。敢闘賞は東前頭4枚目で12勝3敗の陸奥嵐(4回目)、技能賞は西前頭5枚目で11勝4敗の大受(2回目)。学生横綱の輪島が新入幕、西前頭11枚目で9勝6敗と勝ち越した。

2.6～7 〔スピードスケート〕**世界女子スケート開催** 世界女子スピードスケート大会がフィンランドのヘルシンキで開催された。500mはヘミング(米)が44秒6で優勝。1500mを制したスタケビッチ(ソ連)が総合優勝。小池里美(三協精機)は11位、井出かなめ(三協精機)は13位。

2.7 〔マラソン〕**君原が別府連覇** 第20回別府毎日マラソンは、君原健二(新日鉄)が2時間16分52秒0で前年につづき2年連続優勝。2位は佐々木精一郎(神戸製鋼)、3位は沖田文勝(リッカー)。

2.7～14 〔大会〕**札幌プレ五輪開催** プレ五輪の札幌国際スポーツ大会が札幌で開催された。スキー男子回転で柏木正義(芝工大)が2位。ジャンプ70m級で笠谷幸生(ニッカ)が優勝。複合で勝呂裕司(日軽金)が2位、佐々木信孝(芝工大)が3位。女子回転で沖津はる江(大東大)が4位。スピードスケート男子500mの1回目、肥田隆行(三協精機)が3位、鈴木恵一(国土計画)は6位、同2回目は肥田が3位、鈴木恵一は5位。1000mの1回目は肥田が首位、2回目は肥田が3位。スプリント(500、1000m)総合はハッセ・ベルエス(スウェーデン)が優勝、肥田が2位。5000mで大塚博文(三協精機)が2位、鮎沢(ニッセイ電機)が3位、1万mで大塚が2位、佐藤(明大)が3位。女子500mと1000mで田口(三ツ輪運輸)が5位、1500mでは小池里美(三協精機)が4位、3000mでも小池が5位。フィギュアスケート男子は小塚嗣彦(国土計画)が1位、樋口豊(後楽園ク)が2位、吉沢(明大)が3位。同女子では山下一美(関学)が2位。アイスホッケーは、ノルウェー、ユーゴに北海道選抜など5チームが対戦、全日本が3勝1引き分けで1位。ボブスレー二人乗りで江刺家進(日産自)・阿部一視(ユタカ産業)が7位。リュージュ男子二人乗りで荒井理・小林政雄(明星大)が6位、女子一人乗りで大高優子(エルム・ソーイング)が7位。バイアスロンで自衛隊北方スキーC(大野・谷・渋谷・佐々木)が2位。

2.8～14 〔ノルディックスキー〕**全日本選手権開催** 第49回全日本スキー選手権大会が札幌で開催された。男子70mジャンプは笠谷幸生(ニッカ)が251.4(84m50=最長不倒、83.50)で優勝、2位は青地清二(雪印乳業)、3位は金野昭次(拓銀)。90mジャンプは金野が229.3(95m、105m=最長不倒)で優勝、2位は笠谷、3位は益子峰行(拓銀)。男子滑降は富井澄雄(日大)が前年につづいて2年連続優勝。男子複合は2年前の覇者・勝呂祐司(日軽金)が2年ぶりの優勝、前年この種目の優勝をさらった中野秀樹(小樽北照高)は3位。女子では南雲美津代(西沢スキー)が滑降と大回転の2種目を制した。

2.17～18 〔ボウリング〕**全日本選手権開催** 第4回全日本ボウリング選手権大会が新大阪ボウリングセンターで開催された。矢島純一(昭和振興)が7162で優

勝、清宮 (市原日活) が 7113 で 2 位、3 位は安武 (イースタンスポーツ)。

2.23～27 〔フィギュアスケート〕世界フィギュア開催　世界フィギュアスケート大会がフランスのリヨンで開催された。男子はネペラ (チェコ)、女子はシューバ (オーストリア)、ペアはロドニナ、ミラノフ (ソ連) が優勝した。日本の樋口豊 (後楽園ク) は 20 位、女子・山下一美 (関学) は 13 位、ペアの長沢琴枝、長久保祐は 15 位。

2.25～26 〔スピードスケート〕根本・小池が優勝　第 39 回全日本スピードスケート選手権大会が札幌で開催された。男子 500m は出島民雄 (富士急) が 41 秒 2 で優勝。男子総合は 1500m、5000m、1 万 m の 3 種目を制した根本茂行 (三協精機) が初優勝。女子 500m は前年総合優勝の斎藤幸子 (三協精機) が 46 秒 4 で優勝。女子総合は、500m2 位、1500m 優勝、3000m2 位の小池里美 (三協精機) が、斎藤の 3 連覇を阻んで初優勝。

3.16～17 〔ボウリング〕並木が優勝　第 2 回全日本女子ボウリング選手権大会が小倉ボウルで開催され、並木恵美子 (日本プロボウリング) が 5779 で優勝、中山律子 (東京タワー) が 5709 で 2 位、3 位は大島 (つしま)。

3.18～21 〔フェンシング〕全日本選手権開催　第 23 回全日本フェンシング選手権大会が東京・中央区体育館で開催された。男子個人フルーレは福田正哉 (千葉ク)、サーブルは植原清 (日大)、エペは荒木俊明 (TFS)、女子個人フルーレは川崎佐知子 (JFH) が優勝。男子フルーレ団体は近大、サーブル団体は警視庁、エペ団体は TFS がそれぞれ前年につづき優勝。

3.21 〔マラソン〕びわ湖で采谷が優勝　第 26 回毎日マラソンが大津でおこなわれた。前年は大会新記録で優勝したアドコックス (英) に次いで 2 位だった采谷義秋 (竹原高教) が 2 時間 16 分 45 秒 4 で優勝した。2 位は大槻憲一 (東洋工業)、3 位は大塚癸未男 (東急)。

3.21 〔バレーボール〕日本鋼管とユニチカが優勝　1 月からおこなわれてきた第 4 回日本バレーボール・リーグの日程が終了。男子は、日本鋼管と松下電器が 9 勝 1 敗で並びセット率で鋼管が優勝、松下が 2 位。3 位冨士フィルム、4 位専売広島、5 位新日鉄、6 位旭化成。女子は、ユニチカ貝塚が 10 戦全勝で優勝。2 位日立武蔵、3 位ヤシカ、4 位東洋紡、5 位倉紡倉敷、6 位全鐘紡。男子の日本鋼管は第 2 回 (1968) から 3 連覇、女子のユニチカ貝塚は前回につづき連覇。

3.28 〔相撲〕玉の海が 5 回目の優勝　大相撲春場所は横綱・玉の海が 14 勝 1 敗で 5 回目の優勝。大鵬は 13 勝 2 敗で 1 勝及ばなかった。玉の海は横綱昇進 3 場所目の前年名古屋場所で 9 勝 6 敗とやや負けこんだが、そのあと秋場所から今場所まで連続 4 場所 14 勝をあげその間に 3 回優勝。この場所も横綱、大関全員が勝ち越し。関脇から前頭 4 枚目までで唯一勝ち越した大受が殊勲賞を初受賞。敢闘賞は西前頭 6 枚目で 10 勝 5 敗の福の花 (4 回目)、技能賞は今場所三役を落も東前頭 5 枚目で 9 勝 6 敗の貴ノ花 (初)。先場所 11 番勝って西前頭 5 枚目に上がった学生横綱出身の輪島は 5 勝 10 敗。

3.28～4.7 〔卓球〕世界選手権開催　第 31 回世界卓球選手権大会が名古屋で開催され

た。この大会の第28回大会(1965年 リュブリナ)で中国が男女とも優勝した後、「文化大革命」が始まり、中国は国際スポーツ界に姿を見せなかった。中国は前年から国外遠征を復活、今大会に3回ぶり(6年ぶり)に参加。男子団体は日本と中国の決勝戦となり、長谷川信彦・伊藤繁雄・河野満の日本は、単で長谷川と河野がそれぞれ1勝したが2-5で中国に敗れ、中国が優勝、日本2位、ユーゴ3位。女子団体は、小和田敏子・大関行江・大場恵美子の日本が3-1で中国を下して優勝。2位は中国、3位韓国。男子シングルスはベントソン(スウェーデン)が前大会の覇者・伊藤を破って優勝、複はハンガリー組が優勝。女子シングルスは中国どうしの決勝となり、林慧卿が優勝、ダブルスは日本の平野美恵子・阪本礼子を下した中国組が優勝、混合複も林・慧卿組が制した。中国は7種目のうち4種目で優勝、地元日本は女子団体の優勝だけで日本としては大会史上最低の成績。国際舞台に戻ってきた中国卓球の強さが印象づけられた大会だった。

4.6 〔マラソン〕アテネで宇佐美が優勝　第9回アテネ国際マラソン大会がギリシャのアテネでおこなわれ、宇佐美彰朗(日大桜門陸友)が2時間19分25秒0で優勝した。2位は前年の福岡国際マラソン5位のファリントン(豪)、3位は同じく福岡で4位のフォスター(ニュージーランド)。

4.6 〔高校野球〕日大三高が初優勝　第43回選抜高校野球大会は、準決勝で木更津中央(千葉)を下した大鉄(大阪)と、坂出商(香川)を下した日大三高(東京)が決勝で対戦、日大三高が2-0で大鉄に勝って初優勝。

4.13～26 〔卓球〕日中交歓で中国強し　名古屋でおこなわれた世界選手権にひきつづき日中交歓卓球競技会が各地で男女5試合ずつをおこなった。男子は中国が5戦3勝、女子は中国が5戦4勝といずれも日本に勝ち越した。シングルスも男女とも中国が優勝。

4.23～26 〔テニス〕デ杯で豪に勝利　デ杯東洋ゾーンAセクション決勝が東京・田園コロシアムでおこなわれた。シングルスで柳恵誌郎(朝日生命)がクーパー、坂井利郎(住軽金)がディブリーに勝って2勝のあと、河盛純造(日生)・小浦猛志(久我産業)のダブルス、柳とディブリーのシングルスで連敗。2勝2敗の最終試合で坂井がクーパーに勝ち、日本は単で3勝、3-2でオーストラリアに勝った。デ杯戦で日本がオーストラリアに勝ったのは50年ぶり。

4.26～29 〔ゴルフ〕呂が優勝　男子プロ・ゴルフの第12回中日クラウンズが名古屋・和合コースでおこなわれ、呂良煥(林口)が274で優勝。トムソン(豪)が3打差の2位。

4.29 〔競馬〕メジロムサシが天皇賞　第63回天皇賞(春)レースが京都競馬場(芝3200m)で行われ、メジロムサシ(横山富雄騎手)が3分33秒5で1着となった。

5.2 〔競馬〕ヒカルイマイがさつき賞制覇　第31回皐月賞レースが中山競馬場(芝2000m)で行われ、ヒカルイマイ(田島良保騎手)が2分03秒7で1着となった。

5.2～4 〔弓道〕全日本選手権開催　第22回全日本弓道選手権大会が京都で開催され

た。遠的の部一般男子は黒沢勝吉 (神奈川)、同女子は宮岡栄子 (奈良)、近的の部一般男子は吉沢晴美 (神奈川)、同女子は西端孝子 (和歌山) が優勝した。

5.14 〔相撲〕大鵬が引退　大相撲夏場所5日目、横綱大鵬は新鋭21歳の貴ノ花との激しい攻防の末に寄り倒しで敗れ、引退を表明。1956年9月初土俵、1961年21歳で横綱昇進。通算成績872勝182敗136休、連勝数45、横綱在位58場所、幕内優勝32回 (史上1位) の大横綱だった。一代年寄を贈られ大鵬親方となる。

5.15〜17 〔テニス〕デ杯東洋ゾーンで決勝敗退　デ杯東洋ゾーンのAセクションでオーストラリアを破り決勝に進んだ日本がインドと対戦する東洋ゾーン決勝戦が東京・田園コロシアムでおこなわれた。柳恵誌郎 (朝日生命)、坂井利郎 (住軽金)、神和住純 (住軽金) の日本はムカージー、ラルのインドに対して柳がシングルスで2勝したが、2-3でインドに屈しデ杯本大会出場ならず。

5.17 〔登山〕マナスル西面初登頂　日本マナスル西壁登攀隊、西面に初登頂。

5.19〜30 〔バレーボール〕日ソ交歓でソ連が勝ち越す　ソ連のバレーボール・チームを迎えて、男女それぞれ6試合が各地でおこなわれた。男子は全日本 (4試合) と日本リーグ優勝の日本鋼管、同2位の松下電器 (各1試合) が対戦、全日本が2勝して日本の2勝4敗。女子は全日本 (3試合) と日本リーグ上位のユニチカ、日立武蔵、ヤシカ (各1試合) が対戦、初戦と第二戦で全日本とユニチカが勝ったがその後は連敗、日本の2勝4敗。

5.23 〔相撲〕北の富士が全勝優勝　大横綱・大鵬が引退した大相撲夏場所は、横綱・北の富士が全勝で6回目の優勝。玉の海は13勝。大関・琴桜が途中休場したが、ほかの大関陣は大麒麟10勝、清国13勝、前の山8勝、今場所は大受、長谷川の両関脇も勝ち越し。強い上位陣と対戦する小結以下は当然負けがこむ。先場所敢闘賞の福の花と技能賞の貴ノ花が東西の小結にすわったが福の花は8敗、貴ノ花は8勝7敗でなんとか勝ち越し。前頭6枚目までで勝ち越したのは高見山と若浪の二人だけ。殊勲賞は大鵬を破った貴ノ花 (2回目)、敢闘賞は幕尻の輪島が11勝4敗で初受賞。技能賞は大受 (3回目)。

5.28〜30 〔陸上〕陸上4種目で日本新　第55回日本陸上競技選手権大会が東京・国立競技場で開催された。男子1500mで水野一良 (大阪ガス) が3分42秒7、走り高跳びで富沢英彦 (碓氷ク) が2m20、女子400mで河野信子 (ユニチカ) が55秒7、円盤投げで八木下てる子 (越谷教ク) が51m08のいずれも日本新記録で優勝。男子100mの神野正英 (新日鉄)、400mの友永義治 (日立)、1500mの水野、走り高跳びの富沢、走り幅跳びの小倉新司 (岐阜北高教)、やり投げの山本久男 (富山商高教)、女子100m、200mの山田恵子 (丸亀高)、400mの河野、走り高跳びの鈴木久美江 (東洋大)、走り幅跳びの山下博子 (中京大)、砲丸投げの斎藤洋子 (大昭和)、円盤投げの八木下が2年連続優勝。

5.29 〔アーチェリー〕中本が世界新　アーチェリー男子シングルス総合、中本新二が1252点の世界新。

1971年(昭和46年)

5.29〜6.9　〔サッカー〕英トッテナムが来日　英国のサッカー・チーム、トッテナム・ホットスパーが来日、神戸と東京で全日本と3試合をおこなった。神戸でおこなわれた初戦は0-6、東京・国立競技場でおこなわれた第2戦も2-7と日本は大敗を喫した。第3戦は0-3で、日本は3戦3敗におわった。

5.31　〔大学野球〕法大が4季連続優勝　東京六大学野球春季リーグが終了。法大が一前年の秋季以来4シーズン連続、17回目の優勝をとげた。

6.13　〔競馬〕ヒカルイマイがダービー制覇　第38回日本ダービー(東京優駿)が東京競馬場(芝2400m)で行われ、ヒカルイマイ(田島良保騎手)が2分31秒6、後続に1馬身半の差をつける2分31秒6で勝ち、さつき賞と合わせて二冠。2着ハーバーローヤル、3着フィドール。

6.20〜7.7　〔サッカー〕全英アマ選抜が来日　サッカーの全英アマ選抜ミドルセックス・ワンダラーズが来日、各地で日本選抜と6試合、日本代表と1試合をおこなった。日本選抜は2勝4敗。横浜でおこなわれた最終戦は、日本代表が2-1で勝った。

7.2　〔プロ野球〕野村が500号本塁打　和製ベーブルースとも賞される、プロ野球パ・リーグ南海の野村克也捕手は、プロ野球史上初の500号本塁打を達成した。

7.5〜9　〔バレーボール〕東ドイツと交歓試合　東ドイツ・ライプチヒの男子バレーボール・チームが来日、東京で全日本と3試合をおこない、日本が2勝1敗。

7.11　〔柔道〕体重別柔道開催　第5回全日本選抜体重別柔道大会が福岡で開催された。軽量級は津沢寿志四段(正気塾)、中量級は関根忍五段(警視庁)、重量級は山本裕洋五段が優勝。軽重量級は佐藤宣践五段(東海大講)が前年までこの大会3連覇していた笹原冨美雄五段(神奈川県警)を判定で下して初優勝。

7.13　〔プロ野球〕ロッテが試合放棄　パ・リーグ阪急×ロッテ戦で判定に不満のロッテが試合放棄、史上6度目の不祥事。

7.17　〔プロ野球〕江夏が9連続三振　阪神の江夏豊、オールスター戦で3回を9連続三振奪取(全打者三振)。

7.17　〔登山〕グランドジョラス北壁女性初登頂　今井通子、グランドジョラス北壁の登頂に成功。女性でのアルプス三大北壁征服は世界初。

7.18　〔相撲〕玉の海が6回目の優勝　大相撲名古屋場所は、横綱・玉の海が15戦全勝で6回目の優勝。殊勲賞は小結・貴ノ花(3回目)。敢闘賞は前頭7枚目・義ノ花(初)。技能賞は前頭5枚目・黒姫山(初)。

7.24〜25　〔ゴルフ〕樋口が連覇　女子プロ・ゴルフ選手権大会が豊田市真宝カントリーでおこなわれ、樋口久子(美津濃)が228で1969年からこの大会3連覇。

7.24〜25　〔重量挙げ〕ライト級で日本新　第31回全日本重量挙げ選手権大会が鹿児島垂水高体育館で開催された。フライ級は植木守(日大)が優勝、前年日本新記録で優勝した堀越武(青木重起)は3位。ライト級の加藤正雄(中京大)が442.5kgの日本新を記録して優勝。フェザー級の三宅義行(自衛隊体

― 88 ―

育学校)、ライトヘビー級の大内仁、ヘビー級の岩崎雄二が前年につづき2年連続優勝。

7.29 〔ボクシング〕小林が防衛失敗　小林、KO負けでタイトルを失う。プロ・ボクシングWBA世界ジュニア・ライト級チャンピオンの小林弘(中村)にマルカノ(ベネゼラ)が挑戦するタイトル・マッチが青森でおこなわれ、10回1分251秒、マルカノが小林をノックアウト。小林は防衛に失敗、タイトルを失った。

7月 〔射撃〕"黒い霧"事件で処分　SKB中央射撃大会が奈良でおこなわれた。この大会に出場した126人の選手が多額の賞金を受け取ったのはアマチュア資格違反だとして、日本クレー射撃協会が大量処分。この処分に反発した反対派が協会幹部の銃刀不法所持や装弾製造業者からのリベート、今仁運営委員長の賭博常習などを暴露、今仁運営委員長は逮捕され、協会内部は収拾のつかない状態に。日本体育協会は、11月5日、競技団体として全国組織の統括力を欠くとして同協会を体協から除名処分。同協会はかねていくつか疑惑をもたれていた。今回の騒動をきっかけに不正行為があばかれた。競技団体として早期に復帰が認められる見とおしは暗い。前年、プロ野球界をゆさぶった八百長事件につづいてスポーツ界を黒い霧が覆った。

8.16 〔高校野球〕桐蔭が優勝　第53回全国高校野球選手権大会は、桐蔭学園(神奈川)と磐城(福島)が決勝で対戦、7回裏に上げた1点を守りきった桐蔭が1-0で接戦を制して初優勝。

8.21 〔プロ野球〕高橋が完全試合　東映の高橋義正投手、対西鉄戦でプロ野球12人目の完全試合を達成。

8.26～29 〔水泳〕中・高生が日本新　日本水泳選手権大会が大阪プールで開催された。女子200m背泳ぎで、松村鈴子(山田SC)が2分25秒7の日本新、中学新で優勝。2位の石井菊代(山田SC)も2分27秒5の日本新、高校新。

8.28 〔水泳〕西側が全米選手権で優勝　全米水泳選手権大会の女子200m個人メドレーで、西側よしみ(山田SC)が2分26C秒0で優勝。

8.28～29 〔カヌー〕三瓶がカヤック連覇　カヌーの全日本選手権大会が琵琶湖で開催された。女子カヤック・シングル500m、同5000mの2種目で三瓶由利子(東女体大)が前年につづき優勝。

9.12 〔マラソン〕ミュンヘンで宇佐美優勝　ミュンヘンの国際マラソンで宇佐美彰朗(桜門陸友会)が、2時間15分52秒0で優勝。

9.16～19 〔ゴルフ〕尾崎が日本選手権優勝　男子プロ・ゴルフの日本選手権大会が宮崎・フェニックス・カントリーでおこなわれ、プロ野球から転身して2年目の尾崎将司(日東興業)が282で優勝。2位は杉本英世(アジア下館)283。

9.21～22 〔ゴルフ〕樋口がJGPオープン優勝　プロ・ゴルフのJGP女子オープンが神有でおこなわれ、樋口久子(美津濃)が152で優勝。

9.21～28 〔ラグビー〕英チーム来日　ラグビーの母国・イングランドのナショナル・チームが来日、東京と大阪で3試合をおこなった。イングランドは初戦の全

1971年(昭和46年)

早大には56-4と圧勝、第2戦の全日本にも27-19と完勝。最後の第3戦は6-3と全日本が善戦したが、イングランドが3戦3勝で力を見せつけた。

9.23　〔プロ野球〕巨人がリーグ7連覇　セ・リーグは巨人(川上哲治監督)が7年連続優勝。最終順位は2位中日、3位大洋、4位広島、5位阪神、6位ヤクルト。

9.23～10.4　〔サッカー〕五輪予選は3位　サッカーのオリンピック・アジアA地区予選が韓国のソウルでおこなわれた。マレーシアが4戦4勝で首位、2位は韓国で日本は3位。

9.26　〔相撲〕北の富士が全勝優勝　大相撲秋場所は横綱・北の富士が全勝で7回目の優勝をはたした。横綱・玉の海も12勝3敗、大関・大麒麟と琴桜も10勝、この場所も関脇以上の8人がすべて勝ち越し、小結から前頭5枚目までで勝ち越したのは2人だけ。関脇・長谷川が殊勲賞(3回目)、前頭4枚目で10勝5敗の三重の海が敢闘賞(初)、9勝6敗の関脇・貴ノ花が技能賞(2回目)。

9.28　〔プロ野球〕阪急が2年ぶり優勝　パ・リーグは阪急(西本幸雄監督)が2年ぶり4回目の優勝。最終順位は2位ロッテ、3位近鉄、4位南海、5位東映、6位西鉄。

9月　〔ボウリング〕ボウリングブーム　須田、中山、石井らの女子プロボウラー先導のボウリングブーム。ボウリング場全国で1800カ所を越える。

10.2～3　〔陸上〕河野が日本新　第19回全日本実業団陸上競技大会が延岡で開催され、女子40mで河野信子(ユニチカ)が56秒3の日本新記録で優勝。これまでの記録は、河野自身が今年シンガポールで記録した55秒6。河野は800mでも優勝。

10.9～10,15～17　〔複合競技〕鬼塚が日本新　第40回日本学生対抗陸上競技大会が日体大健志台競技場と東京・国立競技場で開催され、男子・十種競技で鬼塚純一(福岡大)が7269の日本新記録で優勝した。これまでの記録は鬼塚自身が前年に記録した7082。

10.9～13　〔複合競技〕近代五種で日本は8位　近代五種の世界選手権大会がテキサス(米)で開催された。団体はソ連が優勝、2位ハンガリー、3位米国。個人もソ連、ハンガリー勢が上位を占め、日本代表は久保晃が22位、福井敏男(自衛隊)が23位、槙平勇荘(大阪府警)が29位。

10.11　〔相撲〕玉の海が急死　大相撲の横綱・玉の海が入院中の東京・虎ノ門病院で急性冠不全のため急死した。玉の海は夏場所後の巡業さきの秋田市で盲腸を発病、秋場所は抗生物質で痛みを散らして出場し12勝3敗、この場所全勝優勝の北の富士とともに北・玉時代の到来と期待された。秋場所後、完全治療のため入院・加療、数日で退院と伝えられていたが急逝。横綱在位中の死亡は昭和13年の玉錦以来二人目。

10.15～24　〔ホッケー〕世界選手権で日本9位　第1回世界ホッケー選手権大会がスペインのバルセロナで開催され、パキスタンが優勝、2位スペイン、3位はインド。日本は第9位。

| 10.17 | 〔プロ野球〕巨人がリーグ7連覇　プロ野球・第22回日本シリーズは、巨人(川上哲治監督)の3勝1敗で迎えた第5戦が後楽園でおこなわれ、巨人が6-1で阪急を下し優勝した。巨人は第16回以来7連覇。シリーズMVPは末次民夫。
| 10.21 | 〔野球〕米オリオールズ来日　米大リーグ野球の1970年のワールド・シリーズの覇者、ボルチモア・オリオールズが来日、各地で18試合(巨人と11試合)を行い12勝を挙げた。日米親善と日本の野球の向上をめざして米大リーグのチームを招待するのは9回目。
| 10.31 | 〔ボクシング〕輪島が世界王座　世界ジュニア・ミドル級タイトル・マッチが東京・日大講堂でおこなわれ、挑戦者の輪島功一(三迫)はカルメロ・ボッシ(イタリア)に判定で勝ち、王座を獲得した。
| 11.3~14 | 〔卓球〕AA友好試合開催　アジア・アフリカ友好招待卓球試合が北京でおこなわれた。日本など51カ国が参加。男子団体は日本が決勝リーグ2戦2勝で優勝、2位北朝鮮、3位中国。女子は中国が優勝、日本は3位。男子シングルスで長谷川信彦、女子ダブルスで大関行江・今野安子が優勝。
| 11.8~14 | 〔駅伝〕青森・東京間駅伝で東京4連覇　第21青森・東京間都道府県対抗駅伝は、東京が41時間25分22秒で4年連続8回目の優勝。2位は埼玉、3位は茨城。
| 11.8~15 | 〔テニス〕神和住・畠中が優勝　第46回全日本テニス選手権大会が東京・田園コロシアムで開催された。男子シングルスは神和住純(住軽金)が決勝で3-1で坂井利郎を破り初優勝。女子シングルスは畠中君代(河崎ラケット)が2-1で李徳姫(韓国)を下してシングルスで初優勝。男子ダブルスは神和住・坂井組、女子ダブルスは村上智佳子(朝日生命)・畠中組、混合は森良一(日生)・村上美沙子組が優勝。
| 11.10~12 | 〔ゴルフ〕樋口が女子オープン優勝　ゴルフの日本女子オープン大会が大利根コースでおこなわれ、樋口久子(美津濃)が221で優勝。2位は潘玉華(台湾、アマ)228、3位はラモン(米)233。
| 11.14 | 〔競馬〕ニホンピロムーテーが菊花賞　第32回菊花賞レースが京都競馬場(芝3000m)で行われ、ニホンピロムーテー(福永洋一騎手)が3分13秒6で1着となった。
| 11.14~28 | 〔ハンドボール〕五輪予選で日本首位　ハンドボールのオリンピック・アジア地区予選が東京・駒沢体育館でおこなわれ、日本が4戦4勝で首位。2位は韓国とイスラエル。
| 11.14~28 | 〔相撲〕大相撲の黒い交際発覚　大相撲九州場所中に、横綱・北の富士を含む人気力士と福岡市の暴力団との交際が明らかになり、暴力団から取組勝者への懸賞金が出されていることがわかった。相撲協会は北の富士を戒告処分、懸賞金や幟は今後一切ことわることを決めた。暴力団とのつながりは八百長に結びつきやすいと考えられ、プロ野球の"黒い霧"につづくスポーツ界の不祥事をもたらす惧れがあった。文部省17日に異例の警告を出している。

11.17～21 〔ゴルフ〕尾崎が日本シリーズ優勝　第8回ゴルフ日本シリーズが大阪よみうりコースと東京よみうりコースでおこなわれ、尾崎将司 (日東興業) が284で優勝。2位は杉原輝雄 (ファーイースト) 285、3位は謝永郁 (柏) 286。

11.19～21,26～28 〔バレーボール〕日本鋼管・日立武蔵が優勝　全日本総合バレーボール選手権大会が男子は東京体育館、つづいて女子は大阪府体育館でおこなわれた。男子は決勝で日本鋼管が松下電器を下して大会3連覇。女子は日立武蔵が決勝で前年優勝のユニチカ貝塚を破って初優勝。

11.25～27 〔ホッケー〕天理・聖徳が連覇　第45回全日本ホッケー選手権大会が天理大でおこなわれ、男子は天理大、女子は全聖徳がどちらも3連覇。

11.26 〔バスケットボール〕五輪アジア予選で優勝　ミュンヘン五輪のアジア予選で日本のバスケットが全勝優勝、代表権を獲得。

11.28 〔ハンドボール〕日本が初の五輪出場　ハンドボール・アジア地区予選で日本男子宿願の完全優勝。初のオリンピック出場決まる。

11.28 〔相撲〕北の富士が連続優勝　大相撲九州場所は、玉の海の急逝で一人横綱となった北の富士が13勝2敗で秋場所に続き連続優勝。大関・琴桜が七日目から休場。殊勲賞は11勝4敗の前頭2枚目・黒姫山 (初)、敢闘賞は東前頭筆頭で11勝4敗の輪島 (2回目) と西六枚目で同じく11勝4敗の富士桜 (初)、技能賞は11勝4敗の小結・三重の海 (初)。

11.28 〔競馬〕トウメイが天皇賞制覇　第64回天皇賞 (秋) レースが東京競馬場 (芝2000m) で行われ、トウメイ (清水英次騎手) が3分23秒7で1着となった。

12.3～7 〔卓球〕長谷川・大関が優勝　全日本卓球選手権大会が東京・駒沢体育館で開催された。男子シングルスは長谷川信彦 (蝶友ク) が決勝で3-0で井上哲夫 (シチズン時計) を下して3年連続優勝。女子シングルスは大関行江 (青学大出) が浜田美穂 (蝶友ク) に3-2で競り勝ち2年連続優勝。男子ダブルスは井上・仲村渠功 (シチズン時計) 組、女子は大関・浜田組、混合は阿部勝幸・阪本礼子組 (専大) 組が優勝。

12.4 〔相撲〕「黒い霧」事件処分　日本相撲協会が「黒い霧」で緊急理事会を開催。監察委員会を発足。八百長力士は処分。

12.5 〔マラソン〕福岡マラソンで宇佐美2位　第6回福岡マラソンは、ショーター (米) が2時間12分50秒で優勝。宇佐美彰朗 (桜門陸友会) が2時間13分22秒8で2位。3位フォスター (ニュージーランド)、4位ニッカリ (フィンランド)、5位マナーズ (ニュージーランド)、6位ファリントン (豪) と宇佐美のほかは外国勢が上位を占めた。

12.5 〔サッカー〕ヤンマーが優勝　10月からおこなわれてきた第7回サッカー日本リーグの後期日程が終了。ヤンマーが9勝1敗で年間優勝をはたした。2位三菱重工業、3位新日鉄。

12.7～12 〔バドミントン〕栂野尾・中山が優勝　全日本総合バドミントン選手権大会が東京・代々木体育館と中央区体育館で開催された。男子単は、前年まで3連覇の小島一平 (ヨネヤマ) を決勝で破った栂野尾昌一 (ヨネヤマ) が初

優勝。男子複は鈴木健二・池田信孝(電電東京)組が初優勝。女子単は中山紀子(弘文堂)が湯木博恵(カワサキ)を決勝で破って初優勝。女子複は単の決勝を戦った中山・湯木が前年まで3連覇の相沢マチ子・竹中悦子(ヨネヤマ)を決勝で破って初優勝。混合複は堺栄一(カワサキ)・天野博江(東海女短教)が前年につづき2年連続優勝。

12.14～19 〔ハンドボール〕大崎電気・ビクターが優勝 第23回全日本総合ハンドボール選手権大会が東京体育館でおこなわれた。男子は大崎電気が2年ぶりに優勝。女子はビクターが初優勝。

12.19 〔バスケットボール〕日本鋼管・ユニチカ山崎が優勝 バスケット・ボールの日本リーグは、4～5月におこなわれた前期につづいて11月からおこなわれていた後期日程が終了。男子は日本鋼管、女子はユニチカ山崎がいずれも前年につづき連覇。

12.19 〔競馬〕トウメイが有馬記念制覇 第16回有馬記念レースが中山競馬場(芝2500m)で行われ、秋の天皇賞を制したトウメイ(清水英次騎手)が2分36秒0で1着となった。2着はコンチネンタル、3着はダイシンボルガード。

12.22 〔相撲〕公傷制度発表 日本相撲協会が公傷制度、生活指導部設置など体質改善案発表。

12.25 〔相撲〕行司30人全員辞表 大相撲、協会理事会の一方的な給与改正に反発して行司30人が全員辞表提出。

12.26 〔駅伝〕中津商が優勝 第22回全国高校駅伝大会が京都でおこなわれ、中津商(大分)が2時間11分47秒で優勝。2位は中京(愛知)、3位は秩父農工(埼玉)。大分代表の優勝は初めて。

12.29 〔ノルディックスキー〕笠谷が最長不倒で優勝 第20回欧州ジャンプ週間第1戦で笠谷幸生が94.5mの最長不倒で優勝。

12月 〔一般〕日本プロスポーツ大賞決定 1971年(昭和46年)の日本プロスポーツ大賞(日本プロスポーツ協会主催)は、大賞が長島茂雄(プロ野球)、殊勲賞が尾崎将司(男子プロゴルフ)、大場政夫(プロボクシング)、長池徳二(プロ野球)に決定。

大鵬、45連勝

大相撲春場所二日目、横綱・大鵬は戸田との一番の勝負がもつれて、行司軍配は大鵬に上がったが物言いがつき協議の結果、行司差し違いで戸田の勝ちとされ、前年秋場所二日目からつづけてきた連勝が45でとまった。だが新聞各紙の写真では大鵬の勝ちとみられ、これを契機として次の場所から勝負判定にビデオを参考とする方式が導入された。双葉山の69連勝にはついにとどかなかったが、大鵬はこのときのほかに34連勝2回、30連勝1回など20連勝以上を9回重ねている。大鵬は昭和35年初場所新入幕で初日から10連勝、その連勝をとめたのは柏戸であった。角界の人気を二分する柏・鵬時代の幕開けである。昭和36年9月、柏戸とともに第48代横綱に昇進。横綱勝率8割6分9厘は双葉山(8割9分1厘)に次いで歴代横綱で2位。「負けない」横綱だった。最盛時、身長187cm、体重151kg、大型力士のはしりでもあった。昭和46年5月引退。日本相撲協会から初の「一代年寄」を許された。

幕内優勝 32 回、うち全勝優勝 8 回はいずれも今日の大相撲 (1 年 6 場所、15 日制) で最多。戦後昭和の大相撲を代表する偉大な力士である。

1972 年
(昭和 47 年)

1.1 〔サッカー〕三菱重工が優勝　第51回天皇杯全日本サッカー選手権大会は、決勝で三菱重工が3-1でヤンマーを下して優勝。

1.2～9 〔バスケットボール〕日本鉱業・ユニチカが優勝　全日本総合バスケットボール選手権大会(男子第47回、女子第38回)が東京・代々木体育館で開催された。男子決勝リーグは日本鉱業が優勝。女子は決勝でユニチカ山崎が優勝。男子の日本鋼管は4連覇をはばまれ日本鉱業は4年ぶりの優勝。女子のユニチカ山崎は、前身のニチボー平野から数えて8年連続、12回目の優勝。

1.3 〔駅伝〕日体大が箱根4連覇　第48回東京‐箱根間往復大学駅伝競走は、日体大が往路・復路とも制し、11時間31分3秒で4連覇。2位は日大、3位大東大。

1.15 〔ラグビー〕早大が日本一　第9回全日本ラグビー選手権試合が東京・秩父宮ラグビー場でおこなわれ、大学選手権優勝の早大と社会人選手権優勝の三菱重工が対戦、早大が14-11で三菱重工にせり勝ち日本一の座についた。

1.21～23 〔スピードスケート〕5種目で日本新　第40回全日本スピードスケート選手権大会が浅間リンクで開催された。男子1500mで首位の前田睦彦(国土計画)が2分03秒7、2位の内藤修(日大)の2分06秒4、3位の伊藤清美(日大)同タイムと3位までが日本新。1万mは伊藤(日大)が15分31秒1の日本新。男子総合は伊藤が優勝。女子では斎藤幸子(三協精機)が500m43秒8、1000m1分29秒4のいずれも日本新、1500mも1位、3000m3位、女子総合は3種目優勝の斎藤が185.583の日本新で優勝。

1.23 〔相撲〕栃東が初優勝　大相撲初場所は一人横綱の北の富士が7勝で千秋楽を休場、大関・大麒麟が全休、大関・前の山も途中休場、関脇・貴ノ花は6勝9敗と負け越し。この数場所にはない上位陣の不振で、西前頭5枚目の栃東が11勝4敗で平幕優勝。小結・輪島が殊勲賞(初)、西前頭3枚目で10勝5敗の福の花が敢闘賞(5回目)、優勝した栃東が技能賞も受賞(6回目)。

2.3～13 〔オリンピック〕札幌冬季五輪開催　アジア初の第11回冬季オリンピック・札幌大会は、35カ国・1655人の史上2番目の規模で開催された。スキー70m級ジャンプで、笠谷幸生(ニッカ)が84mと79mを飛んで冬季五輪史上日本初の優勝。金野昭次(拓銀)が2位、青地清二(雪印乳業)が3位と1～3位を日本が独占。ジャンプ競技でのメダル独占は1948年のサンモリッツ大会におけるノルウェー以来の24年ぶり(4回目)。"日の丸飛行隊"と呼ばれたこの快挙が印象的だが、日本のメダルはこの1種目3個だけだった。90m級では笠谷は7位、金野は12位だった。この他、複合で勝呂裕司(日軽金)が5位入賞。40kmリレーでは日本(谷・柴田・松岡・岡村)は10位と健闘した。男子同様、女子15kmリレーでは日本(大関時子、高橋、斎藤秀子

が9位と健闘。スピードスケートでは男子500mの鈴木正樹(王子製紙)の8位が最高で、優勝を期待された鈴木恵一(国土計画)は41秒08で19位と不発におわった。30kmリレーでは大野・佐々木・渋谷・笹久保(いずれも自衛隊)が8位と健闘。リュージュの男子2人乗りでは荒井理(明星大出)・小林政敏(東洋電機)が4位と健闘。女子1人乗りで大高優子(エルムソーリング)が5位と健闘、大高はバレーボールから転向して5年間で、東ドイツ(男女の全種目で優勝)を筆頭とする欧州の強豪に伍して5位入賞を果たし、冬季五輪で日本女子として史上初の入賞となった。また、フランスのスキー選手が宣伝活動を咎められてアマチュア資格停止処分、西ドイツのアイスホッケー選手が興奮剤検査により出場停止処分を受け、今日に至るオリンピックの問題点が顕れた大会でもあった。

2.19～20 〔スピードスケート〕世界選手権開催　世界男子スピードスケート選手権大会がノルウェーのオスロで開催された。シェンク(オランダ)が、500、1500、5000、1万mの4種目すべてを制して完全優勝した。全日本選手権で好調だった伊藤清美(日大)は500m24位、1500m20位、5000m17位におわった。

2.26～3.5 〔ユニバーシアード〕3位まで日本が独占　ユニバーシアードの第7回冬季大会がレークプラシッド(米)で開催された。男子スキーの70m級飛躍で中野秀樹(早大)が優勝、斎藤公男(芝工大)が2位、荒谷一夫(拓銀)が3位。中野は複合では12位。回転で柏木正義(日仏貿易)が2位。15kmで岡村富雄(慶大)が5位、柴田国男(東京美装)が6位、清水幸治(専大)が7位、40kmリレーで日本(柴田・岡村・清水・木田)はソ連に次いで2位。男子スピードスケートの500mで進藤聖一(北海道日大高教)が5位、金子篤博(東洋大)が7位。1500mで伊藤清美(日大)が8位。3000mで佐藤尚二(明大)が4位、伊藤が8位。5000mで伊藤が8位。フィギュアスケート男子で樋口豊(法大)が8位、女子では湯沢恵子が6位。

2.28～3.5 〔アルペンスキー〕全日本選手権開催　第50回全日本スキー選手権大会が大鰐と八方尾根で開催された。男子滑降と大回転で富井澄博(日大)が優勝。70m級ジャンプと同90m級で板垣宏志(国土計画)が優勝。距離15km2位の松岡昭義(日軽金)が30kkmと50kmを制した。女子アルペン種目は沖津はる江(大東大)と西雲美津代(西沢スキー)の一騎うち、滑降は南雲が1位、沖津が2位、大回転と回転は沖津が1位、2位南雲。

3.4～5 〔スピードスケート〕女子世界選手権開催　世界女子スピードスケート選手権大会がオランダで開催され、1000mを制したケレンデルストラ(オランダ)総合優勝。全日本選手権優勝の斎藤幸子(三協精機)は、500m10位、1000m9位で、総合10位。井出かなめ(三協精機)は500m14位、1000m20位。

3.6～11 〔フィギュアスケート〕世界選手権開催　世界フィギュアスケート選手権大会がカナダのカルガリで開催された。男子はネペラ(チェコ)、女子はシューバ(オーストリア)が前年に続き優勝。日本の男子、樋口豊(後楽園ク)は15位、女子の武山修子(法政女)は20位。

3.17　〔バレーボール〕松下が初優勝　前年12月からおこなわれていた男子バレー

ボールの第5回日本リーグが閉幕。松下電器が日本鋼管を下し優勝。同リーグは第1回(1967年)に八幡製鉄が優勝したあと第2回から第4回まで日本鋼管が連覇、その間、松下は毎年2位に甘んじてきたがようやく初優勝した。

3.17〜4.8 〔ラグビー〕全豪チームが来日　ラグビーの全豪州コルツが来日、各地で8試合をおこなった。全日本は2戦2勝、全日本Bが1勝1敗のほか、西京極でおこなわれた第2戦で全京都が24-0で勝ち、日豪ともに4勝4敗でおわった。

3.24 〔相撲〕前の山に無気力相撲　大相撲、前の山対琴桜戦に無気力相撲の認定。前の山は休場、琴桜は関脇に陥落。

3.26 〔相撲〕長谷川が初優勝　大相撲春場所は横綱・北の富士が9勝、琴桜、清国、大麒麟の大関陣が10勝どまりで、12勝3敗の関脇・長谷川が優勝した。殊勲賞と技能賞は12勝3敗、優勝決定戦で破れた西前頭7枚目の魁傑がどちらも初受賞。敢闘賞は長谷川(2回目)。

3.27〜30 〔フェンシング〕全日本選手権開催　第24回全日本フェンシング選手権大会が鹿児島で開催された。男子フルーレ個人で福田正哉(千葉ク)が前年につづき優勝。男子フルーレ団体は決勝で桜門剣友会がJFHを下して優勝。女子フルーレ団体はJFHが千葉クを下して前年につづき優勝。

4.7 〔高校野球〕日大桜丘が初優勝　第40回選抜高校野球大会は、決勝戦で日大桜丘(東京)が日大三高(東京)を5-0で破り、初優勝を果たした。

4.24〜29 〔バレーボール〕男女がソ連遠征　全日本バレーボール・チームがソ連に遠征、モスクワほか各地で男女それぞれ4試合をおこなった。男子は全日本が1勝3敗、女子は2勝2敗。

4.29 〔プロ野球〕外木場が無安打無失点　プロ野球セ・リーグ広島の外木場義郎投手が対巨人戦でノーヒットノーラン試合を達成した。完全試合1回を含む自身3回目。

4.29 〔柔道〕関根が優勝　全日本柔道選手権大会が東京・日本武道館でおこなわれた。決勝で関根忍五段(東京)が岩田久和五段を判定で下して優勝。

4.29〜5.2 〔テニス〕デ杯東洋ゾーンA決勝敗退　デ杯東洋ゾーンAセクション決勝が田園コロシアムでおこなわれた。坂井利郎(住軽金)、九鬼潤(法大)、神和住純(住軽金)の日本が、アンダーソン、ディブリー、マスターズの豪州と対戦、坂井・神和住の複で1勝をあげたが1-4で敗退。

5.7 〔競馬〕ベルワイドが天皇賞制覇　第65回天皇賞(春)レースが京都競馬場(芝3200m)で行われ、ベルワイド(加賀武見騎手)が3分20秒4で1着となった。2着キームスビイミー、3着アカネテンリュウ。

5.27〜28 〔複合競技〕生田が十種競技日本新　第56回日本選手権混成陸上競技大会が東京・世田谷競技場でおこなわれ、男子十種競技で生田正範(大昭和)が7414の日本新を記録した。前年10月の学生選手権で日本記録を更新した鬼塚純一(福岡大)は7248で2位。

5.28 〔相撲〕輪島が初優勝　大相撲夏場所は、関脇・輪島が12勝3敗で初優勝。

殊勲賞は関脇・輪島(2回目)。敢闘賞は小結・魁傑(初)。技能賞は小結・貴ノ花(3回目)。

5.28 〔競馬〕ランドプリンスさつき賞制覇　第32回皐月賞レースが中山競馬場(芝2000m)で行われ、ランドプリンス(川端義雄騎手)が2分03秒5で1着となった。2着イシノヒカル、3着ロングエース。

6.1～2 〔ゴルフ〕清元が女子選手権優勝　日本女子ゴルフ選手権大会が東京ゴルフ場でおこなわれ、清元登子(熊本)が227で3年ぶりの優勝。2位は橘道子(横浜)235。

6.2～4 〔陸上〕林が10年ぶり日本新　第56回日本陸上競技選手権大会が東京・国立競技場で開催された。男子100mは前年2位の石沢隆夫(早大)が10秒7で優勝。1968年(昭和43年)の第52回大会から前年までこの種目4連覇していた神野正英(新日鉄)は10秒8で2位。女子砲丸投で林香代子(中京大)が15m65の日本新記録。小保内聖子の(リッカー)の15m24(1962年)を10年ぶりに更新。

6.2～4 〔重量挙げ〕加藤と後藤が日本新　第32回全日本重量挙げ選手権大会が船橋・日本建鉄体育館で開催された。フライ級は佐々木哲英(警視庁)、バンタム級は小野弘(秋田、自営)、フェザー級は三宅義信(自衛隊体育学校)が優勝。ライト級は加藤正雄(中京大職員)が425.0kgで前年この大会で自らつくった日本記録を更新して優勝。ミドル級は角南保(名鉄)が優勝。ライトヘビー級の大内仁(警視庁)、ミドル・ヘビー級の後藤良(福島、自営)、ヘビー級の岩崎雄二(警視庁)はいずれも前年につづき連続優勝。後藤は490.0kgの日本新記録。

6.6 〔プロ野球〕王が通算500号　プロ野球セ・リーグ巨人の王貞治一塁手がプロ通算500号となる本塁打を打った。南海の野村克也選手についでプロ野球2人目。

6.6～11 〔バドミントン〕日本がユーバー杯連覇　第6回ユーバー杯世界女子バドミントン大会が東京体育館で開催された。決勝は第5回(1969年)と同じく日本とインドネシアの対戦となり、日本が6-1でインドネシアを下した。日本は第4回(1966年)から3連覇。

6.8～9 〔ゴルフ〕河野が3連覇　男子プロ・ゴルフの第9回チャンピオンズ・トーナメントが水戸ゴルフ・クラブでおこなわれ、河野高明(芙蓉)が272で3年連続優勝。2位は281で中村寅吉(サンケイゴルフ)と尾崎将司(日東興業)。

6.16 〔プロ野球〕小山が通算310勝　プロ野球パ・リーグのロッテの小山正明投手は、史上2位のプロ通算310勝をあげた。

6.22 〔プロ野球〕長嶋が通算400号　プロ野球セ・リーグ巨人の長嶋茂雄三塁手がプロ400号となる本塁打を打った。

6.29～7.2 〔レスリング〕5階級で連続優勝　全日本レスリング選手権大会のフリースタイルの部が茨城県・笠間で開催された。48kg級は梅田昭彦(米盛商事)、52kg級は加藤喜代美(三田電気)、57級は柳田英明(大都リッチランド)がいずれも前年につづき優勝。62級は阿部巨史(自衛隊体育学校)、68kg級は

和田喜久男 (明大)、74kg 級は吉田敏忠 (アイシン精機)、82kg 級は佐々木竜雄 (自衛隊体育学校)、90kg 級は鎌田誠 (中大)、100kg 級は矢田静雄 (粉河高教)、100kg 以上級は磯貝頼秀 (早大) が優勝。佐々木と矢田も前年につづき 2 年連続優勝。

7.2 〔柔道〕体重別柔道開催　第 6 回全日本選抜体重別柔道大会が福岡で行われた。軽量級は南喜陽 (新日鉄)、軽中量級は野村豊和 (博報堂)、中量級は園田勇 (福岡警察)、軽重量級は笹原富美雄 (神奈川県警)、重量級は西村幹樹が優勝。軽重量級の笹原は第 3 回 (1969)、第 4 回 (1970) とこの階級で優勝、前年は連覇を逃したが今年は王座に復帰した。

7.5～7 〔レスリング〕杉山・田上が 3 連覇　全日本レスリング選手権大会のグレコローマン型の部が千葉県・佐倉高で開催された。48kg 級は石田和春 (小玉合名)、52kg 級は杉山三郎 (松阪工教)、57kg 級は山本邦栄 (日体大教)、62kg 級は藤本英男 (日体大教)、62kg 級は藤本英男 (日体大教)、68kg 級は田上高 (甲南高教)、74kg 級は伊達治一郎 (国士大)、82kg 級は開健次郎 (自衛隊)、90kg 級は佐藤貞雄 (大東大)、100kg 以上級は鶴田友美 (中大) が優勝。杉山と田上は 3 年連続優勝。

7.9 〔競馬〕ロングエースが日本ダービー制す　第 39 回日本ダービー (東京優駿) が東京競馬場 (芝 2400m) で行われ、さつき賞 3 着だったが一番人気のロングエース (武邦彦騎手) が 2 分 28 秒 6 のダービー記録で 1 着となった。さつき賞を制したランドプリンスは首差の 2 着、3 着はタイタエム。1 着賞金は 3683 万 800 円で日本の競馬史上最高額。1970 年 (昭和 45 年) のタニノムーティエから 3 年連続して関西馬が優勝。なお、前年 12 月から馬インフルエンザ (A2 型) が蔓延し年末・新春の中央競馬を中止、当初 5 月 28 日に予定されていたダービーも 7 月に繰り下げられて開催された。

7.12～14 〔ゴルフ〕樋口が連覇　日本女子プロ・ゴルフ選手権大会が貞宝コースでおこなわれ、樋口久子 (美津濃) が 225 で優勝。2 位は山崎小夜子 (春日井)228。樋口は 1969 年以来大会 4 連覇。

7.16 〔相撲〕高見山が初優勝　大相撲名古屋場所は、一人横綱の北の富士が全休、大関・大麒麟も途中休場、三役陣では関脇・貴ノ花の 10 勝が最高、先場所優勝の関脇・輪島は 8 勝 7 敗で、東前頭 4 枚目で 13 勝 2 敗の高見山が優勝した。高見山はハワイ出身。外国籍の力士が優勝したのは大相撲史上初。高砂部屋の力士の優勝は冨士錦以来 8 年 48 場所ぶり。殊勲賞は高見山 (初)、敢闘賞は 12 勝 3 敗の関脇・貴ノ花 (初)、技能賞も貴ノ花 (4 回目)。

7.18 〔大学野球〕日米大学野球初優勝　第 1 回日米大学野球選手権大会、日本チームが 5 勝 2 敗でアメリカを破り初優勝。

7.20～23 〔水泳〕日本新続出　日本水泳選手権大会が国立水泳場で開催された。男子自由形 1500m で尋木勝義 (BS タイヤ) が 17 分 05 秒 9 の日本新。1967 年に高橋悦二郎がサンタクララで記録した 17 分 07 秒 1 を 5 年ぶりに更新した。尋木は 400m も制した。100m 平泳ぎは田口信教 (フジタ DC) が 1 分 06 秒 0、同 200m は 2 分 28 秒 0 のいずれも日本新記録で優勝。これまでの記録は田口自身が 1970 年にバンコクで記録した 1 分 06 秒 2 と 2 分 28 秒 2。女

1972年 (昭和47年)　　　　　　　　　　　　　　　　　　　　　　　　　日本スポーツ事典

子100mバタフライで青木まゆみ (山田SC) が1分03秒9の世界新、日本新記録、同200mでも2分23秒7の日本新記録で優勝。女子100mバタフライのこれまでの世界記録はジョーンズ (米) が1970年に記録した1分04秒1、同200mのこれまでの日本記録は青木自身が前年記録した2分24秒4だった。

8.6　〔社会人野球〕日本楽器が初優勝　第43回都市対抗野球は日本楽器 (浜松市) が4度目の出場で初優勝。

8.23　〔高校野球〕津久見が初優勝　第54回全国高校野球選手権大会は、決勝戦で津久見 (大分) が柳井 (山口) を3-1で破り、初優勝を果たした。

8.26～9.11〔オリンピック〕ミュンヘン五輪開催　第20回オリンピック・ミュンヘン大会が、122ヶ国・地域、7863人の選手、2255人の役員が参加して西ドイツのミュンヘンで開催された。大会開幕前に、人種差別をしているアフリカのローデシアの参加にアフリカ諸国が反発、大会ボイコットの姿勢を見せ、国際オリンピック委員会 (IOC) がローデシアの招待を撤回。大会後半の9月5日にはイスラエル選手村にパレスチナ・ゲリラが乱入、コーチと選手一人を射殺、9人を人質にして、ゲリラとしてイスラエルに囚われているパレスチナ人200人の釈放を要求。人質と犯人を空軍の空港に移動したあと、西ドイツ警察が犯人もろとも人質全員を死亡させる五輪史上最大の惨劇が起きた。国際オリンピック委員会 (IOC) が緊急理事会を召集、9月6日午前10時からメーン・スタジアムで追悼式をおこない、会期を1日延長してオリンピック大会を続行。さらに興奮剤使用検査 (ドーピング・チェック) で水泳男子400m自由形優勝のデモン (米) が失格。この大会では重量挙げや自転車の選手など、ほかの競技でも興奮剤検査の結果で失格になった選手が続出している。陸上では、マラソンで君原健二 (八幡製鉄) が2時間16分27秒で5位入賞。水泳では22種目で46の世界新記録が生まれる活況で日本人の活躍も目立った。100m背泳ぎで本多忠 (フジタSC) が1分00秒4の日本新で8位、同200mも2分11秒1の日本新だったが予選を通過できず。100m平泳ぎは田口信教が1分04秒9の世界新記録で優勝。水泳での日本選手の金メダル獲得は、1956年のメルボルン大会の200m平泳ぎで優勝した古川勝 (日大=当時) 以来10年ぶり。同200mでも田口は2分23秒9の日本新で3位。400m個人メドレーで佐々木二郎 (富山商高) が4分53秒6の日本新記録ながら予選落ち。女子100mバタフライは青木まゆみ (山田SC) が1分03秒3の世界新記録で優勝、浅野典子 (椙山女) も1分04秒2の日本新記録で8位。女子水泳での日本の金メダルは、1936年、ベルリン大会の「マエハタガンバレ、マエハタガンバレ」とラジオ放送で絶叫したのが今に語り継がれる前畑 (現姓・兵藤) 秀子以来、36年ぶり。女子200mバタフライは浅野が5位、青木が8位でいずれも日本新記録。400mメドレー・リレーは米国が優勝、日本は4分30秒2の日本新で6位。体操男子団体は日本が五輪史上初の4連覇、2位ソ連、3位東ドイツ。個人総合でも加藤沢男 (東教大院) が優勝、監物永三 (日体大教) が2位、中山彰規 (中京大教) が3位、笠松茂 (東海テレビ) が5位、塚原光男 (河合楽器) が8位と、ソ連、東ドイツを圧倒。種目別でもつり輪で中山が金、塚原が銅。平行棒で加藤が

− 100 −

金、笠松が銀、監物が3位。床運動で中山が2位、笠松が3位。鞍馬で加藤が2位、監物が3位。鉄棒で塚原が1位、加藤が2位、笠松が3位。最後の演技の鉄棒で塚原光男 (河合楽器) が二回宙返り一回ひねり降りの超ウルトラCの着地をきめて観衆を驚かし9.90の高得点を得た。この型は"月面宙返り"と呼ばれ、国際体操連盟の公式名でツカハラ (Tsukahara) と命名された。女子団体はソ連が優勝、2位東ドイツ、3位ハンガリーで日本は7位。重量挙げでは、フライ級で佐々木哲英 (警視庁) が4位、バンタム級で小野弘 (法大出) が7位、三木功司 (自衛隊体育学校) が10位、フェザー級で三宅義信 (自衛隊体育学校) が4位、ライト級で加藤正雄 (中京大教) が日本新で8位、小野佑策 (三恵商事) が10位。レスリング・フリースタイルの48kg級で梅田昭彦 (米盛商事) が6位、52kg級で加藤喜代三 (三信電機) が優勝、57kg級で柳田英明 (大都リッチランド) が優勝、62kg級で阿部巨史 (自衛隊体育学校) が4位、68kg級で和田喜久夫 (明大) が2位、82kg級で佐々木竜雄 (自衛隊体育学校) が5位。グレコローマンの48kg級で石田和春 (小玉合名) が5位、52kg級で平山紘一郎 (自衛隊体育学校) が2位、57kg級で山本郁栄 (日体大教) が7位、62kg級で藤本英男 (日体大教) が4位、68kg級で田上高 (甲南高教) が5位、90kg級で谷公市 (和歌山県教育庁) が7位。柔道では、軽量級は川口孝夫 (明大)、軽中量級は野村豊和 (博報堂)、中量級は関根忍 (警視庁) が優勝。重量級は西村昌樹 (やよいエージェンシー) が3位。軽重量級の笹原富美雄 (神奈川県警) が2回戦で、無差別級では篠巻政利 (新日鉄) が3回戦で失格するという波乱があった。アーチェリーでは、男子は梶川博 (大阪工大出) の19位が最高だったが、女子では秋山芳子 (帝塚山大出) が3位に入る殊勲。バレーボール男子は、準決勝でブルガリアに劇的な逆転勝ちをおさめた日本が、決勝で東ドイツを3-1で下して悲願の初優勝をはたした。3位はソ連。女子は準決勝で韓国を下した日本が決勝でソ連と対戦、2-3で敗れて2位。3位は北朝鮮。日本は金メダル13、銀メダル8、銅メダル9の好成績だった。

9.2〜13 〔卓球〕アジア選手権開催　第1回アジア卓球選手権大会が北京で開催された。男子団体は日本が優勝、2位中国、3位北朝鮮。女子団体は中国が優勝、2位日本、3位北朝鮮。個人では男子単で長谷川信彦 (蝶友会)、複は河野満 (旺文社)・井上哲夫 (シチズン)、混合複は長谷川信彦・今野安子 (愛工大職) が優勝。女子単は決勝で大関行江 (三井銀行) が中国の李莉に敗れた。女子複は北朝鮮組が優勝。

9.3〜10 〔サッカー〕ハンガリー・チーム来日　ハンガリーのフェレンツバロン・トルナ・クラブのサッカー・チームが来日、大阪、東京、広島で全日本チームと3試合をおこなった。初戦は引き分け、第2、3戦は1勝1敗で両者1勝1敗1引き分け。

9.14 〔サッカー〕第1回日韓サッカー　第1回日韓サッカー定期戦が東京・国立競技場でおこなわれ、2-2で引き分けた。

9.14〜15 〔ゴルフ〕樋口がJCPオープン連覇　女子プロ・ゴルフのJCPオープン大会が神有コースで開催された。樋口久子 (美津濃) と山崎小夜子 (春日井) が153で並び、プレーオフの結果、樋口が前年につづき優勝。

1972年 (昭和47年)

9.23～25　〔ソフトボール〕高島屋が優勝　全日本一般女子ソフトボール選手権大会が東金で開催された。決勝で高島屋大阪が3-1でユニチカ垂井を下して優勝。

9.24　〔相撲〕北の富士が全勝優勝　大相撲秋場所は、先場所休場した横綱・北の富士が15戦全勝で前年九州場所以来5場所ぶり9回目の優勝。殊勲賞は13勝2敗の関脇・輪島 (3回目)、敢闘賞は10勝5敗の関脇・貴ノ花 (2回目)、技能賞は西前頭3枚目で10勝5敗の旭国 (初)。先場所平幕優勝して関脇に上がった高見山は5勝10敗と大きく負け越した。

9.26　〔プロ野球〕阪急が2連覇　プロ野球パ・リーグは、阪急 (西本幸雄監督) が対南海23回戦を6-3で勝って2年連続5回目のリーグ優勝を決めた。なおこの試合の3回、阪急の福本豊外野手が二塁盗塁をきめ、今季の盗塁数を105に伸ばし、シーズン盗塁数で22日に並んだ米大リーグのモーリー・ウイルス (ドジャース) が1962年に記録した104盗塁を超え世界新記録を達成した。福本はさらに10月5日の対ロッテ24回戦で1盗塁をきめ、シーズン盗塁数を106とした。最終順位は2位近鉄、3位南海、4位東映、5位ロッテ、6位西鉄。

9.28～10.1　〔ゴルフ〕尾崎1打差で2位　男子プロ・ゴルフの日本オープン選手権大会が大利根コースで開催された。韓長相 (韓国) が278で優勝、1打差で尾崎将司 (日東興業) が2位、3位オンシャム (タイ)。

10.5　〔プロ野球〕福本が世界新　プロ野球パ・リーグ阪急の福本豊外野手は、対ロッテ24回戦で盗塁をきめ、シーズン盗塁数を106に伸ばし、米大リーグで1962年にウイルスが記録したシーズン104の記録を二つ上まわった。福本はその快足で今季の阪急優勝に貢献、パ・リーグの最優秀選手 (MVP) に選ばれた。

10.5～8　〔ゴルフ〕太平洋マスターズ開催　男子プロ・ゴルフの太平洋マスターズ大会が総武コースでおこなわれた。ブルワー (米) とグラハム (豪) が276で並び、プレーオフの結果、ブルワーが優勝。3位はクーディ(米) で、日本勢では3位と1打差の4位となった尾崎将司 (日東興業) が最高位。

10.5～17　〔バレーボール〕日中交歓試合開催　中国のバレーボール・チームが来日、各地で男女それぞれ6試合をおこなった。男子は全日本、全西日本、日本鋼管が2試合ずつおこない日本が全勝、女子は全日本とユニチカが2試合ずつ、ヤシカと日立武蔵が1試合ずつ対戦、日立武蔵が敗れて日本の5勝1敗。

10.7　〔プロ野球〕巨人が8年連続優勝　プロ野球セ・リーグは、巨人 (川上哲治監督) が対阪神25回戦に勝ち、8年連続通算27回目のリーグ優勝をきめた。最終順位は2位阪神、3位中日、4位ヤクルト、5位大洋、6位広島。

10.7～8　〔陸上〕河野・井上が日本新　第57回日本陸上競技選手権大会が千葉で開催された。男子100mは神野正英 (新日鉄) が10秒3で優勝、前年優勝の石沢隆夫 (早大) は10秒5で2位。200mと400mは友永義治 (日立) が制したがいずれも自己がもつ日本記録に及ばなかった。800mと1500mは水野一

良(大阪ガス)が優勝、1500は自己のもつ日本記録に及ばず。女子800mは河野信子(ユニチカ)が大会3連覇したがタイムは自己のもつ日本記録に及ばなかった。河野は1500mも4分27秒1で勝ち、同2位の井上美加代(日体大)4分29秒0とともに日本新記録。これまでの日本記録は井上が1972年に記録した4分30秒5。

10.7～8 〔バドミントン〕トマス杯予選敗退 トマス杯世界バドミントン選手権・アジア東地区決勝で、日本はマレーシアに4-5で敗れた。

10.8～10 〔弓道〕伊勢神宮で弓道選手権 第23回全日本弓道選手権大会が伊勢神宮でおこなわれた。男子は鈴木博(新潟)、女子は清田明子(熊本)が優勝した。

10.14～15 〔ホッケー〕全聖徳が女子連覇 ホッケーの第46回全日本選手権大会がこの年は男女別の日程で開催された。女子選手権は名古屋商でおこなわれ、決勝で全聖徳が3-2で全中京大を下して優勝。全聖徳は3年連続優勝、その前の聖徳女短の優勝と合わせて4連覇。

10.19～22 〔ゴルフ〕金井がプロ選手権優勝 日本男子プロ・ゴルフ選手権大会が紫コースでおこなわれ、金井清一(スリーボンド)が278で優勝、前年優勝の尾崎将司(日東興業)が2位、3位は草壁政伸(紫)と青木功(日本電建)。

10.20 〔プロ野球〕西鉄が太平洋に売却 プロ野球パ・リーグのオーナー会議で、西鉄ライオンズ球団が球団を売却することを明らかにした。西鉄ライオンズは、三原脩監督のもと、鉄腕・稲尾和久投手、豪打の中西太内野手らを擁して1954年(昭和29年)に初優勝のあと1956年(昭和31年)からリーグ3連覇、この間、日本シリーズでもセ・リーグの巨人を連破するなど、これまでにリーグ優勝5回、日本一3回のパ・リーグの強豪だったが、今年は最下位におわった。球団の成績不振だけでなく、親会社の西日本鉄道の業績低迷と球団の経営不振(今年の興行収入は1億円弱、人件費は約2億円)で、球団を所有する西日本鉄道は球団を売却することを決めた。売却先として名があがっていた日本ペプシコーラは最終的に手を引き、西鉄のほか東映も球団経営を放棄する趨勢で、パシフィック・リーグ存亡の危機。パ・リーグの依頼で買い取り先を探していたロッテ・オリオンズの中村長芳オーナーが、28日、太平洋クラブから資金を得て球団経営に当たることを決意、ロッテ球団を退団して太平洋球団のオーナーに就任。西鉄球団の稲尾和久監督や主力選手をそのまま引き継ぎ、「太平洋クラブ・ライオンズ」が発足した。福岡・平和台、北九州・小倉両球場をフランチャイズとする。

10.21～28 〔プロ野球〕巨人がシリーズ8連覇 プロ野球の第23回日本シリーズは、前年と同じくパ・リーグ優勝の阪急とセ・リーグ優勝の巨人が対戦。後楽園の初戦、第2戦に巨人が勝ち、西宮の第3戦で阪急が1勝したが、そのあとの第4、第5戦で巨人が勝ち、4勝1敗で巨人(川上哲治監督)が日本シリーズ8連覇。シリーズの最優秀選手は第1戦から第4戦まで連続登板し、第1戦と第2戦で勝利投手になった堀内恒夫投手(巨人)。なお米大リーグのワールド・シリーズでは8回連続優勝の記録はない。

10.27 〔国民体育大会〕鹿児島国体 第27回国民体育大会は地元の鹿児島県が天皇・皇后杯を獲得。

1972年(昭和47年)

10.29　〔プロ野球〕堀内・福本に MVP　プロ野球の今年度の最優秀選手は、セ・リーグは堀内恒夫投手(巨人)、パ・リーグは福本豊外野手(阪急)に決まった。ともに初の受賞。堀内投手はリーグ最多の26勝(9敗)、巨人の74勝(52敗)のほぼ三分の一を支えた活躍で、48本塁打の王貞治内野手(巨人)をおさえて選出された。福本豊外野手は快速の好守・好打(打率は3割08分でリーグ5位)の上、シーズン106盗塁の新記録で阪急の優勝に貢献した。

10.30　〔大学野球〕慶大が史上初3連覇　秋の東京6大学野球は慶応が部史上初の3シーズン連続優勝を達成。

11.1～11　〔テニス〕全日本選手権開催　第47回全日本テニス選手権大会が大阪で開催された。男子単は神和住純(住軽金)が前年につづき優勝。女子単は沢松和子(松蔭女)が優勝。男子複は坂井利郎・神和住(住軽金)組、女子複は畠中君代(河崎ラ)・村上智佳子(大森ク)、混合複は手塚雄士(京王百貨店)・畠中君代(河崎ラ)組が優勝した。

11.4～　〔ラグビー〕アジア選手権で日本優勝　第3回アジア・ラグビー選手権大会が香港で開催された。日本はシンガポール、スリランカ、マレーシアに勝ち、決勝で香港を16-0で下して優勝した。

11.4～5　〔ヨット〕全日本選手権開催　全日本ヨット選手権大会が江ノ島でおこなわれた。ドラゴン級は、川島・浪川・本庄組(川島マリーン)が優勝。フライング・ダッチマン級は、明星・柴田組が優勝。

11.6～12　〔駅伝〕青森・東京駅伝は東京5連覇　第22回青森・東京間都道府県対抗駅伝がおこなわれ、東京が41時間21分41秒の大会新記録で5年連続9回目の優勝をはたした。2位埼玉、3位千葉。

11.7　〔オリンピック〕デンバーが冬季五輪返上　1976年の第12回冬季五輪の開催地は、1970年の国際オリンピック委員会(IOC)総会で米コロラド州デンバーと決まっていたが、地元の学生や黒人の若者層から、税金のムダ使い、環境破壊などを理由に反対の声が高まり、賛否を問う住民投票がおこなわれた。結果は、大差で開催阻止派が勝利。五輪史上初めて住民投票によって開催が拒否された。これまで五輪開催が返上されたのは、夏季大会では、1916年のベルリン、1940年の東京、1994年のロンドン、冬季大会では1940年の札幌、1944年のコルチナダンペッツォの先例があるが、いずれも戦争による開催中止であり、自然破壊から環境を守るという今回の阻止理由は初めて。今後の五輪開催誘致にも一石を投じた住民投票だった。IOCは2月4日の理事会で、デンバーに替えてオーストリアのインスブルックで開催することを決定した。デンバーの代替地として、フランスのモンブラン地区、米レークプラシッド、フィンランドのタンペレなどが立候補したが、インスブルックは1964年の第9回冬季五輪を開催しており、施設や運営組織が整っていることが決め手となった。

11.8～10　〔ゴルフ〕佐々木が優勝　日本女子プロ・ゴルフ・オープン大会が浜松でおこなわれた。佐々木マサ子(美津濃)が224で優勝。1打差の2位は山崎小夜子(春日井)、3位は樋口久子(美津濃)。

11.12 〔競馬〕イシノヒカルが菊花賞制覇　第33回菊花賞レースが京都競馬場(芝3000m)で行われ、さつき賞2着のイシノヒカル(増沢末夫騎手)が3分11秒6で1着となった。2着はダービー3着のタイテエム、3着はソロオナール。

11.15 〔バレーボール〕アマ規定違反で追及　日本体育協会の理事会で、ミュンヘン五輪で優勝した男子バレーボール・チームが、少年雑誌に「松平一家12人衆の秘密」とヤクザまがいの表現で記事にされたこと、また女性週刊誌のグラビアに芸者といっしょに選手が撮影されていることなどをとりあげ、スポーツで得た名声を商業宣伝に使うことを禁じたアマチュア規定に違反すること、スポーツ・マンとしての品位・名誉を傷つけたとして問題とし、体協アマチュア委員会はバレーボール協会の姿勢をきびしく追及。日本バレーボール協会は、11月30日の緊急全国理事会で、西川政一会長を残し、副会長以下44人の執行部全員と監事2人が辞任。12月10日の緊急全国評議会で執行部の後任を選出、前田豊副会長、岡田英雄理事長、松平康隆副理事長、池田久造常任理事は再任されなかった。その他の旧執行部のほとんどが再選されたことで粉飾辞職との声もあがった。しかし体協アマチュア委員会は12月14日の委員会で、少年雑誌やTV出演など6件は問題なし、選手と芸者の写真は品位に欠けるとし、選手のアマチュア資格を剥奪することはせず、バレーボール協会を通じて厳重注意を与えると結論。バレーボール協会の四人の役員が引責辞職するかたちで決着したが、アマチュア規定の解釈など潜在する問題を提起した一件だった。なおバレーボール協会副会長だった前田氏は、兼任していた体協理事、日本オリンピック委員会(JOC)委員、スポーツ科学委員会委員長などスポーツ関係のすべての職を辞任した。

11.15～16,18～19　〔ゴルフ〕尾崎が賞金2751万　男子プロ・ゴルフの第9回日本シリーズ大会が大阪よみうりコースと東京よみうりコースでおこなわれた。尾崎将司(日東興業)と杉原輝雄(ファーイースト)が287で並び、プレーオフで尾崎が勝って優勝。1位2位は前年と同じ。尾崎はこの年のトーナメントで10のタイトルを獲得、賞金総額は2751万円に達した。日本のプロ・ゴルファーの年間獲得賞金が2千万円の大台を越えたのは初めて。

11.16～19　〔体操〕監物・長谷川が優勝　第26回全日本体操選手権大会が米子で開催された。男子個人総合は監物永三(日体大スワロー)が優勝、2位笠松茂(東海テレビ)、3位加藤沢男(大塚ク)。男子団体総合は大塚クが3年連続優勝、2位は中京ク、3位日体大。女子個人総合は長谷川たか子(日本大)が優勝、2位平島栄子(日本大)、3位は矢部(日大)。女子団体総合は日体大が6年連続優勝、2位は日大、3位は東女体大。

11.26 〔サッカー〕日立が初優勝　第8回日本サッカー・リーグの後期日程を終了。日立製作所が優勝。前年優勝のヤンマーは2位、一前年まで連覇をつづけた東洋工業が3位。

11.26 〔相撲〕琴桜が3回目の優勝　大相撲九州場所は、大関・琴桜が14勝1敗で1969年(昭和44年)春場所以来ほぼ4年、22場所ぶりに優勝(3回目)。名古屋場所優勝、秋場所関脇で大負けした高見山が西前頭筆頭で9勝6敗と勝ち越して殊勲賞(2回目)。幕尻・東前頭14枚目の福の花が11勝4敗で敢闘賞、技能賞は西前頭4枚目で9勝6敗の増位山。

1972年(昭和47年)

11.26　〔競馬〕ヤマニンウェーブが天皇賞　第66回天皇賞(秋)レースが東京競馬場(芝2000m)で行われ、ヤマニンウエーブ(福永洋一騎手)が3分23秒7で1着となった。

11.27～28　〔フィギュアスケート〕佐野・渡部が初優勝　第41回全日本フィギュアスケート選手権大会が大阪ラサ国際リンクで開催された。男子は佐野稔(日大鶴ヶ丘高)が初優勝。佐野は川崎南河原中在学時の一前年が3位、品川ク所属で出場した前年が2位と年ごとに順位を上げてついに優勝した。女子は渡部絵美(米ミネソタ州ゴールデンバレー中学二年生、13歳)が優勝。渡部は留学していた姉を頼ってスケート留学、もと世界チャンピオンのスパー氏の指導を受けている。女子フィギュアスケートでは、1956年(昭和31年)に上野純子(甲南中一年生13歳 現姓・平野)が優勝しておりそれ以来の年少チャンピオン。これまでの最年少優勝は1926年(昭和11年)の稲田悦子(11歳)。

11.30～12.2　〔ホッケー〕全日本選手権は両者優勝　ホッケーの全日本男子選手権大会が高石で開催された。決勝で天理大と大阪クが延長戦のすえ0-0で引き分けて両者優勝。天理は4年連続の優勝。

12.2～3,9～10　〔体操〕国際選抜競技会開催　国際選抜体操競技会が名古屋と東京でおこなわれた。名古屋の競技会の男子はアンドレアノフ(ソ連)が優勝、2位監物永三(日体大出)、3位笠松茂(東海テレビ)。女子はヤンツ(東独)が優勝、2位ドロノワ(ソ連)、3位ツリシチェワ(ソ連)。東京でも男子はアンドレアノフが首位、2位監物、3位塚原(河合楽器)。女子はツリシチェワが首位、2位ヤンツ、3位ムーア(米)。

12.3　〔マラソン〕福岡マラソン開催　第7回福岡国際マラソンは、ショーター(米)が2時間10分30秒で前年につづき優勝した。2位はファリントン(豪)、3位大槻憲一(東洋工業)。君原健二(新日鉄)は5位。

12.3　〔剣道〕千葉が3回目の優勝　第20回全日本剣道選手権大会が東京・武道館でおこなわれた。一前年のこの大会で決勝で敗れた千葉仁六段(東京)が前年の覇者・川添哲夫四段(高知)を延長で下して優勝。千葉は1969年(昭和44年)の優勝以来3年ぶり3回目の優勝。3回優勝は大会史上初めて。なお千葉はこのあとミュンヘン五輪女子バレーボール主将の松村勝美選手とお見合いして2月に結婚した。

12.5～10　〔卓球〕全日本選手権開催　昭和47年度全日本卓球選手権大会が名古屋で開催された。男子単は決勝で高島規郎(近大)が3-1で長谷川信彦(蝶友ク)を破って初優勝。長谷川は昭和44年度大会から3年連続優勝してきたが4連覇を阻まれた。男子複は伊藤繁雄(蝶友ク)・阿部博幸(協和醗酵)組、女子単は横田幸子(中大)、女子複は今野安子(愛工大職)・平野美恵子(旭精工)、混合複は阿部(協和醗酵)・阪本礼子(専大)が優勝。

12.6～10　〔ハンドボール〕湧永・東京重機が優勝　第24回全日本総合ハンドボール大会が東京で開催された。男子は、前年まで2連覇の大崎電気をおさえて前年まで連続2位だった湧永薬品が初優勝。女子は前年優勝の日本ビクターをおさえて東京重機が初優勝、2位は大洋デパートでビクターは3位。

12.9 〔バスケットボール〕日本鉱業・ユニチカが優勝　第6回日本バスケットボール・リーグの後期日程が終了。男子は日本鉱業が日本鋼管の4連覇を阻んで優勝。2位は住友金属、3位日本鋼管。女子はユニチカ山崎と第一勧銀が8勝2敗で首位に並んだが得失点差でユニチカが優勝、ユニチカ山崎は3年連続優勝、前身のニチボー平野を通じてみると昭和42年(1967年)の第1回から5連覇。2位第一勧銀、3位ユニチカ宇治。

12.13～17 〔バドミントン〕全日本選手権開催　全日本総合バドミントン選手権大会が西が丘で開催された。男子単の決勝は小島一平(ヨネヤマ)が本間順次(トヨタ)を退けて王座に復帰。男子複は秋山真男(秋山紙店)・小島組が3年ぶりに優勝。女子単は湯木博恵(カワサキ)が決勝で学生選手権女子単優勝の西尾(日体大)を下して3年ぶりに優勝。女子複は相沢マチ子・竹中悦子(ヨネヤマ)組が2年ぶりの優勝。混合複は堺(カワサキ)・天野(東海女短大教)が2年ぶりに優勝、堺は混合複で4年連続優勝。

12.17 〔競馬〕イシノヒカルが有馬記念制覇　第17回有馬記念レースが中山競馬場(芝2500m)で行われ、菊花賞馬のイシノヒカル(増沢末夫騎手)が2分38秒5で1着となった。2着はメジルアサマ、3着は菊花賞3着のソロナオール。この日のレースは100億円を越える史上最高の売上げとなった。

12.18 〔水泳〕山田SCが解散　女子水泳で多くの主力選手を輩出してきた山田スイミング・クラブが解散することを正式に発表した。山田SCのオーナー・ロート製薬の山田輝郎会長が老齢であること、同クラブが試みてきた英才教育の成果がミュンヘン五輪で示されて当初の目的を達成できたことが、この時期に解散する理由とされている。同クラブは1965年(昭和40年)3月に、世界一の女子水泳選手を育成することを目的として山田会長が私財1億円を投じて創設された。西側よしみ(200m個人メドレーで2年連続世界一など数多くの日本新記録)、青木まゆみ(ミュンヘン五輪100mバタフライ優勝)ほか今日の日本女子水泳界を支える人材を生み出してきた山田SCの功績は大きい。

12.24 〔駅伝〕世羅が優勝　第23回全国高校駅伝が京都でおこなわれ、世羅(広島)が2時間12分59秒で優勝。前年優勝の中津商(大分)が2位、3位は熊本工(熊本)。世羅はこの駅伝の第1回(1950)と第2回に連覇して以来20年ぶり3回目の優勝。

12.29 〔競馬〕福永が最多勝騎手　昭和47年度の中央競馬の全日程を終了。東西を通じてのリーディング・ジョッキー(最多勝騎手)は福永洋一(武田文)に決まった。福永は今年105勝をあげ、3年連続3度目の最多勝。年間100勝を超えたのは1967年(昭和42年)の加賀武見騎手以来5年ぶりの快挙。獲得賞金総額は6億1781万円でこれも第1位。なお関東の首位は48勝の小島太騎手(高木)。

12月 〔一般〕日本プロスポーツ大賞決定　1972年(昭和47年)の日本プロスポーツ大賞(日本プロスポーツ協会主催)は、大賞が松本勝明(自転車競技)、殊勲賞が堀内恒夫(プロ野球)、大場政夫(プロボクシング)、坂口征二(プロレス)に決定。

高見山が初優勝

　大相撲名古屋場所は前頭4枚目の高見山が13勝2敗で平幕優勝。外国籍力士の優勝は史上初。高見山はハワイ・マウイ島出身。ハワイに巡業した高砂親方(第39代横綱・前田山)に見出されて高砂部屋に入門、昭和39年初土俵、43年入幕、最高位は関脇(昭和48年)。連続97場所幕内に在位して幕内通算683勝(歴代6位)。昭和59年十両に陥落、同年五月場所後に引退。金星12、殊勲賞6回、幕内出場1430回はいずれも史上1位。昭和55年に日本に帰化、引退後、年寄・東関となり、昭和61年に独立して東関部屋を創立、曙、人気力士の高見盛らを育てた。なお、高見山大五郎という四股名は、朝潮太郎、小錦八十吉とともに大相撲の名門・高砂部屋に伝えられる由緒ある四股名で、いずれも大関に昇った実績をもつ。この高見山は大関に上がることはなかったが、大相撲に新風を吹き込み、またポリネシア系独特の豊な体格、大らかな人柄と憎めない笑顔で子どもにも人気があった。外国人力士の先駆けとして途を拓き、その後のハワイ系、モンゴル系力士の活躍、ひいては今日の欧州系力士の登場の先鞭をつけたと言えよう。

1973 年
(昭和 48 年)

1.1 〔サッカー〕日立が優勝 サッカーの第52回全日本選手権大会の決勝戦が東京・国立競技場でおこなわれ、日本リーグ優勝の日立製作所が2-1で同リーグ2位のヤンマーを下して優勝した。

1.3 〔駅伝〕日体大が箱根5連覇 第49回東京-箱根間往復大学駅伝競走は、日体大が往路優勝、復路3位の11時間47分32秒で優勝。2位は復路1位の大東大、3位は日大。日体大は1969年(昭和44年)の第44回に始まった連続優勝を5連覇に伸ばし、1959年(昭和34年)から6連覇した中大の記録にあと1と迫った。2位の大東大は首位の日体大と13分の大差だったが、3年前の5位、前年の3位から今年は2位へと順位を上げた。

1.3〜7 〔バスケットボール〕日本鋼管・第一勧銀が優勝 全日本バスケットボール選手権大会が東京で開催された。男子は前年の日本リーグの連覇を阻まれてリーグ3位におわった日本鋼管が優勝。女子もリーグ2位だった第一勧銀がリーグ優勝のユニチカ山崎をおさえて優勝した。

1.6 〔ラグビー〕明大が優勝 全国大学ラグビー選手権の決勝が東京・秩父宮ラグビー場でおこなわれ、関東大学対抗戦グループ首位の早大と同2位の明大が対戦、明大が13-12で競り勝ち優勝。

1.7 〔高校サッカー〕浦和市立が優勝 全国高校サッカー選手権大会の決勝戦が大阪長居でおこなわれた。浦和市立(埼玉)と藤枝東(静岡)が対戦、延長戦のすえ浦和市立が2-1で藤枝東に競り勝ち優勝。

1.7 〔ラグビー〕リコーが優勝 全国社会人ラグビー選手権の決勝が東京・秩父宮ラグビー場でおこなわれ、リコーが29-3で三菱重工京都を破り優勝した。

1.10〜24 〔高校サッカー〕日朝交歓試合開催 北朝鮮の平壌高等軽工校のサッカー・チームが来日し、各地で5試合をおこなった。日本は、京都高校選抜、関西高校選抜、兵庫高校選抜、浦和市立高、東京選抜が各1試合対戦、平壌の5戦5勝。初戦から第3戦までは毎試合5点を奪われた。第4戦の浦和市立と最終戦の東京選抜はどちらも0-2だった。

1.13〜20 〔サッカー〕チリ・チームが来日 チリのウニオン・エスパニョーラ・デ・チリが来日、東京と神戸で全日本と3試合をおこなった。1-0、4-2、2-1でチリが3戦3勝。

1.15 〔ラグビー〕リコーが日本一 第10回日本ラグビー選手権試合が東京・秩父宮ラグビー場でおこなわれた。社会人王者のリコーと学生選手権優勝の明大が対戦、リコーが35-9と明大に完勝。前年まで3年つづけて学生王者に奪われていた日本一の座を4年ぶりに社会人にもたらした。

1.16 〔プロ野球〕東映が日拓に球団売却 前年10月、プロ野球パ・リーグの東

映フライヤーズの大川毅オーナーが球団経営権を放棄すると発表、西鉄ライオンズの売却とあいまってパ・リーグは存亡の危機においこまれた。東映は、水原茂監督のもと好打者・張本勲外野手や豪速球の尾崎行雄投手を擁した1962年 (昭和37年) にリーグ優勝、日本シリーズでセ・リーグ優勝の阪神を下して日本一になった。今季は僅かに負け越してリーグ4位だった。東急本社の五島昇社長が球団の売却先をさがした結果、日拓ホーム社に決定。日拓の西村昭孝社長が自ら球団オーナーに就任、球団名を「日拓ホーム・フライヤーズ」と改め、フランチャイズは東映時代の東京・後楽園を引き継ぐ。大映につづき東映がプロ野球界を去る。映画産業が衰退しプレハブ住宅で業績を拡大する建設業界が後を継いでプロ野球球団経営に乗り出すかたちとなった。

1.21 〔相撲〕琴桜が連続優勝　大相撲初場所は大関・琴桜が14勝1敗で先場所につづき優勝 (4回目)。殊勲賞は11勝4敗の西前頭4枚目の三重ノ海 (2回目)、敢闘賞は西前頭筆頭で11勝4敗の魁傑 (2回目)、技能賞は東前頭筆頭で10勝5敗の大受 (4回目)。大関で二場所連続優勝した琴桜は、場所後、横綱に昇進。

1.25 〔ノルディックスキー〕笠谷にヘルムス賞　世界6大陸の最優秀選手を選ぶヘルムス賞の1972年度の表彰者が米ロサンゼルスで発表された。アジア地区は、札幌五輪のスキージャンプ70m級で優勝した笠谷幸生 (ニッカ) が選ばれた。北米地区は水泳のスピッツ (米)、欧州は陸上長距離のビレン (フィンランド)、オセアニアは女子水泳のニール (豪) が選ばれた。

2.3〜4 〔スピードスケート〕世界スプリント開催　世界スプリント・スケート大会がノルウェーのオスロで開催された。男子総合はムラトフ (ソ連) が優勝、鈴木正樹 (王子製紙) は9位、小林茂樹 (冨士急行) は31位。女子総合はヤング (米) が優勝、小池里美 (三協精機) は14位、小野沢良子 (三協精機) は15位。

2.4 〔マラソン〕君原が別府で優勝　第22回別府毎日マラソンは君原健二 (新日鉄) が2時間14分55秒6で優勝。2位は水上則安 (新日鉄)、3位は森田美昭 (旭化成)。

2.9 〔スキー〕身障者スキー開催　全国身体障害者スキー大会、志賀高原で開催。12日まで。

2.10〜16 〔ノルディックスキー〕全日本選手権開催　第51回全日本スキー選手権大会のノルディック種目の競技が札幌でおこなわれた。ジャンプ70m級は浅利正勝 (雪印乳業)、90m級は沢田久喜 (雪印乳業) が優勝、前年両種目優勝の板垣宏志 (国土計画) は90m級3位にとどまった。男子15kmで高橋勇 (日大) が2年連続優勝。女子5kmと10kmは千葉弘子 (北野建設) が2種目優勝。

2.17〜18 〔スピードスケート〕男子世界大会開催　世界男子スピードスケート大会がオランダのデベンダーで開催された。500mはラニガン (米) が優勝、鈴木正樹 (王子製紙) は3位、小林茂樹 (冨士急行) は14位。1500mはステンセン (ノルウェー) が優勝、鈴木正樹が14位、小林は21位。5000mはクリツソン (スウェーデン) が優勝、小林は15位、鈴木正樹は38位。1万mもク

レッソンが優勝、小林は16位。総合は5000と1万を制したクレッソンが優勝。

2.22～24　〔スピードスケート〕日本選手権開催　第41回全日本スピードスケート選手権大会が伊香保で開催された。男子は、1万mで首位、5000m2位の根本茂行(三協精機)が総合得点で優勝。女子は、小野沢良子(三協精機)らが世界選手権でスウェーデンに遠征しており、その留守を高校生が活躍。500mは長屋真紀子(釧路一高)が45秒0で優勝、2位は村上由紀子(千歳高)、3位は長谷川恵子(駒大付苫小牧高)。1000mは菅原真理子(帯広大谷高)が優勝、2位は村上、3位は田口(釧路三ツ輪)。1500mは村上が優勝、2位は菅原、3位は中道悦子(苫小牧西高)。3000mは藤森英津子(釧路三ツ輪)が優勝したが2位に長谷川が入り、3位田口。女子の総合得点は菅原が首位、2位は長谷川、田口が3位。

2.24～25　〔スピードスケート〕小野沢が世界選手権2位　世界女子スピードスケート選手権大会がスウェーデンのストルムスンドで開催された。500mは、2月の世界スプリント大会の覇者・ヤング(米)が43秒56で優勝、小野沢良子(三協精機)は45秒82で2位、小池里美(三協精機)は20位。1000mは世界スプリント総合2位のケレンデルストラ(オランダ)が優勝、小池は14位、小野沢は19位。1500mはステバンスカヤ(ソ連)が優勝、小池15位、小野沢20位。3000mはテイヘラール(オランダ)が優勝、小池は11位。総合得点はケレンデストラが優勝、小池が15位。

2.26～3.4　〔テニス〕坂井と沢松が優勝　アジア・アマチュア・テニス選手権大会がフィリピンのマニラで開催された。男子単は坂井利郎(住軽金)が決勝でムカージ(インド)を下して優勝。女子単は決勝で沢松和子(松蔭女大)がカリギス(インドネシア)に逆転勝ちして優勝。女子複も沢松・後藤秀子(伊勢丹)組がフィリピン組を下して優勝した。

2.28～3.3　〔アイスホッケー〕王子製紙が優勝　第41回全日本アイスホッケー大会が東京・品川で開催され、王子製紙が3戦3勝で優勝。2位は西武鉄道、3位は岩倉組。

3.4　〔競馬〕ハイセイコーが7勝目　公営大井競馬場でデビュー以来6連勝のハイセイコー、中央競馬に移籍し中山競馬場の弥生賞で優勝。7勝目。

3.12　〔ボクシング〕柴田が2度目の王座獲得　WBA世界ジュニア・ライト級タイトルマッチがホノルルでおこなわれ、柴田国明(ヨネクラ)がベン・ビラフロア(フィリピン)に判定勝ちし、王座に就いた。柴田は1970年12月11日にWBC世界フェザー級王者になったが、72年5月19日に陥落していた。

3.12～15　〔アルペンスキー〕W杯初の日本開催　日本初の開催となったアルペンスキーのワールドカップ大会が新潟・苗場国際スキー場で行われた。男子大回転はホーケル(ノルウェー)が優勝、千葉晴久(専大)は25位、富井澄博(西沢スキー)が28位、柏木正義(芝工大出)は34位。回転はオジュール(フランス)が優勝、柏木は10位、富井は15位。女子回転はデベルナール(フランス)が優勝、沖津はる江(美津濃)は13位、南雲美津代(六日町高)は22位、村川励子(日本楽器)は26位。大回転はM.コクラン(米)が優勝、沖津

が 26 位、岡崎恵美子 (アジアスキー) は 27 位、生出芳枝 (美津濃) は 28 位。

3.18 〔マラソン〕びわ湖マラソンで北山 2 位　第 28 回毎日びわ湖マラソンは、ショーター (米) が 2 時間 12 分 24 秒で優勝。2 位は北山吉信 (旭化成)、3 位は采谷義秋 (広島県教育事業団)。

3.18 〔相撲〕行司は各部屋の所属に　日本相撲協会、夏場所から行司部屋を解散し、行司を各部屋の所属とすることを決定。

3.18～19 〔アルペンスキー〕全日本選手権開催　第 51 回全日本スキー選手権大会のアルペン種目の競技が長野県・野沢でおこなわれた。男子大回転は、前年回転で優勝した千葉晴久 (専大) が優勝、前年優勝の富井澄博 (西沢スキー) が 2 位、柏木正義 (芝工大出) が 3 位。回転は柏木が優勝、富井が 3 位。女子大回転は、前年大回転と回転の 2 種目で優勝した沖津はる江 (美津濃) が 2 年連続優勝、回転は岡崎恵美子 (アジアスキー) が優勝。

3.20 〔バレーボール〕日本鋼管・ヤシカが優勝　前年 12 月からおこなわれてきたバレーボールの第 6 回日本リーグが日程を終了。男子は前年 2 位の日本鋼管が優勝、前年優勝の松下電器が 2 位、3 位冨士フィルム。第 2 回から 4 回まで 1 位鋼管、2 位松下で前年初めて松下が優勝と、第 2 回から 5 年つづけて日本鋼管と松下電器の優勝争いがつづいている。女子はこれも前年 2 位のヤシカがユニチカ貝塚のリーグ 4 連覇を阻んで初優勝。2 位は日立武蔵でユニチカは 3 位。

3.25 〔相撲〕北の富士が 10 回目の優勝　大相撲春場所は横綱・北の富士が 14 勝 1 敗で 3 場所ぶり 10 回目の優勝をはたした。新横綱の琴桜は 11 勝 4 敗。大関・貴ノ花は四日目から休場、大関・大麒麟は 3 勝 12 敗、東西の関脇・魁傑と高見山はともに 4 勝 11 敗と大きく負け越した。殊勲賞は 10 勝 5 敗の小結・大受 (2 回目)。敢闘賞は西前頭 5 枚目で 9 勝 6 敗の北の湖 (初)、技能賞は小結で 10 勝 5 敗の三重ノ海 (2 回目)。

3.28 〔施設〕施設を住民に開放　松下電器、スポーツ施設を地域住民に開放。

3.31～4.15 〔アイスホッケー〕世界選手権で日本 6 位　世界アイスホッケー選手権大会がモスクワで開催された。A グループは、ソ連が 10 戦全勝で優勝、2 位スウェーデン、3 位チェコ。B グループは、東ドイツが優勝、2 位米国、3 位ユーゴで、日本は 2 勝 5 敗で 6 位。

4.5～8 〔相撲〕大相撲中国興行　日中国交正常化を記念して北京・工人体育館で大相撲北京場所がおこなわれた。日本相撲協会の武蔵川理事長を団長として、北の富士、琴桜の両横綱を筆頭に力士 82 人と行司、床山、協会役員の総勢 109 人が参加。なかに中国国籍の幕下・清の華 (本名・張礼華) が含まれており「里帰り」も話題になった。周恩来首相、郭抹若全国人民代表大会常務委員会副委員長、寥承志中日友好協会会長をはじめ一万六千人が観戦し熱戦に拍手を送った。北京のあと上海でも二日間の興行を行って帰国した。

4.5～15 〔卓球〕世界選手権開催　第 32 回世界卓球選手権大会がユーゴスラビアのサラエボで開催された。一前年の前回大会 (名古屋) で衝撃的な復帰をみせた中国は、団体は男女とも 2 位にとどまったが、個人の男子単、女子単と混

合複で優勝した。男子団体と男子複はスウェーデンが優勝。男子団体3位日本、4位ソ連。女子団体は韓国が初優勝、3位日本、4位ハンガリー。日本勢ではアレクサンドル(ルーマニア)と組んだ沢田登美江(蝶友ク)が女子複で優勝しただけにおわった。日本は1952年の初参加以来、つねに複数のタイトルを獲得してきて1959年のドルトムント(西ドイツ)大会、1967年のストックホルム大会では6つのタイトルを獲得したが、前回の名古屋大会では女子団体優勝だけの1つとなり、今回はついにダブルスの一方の一人だけで、いわばタイトルは二分の一個となった。

4.6 〔高校野球〕横浜高が選抜初優勝 第45回選抜高校野球大会は、準決勝で江川卓投手を擁する作新学院(栃木)に2安打ながら競り勝った広島商(広島)と、鳴門工(徳島)に打ち勝った横浜(神奈川)が決勝で対戦。1-1の同点で延長戦に入り、横浜は11回表2死から2点本塁打、その裏の広島商の攻撃をおさえて3-1で勝った。神奈川代表の選抜大会優勝は、第33回大会の法政二高以来12年ぶり。

4.8 〔ゴルフ〕樋口が初優勝 第1回世界女子ゴルフが開催され、樋口久子が初優勝した。

4.8 〔剣道〕世界選手権で日本優勝 第2回世界剣道選手権大会が米ロサンゼルスで開催された。決勝で日本が4-0でカナダを下し、第1回につづき優勝。

4.8〜11 〔射撃〕日本がクレー射撃優勝 国際クレー射撃大会がメキシコ市で開催された。スキート団体、トラップ団体とも日本が優勝。スキート個人は麻生太郎(福岡)が優勝、トラップ個人はカレガ(フランス)が優勝、葛城隆蔵(千葉)が2位。

4.14〜27 〔サッカー〕アジア・ユース決勝敗退 アジア・ユース・サッカー大会がイランのテヘランで開催された。準決勝で日本は3-0でサウジアラビアに勝ち、決勝で地元イランと対戦、0-3で敗れた。

4.15 〔競馬〕ハイセイコーさつき賞制覇 第33回皐月賞レースが中山競馬場(芝2000m)で行われ、ハイセイコー(増沢末夫騎手)が2分06秒7で1着となった。2着はカネイコマ、3着はホウシュウエイト。公営競馬6連勝で中央競馬に来たハイセイコーは無敗の連勝をつづけている。

4.21〜23 〔テニス〕デ杯東洋ゾーン開催 テニスのデ杯東洋ゾーンの1回戦(3月、ソウル)で韓国に勝ち、同2回戦(4月、東京)でインドネシアを下して準決勝に進んだ日本(坂井利郎、神和住純)が東京・田園コロシアムでオーストラリア(ニューカム、アンダーソン、マスターズ)と対戦。坂井がニューカムに1勝したが1-4で敗退れた。

4.25〜5.3 〔サッカー〕日英親善サッカー開催 英国のミドルセックス・ワンダラーズが来日、各地で4試合をおこなった。全日本は初戦で1-4と完敗、第2戦は1-1の引き分け。このあと藤和不動産とヤンマーが0-2、1-2で敗れ、日本の3敗1引き分けにおわった。

4.29 〔柔道〕上村が初優勝 全日本柔道選手権大会が東京・武道館でおこなわれた。高木長之助(東京)と上村春樹が決勝で対戦、上村が判定勝ちで優勝。上

1973年(昭和48年)

村は前年11月の全日本学生体重別大会・無差別級優勝につづいて全日本を初制覇。

4.29 〔競馬〕タイテエムが天皇賞制覇 第67回天皇賞(春)レースが京都競馬場(芝3200m)で行われ、前年のダービー3着、菊花賞2着のタイテエム(須貝彦三騎手)が3分25秒0で1着となった。前年秋の天皇賞3着のカツタイコーが2着、3着はシンザンミサキ。

5.3 〔国民体育大会〕沖縄復帰記念国体 沖縄復帰記念"若夏国体"開幕。

5.7～29 〔バレーボール〕ソ連チーム来日 ソ連の男女バレーボール・チームが来日、各地で男女それぞれ6試合をおこなった。さきに来日した女子チームとは、全日本(3試合)と日本リーグ上位のヤシカ、日立武蔵、ユニチカ貝塚が各1戦、第3戦で日立武蔵が勝っただけで日本の1勝5敗。男子チームとは、全日本(3試合)と日本リーグ上位の松下電器と日本鋼管、および全学生が対戦、最終第6戦で全日本が勝ち、男子も日本の1勝5敗におわった。

5.16 〔登山〕ヤルン・カン峰初登頂 京大登山隊2人がヒマラヤ未踏峰ヤルン・カン峰(8500m)の初登頂に成功、帰途1人行方不明。

5.18～28 〔サッカー〕W杯予選は準決勝敗退 ワールドカップ・サッカーのアジアA地区予選が韓国のソウルでおこなわれた。日本は準決勝でイスラエルに0-1で敗れた。決勝は韓国がイスラエルに1-0で勝った。

5.27 〔相撲〕輪島が全勝優勝 大相撲夏場所は大関・輪島が全勝で2回目の優勝。関脇以上の全員が勝ち越し、東西の小結・羽黒岩、黒姫山が13敗、9敗、前頭3枚目までみな負け越し。先場所殊勲賞で関脇に上がった大受が11勝4敗で二場所連続の殊勲賞(3回目)に技能賞も受賞(5回目)した。敢闘賞は西前頭13枚目で11勝4敗の鷲羽山(初)。輪島は大関に昇進した九州場所以降、11勝、11勝とつづけ、先場所は13勝で準優勝、今場所は全勝優勝、場所後、横綱に昇進した。

5.27 〔競馬〕タケホープが日本ダービー制覇 第40回日本ダービー(東京優駿)が東京競馬場(芝2400m)で行われ、タケホープ(嶋田功騎手)が2分27秒8の新記録で1着となった。1馬身3/4差の2着にさつき賞2着のカネイコマ、さつき賞1着のハイセイコーは3馬身差の3着におわった。ハイセイコーは公営競馬6戦全勝で中央競馬に登場、中央でも10連勝し、その間、ダービー・トライアルのさつき賞、NHK杯で勝ち、ダービー調教でも一番の記録を出し一番人気だった。レースでは直線で先頭にたったが外からイチフジ、タケホープが並びかけ激しい競り合いとなりタケホープが競り勝った。ダービーの売上げは96億8000万円の新記録。

6.1～3 〔陸上〕女子1500で日本新 第57回日本陸上競技選手権大会が千葉で開催された。男子100mは神野正雄が10秒3で優勝、前年のこの大会で神野の5連覇を阻んだ石沢隆夫(早大)は10秒5で2位。友永義治(日立)が前年につづき200mと400mの2種目で優勝したが両種目とも自己のもつ日本記録に僅かに及ばなかった。女子1500mで、河野信子(ユニチカ)が4分27秒1で優勝、2位の井上美加代(日体大)は4分29秒0で、ともに井上がもっ

ていた日本記録を更新した。

6.22～24 〔柔道〕世界選手権全階級制覇　第8回世界柔道選手権大会がスイスのローザンヌで開催された。大会初日に重量級で期待された篠巻政利(新日鉄)が1回戦で右足アキレス腱を切って棄権する不運があったが、同級の高木が奮起、日本は全6階級で優勝した。軽量級は南喜陽(新日鉄)、軽中量級は野村豊和(博報堂)、中量級は藤猪省三(クラレ)、軽重量級は佐藤宣践(東海大教)、重量級は高木長之助(警視庁)、無差別級は二宮和弘(福岡県警)が優勝し、一前年大会と同じく全階級を制覇。中量級の藤猪は2年連続優勝。軽中量級のトガー(東独)と重量級のエジェラーゼ(ソ連)のほかは6階級のうち4階級は日本人どうしの決勝戦だった。

6.26～7.3 〔サッカー〕FCケルンが来日　西ドイツのFCケルンのサッカー・チームが来日、東京と大阪で全日本と3試合をおこなった。全日本は、1-3、0-4、2-6と3試合とも完敗。

7.7～22 〔バレーボール〕日中交歓試合開催　中国の男女バレーボール・チームが来日、各地でそれぞれ8試合をおこなった。男子は全日本が2勝、松下電器、専売広島、冨士フィルムが各1勝、日本鋼管が1敗、全日本学生が2敗して、日本の5勝3敗。女子は全日本が3勝、ヤシカと日立武蔵が各2勝、全日本学生が1敗して日本の7勝1敗。

7.11 〔プロ野球〕南海が前期優勝　初の2シーズン制となったプロ野球パ・リーグは、日拓-ロッテ戦でロッテが敗れ、南海の前期優勝がきまった。南海は野村克也捕手(監督兼任)の好リードもあり投手力が安定、守備陣も手堅く、リーグ最少失点だった。人気の金田正一監督が率いるロッテは終盤で息切れしたが2位。3位以下は、阪急、太平洋、日拓、近鉄。

7.15 〔相撲〕琴桜が5回目の優勝　大相撲名古屋場所は、横綱・琴桜と北の富士が14勝1敗で並び、決定戦に琴桜が勝って5回目の優勝をはたした。新横綱の輪島は11勝4敗。大関・清国は七日目から休場。13勝2敗の関脇・大受が三賞を独占、殊勲賞は4回目、敢闘賞は初、技能賞は6回目の受賞。

8.3 〔プロ野球〕野村が通算2351本安打　南海ホークスの野村克也捕手、川上哲治の通算安打記録2351本を更新。

8.3～5 〔水泳〕田口・西側が優勝　日本水泳選手権大会が名古屋と和歌山で開催された。男子平泳ぎは、前年につづき100m、200mとも田口信教(フジタDC)が優勝したが自己のもつ日本記録には及ばなかった。女子では西側よしみ(イトマンSS)が100m自由形と100m背泳ぎの2種目で優勝、100m自由形で自己のもつ日本記録には及ばず。100m背泳ぎの日本記録をもつ合志幸子(住友銀行)は3位。

8.6～8 〔重量挙げ〕堀越が日本新　第33回全日本重量挙げ選手権大会が北茨城でおこなわれた。フライ級は堀越武(昭和アルミ)が225kg(スナッチ105＝世界タイ、日本新、ジャーク120)の日本新記録で優勝。フライ級2位の植木守(千葉県庁)もジャーク127.5、バンタム級優勝の三木功司(自衛隊体育学校)がスナッチ117.5、ライト級優勝の加藤正雄(中京大職員)がジャーク170、

ミドルヘビー級優勝の後藤良一(自営)がジャーク 190 のそれぞれ日本新を記録した。

8.9〜12 〔レスリング〕**和田・磯貝が連覇** 全日本レスリング選手権大会が東京・日大講堂で開催された。フリースタイル 68kg 級で和田喜久男(大都リッチランド)が前年につづき優勝。同 100kg 以上級で磯貝頼秀(ゼネラル石油)が 3 年連続優勝。

8.22 〔高校野球〕**広島商が優勝** 第 54 回全国高校野球選手権大会は、大会前から江川卓投手(作新学院)が話題を集めた。江川投手は栃木県大会の 5 試合のうち 3 試合で無安打・無失点、2 試合で 1 安打・無失点の快投をみせていた。しかし江川は 1 回戦の対柳川商(福岡)の 6 回に得点され、今季の連続無失点の記録を 145 イニングでとめられた。この試合は延長 15 回で勝利するが、2 回戦の銚子商(千葉)戦も延長戦となり、12 回に自らの四球押し出しで敗退。その銚子商は準決勝で静岡に敗れ、決勝は静岡(静岡)と広島商(広島)の対戦となり、広島商は延長 10 回にサヨナラスクイズを決め 3-2 で静岡を下し優勝した。

8.23 〔ゴルフ〕**樋口が 6 連勝** 日本女子プロゴルフ選手権大会が開催され、樋口久子が優勝した。

8.30 〔プロ野球〕**江夏がノーヒットノーラン** 阪神江夏豊投手、対中日延長戦でノーヒットノーラン、延長では史上初。

9.1 〔ボクシング〕**日本初のヘビー級戦** ボクシング、初のヘビー級戦。プロ・ボクシング世界ヘビー級タイトル・マッチが東京・武道館でおこなわれた。豪腕のチャンピオン、ジョージ・フォアマン(米)が、挑戦者のジョー・キング・ローマン(プエルトリコ)を 1 回 2 分で KO。世界ヘビー級のタイトル・マッチが日本でおこなわれるのは初めてとあって、入場料はリングサイド 5 万円という世界最高値で、試合はわずか 2 分で終了、観衆はあっけない幕切れにがっかり。フォアマンのファイト・マネーは 100 万ドル(約 2 億 6 千万円)、ローマンは 10 万ドル(約 2 千 600 万円)という。

9.2〜16 〔バドミントン〕**中国チームが来日** 中国の男女バドミントン・チームが来日、各地でそれぞれ 10 試合をおこなった。日本女子はユーバー杯保持国の面目を見せて、相沢悦子、竹中マチ子、湯木博恵らが健闘したが全敗。男子も全敗。世界最強といわれる中国の実力を見せつけられた。変化球を主体とするプレーで欧米相手に善戦してきた日本だが、基本に忠実な中国に圧倒された。

9.22〜30 〔バレーボール〕**日本男子が予選敗退** ワールドカップ大会に代わってチェコのプラハとブラチスラバでチェコ友好バレーボール大会が開催された。日本は予選 B グループでソ連に勝ち、日本、ソ連、ポーランドが 2 勝 1 敗で並んだが、セット率の差でミュンヘン五輪優勝の日本が決勝に進めないという番狂わせ。1962 年のモスクワ世界選手権大会で予選リーグ制が採用されて以来、男子バレーボールが国際大会の決勝リーグに進めなかったのは初。決勝リーグ 3 戦全勝のソ連が優勝、2 位ポーランド、3 位チェコ、4 位東ドイツ。日本は 5〜8 位決定戦で 3 戦全勝して 5 位。

9.23　〔相撲〕輪島が全勝優勝　大相撲秋場所は横綱・北の富士が 12 日目から休場、新・大関の大受と大麒麟も途中休場、関脇・旭国も 4 日目から休場と、上位陣を欠くなかで横綱・輪島が 2 回目の全勝で 3 回目の優勝。西前頭 14 枚目で 11 勝 4 敗退の大錦が三賞をひとり占めした (いずれも初受賞)。

9.27～30　〔ゴルフ〕青木が 2 打差の 2 位　男子プロ・ゴルフの日本オープン大会が茨木コースで開催された。B・アルダ (フィリピン) が 278 で優勝、2 打差の 2 位は青木功 (日本電建)、3 位は何明忠 (淡水) で尾崎将司 (日東興業) は島田幸作とともに 4 位におわった。

9.29～30　〔陸上〕女子陸上西ドイツ勢強し　第 8 回全日本女子陸上競技大会が神戸で開催された。100m はローゼンタール、200m と 400m はウィンドル、800m はファルクと西ドイツ選手が優勝した。

10.6　〔ラグビー〕ウェールズに完敗　全日本ラグビー・チームが欧州に遠征、日本ラグビー史上初めての"テスト・マッチ"(国代表どうしの公式試合) をおこなった。初戦はカージフ (ウェールズ) で全ウェールズと対戦、14-62 と圧倒されて完敗。

10.10　〔プロ野球〕八木沢が完全試合　プロ野球パ・リーグ、ロッテの八木沢荘六投手 (28) が、仙台市宮城県営球場でおこなわれた対太平洋 12 回戦 (ダブルヘッダーの第 1 試合) で完全試合を達成した。投球数 94、内野ゴロ 7、内野フライ 3、外野フライ 11、三振 6。完全試合は 1971 年 (昭和 46 年)8 月 21 日、東映時代の高橋善正投手が対西鉄戦で達成して以来 2 年ぶり、パ・リーグで 6 人目、両リーグ合わせて 13 人目。八木沢投手は作新学院 (栃木) 時代の 1962 年 (昭和 37 年) に春・夏連続して甲子園に出場し高校野球史上初の春・夏連続優勝を導き、早大に入学、1967 年 (昭和 42 年) 東京オリオンズに入団した。

10.11～14　〔ゴルフ〕尾崎が太平洋マスターズ優勝　男子プロ・ゴルフの太平洋マスターズ大会が総武コースでおこなわれ、尾崎将司 (日東興業) とヤンシー (米) が 278 で並び、プレーオフの結果、尾崎が優勝。2 打差の 3 位タイにキャスパー (米)、ストックトン (米)、リトラー (米) の 3 人。

10.12　〔大学野球〕藤波が最多安打　東都大学野球の秋のリーグ戦の中大・東洋大 2 回戦の 3 回に中大の藤波行雄外野手が安打、これで通算 128 安打となり、学生野球の個人通算安打数の新記録。藤波外野手は静岡商高から 1970 年 (昭和 45 年) 中大にすすみ、その春のシーズンから全試合に出場、95 試合目で記録を更新した。これまでの最多安打記録は、高田繁外野手 (明大・巨人) が昭和 39～42 年 (1964～67) に記録した 127 安打。なお、藤波外野手は、シーズン後、プロ野球のドラフト会議で中日に 1 位指名され同球団に入団した。

10.13　〔ラグビー〕全日本チーム善戦　欧州遠征中の全日本ラグビー・チームはロンドンで全イングランド・ジュニア (23 歳未満) と対戦。前半一時は 6-4 と逆転。しかし全イングランド代表選手 3 人を含み FW 平均体重 90kg(4 人は 100kg 以上) と体力にも勝る相手に、結局、10-19 で敗れた。

10.17　〔ボクシング〕柴田が王座失う　ボクシング、柴田がタイトル失う。プロ・ボ

1973年(昭和48年)

クシングWBA世界ジュニア・ライト級チャンピオンの柴田国明(ヨネクラ)がビラフロア(フィリピン)の挑戦を受けるタイトル・マッチがホノルルでおこなわれ、チャンピオンが1回1分56秒でKOされる不覚で、タイトルを失った。

10.18 〔国民体育大会〕作新また銚子に破れる　千葉で開催されている秋の国民体育大会(国体)の高校野球の決勝は作新学院(栃木)と銚子商(千葉)の対戦となり、作新の江川卓投手は初回に銚子商の先頭打者の三塁打と次打者のスクイズによってわずか3球で先取点をゆるし、3回に交替。2-2の延長11回、銚子商が押し出しでサヨナラ勝ちし、8年ぶり2回目の優勝をはたした。作新は夏の甲子園でも2回戦で銚子商に敗退した。銚子商は軟式野球でも優勝した。

10.18～21 〔ゴルフ〕青木がプロ選手権優勝　男子プロ・ゴルフの日本プロ選手権大会が岐阜・関でおこなわれ、青木功(日本電建)が275で優勝した。2位は島田幸作(宝塚)、尾崎将司は首位と6打差の6位タイにおわった。

10.20～28 〔バレーボール〕W杯で日本2位　第1回の女子バレーボール・ワールドカップ戦がウルグアイのモンテビデオで開催された。日本は決勝でソ連に敗れて2位。3位韓国、4位ペルー、5位キューバ、6位米国。

10.22 〔プロ野球〕巨人が史上初9連覇　プロ野球セ・リーグは、巨人(川上哲治監督)が今季最終戦となる甲子園球場での阪神-巨人戦で9-0で勝ちリーグ優勝をきめた。今季は巨人と阪神がはげしく優勝を争い、両チーム直接対決の最終戦で優勝がきまるというプロ野球史上初めての劇的な決着となった。巨人は史上初、大リーグ史にも記録のない9連覇。最終順位は2位阪神、3位中日、4位ヤクルト、5位大洋、6位広島。

10.22 〔プロ野球〕王がリーグ初三冠王　プロ野球セ・リーグの全日程が終了、巨人の王貞治一塁手の打撃三冠が確定した。打率3割5分5厘、本塁打51、打点114。打撃三冠は、1リーグ時代の1938年(昭和13年)秋、巨人の中島治康外野手が達成、2リーグ時代になってからは、1965年(昭和40年)にパ・リーグ南海の野村克也捕手が三冠王になっており、日本プロ野球史上3人目。

10.24 〔プロ野球〕南海が7年ぶり優勝　プロ野球パ・リーグは、前期優勝の南海と後期優勝の阪急が19日からリーグ優勝決定戦をおこない、南海(野村克也監督)が3勝(2敗)で7年ぶり通算12回目の優勝をきめた。初めて前・後期制を採用した今年は、前期はロッテの活躍もあって盛りあがったが、後期は阪急がロッテに5ゲーム差をつけて圧勝。リーグ優勝決定戦は、満を持して待ち構えた南海が競り勝った。最終順位は2位阪急、3位ロッテ、4位太平洋、5位日拓、6位近鉄。

10.25～31 〔テニス〕神和住が連覇　第48回全日本テニス選手権大会が東京・田園コロシアムてぜ開催された。男子は、単で神和住純(住軽金)、複で神和住・坂井利郎(住軽金)が前年につづき優勝。女子単は後藤秀子(伊勢丹)が優勝、複は沢松和子(神戸ク)・福岡加奈子(フタバヤ)が優勝。

10.26　〔登山〕エベレスト登頂　世界の最高峰・エベレスト (8848m) の未踏の南壁ルートからの初登頂をめざしていた日本エベレスト登山隊 (水野祥太郎隊長) は、高度 8380m に達したところで天候の急変などにより南壁ルートからの登頂を断念、通常の東南尾根からの登頂に切り替えて登頂に成功した。このルートからは 1970 年 (昭和 45 年) に日本山岳会隊 (松方三郎隊長) が日本隊として初登頂しており、今回が 2 度目。1953 年 (昭和 28 年) に英国隊が初登頂してから数えると 8 隊目だが、気象条件のきびしいポスト・モンスーン季の登頂成功は世界で初めて。

10.27　〔ラグビー〕日本フランスに敗れる　欧州遠征中の全日本ラグビー・チームは、ボルドー (フランス) で全フランスと対戦、18-30 で敗れた。

11.1　〔プロ野球〕巨人がシリーズ 9 連覇　プロ野球セ・リーグの覇者・巨人とパ・リーグ優勝の南海が日本一の座を争う第 24 回日本シリーズは、巨人が 4 勝 (1 敗) をあげて日本シリーズ 9 連覇をはたした。巨人の川上哲治監督は、1961 年 (昭和 36 年) に監督に就任して以来 11 回日本シリーズに出場してすべて優勝。日本シリーズでの巨人と南海の対戦はこれが 9 回目で南海が勝ったのは 1959 年 (昭和 34 年)、杉浦忠投手の力投で初戦から 4 連勝して巨人を下した 1 回だけで、巨人の 8 勝 1 敗。シリーズの最優秀選手には、第 2、3 戦で勝利投手となった巨人の堀内恒夫投手が選ばれた。

11.1～4　〔体操〕塚原・松久が優勝　第 27 回全日本体操選手権大会が札幌で開催された。男子個人総合は、塚原光男 (河合楽器) が優勝、2 位笠松茂 (東海テレビ)、3 位加藤沢男 (大塚ク)。女子個人総合は、松久ミユキ (京都アスレチック) が優勝、2 位吉川智恵子 (日本大)、3 位平島栄子 (紀陽銀行)。女子の松久は種目別の跳馬、段ちがい平行棒、平均台、徒手の 4 種目すべてで優勝する完全優勝。

11.2　〔プロ野球〕MVP は王と野村　プロ野球の最優秀選手 (MVP) が発表された。セ・リーグはリーグ優勝し日本シリーズも制した巨人の打撃三冠を達した王貞治一塁手 (6 回目)。パ・リーグは 7 年ぶりにリーグ優勝した南海の野村克也捕手 (5 回目)。

11.5　〔テニス〕神和がプロ転向　神和住純、戦後初のテニス・サーキット・プロに転向を表明。

11.5～11　〔駅伝〕青森・東京駅伝は東京 6 連覇　第 23 回青森・東京間都道府県対抗駅伝は、東京が 41 時間 43 分 19 秒で優勝した。東京は 6 年連続、10 回目の優勝。2 位埼玉、3 位神奈川。

11.11　〔競馬〕タケホープ菊花賞制覇　第 34 回菊花賞レースが京都競馬場 (芝 3000m) で行われ、タケホープ (武邦彦騎手) が 3 分 14 秒 2 で 1 着となった。ハイセイコーはダービーにつづいてタケホープに敗れ鼻差の 2 位。3 位はイチフジイサミ。

11.12　〔プロ野球〕日拓が日本ハムに球団売却　プロ野球パ・リーグの日拓ホーム・フライヤーズを所有する日拓ホーム社は、同球団を日本ハム株式会社 (大阪市、大社義規社長) に譲渡、球団社長に前ヤクルト監督の三原脩氏を迎える

ことを決定した。日拓は今年1月、経営不振に悩む東映から東映フライヤーズ球団を買収した。同球団は前期5位、後期3位となったが、パ・リーグのほかの球団がそろって観客動員数を増やしたのに日拓だけは減少、約4億円の赤字。わずか1シーズンで球団経営から撤退する。

11.20 〔プロ野球〕ドラフト会議開催　プロ野球の新人選択(ドラフト)会議がおこなわれ、高校、大学、社会人の71人が指名された。指名人数は1965年(昭和40年)にドラフト制が導入されて以来最少。さらに阪急が指名した江川卓投手(作新学院)、巨人が指名した小林秀一投手(愛知学院大)らが入団を拒否。ドラフト制は、契約金最高額を1000万円、参加報酬を最高180万円に抑えて、過度の選手争奪を避けることを目的とした。しかし金額が9年間固定されているなど、制度の見直しを求める声もある。指名されて入団した主な選手は、大洋・山下大輔内野手(慶大)、近鉄・栗橋茂外野手(駒大)、中日・藤波行雄外野手(中大)など。

11.21～25 〔サッカー〕早大が優勝　第22回全国大学サッカー選手権大会が東京で開催された。決勝で早大が3-0で法大を下して前年につづき優勝。

11.25 〔相撲〕輪島が連続優勝　大相撲九州場所は、横綱・琴桜が11勝、北の富士が10勝で、横綱・輪島が12勝2敗1休で秋場所につづき連続優勝をはたした。大関・清国は八日目から休場。殊勲賞は10勝5敗の関脇・北の湖(初)、敢闘賞は西前頭5枚目で11勝4敗の黒姫山(2回目)、技能賞は西前頭2枚目で10勝5敗の押し相撲の富士桜(初)。

11.25 〔競馬〕タニノチカラが天皇賞制覇　第68回天皇賞(秋)レースが東京競馬場(芝2000m)で行われ、タニノチカラ(田島日出雄騎手)が3分22秒7で1着となった。

11.26～27 〔フィギュアスケート〕佐野・渡部が連覇　第42回全日本フィギュアスケート選手権大会が京都でおこなわれた。男子総合は佐野稔(品川ク)、女子総合は渡部絵美(品川ク)が前年につづき優勝。

11.29～30, 12.1～2 〔ゴルフ〕杉原が日本シリーズ優勝　男子プロ・ゴルフの第10回日本シリーズ大会が大阪よみうりコースと東京よみうりコースでおこなわれた。杉原輝雄(ファーイースト)が276で優勝、2打差の2位は安田春雄(マルマン)で尾崎将司(日東興業)は6位におわった。

11月 〔サッカー〕三菱重工が初優勝　第9回サッカー日本リーグの日程が終了、前年4位の三菱重工が14勝2敗2分で初優勝。前年優勝の日立製作所が2位、前年2位のヤンマーが3位。

12.2 〔マラソン〕福岡マラソンはショーター連覇　第8回の福岡国際マラソンは、フランク・ショーター(米)が2時間11分45秒0で前年につづいて優勝。2位アームストロング(カナダ)、3位レッセ(東ドイツ)、3位アンダーソン(米)。日本勢は大槻憲一(東洋工業)の5位が最高。

12.2 〔剣道〕山田が優勝　第22回全日本剣道選手権大会が東京・武道館でおこなわれた。決勝で山田博徳五段(熊本)と有馬光男六段(大阪)が対戦、3回の延長戦で山田五段がメンを決め優勝した。

12.6～9　〔卓球〕長谷川・大関が優勝　全日本卓球選手権大会が東京・駒沢体育館でおこなわれた。男子単は決勝で長谷川信彦 (蝶友ク) が井上哲夫 (シチズン) を 3-1 で下して 2 年ぶりの優勝。女子単は大関行江 (三井銀行) が同じく 2 年ぶりに優勝した。

12.12～16　〔ハンドボール〕大同製鋼・ビクターが優勝　第 25 回全日本総合ハンドボール大会が東京体育館でおこなわれた。男子は大同製鋼が優勝、前年優勝の湧永薬品は 2 位、3 位は大阪イーグルス。女子は前年 3 位の日本ビクターが 2 年ぶりに優勝、2 位は田村紡、3 位は日立栃木。

12.16　〔競馬〕ストロングエイトが有馬記念制覇　第 18 回有馬記念レースが中山競馬場 (芝 2500m) で行われ、ストロングエイト (中島啓之騎手) が 2 分 36 秒 4 で 1 着となった。首差の 2 位にニットウチドリ、ハイセイコーが 3 位。

12.23　〔駅伝〕小林高が 5 回目の優勝　第 24 回全国高校駅伝大会が京都でおこなわれた。今年は例年より 400m 短い 41.795km(7 区間) で争われ、小林高 (宮崎) が 5 年ぶり、5 回目の優勝をはたした。2 位西海学園 (長崎)、3 位大濠 (福岡)、4 位九州学院 (熊本) と九州勢が上位を占めた。

12 月　〔一般〕日本プロスポーツ大賞決定　1973 年 (昭和 48 年) の日本プロスポーツ大賞 (日本プロスポーツ協会主催) は、大賞が沢村忠 (キックボクシング)、殊勲賞が輪島功一 (プロボクシング)、阿部道 (自転車競技)、王貞治 (プロ野球) に決定。

選手・試合

　小学校の運動会で地域別に一年生から六年生まで一人ずつがつなぐリレーをするので、各地域で各学年の足の速い子が選ばれたという場合なら、その子らは選ばれた子で「選手」という言葉にふさわしい。「選手」とは「ある技にすぐれているため、多数の中からえらばれた人。代表として競技などの試合に出場する人」と辞典に説かれている (『日本国語大辞典』第 2 版)。文例は森鴎外の「雁」など明治期からのもので、古くから用いられていた語ではないとわかる。「えらばれた人」「代表」を「選手」と言うなら、各種の競技の出場者をおしなべて「選手」と呼ぶのはそぐわない場合がある。プロ野球の選手はそのチームの「選ばれた人」と説くのはムリがあろう。英語の player の意味で「競技者」と呼べばよいと思うがこの語はこの辞典に載っていない。だがこのごろ放送などで「プレイヤー」という語を聞くことがある。スポーツでは「試合」という語がよく用いられる。「試」は音読み、「合」は訓読みする「重箱読み」で「試」はあて字である。「しあい」の「し」は動詞「する」(古形は「す」) の連用形で、その意味の漢字なら「仕」または「為」であると辞典は説いている。相撲で用いられている「取り組み」に通ずる「し・あい」が原意で、武芸で技 (わざ) を「し・あう」ことから始まった。「しあい」の文例は「甲陽軍鑑」など 17 世紀のものからある。辞典は「しあい」の説明の終わりに「マッチ、ゲーム」と英語由来のカタカナ語を掲げている。「マッチ (match)」は「しあい」に対応するだろう。「ゲーム (game)」には、武芸に発した「しあい」には似合わない「遊び」の要素が含まれているのではないか。だが今日言われる「試合」は「マッチ」であり「ゲーム」でもある。

1974年
(昭和49年)

1.1 〔サッカー〕三菱重工が優勝　第52回天皇杯全日本サッカー選手権大会の決勝戦が東京・国立競技場でおこなわれ、三菱重工が2-1で日立製作所を下して優勝。杉山隆一選手の引退に花を添えた。杉山選手は駿足のFWとして同チームを牽引してきた。

1.1 〔水上競技〕サーフィン協会発足　日本ウインドサーフィン協会発足。

1.2〜6 〔バスケットボール〕住友金属・第一勧銀が優勝　男子第49回、女子第40回の全日本総合バスケットボール選手権大会が東京で開催された。男子は住友金属が3勝して優勝、2位は日本鋼管、3位は松下電器、4位は日本鉱業。女子は第一勧銀が3勝して優勝、2位はユニチカヤマザキ、3位は日体大、4位はユニチカ宇治。

1.3 〔駅伝〕日大が箱根優勝　第50回東京-箱根間往復大学駅伝競争は、50回の記念大会として過去の優勝校9校を招待、史上最多の20校が参加。往路では2区で東農大の服部誠が史上初の12人抜きを演じ5時間54分22秒で初の首位。復路は大東大が8区から先頭にたち5時間47分56秒で復路首位。だが総合では復路2位の日大が11時間46分38秒で6年ぶり12回目の優勝をとげた。往路、復路とも最高タイムではなくて総合優勝したのは、第2回(1921)の明大、第13回(1932)の慶大につづいて3度目。一前年3位、前年2位と年々順位を上げてきた大東大が今年も2位を保ち、3位順天大、4位東農大。前年まで驚異の5連覇をつづけてきた日体大は6連覇を阻まれただけでなく5位に沈んだ。

1.3〜8 〔高校サッカー〕北陽が優勝　全国高校サッカー選手権大会が大阪・長居球技場で行われた。決勝戦で北陽(大阪)2-1で藤枝(静岡)を下して優勝。

1.13〜20 〔サッカー〕三国交歓試合開催　コンスタンツア(ルーマニア)、ジュベントス(ブラジル)両サッカー・チームが来日し、日本および日本選抜チームと対戦した。日本はコンスタンツアと0-0の引き分け、ジュベントスには0-2で負け、日本選抜はジュベントスに1-2で負け、コンスタンツアとは0-0の引き分け、ジュベントス対コンスタンツアは2-1でジュベントスが勝った。ジュベントスが3戦3勝。

1.13〜27 〔バドミントン〕欧州選抜チーム来日　バドミントンの欧州選抜チームが来日、東京ほか各地で全日本もしくは日本選抜が対戦、計6回の競技会を開催した。全日本は2競技会で通算9勝1敗、日本選抜は4競技会で通算15勝7敗で日本が勝ち越した。全日本女子(湯木、竹中、相沢、池田)は無敗。

1.15 〔ラグビー〕リコーが2連覇　第11回日本ラグビー選手権試合は大阪・花園ラグビー場で社会人優勝のリコーと学生王者の早大が対戦、リコーが25-3と早大をノー・トライに抑えて圧勝、前年につづき2連覇。

1.20 〔相撲〕北の湖が初優勝　大相撲初場所は、関脇・北の湖が14勝1敗で初優勝。殊勲賞は関脇・北の湖 (2回目)。敢闘賞は小結・魁傑 (3回目)。技能賞は小結・富士桜 (2回目)。

1.29 〔相撲〕武蔵川理事長退任　財団法人・日本相撲協会の武蔵川理事長が3月1日づけで65歳の定年を迎えることにともない、同協会理事会で後任に春日野理事 (第44代横綱・栃錦) が選出された。退任する武蔵川 (出羽ノ花) は現役最高位は前頭筆頭、1949年 (昭和15年) 引退、武蔵川を襲名。簿記学校に通うなど研鑽し、協会運営の実務に精励、1946年 (昭和21年) 理事となり、1968年 (昭和43年) 12月、時津風理事長 (第35代横綱・双葉山) の急逝によって理事長に就任。理事就任以来28年間の長きにわたり協会運営を支え、その間に給与制、親方定年、部屋別総当たり制の実施、勝負判定の参考にテレビ録画を採りいれるなど、さまざまの改革を進めた。1973年 (昭和48年) には中国公演を実現、この折り周恩来首相 (当時) と会談。大相撲の隆盛を支える協会運営の基盤を整えた功労者であった。

1.31～2.7 〔ノルディックスキー〕全日本選手権開催　第52回全日本ノルディックスキー選手権大会が札幌で開催された。70m級ジャンプは笠谷幸生 (ニッカ) が優勝。90m級は益子峰行が優勝。15kmは藤木良司 (日大) が優勝、30kmは後藤 (カザマスキー) が優勝。40kmリレーは日大 (藤木・須藤昇・成田・早坂) が優勝。複合は荒谷一夫 (拓銀) が優勝。女子5km、10kmは照井美喜子 (日大) が2種目優勝。20kmリレーは日大 (菊池・照井・菅・村上) が優勝。

2.9～10 〔スピードスケート〕世界選手権開催　世界男子スピードスケート選手権大会がドイツのインツェルで開催された。500mで鈴木正樹 (王子製紙) が40秒0で優勝。総合はステン・ステンソン (ノルウェー) が優勝した。

2.16～17 〔スピードスケート〕世界スプリント開催　世界スプリント・スケート選手権大会がオーストリアのインスブルックで開催された。500mの1本目はビヨラン (ノルウェー) が39秒95で首位、平手則男 (三協精機) が4位、鈴木正樹 (王子製紙) は5位。1000mの1本目はサフロノフ (ソ連) が1分22秒52で首位、鈴木は3位、平手は23位。500mの2本目は鈴木が39秒50で首位、平手は17位。1000mの2本目はブリーカー (オランダ) が1分19秒34で首位、鈴木は9位、平手は24位。総合はビヨランが優勝、2位鈴木、平手は18位。女子総合はポウロス (米) が優勝。日本は長谷川恵子 (駒大付苫小牧高) が総合9位に入ったのが最高。

2.16～24 〔ノルディックスキー〕世界選手権開催　第30回世界ノルディックスキー選手権大会がスウェーデンのファルンで開催された。70m級ジャンプはアッシェンバッハ (東ドイツ) が90m、85.5mを跳んで優勝、82m、81.5mの笠谷幸生 (ニッカ) は9位。90m級ジャンプもアッシェンバッハが104m(最長不倒)、101mを跳んで優勝、笠谷は1本目に103.5m跳んだが2本目89mにおわり8位。

2.17 〔国民体育大会〕国体冬季スキー　第29回国体冬季大会スキー競技会、福島で開く、北海道が16連勝 (20日閉幕)。

2.21～24 〔スピードスケート〕全日本競技会開催　第42回全日本スピードスケー

ト競技会が盛岡で開催された。女子 500m は村上由紀子 (千歳高) が 48 秒 5 で優勝。1000m も村上が 1 分 34 秒 8 で優勝、3 位に太田 (駒大付苫小牧高)。1500m は藤森栄津子 (三ツ輪) が優勝、2 位に中道 (苫小牧西高)、3 位に太田と村上。3000m は小池里美 (三協精機) が優勝、3 位に太田。女子総合得点は村上が優勝、2 位藤森、3 位小池。男子 500m は平手則男 (三協精機) が 39 秒 9 で優勝。1500m と 5000m は根本茂行 (三協精機) が 2 種目優勝。1 万 m は川原正行 (帯広白樺高) が優勝。男子総合得点は根本が優勝、川原が 2 位、3 位斎藤 (トヨタ自動車)。

2.23～24　〔スピードスケート〕長谷川が世界選手権で 2 位　世界女子スピードスケート選手権大会がオランダのヘーレンベーンで開催された。500m はシーラ・ヤング (米) が 44 秒 44 で優勝、長谷川恵子 (駒大付苫小牧高) は 45 秒 02 で 2 位。

2.24～3.3　〔アイスホッケー〕西武鉄道が優勝　第 42 回全日本アイスホッケー選手権大会が東京・品川と代々木体育館でおこなわれ、西武鉄道が 5 勝 1 引き分けで優勝。2 位が岩倉組、3 位は国土計画、4 位は王子製紙、5 位は古河電工。

2.27～3.1　〔アルペンスキー〕全日本選手権開催　第 52 回全日本アルペンスキー選手権大会が八方尾根で開催された。男子滑降は熊谷毅志 (早大)、大回転は富井澄博 (西沢スキー)、回転は千葉晴久 (専大) が優勝。女子滑降は南雲美津代 (西沢スキー)、大回転は沖津はる江 (日本楽器)、回転は南雲が優勝。

2.28　〔ボクシング〕柴田が 3 度目王座獲得　WBC 世界ジュニア・ライト級タイトルマッチが東京・日大講堂で行われ、前年に WBA 世界ジュニア・ライト級のタイトルを失った柴田国明 (BVD) が、王者リカルド・アルレドンド (メキシコ) に挑戦した。柴田は判定で勝利し、WBC 世界フェザー級、WBA 世界ジュニア・ライト級に続く 3 度目の王座獲得となった。

3.1　〔プロ野球〕セーブポイントなど新設　プロ野球、野球規則委員会で野球規則が変更される。セーブポイントなどが新設。

3.4　〔高校野球〕金属バット使用許可　高野連が金属バットの使用を許可。

3.5～9　〔フィギュアスケート〕佐野・渡部が出場　世界フィギュアスケート選手権大会が西ドイツのミュンヘンで開催された。日本は 11 月の全日本選手権を制した佐野稔 (日大鶴ケ丘高) と渡部絵美 (米ゴールデンバレー中) と若い二人を送り、男子の佐野は規定 11 位、総合 8 位、女子の渡部は規定 19 位、総合 15 位。男子総合はヤン・ホフマン (東ドイツ)、女子総合はクリスチナ・エラート (東ドイツ) が優勝。

3.7　〔大学野球〕江川は法大へ　高校球界のエースでドラフト会議で阪急が 1 位指名した江川卓投手 (作新学院) はかねて慶大進学の希望を表明しており慶大進学が確実とみられていたが、慶大入試に失敗、社会人野球にすすむか阪急入団か去就が注目されていた。ところが江川投手は法大も受験しており法大に合格したことが明らかになった。法大には江川投手のほか、甲子園で活躍した植松精一、水野彰夫 (静岡商)、島本啓次郎 (箕島)、佃正樹、金光興二 (広島商) ら高校球界の主戦級投手や中軸野手が一挙に 12 人も合格。

法大野球部の戦力の充実はめざましく、東京六大学野球リーグの優勝候補に浮かび上がった。

3.10 〔ノルディックスキー〕笠谷が 2 位　伝統を誇る第 76 回ホルメンコーレン国際ジャンプ大会がノルウェーのオスロでおこなわれた。ワルター・シュタイナー (スイス) が 84.5m、86m=最長不倒を跳んで優勝。笠谷幸生 (ニッカ) は 82.5、83m を跳んで 2 位、角田幸司 (雪印乳業) は 23 位、青地清二 (雪印乳業) は 26 位。

3.19〜24 〔バドミントン〕湯木が全英選手権優勝　全英バドミントン選手権大会が英国のウェンブレーで開催された。女子単で湯木博恵 (カワサキ) がギルクス (英) を破り優勝。女子複はベック、ギルクス (英) が優勝。男子単はハルトノ (インドネシア)、男子複もチュンチュン、ワジュディのインドネシア組が優勝した。

3.21〜31 〔アイスホッケー〕世界選手権で日本は 4 位　世界アイスホッケー選手権大会の日本が所属する B グループの対戦がユーゴのリュブリアナでおこなわれた。B グループ優勝は米国で、2 位ユーゴ、3 位西ドイツで日本は 4 位。フランスのグルノーブルでおこなわれた C グループ戦ではスイスが優勝、2 位イタリア、3 位ブルガリア。フィンランドのヘルシンキでおこなわれた A グループ戦ではソ連が優勝、2 位チェコ、3 位スウェーデン。

3.24 〔相撲〕輪島が 5 回目の優勝　大相撲春場所は、横綱・北の富士が引退、「冨士・桜」とうたわれた一方の琴桜は 8 勝 7 敗と不振、横綱・輪島がふんばって 12 勝 3 敗で 5 回目の優勝をとげた。北の湖、貴ノ花の両大関と関脇・魁傑が 10 勝 5 敗。10 勝 5 敗の西前頭筆頭の高見山が殊勲賞 (3 回目)、東前頭 2 枚目で 10 勝 5 敗の長谷川が敢闘賞 (3 回目)、西前頭 9 枚目で 11 勝をあげた旭国が技能賞 (2 回目)。

3.31〜4.1 〔ゴルフ〕樋口が優勝　女子プロ・ゴルフの第 2 回ワールドレディス大会が東京・よみうりコースでおこなわれ、樋口久子 (フリー) が 155 で優勝。1 打差し 2 位はリトル (南アフリカ)、3 位は中村悦子 (キッコーマン)。

3.31〜4.8 〔ハンドボール〕デンマーク・チームが来日　デンマークのコペンハーゲン・スタジオ F1 ハンドボール・チームが来日、5 試合をおこなった。第 1〜3 戦は、静岡教員、二和家具、愛知教員が対戦、コペンハーゲンに 20 点、17 点、20 点を奪われて負け。第 4 戦は全日本が 21-10 で勝ち、最終戦は全大阪が 16-17 で惜敗。コペンハーゲンの 4 勝 1 敗でおわった。

4.2〜15 〔卓球〕アジア選手権開催　第 2 回アジア卓球選手権大会が 30 ヶ国・地域、約 400 人が参加して横浜文化体育館で開催された。男子団体は 7 勝の中国が優勝、6 勝 1 敗の日本が 2 位。女子団体は 7 勝の日本が優勝、6 勝 1 敗の中国が 2 位。男子個人ではシングルスは長谷川信彦 (蝶友ク)、同複は長谷川・河野満 (東星会) 組が優勝。女子単は枝野とみえ (川徳デパート)、複は大関行江 (三井銀行)・横田幸子 (中大) 組が中国組に優勝を譲った。混合複は河野・枝野組が優勝。なおこの大会で、朝鮮民主主義人民共和国 (北朝鮮)、カンボジア王国民族連合政府 (シアヌーク政権)、南ベトナム臨時革命政府、PLO (パレスチナ解放機構)、ラオス愛国戦線という日本の未承認国・地域の

選手団の入国を政府が認めた。多数の未承認国・地域からの入国を認めたのはスポーツ大会としての特例であり、政治的活動をしないこと、国旗・国歌を使用しないことを条件にした。北朝鮮は大会直前に男子選手の参加を取りやめ、開幕後に女子選手だけが来日した。カンボジア連合政府選手団は北京での入国手続き上のトラブルで不参加となった。

4.6 〔高校野球〕報徳が選抜初優勝　第46回選抜高校野球大会が甲子園球場でおこなわれた。決勝戦で池田高 (徳島) と報徳学園 (兵庫) が対戦、8回に同点に追いつかれた報徳がその裏に2点を加えて競り勝ち、初優勝。一方、蔦文也監督率いる池田高はわずか11人のメンバーで決勝戦まで戦い"さわやかイレブン"としてファンに強い印象を残した。

4.11 〔ボクシング〕ガッツ石松が世界王座　ボクシング、ガッツ石松がチャンピオンに。プロ・ボクシングWBC世界ライト級チャンピオンのゴンザレス (メキシコ) にガッツ石松 (BVD) が挑むタイトル・マッチが東京・日大講堂でおこなわれ、8回2分12秒、ガッツ石松がゴンザレスをKOして新チャンピオンの座についた。

4.15 〔マラソン〕ゴーマン美智子がボストンで優勝　ゴーマン美智子がボストン・マラソンで優勝する。33歳で体力づくりのためにマラソンを始めた市民ランナーで、38歳での快挙となった。

5.1 〔障害者スポーツ〕身障者スポーツ施設開設　全国初の身障者用スポーツ施設「大阪身障者スポーツセンター」オープン。

5.2 〔弓道〕桜井・榊原が優勝　全日本弓道選手権大会の遠的の試合が京都でおこなわれ、学生の部は桜井健二 (信州大)、一般の部は榊原春満 (愛知) が優勝した。

5.3 〔競馬〕キタノカチドキが勝利　第34回皐月賞レースが東京競馬場 (芝2000m) で行われ、キタノカチドキ (武邦彦騎手) が2分01秒7で1着となった。2着は1馬身1/2差でコーネルランサー、3着はミホランザン。

5.3〜4 〔弓道〕全日本弓道大会開催　全日本弓道大会が京都でおこなわれた。範士の部は塩野静雄 (愛知)、教士八段の部は坂田秀一 (福岡)、教士の部は古沢博 (長野)、練士の部は小宮栄子が優勝した。

5.3〜5 〔テニス〕デ杯東洋ゾーンはインドに敗退　デ杯東洋ゾーン1〜3回戦 (4月) で韓国、南ベトナム、台湾を破った日本 (坂井利郎、平井健一、田辺清) はインドのカンプールで準決勝で、V・アムリトラジ、A・アムリトラジのアムリトラジ兄弟、S・メノン、J・シンのインドと対戦、1-4で敗れた。インドはこのあと東洋ゾーン決勝で強豪オーストラリアに3-2で競り勝ち東洋ゾーン優勝をはたした。

5.4 〔ヨット〕単独無寄港世界一周　堀江謙一さんが愛艇「マーメード3世」で単身大阪を出港、単独無寄港世界一周、早回り世界新記録を樹立して大阪・忠岡に帰港した。単身のヨット世界一周に成功したのは世界で3人目、277日で一周はこれまででいちばん早い。

5.4 〔登山〕女性初マナスル登頂　日本女性マナスル登山隊 (黒石恒隊長) は、ネ

パールのマナスル峰 (8156m) の登頂に成功した。女性隊による 8000m 峰の征服は世界初。同隊は京都を中心とする山岳同人ユングフラウに所属する女性 12 人で編成され、平均年齢 32 歳という経験を積んだ女性登山家たち。隊員 3 人が頂上をきわめた成功の蔭に、その前日、隊員 1 人が転落死する事故があった。なおマナスルは 1956 年に日本山岳会隊 (槙有恒隊長) が世界初登頂した日本にゆかりのある峰である。

5.5 〔柔道〕佐藤が全日本選手権優勝　全日本柔道選手権大会が東京・日本武道館でおこなわれた。佐藤宣践六段 (関東) と二宮和弘五段 (九州) が決勝で対戦、佐藤六段が二宮五段に判定勝ちで優勝。

5.5 〔競馬〕タケホープが天皇賞制覇　第 69 回天皇賞 (春) レースが京都競馬場 (芝 3200m) で行われ、タケホープ (嶋田功騎手) が 3 分 22 秒 6 で 1 着となった。首差の 2 着はストロングエイト、3 着クリオンワード。

5.26 〔相撲〕北の湖が 2 回目の優勝　大相撲夏場所は、北の富士が休場、輪島、琴桜の二人の横綱のうち輪島は 10 勝、琴桜は五日目から休場、大関・貴ノ花も途中休場。そのなかで大関二場所目の北の湖が 13 勝 2 敗で 2 回目の優勝をはたした。殊勲賞は 11 勝 4 敗の西前頭 6 枚目の荒瀬 (初)、敢闘賞は西前頭 3 枚目で 11 勝 4 敗の豊山 (初)、技能賞は東前頭 4 枚目で 12 勝 3 敗の増位山 (2 回目)。

5.26 〔競馬〕コーネルランサーが日本ダービー制覇　第 41 回日本ダービー (東京優駿) が東京競馬場 (芝 2400m) に 13 万人余の大観衆を集めて行われ、コーネルランサー (中島啓之騎手) が 2 分 27 秒 4 のダービー新記録で 1 着となった。鼻差の 2 着はインターグッド、さつき賞 1 着で一番人気のキタノカチドキは 1 馬身差の 3 着。コーネルランサーは 430kg でこれまでダービーに勝った馬のなかで最軽量。ダービー;1 レースの売上げは 118 億 7436 万円、史上初の百億円レースだった。

6.3 〔大学野球〕早大が完全優勝　東京六大学野球の春のリーグ戦は恒例の早慶戦で終幕。早大が 10 戦 10 勝の完全優勝で 2 シーズンぶり 26 回目の優勝をとげた。なお同リーグで東大の遠藤昭夫三塁手が 3 割 7 分 5 厘で首位打者となった。東大選手の首位打者は 21 年ぶり。同日に終了した関西六大学野球では、同志社大の投手・田尾安志が 5 割 4 分 8 厘で首位打者。奇しくも東西の学生野球で異色の首位打者が同時に誕生。

6.4 〔ボクシング〕輪島が王座失う　ボクシング輪島、世界王座を失う。プロ・ボクシング WBA 世界ジュニア・ミドル級チャンピオンの輪島功一 (三迫) と挑戦者のオスカー・アルバラード (米) とのタイトル・マッチが東京・日大講堂でおこなわれ、15 回 1 分 57 秒、輪島が KO で敗れた。輪島は、1971 年 (昭和 46 年)10 月にカルメロ・ボッシ (イタリア) から奪ったタイトルをこれまで 6 度防衛してきたが 7 度目の防衛に失敗。

6.6〜12 〔サッカー〕全英アマ選抜が来日　サッカー全英アマ選抜のミドルセックス・ワンダラーズが来日、全日本と 3 試合をおこなった。第 1 戦と第 2 戦は全英が 1-0、3-0 で全日本を下し、第 3 戦は 1-1 で引き分けた。

1974 年 (昭和 49 年)

6.10　〔テニス〕沢松がプロに　女子テニスの沢松和子 (23) が河崎ラケットに入社、企画開発室の海外移動駐在員 (課長待遇) に就き、同時にアマチュアからプロに転向することがきまった。沢松は 12 歳で全日本幼女選手権に優勝して以来、全日本選手権シングルス 5 回、全日本室内シングルス 6 回の優勝を含め、1967 年 (昭和 42 年) 以来、国内試合で 190 連勝無敗の記録をつづけている。

6.13～7.7　〔サッカー〕W 杯サッカー大会開催　第 10 回ワールドカップ・サッカー大会が西ドイツ各地で開催された。決勝は地元・西ドイツとオランダの対戦となり、ミュンヘン・オリンピック・スタジアムで 7 万 5 千の大観衆を集めておこなわれ、西ドイツが 20 年ぶり 2 回目の優勝をはたした。

6.28～30　〔レスリング〕全日本選手権開催　全日本レスリング選手権大会が伊勢で開催された。フリースタイル 48kg 級は工藤章 (専大)、52kg 級は高田裕司 (日体大)、57kg 級は佐々木禎 (日体大)、62kg 級は斎藤勝豊 (秋田経大付高教)、68kg 級は菅原弥三郎 (国士大)、74kg 級は出河満男 (自衛隊)、82kg 級は茂木優 (秋田商教)、90kg 級は鎌田誠 (自衛隊)、100kg 級は斎藤真 (浦安高教)、100kg 以上級は磯貝頼秀 (ゼネラル石油) が優勝。グレコローマン型の 48kg 級は石田和春 (小玉合名)、52kg 級は平山紘一郎 (自衛隊)、57kg 級は桜間洋二 (自衛隊)、62kg 級は宮原照彦 (鹿児島実高教)、68kg 級は小林武 (自衛隊)、74kg 級は長友寧雄 (警視庁)、82kg 級は佐藤貞雄 (大東大教)、90kg 級は藤田芳弘 (国士大) が優勝。

7.4　〔相撲〕琴桜が引退　大相撲の横綱・琴桜は、5 月におこなわれた夏場所で初日から 3 連敗して四日目から休場、傷めた左膝の回復が不可能とされ、名古屋場所が目前に迫って引退。琴桜は前年九州場所で 11 勝を上げたあとは体調が万全でなく、初場所は 3 勝 3 敗 9 休、春場所は 8 勝どまりでついに引退、白玉親方を襲名。

7.8　〔相撲〕北の富士が引退　大相撲の横綱・北の富士は前年秋場所と今年初場所は途中休場、春場所と夏場所は連続全休、休場していた名古屋場所二日目、「体力の限界」を理由に引退を声明、振分親方を襲名。

7.9　〔プロ野球〕川上監督初の退場　プロ野球セ・リーグの大洋 - 巨人 11 回戦 (川崎球場・夜) の 2 回表、巨人の打者河埜和正遊撃手の初球がファウルか死球かでもめて、巨人の川上哲治監督が平光清主審の胸を突いたことが暴力行為として退場処分とされた。川上監督は選手・監督を通じて 34 年間のプロ野球生活で初めての退場処分。巨人の監督としては 1956 年 (昭和 31 年) の水原茂監督以来。この 1 球はファウルと判定されたが、試合後、河埜選手が左肱関節脱臼の負傷をしていたことがわかり、死球を主張した川上監督の判断が正確だったことが証された。

7.21　〔相撲〕輪島が 6 回目の優勝　大相撲名古屋場所は、場所前に琴桜、場所に入って北の富士と、二人の横綱が相次いで引退、大関・大麒麟も途中休場、一人横綱となった輪島と一人大関の北の湖がふんばり、13 勝 2 敗で決定戦、輪島が勝って 6 回目の優勝。殊勲賞は 11 勝 4 敗の関脇・高見山 (4 回目)、敢闘賞も高見山 (3 回目)、技能賞は東前頭 5 枚目で 10 勝 5 敗の長谷川 (2 回目)。

— 128 —

7.22　〔相撲〕北の湖が横綱昇進　大相撲の横綱審議会は大関・北の湖の横綱昇進を日本相撲協会に推薦した。北の湖は今年初場所に関脇で初優勝し大関に昇進、春場所は10勝、夏場所は大関二場所目で優勝、秋場所は決定戦で敗れたが優勝した輪島と同じ13勝で、連続2場所優勝に準ずる成績と評価された。横綱昇進直前3場所は36勝9敗、勝率8割で、大鵬、玉の海の昇進時と並ぶ成績。大関昇進から3場所で横綱に駆け上がった北の湖は21歳2ヶ月で、大鵬の21歳3ヶ月を抜いて歴代最年少の横綱。琴桜、北の富士の引退で横綱は輪島一人という状況が解消されて来場所から両横綱が東西に並ぶことになった。

7.22～27　〔ホッケー〕アジア女子選手権開催　第2回アジア女子ホッケー選手権大会がマレーシアのクアラルンプールで開催された。地元マレーシアが4戦4勝で優勝。日本は2勝1敗1引き分けで2位。3位スリランカ。

7.25～8.4　〔社会人野球〕大昭和北海道が初優勝　第45回都市対抗野球大会が東京・後楽園球場で開催された。大昭和北海道(白老)と新日鉄八幡(北九州)が決勝で対戦、0-0で延長戦となり、10回表、大昭和が一挙に4点をあげて新日鉄を振り切り初優勝。

7.26～28　〔ゴルフ〕樋口が女子プロ選手権優勝　女子プロ・ゴルフの日本女子プロ選手権大会が福岡・久山カントリーでおこなわれ、樋口久子(冨士ゼロックス)が220で2位に9打差の快勝。2位は鳥山由紀子(湘南)、3位は中村悦子(キッコーマン)。

7.28　〔ヨット〕世界一週から帰国　大阪の青木洋が手作りヨット「信夫翁2世号」で1142日ぶりに世界一週から帰国した。

7月　〔社会スポーツ〕フィールドアスレチック開設　南箱根ダイヤモンド、日本初の「フィールドアスレチック」がオープン。

8.15～18　〔ゴルフ〕尾崎が優勝　男子プロ・ゴルフの日本プロ選手権大会が表蔵王国際コースでおこなわれ、尾崎将司(日東興業)が274で優勝。4打差の2位は青木功(日本電建)、3位は村上隆(パリス)。

8.19　〔高校野球〕銚子商が初優勝　第56回全国高校野球選手権大会は、銚子商(千葉)と防府商(山口)が決勝で対戦、銚子商が7-0で防府商を下し、8回目の出場で初優勝。千葉県代表の優勝は1967年(昭和42年)の習志野以来2度目。決勝戦で防府商を零点に封じた銚子商の土屋正勝投手は、3回戦の中京商戦では連続7三振を含む13三振を奪う快投をみせた。また今大会から初めて金属バットが解禁となった。

9.1～16　〔アジア競技大会〕テヘランでアジア大会　第7回アジア競技大会はイランのテヘランで25ヶ国2672人の選手が参加して開催され、16の競技が行われた。中国と北朝鮮が初参加。またアジア大会が中東地域で開催されるのは初めて。日本は68種目で優勝する活躍をみせた。重量挙げで大内仁(警視庁)が無実の興奮剤使用で失格とされたほか、いくつかの競技で審判の判定に不服が唱えられ、またイスラエルとの対戦を拒否する選手団との対応などの混乱があった。陸上競技、水泳で数多くの大会新記録が出たが世界新

記録は生まれなかった。日本は田島直人団長以下328人が参加、各競技の計68種目で優勝したが、中国選手の活躍があり、目標としていた80種目優勝にはとどかなかった。陸上の女子1600mリレーで43秒5の日本新記録。女子水泳の競泳は全種目日本が優勝した。西側よしみ(武庫川女短大)が前回大会同様に大活躍、100m自由形、同200m、200m個人メドレーなど5種目で優勝、200m自由形は2分12秒91の日本新。体操とバドミントンは男女とも団体総合の優勝を中国にさらわれた。

9.14～16 〔ゴルフ〕日米対抗戦開催 日米対抗女子プロゴルフ戦が花屋敷コースでおこなわれ、団体戦は米国が28-20で勝った。個人は樋口久子(富士ゼロックス)とブラッドリー(米)が217で両者優勝、1打差の3位はバーニング(米)。

9.22 〔相撲〕輪島が連続優勝 大相撲秋場所は、輪島と北の湖が東西の横綱にすわり、貴ノ花と大麒麟が東西の大関にならぶすっきりした番付となった。先場所決定戦のすえ優勝した横綱・輪島が14勝1敗で7回目の優勝。新横綱の北の湖は11勝4敗。9勝6敗の東前頭筆頭の金剛が殊勲賞(初)、西前頭3枚目で10勝5敗の荒瀬が敢闘賞(初)、技能賞は東前頭3枚目で10勝5敗の若三杉(初)。

9.26～29 〔ゴルフ〕尾崎が日本オープン優勝 男子プロ・ゴルフの日本オープン大会がセントラル・ゴルフ場で開催された。尾崎将司(日東興業)が279で優勝。1打差の2位は村上隆(パリス)、3位山本善隆(城陽)。

9.28～29 〔陸上〕中・高校生が活躍 第9回全日本女子陸上競技大会が神戸でおこなわれた。100m寺田とも子(富士見高)、200m森田美知子(鹿児島女高)、400m岡田妙子(松江商高)、100m障害は大島道子(市邨高)と高校生が優勝、1500mは坂梨智子(一の宮中)と中学生が優勝。走り高跳びで稲岡美千代(大京観光)が1m82、やり投げで高坂美恵子(日体大ク)が56m52と、二つの日本新記録が生まれた。

10.1 〔ボクシング〕小熊がフライ級王座 ボクシング、小熊がチャンピオンに。プロ・ボクシングWBC世界フライ級チャンピオンのゴンザレス(ベネズエラ)に小熊正二(新日本)が挑むタイトル・マッチが東京・日大講堂でおこなわれ、小熊が判定勝ちして王座についた。

10.8～10 〔弓道〕鈴木が選手権優勝 全日本弓道選手権の近的の試合が明治神宮でおこなわれ、10射9中で鈴木三成(青森)が優勝。

10.8～14 〔テニス〕ジャパン・オープン開催 ジャパン・オープン・テニス選手権大会が東京・田園コロシアムで開催された。男子単はニューカム(豪)が優勝。女子単はブエノ(ブラジル)が優勝。女子複は沢松和子(河崎)・アン清村(米)組が谷川原君代(河崎)・ヤング(米)組に逆転勝ちして優勝。またこの大会で11日、沢松和子の日本国内のテニス試合でのシングルス連勝記録が192でストップした。

10.9 〔プロ野球〕ロッテが4年ぶり優勝 プロ野球パ・リーグは、金田正一監督の率いるロッテが後期優勝、前期優勝の阪急とのプレーオフ戦も3連勝して今季のリーグ優勝を決めた。ロッテのリーグ優勝は4年ぶり、大毎オリオン

ズを名乗っていた時期から数えて球団史上4回目。最終順位は2位阪急、3位南海、4位太平洋、5位近鉄、6位日本ハム。

10.12 〔プロ野球〕中日が巨人10連覇阻止　プロ野球セ・リーグは、中日と巨人が激しく優勝を争った結果、中日が70勝49敗11分(勝率.588)、巨人が71勝50敗9分(勝率.587)、勝率わずか1厘の差で巨人の10連覇を阻み20年ぶり2度目のリーグ優勝をはたした。今季の中日は、与那嶺要監督のもと、星野仙一投手、木俣達彦捕手を軸とする守備と、谷沢健一一塁手(打率10位)、木俣捕手(打率2位)らの打撃陣がうまくかみあって激戦を制した。星野投手(15勝、10セーブ)は沢村賞を受賞。藤波行雄外野手(打率.289)が新人賞。リーグ最優秀選手は、米大リーグにもない2年連続三冠王の偉業を達成した巨人・王貞治一塁手が選ばれた。最終順位は2位巨人、3位ヤクルト、4位阪神、5位大洋、6位広島。

10.12～27 〔バレーボール〕世界選手権で女子優勝　第8回世界バレーボール選手権大会がメキシコで開催された。日本女子は決勝リーグでソ連を下し5戦5勝で7年ぶり3回目の優勝。2位ソ連、3位韓国。男子はポーランドが5勝して優勝、2位ソ連、日本は3勝2敗で3位。

10.14 〔プロ野球〕長嶋が引退　プロ野球セ・リーグ巨人の長嶋茂雄三塁手が今季最終戦の対中日戦ダブルヘッダーを最後に引退。長嶋は第一試合で2点本塁打を含む4安打をはなち、5万の大観衆を喜ばせた。第1試合のあと泣きながらグラウンドを一周してファンに手をふり、第2試合終了後、夕闇せまるマウンドでライトを浴びながら別れの挨拶、「巨人軍は不滅です」の一句はこのあとファンに語り継がれることになった。長嶋茂雄は、佐倉高から立大にすすみ、東京六大学野球で活躍、通算8本塁打の記録を残して1958年(昭和33年)に巨人に入団、1年目に29本塁打、92打点の二冠で新人王。以来17年間に、首位打者6回、打点王5回、本塁打王2回、最優秀選手(MVP)5回、日本シリーズMVP5回、通算打率3割5厘。巨人球団の看板選手として"ミスター・ジャイアンツ"と呼ばれる。王貞治一塁手と合わせたON打線は巨人の9連覇に貢献した。巨人球団は同選手の活躍をたたえて背番号3を永久欠番とすると決めた。

10.15 〔プロ野球〕王が2年連続三冠王　巨人軍の王貞治、史上初の2年連続三冠王になる。

10.18 〔ボクシング〕花形がフライ級王座　ボクシング、花形がチャチャイから王座を奪う。プロ・ボクシングWBA世界フライ級チャンピオンのチャチャイ(タイ)に花形進(横浜協栄)が挑むタイトル・マッチが横浜でおこなわれ、花形が6回にチャンピオンをKOして王座を奪取。花形は前年10月バンコクでチャチャイに判定で退けられたが2度目の挑戦で勝ち、チャンピオンの座についた。

10.20～27 〔体操〕男子4連覇・女子6位　第18回世界体操選手権大会がブルガリアのバルナで開催された。男子団体総合は日本(笠松茂、監物永三、塚原光男、梶山広司、本間茂雄、加藤武司)が優勝、大会4連覇。男子個人総合は笠松(東海テレビ)が優勝、2位アンドリアノフ(ソ連)、3位監物(日体大教)、

1974年 (昭和49年)

4位梶山 (日大)、5位塚原 (河合楽器) と日本が圧勝。種目別の床と跳馬で笠松、平行棒で監物が優勝。女子団体総合はソ連が優勝、2位東ドイツ、3位ハンガリー。日本 (松久・石村・矢部・林田・吉川・真野) は団体で6位。

10.21 〔プロ野球〕川上監督退任　プロ野球セ・リーグ巨人の川上哲治監督が退任して球団専務に就任、後任監督には今季限りで現役を引退した長嶋茂雄氏が就くことが正式にきまり、引継ぎがおこなわれた。川上前監督は熊本工を出て1938年 (昭和13年) 巨人に入団、1958年 (昭和33年) に引退。その間打線の主軸とし活躍。首位打者5回、本塁打王2回、打点王4回、最高殊勲選手3回、通算打率3割1分3厘、"打撃の神様"といわれた。昭和20年代に赤塗りのバットを使用、"赤バットの川上、青バットの大下 (大下弘、東急、西鉄)" と称されて戦後のプロ野球人気の興隆に貢献した。名打者はまた名監督になった。引退後、3年間のヘッドコーチを経て1961年 (昭和36年) 巨人軍の第8代の監督に就任、不滅のリーグ9連覇ばかりでなく、日本シリーズに11回出場して全勝、これらの記録はこのさきも破られることはないだろう。なお長嶋新監督は、現役当時の背番号3が永久欠番とされたので背番号90をつけることになった。

10.23 〔プロ野球〕ロッテが24年ぶり日本一　プロ野球・第25回日本シリーズは、パ・リーグ優勝のロッテ (金田正一監督) とセ・リーグの覇者・中日が初顔合わせの対戦。ロッテは、3勝2敗の第6戦の延長10回表、第1戦と第4戦で本塁打をはなった弘田澄男外野手が決勝打となる二塁打で1点をあげ、4勝2敗として24年ぶり2回目の日本一。シリーズMVPは弘田澄男。

10.25 〔相撲〕トンガから入門　南太平洋の島国・トンガ王国のツボー4世国王から「将来、相撲を国技とするので、その指導者となるため本場でみっちり鍛えてくるように。けっして生きて帰ると思うな」との命令を受けて、トンガの青年3人が来日、大相撲の朝日山部屋に入門した。高校生や警察官の計4人。福ノ島、南ノ島、日ノ出島、椰子ノ島のシコ名で11月の九州場所の前相撲の土俵にあがった。

10.30〜11.8 〔テニス〕坂井・左手が優勝　第50回全日本テニス選手権大会が大阪で開催された。男子単は坂井利郎 (住友金属) が平井健一 (住友金属) に勝って優勝。男子複は坂井・平井組が優勝。女子単は左手都志子 (美津濃) が福岡加余子 (フタバヤ) に逆転勝ちで優勝。女子複は飯田藍 (グリーン)・野村貴洋子 (日本楽器) 組が優勝。混合は森良一 (大丸)・谷川原君代 (河崎) 組が優勝。

11.2 〔プロ野球〕王vsアーロン　後楽園球場でおこなわれた日米野球第6戦の全日本対ニューヨーク・メッツ戦の試合に先立ち、米大リーグのハンク・アーロン外野手 (アトランタ・ブレーブス) と巨人の王貞治一塁手の本塁打競争が米CBSテレビの企画で実現した。大リーグ21年のアーロンは今季733号をはなちベーブ・ルースの714本の記録を更新した。王は16年で634本。1回5スイング・4ラウンドの方式で競争がおこなわれ、アーロンが10本、王が9本でアーロンが勝ち、アーロンに5万ドル (約1500万円)、王に2万ドル (約600万円) の出演料が支払われた。

11.2〜4 〔ホッケー〕全聖徳が優勝　全日本女子ホッケー選手権大会が岐阜でおこな

われ、決勝で全聖徳が6-3で全羽衣を下して優勝。

11.3～4　〔アーチェリー〕広瀬・福田が優勝　全日本アーチェリー選手権大会が宮崎で開催された。男子は広瀬明(静岡)が優勝、女子は福田美枝(福岡)が優勝。

11.4～10　〔駅伝〕青森・東京駅伝は東京が有終の美　第24回青森・東京間都道府県対抗駅伝大会は、東京が41時間07分48秒で、2位埼玉に11分余の差をつけて優勝、東京は7連覇。2位埼玉、3位神奈川。この大会は交通事情の悪化を理由に今回限りで打ち切られることになった。

11.8～10　〔ゴルフ〕樋口が日本オープン優勝　女子プロ・ゴルフの日本オープン大会が名神八日市コースでおこなわれた。樋口久子(富士ゼロックス)と鳥山由紀子(湘南)が224で並び、プレーオフの結果、樋口が優勝。5打差の3位に涂阿玉(トヨストーブ)と大迫たつ子(宝塚)。

11.10　〔競馬〕キタノカチドキ菊花賞制覇　第35回菊花賞レースが京都競馬場(芝3000m)で行われ、さつき賞1着、ダービー2着のキタノカチドキ(武邦彦騎手)が3分11秒9で1着となった。

11.14～16　〔卓球〕阿部・横田が初優勝　全日本卓球選手権大会が東京でおこなわれた。男子単は阿部勝(協和醗酵)が初優勝。男子複は田坂(青卓会)・今野(旺文社)組が2連覇。女子単は横田幸子(中大)が初優勝。女子複は葛巻・小野の第一勧銀ペアが優勝。混合複は伊藤繁雄(蝶友ク)・大関行江(三井銀行)のベテラン組優勝。

11.14～17　〔ゴルフ〕尾崎が3回目の優勝　男子プロ・ゴルフの第11回日本シリーズが大阪と東京のよみうりコースでおこなわれ、尾崎将司(日東興業)が280で2年ぶり3回目の優勝。4打差の2位は村上隆(パリス)、3位は中村通(サントリー)。尾崎はプロ入り5年目で四大タイトル優勝のグランドスラムを達成した。

11.18　〔プロ野球〕指名打者制度採用　パ・リーグ来年度から指名打者(D.H)制度の採用を決定。

11.19　〔プロ野球〕ドラフト会議開催　プロ野球新人選択(ドラフト)会議が東京・日生会館でおこなわれた。最も注目されていた快速球の山口高志投手(松下電器)は阪急が交渉権を得た。高校球界のビッグ4と評されている土屋正勝投手(銚子商)は中日、定岡正二投手(鹿児島実)は巨人、永川英植投手(横浜高)はヤクルト、工藤一彦投手(土浦日大高)は阪神と、いずれもセ・リーグ球団が指名。社会人、大学、高校合わせて70人が指名された。前年まで契約金100万円、年俸180万円と規定されていたがこの制限は撤廃され、一方、指名は1球団6人までに制限された。

11.21～24　〔ゴルフ〕男子W杯で日本2位　第22回男子プロ・ゴルフ・ワールドカップ大会ベネゼラのカラカスで開催された。団体戦は南アフリカ(コール、ヘイズ)が554で優勝、日本(尾崎将司、青木功)は559で2位、3位米国。個人はボビー・コール(南ア)が271で首位、尾崎276で2位、3位アーウィン(米)、4位青木。

11.22～24　〔体操〕監物・松久が優勝　第28回全日本体操選手権大会が岡山で開催

された。男子個人総合は監物永三 (スワロー) が優勝、2位梶山広司 (日大)、3位笠松茂 (東海テレビ)。女子個人総合は松久ミユキ (京都 AC) が前年につづき優勝、2位矢部 (東京相銀)、3位林田 (日大)。

11.24　〔相撲〕魁傑が優勝　大相撲九州場所は、大関・大麒麟が途中休場、横綱・輪島は9勝と不振で、横綱・北の湖と西張出小結の魁傑が12勝3敗で並び、決定戦で魁傑が北の湖を破って初優勝。殊勲賞は魁傑 (2回目)、敢闘賞は西前頭10枚目で10勝5敗の福の花 (7回目)、技能賞は11勝4敗の小結・若三杉 (先場所につづき2回目)。先場所殊勲賞の金剛と敢闘賞の荒瀬は今場所ともに小結に上がったが、金剛は8勝で勝ち越したが、荒瀬は5勝10敗と大きく負け越した。先場所9敗を喫して関脇から前頭筆頭に落ちた高見山は7勝8敗におわった。

11.26　〔プロ野球〕星野に沢村賞　「沢村賞」は中日の星野仙一投手が受賞。

11.30～12.2　〔ゴルフ〕世界アマ選手権開催　世界アマチュア・ゴルフ選手権大会がアロマーナで開催された。団体戦は米国が優勝、日本 (山崎哲、入江勉、阪田哲男、中部銀次郎) は首位米国に10打差をつけられたが2位、3位はブラジル。個人はペイト (米) とゴンザレス (ブラジル) が294で優勝を分け、1打差の3位に山崎哲 (新奈良)。

11.30～12.1　〔体操〕梶山が優勝　国際選抜体操個人総合選手権大会が名古屋でおこなわれた。男子は梶山広司 (日大) がソ連の強豪アンドリアノフを抑えて優勝。2位アンドリアノフ、3位監物永三 (スワロー)。女子はドロノワ (ソ連) が優勝、2位シハルリーゼ (ソ連)、3位シュマイサー (東ドイツ)。

12.1　〔バスケットボール〕住友金属・第一勧銀が優勝　バスケットボールの第8回日本リーグの最終戦が東京でおこなわれた。男子は住友金属が後半に逆転して78-70で日本鋼管に勝ち、8勝2敗で2年連続2回目の優勝。女子はリーグ発足以来の8連覇をねらうユニチカ山崎に第一勧銀が挑み、シュート力に勝る第一勧銀が56-49でユニチカを破り9勝1敗で初優勝、ユニチカ山崎は8勝2敗で2位。住友金属、第一勧銀は、ともに全日本選手権優勝と合わせて年度二冠。

12.5～8　〔ホッケー〕天理大が連覇　第48回全日本ホッケー選手権大会が駿河平でおこなわれ、決勝で天理大が4-1で早大を下して前年につづき優勝。

12.8　〔マラソン〕福岡でショーター4連覇　第9回福岡国際マラソンは、フランク・ショーター (米) が2時間11分31秒2で4年連続優勝。2位はレッセ (東ドイツ)、3位ペイベリンダ (フィンランド) と5位までを外国勢が占め、日本人最高は6位の宇佐美彰朗 (日大桜門ク)。

12.8　〔サッカー〕ヤンマーが優勝　第10回日本サッカー・リーグは、ヤンマーと三菱重工の両チームが勝ち点25で並んだが、得失点差で4点勝るヤンマーの優勝ときまった。ヤンマーの日本リーグ優勝は3年ぶり2度目。ヤンマーのエース・釜本邦茂は、この試合、同点と逆転の2ゴールをきめ、今季21得点のリーグ新記録をつくり、3年ぶり4度目の得点王。

12.8　〔剣道〕横尾が初優勝　第22回全日本剣道選手権大会が東京・日本武道館に

56剣士が集っておこなわれた。横尾英治五段 (和歌山) がメン2本をきめてこの大会初優勝。横尾五段は国士舘大学時代に関東学生選手権に優勝、全日本学生団体で2連勝の経歴をもつ。

12.11～15 〔ハンドボール〕大同製鋼・東京重機が優勝　第26回全日本ハンドボール総合選手権大会が東京でおこなわれた。男子決勝リーグは、大同製鋼が3勝して前年につづき優勝、2位は三景、3位は湧永薬品。女子は東京重機が優勝、前年優勝の日本ビクターは2位、前年2位の田村紡が3位。

12.15 〔競馬〕ハイセイコー引退　第19回有馬記念レースが中山競馬場 (芝2500m) で行われ、タニノチカラ (田島日出雄騎手) が2分35秒9で1着となった。ハイセイコーは5馬身差の2着におわった (前年は3着)。タケホープが3着。有馬記念1レースで136億円を売り上げた。競馬人気を盛り上げてきたハイセイコーはこのレースを最後に引退する。中央競馬に登場して以来22戦13勝、獲得賞金2億1956万円。17戦連続一番人気の快記録に示されるとおり競馬ファンに熱狂的に支持された。このあと翌1975年 (昭和50年)1月6日、東京競馬場でファンに別れを告げ、生まれ故郷の北海道・新冠の明和牧場で種牡馬として余生を送った。

12.20 〔プロ野球〕指名打者制を承認　プロ野球実行委員会はパ・リーグが来季から実施する指名打者制を承認。

12.22 〔駅伝〕世羅が優勝　第25回全国高校駅伝大会が京都でおこなわれた。世羅 (広島) が2時間08分40秒の大会最高タイムで2年ぶり4回目の優勝をはたした。この大会でこれまでに2時間10分を切ったのは第17回大会 (1966) の中京商の2時間9分28秒以来2回目。2位大牟田 (福岡)、3位小林 (宮崎)、4位鳥栖工 (佐賀) が2時間12分台で秒差の接戦だった。

12月 〔一般〕日本プロスポーツ大賞決定　1974年 (昭和49年) の日本プロスポーツ大賞 (日本プロスポーツ協会主催) は、大賞が王貞治 (プロ野球)、殊勲賞が柴田国明 (プロボクシング)、北の湖敏満 (大相撲)、尾崎将司 (男子プロゴルフ) に決定。

1975年
(昭和50年)

1.1 〔サッカー〕ヤンマーが4年ぶり優勝　第54回天皇杯全日本サッカー選手権大会の決勝が東京・国立競技場でおこなわれた。準決勝で東洋工業(日本リーグ6位)を破った永大産業(同9位)と三菱重工(同2位、前年のこの大会の覇者)を下したヤンマー(同1位)が対戦、ヤンマーが2-1で勝ち4年ぶり3度目の天皇杯を手にした。ヤンマーはリーグ優勝と合わせて二冠。

1.2〜8 〔バスケットボール〕全日本総合選手権開催　男子第50回、女子第41回の全日本総合バスケットボール選手権大会が東京と神戸で開催された。男子決勝リーグで3勝の明大が大会初優勝、この大会で学生が優勝するのは12年ぶり。前年優勝の住友金属が2位。女子は前年2位のユニチカ山崎が優勝、前年優勝の第一勧銀が2位。

1.3 〔駅伝〕大東大が新記録で箱根初優勝　第51回東京-箱根間往復大学駅伝競走は、大東大が往路、復路とも首位の完全優勝、11時間26分10秒の大会新記録。大東大は往路の4区の鞭馬・5区の大久保・復路6区の金田・アンカー8区の竹内主将と4人が区間新記録の快走をみせた。大東大は48回大会で3位、49、50回大会は2位と年々順位を上げてついに優勝した。総合2位は順天大、3位は日体大。前年6年ぶりに優勝した日大は5位におわった。

1.5 〔ノルディックスキー〕笠谷幸生が雪印杯優勝　第16回雪印杯全日本ジャンプ大会が札幌・宮の森ジャンプ場で開催され、笠谷幸生(ニッカ)が優勝した。

1.8 〔ボクシング〕小熊が防衛失敗　ボクシング小熊、王座を失う。プロ・ボクシングWBC世界フライ級チャンピオンの小熊正二(新日本)はミゲル・カント(メキシコ)を迎えて仙台でタイトル・マッチをおこない、カントに判定負けで王座を奪われた。

1.13 〔ノルディックスキー〕札幌で女性最長不倒記録　札幌の大倉山シャンツェで全日本スキー連盟の公式記録会がおこなわれた。女子の部でアニタ・ウォルド(ノルウェー)が1回目91.5m、2回目に97.5mを跳んだ。ウォルド自身がもつこれまでの記録を3.5m上回る女子世界最長不倒記録。ウォルドは7歳のときから木彫り職人の父の手ほどきでジャンプをはじめ男子にまじって練習、前年3月にチェコで94m跳んだのがこれまで自己最高だった。

1.19 〔アイスホッケー〕国土計画が初優勝　アイスホッケー日本選手権、国土計画が全勝で初優勝。

1.21 〔ボクシング〕輪島が王座奪回　ボクシングの輪島、王座奪回。プロ・ボクシングWBA世界ジュニア・ミドル級のチャンピオン・アルバラード(米)に前チャンピオンの輪島功一(三迫)が挑戦するタイトル・マッチが東京・日大講堂でおこなわれ、輪島が判定勝ちし、前年6月アルバラードにKO負けして奪われた王座を7ヶ月ぶりに奪回した。

1.24~25 〔スピードスケート〕第1回スプリント選手権開催　スピードスケート短距離の500mと1000mを2回ずつ滑り総合得点を競う第1回全日本スケートスプリント選手権大会が盛岡でおこなわれた。男子は500mは2回とも首位、1000mの2回目に首位となった平手則男(三協精機)が優勝。女子は500m、1000mとも2回とも首位の長屋真紀子(三協精機)が優勝、それぞれこの大会の初代のチャンピオンになった。

1.26 〔相撲〕北の湖が3回目の優勝　大相撲初場所は、先場所決定戦に破れて優勝を逃した横綱・北の湖が12勝3敗で3回目の優勝。横綱・輪島、大関・貴ノ花はそれぞれ10勝。殊勲賞は10勝5敗の西前頭6枚目の三重ノ海(3回目)、敢闘賞は東前頭筆頭で10勝5敗の麒麟児(初)、技能賞は9勝6敗の関脇・若三杉が3場所連続・3回目の受賞。今場所は前年秋場所から2場所ぶりに幕内の休場者が一人もいなかった。先場所優勝して関脇に上がった魁傑は、優勝した北の湖に次ぐ11勝をあげ、場所後の番付編成会議で大関昇進がきまった。大関昇進は1974年(昭和49年)初場所後の北の湖以来1年ぶりで、昭和に入ってから48人目の大関誕生である。

1.28 〔一般〕アマのCM出演規制　体協が各競技団体へアマのCM出演規制強化・普及をよびかける。

2.2 〔マラソン〕別府毎日で小沢が初優勝　第24回別府毎日マラソンは、初出場の小沢欽一(神戸製鋼)が2時間13分19秒4で優勝した。2位は長野(旭化成)、3位は世利(九州電工)。

2.5 〔国民体育大会〕国体冬季スケート開催　第30回国体冬季大会スケート競技開幕。

2.5~10 〔ノルディックスキー〕角田が全日本選手権優勝　第53回全日本ノルディックスキー選手権大会が札幌で開催された。男子70mジャンプで角田幸司(雪印乳業)が優勝、2位は複合の勝呂裕司(東京美装)、3位は若狭(拓銀)。90mジャンプは伊藤高男(専大)が優勝、板垣宏志(国土計画)が2位、笠谷幸生(ニッカ)が3位。複合は勝呂が優勝。女子では5kmで村上優子(日大)が優勝、2位大関(ミツウマ)、3位照井(日大)。10kmは照井美喜子が1位、2位大関、3位金井(地崎工業)。前年大会以来、照井と大関の競り合いがつづいている。

2.5~17 〔卓球〕世界選手権開催　第33回世界卓球選手権大会がインドのカルカッタで開催された。男子団体は中国が優勝、2位ユーゴ、3位スウェーデンで日本は6位。女子団体も中国が優勝、2位韓国、3位日本。個人種目では女子複でアレクサンドル(ルーマニア)と組んだ高橋省子(専大)が中国組に競り勝ち、日本に唯一(ただし二分の一)の優勝をもたらした。高橋は専大1年で日本女子5人のチームのダブルスからはみ出してアレクサンドルと組んで出場、老練のアレクサンドルが巧みにリードして栄冠を得た。

2.8~9 〔スピードスケート〕世界選手権で川原入賞　ノルウェーの首都・オスロのビスレー・スタジアムでおこなわれた1975年男子スピードスケート世界選手権大会の1500mで、川原正行(19 三協精機)が、優勝したシェブレンド(ノルウェー)に0秒25差の2分5秒56で3位、1000mでは15分42秒42

の自己最高記録で4位、総合得点で5位。川原はこのあとインスブルックでおこなわれたプレ・オリンピックの5000mで7分33秒94の日本新記録で3位入賞。

2.15〜16　〔スピードスケート〕世界スプリントで鈴木入賞　スピードスケートの世界スプリント選手権大会がスウェーデンのエーテボリで開催された。男子500mの1回目はカチエイ(ソ連)が39秒26で首位、鈴木正樹(王子製紙)は40秒08で4位、2回目はクリコフ(ソ連)が39秒84で首位、鈴木は39秒89で2位。1000mはサフロノフが1分22秒24で首位。1000m首位のサフロノフが男子総合優勝。女子は500mの1回目でプリーストナー(カナダ)が勝ったが500mの2回目と1000mに勝ったヤング(米)が女子総合優勝。

2.17　〔ボクシング〕輪島が3度目の王座　輪島功一がWBA世界ジュニアミドル級で3度目のチャンピオンに。

2.20〜23　〔スピードスケート〕全日本選手権開催　第43回全日本スピードスケート選手権大会が青森県八戸で開催された。男子500mは進藤聖一(北海道日大高教)、1500mは根本茂行(三協精機)、5000mと1万mは内藤修(国土計画)が優勝、総合得点は内藤が首位。女子500mは邨中正子(苫小牧西高)、1000mは村上由起子(王子製紙)、3000mは邨中が優勝、総合得点首位は邨中。

2.21〜23　〔アルペンスキー〕ワールドカップ苗場で開催　世界各地を転戦するスキー・ワールドカップ戦のアルペン大会が新潟県苗場で開催された。男子大回転はステンマルク(スウェーデン)、回転はヒンターゼア(オーストリア)、女子大回転はプレル・モザー(オーストリア)、回転はウェンツェル(リヒテンシュタイン)が勝った。

2.28,3　〔ハンドボール〕日本初の観客なし試合　第6回世界女子ハンドボール選手権大会のアジア地区予選決勝戦の日本対イスラエルの試合が東京・調布市の某体育館でおこなわれ、日本が連勝してアジア代表となった。中東の政治情勢にかんがみ、開催場所は完全に秘され、日本のスポーツ史上初めて観客なしの試合、当日の会場には選手、役員、報道陣のほか制服・私服の警察官だけという隠密試合だった。

3.2　〔スピードスケート〕川原がジュニア総合優勝　世界ジュニアスケート、日本選手初の快挙、川原が総合優勝。

3.4〜8　〔フィギュアスケート〕世界選手権開催　世界フィギュアスケート選手権大会が米コロラドスプリングスで開催された。男子はボルコフ(ソ連)、女子はデリュー(オランダ)が優勝。日本は前年につづき佐野稔(日大)と渡部絵美(米ゴールデンバレー高)が出場、佐野は男子10位(前年は8位)、渡部は女子13位(前年は15位)。

3.6〜9　〔アルペンスキー〕千葉が2種目優勝　第53回全日本アルペンスキー選手権大会が北海道・富良野で開催された。男子滑降は池田勝明(日大)、大回転と回転は千葉晴久(リーベルマン)が優勝、市村政美(日本楽器)は大回転2位、回転3位。女子滑降は松本真知子(専大)、大回転は小島景子(専大)、

回転は南雲美津代 (ニシザワ) が優勝。千葉と南雲は回転で2年連続優勝。

3.8 〔バレーボール〕日立がリーグ優勝　第8回バレーボール日本リーグ女子の部は、日立武蔵がユニチカ貝塚を破り2年連続、4回目の優勝をきめた。2位鐘紡、3位ヤシカ。

3.9～23 〔ラグビー〕ニュージーランドチーム来日　ニュージーランドのカンタベリー大ラグビー来日。第1～5戦、日本側は、早大、明大、全同大、全天理大、近鉄が対戦して5敗、最終戦、東京・国立競技場で全日本が27-9でようやく1勝した。

3.14～16 〔ゴルフ〕日英マッチプレー開催　第2回日英男子プロ・ゴルフ・マッチプレー戦が神奈川県・相模原ゴルフ場でおこなわれた。団体は日本が28-20で勝った。個人は島田幸作 (宝塚) が208で首位、2位はガラチャー (英)、3位ホートン (英)。

3.14～23 〔アイスホッケー〕世界選手権開催　アイスホッケー世界選手権大会のBグループの8チームが札幌・真駒内スケート場でリーグ戦をおこなった。Bグループ5位までに入れば冬季五輪に出場できる。日本は前年はBグループ4位だったが、今年は東西ドイツとユーゴに敗れ2勝3敗2引き分けの6位となり、五輪出場権を獲得できなかった。しかしこのあとAグループのスウェーデンが国内リーグの日程の都合で五輪出場を辞退、日本は繰り上げ出場することになった。

3.19～22 〔バドミントン〕女子単複とも日本が優勝　第65回全英バドミントン選手権大会が英国ウェンブリーで開催された。男子単はプリ (デンマーク) が優勝、男子複はインドネシア・ペアどうしの決勝となりイユン、ワジュディ組が優勝。女子単の決勝は前年と同じ湯木博恵 (河崎) とギルクス (英) の対戦となり湯木がギルクスを下して前年につづき優勝、女子複は相沢悦子・竹中マチ子組がインドネシア・ペアに競り勝ち3回目の優勝。

3.21～30 〔ラグビー〕全日本が英国チームに初勝利　英ケンブリッジ大ラグビー・チームが来日、4試合をおこなった。大学選手権優勝の早大にOBを加えた全早大との初戦は52-3と全早大を粉砕、つづく学生選抜、全新日鉄戦も35点、32点を取って圧勝。東京・国立競技場でおこなわれた最終戦で全日本が16-13で競り勝ち一矢を報いた。国内で英国のラグビー・チームと戦うのは29試合目で初の勝利。

3.23 〔相撲〕貴ノ花が悲願の初優勝　大相撲春場所は1敗の大関・貴ノ花が2敗の横綱・北の湖に敗れて13勝2敗で並び、決定戦では貴ノ花が頭をつけてねばり寄り切りで勝って初優勝。二子山部屋の力士の優勝は初めて。北の湖は九州場所の魁傑戦につづき決定戦で敗れて優勝を逃がした。貴ノ花の初優勝に場内は沸き「座布団で天井が見えないくらいだった」と後に北の湖は語っている。横綱・輪島と小結・旭国が途中休場。殊勲賞は11勝4敗の東前頭筆頭の三重ノ海 (4回目)、敢闘賞は西前頭2枚目で9勝6敗の荒瀬 (2回目)、技能賞は9勝6敗の小結・麒麟児 (初)。

3.23 〔自動車〕高原敬武が3連勝　富士グランチャンピオン・レースの第1戦富

士300kmスピードは高原敬武が3連勝。

3.26 〔団体〕河野新体制スタート　日本体育協会の新会長、河野氏 (参院議長) 就任、若返りスタート。

4.1 〔ボクシング〕花形が王座失う　プロ・ボクシングWBA世界フライ級チャンピオンの花形進 (横浜協栄) は、サラバリア (フィリピン) を迎えて富山でタイトル・マッチをおこない、判定負けを喫する不覚で、前年10月に強豪チャチャイ (タイ) から奪取したタイトルを最初の防衛戦で失った。

4.6 〔高校野球〕高知が選抜初優勝　第47回選抜高校野球大会は、東海大相模 (神奈川) と高知 (高知) が対戦。決勝は5-5のまま延長戦となり、延長13回表、高知が一挙に5点をあげ、その裏の東海大相模の攻撃を無得点に抑えて優勝した。高知は39回大会の決勝で津久見に敗退しており初優勝。四国勢の優勝は第36回大会の海南 (徳島) 以来11年ぶり8回目。また今大会で初めて金属バットが使用可となった。

4.20 〔マラソン〕宇佐美が4回目の優勝　第30回びわ湖毎日マラソンが大津でおこなわれ、宇佐美彰朗 (東海大教員) が2時間12分40秒で優勝。宇佐美はこの大会4回目の優勝。

4.20 〔プロ野球〕神部がノーヒットノーラン　プロ野球パ・リーグ近鉄の速球の神部年男投手が、対南海戦でノーヒットノーランを達成。

4.27 〔陸上〕棒高跳び5年ぶりの日本新　織田記念陸上競技大会で高根沢威夫が棒高跳びで5年ぶりに日本記録を更新した。

4.29 〔柔道〕上村が2年ぶり優勝　全日本柔道選手権大会が東京・武道館で行われた。上村春樹五段 (九州) と高木長之助五段 (東京) が決勝で対戦、上村五段が判定で勝ち2年ぶり2回目の優勝をはたした。

5.1 〔登山〕ダウラギリ5峰に初登頂　岡山大学ネパール・ヒマラヤ学術登山隊 (高畠彰総隊長) の森岡政朋隊員とシェルパのペンパ・ツェリンが、ダウラギリ5峰 (7618m) の初登頂に成功した。

5.1～2 〔弓道〕弓道選手権開催　全日本弓道選手権の遠的の試合が京都でおこなわれた。一般男子は杉勲 (神奈川)、一般女子は川村芳子 (静岡) が優勝。大学男子は淵野耕三 (国学院)、大学女子は山本清美 (筑波大) が優勝した。

5.3 〔障害者スポーツ〕車いすバスケット開催　車いすのバスケットボール大会開く。

5.9 〔登山〕ダウラギリに大阪隊が登頂　大阪府山岳連盟ダウラギリⅢ峰登山隊 (西前四郎隊長ら13人) がダウラギリⅢ峰 (7661m) の初登頂に成功した。

5.11～24 〔卓球〕日中交歓卓球開催　中国の男女卓球チームが来日、大津を皮切りに福岡、香川、名古屋、甲府、東京と6回対戦。名古屋大会で中国が男女とも勝ったほかは男女あわせて1勝1敗の結果で、通算男子は日本の3勝3敗、女子は日本の2勝4敗。

5.13 〔プロ野球〕野村が2500安打　プロ野球パ・リーグ南海の野村克也捕手 (監督兼任) は、対ロッテ5回戦の5回表に三遊間安打をはなち、日本野球界初

の通算 2500 安打を記録した。

5.13 〔登山〕チューレン・ヒマール登頂　明治大学アルペンクラブ遠征隊 (西前四郎隊長ら 10 人) は、中部ヒマラヤのチューレン・ヒマール峰 (7371m) の登頂に成功した。

5.14〜18 〔ゴルフ〕日本プロマッチ開催　男子プロ・ゴルフの日本マッチプレー大会が戸塚ゴルフ場でおこなわれ、決勝で村上隆と鷹巣南雄が対戦、最終 18 ホールまでもつれて村上が 2up で勝ち優勝した。

5.16 〔登山〕女性初のエベレスト登頂　エベレスト日本女子登山隊 (久野英子隊長ら 15 人) の田部井淳子登攀隊長はシェルパのアンツェリンとともに世界最高峰のエベレスト (8848m) の登頂に成功した。女性隊によるエベレスト登頂は世界で初めて。同隊は 5 月 4 日に大雪崩によって 13 人が負傷するという事故に見舞われたが、最初のアタックで見事に登頂に成功した。日本隊としては 1973 年 (昭和 48 年) 10 月の日本エベレスト登山隊の登頂について 2 度目。女子登山隊として初のエベレスト登頂に成功した同隊に対して、30 日、ネパール国王から最高勲章が親授された。帰国後、6 月 20 日、文部大臣からスポーツ功労賞が授与された。

5.25 〔大学野球〕明大が 3 年ぶり優勝　東京六大学野球は、明大が 3 年ぶり 16 回目の優勝を完全優勝で飾った。明大は 10 月 27 日、秋季も勝ち、通算 17 回目の優勝。

5.25 〔バレーボール〕日ソ対抗開催　ソ連の男女バレーボール・チームが来日、東京ほか各地で全日本チームと 4 試合ずつおこなった。全日本女子は 4 戦 4 勝 (前年は 6 試合で 4 勝 2 敗)、男子は 4 戦 4 敗 (前年は 1 勝 5 敗)、男子は 4 試合通算でセット数 2-12 と完敗におわった。

5.25 〔相撲〕北の湖が 4 回目の優勝　大相撲夏場所は横綱・輪島が 4 日目から休場、一人横綱となった北の湖がふんばり、14 日目で 4 回目の優勝をきめた (13 勝 2 敗)。殊勲賞は西前頭 9 枚目で 10 勝 5 敗の金剛 (2 回目)、敢闘賞は 9 勝 6 敗の小結・麒麟児 (2 回目)、技能賞は東前頭 4 枚目で 11 勝 4 敗の旭国 (3 回目)。なお西前頭 5 枚目の龍虎は三日目から休場、そのまま引退した。

5.25 〔競馬〕日本ダービーはカブラヤオー　第 42 回日本ダービー (東京優駿) が東京競馬場 (芝 2400m) で行われ、さつき賞を勝って一番人気のカブラヤオー (菅原泰夫騎手) が 2 分 28 秒 0 で 1 着となった。1 馬身 1/4 差の 2 着はさつき賞と同じくロングファスト、3 着はハーバーヤング。ダービーでの逃げ切り勝ちは 1968 年 (昭和 43 年) のタニノハローモア以来 7 年ぶり。売上げは前年よりわすがに増え 119 億 6000 万円とダービー売上記録を更新。菅原泰夫騎手は、競馬史上初のクラシック年間 4 連勝。

5.29 〔社会スポーツ〕なわ跳び世界記録　埼玉の鈴木勝己氏が 4 時間 22 分 50 秒のなわ跳び世界記録を樹立。7 月 22 日には自己記録を更新する 5 時間 11 分の世界新記録を達成。

5.30〜6.1 〔陸上〕陸上日本選手権開催　第 59 回日本陸上競技選手権大会が東京・国立競技場で開催された。男子 100m は神野正英 (新日鉄) が 10 秒 63 で優勝、

大会3連覇。女子100mと200mは大学生を抑えて大迫夕起子(鹿児島女高)が2種目優勝。女子走り高跳びで前年9月の全日本女子大会で日本記録を更新した稲岡美千代(大京観光)は自己記録に及ばず3位、同大会でやり投げの日本記録を更新した高坂美恵子(日体ク)は優勝したが自己記録にとどかず。

6.1 〔障害者スポーツ〕フェスピック開催 第1回極東・南太平洋身体障害者スポーツ大会(フェスピック)大分で開催。

6.5〜8 〔レスリング〕日本選手権開催 全日本レスリング選手権大会が早大で開催された。フリースタイルの48kg級は工藤章(専大)、52kg級は高田裕司(日体大)、68kg級は菅原弥三郎(国士大出)、74kg級は出河満男(自衛隊)、82kg級は茂木優(秋田商高教)、90kg級は鎌田誠(自衛隊)、100kg級は斎藤真(浦安高教)、100kg以上級は磯貝頼秀(ゼネラル石油)がそれぞれ前年につづき2年連続優勝、57kg級は荒井政雄(斎藤道場)、62kg級は梁正模(韓国)が優勝。グレコローマンの石田和春(小玉合名)、52kg級は平山紘一郎、62kg級は宮原照彦(鹿児島実航教)、68kg級は小林武(自衛隊)、74kg級は長友寧雄(警視庁)がそれぞれ前年につづき2年連続優勝、57kg級は長内清一(日体大)、82kg級は伊沢厚(警視庁)、90kg級は藤森安一(日体大)が優勝した。

6.6 〔バドミントン〕ユーバー杯で日本敗れる 第7回ユーバー杯世界女子バドミントン選手権大会の決勝は、インドネシアのジャカルタで日本とインドネシアが対戦しておこなわれた。日本は相沢悦子・竹中マチ子組が敗れて苦戦となり、結局、2-5でインドネシアに敗れ、ユーバー杯を失った。

6.7 〔ボクシング〕輪島が王座失う プロ・ボクシングWBA世界ジュニア・ミドル級チャンピオンの輪島功一(三迫)は、柳済斗(韓国)を迎えて北州でタイトル・マッチをおこない、7回KOで輪島が破れ、1月にアルバラード(米)から奪ったタイトルを防衛できず王座を降りた。

6.11 〔大学野球〕駒沢大が11年ぶり優勝 大学野球選手権、駒沢大は11年ぶり2回目の優勝。

6.23〜7.5 〔テニス〕全英で沢松組が優勝 第89回全英オープン・テニス選手権大会がウィンブルドンで開催された。男子単はアッシュ(米)が前年の覇者コナーズ(米)に2-1で勝って初優勝。男子複はゲレルティス、メイヤー組(米)が優勝。女子単はキング(米)がコーリー(豪)を下して優勝。女子複は沢松和子(河崎)が日系三世のアン・キヨムラ(米)と組んで優勝。ウィンブルドン大会での日本女子選手の優勝は初。日本人がこの大会で優勝したのは、1934年(昭和9年)、三木竜喜(大阪高商出)が当時の英国女子の第一人者のドロシー・ラウンドと組んで混合複に優勝して以来41年ぶり。

6.25〜28 〔ゴルフ〕アマ選手権で倉本が優勝 日本アマチュア・ゴルフ選手権大会がセントラル・ゴルフ場で開催され、倉本昌弘(日大)が290で優勝。2位は1打差の泉憲二(三好)、3位は石田弘行(中山)。

7.5 〔ボクシング〕柴田が王座失う プロ・ボクシングWBC世界ジュニア・ライト級チャンピオンの柴田国明(BVD)は、エスカレア(プエルトリコ)を迎

えて那珂町でタイトル・マッチをおこない、2回にKOを喫する不覚でタイトルを失った。日本のプロ・ボクシング界は1月にWBC世界フライ級の小熊正二(新日本)、4月にWBA世界フライ級の花形進(横浜協栄)、6月にWBA世界ジュニア・ミドル級の輪島功一(三迫)がタイトルを失い、これで4人目。

7.6 〔バスケットボール〕松下電器が優勝 第9回日本バスケットボール・リーグの後期日程が終了。男子は松下電器が9勝1敗で8年ぶりに優勝。前年優勝の住友金属が2位、3位日本鋼管。女子は前期の対戦だけで、日立戸塚が5勝で優勝、2位はユニチカ山崎、前年優勝の第一勧銀は3位。

7.11〜13 〔ゴルフ〕女子プロゴルフ選手権開催 日本女子プロゴルフ選手権大会がPLゴルフ場で開催された。山崎小夜子(パリス)が223で優勝、1打差の2位は大迫たつ子(宝塚)。前年優勝の樋口久子(冨士ゼロックス)は3位。

7.22〜27 〔水泳〕田口が100m2位 第2回世界水泳選手権大会がコロンビアのカリで開催された。米国が強さを見せる中、田口信教が100m平泳ぎで2位に入った。

7.25 〔相撲〕金剛が平幕優勝 大相撲名古屋場所は、横綱・輪島が休場、大関・貴ノ花も途中休場、横綱・北の湖が9勝、大関・魁傑と三重ノ海、麒麟児の両関脇が8勝どまりと上位が振るわず、西前頭筆頭の金剛が13勝2敗で初優勝した。殊勲賞は金剛(3回目)。敢闘賞は東前頭5枚目の青葉城(初)、技能賞は11勝4敗の小結・旭国が先場所につづき4回目の受賞。大相撲の平幕優勝は高見山以来3年ぶり。

8.3 〔社会人野球〕電電関東が6年ぶり優勝 第46回都市対抗野球大会は電電関東(千葉市)が6年ぶり2回目の優勝を飾る。

8.3〜10 〔テニス〕福井が3年連続三冠 全国高校テニス選手権大会が東京・神宮外延テニス場でおこなわれた。男子単は福井烈(柳川商)、男子複も福井・植田の柳川商組が優勝、男子団体も柳川商が優勝。これで福井は3年連続で単・複・団体の三冠。女子単は渡部(柳川商)、女子複は浜根・松木(園田学園)、女子団体は市邨学園が優勝。

8.24 〔高校野球〕習志野が8年ぶり優勝 第57回全国高校野球選手権大会は、台風の影響で日程が順延され17日間にわたる長期大会となった。大会前から東海大相模(神奈川)の原辰徳三塁手の人気が高く大会史上かつてみない盛りあがりをみせた。東海大相模は準々決勝で上尾(埼玉)に敗退、その上尾を準決勝で下した新居浜商(愛媛)と、準々決勝23安打、準決勝10安打と強打で勝ち進んだ習志野(千葉)が決勝で対戦、4-4の同点の9回裏2死からサヨナラ安打で習志野が1点を加えて、8年ぶり2回目の優勝をはたした。決勝戦では場外に1万5千人ものファンがあふれる熱狂ぶりだった。

8.27〜30 〔水泳〕日本選手権開催 水泳の日本選手権大会が大阪プールで開催された。男子100m自由形はモンゴメリー(米)が51秒76で優勝、同200mはファーニス、400mもファーニス、1500mはグッテルと米国勢が優勝しただけでなく3位までを米国勢が占めた。男子100m平泳ぎで田口信教(広島修

1975 年 (昭和 50 年)　　　　　　　　　　　　　　　　　　　　　日本スポーツ事典

道大院) がカレラ (米) を抑えて日本人唯一の優勝、しかし同 200m は田口が 2 分 23 秒 04 の日本新を記録したもののカレラに敗れ 2 位。100m バタフライはバクスター、同 200m はグレッグ、100m 背泳ぎはネイバー、同 200m もネイバー、200m 個人メドレーはカリントン、同 400m はファーニスが優勝。女子も全種目米選手が優勝。200m 背泳ぎで松村鈴子 (イトマン SC) が 2 分 21 秒 28 の日本新で 2 位になったほかは、3 位入賞が 3 種目あるだけで上位を米選手が独占。モンゴメリーは 100m 自由形の世界記録 (51 秒 12) 保持者、ファーニスは同 200m の世界記録 (1 分 50 秒 89) と 200m 個人メドレーの世界記録 (2 分 06 秒 32) の保持者という強豪相手とはいえ、日本選手権で日本人の優勝が男女合わせて田口の 100m 平泳ぎただ一つという記録の惨敗。

9.25　〔ゴルフ〕村上が悲願の日本一　日本オープンゴルフが 4 日間の日程を終えた。村上隆が悲願の日本一になった。

9.28　〔相撲〕貴ノ花が 3 場所ぶり優勝　大相撲秋場所は、大関・貴ノ花が 12 勝 3 敗で 2 回目の優勝。殊勲賞は関脇・麒麟児 (初)。敢闘賞は前頭 7 枚目・鷲羽山 (2 回目)。技能賞は関脇・旭国 (5 回目)。

10.3　〔バスケットボール〕生井が MVP　バスケットボールの女子世界選手権大会で 127 得点をあげた生井けい子が最高殊勲選手に。日本は第 2 位。

10.10　〔プロ野球〕巨人初の最下位　巨人軍の球団史上初の最下位が決定。

10.12　〔陸上〕高根沢が日本新記録　第 1 回日中対抗陸上競技大会で、高根沢威夫 (本田技研) が棒高跳びで 5m31 の日本新記録をマーク。16 日には 5m41 を跳び、自己の記録をさらに更新した。

10.12　〔体操〕岡崎が中学生初の優勝　第 29 回全日本体操競技選手権大会で岡崎聡子 (城南中 3 年)、中学生としてはじめて跳馬で優勝。

10.15　〔プロ野球〕広島が 26 年目の初優勝　プロ野球セ・リーグは、広島カープ (古葉竹識監督) が球団創設以来 26 年目で初めてのリーグ優勝。最終順位は 2 位中日、3 位阪神、4 位ヤクルト、5 位大洋、6 位巨人。

10.19　〔陸上〕第 1 回日中親善陸上競技開催　曾根幹子 (大昭和) が女子走り高跳で 1m84、今野美加代 (田尻高教) が女子 1500m で 4 分 21 秒 0、長尾隆史 (岡山工高) が男子 400m で 46 秒 82 の高校新記録。

10.20　〔プロ野球〕阪急が 3 年ぶりリーグ優勝　パ・リーグは、前期優勝の阪急 (上田利治監督) がプレーオフで後期優勝の近鉄を 3 勝 1 敗で破り、3 年ぶりのリーグ優勝を飾る。最終順位は 2 位近鉄、3 位太平洋、4 位ロッテ、5 位南海、6 位日本ハム。

10.26　〔ゴルフ〕東海クラシック開催　東海クラシックゴルフは宮本康弘に初栄冠。女子は樋口久子 4 度目優勝。

10.26〜31　〔国民体育大会〕みえ国体開催　30 回みえ国体秋季大会 1 万 7 千人が参加して開幕、同 31 日閉幕、天皇杯、皇后杯はともに地元三重県に輝く。

10.28　〔大学野球〕大学野球の史上最長試合　早慶戦延長実に 18 回、六大学野球史上最長試合、慶応大がサヨナラ勝ち。

11.1 〔柔道〕全日本学生柔道選手権開催　第27回全日本学生柔道選手権大会で東海大の知念利和三段が優勝。

11.2 〔プロ野球〕阪急が40年目で初の日本一　プロ野球・第26回日本シリーズは、パ・リーグ優勝の阪急(上田利治監督)が広島を4勝0敗2分で下し、球団創設以来40年目で初の日本一に輝いた。シリーズMVPは山口高志。

11.2 〔ヨット〕海洋博記念で戸塚が優勝　沖縄海洋博覧会記念の太平洋横断ヨットレースは、単独ヨットレースで戸塚宏(後の戸塚ヨットスクール校長)が優勝。

11.3 〔サッカー〕早大が3年ぶり優勝　関東大学サッカーで早大が3年ぶりに優勝。

11.4 〔プロ野球〕加藤・山本がMVP　プロ野球最優秀選手にパ・リーグの加藤秀司(阪急)、セ・リーグの山本浩二(広島)両選手が選ばれた。

11.8 〔陸上〕全日本陸上開催　全日本陸上で曾根幹子が女子走り高飛びに1m85、男子円盤で川崎清貴が53m18ともに日本新。

11.9 〔相撲〕明大が16年ぶり優勝　第53回全国学生相撲選手権で明大が16年ぶり5回目の優勝。

11.9 〔競馬〕コクサイプリンスが菊花賞勝利　第36回菊花賞レースが京都競馬場(芝3000m)で行われ、コクサイプリンス(中島啓之騎手)が3分11秒1で1着となった。

11.10 〔社会人野球〕鐘淵化学が優勝　第2回社会人野球日本選手権で鐘淵化学が優勝。

11.16 〔体操〕国際選抜大会開催　国際選抜体操名古屋大会が開かれ、男子は梶山広司(日大)、女子はエッシャー(東独)。

11.16 〔ゴルフ〕村上が4冠　ゴルフの村上隆が日本シリーズ初優勝し、日本マッチプレー、日本オープン、日本プロに続き日本四大タイトル独占の偉業を達成。

11.23 〔ゴルフ〕日米対抗ゴルフ開催　日米対抗ゴルフで団体は日本が2年ぶりに2度目、個人は中村通(サントリー)が初優勝。

11.23 〔相撲〕三重ノ海が初優勝　大相撲九州場所は、関脇・三重ノ海が13勝2敗で初優勝。殊勲賞は関脇・三重ノ海(5回目)。敢闘賞は前頭11枚目・青葉山(初)。技能賞は関脇・三重ノ海(3回目)。三重ノ海は場所後の番付編成会議で大関昇進を決めた。

11.23 〔自動車〕高橋国光が2回目の優勝　富士ビクトリー200キロレースで高橋国光が2回目の優勝。

11.26 〔バスケットボール〕アジア男子選手権で完敗　バスケットボールのモントリオール・オリンピック大会出場権をかけた第8回アジア男子選手権大会で日本、中国に完敗。

11.28 〔スピードスケート〕浅間選抜競技会開催　第6回スピードスケート浅間選抜競技会で男子3000mに川原正行が4分20秒1の日本新記録、川原は5000m

にも7分29秒6の驚異の日本新を樹立。

12.1 〔ホッケー〕天理大が7年連続優勝　第49回全日本ホッケー選手権で天理大が7年連続で8回目の優勝を飾った。

12.7 〔マラソン〕福岡国際マラソン開催　第10回福岡国際マラソン選手権大会でカナダのジェロム・ドレイトンが6年ぶり2回目の優勝。

12.11 〔テニス〕日本が12連敗　デ杯テニス東洋ゾーン2回戦で日本、インドに1956年以来の12連敗。

12.14 〔サッカー〕ヤンマーが3回目の優勝　第11回日本サッカーリーグ(1部)でヤンマーディーゼルが3回目の優勝。ヤンマーの釜本邦茂は5度目の得点王になった。

12.14 〔ハンドボール〕史上初の3年連続三冠王　全日本ハンドボール、男子で大同製鋼(愛知)史上初の3年連続三冠王。

12.14 〔競馬〕有馬記念はイシノアラシ　第20回有馬記念レースが中山競馬場(芝2500m)で行われ、イシノアラシ(加賀武見騎手)が2分38秒1で1着となった。同レースの売上高は41億8827万3400円。

12.17 〔一般〕古賀にソ連スポーツ・マスター　ソ連体育スポーツ国家委員会からソ連スポーツ選手の最高栄誉である「ソ連スポーツ・マスター」が東海大の古賀正一講師に贈られた。

12.21 〔バスケットボール〕明大が2年連続優勝　第27回全日本学生男子バスケットボール選手権大会で明大が2年連続優勝。

12月 〔一般〕日本プロスポーツ大賞決定　1975年(昭和50年)の日本プロスポーツ大賞(日本プロスポーツ協会主催)は、大賞が広島東洋カープ(プロ野球)、殊勲賞が村上隆(男子プロゴルフ)、沢松和子(テニス)、ガッツ石松(プロボクシング)に決定。

水をあけられた日本競泳陣

　世界の競泳界は1970年代に入ってぐんぐんと記録を伸ばした。女子では15歳のシェーン・グールド(豪)が1971年4月から12月の間に自由形100、200、400、800、1500mの世界記録を更新。この段階で1500mの記録は男子の日本記録を上まわった。東京五輪の後、オーストラリアが組織的にはじめた英才教育の成果といわれる。男子では20歳のジェームス・モンゴメリー(米)が1975年に100m自由形で初めて51秒のカベを破り50秒59を記録。そのモンゴメリーらを迎えた1975年度日本選手権水泳競技大会は、100、200、400、1500(女子は800)m自由形、100、200m平泳ぎ、100、200mバタフライ、100、200m背泳ぎ、200、400m個人メドレーの男女各12種目のうち、日本選手が勝ったのは男子100m平泳ぎの田口信教だけ、その他の男女23種目はすべて米国選手が優勝、しかも上位3位までを米国勢が占めたのが15種目。1975年時点では、400、800、1500m自由形の女子世界記録が男子日本記録を凌ぐ。女子の世界記録と日本記録の差は、400m自由形で22秒以上、800mで42秒以上、1500mではおよそ2分8秒。400mでは世界記録の泳者が最後の350のターンをしたとき日本記録の泳者は300のターンをしたばかり、1500mでは日本記

録の泳者が 1400 のターンをするより前に世界記録の泳者はゴールするという大差である。

1976年
(昭和 51 年)

1.1　〔サッカー〕日立製作所が優勝　第55回天皇杯全日本サッカー選手権大会は日立製作所がフジタ工業を2-0で下して3年ぶり2回目の優勝。

1.3　〔駅伝〕大東大が総合優勝　第52回東京‐箱根間往復大学駅伝競走は、往路1位、復路2位の大東大が11時間35分56秒のタイムで2年連続総合優勝。復路1位は日体大。

1.4　〔ラグビー〕明大が早大を破り優勝　第12回全国大学ラグビー選手権で明大が早大を破り優勝。早大は史上初の3連覇ならず。

1.6　〔バスケットボール〕松下電器が初優勝　全日本総合バスケットボール選手権大会の男子は松下電器が初優勝。

1.8　〔高校サッカー〕浦和南が2回目の優勝　全国高校サッカー選手権で浦和南高が6年ぶり2回目の優勝。

1.8　〔ラグビー〕三菱重工京都が優勝　全国社会人ラグビー大会で三菱重工京都が2回目の優勝。

1.8　〔バスケットボール〕日立戸塚が初優勝　全日本バスケットボール選手権大会の女子は日立戸塚が初優勝。日立戸塚は日本リーグ優勝と合わせて二冠。

1.9　〔ラグビー〕国学院久我山高が初優勝　全国高校ラグビー大会で国学院久我山高が初優勝。

1.11　〔アメリカンフットボール〕ライスボウルで関西が優勝　アメリカンフットボールの第29回ライスボウルで関西代表が優勝。

1.11　〔相撲〕日大が団体優勝　第25回全国大学選抜相撲大会で団体は日大、個人は藤沢(同大1年)が優勝。

1.15　〔ラグビー〕明大が初優勝　第13回ラグビー日本選手権大会は明大が三菱自工京都を37-12で下して初優勝。

1.18　〔アメリカンフットボール〕初のジャパンボウル開催　アメリカンフットボールの米国チームの公式戦、初のジャパンボウルが国立競技場で開催され、68000人の観衆を集めた。

1.18　〔アイスホッケー〕王子製紙が3年ぶりに優勝　全日本アイスホッケー選手権で王子製紙が岩倉組を破り3年ぶりに優勝。

1.20　〔スキー〕日大・大東大が優勝　第49回全日本学生スキー選手権男子総合で日大が7連覇。女子総合は大東大が2連覇。

1.24　〔アルペンスキー〕市村が7位に入賞　W杯アルペンスキー男子回転第5戦で市村政美が7位に入賞。W杯アルペンスキーでは日本選手の史上最高の

	成績。
1.25	〔相撲〕北の湖が5回目の優勝　大相撲初場所は、千秋楽の横綱対決(11年、63場所ぶり)で優勝が争われ、横綱・北の湖が13勝2敗で5回目の優勝。殊勲賞は小結・高見山(5回目)。敢闘賞は関脇・旭国(初)。技能賞は　鷲羽山(前頭6・1回目)。
1.25～28	〔国民体育大会〕北海道が総合11連覇　第31回国民体育大会冬季スケート競技会で北海道が総合11連覇。
1.26	〔プロ野球〕江夏が南海へ移籍　プロ野球の江夏豊投手(阪神)がトレードで南海へ移籍。6月、南海の野村克也選手兼監督が「プロ野球に革命を起こそう」の決め台詞で江夏をリリーフ専任投手へ転向させる。江夏はこの年、最多セーブ投手のタイトルを獲得するなど活躍、リリーフの役割が重要視されるようになるなどプロ野球に大きな影響を与えた。
1.26	〔相撲〕横綱審議会委員長に石井氏　日本相撲協会は、舟橋聖一氏死去に伴い、横綱審議会委員長に石井光次郎氏(86)の就任を決めた。
2.1	〔マラソン〕重竹が初優勝　第25回別府大分毎日マラソン大会で重竹幸夫が2時間14分22秒2で初優勝。初出場の中国3選手は44位が最高。
2.4～16	〔オリンピック〕インスブルック冬季五輪開催　第12回オリンピック冬季大会がインスブルック(オーストリア)で開催された。参加37ヶ国。金メダル獲得数はソ連13、東ドイツ7。日本勢は3位までの入賞者なしに終わった。
2.14	〔バレーボール〕日立が5回目の優勝　バレーボール日本リーグ女子で日立が5回目の優勝。
2.14～17	〔国民体育大会〕富山県でスキー大会開催　第31回国民体育大会冬季スキー大会が富山県大山町で開催される。北海道が総合28連覇。
2.17	〔ボクシング〕輪島が王座奪回　プロ・ボクシングWBA世界ジュニア・ミドル級の前王者で同級9位の輪島功一がチャンピオンの柳済斗(韓国)を15回にKOしてタイトルを奪回。3度目の王座獲得となった。
2.28	〔バレーボール〕新日鉄が3連覇　バレーボール日本リーグ男子で新日鉄が3連覇。都市対抗、NHK杯、国体、全日本総合と史上初の5タイトル独占。
3.6	〔スキー〕全国身障者スキー大会開催　第5回全国身体障害者スキー大会が開催される。カナダからの特別参加者を含め、約100人が参加。
3.20	〔バレーボール〕日ソ対抗戦開催　日ソ対抗バレーボール女子で全日本が4戦全勝。男子は4勝1敗。
3.28	〔相撲〕輪島が8回目の優勝　大相撲春場所は、横綱・輪島が優勝決定戦で旭国を下し、13勝2敗で8回目の優勝。殊勲賞は前頭11枚目・北瀬海(初)。敢闘賞は小結・鷲羽山(3回目)。技能賞は関脇・旭国(6回目)。
3.29	〔高校野球〕戸田がノーヒットノーラン　第48回選抜高校野球大会で、糸魚川商工(新潟)と対戦した鉾田一(茨城)の戸田秀明投手がノーヒットノーランを達成した。選抜高校野球では9度目の快挙。

3.31	〔サッカー〕アジア予選出場権獲得ならず　サッカーのオリンピック・アジア予選で日本がイスラエルに敗れ、出場権獲得ならず。
4.6	〔高校野球〕崇徳が選抜初優勝　第48回選抜高校野球大会は、決勝戦で崇徳 (広島) が小山 (栃木) を5-0で下して初出場で初優勝した。
4.17	〔重量挙げ〕三木が世界新記録　全日本重量挙げ大会でバンタム級の三木功司がスナッチで120kgの世界新記録。
4.18	〔マラソン〕宇佐美が5回目の優勝　オリンピック代表選考を兼ねた第31回毎日マラソン兼日本選手権で宇佐美彰朗が2時間15分22秒で3年連続5回目の優勝。19日、代表に宇佐美、水上則安、宗茂の3選手が決定。
4.18	〔プロ野球〕加藤がノーヒットノーラン　プロ野球・巨人の加藤初投手が対広島戦でノーヒットノーランを達成した。
4.25	〔ゴルフ〕総武国際オープン開催　アジア・サーキットゴルフ最終戦総武国際オープンでベン・アルダ (フィリピン) が優勝。総合では許勝三 (台湾) が優勝。
4.25	〔競馬〕トウショウボーイが1着　第36回皐月賞レースが東京競馬場 (芝2000m) で行われ、トウショウボーイ (池上昌弘騎手) が2分01秒6で1着となった。2着は5馬身差でテンポイント。
4.29	〔柔道〕遠藤が初優勝　全日本柔道選手権大会は遠藤純男五段が初優勝。
4.29	〔競馬〕エリモジョージが天皇賞勝利　第73回天皇賞 (春) レースが京都競馬場 (芝3200m) で行われ、関西馬のエリモジョージ (福永洋一騎手) が3分27秒4で1着となった。
5.4	〔ヨット〕「サンバードV」が優勝　沖縄～東京ヨットレースで「サンバードV」が126時間49分46秒で優勝。
5.7	〔卓球〕河野・井上組優勝　平壌で開催されている第3回アジア卓球選手権大会の個人男子複で河野・井上組優勝。第1回大会から3連勝。日本、混合複とあわせ2種目制した。
5.8	〔ボクシング〕ガッツ石松が防衛失敗　プロ・ボクシング世界ライト級タイトルマッチでチャンピオンのガッツ石松が同級2位のエステバン・デ・ヘスに判定負け、6度目で王座防衛に失敗。
5.8	〔冒険〕植村が北極圏犬ぞり旅行　冒険家の植村直己 (35歳) が北極圏1万2千km単独犬ぞり旅行に成功。実質走行日数313日。
5.9	〔登山〕マッキンレーで遭難　アラスカの最高峰・マッキンレー・フォーレイカー峰で札幌EAC登山隊3人が遭難死。26日には三重鈴鹿のグループがマッキンリー南峰に登頂成功。
5.11	〔プロ野球〕戸田がノーヒットノーラン　プロ野球・阪急の戸田善紀投手が対南海戦でパ・リーグ18人目となるノーヒットノーランを達成した。
5.11	〔登山〕ヒマラヤジャヌー北壁初登頂　山岳同志会登山隊 (小西政継隊長) がヒマラヤのジャヌー北壁から初登頂。

1976年(昭和51年)

5.18　〔ボクシング〕輪島が防衛失敗　プロ・ボクシングWBA世界ジュニア・ミドル級タイトルマッチでチャンピオンの輪島功一が同級3位のホセ・デュラン(スペイン)にKO負け、王座防衛に失敗。11年ぶりに日本人世界チャンピオン不在に。

5.22　〔バレーボール〕日本が優勝　世界女子バレーボールで日本が優勝。

5.23　〔相撲〕北の湖が6回目の優勝　大相撲夏場所は、横綱北の湖が13勝2敗で6回目の優勝。殊勲賞は小結・北瀬海(2回目)。敢闘賞は前頭6枚目・魁傑(4回目)。技能賞は関脇・鷲羽山(2回目)。

5.23　〔競馬〕テイタニヤがGI連覇　第37回優駿牝馬(オークス)が東京競馬場(芝2400m)で行われ、テイタニヤ(嶋田功騎手)が2分34秒4で桜花賞に続き1着となった。

5.24　〔大学野球〕法政大が優勝　東京6大学野球春季リーグで法政大が優勝。

5.26　〔登山〕マッキンレー南峰登頂　三重鈴鹿の登山隊がアラスカの最高峰・マッキンレー南峰の登頂に成功した。

5.30　〔プロ野球〕王が通算2000四死球　プロ野球セ・リーグの王貞治一塁手(巨人)が通算2000四死球を記録。

5.30　〔競馬〕ダービーはクライムカイザー　第43回日本ダービー(東京優駿)が東京競馬場(芝2400m)で行われ、クライムカイザー(加賀武見騎手)が2分27秒6で1着となった。売り上げは117億円。

6.6　〔大学野球〕駒大・森が完全試合　大学野球選手権大会で駒大の森繁和投手が完全試合を達成した。

6.10　〔プロ野球〕張本が通算2500安打　プロ野球セ・リーグの張本勲(巨人)が通算2500安打を達成。野村克也(南海)に次いで2人目。20日、30試合連続安打のセ・リーグ新記録を達成。

6.11　〔大学野球〕東海大が2回目の優勝　第25回全日本大学野球選手権大会は、決勝戦で東海大が大阪商大を下して7年ぶり2回目の優勝。

6.13　〔柔道〕中央大が10年ぶり優勝　全日本学生柔道優勝大会で中央大が10年ぶり2回目の優勝。

6.13　〔重量挙げ〕因幡が世界新記録　重量挙げの因幡英昭がバンタム級スクワットで195kgの世界新記録。

6.26　〔大学野球〕日米大学野球選手権　日米大学野球選手権が開幕。開幕戦はアメリカが9-1で圧勝。7月5日に閉幕し、アメリカが5勝2敗で4連覇。

6.26　〔ゴルフ〕森がアマ優勝　日本アマチュアゴルフ選手権で森道応が優勝。

6.26　〔格闘技〕アリvs猪木は引き分け　格闘技世界一決定戦と銘打ったムハマド・アリ(米)×アントニオ猪木(日本)はスレ違い勝負で引き分け。

7.17〜8.1　〔オリンピック〕モントリオール五輪開催　第21回オリンピック大会がモントリオール(カナダ)で開催された。参加112ヶ国。台湾が国名呼称で不

1976年(昭和51年)　　　　　　　　　　　　　　　　　　日本スポーツ事典

参加のほか、アフリカ諸国が南ア問題で選手団引き揚げるなど不参加となり、"四輪大会"の汚名を残した。水泳男子100m自由形でJ・モンゴメリー(米)が49秒99を出すなど世界新が続出。日本は体操男子団体で五輪史上初の5連覇を達成。個人総合で加藤沢男が2位、塚原光男が3位。種目別の鞍馬で監物永三が2位。跳馬で塚原光男が2位、梶山広司が3位。鉄棒で塚原光男が1位、監物永三が2位。平行棒で加藤沢男が1位、塚原光男が3位。柔道は軽中量級で蔵本孝二が2位、中量級で園田勇が1位、軽重量級で二宮和弘が1位、重量級で遠藤純男が3位、無差別級で上村春樹が1位。レスリングはフリースタイル48kg級で工藤章が3位、52kg級で高田裕司が1位、57kg級で荒井政雄が3位、68kg級で菅原弥三郎が3位、74kg級で伊達治一郎が1位。グレコローマンスタイル52kg級で平山紘一郎が3位。重量挙げの男子60kg級で安藤謙吉が3位。女子バレーボールで日本が団体1位。アーチェリー男子個人で道永宏が2位となった。日本のメダル数は金9、銀6、銅10だった。

7.18　〔相撲〕輪島が9回目の優勝　大相撲名古屋場所は、横綱・輪島が14勝1敗で9回目の優勝。殊勲賞は前頭4枚目・麒麟児(2回目)。敢闘賞は前頭6枚目・若獅子(初)。技能賞は前頭4枚目・麒麟児(2回目)。

7.23　〔プロ野球〕王が700号本塁打　プロ野球セ・リーグの王貞治一塁手(巨人)が川崎球場で行われた対大洋戦で日本選手初の700号本塁打を達成。プロ18年、通算2270試合目での快挙。

7.31　〔登山〕エルブルース山登頂　植村直己がヨーロッパ最高峰エルブルース山(5633m)に登頂。

8.1　〔社会人野球〕日本鋼管が優勝　第47回都市対抗野球大会で日本鋼管(川崎市)が優勝。

8.7　〔ゴルフ〕樋口が優勝　欧州女子ゴルフ選手権で樋口久子が優勝。

8.21　〔高校野球〕桜美林が初出場初優勝　第58回全国高校野球選手権大会は、決勝戦で桜美林高(西東京)がPL学園(大阪)を4-3で下して初出場で初優勝。東京のチームの優勝は60年ぶり2回目。

8.24　〔プロ野球〕野村が5000塁打達成　プロ野球・南海ホークスの野村克也捕手が、日本プロ野球史上初の5000塁打を達成した。

8.25　〔野球〕クラブ対抗で全浦和が優勝　第1回全日本クラブ対抗野球大会で全浦和が優勝。準優勝は全足利。

8.28　〔野球〕調布リーグが優勝　第30回リトルリーグ世界野球選手権で調布リーグ(東京)がキャンベル(米カリフォルニア州)を10-3で破り優勝。日本の優勝は8年ぶり3度目。

8.30　〔高校野球〕平安高が6回目の優勝　全国高校軟式野球大会で平安高(京都)が静岡商を破り6回目の優勝。

9.5　〔ゴルフ〕ニクラウスが5回目の優勝　ゴルフのワールド・シリーズでジャック・ニクラウス(米)が5回目の優勝。初日1位の村上隆は9位に終わる。

9.5	〔自動車〕富士で生沢が優勝　富士グラン・チャンピオンシリーズ第3戦「富士インター200マイル」で生沢徹が優勝。
9.6	〔登山〕スキャン・カンリ登頂　学習院大カラコルム登山隊が未踏峰スキャン・カンリ(7544m)登頂に成功。
9.8	〔ゴルフ〕藤木が2回目の優勝　全日本アマゴルフで藤木三郎が2回目の優勝。
9.12	〔バレーボール〕中大が10回目の優勝　バレーボール全日本大学男子選手権で中大が2年ぶり10回目の優勝。
9.19～22	〔国民体育大会〕夏季大会が佐賀県で開催　第31回国民体育大会夏季大会が佐賀県で開催される。総合で水泳は東京、ヨットは佐賀、ボートは福井が優勝。男女総合優勝は東京。
9.26	〔ゴルフ〕金井が4年ぶりに優勝　日本プロゴルフ選手権大会は4人のプレーオフとなり金井清一(パレス)が4年ぶりに優勝した。
9.26	〔相撲〕魁傑が2回目の優勝　大相撲秋場所は、前頭4枚目の魁傑が14勝1敗で2回目の優勝。
9.29	〔ラグビー〕日英親善試合　日英親善ラグビー最終戦で日本選抜がクインズ大を破り、通算2勝3敗。
9.30	〔プロ野球〕阪急が完全優勝　パ・リーグは、阪急(上田利治監督)が前期優勝の阪急が後期も優勝し、2年連続7回目の優勝をはたした。前後期連続優勝はリーグ初。最終順位は2位南海、3位ロッテ、4位近鉄、5位日本ハム、6位太平洋。
10.3	〔マラソン〕宗猛が日本人初優勝　第46回コシチ・マラソン(チェコスロバキア)で宗猛が2時間18分42秒4で優勝。日本人の優勝は初めて。
10.9	〔ボクシング〕ロイヤル小林が世界王座　プロ・ボクシングWBC世界ジュニア・フェザー級8位のロイヤル小林が蔵前国技館でおこなわれたタイトル・マッチでチャンピオンのリゴベルト・リアスコ(パナマ)を8回48秒KOで下して世界タイトルを奪取した。
10.10	〔体操〕日本選手権開催　全日本体操選手権で男子は監物永三、女子は岡崎聡子が優勝。
10.10	〔プロ野球〕王がルースを超える　プロ野球・巨人の王貞治一塁手は後楽園での対阪神戦で本塁打を打ち、プロ通算714本塁打でベーブ・ルースの記録と並んだ。10月11日の対阪神戦でも本塁打を放ち、プロ通算715号としてベーブ・ルースの記録を超えた。
10.10	〔ゴルフ〕太平洋マスターズ開催　太平洋マスターズゴルフでジェリー・ペイトが初優勝し、アメリカ勢が3連覇。
10.10	〔ボクシング〕具志堅が世界王座　プロ・ボクシングWBA世界ジュニア・フライ級10位の具志堅用高がタイトル・マッチでチャンピオンのファン・グスマン(ドミニカ)を7回KOで下して世界チャンピオンとなった。

1976 年 (昭和 51 年)

10.12　〔プロ野球〕クラウンライターライオンズへ　プロ野球太平洋クラブ・ライオンズがクラウンライターライオンズに名称変更。

10.16　〔プロ野球〕巨人が 3 年ぶり優勝　プロ野球・セ・リーグは巨人 (長嶋茂雄監督) が 3 年ぶりに優勝。1 リーグ時代をあわせ 29 回目の優勝。最終順位は 2 位阪神、3 位広島、4 位中日、5 位ヤクルト、6 位大洋。

10.22　〔大学野球〕東洋大が初優勝　東都大学野球秋季リーグ戦で東洋大が創部 53 年目で初優勝。

10.24　〔F1〕富士スピードウェイ開催　アジアで初めての F1 世界選手権イン・ジャパン (富士スピードウェイ) はアンドレツティ(米) が初優勝。総合は J・ハント (英) が初栄冠。

10.25　〔大学野球〕法大が春秋連続優勝　東京六大学野球は法大が 2 度目の春秋連続優勝。通算 20 回目。

10.25　〔F1〕鈴鹿で初の F1 レース　鈴鹿サーキットで初の F1 レースが行われた。

10.29　〔国民体育大会〕国体秋季大会開催　第 32 回国体秋季大会閉幕。天皇杯 (男子総合優勝) は地元の佐賀 (開催県の優勝は 13 年連続)。皇后杯 (女子総合優勝) は東京が 3 年ぶり 19 回目。

11.2　〔プロ野球〕阪急が 2 年連続日本一　プロ野球・第 27 回日本シリーズは、パ・リーグ優勝の阪急 (上田利治監督) が 4 勝 3 敗で巨人を下して 2 年連続 2 回目の日本一に。阪急は対巨人 6 度目の挑戦で宿願を果たした。シリーズ MVP は福本豊。

11.6　〔社会人野球〕新日鉄名古屋が優勝　第 3 回社会人野球日本選手権大会で新日鉄名古屋 (東海北陸) が優勝。

11.7　〔ボート〕東レ滋賀が優勝　全日本ボート選手権のエイトで東レ滋賀が優勝。

11.9　〔大学野球〕明治神宮野球大会開催　明治神宮野球大会で大学は法政大、高校は早実高が優勝。

11.24　〔ボクシング〕ロイヤル小林が王座失う　ボクシング WBC 世界ジュニア・フェザー級チャンピオンのロイヤル小林はソウルで同級 1 位の廉東均 (韓国) に判定負け、45 日でタイトルを失った。

11.26　〔卓球〕阿部兄弟ペアが優勝　全日本卓球選手権の男子ダブルスで阿部勝幸・博幸組が優勝。兄弟ペアの優勝は史上初めて。

11.28　〔サッカー〕法政大が 6 年ぶり優勝　全国大学サッカー選手権で法政大が 6 年ぶり 2 回目の優勝。

11.28　〔バスケットボール〕松下電器が全勝優勝　バスケットボール日本リーグで松下電器が全勝優勝。

11.28　〔相撲〕北の湖が 7 回目の優勝　大相撲九州場所は、横綱・北の湖が 14 勝 1 敗で 7 回目の優勝。殊勲賞は関脇・若三杉 (初)。敢闘賞は関脇・魁傑 (6 回目)。技能賞は前頭 4 枚目・鷲羽山 (3 回目)。

11.28	〔競馬〕天皇賞はアイフル　第74回天皇賞(秋)レースが東京競馬場(芝2000m)で行われ、アイフル(嶋田功騎手)が3分20秒6で1着となった。
12.5	〔マラソン〕福岡で宗茂は4位　第11回福岡国際マラソンはジェローム・ドレイトン(カナダ)が2時間12分35秒0で2年連続3回目の優勝。モントリオール・オリンピック金メダリストのチェルピンスキーは3位、宗茂は4位。
12.5	〔剣道〕右田が優勝　全日本剣道選手権で初出場の右田幸次郎四段(熊本)が優勝。
12.12	〔アイスホッケー〕西武鉄道が5回目の優勝　日本アイスホッケーリーグで西武鉄道が5回目の優勝。
12.13	〔ゴルフ〕賞金獲得1位は青木　プロゴルフの76年公式行事終了。賞金獲得1位は青木功の4098万円。
12.16	〔一般〕日本プロスポーツ大賞決定　1976年(昭和51年)の日本プロスポーツ大賞(日本プロスポーツ協会主催)は、大賞が王貞治(プロ野球)、殊勲賞が具志堅用高(プロボクシング)、樋口久子(女子プロゴルフ)、阪急ブレーブス(プロ野球)に決定。
12.19	〔テニス〕アマの坂井が優勝　日本室内オープン・テニスでアマの坂井(住軽金)がプロの神和住(河崎)を破り初優勝。
12.19	〔競馬〕有馬記念はトウショウボーイ　第21回有馬記念レースが中山競馬場(芝2500m)で行われ、トウショウボーイ(武邦彦騎手)が2分34秒0で1着となった。1レース売り上げ170億円は史上最高。
12.26	〔駅伝〕大牟田高が2連覇　全国高校駅伝で大牟田高(福岡)が2時間9分57秒で2年連続優勝。

男子体操、五輪5連覇

　オリンピックの男子体操団体総合で、日本は1956年のメルボルン大会で2位、次のローマ大会で首位、それから東京、メキシコ、ミュンヘンと4大会つづけて優勝、モントリオール大会では故障者を出しながら王座を守り5連覇を達成した。この間の世界選手権の優勝と合わせて、世界制覇10連覇とする数え方もある。連覇の間、主軸選手が次々にうまく引き継がれてきた。メルボルンの前のヘルシンキ大会からローマ大会までの竹本正男、小野喬、ローマ、東京、メキシコの遠藤幸雄、鶴見修治、三栗崇、メキシコ、ミュンヘン、モントリオールの加藤沢男、中山彰規、塚原光男、監物永三、ミュンヘン、モントリオールの笠松茂らである。主軸選手が2～3大会連続出場し、すこしズレて重なって次の主軸を担う選手が登場、円滑に世代交替がおこなわれたことが見てとれる。東京大会の跳馬の山下治広の"山下跳び"、ミュンヘン大会鉄棒の塚原の"月面宙返り"など新しい技を生み出してもきた。1980年のモスクワ大会は不出場、次のロサンゼルス大会は、個人総合で具志堅幸司が優勝、種目別の吊り輪で具志堅、鉄棒で森末慎二が優勝したが、日本5連覇の間は常に2位につけていたソ連が不参加だったにもかかわらず団体優勝を逸し、地元米国が優勝、2位は中国で日本は3位におわった。このあとソウル、バルセロナと3大会つづけて3位。日本の男子体操はアテネ五輪で優勝、復活をはたしたかに見える

が、連覇期の強さを取り戻したか、アテネ組が健在の間に次の主軸を担う若手が成長することを期待したい。

1977年
(昭和52年)

1.1		〔サッカー〕古河電工が優勝　天皇杯全日本サッカー選手権大会は、決勝で古河電工がヤンマーを4-1で下して12年ぶりに優勝した。2月5日の日本リーグ戦も初優勝。
1.3		〔駅伝〕日体大が箱根優勝　第53回東京-箱根間往復大学駅伝競走は、日体大が往路・復路とも制して11時間31分11秒のタイムで4年ぶりの優勝をはたした。
1.3		〔ラグビー〕早大が優勝　第13回全国大学ラグビー選手権大会で早大が優勝。
1.3		〔ボクシング〕ボクシング保険が発足　KO負けした新人ボクサーが死亡。3月1日、ボクシング保険が発足。
1.6		〔バスケットボール〕日本鋼管・日立戸塚が優勝　会日本総合バスケットボール選手権大会の男子は日本鋼管、女子(9日)は日立戸塚が2年連続優勝した。
1.8		〔高校サッカー〕浦和南高が優勝　全国高校サッカー選手権大会で浦和南高が優勝。
1.8		〔ラグビー〕新日鉄釜石が優勝　全国社会人ラグビーで新日鉄釜石が優勝。
1.9		〔ラグビー〕目黒が優勝　全国高校ラグビー大会で目黒が優勝。
1.14		〔スピードスケート〕全日本スプリント開催　スピードスケートの全日本スプリント選手権大会で男子は大山三喜雄、女子は長屋真紀子が優勝。
1.15		〔ラグビー〕新日鉄釜石が初優勝　ラグビーの日本選手権大会は、新日鉄釜石が学生王者早大を27-12で下して初優勝した。
1.15〜16		〔ノルディックスキー〕国際ジャンプ大会開催　札幌でスキー国際ジャンプ大会が開催され、ワルター・シュタイナー(スイス)が連勝。
1.16		〔アイスホッケー〕王子製紙が優勝　全日本アイスホッケー選手権大会で王子製紙が優勝。
1.22〜25		〔国民体育大会〕冬季スケート競技会　国民体育大会冬季スケート競技会が開催され、総合で北海道が12連覇。女子は東京が優勝。
1.23		〔相撲〕輪島が10回目の優勝　大相撲初場所は、横綱・輪島が13勝2敗で10回目の優勝。殊勲賞は関脇・若三杉(2回目)。敢闘賞は関脇・魁傑(7回目)。技能賞は該当なし。
1.26		〔一般〕スポーツ指導者制度　日本体育協会が「公認スポーツ指導者制度」を制定した(4月に発足)。
2.5		〔サッカー〕古河電工が初優勝　第12回日本サッカーリーグで古河電工が初優勝。

1977年(昭和52年)

2.6　〔マラソン〕別府大分で浜田が優勝　別府大分マラソンで浜田安則が2時間13分57秒0で優勝。

2.6　〔ゴルフ〕ハワイで村上が2位　ハワイ・オープンゴルフで村上隆が2位。

2.9～12　〔アーチェリー〕亀井が2位　キャンベラでアーチェリー世界選手権大会が開催され、亀井孝が2位。

2.12　〔スピードスケート〕長屋が日本新記録　キーストンで開催されたスピードスケート女子世界選手権の500mで長屋真紀子が42秒6の日本新記録で4位。

2.16　〔登山〕マッターホルン北壁登頂　長谷川恒男(松戸市)がアルプスのマッターホルン(4478m)北壁の冬季単独登頂に成功した。日本人初、世界史上2二人目。

2.17～20　〔国民体育大会〕冬季スキー競技会開催　国民体育大会冬季スキー競技会が開催される。男女総合で北海道が29連覇。

2.19　〔ラグビー〕早大が不祥事　早大ラグビー部、部員・OBのタクシー強盗事件のため一年間公式試合辞退を発表(7/2自粛を半年後で解除と決まる)。

2.19　〔バレーボール〕日立が史上初4連覇　日本バレーボールリーグ女子は日立が史上初の4連覇。

2.20　〔マラソン〕青梅マラソンで死者　参加者1万710人と、大台を突破した第11回青梅マラソンで5人が倒れ、うち1人が死亡。大会史上初の死者。

2.20～22　〔スピードスケート〕山本が優勝　スピードスケート全日本選手権大会の男子総合で山本雅彦が優勝。

3.5　〔陸上〕広告ゼッケン認める　日本陸上競技連盟が「広告ゼッケン」の使用を認める規則改正。10月から実施。

3.5　〔フィギュアスケート〕佐野が日本人初の銅メダル　東京・国立代々木オリンピックプール特設リンクで開かれた77年フィギュアスケート世界選手権大会で佐野稔が日本人初の銅メダルを獲得した。同大会の日本での開催は初めて。

3.9　〔オリンピック〕モスクワ五輪独占放送　テレビ朝日がモスクワ五輪独占放送権を獲得(27億円)。放送界に波紋ひろがる。

3.10　〔サッカー〕W杯予選で日本連敗　サッカーのワールドカップ・アジア予選で日本がイスラエルに連敗。

3.10～21　〔アイスホッケー〕世界選手権開催　世界アイスホッケー選手権Bグループ大会が東京で開催され、日本は3位。

3.11　〔バレーボール〕男女ともに4連覇　日本バレーボールリーグ男子は新日鉄が4連覇。同リーグは女子の日立と男女ともに史上初の4連覇となった。

3.23　〔スピードスケート〕ソ連スケート選手権開催　アルマアタでおこなわれたソ連スケート選手権大会に出場した福田薫(日大)が男子500mで37秒65

の日本新、ほかに女子500mで長屋真紀子が41秒94など、男女9種目に計17の日本新が記録された。

3.26　〔バドミントン〕全英で湯木が優勝　ロンドンで開催された全英バドミントン選手権の女子単で湯木博恵が4回目の優勝。女子複でも栂野尾・植野組が優勝。

3.27　〔相撲〕北の湖が全勝優勝　大相撲春場所は、横綱・北の湖が15戦全勝で8回目の優勝 (初の全勝優勝)。殊勲賞は該当なし。敢闘賞は前頭7枚目・金城 (初)。技能賞は前頭1枚目・北瀬海 (初)。

3.27　〔剣道〕明治村剣道大会開催　第1回明治村剣道大会 (範士・教士八段以上の高段者選抜) が犬山市で開催された。

3.31　〔ボウリング〕国際女子選手権開催　第58回国際女子ボウリング選手権開催。山賀昭子 (34歳) が49,000人の参加者を勝ち抜いて優勝した。

4.5　〔卓球〕世界選手権で河野が優勝　イギリス・バーミンガムで開催された第34回世界卓球選手権大会の男子シングルスで河野満が優勝した。同大会での日本選手の優勝は8年ぶり。

4.7　〔高校野球〕箕島高が選抜優勝　第49回選抜高校野球大会は、決勝戦で箕島 (和歌山) が中村 (高知) を3-0で破って7年ぶりの優勝。

4.17　〔マラソン〕毎日マラソン開催　第32回毎日マラソンでカーレル・リスモン (ベルギー) が2時間14分8秒で優勝。

4.17　〔ボート〕早大が初のエイト6連勝　早慶レガッタがおこなわれ、早大がエイトで史上初の6連勝。

4.24　〔バドミントン〕湯木が6回目の優勝　全日本バドミントン大会女子単で湯木博恵が5年連続6回目の優勝。

4.26　〔水泳〕稲葉が日本新記録　南カリフォルニア大歓迎水泳競技福岡大会で稲葉和世が女子100m平泳ぎで1分14秒02、200m平泳ぎで2分37秒53の日本新記録。

4.29　〔柔道〕山下が史上最年少で優勝　全日本柔道選手権大会の決勝で19歳の山下泰裕四段 (東海大) が史上最年少で優勝した。

4.29　〔競馬〕天皇賞はテンポイント　第75回天皇賞 (春) レースが京都競馬場 (芝3200m) で行われ、テンポイント (鹿戸明騎手) が3分21秒7で1着となった。

5.1　〔陸上〕マスターズ陸上開催　第1回日本マスターズ陸上競技会が東京幡ヶ谷の元東京教育大学グラウンドで開催された。

5.8　〔バドミントン〕世界女子選手権開催　マルメで開催された世界バドミントン選手権大会の女子複で栂野尾悦子、植野恵美子組が優勝した。

5.22　〔相撲〕若三杉が初優勝　大相撲夏場所は、横綱・若三杉が13勝2敗で初優勝。殊勲賞は関脇・黒姫山 (2回目)。敢闘賞は前頭12枚目・栃赤城 (初)。技能賞は前頭4枚目・鷲羽山 (4回目)。

5.25	〔大学野球〕駒大が優勝	東都大学野球の春のリーグ戦で駒大が優勝。
5.29	〔大学野球〕立命大が優勝	春の関西6大学野球で立命大が優勝。
5.29	〔競馬〕日本ダービーはラッキールーラ	第44回日本ダービー(東京優駿)が東京競馬場(芝2400m)で行われ、ラッキールーラ(伊藤正徳騎手)が2分28秒7で1着となった。売り上げ148億円。
6.3～5	〔レスリング〕全日本アマ選手権開催	東京で全日本アマ・レスリング選手権が開催され、52kg級フリースタイルで高田裕司が5連覇。
6.5	〔体操〕笠松・岡崎が優勝	NHK杯体操競技会男子で笠松茂が優勝。女子は岡崎聡子が優勝。
6.8	〔大学野球〕駒大が3回目の優勝	全日本大学野球選手権は、駒大が決勝で東海大を下して3回目の優勝。
6.11～12	〔重量挙げ〕安藤が日本新記録	倉敷で全日本重量挙げ選手権大会が開催される。安藤謙吉が56kg級トータルで257.5kgの日本新記録。
6.12	〔ゴルフ〕樋口が日本人初の優勝	女子プロゴルフの全米女子プロゴルフ選手権大会で樋口久子が日本人初の優勝。
6.24	〔ゴルフ〕アマ選手権で倉本が優勝	日本アマゴルフ選手権で倉本昌弘が優勝。
6.30	〔陸上〕鎌田が1万m日本新	ヘルシンキ国際陸上競技会の男子1万mでキモンバ(ケニア)が27分30秒5の世界新で優勝、鎌田俊明は日本人で初めて28分の壁を破る27分48秒6の日本新を記録。
7.3	〔柔道〕山下が95kg超級優勝	全日本選抜柔道体重別選手権大会(世界柔道選手権代表選抜)の95kg超級で山下泰裕(東海大)が優勝。
7.5	〔陸上〕鎌田が日本新記録	鎌田俊明がストックホルムで行われた陸上男子5000mで13分25秒4の日本新記録。
7.6	〔プロ野球〕福本が通算597盗塁	プロ野球・阪急ブレーブスの福本豊外野手は盗塁をきめ、プロ通算597盗塁の日本新記録を樹立。
7.8	〔水泳〕稲葉が優勝	サンタクララ国際水泳大会の女子200m平泳ぎで稲葉和世が2分42秒12で優勝。
7.10	〔大学野球〕日米大学野球選手権開催	日米大学野球選手権がロサンゼルスで2日から開催。10日まで7試合が行われ、アメリカが5勝2敗で5年連続優勝。
7.17	〔相撲〕輪島が3度目の全勝優勝	大相撲名古屋場所は、横綱・輪島が3度目の全勝で11回目(今年2回目)の優勝。殊勲賞は該当なし。敢闘賞は該当なし。技能賞は鷲羽山(前頭1・5回目)。
7.18	〔プロ野球〕王が四球世界新記録	プロ野球・巨人の王貞治一塁手は四球で出塁、プロ通算2057四球で、ベーブ・ルースを抜く世界新記録となった。
7.26	〔水泳〕山崎が日本新記録	水泳の女子100m自由形で山崎幸子が日本女子

で初めて1分を切る59秒9の日本新記録。8月25日の水泳日本選手権では電気計時で59秒90の日本新記録。

7.31 〔ヨット〕世界一周ヨット帰港　大平雄三・さち子夫婦のヨット「さちかぜ」が、世界一周の旅を終えて母港の北九州市・砂津港に812日ぶりに帰港した。夫婦でのヨット世界一周は日本人で初めて。

8.1 〔プロ野球〕タイムのルール改正　プロ野球で選手の安全のため「プレー中のタイムが可能」のルール改正が行われ、7月29日に遡り発効。4月29日の佐野外野手(阪神)の負傷がきっかけ。

8.1～6 〔サッカー〕初の少年サッカー大会　第1回全日本少年サッカー大会が開催された。

8.1～22 〔水泳〕塚崎が日本新記録　全国高校総合体育大会が中国5県で開催される。競泳男子400m自由形で塚崎修治が4分10秒03の日本新記録。

8.2 〔プロ野球〕大洋が横浜へ移転　プロ野球セ・リーグの大洋球団が横浜への本拠地移転を発表。

8.2 〔社会人野球〕神戸製鋼が初優勝　第48回都市対抗野球大会は、神戸製鋼(神戸市)が初優勝した。

8.8 〔登山〕カラコルムK2登頂　日本登山隊が世界第2の高峰カラコルムのK2(8611m)の登頂に成功、23年前のイタリア隊に次ぐ史上2度目の快挙。

8.17～28 〔ユニバーシアード〕ソフィア大会開催　ユニバーシアードの夏季大会がブルガリアのソフィアで開催された。日本の金メダルは5個。

8.19 〔高校野球〕軟式野球大会が中止　定時制・通信制高校軟式野球大会が東京地方の長雨で中止となる。

8.20 〔高校野球〕東洋大姫路が初優勝　第59回全国高校野球選手権大会は、東洋大姫路高が決勝戦で、延長10回、劇的なサヨナラ3ランホームランで、東邦高を4-1で下して初優勝した。

8.25 〔オリンピック〕五輪名古屋市誘致に意欲　1988年五輪を名古屋市に誘致しようと仲谷愛知県知事が提唱。

8.31 〔自転車〕中野が世界で初優勝　ベネズエラで開催された世界自転車競技選手権プロ・スクラッチで中野浩一が初優勝、菅田順和が2着。同国選手が1・2着を占めたのは大会史上初。

9.3 〔陸上〕石井が日本新記録　ジュッセルドルフで開催された第1回ワールドカップ陸上競技選手権大会の男子1500mで石井隆士が3分38秒2の日本新記録。

9.3 〔プロ野球〕王が世界新756号　プロ野球・巨人の王貞治一塁手は、対ヤクルト戦で本塁打をはなち、プロ通算756号となった。これでハンク・アーロンの記録を抜いて世界新記録を樹立。5日、国民栄誉賞第1号を授与された。

9.4～7 〔国民体育大会〕夏季大会を青森県で開催　第32回国民体育大会夏季大会が青森県で開催され、水泳男女総合で東京が3連覇。

9.8	〔ラグビー〕国際親善ラグビー開催　国際親善ラグビーのスコットランド代表が来日。全日本などと試合を行い、3戦全勝。
9.13	〔ゴルフ〕倉本が優勝　全日本アマゴルフ選手権大会で倉本昌弘が優勝。
9.14	〔サッカー〕ペレの引退試合に大観衆　「サッカーの王様」ペレの引退試合、コスモス (米プロチーム) 対日本代表戦が行われ、6万5000人の大観衆が観戦。
9.18	〔重量挙げ〕56kg級で細谷が優勝　シュツットガルトで開催された世界重量挙げ選手権大会の56kg級で細谷治朗が優勝。同大会の日本人として4人目の栄冠。
9.23	〔プロ野球〕巨人が2年連続優勝　プロ野球セ・リーグは、巨人 (長嶋茂雄監督) の2年連続21回目の優勝が決定。最終順位は2位ヤクルト、3位中日、4位阪神、5位広島、6位大洋。
9.25	〔ゴルフ〕中島が戦後最年少優勝　日本プロゴルフ選手権で新鋭の中島常幸 (22歳) が優勝。この大会の戦後の最年少優勝である。
9.25	〔相撲〕北の湖が全勝優勝　大相撲秋場所は、横綱・北の湖が15戦全勝で9回目の優勝。殊勲賞は小結・高見山 (6回目)。敢闘賞は前頭6枚目・豊山 (2回目)。技能賞は関脇・荒勢 (初)。
10.2～7	〔国民体育大会〕あすなろ国体開催　青森で第32回国民体育大会秋季大会 (あすなろ国体) が開催され、天皇杯 (男子総合優勝) は地元青森県、皇后杯 (女子総合優勝) は東京で20度目。男女総合優勝は青森県で、これで開催県が14年連続優勝。
10.8	〔ヨット〕手作りヨットで太平洋横断　岡村晴二の手作りヨット「シンシア3世号」が太平洋横断に成功してサンフランシスコに到着。宇部港を出港して146日目。
10.13	〔大学野球〕駒沢大が2連覇　東都大学野球で駒沢大が2連覇。
10.14	〔レスリング〕グレコローマン大会開幕　イエテボリで77年度世界レスリング選手権グレコローマン大会が開幕。16日、10階級に出場した日本選手全員が失格負け。
10.15	〔陸上〕原田が日本新記録　陸上競技の男子200mで原田康弘が21秒06の日本新記録。
10.15	〔プロ野球〕阪急が3連覇　パ・リーグはプレーオフで阪急 (上田利治監督) がロッテを破り3連覇。最終順位は2位南海、3位ロッテ、4位近鉄、5位日本ハム、6位クラウン。
10.22	〔体操〕全日本選手権開催　全日本体操選手の男子総合で笠松茂、女子総合で赤羽綾子が優勝。今大会には小学生選手が初出場した。
10.22	〔サッカー〕日本初のプロ選手　ドイツのサッカー・チームに加入して日本初のプロサッカー選手となった奥寺康彦 (FCケルン) がデュイスブルグ戦に初出場した。

10.23　〔陸上〕小川が日本新記録　走り高跳びで小川稔が2m22の日本新記録。
10.23　〔大学野球〕法大が4シーズン連覇　東京六大学野球は法大が春についで優勝し4シーズン連覇。史上初の2度目の4連覇である。
10.23　〔レスリング〕52kg級で高田が優勝　世界アマ・レスリング選手権大会・フリースタイル52kg級で高田裕司が優勝、モントリオール五輪を含めて4連覇。
10.25　〔卓球〕河野が優勝　世界卓球選手権、男子シングルス河野満が8年ぶりに日本に優勝をもたらす。
10.27　〔プロ野球〕阪急が日本一　プロ野球・第28回日本シリーズは、パ・リーグ優勝の阪急(上田利治監督)が4勝1敗でセ・リーグ優勝の巨人を下し3連覇。巨人は2年連続日本一奪回に失敗。シリーズMVPは山田久志。
10.28～30　〔陸上〕日本陸上選手権開催　日本陸上競技選手権大会が開催された。この大会で史上初の「CMゼッケン」が登場。
11.5　〔相撲〕長岡が2連覇　全国学生相撲選手権大会で長岡末弘(近大)が個人戦2連覇。
11.6　〔マラソン〕女子ミニマラソン開催　第1回女子ミニマラソン(5KM)が東京原宿で開催された。
11.6　〔野球〕少女野球大会開催　川崎球場で第1回少女野球関東大会が開催される。水島新司の漫画「野球狂の詩」に刺激され、全国に少女野球チーム熱。
11.10　〔バスケットボール〕日本リーグ開催　バスケットボール日本リーグ男子で住友金属が優勝。13日、女子はユニチカが4年ぶり8回目の優勝。
11.13　〔競馬〕菊花賞はプレストウコウ　第38回菊花賞レースが京都競馬場(芝3000m)で行われ、プレストウコウ(郷原洋行騎手)が3分07秒6で1着となった。
11.15　〔バレーボール〕日本女子がW杯初優勝　日本で開催されたバレーボール・ワールドカップ大会で日本女子がこの大会初優勝。74年の世界選手権、オリンピックと合わせて、女子バレーボールは3冠を達成。最優秀選手には白井貴子が選ばれる。
11.15　〔テニス〕全日本選手権開催　全日本テニス選手権大会男子シングルスで福井烈(20歳)の初優勝。大会史上最年少チャンピオン。女子シングルスでは松島睦子優勝。
11.20　〔ゴルフ〕日本オープン開催　日本オープンゴルフ選手権でバレステロス(スペイン)が優勝、賞金1000万円を獲得。
11.26　〔ハンドボール〕湧水薬品・ビクターが優勝　ハンドボール日本リーグ男子で湧水薬品が初優勝。27日、女子はビクターが優勝。
11.27　〔卓球〕全日本選手権開催　全日本卓球選手権の男子単で河野満が3連覇。女子単は長洞久美子が優勝。

1977年(昭和52年)　　　　　　　　　　　　　　　　　　　日本スポーツ事典

11.27　〔ホッケー〕天理大が優勝　全日本ホッケー選手権で天理大が優勝。
11.27　〔相撲〕輪島が12回目の優勝　大相撲九州場所は、横綱・輪島が14勝1敗で12回目の優勝、優勝回数で双葉山に並んだ。殊勲賞は前頭1枚目・琴風(初)。敢闘賞は前頭11枚目・隆ノ里(初)。技能賞は前頭3枚目・大潮(初)。
11.27　〔競馬〕天皇賞はホクトボーイ　第76回天皇賞(秋)レースが東京競馬場(芝2000m)で行われ、ホクトボーイ(久保敏文騎手)が3分22秒5で1着となった。
11.29　〔バレーボール〕日本はW杯男子2位　日本で開催されたバレーボール・ワールドカップ大会の男子はソ連が優勝、日本は2位。
12.2~4　〔テニス〕ベテランテニス選手権開催　第1回全国ベテランテニス選手権大会が開催された。
12.3　〔プロ野球〕江川がクラウン入団拒否　プロ野球の今年のドラフト会議でいちばん注目される江川卓投手(法大)をクラウンが一位指名したが、江川投手は入団拒否を表明。
12.3~4　〔陸上〕川崎が日本新　キャンベラで第3回太平洋沿岸5ヶ国陸上競技大会が開催される。円盤投げで川崎清貴が57m44の日本新記録。
12.4　〔マラソン〕福岡国際マラソン開催　第12回福岡国際マラソンはビル・ロジャース(米国)が本年度世界最高記録の2時間10分53秒3で初優勝。
12.4　〔相撲〕長岡がアマ横綱2連覇　全日本相撲選手権大会で長岡末弘(近大)が優勝、大学生の二年連続アマチュア横綱は史上初。
12.11　〔マラソン〕ホノルルに日本人140　第5回ホノルルマラソン大会に日本からの参加者140人に達した(前年は1人)。
12.11　〔アメリカンフットボール〕関西学院大が5連覇　アメリカンフットボールの学生王者をきめる第32回甲子園ボウルで関西学院大が日大を51-20で下して史上初の5連覇を達成した。
12.11　〔アメリカンフットボール〕後楽園で全米公式戦　全米アメリカンフットボール公式戦、グランブリング大-テンプル大戦が後楽園球場で行われ、5万人の観衆が観戦。
12.11　〔ハンドボール〕全日本総合選手権開催　第29回全日本総合ハンドボール選手権の男子で大同特殊鋼、女子で日本ビクターが優勝。
12.11　〔アイスホッケー〕国土計画が優勝　アイスホッケー日本リーグで国土計画が優勝。
12.11　〔剣道〕小川が優勝　第25回全日本剣道選手権で小川功七段が優勝。
12.17　〔バドミントン〕湯木6連覇ならず　全日本総合バドミントン選手権の男子単で銭谷欣治が2連覇。18日、女子単は近藤小織が湯木博恵の6連覇を阻む。
12.18　〔競馬〕テンポイントが勝利　第22回有馬記念レースが中山競馬場(芝2500m)で行われ、テンポイント(鹿戸明騎手)が2分34秒5で1着となった。

— 164 —

12.21 〔フィギュアスケート〕**全日本選手権開催**　全日本フィギュアスケート選手権大会で渡部絵美が優勝、史上初の6連勝を達成。男子は五十嵐文男が優勝。

12.25 〔バレーボール〕**全日本選手権開催**　77年度全日本バレーボール総合選手権の男子は日本鋼管が優勝、女子は日立が5連覇。

12月 〔一般〕**日本プロスポーツ大賞決定**　1977年(昭和52年)の日本プロスポーツ大賞(日本プロスポーツ協会主催)は、大賞が王貞治(プロ野球)、殊勲賞が樋口久子(女子プロゴルフ)、具志堅用高(プロボクシング)、阪急ブレーブス(プロ野球)に決定。

"ゼッケン"の謎

　陸上競技やスキーなど各種の競技で競技者は番号を記した布を身につけている。野球では背番号と呼ぶことが定着している。陸上競技などでは"ゼッケン"と呼ばれてきた。"ゼッケン"は国語辞典に載っている。(1)馬の背にしく布(ドイツ語 Deckeから)、(2)(1)の意から スキー、スケートや陸上競技で選手が胸や背につける番号を書いた布、またその番号とある(『日本国語大辞典』第2版)。この辞典の初版ではドイツ語 Zeichen 語源説を掲げていたが第2版で改めた。『最新・スポーツ大事典』(大修館1987)の索引の"ゼッケン"で導かれるのは陸上競技でもスキーでもなく馬術である。これもドイツ語デッケが語源とみてペルテデッケンがゼッケンと聞きとられてのではないかとし、鞍の下に敷きこむ馬番号から、馬術界だけでなく各種の競技に用いられるようになったとしている。競走馬の鞍の下に敷く布に番号が書かれているのは競技通でなくとも思い浮かべることができよう。ところで何年か前から、放送で"ゼッケン"という語が用いられなくなった。"ゼッケン"という語の出所があいまいで使わないことにしたのではないか。替って"ナンバー・カード"と言われるようになった。マラソンの放送などで「ナンバー・カード8番の招待選手○○…」などと言う。「ゼッケン8番の…」と言っていたのを直訳式に言い換えている。この言いかたはよいか。銀行の窓口などに順番待ちの発券機があり、番号札を取って待っているとやがて「38番の札をお持ちの方、3番の窓口へ」などと案内される。あの札は「ナンバー・カード」であろう。番号を記して身につけている布を「カード」と呼ぶのは適切か。「カード」というより「プレート」と呼ぶのがよいのではないか(自動車の鼻先と尻につけているのと同じ)。銀行の窓口なら「38番の札をお持ちの方」と呼ぶのは適当だが、競技者を「ナンバー・カード何番」の誰と呼ぶのは適当か。あの番号はその種目の出場登録番号(entry number)だろう。「カード・ナンバー」何番と呼ぶよりも「登録番号(エントリー・ナンバー)」何番という方がよいのではないか。"ゼッケン"あるいは"ナンバー・カード"は「競技規則」ではない。だが、「競技会運営」上の決め事として定められ成文化されているはずだ(大きさ、形状、書体など)。わが国の競技会でも国際的な競技会でもなんらかの規定があるだろう。"ゼッケン"はわが国独特の用語だったのか、"ナンバー・カード"が英語の公式の用語なのか‥。

1978年
(昭和53年)

1.1 〔サッカー〕フジタ工業が2冠　第57回天皇杯全日本サッカー選手権大会は、フジタ工業が決勝戦でヤンマーを4-1で破り初優勝。同29日日本リーグ戦でも東洋工を圧倒、2冠を達成。

1.3 〔駅伝〕日本大が箱根連覇　第54回東京-箱根往復大学駅伝競走は往路2位、復路1位の日体大が11時間24分32秒のタイムで2連覇(通算7度目)。往路1位は順天堂大。

1.6 〔バスケットボール〕住友金属・ユニチカが優勝　全日本総合バスケットボール選手権で男子は住友金属、女子はユニチカが優勝。

1.14 〔スピードスケート〕全日本スプリント開催　スピードスケートの全日本スプリント選手権で男子は大山三喜雄が2連覇、女子は長屋真紀子が4連覇。

1.15 〔ラグビー〕トヨタ自工が日本一　第15回ラグビー日本選手権大会はトヨタ自工が明治大学を20-10で退け9年ぶり2回目の優勝。

1.20～22 〔テニス〕デ杯で日本が敗れる　テニスのデ杯東洋ゾーン準決勝で日本がオーストラリアに0-5で敗れる。

1.22 〔駅伝〕日体大が2連覇　全日本大学駅伝で日体大が2連覇。

1.22 〔相撲〕北の湖が全勝優勝　大相撲初場所は、横綱・北の湖が15戦全勝で10回目の優勝。殊勲賞は前頭5枚目・豊山(初)。敢闘賞は小結・玉ノ富士(初)と前頭3枚目・蔵間(初)。技能賞は該当なし。

1.22 〔競馬〕テンポイントが骨折　日本経済新春杯で名馬テンポイントが左後足を骨折(負担重量66.5kg)。競馬ファンの訴えで薬殺処分とせずに異例の手術を行うが、3月5日に衰弱死。

1.22～25 〔国民体育大会〕北海道が13連覇　国民体育大会冬季スケート競技会の総合で北海道が13連覇。女子総合は地元長野県が25年ぶり2回目の優勝。

1.29 〔サッカー〕フジタ工業が優勝　サッカー日本リーグでフジタ工業が優勝。

1.29 〔バドミントン〕植野・米倉組が優勝　国際バドミントン東京大会の女子ダブルスで植野恵美子・米倉よし子組が優勝。

1.29 〔アイスホッケー〕西武鉄道が4年ぶり優勝　全日本アイスホッケー選手権で西武鉄道が国土計画を破り4年ぶりに優勝。

2.4 〔ノルディックスキー〕伊藤が2回目の優勝　ノルディックスキーのHBC杯国際ジャンプ大会(90m級)で伊藤高男が2回目の優勝。

2.5 〔マラソン〕別府大分で宗茂が日本最高　第27回別府大分毎日マラソンは、宗茂(旭化成)が2時間9分5秒6の日本最高、世界歴代2位の快記録で優

	勝した。
2.5	〔アルペンスキー〕回転で海和が7位　世界スキー選手権(アルペン)の回転で海和俊宏が7位。
2.7	〔ノルディックスキー〕全日本選手権開催　全日本ノルディックスキー選手権の70m級ジャンプで秋元一広が優勝。90m級は伊藤高男が優勝。
2.9	〔柔道〕山下が2階級で優勝　ソ連国際柔道大会の重量級で山下泰裕四段が優勝。12日、無差別級でも優勝。
2.18	〔国民体育大会〕国体スキーで不正　第33回国民体育大会冬季スキー競技で千葉県が大学生14人を寄留させ不正エントリーさせていたことが判明、14人全員が失格となる。19日から22日にかけて競技が行われ、男女総合で長野県が初優勝。北海道は30連覇ならず。
2.18	〔トライアスロン〕初のトライアスロン大会　初のトライアスロン大会となるアイアンマン・トライアスロンがハワイで開催され、競技時間が8時間を越える過酷なレースとなった。トライアスロンはこの前年、ハワイの海兵隊員達の酒の席で、マラソン・遠泳・サイクルロードレースの過酷さを比べる議論の中から"この際まとめてやってみよう"と考え出されたといわれている。
2.19	〔マラソン〕青梅マラソン参加者史上最高　第12回青梅マラソン大会は参加者が1万1277人と史上最高を記録した。
2.19	〔武道〕古武道演武大会開催　第1回全日本古武道演武大会が日本武道館で開催され、46流派が参加した。
2.21〜22	〔スピードスケート〕全日本選手権開催　スピードスケート全日本選手権で男子は中村、女子は長屋真紀子が総合優勝。
2.28	〔アルペンスキー〕小島が13年ぶり女子三冠　第56回全日本アルペンスキー選手権大会で小島景子(専大)が13年ぶりの「女子三冠」を達成。
3.4	〔サッカー〕女子サッカー王座決定戦　東京で女子サッカー東西王座決定戦が行われる。同日、第1回全日本女子アイスホッケー選手権も開幕し、6日に帯広太陽クラブの優勝で閉幕。
3.5	〔バレーボール〕日立が5連覇　バレーボール日本リーグ女子で日立が5連覇。
3.9	〔フィギュアスケート〕世界選手権開催　世界フィギュアスケート選手権がオタワで開催され、男子は五十嵐文男が7位。10日、女子は渡部絵美が8位。
3.9	〔登山〕アイガー北壁単独登頂　長谷川恒男(日本アルパイン・ガイド協会所属の登山ガイド)がアイガー北壁のを冬季単独登頂に世界で初めて成功。
3.12	〔バレーボール〕日本鋼管が優勝　日本バレーボールリーグの男子は、日本鋼管が5年ぶり王座を奪還。新日鉄は5連覇ならず。女子高生らが入場券購入のために徹夜で並ぶなど人気が過熱。
3.18	〔バドミントン〕徳田・高田組が優勝　全英バドミントン選手権がロンドン

1978年(昭和53年)

で開催され、女子複で徳田敦子・高田幹子組が優勝。

3.18 〔格闘技〕藤原が初代外国人王者　ムエタイのラジャダムナンスタジアム・ライト級王座決定戦が後楽園ホールで行われ、藤原敏男がタイのチャンピオンのモンサワン・ルークチェンマイに4RKO勝ち。ムエタイでのタイ人以外の初の外国人王者となった。

3.19 〔マラソン〕国際女性マラソン開催　第1回国際女性マラソン大会がアトランタ(米・ジョージア州)でおこなわれた。187人が参加、マーサ・コックシー(米、23歳)が優勝。日本の藤井真弓(ニューオータニ商事、24歳)は3時間36分28秒で54位。

3.26 〔相撲〕北の湖が2場所連続優勝　大相撲春場所は、横綱・北の湖が13勝2敗で11回目の優勝。殊勲賞は前頭4枚目・富士桜(初)。敢闘賞は前頭11枚目・尾形(初)。技能賞は小結・蔵間(初)。

3.31 〔水泳〕高橋が日本新記録　日本室内水泳選手権の男子200m平泳ぎで高橋繁浩が2分22秒56の日本新記録。

4.5 〔高校野球〕浜松商が選抜初優勝　第50回選抜高校野球大会は、浜松商(静岡)が決勝戦で福井商(福井)を2-0で破り初優勝。同大会で3月30日、前橋高の松本稔投手が対比叡山高戦に高校野球の春夏の大会を通じて初の完全試合を達成した。

4.10 〔ソフトボール〕女子選手権開催返上　日本ソフトボール協会が第4回女子選手権(7月予定)の大会開催を返上。台湾参加問題のこじれから開催地を決められなかったため。大会はエルサルバドルで開催。

4.16 〔マラソン〕女性マラソン大会開催　日本初の女性だけのフルマラソン大会・第1回タートル女性マラソン大会が多摩湖畔で開催された。1着は外園イチ子(37歳)で3時間10分48秒。

4.16 〔マラソン〕毎日マラソンで宗猛優勝　毎日マラソンで宗猛が2時間15分15秒4で優勝。

4.16 〔ボート〕レガッタで慶大圧勝　17年ぶりにボートの早慶対抗レガッタ(エイト)が隅田川でおこなわれ、慶大が圧勝した。

4.16 〔競馬〕さつき賞はファンタスト　第38回皐月賞レースが中山競馬場(芝2000m)で行われ、ファンタスト(柴田政人騎手)が2分04秒3で1着となった。

4.20 〔野球〕小学生の変化球禁止　全日本軟式野球連盟が、健康上の問題から小学生にカーブなどの変化球を投げさせないよう指導することを決める。79年から変化球禁止へ。

4.23 〔テニス〕サントリーカップ開催　サントリーカップ・テニスが東京で開催され、ビョルン・ボルグがジミー・コナーズを破り優勝。ボルグは11月5日のセイコー・ワールド・スーパー・テニス(東京)でも優勝。

4.27 〔冒険〕日本人初の北極点到達　日大北極点遠征隊の5人が日本人として初めて北極点に到達した。

4.29	〔柔道〕山下が2連覇　全日本柔道選手権で山下泰裕四段が2連覇。
4.29	〔競馬〕天皇賞はグリーングラス　第77回天皇賞(春)レースが京都競馬場(芝3200m)で行われ、グリーングラス(岡部幸雄騎手)が3分20秒8で1着となった。
4.30	〔ゴルフ〕青木が3度目の王冠　男子プロゴルフの第19回中日クラウンズ大会で青木功が史上初の3度目の"王冠"を獲得した。
4.30	〔冒険〕植村が北極点到達　植村直己(冒険家)が、単独犬ソリで北極点に到達した。
5.1	〔プロ野球〕王が高額所得者トップ　77年の高額所得者が公表される。プロスポーツでは野球の王貞治選手(巨人)がCM収入を含めて断然トップの2億5272万円(推定年俸7500万円)。
5.5	〔陸上〕川崎が日本新記録　男子円盤投げで川崎清貴が57m84の日本新記録。
5.7	〔水泳〕高橋が平泳ぎ日本新記録　水泳男子100m平泳ぎで高橋繁浩が1分4秒5の日本新記録。
5.8	〔バレーボール〕ヤシカが廃部に　女子バレーボールの名門・ヤシカが会社の業績不振により廃部となり、大澤監督と選手13人の全員が日本電気に移籍。
5.15	〔野球〕野球を五輪公認競技に　国際オリンピック委員会(IOC)が野球を公認競技とし、84年ロサンゼルス大会から五輪で野球を実施すると決定。
5.20	〔バドミントン〕世界女子選手権優勝　バドミントン世界女子選手権で日本が同大会最多の4回目の優勝をとげた。
5.21	〔相撲〕北の湖が3場所連続優勝　大相撲夏場所は、横綱・北の湖が14勝1敗で12回目の優勝。殊勲賞は前頭6枚目・琴風(2回目)。敢闘賞は前頭5枚目・千代の富士(初)。技能賞は該当なし。
5.23	〔大学野球〕明大が優勝　春の東京6大学野球で明大が優勝。
5.24	〔相撲〕若三杉が横綱昇進　大相撲の大関・若三杉が第56代横綱に昇進。1978/6/7「若乃花」襲名。
5.26	〔大学野球〕専大が13年ぶり優勝　東都大学野球で専大が13年ぶりに優勝。
5.28	〔競馬〕日本ダービーはサクラショウリ　第45回日本ダービー(東京優駿)が東京競馬場(芝2400m)で行われ、サクラショウリ(小島太騎手)が2分27秒8で1着となった。
5.29	〔大学野球〕立大が優勝　関西6大学野球で立命大が優勝。
5.29	〔サッカー〕ジャパン・カップ開催　第1回ジャパン・カップ・国際サッカー決勝でパルメイラス(ブラジル)とボルシアMG(西ドイツ)が引き分け、両者優勝。
6.4	〔水泳〕塚崎が日本新記録　水泳の男子1500m自由形で塚崎修治が16分17秒22の日本新記録。

1978年(昭和53年)　　　　　　　　　　　　　　　　　　　　　　　　　　日本スポーツ事典

6.8	〔大学野球〕明大が大学日本一　第27回全日本大学野球選手権大会は明大が専大を破り優勝、23年ぶり3度目の「大学日本一」の座についた。
6.8	〔ゴルフ〕宮沢が17歳アマ女王　日本女子ゴルフ選手権で宮沢晴代が優勝、17歳の高校生がアマ女王に。
6.24	〔ゴルフ〕中部が6回目の優勝　日本アマゴルフ選手権で中部銀次郎が6回目の優勝。
6.24	〔重量挙げ〕平井が日本新記録　全日本重量挙げ選手権が浦和で開催され、平井一正がライト級トータル307.5kgの日本新記録。
6.28	〔なぎなた〕連盟が体協加盟　体協が全日本なぎなた連盟の加盟を承認。
7.1	〔体操〕NHK杯開催　NHK杯体操女子で野沢咲子が初優勝。2日、男子は梶山広司が優勝。
7.2	〔水泳〕塚崎が日本新　米国・サンタクララ国際水泳で高橋繁治(尾道高)が200m2平泳ぎに続き100m平泳ぎも1分4秒13の日本新で優勝した。1500m自由形では塚崎修治が16分10秒51の日本新記録。
7.4	〔大学野球〕日米大学野球で日本勝利　第7回日米大学野球選手権は日本が4勝3敗で6年ぶりに勝った(2度目)。
7.4	〔一般〕冠大会認める　日本体協がスポンサー名をつけたアマ競技を認める。
7.7～9	〔レスリング〕高田が6連覇　全日本アマ・レスリング選手権が開催され、52kg級フリーで高田裕司が6連覇。
7.9	〔重量挙げ〕佐藤が日本新記録　重量挙げ90kg級で佐藤光正がトータル335kgの日本新記録。
7.13	〔柔道〕山下が戦後最年少五段　2年連続"柔道日本一"の山下泰裕(東海大3年)が戦後最年少の五段に昇段。
7.15	〔ゴルフ〕全英オープン開催　ゴルフの全英オープンでジャック・ニクラウスが3回目の優勝。4大トーナメントでの3度優勝は史上初めて。青木功は7位。
7.16	〔相撲〕北の湖が4場所連続優勝　大相撲名古屋場所は、横綱・北の湖が15戦全勝で4場所連続、通算13回目の優勝。殊勲賞は前頭2枚目・富士桜(2回目)。敢闘賞は前頭9枚目・出羽の花(初)。技能賞は該当なし。
7.19	〔オリンピック〕88五輪名古屋誘致へ　中部圏知事会議が88年夏季オリンピック名古屋誘致で合意。79年9月25日、名古屋市議会で、26日には愛知県議会で招致を決議。
7.28	〔柔道〕中学2年の山口が優勝　第1回全日本女子柔道選手権大会50kg以下級で中学2年の山口香が優勝。
8.3	〔陸上〕阿万が日本新記録　全国高校総合体育大会の陸上女子100mで阿万亜里沙が11秒73の電気計時日本新記録。
8.5	〔バスケットボール〕アジア選手権で日本3位　アジア女子バスケットボー

— 170 —

ル選手権で韓国が優勝。日本は3位。

8.8 〔社会人野球〕東芝が初優勝　第49回都市対抗野球大会は、東芝(川崎市)が初優勝。入場総数45万人を突破。

8.9 〔ボクシング〕工藤が世界王座　ボクシングの工藤政志、WBA世界ジュニアフェザー級でチャンピオンに。

8.9 〔ボクシング〕工藤が世界王座　ボクシングWBA世界ジュニア・ミドル級選手権で、工藤政志(熊谷)がチャンピオンのエディ・ガソ(ニカラグア)に判定勝ちで王座を奪取。日本人の世界挑戦失敗が16連敗でストップ。

8.20 〔高校野球〕PL学園が初優勝　第60回全国高校野球選手権大会は、PL学園が決勝戦で高知商に3-2でサヨナラ勝ちで初優勝。PL学園は準決勝、決勝で逆転勝ち。今大会は記念大会として49代表が参加、79年より正式に49代表制に変更。

8.20 〔ゴルフ〕小林が初優勝　日本プロゴルフ選手権で小林富士夫が初優勝。

8.21 〔自転車〕中野が世界2連覇　78年度世界自転車選手権大会(ミュンヘン)のプロ・スクラッチで中野浩一が2連覇。

8.22 〔冒険〕植村がグリーンランド縦断　植村直己(冒険家)がグリーンランド3千kmの単独縦断に成功。

8.25 〔シンクロナイズドスイミング〕世界水泳選手権開催　第3回世界水泳選手権大会が西ベルリンで開催され、世界新記録18が生まれた。コールキンズ(米、15歳)が200mバタフライなど5種目で金メダル。男子100m平泳ぎで高橋繁浩が1分3秒94の日本新で6位。シンクロナイズドスイミング・デュエット(藤原昌子・育子姉妹組)とチームの両種目で日本は初の2位入賞、ソロでも畦崎康子が3位入賞。

8.27 〔ボート〕エイトで東北大が優勝　ボートの全日本選手権のエイトで東北大が優勝。

8.27 〔レスリング〕57kg級で富山が優勝　世界アマ・レスリング選手権がメキシコ市で開催され、57kg級で富山英明が優勝。

8.30 〔プロ野球〕王が通算800本塁打　プロ野球・巨人の王貞治一塁手は、対大洋戦で本塁打を打ち、第1号から20年でプロ通算800本塁打に達した。

8.31 〔プロ野球〕今井が完全試合　阪急の今井雄太郎投手、対ロッテ戦で完全試合を達成、プロ野球史上14人目。

9.2 〔陸上〕豊田が日本新記録　陸上男子200mで豊田敏夫が20秒6の日本新記録。

9.3 〔大学野球〕明大島岡監督辞任　東京六大学野球の名物監督、明大を27年間指揮してきた島岡吉郎監督(67歳)が監督を辞任、総監督に就任。

9.3 〔ゴルフ〕清元が初優勝　日本女子オープンゴルフ大会は、清元登子がプレーオフで樋口を破り初優勝。

1978年(昭和53年)

9.6　〔野球〕アマ野球で日本4位　世界アマ野球選手権でキューバが優勝。日本は4位。

9.6　〔バレーボール〕世界女子選手権開催　第8回世界女子バレーボール選手権大会がレニングラード(ソ連)で開催され、キューバが初優勝。日本は決勝戦でキューバに完敗して4連覇ならず。

9.10　〔陸上〕八木が日本新記録　日中対抗陸上競技大会の女子走り高跳びで八木たまみが1m88で自己のもつ日本記録を更新。

9.10～13　〔国民体育大会〕夏季大会が長野で開催　第33回国民体育大会夏季大会が長野で開催される。水泳男女総合で東京が4連覇。

9.17　〔アーチェリー〕河淵が優勝　アーチェリー世界フィールド選手権ベアボー競技(ジュネーブ)で河淵志津子が優勝。

9.24　〔相撲〕北の湖が5場所連続優勝　大相撲秋場所は、横綱・北の湖が14勝1敗で5場所連続、通算14回目の優勝。殊勲賞は該当なし。敢闘賞は前頭3枚目・播竜山(初)。技能賞は前頭5枚目・麒麟児(3回目)。

9.25　〔陸上〕長尾が日本新　世界のトップアスリートが多数参加した8ヶ国対抗陸上大会が東京で開催され、7万人の観衆を集める。400m障害で長尾隆史が49秒59の日本新記録で2位。

9.27　〔プロ野球〕阪急がリーグ優勝　パ・リーグは、前期優勝の阪急(上田利治監督)が後期も優勝、2年ぶりの完全優勝で4年連続9度目のリーグ優勝を果たした。最終順位は2位近鉄、3位日本ハム、4位ロッテ、5位クラウン、6位南海。

10.1　〔バレーボール〕日本は世界選手権11位　第9回世界男子バレーボール選手権大会がローマで開催され、日本は屈辱の11位。

10.4　〔プロ野球〕ヤクルトが29年目初優勝　プロ野球・セ・リーグは、ヤクルト・スワローズ(広岡達朗監督)が球団設立以来29年目の初優勝。最終順位は2位巨人、3位広島、4位大洋、5位中日、6位阪神。

10.4～8　〔重量挙げ〕世界選手権開催　世界重量挙げ選手権が米ゲチスバーグで開催される。56kg級で安藤が3位、60kg級で斎藤が2位。

10.12　〔プロ野球〕西武ライオンズ誕生　国土計画がプロ野球のクラウンライター・ライオンズ球団を買収し「西武ライオンズ」となった。

10.13　〔テニス〕全日本選手権開催　全日本テニス選手権男子シングルスで福井烈が2連覇。女子シングルスは米沢そのえが優勝。

10.15　〔大学野球〕同大が優勝　秋の関西6大学野球で同大が優勝。

10.15　〔テニス〕全日本プロ選手権開催　全日本プロテニス選手権男子シングルスでガーディナー(豪)が優勝。

10.15～20　〔国民体育大会〕やまびこ国体開催　第33回国民体育大会秋季大会(やまびこ国体)が松本市ほかで開催される。地元長野県が天皇、皇后両杯を獲得。

日本スポーツ事典　　　　　　　　　　　　　　　　　　　1978 年 (昭和 53 年)

10.16　〔ゴルフ〕青木が世界制覇　青木功が英国でおこなわれたコルゲート世界マッチプレー選手権に優勝、日本ゴルフ史上初の世界制覇、今季賞金獲得額で世界一。

10.22　〔プロ野球〕ヤクルトが初の日本一　プロ野球・第 29 回日本シリーズは、セ・リーグ初優勝のヤクルト・スワローズ (広岡達朗監督) がパ・リーグを連覇した阪急ブレーブスを 4 勝 3 敗で破り、阪急の V4 を阻んで初の日本一に輝いた。シリーズ MVP は大杉勝男。

10.24　〔登山〕ランタンリルン登頂　大阪市大隊がヒマラヤ未踏峰ランタンリルンの登頂に成功。

10.25　〔大学野球〕東洋大が優勝　秋の東都大学野球で東洋大が優勝。

10.28　〔サッカー〕三菱重工が優勝　日本サッカーリーグで三菱重工が優勝。

10.29　〔体操〕世界選手権開催　第 19 回世界体操選手権大会がストラスブール (フランス) で 22 日から開催された。日本は男子団体総合で優勝、世界選手権・五輪と合わせて 10 連覇。

10.30　〔大学野球〕早大が 27 回目の優勝　東京六大学野球秋季リーグ戦は 26 年ぶりの勝ち点 4 同士の早慶決勝戦となり、早大が連勝して完全優勝で 27 回目の優勝。早大の岡田彰布三塁手は同リーグ史上 4 人目の打撃三冠王に。

11.1　〔柔道〕無差別級で山下が優勝　第 5 回世界学生柔道選手権の団体戦で日本が初の敗北、3 位に終わる。4 日、無差別級で山下泰裕五段 (東海大) が優勝。

11.2　〔重量挙げ〕因幡が 5 連覇　世界パワーリフティング選手権 52kg 以下級で因幡英昭が 5 連覇。

11.3　〔バスケットボール〕共同石油・日本鋼管が優勝　バスケットボールの日本リーグの女子はリーグ昇格 3 年目の共同石油が初優勝。4 日、男子は日本鋼管が優勝。

11.5　〔社会人野球〕北海道拓銀が優勝　社会人野球選手権で北海道拓銀が優勝。

11.5　〔バレーボール〕ユニチカ・日本鋼管が優勝　バレーボール全日本総合選手権大会女子はユニチカが 8 年ぶりに優勝、男子は日本鋼管が 2 連覇。

11.5　〔ゴルフ〕日本オープン開催　日本オープンゴルフでバレステロス (スペイン) が優勝。

11.12　〔ハンドボール〕大同特殊鋼・日本ビクターが優勝　ハンドボール日本リーグ男子で大同特殊鋼が優勝。女子は日本ビクターが優勝。

11.12　〔競馬〕菊花賞はインターグシケン　第 39 回菊花賞レースが京都競馬場 (芝 3000m) で行われ、インターグシケン (武邦彦騎手) が 3 分 06 秒 2 で 1 着となった。

11.18　〔体操〕全日本選手権開催　全日本体操選手権で男子は三上肇、女子は加納弥生がともに初優勝。

11.19　〔バドミントン〕銭谷・徳田が優勝　全日本総合バドミントン選手権で男子

— 173 —

	は銭谷欣治、女子は徳田敦子が優勝。
11.21	〔野球〕レッズが来日　米大リーグ野球のレッズが来日。日米野球はレッズの14勝2敗1分。
11.21	〔プロ野球〕空白の一日の江川入団　米国から帰国の江川卓投手(法大出)が巨人と突如契約。前年に氏名したクラウンから引き継いだ西武の交渉権が前日に消滅、翌日のドラフト会議前の1日は自由に契約できると巨人が主張するが、日本プロ野球実行委員会は契約無効と裁定。22日巨人欠席のドラフト会議で阪神が交渉権を獲得、巨人はドラフト無効を提訴。1978/12/21金子鋭コミッショナーは「巨人と江川の契約は無効」と裁定。22日「キャンプ前に阪神→巨人のトレードを認める」特別措置を強く要望。27日、巨人、江川との契約を白紙に。
11.21	〔ホッケー〕天理大が優勝　全日本ホッケー選手権で天理大が優勝。
11.22～29	〔体操〕日本団体が5連勝　フランスで開催された第19回世界体操選手権大会で。日本男子団体5連勝。オリンピックと合わせ10連勝。
11.23	〔相撲〕北の湖が年間最多82勝　大相撲九州場所の12日目、横綱・北の湖は勝って年間82勝となり、これまでの大鵬の年間最多81勝の記録を更新した。
11.25	〔テニス〕グンゼ・ワールド開催　グンゼ・ワールド・テニスが東京で開催され、女子シングルスで15歳のT.オースチン(米)が優勝。26日、男子シングルスはジミー・コナーズ(米)が優勝。
11.26	〔相撲〕若の花が全勝優勝　大相撲九州場所は、横綱・若乃花が15戦全勝で2回目の優勝。殊勲賞は小結・麒麟児(4回目)。敢闘賞は前頭10枚目・黒姫山(3回目)。技能賞は前頭4枚目・青葉山(初)。
11.26	〔柔道〕山下が2冠　嘉納治五郎杯国際柔道大会が東京で23日から開催され、山下泰裕五段(東海大)が無差別級、95kg超級で2冠。
11.26	〔競馬〕天皇賞はテンメイ勝利　第78回天皇賞(秋)レースが東京競馬場(芝2000m)で行われ、テンメイ(清水英次騎手)が3分21秒4で1着となった。
12.3	〔マラソン〕瀬古が福岡で優勝　第13回福岡国際マラソンは新鋭の瀬古利彦(早大)が2時間10分21秒で優勝。日本選手の優勝は8年ぶり。
12.3	〔ゴルフ〕日本シリーズで青木が優勝　ゴルフ日本シリーズで青木功が優勝。
12.3	〔相撲〕小笠原が優勝　全日本相撲選手権で小笠原武則が優勝。
12.9～20	〔アジア競技大会〕バンコクでアジア競技大会　第8回アジア競技大会がバンコクで開催された。参加27ヶ国、参加者2876人。日本は金70個を獲得して1位、2位は中国51。
12.10	〔剣道〕石橋が優勝　全日本剣道選手権で石橋正久五段が優勝。
12.17	〔競馬〕有馬記念はカネミノブが圧勝　第23回有馬記念レースが中山競馬場(芝2500m)で行われ、カネミノブ(加賀武見騎手)が2分33秒4で圧勝した。このレースの売り上げは205億706万1500円で史上最高。

12.24 〔フィギュアスケート〕全日本選手権開催　全日本フィギュアスケート選手権大会、女子は渡部絵美が7連覇、男子は松村充が初優勝。

12.31 〔マラソン〕瀬古が初優勝　第13回福岡国際マラソン開幕、早大の瀬古利彦が初優勝。

12月 〔一般〕日本プロスポーツ大賞決定　1978年(昭和53年)の日本プロスポーツ大賞(日本プロスポーツ協会主催)は、大賞がヤクルトスワローズ(プロ野球)、殊勲賞が具志堅用高(プロボクシング)、青木功(男子プロゴルフ)、北の湖敏満(大相撲)に決定。

北の湖が年間82勝

　大相撲の横綱・北の湖は、この年、初場所(全勝優勝)から秋場所まで5場所連続優勝、九州場所は若乃花(二代目)に優勝を譲り年間6場所優勝はならなかったがこの場所11勝をあげて年間82勝。これまでの大鵬の81勝を抜いて年間最多勝史上1位。北の湖は昭和47年1月入幕、昭和49年夏場所で2回目の優勝、第55代横綱に昇進。年間最多勝は7回(最多)。幕内総合優勝24回は大鵬(32回)、後年の千代の富士(31回)に次ぎ史上3位。全勝優勝7回は双葉山、大鵬の8回に次ぎ千代の富士とともに史上2位。全盛時は圧倒的な強さをみせ、きびしい表情は不敵な面構えとみえた。そのころ、嫌いなもの・憎らしいのは「江川・ピーマン・北の湖」と言われたという(江川はプロ野球・巨人の投手)。大鵬の時代にミー・ハー人気を「長嶋・大鵬・卵焼き」と囃したのをもじったもので、「憎らしいほど強い」とは勝負する者にとって最高の誉め言葉だろう。昭和53年から55年の3年間18場所のうち11回優勝、横綱在位63場所(史上1位)の間に22回優勝、強い横綱だった。昭和60年1月引退、大鵬に次いで2人目の一代年寄となる。2002年(平成14年)日本相撲協会理事長に就く。

1979 年
(昭和 54 年)

1.1 〔サッカー〕三菱重工が優勝　第 58 回天皇杯全日本サッカー選手権大会は、三菱重工が決勝戦で東洋工業を 1-0 で下して 3 回目の優勝。

1.3 〔駅伝〕順天堂大が 2 回目の優勝　第 55 回東京 - 箱根間往復大学駅伝競走は、往路 1 位、復路 2 位の順天堂大が日体大を振り切り、11 時間 30 分 38 秒のタイムで 13 年ぶり 2 回目の優勝。

1.3 〔ラグビー〕日体大が優勝　第 15 回全国大学ラグビー選手権で日体大が優勝。

1.3 〔テニス〕佐藤組が 2 位　全豪オープンテニスの女子ダブルスで佐藤直子組が 2 位。日本人の決勝進出は 46 年ぶり。

1.4 〔登山〕ゴーキョ・ピーク登頂　東京の私立立川女子高山岳部ヒマラヤ遠征登山隊がゴーキョ・ピーク (5360m) の登頂に成功した。女子高生では初。

1.7 〔ラグビー〕国学院久我山が優勝　第 58 回全国高校ラグビー大会で国学院久我山が 3 年ぶりに優勝。

1.13 〔スピードスケート〕長屋が 5 連覇　スピードスケートの全日本スプリント選手権の女子で長屋真紀子が 5 連覇。

1.14 〔卓球〕高島・嶋内が優勝　全日本卓球選手権男子単で高島規郎が 6 年ぶりに優勝。女子単は嶋内よし子が優勝。

1.14 〔柔道〕フランス国際で山下優勝　フランス国際柔道大会がパリで開催され、95kg 超級で山下泰裕五段が優勝。

1.15 〔ラグビー〕新日鉄釜石が日本一　第 16 回ラグビー日本選手権大会は新日鉄釜石が日体大を 24-0 で下して日本一の座についた。

1.15 〔バスケットボール〕松下電器・共同石油が優勝　第 54 回全日本総合バスケットボール選手権大会・男子は松下電器が優勝。女子は共同石油が優勝。

1.20 〔バレーボール〕小学生の連盟発足　日本バレーボール協会は日本小学生バレーボール連盟の設立を決定。4 月 15 日に発足。

1.21 〔駅伝〕福岡大が初優勝　全日本大学駅伝で福岡大が初優勝。

1.21 〔バドミントン〕植野・米倉組が優勝　バドミントン・ワールドカップ東京大会女子複で植野・米倉組が優勝。

1.21 〔水泳〕水泳常盤が日本新記録　水泳女子 1500m 自由形で中学 1 年の常盤玲子が 18 分 1 秒 16 の日本新記録。

1.21 〔アイスホッケー〕西武鉄道が優勝　アイスホッケー日本リーグで西武鉄道が優勝。

1.21　〔相撲〕北の湖が15回目の優勝　大相撲初場所は、横綱・北の湖が14勝1敗で15回目の優勝。殊勲賞は前頭3枚目・黒姫山 (3回目)。敢闘賞は前頭6枚目・長岡 (初) と前頭7枚目・金城 (2回目)。技能賞は前頭4枚目・富士桜 (3回目)。

1.25～28　〔国民体育大会〕国体冬季スケート開催　国民体育大会冬季スケート競技会で北海道が総合14連覇。女子総合は愛知県。

1.27　〔スピードスケート〕長屋が日本新記録　スピードスケート女子1000mで長屋真紀子が1分26秒52の日本新記録。

1.31　〔プロ野球〕江川問題が決着　プロ野球の「江川投手問題」は、阪神が江川卓投手と契約の上、巨人の小林繁投手とトレードすることで決着。2月8日、日本プロ野球実行委員会は江川投手の巨人入りは開幕日 (4月7日) 以降と決定。

2.1　〔プロ野球〕日本プロ野球選手会設立　プロ野球両リーグ選手会の統一し、日本プロ野球選手会が設立された。

2.1　〔サッカー〕女子サッカー連盟発足　日本サッカー協会が日本女子サッカー連盟の設立を承認。3月21日に発足。

2.4　〔マラソン〕喜多が優勝　第28回別府大分毎日マラソンは、喜多秀喜が2時間13分29秒1で優勝。なお今大会では初の女性ランナー・小幡キヨ子 (22歳) が参加。2時間48分52秒 (女子日本最高記録) で173位 (参加422人、完走252人)。

2.4　〔アイスホッケー〕西武鉄道が2連覇　全日本アイスホッケー選手権で西武鉄道が2年連続6回目の優勝。

2.11　〔テニス〕デ杯で日本敗れる　テニスのデ杯東洋ゾーン準決勝で日本がニュージーランドに敗れる。

2.11　〔スピードスケート〕山本が日本新　オスロで開催された世界男子スピードスケート競技大会で米国のエリク・ハイデンが完全優勝し、史上4人目の総合3連覇。山本雅彦が1万mで14分58秒93の日本新記録を出し、総合6位。

2.12　〔ノルディックスキー〕秋元が優勝　全日本ノルディックスキー選手権の90m級ジャンプで秋元正博が優勝。

2.17～20　〔国民体育大会〕冬季スキー競技会開催　国民体育大会冬季スキー競技会が名寄で開催され、総合で北海道が30回目の優勝。

2.18　〔マラソン〕青海マラソンに最多参加者　青海マラソンは、全47都道府県から、女性700人を含む史上最高の1万2884人が参加。

2.19　〔スピードスケート〕戸田・加藤が初優勝　全日本スピードスケート選手権大会で男子総合は戸田博司、女子総合は加藤美善がともに初優勝。

2.22　〔冒険〕植村に英から受賞　冒険家の植村直己に英バラー・イン・スポーツ賞 (もっとも勇敢なスポーツマンに贈られる賞)、5万5000ポンド (約2200万

	円) 相当の黄金製の月桂冠が贈られる。3月1日、アメリカン・アカデミー・オブ・アチーブメントも表彰。日本人として4人目、経済界以外では初めて。
2.24	〔テニス〕アマ福井が優勝　全日本オープンテニスでアマの福井烈が優勝。
2.25	〔ノルディックスキー〕宮様スキー競技会開催　宮様スキー国際競技会が札幌で開催され、90m級ジャンプでダンネベルク(東ドイツ)が優勝。八木弘和は4位。
2.26	〔オリンピック〕企業CMに道　日本体育協会は、アマチュア選手の写真とオリンピックマークを企業CMに使用することを認めると決定。4月には選手をモデルに貸す「がんばれ日本キャンペーン」開始。
3.1	〔アルペンスキー〕早坂が三冠王　全日本スキー選手権大会の男子50kmで早坂毅代司が優勝。2月の15km、30kmと合わせて14年ぶり大会史上2人目の三冠王。
3.4	〔競馬〕福永が危篤状態　競馬の福永洋一騎手(30歳)が第1回阪神競馬第4日第11レース毎日杯競走で騎乗していたマリージョイとともに転倒、脳挫傷で危篤状態に。福永騎手は前年131勝の年間最多勝を記録、9年連続リーディング・ジョッキーで、通算騎乗回数5085回954勝。
3.4	〔登山〕グランドジョラス北壁登頂　登山ガイド長谷川恒男がグランドジョラス(4208m)北壁の単独登頂に成功し、冬季アルプス三大北壁の単独登攀(世界で2人目)を達成。
3.8〜11	〔アルペンスキー〕全日本選手権開催　全日本アルペンスキー選手権が札幌で開催される。9日、男子大回転で沢田敦が海和俊宏を破り初優勝。10日、女子大回転で大道和子が優勝、小島景子の連続3冠はならず。
3.11	〔バレーボール〕日本リーグ開催　日本バレーボールリーグ男子は新日鉄が6回目の優勝。同17日女子ではカネボウが初優勝。
3.17	〔陸上〕渋沢が日本新記録　女子やり投げで渋沢奈保美が58m72の日本新記録。
3.17	〔フィギュアスケート〕渡部が日本人初のメダル　ウィーンで開催された世界フィギュアスケート選手権大会で渡部絵美が3位に入賞、日本人で初のメダルを獲得。
3.25	〔アルペンスキー〕片桐が史上初4連覇　全日本アルペンスキー選手権の滑降で片桐幹雄がアルペン史上初の4連覇。
3.25	〔相撲〕北の湖が16回目の優勝　大相撲春場所は、横綱・北の湖が15戦全勝で16回目の優勝。殊勲賞は前頭1枚目・黒姫山(4回目)。敢闘賞は前頭4枚目・栃赤城(2回目)。技能賞は該当なし。
4.5	〔オリンピック〕アジア初のIOC副会長に清川　国際オリンピック委員会(IOC)の副会長に清川正二氏(日本水泳連盟理事)が当選。アジア人初。
4.7	〔高校野球〕箕島が3回目の優勝　第51回選抜高校野球大会は、箕島(和歌山)が決勝戦で浪商(大阪)を2-0で破り3回目の優勝。準優勝投手は後に中

― 178 ―

日で活躍する牛島和彦。

4.8 〔スピードスケート〕戸田がインドア世界一　戸田博司 (中京大) がスピードスケートのインドア世界一の座を獲得した。

4.11 〔マラソン〕瀬古がボストン2位　ボストンマラソンで、瀬古利彦 (早大) が2時間10分12秒で2位に入った。今大会では人種差別政策を理由に南アフリカの5選手が出場を禁止された。

4.14 〔プロ野球〕西武が開幕12連敗　所沢西武球場こけら落とし。第1戦で西武が敗戦。西武は24日の対南海戦で勝利するまでリーグ・ワーストタイの開幕12連敗を記録。

4.14 〔フィギュアスケート〕渡部・五十嵐が優勝　フィギュアスケートの全日本フリー選手権で女子は渡部絵美、男子は五十嵐文男が優勝。

4.15 〔マラソン〕毎日マラソンで宗茂優勝　毎日マラソンで宗茂 (旭化成) が2時間13分26秒で初優勝。

4.22 〔陸上〕阪本・川崎が日本新記録　陸上男子走り高飛びで阪本孝男が2m25の日本新記録。円盤投げでは川崎清貴が日本人初の60m台となる60m22の日本新記録。

4.29 〔ゴルフ〕青木が大会初2連勝　男子プロゴルフの第20回中日クラウンズ大会で青木功が大会初の2連勝、通算4度目。

4.29 〔柔道〕山下が史上初3連覇　全日本柔道選手権大会で山下泰裕五段 (東海大) が全て一本勝ちで史上初の3年連続優勝。

4.29 〔競馬〕天皇賞はカシュウチカラ　第79回天皇賞 (春) レースが京都競馬場 (芝3200m) で行われ、カシュウチカラ (郷原洋行騎手) が3分20秒2で1着となった。

5.6 〔卓球〕初出場の小野が優勝　平壌で開催された第35回世界卓球選手権大会で初出場の新鋭・小野誠治が男子単で優勝。参加75ヶ国で、南北統一チーム結成問題で北朝鮮と対立した韓国は不参加。

5.6 〔水泳〕斉藤が日本新記録　水泳の女子200m自由形で斉藤美佳が2分9秒13の日本新記録。9月3日には2分8秒40を記録。

5.7～20 〔ラグビー〕日英親善試合開催　日英親善ラグビーでイングランド代表が来日。全日本などと4試合を行い全勝。13日の試合では全日本が試合終了直前に逆転トライを許し19-21で惜敗する健闘を見せた。

5.18 〔大学野球〕中大が優勝　東都大学野球で中大が優勝。

5.20 〔ゴルフ〕青木が2連覇　日本プロゴルフ・マッチプレー選手権で青木功が2連覇。

5.20 〔相撲〕若乃花が3回目の優勝　大相撲夏場所は、横綱・若乃花が14勝1敗で3回目の優勝。殊勲賞は該当なし。敢闘賞は小結・魁輝 (初) と前頭9枚目・巨砲 (初)。技能賞は該当なし。

5.26	〔バレーボール〕NHK杯で日本優勝　日本、中国、アメリカが参加したNHK杯バレーボールで日本がからくも優勝。
5.27	〔サッカー〕ジャパンカップ開幕　ジャパンカップ国際サッカー大会が開幕。外国6チームも参加。6月4日、トットナム(イングランド)が優勝。
5.27	〔競馬〕カツラノハイセイコが快勝　第46回日本ダービー(東京優駿)が東京競馬場(芝2400m)で行われ、ハイセイコーの子のカツラノハイセイコ(松本善登騎手)が2分27秒3で1着となった。
5.28	〔大学野球〕早大が優勝　東京六大学野球春季は早大が優勝、23年ぶり連覇、通算28度目、10月28日秋季は明大が7回目の優勝。
5.28	〔大学野球〕大商大が優勝　関西6大学野球で大商大が優勝。
5.31〜6.3	〔陸上〕アジア陸上競技大会開催　アジア陸上競技大会が東京で開催される。22ヶ国が参加。
6.1	〔競馬〕女性初の調教助手　土屋千賀子(25歳)が浦和競馬場所属の調教助手となる。女性の調教助手は初めて。
6.9	〔ゴルフ〕湯原が優勝　日本アマチュアゴルフ選手権で湯原信光が優勝。
6.10	〔大学野球〕中大が6年ぶり優勝　第28回全日本大学野球選手権大会は、中大が決勝戦で早大を破り6年ぶり3回目の優勝。
6.10	〔水泳〕高橋・赤井が日本新記録　水泳の女子800m自由形で13歳の高橋清美が9分17秒85の日本新記録。9月2日、赤井茂斗子が9分17秒58で記録更新。
6.17	〔バスケットボール〕松下電器が3年ぶり優勝　バスケットボールの日本リーグ男子は松下電器が3年ぶりに優勝。1月の全日本選手権優勝と合わせて二冠達成。
6.17	〔水泳〕斉藤が日本新記録　水泳の女子400m自由形で斉藤美佳が4分26秒36の日本新記録。
6.17	〔ボート〕軽量級選手権開催　第1回全日本軽量級ボート選手権のエイトでハーバード大が優勝。
6.24	〔陸上〕瀬古が日本新記録　西ドイツで行われた陸上競技会で瀬古利彦が3000m7分54秒9の日本新記録。
6.24	〔レスリング〕高田が7連覇　全日本レスリング選手権52kg級フリーで高田裕司が7連覇。
7.3	〔大学野球〕日米大学野球開催　日米大学野球選手権が東京ほかで開催され、アメリカが3連敗後の4連勝で優勝。
7.6	〔陸上〕臼井・武田が日本新記録　男子走り幅跳びで臼井淳一が8m10の日本新記録。8日には男子やり投げで武田敏彦が日本人で初めて80mを超える80m02の日本新記録。
7.8	〔水泳〕高橋が日本新記録　水泳女子1500m自由形で高橋清美が17分54秒

85、15日には17分48秒04の日本新記録。

7.11　〔陸上〕中村が日本新記録　陸上男子3000mで中村孝生が7分54秒0の日本新記録。

7.15　〔ゴルフ〕岡本が17アンダー　日本女子プロゴルフ選手権大会で岡本綾子が女子プロ新記録の17アンダーで初優勝。

7.15　〔相撲〕輪島が13回目の優勝　大相撲名古屋場所は、横綱・輪島が14勝1敗で13回目の優勝。殊勲賞は関脇・栃赤城(初)。敢闘賞は前頭11枚目・出羽の花(2回目)。技能賞は該当なし。17日準優勝の三重ノ海が第57代横綱に昇進、4横綱となる。

7.21　〔ゴルフ〕全英オープンで青木7位　全英オープンゴルフで青木功が7位。

7.21～8.5　〔マラソン〕モスクワ・プレ五輪開催　モスクワでプレ五輪大会が開催された。同29日マラソンで宗茂が1位と同タイムの2位。日本は金メダル3、銀メダル5を獲得。

7.27　〔柔道〕川村が初優勝　全日本女子柔道選手権65kg超級で川村順子2段が初優勝。

7.31　〔プロ野球〕高橋が33試合連続安打　プロ野球・広島の高橋慶彦選手が33試合連続安打のプロ野球新記録をマーク。

8.4　〔水泳〕水泳日本新記録相次ぐ　水泳女子200m背泳ぎで三浦直子が2分20秒の壁を破る2分19秒95の日本新記録。5日には100m平泳ぎで渡辺智恵子が1分13秒77の日本新記録。9月2日、三浦が2分17秒63、渡辺が1分13秒09でそれぞれ記録を更新。

8.4　〔剣道〕山田が優勝　世界剣道選手権で山田博徳七段が優勝。

8.6　〔陸上〕臼井が幅跳び日本新　パリ国際陸上競技大会の男子走り幅跳びで臼井淳一(順天大)が8m10の日本新。

8.7　〔社会人野球〕三菱重工広島が初優勝　都市対抗野球で三菱重工広島が初優勝。この年、初めて金属バットの使用が許可される。

8.15　〔ヨット〕甲斐・小宮組が初優勝　ヨット470級世界選手権大会で甲斐幸・小宮亮チームが日本人初優勝。

8.16　〔大会〕中学生全国競技大会　文部省公認の最初の中学生全国競技大会(サッカー、バレーボール、軟式野球、剣道)が開幕。

8.17　〔プロ野球〕広岡がヤクルト退団　プロ野球・ヤクルト球団の広岡達朗監督が辞意を表明。同29日退団。

8.21　〔高校野球〕箕島が春夏連覇　第61回全国高校野球選手権大会は、箕島(和歌山)が決勝戦で池田(徳島)を4-3で破り、春の選抜大会と合わせ史上3度目の春夏連続制覇を達成。

8.22～23　〔テニス〕レディース決勝大会開催　第1回全日本レディース軟式テニス団体全国決勝大会が開催される。

1979年 (昭和54年)

8.26	〔ボート〕東大がエイト優勝　ボート全日本選手権エイトで東大が優勝。
8.28	〔レスリング〕世界選手権開催　世界レスリング選手権大会・フリースタイル52kg級で高田裕司が4回目の優勝。57kg級の富山英明も2連覇。
8.29～9.3	〔シンクロナイズドスイミング〕W杯第1回大会開催　国際水連ワールドカップ第1回大会が東京で開催される。シンクロナイズドスイミングでソロの石井由紀が3位に入るなど日本勢が活躍。
9.1	〔水泳〕W杯競技会開催　第1回国際水連W杯競泳競技会が東京で開催された。米国が優勝、日本は21の日本新を出したが7位。
9.2	〔自転車〕中野が3年連続優勝　自転車の世界選手権大会が開催され、プロスクラッチで中野浩一が3年連続優勝。
9.3～13	〔ユニバーシアード〕メキシコで夏季大会　ユニバーシアード夏季大会がメキシコ市で開催される。12日、陸上男子200mでピエトロ・メネア(イタリア)が19秒72で11年ぶりに世界記録を更新。
9.6	〔ゴルフ〕謝が初優勝　日本プロゴルフ選手権は謝敏男(台湾)が初優勝。この選手権大会で外国人が優勝するのは26年ぶり3人目。
9.16～19	〔国民体育大会〕夏季大会開催　第34回国民体育大会夏季大会が宮崎市ほかで開催される。水泳男女総合で東京が5連覇。
9.23	〔相撲〕北の湖が17回目の優勝　大相撲秋場所は、横綱・北の湖が13勝2敗で17回目の優勝。殊勲賞は前頭1枚目・玉ノ富士(初)。敢闘賞は前頭14枚目・朝汐(2回目)。技能賞は小結・増位山(3回目)。
9.25	〔プロ野球〕セ界観客が1000万人突破　プロ野球セ・リーグの観客動員数が史上初めて1000万人を突破。
9.29	〔体操〕具志堅・加納が優勝　体操のNHK杯兼世界選手権代表最終選考会で男子は具志堅幸司、女子は加納弥生が優勝。
9.30	〔柔道〕山下が優勝　全日本選抜柔道体重別選手権95kg超級で山下泰裕が優勝。
10.6	〔プロ野球〕広島が初の日本一　プロ野球セ・リーグは、広島カープ(古葉竹識監督)が2回目の優勝。最終順位は2位大洋、3位中日、4位阪神、5位巨人、6位ヤクルト。
10.7	〔プロ野球〕ヤミ入場券疑惑　プロ野球セ・リーグの平光審判員が巨人戦の入場券をもらって巨人有利の判定をし、さらに入場券を1枚2万円で売っていたとする「ヤミ入場券」疑惑で鈴木セ・リーグ会長が平光審判員から事情聴取。
10.8	〔テニス〕福井がプロに逆転勝ち　全日本テニス選手権大会でアマの福井烈がプロの九鬼潤に逆転勝ち3連勝。12月17日、福井はプロに転向。
10.10	〔プロ野球〕王が18年連続30本　プロ野球セ・リーグの王貞治(巨人)が18年連続となる30号本塁打。しかし、この年の巨人は2リーグ分裂以来初めて個人タイトルを獲得できずに終わる。

10.12　〔ゴルフ〕青木がホールインワン　ロンドン郊外でおこなわれたゴルフの世界マッチプレー選手権で青木功がホールインワン、史上最高商品 (5万5000ポンド＝約2750万円の別荘) を獲得。14日、最終成績は2位で連覇ならず。

10.14～19　〔国民体育大会〕宮崎県でふるさと国体　第34回国民体育大会秋季大会 (ふるさと国体) が宮崎県で開催され、降雨に泣かされたが、開催県の宮崎が天皇、皇后両杯を獲得。今大会を最後に教員種目を廃止。

10.16　〔プロ野球〕近鉄が30年目の初優勝　プロ野球パ・リーグは、プレーオフで近鉄 (西本幸雄監督) が阪急に3連勝、球団創立30年目で初のリーグ優勝を果たす。最終順位は2位阪急、3位日本ハム、4位ロッテ、5位南海、6位西武。

10.16　〔登山〕ダウラギリ交差縦走　カモシカ同人隊がダウラギリ2、3、5峰を2隊で交差縦走に成功。

10.23　〔競馬〕サラブレッド競市開催　北海道日高の静内家畜センターでサラブレッドの競市が開かれ、テスコボーイの息子カムイオーに1億8500万円の値がつく。

10.24　〔ボクシング〕工藤が防衛失敗　プロ・ボクシングWBA世界ジュニア・ミドル級タイトルマッチが秋田で開催され、チャンピオンの工藤政志 (熊谷) が挑戦者のアユブ・カルレ (ウガンダ) に判定負け、4度目の王座防衛に失敗。

10.25　〔オリンピック〕中国28年ぶり五輪復帰　国際オリンピック委員会 (IOC) の理事会が名古屋でおこなわれ、中国の28年ぶりの五輪復帰を決議、台湾も名称変えて残留。11/26全委員の郵便投票の結果賛成多数で承認。

10.26　〔体操〕全日本選手権開催　全日本体操競技選手権女子個人で赤羽綾子が優勝。27日、男子個人は錦井利臣が優勝。

10.27　〔陸上〕豊田が日本新記録　陸上男子200mで豊田利夫が20秒93の日本新記録。

10.27　〔フィギュアスケート〕渡部が優勝　NHK杯国際フィギュアスケート競技女子シングルで渡部絵美が優勝。

10.28　〔大学野球〕明大が優勝　東京6大学野球で明大が優勝。

10.28　〔ハンドボール〕日本リーグ開催　ハンドボール日本リーグ男子は大同特殊鋼が2連覇、女子はジャスコが初優勝。

10.28　〔バレーボール〕日立が9回目の優勝　全日本バレーボール総合女子選手権で日立が9回目の優勝。

10.28　〔ゴルフ〕女子初の賞金1億円超え　女子プロゴルフの樋口久子が年間のツアー賞金1139万9345円を獲得。1968年のプロ入り以来11回目の賞金女王で、生涯獲得賞金が女子で初めて1億円を超えた。

10.28　〔ボクシング〕工藤が4度目防衛失敗　プロボクシングWBA世界ジュニアミドル級チャンピオンの工藤政志がタイトル戦をおこない、挑戦者のカルレに (判定で) 敗れ4度目の防衛に失敗。

1979年 (昭和54年)

10.31	〔大学野球〕国士大が初優勝　東都大学野球で国士大が初優勝。
11.4	〔プロ野球〕広島が初の日本一　プロ野球・第30回日本シリーズは、セ・リーグ優勝の広島 (古葉竹識監督) が近鉄を4勝3敗で破り球団創立30年目で初の日本一。シリーズMVPは高橋慶彦。またシリーズ第7戦の江夏豊投手と近鉄打線との対決は「江夏の21球」としてノンフィクション小説やテレビに取り上げられ球史に残る名勝負となった。
11.4	〔バレーボール〕新日鉄が6回目の優勝　全日本総合男子バレーボール選手権大会は新日鉄が3年ぶり6回目の優勝。
11.4	〔ゴルフ〕郭が初優勝　日本オープンゴルフ選手権で郭吉雄 (台湾) が初優勝。
11.6	〔プロ野球〕江夏・マニエルがMVP　プロ野球最優秀選手はセ・リーグが江夏豊、パ・リーグがC.マニエルに決定。
11.11	〔社会人野球〕住友金属が2回目の優勝　社会人野球日本選手権で住友金属が2年ぶり2回目の優勝。
11.12~15	〔テニス〕初のレディース大会　第1回全日本レディース硬式テニス決勝大会が開催される。初の全国的婦人の大会で、埼玉が優勝。
11.18	〔マラソン〕東京国際女子マラソン開催　国際陸連 (IAAF) 初の公認女子マラソンとして第1回東京国際女子マラソンが開催され、ジョイス・スミス (イギリス、42歳) が2時間37分47秒で優勝、マラソン初代女王となる。日本人選手では村本みのる (38) が小幡キヨ子の日本最高記録と並ぶ2時間48分52秒で7位に入った。スミス、村本はともに母親ランナー。
11.18	〔バスケットボール〕共同石油が2連覇　女子バスケットボールの日本リーグは共同石油が2年連続優勝。
11.18	〔テニス〕九鬼が優勝　全日本プロテニス選手権で九鬼潤が優勝。
11.18	〔ゴルフ〕マスターズで鈴木優勝　太平洋クラブ・マスターズ・ゴルフで鈴木則夫が優勝。日本選手の優勝は6年ぶり。
11.25	〔相撲〕三重の海が優勝　大相撲九州場所は、横綱・三重ノ海が14勝1敗で2回目の優勝。殊勲賞は前頭1枚目・栃赤城 (2回目)。敢闘賞は小結・玉ノ富士 (2回目)。技能賞は関脇・増位山 (4回目)。
11.25	〔競馬〕スリージャイアンツが勝利　第80回天皇賞 (秋) レースが東京競馬場 (芝2000m) で行われ、スリージャイアンツ (郷原洋行騎手) が3分33秒5で1着となった。
11.26	〔ホッケー〕全岐阜女商が優勝　全日本女子ホッケーで全岐阜女商が優勝。
12.1	〔サッカー〕フジタ工業が優勝　サッカー日本リーグでフジタ工業が優勝。
12.1	〔バドミントン〕銭谷が4連覇　全日本総合バドミントン選手権男子単で銭谷欣治が4連覇。
12.2	〔マラソン〕瀬古が日本人初2連覇　第14回福岡国際マラソンは瀬古利彦 (早大) が2時間10分35秒で日本人初の2連覇。2、3位は宗兄弟 (旭化成)。

12.2	〔ホッケー〕天理大が3連覇	全日本ホッケー選手権で天理大が3連覇。
12.2	〔ゴルフ〕青木が連覇	プロゴルフ日本シリーズで青木功が連覇。
12.2	〔アイスホッケー〕王子製紙が優勝	アイスホッケー日本リーグで王子製紙が優勝。
12.2	〔相撲〕永岡が優勝	全日本相撲選手権で永岡栄一が優勝。
12.3	〔体操〕世界選手権11連覇ならず	米テキサス州で開催された体操世界選手権大会で、男子総合で日本はソ連に敗れ2位、11連覇ならず。
12.5	〔柔道〕初の日本人会長	国際柔道連盟会長に松前重義。オリンピック競技で初の日本人会長。
12.9	〔ハンドボール〕モスクワ出場権獲得	日本男子ハンドボール、アジア代表決定戦でモスクワ出場権を獲得。
12.9	〔卓球〕有島が2連覇	全日本卓球選手権大会の男子単で有島規郎が小野誠治を破り2連覇。
12.9	〔柔道〕4階級で日本金メダル	第11回柔道世界選手権大会がパリで開催され、日本は95kg超級の山下泰裕五段をはじめ、8階級中4階級で金メダル。78kg級の藤猪省三は史上初の世界柔道4連覇。
12.9	〔剣道〕末野が初優勝	全日本剣道選手権大会は、末野栄二六段が初優勝。
12.10〜16	〔ボクシング〕初のジュニア選手権開催	第1回ジュニアボクシング選手権大会が横浜で開催される。
12.12	〔バスケットボール〕日本は五輪出場ならず	バスケットボールのアジア男子選手権で中国が優勝。日本はオリンピック出場権を失う。
12.15	〔スピードスケート〕市村・長屋が優勝	スピードスケート全日本スプリント選手権が八戸で開催され、男子は市村、女子は長屋が総合優勝。
12.15	〔スピードスケート〕五輪代表が決定	冬季五輪スピードスケート代表8名が決定。加藤美善(愛知女商高)は17歳で、史上最年少。
12.16	〔体操〕中日カップで具志堅優勝	80中日カップ国際選抜体操競技会がおこなわれ、男子で具志堅幸司、女子はクレーカー(東ドイツ)が優勝、ともに個人初優勝。
12.16	〔ハンドボール〕湧水薬品・日本ビクターが優勝	全日本総合ハンドボール選手権で男子は湧水薬品、女子は日本ビクターが優勝。
12.16	〔競馬〕有馬記念はグリーングラス勝利	第24回有馬記念レースが中山競馬場(芝2500m)で行われ、グリーングラス(大崎昭一騎手)が2分35秒4で1着となった。
12.21	〔スピードスケート〕清水・八重樫が総合優勝	全日本スピードスケート選手権で男子は清水、女子は八重樫が総合優勝。
12.22	〔柔道〕藤猪に日本スポーツ賞	日本スポーツ賞が柔道の藤猪省三に。

12.23　〔バレーボール〕アジア男子選手権で日本3位　バレーボールのアジア男子選手権で日本は中国に敗れて3位に終わる。

12.23　〔フィギュアスケート〕渡部・五十嵐が優勝　全日本フィギュアスケート選手権女子で渡部絵美が8連覇。男子は五十嵐が優勝。

12月　〔一般〕日本プロスポーツ大賞決定　1979年(昭和54年)の日本プロスポーツ大賞(日本プロスポーツ協会主催)は、大賞が具志堅用高(プロボクシング)、殊勲賞が青木功(男子プロゴルフ)、中野浩一(自転車競技)、三重ノ海剛司(大相撲)に決定。

1980年
(昭和55年)

1.1 〔サッカー〕フジタ工業が優勝　第59回天皇杯全日本サッカー選手権大会はフジタ工業が決勝戦で三菱重工を破り2年ぶり2回目の優勝。リーグ優勝と合わせ2冠。

1.3 〔駅伝〕日体大が大会新で8度目優勝　第56回東京-箱根往復大学駅伝競走は、日体大が往路・復路とも制し11時間23分51秒の大会新で8度目優勝。日体大は20日全日大学駅伝も6回目の優勝。

1.3 〔ボクシング〕中島が世界王座　プロ・ボクシングの中島成雄が、チャンピオンの金性俊(韓国)を判定で下してWBC世界ジュニア・フライ級のタイトルを奪取。

1.8 〔高校サッカー〕帝京高が優勝　第58回全国高校サッカー選手権大会は、帝京高が決勝戦で韮崎高4-0で破り優勝。ファン数千人がなだれこみ3少年が骨折。

1.12 〔ノルディックスキー〕八木が日本人初W杯優勝　札幌でおこなわれたノルディックスキーのワールドカップ第6戦で、八木弘和が90m級ジャンプで113.5mの最長不倒で日本人初のW杯優勝。13日、第7戦では秋元正博が優勝。

1.12 〔スピードスケート〕長屋が2位　女子世界スピードスケート選手権の500mで長屋真紀子が2位。

1.14 〔バスケットボール〕ユニチカ・住友金属が優勝　全日本総合バスケットボール選手権女子でユニチカが優勝、共同石油の連覇を阻む。15日、男子は住友金属が優勝。

1.15 〔ラグビー〕新日鉄釜石が2連覇　第17回ラグビー日本選手権大会は、新日鉄釜石が明大を32-6で破り2年連続3回目の優勝。社会人代表が4年連続勝利。

1.20 〔相撲〕三重ノ海が2場所連続優勝　大相撲初場所は、横綱・三重ノ海が15戦全勝で3回目の優勝。殊勲賞は関脇・栃赤城(3回目)。敢闘賞は前頭14枚目・琴風(初)。技能賞は関脇・増位山(5回目)。

1.23 〔バレーボール〕日本初の予選落ち　バレーボールの日本男子がモスクワ・オリンピック出場権を失う。初の予選落ち。

1.23 〔相撲〕初の親子2代大関　大相撲初場所で3場所連続の技能賞を獲得した関脇・増位山が大関に推挙された。角界初の親子2代大関が誕生。

1.26～29 〔国民体育大会〕冬季スケート競技会開催　国民体育大会冬季スケート競技会が開催され、北海道が総合15連覇。女子総合は長野県が優勝。

1980年 (昭和55年)

2.3 〔マラソン〕別府大分で武富が優勝　別府大分マラソンで武富豊 (神戸製鋼) が2時間13分29秒で初優勝。女子は4選手が参加し、小幡キヨ子が2時間51分32秒。

2.3 〔ノルディックスキー〕岩崎が初優勝　全日本スキー選手権ノルディック90m級ジャンプで岩崎基志が初優勝。

2.10 〔テニス〕デ杯で日本が完敗　テニスのデ杯東洋ゾーン準決勝で日本がオーストラリアに5-0で完敗。

2.13～24 〔オリンピック〕レークプラシッド冬季五輪開催　第13回オリンピック冬季大会がレークプラシッド(米)で開催された。参加37ヶ国、中国が28年ぶりにオリンピックに参加。スキー70m級ジャンプで八木弘和(拓銀)が2位に入り、日本唯一のメダルを獲得。男子スピードスケートの1万mでエリク・ハイデン(米)が世界新記録の14分28秒13で優勝、500、1000、1500、5000についで史上初の5冠を達成。

2.14～17 〔国民体育大会〕冬季スキー競技会開催　国民体育大会冬季スキー競技会が小樽で開催され、北海道が総合2連覇、31回目の優勝。

2.17 〔マラソン〕青梅マラソンに13000人参加　青梅マラソン、1万3千人が参加、トーマス(米)が大会新記録で優勝。

2.17 〔バレーボール〕日本リーグ開催　バレーボール日本リーグ、女子はユニチカが8年ぶり4回目の優勝。男子は3月3日に新日鉄が2年連続7回目の優勝。

2.17 〔柔道〕山口がホノルルで3位　第1回太平洋柔道選手権がホノルルで開催され、女子50kg級で山口香が3位。

2.22 〔ボクシング〕磯部が最年長新人王　プロ・ボクシング日本ウェルター級新人王に38歳の磯部明 (東京でブティックを経営)。元世界ジュニア・ミドル級チャンピオン輪島功一の持つ新人王最高齢記録25歳を大幅に塗り替える。

3.9 〔バドミントン〕米倉が優勝　コペンハーゲンの国際バドミントン・トーナメントで米倉よし子(電電東京)が優勝。

3.15 〔フィギュアスケート〕渡部が世界4位　世界フィギュアスケート選手権で渡部絵美が4位。

3.22 〔ショートトラック〕加藤が初の世界一　スピードスケートの加藤美善はミラノ大会の3000m、1000mを世界最高記録で総合優勝、初のインドア世界一。姉の美佳も小差で総合2位。

3.22～23 〔サッカー〕女子サッカー選手権開催　女子サッカーの日本一を争う第1回全日本女子サッカー選手権大会が開催され、FCジンナン(関東代表)が初代王者となった。準優勝は高槻女子(関西代表)。

3.23 〔相撲〕北の湖が18回目の優勝　大相撲春場所は、横綱・北の湖が13勝2敗で18回目の優勝。殊勲賞は前頭2枚目・朝汐(初)。敢闘賞は前頭1枚目・琴風(2回目)。技能賞は前頭3枚目・千代の富士(初)。

3.24	〔ボクシング〕中島は王座失う　ボクシングWBC世界ジュニア・フライ級チャンピオンの中島成雄は挑戦者のサバタ(パナマ)に判定負け。1月3日、金性俊(韓国)に判定勝ちして王座についたが81日目で陥落。
3.25	〔ノルディックスキー〕八木が4位　スキーのワールドカップ・ジャンプ総合成績で八木弘和が4位。
4.5	〔水泳〕渡辺・三科が日本新記録　水泳女子200m平泳ぎで渡辺智恵子が2分36秒42の日本新記録。6日、男子100m背泳ぎで三科典由が59秒70で8年ぶりに日本記録を更新。三科は9月7日に59秒06で記録更新。
4.6	〔高校野球〕高知商が初優勝　第52回選抜高校野球大会は、高知商(高知)が決勝戦で帝京(東京)に延長10回1-0でサヨナラ勝ちして初優勝。優勝投手は後に阪神で活躍する中西清起。
4.21	〔オリンピック〕政府が五輪不参加決定　日本のオリンピック強化コーチ・選手91人が総決起集会を開催、日本オリンピック委員会にモスクワ・オリンピック参加を訴える。25日、政府が不参加を正式決定、伊東官房長官がJOCに政府見解を伝達。26日、JOCが参加を原則とすることを申し合わせ。
4.29	〔柔道〕山下が最多優勝　全日本柔道選手権は山下泰裕五段が4連覇、大会史上最多優勝記録。
4.29	〔競馬〕天皇賞はニチドウタロー勝利　第81回天皇賞(春)レースが阪神競馬場(芝3200m)で行われ、ニチドウタロー(村本善之騎手)が3分18秒7で1着となった。
5.3	〔剣道〕矢野が優勝　全日本女子剣道選手権で矢野かなえ四段が優勝。
5.3	〔登山〕チョモランマ登頂　日本山岳会のチョモランマ登山隊はチョモランマ(エベレスト)の外国隊として初めて中国側北東稜ルートからの登頂に成功した。さらに10日未踏の北壁ルートからの登頂にも成功。
5.4	〔ゴルフ〕青木5回目の優勝　第21回中日クラウンズゴルフ、青木功大会史上初の3連勝、5回目の優勝(大会最多)。
5.6	〔大学野球〕近大が優勝　関西6大学野球で近大が優勝。
5.14	〔登山〕カンチェンジュンガ登頂　山岳同志会が世界第3の高峰カンチェンジュンガ(8598m)北壁の無酸素初登頂に成功。
5.17	〔陸上〕瀬古が日本新記録　陸上男子2万mで瀬古利彦が58分46秒の日本新記録。
5.18	〔ゴルフ〕安田が優勝　日本プロゴルフマッチプレー選手権で安田春雄が優勝。
5.18	〔ボクシング〕大熊が王座奪回　プロ・ボクシングの大熊が世界フライ級チャンピオンの座を奪回。元チャンピオンの大熊正二がWBC世界フライ級チャンピオンの朴賛希(韓国)に挑むタイトル・マッチがおこなわれ、大熊が朴をKOで下して王座を奪回した。
5.20	〔大学野球〕明大が連覇　東京6大学野球で明大が連覇。

5.23　〔大学野球〕駒大が優勝　東都大学野球で駒大が優勝。

5.24　〔オリンピック〕モスクワ五輪不参加決定　日本体協理事会がモスクワ五輪不参加を決定。JOC 臨時総会は紛糾し異例の採決の結果 29 対 13 で決定。

5.25　〔相撲〕北の湖が 19 度目優勝　大相撲夏場所は、横綱・北の湖が 14 勝 1 敗で 19 回目の優勝。殊勲賞は関脇・琴風 (3 回目) と小結・朝汐 (2 回目)。敢闘賞は前頭 10 枚目・栃光 (3 回目) と前頭 13 枚目・舛田山 (初)。技能賞は該当なし。

5.25　〔柔道〕山下が骨折　全日本選抜柔道体重別選手権大会最終日、山下泰裕五段が遠藤六段のかにばさみで骨折、試合不可能となる。

5.25　〔競馬〕ダービーはオペックホース　第 47 回日本ダービー (東京優駿) が東京競馬場 (芝 2400m) で行われ、オペックホース (郷原洋行騎手) が 2 分 27 秒 8 で 1 着となった。

5.28　〔プロ野球〕張本が 3000 本安打　プロ野球パ・リーグの張本勲外野手 (ロッテ・オリオンズ) は、対阪急戦でプロ通算 3000 安打に達した。3000 安打は日本プロ野球史上初の記録。

6.1　〔陸上〕深尾が日本新記録　陸上女子 3000m で深尾真美が 9 分 39 秒 9 の日本新記録。

6.1　〔スポーツ医学〕スポーツ整形外科開設　関東労災病院に全国初の「スポーツ整形外科」が開設された。なお、その後 85 年 11 月、東京慈恵会医科大学病院に同種の医科が設けられた。

6.2　〔プロ野球〕堀内が通算 200 勝　プロ野球セ・リーグの堀内恒夫 (巨人) が史上 16 人目の 200 勝投手に。

6.2　〔大学野球〕史上初の兄弟首位打者　東京 6 大学野球で豊田和泰 (明大、中堅手) が首位打者に。兄誠佑 (77 年春) に続き史上初の兄弟首位打者。

6.3　〔相撲〕高見山が帰化　大相撲・高砂部屋の高見山大五郎 (ハワイ出身) が日本に帰化を認められ、「渡辺大五郎」となった。

6.4　〔社会人野球〕日本鋼管福山が優勝　社会人野球選手権で日本鋼管福山が優勝。

6.6　〔水泳〕坂本が日本新記録　水泳男子 400m 自由形で坂本弘が 4 分 3 秒 68 の日本新記録。

6.7　〔ゴルフ〕倉本が優勝　日本アマゴルフ選手権で倉本昌弘が優勝。

6.13　〔大学野球〕明大が優勝　全日本大学野球選手権大会は明大が優勝した (4 回目)。

6.15　〔ゴルフ〕青木が全米オープン 2 位　米国男子プロ・ゴルフのメジャー大会の一つ・全米オープン大会は帝王・ニクラウスが 4 回目の優勝をとげた。青木功が 2 位に入賞。東洋人の 2 位入賞は大会史上初。

6.21　〔水泳〕日本記録更新相次ぐ　水泳女子 100m バタフライで伊勢多恵美が 1

分 0 秒 97 の日本新記録。1500m 自由形で赤井茂斗子が 17 分 41 秒 93 の日本新記録。22 日、女子 200m 個人メドレーで伊勢が 2 分 23 秒 6 の日本新記録。8 月 31 日にも 2 分 22 秒 47 で記録更新。

6.27 〔大学野球〕日米大学野球開催　日米大学野球選手権でアメリカが連続優勝。

7.5 〔プロ野球〕主審に暴行で退場処分　プロ野球パ・リーグ南海の広瀬叔功監督ら 3 人が対阪急戦でボール判定をめぐり主審に暴行して退場処分になった。一度に 3 人退場処分となったのはプロ野球史上初。

7.5～7 〔ホッケー〕女子ホッケー選手権　第 1 回全日本女子社会人ホッケー選手権大会が開催された。

7.7 〔陸上〕瀬古・三宅が日本新　ストックホルムの競技会陸上男子 1 万 m で瀬古利彦が 27 分 43 秒 5 の日本新記録で優勝。8 日、陸上 3000m 障害で新宅雅也が 8 分 19 秒 6 の日本新記録。

7.13 〔ゴルフ〕大迫が初優勝　日本女子プロゴルフ選手権で大迫たつ子が初優勝。

7.19～8.3 〔オリンピック〕西側不参加のモスクワ五輪開催　第 22 回オリンピック大会がモスクワで開催された。ソ連のアフガニスタン侵攻に抗議して米国がこの大会のボイコットを提唱、米国のほかこれに追随した日本、西独など 67 ヶ国が不参加となり、81 ヶ国、約 7 千人が参加したが、うち 10 ヶ国は開会式の行進に参加することを拒否、また 17 ヶ国は国旗を使わないなど、政治色の濃い大会となった。

7.20 〔相撲〕北の湖が 3 場所連続優勝　大相撲名古屋場所は、横綱・北の湖が 15 戦全勝で 20 回目の優勝。殊勲賞は関脇・朝汐 (3 回目)。敢闘賞は前頭 2 枚目・栃赤城 (3 回目) と前頭 12 枚目・隆の里 (2 回目)。技能賞は前頭 2 枚目・千代の富士 (2 回目)。

7.30 〔プロ野球〕飛ばすバット禁止　プロ野球が「飛ばすバット (圧縮バット)」の 81 年から全面使用禁止を決定。

7.31 〔高校野球〕都立高初の夏の甲子園へ　全国高校野球選手権東京西大会で国立高校が優勝、都立高校として初めて夏の甲子園へ。

8.1 〔プロ野球〕野村が 3000 試合出場　プロ野球パ・リーグの野村克也捕手 (西武) が対南海戦でプロ野球初の 3000 試合出場を記録。

8.2 〔ボクシング〕上原が世界王座　ボクシング WBA 世界ジュニア・ライト級のタイトル・マッチがデトロイトで行われ、挑戦者の上原康恒が S. セラノ (プエルトリコ) に KO 勝ち、初の世界王座に。30 歳での世界タイトル獲得は日本最年長記録。

8.2～9 〔テニス〕柳川商高が連続優勝　柳川商高 (福岡) がインターハイ・テニス団体男子で 14 年連続優勝。

8.4 〔プロ野球〕衣笠が連続試合日本新　プロ野球セ・リーグの衣笠祥雄内野手 (広島) が対巨人戦で連続試合出場 1247 の日本新記録を達成。

8.7 〔プロ野球〕柴田が通算 2000 本　プロ野球セ・リーグの柴田勲 (巨人) が対

ヤクルト戦で 13 人目の通算 2000 本安打を記録。
8.10 〔水泳〕築瀬が日本新記録　水泳女子 100m 自由形で築瀬かおりが 58 秒 95 の日本新記録。14 日には 58 秒 90 をマーク。
8.12 〔プロ野球〕西武が本塁打の日本新記録　プロ野球パ・リーグの西武が 24 試合連続チーム本塁打の日本新記録を達成。
8.17 〔ゴルフ〕青木が 2 位　カナダ・プロゴルフ選手権で青木功が 2 位。
8.22 〔プロ野球〕野球選手会を認可　文部省が社団法人日本プロ野球選手会 (松原誠会長) の設立を認可。
8.22 〔高校野球〕横浜高が初優勝　第 62 回全国高校野球選手権大会は、横浜高 (神奈川) が決勝で早稲田実業 (東京) を 6-4 で破り初優勝。横浜の優勝投手は愛甲猛、早稲田実業の準優勝投手は荒木大輔。
8.24 〔ボート〕エイトで東大が連覇　ボート全日本選手権エイトで東大が連覇。
8.29 〔水泳〕史上初の小学生チャンピオン　日本水泳選手権大会で長崎宏子 (川尻小 6 年) が女子 200m 平泳ぎで優勝、史上初の小学生チャンピオン。
8.31 〔水泳〕坂本が日本新記録　水泳女子 200m バタフライで久米直子が 2 分 11 秒 96 の日本新記録。男子 200m 自由形で坂本弘が 1 分 55 秒 01 の日本新記録。
9.5 〔野球〕日本が同率 2 位　東京で開催された第 26 回世界アマチュア野球選手権でキューバが完全優勝で 16 回目の優勝。日本は韓国と同率 2 位。
9.7 〔ゴルフ〕樋口が 3 年ぶり優勝　日本女子オープンゴルフで樋口久子が 3 年ぶり 5 度目の栄冠。
9.7 〔水球〕史上初の 100 連勝　水球で日体大が史上初の 100 連勝を達成。
9.7 〔重量挙げ〕福田・大川が日本新　全日本重量挙げ選手権 75kg 級で福田輝彦がスナッチ 146kg、110kg 級で大川克弘がジャーク 190kg の日本新記録。
9.7 〔自転車〕中野が 4 連覇　世界自転車競技会のプロ・スクラッチで中野浩一が 4 連覇。
9.7〜10 〔国民体育大会〕夏季大会が開催　第 35 回国民体育大会夏季大会が宇都宮市ほかで開催される。水泳男女総合で東京が 6 連覇。
9.13 〔プロ野球〕福本が通算 800 盗塁　プロ野球パ・リーグ・阪急ブレーブスの福本豊外野手が対近鉄戦で盗塁に成功、プロ野球史上初の通算 800 盗塁を記録。
9.20 〔陸上〕武田が日本新　東京・国立競技場で第 2 回 8ヶ国陸上競技大会が開催される。P. メンネア、S. シメオニなどモスクワ・オリンピック金メダリストが参加。男子やり投げで武田敏彦が 82m24 の日本新記録。
9.21 〔柔道〕全日本女子開催　全日本女子柔道選手権 52kg 以下級で山口香、56kg 以下級で星野佐代子、61kg 以下級で笹原美智子が 3 連覇。

9.22	〔大学野球〕原が通算 136 安打　首都大学リーグで原辰徳 (東海大) が通算 136 安打の新記録。
9.25	〔プロ野球〕木田が新人 20 勝目　プロ野球パ・リーグの木田投手 (日本ハム) が新人では 15 年ぶりとなる 20 勝目をあげる。
9.28	〔相撲〕若乃花が 4 回目の優勝　大相撲秋場所は、横綱・若乃花が 14 勝 1 敗で 4 回目の優勝。殊勲賞は前頭 1 枚目・隆の里 (初)。敢闘賞は前頭 1 枚目・隆の里 (3 回目) と前頭 10 枚目・青葉山 (2 回目)。技能賞は小結・千代の富士 (3 回目)。
10.5	〔テニス〕九鬼・古橋が優勝　全日本テニス選手権男子シングルスは九鬼潤、女子シングルスは古橋富美子が優勝。
10.5	〔ゴルフ〕山本が優勝　日本プロゴルフ選手権で山本善隆が優勝。
10.9	〔団体〕国際女性スポーツ会議開催　第 1 回国際女性スポーツ会議が東京都千代田区・日本プレスセンタービルで開催された。参加者はエベリン・アシュフォード (米、22 歳、陸上 100m)、ベラ・チャスラフスカ (チェコスロバキア、38 歳、体操)、アンネマリー・モーザー・プレル (オーストリア、26 歳、アルペンスキー)、バージニア・ウェード (英、35 歳、テニス)、敏子デリア (米、50 歳、マラソン)、ダイアナ・ナイアド (米、27 歳、遠泳)、今井通子 (38 歳、登山家) の 7 人。
10.13〜17	〔国民体育大会〕栃の葉国体開催　第 35 回国民体育大会 (国体) 秋季大会「栃の葉国体」が栃木県で開催された。国体で初めて銃剣道競技がおこなわれた。開催地の栃木県が天皇、皇后両杯を獲得。
10.14	〔陸上〕高橋・秋元が日本新　陸上男子棒高跳びで高橋卓己が 5m43、女子 100m 障害で秋元恵美が 13 秒 70 の日本新記録。
10.17	〔プロ野球〕広島が 2 連覇　プロ野球セ・リーグは、広島 (古葉竹識監督) が 2 年連続 3 回目の優勝。最終順位は 2 位ヤクルト、3 位巨人、4 位大洋、5 位阪神、6 位中日。
10.17	〔大学野球〕亜大が優勝　東都大学野球で亜大が優勝。
10.18	〔プロ野球〕近鉄が 2 連覇　パ・リーグは、後期優勝の近鉄 (西本幸雄監督) が前期優勝のロッテをプレーオフで下し 2 年連続優勝。最終順位は 2 位ロッテ、3 位日本ハム、4 位西武、5 位阪急、6 位南海。
10.18	〔サッカー〕ヤンマーが優勝　サッカー日本リーグでヤンマーが優勝。
10.18〜19	〔陸上〕初のマスターズ大会　第 1 回全日本マスターズ陸上競技大会が和歌山で開催された。
10.21	〔プロ野球〕長嶋監督辞任　セ・リーグ巨人軍の長嶋茂雄監督が辞任。
10.24	〔体操〕具志堅が 3 位　体操のワールドカップ (トロント) の男子総合で具志堅幸司が 3 位。
10.25	〔陸上〕日本新記録相次ぐ　陸上女子 400m 障害で青井由美子が 59 秒 26 の日本新記録。26 日、女子走り高飛びで福光久代が 1m91 の日本新記録。

1980年(昭和55年)

10.27	〔大学野球〕法大・大経大が優勝　東京6大学野球で法大が優勝。関西6大学野球は大経大が優勝。
11.2	〔プロ野球〕広島が2年連続日本一　プロ野球・第31回日本シリーズは、セ・リーグ優勝の広島(古葉竹識監督)が近鉄を4勝3敗で下し、2年連続2回目の日本一に輝いた。シリーズMVPはJ.ライトル。
11.3	〔ゴルフ〕菊池が初優勝　日本オープンゴルフで菊池勝司がプロ入り初優勝。
11.4	〔プロ野球〕山本・木田がMVP　プロ野球の最優秀選手にセ・リーグは山本浩二(広島)、パ・リーグは木田勇(日本ハム)。史上初めて新人で最優秀選手となった木田は新人賞も受賞。
11.4	〔プロ野球〕王が現役引退　プロ野球セ・リーグ巨人球団の王貞治一塁手が現役を引退。選手生活22年、世界1位の通算868号本塁打。藤田元司監督のもとで助監督に就任。
11.6	〔ホッケー〕東農大が初優勝　ホッケーの全日本男子学生選手権で東農大が天理大を延長戦の末に3-2で破り初優勝。天理大の国内公式戦連勝記録が103でストップ。
11.9	〔ゴルフ〕大迫が優勝　女子ゴルフのマツダ・ジャパンクラシックで大迫たつ子が優勝。女子プロ初の2000万円プレーヤーが誕生。
11.9	〔競馬〕菊花賞はノースガスト　第41回菊花賞レースが京都競馬場(芝3000m)で行われ、ノースガスト(田島良保騎手)が3分06秒1で1着となった。
11.11	〔相撲〕三重ノ海が引退　大相撲の横綱・三重ノ海が九州場所二日目、体力の限界を理由に引退。横綱在位8場所。年寄「武蔵川」を襲名。
11.12	〔社会人野球〕大昭和製紙が優勝　第51回都市対抗野球で大昭和製紙(富士市)が10年ぶりの優勝。
11.15	〔プロ野球〕野村が現役引退　西武ライオンズの野村克也捕手(45)が引退。27年間の現役生活、前人未踏の3017試合の大記録を残した。
11.16	〔マラソン〕東京国際女子マラソン開催　第2回東京国際女子マラソンは、ジョイス・スミス(英、43歳)が2時間30分27秒の大会新記録(世界歴代3位)で前年につづき2連勝。日本勢では佐々木七恵(岩手県立盲学校)が2時間52分35秒で9位。
11.21	〔バレーボール〕全日本に初の中学生　日本バレーボール協会は全日本女子チームのメンバーに中学3年生・15歳の大谷佐知子(大阪・蒲生中)、中田久美(東京・小平中)を選抜した。女子バレーボールの全日本チームに中学生が加わるのは初めて。
11.22	〔競歩〕女子競歩を公認　日本陸連理事会は、昭和56年度から女子競歩を公認種目とすることを決定した。
11.22	〔バドミントン〕全日本選手権開催　全日本総合バドミントン選手権男子単で長谷川博幸が優勝、銭谷の5連覇ならず。
11.23	〔相撲〕輪島が14回目の優勝　大相撲九州場所は、横綱・輪島が14勝1敗で

14回目の優勝。殊勲賞は関脇・隆の里(2回目)と前頭3枚目・舛田山(初)。敢闘賞は前頭12枚目・佐田の海(初)。技能賞は関脇・千代の富士(4回目)。

11.23 〔競馬〕天皇賞はプリティキャスト　第82回天皇賞(秋)レースが東京競馬場(芝2000m)で行われ、プリテイキャスト(柴田政人騎手)が3分28秒1で1着となった。

11.24 〔体操〕全日本選手権開催　体操全日本選手権男子個人総合で具志堅幸司が初優勝。女子は加納弥生が優勝。

11.26 〔プロ野球〕ドラフト会議開催　プロ野球ドラフト会議で原辰徳(東海大)は巨人、石毛宏典(プリンスホテル)は西武、竹本由紀夫(新日鉄室蘭)はヤクルト、愛甲猛(横浜高)はロッテが指名。

11.29 〔フィギュアスケート〕NHK杯開催　NHK杯国際フィギュアスケート女子シングルでデニス・ビールマン(スイス)が優勝。30日、男子は五十嵐文男が優勝。

11.29 〔柔道〕第1回世界女子柔道　第1回世界女子柔道選手権大会がニューヨークで開催された。山口香初段(東京・高島高1年)が52KG級で準優勝。

12.7 〔マラソン〕瀬古が3連覇　第15回福岡国際マラソンは、瀬古利彦(エスビー食品)が2時間9分45秒(今季世界3位)で3連覇。宗猛(旭化成)が4秒差で2位。

12.7 〔バスケットボール〕松下電器・第一勧銀が優勝　バスケットボール日本リーグ、男子は松下電器が(連覇)、女子は第一勧銀が優勝。

12.7 〔卓球〕全日本選手権開催　全日本卓球選手権大会の男子単は阿部博幸が小野誠治を破り初優勝、女子は和田理枝が前年につづき連覇。5日、混合ダブルスで村上夫妻(桔梗ク)が史上初の夫婦ペア優勝。

12.7 〔ゴルフ〕尾崎が逆転優勝　ゴルフ日本シリーズで尾崎将司が逆転優勝。青木功の3連覇ならず。

12.7 〔相撲〕冨田が優勝　全日本相撲選手権で冨田忠典が優勝。

12.7 〔剣道〕外山が優勝　全日本剣道選手権で外山光利五段が優勝。

12.8 〔自転車〕中野が賞金総額1億円　松戸競輪場開設記念前節決勝戦で中野浩一が優勝。ギャンブルスポーツ界で初めて年間取得賞金総額が1億円を突破。

12.12 〔テニス〕古橋4大タイトル獲得　全日本学生室内選手権女子シングルスで古橋富美子(園田女大)が優勝。全日本室内、全日本学生、全日本選手権と合わせて史上初の全日本年間4大タイトル獲得。

12.13～14 〔レスリング〕富山が優勝　第2回アマチュアレスリング・スーパーチャンピオンタイトル戦が愛知県で開催される。57kg級で富山が優勝。

12.14 〔アイスホッケー〕西武鉄道が優勝　アイスホッケー日本リーグで西武鉄道が優勝。

12.19 〔スピードスケート〕山本が国内最高記録　スピードスケート男子1500mで

山本雅彦が1分58秒33の国内最高記録。

12.20 〔ハンドボール〕湧永薬品・ジャスコが優勝　全日本総合ハンドボール選手権男子は湧永薬品、女子はジャスコが優勝。

12.21 〔フィギュアスケート〕全日本選手権開催　全日本フィギュアスケート選手権大会の男子は、五十嵐文男が2連覇。女子は小林れい子が初優勝。名古屋の伊藤みどりが3位入賞。この大会で小学生の入賞は45年ぶり。

12.21 〔競馬〕ホウヨウボーイが勝利　第25回有馬記念レースが中山競馬場(芝2500m)で行われ、ホウヨウボーイ(加藤和宏騎手)が2分33秒7で1着となった。

12.23 〔陸上〕瀬古に日本スポーツ賞　第30回日本スポーツ賞が陸上の瀬古利彦(エスビー食品)に決定。

12月 〔一般〕日本プロスポーツ大賞決定　1980年(昭和55年)の日本プロスポーツ大賞(日本プロスポーツ協会主催)は、大賞が具志堅用高(プロボクシング)、殊勲賞が青木功(男子プロゴルフ)、木田勇(プロ野球)、中野浩一(自転車競技)に決定。

秩父宮ラグビー場

　東京・秩父宮ラグビー場は、西の花園と並んでわが国で数少ないラグビー専用競技場である。スポーツ愛好家であった秩父宮(大正天皇の第二子)を記念して1947年(昭和22年)に建設された。屋根のあるメインスタンドは西側、東側は屋根が無いが西日があたるので暖かい。ラグビーは悪天候でもおこなわれる。雪のあとの秩父宮ラグビー場でボールがなにかに当たってはねて観客席に飛んできた。前列2列目あたりの席にいた男が立ちあがり、泥まみれのボールを捕らえた。走り寄った係員に顔を向けたとき男の鬢が銀髪であるのに気づいた。ボールを係員に渡すと男は両手と袖口と胸の泥をハンケチで拭いながら何事も無かったようにすわった。飛んできたボールが座席のどこかに当たると思いがけぬ方向に跳ねるだろう。それを防ごうとその男はボールを受けとめたのだろう。ある時期にラグビー人気が高まると、秩父宮よりも多くの観客を収容できる国立競技場でラグビーがおこなわれるようになった。国立競技場は競走用のトラックがとりまいているから、ラグビーのボールが観客席に飛び込むことは無いだろう。観客席には振袖を着た若い女性の姿もみられるようになった。秩父宮ラグビー場から帰る地下鉄駅の近くに蕎麦屋がある。冷えた身体に暖かい蕎麦は嬉しい。あそこはよくボールをつないで走った、それをギリギリのところでサイドに押し出したディフェンスもよかった、などといま観てきた試合について合い席の人と話す。話すうちに、よくつないで走ったとその人が誉めたのは私が応援していたチームで、私がディフェンスを讃えたのがその人が応援していたチームとわかった。互いに眼で微笑し頷きあって別れた。ラグビーでは、試合の終了を「ノー・サイド」と言う。

1981年
(昭和56年)

1.1 〔サッカー〕天皇杯で三菱重工が優勝　第60回天皇杯全日本サッカー選手権決勝で、三菱重工が田辺製薬を1-0で破り、2年ぶり4回目の優勝。

1.3 〔駅伝〕順天堂が箱根優勝　第57回東京-箱根間往復大学駅伝競走は、往路1位・復路2位の順天大が11時間24分46秒で2年ぶりの優勝。復路1位は大東文化大。

1.10 〔バスケットボール〕全日本選手権開催　全日本総合バスケットボール選手権女子(第47回)で第一勧銀が7年ぶり優勝。男子(第56回大会)優勝は日本鋼管。

1.12 〔登山〕エベレストで転落死　エベレスト植村登山隊の竹中昇隊員が6300m地点で転落死。

1.15 〔ラグビー〕釜石が初の3連覇　第18回ラグビー日本選手権で新日鉄釜石が同志社大を破り、史上初の3連覇、4回目の優勝。

1.15 〔バドミントン〕日本リーグ開催　第2回バドミントン日本リーグ、男子・電電東京、女子・カワサキが初優勝。

1.15 〔相撲〕高見山が1368回連続出場　大相撲の高見山が序ノ口以来の通算連続出場1368回の新記録を達成。

1.17 〔相撲〕貴ノ花が大関50場所で引退　大相撲の大関貴ノ花が引退。年寄鳴戸を襲名。貴ノ花は1965(昭和40)年初土俵、1972(昭和47)年大関昇進、驚異的な足腰の強さで人気を得た。1971(昭和46)年夏場所5日目、横綱大鵬に引退を決意させた一戦、「かばい手・つき手」論争を巻き起こした1972(昭和47)年初場所の北の富士戦などの名勝負で知られた。通算726勝490敗58休、優勝2回。大関在位50場所は歴代最長。

1.18 〔駅伝〕全日本大学駅伝で福岡大優勝　第12回全日本大学駅伝で福岡大が大会新で2年ぶり2回目の優勝。

1.18 〔アイスホッケー〕王子製紙が20回目の優勝　第49回全日本アイスホッケー選手権で王子製紙が2年連続20回目の優勝。

1.23 〔プロ野球〕岩本・飯田が殿堂入り　プロ野球元松竹・岩本義行、元南海・飯田徳治の野球殿堂入り決定。

1.25 〔相撲〕千代の富士が初優勝　大相撲初場所は、関脇・千代の富士が14勝1敗で初優勝。殊勲賞は関脇・千代の富士(初)。敢闘賞は前頭6枚目・富士桜(2回目)と前頭12枚目・若島津(初)。技能賞は関脇・千代の富士(5回目)。千代の富士は28日に大関昇進が決定。

1.26～29　〔国民体育大会〕国体スケートで北海道16連覇　第36回国民体育大会冬

— 197 —

1981年 (昭和56年)

季スケート競技会が山梨県河口湖町ほかで開催され、北海道が総合16連覇。

2.1 〔マラソン〕別府大分で宗茂が1位　第30回別府大分毎日マラソンで宗茂(旭化成)が弟猛を逆転、2秒差の2時間11分30秒ので3年ぶり2回目の優勝。

2.3 〔野球〕佐伯・小川が殿堂入り　故佐伯達夫高野連会長と故小川正太郎元早大投手の野球殿堂入りが決定。

2.6 〔ノルディックスキー〕全日本選手権開催　第59回全日本スキー選手権ノルディック70m級ジャンプで八木弘和(たくぎん)が初優勝。8日の90m級ジャンプでは秋元博が2回目の優勝。

2.8 〔マラソン〕第1回東京マラソン　第1回東京マラソンで喜多秀喜(神戸製鋼)が外国人スター選手を抑え、2時間12分4秒で初優勝。

2.8 〔綱引き〕初の綱引き選手権　第1回全日本綱引き選手権大会が都道府県対抗で開催された。

2.14 〔ノルディックスキー〕ジャンプW杯札幌大会　ワールドカップジャンプ札幌大会で外国人選手が11位までを独占。

2.20 〔スピードスケート〕全日本で高校生の宮坂が優勝　第49回全日本スピードスケート選手権男子総合で宮坂雅昭、女子総合で石井和恵が初優勝。宮坂は14年ぶりの高校生優勝。

2.21〜24 〔国民体育大会〕国体スキーは北海道3連覇　第36回国民体育大会冬季大会スキー競技会が新潟県妙高高原町で開催され、北海道が総合3連覇。

2.22 〔スピードスケート〕黒岩が世界スプリント入賞　スピードスケートの81年世界スプリント選手権で黒岩彰が日本人として6年ぶりの総合6位入賞。

2.23 〔マラソン〕女子マラソンが五輪種目に　国際オリンピック委員会(IOC)理事会が女子マラソンを1984年のロサンゼルス五輪から正式種目と決定。10/1総会で承認。

3.1 〔マラソン〕東京-NY友好マラソン開催　第1回東京-ニューヨーク友好東京マラソンでゴメス(メキシコ)が初優勝。4位までを外国人選手が独占。

3.5 〔アルペンスキー〕全日本で児玉が2冠　第59回全日本アルペンスキー選手権男子大回転で児玉修が初優勝。児玉は7日の回転でも2回目の優勝。

3.5 〔フィギュアスケート〕五十嵐が世界選手権4位　フィギュアスケート世界選手権男子で五十嵐文男(慶大)が4位入賞。

3.7 〔バレーボール〕日本リーグ開催　バレーボール日本リーグ女子でユニチカが2連覇、5回目の優勝。8日には男子で新日鉄が3連覇、8回目の優勝。

3.8 〔スキー〕初のスキーマラソン大会　第1回札幌国際スキーマラソン大会開催。

3.8 〔ボクシング〕具志堅14度目で防衛失敗　プロ・ボクシングWBA世界ジュニア・フライ級王者の具志堅用高は、郷里・沖縄でおこなわれたタイトル戦

で挑戦者ペドロ・フローレス(メキシコ)にKO負け、14度目の王座防衛に失敗し、現役最多の13度防衛、5年間守ったチャンピオンの座を失う。具志堅は8月7日に引退を発表。

3.10　〔相撲〕輪島・増位山が引退　大相撲横綱輪島が体力の限界を理由に引退、花籠親方襲名。横綱在位47場所。12日には大相撲大関増位山が在位わずか7場所で引退。横綱審議会が両名の無責任引退を批判。

3.18　〔エアロビクス〕エアロビクス日本紹介　米国NASAで開発の「エアロビックダンス」(身体を動かし酸素をたっぷりとる健康スポーツ)が日本に紹介された。

3.22　〔陸上〕瀬古が3万mで世界新　ニュージランドの3万m競走で、瀬古利彦が1時間29分18砂8の世界新。

3.22　〔相撲〕北の湖が21回目の優勝　大相撲春場所は、横綱・北の湖が13勝2敗で21回目の優勝。殊勲賞は前頭2枚目・栃赤城(4回目)。敢闘賞は前頭7枚目・高見山(4回目)。技能賞は小結・巨砲(初)。

3.23　〔ゴルフ〕青木功が開幕勝利　国内プロゴルフの開幕戦、静岡オープンで青木功が優勝。

3.24　〔陸上〕棒高跳びで高橋が日本新　棒高跳びで高橋卓己が5m50の日本新記録。

3.29　〔アイスホッケー〕日本がCグループへ転落　世界アイスホッケー選手権Bグループで日本の再開が決まり、Cグループへ転落。

4.5　〔競馬〕ブロケードが桜花賞制覇　第41回桜花賞レースが阪神競馬場(芝1600m)で行われ、ブロケード(柴田政人騎手)が1分41秒3で1着となった。

4.8　〔高校野球〕PLが春初優勝　第53回選抜高校野球は、PL学園(大阪)が印旛高(千葉)を2-1の劇的な逆転サヨナラで破り初優勝。優勝投手は後に南海で活躍する西川佳明。

4.9　〔ボクシング〕上原が防衛失敗　プロ・ボクシングWBA世界ジュニア・ライト級タイトルマッチで上原康恒がS.セラノ(プエルトリコ)に判定負け、2度目の王座防衛に失敗。

4.11　〔陸上〕渋沢が女子やり投げ日本新　女子やり投げで渋沢奈保美が60m52の日本新記録。

4.14～26　〔卓球〕世界選手権で日本は無冠　第36回世界卓球選手権がユーゴスラビアで開催され、中国が団体・個人の全7種目を制覇。日本は参加史上初めての無冠に終わる。

4.20　〔マラソン〕瀬古・佐々木が最高記録　第85回ボストンマラソンで瀬古利彦(エスビー)が2時間9分26秒の大会新記録で優勝。佐々木七恵も2時間40分56秒で女子日本最高記録。

4.26　〔社会スポーツ〕初の知的障害者体育大会　国際障害者年を記念し、熊本で第1回精神薄弱者体育大会が開催される。また、15日には福岡市民体育館で全国初の身障者スポーツ教室が開始された。

4.29　〔柔道〕山下が全日本5連覇　全日本柔道選手権で山下泰裕五段が史上初の5連覇を達成。

4.29　〔競馬〕カツラノハイセイコが天皇賞制覇　第83回天皇賞(春)レースが京都競馬場(芝3200m)で行われ、カツラノハイセイコ(河内洋騎手)が3分20秒6で1着となった。レース売り上げ129億余円。

4.30　〔登山〕シシャパン峰に女性初の無酸素登頂　日本女子登はんクラブ登山隊(田部井淳子隊長)が中国のシシャパン峰(8013M)に女性初の無酸素登頂に成功。

4月　〔卓球〕卓球に賞金導入　日本卓球協会の登録選手制度が発足。テニスに次いで賞金導入。

5.3　〔陸上〕増田が女子5000日本新　陸上女子5000mで増田明美(成田高)が15分53秒2の日本新記録。過去の記録を1分53秒上回る大記録。9日には3000mでも9分14秒81の日本新記録。

5.6　〔一般〕アマの冠大会容認へ　日本体育協会のアマチュア問題検討懇談会の初会合が開かれる。冠大会などで対立。7月16日、同協会アマ委理事会が冠大会規制はしないことを申し合わせる。9月2日、同協会は冠大会容認を決定。

5.10　〔登山〕ミンヤ・コンガで滑落死　北海道山岳連盟登山隊(金子春雄総隊長ら25人)の8人が中国領ヒマラヤのミンヤ・コンガ(7556m)の頂上直下100m付近で滑落死。日本隊の海外登山史上最悪の惨事となる。8月8日には中国コングール峰を目指した3人が行方不明になったことが明らかになり、同日アラスカのマッキンリー山でも1人が死亡するなど、日本人登山者の海外遭難が続発する1年となった。

5.12　〔ボクシング〕日本が無冠に　プロ・ボクシングWBC世界フライ級タイトルマッチで大熊正二がA.アベラル(メキシコ)にKO負け、王座防衛に失敗。日本人の世界チャンピオンが不在となる。

5.17　〔ゴルフ〕マッチプレー選手権で青木が優勝　81年日本プロゴルフマッチプレー選手権で青木功が3回目の優勝。

5.17〜19　〔射撃〕初のアジアクレー射撃選手権開催　第1回アジアクレー射撃選手権が愛知県で開催され、トラップで男子は平野元治、女子は斉藤タマエが優勝。

5.22　〔登山〕アムネマチン登頂に成功　上越山岳協会登山隊が中国の幻の山アムネマチン(6282m)に初登頂。

5.24　〔大学野球〕東京6大学リーグ戦開催　春の東京6大学リーグで明大が21回目の優勝。10月4日、秋期リーグでは法大が24回目の優勝。

5.24　〔相撲〕北の湖が22回目の優勝　大相撲夏場所は、横綱・北の湖が14勝1敗で22回目の優勝。殊勲賞は小結・朝汐(4回目)。敢闘賞は前頭2枚目・北天佑(初)。技能賞は前頭1枚目・蔵間(2回目)。

5.24　〔柔道〕山口・笹原が全日本4連覇　第4回全日本女子柔道選手権で山口香

(52kg 以下級)、笹原美智子 (61kg 以下級) が共に 4 連覇を達成。

5.31 〔バドミントン〕ユーバー杯で日本が連覇　第 9 回女子世界バドミントン選手権 (ユーバー杯) で日本がインドネシアを 3-2 で破り 2 連覇、5 回目の優勝。

5.31 〔競馬〕カツトップエースが 2 冠　第 48 回日本ダービー (東京優駿) が東京競馬場 (芝 2400m) で行われ、カツトップエース (大崎昭一騎手) が 2 分 28 秒 5 で 1 着となり、さつき賞との 2 冠を達成。売り上げ 190 億 2 千万余円。

5 月 〔柔道〕全盲の講道館五段誕生　全盲の加藤則夫 (山形盲学校教諭) が全国で初の講道館五段となる。

6.2 〔登山〕ダウラギリ I に登頂　名古屋の登山家、禿博信がダウラギリ I 峰 (8167m) 北東稜の単独・無酸素での初登頂に成功。

6.6 〔水泳〕男子 200m 背泳ぎで日本新　男子 200m 背泳ぎで高橋英利が 2 分 5 秒 81 の日本新記録。

6.7 〔陸上〕女子走り高跳びで福光が日本新　女子走り高跳びで福光久代が 1m93 の日本新記録。

6.10 〔大学野球〕全日本で明大が連覇　第 30 回全日本大学野球選手権で明治大が 2 度目の連覇を達成。

6.13 〔水泳〕坂本が自由形日本新　水泳男子 200m 自由形で坂本弘が 1 分 54 秒 67 の日本新記録。

6.14 〔バスケットボール〕松下が日本リーグ 3 連覇　第 15 回バスケットボール日本リーグで松下電器が 3 連覇、史上最多となる 6 回目の優勝。

6.17 〔テニス〕初の大学軟式庭球リーグ　第 1 回全日本大学軟式庭球リーグ王座決定戦開催。

6.21 〔陸上〕室伏が日本新　ハンマー投げで室伏重信が 71m36 の日本新記録。10 年ぶりの自己記録更新で、10 月にも再度記録を更新。

6.25 〔ボクシング〕世界戦初の日本人審判　アメリカで開催されたプロ・ボクシング世界タイトルマッチで、森田健が日本人審判として初めて主審をつとめる。

6.30 〔大学野球〕日本が日米大学野球優勝　第 10 回日米大学野球選手権が東京ほかで開催され、日本が 3 年ぶりに優勝。

6 月 〔一般〕生涯スポーツ振興の答申　中央教育審議会が「生涯教育について」答申、その中で生涯スポーツの振興を謳う。

7.5 〔ユニバーシアード〕東大エイトが 2 冠　イタリアのユニバーシアード・ボート競技で東大エイトが 1000m・2000m の両種目に優勝。

7.8 〔陸上〕瀬古が 1 万 m 惜敗　ストックホルム国際陸上 1 万 m に出場した瀬古利彦 (エスビー) がニャングイ (タンザニア) に 0 秒 2 差で敗れる。

7.12 〔ゴルフ〕大迫が初の 2 冠　日本女子オープンゴルフで大迫たつ子が初優勝。80 年の日本女子プロと合わせて史上 2 人目の 2 冠を達成。

1981年 (昭和56年)

7.17 〔水泳〕安斉が自由形日本新　水泳男子800m自由形で安斉公浩が8分28秒79の日本新記録。

7.19 〔水泳〕岡本が自由形日本新　水泳女子1500m自由形で岡本幸恵が17分39秒03の日本新記録。

7.19 〔相撲〕千代の富士が優勝・綱とり　大相撲名古屋場所は、大関・千代の富士が14勝1敗で2回目の優勝。殊勲賞は関脇・朝汐 (5回目)。敢闘賞は前頭7枚目・高見山 (5回目)。技能賞は該当なし。千代の富士は21日に横綱に昇進。

7.21 〔国民体育大会〕外国籍高校生に国体参加への道　在日韓国・朝鮮人など定住外国人の国体参加問題を検討してきた日本体育協会国民体育大会委員会の同問題小委員会が、国籍制限条項のある国体要項を手直しし、「日本の高校に通う外国人で、本人が希望すれば参加を認める」方針を決定。24日、同協会は外国籍高校生の国体参加承認を正式決定。

7.21 〔プロ野球〕大杉が2000本安打　プロ野球セ・リーグの大杉勝男 (ヤクルト) が2000本安打を達成。

7.25～8.2 〔大会〕初のワールドゲームズ　オリンピック種目にない競技の大会、第1回ワールドゲームズがアメリカのサンタクララで開催された。日本を含む9ヶ国1265人が参加し15の競技が行われた。

7.26 〔サッカー〕筑波大が完全優勝　全日本大学サッカーで筑波大が完全優勝。

7.28 〔プロ野球〕オールスター戦開催　プロ野球オールスター戦で金セが2勝1敗で5年連続勝ち越し。通算成績はパ・リーグの46勝35敗3分け。

7.31 〔プロ野球〕門田が月間16本塁打　プロ野球パ・リーグの門田博光 (南海) が月間16本塁打の新記録達成。

8.2 〔社会人野球〕電電東京が都市対抗初優勝　第52回都市対抗野球で電電東京が東芝 (川崎市) を破り初優勝。

8.2 〔ゴルフ〕日本プロで青木が優勝　日本プロゴルフ選手権で青木功が8年ぶり2回目の優勝。

8.3 〔水泳〕女子自由形で二つの日本新　水泳女子100m自由形で簗瀬かおりが57秒72の日本新記録。4日には200m自由形で斉藤美佳が2分4秒78の日本新記録。

8.5 〔プロ野球〕巨人が144試合連続得点　プロ野球セ・リーグの巨人が対中日17回戦で144試合連続得点のリーグ新記録。プロ野球記録は近鉄の215試合。

8.7 〔登山〕早大隊がK2に初登頂　早稲田大学山岳部登山隊 (松浦輝夫隊長) が世界第2の高峰K2(8611m) 西稜ルートから無酸素で登頂。同ルートの登頂成功は世界初。

8.9 〔ゴルフ〕全米プロで青木が4位　全米プロゴルフでネルソン (アメリカ) が優勝。青木功は4位。

8.17	〔登山〕アコンカグア南壁冬季単独初登頂	アルプス3大北壁冬季単独登頂の長谷川恒男が南米アコンカグア南壁の冬季単独初登頂に成功。
8.18〜20	〔バレーボール〕第1回ライオンカップ開催	ライオンカップ第1回全日本バレーボール小学生大会開催。サッカー、バスケットボールに続く3競技目の小学生全国大会。
8.19	〔重量挙げ〕重量挙げで日本は3位	重量挙げアジア選手権で中国が7階級制覇。日本は3位。
8.20	〔トライアスロン〕日本初のトライアスロン大会	日本初のトライアスロン大会、皆生トライアスロン大会が鳥取県皆生温泉で開催される。参加53名。
8.21	〔高校野球〕報徳学園が夏初優勝	第63回全国高校野球選手権大会は、報徳学園(兵庫)が京都商(京都)を破り初優勝。報徳の投手は金村義明。またこの大会で名古屋電気(のち愛工大明電)の工藤公康投手が対長崎西高戦で16奪三振を奪うノーヒットノーランを達成、大会史上18人目。
8.27	〔プロ野球〕江本が首脳批判し引退	プロ野球セ・リーグ阪神の江本孟紀投手(阪神)が「ベンチがアホやから野球がでけへん」と首脳批判、任意引退。
8.29	〔水泳〕長崎が2種目で日本新	女子100m平泳ぎで長崎宏子が1分12秒41の日本新記録。30日に200m平泳ぎでも2分35秒29の日本新記録。
8.30	〔陸上〕走り高跳びで片峰が日本新	男子走り高跳びで片峰隆が2m26の日本新記録。
8.30	〔ゴルフ〕青木がワールドシリーズ3位	ゴルフワールドシリーズで青木功が3位になる。
8.30	〔水泳〕水泳で8つの日本新	国際招待水泳女子100mバタフライで伊勢多恵美が1分0秒89の日本新記録、この年日本水泳会唯一の世界5位内記録で優勝。また、男子100m背泳ぎで高橋英利が58秒82の日本新記録を記録するなど、計8つの日本新記録が誕生。
8.30	〔ボート〕東大がボート3冠	ボート第59回全日本選手権で東大がエイト3連覇、17回目の優勝。全日本軽量級、全日本大学と合わせ初の3冠を達成。
8.31	〔相撲〕76年ぶり大関不在	大相撲新番付発表。76年ぶりに大関空位となる。
9.1	〔柔道〕国際柔道連盟が段位認定へ	国際柔道連盟総会で段位認定証発行を同連盟で行うことを決定、「家元」講道館に大打撃。また、85年世界選手権の東京開催も決定。
9.2	〔プロ野球〕セ・リーグ観客2億人	プロ野球セ・リーグの累計観客数が2億人を突破。
9.3	〔柔道〕山下が世界選手権初の2冠	第12回世界柔道選手権がオランダのマーストリヒトで開催され、山下泰裕五段が95kg超級に優勝。6日には無差別級でも優勝し初の2冠王となる。
9.5	〔自転車〕中野が世界選手権5連覇	世界自転車選手権がブルノで開催され、

1981年(昭和56年)

プロスクラッチで中野浩一が5連覇。

9.6 〔プロ野球〕田淵が400号本塁打　プロ野球パ・リーグの田淵幸一(西武)が400号本塁打を記録。

9.6～9 〔サッカー〕初の女子国際大会　日本初の女子サッカー国際大会となるポートピア81国際女子サッカーが神戸と東京で開催。

9.13～16 〔国民体育大会〕国体夏季大会開催　第36回夏季国民体育大会が彦根ほかで開催される。水泳総合で東京が7連覇。また、本大会で空手が初めて国体の正式種目となったほか、シンクロナイズドスイミングがオープン種目として初登場。

9.14 〔レスリング〕世界選手権で朝倉が優勝　レスリング・フリースタイル世界選手権52kg級で朝倉利夫が優勝。

9.23 〔プロ野球〕巨人・日本ハムが優勝　プロ野球セ・リーグは、巨人(藤田元司監督)が4年ぶりの優勝。最終順位は2位広島、3位阪神、4位ヤクルト、5位中日、6位大洋。同日、パ・リーグは日本ハムの後期優勝が決定。

9.23 〔登山〕ジャオンリ峰で女性3人が死亡　インドのジャオンリ峰(6632m)で旭川の女性登山隊の隊員3人が雪崩で死亡。

9.23 〔登山〕ナンダカート峰で7人が死亡　インドのナンダカート峰(6611m)でヒマラヤ登山隊が遭難、7人が死亡。

9.27 〔相撲〕琴風が初優勝　大相撲秋場所は、関脇・琴風が12勝3敗で初優勝。殊勲賞は前頭2枚目・巨砲(初)。敢闘賞は前頭1枚目・大寿山(初)。技能賞は関脇・琴風(初)。新横綱千代の富士は3日目から休場。

9.30 〔オリンピック〕名古屋五輪落選　西ドイツのバーデン・バーデンで開かれた国際オリンピック委員会総会で、1988年の第24回オリンピック夏季大会開催地がソウルに決定。投票直前まで有力視されていた名古屋市は52対27の大差で落選。同大会から卓球とテニスを競技種目に加えることも決まった。また冬季五輪の開催地はカルガリー(カナダ)と決定。

10.4 〔テニス〕全日本選手権開催　全日本テニスで男子は福井烈が4度目、女子では野村貴洋子が2回目の優勝。

10.13 〔プロ野球〕日本ハムが初優勝　プロ野球パ・リーグは、プレーオフで後期優勝の日本ハム(大沢啓二監督)が前期優勝のロッテを破りリーグ初優勝。最終順位は2位阪急、3位ロッテ、4位西武、5位南海、6位近鉄。

10.13～18 〔国民体育大会〕びわこ国体開催　第36回国民体育大会秋季大会が大津市で開催され、過去最多の1万9247人が参加。地元滋賀が男女総合優勝。15日のハンマー投げでは室伏重信が71m72で10年ぶりに日本新記録。今大会で空手が初めて国体の正式種目となった。またシンクロナイズド・スイミングが国体のオープン種目に初登場。

10.21 〔登山〕マナスル主峰に登頂　オリンパスマナスル登山隊の尾崎隊員がマナスル主峰(8156m)に登頂。

10.24　〔陸上〕やり投げで吉田が日本新　男子やり投げで吉田雅美が 82m96 の日本新記録。

10.25　〔陸上〕増田が 1 万 m 日本新　日本陸上選手権大会の女子 1 万 m で 17 歳の増田明美 (成田高) が 33 分 1 秒 5 で日本記録を大幅に更新。増田は前日の 3000m でも日本新記録を樹立していた。

10.25　〔体操〕具志堅・加納が 2 連覇　第 35 回全日本体操選手権個人総合で男子は具志堅幸司、女子は加納弥生が 2 連覇。

10.25　〔プロ野球〕巨人が日本一　プロ野球日本シリーズで巨人が日本ハムを 4 勝 2 敗で破り 8 年ぶり通算 16 度目の日本一。

10.27　〔プロ野球〕江川・江夏が MVP　プロ野球の MVP がセ・リーグは江川投手、パ・リーグは江夏豊投手に決定。江夏豊投手の両リーグ MVP 受賞は史上初。また、新人王は原と石毛が獲得。

10.30　〔プロ野球〕張本が引退　3000 本安打の張本勲 (ロッテ) が引退表明。

10.31〜11.23　〔野球〕ロイヤルズ来日　米大リーグ・ロイヤルズが来日第 1 戦で巨人に快勝。ロイヤルズは 11 月 23 日までの滞日で各地で 17 試合を行ったが、9 勝 7 敗 1 分けと訪日大リーグ最悪の通算成績を記録。

11.1　〔サッカー〕釜本が通算 200 得点　サッカー日本リーグで釜本邦茂 (ヤンマー監督兼選手) が通算 200 得点を達成。12 月 26 日、釜本が第 31 回日本スポーツ賞を受賞。

11.1　〔テニス〕セイコー・ワールド開催　81 セイコー・ワールド・スーパーテニスが東京で開催され、V. バンパタンが初優勝。

11.1　〔ゴルフ〕羽川が日本オープン初優勝　第 46 回日本オープンゴルフで羽川豊が初優勝。

11.7　〔ボクシング〕三原が世界王座　ニューヨークで行われた WBA 世界ジュニア・ミドル級王座決定戦で、ランキング 1 位の三原正 (三迫) が 2 位の R. フラット (アメリカ) を判定で破り、王座獲得。

11.9　〔競馬〕ミナガワマンナが菊花賞制覇　第 42 回菊花賞レースが京都競馬場 (芝 3000m) で行われ、ミナガワマンナ (菅原泰夫騎手) が 3 分 07 秒 1 で 1 着となった。

11.9〜15　〔テニス〕アジア初のフェデレーションカップ開催　女子テニス国別対抗第 19 回フェデレーションカップが東京で開催される。アジア初の開催で、アメリカが 6 連覇を達成。

11.10〜12　〔熱気球〕太平洋横断の世界最長記録　有人気球で初の太平洋横断に挑戦するロッキー青木ら 4 人の「ダブル・イーグル V 号」が三重県・長島温泉を離陸。4 日目深夜、米カルフォルニア州コベロ山腹に着陸して横断に成功。飛行距離 9280km、滞空時間 84 時間 31 分の世界最長記録を達成。

11.15　〔マラソン〕東京国際女子マラソン開催　第 3 回東京国際女子マラソンで L. スタウト (カナダ) が 2 時間 34 分 26 秒で優勝。

1981年(昭和56年)

11.16　〔バレーボール〕W杯女子で日本は2位　第3回ワールドカップバレーボール女子で中国が全勝で初優勝。日本は2位。

11.22　〔相撲〕千代の富士が年間3段階優勝　大相撲九州場所は、横綱・千代の富士が12勝3敗で3回目の優勝。史上初の年間3段階(関脇・大関・横綱)優勝を達成。殊勲賞は小結・朝汐(6回目)。敢闘賞は関脇・隆の里(4回目)と前頭5枚目・栃赤城(4回目)。技能賞は前頭4枚目・佐田の海(初)。綱北の湖は膝の故障のため9日目から休場。

11.22　〔競馬〕初のジャパンカップ開催　国際招待レースの第1回ジャパンカップが東京競馬場(芝2400m)で行われ、アメリカのメアジードーツ(C.アスムッセン騎手)が2分25秒3で1着となるなど外国勢が圧勝した。

11.23　〔登山〕ヒマラヤ登山に警告　インド山岳連盟がヒマラヤ登山は熟練者に限るよう日本に警告。9月23日にインドヒマラヤのジャオンリ峰(6632m)で旭川市の女性パーティ3人と現地人ポーター1人が遭難死、25日に同ホワイト・セール峰で一橋大山岳部パーティ3人が行方不明、10月3日に同ナンダカート峰(6611m)で日本ヒマラヤ協会の訓練隊7人が死亡するなど、81年ヒマラヤ登山で日本人死者は38人、インドヒマラヤでの死者26人中15人が日本人だった。

11.25　〔プロ野球〕ドラフト会議開催　プロ野球ドラフト会議、夏の甲子園優勝投手金村(報徳学園)は近鉄へ。また、巨人が槙原投手(大府高)を指名。

11.28　〔ユニバーシアード〕85ユニバは神戸開催　1985年ユニバーシアード夏季大会の神戸開催が決定。

11.28　〔バレーボール〕W杯男子で日本は6位　ワールドカップバレーボール男子でソ連が全勝で3回目の優勝。日本は過去最低の6位。

11.29　〔フィギュアスケート〕五十嵐がNHK杯2連覇　NHK杯国際フィギュアスケート競技大会男子単で五十嵐文男が2連覇。

12.3　〔アイスホッケー〕王子製紙が5回目の優勝　第16回アイスホッケー日本リーグで王子製紙が無敗で5回目の優勝。

12.6　〔マラソン〕伊藤が福岡国際2位　第16回福岡国際マラソン選手権でロバート・ド・キャステラ(オーストラリア)が2時間8分18秒、世界歴代2位の記録で優勝。伊藤国光が2時間9分37秒で2位。

12.6　〔ラグビー〕早稲田が5年ぶり優勝　関東大学ラグビーで全勝同士の早稲田大と明治大が東京・国立競技場で対戦、早稲田大が5年ぶりの優勝。観客数はラグビー史上最高の6万5千人。

12.6　〔卓球〕全日本選手権開催　全日本卓球選手権男子単で前原正浩が初優勝、女子単は島内よし子が2回目の優勝。前原は12年ぶりとなる単複2冠を達成。

12.6　〔ゴルフ〕日本シリーズ東京で羽川が初優勝　第18回ゴルフ日本シリーズ大阪大会が雪で中止。東京大会で羽川豊がプレーオフの末に青木功を破り初優勝。

12.6　〔相撲〕服部が全日本選手権優勝　全日本相撲選手権で同志社大の服部祐児

四段が優勝、学生と両タイトルを獲得。

12.6 〔剣道〕中田が優勝　第29回全日本剣道選手権で中田琇士六段が優勝。

12.13 〔サッカー〕トヨタカップ開催　第2回トヨタヨーロッパ/サウスアメリカカップが東京・国立競技場で開催され、フラメンゴ(ブラジル)がリバプールFC(イングランド)を3-0で破る。観客6万人。

12.16 〔ボクシング〕渡嘉敷が世界王座　プロ・ボクシングWBA世界ジュニア・フライ級タイトルマッチで渡嘉敷勝男がチャンピオン金煥珍(韓国)を判定で破り、王座奪取。具志堅用高が手離したタイトルを奪い返した。81年の日本人ボクサーの世界戦記録は3勝8敗1分け。

12.18 〔スピードスケート〕黒岩が相次ぎ新記録　スピードスケート男子1000mで黒岩彰が1分16秒29の日本新記録。23日には500mで37秒86の国内最高記録。

12.20 〔駅伝〕旭化成が全日本4連覇　全日本実業団駅伝で旭化成が大会史初の4連覇となる通算10回目の優勝。

12.20 〔ハンドボール〕全日本選手権開催　全日本総合ハンドボール選手権男子で湧水薬品が3連覇、女子はジャスコが2連覇。

12.20 〔バドミントン〕日本リーグ開催　第3回バドミントン日本リーグ男子で電電東京が2連覇、女子はサントリーが優勝。

12.20 〔フィギュアスケート〕五十嵐が3連覇　第50回全日本フィギュアスケート選手権男子シングルで五十嵐文男が3連覇。

12.20 〔競馬〕有馬記念はアンバーシャダイが制覇　第26回有馬記念レースが中山競馬場(芝2500m)で行われ、アンバーシャダイ(東信二騎手)が2分35秒5で1着となった。レース売り上げは前年比16%減の193億余円。

12.21 〔高校野球〕日田林工が野球部解散　野球部員の寮費負担など不祥事発覚の大分県立日田林工が野球部解散を決定。

12.26 〔ノルディックスキー〕秋元がスイスで栄冠　スキーのスイス国際クリスマス・ジャンプ大会70m級で秋元正博が優勝。

12.30 〔アイスホッケー〕王子製紙の連勝止まる　第50回全日本アイスホッケー選手権で国土計画が王子製紙を破り2回目の優勝。王子製紙の連勝記録は33でストップ。

12月 〔一般〕日本プロスポーツ大賞決定　1981年(昭和56年)の日本プロスポーツ大賞(日本プロスポーツ協会主催)は、大賞が中野浩一(自転車競技)、殊勲賞が千代の富士貢(大相撲)、倉本昌弘(男子プロゴルフ)、中島常幸(男子プロゴルフ)に決定。

1982 年
(昭和 57 年)

1.1 〔サッカー〕日本鋼管が天皇杯初優勝　第 61 回天皇杯全日本サッカー選手権で、日本リーグ 2 部優勝の日本鋼管が 1 部 2 位の読売クラブを破り初優勝。

1.3 〔駅伝〕順天大が箱根 2 連覇　第 58 回東京 - 箱根間往復大学駅伝競走は、往路・復路とも 2 位の順天大が 11 時間 30 分 0 秒で 2 連覇。往路 1 位は日体大、復路 1 位は早大。

1.3 〔ラグビー〕明大が大学日本一　全国大学ラグビーで明大が早大を破り、大学日本一になる。

1.8 〔ラグビー〕新日鉄釜石が優勝　社会人ラグビー大会で新日鉄釜石がトヨタ自工を完封で破り優勝。

1.10 〔バスケットボール〕松下電器が 3 回目の優勝　全日本男子バスケットボール選手権大会は、松下電器が 3 年ぶり 3 回目の優勝。

1.15 〔駅伝〕旭化成が初の 5 連覇　第 33 回朝日駅伝で旭化成が初の 5 連覇。

1.15 〔ラグビー〕新日鉄釜石が初の 4 連覇　第 19 回ラグビー日本選手権で新日鉄釜石が明治大を 30-14 で破り、史上初の 4 連覇、5 回目の優勝。

1.15 〔ノルディックスキー〕スキー W 杯開催　スキーのワールドカップ・ジャンプ第 6 戦 70m 級が札幌で開催され、秋元正博が 3 位。17 日の第 7 戦 90m 級ではアルミン・コグラー (オーストリア) が優勝し、秋元は 9 位。

1.17 〔駅伝〕福岡大が大学駅伝連覇　第 13 回全日本大学駅伝が名古屋市で開催され、福岡大が 2 年連続 3 回目の優勝。

1.24 〔相撲〕北の湖が 23 回目の優勝　大相撲初場所は、横綱・北の湖が 13 勝 2 敗で 23 回目の優勝。殊勲賞は小結・佐田の海 (初)。敢闘賞は関脇・隆の里 (5 回目)。技能賞は前頭 2 枚目・若島津 (初)。27 日隆の里 (二子山部屋) が大関に昇進。

1.26〜29 〔国民体育大会〕国体スケートで北海道 V17 逃す　第 37 回国民体育大会冬季大会スケート・アイスホッケー競技会が日光市で開催され、東京が男女総合優勝。北海道の V17 はならなかった。

1.29 〔プロ野球〕鈴木・外岡両会長が殿堂入り　鈴木セ・リーグ会長、外岡茂十郎元全日本学生野球連盟会長の野球殿堂入りが決定。

1.31 〔マラソン〕東京マラソン開催　東京マラソンで B. シドロフ (ソ連) が 2 時間 10 分 33 秒の大会新記録で優勝。

2.2 〔ボクシング〕三原正が初防衛失敗　プロ・ボクシング WBA 世界ジュニア・ミドル級タイトルマッチが東京で行われ、チャンピオン三原正が挑戦者 D. ムーア (アメリカ) に 6 回 KO 負け、初防衛に失敗した。

2.4〜8	〔ノルディックスキー〕ノルディックスキー選手権開催　第60回全日本ノルディックスキー選手権が青森県大鰐温泉スキー場で開催された。早坂毅代司が距離30km・15kmで優勝したが50kmで2位に終わり、4年連続3冠を逃した。女子では石上寿子が10km・5kmに優勝し、2年連続2冠。ジャンプでは70m級で秋元正博、90m級で松橋暁が初優勝。
2.7	〔マラソン〕別府大分で西村が2位　別府大分毎日マラソンでホッジ(アメリカ)が2時間15分43秒で優勝。西村(新日鉄大分)は7秒差の2位。
2.9	〔大学野球〕関西6大学野球連盟が発展解消　関西6大学野球連盟(1931年結成)が解散を決定。24日に関西学生野球連盟が発足。大商大を中心とする新「関西6大学野球連盟」など関西大学野球は計5リーグになる。
2.11	〔相撲〕藤島部屋創設　大相撲藤島部屋(年寄り藤島、後の二子山、元大関貴ノ花)が部屋開きを行う。
2.13	〔スピードスケート〕橋本聖子が日本新　スピードスケート女子500mで橋本聖子が41秒93の日本新記録(インツェル)。14日の1000mでも1分25秒90の日本新記録。
2.14	〔ノルディックスキー〕スキーマラソン大会開催　第2回札幌国際スキーマラソン大会が開催される。参加1742人。クロスカントリー40kmで高橋稔が1時間53分27秒8で優勝。
2.18〜21	〔国民体育大会〕国体スキーは北海道が総合4連覇　第37回国民体育大会冬季大会スキー競技会が田沢湖町で開催され、北海道が総合4連覇。
2.20	〔バレーボール〕日立が日本リーグ4年ぶり優勝　バレーボール日本リーグ女子で日立が無敗の18連勝、4年ぶり8回目の優勝。
2.21	〔マラソン〕増田が日本最高記録　千葉陸上選手権マラソンで増田明美が2時間36分34秒の日本最高記録。
2.24〜3.1	〔アルペンスキー〕武田が女子滑降・大回転で優勝　第60回全日本アルペンスキー選手権が青森県大鰐温泉スキー場で開催される。武田真由巳が女子滑降・大回転で優勝。
2.28	〔ゴルフ〕岡本がアリゾナクラシックで優勝　岡本綾子がアメリカプロゴルフツアーのアリゾナクラシックで優勝。日本女子選手のアメリカツアーでの優勝は77年の樋口久子以来2人目。
3.7	〔マラソン〕増田が20kmで世界最高記録　中日名古屋マラソンの女子20kmの部は、C.トミーが優勝、増田明美(成田高校)が1時間6分55秒で2位。トミー、増田ともに世界最高記録。
3.10	〔ラグビー〕早大がケンブリッジを破る　イギリス遠征中の全早大ラグビーチームが名門ケンブリッジ大を13-12で破る。日本ラグビー史上初の快挙。
3.10	〔アイスホッケー〕全日本女子アイスホッケー大会開催　初の全日本女子アイスホッケー大会が開催され、帯広太陽が優勝。
3.14	〔バレーボール〕富士フイルムが日本リーグ初優勝　バレーボール第15回

1982年(昭和57年)

日本リーグ男子で富士フイルムが初優勝。

3.15 〔相撲〕北の湖が幕内通算700勝　大相撲の横綱・北の湖は春場所二日目に勝って幕内通算700勝。大鵬に次ぎ史上2人目の偉業。

3.24 〔オリンピック〕JOC初の女性委員　元オリンピック体操選手の小野清子が日本オリンピック委員会(JOC)総会で初の女性委員に就任。小野は日本体操協会競技本部長もつとめていたが、同協会の内紛を理由に6月4日に本部長を辞任。

3.27 〔相撲〕両国に新国技館建設へ　日本相撲協会が両国駅脇の国鉄用地買収契約に調印。新国技館建設へ。

3.28 〔相撲〕千代の富士が4回目の優勝　大相撲春場所は、横綱・千代の富士が13勝2敗で4回目の優勝。殊勲賞は関脇・出羽の花(初)。敢闘賞は前頭5枚目・麒麟児(3回目)。技能賞は関脇・出羽の花(初)。2日目には北の湖が大鵬に次ぐ幕内史上2位の700勝を記録していた。

3.29 〔ボクシング〕金平協栄ジム会長を永久追放　ボクシング協栄ジムの金平正紀会長は、世界タイトルマッチの挑戦者に毒入り果物を贈った疑惑でボクシング界を永久追放された。

3.31 〔高校野球〕史上初の甲子園100勝　第54回選抜高校野球大会の第6日、中京高(愛知)は史上初の春夏通算「甲子園100勝」を達成。

4.3 〔水泳〕斉藤が自由形で日本新　水泳女子400m自由形で斉藤美佳が4分26秒24の日本新記録。

4.5 〔高校野球〕PL学園が選抜2連覇　第54回選抜高校野球大会は、PL学園(大阪)が二松学舎大付属(東京)を15-2の大差で破り、史上2校目の2連覇を達成。

4.7 〔一般〕早大がスポーツ特別入試　早稲田大学教育学部は、運動能力に優れた現役高校生を対象に別枠の特別入試を実施することを決定。

4.8 〔ボクシング〕渡辺が世界王座　プロ・ボクシングWBA世界ジュニア・バンタム級タイトルマッチが大阪で開催され、渡辺二郎がチャンピオンのR.ペドロサ(パナマ)を大差の判定で破った。関西初の世界チャンピオンが誕生。

4.9 〔登山〕中国がチョモランマ冬期登山を認可　中国がチョモランマ(エベレスト)の冬期登山を認めることを決定。日本隊の最初の許可が出る。

4.13 〔ボクシング〕友利が世界王座　プロ・ボクシングWBC世界ジュニア・フライ級タイトルマッチが東京で開催され、同級9位の友利正(三迫)がアマド・ウルスア(メキシコ)を判定で破り王座獲得。

4.18 〔競馬〕アズマハンターがさつき賞　第42回皐月賞レースが中山競馬場(芝2000m)で行われ、アズマハンター(中島啓之騎手)が2分02秒5で1着となった。

4.26 〔一般〕企業の選手勧誘の自粛要請　文部省、企業の選手勧誘の自粛について日本体育協会を通じて加盟各競技団体に通知。

4.29	〔プロ野球〕山田が通算200勝　プロ野球パ・リーグの山田久志(阪急)が史上17人目の通算200勝を達成。
4.29	〔柔道〕山下が史上初の6連覇　全日本柔道選手権で山下泰裕五段が大会史上初の6連覇を達成。
4.29	〔競馬〕モンテプリンスが天皇賞制覇でモ優勝　第85回天皇賞(春)レースが京都競馬場(芝3200m)で行われ、モンテプリンス(吉永正人騎手)が3分19秒2で1着となった。レース売り上げ119億6974万円で前年度比7.4%減。
5.1	〔登山〕ミニヤコンガで遭難　中国のヒマラヤ・ミニヤコンガ峰(7556m)に登山中の市川山岳会員6人のうち2人が行方不明との公電が入る。生存は絶望視されていたが、19日に1人が山麓の四川省の村に自力で辿り着き、中国側に救助された。
5.2	〔陸上〕女子1万で増田が日本新　兵庫リレーカーニバル女子1万mで増田明美が32分48秒1の日本新記録。
5.3	〔剣道〕福之上が初の高校生優勝　第21回全日本女子剣道選手権で福之上里美2段が高校生として史上初の優勝。
5.9	〔自転車〕国際サイクルロードレース開催　東京で国際サイクルロードレースが開催され、男子(103km)は斉藤勝が優勝、女子(42.4km)は阿部和香子が3位。
5.16	〔ソフトボール〕ソフトボールは世界女子に不参加　日本ソフトボール協会が中国との申し合わせを尊重するため、7月に台湾で開催される世界女子大会への不参加を決定。
5.23	〔陸上〕高野が400で日本新　陸上男子400mで高野進が46秒51の日本新記録。
5.23	〔大学野球〕法大が6大学野球2連覇　東京6大学野球で法大が2連覇。24年ぶりの10戦全勝優勝。
5.23	〔相撲〕千代の富士が2場所連続優勝　大相撲夏場所は、横綱・千代の富士が13勝2敗で2場所連続5回目の優勝。殊勲賞は小結・朝汐(7回目)。敢闘賞は小結・朝汐(3回目)。技能賞は関脇・出羽の花(2回目)。
5.24〜6.3	〔卓球〕アジア卓球選手権開催　第6回アジア卓球選手権がインドネシアのジャカルタで開催され、中国が全種目制覇。この間27日にアジア卓球連合が韓国の加盟を事実上承認し、約10年ぶりに中国・日本・北朝鮮・韓国の4強が揃うことになった。
5.28	〔オリンピック〕IOC総会開催　国際オリンピック委員会総会がローマで開催され、竹田恒徳の後任として元冬季オリンピックスキー選手の猪谷千春を国際オリンピック委員会委員に選任。
5.30	〔競馬〕バンブーアトラスがダービー制覇　第49回日本ダービー(東京優駿)が東京競馬場(芝2400m)で行われ、バンブーアトラス(岩元市三騎手)が2分26秒5のレコードタイムで1着となった。

1982年(昭和57年)

5.30〜6.9	〔サッカー〕ジャパンカップ開催	ジャパンカップ・ワールドサッカー82大会が開催され、奥寺康彦が参加のベルダー・ブレーメン(西ドイツ)が優勝。
6.5〜6	〔新体操〕新体操国際招待競技大会開催	82新体操国際招待競技大会が東京で開催された。8ヶ国14選手が参加し、個人総合でリリア・イグナトバ(ブルガリア)が3連覇。
6.5〜6	〔柔道〕正力松太郎杯開催	第1回全日本学生柔道体重別選手権大会(正力松太郎杯)が開催される。
6.6	〔マラソン〕佐々木がマラソン日本最高記録	ニュージーランドのクライストチャーチ・マラソンで、佐々木七恵が2時間35分0秒の日本最高記録で優勝。
6.6	〔水泳〕高橋が平泳ぎで日本新	水泳男子100m平泳ぎで高橋英利が58秒71の日本新記録。
6.6	〔自転車〕全日本アマチュア自転車競技選手権開催	第51回全日本アマチュア自転車競技選手権が開催され、新設の女子ロード(51km)で吉田八栄子が優勝、阿部和香子が2位。
6.12	〔体操〕NHK杯で加納・具志堅が連覇	NHK杯体操競技会女子で加納弥生が4連覇。男子は具志堅幸司が2連覇。
6.12	〔バドミントン〕日韓バドミントン競技会開催	第1回日韓バドミントン競技会が開催された。
6.12	〔水泳〕日中対抗水泳競技大会開催	第1回日中対抗水泳競技大会が神戸で開催された。
6.13	〔バレーボール〕日ソ対抗バレーボール開催	日ソ対抗バレーボールが各地でおこなわれ、女子は日本が6戦全勝でソ連に完勝した。
6.20	〔陸上〕秋元が400障害で日本新	陸上女子400m障害で秋元千鶴子が58秒50の日本新記録。5月の記録を更新。
6.21	〔相撲〕朝汐が関脇返り咲き	大相撲の小結朝汐、関脇への返り咲きが決定。
6.27	〔ボート〕東大がボート3連勝	全日本経量級ボート選手権大会のエイトで東大が国内史上2位の好記録で3連勝。
7.2	〔プロ野球〕江夏・福本・衣笠が偉業	プロ野球パ・リーグの江夏豊投手(日本ハム)が対近鉄戦で史上18人目の200勝。3日には福本外野手(阪急)が対西武戦でアメリカ大リーグ記録とタイの892盗塁を記録。さらに4日にはセ・リーグの衣笠選手(広島)がセパ両リーグ初の1500試合連続出場を達成。
7.3	〔陸上〕阪本が走り高跳びで日本新	陸上男子走り高跳びで阪本孝男が2m27の日本新記録。
7.18	〔ゴルフ〕倉本が全英オープン4位	第111回全英オープン・ゴルフでトム・ワトソンが優勝。倉本昌弘が日本選手過去最高の4位に入賞した。
7.18	〔相撲〕千代の富士が優勝	大相撲名古屋場所は、横綱・千代の富士が12勝

3敗で6回目の優勝。戦後4人目となる3連覇を達成。殊勲賞は関脇・朝汐(8回目)。敢闘賞は前頭2枚目・闘竜(初)。技能賞は前頭11枚目・高望山(初)。横綱北の湖は全休。

7.25　〔陸上〕高橋が棒高跳びで日本新　棒高跳びで高橋卓己が5m51の日本新記録。

7.25　〔ゴルフ〕倉本が初出場で優勝　日本プロゴルフ選手権は、倉本昌弘が初出場で優勝を果たした。

7.29～8.7　〔水泳〕世界水泳選手権開催　第4回世界水泳選手権がグアヤキルで開催される。15歳の長崎宏子が平泳ぎ100mで1分11秒68、200mで2分33秒18、簗瀬かおりが自由形100mで57秒44、200mで2分3秒18の日本新記録。

7.31　〔水泳〕大貫がドーバー海峡横断　大貫映子(22歳、早大生)が日本人で初めてドーバー海峡横断水泳に成功。タイムは09時間32分。

7.31　〔剣道〕世界剣道選手権開催　第5回世界剣道選手権がサンパウロで開催され、個人戦で蒔田実六段が初優勝し、日本人選手が5連覇。8月1日の団体戦でも日本が5連覇。

8.3　〔陸上〕磯崎が400で日本新　陸上女子400mで磯崎公美が54秒21の日本新記録。10月5日、さらに53秒73を記録。

8.6　〔プロ野球〕井上がビーンボール禁止適用第1号　プロ野球パ・リーグの井上投手(南海)が対阪急戦でビーンボール禁止通達の適用第1号となり退場。

8.7　〔柔道〕世界学生柔道選手権で日本が優勝　世界学生柔道選手権団体で日本が8年ぶりの優勝。

8.8　〔社会人野球〕住友金属が都市対抗初優勝　第53回都市対抗野球決勝で、住友金属(和歌山市)が日本鋼管福山を破り初優勝。

8.8　〔水泳〕前田が背泳ぎで日本新　女子100m背泳ぎで前田琴が1分5秒24の日本新記録。

8.11～14　〔レスリング〕レスリングで日本不振　82年世界レスリング・フリースタイル選手権がエドモントンで開催され、日本がメダル1つの不振。

8.12　〔バレーボール〕女子バレー初の女性監督　アジア競技大会に出場する女子バレーボールチーム監督に、初の女性監督となる生沼スミエ元オリンピック選手が決定。

8.14　〔登山〕中国側初のチョゴリ無酸素登頂　日本山岳協会登山隊が中国側(北稜ルート)初のチョゴリ(K2、8611m)無酸素登頂に成功。しかし、隊員1人が下山途中に遭難死。9月1日、中国山岳協会が同登山隊からもう1人死亡者が出たと発表。また、8月14日にはインドヒマラヤ・クン峰(7077m)で日本ヒマラヤ協会登山隊が前年に続き遭難して1人死亡、マッターホルン登山中の女性1人も転落死と事故が相次いだ。

8.20　〔高校野球〕池田高校が初優勝　第64回全国高校野球選手権大会は、池田高校(徳島)が広島商(広島)を破り夏の大会初優勝。池田の投手は水野雄仁。

1982年(昭和57年)

8.22　〔ゴルフ〕岡本綾子が2位　アメリカプロゴルフツアーのワールド・チャンピオンシップで岡本綾子が2位。

8.25　〔ゲートボール〕ゲートボールに統一ルール　全日本ゲートボール振興会議が開催され、統一ルールが発表される。10月29日には東京都老人クラブ主催第1回ゲートボール大会が開催された。

8.28～31　〔水泳〕日本選手権開催　82年度水泳日本選手権が東京・代々木で開催される。女子400m自由形で斉藤美佳が4分24秒86、男子100m背泳ぎで高橋英利が58秒49など、12個の日本新記録が生まれる。

8.29　〔ゴルフ〕青木がワールドシリーズ3位　ゴルフのワールドシリーズでC.スタドラー(アメリカ)が初優勝。青木功は3位。

8.29　〔ボート〕東大がエイト4連覇　ボート第60回全日本選手権エイトで東大が4連覇。6月の全日本軽量級、8月の全日本大学と合わせ、2年連続の3冠。全日本軽量級では国内史上2位の好記録をマーク。

8.29　〔自転車〕中野が6連覇　世界自転車選手権プロ・スプリントがイギリス・レスターで開催され、中野浩一が6連覇を達成。31日のプロ・スクラッチでも6連覇。

9.3　〔水泳〕坂がバタフライ日本新記録　水泳男子200mバタフライで坂太平が2分2秒57の日本新記録。

9.12　〔柔道〕全日本柔道選手権開催　第5回全日本柔道選手権が開催され、52kg級で山口香が5連覇。61kg級の笹原美智子は八戸かおりに敗れ5連覇を逃す。

9.12～15　〔国民体育大会〕国体夏季大会開催　第37回国民体育大会夏季大会が松江ほかで開催される。水泳男女総合で東京が8連覇。本大会をめぐっては、出場権を得た民間スイミングクラブ所属の折尾高女生徒が校長の許可がおりず不参加になるという問題が発生。

9.14　〔野球〕世界アマチュア野球選手権開催　世界アマチュア野球選手権大会が開催され、韓国が8勝1敗で初優勝、日本は7勝2敗で2位。

9.19　〔柔道〕山下が5回目の優勝　第15回全日本選抜柔道体重別選手権95kg超級で山下泰裕五段が5回目の優勝。

9.21　〔相撲〕北の湖が通算873勝　大相撲秋場所の10日目、横綱・北の湖が勝って序の口以来の通算873勝、大鵬の記録を抜き史上1位。

9.24　〔陸上〕8ヶ国陸上競技大会開催　8ヶ国陸上競技大会が東京・国立競技場で開催される。男子5000mで新宅雅也が13分24秒69、女子200mで磯崎公美が24秒00の日本新記録。

9.25　〔バレーボール〕女子バレーで日本不振　第9回世界女子バレーボール選手権がリマで開催され、中国が初優勝。日本は過去最低の4位。

9.26　〔ゴルフ〕岡本が3年ぶり優勝　日本女子プロゴルフ選手権で岡本綾子が3年ぶり2回目の優勝。賞金300万円。

9.26　〔相撲〕隆の里が全勝で初優勝　大相撲秋場所は、大関・隆の里が15戦全勝

で初優勝。殊勲賞は前頭1枚目・大寿山(初)。敢闘賞は関脇・若島津(2回目)と前頭5枚目・北天佑(2回目)。技能賞は関脇・若島津(2回目)。21日には横綱北の湖が大鵬を抜き史上1位となる通算873勝を達成。

9.28 〔テニス〕全日本テニス選手権開催　全日本テニス選手権女子単で岡川恵美子(市ヶ尾高)が初優勝。高校生の優勝は沢松和子以来14年ぶり2人目。

10.3 〔競馬〕競馬で電気ショック使用　中央競馬会が、週刊誌に指摘された電気ショックによるスタートの事実を認める。

10.3～8 〔国民体育大会〕国体秋季大会開催　第37回国民体育大会秋季大会が島根県松江市ほかで開催される、開催地の島根が初の天皇、皇后両杯を獲得。開催県の優勝は19年連続。

10.5 〔プロ野球〕斎藤が27セーブ　プロ野球セ・リーグの斎藤明投手(大洋)が27セーブの新記録を達成。同日、巨人が主催試合観客動員296万5千人の新記録を達成。

10.6 〔陸上〕清水が男子100で日本新　陸上男子100mで清水禎宏が10秒40の電気計時日本新記録。

10.7 〔重量挙げ〕砂岡が日本新記録　重量挙げ90kg級で砂岡良治がトータル357.5kgの日本新記録。砂岡は6月に82.5kg級でも13年ぶりに日本記録を更新しており、11月25日には82.5kg級でトータル350kgで日本記録を再度更新。

10.9 〔プロ野球〕落合が3冠王　プロ野球パ・リーグ、ロッテの落合博満内野手が対南海最終戦で32号本塁打を放ち、打率.325、打点99、本塁打32本でプロ野球史上4人目、史上最年少(28歳)となる3冠王を獲得。

10.10 〔ゴルフ〕東海クラシックゴルフ開催　東海クラシックゴルフで男子は謝敏男が初優勝、女子は岡本綾子が2回目の優勝。

10.12 〔登山〕シシヤパンマ峰に登頂　名古屋の高山研究所遠征隊(原真隊長)が中国チベットのシシヤパンマ峰(8012m)に無酸素でスピード登頂に成功した。

10.14 〔プロ野球〕西武がリーグ優勝　プロ野球パ・リーグは、前期優勝の西武(広岡達朗監督)がプレーオフで3勝1敗で後期優勝の日本ハムを破り、西武として初のリーグ優勝。最終順位は2位日本ハム、3位近鉄、4位阪急、5位ロッテ、6位南海。

10.16 〔陸上〕瀬古が2万で日本新記録　陸上男子2万mで瀬古利彦が58分29秒6の日本新記録。

10.16 〔スキー〕初のローラースキー選手権大会　日本初のローラースキー選手権大会が八ヶ岳高原で開催された。

10.17 〔陸上〕瓜田が日本記録更新　男子砲丸投げで瓜田吉久が9年ぶりの日本記録更新となる17m16を記録。

10.17 〔バスケットボール〕日本リーグ開催　バスケットボール日本リーグ女子でシャンソン化粧品が初優勝。男子は住友金属が4回目の優勝。

1982年 (昭和57年)

10.18　〔プロ野球〕中日が8年ぶり優勝　プロ野球セ・リーグは、中日 (近藤貞雄監督) が最終戦で大洋を破り、8年ぶり3回目の優勝を決める。最終順位は2位巨人、3位阪神、4位広島、5位大洋、6位ヤクルト。

10.30　〔プロ野球〕西武が初の日本一　プロ野球・第33回日本シリーズは、パ・リーグ優勝の西武 (広岡達朗監督) が中日を4勝2敗で下し初の日本一に輝いた。シリーズMVPは東尾修。広岡達朗監督は就任1年目。広岡は78年にもヤクルト監督として日本一になっており、両リーグにまたがって日本一となった監督は水原茂、三原脩に次いで史上3人目。11月12日、正力松太郎賞が広岡に決定。

10.31　〔体操〕具志堅・森尾が優勝　体操第36回全日本選手権で具志堅幸司が男子個人総合3連覇。女子は森尾麻衣子が初優勝。

10.31　〔社会人野球〕ヤマハ発動機が初優勝　社会人野球日本選手権決勝でヤマハ発動機が日本通運を破り初優勝。

10.31　〔サッカー〕三菱重工が優勝　日本サッカーリーグで三菱重工が優勝。

10.31　〔ゴルフ〕36歳矢部が初優勝　日本オープン・ゴルフ選手権で36歳の中堅プロ矢部昭が初優勝。

10.31　〔フィギュアスケート〕伊藤みどり2連覇　全日本フィギュア・フリー選手権大会の女子シングルスで伊藤みどりが2連覇。

10.31　〔競馬〕メジロティターンが天皇賞制覇　第86回天皇賞 (秋) レースが東京競馬場 (芝2000m) で行われ、メジロティターン (伊藤正徳騎手) が3分17秒9のレコードタイムで1着となった。

11.1　〔プロ野球〕中尾・落合がMVP　82年度プロ野球最優秀選手にセ・リーグ中尾孝義 (中日)、パ・リーグ落合博満 (ロッテ) が決定。

11.3　〔剣道〕石田六段が初優勝　第30回全日本剣道選手権で石田健一六段が初優勝。

11.3～7　〔駅伝〕8年ぶりに東日本縦断駅伝開催　東日本縦断駅伝が8年ぶりに復活。優勝は神奈川。

11.7　〔ハンドボール〕大同特殊鋼が5連覇　ハンドボール日本リーグ男子で大同特殊鋼が5連覇。

11.9　〔ヨット〕堀江が縦回り地球1周　堀江謙一がヨットで縦回り地球1周に成功、4年がかりでホノルルに到着。

11.13　〔新体操〕山崎が4連覇　新体操第35回全日本選手権女子個人総合で山崎浩子が4連覇。

11.13　〔柔道〕山下が無差別級2連覇　柔道の第2回嘉納杯国際大会無差別級で山下泰裕が2連覇。

11.14　〔マラソン〕東京国際女子マラソン開催　第4回東京国際女子マラソンでイワノワ (ソ連) が2時間34分26秒で優勝。

日本スポーツ事典　　　　　　　　　　　　　　　　　　　　　　1982年（昭和57年）

11.19～12.4　〔アジア競技大会〕ニューデリーでアジア大会　第9回アジア競技大会がインドのニューデリーで開催され、33ヶ国、4635人が参加し、20の競技が行われた。金メダル獲得数は中国が61個で1位、57個の日本は2位で初めてアジアの王座を失った。11月28日の男子ハンマー投げで、室伏重信（中京大教員）が4連覇、個人種目では初の快挙。室伏はこの年、5月9日の75m20を最高に日本新記録を7回更新しており、12月26日に第32回日本スポーツ賞を受賞。11月29日、水泳女子の築輝かおり、男子の坂太平がそれぞれ金メダル4個を獲得。12月1日、高校総体陸上女子短距離3冠の機崎公美が200m・400m・400m障害・1600m障害で4冠を達成。

11.23　〔自転車〕中野3連覇ならず　第24回競輪祭決勝で井上茂徳が中野浩一を破り優勝、中野は3連覇ならず。井上は史上2人目の年間賞金1億円突破。

11.24　〔プロ野球〕パ・リーグ1シーズン制復帰　プロ野球パ・リーグのオーナー懇談会で来シーズンからの1シーズン制復帰が決定。83年1月13日、パ・リーグ理事会でプレーオフ付き1シーズン制の採用を決定。

11.25　〔プロ野球〕ドラフト会議開催　プロ野球ドラフト会議で荒木（早実）はヤクルトが、野口（立大）は西武が指名。巨人は斎藤（川口高）を1位指名。

11.28　〔相撲〕千代の富士が7回目の優勝　大相撲九州場所は、横綱・千代の富士が14勝1敗で7回目の優勝。年間最多の74勝も記録。殊勲賞は小結・北天佑（初）。敢闘賞は前頭8枚目・大潮（初）。技能賞は関脇・若島津（3回目）。12月1日、12勝3敗の成績を残した関脇若島津が入幕12場所で大関に昇進し、二子山部屋に1横綱2大関が集中。

12.1　〔相撲〕若島津が幕入り12場所の大関昇進　大相撲九州場所で12勝3敗の成績あげた東関脇・若島津の大関昇進が決定。幕入り12場所のスピード出世。

12.5　〔マラソン〕喜多が福岡国際マラソン2位　第17回福岡国際マラソンで伏兵P.バリンジャー（ニュージーランド）が2時間10分15秒で優勝。喜多秀喜が（神戸製鋼）2位に入る健闘をみせた。

12.5　〔ラグビー〕早大が対抗戦全勝優勝　関東大学ラグビー対抗戦で早大が明大を破り、全勝優勝。

12.5　〔ゴルフ〕中島が三冠王　第19回ゴルフ日本シリーズで中島常幸が優勝、賞金王、勝利数（5勝）、年間平均ストローク（70.83）の3冠達成。

12.5　〔柔道〕世界女子柔道で金メダルならず　第2回世界女子柔道選手権で52kg級の山口香2段、無差別級の堅石洋美三段がともに2位。

12.10　〔スピードスケート〕黒岩が日本新記録　スピードスケートの浅間選抜競技会男子500mで黒岩彰が37秒58の日本新記録。

12.11　〔サッカー〕国士舘大が初優勝　全日本大学サッカー選手権で国士舘大が初優勝。

12.11　〔アイスホッケー〕王子製紙が2連覇　第17回日本アイスホッケーリーグで王子製紙が2連覇。

— 217 —

1982年(昭和57年)

12.12　〔サッカー〕トヨタカップ開催　クラブサッカー世界一決定戦第3回トヨタカップが東京・国立競技場で開催される。ペニャロール(ウルグアイ)が2-0でアストン・ビラ(イングランド)を破り、インターコンチネンタルカップ以来史上最多となる3回目の優勝。

12.12　〔相撲〕服部が2連覇　第31回全日本相撲選手権で服部祐児五段(同大)が2連覇。大学在学中の2回優勝は史上2人目、また同年度学生・全日本両王座制覇は史上4人目。

12.13　〔登山〕世界初の厳冬期登頂　北海道大学ヒマラヤ遠征隊の小泉章夫隊員がネパールのダイラギリI峰(8167m)北東稜からの登頂に成功。厳冬期に8000m級の登頂に成功したのは世界初。

12.18　〔バドミントン〕全日本総合バドミントン選手権開催　第36回全日本総合バドミントン選手権女子複で徳田敦子・米倉よし子組が4連覇。19日には女子単で北田スミ子が3連覇。

12.19　〔駅伝〕旭化成・九州実業団が優勝　全日本実業団対抗駅伝で男子は旭化成が5連覇、通算11回目の優勝。女子は九州実業団が初優勝。

12.19　〔ハンドボール〕湧水製薬が史上初の4連覇　第34回全日本総合ハンドボール選手権男子で湧水製薬が史上初の4連覇。

12.22　〔プロ野球〕福士が韓国球界へ　プロ野球の福士敬章投手(広島)が任意引退、韓国球界転出の意向を表明。83年1月18日、韓国プロ野球・三美に入団。

12.26　〔卓球〕斉藤が男子初の3冠　全日本卓球選手権男子単で斉藤清が初優勝。複・混合と合わせ、男子では初の3冠。

12.26　〔競馬〕ヒカリデュールが有馬記念勝利　第27回有馬記念レースが中山競馬場(芝2500m)で行われ、名古屋公営出身のヒカリデュール(河内洋騎手)が2分36秒7で1着となった。地方競馬出身馬の優勝は20年ぶり。

12.27　〔登山〕エベレスト単独登頂後に遭難　日本冬季エベレスト登山隊の加藤保男隊長がエベレスト(8848m)東南稜を経由して、厳冬期初単独登頂に成功。しかし、下山中に同行の小林利明隊員と行方不明になり、30日にネパール観光省が捜索を断念。83年2月16日、加藤に大宮市民栄誉賞第1号を授与。5月25日、アメリカエベレスト登頂隊員が遺品を発見したと公表。

12月　〔一般〕日本プロスポーツ大賞決定　1982年(昭和57年)の日本プロスポーツ大賞(日本プロスポーツ協会主催)は、大賞が落合博満(プロ野球)、殊勲賞が広岡達朗(プロ野球)、中野浩一(自転車競技)、岡本綾子(女子プロゴルフ)に決定。

アジア競技大会

アジア大会と略称されているアジア競技大会(Asian Games)は、第二次大戦前におこなわれていた極東選手権競技大会と西アジア競技大会を統一して復興された。第1回は1951年にニューデリー(インド)、第2回はマニラ(フィリピン)で開催され、1958年に第3回大会が東京で開催された。原則として4年ごと、オリンピックの中

間年に開催。当初はアジア競技連盟 (Asian Games Federatio=AGF) が主催、連盟会長は次期開催国から選ばれ連盟本部も開催国の持ちまわりであった。1981年、同連盟を発展解消し、アジア・オリンピック評議会 (Olympic Council of Asia=OCA) を設立、本部をクウェートに定めた。OCAはその名のとおりオリンピックとの連携を志しており、競技会参加資格などもオリンピックの規定に準じている。OCAは、アジア競技会を開催するだけでなく、アジア民族の連携を深めること、またアジア諸国の競技力の向上を目的としている。しかしアジア地域は、中東からインド亜大陸、東南アジアから東北アジアと広大であり、かつて西洋列強の植民地として支配されていたところが多い。政治・社会情勢は流動的、複雑な宗教問題などをはらみ加盟諸国の関係も一様ではない。日本は第1回大会から参加し、1982年の第9回大会で中国に王座を譲ったとはいえ、常に好成績を残してきた。日本にとっては五輪や競技別の世界選手権と異なる一つの地域競技会だが、OCA加盟諸国の多くにとって、スポーツを振興するための底辺の拡大 (競技人口の増加、競技施設の整備、競技会組織・運営の経験蓄積) にアジア大会がはたしてきた効果は小さくないだろう。

1983 年
(昭和 58 年)

1.1 〔サッカー〕ヤマハ発動機が初優勝　第62回天皇杯全日本サッカー選手権決勝で、日本リーグ2部のヤマハ発動機がフジタ工業を1-0(延長)で破り初優勝。

1.3 〔駅伝〕日体大が3年ぶり優勝　第59回東京‐箱根間往復大学駅伝競走は、往路1位、復路2位の日体大が11時間6分25秒で3年ぶり9回目の優勝。復路1位は早大。

1.6 〔柔道〕日本が7種目で金メダル　第1回正力松太郎杯国際学生柔道大会で、日本が無差別級の斉藤仁(国士大)をはじめ個人6種目と団体戦、計9種目中7種目で金メダル。

1.8 〔バスケットボール〕共同石油・松下電器が2連覇　全日本バスケットボール女子は共同石油、男子は松下電器がともに2連覇。

1.11 〔スピードスケート〕橋本が4種目完全優勝　スケートの全日本スピード選手権で橋本聖子(駒大苫小牧高3年)が4種目完全優勝を達成。

1.14 〔相撲〕若乃花引退・琴風優勝　大相撲初場所は、大関・琴風が14勝1敗で2回目の優勝。殊勲賞は関脇・朝潮(9回目)。敢闘賞は関脇・北天佑(3回目)。技能賞は関脇・朝潮(初)。横綱若乃花は初場所6日目に引退を発表。

1.15 〔駅伝〕旭化成が6連覇　第34回朝日駅伝で旭化成が6連覇。

1.15 〔ラグビー〕新日鉄釜石が史上初の5連覇　第20回ラグビー日本選手権で新日鉄釜石が同大を21-8で破り6回目の優勝。史上初の5連覇。

1.15 〔スピードスケート〕黒岩が日本新記録　第9回全日本スプリント選手権大会の男子500mで黒岩彰が37秒49の日本新記録。

1.16 〔スポーツ医学〕スポーツドクター認定　日本体育協会が公認スポーツドクター第1回34名を認定。

1.20 〔スキー〕全日本学生スキー開催　全日本学生スキー男子は中大が初優勝、女子は大東大が3回目の優勝。

1.23 〔駅伝〕日体大が優勝　第14回全日本大学駅伝で日体大(東京)が優勝。

1.23 〔駅伝〕千葉県が優勝　第1回全国都道府県対抗女子駅伝競走大会が京都で開催され、千葉県が優勝。

1.24 〔プロ野球〕三原・内村が殿堂入り　三原脩(元巨人・西武監督・日本ハム代表)の野球殿堂入り決定。27日、内村祐之(元プロ野球コミッショナー)の野球殿堂入り決定。

1.29 〔競馬〕競馬場にシルバーシート　府中市の東京競馬場にシルバーシートが

設置される。

1.30 〔マラソン〕大阪女子マラソン開催　大阪女子マラソンでキャリー・メイ(アイルランド)が2時間29分23秒で優勝。

2.6 〔スピードスケート〕黒岩が完全優勝　国際スプリント競技会が西ドイツ・インツェルで開催され、黒岩彰(専大)が500mで37秒45、1000mで1分14秒45の日本新記録。第1日目の2レース1位も含め、完全優勝。また、大会後の19日には男子500mで37秒32と記録を更新。

2.11 〔ノルディックスキー〕ノルディックスキー選手権開催　第61回全日本ノルディックスキー選手権が札幌市で開催され、男子リレーで東京美装が大会史上初の6連覇。女子リレーは大館桂高(秋田)が初優勝。石神寿子(大館桂高教員)が12日の女子5kmで史上初の3連覇を達成し、13日の女子10kmと合わせて3年連続2冠。また、結城谷行(日大)が13日の男子30km、16日の男子50kmで2冠。

2.13 〔マラソン〕瀬古が日本最高記録　東京・ニューヨーク友好マラソンで瀬古利彦(エスビー食品)が世界歴代4位、日本最高となる2時間8分38秒で優勝。

2.13 〔駅伝〕名岐駅伝開催　名岐駅伝で一般は鈴木自動車が初優勝、高校は愛工大名電が2連覇。

2.13 〔ゴルフ〕日本男子初のアメリカツアー優勝　ハワイアン・オープンで青木功が逆転優勝。日本人男子初のアメリカゴルフツアー優勝。

2.19 〔バレーボール〕日立が史上初の完全優勝　バレーボール第16回日本リーグ女子で日立の2連覇が決定。3月6日、日立は史上初となる失セット0の完全優勝、リーグ新記録の42連勝を達成。

2.19 〔スピードスケート〕黒岩が今季5度目の日本新記録　スピードスケート男子500mで黒岩彰が37秒32、今季5度目の日本新記録。

2.27 〔マラソン〕中日名古屋スピードマラソン開催　中日名古屋スピードマラソンの男子30kは中村孝生、女子20kはエレン・ハートがそれぞれ初優勝。

2.27 〔スピードスケート〕黒岩が日本初の総合優勝　スピードスケート・83年世界スプリント選手権がヘルシンキで開催され、黒岩彰(専大)が日本初の総合優勝。

2.一〜25 〔国民体育大会〕国体スキーは北海道が総合5連覇　第38回国民体育大会冬季大会スキー競技会が草津町で開催され、北海道が総合5連覇。

3.6 〔スキー〕札幌国際スキーマラソン開催　第3回札幌国際スキーマラソン大会でフランツ・レンクリ(スイス)が優勝。

3.9 〔相撲〕千代の富士が優勝　大相撲春場所は、横綱・千代の富士が15戦全勝で8回目の優勝。殊勲賞は関脇・朝潮(10回目)。敢闘賞は関脇・北天佑(4回目)。技能賞は前頭1枚目・出羽の花(3回目)。30日、朝潮が大関に昇進。

3.13 〔マラソン〕川口がびわ湖毎日マラソン優勝　第38回びわ湖毎日マラソン

1983年(昭和58年)

で川口孝志郎(中京高教ク)が2時間13分22秒で優勝。

3.13 〔バレーボール〕新日鉄が優勝　バレーボール第16回日本リーグ男子で新日鉄が優勝。

3.18 〔サッカー〕尾崎が日本人2人目のプロ選手　サッカー日本代表の尾崎加寿夫(三菱重工)が西ドイツ・ブンデスリーガのアルミニア・ビーレフェルトに入団することが判明。6月21日、日本サッカー協会がプロ入りを容認。8月13日、日本人2人目のプロ選手としてブンデスリーガにデビュー、初戦で得点を決める。11月5日、奥寺康彦の所属するブレーメンと対戦、海外での日本人選手同士の初対戦となった。

3.20 〔駅伝〕世界初の国際女子駅伝開催　世界初の国際女子駅伝が横浜で開催され、ソ連が優勝。日本は4位。

4.2 〔水泳〕斉藤が日本新記録　水泳の女子400m自由形で斉藤美佳(イトマンSS)が4分23秒98の日本新記録。

4.4 〔ゴルフ〕樋口が通算60勝　女子プロゴルフの紀文レディスで樋口久子が優勝、通算60勝を記録。

4.5 〔高校野球〕池田が夏春連覇　第55回選抜高校野球大会は、池田(徳島)が横浜商(神奈川)を3-0で破り初優勝。史上4度目の夏・春連続優勝を達成。

4.18 〔競馬〕史上初の親子制覇　第43回皐月賞レースが中山競馬場(芝2000m)で行われ、ミスターシービー(吉永正人騎手)が2分08秒3で1着。史上初の親子制覇となった。

4.22 〔プロ野球〕鈴木が400完投　パ・リーグ、近鉄の鈴木啓示投手が史上4人目の400完投を達成。

4.24 〔陸上〕高橋が日本新記録　静岡リレーカーニバル大会棒高跳びで高橋卓巳(香川・高瀬高教員)が5m52の日本新記録。

4.28～5.9 〔卓球〕世界卓球選手権大会開催　第37回世界卓球選手権大会が東京で開催され、中国が男女団体アベック優勝をはじめ7種目中6冠を達成。団体日本女子は12年ぶりの決勝進出を果たすが2位、団体男子は5位。

4.29 〔柔道〕山下が7連覇　全日本柔道選手権大会で山下泰裕五段が7連覇。

4.29 〔競馬〕初の賞金4億円獲得馬　第87回天皇賞(春)レースが京都競馬場(芝3200m)で行われ、アンバーシャダイ(加藤和宏騎手)が3分22秒3で1着となった。史上初めて賞金獲得額が4億円を突破。

5.1 〔陸上〕寺西・辰巳が日本新記録　陸上男子1000mで寺西隆経(ゴールドウィン)が2分20秒98の日本新記録。陸上女子7種競技で辰巳公子(大体大)が5510点の日本新記録。

5.3 〔剣道〕森田が2年ぶり優勝　第22回全日本剣道選手権大会で森田瑞恵三段(警視庁)が2年ぶり2回目の優勝。

5.11 〔プロ野球〕角が12連続SP　プロ野球セ・リーグの角(巨人)が対広島4回戦で12連続セーブポイントの新記録。

5.15 〔プロ野球〕野村が全12球団から白星　プロ野球セ・リーグの野村収(阪神)が対大洋戦で勝利投手となり、全12球団から白星のプロ野球新記録を達成。

5.17 〔ヨット〕初の地球一周レース開催　1人乗りヨット世界初の地球一周レースで多田雄幸(おけら5世号)が小型ヨットのクラスII部門で優勝。公開日数207日。

5.22 〔相撲〕北天佑が初優勝・大関昇進　大相撲夏場所は、関脇・北天佑が14勝1敗で初優勝。25日に大関昇進が決定。殊勲賞は関脇・北天佑(2回目)。敢闘賞は関脇・出羽の花(3回目)。技能賞は関脇・北天佑(初)。

5.23 〔大学野球〕明大が優勝　東京6大学野球で明大が優勝。

5.29 〔競馬〕ミスターシービーが2冠制覇　第50回日本ダービー(東京優駿)が東京競馬場(芝2400m)で行われ、ミスターシービー(吉永正人騎手)が2分29秒5で1着となり、さつき賞に続く2冠制覇。

6.3 〔プロ野球〕福本が世界新の939盗塁　プロ野球パ・リーグの福本豊(阪急)が対西武10回戦で939盗塁に成功、ルー・ゲーリックを抜いて世界新記録達成。同日、セ・リーグの大杉勝男(ヤクルト)が対中日9回戦で両リーグ1000安打(パ・リーグで1171安打)を記録。この年、福本は13年連続となる盗塁王を獲得、大杉は11月9日に486本塁打などの記録を残して引退。

6.4 〔水泳〕中学生の関戸が日本新記録　水泳女子400m自由形で、中学生の関戸直美(東京SC、文京学園中3年)が4分23秒76の日本新記録。関戸は5日にも女子800m自由形で初の8分台となる8分57秒74の日本新記録をマーク。

6.25 〔陸上〕高野が日本新記録　陸上男子400mで高野進(東海大)が46秒35の日本新記録。

6.25 〔高校野球〕ピッチングマシンで死亡事故　埼玉県川越農高で練習中の野球部員の頭にピッチングマシンの球が当たり死亡。

6.27 〔ゴルフ〕岡本がアメリカツアー2勝目　アメリカ女子ゴルフツアーのロチェスター・クラシックで岡本綾子がアメリカツアー2度目となる優勝。

7.6 〔大学野球〕日本が2年ぶり優勝　第12回日米大学野球世界選手権で、日本が4勝3敗で2年ぶり4回目の優勝。

7.10 〔ユニバーシアード〕日本はメダル11個　カナダのエドモントンで開催された第12回ユニバーシアード夏季大会は、メダル獲得数でソ連が1位。日本は金2、銀3、銅6の計11個で9位。陸上男子400mで高野進(東海大)が日本人初の45秒台となる45秒86の日本新記録。女子3000mでは増田明美(川鉄千葉)が9分11秒95の日本新記録。男子1万mでは米倉修一が優勝。

7.10 〔ボクシング〕渡嘉敷が王座失う　プロ・ボクシングWBA世界ジュニ・アフライ級タイトルマッチで、チャンピオン渡嘉敷勝男が挑戦者マデラ(メキシコ)の出血のため4回負傷判定(当時のルールではTKOと記録)で王座を失う。11日、日本ボクシングコミッションが渡嘉敷の再戦を要請。10月23日、マデラと再戦するが15回判定で完敗。

1983年(昭和58年)

7.12　〔重量挙げ〕砂岡が4連覇　第43回重量挙げ全日本選手権82.5kg級で砂岡良治(日体大)が4連覇。

7.14～17　〔水泳〕プレ五輪開催　水泳の長崎宏子(秋田・山王中)がロサンゼルスで行われたプレ五輪の水泳競技会女子200m平泳ぎで2分29秒91の日本新記録、今季世界最高で優勝。17日の100m平泳ぎでも1分11秒16の日本新記録で優勝。4日間に渡る同大会では自由形の築瀬かおりが2種目優勝するなど、日本は計6個の金メダルを獲得。

7.17　〔水泳〕関戸が日本新記録　水泳女子1500m自由形で関戸直美(東京・文京学園中)が16分54秒99の日本新記録。

7.17　〔相撲〕隆の里が優勝・横綱昇進　大相撲名古屋場所は、大関・隆の里が14勝1敗で2回目の優勝。19日、59代横綱に昇進。殊勲賞は小結・舛田山(2回目)。敢闘賞は前頭11枚目・飛騨ノ花(初)。技能賞は該当なし。

7.26　〔プロ野球〕オールスターでパが3連勝　プロ野球オールスター戦でDH制を採用したパ・リーグが3連勝。8月1日、セ・リーグ理事会は今後もDH制を採用しないことを再確認。12月26日、下田プロ野球コミッショナーが日本シリーズでのDH制隔年採用の裁定を下す。

7.31　〔ゴルフ〕中島が6年ぶり優勝　日本プロゴルフ選手権で中島常幸が6年ぶり2回目の優勝。

7.31　〔登山〕ナンガパルバットに初登頂　富山県山岳連盟登山隊がヒマラヤ・ナンガパルバットに日本人として初登頂。

8.3　〔社会人野球〕東芝が5年ぶり優勝　第54回都市対抗野球で東芝(川崎市)が新日鉄名古屋(東海市)を破り、5年ぶり2回目の優勝。

8.4　〔カヌー〕カヌーで対馬海峡横断　今井祥司、川尻寿彦が1人用カヌー2隻で対馬海峡65km横断に成功。

8.5～8.7　〔水泳〕水泳日本選手権開催　水泳日本選手権男子400m自由形で14歳の緒方茂生(久留米城南中)が4分0秒72の日本新記録。緒方は6日の男子100m自由形でも日本人初の52秒台となる52秒75を記録するなど3種目を制覇。女子では築瀬かおりが3つの金メダルを獲得したほか、女子400m自由形で関戸直美(文京学園中)が4分23秒19の日本新記録で優勝。

8.7～14　〔陸上〕第1回世界陸上選手権開催　第1回世界陸上選手権がヘルシンキで開催された。カール・ルイス(アメリカ)が男子100m・走り幅跳び・400mリレーの3冠を獲得するなど世界のトップ選手が活躍。日本人選手のメダル獲得は成らなかった。

8.14　〔ゴルフ〕青木が1打差で優勝を逃す　アメリカプロゴルフツアーのビュイック・オープンで青木功が1打差で優勝を逃す。

8.21　〔高校野球〕PL学園が5年ぶり優勝　第65回全国高校野球選手権大会は、1年生の桑田真澄を擁するPL学園(大阪)が横浜商(神奈川)を破り、5年ぶりの優勝。

8.21　〔ゴルフ〕岡本が2年連続2位　アメリカ女子ゴルフツアー・ワールド選手

権で岡本綾子が逆転で敗れ、無念の2年連続2位。

8.23　〔ボート〕中大が2冠　ボート第61回全日本選手権エイトで中大が初優勝。大学選手権とともに2冠。

8.27　〔水泳〕長崎が日本新記録　水泳の長崎宏子(秋田山王中)が国際招待大会の女子100m平泳ぎで1分10秒97の日本新記録で優勝。28日の200m平泳ぎでも優勝。

8.28　〔マラソン〕盲人健康マラソン開催　第1回全日本盲人健康マラソン大会が大阪で開催される。

8.28　〔水泳〕緒方が日本新記録　水泳男子200m自由形で緒方茂生(久留米城南中)が1分53秒62の日本新記録。

8.28　〔自転車〕中野が史上初の7連覇　世界自転車選手権がチューリヒで開催され、プロ・スプリントで中野浩一が史上初の7連覇。

9.4　〔ゴルフ〕青木が海外2勝目　ロンドンで開催された欧州オープンゴルフで青木功が274の記録で初優勝。逆転イーグルで制した2月13日のハワイ・オープンに次いで海外2勝目。

9.11　〔マラソン〕増田が日本最高記録　第13回オレゴン・トラッククラブ・マラソン女子の部で増田明美(川鉄千葉)が2時間30分30秒の日本最高・ジュニア世界最高記録で優勝。

9.11　〔柔道〕山口が6連覇　全日本女子柔道選手権52kg級で山口香2段が第1回大会以来の6連覇。

9.12〜17　〔テニス〕全日本テニス選手権開催　全日本テニス選手権大会の女子単で雉牟田明子(横浜、瀬谷中3年)が優勝、15歳4ヶ月の大会史上最年少優勝。男子単は福井烈(ブリヂストン)が5回目の優勝。

9.19　〔高校野球〕池田高で不祥事　夏春連続甲子園優勝をはたした池田高(徳島)の元野球部員が無免許飲酒運転で事故を起こす。21日、日本高校野球連盟が群馬国体出場取り消しを決定、秋季県大会出場は認められた。

9.20　〔野球〕決勝で延長45回　天皇杯第38回全日本軟式野球大会の決勝戦は延長45回、8時間18分の記録熱戦となり、ライト工業(東京)が田中病院(宮崎)を破り優勝。

9.23　〔プロ野球〕江夏が31セーブ　プロ野球パ・リーグの江夏豊(日本ハム)が対ロッテ戦で31セーブの新記録。

9.24　〔陸上〕瀬古が2万で日本新　瀬古利彦が男子2万mで58分18秒1の日本新記録。

9.24　〔レスリング〕日本人13年ぶりの優勝　アマレスリング世界選手権グレコローマン57kg級で江藤正基が優勝。この種目で日本人の優勝は13年ぶり。

9.25　〔ゴルフ〕大迫が3年ぶり優勝　日本女子プロゴルフで大迫たつ子が3年ぶり2回目の優勝。

9.25　〔相撲〕双葉山以来の新横綱全勝優勝　大相撲秋場所は、横綱・隆の里が15戦全勝で3度目の優勝。史上4度目の千秋楽横綱全勝対決で千代の富士を破った。新横綱の優勝は22年ぶり、同全勝優勝は双葉山以来45年ぶり、15日制では初めて。横綱北の湖は6日目から6場所連続休場。殊勲賞は前頭4枚目・巨砲(2回目)。敢闘賞は前頭10枚目・富士桜(3回目)。技能賞は前頭12枚目・栃剣(初)。28日ハワイ出身の小錦が十両に昇進、16年ぶり史上2人目の外国人関取となる。

9.30　〔陸上〕日本陸連が賞金・報酬を容認　日本陸連理事会が、日本人選手が海外の競技会の賞金や参加料などの報酬を受け取ることを承認。

10.2　〔陸上〕室伏が10年連続11回目の優勝　日本陸上選手権ハンマー投げで、38回目の誕生日を迎えた室伏重信が大会新記録で10年連続11回目の優勝。

10.2　〔テニス〕日本が対インド戦14連敗　テニスのデ杯東洋ゾーン決勝で日本がインドに2-3で惜敗。対インド戦で14連敗。

10.3　〔プロ野球〕松本が75盗塁　プロ野球セ・リーグの松本(巨人)が対広島戦で75盗塁に成功。セ・リーグの1シーズン盗塁記録を33年ぶりに更新。

10.5　〔プロ野球〕鈴木が無四球試合74の新記録　プロ野球パ・リーグの鈴木啓示(近鉄)が無四球試合74のプロ野球新記録。

10.8　〔登山〕エベレスト無酸素登頂成功　山岳同志会の川村晴一隊長と鈴木登巳隊員が日本人初のエベレスト南稜ルートの無酸素登頂に成功。イエティ同人隊も成功するが、翌日下山中に遭難。アメリカ登山隊は未踏の東壁から登頂に成功。

10.10　〔プロ野球〕西武・巨人がリーグ優勝　プロ野球パ・リーグは、西武(広岡達朗監督)が2年連続優勝。最終順位は2位阪急、3位日本ハム、4位近鉄、5位南海、6位ロッテ。11日にはセ・リーグで巨人(藤田元司監督)が2年ぶり32回目の優勝。最終順位は2位広島、3位大洋、4位阪神、5位中日、6位ヤクルト。

10.13　〔柔道〕山下が95kg超級初の3連覇　第13回世界柔道選手権がモスクワで開催され、山下泰裕五段(東海大教員)が95kg超級で同級史上初の3連覇。日本は計4個の金メダルを獲得。

10.15〜20　〔国民体育大会〕あかぎ国体開催　第38回国民体育大会(あかぎ国体)秋季大会が開催され、地元群馬県が初の天皇杯・皇后杯を獲得。天皇杯での得点408.25は史上最高。本大会では薙刀が国体の種目として初登場したほか、17日には男子やり投げなど4種目で日本新記録が誕生した。

10.21　〔プロ野球〕平松が200勝　プロ野球セ・リーグの平松政次(大洋)が対巨人戦で200勝達成。

10.23　〔プロ野球〕小林が引退表明　プロ野球セ・リーグの小林繁投手(阪神)が突如引退を表明。

10.23　〔自動車〕富士グラン・チャンピオンシリーズ開催　富士グラン・チャンピオンシリーズ最終戦が静岡県駿東郡小山町の富士スピードウェイで開催さ

れた。レース中、レースカー1台がスピン事故を起こしコンクリート壁に激突、レーサーと観客1人が死亡、3人が重軽傷を負った。

10.24 〔テニス〕井上がジャパン・オープン初優勝　テニスのジャパン・オープン女子シングルスで井上悦子が初優勝。日本女子選手のこの大会優勝は8年ぶり。

10.26 〔アジア競技大会〕アジア大会を広島招致へ　日本オリンピック委員会が90年の第11回アジア競技大会の広島招致を決定。

10.26 〔体操〕世界体操選手権開催　ブダペストで開催された第22回世界体操選手権男子団体総合で中国が優勝、日本は史上最悪の3位。30日、具志堅幸司が種目別つり輪で優勝。

10.31 〔社会人野球〕住友金属が4年ぶり優勝　社会人野球日本選手権で住友金属が東芝を破り4年ぶり3回目の優勝。

11.3 〔駅伝〕東京が総合優勝　東日本縦断駅伝で東京が総合優勝、2位は岩手。

11.7 〔プロ野球〕西武が2年連続日本一　プロ野球・第34回日本シリーズは、パ・リーグ優勝の西武(広岡達朗監督)が巨人を4勝3敗で下し2年連続の日本一に輝いた。シリーズMVPは大田卓司。8日、巨人の藤田元司監督が勇退し、王貞治助監督が第11代監督に就任。長嶋茂雄は4浪宣言。

11.8 〔プロ野球〕王が巨人監督就任　プロ野球セ・リーグの巨人球団は、藤田元司監督が勇退して王貞治が監督に就任すると発表。

11.9 〔プロ野球〕原・東尾がMVP　プロ野球MVPにセ・リーグ原辰徳(巨人)、パ・リーグ東尾修(西武)を選出。

11.13 〔マラソン〕世界初の車いすマラソン　世界初の公認車いすマラソン大会として、第3回大分国際車いすマラソン大会が開催される。

11.13 〔競馬〕ミスターシービーが19年ぶり3冠馬　第44回菊花賞レースが京都競馬場(芝3000m)で行われ、ミスターシービー(吉永正人騎手)が3分08秒1で1着。シンザン以来19年ぶり、史上3頭目の3冠馬となる。

11.15 〔ラグビー〕新日鉄釜石が5連覇　松尾雄治監督の新日鉄釜石が、ラグビー日本選手権初の5連覇達成。

11.17 〔バレーボール〕アジア選手権開催　女子バレーボールアジア選手権大会が開催され、日本女子は5年ぶりに王座を奪回、五輪出場権を獲得。同男子も女子とともにアベック五輪出場権を獲得。

11.18 〔相撲〕大ノ国が3横綱に土　大相撲秋場所六日目、大ノ国が横綱・北の湖に勝ち一場所で3横綱に土をつけた。平幕力士のこの記録は大相撲史上初。

11.19 〔射撃〕射撃に功労金制度　日本ライフル射撃協会が、オリンピックなどで優勝した選手に功労金を贈る制度を採用。

11.20 〔マラソン〕佐々木が日本人初の優勝　第5回東京国際女子マラソン選手権大会で佐々木七恵(エスビー食品)が2時間37分9秒で日本人初の優勝。田中三恵も3位に。

1983年（昭和58年）

11.20　〔ハンドボール〕オリンピック出場権獲得　ハンドボール男子のアジア予選で日本が1位となり、オリンピック出場権を獲得。

11.22　〔プロ野球〕ドラフト会議開催　プロ野球ドラフト会議が開催され、甲子園夏春連覇で注目の水野（池田高）は巨人が指名、藤王（享栄商）は中日が無抽選指名。

11.23　〔駅伝〕全日本大学女子駅伝開催　第1回全日本大学女子駅伝が大阪で開催される。日本の16チームに加え、外国招待チーム7が参加。優勝はサンディエゴ大。

11.26　〔スピードスケート〕男子500で黒岩が優勝　西ベルリンで開催された国際スプリント競技会男子500mで黒岩彰（専大）が優勝。

11.27　〔サッカー〕読売クラブが初優勝　サッカー日本リーグで読売クラブが初優勝。

11.27　〔相撲〕千代の富士が優勝　大相撲九州場所は、横綱・千代の富士が14勝1敗で9回目の優勝。殊勲賞は前頭3枚目・大ノ国（初）。敢闘賞は前頭7枚目・保志（初）。技能賞は前頭7枚目・高望山（2回目）。初日に幕内最多勝の747勝を達成。6日目には大ノ国が北の湖に勝ち、平幕として史上初めて1場所で3横綱に土をつけた。

12.1　〔バレーボール〕オリンピック出場権を獲得　第3回男子アジアバレーボール選手権で日本が中国を破って優勝。女子に続いてロサンゼルスオリンピック出場権を獲得。

12.4　〔マラソン〕瀬古が優勝　第18回福岡国際マラソンで瀬古利彦が2時間8分38秒で優勝、宗茂・猛兄弟が3位・4位となる。7日、日本陸連が瀬古と宗兄弟をロサンゼルス・オリンピックの代表に決定。

12.4　〔ラグビー〕早大が交流試合出場権を失う　関東大学ラグビー対抗戦で早大が5位となり、交流試合出場権を失う。

12.4　〔ゴルフ〕青木が4年ぶり優勝　ゴルフ日本シリーズで青木功が4年ぶりの優勝。

12.8　〔スピードスケート〕男子500で黒岩が優勝　第14回浅間選抜スピードスケート競技会の男子500mで黒岩彰が今季自己最高の37秒62で優勝。17日、日本スケート連盟が冬季オリンピック代表に黒岩ら9人を決定。

12.10　〔フィギュアスケート〕伊藤みどりが3位　世界ジュニアフィギュアスケート女子シングルで伊藤みどりが3位に入賞。サラエボオリンピックの出場資格を獲得。

12.10～11　〔柔道〕第1回福岡国際開催　第1回福岡国際女子柔道選手権大会が開催される。

12.11　〔サッカー〕トヨタカップ開催　サッカーの第4回トヨタカップ世界選手権が東京・国立競技場で開催され、グレミオ（ブラジル）がハンブルガーSV（西ドイツ）を延長の末2-1で破り優勝。

12.11　〔アメリカンフットボール〕京大が大学日本一　アメリカンフットボールの

東西大学生王座決定戦、第 38 回甲子園ボウルで京大が日大を 30-14 で破り初優勝。日大は 6 連覇ならず。

12.11　〔相撲〕久島が史上初の高校生アマ横綱　第 32 回全日本相撲選手権で 3 年連続高校横綱の久島啓太 (和歌山・新宮高 3 年) が優勝、史上初の高校生アマ横綱となる。

12.13　〔プロ野球〕江夏が西武移籍　プロ野球パ・リーグの江夏豊投手 (日本ハム) の西武移籍が決定。

12.16　〔登山〕エベレスト東南稜から登頂　カモシカ同人隊がエベレスト東南稜から厳冬期登頂に成功。

12.17　〔スピードスケート〕黒岩・橋本が優勝　スピードスケートの全日本スプリント男子で黒岩彰が 2 年連続 4 レース完全制覇で 3 度目の総合優勝。女子は橋本聖子が 2 度目の総合優勝でともに五輪代表となる。

12.24　〔スピードスケート〕黒岩に日本スポーツ賞　日本スポーツ賞がスピードスケートの黒岩彰に決定。

12.25　〔競馬〕リードホーユーが有馬記念制覇　第 28 回有馬記念レースが中山競馬場 (芝 2500m) で行われ、リードホーユー (田原成貴騎手) が 2 分 34 秒 0 で 1 着となった。

12 月　〔一般〕日本プロスポーツ大賞決定　1983 年 (昭和 58 年) の日本プロスポーツ大賞 (日本プロスポーツ協会主催) は、大賞が広岡達朗 (プロ野球)、殊勲賞が隆の里俊英 (大相撲)、中野浩一 (自転車競技)、中島常幸 (男子プロゴルフ) に決定。

ユニバーシアード

　ユニバーシアード (Universiad) は国際大学スポーツ連盟 (Federation Internationale du Sport Universitaire=FISU) が主催する大学生の国際総合競技会 (夏季と冬季) である。西暦末尾奇数年に隔年開催 (オリンピック開催年は除く)。ヨーロッパ諸国の学生による国際大学競技会が 1920〜1930 年代におこなわれていたが、第二次大戦後の東西冷戦時には学生スポーツ界も東西に分裂していた。ようやく "雪解け" に至り、1957 年、東西の競技会に互いに招待、これを機に FISU が結成され、1957 年のパリ大会が第 1 回のユニバーシアードとなった。開催予定地が国内政争や財政事情で開催を返上したことがあったが、1977 年のソフィア大会から隔年開催が軌道に乗った。日本は、日本オリンピック委員会の内部に設けられた日本ユニバーシアード委員会が FISU 加盟団体となっており、毎回参加している。大学在学生と卒業後 2 年以内 (開催年 1 月 1 日現在の年齢が 17 歳以上 28 歳未満) の者が参加できる。

1984年
(昭和59年)

1.1　〔サッカー〕日産自動車が天皇杯初優勝　第63回天皇杯全日本サッカー選手権大会で日産自動車がヤンマーを破り初優勝。

1.3　〔駅伝〕早大が箱根完全優勝　第60回東京-箱根間往復大学駅伝競走は、早大が往路・復路とも最高タイムを出し、11時間7分37秒で30年ぶりの総合・完全優勝。

1.3　〔アメリカンフットボール〕第1回全日本選手権開催　アメリカンフットボールの第1回全日本選手権(ライスボウル)で京大がレナウンを破り優勝。京大の球技日本一は50年ぶり。

1.7　〔柔道〕日本が個人戦5種目制覇　第2回正力松太郎杯学生柔道大会で日本が個人戦5種目を制覇するが、団体戦連覇ならず。

1.11　〔プロ野球〕西武が江夏入団を発表　プロ野球パ・リーグの西武が日本ハムとのトレードで江夏豊投手の入団を発表。

1.13　〔プロ野球〕新浦が韓国球界入り　プロ野球セ・リーグの新浦寿夫投手(巨人)、韓国プロ野球三星ライオンズ入団が決定。

1.15　〔ラグビー〕新日鉄釜石が6年連続優勝　第21回日本ラグビー選手権で新日鉄釜石が同志社大を破り6年連続7回目の優勝。

1.17　〔高校野球〕池田高の選抜推薦取り消し　春の選抜高校野球大会運営委員会が、出場推薦校・前年優勝校である池田高(徳島)の推薦を不祥事で取り消したと発表。

1.18　〔ボクシング〕小林がフライ級王座　プロ・ボクシングWBC世界フライ級タイトルマッチで同級6位の小林光二がチャンピオンのフランク・セデノ(フィリピン)を2回KOで破り、王座奪取。4月9日の初防衛戦で挑戦者ベルナルに敗れる。

1.22　〔相撲〕隆の里が4回目の優勝　大相撲初場所は、横綱・隆の里が13勝2敗で相星決戦で横綱千代の富士を破り4回目の優勝。殊勲賞は関脇・大ノ国(2回目)。敢闘賞は小結・保志(2回目)。技能賞は前頭6枚目・出羽の花(4回目)。

1.29　〔マラソン〕増田が大阪女子マラソン2位　大阪女子マラソンで増田明美が2位となり、ロサンゼルス・オリンピック出場を確実にする。優勝はK.ドーレ(東ドイツ)。

2.5　〔マラソン〕別府大分毎日マラソン開催　別府大分毎日マラソンでフリント(オランダ)が2時間12分5秒で優勝。外国人選手の優勝は2度目。

2.5　〔熱気球〕熱気球で長距離飛行　埼玉県気球クラブ会員の神田道夫(埼玉県

川島町職員)が熱気球で島根県隠岐郡(隠岐島)西郷町から長野県飯田市まで直線距離約410kmの長距離飛行に成功。アメリカ人が持っていた366kmの世界記録を塗りかえた。

2.8～19 〔オリンピック〕サラエボ冬季五輪開催 第14回冬季オリンピックがユーゴスラビアのサラエボ大会が開催された。参加49ヶ国、選手1510人で冬季史上最高。10日のスピードスケート男子500mで北沢欣浩がスケート史上日本初の銀メダルを獲得、黒岩彰は振るわず。同大会での日本の入賞は北沢一人に終わった。

2.12 〔マラソン〕東京国際マラソン開催 東京国際マラソンでイカンガー(タンザニア)が2時間10分49秒で優勝。8位までを外国人選手が占める。

2.12 〔登山〕植村がマッキンリー冬季単独登頂 登山家の植村直己が北米大陸最高峰マッキンリー(6194m)への世界初の冬季単独登頂に成功するが、下山途中に消息を絶つ。16日に無事が確認されるが、20日に再び消息不明となる。26日、アメリカ側捜索隊が生存は絶望的として捜索打ち切り。3月8日、明大山岳部OB隊も捜索を断念。4月19日、植村に国民栄誉賞を授与。6月16日、デンマーク政府が植村による78年のグリーンランド犬橇縦断の業績を伝えるため同地岩峰(2540m)を植村峰と命名。

2.13 〔サッカー〕釜本が現役引退 サッカーの名ストライカー釜本邦茂(ヤンマーディーゼル監督兼選手)が現役引退を表明。

3.17 〔陸上〕10秒34を16年ぶり公認 日本陸連、飯島秀雄がメキシコ・オリンピックで出した10秒34を電気計時日本記録として16年ぶりに公認。

3.21 〔フィギュアスケート〕伊藤みどりが7位入賞 フィギュアスケート世界選手権がカナダ・オタワで開催され、伊藤みどりが7位に入賞。世界選手権初参加としては過去最高の成績。

3.25 〔相撲〕若島津が初優勝 大相撲春場所は、大関・若嶋津が14勝1敗で初優勝。殊勲賞は関脇・大乃国(3回目)。敢闘賞は関脇・大乃国(初)。技能賞は前頭10枚目・逆鉾(初)。5日目には3横綱が17年ぶりに総崩れ、12日目には関脇大乃国が3横綱3大関を倒す史上初の殊勲。

4.4 〔高校野球〕岩倉が初出場初優勝 第56回選抜高校野球大会は、決勝で岩倉(東京)がPL学園(大阪)を1-0で破り、初出場初優勝。PL学園の投手は桑田真澄。

4.15 〔ゴルフ〕岡本がJ＆Bプロアマ優勝 アメリカ女子プロゴルフツアーのJ＆Bプロアマで岡本綾子が優勝。

4.15 〔競馬〕さつき賞でシンボリルドルフが勝利 第44回皐月賞レースが中山競馬場(芝2000m)で行われ、シンボリルドルフ(岡部幸雄騎手)が2分01秒1で1着となった。

4.24～28 〔社会スポーツ〕第1回IMSC開催 第1回国際マスターズ大会(IMSC)がニュージーランドで開催される。

4.29 〔柔道〕山下が8連覇 全日本柔道選手権大会で山下泰裕五段が8連覇。

5.5	〔プロ野球〕鈴木が300勝	プロ野球パ・リーグの鈴木啓示(近鉄)が対日本ハム7回戦で史上6人目の300勝達成。
5.6	〔陸上〕不破が男子100日本タイ	スポニチ国際陸上が東京・国立競技場で開催され、不破弘樹(農大二高)が男子100mで電気計時10秒34の日本タイ記録(16年ぶり)。不破は6月2日にも同タイムを記録。
5.13	〔自動車〕ロードレースで鈴木3位	1984年国際サイクルロードレース東京大会男子で鈴木光広が3位になる。優勝はスペイブレック(ベルギー)。
5.18～20	〔登山〕カンチェンジュンガ3峰縦走	日本山岳会隊がネパール・カンチェンジュンガの3峰縦走に成功。8000m級以上の縦走は世界初。
5.20	〔相撲〕北の湖が24回目の優勝	大相撲夏場所は、横綱・北の湖が15戦全勝で24回目の優勝。殊勲賞は前頭3枚目・逆鉾(初)。敢闘賞は前頭9枚目・栃司(初)。技能賞は該当なし。高見山が20年の現役生活に終止符を打ち引退、年寄東関を襲名。
5.23	〔プロ野球〕乱数表使用を禁止	下田プロ野球コミッショナーがバッテリー間の乱数表使用を禁止。6月8日、セパ両リーグが乱数表使用禁止、スピードアップなどを実施。
5.27	〔競馬〕シンボリルドルフがダービー勝利	競馬の第51回日本ダービーでシンボリルドルフが優勝。
6.5	〔サッカー〕ジャパンカップ開催	ジャパンカップ・サッカーでインテルナショナル(ブラジル)が初優勝。
6.10	〔テニス〕園田学園が8連覇	全日本大学対抗テニス王座決定試合で園田学園女子大学が8年連続優勝。
6.17	〔大学野球〕法大が2年ぶり優勝	第33回全日本大学野球選手権大会で法大が亜細亜大を破り、2年ぶり5回目の優勝。
6.17	〔ゴルフ〕岡本が逆転で今季2勝目	アメリカ女子プロゴルフツアーのメイフラワー・クラシックで岡本綾子が逆転優勝、今季2勝目。
6.22	〔ゴルフ〕服部が史上最年少優勝	日本女子アマ・ゴルフで服部道子(15歳9ヶ月)が史上最年少で優勝。11月11日、ニクラウス・ベストジュニアゴルファー賞を受賞。
7.5	〔ボクシング〕渡辺がWBC王座獲得	プロ・ボクシングWBA世界ジュニア・バンタム級チャンピオン渡辺二郎がWBC同級チャンピオンのパヤオ・プーンタラット(タイ)に12回判定勝ちし、WBC王座を獲得。WBAは王座統一戦を認めず、渡辺のWBA王座剥奪を宣言。
7.8	〔F1〕ホンダ車が優勝	F1ダラスGPでホンダ車が17年ぶりに優勝する。
7.15	〔相撲〕若島津が優勝	大相撲名古屋場所は、大関・若嶋津が15戦全勝で2回目の優勝。殊勲賞は前頭1枚目・大乃国(4回目)。敢闘賞は前頭12枚目・霧島(初)。技能賞は関脇・逆鉾(2回目)。横綱千代の富士は全休。
7.16	〔大学野球〕日米大学野球開催	第13回日米大学野球世界選手権の第5戦

7.24　〔プロ野球〕江川が8連続奪三振　プロ野球オールスター戦で江川卓(巨人)が8連続奪三振を記録。

7.28～8.12〔オリンピック〕ロサンゼルス五輪開催　第23回夏季オリンピック大会がロサンゼルスで開催された。初参加の中国を含め参加国140、参加選手7575人で近代オリンピック史上最大となるが、ソ連など14ヶ国がボイコット。8月2日、射撃ラピッドファイアー・ピストルの蒲池猛夫(自衛隊)が日本初の金メダル。体操男子個人総合で具志堅幸司が金メダル。国際オリンピック委員会理事会が日本男子バレーボール選手のドーピング違反第1号に警告。5日、五輪初の女子マラソンでジョーン・ベノイト(アメリカ)が2時間24分52秒で独走優勝、佐々木は19位、増田は途中棄権。11日、柔道無差別級で山下泰裕五段が軸足を負傷しながら激痛に耐え優勝。このほか60kg級で細川伸二が1位、65kg級で松岡義之が1位、86kg級で瀬清喜が3位、95kg超級で斉藤仁が1位。体操は男子団体で日本が3位、個人種目別では床運動で外村康二が3位、つり輪で具志堅幸司が1位、跳馬で森末慎二が2位、跳馬で具志堅幸司が2位、平行棒で梶谷信之が2位、鉄棒で森末慎二が1位、具志堅幸司が3位。レスリングは男子フリースタイル48kg級で入江隆が2位、52kg級で高田裕司が3位、57kg級で富山英明が1位、62kg級で赤石光生が2位、82kg級で長島偉之が2位、90kg級で太田章が2位。グレコローマン48kg級で斎藤育造が3位、52kg級で宮原厚次が1位、57kg級で江藤正基が2位。重量挙げのフライ級で真鍋和人が3位、バンタム級で小高正宏が3位、ヘビー級で砂岡良治が3位。女子バレーボールで日本は団体3位。今大会で初めて正式種目となったシンクロナイズドスイミングのソロで元好三和子が3位、デュエットで元好三和子・木村さえ子が3位。自転車の男子スプリントで坂本勉が3位。アーチェリーでは男子個人で山本博が3位となった。陸上のカール・ルイス(アメリカ)が36年ベルリン大会以来となる4冠達成。12日、男子マラソンで宗猛が4位、瀬古利彦は14位。陸上1万m2位のバイニオ(フィンランド)がドーピング検査で陽性となりメダル剥奪。日本のメダル獲得数は金10、銀8、銅14で過去最高。また、公開競技の野球で日本が優勝したほか、女子マラソンのアンデルセン(スイス)の劇的な完走や陸上女子3000mのデッカー(アメリカ)の転倒なども話題となった。

8.5　〔ゴルフ〕中島が2連覇　第52回日本プロゴルフ選手権で中島常幸が2連覇。

8.7　〔プロ野球〕福本が1000盗塁　プロ野球パ・リーグの福本豊(阪急)が対南海18回戦で史上初の1000盗塁を達成。

8.7～8　〔テニス〕小学生大会開催　第1回全日本軟式庭球小学生大会が開催される。

8.21　〔高校野球〕取手二が初優勝　第66回全国高校野球選手権大会は、木内幸男監督率いる取手二高(茨城)が桑田真澄・清原和博らを擁するPL学園(大阪)を延長10回、8-4で破り、初優勝。

8.21　〔剣道〕婦人剣道大会開催　第1回全国家庭婦人剣道大会が開催される。

1984年 (昭和59年)　　　　　　　　　　　　　　　　　　　　日本スポーツ事典

8.25　〔サッカー〕釜本の引退試合開催　サッカーの釜本邦茂の現役引退試合が東京・国立競技場で開催される。観客6万2千人。

8.26　〔ボート〕全日本選手権開催　ボート第62回全日本選手権のエイトで中国がタイトルを獲得。

8.31　〔自転車〕中野が8連覇　世界自転車選手権がスペイン・バルセロナで開催され、中野浩一がプロ・スプリントで8連覇。

9.1　〔プロ野球〕鈴木が3000奪三振　プロ野球パ・リーグの鈴木啓示(近鉄)がプロ野球史上4人目となる3000奪三振を達成。

9.5　〔施設〕後楽園に屋根付き野球場計画　東京・後楽園に日本初の屋根付き野球場建設計画発表。完成は1988年春を予定。

9.8～11　〔国民体育大会〕わかくさ国体開催　第39回国民体育大会「わかくさ国体」夏季大会が奈良市・奈良県営プールを中心に開催される。

9.9　〔柔道〕山口が52kg級7連覇　第7回全日本女子柔道選手権大会の52kg級で山口香2段が7連覇。

9.13　〔一般〕日韓スポーツ交流協定調印　日韓スポーツ交流協定書、福永体協会長と鄭大韓体育会会長の間で調印される。対ソ連、東ドイツに次いで3度目。

9.15　〔プロ野球〕東尾が200勝　プロ野球パ・リーグの東尾修(西武)が対南海25回戦でプロ野球20人目の200勝を達成。

9.15　〔テニス〕全日本テニス選手権開催　全日本テニス選手権の女子シングルスで柳昌子が優勝。17日、男子シングルスは坂本真一が優勝。

9.19　〔登山〕アムネマチンIIに初登頂　日本山岳協会と中国登山協会による日中合同登山隊が中国青海省アムネマチンIIに初登頂と発表。

9.23　〔プロ野球〕阪急がリーグ優勝　プロ野球パ・リーグは、阪急(上田利治監督)が6年ぶりの優勝を決める。最終順位は2位ロッテ、3位西武、4位近鉄、5位南海、6位日本ハム。30日、ブーマー(阪急)が史上5人目、外国人として初めて三冠王となる。

9.23　〔相撲〕平幕の多賀竜が初優勝　大相撲秋場所は、前頭12枚目・多賀竜が13勝2敗で初優勝。平幕優勝は8年ぶり。新入幕の小錦が2横綱2大関を倒す。殊勲賞は前頭6枚目・小錦(初)。敢闘賞は前頭6枚目・小錦(初)と前頭12枚目・多賀竜(初)。技能賞は前頭12枚目・多賀竜(初)。本場所を最後に蔵前国技館が35年の歴史に幕を下ろした(10月4日閉館)。

9.23～11.7　〔ラグビー〕日仏対抗ラグビー開催　日仏対抗ラグビーが開催され、フランスが5戦全勝。

9.28　〔アジア競技大会〕94広島大会が決定　アジア・オリンピック評議会がソウルで開催され、1990年の第11回アジア競技大会を北京市で、94年の第12回大会を広島で開催することに決定。

9.28　〔柔道〕山下に国民栄誉賞　柔道の山下泰裕六段に国民栄誉賞授与が決定。史上5人目、スポーツ関係者としては王貞治、植村直己に次いで3人目。10

― 234 ―

1984年(昭和59年)

月9日表彰。12月22日には日本スポーツ賞受賞も決定。

9.28～30 〔テニス〕デ杯で日本が優勝　テニスのデニスカップ東洋ゾーン決勝がパキスタンで行われ、日本がパキスタンを破り優勝。29年ぶりに世界戦へ復帰。

9.29 〔プロ野球〕田淵が引退　プロ野球パ・リーグの田淵幸一(西武)が対阪急最終戦で引退。

9.30 〔サッカー〕日本が日韓サッカー5年ぶり勝利　第12回日韓サッカー定期戦がソウルで開催され、日本が5年ぶりに勝利。

10.4 〔プロ野球〕広島が4回目の優勝　プロ野球セ・リーグは、広島(古葉竹識監督)が4回目の優勝。最終順位は2位中日、3位巨人、4位阪神、5位ヤクルト、6位大洋。

10.6 〔ゴルフ〕岡本が全英優勝　全英女子オープンゴルフで岡本綾子が優勝。84年アメリカツアー3勝目。

10.12～17 〔国民体育大会〕国体秋季大会開催　第39回国民体育大会秋季大会が奈良県で開催される。地元奈良が初の天皇・皇后両杯を獲得、開催県の天皇杯獲得は31年連続。

10.14 〔マラソン〕北京で喜多が優勝　北京国際マラソンで喜多秀喜(神戸製鋼)が2時間12分16秒で優勝、伊藤国光(鐘紡)が2位。

10.14 〔競馬〕増沢騎手が最多1340勝　中央競馬の増沢末夫騎手が1340勝の日本最多勝記録を達成。

10.22 〔プロ野球〕広島が4年ぶり日本一　プロ野球・第35回日本シリーズは、セ・リーグ優勝の広島(古葉竹識監督)が阪急を4勝3敗で下し4年ぶり3回目の日本一に輝いた。シリーズMVPは長嶋清幸。

10.25 〔陸上〕陸上競技に賞金導入　国際陸連会長がマラソン以外の陸上競技にも賞金導入と発表。

10.25 〔野球〕オリオールズが来日　アメリカ大リーグのオリオールズが来日。11月16日の離日までに14戦8勝5敗1分け、うち日本一となった広島と4勝1敗。

10.27 〔ラグビー〕日本がアジア選手権優勝　第9回アジアラグビー選手権で日本が優勝。

10.28 〔競馬〕ミスターシービーが19年ぶり4冠馬　第90回天皇賞(秋)レースが東京競馬場(芝2000m)で行われ、ミスターシービー(吉永正人騎手)が1分59秒3で1着。シンザン以来19年ぶりの4冠馬となる。

11.3 〔フィギュアスケート〕伊藤みどりが4連覇　第28回全日本フィギュアスケートフリーで伊藤みどりが4連覇。

11.4 〔自動車〕中嶋が2冠　自動車レースのJAF鈴鹿グランプリで中嶋悟が優勝、本年度の全日本と鈴鹿シリーズのチャンピオンに。

11.10	〔オリンピック〕薬物違反で6人を追放　サマランチ国際オリンピック委員会会長が、ロサンゼルス・オリンピック出場のバレーボール下村英士選手ら6人を薬物違反でオリンピック追放と決定。24日、下村選手の処分は同大会だけの資格停止だったことが判明。
11.11	〔柔道〕山口が世界選手権初優勝　第3回世界女子柔道選手権がウィーンで開催され、52kg級で山口香2段(筑波大)が初優勝。
11.11	〔競馬〕シンボリルドルフが3冠達成　第45回菊花賞レースが京都競馬場(芝3000m)で行われ、シンボリルドルフ(岡部幸雄騎手)が3分06秒8で1着となった。83年のミスターシービーに続き史上4頭目の3冠達成で、無敗での3冠は史上初。
11.15	〔バレーボール〕ジャパンカップ開催　第1回ジャパンカップバレーボール男子世界大会でソ連が優勝。日本は3位。
11.18	〔マラソン〕東京国際女子マラソンで浅井2位　84年東京国際女子マラソンでK.ドーレ(東ドイツ)が2時間33分23秒で優勝。浅井えり子が2時間33分43秒で2位。
11.18	〔サッカー〕読売クラブが2連覇　サッカー日本リーグで読売クラブが2連覇。
11.20	〔プロ野球〕ドラフト会議開催　プロ野球ドラフト会議が開催され、竹田(明大)は大洋、広沢(明大)はヤクルト、上田(慶大)は巨人が1位指名。
11.25	〔卓球〕斉藤が3連覇　全日本卓球男子単で斉藤清が3連覇。
11.25	〔フィギュアスケート〕伊藤みどりがNHK杯優勝　フィギュアスケートのNHK国際大会で伊藤みどりが優勝。日本選手の優勝は渡部絵美以来5年ぶり。
11.25	〔相撲〕千代の富士が10度目優勝　大相撲九州場所は、横綱・千代の富士が14勝1敗で10回目の優勝。殊勲賞は前頭3枚目・北尾(初)。敢闘賞は前頭5枚目・旭富士(初)。技能賞は前頭1枚目・保志(初)。
11.25	〔競馬〕ジャパンカップで日本馬初制覇　第4回ジャパンカップが東京競馬場(芝2400m)で行われ、日本の5歳牡カツラギエース(西浦勝一騎手)が2分26秒3で1着。日本馬として初優勝。カツラギエースが現役の収得賞金1位となる。
12.1	〔オリンピック〕五輪ボイコット防止策協議　オリンピックボイコット防止策を審議するための国際オリンピック委員会臨時総会がスイス・ローザンヌで開催される。2日、不参加国への制裁は行わないとの決議を採択して閉幕。
12.2	〔マラソン〕中山が福岡国際マラソン初優勝　第19回福岡国際マラソン選手権で中山竹通(ダイエー)が日本歴代5位の2時間10分0秒で初優勝。
12.2	〔スピードスケート〕三谷が男子2冠　スピードスケートの真駒内選抜で三谷幸宏が男子500m、1000mで第一人者黒岩彰を破り2冠。
12.6~9	〔ゴルフ〕青木が南アフリカの大会に参加　青木功が南アフリカで開催されたゴルフ大会(賞金総額100万ドル)に参加も5位に終わる。外務省は事前

に不参加を説得、日本プロゴルフ協会も11月14日に一旦南アフリカ行きを認めたが、後に反対していた。

12.8 〔スピードスケート〕橋本が日本新記録 スピードスケートの浅間選抜女子で橋本聖子が500mで日本新記録。橋本は9日の1000mでも日本新記録。

12.8 〔柔道〕世界学生柔道選手権開催 世界学生柔道選手権で正木嘉美(天理大)が無差別級、滝口直樹(東海大)が95kg超級に優勝。

12.9 〔サッカー〕トヨタカップ開催 トヨタカップ・サッカーでインディペンディエンテ(アルゼンチン)がリバプール(イングランド)を破り、クラブ世界一に。

12.9 〔相撲〕久島が2連覇 第33回全日本相撲選手権大会で久島啓太(日大)が2連覇。

12.16 〔駅伝〕エスビー食品が初出場初優勝 第29回全日本実業団対抗駅伝競走が開催され、瀬古利彦らを擁するエスビー食品が大会新記録で初出場初優勝。旭化成は7連覇ならず。

12.18 〔プロ野球〕王がベーブ・ルース賞受賞 アメリカのベーブ・ルース賞84年受賞者に868本塁打の王貞治(巨人監督)が選ばれる。

12.21 〔ゲートボール〕日本ゲートボール連合設立 日本ゲートボール連合設立。初代会長は笹川良一。

12.23 〔駅伝〕報徳が高校駅伝2連覇 全国高校駅伝で報徳学園が2年連続3回目の優勝。

12.23 〔競馬〕シンボリルドルフが4歳馬初の年間4冠 第29回有馬記念レースが中山競馬場(芝2500m)で行われ、シンボリルドルフ(岡部幸雄騎手)が2分32秒8で1着となった。4歳馬で初の年間4冠達成。

12.26 〔大リーグ〕江夏が大リーグ契約 西武を退団した江夏豊がアメリカ大リーグのミルウォーキー・ブルワーズ(ア・リーグ東地区)と契約。

12月 〔一般〕日本プロスポーツ大賞決定 1984年(昭和59年)の日本プロスポーツ大賞(日本プロスポーツ協会主催)は、大賞が衣笠祥雄(プロ野球)、殊勲賞が岡本綾子(女子プロゴルフ)、中野浩一(自転車競技)、渡辺二郎(プロボクシング)に決定。

1985年
(昭和60年)

1.1 〔サッカー〕読売クラブが2冠　第64回天皇杯全日本サッカー選手権大会で読売クラブが古河電工を破り初優勝。日本リーグとあわせて2冠を達成。

1.3 〔駅伝〕早大が箱根2連覇　第61回東京 - 箱根間往復大学駅伝競走は、早大が11時間11分16秒で2年連続11度目の総合2連覇。往路優勝は早大、復路優勝は日体大。

1.3 〔アメリカンフットボール〕日大が初の日本一　アメリカンフットボールの全日本選手権で日大がレナウンに圧勝し初の日本一。

1.8 〔高校サッカー〕高校サッカーは引き分け　全国高校サッカー選手権大会で帝京高と島原商が引き分け、両校優勝。

1.9 〔相撲〕両国国技館完成　大相撲の新殿堂、両国国技館(東京都墨田区)が完成、来賓2000人を招いて落成式が行われる。総工費150億円、地上3階・地下2階で収容人員は約1万1000人。大相撲が両国に戻るのは35年ぶり。

1.10 〔スピードスケート〕橋本が総合4連覇　第53回全日本スピードスケート選手権大会で橋本聖子がいずれも大会史上初となる総合4連覇と3年連続4種目完全制覇を達成。

1.12 〔柔道〕日本が正力松太郎杯優勝　正力松太郎杯国際学生柔道大会で日本がソ連を破り2年ぶりの団体優勝。

1.13 〔フィギュアスケート〕全日本選手権開催　第53回全日本フィギュアスケート選手権大会女子で中学生の伊藤みどりが初優勝。男子は小川勝昇が2回目の優勝。

1.15 〔ラグビー〕新日鉄釜石が史上初の7連覇　第22回日本ラグビー選手権大会決勝で新日鉄釜石が3年連続挑戦の同大を破り、史上初の7連覇(8回目の優勝)。左足首の負傷をおして出場した松尾雄治監督兼選手(30)は試合後、現役引退を表明。

1.15 〔相撲〕北の湖が引退　大相撲の横綱北の湖(31)が体力の限界を理由に現役引退を表明。18年間で横綱在位63場所、通算951勝、優勝24回。相撲協会は北の湖を大鵬以来2人目の「一代年寄」として処遇。12月18日、北の湖部屋が土俵開き。

1.18 〔高校野球〕明徳義塾が推薦辞退　甲子園春夏4回出場の明徳義塾高校が、前野球部長の売春斡旋容疑を理由に、選抜高校野球大会選考会への推薦を辞退。

1.23 〔プロ野球〕杉下・白石・荒巻が殿堂入り　元プロ野球の杉下茂、白石勝己、荒巻淳が野球殿堂入り。

1.27	〔マラソン〕大阪国際女子マラソン開催　大阪国際女子マラソンでキャリー・メイが2時間28分7秒で優勝。
1.27	〔相撲〕千代の富士が全勝優勝　大相撲初場所は、横綱・千代の富士が15戦全勝で11回目の優勝。新国技館での優勝第1号となる。殊勲賞は関脇・保志 (初)。敢闘賞は前頭9枚目・出羽の花 (4回目) と前頭10枚目・水戸泉 (初)。技能賞は小結・北尾 (初)。
2.1	〔オリンピック〕ドーピング検査機関認定へ　東京の臨床検査機関が国際オリンピック委員会からドーピング検査機関として正式に認定される見通し。
2.1	〔国民体育大会〕国体スケートで北海道が2連覇　第40回国体スケート男女総合で北海道が2連覇。23日、スキーでも7連覇。
2.3	〔駅伝〕名岐駅伝開催　名岐駅伝一般で鈴木自動車が2年ぶり2度目、高校は愛工大名電が4年連続6回目の優勝。
2.3	〔ゴルフ〕41歳新井が2位タイ　アメリカ男子プロゴルフツアーのビング・クロスビー・プロアマで41歳の新井規矩雄が2位タイと健闘。
2.5	〔ボクシング〕赤井が現役引退　「浪速のロッキー」赤井英和 (25) が大阪府立体育館で行われたプロ・ボクシング10回戦の7回、大和田正春にKO負けして意識不明に。急性硬膜下血腫で、手術の結果回復するが、現役を引退。
2.9	〔ノルディックスキー〕ジャンプW杯開催　ワールドカップジャンプ札幌大会第10戦 (70m級) でマッチ・ニッカネン (フィンランド) が優勝。10日の90m級では秋元正博 (地崎工業) が優勝。
2.10	〔マラソン〕宗茂が東京国際優勝　東京国際マラソンで宗茂 (旭化成) が独走で優勝。
2.10	〔スピードスケート〕世界選手権が橋本が総合7位　スピードスケート女子世界選手権がサラエボで開催され、橋本聖子 (富士急) が500mで3位、総合7位となる。
2.16	〔ノルディックスキー〕秋元が国内初の120超　第27回HBC杯国際ジャンプ競技会90m級で秋元正博が1回目に122.5mを記録。国内で120mを超えたのは初めて。
2.19	〔ユニバーシアード〕ベルノ冬季大会開催　ユニバーシアードの第12回冬季大会がイタリア・ベルノで開催された。スキー複合で内田博喜 (明大) が銅メダルを獲得。23日、フィギュアスケート女子シングルで小沢樹里 (専大) が優勝し、日本人唯一の金メダルとなった。
2.23	〔バスケットボール〕シャンソン3連覇ならず　バスケットボール日本リーグの女子最終戦で共同石油が残り4秒で決勝ゴール、シャンソン化粧品の3連覇を阻止。
3.3	〔マラソン〕佐々木が自己最高記録で優勝　名古屋国際女子マラソンで佐々木七恵 (SB食品) が2時間33分57秒の自己最高記録で優勝。引退に花を添える。

3.3 〔バレーボール〕日立が4年連続の完全優勝　バレーボール日本リーグ女子で日立が4年連続の完全優勝、リーグ連勝記録を84に伸ばす。

3.5 〔高校野球〕飛ぶバットの使用禁止　製品安全協会が野球用金属バットメーカー13社に対し、基準に違反する「飛ぶバット」の製造中止を指導。6日、回収を指示。7日に日本高校野球連盟が、8日に社会人の日本野球連盟も使用禁止。

3.9 〔フィギュアスケート〕世界選手権開催　世界フィギュア選手権が東京で開催され、女子シングルでビット(東ドイツ)が2連覇、ソ連の金メダル独占を阻止。

3.10 〔テニス〕デ杯で日本はアメリカに完敗　テニスのデ杯ワールドグループ1回戦で日本がアメリカに5-0の完敗。

3.17 〔ショートトラック〕ショートトラック選手権開催　スピードスケート世界ショートトラック選手権大会がアムステルダムで開催され、男子の河合季信(瑞陵高)、女子の獅子井英子(西濃運輸)がともに総合優勝。

3.24 〔バスケットボール〕全日本選手権開催　全日本バスケットボール選手権男子で住友金属が5年ぶり4度目、女子はシャンソンが2回目の優勝。

3.24 〔相撲〕朝潮が初優勝　大相撲春場所は、大関・朝潮が13勝2敗で初優勝。殊勲賞は小結・北尾(2回目)。敢闘賞は前頭13枚目・佐田の海(2回目)。技能賞は前頭1枚目・旭富士(初)。

4.3 〔オリンピック〕JOCがアマ規定見直し求める　日本オリンピック委員会総会が日本体育協会にアマチュア規定見直しを求める文書の提出を決定。

4.3 〔大リーグ〕江夏が大リーグ自由契約に　アメリカ大リーグのミルウォーキー・ブリュワーズ1軍をめざしオープン戦などに登板した江夏豊投手が自由契約扱いに。開幕ロースター最終選考まで残ったものの、最後に調子を落としたことに加え、36歳の年齢がネックとなる。

4.7 〔高校野球〕伊野商が初出場初優勝　第57回選抜高校野球大会は、初出場の伊野商(高知)が帝京(東京)を4-0で破り初優勝。

4.7 〔ゴルフ〕青木が1打差で2位タイ　アメリカプロゴルフツアーのグレーター・グリーンズボロ・オープンで青木功がトップと1打差の2位タイになる。

4.13 〔剣道〕日本が世界選手権6連覇　第6回世界剣道選手権団体戦で日本が6連覇。

4.14 〔マラソン〕中山が日本最高記録で2位　第1回ワールドカップ・マラソン広島大会男子でサラ・アーメド(ジブチ)が優勝、中山竹通(ダイエー)が日本最高記録の2時間8分15秒で2位。13日の女子ではドーレ(東ドイツ)が優勝。

4.28 〔トライアスロン〕トライアスロン宮古島大会　第1回全日本トライアスロン宮古島大会が開催され、中山俊行が初代「ストロングマン」となる。

4.29	〔柔道〕山下が9連覇203連勝　全日本柔道選手権大会で山下泰裕六段が斉藤仁を破り9連覇、203連勝を達成。
4.29	〔競馬〕シンボリルドルフが5冠馬　第91回天皇賞(春)レースが京都競馬場(芝3200m)で行われ、シンボリルドルフ(岡部幸雄騎手)が3分20秒4で1着、20年ぶり2頭目の5冠馬となった。
5.6	〔バレーボール〕全日本選手権開催　バレーボール全日本選手権男子はサントリーが6年ぶり2度目、女子は日立が4年連続13回目の優勝。
5.11	〔陸上〕瀬古が日本新記録　第27回東日本実業団対抗陸上競技選手権大会の男子2万mで瀬古利彦(SB食品)が57分48秒7の日本新記録。
5.19	〔大学野球〕法大が2シーズンぶり優勝　東京6大学野球春季リーグ戦で法大が2シーズンぶり28回目の優勝決定。
5.24	〔大学野球〕東洋大が6年ぶり優勝　東都大学野球で東洋大が6年ぶり4回目の優勝。
5.24	〔相撲〕千代の富士が12回目の優勝　大相撲夏場所は、横綱・千代の富士が14勝1敗で12回目の優勝。殊勲賞は関脇・大乃国(5回目)。敢闘賞は小結・小錦(2回目)。技能賞は前頭6枚目・花乃湖(初)。6日目、西張出大関琴風が大錦との対戦で右膝を痛め、7日目から休場。大関陥落が決定。
5.26	〔競馬〕シリウスシンボリがダービー勝利　第52回日本ダービー(東京優駿)が東京競馬場(芝2400m)で行われ、重賞初挑戦ながら一番人気のシリウスシンボリ(加藤和宏騎手)が2分31秒0で1着となった。
6.2	〔競馬〕カフェイン検出で処分　第26回宝塚記念に出走のステートジャガーからカフェイン検出。調教師停止6ヶ月、調教助手に過怠金10万円。
6.3	〔大学野球〕大阪大が関西代表　大阪大が全日本大学野球選手権関西地区代表になる。国立大が関西代表になるのは31年ぶり。
6.4,9	〔プロ野球〕郭・田中がノーヒットノーラン　プロ野球パ・リーグの郭泰源(西武)が平和台球場で行われた対日本ハム9回戦でノーヒットノーラン。プロ野球史上54人目、新人では4人目。9日、田中幸雄(日本ハム)が後楽園で行われた対近鉄9回戦でノーヒットノーラン。これがプロ初完封。
6.11	〔ハンドボール〕田口らを無期限登録抹消　日本ハンドボール協会が、酒に酔って通行人を脅し恐喝未遂で逮捕されたロサンゼルス・オリンピック代表田口勝利(大同特殊鋼)ら2人を無期限登録抹消処分。
6.14	〔相撲〕米初の大相撲公演　アメリカ初の大相撲公演がニューヨークのマジソン・スクエア・ガーデンで開催される。
6.17	〔柔道〕山下が現役引退発表　柔道の山下泰裕六段(28)が現役引退を発表。主な成績はロサンゼルス・オリンピック金メダル、世界選手権3回出場・金メダル4個、全日本選手権9連覇、通算203連勝。
6.18	〔大学野球〕法大が2連覇　全日本大学野球選手権で法大が東洋大を下し、2年連続6回目の優勝。

6.27	〔大学野球〕国士大野球部が公式戦出場辞退　部員に対する「食費補助」などが問題となった国士大野球部が、東都大学野球連盟に対し1年間の公式戦出場辞退を申し入れる。
7.2	〔陸上〕瀬古が日本新記録　ストックホルムのDNガラン大会の陸上男子1万mで瀬古利彦が27分42秒17の日本新記録で4位。
7.4	〔大学野球〕日米大学野球で日本が優勝　第14回日米大学野球選手権大会で最終戦を待たずに日本の2年ぶり5回目の優勝が決定。
7.7	〔体操〕信田がNHK杯最年少優勝　NHK杯体操女子で13歳の信田美帆(三鷹三中1年)が史上最年少優勝。
7.7	〔サッカー〕読売クラブが3冠達成　サッカーのJSLカップで読売クラブが日産自動車を破り6年ぶり2回目の優勝。日本リーグ、天皇杯に続き3冠達成。
7.11	〔プロ野球〕317勝の鈴木が引退　プロ野球パ・リーグの鈴木啓示投手(近鉄、37歳)が通算317勝の現役最多記録を残して引退を表明。15日に正式引退。
7.19	〔高校野球〕美津濃製金属バット禁止　全国高校野球選手権大会の大阪大会や南北海道大会で金属バットの折損事故が相次いだことから、日本高校野球連盟が美津濃製金属バット1種の使用禁止を決定。21日、さらに同社製金属バット6品目を追加し、計7銘柄1万1560本が使用禁止に。
7.21	〔相撲〕北天佑が優勝　大相撲名古屋場所は、大関・北天佑が13勝2敗で2回目の優勝。殊勲賞は前頭1枚目・北尾(3回目)。敢闘賞は関脇・大乃国(2回目)。技能賞は小結・保志(2回目)と前頭1枚目・北尾(2回目)。24日、関脇大乃国の大関昇進が決定。
7.25~8.4	〔大会〕第2回ワールドゲームズ　第2回ワールドゲームズがロンドンで開催され、日本を含む57ヶ国から1550人が参加、21の競技が行われた。
7.26	〔プロ野球〕山本が通算500号本塁打　プロ野球セ・リーグの山本浩二外野手(広島)が史上4人目の通算500号本塁打を達成。
8.2	〔社会人野球〕日本生命が都市対抗初優勝　第56回都市対抗野球大会で日本生命(大阪市)が東芝(川崎市)に逆転勝ち、31度目の出場で初優勝。
8.4	〔水泳〕緒方が日本新記録　水泳の日本選手権男子200m自由形で緒方茂生が1分53秒30の日本新記録。中森智佳子、水本良幸がそれぞれ三冠。
8.5	〔ボート〕ソーラーボートで太平洋横断　堀江謙一の「シクリナーク」が小笠原諸島の父島に到着、世界初のソーラーボートによる単独太平洋横断に成功。
8.7	〔社会スポーツ〕マスターズゲームス開催　中高年五輪といわれる第1回マスターズゲームスがトロントで開幕。
8.10	〔ゴルフ〕服部が初出場初優勝　第85回全米女子アマチュアゴルフ選手権決勝で服部道子(愛知淑徳高2年、16歳)がステーシー(アメリカ)を5-4で破

― 242 ―

り、日本人として初めて優勝。また、初出場での優勝は90年に及ぶ大会史上7人目、16歳の優勝は71年のローラ・ボーと並び史上最年少。

8.10 〔アーチェリー〕石津が日本人初優勝　アーチェリー全米選手権で石津裕子が日本人として初優勝。

8.11 〔ゴルフ〕尾崎健夫が初優勝　日本プロゴルフ選手権で尾崎健夫が初優勝。

8.15〜18 〔水泳〕パシフィック選手権開催　第1回パシフィック水泳選手権大会が東京で開催される。16日、男子100m自由形でマット・ビオンディ(アメリカ)が49秒17の世界新記録。17日、男子400mリレーでアメリカチームが3分17秒08の世界新記録。18日、男子400mメドレーリレーでもアメリカチームが3分38秒28の世界新記録。

8.21 〔高校野球〕PL学園が3回目の優勝　第67回全国高校野球選手権大会は、決勝でPL学園(大阪)が宇部商に4-3でサヨナラ勝ち、2年ぶり3回目の優勝。3年生の桑田真澄・清原和博にとって高校最後の夏となったPL学園は14日の2回戦(対東海大山形)で毎回の29得点、32安打など7つの大会新記録を達成。

8.24 〔自転車〕中野が9連覇　世界自転車選手権プロ・スプリント決勝で中野浩一が松枝義幸を破り9連覇。

8.24〜9.4 〔ユニバーシアード〕神戸ユニバ開催　ユニバーシアードの第13回神戸大会が開催される。史上最大となる参加103国・地域、選手約4200人。27日、柔道71kg級で吉鷹幸春(筑波大)が優勝、日本勢の金メダル第1号。9月1日、女子マラソンで深尾真美(三田工業)が2時間44分54秒の大会新記録で優勝。バレーボール女子でも日本が北朝鮮を3-1で破り優勝。3日、バレーボール男子でも日本が優勝。4日、男子走り高跳びでイーゴリ・バクリン(ソ連)が2m41の世界新記録。日本のメダル獲得数は金6、銀3、銅7。

8月 〔大会〕スポーツインターナショナル開催　スポーツインターナショナル'85が日本で開催される。

9.7 〔水球〕日体大が公式戦200連勝　日本学生水泳選手権の水球で日体大が公式戦200連勝を達成。

9.8 〔ゴルフ〕関東・関西オープンゴルフ開催　関東オープンゴルフで金井清一が7年ぶり優勝。関西オープンゴルフでは入江勉が優勝。

9.8 〔柔道〕山口が52kg級8連覇　第8回全日本女子柔道の52kg級で山口香三段(筑波大)が8連覇。72kg級は坂上洋子初段(長崎西高)が優勝。

9.10 〔ゴルフ〕中島兄妹プロ誕生　女子プロゴルフ協会のプロテストに中島恵利華が合格。兄の常幸とともに兄妹プロが誕生。

9.15 〔マラソン〕中山が海外で初優勝　ソウル国際マラソンで中山竹通が2時間10分9秒で圧勝、海外で初優勝。

9.21 〔陸上〕日・米・ソ対抗陸上開催　日・米・ソ対抗陸上が開幕。男子100mでカール・ルイスが10秒12。1万mで米重修一(旭化成)が優勝。22日、20km競歩で園原健弘(アシックス)が優勝。

— 243 —

1985年(昭和60年)

9.22　〔ゴルフ〕日本女子プロ選手権開催　ゴルフの日本女子プロ選手権で涂阿玉(台湾)が初優勝。

9.22　〔相撲〕千代の富士が全勝優勝　大相撲秋場所は、横綱・千代の富士が15戦全勝で13回目の優勝。通算13回優勝は双葉山を抜き、大鵬、北の湖、輪島に次ぐ史上4位。殊勲賞は関脇・北尾(4回目)。敢闘賞は前頭7枚目・琴ヶ梅(初)。技能賞は前頭2枚目・旭富士(2回目)。

9.23　〔テニス〕全日本テニス選手権開催　全日本テニス選手権で井上悦子(ヨネックス)が20年ぶりの3冠王。男子シングルスは福井烈(ブリヂストン)が優勝。

9.26～29　〔柔道〕世界柔道選手権開催　第14回世界柔道選手権が開催される。日本は無差別級の正木嘉美四段(天理大研究生)、95kg級の須貝等三段(新日鉄)、78kg級の日蔭暢年、60kg級の細川伸二(長田商高)の4人が金メダルを獲得。95kg超級は趙容徹(韓国)が優勝し、斉藤仁五段(国士舘大教員)は負傷で無念の銀メダル。

10.5　〔陸上〕山下が三段跳び日本新記録　第54回日本学生陸上競技対校選手権の三段跳びで山下訓史(筑波大)が16m92の日本新記録。

10.5　〔テニス〕デ杯で日本敗退　テニスのデ杯ワールドグループ・プレーオフで日本がスペインに敗れ、東洋ゾーンへ逆戻り。

10.9　〔プロ野球〕西武がリー優勝　プロ野球パ・リーグは、西武(広岡達朗監督)が2年ぶり3回目の優勝。最終順位は2位ロッテ、3位近鉄、4位阪急、5位日本ハム、6位南海。

10.12～13　〔陸上〕マスターズ陸上開催　第6回全日本マスターズ陸上大会が徳島・鳴門総合競技上で開催される。7ヶ国からの70人を含め、約850人が参加。

10.13　〔マラソン〕北京で宗兄弟が1・2位　北京国際マラソンで宗茂・猛兄弟(ともに旭化成)が大会新記録の同タイム2時間10分23秒で1位・2位。

10.13　〔体操〕全日本体操選手権開催　全日本体操選手権男子個人総合は山脇恭二が2年ぶり2度目、女子は望月のり子が2年連続2回目の優勝。団体総合は男子は大和銀行、女子は朝日生命クラブが優勝。

10.13　〔ゴルフ〕中島が日本オープン初優勝　ゴルフの日本オープン選手権で中島常幸が初優勝。

10.14　〔テニス〕ジャパン・オープン開催　ジャパン・オープンテニスが東京・有明で開催され、女子シングルスはサバチーニ(アルゼンチン)、男子シングルスはデービス(アメリカ)が優勝。

10.14　〔テニス〕フェデレーションテニス開催　第23回フェデレーションテニス(世界女子国別対抗戦)が豊田市で開催される。38ヶ国が参加し、チェコスロバキアがアメリカを破り3年連続優勝。日本はベスト8進出ならず。

10.16　〔プロ野球〕阪神が21年ぶりに優勝　プロ野球セ・リーグは、阪神(吉田義男監督)が21年ぶりに優勝。阪神フィーバーが社会現象となる。最終順位は2位広島、3位巨人、4位大洋、5位中日、6位ヤクルト。

10.20	〔大学野球〕慶応が26シーズンぶり優勝　東京6大学野球秋のリーグ戦で慶応大学が26シーズンぶりの優勝。
10.20～25	〔国民体育大会〕わかとり国体開催　第40回国民体育大会「わかとり国体」秋季大会が鳥取県で開催され、地元鳥取が天皇・皇后両杯を獲得。
10.21	〔プロ野球〕落合・バースが3冠王　プロ野球パ・リーグの落合博満(ロッテ)が2度目の3冠王。24日、セ・リーグでもランディ・バース(阪神)が3冠王となる。
10.24	〔大学野球〕駒大が17度目優勝　東都大学秋季リーグ戦で駒大が17回目の優勝。
10.27	〔競馬〕天皇賞はギャロップダイナが勝利　第92回天皇賞(秋)レースが東京競馬場(芝2000m)で行われ、ギャロップダイナ(根本康広騎手)が1分58秒7で、シンボリルドルフを抑え1着となった。
10.28	〔社会人野球〕本田技研が優勝　第12回社会人野球日本選手権で本田技研(関東・埼玉)が日本楽器を破り優勝。
11.2	〔プロ野球〕阪神が初の日本一　プロ野球・第36回日本シリーズは、セ・リーグ優勝の阪神(吉田義男監督)が西武を4勝2敗で下し、球団創設50年目で初の日本一に輝いた。シリーズの最優秀選手にはランディ・バース(阪神)を選出。
11.2	〔相撲〕久島が2年連続学生横綱　全国学生相撲で久島啓太が2年連続学生横綱に。
11.3	〔新体操〕全日本新体操開催　全日本新体操個人総合女子で秋山エリカ、男子は中村洋一が優勝。
11.3	〔サッカー〕W杯予選で日本惜敗　サッカーのワールドカップ・アジア最終予選で日本が韓国に惜敗。
11.3	〔剣道〕全日本剣道選手権開催　全日本剣道選手権で石塚美文六段が出揚4度目で初優勝。
11.3	〔ボクシング〕CT検査異常で引退勧告　日本ボクシングコミッションがCT検査で異常が発見された9選手に引退勧告する方針を表明、7日に8人に引退勧告書を送付。同コミッションは試合による脳障害防止など健康管理のため84年6月からプロの全ボクサーを対象に世界初のCTによる脳検査を義務付け、ほぼ全員にあたる828選手の検査を行った。この結果、ボクサーとして不適とされるケースが28例発見され、うち新人19人には既にプロ不合格の措置を取っていた。
11.4	〔陸上〕女子三段跳び復活　戦後初めて女子三段跳びが復活、三宅直子が12m11の日本新記録。
11.4	〔駅伝〕東京が大会新記録　第28回都道府県対抗・東日本駅伝(青森-東京)で東京が総合タイム45時間10分14秒の大会新記録で優勝。
11.5	〔プロ野球〕バース・落合がMVP　プロ野球の最優秀選手がセ・リーグは

1985年(昭和60年)　　　　　　　　　　　　　　　　　　　　　　日本スポーツ事典

バース(阪神)、パ・リーグは落合博満(ロッテ)と、3冠王の2人に決定。新人王はセ・リーグが川端(広島)、パ・リーグが熊野(阪急)。

11.6 〔体操〕日本が4位転落　体操の世界選手権男子団体総合で日本が4位に転落。

11.8 〔プロ野球〕広岡監督が辞任　プロ野球パ・リーグの優勝監督である広岡達朗(西武)が任期を1年残して突然辞任。

11.10 〔競馬〕ミホシンザンが菊花賞勝利　第46回菊花賞レースが京都競馬場(芝3000m)で行われ、ミホシンザン(柴田政人騎手)が3分08秒1で1着となった。

11.11 〔大学野球〕明治神宮野球大会開催　明治神宮野球大会で慶大が愛工大を破り初優勝。

11.14 〔体操〕具志堅が引退　ロサンゼルス・オリンピックの体操男子個人総合金メダリスト具志堅幸司が引退を正式表明。「思い出はロス五輪王座」と語る。

11.14 〔プロ野球〕選手会を労組認定　日本プロ野球選手会(巨人・中畑清会長、679選手)が東京都地方労働委員会から労働組合資格証明書を交付され、労働組合として出発。

11.14 〔プロ野球〕パ・リーグ1シーズン制へ　プロ野球パ・リーグが14年ぶりに変則プレーオフなしの1シーズン制復活を決定。

11.17 〔マラソン〕東京女子国際マラソン開催　85東京女子国際マラソンでカトリン・ドーレ(東ドイツ)が2連覇。田崎裕子(京セラ)が3位に。

11.20 〔プロ野球〕桑田・清原がプロ入りへ　プロ野球のドラフト会議が開催され、巨人は早大進学を表明していた桑田真澄投手(PL学園)を単独指名。清原和博内野手(PL学園)は西武が交渉権獲得。23日、桑田が早大受験を断念して巨人入りを表明、事前密約説が囁かれる。

11.21 〔バレーボール〕日本がW杯6位　第4回ワールドカップ女子バレーで中国が連続優勝、世界三大大会で4連覇。2位キューバ、3位ソ連で日本は史上最悪の4位。最優秀選手は郎平(中国)。12月1日、男子はアメリカが全勝で初優勝、日本は6位。

11.21 〔ゲートボール〕ゲートボール選手権開催　第1回全日本ゲートボール選手権大会が駒沢オリンピック公園で開催される。

11.23 〔フィギュアスケート〕伊藤がNHK杯2連覇　NHK杯国際フィギュアスケートが神戸で開催され、女子シングルで伊藤みどり(東海女高)が2連覇。

11.24 〔相撲〕千代の富士が優勝　大相撲九州場所は、横綱・千代の富士が14勝1敗で14回目の優勝。殊勲賞は関脇・北尾(5回目)。敢闘賞は前頭9枚目・小錦(3回目)。技能賞は関脇・保志(3回目)。12日、初日から3連敗の元大関琴風が引退を発表。27日、12勝3敗の関脇北尾が大関に昇進。

11.24 〔競馬〕シンボリルドルフが6冠馬　第5回ジャパンカップが東京競馬場(芝2400m)で行われ、日本のシンボリルドルフ(岡部幸雄騎手)が2分28秒8

— 246 —

で1着。このレース初の一番人気での勝利で6冠馬に。地方競馬代表のロッキータイガーが2着に入り、日本馬による1・2フィニッシュも史上初。

11.27　〔スキー〕7大陸最高峰から滑降　三浦雄一郎(53)が7大陸最高峰からのスキー滑降を達成。

12.1　〔マラソン〕福岡国際で新宅が初優勝　第20回福岡国際マラソン選手権で新宅雅也(エスビー食品)が日本歴代6位の2時間9分51秒で初優勝。

12.1　〔ラグビー〕明大が対抗戦優勝　関東大学ラグビー対抗戦で明大が早大を破り6年ぶりの優勝。

12.1　〔ゴルフ〕中島が年間1億円獲得　ゴルフの中島常幸が国内初の年間獲得賞金総額1億円突破を達成。賞金女王は涂阿玉(台湾)が4年連続。

12.3　〔一般〕アマ資格自由化へ　日本体育協会アマ規定検討委員会の小委員会が「日本体協スポーツ憲章」(仮称)原案をまとめ、アマ資格規定につき大幅に各競技団体に任せる自由化の方向を打ち出す。

12.7　〔アメリカンフットボール〕関学大が甲子園ボウル2連覇　アメリカンフットボールの東西大学生王座決定戦、第40回甲子園ボウルで関学大が2連覇。

12.7　〔柔道〕福岡国際開催　第3回福岡国際女子柔道選手権大会が開幕。72kg級で田辺陽子が優勝。8日、52kg級で山口香(筑波大)が優勝。

12.8　〔サッカー〕トヨタカップ開催　サッカーのトヨタカップ世界クラブ選手権でユベントス(イタリア)がアルヘンチノス・ジュニアーズ(アルゼンチン)をPK戦で破る。ヨーロッパ代表が勝ったのはインターコンチネンタルカップがトヨタカップになってから初めて。

12.8　〔ゴルフ〕尾崎健夫が初優勝　ゴルフ日本シリーズで尾崎健夫が初優勝。

12.14　〔登山〕山田がマナスル登頂　山田昇がヒマラヤのマナスル登頂に成功。8000m峰14座中6座に8度目の登頂で、日本人登山家の最多記録を更新。

12.15　〔駅伝〕エスビー食品が優勝　実業団対抗駅伝でエスビー食品が優勝。

12.15　〔テニス〕パンパシフィックオープン開催　女子テニス・パンパシフィックオープンが東京体育館で開催され、シングルスで18歳のM.マレーバが2連覇。

12.20　〔スピードスケート〕全日本実業団スピードスケート開催　全日本実業団スピードスケートが伊香保で開催され、女子500mで橋本聖子(富士急)が日本人初の40秒台となる40秒80を記録。

12.21　〔相撲〕花籠親方廃業　日本相撲協会が理事会を開き、年寄名跡を借金の担保にするなどの不祥事を起こした花籠親方(元横綱輪島)から出されていた廃業届を受理。花籠部屋が一時消滅、所属力士21人、行司ら11人は放駒部屋へ転属。

12.21　〔柔道〕日本スポーツ賞授賞　日本スポーツ賞が柔道の正木嘉美に決定。

12.22　〔駅伝〕報徳学園が史上初の3連覇　第36回全国高校駅伝で報徳学園(兵庫)

が史上初の3連覇。

12.22　〔アイスホッケー〕国土計画が優勝　アイスホッケー日本リーグで国土計画が優勝。

12.22　〔競馬〕シンボリルドルフが有馬記念2連覇　第30回有馬記念レースが中山競馬場(芝2500m)で行われ、シンボリルドルフ(岡部幸雄騎手)が2分33秒1で圧勝、2連覇を達成。

12.26　〔相撲〕北尾が大関昇進　大相撲初場所の新番付発表。北尾が昭和に入って60人目の大関に。

12.27　〔卓球〕全日本選手権開催　全日本卓球選手権男子単で斉藤清(日産)が4連覇、女子単は星野美香(青学大)が3連覇。

12.30　〔自転車〕競輪グランプリ開催　第1回競輪グランプリで中野浩一が優勝。

12月　〔一般〕日本プロスポーツ大賞決定　1985年(昭和60年)の日本プロスポーツ大賞(日本プロスポーツ協会主催)は、大賞がランディ・バース(プロ野球)、殊勲賞が千代の富士貢(大相撲)、落合博満(プロ野球)、中島常幸(男子プロゴルフ)に決定。

12月　〔一般〕流行語大賞決定　第2回(1985年)新語・流行語大賞が決定。スポーツ界では、流行語部門・金賞部門に"イッキ!イッキ!"が選ばれた。受賞者は慶応義塾大学体育会代表。流行語部門・銀賞部門は"トラキチ"、受賞者は松林豊(阪神タイガース私設応援団長)。

スポーツ用語の転用

　トリノの冬季五輪・女子フィギュアスケートで金メダルを獲得した荒川静香選手の演技によって「イナバウアー」ということばがいっぺんに知られ、流行語となった。海豹がそっくりかえると海豹のイナバウアーと言われ、イナバウアー模様を表面にあしらったカステラも登場した。フィギュアスケート関係者には知られていたのだろうが多くの一般の人々はトリノ五輪前はイナバウアーを知らなかったろう。イナバウアーをスケートの専門用語ではなく一般に転用することはこれから先何年もつづくだろうか。スポーツの用語を一般に転用する例は少なくない。「仕切り直し」「うっちゃり」などの相撲用語は、国語辞典にもともと相撲用語でありそれが一般にも転用されていると記されている。辞典に掲げられていないが、対等の両者がまともに取り組むのを「がっぷり四つ」と表現することもある。近年は野球用語の転用が新聞記事などでよくみられる。例えば「続投」「降板」。役員の任期がおわったがつづけてその職に就く場合に「続投」、任期満了前に辞める場合に「降板」と用いられる。これらも辞典にもともと野球用語、そして転用として掲げられている。「的を射た」批評、混乱した議論を「一刀両断」など、武芸のことばも比喩的表現として古くから用いられてきた。スポーツ用語が一般に転用されるのは、そのスポーツが多くの人々に親しまれている証しであろう。

1986年
(昭和 61 年)

1.1 〔サッカー〕日産自動車が天皇杯優勝　第65回天皇杯全日本サッカー選手権大会決勝で日産自動車がフジタ工業を破り、2年ぶり2回目の優勝。

1.3 〔駅伝〕順天堂大が総合優勝　第62回東京-箱根間往復大学駅伝競走は、往路5位の順天堂大が最終区で早大を抜き、11時間19分33秒で4年ぶり5度目の総合優勝。敗れた早大は往路3連覇。

1.3 〔アメリカンフットボール〕実業団がライスボウル初優勝　第3回全日本アメリカンフットボール選手権(ライスボウル)でレナウンが関西学院大を破り、実業団の初優勝。

1.4 〔ラグビー〕大学選手権は引き分け　ラグビー大学選手権決勝で慶大と明大が12-12で引き分け、17年ぶりの両校優勝。抽選の結果、慶大が日本選手権の出場権を得る。

1.6 〔ラグビー〕社会人はトヨタが優勝　第38回全国社会人ラグビー決勝でトヨタが神戸製鋼を破り8年ぶりに優勝。8連覇を目指した新日鉄釜石は2日の準決勝で神戸製鋼に敗れる。

1.7 〔ラグビー〕大東文化大一高が初優勝　第65回全国高校ラグビー選手権大会で大東文化大一高(東京)が本郷高を破り初優勝。

1.8 〔高校サッカー〕清水市商が初優勝　第64回全国高校サッカー選手権大会で清水市商(静岡)が四日市中央工を破り初優勝。

1.9 〔プロ野球〕労働組合選手会が初の大会　プロ野球選手会が労働組合に衣替え後初めての大会を開き、中畑清会長(巨人)ら20人が出席。

1.10 〔スピードスケート〕橋本が総合5連覇　第54回全日本スピードスケート選手権大会で橋本聖子が総合で日本新記録を更新、大会史上初の総合5連覇、4年連続4種目完全制覇。

1.11 〔プロ野球〕落合が球界最高年俸　プロ野球パ・リーグの落合博満内野手(ロッテ)が年俸9200万円で契約、プロ野球界最高の高給取りに。

1.11 〔柔道〕正力松太郎杯で日本2位　正力松太郎杯国際学生柔道大会団体決勝で日本がソ連に敗れ2位。

1.12 〔フィギュアスケート〕全日本フィギュア開催　全日本フィギュアで男子は小川勝昇、女子は伊藤みどりが連覇。

1.15 〔ラグビー〕慶大が初優勝　第23回日本ラグビー選手権大会で慶大がトヨタを破り初優勝。10年ぶりで大学代表が勝利。

1.18 〔スピードスケート〕橋本・黒岩が総合優勝　第12回スプリント・スピードスケート選手権大会女子で橋本聖子が全4種目を制し、3連続4度目の総合

1986年(昭和61年)

優勝。男子は黒岩彰が2年ぶり4度目の総合優勝。

1.24 〔バレーボール〕日立の連勝ストップ　バレーボール日本リーグ女子の日立がダイエーに敗れ、連勝が88でストップ。この試合の前半に活躍したダイエーのアタッカー、フロー・ハイマン(31)がベンチで倒れ、病院に運ばれたが急性心不全で死亡。2月20日、日本バレーボール協会が協会登録選手の心臓検診を義務付け、先天性疾患などによる競技不適格者には引退勧告することを決定。

1.25 〔ノルディックスキー〕ジャンプW杯札幌大会　ワールドカップジャンプ札幌大会70m級でマッチ・ニッカネンが94mの最長不倒。

1.26 〔マラソン〕大阪国際女子マラソン開催　大阪国際女子マラソンでローレン・モラーが優勝。

1.26 〔相撲〕千代の富士が3場所連続優勝　大相撲初場所は、横綱・千代の富士が13勝2敗で優勝。通算15回は大鵬、北の湖に次ぐ史上3位。殊勲賞は関脇・旭富士(初)。敢闘賞は前頭1枚目・琴ヶ梅(2回目)。技能賞は関脇・保志(4回目)。12日、初日で敗れた横綱隆の里が体力の限界と引退を表明。通算464勝、優勝4回。

2.2 〔マラソン〕別府大分で児玉が優勝　第35回別府大分マラソンで児玉泰介(旭化成)が優勝。

2.2 〔駅伝〕名岐駅伝開催　名岐駅伝が開催され、一般は東洋ベア桑名が4年ぶり9回目の優勝。高校は中京商が3回目の優勝、名電は5連覇ならず。

2.2 〔ゴルフ〕岡本が海外6勝目　アメリカ女子プロゴルフツアーのエリザベス・アーデン・クラシックで岡本綾子が8アンダーで優勝、賞金3万ドルを獲得。海外6勝目。

2.2 〔ノルディックスキー〕秋元がNHK杯初優勝　スキージャンプNHK杯が札幌・大倉山で開催され、秋元正博が109m50の最長不倒で初優勝。

2.8 〔ノルディックスキー〕ノルディックスキー選手権開催　第64回全日本ノルディックスキー選手権大会70m級ジャンプで秋元正博が3回目の優勝。11日、90m級は田尾敏彰(東海大四高)が優勝。高校生の優勝は47年ぶり。12日、ノルディックで佐々木一成が2年連続3種目完全制覇。

2.9 〔マラソン〕ダイエーカップ開催　東京国際マラソン・ダイエーカップでジュマ・イカンガー(タンザニア)が世界歴代5位の2時間8分10秒で2年連続優勝。日本期待の中山竹通(ダイエー)は4位。カルロス・ロペス(ポルトガル)は棄権。

2.9 〔ノルディックスキー〕札幌国際マラソン開催　第6回札幌国際マラソン(スキーの50kmクロスカントリー)が札幌・羊ヶ岡で開催され、男子はハーレンバルター(スイス)、女子はミーカチャック(カナダ)が優勝。金井洋子(中学教員)が健闘、2位に。

2.9 〔スピードスケート〕橋本が世界選手権6位　スピードスケートの女子世界選手権で橋本聖子(富士急)が総合6位に入賞。

— 250 —

2.10　〔オリンピック〕3競技のプロ参加承認　国際オリンピック委員会の参加資格委員会が理事会に、サッカー、テニス、アイスホッケーのプロ参加規制排除を勧告。12日、理事会で3競技のプロ選手参加を正式承認。

2.10　〔ボクシング〕小野が初代日本王者　小野健治が東洋・太平洋ボクシング連盟総会で新設されたミニフライ級(47.6kg以下)の初代日本チャンピオンになる。

2.11　〔マラソン〕勝田マラソン開催　第34回勝田マラソンが茨城県勝田市で開催され、男子は鈴木幸夫(日立電線)、女子は黒沢正江(岡部工務店)がともに初優勝。

2.16　〔バスケットボール〕日本リーグ開催　バスケットボール日本リーグ女子でシャンソン化粧品が2年ぶり3回目の優勝。3月2日、男子は松下電器が3年連続9回目の優勝。

2.22　〔スピードスケート〕世界スプリント長野大会開催　日本初となるスケートの86年世界スプリント選手権大会が長野県・軽井沢スケートセンターで開幕。参加16ヶ国。23日、黒岩彰(国土計画)が男子総合で銅メダル、優勝はゼレゾフスキー(ソ連)。女子では橋本聖子が日本人最高の総合4位。

2.23　〔駅伝〕国際女子駅伝開催　86国際女子駅伝が横浜で開催され、ノルウェーが初優勝、2位アメリカ。日本は5位。

2.25　〔アルペンスキー〕全日本選手権開催　第64回全日本アルペンスキー選手権大会が旭川で開催され、男子は石岡千秋(日本楽器)が2年連続優勝。女子は大関千秋(美津濃)が初優勝。

2.25　〔ノルディックスキー〕秩父宮杯で秋元優勝　スキー秩父宮杯が大鰐で開催され、90m級ジャンプで秋元正博が優勝。今季7勝目。

3.1　〔バレーボール〕日本リーグ開催　バレーボール日本リーグ女子で日立が2度目の5連覇で通算12回目の優勝。2日、男子は富士フイルムが3連覇。

3.1　〔アルペンスキー〕W杯富良野大会開催　アルペンスキー女子ワールドカップ富良野大会が開幕。参加10ヶ国、47選手。滑降でマリア・バザリー(スイス)が優勝。2日、スーパー大回転はリサ・サビジャービ(カナダ)が初優勝。

3.1〜8　〔アジア競技大会〕初の冬季アジア大会開催　第1回アジア冬季競技大会が札幌で開催される。参加7ヶ国、選手400余人。金メダル獲得数は日本29、中国4、韓国1、北朝鮮1。

3.2　〔マラソン〕名古屋国際女子マラソン開催　名古屋国際女子マラソンでカトリン・ドーレ(東ドイツ)が2時間29分33秒の大会新記録で優勝。日本で5戦全勝。

3.2　〔ゴルフ〕金井が初優勝　香港オープンゴルフで金井清一が初優勝。

3.2　〔柔道〕八戸が初優勝　第1回全日本女子柔道選手権無差別級で八戸かおり2段(神奈川・東海大)が初優勝。

3.8　〔サッカー〕古河電工が日本リーグ優勝　サッカー日本リーグで古河電工が

1986年(昭和61年)　　　　　　　　　　　　　　　　　　　　　　　　日本スポーツ事典

9シーズンぶり2回目の優勝。

3.9　〔マラソン〕渋谷がびわ湖マラソン優勝　第41回びわ湖マラソンで渋谷俊浩(雪印乳業)が優勝。

3.9　〔ノルディックスキー〕秋元が転倒し重傷　世界フライングジャンプ選手権大会がオーストリアで開催され、秋元正博(地崎工業)が転倒し重傷。

3.15　〔陸上〕海外での賞金容認　日本陸連が海外での獲得賞金の支給を承認。また女子三段跳びを47年ぶりに正式種目とすることを承認。

3.16　〔マラソン〕瀬古が8ヶ月ぶり復活　広島国際30kmマラソンで瀬古利彦(エスビー)が日本歴代3位の1時間29分21秒で圧勝、8ヶ月ぶりに復活。

3.18　〔スピードスケート〕黒岩・橋本が日本新記録　ソ連・アルマアタのメデオ国際スケート競技大会で黒岩彰が総合得点日本新記録で優勝。20日、橋本聖子が総合得点日本新記録で優勝。

3.22　〔サッカー〕全日空を処分　サッカー日本リーグの三菱重工対全日空戦で全日空の6選手が造反、試合直前に退場。全日空は8人で試合を行う。25日、全日空が当分対外活動を停止。4月17日、日本サッカー協会が全日空の選手6人を無期限登録停止処分(事実上の永久追放)、全日空も3ヶ月の出場停止。

3.22　〔バスケットボール〕全日本選手権開催　バスケット全日本総合選手権女子(第52回)でシャンソン化粧品が3連覇。23日、男子(第62回)は松下電器が3年ぶりに優勝。

3.23　〔相撲〕関脇保志が初優勝　大相撲春場所は、関脇・保志が13勝2敗で初優勝。殊勲賞は関脇・保志(2回目)。敢闘賞は小結・小錦(4回目)と前頭12枚目・水戸泉(2回目)。技能賞は関脇・保志(5回目)と小結・小錦(初)。

3.30　〔ボクシング〕渡辺が防衛失敗　プロ・ボクシングWBC世界ジュニア・バンタム級タイトルマッチでチャンピオン渡辺二郎(大阪帝拳)がヒルベルト・ローマン(メキシコ)に判定負け、5度目の王座防衛に失敗。5年ぶりに日本人世界チャンピオンが不在となる。

4.4　〔プロ野球〕両リーグがナイター開幕　プロ野球セ・パ両リーグがナイターで同時開幕。

4.5　〔高校野球〕池田高が選抜優勝　第58回選抜高校野球大会決勝は、池田高(徳島)が宇都宮南高(栃木)を7-1で破り、3年ぶり2回目の優勝。

4.5　〔ショートトラック〕石原が世界新記録　スピードスケート世界ショートトラック選手権がフランス・シャモニーで開催され、石原辰義が1500mで世界新記録。

4.13　〔ゴルフ〕中島がマスターズ8位　ゴルフのマスターズ・トーナメントでジャック・ニクラス(アメリカ)が大逆転で11年ぶり6回目の優勝。中島常幸は8位。

4.13　〔ボート〕早慶初の同着　ボート第55回早慶レガッタの対校エイトが史上初の同着レースとなる。

4.13	〔ヨット〕世界一周から帰国　親子3人でヨット世界一周を続けていた長江裕明一家のエリカ号が4年9ヶ月ぶりに帰国、愛知県蒲郡港に入港。25ヶ国の100の港に寄港し、走行距離は約6万km。
4.13	〔プロレスリング〕元横綱輪島がプロレス入り　大相撲の元横綱輪島が全日本プロレス入りを発表。11月1日にデビュー。
4.13	〔競馬〕ダイナコスモスがさつき賞勝利　第46回皐月賞レースが中山競馬場(芝2000m)で行われ、ダイナコスモス(岡部幸雄騎手)が2分02秒1で1着となった。
4.17	〔サッカー〕サッカーもプロ容認　日本サッカー協会がプロを容認、選手登録規定をアマチュア、ノンアマ(企業登録選手)、スペシャルライセンス・プロの三段階に改正。
4.18	〔テニス〕日本代表に企業スポンサー　日本テニス協会がデ杯日本代表のチームスポンサーとして自動車のマツダと契約。ナショナルチーム強化のための企業スポンサーは初めて。
4.20	〔マラソン〕瀬古がロンドンで優勝　ロンドンマラソンで瀬古利彦(SB食品)が2時間10分2秒で優勝。出場料を含め5万ドルを獲得。
4.22	〔登山〕クーラ・カンリ登頂　神戸大学術登山隊が世界第2の処女峰クーラ・カンリ(中国チベット、7554m)の登頂に成功。
4.23	〔相撲〕東関部屋創始　大相撲年寄・東関(元関脇高見山)部屋が東京・墨田区で土俵開き。
4.27	〔トライアスロン〕中山が2連覇　第2回全日本トライアスロン宮古島大会で中山俊行が7時間45分47秒で2連覇。
4.27	〔陸上〕8年ぶり日本新記録　静岡国際陸上大会の男子400m障害で吉田良一(順天大)が49秒50で日本新記録を8年ぶりに更新。
4.27	〔ゴルフ〕重信が初優勝　ダンロップ国際オープン・ゴルフが茨城で開催され、重信秀人が初優勝。
4.29	〔柔道〕正木が全日本初優勝　全日本柔道選手権大会決勝で正木嘉美五段(天理大研究生)が藤原敬生五段(新日鉄)を破り初優勝。
4.29	〔競馬〕クシロキングが天皇賞制覇　第93回天皇賞(春)レースが京都競馬場(芝3200m)で行われ、クシロキング(岡部幸雄騎手)が3分25秒4で1着となった。2着も人気薄のメジロトーマスで連複14480円は天皇賞史上最高。
5.3	〔陸上〕三宅が日本記録更新　第20回織田記念国際陸上競技大会の女子三段跳びで三宅房子が47年ぶりの日本記録更新となる12m0をマーク。
5.3	〔相撲〕久島が個人2連覇　第26回全国大学選抜相撲大会で久島啓太(日大)が個人戦2連覇。服部祐児を抜き学生最多の18タイトル獲得。
5.4	〔ゴルフ〕中島が中日クラウンズ2位　ゴルフの中日クラウンズでデビッド・イシイ(アメリカ)が優勝。中島常幸は2位。

1986年(昭和61年)

5.4	〔登山〕ローツェ登頂　ベルニナ山岳隊(横浜市)がネパールの世界第4の高峰ローツェ(8516m)登頂に成功。
5.5	〔バレーボール〕全日本選手権開催　第35回全日本バレーボール選手権大会で女子はダイエーが日立を破り初優勝。男子は富士フイルムがサントリーを破り3年ぶり3回目の優勝。
5.5	〔テニス〕小泉幸枝が女子単優勝　マスターズテニス86が名古屋で開催され、男子シングルスはR.シンプソン(ニュージーランド)、女子シングルスは小泉幸枝(ブリヂストン)が優勝。男子ダブルスはR.シンプソン、D.マスタード組が優勝。
5.6	〔相撲〕吉田司家が倒産　大相撲の吉田司家が3億円の負債を抱え倒産。
5.7	〔一般〕新アマ規定制定　日本体育協会が新アマチュア規定「日本体育協会スポーツ憲章」を制定、施行。加盟各競技団体にプロ選手の登録を認め、アマの賞金やCM出演も可能に。
5.8	〔プロ野球〕第8代コミッショナー選任　1年1ヶ月にわたり空席となっていたプロ野球の第8代コミッショナーに竹内寿平元検事総長が選ばれる。
5.8	〔登山〕ニエンチンタングラ峰初登頂　東北大チベット学術登山隊が中国青蔵高原ニエンチンタングラ峰(7162m)に初登頂。
5.9	〔ボクシング〕デビュー戦で死亡　プロ・ボクシング、フライ級のデビュー戦で小林健一選手が死亡。84年6月の選手に対する頭部CT検査義務付け以降初めての死亡事故。
5.10	〔登山〕チャンツェ峰登頂　長野県山岳協会と中国との合同登山隊が中国チベットのチャンツェ峰(7553m)登頂に成功。
5.11	〔テニス〕ワールドテニス開催　ワールドテニスが大阪城ホールで開催され、男子シングルスはS.エドベリ(スウェーデン)、女子シングルスはM.ナブラチロワ(アメリカ)が優勝。
5.18	〔サッカー〕キリンカップ開催　サッカーのキリンカップは奥寺康彦の活躍などでブレーメン(西ドイツ)がパルメイラス(ブラジル)を破り4年ぶりに優勝。
5.18	〔ハンドボール〕湧氷製菓が優勝　全日本実業団ハンドボールで湧氷製菓が大崎電気を破り6回目の優勝。
5.18	〔ゴルフ〕中島が今季初勝利　第12回プロゴルフ・マッチプレー選手権が水戸GCで開催され、中島常幸が小林恵一を破り今季初勝利。
5.18	〔自動車〕国際サイクル・ロードレース開催　86国際サイクル・ロードレース大阪大会で男子はリチュッテリ・マウロ(イタリア)が優勝、佐藤稔は3位。25日、東京大会では男女ともフランス勢が優勝。
5.18	〔競馬〕メジロラモーヌがオークス圧勝　第47回優駿牝馬(オークス)が東京競馬場(芝2400m)で行われ、メジロラモーヌ(河内洋騎手)が2分29秒6で1着となった。

5.20	〔レスリング〕アマレスもプロ参加容認　国際アマチュアレスリング協会がアマチュアルール順守を条件にプロ選手参加を認めることに。
5.22	〔大学野球〕東洋大が優勝　東都大学野球春のリーグ戦で東洋大が延長13回サヨナラで日大を破り、2シーズンぶり5回目の優勝。
5.25	〔相撲〕千代の富士が16回目優勝　大相撲夏場所は、横綱・千代の富士が大関・北尾を破り、13勝2敗で、新国技館では不敗の5連覇、16回目の優勝。殊勲賞は小結・旭富士(2回目)。敢闘賞は関脇・保志(3回目)。技能賞は該当なし。
5.25	〔競馬〕ダイナガリバーがダービー勝利　第53回日本ダービー(東京優駿)が東京競馬場(芝2400m)で行われ、ダイナガリバー(増沢末夫騎手)が2分28秒9で1着となった。売り上げが81年を上回る最高額を記録。
5.25	〔一般〕「スポーツ・エイド」開催　アフリカの飢餓救援の募金を目的とした慈善イベント「スポーツ・エイド」が世界78ヶ国272年で開催。3000万人が参加。
5.28	〔サッカー〕日本人プロ第1号　日本人プロサッカー選手第1号として西ドイツで活躍した奥寺康彦がアシックスと専属契約。
5.30~6.1	〔陸上〕日本選手権開催　第70回日本陸上選手権が開催される。30日、ハンマー投げで室伏重信が3年ぶり12回目の優勝。6月1日、男子三段跳びで山下訓史(日本電気)が17m15の日本新記録、日本人で初めて17mを突破。
6.1	〔ゴルフ〕岡本が全米プロ3位　全米女子プロゴルフで岡本綾子が3位にはいる。
6.1	〔重量挙げ〕全日本重量挙げ開催　第46回全日本重量挙げが埼玉・上尾で開催され、82.5kg級で砂岡良治(栃木ユニデン)が7連覇。100kg級では戸松伸隆(埼玉高教)が日本新で4連覇。
6.2	〔大学野球〕法大が優勝　東京6大学野球春のリーグ戦、早慶3回戦で慶大が早大にサヨナラ負け。法大が通算29回目の優勝を拾う。
6.6	〔レスリング〕優勝に功労金　日本アマチュアレスリング協会が優勝選手・コーチに強化育成資金・功労金の交付を決定。88年ソウル・オリンピック金メダリストには100万円、コーチ50万円など。
6.7	〔プロ野球〕衣笠が2000試合連続出場　プロ野球セ・リーグの衣笠祥雄(広島、39歳)が前人未到の2000試合連続出場を達成。
6.8	〔ゴルフ〕杉原が通算50勝　東北クラシックゴルフが仙台で開催され、ベテラン杉原輝雄(48)が通算50勝を達成。
6.15	〔大学野球〕東洋大が初優勝　第35回全日本大学野球選手権大会で東洋大(東都)が9-2で流通経済大を破り初優勝。
6.15	〔ゴルフ〕青木が2年半ぶり優勝　札幌とうきゅうゴルフで青木功が2年半ぶりの優勝。
6.15	〔柔道〕全日本大学柔道開催　第1回全日本大学柔道女子体重別選手権52kg

級で山口香、61kg 級で藤本涼子、61kg 超級で佐々木光、いずれも筑波大勢が優勝。

6.17 〔バドミントン〕実業団選手権開催　第36回全日本実業団バドミントン選手権が京都で開催され、男子は NTT 東京 (東京) が 6 年連続 11 回目の優勝。女子は三洋電機 (大阪) が 2 連覇。

6.20 〔ゴルフ〕服部 3 連覇ならず　第28回日本女子アマゴルフ選手権が千葉 CC で開催され、橋本愛子 (徳島文理短大) が初優勝。服部道子は 3 連覇ならず 2 位。

6.22 〔バレーボール〕日ソ対抗はソ連全勝　日ソ対抗バレーボール男子でソ連が全勝。8 日に終了した女子に続きソ連が制覇。

6.23 〔バスケットボール〕4ヶ国対抗戦開催　バスケットボール・4ヶ国対抗戦が東京で開催され、アメリカ (ケンタッキー大) が 2 回目の優勝。2 位フィンランド、3 位日本、4 位チェコスロバキア。

6.29 〔ゴルフ〕美津濃オープン開催　美津濃オープンゴルフが石川・朱鷺の台で開催され、男子は中島常幸、女子は高須愛子が初優勝。

6.29 〔レスリング〕谷津がプロ初優勝　全日本レスリング選手権のフリー 130kg 級でプロ初参加の谷津嘉章が優勝。

7.2 〔相撲〕初のカナダ人力士廃業　大相撲初のカナダ人力士、東幕下 43 枚目の琴天山 (ジョン・テンタ) が相撲に馴染めず僅か 9ヶ月で廃業。10 日、全日本プロレス入りが決定。

7.6 〔ゴルフ〕日本女子オープン開催　ゴルフの日本女子オープン選手権が近江 CC で開催され、涂阿玉が 2 回目の優勝。

7.11 〔陸上〕瀬古が日本新記録　ロンドンのプジョー・ダルボット・ゲームスの男子 5000m で瀬古利彦 (エスビー) が日本新記録で優勝。

7.12〜17 〔水泳〕初の世界マスターズ開催　年齢・国籍を超えた第 1 回世界マスターズ水泳選手権大会が東京・代々木オリンピック・プールで開催される。参加者の最高齢は 87 歳のアメリカ人女性。

7.13 〔ゴルフ〕岡本が 3 位タイ　全米女子オープンゴルフで岡本綾子が 3 位タイ。

7.13 〔柔道〕全日本選手権開催　第 19 回全日本選抜柔道体重別選手権が福岡で開催され、95kg 超級は正木嘉美五段 (天理大)、95kg 級は金丸明人三段 (天理大)、78kg 級は高野裕光四段 (福岡大教) が優勝。

7.20 〔相撲〕千代の富士が 2 場所連続優勝　大相撲名古屋場所は、横綱・千代の富士が 14 勝 1 敗で優勝決定戦で大関北尾を破り 17 回目の優勝。殊勲賞は関脇・保志 (3 回目)。敢闘賞は前頭 6 枚目・水戸泉 (3 回目)。技能賞は小結・琴ヶ梅 (初)。23 日、14 勝 1 敗の北尾改め双羽黒が第 60 代横綱に昇進。また、関脇保志改め北勝海が大関に昇進。横綱・大関同時昇進は 38 年ぶり。

7.24 〔ボクシング〕浜田が新王座　プロ・ボクシング WBC 世界ジュニア・ウェルター級タイトルマッチで挑戦者浜田剛史がチャンピオンのレネ・アルレド

	ンド(メキシコ)を初回KOで破り、新チャンピオンに。
7.26	〔水球〕五輪代表選手が大麻所持　水球のロサンゼルス・オリンピック代表選手の大麻所持事件が表面化。8月2日、日本水泳連盟が水球のアジア大会出場辞退を決定。
7.27	〔ゴルフ〕青木が5年ぶり優勝　第54回日本プロゴルフ選手権が岐阜・日本ラインCCで開催され、青木功が5年ぶり3回目の優勝。
7.31	〔ヨット〕日本海ヨットレース開催　ソ連ナホトカ-北海道室蘭間の第3回日本海ヨットレースでソ連艇が1～5着を独占。日本艇「ラードカ」は6着。
7.31	〔競馬〕日本初のナイター競馬　東京・大井競馬場で日本初のナイター競馬(トゥインクル・レース)を開催。入場者は昼間の3倍の3万5000人と人気上々。
8.2	〔社会人野球〕日本石油が優勝　第57回都市対抗野球決勝で日本石油(横浜市)がNTT北陸を9-7で破り、19年ぶり6回目の優勝。
8.2	〔水泳〕日本選手権開催　日本水泳選手権大会の男子100m自由形で藤原勝教が51秒88の日本新記録。3日、800m自由形で若穂囲美貴が400m自由形に続いて日本新記録。
8.3	〔テニス〕全日本学生テニス開催　全日本学生テニス選手権が神戸で開催され、男子シングルスは土橋登志夫(早大)が2連覇、女子シングルスは木下直子(園田女大)が初優勝。
8.4	〔シンクロナイズドスイミング〕日本選手権開催　シンクロナイズドスイミング日本選手権デュエットで伊東・小谷組、ソロで田中が優勝。
8.6	〔プロ野球〕西武が1イニング6本塁打　プロ野球パ・リーグの近鉄-西武戦8回に西武が1イニング6本塁打のプロ野球新記録。
8.8	〔アーチェリー〕全米選手権で児玉が優勝　アーチェリーの全米選手権女子で児玉晶子(三菱電機鎌倉)が初優勝、日本人選手が2連覇。
8.10	〔ゴルフ〕中島恵利華がプロ11試合目初勝利　ゴルフの北陸クイーンズで大型新人の中島恵利華がプロ11試合目で初優勝。
8.11	〔サッカー〕奥寺が日本代表復帰　ソウル・アジア大会のサッカー日本代表に日本人プロ第1号の奥寺康彦が復帰。12日、日本サッカー協会が新選手登録制度により奥寺康彦と木村和司を国内初のプロ認定。
8.11	〔ゴルフ〕全米プロで青木が36位　第68回全米プロゴルフ選手権で新鋭ボブ・ツエーが逆転優勝。青木功は36位に終わる。
8.13～23	〔シンクロナイズドスイミング〕世界選手権開催　第5回世界水泳選手権がマドリードで開催される。16日、シンクロナイズドスイミング・デュエットで伊東恵・小谷実可子組(東京シンクロ)が銅メダル。20日、チームでも3位となる。大会を通じて東ドイツが金メダル14個を獲得し強さを見せつける。日本競泳陣は惨敗。
8.14	〔高校野球〕選手喫煙で処分　全国高校野球選手権大会に出場中の享栄高校

の登録選手2人を含む5人が喫煙していたことが発覚、野球部長が辞任し、2選手の登録を抹消。18日、高野連が厳重注意処分。

8.16 〔登山〕崑崙山脈未踏峰に登頂　女性1人を含む東京農大山岳部登山隊が中国・崑崙山脈の未踏の最高峰 (7167m) に登頂。

8.17 〔ゴルフ〕日経カップで尾崎が優勝　男子ゴルフ日経カップで尾崎将司が20アンダーで優勝。

8.21 〔高校野球〕天理高が奈良県勢初優勝　第68回全国高校野球選手権大会は、決勝で天理高(奈良)が松山商高を3-2で破り、奈良県勢として初の優勝。松山商の水口栄二はこの大会で19安打を記録した。

8.24 〔陸上〕他競技からのプロ出場容認　国際陸連 (IAAF) 総会が、他競技のプロ選手の陸上競技出場を認めると決定。

8.30 〔シンクロナイズドスイミング〕ジャパン・シンクロ開催　ジャパン・シンクロ86(7ヶ国招待)が東京・代々木五輪プールで開催され、ジョセフソン双生児組(アメリカ)が優勝。

8.31 〔ゴルフ〕青木が逆転優勝　ゴルフのKBCオーガスタで青木功が逆転優勝、1打差で尾崎将司の3週連続優勝を阻む。

9.1 〔自転車〕中野が10連覇　86年世界自転車競技選手権がアメリカ・コロラドスプリングズで開催され、中野浩一が決勝で松井英幸を破りプロ・スプリント10連覇。

9.1 〔競馬〕史上最高の大穴　島根県の公営益田競馬で連勝単式配当42万2850円と史上最高の大穴。

9.5 〔水球〕日体大が10連覇　第62回学生水泳選手権の水球で日体大が10連覇、公式戦220連勝。

9.7 〔国民体育大会〕かいじ国体開催　第41回国民体育大会夏季大会(かいじ国体)が山梨県で開幕。

9.7 〔ゴルフ〕岡本がツアー通算7勝　アメリカ女子ゴルフツアーのセルラーワン・ピン選手権で岡本綾子が優勝。ツアー通算7勝目。

9.7 〔ゴルフ〕関東・関西オープン開催　関東オープンゴルフが茨城で開催され、青木功が尾崎将司に1打差で4回目の優勝。六甲国際で開催された関西オープンでは磯村芳幸が初優勝。

9.7 〔柔道〕山口が9連覇　第9回全日本女子体重別柔道選手権の52kg級で山口香が9連覇。

9.13 〔バレーボール〕日本は世界選手権7位　バレーボールの世界選手権で中国がキューバを破り女王の座を守る。日本は屈辱の7位に終わる。

9.14 〔ゴルフ〕生駒が初優勝　ゴルフの日本女子プロ選手権で生駒佳与子が初優勝。

9.15～21 〔テニス〕全日本選手権開催　第61回全日本テニス選手権が有明テニス

の森公演で開催される。男子シングルスは白石正三(日商岩井)が初優勝、女子シングルスは井上悦子(ヨネックス)が優勝。

9.20　〔相撲〕千代の富士が3場所連続優勝　大相撲秋場所は、横綱・千代の富士が14勝1敗で18回目の優勝。殊勲賞は前頭4枚目・小錦(2回目)。敢闘賞は前頭8枚目・寺尾(初)。技能賞は小結・逆鉾(3回目)。6日目で新横綱双羽黒が3敗目、頚椎捻挫で7日目から休場。

9.20～10.5　〔アジア競技大会〕ソウルでアジア大会　第10回アジア競技大会がソウルで開催される。27の国・地域、史上最多の4797人が参加し、25の競技が行われた。北朝鮮は不参加。23日、水泳の男子100m自由形で藤原勝教が51秒56の日本新記録で優勝。27日、重量挙げ82.5kg級で砂岡良治が日本新記録で2連覇。30日、ハンマー投げで40歳の室伏重信(中京大教)が大会史上初の5連覇達成。10月5日、男子マラソンで中山竹通(ダイエー)が優勝。女子マラソンでは浅井えり子が優勝。日本の金メダル獲得数は58で中国の94、韓国の93に大きく引き離される。

9.27　〔プロ野球〕清原が高卒新人最多本塁打　プロ野球パ・リーグの清原和博(西武)が対近鉄戦で28・29号本塁打を放ち、高卒新人の最多本塁打記録を達成。10月9日、31号本塁打を放ち、新人本塁打タイ記録。

9.27　〔卓球〕卓球で功労金支給　日本卓球協会がオリンピック、世界選手権などの優勝者に最高2000万円の功労金支給を決定。

10.9　〔プロ野球〕西武が2年連続優勝　プロ野球パ・リーグは、西武(森祇晶監督)が2年連続4回目の優勝。最終順位は2位近鉄、3位阪急、4位ロッテ、5位日本ハム、6位南海。

10.10～12　〔相撲〕初のパリ公演　東京・パリ文化交流行事として、大相撲初のパリ公演が開催される。

10.12　〔プロ野球〕広島が2年ぶり優勝　プロ野球セ・リーグは、広島(阿南準郎監督)が2年ぶり5回目の優勝。最終順位は2位巨人、3位阪神、4位大洋、5位中日、6位ヤクルト。

10.12　〔ゴルフ〕中島が2連覇　第51回日本オープンゴルフ選手権で中島常幸が史上3人目の2連覇。

10.12～17　〔国民体育大会〕かいじ国体開催　第41回国民体育大会(かいじ国体)秋季大会が開催され、男女とも地元山梨県が天皇・皇后両杯を獲得。

10.15　〔オリンピック〕IOC総会開く　国際オリンピック委員会総会でアイスホッケー、サッカー、馬術、陸上でプロ選手参加の容認を決定。17日、92年大会の開催地を夏季バルセロナ、冬季アルベールビルに決定。

10.17　〔プロ野球〕バースが2年連続3冠王　プロ野球セ・リーグのランディ・バース(阪神)が2年連続の3冠王。19日、パ・リーグの落合博満(ロッテ)の2年連続(3回目)で史上最多の3度目の3冠王が決定。

10.17～18　〔新体操〕W杯東京大会開催　新体操の第2回ワールドカップ東京大会が代々木で開催され、個人総合でリリア・イグナトバ(ブルガリア)が2連覇。

10.19	〔マラソン〕児玉が日本最高記録	86年北京マラソンで児玉泰介(旭化成)が日本最高・世界歴代3位の2時間7分35秒で優勝。2位の伊藤国光も日本初の2時間7分台。
10.25	〔大学野球〕明大が4季ぶり優勝	秋の東京6大学野球で明大が4季ぶり24回目の優勝。
10.26	〔マラソン〕瀬古がシカゴで優勝	第10回アメリカズ・マラソンがシカゴで開催され、瀬古利彦が2時間8分27秒で優勝。
10.26	〔競馬〕天皇賞はサクラユタカオー	第94回天皇賞(秋)レースが東京競馬場(芝2000m)で行われ、サクラユタカオー(小島太騎手)が1分58秒3の日本レコードで1着となった。
10.27	〔プロ野球〕西武が日本一	プロ野球・第37回日本シリーズは、日本シリーズ史上初の第8戦にもつれ込み、パ・リーグ優勝の西武(森祇晶監督)が1分3敗から4連勝で広島を破り3年ぶり3回目の日本一。シリーズMVPは工藤公康。
10.28	〔プロ野球〕山本浩二引退	プロ野球セ・リーグの山本浩二外野手(広島)が引退表明。
10.29	〔プロ野球〕北別府・石毛がMVP	プロ野球の86年度最優秀選手がセ・リーグ北別府学投手(広島)、パ・リーグ石毛宏典内野手(西武)に決定。
11.1	〔体操〕信田・水島が優勝	全日本体操の個人総合女子で信田美帆、男子で水島宏一が優勝。
11.1	〔プロ野球〕アメリカが日本に圧勝	日米プロ野球(全日本対米大リーグ選抜チーム)が東京・後楽園球場で開幕。9日、パワーとスピードに勝るアメリカが6勝1敗と圧勝して閉幕。
11.1	〔相撲〕久島が3連覇	第64回全国学生相撲選手権大会の個人戦で久島啓太(日大)が史上初の3連覇。大学通算タイトル24に。
11.3	〔駅伝〕東京が2年連続優勝	青森-東京間の東日本縦断駅伝で東京が2年連続14回目の優勝。
11.3	〔剣道〕岩堀が優勝	全日本剣道選手権で岩堀透七段(大阪府警)が優勝。
11.4	〔大学野球〕駒大が優勝	秋の東都大学野球、優勝決定戦で駒大が延長13回サヨナラで亜大を破り、2季ぶり18回目の優勝。
11.7	〔社会スポーツ〕社会体育指導者制度	文部省の保健体育審議会が「社会体育指導者資格認定制度」の設立を求める建議案をまとめた。地域スポーツの指導者や競技コーチ、商業スポーツ施設のトレーナーなど、スポーツ指導者の民間資格を文部省公認ライセンスに一本化する狙い。87年1月、文部省が「社会体育指導者の知識技能審査事業の認定に関する規定」を制定、88年6月に同規定を改正。
11.8～17	〔バレーボール〕ジャパンカップ開催	男子バレーボール第2回ジャパンカップが開催される。参加8ヶ国。優勝はアメリカ、2位ソ連、3位日本。

11.9	〔新体操〕秋山・石関が優勝　第39回全日本新体操選手権の女子個人総合で秋山エリカが3連覇。男子は石関博之が優勝。
11.9	〔ゴルフ〕ニッサンカップ開催　ゴルフ・ニッサンカップ世界選手権がよみうりCCで開催され、団体で日本が欧州を破り初優勝。個人も中島常幸が優勝。
11.9	〔ゴルフ〕マツダジャパンクラシック開催　女子ゴルフツアー最終戦のマツダジャパンクラシックが兵庫・ライオンズCで開催される。4選手によるプレーオフの末、涂阿玉(台湾)が優勝、5年連続賞金女王に。
11.9	〔競馬〕メジロデュレンが菊花賞勝利　第47回菊花賞レースが京都競馬場(芝3000m)で行われ、関西馬メメジロデュレン(村本善之騎手)が3分09秒2で1着となった。
11.10	〔大学野球〕愛工大が初優勝　明治神宮野球大会で愛工大が西崎投手の好投で駒沢大を完封して初優勝。
11.11	〔国民体育大会〕中学生の国体参加を検討　塩川正十郎文相が中学生の国体参加を前向きに検討する考えを示す。
11.16	〔マラソン〕東京国際女子マラソン開催　86年東京国際女子マラソンでロサ・モタ(ポルトガル)が独走、大会新記録で優勝。日高美子が5位。
11.19	〔一般〕アマ規定緩和に歯止め　全国高校体育連盟の理事会で競技者規定案を承認。アマ規定緩和の傾向に歯止め。
11.23	〔相撲〕千代の富士が4場所連続優勝　大相撲九州場所は、横綱・千代の富士が13勝2敗で相星決戦で横綱双羽黒を破り19回目の優勝。殊勲賞は関脇・小錦(3回目)。敢闘賞は前頭13枚目・益荒雄(初)。技能賞は前頭7枚目・霧島(初)。
11.30	〔駅伝〕世界駅伝開催　国際陸連主催の第1回世界駅伝広島大会が開催され、男子はエチオピア、女子はニュージーランドが優勝。日本は4位と8位。
11.30	〔サッカー〕早大が7度目優勝　第35回全日本大学サッカー選手権で早大が東海大を破り、8年ぶり7回目の優勝。
12.3	〔プロ野球〕フリーエージェント制要求　労働組合プロ野球選手会がフリーエージェント制の導入などの要求を決定。
12.5	〔水泳〕不破が日本新記録　水泳の男子100m平泳ぎで不破央が1分3秒17の日本新記録。
12.6	〔スピードスケート〕黒岩が男子500で優勝　スピードスケートのワールドカップアッセン大会がオランダで開催され、黒岩彰が男子500mで優勝。
12.7	〔マラソン〕福岡国際マラソン開催　第21回福岡国際マラソン選手権でジュマ・イカンガー(タンザニア)が初優勝。
12.7	〔ラグビー〕明大が対抗戦優勝　関東大学ラグビー対抗戦で明大が早大の追撃をかわし2年連続5回目の優勝。

12.7	〔ゴルフ〕中村が2年ぶり優勝　ゴルフ日本シリーズで中村透が2年ぶり2回目の優勝。
12.7	〔アイスホッケー〕王子製紙が優勝　アイスホッケー日本リーグで王子製紙が2年ぶり9回目の優勝。
12.7	〔相撲〕久島敗れる　第35回全日本相撲選手権で社会人の安井和男が学生横綱久島啓太を破り初優勝。
12.12	〔スピードスケート〕大村が日本新記録　第17回浅間選抜スピードスケート競技会の男子1万mで大村正彦が14分32秒29の日本新記録。
12.13～14	〔柔道〕福岡国際開催　第4回福岡国際女子柔道選手権が開催される。参加22ヶ国。52kg級で山口香(筑波大)、61kg級で持田典子(日体大)、72kg級でベルグマンズ(ベルギー)が優勝。
12.14	〔サッカー〕トヨタカップ開催　サッカーのトヨタカップ世界クラブ選手権でリバープレート(アルゼンチン)がステアウア・ブカレスト(ルーマニア)を破る。
12.14	〔アメリカンフットボール〕京大が優勝　アメリカンフットボールの東西大学生王座決定戦、甲子園ボウルで京大が日大に快勝。
12.19	〔高校総体〕大村が日本新記録　長野県高校総体のスケート男子5000mで大村正彦が6分56秒45の日本新記録。
12.20	〔マラソン〕中山に日本スポーツ賞　日本スポーツ賞がマラソンの中山竹通に決定。
12.21	〔駅伝〕市立船橋が優勝　全国高校駅伝で市立船橋が全国高校最高記録で初優勝。
12.21	〔競馬〕有馬記念はダイナガリバー　第31回有馬記念レースが中山競馬場(芝2500m)で行われ、ダイナガリバー(増沢末夫騎手)が2分34秒0で1着となった。
12.23	〔プロ野球〕落合が日本人初の年俸1億円　プロ野球ロッテの落合博満内野手と中日の牛島和彦投手、上川誠二内野手、桑田茂投手、平沼定晴投手の1対4のトレードが発表される。25日、落合が中日と1億3000万円(推定)で契約、日本人初の1億円プレーヤーが誕生。29日、東尾修投手が西武と1億円(推定)で契約更改。
12月	〔一般〕日本プロスポーツ大賞決定　1986年(昭和61年)の日本プロスポーツ大賞(日本プロスポーツ協会主催)は、大賞が落合博満(プロ野球)、殊勲賞が中野浩一(自転車競技)、浜田剛史(プロボクシング)、千代の富士貢(大相撲)に決定。
12月	〔一般〕流行語大賞決定　第3回(1986年)新語・流行語大賞が決定。スポーツ界では、流行語部門・金賞部門に"新人類"が選ばれた。受賞者は清原和博・工藤公康・渡辺久信(西武ライオンズ)。
この年	〔F1〕中嶋がF1ドライバー　中嶋悟が日本人初のF1ドライバーになる。

1987年
(昭和62年)

1.1 〔サッカー〕読売クラブが天皇杯優勝　第66回天皇杯全日本サッカー選手権が東京・国立競技場で開催され、読売クラブが日本鋼管を破り2回目の優勝。

1.3 〔駅伝〕順天堂大が箱根2連覇　第63回東京-箱根間往復大学駅伝競走は、往路3位の順天堂大が復路で往路優勝の日体大を逆転、11時間16分34秒で2年連続6度目の総合優勝。

1.3 〔アメリカンフットボール〕京大がライスボウル優勝　第4回全日本アメリカンフットボール選手権ライスボウルで京大がレナウンを破り3年ぶり2回目の優勝。

1.7 〔ラグビー〕国学院久我山が優勝　第66回全国高校ラグビー決勝が大阪・花園で開催され、国学院久我山(東京)が熊谷工(埼玉)を破り4年ぶり4回目の優勝。

1.8 〔高校サッカー〕東海大一が優勝　第65回全国高校サッカー決勝が東京・国立競技場で開催され、東海大一(静岡)が国見(長崎)を破り初出場で初優勝。

1.8 〔ラグビー〕トヨタが2連覇　第39回社会人ラグビー決勝が秩父宮で開催され、トヨタが新日鉄釜石を破り2連覇。

1.10 〔ラグビー〕大東大が優勝　第23回全国大学ラグビー決勝が東京・国立競技場で開催され、大東大が早大を破り初優勝。

1.10~11 〔柔道〕正力松太郎杯で日本2連敗　正力松太郎杯国際学生柔道の団体決勝で日本がソ連に2連敗。個人戦は日本勢が金メダル6個。

1.13 〔スピードスケート〕全日本選手権開催　第55回全日本スピードスケート選手権が帯広で開催され、男子総合で青柳徹(釧路短大付高)が初優勝。女子は橋本聖子(富士急)が6連覇。

1.15 〔陸上〕国際室内陸上開催　87国際室内陸上大阪大会が大阪城国際文化スポーツホールで開催される。10ヶ国108人が参加。

1.15 〔ラグビー〕トヨタが日本一　第24回ラグビー日本選手権が東京・国立競技場で開催され、社会人代表トヨタが大学代表大東大を破り優勝。

1.18 〔駅伝〕神奈川初優勝　都道府県対抗女子駅伝で神奈川が初優勝。

1.25 〔相撲〕千代の富士が5場所連続優勝　大相撲初場所は、横綱・千代の富士が12勝3敗で優勝決定戦となり、千代の富士が双羽黒をつり出しで破り5場所連続20回目の優勝。殊勲賞は関脇・小錦(4回目)。敢闘賞は該当なし。技能賞は前頭4枚目・益荒雄(初)。

1.29 〔プロ野球〕落合に内閣総理大臣賞　2年連続通算3度の3冠王を達成した

— 263 —

プロ野球セ・リーグの落合博満内野手(中日)に内閣総理大臣賞。

2.1 〔マラソン〕別府大分で西村が優勝　別府大分毎日マラソンで西村義弘(新日鉄大分)が優勝。

2.1 〔スピードスケート〕黒岩が4年ぶり優勝　スピードスケートの世界スプリント選手権がカナダで開催され、黒岩彰(国土計画)が4年ぶり2度目の総合優勝、三谷幸宏(法大)も3位にはいる。女子は橋本聖子(富士急)が総合5位。

2.8 〔マラソン〕東京国際で谷口が優勝　東京国際マラソンで谷口浩美(旭化成)が中山竹通を振り切り初優勝。

2.8 〔スピードスケート〕世界選手権で橋本が総合4位　スピードスケートの女子世界選手権がアメリカ・ウエストアリスで開催され、橋本聖子(富士急)が日本女子タイ記録の総合4位に入賞。

2.15 〔バスケットボール〕日本リーグ開催　バスケットボール日本リーグ男子で松下電器が4年連続10回目の優勝。22日、女子はシャンソン化粧品が2年連続4回目の優勝。

2.15 〔アルペンスキー〕全日本選手権開催　第65回全日本アルペンスキー選手権が長野・栂池で開催され、岡部哲也(デサント)が男子大回転と回転で2冠。女子大回転は山本さち子が初優勝。

2.18〜24 〔卓球〕世界選手権開催　第39回世界卓球選手権がニューデリーで開催され、男女とも中国が優勝。日本は男子が6位、女子が7位。

2.22 〔駅伝〕国際女子駅伝開催　国際女子駅伝アマダカップが横浜で開催され、モタの活躍でポルトガルが初優勝。日本は10位。

2.24 〔登山〕友好登山計画調印　日本、中国、ネパール合同の88年チョモランマ/サガルマタ(エベレスト)友好登山計画が北京で調印される。

2.27 〔卓球〕国際卓球連盟会長に荻村氏　国際卓球連盟総会がニューデリーで開催され、荻村伊智朗(日本卓球協会専務理事)を第3代会長に選出。

2.28 〔バレーボール〕日立が史上初6連覇　バレーボール日本リーグ女子で日立が男女を通じて史上初の6連覇で13回目の優勝。

2.28〜3.1 〔アルペンスキー〕W杯富良野大会開催　アルペンスキー・ワールドカップ富良野大会が開催される。14ヶ国86人が参加。ツルブリッゲン(スイス)が総合優勝。

3.1 〔マラソン〕名古屋国際で小島が2位　87年名古屋国際女子マラソンでカーラ・ビュースケンス(オランダ)が2時間28分27秒の大会新記録で優勝。小島和恵(川鉄千葉)が2位に入る健闘を見せる。

3.9 〔フィギュアスケート〕世界選手権開催　世界フィギュアスケート選手権がシンシナチで開幕。加納誠は11位、伊藤みどりは自由4位、総合8位。

3.15 〔バレーボール〕富士フイルムが4年連続優勝　第20回全日本バレーボール大会で富士フイルムが4年連続5回目の優勝。

3.21	〔バスケットボール〕シャンソン・松下が優勝　第53回全日本女子バスケットでシャンソンが東芝を破り4連覇。22日、第62回全日本男子バスケットでは松下電器が6回目の優勝。
3.21	〔相撲〕北勝海が優勝　大相撲春場所は、大関・北勝海が千秋楽を待たずに2回目の優勝。成績は12勝3敗。殊勲賞は新小結で吉葉山以来37年ぶりとなる9日目での勝ち越しを決めていた益荒雄(初)。敢闘賞は前頭13枚目・栃乃和歌(初)。技能賞は前頭1枚目・花乃湖(2回目)。
3.22	〔プロ野球〕掛布が謹慎処分　プロ野球セ・リーグの掛布雅之内野手(阪神)が酒気帯び運転現行犯で逮捕される。23日、球団が掛布に謹慎3日と罰金の処分。
3.22	〔ゴルフ〕静岡オープン開催　男子ゴルフの開幕戦静岡オープンで呂良煥(台湾)が逆転優勝。
3.25	〔バレーボール〕東海大四・扇城が優勝　第18回全国高校バレーボールで男子は東海大四(北海道)、女子は扇城(大分)が優勝。
3.29	〔アイスホッケー〕世界選手権開催　世界アイスホッケー選手権Cグループで日本が優勝。
3.29	〔ボクシング〕六車がバンタム級王座　プロ・ボクシングWBA世界バンタム級王座決定戦で六車卓也(大阪帝拳)がアサエル・モラン(パナマ)に5回KO勝ち。世界初挑戦で王座を獲得。
3.30	〔オートバイ〕50ccバイクでサハラ横断　白根全が50ccバイクで世界初のサハラ砂漠横断に成功。
4.4	〔高校野球〕PLが5年ぶり優勝　第59回選抜高校野球大会は、PL学園(大阪)が関東一高(東京)を7-1で破り5年ぶり3回目の優勝。PLの投手は後に大洋で活躍する野村弘樹。
4.4	〔アルペンスキー〕全日本選手権開催　第65回全日本アルペンスキー選手権で男子は熊谷克仁、女子は北島真智恵が優勝。
4.5	〔柔道〕江崎が48kg級優勝　西ドイツ国際柔道の女子48kg級で高校生の江崎史子が国際大会初優勝。
4.12	〔ゴルフ〕岡本が海外通算8勝目　米女子プロゴルフツアー第9戦京セラ・イナモリ・クラシックで岡本綾子が今季初勝利、海外通算8勝目。
4.18	〔テニス〕ジャパン・オープン開催　ジャパン・オープンテニスが東京・有明で開催され、女子シングルスでマレーバ(ブルガリア)が優勝。19日、男子シングルスでエドベリ(スウェーデン)が優勝。
4.19	〔トライアスロン〕前田が優勝　第3回全日本トライアスロンで前田芳久が7時間35分54秒で優勝。
4.19	〔バレーボール〕全日本選手権開催　第36回全日本バレーボール選手権が大阪で開催され、男子は富士フイルムが2連覇、女子は日立が14回目の優勝。いずれも日本リーグに続き2冠。

4.19　〔柔道〕田辺が初優勝　全日本女子柔道で田辺陽子が初優勝。

4.20　〔マラソン〕瀬古がボストンで優勝　第91回ボストン・マラソンで瀬古利彦(SB食品)が終盤に独走、2時間11分50秒で6年ぶり2回目の優勝。女子はロサ・モタ(ポルトガル)が優勝。

4.20　〔オートバイ〕オートバイで北極点到達　オフロード・ライダーの風間深志(36)が、カナダ最北のワードハント島を出発して44日目にして、世界で初めてオートバイによる北極点到達に成功。

4.23　〔ヨット〕ダブルハンドヨットレース　メルボルン‐大阪ダブルハンドヨットレースで「波切大王」(大儀見薫、ワーウィック・トンプキンス)が31日19時間6分26秒で1万200kmを乗り切り1着。

4.26　〔ゴルフ〕青木が通算50勝　ゴルフ・ダンロップ国際オープンが茨城で開催され、青木功が通算50勝を達成。

4.29　〔柔道〕正木が無差別級連覇　全日本柔道選手権が日本武道館で開催され、無差別級で正木嘉美五段(天理大教)が元谷金次郎五段(大阪府警)に優勢勝ちで2連覇。

4.29　〔競馬〕ミホシンザンが天皇賞制覇　第95回天皇賞(春)レースが京都競馬場(芝3200m)で行われ、名馬シンザンの子ミホシンザン(柴田政人騎手)が3分25秒4で1着となる、父子制覇を達成。

5.3　〔ゴルフ〕尾崎がプロ通算50勝　ゴルフの中日クラウンズが名古屋和合で開催され、尾崎将司がプロ入り通算50勝を達成。

5.3　〔F1〕中嶋が6位　F1シリーズ第2戦サンマリノ・グランプリで中嶋悟が6位に。17日、第3戦でも5位。

5.5　〔プロ野球〕加藤が2000本安打　プロ野球パ・リーグの加藤英司内野手(南海)が対阪急戦でプロ野球史上23人目となる2000本安打を達成。

5.10　〔陸上〕15年ぶり日本新記録　磯貝美奈子(群馬大)が女子走り幅跳びで15年ぶりの日本新記録となる6m58をマーク。

5.10　〔マラソン〕谷口が自己最高で優勝　ロンドン・マラソン男子で谷口浩美(旭化成)が日本歴代7位の2時間9分50秒の自己最高記録で優勝。女子はクリスチャンセンが優勝。

5.10　〔テニス〕ワールドテニス開催　第14回ワールドテニスが東京・代々木で開催され、男子シングルスでアモス・マンフィルド(イスラエル)、女子シングルスでジナ・ガリソン(アメリカ)が優勝。

5.11　〔オリンピック〕ドーピングの統一罰則決定　国際オリンピック委員会総会がイスタンブールで開催され、選手の薬剤使用(ドーピング)に対する統一罰則を決定。

5.11　〔オリンピック〕猪谷がIOC理事　国際オリンピック委員会総会がイスタンブールで開催され、猪谷千春委員が欠員になっていた理事に当選。日本人として4人目。

5.17	〔サッカー〕読売クラブが2年ぶり優勝	第22回日本サッカーリーグで読売クラブが2年ぶり3回目の優勝。
5.17	〔ゴルフ〕日本マッチプレー開催	プロゴルフ・日本マッチプレー選手権が水戸で開催され、高橋勝年が優勝。
5.17	〔ゴルフ〕岡本が米ツアー優勝	米女子プロゴルフツアーのクライスラー・クラシックで岡本綾子が優勝。
5.22	〔大学野球〕駒大が2季連続優勝	東都大学野球で駒大が2季連続19回目の優勝。
5.24	〔ゴルフ〕岡本が全米女子3位	第33回全米女子プロゴルフ選手権でジェーン・ゲディス(アメリカ)が初優勝。岡本綾子は3位。
5.24	〔相撲〕大乃国が全勝で初優勝	大相撲夏場所は、大関・大乃国が15戦全勝で初優勝。殊勲賞は小結・益荒雄(2回目)。敢闘賞は関脇・小錦(5回目)。技能賞は関脇・旭富士(3回目)。27日、北勝海の第61代横綱昇進と小錦の大関昇進が決定、初の外国人大関が誕生。
5.24	〔ボクシング〕六車が初防衛失敗	プロ・ボクシングWBA世界バンタム級タイトルマッチが大阪で開催され、チャンピオン六車卓也が朴讃栄(韓国)に11回1分26秒TKO負け、初の王座防衛に失敗。
5.24	〔競馬〕マックスビューティが2冠達成	第48回優駿牝馬(オークス)が東京競馬場(芝2400m)で行われ、マックスビューティ(田原成貴騎手)が2分30秒9で1着。桜花賞に続き2冠達成。
5.25	〔大学野球〕慶大が優勝	東京6大学野球で慶大が3季ぶり24回目の優勝。
5.31	〔バレーボール〕NHK杯開催	NHK杯女子バレー国際大会が松本で開催され、キューバが4年連続優勝。日本は2位。
5.31	〔剣道〕高校生が優勝	剣道日本女子で高校生の川俣真由美2段が優勝。史上3人目。
5.31	〔競馬〕メリーナイスがダービー圧勝	第54回日本ダービー(東京優駿)が東京競馬場(芝2400m)で行われ、4番人気のメリーナイス(根本康弘騎手)が直線で抜け出し6馬身差の2分27秒8で圧勝した。ダービーの売り上げが初めて200億円を突破。
6.13	〔プロ野球〕衣笠が世界新記録	プロ野球セ・リーグの衣笠祥雄内野手(広島、40歳)が広島市民球場で行われた対中日10回戦に5番三塁手として先発出場、2131試合連続出場を達成、ルー・ゲーリックの米大リーグ記録2130試合を抜いて世界新記録。22日、衣笠に国民栄誉賞授与。
6.13	〔大学野球〕慶大が24年ぶり優勝	第36回全日本大学野球選手権が東京・神宮球場で開催され、慶大が東北福祉大に3-2で逆転勝ち、24年ぶり3回目の優勝。
6.13	〔バレーボール〕日本は準優勝	第4回アジア女子バレーボール選手権準決勝で日本がニュージーランドを破り、ソウル・オリンピック出場権を獲得。

1987年(昭和62年)

14日、決勝で中国に敗れる。

6.14 〔自動車〕ルマン24時間開催　第55回ルマン24時間レースでポルシェが7連覇。日本車では外国人組のマツダが7位に入る。

6.21 〔ゴルフ〕中島が全米オープン9位　第87回全米オープンゴルフがサンフランシスコで開催され、スコット・シンプソン(アメリカ)が逆転優勝。日本人最高は中島常幸の9位。

6.22 〔ゴルフ〕岡本が米ツアー10勝目　米女子プロゴルフツアーのレディー・キーストン・オープンがハーシーCCで開催され、岡本綾子が最終日に8打差を逆転し優勝。米ツアーで通算10勝、史上15人目の100万ドルプレーヤーに。

6.26 〔国民体育大会〕中学生も国体参加へ　87年の冬季大会から、中学生の国民体育大会参加が事実上確定。

6.28 〔柔道〕全日本で東海大が優勝　第36回全日本学生柔道で東海大が天理大を破り8回目の優勝。

7.2 〔陸上〕中山が世界新記録　陸上男子1万mで中山竹通が27分35秒33の世界新記録。

7.5 〔レスリング〕全日本レスリング開催　全日本レスリング選手権が東京・駒沢体育館で開催され、グレコ52kg級で宮原厚次(自衛隊)が7連覇、最優秀選手に贈られる天皇杯を獲得。

7.8 〔プロ野球〕桑田が10代で10勝目　プロ野球セ・リーグの桑田真澄(巨人、19)が札幌で行われた対広島11回戦でプロ初完封、10勝目をあげる。10代投手の2ケタ勝利は20年ぶり。

7.8〜19 〔ユニバーシアード〕ユニバーシアード開催　ユニバーシアードの第14回夏季大会がユーゴスラビアのザグレブで開催される。9日、100m背泳ぎで鈴木大地(順大)が優勝。11日、200m背泳ぎも制して2冠。日本のメダル獲得数は金3、銀3、銅6。

7.12 〔陸上〕中道が日本タイ10秒1　三重県陸上競技選手権が伊勢市で開催され、男子100mでラグビー選手の中道貴之(木本高3年)が10秒1(手動計時)の日本タイ記録。国内では初めて。

7.12 〔F1〕中嶋が4位　F1シリーズ第7戦イギリス・グランプリでナイジェル・マンセル(イギリス)が優勝。中嶋悟は自己最高の4位。

7.19 〔相撲〕千代の富士が21回目の優勝　大相撲名古屋場所は、横綱・千代の富士が14勝1敗で21回目の優勝。殊勲賞は小結・栃乃和歌(初)。敢闘賞は前頭10枚目・出羽の花(5回目)。技能賞は関脇・旭富士(4回目)。大関若島津(30)が体力・気力の限界で引退、年寄松ヶ根に。

7.22 〔ボクシング〕浜田が防衛失敗　プロ・ボクシングWBC世界ジュニア・ウェルター級タイトルマッチが東京・両国国技館で開催され、チャンピオン浜田剛史(帝拳)が挑戦者レネ・アルレドンド(メキシコ)に6回TKO負け、王座防衛に失敗。

7.26	〔ゴルフ〕**日本プロゴルフ開催**　第55回日本プロゴルフ選手権が千葉・浜野GCで開催され、デビッド・イシイ(アメリカ)が優勝。
7.27	〔ゴルフ〕**服部がベストアマ**　全米女子オープンゴルフで服部道子(愛知淑徳高出)はベストアマに。28日、3選手によるプレーオフの末、ローラ・デービス(イギリス)が初優勝。岡本綾子は2位。
8.5	〔社会人野球〕**ヤマハが15年ぶり優勝**　第58回都市対抗野球でヤマハ(浜松市)が東芝(川崎市)を破り15年ぶりに優勝。
8.9	〔プロ野球〕**近藤が最年少ノーヒットノーラン**　プロ野球セ・リーグの新人近藤真一(中日、18)がプロ初登板の対巨人戦で史上最年少ノーヒットノーランを達成。初登板でのノーヒットノーランは史上初。
8.11	〔プロ野球〕**衣笠が500号本塁打**　プロ野球セ・リーグの衣笠祥雄内野手(広島)が史上5人目の500号本塁打を達成。
8.15	〔高校野球〕**芝草がノーヒットノーラン**　第69回全国高校野球選手権大会は、帝京(東東京)の芝草宇宙投手が東北をノーヒットノーランに抑える。大会史上20人目。
8.21	〔高校野球〕**PL学園が春夏連覇**　第69回全国高校野球選手権大会は、PL学園(大阪)が常総学院(茨城)を5-2で破り2年ぶり4回目の優勝、史上4度目の春夏連覇を達成。
8.23	〔ゴルフ〕**倉本が国内最小スコア**　プロゴルフツアーのマルマンオープンが埼玉・東松山CCで開催され、倉本昌弘が通算24アンダーの国内最小スコアで優勝。
8.26	〔プロ野球〕**門田が2000本安打**　プロ野球パ・リーグの門田博光外野手(南海)がプロ18年目で2000本安打を達成。
8.26	〔自転車〕**日本人が11連覇**　第81回世界自転車選手権のプロ・スプリントで俵信之が松井英幸を破り優勝。中野浩一の10連覇とあわせ、日本人が11連覇。
8.28	〔レスリング〕**世界選手権開催**　アマ・レスリングの87年世界選手権がフランス・クレルモンフェランで開催され、フリースタイル52kg級で佐藤満(日体大助手)、同62kg級で栄和人(奈良県教委)がともに銅メダルを獲得。
8.29	〔サッカー〕**順天堂大が4年ぶり優勝**　第11回全日本大学サッカーで順天堂大が筑波大を破り4年ぶりに優勝。
8.30	〔サッカー〕**第1回世界少年サッカー開催**　第1回世界少年サッカー大会でメキシコ市が優勝。日本は5位。
8.30	〔ゴルフ〕**岡本が今季4勝目**　米女子プロゴルフツアーのネッスル世界選手権で岡本綾子が今季4勝目をあげ、獲得賞金2位に。
9.6	〔マラソン〕**世界陸上開催**　ローマで開催中の第2回世界陸上競技選手権最終日、男子マラソンで故中村清監督の教え子ダグラス・ワキウリ(ケニア、SB食品所属)が2時間11分48秒で優勝。

1987年(昭和62年)

9.6 〔柔道〕山口が10連覇　柔道の第10回全日本女子体重別選手権52kg級で山口香三段(筑波大大学院)が10連覇を達成。

9.13 〔ゴルフ〕永田が公式戦初優勝　ゴルフの日本女子プロ選手権が栃木県・あさひヶ丘で開催され、永田富佐子が公式戦初優勝。

9.14 〔プロ野球〕巨人が初代ジュニアチャンピオン　プロ野球ジュニア日本選手権で巨人が中日を9-0で破り、初代ジュニアチャンピオンに。

9.18～27 〔テニス〕全日本選手権開催　第62回全日本テニス選手権が東京・有明テニスの森公園で開催される。26日、女子シングルスで井上悦子が史上4人目の3連覇。27日、男子シングルスは西尾茂之が5年ぶりに優勝。

9.20 〔国民体育大会〕沖縄国体開催　第42回国民体育大会夏季大会が那覇市で開幕。沖縄が天皇・皇后両杯を獲得。

9.21 〔プロ野球〕衣笠が引退　連続出場記録更新中のプロ野球セ・リーグの衣笠祥雄(広島、40)が今季で引退を表明。10月22日、現役引退。連続出場記録は2215試合に。

9.23 〔陸上〕東京国際ナイター開催　陸上の87東京国際ナイターの男子100mで不破弘樹(法大)が10秒33の日本新記録。飯島秀雄がメキシコ・オリンピックで出した10秒34を19年ぶりに更新。

9.24 〔プロ野球〕日本シリーズでDH制採用　プロ野球日本シリーズで今年から毎年パ・リーグ本拠地球場でDH制を採用すること、第7戦までの延長戦は18回で打ち切り、第8戦以降は勝負がつくまでと確認。

9.27 〔相撲〕北勝海が優勝　大相撲秋場所は、横綱・北勝海が14勝1敗で3回目の優勝。殊勲賞は前頭4枚目・逆鉾(2回目)。敢闘賞は関脇・旭富士(2回目)。技能賞は関脇・旭富士(5回目)。初日(13日)には十両の大潮が通算652勝目をあげ、北の湖を抜いて最多勝ち星記録を更新。30日、大乃国が第62代横綱に、旭富士が大関に昇進し、4横綱4大関に。

10.4 〔ゴルフ〕東海クラシック開催　ゴルフ東海クラシックが名古屋・三好で開催され、男子は中島常幸、女子は具玉姫がともに初優勝。

10.9 〔プロ野球〕巨人が4年ぶり優勝　プロ野球セ・リーグは、巨人(王貞治監督)が4年ぶり33回目の優勝。最終順位は2位中日、3位広島、4位ヤクルト、5位大洋、6位阪神。

10.10 〔プロ野球〕西武が3年連続優勝　プロ野球パ・リーグは、西武(森祇晶監督)が藤井寺球場で行われた対近鉄戦に勝利、3年連続5回目の優勝決定。最終順位は2位阪急、3位日本ハム、4位南海、5位ロッテ、6位近鉄。

10.11 〔テニス〕全日本プロテニス開催　第12回全日本プロテニスが福岡・春日で開催され、男子シングルスで白石正三が福井烈を破り優勝。

10.11 〔ゴルフ〕青木が4年ぶり優勝　第52回日本オープンゴルフが兵庫・有馬ロイヤルで開催され、青木功が4年ぶり2回目の優勝。

10.18 〔体操〕世界選手権開催　第24回世界体操選手権がロッテルダムで開幕。女

子団体でルーマニアが8年ぶりに優勝、日本は9位。

10.18 〔ボクシング〕井岡がストロー級初代王者　新設のプロ・ボクシングWBC世界ストロー級初代王座決定戦が東大阪・近大記念会館で行われ、18歳の井岡弘樹 (グリーンツダ) がマイ・トンブリフラム (タイ) に判定勝ち、初代チャンピオンに。

10.21 〔プロ野球〕新井がシーズン184安打　プロ野球パ・リーグが全日程を終了。首位打者の新井宏昌外野手 (近鉄) が130試合制でのシーズン最多安打となる184安打を記録。

10.21 〔ラグビー〕NZ代表に完敗　ラグビーのニュージーランド代表・オールブラックスと日本選抜の国際対抗第1戦が東京・国立競技場で行われ、オールブラックスが94-0で圧勝。

10.22 〔プロ野球〕篠塚・正田が首位打者　プロ野球セ・リーグが全日程を終了。篠塚利夫 (巨人) と正田耕三 (広島) の両内野手が首位打者を分け合う。

10.25 〔大学野球〕法大が30回目の優勝　東京6大学野球で法大が史上最多となる30回目の優勝。

10.25 〔バレーボール〕アジア選手権開催　バレーボールのアジア男子選手権で日本が優勝、ソウル・オリンピック出場権を獲得。

10.25～30 〔国民体育大会〕国体が全国一巡　第42回国民体育大会 (海邦国体) 秋季大会が沖縄県で開催される。開会式で天皇の言葉を皇太子が代読。26日、読谷平和の森球場で行われた少年男子ソフトボールの開会式で、スーパー経営者の知花昌一が日の丸を焼き捨てる事件が発生。沖縄県が天皇・皇后両杯を獲得、全国一巡を締めくくる大会で有終の美を飾る。

10.26 〔サッカー〕ソウル五輪出場できず　サッカーのソウル・オリンピック・アジア東地区最終予選で日本が中国に敗れ、出場権を獲得できず。

10.28 〔大学野球〕東洋大が3季ぶり優勝　東都大学野球で東洋大が3季ぶり6回目の優勝。

11.1 〔プロ野球〕西武が日本一　プロ野球・第38回日本シリーズは、パ・リーグ優勝の西武 (森祇晶監督) が4勝2敗で巨人を破り、2年連続4回目の日本一。最高殊勲選手は2年連続で工藤公康投手 (西武)。

11.1 〔F1〕日本グランプリ開催　F1シリーズ第15戦日本グランプリが鈴鹿サーキットで開催され、ベルガー (オーストリア) が優勝。中嶋悟は6位。

11.1 〔競馬〕天皇賞はニッポーテイオー　第96回天皇賞 (秋) レースが東京競馬場 (芝2000m) で行われ、ニッポーテイオー (郷原洋行騎手) が1分59秒7で1着となった。

11.3 〔剣道〕西川が初優勝　第35回全日本剣道選手権で西川清紀六段 (警視庁) が初優勝。

11.3 〔施設〕後楽園球場が閉園　1937年の開場以来2億5000万人が入場した後楽園球場 (東京) がこの日で閉園。　さよならフェスティバルが開催され、往

年の名選手や大勢のファンが別れを惜しんだ。9日、解体作業を開始。

11.4 〔プロ野球〕山倉・東尾が MVP　プロ野球の最優秀選手がセ・リーグ山倉和博捕手(巨人)、パ・リーグ東尾修投手(西武)に決定。新人王はセ・リーグ荒井(ヤクルト)、パ・リーグ阿波野(近鉄)。

11.8 〔駅伝〕埼玉が優勝　東日本縦断駅伝で埼玉が3年ぶり2回目の優勝。

11.8 〔ゴルフ〕岡本が米賞金女王　米女子プロゴルフツアー最終戦マツダジャパンクラシックが埼玉県武蔵丘ゴルフコースで開催され、岡本綾子(36)が2位となる。年間獲得賞金46万6034ドルで外国人として初の賞金女王、年間最優秀選手賞を獲得。12月1日、岡本に内閣総理大臣顕彰。10日、女性として初の日本プロスポーツ大賞受賞が決定。

11.8 〔競馬〕サクラスターオーが2冠達成　第48回菊花賞レースが京都競馬場(芝3000m)で行われ、サクラスターオー(東信二騎手)が3分08秒0で1着。さつき賞に続き2冠達成。

11.9 〔大学野球〕明治神宮野球大会開催　第18回明治神宮野球大会の大学の部で筑波大が国立大として初優勝。高校の部は堀越高が初出場初優勝。

11.12 〔プロ野球〕江川が引退　プロ野球セ・リーグの江川卓(巨人、32)が右肩痛回復不能で引退表明。プロ生活9年間で通算135勝72敗。

11.14 〔フィギュアスケート〕伊藤が6回目の優勝　全日本フリー・フィギュア女子で伊藤みどりが2年連続6回目の優勝。

11.15 〔マラソン〕東京国際女子マラソン開催　87年東京国際女子マラソンでカトリン・ドーレ(東ドイツ)が世界歴代5位の記録で3回目の優勝。小島和恵は8位。

11.15 〔新体操〕秋山が完全優勝　新体操の全日本選手権で秋山エリカが4種目を制覇、個人総合と合わせ完全優勝。

11.18 〔プロ野球〕ドラフト会議開催　プロ野球ドラフト会議でヤクルトが長嶋一茂内野手(立大)の交渉権を獲得。巨人は橋本清投手(PL学園)を1位指名。26日、長嶋のヤクルト入団が発表される。

11.19〜22 〔柔道〕小川が史上初の10代王者　世界柔道選手権が西ドイツ・エッセンで開催される。22日、男子無差別級で19歳7ヶ月の小川直也が優勝、史上初の10代王者に。

11.22 〔相撲〕千代の富士が全勝優勝　大相撲九州場所は、横綱・千代の富士が15戦全勝で22回目の優勝、九州場所は7連覇。殊勲賞は関脇・逆鉾(3回目)。敢闘賞は該当なし。技能賞は前頭6枚目・栃司(初)。

11.29 〔サッカー〕順天堂大が初優勝　第36回全日本大学サッカー選手権が東京・西が丘で開催され、順天堂大が東海大を破り初優勝。

11.29 〔ゴルフ〕大迫が賞金女王　女子プロゴルフ最終戦レディーボーデン杯で大迫たつ子が2位となり、日蔭温子を逆転して賞金女王に。

12.6 〔マラソン〕中山が今季世界最高　第22回福岡国際マラソンで中山竹通(ダ

イエー)が2時間8分18秒の87年世界最高・大会タイ記録で優勝。2位の新宅雅也(SB食品)とともにソウル・オリンピック代表に内定。

12.6 〔ゴルフ〕初の外国人賞金王　ゴルフ日本シリーズ(兵庫よみうりCC)の最終日が雪で中止になり、青木功とデビッド・イシイが優勝を分ける。8日、男子プロゴルフ賞金王がイシイに決定、初の外国人賞金王。

12.6 〔競馬〕岡部が年間最多132勝　中央競馬の岡部幸雄騎手が年間最多の132勝を達成。最終的に138勝まで記録を伸ばす。

12.13 〔サッカー〕トヨタカップ開催　サッカーのトヨタカップ世界クラブ選手権が東京・国立競技場で開催され、FCポルト(ポルトガル)がペニャロール(ウルグアイ)を破る。

12.13 〔サッカー〕第1回大学女子サッカー開催　第1回大学女子サッカーで兵庫教育大が優勝。

12.13 〔アメリカンフットボール〕京大が2連覇　アメリカンフットボールの第42回甲子園ボウルで京大が2連覇。

12.13 〔アイスホッケー〕王子製紙2連覇　アイスホッケー日本リーグで王子製紙が国土計画を振り切り2連覇。

12.14 〔プロ野球〕東尾が賭博で処分　東京都麻布十番の高級マンション内でのマージャン賭博事件を調べていた警視庁4課と大崎署が、客として賭博に参加していたプロ野球パ・リーグの東尾修投手(西武、37)を賭博容疑で東京地検に書類送検。21日、西武が東尾への処分を発表。謹慎6月、減俸2500万円。

12.16 〔相撲〕久島が出羽海部屋入門　アマ相撲の強豪久島啓太(日大)が大相撲出羽海部屋入門を正式に表明。

12.18〜19 〔スピードスケート〕全日本選手権開催　第56回全日本スピードスケート選手権兼冬季五輪選考会が浅間・国際センターで開催される。橋本聖子が4種目完全制覇で女子総合7連覇。男子は青柳徹が2連覇。

12.19 〔柔道〕日本スポーツ賞に柔道の小川　日本スポーツ賞が柔道の小川直也三段に決定。

12.19〜24 〔ノルディックスキー〕ジャンプW杯開催　スキーのジャンプ・ワールドカップ札幌大会が開催される。参加13ヶ国。70m級、90m級ともM.ニッカネンが圧勝。

12.20 〔駅伝〕埼玉栄高が初優勝　全国高校駅伝で埼玉栄高が「6分の壁」を破る高校最高記録の2時間5分57秒で初優勝。

12.20 〔卓球〕全日本卓球開催　全日本卓球で女子は星野美香が史上初の5連覇、男子は糖塚重造が優勝。

12.20 〔ゴルフ〕尾崎と暴力団との交際発覚　プロゴルファーの尾崎将司(40)が10年前から広域暴力団稲川会のパーティなどに招かれ、稲川角二総裁ら最高幹部からたびたび接待を受けたり、一緒にゴルフをしていたことが明らかになる。21日、10月に稲川会が神奈川県内の名門ゴルフ場を借り切って開い

1987年(昭和62年)

たコンペに、プロゴルフ界の草分け的存在である中村寅吉日本プロゴルフ協会相談役 (72) が参加していたことも判明。25日、日本プロゴルフ協会が尾崎と中村の2人を厳重注意処分に。

12.24　〔バスケットボール〕共同石油が優勝　第21回バスケットボール日本リーグ女子で共同石油が優勝。

12.27　〔相撲〕双羽黒が暴力・失踪　大相撲の横綱双羽黒 (本名北尾光司、24歳) が私生活などについて注意されたことに腹を立て親方と口論、親方のおかみさんに暴力を振るって失踪。30日、事件が明るみに出る。31日、日本相撲協会緊急理事会が双羽黒の廃業届を受理、同時に立浪親方に当分の謹慎と3ヶ月30％の減俸、立浪親方を除く春日野理事長ら9人の理事に減俸3ヶ月の処分を決定。

12.27　〔競馬〕メジロデュレンが有馬記念勝利　第32回有馬記念レースが中山競馬場 (芝2500m) で行われ、メジロデュレン (村本善之騎手) が2分33秒9で1着となった。日本競馬史上最高の1レース売り上げ251億8000万円を記録。

12月　〔一般〕日本プロスポーツ大賞決定　1987年 (昭和62年) の日本プロスポーツ大賞 (日本プロスポーツ協会主催) は、大賞が岡本綾子 (女子プロゴルフ)、殊勲賞が千代の富士貢 (大相撲)、森祇晶 (プロ野球)、衣笠祥雄 (プロ野球) に決定。

12月　〔一般〕流行語大賞決定　第4回 (1987年) 新語・流行語大賞が決定。スポーツ界では、特別賞部門に"鉄人"が選ばれた。受賞者は衣笠祥雄 (広島東洋カープ)。

国民体育大会

　　国民体育大会 (略称・国体 National Sports Festival 冬季・夏季・秋季の三部) は全国都道府県対抗のかたちで毎年おこなわれる総合競技会である。国体は敗戦直後の社会の荒廃のなかで青少年の健全な育成を願って日本体育協会によって始められた。第1回大会は、敗戦の翌年の1946年、戦災を免れた京都を中心として京阪神地区でおこなわれた。第3回 (1948) までは体協が主催、第4回から開催都道府県との共催、第5回から文部省 (当時) も加わり三者共催となった。開催都道府県と会場となる市町村は実行委員会を組織して準備する。開催地の競技施設が整備され、地元選手の強化につとめる (開催都道府県の総合優勝がつづいている)。開催地の人々にとってはそれまで親しむ機会の乏しかった各種の競技に接することができ、各種の競技施設が全国都道府県に一通り整えられた。各競技の日本選手権や世界選手権で活躍する"一線級"の競技者にとっては、国体は自己の目標とする競技会ではないかも知れない。しかし国体がスポーツの普及、施設の整備を促してきた効用は大きい。国体はスポーツの祭典であると同時に継続的なスポーツ振興策でもある。開催地二巡目となるこれからの国体には、観るだけでなく自ら参加するスポーツ (生涯スポーツ) の普及、施設の保守・改修 (体育館は災害時にしばしば避難所として用いられるから防災施策の観点・基準での強化も望まれる) など、全国に公平にゆきわたるスポーツ振興の役割が期待される。

— 274 —

1988 年
(昭和 63 年)

1.1 〔サッカー〕読売クラブが天皇杯 2 連覇　第 67 回天皇杯全日本サッカー選手権決勝が東京・国立競技場で開催され、読売クラブがマツダを破り 2 連覇。

1.3 〔駅伝〕順天堂大が箱根 3 連覇　第 64 回東京 - 箱根間往復大学駅伝競走は、順天堂大が往路・復路とも制し、11 時間 4 分 11 秒の大会新記録で 3 連覇。

1.3 〔アメリカンフットボール〕京大が 2 年連続優勝　アメリカンフットボールの第 5 回日本選手権ライスボウルで京大がレナウンを破り 2 年連続 3 回目の優勝。

1.7 〔ラグビー〕秋田工が優勝　第 67 回全国高校ラグビー決勝が大阪・花園で開催され、秋田工が相模台工を破り 3 年ぶり 15 回目の優勝。

1.8 〔高校サッカー〕国見が初優勝　第 66 回全国高校サッカー選手権決勝が東京・国立競技場で開催され、国見 (長崎) が東海大一 (静岡) を破り初優勝、前回の雪辱を果たす。

1.9 〔ラグビー〕東芝府中が初優勝　全国社会人ラグビーで東芝府中がトヨタ自動車の 3 連覇を阻み初優勝。

1.9 〔バスケットボール〕全日本総合バスケット開催　全日本総合バスケットが東京・代々木で開催され、女子は共同石油が優勝。10 日、男子は松下電器が優勝。

1.9〜10 〔柔道〕正力松太郎杯で日本 3 連敗　正力松太郎国際学生柔道が日本武道館で開催される。参加 24 ヶ国。団体決勝で日本がソ連に 3 連敗。個人戦では日本勢が 4 階級を制覇。

1.10 〔ラグビー〕早大が 11 年ぶり優勝　全国大学ラグビーは早大が同大を破り 11 年ぶりの優勝。

1.15 〔ラグビー〕早大が日本一　第 25 回ラグビー日本選手権が国立競技場で開催され、早大が東芝府中を破り 16 年ぶり 4 回目の優勝。

1.16 〔スキー〕全日本学生スキー開催　全日本学生スキーは総合で明大が 27 年ぶり優勝。女子は日体大が優勝。

1.19 〔野球〕長嶋・西本・金田ら殿堂入り　長嶋茂雄、別当薫、西本幸雄、金田正一が野球殿堂入り。2 月 4 日、横沢三郎、芥田武夫、永田雅一らが野球殿堂入り。

1.24 〔相撲〕旭富士が初優勝　大相撲初場所は、大関・旭富士が千秋楽で横綱千代の富士を破り 14 勝 1 敗で初優勝。殊勲賞は関脇・逆鉾 (4 回目)。敢闘賞は前頭 7 枚目・琴ヶ梅 (3 回目)。技能賞は該当なし。

1.31 〔マラソン〕大阪国際女子マラソン開催　大阪国際女子マラソンで宮原美佐

— 275 —

子 (旭化成) が 2 時間 29 分 37 秒の日本最高記録で 2 位。優勝はリサ・マーチン (オーストラリア)。

1.31 〔ボクシング〕井岡が初防衛　プロ・ボクシング WBC 世界ストロー級タイトルマッチが大阪城ホールで行われ、チャンピオン井岡弘樹 (グリーンツダ) が李敬淵 (韓国) を 12 回 TKO で破り、初防衛に成功。井岡をはじめ日本の 6 人の世界チャンピオンを育てたエディ・タウンゼントはこの日の勝利の知らせを聞いてまもなくガンのため死去した。

2.1 〔相撲〕理事長に二子山　日本相撲協会が第 6 代理事長に二子山理事 (元横綱若乃花、本名花田勝治) を選出。春日野清隆前理事長は相談役に。

2.7 〔マラソン〕別府大分マラソン開催　第 37 回別府大分毎日マラソンでブルーノ・ラフランキ (スイス) が初優勝。

2.7 〔駅伝〕名岐駅伝開催　名岐駅伝一般で東洋ベア桑名が、高校は中京高が 23 年ぶりの優勝。

2.7 〔バレーボール〕日本電気が初優勝　バレーボール日本リーグ第 21 回女子で日本電気が日立の 7 連覇を阻み、リーグ 7 年目で初優勝。

2.13〜28 〔オリンピック〕カルガリー冬季五輪開催　第 15 回冬季オリンピックがカナダのカルガリーで開催された。参加 57 ヶ国・地域、約 1700 人は史上最多。日本選手団は堂垣内尚弘団長以下 81 人。14 日、スピードスケート男子 500m で黒岩彰 (国土計画) が銅メダル。18 日の 1000m は 20 位に終わり、レース終了後に引退を表明。21 日、スピードスケート男子 1500m で青柳徹が 5 位入賞。22 日、スピードスケート女子 500m で橋本聖子 (富士急) が日本新記録で 5 位入賞。その後 28 日までの間に、3000、1000、1500、5000m と、出場全種目で日本新記録で入賞。27 日、女子フィギュアで伊藤みどり (東海女高) がフリー 3 位と健闘し総合 5 位入賞。公開競技の 3000m で御子井英子が優勝。メダル獲得数は 1 位がソ連の 29 (金 11)、2 位は東ドイツの 25 (金 9) で、日本は黒岩の銅 1 のみ。3 月 8 日、政府が黒岩彰、橋本聖子にスポーツ功労者顕彰を決定。

2.14 〔マラソン〕東京国際マラソン開催　東京国際マラソン (ダイエー杯) でアベベ・メコネン (エチオピア) が初優勝。期待の谷口浩美は 9 位。

2.25 〔国民体育大会〕冬季国体開催　第 43 回国民体育大会冬季大会の男女総合で北海道が 10 連覇。女子も北海道が 19 回目の優勝。

2.27 〔ゴルフ〕岡本が緒戦勝利　米女子プロゴルフツアーのオリエントリース・ハワイ女子オープンがオアフ島で開催され、岡本綾子が逆転で今季緒戦に優勝。

2.28 〔駅伝〕横浜女子国際駅伝開催　88 横浜女子国際駅伝アマダカップが開催される。参加 11 ヶ国 20 チーム。ソ連が優勝、日本は中国に次いで 3 位に躍進。

3.5 〔ハンドボール〕湧永製薬・大崎電気が優勝　ハンドボールで男子は湧永製薬、女子は大崎電気が優勝。

3.5 〔スピードスケート〕世界選手権開催　男子スピードスケート世界選手権が

ソ連・アルマアタで開催され、青柳徹(日体大)が500mで3位。12日、女子世界選手権がノルウェー・シーエンで開催され、橋本聖子が500mで2位。

3.6 〔マラソン〕名古屋国際女子マラソン開催　88年名古屋国際女子マラソンで日本に留学中の新人の趙友鳳(中国)がアジア歴代最高記録で初優勝。日本勢は9位が最高。

3.6 〔バスケットボール〕松下電器が5連覇　バスケットボール日本リーグ男子で松下電器が史上初の5連覇。

3.6 〔ゴルフ〕中島和也がデビュー戦優勝　中島常幸の実弟、プロゴルファーの中島和也がデビューの第一不動産カップで優勝。

3.13 〔マラソン〕瀬古がびわ湖毎日優勝　ソウル・オリンピック代表選考会を兼ねた第43回びわ湖毎日マラソンで瀬古利彦(SB食品)が平凡な記録で優勝。19日、実績を買われ3人目の代表に決定。

3.17 〔プロ野球〕東京ドーム完成　日本初の屋根付き野球場「東京ドーム」の完工式が行われる。左右両翼100m、中堅122m、収容人員5万6千人。18日、こけら落としとなる巨人対阪神のオープン戦で一般公開。4月3日、東京ドームオープンを記念したプロ野球トーナメント大会で巨人が西武を4-0で破り優勝。

3.19 〔バレーボール〕富士フイルムが5連覇　バレーボール日本リーグ男子で富士フイルムが14戦全勝で史上初の5連覇。

3.20 〔ゴルフ〕静岡オープン開催　男子プロゴルフツアーの開幕戦、静岡オープンはプレーオフとなり、甲斐俊光が優勝。

3.21 〔ボクシング〕東京でヘビー級タイトル戦　プロ・ボクシング世界ヘビー級統一チャンピオンのマイク・タイソン(アメリカ)が東京ドームでタイトルマッチを行い、挑戦者のトニー・タップス(アメリカ)に2回2分54秒KO勝ち、世界戦7連勝で3度目の統一王座防衛に成功。

3.22 〔アルペンスキー〕岡部が日本人過去最高2位　アルペンスキーのワールドカップ男子回転第7戦で岡部哲也(デサント)が日本人過去最高の2位。

3.27 〔相撲〕大乃国が優勝　大相撲春場所は、横綱・大乃国が結びの一番と優勝決定戦で横綱北勝海を破り13勝2敗で2回目の優勝。殊勲賞は該当なし。敢闘賞は前頭7枚目・麒麟児(4回目)。技能賞は該当なし。

3.27 〔オートバイ〕平が世界選手権5位　オートバイ世界選手権日本グランプリロードレースで平忠彦が5位に。

4.5 〔高校野球〕宇和島東が初出場初優勝　第60回選抜高校野球大会は、決勝で宇和島東(愛媛)が東邦(愛知)を6-0で破り初出場で初優勝。

4.6 〔アルペンスキー〕川端が史上初4種目制覇　第66回全日本アルペンスキー選手権が長野県志賀高原で開催され、川端絵美(サロモン)が史上初の4種目制覇。

4.8 〔プロ野球〕西武球場は雪で中止　プロ野球のセ・パ両リーグが開幕。東京

1988年(昭和63年)

ドームでは皇太子ご夫妻をはじめ6皇族が観戦。西武球場の西武‐南海戦は雪で中止。

4.9 〔駅伝〕海外初の駅伝　海外で初の駅伝となるアメリカズ・エキデンがニューヨークで開催され、アイルランドが優勝、賞金2万ドルを獲得。日本は6位。

4.10 〔ゴルフ〕岡本が2連覇　米女子プロゴルフツアーのイナモリクラシックで岡本綾子が2連覇。

4.11～17 〔テニス〕ジャパン・オープン開催　ジャパン・オープンテニス88(サントリー)が東京・有明で開催される。16日、女子シングルスでフェンディック(アメリカ)が初優勝。17日、男子シングルスでマッケンロー(アメリカ)が初優勝。

4.17 〔柔道〕田辺が連覇　全日本女子柔道で田辺陽子が連覇。

4.18 〔マラソン〕ボストンで谷口10位　第92回ボストン・マラソンでフセイン(ケニア)が優勝、谷口伴之は10位。女子でがロサ・モタ(ポルトガル)が2連覇。

4.22 〔アジア競技大会〕第2回冬季大会は日本で　1990年の第2回冬季アジア大会が日本で開催されることが事実上決定。

4.24 〔トライアスロン〕山本が初優勝　第4回全日本トライアスロンで山本光宏が7時間22分24秒で初優勝。

4.29 〔柔道〕斉藤が悲願の初優勝　全日本柔道選手権が日本武道館で開催され、無差別級で斉藤仁五段(国士舘大教員)が正木嘉美五段(天理大教員)の3連覇を阻み悲願の初優勝。

4.29 〔競馬〕タマモクロスが天皇賞勝利　第97回天皇賞(春)レースが京都競馬場(芝3200m)で行われ、一番人気のタマモクロス(南井克巳騎手)が3分21秒8で1着となった。

5.1 〔テニス〕パン・パシフィック・オープン開催　女子テニスのパン・パシフィック・オープンが東京・青山で開催され、シュライバー(アメリカ)がスコバ(チェコスロバキア)を破り優勝。

5.1 〔ゴルフ〕中日クラウンズ開催　ゴルフ・中日クラウンズが名古屋和合で開催され、S.シンプソン(アメリカ)が尾崎らを抜き逆転優勝。

5.2 〔剣道〕溝口が初出場初優勝　全日本女子剣道で溝口貴子が初出場で初優勝。

5.3 〔相撲〕物言い3度　大相撲の水戸泉‐霧島戦が史上初めて3度物言いの末に、4番目で決着。

5.5 〔バレーボール〕全日本選手権開催　第37回全日本バレーボール選手権男子は新日鉄が3年ぶりに優勝、女子は日立が2連覇。

5.5 〔登山〕チョモランマ・サガルマタ登頂　中国、日本、ネパール1988年チョモランマ・サガルマタ(エベレスト)友好登山隊が史上初の交差縦走、南北同時登頂に成功。日本テレビが初の頂上生中継。

5.6	〔卓球〕アジア卓球選手権開催　87年11月の大韓航空機事件に関する対北朝鮮制裁措置に絡んで注目されていた第9回アジア卓球選手権大会北朝鮮選手団の入国問題について、政府がソウル・オリンピックへの参加を促す観点から、例外的措置として役員を含む18人全員の入国を認める方針を決める。19日、新潟市で開催中の大会に参加していた北朝鮮選手団が、在日朝鮮人らが同市内で開催された歓迎レセプションへ出席、日本政府が「政治的団体との接触は好ましくない」として退席を求める。20日、これに反発した北朝鮮選手団が東京に引き揚げ、21日に帰国。大会は男子で中国が8連覇、女子では韓国が初優勝。
5.8	〔ゴルフ〕白浜・生駒が優勝　ゴルフ・フジサンケイクラシックで白浜育男がプロ入り初優勝。同日、女子のコニカ杯ワールドレディスで生駒佳与子が逆転優勝。
5.12	〔サッカー〕奥寺が引退　日本初のプロサッカー選手の奥寺康彦が引退。
5.13	〔陸上〕東京国際陸上開催　ソウル・オリンピック代表選考会を兼ねた88東京国際陸上競技大会が開催される。
5.13	〔大学野球〕駒大が優勝　東都大学野球で2位の亜大が専大に敗れ、駒大の2季ぶり20回目の優勝が決定。
5.15～22	〔卓球〕アジア選手権開催　第9回アジア卓球選手権が新潟市で開催される。団体戦で女子は韓国、男子は中国が優勝、日本は4位。個人単は男女とも中国が優勝。
5.22	〔サッカー〕ヤマハ発動機が初優勝　第23回日本サッカー・リーグが全日程を終了。ヤマハ発動機が無敗で初優勝。
5.22	〔ゴルフ〕岡本が全米女子プロ3位タイ　第34回全米女子プロゴルフ選手権でシェリー・ターナー(アメリカ)が優勝。岡本綾子は3位タイ。
5.22	〔相撲〕千代の富士が23度目優勝　大相撲夏場所は、休場明けの横綱・千代の富士が大関・旭富士を破り、14勝1敗で3場所ぶり23回目の優勝。殊勲賞は関脇・琴ヶ梅(初)。敢闘賞は小結・太寿山(2回目)と前頭8枚目・水戸泉(4回目)。技能賞は該当なし。
5.22	〔競馬〕10番人気コスモドリームが1着　第49回優駿牝馬(オークス)が東京競馬場(芝2400m)で行われ、10番人気のコスモドリーム(熊沢重文騎手)が2分28秒3で1着となった。
5.24	〔大学野球〕法大が優勝　東京6大学野球で法大が立大に連勝、勝点5の完全優勝で2季連続優勝。優勝31回はリーグ最多。
5.29	〔バレーボール〕NHK杯で日本全敗　第25回NHK杯女子バレー国際大会でキューバが5連覇。日本は全敗。
5.29	〔競馬〕日本ダービーでサクラチヨノオー勝利　第55回日本ダービー(東京優駿)が東京競馬場(芝2400m)で行われ、サクラチヨノオー(小島太騎手)が2分26秒3で1着となった。売り上げは261億円で過去最高。
6.1	〔オリンピック〕長野冬季五輪決定　日本オリンピック委員会臨時総会で1998

年冬季オリンピックの立候補都市を選出する投票が行われ、他3都市をおさえて長野県に決定。

6.5 〔体操〕**高校生コンビが1・2位**　ソウル・オリンピックの体操代表決定競技で高校生コンビの西川大輔と池谷幸雄が一位、二位。

6.5 〔馬術〕**ソウル五輪最年長代表**　馬術ソウル・オリンピック派遣候補選考会で井上喜久子が代表に決定。最年長の63歳。

6.6 〔バスケットボール〕**ソウル五輪予選で日本敗退**　バスケットボール女子ソウル・オリンピック世界予選大会がマレーシアなどで開幕。9日、日本は1勝3敗で決勝リーグ進出ならず。

6.7 〔フィギュアスケート〕**フィギュアの規定廃止**　国際スケート連盟が90年7月からフィギュアの規定を廃止することに決定。

6.9 〔ゴルフ〕**服部が9打差圧勝**　第30回日本女子アマゴルフが千葉・柏で開催され、服部道子が9打差で圧勝。

6.11 〔オリンピック〕**橋本が日本新記録**　全日本自転車女子1000mTTでスピードスケートの橋本聖子が日本新記録で優勝。12日、ソウル・オリンピック自転車競技の女子スプリント代表に決定。13日、全日本自転車ロード女子でスケートの関ナツエが優勝。女子40kmで関ナツエが代表に決定。いずれもカルガリー・オリンピックに続き、史上初の冬夏連続出場。

6.12 〔バレーボール〕**NHK杯男子で日本優勝**　第25回NHK杯男子バレー国際大会で日本が3戦全勝で5年ぶり優勝。

6.13 〔大学野球〕**近畿大が初優勝**　第37回全日本大学野球選手権で近畿大が東北福祉大を破り初優勝。

6.14 〔登山〕**女性世界初の5大陸最高峰踏破**　75年に女性として世界で初めてエベレストに登頂した主婦登山家の田部井淳子（48）が北米最高峰のマッキンリー（6194m）に登頂。日本女性として世界で初めて5大陸最高峰踏破を達成。

6.17 〔陸上〕**ソウル五輪代表決定**　第72回日本陸上競技選手権が東京・国立競技場で開幕。19日、男子100mで笠原隆弘が優勝、大沢、青戸が同着2位。話題の中道と不破は落選。ソウル・オリンピック代表22人が決定。

6.17 〔水泳〕**ソウル五輪代表決定**　水泳オリンピック選考会が岡山県倉敷総合屋内水泳センターで開催され、代表23人を決定。

6.19 〔ゴルフ〕**全米オープンで中島が32位**　全米オープンゴルフがボストン郊外で開催され、プレーオフの末カーチス・ストレンジ（アメリカ）が優勝。日本勢は中島常幸の32位が最高。

6.22 〔重量挙げ〕**砂岡が日本新記録**　重量挙げソウル・オリンピック代表選考会82.5kg級で砂岡良治が日本新記録。

6.26 〔柔道〕**天理大が日本一**　日本学生柔道連盟統一記念大会で天理大が東海大を破り学生日本一。

6.27	〔プロ野球〕バースを解雇	プロ野球セ・リーグの阪神タイガースがランディ・バース内野手を解雇。長男の病気治療で帰国し、再来日の約束期日を守らなかったため。
7.1	〔大学野球〕日米大学野球開催	第17回日米大学野球選手権で日本が3勝1敗とし、最終戦を待たずに3年ぶり6回目の優勝が決定。大会では片腕のアボット投手が活躍、米大リーグも注目。
7.2	〔バレーボール〕日ソ対抗戦6戦全敗	バレーボール男子・日ソ対抗戦が名古屋で閉幕。日本の6戦全敗。
7.6~10	〔テニス〕グンゼ・ワールド開催	テニスのグンゼ・ワールド大会が開催される。女子シングルスはシュテフィ・グラフ(西ドイツ)、男子シングルスはメイオット(アメリカ)が優勝。
7.11	〔バレーボール〕ソウル五輪派遣団最終決定	日本バレーボール協会がソウル・オリンピック男子チームのメンバーを発表、派遣選手団(20競技259人)全員が決定。役員78人を加え総数は過去最大の337人。
7.17	〔相撲〕千代の富士が24回目優勝	大相撲名古屋場所は、横綱・千代の富士が15戦全勝で24回目の優勝。優勝回数は北の湖と並ぶ歴代2位。殊勲賞は関脇・逆鉾(5回目)。敢闘賞は前頭10枚目・安芸ノ島(初)。技能賞は該当なし。
7.18	〔ゴルフ〕全英オープンで青木は7位	全英オープンゴルフでセベ・バレステロス(スペイン)が3回目の優勝。青木功は7位。
7.24	〔ゴルフ〕尾崎健夫が大会新記録優勝	第56回日本プロゴルフ選手権が愛媛GCで開催され、尾崎健夫が尾崎将司、中島常幸を逆転、通算20アンダーの大会新記録で2回目の優勝。
7.24	〔ゴルフ〕全米女子オープンで岡本は12位	第43回全米女子オープンゴルフでノイマン(スウェーデン、22)が今季米ツアー初挑戦で優勝。岡本綾子は12位。
7.31	〔陸上〕マスターズで森田が世界新記録	第9回全日本マスターズ陸上選手権男子三段跳び75~79歳の部で森田真積が10m05の世界新記録。前日の棒高跳び、走り幅跳びに続いて3つめの世界新記録。
7.31	〔テニス〕土橋が史上初4連覇	全日本学生テニスの男子シングルスで土橋登志久(早大)が史上初の4連覇達成。
7.31	〔ゴルフ〕岡本が今季3勝目	米女子プロゴルフツアーのワシントンオープンで岡本綾子が今季3勝目。
7月	〔トライアスロン〕第1回レディーズトライアスロン開催	第1回レディーズトライアスロン選手権大会が立川市で開催される。
8.4	〔プロ野球〕史上最長試合	プロ野球セ・リーグの中日-大洋戦が試合時間5時間21分と史上最長試合に。結果は5-5で引き分け。
8.7	〔社会人野球〕東芝が5年ぶり優勝	第59回都市対抗野球選手権決勝が東

京ドームで開催され、東芝(川崎)がNTT東海(名古屋市)に3-2でサヨナラ勝ち、5年ぶり3回目の優勝。

8.7 〔テニス〕**伊達3冠達成**　全国高校総合体育大会の女子テニスで伊達公子(兵庫・園田学園)が22年ぶりの3冠達成。

8.7 〔水泳〕**水泳選手権開催**　水泳選手権で大野木智子、高橋清美らが日本新記録を続出。中学生の西岡由美は個人メドレー2種目で日本新記録。

8.9 〔体操〕**望月が初優勝**　第42回全日本学生体操選手権が春日井市で開催され、望月のり子(日女体大)が森尾麻衣子の4連覇を阻み初優勝。

8.14 〔ゴルフ〕**中島が日本人過去最高位**　第70回全米プロゴルフ選手権がオクラホマで開催され、ジェフ・スルーマンがツアー初制覇。中島常幸は通算6アンダーの278、スルーマンと6打差で日本人過去最高の3位。

8.14 〔ゴルフ〕**尾崎が通算54勝**　日経カップゴルフで尾崎将司が2年ぶりに優勝。国内単独トップの通算54勝目。

8.16 〔高校野球〕**甲子園600号本塁打**　第70回全国高校野球選手権大会の第8日第1試合で天理の川手雅博が甲子園600号本塁打を記録。

8.17 〔シンクロナイズドスイミング〕**小谷が2年連続3冠**　シンクロナイズドスイミングの日本選手権で小谷実可子(東京シンクロ)がソロ、デュエット、チームの全3種目を制覇、2年連続3冠。

8.19 〔ヨット〕**女性初の太平洋単独往復**　女性初のヨットによる太平洋単独往復に挑戦した今給黎教子(23)が鹿児島出港後71日にしてサンフランシスコに無事到着。

8.22 〔高校野球〕**広島商が6回目の優勝**　第70回全国高校野球選手権大会は、広島商(広島)が福岡第一(福岡)を1-0で破り15年ぶり6回目の優勝。中京商(現中京)の持つ最多優勝記録に並ぶ。

8.24〜28 〔サッカー〕**筑波大が初の決勝PK戦制す**　第12回全日本大学サッカートーナメントが神戸で開催され、筑波大が初の決勝PK戦で順天堂を破り優勝。

8.26 〔オリンピック〕**選手強化へ中間報告**　これからのスポーツ行政の進め方を検討している文部省の保健体育審議会が中間報告「21世紀に向けた振興方策について」をまとめる。国民全体を対象にした生涯スポーツの振興を掲げる一方で、オリンピックを頂点にした競技スポーツにも力を入れ、メダル獲得選手に功労金を支給するなど、国が選手強化に直接乗り出すよう促す内容。

8.26〜28 〔サッカー〕**世界少年サッカー開催**　第2回世界少年サッカー大会が東京・西が丘で開催される。参加8ヶ国。決勝で日本が韓国・釜山を2-0で破り初優勝。

8.27 〔プロ野球〕**門田が40歳年間最多本塁打**　プロ野球パ・リーグの門田博光外野手(南海)が31号本塁打を放ち、王貞治の30本を抜いてプロ野球40歳

年間最多本塁打記録を更新。9月8日、対近鉄戦で35・36号本塁打を放ち、世界新記録を達成。最終的には44本まで記録を更新。

8.28 〔F1〕ホンダ車がコンストラクターズ　自動車レースのF1世界選手権シリーズ第11戦ベルギー・グランプリでホンダ車が3年連続コンストラクターズ(メーカー選手権)を獲得。

9.4 〔国民体育大会〕京都国体開催　第43回国民体育大会夏季大会(京都国体)が開幕。

9.7 〔野球〕アマ野球選手権開催　世界アマ野球選手権がイタリアで開催され、日本はキューバ、アメリカに次ぐ3位。

9.11 〔陸上〕青戸が男子100日本新　第3回4大学対抗陸上競技大会男子100mで青戸慎司(中京大)が10秒28の日本新記録。

9.11 〔ゴルフ〕日本女子プロゴルフ開催　日本女子プロゴルフ選手権が兵庫ABCで開催され、大迫たつ子が優勝。

9.13 〔プロ野球〕福岡ダイエーホークス誕生　プロ野球パ・リーグの南海ホークスが、ダイエーの中内㓛会長から球団譲渡の申し出があったと発表。14日、吉村茂夫オーナーが売却を発表。10月1日、オーナー会議で売却を承認。福岡ダイエーホークスが誕生。

9.14 〔プロ野球〕掛布が引退　プロ野球セ・リーグの掛布雅之内野手(阪神)が故障の完治困難で引退を発表。

9.17～10.2 〔オリンピック〕ソウル五輪開催　第24回オリンピック大会が韓国のソウルで開催された。参加160ヶ国・地域、1万4558人で過去最大。北朝鮮と同国を支持するキューバ、ニカラグア、アルバニア、エチオピア、セーシェルが不参加。マダガスカルも大会直前に参加を取りやめる。19日、女子スポーツピストルで長谷川智子(大阪府警)が銀メダル。24日、陸上男子100m決勝でベン・ジョンソン(カナダ)が9秒79の世界新記録でカール・ルイスをおさえて優勝。しかし、ドーピング検査でジョンソンが禁止薬物の筋力増強剤を使用していたことが判明。27日、国際オリンピック委員会が金メダルを剥奪、大会から追放、国際陸連は世界記録を取り消し、2年間の競技者資格停止を発表。24日、水泳男子100m背泳ぎで鈴木大地(順大)が55秒05の日本新記録で優勝し、日本勢初の金メダル。25日、水泳女子50m自由形でオットー(東ドイツ)が金メダル。出場全種目優勝で6冠。シンクロナイズドスイミングではソロで小谷実可子が3位、デュエットで小谷実可子・田中京が3位。29日、レスリング・フリー48kg級で小林孝至(ユナイテッドスティール)、52kg級で佐藤満(日体大教)が金メダル。90kg級で太田章が2位。グレコローマン52kg級で宮原厚次が2位。柔道95kg超級では斉藤仁(国士大教)が優勝。ほかに60kg級で細川伸二が3位、65kg級で山本洋祐が3位、86kg級で大迫明伸が3位。体操は、男子団体で日本が3位、個人では床運動で池谷幸雄が3位。2日、男子マラソンで中山竹通は4位に終わる。金メダル獲得数はソ連が55個で1位、2位は東ドイツで37個、3位はアメリカで36個。日本のメダル獲得数は金4、銀3、銅7で前回ロサンゼ

ルスでの計32個から半減。64年ぶりに復活したテニスには多くのトッププロが参加し、女子シングルスでは既に年間グランドスラムを達成していたシュテフィ・グラフ(西ドイツ)が優勝、5冠を達成。開催国韓国が金メダル12個を獲得するなど大健闘して大会を盛り上げたが、ボクシングで判定を不服とした韓国のコーチがレフェリーに暴行を加えたり、ダウンを奪われるなど明らかに劣勢だった韓国選手が「疑惑の判定」で勝利するなど、少なからぬ問題も残した。

9.25 〔相撲〕千代の富士が25回目の優勝 大相撲秋場所は、横綱・千代の富士が15戦全勝で25回目の優勝。名古屋場所以来の連勝記録を39にのばす。殊勲賞は小結・水戸泉(初)と前頭2枚目・安芸ノ島(初)。敢闘賞は前頭9枚目・花ノ国(初)と前頭12枚目・琴富士(初)。技能賞は該当なし。

10.2 〔ゴルフ〕東海クラシック開催 東海クラシックゴルフ男子でジョーンズが優勝。女子は石川恵が逆転優勝。

10.7 〔プロ野球〕中日が6年ぶり優勝 プロ野球セ・リーグは、中日(星野仙一監督)が6年ぶり4回目の優勝。最終順位は2位巨人、3位広島、4位大洋、5位ヤクルト、6位阪神。

10.8 〔陸上〕東京国際開催 88東京国際スーパー陸上大会が国立競技場で開催される。23ヶ国211選手が雨中で熱戦を展開、ルイス、ジョイナーらスター選手が桁違いの実力を見せつける。

10.8 〔テニス〕全日本選手権開催 全日本テニス選手権女子シングルス決勝が東京・有明で開催され、15歳の高校生の沢松奈生子がソウル・オリンピック代表の岡本久美子を破り初出場で優勝。男子シングルスは3年ぶりに福井烈が優勝。

10.8 〔ゴルフ〕日本オープン開催 ゴルフの第53回日本オープンが埼玉・東京Cで開催され、尾崎将司が中島常幸、青木功を一打差で振り切り優勝。

10.15 〔パラリンピック〕パラリンピック開催 パラリンピック第8回大会がソウルで開幕。

10.15～20 〔国民体育大会〕京都国体開催 京都国体秋季大会が開催され、京都が総合優勝。

10.16 〔マラソン〕谷口が北京で2位 北京国際マラソンでアベベ・メコネン(エチオピア)が優勝。谷口浩美は世界歴代7位の好タイムで2位。

10.19 〔プロ野球〕オリックス・ブレーブス誕生 プロ野球パ・リーグの阪急がオリエント・リースへの球団売却を発表。21日、オーナー会議で売却を承認。同社の社名変更もあり、オリックス・ブレーブスに。

10.19 〔プロ野球〕西武が4年連続優勝 プロ野球パ・リーグは、近鉄が今季最終戦となるロッテとのダブルヘッダー第2試合で引き分け、ゲーム差0、勝率2厘差で西武(森祇晶監督)の4年連続6回目の優勝が決定。近鉄が8ゲーム差を追いつきながら最終戦で引き分けた試合は球史に残るドラマティックな「10・19決戦」として知られた。最終順位は2位近鉄、3位日本ハム、4

位阪急、5位南海、6位ロッテ。

10.21 〔プロ野球〕セ・リーグ全日程終了　プロ野球セ・リーグが全日程終了。正田耕三(広島)が2年連続首位打者。

10.23 〔プロ野球〕パ・リーグ全日程終了　プロ野球パ・リーグが全日程終了。福本豊外野手(阪急)が引退、コーチに。

10.23 〔大学野球〕法大が3季連続優勝　東京6大学野球秋のリーグ戦で法大が3季連続優勝。

10.23 〔ゴルフ〕尾崎3週連続優勝　尾崎将司が日本人で初めてプロゴルフ3週連続優勝を達成。

10.25 〔大学野球〕青学大が初優勝　東都大学野球秋のリーグ戦で青学大が創部106年目にして初優勝。

10.27 〔プロ野球〕西武が3年連続日本一　プロ野球・第39回日本シリーズは、パ・リーグ優勝の西武(森祇晶監督)が4勝1敗で中日を破り、3年連続の日本一。シリーズMVPは石毛宏典。

10.29 〔プロ野球〕郭・門田がMVP　プロ野球のMVPがセ・リーグ郭泰源(中日)、パ・リーグ門田博光(南海)に決定。新人王はセ・リーグ立浪(中日)、パ・リーグ森山(西武)。

10.30 〔F1〕日本グランプリ開催　F1日本グランプリでアイルトン・セナ(ブラジル)が優勝。今季8勝目で年間最多記録を更新。

10.30 〔競馬〕天皇賞はタマモクロス　第98回天皇賞(秋)レースが東京競馬場(芝2000m)で行われ、タマモクロス(南井克巳騎手)が1分58秒8で1着となった。

10月 〔オリンピック〕バサロ泳法を禁止に　国際水連がスタートとターンの後の10mを除いてバサロ泳法を禁止に。

11.3 〔駅伝〕東京が2年ぶり優勝　東日本縦断駅伝で東京が2年ぶり15回目の優勝。

11.3 〔野球〕大リーグ選抜来日　米大リーグ選抜チームが来日。5日から13日まで全日本と7戦し、米側の3勝2敗2分。

11.3 〔バレーボール〕88ジャパンカップ開催　バレーボール88ジャパンカップ五輪四強大会の男子が広島で開催され、ソ連がアメリカを破り優勝。10日、女子が名古屋で開催され、中国が優勝。日本は男女とも全敗。

11.3 〔剣道〕林が初優勝　第36回全日本剣道選手権で林朗六段(北海道剣連職)が初優勝。警察官以外では8年ぶり。

11.4 〔ゴルフ〕マツダジャパンクラシック開催　米女子プロゴルフツアー最終戦マツダジャパンクラシックが埼玉武蔵丘で開催され、シーハン(アメリカ)がノイマンをプレーオフで逆転、優勝。

11.6 〔マラソン〕NYで工藤は7位　ニューヨーク・シティマラソンでS.ジョー

1988年(昭和63年)　　　　　　　　　　　　　　　　　　　日本スポーツ事典

ンズ(イギリス)が優勝。工藤一良(日産)は7位。

11.6　〔卓球〕全日本卓球団体戦開催　全日本卓球団体戦男子は日産自動車が、女子は三井銀行が優勝。

11.6　〔競馬〕菊花賞でスーパークリーク勝利　第49回菊花賞レースが京都競馬場(芝3000m)で行われ、3番人気のスーパークリーク(武豊騎手)が3分07秒3で1着となった。

11.12　〔新体操〕秋山が全日本5連覇　全日本新体操個人総合女子は秋山エリカが5連覇。男子は関健寿が初優勝。

11.13　〔ボクシング〕井岡が防衛失敗　プロ・ボクシングWBC世界ストロー級タイトルマッチが大阪で開催され、チャンピオン井岡弘樹がナパ・キャットワンチャイ(タイ)に判定負け、王座防衛に失敗。日本人の世界チャンピオンが不在に。89年6月10日、大阪府立体育館で再戦するがTKO負け。

11.15　〔プロ野球〕高卒新人初のゴールデングラブ賞　88年プロ野球ゴールデングラブ賞を立浪遊撃手(中日)が高卒新人として初の受賞。

11.15　〔プロ野球〕門田がオリックス移籍　プロ野球パ・リーグの門田博光(南海)が3対1のトレードでオリックス入り。

11.17　〔ゴルフ〕ダンロップトーナメント開催　男子ゴルフ・ダンロップトーナメントが宮崎で開催され、ケン・グリーンが優勝。

11.19　〔相撲〕千代の富士が46連勝　大相撲九州場所は、横綱千代の富士が46連勝を達成、大鵬の記録を抜き歴代2位。27日、千秋楽で横綱大乃国に敗れ記録は53でストップするが、14勝1敗で4場所連続26回目の優勝。殊勲賞は該当なし。敢闘賞は該当なし。技能賞は前頭6枚目・霧島(2回目)。

11.20　〔マラソン〕東京国際女子マラソン開催　88年東京国際女子マラソンでアウロラ・クーニャ(ポルトガル)が初優勝。日本勢は成富佳代子の12位が最高。

11.22　〔プロ野球〕東尾が引退　プロ野球パ・リーグの東尾修投手(西武)が引退を表明。

11.23　〔プロ野球〕西本・加茂川と中尾をトレード　プロ野球セ・リーグの西本聖投手、加茂川重治投手(巨人)と中尾孝義(中日)のトレードに両球団が合意。

11.24　〔プロ野球〕ドラフト会議開催　プロ野球ドラフト会議が開催され、巨人は吉田修司投手(北海道拓銀)を1位指名。一番人気の志村亮投手(慶大)は指名されず。

11.27　〔ゴルフ〕吉川初の賞金女王　吉川なよ子が初めて女子プロゴルフの賞金女王に。

12.3　〔体操〕男女とも史上最年少優勝　全日本体操選手権の個人総合で男子は19歳8ヶ月の佐藤寿治(日大)、女子は13歳1ヶ月の小菅麻里(朝日生命ク)が、ともに史上最年少優勝。

12.3　〔競馬〕馬券売り上げ2兆円突破　中央競馬の年間馬券売り上げが史上初めて2兆円を突破。

― 286 ―

12.4	〔マラソン〕福岡国際で渋谷が初優勝	第23回福岡国際マラソンで新鋭の渋谷俊浩(雪印)がゴール寸前でデンシモ(エチオピア)を抜き、2時間11分04秒で初優勝。
12.4	〔テニス〕国別フェデレーションカップ開催	テニスの女子国別フェデレーションカップがメルボルンで開幕。5日、日本(雉子牟田、井上)は初戦でフランスに敗退。11日、チェコが優勝。
12.4	〔ゴルフ〕日本シリーズ開催	ゴルフ日本シリーズで尾崎直道が初優勝。
12.6	〔マラソン〕瀬古が引退	マラソンの瀬古利彦(エスビー)が引退を表明。
12.9	〔スピードスケート〕橋本が国内最高記録	スピードスケート浅間選抜競技会500mで橋本聖子が大会新記録。10日、1000mで1分21秒93の国内最高記録。
12.10～11	〔柔道〕福岡国際開催	第6回福岡国際女子柔道大会が開催される。参加21ヶ国・地域、123選手。8階級のうち日本の優勝は2。
12.11	〔サッカー〕トヨタカップ開催	サッカー・クラブ世界選手権(トヨタカップ)が東京・国立競技場で開催され、ナシオナル(ウルグアイ)がPSVアイントホーフェン(オランダ)をPK戦で破り、3度目のクラブ世界一に。
12.11	〔アメリカンフットボール〕日大が学生日本一	アメリカンフットボールの第43回甲子園ボールで日大が関学大を破り4年ぶり学生日本一。
12.13	〔アイスホッケー〕国土計画が3年ぶり優勝	アイスホッケー日本リーグで国土計画が十条製紙を破り3年ぶり4回目の優勝を決める。
12.15～18	〔ゴルフ〕日本はキリンカップ最下位	男子ゴルフ・キリンカップ世界選手権がハワイで開催され、アメリカが優勝。青木功が主将をつとめた日本は最下位。
12.16	〔水泳〕日本スポーツ賞に水泳の鈴木	日本スポーツ賞に水泳の鈴木大地が選ばれる。
12.17～19	〔ノルディックスキー〕ジャンプW杯開催	スキーのワールドカップジャンプ札幌大会が開催される。13ヶ国から46人の外国人選手が参加し、M.ニッカネンが活躍。
12.18	〔卓球〕全日本卓球開催	全日本卓球男子単で斉藤清、女子単で佐藤利香が優勝。
12.18	〔相撲〕斉藤が優勝	全日本相撲選手権で斉藤一雄が優勝。
12.25	〔駅伝〕大牟田高が大会新記録優勝	第39回全国高校駅伝大会で大牟田高校(福岡)が2時間5分53秒の大会新記録で12年ぶり3回目の優勝。
12.25	〔ハンドボール〕大崎電気が優勝	ハンドボールの全日本総合選手権で大崎電気が24年ぶりにアベック優勝。
12.25	〔競馬〕有馬記念はオグリキャップ	第33回有馬記念レースが中山競馬場(芝2500m)で行われ、公営競馬出身のオグリキャップ(岡部幸雄騎手)が2分33

秒9でタマモクロスを抑え1着となった。売り上げは1レースとして過去最高の324億7000万円。

12.31 〔ヨット〕今給黎が鹿児島帰港　今給黎教子が鹿児島に203日ぶりに帰港。2万2000kmを走破し、ヨットによる女性初の太平洋単独往復に成功。

12月 〔一般〕日本プロスポーツ大賞決定　1988年(昭和63年)の日本プロスポーツ大賞(日本プロスポーツ協会主催)は、大賞が千代の富士貢(大相撲)、殊勲賞が尾崎将司(男子プロゴルフ)、門田博光(プロ野球)、森祇晶(プロ野球)に決定。

千代の富士、53連勝

　大相撲九州場所の千秋楽結びの一番で横綱・千代の富士は横綱・大乃国に敗れ夏場所七日目からつづけてきた連勝が53でとまり、双葉山の69連勝にとどかなかった。とはいえ大鵬の45連勝を抜いて史上2位、1年6場所15日制となってからの史上1位の記録である。千代の富士は昭和50年9月入幕したが左右の肩を何度も脱臼するなどして一時は幕下まで陥落。しかし不屈の闘志で筋力を鍛錬し、鋭い立会いから一気の寄り身と力強い左上手投げで独特の相撲の型をつくった。昭和56年初場所、関脇で14勝無敗で千秋楽に横綱・北の湖と対戦、本割りで破れたが優勝決定戦で勝って初優勝。同年名古屋場所で2回目の優勝をはたして第58代横綱に昇進。千代の富士は身長183cm、体重は最盛時で127kg、幕内上位の力士はたいがい150kg台、好敵手・隆の里(第59代横綱)は159kg、大乃国(第62代横綱)や大関・小錦は200kgを超えるという巨漢ぞろいのなかでは小兵だった。だが精悍な風貌、切れ味鋭い相撲ぶりは"ウルフ"とあだ名され、大相撲界に君臨。高く上げた脚がぴたりと止まる四股も見事だった。優勝31回(32回の大鵬に次ぎ2位)、横綱在位59場所(63場所の北の湖に次ぎ2位)、幕内通算807勝(史上1位)。1989年(平成元年)相撲界で初めて国民栄誉賞を受賞した。1991年(平成3年)5月引退、大鵬、北の湖につづく3人目の一代年寄を辞退して年寄・陣幕を襲名、のちに九重を継ぐ。千代の富士の53連勝は、その翌年1月早々初場所前に平成と改元されたから、まさしく大相撲の昭和史の掉尾を飾る偉業だった。

1989年
(昭和64/平成元年)

1.1 〔サッカー〕**日産自動車が天皇杯優勝**　第68回天皇杯全日本サッカー選手権で日産自動車がフジタ工業を破り3回目の優勝。

1.3 〔駅伝〕**順天堂大が箱根4連覇**　第65回東京-箱根間往復大学駅伝競走は、順天堂大が往路・復路とも制し、11時間14分50秒のタイム、完全優勝で4連覇。

1.3 〔アメリカンフットボール〕**日大が4年ぶり優勝**　アメリカンフットボール第6回日本選手権で日大がレナウンを破り4年ぶり2回目の優勝。

1.7 〔ラグビー〕**天皇崩御で決勝戦中止**　第68回全国高校ラグビーが天皇崩御で決勝戦を中止。茗渓学園(茨城)と大工大(大阪)が両校優勝。

1.7 〔スピードスケート〕**全日本スプリント開催**　アイススケートの全日本スプリント選手権が釧路で開催され、男子総合で黒岩彰(国土)、女子総合で橋本聖子が優勝。

1.10 〔高校サッカー〕**清水市商が3年ぶり優勝**　第67回全国高校サッカー選手権決勝が東京・国立競技場で開催され、清水市商(静岡)が市立船橋(千葉)を破り3年ぶり2回目の優勝。

1.10 〔バスケットボール〕**全日本選手権開催**　全日本総合バスケットボール選手権が東京・代々木で開催され、男子(第64回)は日本鉱業が17年ぶり、女子(第55回)は東芝が30年ぶりに優勝。

1.14 〔ノルディックスキー〕**札幌五輪記念で高校生が優勝**　札幌五輪記念国際ジャンプ大会が札幌・宮の森シャンツェで開催され、70m級で東輝(駒大岩見沢高)が優勝。15日、90m級で葛西紀明(東海大四高)が優勝。どちらも高校生の優勝は初めて。

1.14 〔スピードスケート〕**全日本選手権開催**　第57回全日本スピードスケート選手権男子総合は青柳徹が3連覇、女子は橋本聖子が8連覇。

1.15 〔ラグビー〕**初出場の神戸製鋼が優勝**　第26回ラグビー日本選手権が東京・国立競技場で開催され、初出場の神戸製鋼が大東大を破り初優勝。

1.20 〔野球〕**島・野村・野口が殿堂入り**　島秀之助、野村克也、野口二郎が野球殿堂入り。

1.22 〔ゴルフ〕**青木が4大ツアー制覇**　ゴルフのコカコーラ・クラシックがメルボルンで開催され、青木功が優勝。日、米、欧、豪の世界4大ツアー全てで優勝。

1.23 〔相撲〕**北勝海が8場所ぶり優勝**　大相撲初場所は、横綱・北勝海が14勝1敗で、優勝決定戦で大関旭富士を破り8場所ぶり4回目の優勝。殊勲賞は前

頭1枚目・寺尾 (初)。敢闘賞は前頭12枚目・旭道山 (初)。技能賞は関脇・逆鉾 (4回目)。

1.29 〔マラソン〕大阪国際女子マラソン開催　大阪国際女子マラソンでローレン・モラー (ニュージーランド) が3回目の優勝。日本人最高は小島和恵の4位。

2.4 〔スピードスケート〕橋本が世界選手権初優勝　スピードスケート89年女子世界選手権がアメリカ・レークプラシッドで開催され、500mで橋本聖子が優勝。日本女子では初の栄冠。

2.5 〔マラソン〕清水が別府大分優勝　第38回別府大分毎日マラソンで清水悟 (鐘紡) が優勝。

2.5 〔駅伝〕名岐駅伝開催　名岐駅伝一般は鈴木自動車が4年ぶり3度目、高校は愛知高が初優勝。

2.5 〔テニス〕パンパシフィック・オープン開催　女子テニスのパンパシフィック・オープンが東京・青山学院記念館で開催され、シングルスでマルチナ・ナブラチロワ (アメリカ) が優勝、賞金5万ドルを獲得。

2.5 〔アルペンスキー〕日本女子初の世界選手権入賞　アルペンスキー世界選手権がアメリカ・コロラド州ベイルで開催され、滑降で川端絵美 (KDD) が5位入賞。日本女子で初めて。

2.11 〔陸上〕国際室内陸上大阪大会開催　89国際室内陸上大阪大会が大阪城ホールで開催され、男子棒高跳びでセルゲイ・ブブカ (ソ連) が6m03の室内世界新記録。

2.14 〔野球〕勝利打点全廃　プロアマ合同の日本野球規則改正点発表。勝利打点が全廃される。

2.14 〔バレーボール〕日立が日本リーグ優勝　バレーボール日本リーグ女子初のプレーオフが東京・駒沢で行われ、日立がユニチカを破り優勝。

2.19 〔国民体育大会〕国体冬季スキー大会開催　第44回国民体育大会冬季スキー大会が旭川市大雪アリーナで開幕。22日、男女とも北海道が総合優勝。

2.26 〔スピードスケート〕橋本が日本人初のメダル　スピードスケート世界スプリント選手権がオランダで開催され、橋本聖子が総合3位、日本人初のメダルを獲得。

2.27 〔アルペンスキー〕全日本選手権開催　第67回アルペンスキー全日本選手権が名寄市で開催され、男子で岡部哲也、女子で岡崎若華がともに回転・大回転の2冠。

3.1 〔オリンピック〕JOC法人化　日本オリンピック委員会総会で法人化が満場一致で可決される。

3.3〜5 〔アルペンスキー〕W杯富良野大会開催　アルペンスキーのワールドカップ北海道富良野大会が開催される。参加17ヶ国。8日から12日にかけて、今季最終戦を長野・志賀高原で開催。女子回転でシュナイダー (スイス) が今季7戦全勝、史上4人目の快挙。

3.4	〔バスケットボール〕日本リーグ開催　バスケットボール日本リーグ女子は東芝が共同石油を破り初優勝。5日、男子はいすゞ自動車が松下電器の6連覇を阻み初優勝。
3.5	〔マラソン〕名古屋国際女子マラソン開催　89年名古屋国際女子マラソンで趙友鳳(中国、愛教大留学生)が2連覇。日本勢では石倉あゆみ(京セラ)が3位。
3.6	〔ユニバーシアード〕ソフィア冬季大会開催　ユニバーシアードの第14回冬季大会がブルガリアのソフィアで開催された。大会のスキー複合で荻原健司(早大)が逆転優勝。7日、男子フィギュアで加納誠(摂南大)が優勝。
3.6	〔登山〕マッキンリーで遭難　日本のトップクライマー山田昇ら3人が北米最高峰のマッキンリーで遭難したと現地から連絡が入る。
3.7	〔プロ野球〕コミッショナーに吉国氏　プロ野球第9代コミッショナーに吉国一郎(元内閣法制局長官)が就任。
3.12	〔マラソン〕びわ湖毎日マラソンで小指が優勝　第44回びわ湖毎日マラソンで小指徹(ダイエー)が初優勝。
3.16	〔相撲〕大関朝潮が引退　大相撲の大関朝潮が引退を発表。
3.18	〔バレーボール〕新日鉄6年ぶり優勝　バレーボール日本リーグ男子で新日鉄が6年ぶりに優勝。
3.18	〔フィギュアスケート〕伊藤が日本初の金メダル　フィギュアスケート89年世界選手権パリ大会の女子シングルで伊藤みどりが日本人初の金メダル獲得。
3.19	〔マラソン〕東京国際で谷口が優勝　89東京国際マラソンで谷口浩美が優勝。
3.19	〔ゴルフ〕静岡オープンで鈴木が優勝　ゴルフの静岡オープンで鈴木弘一が優勝。
3.24	〔柔道〕斉藤五段が引退　柔道の斉藤仁五段が引退を発表。
3.26	〔相撲〕千代の富士が27回目の優勝　大相撲春場所は、横綱・千代の富士が14勝1敗で27回目の優勝。殊勲賞は前頭7枚目・板井(初)。敢闘賞は前頭1枚目・安芸ノ島(2回目)と前頭14枚目・益荒雄(2回目)。技能賞は前頭7枚目・板井(初)。千代の富士は千秋楽を休場。
4.5	〔高校野球〕東邦が4回目の優勝　第61回選抜高校野球大会は、東邦(愛知)が上宮(大阪)に3-2で逆転サヨナラ勝ち、48年ぶり4回目の優勝。
4.7～9	〔テニス〕デ杯開催　テニスのデ杯アジア・オセアニアゾーンが茨城県波崎町で開催され、日本は韓国に惨敗。
4.9	〔ゴルフ〕マスターズゴルフで尾崎は18位　第53回マスターズゴルフでニック・ファルド(イギリス)が初優勝。尾崎将司は18位。
4.9	〔競馬〕桜花賞は関西馬が3連覇　第49回桜花賞レースが阪神競馬場(芝1600m)で行われ、シャダイカグラ(武豊騎手)が1分37秒5で1着。関西馬が3連覇。

| 4.14 | 〔Jリーグ〕プロリーグ発足へ　日本サッカーリーグ運営委員会が92年から日本リーグに代わりプロリーグを実施する方針を決める。
| 4.15 | 〔マラソン〕W杯マラソンで宮原が2位　第3回ワールドカップマラソンがミラノで開催され、宮原美佐子(旭化成)が2位。
| 4.16 | 〔マラソン〕ロッテルダムで須永が4位　第9回ロッテルダムマラソンでデンシモ(エチオピア)が優勝。須永宏(日本電気)は4位。
| 4.16 | 〔柔道〕田辺が3連覇　全日本女子柔道で田辺陽子が3連覇。
| 4.16 | 〔競馬〕公営出身馬が16年ぶりさつき賞勝利　第49回皐月賞レースが中山競馬場(芝2000m)で行われ、ドクタースパート(的場均騎手)が2分05秒2で1着となった。公営出身馬の優勝は16年ぶり。
| 4.17 | 〔マラソン〕ボストンマラソン開催　第93回ボストンマラソンでメコネン(エチオピア)が初優勝、中山竹通は途中棄権。女子はクリスチャンセン(ノルウェー)が優勝。
| 4.22 | 〔テニス〕岡本がジャパンオープン初優勝　ジャパンオープンテニス89が東京・有明で開催され、女子シングルスで岡本久美子が初優勝。24日、男子シングルスでエドベリ(スウェーデン)が優勝。
| 4.23 | 〔トライアスロン〕外国人が初優勝　第5回全日本トライアスロン大会でチャピンズ(アメリカ)が7時間15分25秒で優勝。外国人の優勝は初めて。
| 4.23 | 〔ゴルフ〕ダンロップ・オープン開催　ゴルフのダンロップ・オープンが茨城GCで開催され、ケール(オーストラリア)が大逆転優勝。
| 4.26 | 〔サッカー〕日産自動車が3冠　第24回日本サッカーリーグで日産自動車が初優勝。3冠を達成。
| 4.29 | 〔柔道〕小川が全日本初優勝　全日本柔道選手権が日本武道館で開催され、小川直也四段(明大)が関根英之三段を破り初優勝。学生の優勝は3人目。
| 4.29 | 〔競馬〕公営出身馬が21年ぶり天皇賞制覇　第99回天皇賞(春)レースが京都競馬場(芝3200m)で行われ、イナリワン(武豊騎手)が3分21秒8で1着となった。公営競馬出身馬として21年ぶりの快挙。
| 4.30 | 〔マラソン〕小島が日本最高記録　パリマラソンで小島和恵(川鉄千葉)が2時間29分23秒の日本最高記録で女子初の海外制覇。
| 5.4 | 〔剣道〕全日本女子で倉地が優勝　全日本女子剣道で前年の学生王者である倉地富美恵が優勝。
| 5.7 | 〔陸上〕岩崎が100m障害日本新記録　静岡国際陸上が浜松市四ッ池公園で開催され、100m障害で岩崎利彦(順天大)が13秒95の日本新記録。11年ぶりの記録更新で、日本人が13秒台をマークしたのは初めて。
| 5.7 | 〔バレーボール〕全日本選手権開催　第38回全日本バレーボール選手権が大阪府立体育館で開催され、男子は新日鉄が2連覇、女子はユニチカが8年ぶりの優勝。

5.7	〔ゴルフ〕尾崎が今季初優勝　ゴルフ・フジサンケイクラシックが静岡・川奈で開催され、尾崎将司が今季初優勝。
5.12	〔プロ野球〕土井コーチを賭博で逮捕　プロ野球パ・リーグの土井正博(西武コーチ)がマージャン賭博の現行犯で逮捕される。14日、球団が解雇。
5.13	〔プロ野球〕村田が完投で200勝　プロ野球パ・リーグの村田兆治(ロッテ)が対日本ハム戦で完投勝ち。長年の右ひじ故障を克服して200勝を達成。
5.14	〔ゴルフ〕日本プロマッチプレーで尾崎が初優勝　ゴルフ・日本プロマッチプレー選手権が福島・石川町で開催され、尾崎将司が牧野裕を破り、プロ20年目で初優勝。
5.16	〔卓球〕アジアカップで斎藤が優勝　卓球の第7回アジアカップが北京で開催され、男子単で斎藤清(日産自動車)が優勝。国際主要大会でのタイトルは7年ぶり。
5.19	〔相撲〕貴花田が最年少幕下優勝　大相撲の貴花田(16)が7戦全勝で幕下優勝し、柏戸の年少記録を33年ぶりに更新。
5.21	〔大学野球〕法政大が4連覇　東京6大学野球で法政大が4連覇。
5.21	〔ゴルフ〕岡本が逆転負けで2位　ゴルフ全米女子プロ選手権がオハイオ州J.ニクラウスSCで開催され、ナンシー・ロペス(アメリカ)が優勝。岡本綾子は逆転負けで2位。
5.21	〔相撲〕北勝海が5回目の優勝　大相撲夏場所は、横綱・北勝海が13勝2敗で、2敗同士の優勝決定戦となり、大関旭富士を破り55回目の優勝。殊勲賞は前頭1枚目・霧島(初)。敢闘賞は前頭12枚目・恵那桜(初)。技能賞は該当なし。
5.21	〔競馬〕オークスはライトカラー　第50回優駿牝馬(オークス)が東京競馬場(芝2400m)で行われ、ライトカラー(田島良保騎手)が2分29秒0で1着となった。
5.26	〔大学野球〕専修大が優勝　東都大学野球で専修大が30回目の優勝。
5.27	〔陸上〕溝口がやり投げ世界歴代2位　陸上の国際グランプリシリーズ第1戦がカリフォルニア州サンノゼで開幕。男子やり投げで溝口和洋が87m60、世界歴代2位の快記録。
5.28	〔ラグビー〕日英親善ラグビーで初勝利　スコットランド代表を招いての日英親善ラグビー最終戦で日本代表が念願の初勝利。国際ラグビー機構加盟8ヶ国相手の勝利は71年の第1戦以来28戦目。
5.28	〔競馬〕ダービーはウィナーズサークル　第56回日本ダービー(東京優駿)が東京競馬場(芝2400m)で行われ、ウィナーズサークル(郷原洋行騎手)が直線で抜け出し2分28秒8で1着となった。
6.1～4	〔卓球〕全日空杯開催　卓球の第1回ジャパンオープン国際選手権(全日空杯)が鳥取市で開催される。参加12ヶ国・地域。男子団体で日本が準優勝、個人男子複で斎藤清・松下雄二組が優勝。

6.2～4	〔バレーボール〕NHK 杯開催　第 26 回 NHK 杯女子バレー国際大会が金沢市で開催される。キューバが 3 戦全勝で 6 連覇。全日本は 2 位。
6.4	〔サッカー〕日本の W 杯最終予選進出は絶望的　サッカーの 90 年ワールドカップ・アジア 1 次予選がスタート。25 日、全日程を終えた日本は 2 勝 1 敗 3 分、最終予選進出は絶望的に。
6.9	〔大学野球〕近畿大が関西勢初の 2 連覇　第 38 回全日本大学野球選手権で近畿大が専修大を破り、関西勢初の 2 連覇。
6.9	〔水泳〕高瀬が背泳ぎで日本新記録　国際大会派遣選手選考会女子 200m 背泳ぎで 12 歳の高瀬千香子が 2 分 14 秒 62 の日本新記録。
6.17	〔陸上〕全日本陸上選手権開催　第 73 回全日本陸上選手権が東京・国立競技場で開催される。男子砲丸投げで岡野雄司が、女子三段跳びで磯貝美奈子がそれぞれ日本新記録。また、100m で青戸慎司が 10 秒 28 の日本タイ記録。
6.18	〔ゴルフ〕全米オープン開催　ゴルフの全米オープンでカーチス・ストレンジ (アメリカ) が 2 連覇。尾崎将司は 6 位、青木功は 33 位。
6.25	〔柔道〕東海大が 9 回目の優勝　第 38 回全日本学生柔道で東海大が 9 回目の優勝。
6.30	〔大学野球〕日米大学野球でアメリカが優勝　第 18 回日米大学野球選手権でアメリカが 4 勝 2 敗で優勝。第 7 戦は中止。
7.2	〔ゴルフ〕小林が日本女子オープン優勝　ゴルフの日本女子オープンが埼玉・武蔵で開催され、プロ 5 年目の小林浩美が優勝。
7.9	〔柔道〕江崎が山口を破り優勝　女子柔道の第 12 回全日本体重別選手権が代々木で開催され、48kg 級で江崎史子初段が山口香三段 (武蔵大教) を破り優勝。12 日、山口が引退を発表。
7.15	〔プロ野球〕斎藤が 11 試合連続完投勝利　プロ野球セ・リーグの斎藤雅樹 (巨人) が 11 試合連続完投勝利のプロ野球新記録を樹立。
7.16	〔ゴルフ〕全米女子オープン開催　第 44 回全米女子オープンゴルフでベッツィ・キング (アメリカ) が優勝。岡本綾子は 11 位。
7.16	〔相撲〕史上初の同部屋横綱対決　大相撲名古屋場所は、横綱・千代の富士が 12 勝 3 敗で、北勝海と 3 敗で並び、史上初の同部屋横綱による優勝決定戦が実現。千代の富士が勝って 28 回目の優勝。千代の富士は 6 月に三女を突然死で失う不幸に遭い、7 月場所には数珠を手に臨み、優勝決定後の「供養になった」という言葉はファンに感動を与えた。殊勲賞は該当なし。敢闘賞は関脇・琴ヶ梅 (4 回目) と前頭 8 枚目・太寿山 (3 回目)。技能賞は前頭 3 枚目・寺尾 (初)。
7.16	〔柔道〕小川が 95kg 超級優勝　柔道の全日本選抜体重別選手権が福岡市民体育館で開催され、95kg 超級で小川直也五段 (明大) が優勝。
7.19	〔オリンピック〕財団法人日本オリンピック委員会発足　日本オリンピック委員会の法人化準備の第 1 回設立発起人会が開かれ、代表に堤義明体協副会

日本スポーツ事典　　　　　　　　　　　　　　　1989 年 (昭和 64/平成元年)

長 (西武鉄道会長) を選出。同氏の新日本オリンピック委員会初代会長就任が確実に。8 月 7 日、財団法人日本オリンピック委員会として正式に発足。

7.20～30　〔大会〕第 3 回ワールドゲームズ　第 3 回ワールドゲームズがドイツのカールスルーエで開催され、日本を含む 49 ヶ国から 1965 人が参加、19 の競技が行われた。

7.25　〔プロ野球〕選手会 2 代目会長に原　日本プロ野球選手会 2 代目会長に原辰徳 (巨人) を選出。

7.31　〔社会人野球〕プリンスホテルが都市対抗初優勝　第 60 回都市対抗野球決勝が東京ドームで開催され、プリンスホテル (東京) が初優勝。

8.1～4　〔体操〕全日本学生体操選手権開催　第 43 回全日本学生体操選手権が越谷市で開催され、男子個人総合で池谷幸雄 (日体大)、女子個人総合で望月のり子 (日女体大) が優勝。

8.3～6　〔水泳〕水泳日本選手権大会開催　水泳日本選手権大会が東京都代々木五輪プールで開催される。4 日、女子 200m 背泳ぎで高瀬千香子が 2 分 14 秒 37 の日本新記録。5 日、100m 背泳ぎでも 1 分 3 秒 98 の日本新記録。

8.6　〔ゴルフ〕日本プロゴルフ選手権開催　第 57 回日本プロゴルフ選手権が栃木県烏山城 CC で開催され、大雨の中で尾崎将司が優勝。

8.11　〔サッカー〕学生スポーツ初の冠大会　関東大学サッカーリーグを今秋から「JR 東日本カップ」大会として行うことを評議員会で決定。体協加盟の学生スポーツ大会で冠大会導入は初めて。

8.13　〔ゴルフ〕全米プロゴルフ選手権開催　全米プロゴルフ選手権でカーチス・ストレンジ (アメリカ) が優勝。青木功は 17 位、尾崎直道は予選落ち。

8.17～20　〔水泳〕パンパシフィック水泳大会開催　第 3 回パンパシフィック水泳選手権大会が代々木五輪プールで開催される。参加 16 ヶ国 242 人。

8.22　〔高校野球〕帝京が初優勝　第 71 回全国高校野球選手権大会は、帝京 (東東京) が仙台育英 (宮城) を延長 10 回 2-0 で破り初優勝。

8.22～30　〔ユニバーシアード〕史上初の金メダル 0　ユニバーシアードの第 15 回夏季大会が西ドイツ・デュイスブルクで開催される。日本選手団 67 人が参加したが、史上初の金メダル 0 に終わる。

8.30　〔ヨット〕超小型外洋ヨットで太平洋単独横断　堀江謙一が超小型外洋ヨット「マーメイド」で太平洋単独横断に成功、西宮港に入港。所要日数 136 日。

9.3　〔国民体育大会〕はまなす国体夏季大会開幕　第 44 回国民体育大会 (はまなす国体) 夏季大会が函館市民プールで開幕。6 日に閉幕。

9.3　〔ゴルフ〕関東オープンで水巻が優勝　男子ゴルフ・関東オープンで水巻善典がプロ 5 年でツアー初優勝。

9.7～9　〔シンクロナイズドスイミング〕小谷がソロ 3 位　ワールドカップ・シンクロナイズドスイミングがパリで開催され、ソロで小谷実可子が 3 位、団体でも日本が銅メダル。

1989 年 (昭和 64/平成元年)　　　　　　　　　　　　　　　　　日本スポーツ事典

9.10　〔陸上〕W 杯で溝口がやり投げ 2 位　ワールドカップ陸上がバルセロナで開催される。10 日、やり投げ優勝候補の溝口和洋 (ゴールドウィン) が 82m56 で 2 位。

9.10　〔ゴルフ〕日本女子プロゴルフ選手権で谷が優勝　日本女子プロゴルフ選手権が栃木・大金 GC で開催され、谷福美が優勝。

9.15　〔テニス〕全日本選手権開催　テニスの第 64 回全日本選手権が東京・有明で開催され、女子シングルスで井上悦子が 2 年ぶり 4 回目の優勝。16 日、男子シングルスで 17 歳の谷沢英彦が福井烈を破り史上最年少優勝。

9.16　〔陸上〕TOTO スーパー陸上開催　89TOTO 東京国際スーパー陸上が東京・国立競技場で開幕。18 ヶ国 226 人が参加。

9.17　〔国民体育大会〕国体秋季大会開催　第 44 回国民体育大会秋季大会が札幌・厚別公園競技場で開幕。22 日に閉幕。地元北海道が天皇、皇后両杯を獲得。

9.22　〔相撲〕千代の富士が全勝優勝　大相撲秋場所は、13 日目、横綱千代の富士が通算 965 勝目をあげ、大潮を抜いて最多勝記録を樹立、13 連勝で 29 回目の優勝が決定。横綱・千代の富士が 15 戦全勝で 29 回目の優勝。殊勲賞は該当なし。敢闘賞は関脇・寺尾 (2 回目)。技能賞は関脇・琴ヶ梅 (2 回目)。29 日、千代の富士に相撲界で初の国民栄誉賞。日本相撲協会も千代の富士の一代年寄を決めるが、本人が辞退。

9.27　〔相撲〕貴花田が最年少十両昇進　大相撲秋場所で幕下全勝優勝した貴花田の新十両昇進が決定。番付発表の 10 月末で 17 歳 2 ヶ月は史上最年少。

10.1　〔大学野球〕慶大の若松がノーヒットノーラン　東京 6 大学野球、慶大 - 東大戦で慶大の若松幸司が 19 年ぶりのノーヒットノーランを達成。

10.1~9　〔テニス〕フェデレーション杯開催　女子国別対抗 89 フェデレーション杯テニスが東京・有明で開催され、アメリカが 3 年ぶりに優勝。

10.6　〔プロ野球〕巨人が 25 回目の優勝　プロ野球セ・リーグは巨人 (藤田元司監督) が 2 年ぶり 25 回目の優勝。最終順位は 2 位広島、3 位中日、4 位ヤクルト、5 位阪神、6 位大洋。

10.8　〔ゴルフ〕日本オープン尾崎が 2 連覇　男子ゴルフの第 54 回日本オープンが名古屋和合で開催され、尾崎将司が史上 4 人目の連覇。日本プロマッチ、日本プロと合わせ 3 冠独占。

10.9　〔登山〕中高年パーティが遭難　富山県立山町の北アルプス真砂岳 (2860m) 付近で、男女 8 人の登山者が倒れているのが発見される。6 人は既に死亡しており、残り 2 人もヘリコプターで富山市民病院に搬送されたが死亡。滋賀県や京都府の税理士を中心とした中高年のパーティ 10 人が軽装で入山したところ猛吹雪にあったもので、2 人は無事だった。

10.10~15　〔柔道〕世界柔道選手権開催　世界柔道選手権 (男子第 16 回、女子第 6 回) がベオグラードで開催される。10 日、小川直也が男子 95kg 級で優勝。14 日、古賀稔が男子 71kg 級で優勝。15 日、小川直也が無差別級で優勝して 2 冠達成。日本は男子が金 3・銀 2、女子が銀 3・銅 2 を獲得。

— 296 —

10.13~17 〔体操〕体操世界選手権開催　体操の第25回世界選手権が西ドイツのシュツットガルトで開催される。日本は男子団体総合でソ連、東ドイツ、中国に完敗し4位。

10.14 〔プロ野球〕近鉄が9年ぶり優勝　プロ野球パ・リーグは近鉄(仰木彬監督)が9年ぶり3回目の優勝。最終順位は2位オリックス、3位西武、4位ダイエー、5位日本ハム、6位ロッテ。

10.17 〔プロ野球〕若松が引退　プロ野球セ・リーグの若松勉外野手(ヤクルト)が引退を表明。

10.21 〔大学野球〕立教大が優勝　東京6大学野球で立教大が23年ぶり10回目の優勝。

10.22 〔体操〕鉄棒で池谷が銅　第25回世界体操選手権男子鉄棒で池谷幸雄(日体大)が日本唯一の銅メダル。

10.29 〔プロ野球〕3連敗4連勝で巨人が日本一　プロ野球・第40回日本シリーズは、セ・リーグ優勝の巨人(藤田元司監督)が3連敗の後に4連勝。近鉄を破り8年ぶり17回目の日本一。シリーズMVPは駒田徳広。

10.29 〔競馬〕武豊が天皇賞春秋制覇　第100回天皇賞(秋)レースが東京競馬場(芝2000m)で行われ、スーパークリーク(武豊騎手)が1分59秒1で1着となった。武豊騎手は春のイナリワンと合わせ春秋制覇。

11.3 〔フィギュアスケート〕全日本フリー選手権開催　フィギュアスケート第33回全日本フリー選手権が名古屋・邦和で開催され、女子は伊藤みどりが4年連続8回目の優勝。男子は藤井辰哉が初優勝。

11.3 〔剣道〕西川が2年ぶり優勝　剣道の全日本選手権で西川清紀七段が2年ぶり2回目の優勝。

11.4 〔新体操〕秋山が史上初の6連覇　全日本新体操の個人総合女子で秋山エリカが史上初の6連覇。

11.4 〔相撲〕林が初優勝　全国学生相撲で林正人(近大)が初優勝。

11.5 〔駅伝〕大東大が優勝　第21回全日本大学対校駅伝で大東大が6回目の優勝。

11.5 〔競馬〕バンブービギンが菊花賞優勝　第50回菊花賞レースが京都競馬場(芝3000m)で行われ、バンブービギン(南井克巳騎手)が3分07秒7で1着となった。

11.6 〔野球〕日本学生野球協会がJOC加盟へ　日本学生野球協会が日本オリンピック委員会に加盟する意向を固める。

11.7 〔バレーボール〕女子W杯開催　バレーボール女子ワールドカップが代々木で開幕。14日、キューバが全勝で初優勝。15日、全日程を終え日本は4勝3敗で4位。

11.11 〔体操〕全日本体操選手権開催　全日本体操選手権の個人総合男子は佐藤寿治、女子は小菅麻里がともに連覇。

11.12　〔柔道〕全日本学生柔道開催　全日本学生柔道で関根英之が優勝。女子は小林貴子が優勝。

11.17　〔バレーボール〕男子ワールドカップ開催　バレーボール男子ワールドカップが大阪城ホールなどで開幕。26日、キューバが全勝で史上初の男女アベック優勝。日本は2勝5敗で6位に終わった。

11.19　〔マラソン〕東京国際女子マラソン開催　89東京国際女子マラソンでリュボフ・クロチコ(ソ連)が2時間31分33秒で初優勝。日本勢は増田明美(日本電気)の8位が最高。

11.19　〔ゴルフ〕ダンロップフェニックス開催　男子ゴルフのダンロップフェニックスが宮崎で開催され、ラリー・マイズ(アメリカ)が16アンダーで逃げ切り優勝。尾崎直道が2位。

11.25　〔プロ野球〕クロマティとブライアントがMVP　プロ野球のMVPがセ・リーグはクロマティ(巨人)、パ・リーグはブライアント(近鉄)に決定。初の外国人選手同時受賞。新人王はセ・リーグが笘篠賢治(ヤクルト)、パ・リーグが酒井勉(オリックス)。

11.26　〔ゴルフ〕平瀬が初優勝　女子ゴルフ年度最優秀プロ決定戦のレディーボーデンが千葉で開催され、平瀬真由美(20)がプレーオフの末、初栄冠。

11.26　〔相撲〕小錦が初優勝　大相撲九州場所は、大関・小錦が14勝1敗で初優勝。外国人力士の優勝は72年名古屋場所の高見山以来2人目。殊勲賞は前頭3枚目・両国(初)。敢闘賞は小結・水戸泉(5回目)。技能賞は小結・霧島(3回目)。

12.2　〔フィギュアスケート〕佐藤が日本選手初の優勝　世界ジュニアフィギュアで佐藤有香が日本選手として初の優勝。

12.3　〔マラソン〕福岡国際マラソン開催　第24回福岡国際マラソンでマティアス(ポルトガル)がゴール20m前でカシャポフ(ソ連)を逆転、2時間12分54秒で優勝。小指徹(ダイエー)が3位。

12.3　〔相撲〕成松が初優勝　第38回全日本相撲選手権で日大OBの成松伸哉が初優勝。

12.6　〔アメリカンフットボール〕シルバースターが社会人日本一　アメリカンフットボールの第3回日本社会人選手権が東京ドームで開催され、シルバースターが日本電気を破り社会人ナンバーワンに。

12.9　〔プロ野球〕巨人が「3軍」新設　プロ野球セ・リーグの巨人が野球協約揺るがす「3軍」を新設。

12.9〜10　〔スピードスケート〕W杯軽井沢大会開催　日本で初めてのスピードスケート・ワールドカップ軽井沢大会が長野県軽井沢スケートセンターで開催され、東ドイツ勢が圧勝。日本は橋本聖子が女子500mで3位、1000mで2位、黒岩康志が男子500mで2位、森山秀美が男子1000mで3位。

12.9〜10　〔柔道〕福岡国際女子柔道開催　第7回福岡国際女子柔道選手権72kg級で田辺陽子が2連覇。56kg級で泉香澄が日本人として初優勝。

12.14	〔プロ野球〕野茂が史上最高額契約　プロ野球パ・リーグの近鉄からドラフト1位指名を受けた野茂英雄投手(新日鉄堺、21)が契約金1億2000万円、年俸1000万円(いずれも推定)のともに史上最高額で仮契約。
12.16～17	〔ノルディックスキー〕ジャンプW杯札幌大会開催　スキーのワールドカップジャンプ札幌大会が宮の森シャンツェと大倉山シャンツェで開催される。参加15ヶ国60人(うち日本人14人)。
12.17	〔卓球〕全日本卓球開催　全日本卓球男子単で斎藤清、女子単で星野美香がともに6回目の優勝。
12.20	〔団体〕日本体育協会新会長に青木氏　寄付行為の改定許可を受けた日本体育協会が第11代会長に青木半治・旧日体協会長代行を選出。
12.24	〔駅伝〕全国高校駅伝開催　全国高校駅伝男子(第40回)で報徳学園(近畿)が2時間4分49秒の高校最高記録で優勝。女子(第1回)は市立船橋(千葉)が1時間9分48秒で優勝。
12.24	〔競馬〕4番人気イナリワンが勝利　第34回有馬記念レースが中山競馬場(芝2500m)で行われ、4番人気のイナリワン(柴田政人騎手)が2分31秒7で1着となった。
12月	〔一般〕日本プロスポーツ大賞決定　1989年(平成元年)の日本プロスポーツ大賞(日本プロスポーツ協会主催)は、大賞が千代の富士貢(大相撲)、殊勲賞が藤田元司(プロ野球)、武豊(中央競馬)、尾崎将司(男子プロゴルフ)に決定。

1990年
(平成2年)

1.1 〔サッカー〕日産自動車が2年連続優勝　第69回天皇杯全日本サッカー選手権で日産自動車がヤマハ発動機に3-2で逆転勝ち、2年連続4回目の優勝。

1.3 〔駅伝〕大東大が箱根優勝　第66回東京 - 箱根間往復大学駅伝競走は、往路1位、復路2位の大東大が11時間14分39秒で14年ぶり3度目の総合優勝。復路優勝は中大。

1.3 〔アメリカンフットボール〕日大が2連覇　アメリカンフットボールの第7回日本選手権が国立競技場で開催され、学生代表日大が2連覇。

1.5 〔相撲〕森山長官が賜杯担当断念　大相撲の総理大臣杯を土俵の上で自分で渡したいと主張していた森山眞弓官房長官が「初場所はこだわらない」と撤回。

1.5～6 〔スピードスケート〕全日本選手権開催　全日本スピードスケート選手権が八戸市で開催され、女子は橋本聖子が総合9連覇。男子は青柳徹(日体大)が総合優勝。

1.6 〔バスケットボール〕全日本選手権開催　女子第56回全日本バスケットボール選手権大会で共同石油がシャンソンを89-77で破り2年ぶり5回目の優勝。7日、男子第65回大会で三菱電機が日本鉱業を75-60で破り初優勝。

1.7 〔ラグビー〕天理が優勝　第69回全国高校ラグビー大会決勝が東大阪・花園で開催され、天理(奈良)が啓光学園を14-4で破り6回目の優勝。

1.8 〔高校サッカー〕南宇和が優勝　第68回全国高校サッカー選手権大会決勝が国立競技場で開催され、南宇和(愛媛)が武南を2-1で破り、四国勢として初の優勝。

1.13 〔ノルディックスキー〕安崎がHTB杯優勝　スキー第17回HTB杯兼環太平洋杯国際ジャンプ大会が札幌・大倉山シャンツェで開催され、HTB杯で安崎直幹(NTT)がバッケンレコードで優勝。

1.13 〔アイスホッケー〕国土計画が2年ぶり優勝　第58回全日本アイスホッケー選手権大会で国土計画が十条製紙を4-2で破り2年ぶり4回目の優勝。

1.15 〔ラグビー〕神戸製鋼が2連覇　第27回ラグビー日本選手権が国立競技場で開催され、神戸製鋼が早大を58-4で破り2年連続優勝。

1.15 〔フィギュアスケート〕全日本選手権開催　第58回全日本フィギュアスケート選手権大会が北九州市で開催され、女子は伊藤みどりが6連覇、男子は藤井辰哉(明大)が初優勝。

1.21 〔相撲〕千代の富士が30回目の優勝　大相撲初場所は、横綱・千代の富士が14勝1敗で30回目の優勝。殊勲賞は小結・霧島(2回目)。敢闘賞は前頭

— 300 —

1.24	〔野球〕真田・張本・故佐伯が殿堂入り　真田重蔵、張本勲が野球殿堂入り。31日、佐伯勇が野球殿堂入り。
1.27	〔テニス〕伊達が全豪オープンでベスト16　全豪オープンテニス女子シングルスでグラフ(西ドイツ)が3連覇。伊達公子が13年ぶりにベスト16進出。28日、男子シングルスはレンドル(チェコスロバキア)が優勝。
1.28	〔マラソン〕大阪国際女子マラソンで兵頭が2位　大阪国際女子マラソンでロサ・モタ(ポルトガル)が優勝、兵頭勝代が2位。
1.30～2.4	〔テニス〕パンパシフィック・オープン開催　女子テニスのパンパシフィック・オープンが東京・代々木で開催され、グラフ(西ドイツ)が優勝、賞金7万ドルを獲得。
2.4	〔マラソン〕別府大分で米重2位　第39回別府大分毎日マラソンでブジェック(ポーランド)が優勝。2位にマラソン初挑戦の米重修一(旭化成)。
2.4	〔スピードスケート〕橋本がW杯日本女子初優勝　女子スピードスケート・ワールドカップがニューヨーク州レークプラシッドで開催され、1000mで橋本聖子が優勝。ワールドカップで日本女子初の優勝。
2.4	〔プロレスリング〕北尾がプロレスデビュー　親方と対立し相撲を廃業した北尾光司(元横綱双羽黒)がプロレスでデビュー。
2.7	〔ボクシング〕大橋がストロー級王者　プロ・ボクシングWBC世界ストロー級タイトルマッチが東京・後楽園ホールで開催され、挑戦者大橋秀行(24)がチャンピオン崔漸煥(韓国)にKO勝ち。日本のボクサーの世界挑戦連続失敗は21でストップ。
2.10～11	〔スピードスケート〕女子世界選手権で橋本が銀メダル　スピードスケートの90年女子世界選手権がカナダ・カルガリーで開催される、10日、500mで橋本聖子が1位。11日、1500mで2位となり、4種目総合で日本人初の銀メダル。
2.11	〔ボクシング〕東京でタイソン王座陥落　プロ・ボクシング統一世界ヘビー級タイトルマッチが東京ドームで開催され、チャンピオンのマイク・タイソン(アメリカ)がジェームス・ダグラス(アメリカ)に10回KO負け、キャリア初の黒星で王座陥落。
2.12	〔オリンピック〕98年冬季五輪に長野が立候補　塚田佐長野市長らがサマランチ国際オリンピック委員会会長に98年冬季オリンピック立候補届を提出。
2.12	〔マラソン〕東京国際で中山が優勝　東京国際マラソンで中山竹通(ダイエー)が10ヶ月ぶりに復活、2時間10分57秒で優勝。
2.12	〔バスケットボール〕共同石油が優勝　バスケットボール日本リーグ女子で共同石油が日本電気を87-59で破り優勝。
2.18	〔ノルディックスキー〕佐々木が史上初4種目制覇　ノルディックスキー日本選手権が岩手県安代町で開催され、佐々木一成(北野建設)が史上初の4

1990年(平成2年)

種目制覇。

2.20～23　〔国民体育大会〕国体スキー競技会開催　国民体育大会スキー競技会が青森県大鰐町で開催され、女子は長野県、男女総合は北海道が優勝。

2.24　〔バレーボール〕イトーヨーカドーが8年目の初優勝　バレーボール日本リーグ・女子順位決定戦が東京・駒沢で開催され、イトーヨーカドーが日本電気を破りリーグ昇格8年で初優勝。

2.25　〔駅伝〕日本が横浜国際優勝　第8回横浜国際女子駅伝(参加10ヶ国19チーム)で日本が初優勝。

3.3　〔冒険〕犬橇国際隊が初の南極大陸横断　日本人を含む南極犬橇国際隊が初の南極大陸横断に成功。所要日数220日、6040kmを走破。

3.4　〔マラソン〕名古屋国際女子マラソン開催　名古屋国際女子マラソンで伏兵ワンダ・パンフィル(ポーランド)が初優勝、荒木久美(京セラ)が2位。

3.4　〔バスケットボール〕松下電器が優勝　バスケットボール日本リーグ男子で松下電器が三菱電機に逆転優勝。

3.6～8　〔アルペンスキー〕全日本選手権開催　アルペンスキー全日本選手権が旭川カムイで開催され、男子大回転で吉田啓律(日体大)、女子大回転で山本さち子(志賀高原SC)が優勝。山本は回転でも優勝。

3.7　〔バレーボール〕新日鉄が連覇　バレーボール日本リーグ・男子順位決定戦が大阪城ホールで開催される。史上初のプレーオフの末、新日鉄が日電を破り連覇。

3.9～14　〔アジア競技大会〕橋本が初の4冠女王　第2回アジア冬季競技大会が札幌で開催される。参加10ヶ国。12日、スピードスケートで橋本聖子が4種目を制覇、初の4冠女王に。金メダルは日本18(前回29)、中国9(同4)、韓国6(同1)。大会運営で韓国国歌を取り違えるなどミスが続出。

3.10　〔フィギュアスケート〕伊藤みどり連覇ならず2位　90年フィギュアスケート世界選手権女子シングルがカナダ・ハリファックスで開催され、女子シングルで伊藤みどりが2位、連覇ならず。

3.11　〔マラソン〕びわ湖毎日マラソン開催　第45回びわ湖毎日マラソンでエディ・ヘルビック(ベルギー)が優勝。

3.16　〔プロ野球〕登板日漏洩の桑田に処分　プロ野球セ・リーグの桑田真澄投手(巨人、21)が部外者に登板日を漏洩したとの疑惑について、湯浅武巨人球団代表が、プロ野球協約180条(賭博行為の禁止)に違反した事実はないとする調査結果を発表。30日、交際していた人物から高級腕時計と小遣いなど100万円を受け取っていたとして、巨人が桑田に対し開幕から謹慎1ヶ月、罰金1000万円の処分。4月2日、川島広守セ・リーグ会長が桑田問題で巨人に対し制裁金2000万円を課す。9月20日、巨人が疑惑を報じた本の著者を名誉毀損で告訴した件について地裁仲介で和解。

3.18　〔テニス〕全日本室内選手権開催　テニスの全日本室内選手権が神戸で開催され、女子シングルスは伊達公子、男子シングルスは土橋登志久が優勝。

3.25 〔相撲〕北勝海が巴戦制し優勝　大相撲春場所は、北勝海、小錦、霧島の2敗3人による25年ぶりの巴戦となり、横綱・北勝海が13勝2敗で6回目の優勝。殊勲賞は関脇・霧島 (3回目) と前頭2枚目・安芸ノ島 (2回目)。敢闘賞は前頭6枚目・両国 (初) と前頭14枚目・久島海 (初)。技能賞は関脇・霧島 (4回目)。横綱・千代の富士は7日目に史上初の序の口以来通算1000勝を達成。28日、日本相撲協会が関脇霧島 (井筒部屋) の大関昇進を承認。関脇在位91場所は史上最長。

4.4 〔オリンピック〕冬季の滑降コース決定　自然破壊が問題となった冬季オリンピック長野招致にからむ志賀高原・裏岩菅山滑降コースの建設について、堤義明日本オリンピック委員会会長が建設断念を表明。5月11日、同地に代わり、男子は白馬村・八方尾根、女子は志賀高原・東舘山と決定。

4.4 〔高校野球〕近大付属が選抜優勝　第62回選抜高校野球は、近大付属 (大阪) が新田 (愛媛) を5-2で破り初優勝。

4.7 〔プロ野球〕セ・パ両リーグ開幕　プロ野球セ・パ両リーグが同時開幕。セ・リーグは今季から審判4人制 (従来6人)、延長15回・引き分け再試合制を採用。東京ドームの巨人-ヤクルト戦で外野ポール際の打球判定をめぐりトラブルとなり、いきなり審判4人制の問題点が表出。

4.8 〔サッカー〕日産が2年連続3冠　第25回サッカー日本リーグの日産対日立戦が東京・西が丘で開催され、日産が勝って2年連続3冠を達成。

4.8 〔競馬〕アグネスフローラが桜花賞勝利　第50回桜花賞レースが阪神競馬場 (芝1600m) で行われ、アグネスフローラ (河内洋騎手) が1分37秒1で1着となった。

4.11 〔オリンピック〕堤JOC会長が辞意　堤義明日本オリンピック委員会会長が辞意表明。16日、後任に古橋広之進強化本部長 (日本水泳連盟会長) が内定。26日、全国競技団体評議員連合会が了承。5月9日、日本オリンピック委員会評議員会と理事会が正式に会長選出。

4.15 〔ラグビー〕W杯出場権獲得　ラグビー第2回ワールドカップのアジア太平洋地区予選が東京・秩父宮で開催され、日本が2勝1敗で出場権を獲得。

4.15 〔テニス〕サントリー・ジャパンオープン開催　テニスのサントリー・ジャパンオープンが東京・有明で開催され、男子シングルスでエドベリ (スウェーデン)、女子シングルスでリンドクイスト (スウェーデン) が優勝。

4.15 〔競馬〕ハクタイセイが史上3頭目の父子制覇　第50回皐月賞レースが中山競馬場 (芝2000m) で行われ、ハイセイコーの子ハクタイセイ (南井克巳騎手) が2分02秒2で1着となった。史上3頭目の父子制覇。

4.22 〔マラソン〕ロッテルダムで谷口が優勝　第10回ロッテルダム・マラソンで谷口浩美 (旭化成) が2時間10分56秒で日本選手として初の優勝。

4.22 〔バレーボール〕世界選手権出場権を獲得　バレーボール男子世界選手権最終予選決勝リーグで日本がスペインを破り、3勝2敗で出場権を獲得。

4.22 〔ゴルフ〕ダンロップオープン開催　男子ゴルフの国内公式第1戦ダンロッ

プオープンが茨城GCで開催され、ミノザ(フィリピン)がプレーオフで杉原輝雄を破り優勝。

4.22 〔柔道〕田辺が4連覇　全日本女子柔道選手権で田辺陽子(推薦・ミキハウス)が4連覇を達成。

4.25 〔プロ野球〕柴田がノーヒットノーラン　プロ野球パ・リーグの柴田保光(日本ハム)が東京ドームで行われた対近鉄戦で史上57人目のノーヒットノーランを達成。

4.29 〔プロ野球〕野茂が17奪三振　プロ野球パ・リーグの新人野茂英雄(近鉄)が西宮で行われた対オリックス戦で奪三振17のプロ野球タイ記録。

4.29 〔柔道〕小川が柔道選手権2連覇　全日本柔道選手権が日本武道館で開催され、小川直也五段が古賀稔彦四段を破り史上6人目の2連覇。

4.29 〔競馬〕武豊が史上初の天皇賞3連覇　第101回天皇賞(春)レースが京都競馬場(芝3200m)で行われ、スーパークリーク(武豊騎手)が3分21秒9で前年秋に続いて1着となった。騎手の武豊は史上初の天皇賞3連覇。

5.5 〔シンクロナイズドスイミング〕日本選手権開催　シンクロナイズドスイミング日本選手権が福岡県立総合プールで開催され、ソロで小谷実可子が4連覇。デュエットでは青石・高山組が2連覇。

5.6 〔マラソン〕パリ・マラソン日本人が2連覇　第15回パリ・マラソン女子で山本佳子(ダイエー)が2時間35分11秒で初優勝。前年の小島和恵に続き日本人が2連勝。

5.6 〔バレーボール〕全日本選手権開催　第39回全日本バレーボール選手権が大阪府立体育館で開催され、男子は新日鉄が3年連続14回目の優勝、女子はイトーヨーカドーが初優勝。

5.6 〔ゴルフ〕フジサンケイ・クラシック開催　ゴルフのフジサンケイ・クラシックが静岡県川奈ホテルGCで開催され、尾崎将司が8打差を逆転して優勝。

5.13 〔アーチェリー〕山本が世界新記録　アーチェリーの第23回全日本社会人選手権男子70mで山本博(高校教員)が344点の世界新記録。

5.18 〔大学野球〕亜大が優勝　東都大学野球で亜大が7回目の優勝。

5.20 〔競馬〕関西馬がGIレース5連覇　第51回優駿牝馬(オークス)が東京競馬場(芝2400m)で行われ、エイシンサニー(岸滋彦騎手)が2分26秒1で1着となった。関西馬がGIレース5連覇。

5.22 〔卓球〕第1回ワールド・チームカップ開催　卓球の第1回ワールド・チームカップが大阪府立体育館で開催され、女子は中国が優勝、日本は準決勝で中国に敗退。23日、男子はスウェーデンが優勝。

5.27 〔相撲〕旭富士が優勝　大相撲夏場所は、大関・旭富士が14勝1敗で2回目の優勝。殊勲賞は前頭1枚目・安芸ノ島(3回目)。敢闘賞は前頭6枚目・琴錦(初)と前頭9枚目・孝乃富士(初)。技能賞は前頭1枚目・安芸ノ島(初)。

5.27 〔自動車〕大石が総合優勝　第9回国際サイクルロードレース東京大会で大

石一夫が総合優勝。

5.27 〔競馬〕アイネスフウジンがダービー優勝　第57回日本ダービー(東京優駿)が東京競馬場(芝2400m)で行われ、関東馬アイネスフウジン(中野栄治騎手)が2分25秒3で1着となった。観客は史上最多の19万6000人。

6.2 〔バドミントン〕世界団体選手権開催　バドミントンの世界団体選手権が東京体育館で開催され、女子は中国が初の4連覇。3日、男子も中国が優勝。

6.4 〔大学野球〕早大が8年ぶり優勝　東京6大学野球春季戦が12年ぶりに優勝をかけた早慶戦となり、早大が勝って完全優勝、8年ぶり30度目の栄冠。

6.4 〔相撲〕大相撲サンパウロ公演　大相撲(二子山理事長以下98人)がブラジルに出発。8日から10日までサンパウロで公演。

6.10 〔水泳〕日本選手権開催　水泳の第66回日本選手権兼北京アジア大会代表選考会が東京体育館で開催され、男子200m平泳ぎで渡辺健司(稲泳会)が今季世界4位の2分15秒70を記録。

6.12 〔大学野球〕亜大が19年ぶり優勝　第39回全日本大学野球選手権で亜大が東北福祉大を破り19年ぶり2回目の優勝。

6.20 〔野球〕全日本アマチュア野球連盟が発足　野球が正式競技となる92年のバルセロナ・オリンピックを控え、日本学生野球協会と社会人の日本野球連盟が「全日本アマチュア野球連盟」として正式発足。武田豊が会長に就任。

6.24 〔柔道〕東海大が全日本学生柔道優勝　第39回全日本学生柔道で東海大が近大を破り2年連続10回目の優勝。

6.26 〔大学野球〕日本が日米大学野球優勝　第19回日米大学野球で日本が3連勝で2年ぶり7回目の優勝。

7.1 〔ゴルフ〕日本女子オープンで森口優勝　ゴルフの日本女子オープンが岐阜関CCで開催され、森口祐子が優勝。

7.7 〔プロ野球〕審判員が労組加盟　プロ野球パ・リーグ審判部33人全員が2月に日本商業労組連・連帯労働組合に加入していたことが明らかに。

7.15 〔テニス〕ワールド大会開催　テニスの第17回ワールド大会(グンゼ)が東京体育館で開催され、男子シングルスはサンプラス(アメリカ)、女子シングルスはサバチーニ(アルゼンチン)が優勝。

7.15 〔柔道〕体重別選手権開催　第23回全日本選抜柔道体重別選手権が福岡市民体育館で開催され、71kg級で古賀稔彦四段が4連覇。95kg超級は小川直也五段が2連覇。

7.22 〔相撲〕旭富士が2場所連続優勝・横綱昇進　大相撲名古屋場所は、大関・旭富士が横綱・千代の富士を破り、14勝1敗で3回目の優勝。25日、第63代横綱に昇進が決定。殊勲賞は前頭1枚目・琴錦(初)。敢闘賞は関脇・安芸ノ島(3回目)と前頭12枚目・春日富士(初)。技能賞は該当なし。

7.29 〔ボクシング〕レパード玉熊が世界王座　プロ・ボクシングWBA世界フライ級タイトルマッチが水戸市民体育館で開催され、挑戦者レパード玉熊がチャ

ンピオン李烈雨(韓国)にTKO勝ち、日本歴代28人目のチャンピオンに。

7.30 〔社会人野球〕ヤマハが都市対抗優勝　第61回都市対抗野球が東京ドームで開催され、ヤマハ(浜松)が新日鉄広畑(姫路)を破り3年ぶり3回目の優勝。

8.5 〔ゴルフ〕加瀬がツアー初勝利　日本プロゴルフ選手権が大阪・天野山CCで開催され、加瀬秀樹が優勝。加瀬はこれがツアー初勝利。

8.5 〔競馬〕武豊が通算400勝　中央競馬の武豊騎手が通算400勝。デビュー以来3年5ヶ月は史上最短、21歳4ヶ月は史上最年少。

8.11 〔マラソン〕宗猛がモスクワで3位　ソ連で初の賞金レース(2万5000ドル)モスクワ国際平和マラソンが開催され、ニャンブイ(タンザニア)が優勝。宗猛は3位。

8.12 〔ゴルフ〕岡本が海外17勝目　ゴルフのルフトハンザ・ドイツ・オープンで岡本綾子が優勝。今季米ツアーに次ぐ2勝目、海外17勝目。

8.12 〔ゴルフ〕全米プロゴルフで青木は40位　全米プロゴルフ選手権がアラバマ・ショールクリークで開催され、ウェイン・グラディ(オーストラリア)が初優勝。青木功は40位に終わる。

8.13 〔プロ野球〕オリックスが本拠地を神戸に　プロ野球パ・リーグのオリックス・ブレーブスが来季から本拠地をグリーンスタジアム神戸に移すことを決定。10月5日、新愛称ブルーウェーブに。

8.20 〔自転車〕世界選手権開催　90年世界選手権自転車競技大会が前橋市のグリーンドーム前橋で開幕。参加29ヶ国、308選手。26日、男子アマ・タンデムスプリントで稲村成浩(前橋工)・斎藤登志信(山形電波工)の高校3年生コンビが銀メダルを獲得。29日から宇都宮市でロード競技が開始される。9月1日、個人ロード女子で19歳のマルサル(フランス)、アマ男子でグアルディ(イタリア)が初優勝。2日、プロ個人はダーネンズ(ベルギー)が初優勝。

8.21 〔高校野球〕天理が4年ぶり優勝　第72回全国高校野球選手権大会は、天理(奈良)が沖縄水産(沖縄)を1-0で破り4年ぶり2回目の優勝。

8.30 〔水球〕日体大が300連勝　水泳の第66回日本学生選手権の水球で日体大が公式戦通算300連勝を達成。

9.1 〔バレーボール〕日本は世界女子選手権8位　バレーボールの第11回世界女子選手権でソ連が優勝。日本は8位。

9.6〜9 〔レスリング〕世界選手権開催　アマ・レスリング90年フリースタイル世界選手権が東京体育館で開催される。参加44ヶ国。日本のメダルは48kg級の小林孝至が獲得した銅1つだけ。

9.8 〔プロ野球〕巨人が史上最短優勝　プロ野球セ・リーグは巨人(藤田元司監督)が2位広島に19.5ゲームの大差をつけ史上最短で2年連続26回目の優勝を決める。最終順位は2位広島、3位大洋、4位中日、5位ヤクルト、6位阪神。

9.9	〔国民体育大会〕とびうめ国体夏季大会開催　第45回国民体育大会(とびうめ国体)夏季大会が北九州市文化記念プールで開幕。12日に閉幕。
9.9	〔ゴルフ〕日本女子プロゴルフ開催　日本女子プロゴルフ選手権が栃木・広陵で開催され、岡本綾子が優勝。
9.13	〔オリンピック〕96五輪はアトランタ　国際オリンピック委員会理事会が東京・新高輪プリンスホテルで開会。16日、第96次総会が開幕。18日、96年夏季オリンピック開催地をアトランタ(アメリカ)に決定。19日、五輪憲章を改正、「プロ禁止」項目を削除。20日、新委員に岡野俊一郎日本オリンピック委員会専務理事を選任。
9.17	〔テニス〕全日本選手権開催　テニスの全日本選手権が東京・有明で開催され、男子シングルスでラッセル、女子シングルスで岡川恵美子が優勝。
9.22〜10.7	〔アジア競技大会〕北京でアジア大会　第11回アジア競技大会が北京で開幕。史上最多の27競技308種目に37ヶ国・地域の約6000人が参加。クウェート侵攻に絡み、イラクは参加を認められず。日本選手団は総勢723人。金メダルは中国が183で他を圧倒、2位は韓国の54。日本は走り高跳びの佐藤恵、柔道の関根英之らが活躍したが、金メダルは38(銀60、銅76)で3位。
9.23	〔プロ野球〕西武が7回目の優勝　プロ野球パ・リーグは西武(森祇晶監督)が2年ぶり7回目の優勝。最終順位は2位オリックス、3位近鉄、4位日本ハム、5位ロッテ、6位ダイエー。
9.23	〔相撲〕北勝海が7回目の優勝　大相撲秋場所は、横綱・北勝海が14勝1敗で7回目の優勝。殊勲賞は小結・琴錦(2回目)。敢闘賞は前頭13枚目・貴闘力(初)。技能賞は該当なし。7日目、大関北天佑が体力の限界を理由に引退。在位44場所。
9.26	〔プロ野球〕マサカリ投法村田が引退　マサカリ投法で知られるプロ野球パ・リーグの村田兆治投手(ロッテ)が今期限りで引退表明。
10.7	〔ゴルフ〕中島が日本オープン逆転優勝　ゴルフの男子日本オープン選手権が小樽市で開催され、中島常幸が逆転優勝。
10.12〜14	〔バレーボール〕NHK杯で日本が優勝　バレーボールのNHK杯女子国際大会が熊本市の県立総合体育館で開催され、日本が3戦全勝で7年ぶりに優勝。
10.14	〔テニス〕セイコー・スーパーテニス開催　男子テニスの国際大会、セイコー・スーパーテニスが東京体育館で開催され、レンドル(チェコスロバキア)がベッカー(ドイツ)に逆転勝ちして3回目の優勝。今季5勝目。
10.18	〔社会人野球〕日本生命が初優勝　第17回社会人野球で日本生命(近畿)が日本石油(関東)を破り初優勝。
10.21	〔国民体育大会〕国体秋季大会開催　第45回国民体育大会秋季大会が福岡市博多の森陸上競技場で開幕。26日に閉幕、地元福岡が初の天皇、皇后両杯を獲得。

10.21　〔テニス〕全日本プロテニス選手権開催　全日本プロテニス選手権が福岡県春日で開催され、山本育史が優勝。

10.21　〔F1〕鈴木が日本グランプリ3位　自動車レースのF1世界選手権第15戦日本グランプリが三重県・鈴鹿サーキットで開催され、ネルソン・ピケが優勝。鈴木亜久里が3位となり、日本人初の表彰台。

10.24　〔プロ野球〕西武が6回目の日本一　プロ野球・第41回日本シリーズは、パ・リーグ優勝の西武(森祇晶監督)が巨人を4勝0敗で破り2年ぶり6回目の日本一。シリーズMVPはO.デストラーデ。

10.25　〔ボクシング〕大橋が防衛失敗　プロ・ボクシングWBC世界ストロー級タイトルマッチが東京・後楽園ホールで開催され、チャンピオン大橋秀行がリカルド・ロペス(メキシコ)に5回TKO負け、王座防衛に失敗。

10.26　〔プロ野球〕斎藤・野茂がMVP　プロ野球の90年MVPがセ・リーグ斎藤雅樹投手(巨人)、パ・リーグ野茂英雄投手(近鉄)に決定。新人王はセ・リーグ与田剛(中日)、パ・リーグ野茂。野茂は沢村賞、投手部門4冠(最多勝、防御率、勝率、奪三振)を含め8冠。

10.28　〔体操〕西川が個人総合優勝　体操ワールドカップで西川大輔が個人総合優勝。

10.28　〔競馬〕天皇賞はヤエノムテキ　第102回天皇賞(秋)レースが東京競馬場(芝2000m)で行われ、ヤエノムテキ(岡部幸雄騎手)が1分58秒2で1着となった。

10.31　〔大学野球〕立大が11回目の優勝　東京6大学野球秋季リーグが27年ぶりの優勝決定戦となり、立大が法大を破り11回目の優勝。

11.1〜4　〔ゴルフ〕旭硝子世界選手権開催　ゴルフ・旭硝子世界選手権(アメリカ、欧州、オーストラリア、日本の代表団体戦)が東京よみうりゴルフ倶楽部で開催される。4日、雨で決勝が中止となり、規定によりオーストラリアが優勝。

11.2　〔体操〕鯖江市で世界体操選手権　95年世界体操選手権の開催地が鯖江市に決定。アジア初開催。

11.2　〔プロ野球〕日米選抜対抗戦開催　プロ野球日米選抜チーム対抗戦が東京ドームで開幕。11日までに各地で8試合を行う。

11.3　〔体操〕全日本選手権開催　体操の全日本選手権男子個人総合で西川大輔(日大)が初優勝。女子は小菅麻里が3連覇。

11.3　〔相撲〕初の外国人学生横綱　全国学生相撲選手権でブラジル人留学生の池森ルイス剛(拓大)が優勝、初の外国人学生横綱に。

11.3　〔剣道〕12年ぶり初出場初優勝　全日本剣道選手権で宮崎正裕六段が12年ぶりとなる初出場初優勝。

11.4　〔駅伝〕大東大が2年連続　第22回全日本大学対校駅伝(名古屋‐伊勢)で大東大が2年連続7回目の優勝。

11.4　〔競馬〕菊花賞は4番人気メジロマックイーン　第51回菊花賞レースが京都競馬場(芝3000m)で行われ、4番人気のメジロマックイーン(内田浩一騎

	手)が3分06秒2で1着となった。
11.9	〔バレーボール〕FIVB世界4強大会開催　バレーボール・FIVB世界4強大会が東京・代々木で開幕。14日、女子でソ連が優勝、日本は3位。16日、大阪府立体育館で男子が開幕。21日、ソ連が優勝、日本は4位。
11.11～14	〔卓球〕男子W杯開催　第11回卓球男子単ワールドカップが千葉・幕張メッセで開催され、ワルドナー(スウェーデン)が決勝で馬文革(中国)を破り初優勝。
11.16	〔バレーボール〕朝鮮高級学校の加盟拒否　全国高校体育連盟全国理事会が、朝鮮高級学校の加盟問題について規約改正はせず、現行通り加盟を拒否することを再確認。しかし、既に広島高体連が7月に開催された広島県知事杯バレーボール大会高校の部で参加を認めており、11月26日に大阪高体連が府内大会に限り参加を認める方針を決定するなど、各都道府県の対応には差異がみられる。
11.17	〔体操〕中日カップ開催　中日カップ国際選抜体操の個人総合男子でシェルボ、女子はボギンスカヤのソ連勢が優勝。
11.17	〔新体操〕秋山7連覇ならず引退　第43回全日本新体操選手権が山形市で開催され、女子個人総合で川本ゆかり(東京・藤村女子高)が史上初めて高校生で優勝。7連覇を阻まれた秋山エリカは引退を表明。
11.18	〔ゴルフ〕ダンロップフェニックス開催　ゴルフ・ダンロップフェニックスが宮崎Fで開催され、マイズ(アメリカ)が優勝。
11.23	〔サッカー〕チャレンジ92選手権開催　サッカーのチャレンジ92選手権が東京・国立競技場で開催され、読売クラブがヤマハを破り優勝、賞金3000万円を獲得。
11.24	〔プロ野球〕ドラフト会議開催　プロ野球新人ドラフト会議が開催され、小池秀郎投手(亜大)を史上最多の8球団が指名。巨人は元木大介(上宮高出)を指名。12月12日、ロッテが小池との入団交渉を断念。
11.25	〔相撲〕千代の富士が31回目の優勝　大相撲九州場所は、横綱・千代の富士が13勝2敗で31回目の優勝。幕内通算804勝で北の湖と並んで史上1位。殊勲賞は関脇・琴錦(3回目)と前頭1枚目・安芸ノ島(4回目)。敢闘賞は前頭7枚目・曙(初)。技能賞は関脇・琴錦(初)。
12.2	〔マラソン〕福岡国際で弘山が2位　第44回福岡国際マラソンでデンシモ(エチオピア)が2時間11分35秒で初優勝。弘山勉(資生堂)が2秒差で2位。
12.2	〔相撲〕全日本選手権開催　第39回全日本相撲選手権で栗本剛(中大)が戸田歩(専大)を破り初優勝。中大の優勝は初めて。
12.2	〔柔道〕嘉納杯国際大会開催　柔道嘉納杯国際大会が日本武道館で開催され、無差別級で小川直也が優勝、95kg超級と合わせ2冠。60kg級では18歳の板楠忠士が初優勝。
12.8～9	〔スピードスケート〕ワールドカップ松本大会開催　スピードスケート・ワー

1990年(平成2年)　　　　　　　　　　　　　　　　　　日本スポーツ事典

ルドカップ長野シリーズの松本大会が浅間で開催される。参加16ヶ国70選手。15日から16日にかけて、軽井沢大会が開催され、橋本聖子が500mで優勝。

12.9　〔マラソン〕東京国際女子マラソンで谷川3位　東京国際女子マラソンで謝麗華(中国)が優勝、谷川真理(資生堂)は3位。

12.9　〔柔道〕福岡国際で田村が史上最年少優勝　第8回福岡国際女子柔道選手権48kg級で地元・城香中3年の田村亮子(15)が史上最年少優勝。

12.12　〔アメリカンフットボール〕松下電工が初優勝　アメリカンフットボール日本社会人選手権が東京ドームで開催され、松下電工がオンワードを破り初優勝。

12.16　〔ノルディックスキー〕W杯札幌大会開催　スキー・ジャンプのワールドカップ札幌大会が宮の森・大倉山の両シャンツェで15,16日に開催された。15ヶ国から52人、日本選手14人が参加。

12.23　〔駅伝〕全国高校駅伝開催　全国高校駅伝男子(第41回)は西脇工(兵庫)が8年ぶり2回目の優勝。女子(第2回)は群馬女子短大付(群馬)が高校日本最高の1時間8分51秒で初優勝。

12.23　〔卓球〕全日本選手権開催　全日本卓球選手権が東京・代々木第2体育館で開催され、男子単で斎藤清(日産自動車)が3年連続7度目、女子単は星野美香(太神三井銀)が2年連続7度目。

12.23　〔競馬〕引退のオグリキャップが勝利　第35回有馬記念レースが中山競馬場(芝2500m)で行われ、オグリキャップ(武豊騎手)が2分34秒2で1着となり、引退の花道を飾る。中央競馬での総収得賞金8億8900万円は史上最高。レースの馬券売り上げ額は480億円。この年、中央競馬の年間売り上げが初めて3兆円を突破。

12.24　〔アイスホッケー〕王子製紙が日本リーグ優勝　アイスホッケー日本リーグのプレーオフで王子製紙が国土計画を破り優勝。

12月　〔一般〕日本プロスポーツ大賞決定　1990年(平成2年)の日本プロスポーツ大賞(日本プロスポーツ協会主催)は、大賞が野茂英雄(プロ野球)、殊勲賞が森祗晶(プロ野球)、千代の富士貢(大相撲)、尾崎将司(男子プロゴルフ)に決定。

12月　〔一般〕流行語大賞決定　第7回(1990年)新語・流行語大賞が決定。スポーツ界では、特別部門・人語一体/語録賞部門に"昭和生まれの明治男"が選ばれた。受賞者は村田兆治・淑子夫妻(元ロッテオリオンズ)。

駅伝
　「駅伝」は中国で春秋時代からおこなわれた公文書の送達や役人の宿泊のための制に始まり、漢代から唐代に発展したとものの本に記されている。今日、日本でおこなわれている「駅伝」競走の始まりは1917年(大正6年)のことである。江戸が東京になって50年にあたり、東京市は「東京奠都五十年奉祝博覧会」(上野不忍池畔、

－ 310 －

3月～5月) を開くことを決めた。これに伴い、民間各界も協賛事業をおこなうことになった。その一つとして、読売新聞は社会部長の土岐善麿 (歌人) を中心にして企画を練り、「東海道五十三次駅伝競走」を実施した。当初は「駅伝」ではなく「マラソンリレー」と呼んでいたが、この企画の顧問役をつとめていた武田千代三郎 (神宮皇学館館長、日本体育協会副会長=当時) が古典知識に基づいて提案し「駅伝競走」と改めたという。このときの東海道駅伝は京都を出発、街道筋の歓呼を浴びて昼夜なく走りつづけ、関東軍が三日目の午前 11 時半過ぎ、関西軍は同日午後 1 時前に博覧会場にゴールした (以上、読売新聞社史による)。箱根駅伝 (関東大学東京箱根間往復駅伝) はテレビ放映され正月の年中行事のように茶の間で親しまれている。男子高校駅伝の最高記録が日本の男子マラソンの最高記録にすこし先行し、あたかも男子マラソンの記録を引っ張り上げてきたようにみえるのは興味深い。だが駅伝偏重がマラソンをダメにしたという見方もある (生島淳『駅伝がマラソンをダメにした』光文社)。駅伝競走はロード・レースのリレーであり、区間の距離に長短がある。区間距離に長短があることが最もよく生かされているのは都道府県対抗女子駅伝だろう。短い距離の区間は中学生や高校生が走る。中学生から一線級の学生・社会人までが郷里の襷をかけて一体感をもって走る。この駅伝から有森などのちの有力選手が育ってもいる。都道府県対抗女子駅伝は女子長距離走者の全国的な底辺拡大に役立ってきたろう。駅伝競走は日本独特の競技だが、横浜国際女子駅伝には各国から一線級の長距離走者が参加するようになったし、韓国、中国でも駅伝競走がおこなわれるようになった。

1991年
(平成3年)

1.1	〔サッカー〕**松下電器が初の賜杯** 第70回天皇杯全日本サッカー選手権で松下電器が日産自動車をPK戦で破り初優勝。
1.3	〔駅伝〕**大東大が箱根2連覇** 第67回東京‐箱根間往復大学駅伝競走は、大東大が11時間19分7秒で2年連続4度目の総合優勝。復路1位は順天大。
1.3	〔アメリカンフットボール〕**日大が3連覇** アメリカンフットボール第8回日本選手権が国立競技場で開催され、日大が松下電工を破り3連覇。
1.5	〔バスケットボール〕**シャンソンが4年ぶり優勝** バスケットボール全日本選手権女子でシャンソン化粧品が4年ぶり5回目の優勝。6日、男子は三菱電機が2連覇。
1.5~6	〔スピードスケート〕**全日本選手権開催** 第59回全日本スピードスケート選手権が釧路で開催され、女子総合で橋本聖子が10連覇、男子総合は青柳徹が5連覇。
1.6	〔テニス〕**雉子牟田が準優勝** 女子テニスのオーストラリア・ハードコート選手権で雉子牟田明子(旭硝子)が準優勝。
1.7	〔ラグビー〕**熊谷工が初優勝** 第70回全国高校ラグビーで熊谷工が天理を19-9で破り初優勝。
1.8	〔高校サッカー〕**国見が3年ぶり優勝** 第69回全国高校サッカー選手権決勝が東京・国立競技場で開催され、国見(長崎)が鹿児島実を破り3年ぶり2回目の優勝。
1.13	〔水泳〕**世界水泳選手権開催** 第6回世界水泳選手権がオーストラリア・パースで3~13日に開催。7日、シンクロナイズドスイミング・ソロで小谷実可子が3位。8日、同デュエットで小谷・高山組が2位。9日、女子400m自由形で15歳の千葉すず(近大付中)が4分11秒44の日本新記録で3位、自由形で初のメダル獲得。13日、女子200mバタフライで司東利恵(春日部共栄高)が2分11秒06の日本新記録で日本女子初めての銀メダル。
1.13	〔フィギュアスケート〕**全日本フィギュア開催** 全日本フィギュアで伊藤みどりが7連覇、男子は鍵山正和が初優勝。
1.15	〔ラグビー〕**神戸製鋼が3連覇** 第28回ラグビー日本選手権が東京・国立競技場で開催され、神戸製鋼が明大を38-15で破り3連覇。
1.18	〔熱気球〕**熱気球で初の太平洋横断** 宮崎県都城を離陸した英国人2人が世界初の熱気球による太平洋横断に成功。
1.19	〔登山〕**女性初の6大陸最高峰登頂** 登山家の田部井淳子(51)が南極大陸のビンソンマシク(4897m)登頂に成功。女性初の6大陸最高峰登頂を達成。

1.27	〔マラソン〕有森が日本最高記録で2位　大阪国際女子マラソンでドーレ(ドイツ)が7年ぶりの優勝。有森裕子が2時間28分01秒の日本最高記録で2位。
1.27	〔ノルディックスキー〕東昭広がジャンプ初V　スキーの第69回全日本選手権兼NHK杯ジャンプ大会が札幌・大倉山シャンツェで開催され、ラージヒル(90m級)で東昭広が初優勝。
1.27	〔相撲〕霧島が最高齢優勝　大相撲初場所は、大関・霧島が14勝1敗で初優勝。96場所目31歳9ヶ月の最高齢優勝記録。殊勲賞は前頭1枚目・曙(初)。敢闘賞は前頭15枚目・巴富士(初)。技能賞は関脇・琴錦(2回目)。
1.29〜2.3	〔テニス〕パン・パシフィック・オープン開催　女子テニスのパン・パシフィック・オープンが東京体育館で開催され、シングルスでサバチーニ(アルゼンチン)が優勝。
2.3	〔マラソン〕別府大分で森下が初優勝　第40回別府大分マラソンで新人の森下広一(旭化成)が2時間8分53秒の日本歴代6位のタイムで中山竹通を破り初優勝。
2.3	〔スピードスケート〕橋本2年連続メダルならず　スピードスケート91年女子世界選手権がノルウェー・ハーマルで開催され、橋本聖子は長距離不調で総合4位、2年連続メダル獲得ならず。
2.3	〔ボクシング〕畑中が世界王座　プロ・ボクシングWBC世界ジュニア・フェザー級タイトルマッチが名古屋市国際展示場で開催され、畑中清詞がペドロ・テシマ(アルゼンチン)に8回TKO勝ち、王座を獲得。
2.7〜17	〔ノルディックスキー〕団体で世界選手権初のメダル　ノルディックスキー世界選手権が北イタリア・フィエンメ谷で開催される。13日、男子複合団体で日本が総合3位、初のメダルを獲得。
2.10	〔マラソン〕小指が胸の差で2位　東京国際マラソンでメコネン(エチオピア)が2時間10分26秒で優勝。小指徹(ダイエー)は同タイム、胸の差で惜しくも2位。
2.11	〔陸上〕国際室内陸上開催　91国際室内陸上大阪大会が開催される。参加11ヶ国155選手。男子60mは写真判定となり、ベン・ジョンソンが優勝。
2.14	〔Jリーグ〕プロ10チーム決まる　日本サッカー協会が国内初のプロリーグ参加の10チームを正式に決定。
2.23〜24	〔アルペンスキー〕W杯女子開催　アルペンスキー・ワールドカップ女子が北海道富良野で開催される。滑降はハース(オーストリア)、スーパー大回転はメルル(フランス)が優勝。スーパー大回転で川端絵美(KDD)が15位。日本女子の入賞は88年以来2度目。
2.24	〔駅伝〕横浜国際女子駅伝開催　横浜国際女子駅伝が開催される。参加11ヶ国。優勝は中国。
2.24	〔スピードスケート〕日本男子4年ぶりメダル　スピードスケートの91年世界スプリント選手権がドイツ・インツェルで開催され、黒岩敏幸(日大)

が男子総合3位、日本男子では4年ぶりのメダル。

3.2　〔バスケットボール〕日本リーグ開催　バスケットボール日本リーグ女子でシャンソン化粧品が4年ぶり5回目の優勝。3日、男子は熊谷組が初優勝。

3.2～10　〔ユニバーシアード〕札幌冬季大会開催　ユニバーシアードの第15回冬季大会が札幌・富良野両市を会場に開幕。アジア初開催で参加34ヶ国。10日に閉幕、日本のメダルは32(金14)。

3.3　〔マラソン〕山下が名古屋初優勝　91名古屋国際女子マラソンで山下佐知子(京セラ)が2時間31分02秒の日本歴代8位のタイムで初優勝。

3.3　〔スピードスケート〕島崎がW杯初の総合優勝　スピードスケートのワールドカップ女子最終戦ハーグ大会で島崎京子(三協精機)が500m総合優勝。日本選手で初。

3.6　〔高校野球〕朝鮮高級学校が初出場　日本高校野球連盟が神奈川朝鮮中高級学校の加盟申請について、91年度から公式試合参加を認める特別措置を決定。4月28日、神奈川県朝鮮高級学校軟式野球部が公式戦初出場、日大藤沢と対戦し敗退。

3.8　〔プロ野球〕落合が裁定でサイン　プロ野球調停委員会が中日・落合博満選手の年俸問題で2億2000万円の球団提示と同額裁定。落合が契約書にサインし決着。

3.8　〔バレーボール〕日本リーグ開催　バレーボール日本リーグ女子の順位決定戦が大阪中央体育館で開催され、日立が2年ぶり15回目の優勝。16日、男子の順位決定戦が東京・代々木で開催され、新日鉄が3年連続12回目の優勝。

3.10　〔F1〕中嶋・鈴木が5・6位　自動車レースのF1シリーズ開幕戦アメリカ・グランプリでセナ(ブラジル)が優勝。中嶋悟が5位、鈴木亜久里は6位。

3.14　〔ボクシング〕レパード玉熊が王座失う　プロ・ボクシングWBA世界フライ級タイトルマッチが東京武道館で開催され、チャンピオンのレパード玉熊がアルバレス(コロンビア)に判定負け、7ヶ月余りで王座を失う。

3.16　〔フィギュアスケート〕伊藤みどりが世界選手権総合4位　フィギュアスケートの91年世界選手権女子シングルで伊藤みどりが総合4位。

3.24　〔相撲〕北勝海が優勝　大相撲春場所は、横綱・北勝海が13勝2敗で8回目の優勝。殊勲賞は小結・曙(2回目)と前頭1枚目・貴闘力(初)。敢闘賞は前頭13枚目・貴花田(初)。技能賞は前頭13枚目・貴花田(初)。18歳7ヶ月の貴花田が敢闘賞・技能賞を受賞、受賞最年少記録を更新。

3.27　〔オリンピック〕JOC新体制　91年度から特定公益増進法人の資格を得て完全独立する日本オリンピック委員会が91年度事業計画などを決定、新体制がスタート。

4.5　〔高校野球〕広陵が2回目の優勝　第63回選抜高校野球は、広陵(広島)が松商学園(長野)を65年ぶりの決勝対決で6-5で破り2回目の優勝。

4.7　〔競馬〕桜花賞はシスタートウショウ　第51回桜花賞レースが京都競馬場

(芝1600m)で行われ、シスタートウショウ(角田晃一騎手)が1分33秒8で1着となった。連複でGI最高の配当2万2630円。

4.8〜14 〔テニス〕サントリー・ジャパンオープン開催　テニスのサントリー・ジャパンオープンが東京・有明で開催される。13日、女子シングルスでマクニール(アメリカ)が優勝。14日、男子シングルスでエドベリ(スウェーデン)が優勝。

4.12 〔自動車〕世界選手権シリーズ第1戦　スポーツカー世界選手権シリーズ第1戦が鈴鹿サーキットで開幕。14日、バルディ、アリオー組のプジョーが初優勝。

4.13 〔大学野球〕東大が通算200勝　東京6大学野球春のリーグ開幕戦で70連敗中の東大が立大を破り通算200勝達成。

4.14 〔サッカー〕読売クラブが優勝　サッカー第26回日本リーグで本田技研がヤマハに敗れ、読売クラブが3試合を残して優勝。

4.14 〔ゴルフ〕マスターズ・トーナメント開催　男子ゴルフの第55回マスターズ・トーナメントがアメリカ・ジョージア州オーガスタで開催され、ウーズナム(イギリス)が初優勝。中島常幸が10位、尾崎将司は35位。

4.14 〔柔道〕田辺が5連覇　女子柔道の第6回全日本選手権で田辺陽子(ミキハウス)が初の5連覇。

4.14 〔競馬〕トウカイテイオーが父子制覇　第51回皐月賞レースが中山競馬場(芝2000m)で行われ、関西馬トウカイテイオー(安田隆行騎手)が2分01秒8で1着となった。史上4頭目の父子制覇。

4.17 〔オリンピック〕「五輪オーダー金賞」受賞　国際オリンピック委員会のサマランチ会長が、堤義明・日本オリンピック委員会前会長への「五輪オーダー金賞」授与を決めたと発表。日本人で初。5月5日に授与。

4.24 〔卓球〕世界卓球選手権が開幕　第41回世界卓球選手権が日本コンベンションセンター(千葉・幕張メッセ)で開幕、初めて南北朝鮮統一チーム「コリア」が出場。29日、女子団体でコリアが中国の9連覇を阻み優勝。30日、男子団体でスウェーデンが優勝。5月6日、男子単でパーソン(スウェーデン)、女子単で鄧亜萍(中国)が優勝。

4.28 〔ゴルフ〕ダンロップオープン開催　男子ゴルフの国内公式第1戦ダンロップオープンが茨城GCで開催され、マッケイ(オーストラリア)が優勝。杉原輝雄が2位。

4.28 〔競馬〕3代で天皇賞制覇　第103回天皇賞(春)レースが京都競馬場(芝3200m)で行われ、メジロマックイーン(武豊騎手)が3分18秒8で1着となった。祖父、父に続く3代制覇。騎手の武豊も春の天皇賞3連覇。

4.29 〔柔道〕小川が3連覇　全日本柔道選手権が日本武道館で開催され、小川直也五段が3連覇。

5.6 〔陸上〕国際スーパー大会開催　陸上競技の91国際スーパー大会が静岡・草薙競技場で開催され、男子やり投げでセッポ・ラテュ(フィンランド)が

91m98、棒高跳びでセルゲイ・ブブカ(ソ連)が6m07、2つの世界新記録が誕生。

5.6 〔バレーボール〕**全日本選手権開催** 第40回全日本バレーボール選手権男子でサントリーが6年ぶり3度目、女子でユニチカが2年ぶり16回目の優勝。

5.14 〔相撲〕**1045勝の千代の富士が引退** 大相撲夏場所は、初日の12日、前頭筆頭の貴花田が休場明けの横綱千代の富士(35歳)を破り、18歳9ヶ月の史上最年少金星記録を挙げた。千代の富士は2日目に板井に勝った後、3日目に貴闘力にも敗れ、「体力の限界」と引退を表明。年寄陣幕を襲名。1970(昭和45)年9月初土俵、1981(昭和56)年7月横綱昇進。通算1045勝437敗159休。通算勝ち星は歴代1位、優勝31回は大鵬に次ぐ歴代2位。「小さな大横綱」として一時代を築き、大相撲の世界で初めての国民栄誉賞を受賞した。

5.15 〔大学野球〕**東洋大が7季ぶり優勝** 東都大学野球で東洋大が完全優勝で7季ぶり7回目の優勝。

5.19 〔競馬〕**オークスはイソノルーブル** 第52回優駿牝馬(オークス)が東京競馬場(芝2400m)で行われ、イソノルーブル(松永幹夫騎手)が2分27秒8で1着となり、関西馬がGI5戦を制した。

5.21 〔サッカー〕**住友金属がジーコと契約** 93年に発足するサッカーのプロリーグに参加する住友金属が、元ブラジル代表のジーコ(38歳)と3年間の選手契約。推定契約金1億4000万円。

5.26 〔サッカー〕**アジア女子選手権開催** サッカーの第8回アジア女子選手権大会が福岡・平和台陸上競技場で開幕。参加9ヶ国・地域。6月8日、福岡・博多の森で決勝が行われ、中国が日本を圧倒して3連覇。

5.26 〔相撲〕**旭富士が4回目の優勝** 大相撲夏場所は、横綱・旭富士が優勝決定戦で大関小錦を破り14勝1敗で4回目の優勝。殊勲賞は前頭1枚目・貴花田(初)。敢闘賞は小結・貴闘力(2回目)と前頭1枚目・安芸ノ島(4回目)。技能賞は該当なし。また「ヒョー、ショー、ジョー」の名調子で1961年夏場所以来30年にわたって千秋楽表彰式の風物詩だったパン・アメリカ航空のデビッド・ジョーンズ広報部極東支配人が今場所を最後に引退、同時にパンナム杯も廃止された。

5.26 〔競馬〕**トウカイテイオーが2冠** 第58回日本ダービー(東京優駿)が東京競馬場(芝2400m)で行われ、トウカイテイオー(安田隆行騎手)が2分25秒9で圧勝、さつき賞に続き2冠。

5.28 〔登山〕**カンチェンジュンガ登頂** 日本ヒマラヤ協会とインドのチベット国境警備隊の合同隊が、世界第3の高峰カンチェンジュンガの東面からの登頂に成功。外国人では戦後初めて。

6.2 〔大学野球〕**慶大が8季ぶり優勝** 東京6大学野球で慶大が早大に連勝、8季ぶり25回目の優勝。

6.2～9 〔サッカー〕**キリンカップで日本初優勝** サッカー・キリンカップ91が東

京・国立競技場で開催される。参加4ヶ国。日本が3戦全勝で初優勝。

6.6～9 〔水泳〕日本水泳選手権開催　第67回日本水泳選手権が神戸で開催され、男子100m背泳ぎで糸井統(稲泳会)が優勝、鈴木大地が7年ぶりに敗れる。8日、糸井は200m背泳ぎで日本新記録で3連覇。

6.14 〔ボクシング〕畑中が王座失う　プロ・ボクシングWBC世界ジュニア・フェザー級タイトルマッチが名古屋・総合体育館で開催され、チャンピオン畑中清詞がダニエル・サラゴサ(メキシコ)に判定負け。日本人は無冠に。10月28日、引退を表明。

6.15 〔大学野球〕東北福祉大が延長17回制す　第40回全日本大学野球選手権で東北福祉大が関西大を延長17回で破り初優勝。

6.16 〔オリンピック〕98年長野冬季五輪決定　国際オリンピック委員会総会がイギリス・バーミンガムで開催され、98年冬季オリンピック開催地を長野市に決定。日本では札幌以来26年ぶり。

6.23 〔自動車〕日本車がルマン初優勝　自動車耐久レース第59回ルマン24時間でマツダ車が日本車として初優勝。

6.24 〔相撲〕貴花田が史上最年少3役　大相撲名古屋場所新番付で18歳10ヶ月の貴花田が史上最年少の小結に。

6.25 〔大学野球〕日米大学野球開催　第20回日米大学野球は日本が90年に続き3連勝、8回目の優勝が決定。

6.30 〔ゴルフ〕岡本1打差で2位　ゴルフの全米女子プロ選手権がワシントンで開催され、マーロン(アメリカ)が優勝。岡本綾子は1打差で優勝ならず。

6.30 〔柔道〕明大が19年ぶり優勝　第40回全日本学生柔道で明大が3連覇を狙う東海大を破り19年ぶりの優勝。

7.7 〔ゴルフ〕フィランスロピー・タケダ開催　ゴルフの関東・関西両プロ選手権を統一した新大会、フィランスロピー・タケダ(賞金の30%を福祉事業に寄付)が千葉で開催され、浜野治光が初優勝。

7.14 〔テニス〕グンゼ・ワールド開催　テニスのグンゼ・ワールド大会が東京体育館で開催され、女子サバチーニ(アルゼンチン)、男子はクーリア(アメリカ)が優勝。

7.14 〔ゴルフ〕全米女子オープン開催　ゴルフの全米女子オープンがテキサス州コロニアルで開催され、メグ・マローンが優勝。岡本綾子は15位。

7.14～25 〔ユニバーシアード〕イギリスで夏季大会　91(第16回)ユニバーシアード夏季大会がイギリス・シェフィールドで開催される。日本のメダル獲得数は金4、銀16、銅8。

7.21 〔ゴルフ〕全英オープン開催　ゴルフの全英オープンがロイヤルバークデールで開催され、ベーカーフィンチ(オーストラリア)が初優勝。日本勢は予選落ち。

7.21 〔相撲〕琴富士が平幕優勝　大相撲名古屋場所は、前頭13枚目・琴富士が

14勝1敗で初優勝。平幕優勝は7年ぶり。殊勲賞は小結・貴花田 (2回目)。敢闘賞は関脇・貴闘力 (3回目) と前頭13枚目・琴富士 (2回目)。技能賞は小結・貴花田 (2回目)。8日目、62代横綱大乃国 (28) が4敗を喫し、引退を表明。

7.28 〔柔道〕小川が史上初3連覇　柔道の世界選手権がバルセロナで開催され、男子無差別級で小川直也 (中央競馬会) が史上初の3連覇。日本の金メダルは80kg級など男子の4個のみ。

7.31 〔プロ野球〕ロッテ本拠地を千葉へ　プロ野球パ・リーグのロッテが、92年から本拠地を川崎球場から千葉マリンスタジアムに移す意向を公式に表明。9月4日、正式決定。19日、新愛称をマリーンズに。

8.1 〔社会人野球〕東芝が3年ぶり優勝　第62回都市対抗野球が東京ドームで開催され、東芝 (川崎) が三菱重工長崎 (長崎) を破り3年ぶり4回目の優勝。

8.7 〔プロ野球〕門田が2500本安打　プロ野球パ・リーグの門田博光外野手 (ダイエー) が平和台球場で行われた日本ハム戦で史上6人目の通算2500本安打を達成。

8.9 〔相撲〕「待った」に罰金　日本相撲協会の二子山理事長が立ち合いの「待った」に罰金を科すと発表。9月場所から実施。

8.11 〔陸上〕野村が日本新記録　陸上競技の女子100mで野村綾子 (光アクティス) が11秒71、13年ぶりに日本記録を更新。

8.17 〔テニス〕伊達が準優勝　女子テニスのバージニアスリムズ・ロサンゼルス大会で伊達公子 (ヨネックス) が世界ランキング3位のサバチーニに勝利。18日、決勝で敗れ準優勝。

8.18 〔バレーボール〕バレーボール五輪出場権獲得　バレーボールの第6回男子アジア選手権がオーストラリア・パースで開催され、日本が韓国を破り優勝。92年のオリンピック出場権を獲得。

8.18 〔ゴルフ〕尾崎が内最小スコアタイ　第59回日本プロゴルフ選手権が栃木・プレステージCCで開催され、尾崎将司が国内最小スコアタイの61で逆転優勝、男子初の通算70勝を達成。

8.21 〔高校野球〕初出場大阪桐蔭が優勝　第73回全国高校野球選手権大会は、初出場の大阪桐蔭が沖縄水産を13-8で破り優勝。沖縄水産は2年連続準優勝。

8.22～25 〔水泳〕パンパシフィック水泳選手権開催　第4回パンパシフィック水泳選手権がカナダ・エドモントンで開催される。日本のメダル獲得数は銀3、銅9。22個の日本新記録が誕生。

8.23 〔マラソン〕世界陸上開催　第3回世界陸上選手権が東京・国立競技場で開幕。参加168ヶ国・地域、選手1705人。日本選手団は男子36人、女子27人。25日、男子100m決勝でカール・ルイス (アメリカ) が9秒86、リーロイ・バレル (アメリカ) も9秒88の世界新記録。女子マラソンで山下佐知子 (京セラ) が日本初の銀メダル。30日、男子走り幅跳びでマイク・パウエル (アメリカ) がルイスの66連勝を阻む8m95の23年ぶりの世界新記録。最終

日本スポーツ事典　　　　　　　　　　　　　　　　　　　　　　　　1991年(平成3年)

　　　　　日の9月1日、男子400mリレーでアメリカが37秒50の世界新記録。男子
　　　　　マラソンで谷口浩美(旭化成)が日本選手として大会史上初の金メダル。大
　　　　　会中、4つの世界新記録が誕生。
8.25　　〔レスリング〕女子世界選手権開催　レスリングの第3回女子世界選手権が
　　　　　東京・代々木第2体育館で開催され、団体戦で日本が3連覇。
9.5　　〔ゴルフ〕杉原敏一が父を破り初優勝　ゴルフの男子オープンが全国6地区
　　　　　で開幕。8日、関西オープン(兵庫ライオンズCC)で杉原敏一が父・輝雄を
　　　　　1打差で振り切り初優勝。
9.6〜15　〔体操〕体操世界選手権開催　体操の第26回世界選手権がアメリカ・イン
　　　　　ディアナポリスで開催される。10日、男子団体でソ連が4連覇、日本は4
　　　　　位。11日、女子団体で日本は13位、オリンピック出場権を失う。個人では
　　　　　小菅麻里が総合12位と健闘。14日、種目別男子ゆかで西川大輔(日大)が3
　　　　　位。15日、男子跳馬で相原豊(日体大)が3位。日本はメダル2つ。
9.8　　〔国民体育大会〕石川国体夏季大会開催　第46回国民体育大会(石川国体)
　　　　　夏季大会が松任市総合運動公園プールで開幕。11日、閉幕。
9.14　　〔テニス〕全日本選手権開催　テニスの第66回全日本選手権が東京・有明で
　　　　　開催され、女子シングルスで伊達公子が初優勝。15日、男子シングルスは
　　　　　山本育史が優勝。
9.19　　〔ボクシング〕辰吉が王座奪取　プロ・ボクシングWBC世界バンタム級タ
　　　　　イトルマッチで21歳の辰吉丈一郎(大阪帝拳)がグレグ・リチャードソン(ア
　　　　　メリカ)にTKO勝ち、王座を奪取。
9.22　　〔相撲〕琴錦が平幕優勝　大相撲秋場所は、前頭5枚目・琴錦が13勝2敗で
　　　　　初優勝。殊勲賞は前頭3枚目・若花田(初)。敢闘賞は前頭1枚目・栃乃和歌
　　　　　(3回目)と前頭5枚目・琴錦(2回目)。技能賞は前頭3枚目・若花田(初)と
　　　　　前頭12枚目・舞の海(初)。平幕力士の連続優勝は史上初。
10.3　　〔プロ野球〕西武が8回目の優勝　プロ野球パ・リーグは西武(森祇晶監督)
　　　　　が2年連続8回目の優勝。最終順位は2位近鉄、3位オリックス、4位日本
　　　　　ハム、5位ダイエー、6位ロッテ。
10.3　　〔ラグビー〕ワールドカップ開催　ラグビーの第2回ワールドカップがイン
　　　　　グランドで開幕。14日、日本は予選リーグ1勝2敗で決勝進出ならず。11
　　　　　月2日、オーストラリアが地元イングランドを破り初優勝。
10.5　　〔競馬〕「馬番連勝複式」発売　中央競馬会で1枠1頭制「馬番連勝複式」
　　　　　馬券の発売が始まる。
10.6　　〔ゴルフ〕東海クラシック開催　東海クラシックゴルフで男子は板井栄一、
　　　　　女子はリゾが優勝。
10.9　　〔相撲〕大相撲ロンドン公演　大相撲ロンドン公演がロイヤル・アルバート・
　　　　　ホールで開幕。大入りを続け、13日千秋楽。
10.12　 〔国民体育大会〕石川国体秋季大会開催　第46回国民体育大会(石川国体)
　　　　　秋季大会が開幕。参加者2万0453人、32競技が行われ、史上2番目の大規

1991年(平成3年)

模な大会となる。17日に閉幕。

10.13　〔プロ野球〕広島が6回目の優勝　プロ野球セ・リーグは広島(山本浩二監督)が5年ぶり6回目の優勝。最終順位は2位中日、3位ヤクルト、4位巨人、5位大洋、6位阪神。

10.13　〔テニス〕セイコー・スーパーテニス開催　男子テニスの第14回セイコー・スーパー大会が東京体育館で開催され、シングルスでステファン・エドベリ(スウェーデン)がロスターニョ(アメリカ)を破り4年ぶり2回目の優勝。

10.13　〔ゴルフ〕中島が2連覇　ゴルフの第56回全日本オープンが山口・下関GCで開催され、中島常幸がプレーオフで須貝昇を破り2年連続4回目の優勝、史上2人目の2回連覇。

10.17　〔オリンピック〕長野五輪組織委員会長に斎藤氏　98年長野冬季オリンピック大会組織委員会会長に斎藤英四郎経団連名誉会長が就任。

10.20　〔F1〕F1日本グランプリ開催　自動車レースのF1世界選手権第15戦日本グランプリが三重・鈴鹿サーキットで開催され、ベルガーが優勝。年間ドライバーズ・チャンピオンがセナ(ブラジル)に決定。7月25日に今季限りの引退を表明していた日本人初のF1レーサー中嶋悟は、マシントラブルのため無念のリタイヤ。

10.20　〔競馬〕増沢が2000勝　競馬の増沢末夫騎手が福島競馬で1着。中央競馬では前人未到の2000勝達成。

10.27　〔競馬〕天皇賞で進路妨害の波乱　第104回天皇賞(秋)レースが東京競馬場(芝2000m)で行われた。1着のメジロマックイーン(武豊騎乗)が進路妨害で最下位に降着、2着のプレクラスニー(江田照男騎手)が2分03秒9で繰り上がりで初の栄冠。

10.28　〔プロ野球〕西武が7回目の日本一　プロ野球・第42回日本シリーズは、パ・リーグ優勝の西武(森祇晶監督)が広島に4勝3敗で逆転勝ち、2年連続7回目の日本一。シリーズMVPは秋山幸二。

10.30　〔プロ野球〕佐々岡・郭がMVP　プロ野球の91年MVPがセ・リーグ佐々岡真司(広島)、パ・リーグ郭泰源(西武)に決定。新人賞はセ・リーグ森田幸一(中日)、パ・リーグ長谷川滋利(オリックス)。全員が投手。

11.2　〔プロ野球〕日韓親善プロ野球開催　初の日韓親善プロ野球が東京ドームで開幕。10日、日本の4勝2敗で終了。

11.2　〔大学野球〕慶大が春秋連覇　東京6大学野球秋のリーグ戦で慶大が早大に先勝し、19年ぶりの春秋連覇を達成。

11.3　〔駅伝〕日大が初優勝　第23回全日本大学対校駅伝で19回出場の日大が初優勝、山梨学院大が連続2位。

11.3　〔体操〕全日本選手権開催　第45回全日本体操選手権大会が山形市で開催され、個人総合で男子は西川大輔(日大)が2連覇、女子は小菅麻里(朝日生命ク)が4連覇。女子の自由演技で、前日の規定の採点を不満としてコーチらが出場選手の3分の2にあたる18チーム48選手にボイコットさせ、塚原光

男・女子競技委員長体制への不満が表面化。8日、日本体操協会が17チームの監督・コーチらを譴責処分、同時に塚原の辞表を受理。

11.3　〔サッカー〕チャレンジ選手権開催　サッカー・チャレンジ選手権が東京で開催され、トヨタが本田技研を破り優勝。

11.3　〔剣道〕宮崎が史上初の連覇　全日本剣道選手権で宮崎正裕六段(神奈川県警)が大会史上初の連覇。

11.3　〔競馬〕菊花賞はレオダーバン　第52回菊花賞レースが京都競馬場(芝3000m)で行われ、3番人気の関東馬レオダーバン(岡部幸雄騎手)が3分09秒5で1着となった。

11.8～17　〔バレーボール〕ワールドカップ開催　ワールドカップ女子バレーボールが東京・代々木などで開催される。13日、日本はA組予選で3勝2敗、決勝ラウンドに進出できず。17日、キューバが2連覇、日本は7位。

11.9　〔フィギュアスケート〕伊藤みどり逆転優勝　フィギュアスケートの冬季オリンピック前哨戦、ラリックス国際大会がアルベールビルで開催され、伊藤みどりが7つの3回転ジャンプを決め逆転優勝。

11.16　〔野球〕日本石油がアマ初代王者　第1回野球アマチュア王座決定戦で社会人優勝の日本石油が大学優勝の東北福祉大を破り初代王者に。

11.17　〔マラソン〕東京国際で谷川が優勝　東京国際女子マラソンで谷川真理(資生堂)が2時間31分27秒の日本歴代10位、自己新記録で初優勝。日本選手の優勝は8年ぶり。

11.22～12.1　〔バレーボール〕W杯男子開催　ワールドカップ男子バレーボールが大阪城ホールなどで開催される。日本は3勝1敗で予選を突破するが、決勝ラウンドで3連敗、勝率差で4位。ソ連が10年ぶりの優勝を果たす。

11.23　〔新体操〕全日本選手権開催　新体操の第44回全日本選手権女子個人総合で川本ゆかり(東女体大)が2連覇。男子は内海祐吾(群馬県体操協会)が3連覇。

11.24　〔ゴルフ〕ダンロップ・フェニックス開催　ゴルフ・ダンロップ・フェニックスが宮崎Fで開催され、ネルソン(アメリカ)が青木功ら4人とプレーオフの末、優勝。

11.24　〔相撲〕小錦が2年ぶり優勝　大相撲九州場所は、大関・小錦が13勝2敗で2回目の優勝。殊勲賞は小結・琴錦(4回目)。敢闘賞は前頭12枚目・武蔵丸(初)。技能賞は前頭9枚目・舞の海(2回目)。

12.1　〔マラソン〕福岡国際で森田が優勝　第45回福岡国際マラソンで森田修一(日産自動車)が後半に快走、2時間10分58秒で初優勝。表彰台を独占したのをはじめ、10位以内に日本選手が6人。

12.1　〔相撲〕全日本選手権開催　第40回全日本相撲選手権で伊東勝人(近大職)が斉藤一雄(日体大大学院)を破り初優勝。

12.2　〔ゴルフ〕女子初の通算賞金5億円　涂阿玉が7040万円で2年ぶり7度目

の日本女子プロゴルフ賞金女王に。通算では前人未踏の5億円を突破。

12.3 〔プロ野球〕選手会東京大会　日本プロ野球選手会(原辰徳会長)が東京大会を開催。339選手が参加し、フリーエージェント制実現のため、スト権確立も辞さぬ方針を確認。

12.8 〔バスケットボール〕シャンソン化粧品が優勝　バスケットボール日本リーグ女子でシャンソン化粧品が共同石油を破り優勝。

12.8 〔柔道〕田村が48kg級2連覇　第9回福岡国際女子柔道選手権が福岡国際センターで開催され、48kg級で田村亮子(福岡工大付高1年)が2連覇。日本勢が全8階級中5階級を制覇。

12.9 〔プロ野球〕落合が3億円で更改　プロ野球セ・リーグの落合博満内野手(中日)が8000万円増の年俸3億円で契約更改。日本選手初の3億円プレーヤーに。

12.14~15 〔ノルディックスキー〕ジャンプW杯札幌大会開催　スキー・ジャンプのワールドカップ札幌大会が宮の森シャンツェ(70m級)、大倉山シャンツェ(90m級)で開催される。13ヶ国46選手、日本から14選手が参加。

12.17 〔ボクシング〕井岡が2階級制覇　プロ・ボクシングWBA世界ジュニア・フライ級タイトルマッチが大阪体育会館で開催され、挑戦者の井岡弘樹(グリーンツダ)が柳明佑(韓国)に判定勝ち、ストロー級に続き2階級制覇。

12.21 〔卓球〕全日本選手権開催　卓球の全日本選手権が東京体育館で開催され、女子単で佐藤利香が2回目の優勝。22日、男子単で渡辺武弘が優勝。

12.22 〔駅伝〕全国高校駅伝開催　全国高校駅伝男子は大牟田が3年ぶり4度目、女子は筑紫女学園が初優勝。福岡勢が史上初のアベック優勝。

12.22 〔アイスホッケー〕国土計画が3年ぶり優勝　アイスホッケー日本リーグで国土計画が王子を破り3年ぶりの優勝。

12.22 〔競馬〕有馬記念初の単勝万馬券　第36回有馬記念レースが中山競馬場(芝2500m)で行われ、14番人気のダイユウサク(熊沢重文騎手)が2分30秒6で1着。有馬史上初の単勝万馬券となった。

12.26 〔ヨット〕「たか号」が連絡を絶つ　神奈川県三浦市とグアム間の「トーヨコカップ・ジャパン→グアム・ヨットレース92」(日本外洋帆走協会主催)がスタート。30日、レースに参加した「たか号」(全長14m、小川秀三艇長ら7人乗り)が連絡を絶つ。92年1月6日、たか号が消息を絶っていることが判明、捜索が開始される。9日、たか号の漂流いかだの近くに探索のYS11が飛来するが、いかだに気付かずに飛び去る。25日、クルーの1人、佐野三治が小笠原諸島・父島沖を救命いかだで漂流しているところをイギリスの貨物船に救助される。残る6人は発見されず。

12月 〔一般〕日本プロスポーツ大賞決定　1991年(平成3年)の日本プロスポーツ大賞(日本プロスポーツ協会主催)は、大賞が辰吉丈一郎(プロボクシング)、殊勲賞が貴乃花光司(大相撲)、尾崎直道(男子プロゴルフ)、中嶋悟(F1)に決定。

12月　〔一般〕流行語大賞決定　第8回(1991年)新語・流行語大賞が決定。スポーツ界では、表現部門・金賞部門に"川崎劇場"が選ばれた。受賞者は金田正一(元ロッテ・オリオンズ監督)。流行語部門・金賞部門は"若貴"、受賞者はおかみさんこと花田憲子。

アフリカ勢が台頭、陸上競技、やがて競泳も?

　　第3回世界陸上競技選手権大会(168ヶ国参加)が東京・国立競技場で開催された。男子100mはカール・ルイス(米)が9秒86の世界新記録で優勝、6位までが9秒台という圧巻のレースだった。3種目に四つの世界新記録が生まれた。日本勢は、男子400mで高野進がロサンゼルス五輪の吉岡隆徳以来32年ぶりに決勝にすすみ7位、男子マラソンで谷口浩亮が金、女子マラソンで山下佐知子が銀メダルを獲得。これまで東西2国にわかれて出場してきたドイツは第1、2回とも東西計12の金メダルを獲得していたが、統一後初の今大会は金メダル5個におわった。躍進がめだったのはアフリカ勢である。ケニアが長距離種目で8個の金メダルを獲得したのを筆頭に、1500m、400mはアルジェリアとザンビアに金メダル。男子ではローマ(1960)、東京(1964)両五輪のマラソンを制したアベベ(エチオピア)など、エチオピア、ケニアなど高地で暮らす人々の活躍が早くからみられた。近年は男子だけでなく女子でも、またマラソンだけでなくトラック競技の長距離から中距離まで、アフリカ勢が席捲している。100m、200mなどの短距離走はルイスら米欧のアフリカ系の人々が上位を占めている。ほかの各種のスポーツ(ボクシング、バスケットボールなど)でも彼らを抜きにしては語れない。彼らの姿を見ることが少ないのはスキー、スケートなどの冬季競技、その歴史がヨーロッパ上流社会に根ざすであろう馬術、フェンシング、そして競泳である。アフリカ勢(欧米国籍のアフリカ系を含む)が各種の競技で発揮している身体能力からみて競泳の各種目もいつか彼らによって記録が塗り替えられる日が来るのではないか。これまで水泳に彼らが進出していないのは、水泳に親しむ環境に恵まれないこと、そしておそらく水泳ではプロ化が進んでいないこともかかわっているだろう。

1992 年
(平成 4 年)

1.1 〔サッカー〕**日産自動車が天皇賜杯**　第 71 回天皇杯全日本サッカー選手権決勝が東京・国立競技場で開催され、日産自動車が読売クラブを延長戦で破り 2 年ぶり 5 回目の優勝。

1.3 〔駅伝〕**山梨学院大が初優勝**　第 68 回東京 - 箱根間往復大学駅伝競走は、山梨学院大が出場 6 回目で初の総合優勝。

1.3 〔アメリカンフットボール〕**オンワードが初優勝**　アメリカンフットボールの第 9 回日本選手権が東京ドームで開催され、オンワードが関学を破り初優勝。

1.3 〔オートバイ〕**オートバイで両極点走破**　冒険家の風間深志一行が史上初のオートバイによる南極点到達に成功、と現地から連絡。これで両極点走破に成功。

1.5 〔スピードスケート〕**全日本選手権開催**　スピードスケートの第 60 回全日本選手権で上原三枝が橋本聖子の 11 連覇を阻み初の女子総合優勝。男子は青柳徹が 6 連覇。

1.7 〔ラグビー〕**啓光学園が初優勝**　第 71 回全国高校ラグビー選手権決勝が大阪・花園で開催され、啓光学園 (大阪) が国学院久我山 (東京) を破り初優勝。

1.8 〔高校サッカー〕**7 年ぶり両校優勝**　第 70 回全国高校サッカー選手権決勝が東京・国立競技場で開催され、延長でも決着がつかず帝京 (東京) と四日市中央工 (三重) が 7 年ぶりとなる両校優勝。

1.11 〔バスケットボール〕**全日本選手権開催**　全日本総合バスケットボール選手権が東京・代々木で開催され、女子はシャンソン化粧品が 2 年連続 6 回目の優勝。12 日、男子で熊谷組が初優勝。

1.11 〔スピードスケート〕**全日本スプリント開催**　冬季オリンピックの代表選考会を兼ねたスピードスケートの第 18 回全日本スプリント選手権が山梨・富士吉田で開催され、女子総合で橋本聖子が 9 年連続 10 度目、男子総合で宮部行範が初の総合優勝。

1.12 〔フィギュアスケート〕**全日本選手権開催**　フィギュアスケートの第 60 回全日本選手権女子で伊藤みどりが史上最多タイの 8 連覇、男子は鍵山正和が 2 連覇。

1.14 〔相撲〕**貴花田が初優勝**　大相撲初場所 3 日目、63 代横綱の旭富士が若花田に敗れ 3 連敗、引退を表明。在位 9 場所。26 日、東前頭 2 枚目、19 歳 5 ヶ月の貴花田 (本名花田光司、東京都出身、藤島部屋) が 14 勝 1 敗で初優勝。大鵬が 60 年九州場所で作った 20 歳 5 ヶ月の史上最年少優勝記録を 32 年ぶりに更新。父の藤島親方 (元大関貴ノ花) との父子 2 代優勝も史上初。兄の

若花田も技能賞を受賞。若花田・貴花田兄弟の伯父にあたる二子山理事長がこの場所限りで勇退。

1.15 〔ラグビー〕神戸製鋼が4連覇 ラグビーの第29回日本選手権が国立競技場で開催され、神戸製鋼が明大を34-12で破り4連覇。

1.16 〔オリンピック〕メダリストに報奨金 日本オリンピック委員会理事会がオリンピックのメダリストに報奨金(金300万円、銀200万円、銅100万円)を贈る制度の新設を暫定的に決定。

1.23 〔大リーグ〕マリナーズを買収 任天堂の関連グループが、経営不振の米大リーグ、シアトル・マリナーズに1億ドル(任天堂の山内社長と一族が6割を出資)で買収を申し入れたとシアトルで発表。4月3日、任天堂を中心とする企業家グループ「シアトル野球クラブ」が球団オーナーと合意に達し、買収契約に調印したと発表。6月11日、大リーグが買収を出資率50%弱で正式承認。

1.26 〔マラソン〕小鴨が日本最高記録 92大阪国際女子マラソンで20歳の小鴨由水が2時間26分26秒の日本最高記録で初優勝。2位の松野明美、4位の山本佳子も日本最高。

2.2 〔マラソン〕別府・大分マラソン開催 第41回別府・大分マラソンでディオニシオ・セロン(メキシコ)が2時間8分36秒で初優勝。日本勢は泉宜広の5位が最高。

2.2 〔テニス〕パンパシフィック・オープン開催 女子テニスのパンパシフィック・オープンが東京体育館で開催され、ガブリエラ・サバチーニ(アルゼンチン)がマルチナ・ナブラチロワ(アメリカ)を破り2年連続3回目の優勝。

2.2 〔テニス〕日本は5年連続初戦敗退 テニスのデ杯アジア・オセアニアゾーン予選がマニラで開催され、日本はフィリピンに敗れ5年連続初戦敗退。

2.2 〔スピードスケート〕根本が4種目制覇 スピードスケート世界ジュニア選手権がワルシャワで開催され、女子総合で根本奈美(北海道・白樺学園高)が初の4種目完全優勝。

2.8〜23 〔オリンピック〕アルベールビル冬季五輪開催 第16回冬季オリンピック大会がフランス・アルベールビルで開催される。史上最大の64ヶ国・地域(旧ソ連はCIS統一チーム)から2174人が参加。日本選手団は71人。12日、スピードスケート女子1500mで橋本聖子が3位となり、冬季オリンピックで日本女子初のメダルを獲得。15日、同男子500mで黒岩敏幸が2位、井上純一が3位。18日、スキーのノルディック複合団体で日本(三ヶ谷礼一、河野孝典、荻原健司)が72年札幌大会笠谷以来20年ぶりの金メダル。スピードスケート男子1000mで宮部行範が3位。21日、フィギュアスケート女子シングルで伊藤みどりが日本女子最高の2位。前々日に転倒して金メダルは絶望的だったが、この日のフリーの演技でオリンピック初の3回転半ジャンプを成功させての銀メダル獲得。22日、スピードスケート・ショートトラック男子500mリレーで日本が3位。日本のメダル獲得数は7個(金1、銀2、銅4)で冬季五輪史上最高、過去の獲得総数に並ぶ好成績。入賞数も16

1992 年 (平成 4 年)

		で前回の 9 を大きく上回った。
2.9	〔マラソン〕森下が初優勝	東京国際マラソンで森下広一 (旭化成) が中山竹通 (ダイエー) に 6 秒差で競り勝ち、2 時間 10 分 19 秒で初優勝。
2.11	〔陸上〕三段跳びで日本新	92 国際室内陸上大阪大会が大阪城ホールで開催される。男女 18 種目が行われ、三段跳びで山下訓史 (日電) が 16m70 の日本新記録。
2.28	〔国民体育大会〕国体スキー競技会開催	国民体育大会冬季スキー競技会が山形県蔵王温泉で開幕。1526 選手が参加。
3.1	〔マラソン〕名古屋で大江が初優勝	92 名古屋国際女子マラソンでマラソン初挑戦の大江光子 (NISSAY) が 2 時間 31 分 04 秒で初優勝。2 位は 05 秒差で谷川真理。
3.1	〔スピードスケート〕黒岩が 2 年連続 3 位	スピードスケートの 92 年世界スプリント選手権男子総合で黒岩敏幸が 2 年連続 3 位。
3.7	〔野球〕初のアマ・プロ交歓試合	バルセロナ・オリンピック協賛で日本初のアマ・プロ交歓野球試合。プロ選抜が 10-9 で辛勝。
3.8	〔バスケットボール〕NKK が 13 年ぶり優勝	バスケットボール日本リーグ男子・4 強決勝トーナメントが東京・代々木で開催され、NKK が松下を圧倒、13 年ぶり 6 回目の優勝。
3.8	〔スピードスケート〕橋本が世界選手権 3 位	スピードスケートの 92 年女子世界選手権がオランダで開催され、橋本聖子が総合 3 位で 2 年連続のメダル獲得。
3.9	〔アルペンスキー〕川端が 2 連覇	全日本アルペンスキーが北海道・白滝北大雪で開催され、女子滑降で川端絵美 (KDD) が 2 連覇。10 日、スーパー大回転でも優勝。
3.15	〔サッカー〕読売クラブが 2 連覇	サッカー日本リーグで読売クラブが日立を下し 2 連覇。
3.15	〔バレーボール〕日本リーグ開催	バレーボール日本リーグ・女子最終順位決定リーグが東京・代々木で開催され、日立が 2 年連続 16 回目の優勝。29 日、同男子が大阪城ホールで開催され、日本電気が初優勝。
3.15	〔テニス〕16 歳杉山が優勝	テニスの全日本室内選手権が東京体育館で開催され、女子シングルスで 16 歳の杉山愛が優勝。
3.22	〔相撲〕小錦が 3 回目の優勝	大相撲春場所は、大関・小錦が霧島を破り 13 勝 2 敗で 3 回目の優勝。殊勲賞は小結・栃乃和歌 (2 回目) と前頭 2 枚目・安芸ノ島 (5 回目)。敢闘賞は前頭 2 枚目・安芸ノ島 (5 回目)。技能賞は小結・栃乃和歌 (初)。横綱北勝海は 2 連敗後休場。
3.29	〔陸上〕優秀選手に賞金	日本陸連がグランプリ制度を導入し、優秀選手に賞金を支給することを決定。
4.6	〔高校野球〕帝京が初優勝	第 64 回選抜高校野球は関東勢の決勝対決とな

り、帝京(東京)が東海大相模(神奈川)を3-2で破り初優勝。優勝投手は後にアトランタオリンピックで活躍、巨人に入団した三沢興一。また今大会から甲子園のラッキーゾーンが撤去され広い球場となった。

4.9 〔ヨット〕**日本艇は最下位の4位** ヨットレースの世界最高峰、第28回アメリカズカップ・挑戦艇シリーズ準決勝で大会初挑戦の日本艇が最下位の4位に終わる。5月16日、防衛艇のアメリカ・キューブが挑戦艇のデイ・ベネチア(イタリア)を4勝1敗で破り、アメリカが通算27回目の優勝。

4.10 〔ボクシング〕**鬼塚・平仲が王座獲得** プロ・ボクシングWBA世界ジュニア・バンタム級王座決定戦が東京体育館で開催され、鬼塚勝也がタノムサク(タイ)に判定勝ち。タノムサク側は「疑惑の判定」に抗議。メキシコ市で行われた同ジュニア・ウェルター級タイトルマッチでは挑戦者の平仲明信がロサリオ(プエルトリコ)に1回TKO勝ち。1日に2人の日本人世界チャンピオンが誕生。

4.11 〔テニス〕**伊達が初優勝** テニスのジャパンオープンが東京・有明で開催され、女子シングルスで伊達公子がアペルマンズ(ベルギー)を破り初優勝。

4.15 〔フィギュアスケート〕**伊藤みどりが引退** フィギュアスケート、アルベールビル・オリンピック銀メダリストの伊藤みどり(22)が引退届。

4.16～20 〔水泳〕**日本選手権開催** 水泳の日本選手権兼オリンピック代表選考会が名古屋市レインボープールで開催され、日本新記録10個が誕生。

4.19 〔柔道〕**田辺が全日本6連覇** 女子柔道の第7回全日本選手権が名古屋・県体育館で開催され、田辺陽子三段(推薦)が6連覇。

4.20 〔マラソン〕**山本が日本女子初の2位** 第96回ボストン・マラソン女子で山本佳子(ダイエー)が2時間26分26秒の日本最高タイ記録で日本女子初の2位。

4.25～28 〔水泳〕**アジア選手権開催** 水泳のアジア選手権が広島市で開催される。参加22ヶ国。前31種目中20種目で中国が優勝、残る11種目で日本が優勝。

4.26 〔バレーボール〕**大林が最優秀選手** バレーボールのピースカップで大林素子(日立)が最優秀選手に選ばれる。

4.26 〔テニス〕**日本男子初のツアー優勝** 男子テニスの韓国オープンで松岡修造が優勝。日本男子で史上初のツアー優勝。

4.26 〔競馬〕**メジロマックイーンが天皇賞連覇** 第105回天皇賞(春)レースが京都競馬場(芝3200m)で行われ、メジロマックイーン(武豊騎手)が3分20秒0で1着。史上初の春の天皇賞連覇。武豊騎手は4戦全勝で同4連覇。同日、京都競馬場第3レースの馬番連勝で14万3070円の史上最高の万馬券が出た。

4.29 〔柔道〕**小川が4連覇** 全日本柔道選手権が日本武道館で開催され、推薦出場の小川直也五段が4連覇。

5.3 〔陸上〕**真木が日本新記録** 第40回兵庫リレーカーニバルの女子1万mで真木和(ワコール)が31分40秒38の日本新記録(世界9位)。

1992年(平成4年)

5.3　〔ゴルフ〕尾崎がプロ最多73勝　男子ゴルフの中日クラウンズで尾崎将司が優勝、国内プロ最多の通算73勝目。

5.5　〔バレーボール〕全日本選手権開催　第41回全日本バレーボール選手権が大阪府立体育館で開催され、男子は日本電気がサントリーを破り日本リーグに続き初優勝。女子はダイエーがユニチカを破り6年ぶり2回目の優勝。

5.8　〔相撲〕北勝海が引退　4場所連続休場中の大相撲の横綱北勝海(28)が体力と気力の限界から夏場所目前に引退表明。1年の間に4人の横綱が引退し、61年ぶりに横綱不在となる。

5.10　〔柔道〕女子体重別選手権開催　柔道の第15回全日本女子体重別選手権で72kg級の田辺陽子が7連覇。61kg級では小林貴子が4連覇、48kg級では田村亮子が2連覇。

5.17　〔ゴルフ〕倉本が優勝　ゴルフの日本プロ選手権が群馬・下秋間で開催され、倉本昌弘がプレーオフで中島常幸を破り優勝。

5.24　〔相撲〕関脇曙が優勝　大相撲夏場所は、関脇・曙が若花田を破り13勝2敗で初優勝。外国人力士の優勝は高見山、小錦に次いで3人目。27日、史上2人目の外国人大関に昇進。殊勲賞は関脇・曙(4回目)。敢闘賞は前頭1枚目・三杉里(初)。技能賞は前頭7枚目・若花田(3回目)。

5.24　〔自動車〕小河が激突死　全日本F3000選手権が鈴鹿サーキットで開催され、小河等選手(36歳)が激突死。

5.24　〔競馬〕アドラーブルがオークス勝利　第53回優駿牝馬(オークス)が東京競馬場(芝2400m)で行われ、4番人気のアドラーブル(村本善之騎手)が2分28秒9で1着となった。

5.31　〔テニス〕全仏オープン開催　テニスの全仏オープンがパリで開催され、女子シングルスで伊達公子、雉子牟田明子がともに敗れ、準々決勝進出ならず。6月6日、女子シングルスでモニカ・セレシュ(新ユーゴ)が55年ぶりの3連覇。7日、男子シングルスでジム・クーリア(アメリカ)が2連覇。

5.31　〔競馬〕ミホノブルボンが圧勝　第59回日本ダービー(東京優駿)が東京競馬場(芝2400m)で行われ、ミホノブルボン(小島貞博騎手)が2分27秒8で1着となった。

6.4　〔卓球〕卓球グランプリ開催　卓球グランプリ92が静岡・富士体育館で開幕。18ヶ国・地域が参加。5日、団体戦で男女とも中国が優勝。日本勢は不振に終わる。

6.7　〔ゴルフ〕岡本が海外通算18勝目　米女子プロゴルフツアーのマクドナルド選手権で岡本綾子が優勝。米ツアーでの勝利は2年1ヶ月ぶりで通算17勝目、海外通算18勝目。

6.8　〔自転車〕中野が引退　自転車の世界選手権プロ・スプリントで77年以来10連覇を達成した中野浩一(36)が引退表明。80年にプロスポーツで初の年間賞金1億円を獲得、通算でも史上1位の13億円を記録。

6.11～12　〔相撲〕スペイン・ドイツ興行　大相撲マドリード場所が開催される。17

日、ドイツ・デュッセルドルフ場所を開催。

6.12〜14 〔陸上〕**日本選手権開催** 第76回日本陸上選手権兼オリンピック選考会が東京・国立競技場で開催される。

6.14 〔プロ野球〕**湯舟がノーヒットノーラン** プロ野球セ・リーグの湯舟敏郎(阪神)が対広島戦で史上58人目のノーヒットノーランを達成。

6.14 〔大学野球〕**駒大が9年ぶり優勝** 第41回全日本大学野球選手権で駒大が立命大を破り9年ぶり5回目の優勝。

6.14 〔自転車〕**橋本が自転車五輪代表** 自転車のバルセロナ・オリンピック代表選考会で橋本聖子が3000m追い抜きで優勝。16日、5度目のオリンピック代表に。

6.21 〔ゴルフ〕**全米オープン開催** 第92回全米オープンゴルフがカリフォルニアで開催され、トム・カイト(アメリカ)がメジャー初優勝。尾崎将司は23位。

6.22 〔テニス〕**沢松はベスト8ならず** テニスの第106回全英オープンが開幕。日本女子で初のベスト16進出を果たした沢松奈生子は29日に惜敗、準々決勝進出ならず。7月4日、女子シングルスでシュテフィ・グラフ(ドイツ)が2年連続4回目の優勝。5日、男子シングルスでアンドレ・アガシ(アメリカ)が初優勝。

6.23 〔ボクシング〕**旧ソ連出身初の王者** プロ・ボクシングWBC世界フライ級タイトルマッチが東京・両国国技館で開催され、ロシア人輸入ボクサーの勇利海老原アルバチャコフ(協栄)がムアンチャイ(タイ)に8回KO勝ち、旧ソ連出身選手として初のプロ世界チャンピオンに。

6.26 〔プロ野球〕**清原が通算200号** プロ野球パ・リーグの清原和博内野手(西武)通算200号本塁打。24歳10ヶ月は王貞治を抜いて史上最年少記録。

6.28 〔ゴルフ〕**日蔭が10年ぶり優勝** ゴルフの日本女子オープンで日蔭温子が10年ぶりに優勝。

6.28 〔登山〕**女性初の7大陸最高峰制覇** 登山家の田部井淳子がオセアニア最高峰、ニューギニアのカルストン・ピラミッド山(4884m)の登頂に成功。女性で初めて7大陸最高峰を全制覇。

7.8 〔テニス〕**グンゼ・ワールド開催** テニスのグンゼ・ワールド大会が大阪府立体育会館で開幕。12日、男子シングルスでクライチェク(オランダ)、女子シングルスでスコバ(チェコスロバキア)が優勝。

7.8 〔柔道〕**小川が史上初3連覇** 世界柔道選手権無差別級で小川直也が史上初の3連覇。

7.11 〔競馬〕**馬番連勝2403.3倍** 福島競馬第5レースの馬番連勝が2403.3倍の史上最高配当に。

7.15 〔ヨット〕**女性初の無寄港世界一周** 今給黎教子(27)が鹿児島県の錦江湾口・神瀬浮標に到着、日本女性初のヨットでの単独無寄港世界一周に成功。91年10月12日の出港から航海日数278日、5万4000km。

1992年(平成4年)

7.16 〔プロ野球〕北別府が通算200勝　プロ野球セ・リーグの北別府学(広島)が対中日戦で史上22人目の通算200勝を達成。

7.18 〔相撲〕平幕水戸泉が初優勝　大相撲名古屋場所は、前頭1枚目・水戸泉が13勝2敗で初土俵から87場所目にして初優勝。殊勲賞は旭道山(前頭2・1回目)。敢闘賞は前頭1枚目・水戸泉(6回目)。技能賞は小結・武蔵丸(初)。

7.18 〔F1〕本田がF1世界選手権撤退　本田技研工業が自動車レースのF1世界選手権からの92年限りの撤退を表明。

7.25〜8.9 〔オリンピック〕バルセロナ五輪開催　第25回夏季オリンピックがスペイン・バルセロナで開催される。32年ぶりに復帰の南アフリカ、変革後初参加となる統一ドイツ、旧ソ連合同チーム(EUN)、バルト3国、旧ユーゴスラビアからの独立が認められたボスニア・ヘルツェゴビナなど参加172ヶ国・地域、他に国連制裁下の新ユーゴ、マケドニア選手(約50人)が個人参加、史上最大の約1万5000人。日本選手団は377人(団長・古橋広之進日本オリンピック委員会会長)。27日、水泳の女子200m平泳ぎで14歳の岩崎恭子(静岡・沼津5中2年)がオリンピック新記録・日本新記録の2分26秒65でオリンピック競泳史上最年少の金メダリストとなる。シンクロナイズドスイミングでは、ソロで奥野史子が3位、デュエットで奥野史子・高山亜樹が3位。30日、柔道男子78kg級で吉田秀彦(新日鉄)、31日71kg級で古賀稔彦(日体大教)が金メダルを獲得。柔道はほかに男子60kg級で越野忠則が3位、86kg級で岡田弘隆が3位、95kg超級で小川直也が2位。体操は、男子団体で日本が3位、個人では床運動で池谷幸雄が2位、平行棒で松永政行が3位。自転車では男子1000mタイムトライアルで木場良平が3位。射撃の男子スモール・ボア・ライフル3姿勢で太田拓弥が3位。9月1日、陸上女子マラソンで有森裕子(リクルート)がトップのワレンティナ・エゴロワ(EUN)と8秒差の2時間32分49秒で2位となる。日本女子の陸上でのメダル獲得は28年アムステルダム大会800mの人見絹枝以来64年ぶり。2日、柔道女子48kg級で16歳の田村亮子(福岡工大付高)が銀メダル。柔道女子はほかに52kg級で溝口紀子が2位、56kg級で立野千代里が3位、72kg級で田辺陽子が2位、72kg超級で坂上洋子が3位。クレー射撃トラップで渡辺和三が銀メダル。5日、レスリング・フリースタイル74kg級で予選5回戦に残っていた原喜彦が試合後の計量を受けなかったため失格。コーチ陣の日程の勘違いが原因。7日、男子走り幅跳びでカール・ルイス(アメリカ)が優勝、この種目でオリンピック3連覇。レスリング日本勢は男子フリースタイル68kg級で赤石光生が3位に入った。9日、陸上男子マラソンで森下広一(旭化成)がメキシコ大会の君原以来24年ぶりの銀メダル。谷口浩美が途中転倒しながら8位に入り「こけちゃいました」のコメントを残した。今大会から正式種目となった野球では日本が3位となった。金メダル獲得数はEUNが45個で1位、2位はアメリカの37個。日本のメダル獲得数は金3、銀8、銅11で、前回のソウル・オリンピック(金4を含む14個)を8個上回ったが、5月20日に古橋選手団長が掲げた目標(金6、銀16)は達成できず。

8.4 〔高校総体〕全国高校総体開催　宮崎で開催された全国高校総体の陸上女子

200mで柿沼和恵(埼玉栄)が23秒82の日本新記録。100m、400mと合わせ、10年ぶりの短距離3冠。

8.16　〔ゴルフ〕全米プロゴルフ開催　第74回全米プロゴルフがセントルイスで開催され、ニック・プライス(ジンバブエ)が初優勝。中島常幸は21位。

8.19　〔体操〕全日本学生選手権開催　体操の全日本学生選手権が広島で開催され、男子は池谷幸雄(日体大)、女子は瀬尾京子(日体大)が個人総合優勝。

8.22　〔サッカー〕日本が海外初優勝　サッカーの東アジア4ヶ国対抗戦、第2回ダイナスティカップが北京・工人体育場で開幕。29日、日本が決勝で韓国を破り、海外初優勝。

8.23　〔ゴルフ〕マルマンオープン開催　男子ゴルフのマルマンオープンが埼玉・鳩山CCで開催され、トッド・ハミルトン(アメリカ)が優勝。

8.25　〔高校野球〕西日本短大付が初優勝　第74回全国高校野球選手権大会は、西日本短大付(福岡)が拓大紅陵(千葉)を1-0で破り初優勝。16日の2回戦で明徳義塾(高知)が星稜(石川)の4番打者松井秀喜三塁手を5打席連続敬遠し、明徳義塾の宿舎に抗議や嫌がらせの電話が多数寄せられる。

8.27　〔社会人野球〕日本生命が優勝　第63回都市対抗野球が例年より約1ヶ月遅れて東京ドームで開幕。9月6日、日本生命が優勝。

8.30　〔マラソン〕北海道マラソン開催　92北海道マラソンが札幌で開催され、男子はスカウト(南アフリカ)、女子はアペル(メキシコ)が優勝。松野明美は4位。

9.1　〔マラソン〕1万6000kmラリー　1万6000kmを自動車で走破する第1回パリ-モスクワ-北京ラリーがスタート。26日、シトロエンのピエール・ラルティーグ(フランス)が総合優勝。三菱パジェロの篠塚建次郎は4位。

9.4　〔プロ野球〕門田が引退　プロ野球の現役最年長選手、44歳の門田博光(ダイエー)が引退表明。通算本塁打567本で歴代3位。

9.5　〔Jリーグ〕Jリーグ初の公式戦開催　日本プロサッカーリーグ(Jリーグ)初の公式戦、Jリーグカップ(ヤマザキナビスコカップ)が開幕。11月23日、決勝が東京・国立競技場で開催され、読売クラブが清水エスパルスを破り初優勝。

9.6　〔国民体育大会〕国体夏季大会開催　第47回国民体育大会(山形べにばな国体)夏季大会が米沢市営プールで開幕。7日、競泳男子800mリレー決勝で1着となった静岡の選手たちが喜びのあまり他の選手のゴール前に次々にプールに飛び込み、失格となる。9日に閉幕。

9.9　〔ボクシング〕平仲が初防衛失敗　プロ・ボクシングWBA世界ジュニア・ウェルター級タイトルマッチでチャンピオンの平仲明信がモーリス・イースト(フィリピン)にTKO負け、初防衛に失敗。

9.11　〔プロ野球〕6時間26分で引き分け　プロ野球セ・リーグで首位ヤクルトと1ゲーム差で3位の阪神が甲子園球場で対戦、6時間26分(中断37分を含む)の史上最長ゲームで引き分ける。

9.17 〔ボクシング〕辰吉が初防衛失敗　プロ・ボクシング WBC 世界バンタム級タイトルマッチでチャンピオンの辰吉丈一郎がビクトル・ラバナレス (メキシコ) に TKO 負け、初防衛に失敗。

9.19 〔陸上〕東京国際スーパー陸上開催　世界の一流選手 47 人を招待し、92 東京国際スーパー陸上大会が東京・国立競技場で開催される。男子棒高跳びでセルゲイ・ブブカ (ウクライナ) が 6m13 を記録、32 度目の世界新記録更新。

9.19 〔テニス〕全日本選手権開催　テニスの第 67 回全日本選手権が東京・有明で開催され、女子シングルスで伊達公子が 2 連覇。20 日、男子シングルスで山本育史が 2 連覇。

9.26 〔ラグビー〕日本がアジア大会優勝　ラグビーの第 13 回アジア大会がソウルで開催され、日本が決勝で香港を破り 8 年ぶりの優勝。

9.27 〔ゴルフ〕青木が初優勝　米シニアゴルフツアーのネーションワイド選手権で青木功が初優勝。

9.27 〔相撲〕貴花田が優勝　大相撲秋場所は、小結・貴花田が武蔵丸を破り、14 勝 1 敗で 2 回目の優勝。殊勲賞は小結・貴花田 (4 回目)。敢闘賞は小結・旭道山 (2 回目) と前頭 8 枚目・大翔鳳 (初)。技能賞は該当なし。13 日目、舞の海が幕内で初めての珍しい決り手「三所攻め」で琴ヶ梅富士を破る。

9.30 〔プロ野球〕西武が 3 年連続優勝　プロ野球パ・リーグは西武 (森祇晶監督) が 3 年連続 9 回目の優勝。最終順位は 2 位近鉄、3 位オリックス、4 位ダイエー、5 位日本ハム、6 位ロッテ。

10.4 〔国民体育大会〕国体秋季大会開催　第 47 回国民体育大会 (山形べにばな国体) 秋季大会が山形県内 31 市町村で開幕。天童市で行われた開会式で、挨拶中の天皇に向かって中年男が「天皇訪中反対」を叫び発煙筒を投げつける事件が発生。32 競技に 2 万 0415 人が参加し、9 日に閉幕。

10.4 〔プロ野球〕藤田監督勇退　プロ野球セ・リーグの藤田元司・巨人監督が勇退を表明。9 日、後任に長嶋茂雄・元監督の 12 年ぶりの復帰が内定。12 日、再任を正式発表。12 月 10 日、長嶋監督がヤクルトの相馬社長に電話して息子・一茂の譲渡を申入れる。15 日、読売の渡辺社長と巨人の正力オーナーが一茂獲得を承認。21 日、金銭トレードが成立。

10.4 〔ゴルフ〕東海クラシック開催　東海クラシックゴルフで男子はオメーラ、女子は西田智恵子が優勝。

10.10 〔プロ野球〕ヤクルトが 14 年ぶり優勝　プロ野球セ・リーグはヤクルト (野村克也監督) が 14 年ぶり 2 回目の優勝。最終順位は 2 位巨人・阪神 (同率 2 位)、4 位広島、5 位大洋、6 位中日。

10.12 〔ゴルフ〕尾崎が日本オープン開催　ゴルフの第 57 回日本オープンが茨城・竜ヶ崎で開催され、尾崎将司が優勝。

10.14 〔ボクシング〕大橋が王座奪還　プロ・ボクシング WBA 世界ストロー級タイトルマッチで挑戦者の大橋秀行が崔煕埔 (韓国) に判定勝ち、2 年ぶりに王座に返り咲く。

10.18	〔テニス〕松岡ベスト8ならず	男子テニスのスーパー・セイコー大会が東京体育館で開催され、シングルスでレンドル(アメリカ)が優勝。松岡修造はベスト8進出ならず。
10.20	〔プロ野球〕川上に文化功労者	プロ野球の川上哲治に文化功労者。
10.24	〔フィギュアスケート〕佐藤が初優勝	フィギュアのスケートアメリカがアトランタで開催され、佐藤有香(法大)が初優勝。
10.25	〔ゴルフ〕倉本が終身シード権獲得	男子ゴルフのブリヂストンオープンが千葉・袖ヶ浦で開催され、倉本昌弘がプレーオフの末に逆転優勝。ツアー通算25勝目をあげ、終身シード権を獲得。
10.25	〔F1〕F1日本グランプリ開催	自動車レースのF1第15戦日本グランプリが三重・鈴鹿サーキットで開催され、ルノーのR.パトレーゼ(イタリア)が今季初優勝。
10.26	〔プロ野球〕西武が8回目の日本一	プロ野球・第43回日本シリーズは、パ・リーグ優勝の西武(森祇晶監督)がヤクルトを4勝3敗で破り3年連続8回目の日本一。シリーズMVPは石井丈裕。
10.26	〔自動車〕マツダがル・マン参加休止	マツダが自動車のル・マン24時間耐久レースへの参加休止を発表。
10.28	〔プロ野球〕ハウエル・石井がMVP	プロ野球の92年MVPがセ・リーグはジャック・ハウエル内野手(ヤクルト)、パ・リーグは石井丈裕投手(西武)に決定。
10.30	〔プロ野球〕日米大会開催	プロ野球・日米(大リーグ選抜)大会が開幕。11月8日、東京ドームで最終戦が行われ、アメリカの6勝1敗1分け。
10.30	〔登山〕ナムチャバルワ初登頂	日中合同登山隊が未踏峰では世界最高のチベット・ナムチャバルワ(7782m)初登頂に成功。
11.1	〔駅伝〕早大が初出場優勝	全日本大学駅伝対校選手権で初出場の早大が優勝。山梨学院大が3年連続2位。
11.1	〔競馬〕天皇賞で馬連1万7220円	第106回天皇賞(秋)レースが東京競馬場(芝2000m)で行われ、11番人気のレッツゴーターキン(大崎昭一騎手)が1分58秒6で1着となった。1番人気のトウカイテイオーは7着に終わり、馬連1万7220円の大穴。
11.2	〔大学野球〕慶大が2季ぶり優勝	東京6大学野球で慶大が早大を破り、完全優勝で2季ぶり27回目の優勝。
11.3	〔剣道〕初の剣道兄弟対決	全日本剣道選手権が初の兄弟対決となり、兄の石田利也六段(大阪府警)が優勝。
11.8	〔サッカー〕日本がアジア杯優勝	第10回アジアカップ・サッカー選手権が広島市で開催され、日本が前回優勝のサウジアラビアを破り初優勝。
11.8	〔競馬〕ライスシャワーが菊花賞勝利	第53回菊花賞レースが京都競馬場(芝3000m)で行われ、ライスシャワー(的場均騎手)が3分05秒0で1着と

なった。ミホノブルボンは3冠ならず。

11.11 〔プロ野球〕横浜ベイスターズ誕生　プロ野球セ・リーグの大洋ホエールズが球団名を横浜ベイスターズに変更することを発表。

11.15 〔マラソン〕東京国際女子マラソン開催　東京国際女子マラソンでリズ・マッコルガン(イギリス)が優勝。浅井えり子が5位、谷川真理が6位。

11.15 〔体操〕全日本選手権開催　第46回全日本体操選手権が高松市で開催され、男子個人総合で相原豊(日体大)が初優勝、父子2代制覇。女子個人総合は小菅麻里(朝日生命ク)が史上2人目の5連覇。

11.15 〔野球〕東芝がアマ王座　第2回全日本アマチュア野球王座決定戦で東芝が駒大を9-4で破り優勝。

11.18 〔ボクシング〕井岡が王座失う　プロ・ボクシングWBA世界ジュニア・フライ級タイトルマッチが大阪府立体育館で開催され、チャンピオンの井岡弘樹(グリーンツダ)が前チャンピオンの柳明佑(韓国)に判定負け、王座を奪還される。

11.21 〔プロ野球〕松井が巨人入団内定　プロ野球ドラフト会議で巨人が松井秀喜内野手(星稜高)の交渉権を獲得。12月6日、高卒最高契約金1億2000万円で入団内定。

11.22 〔相撲〕曙が優勝　大相撲九州場所は、大関・曙が14勝1敗で2回目の優勝。殊勲賞は該当なし。敢闘賞は前頭14枚目・琴別府(初)。技能賞は小結・琴錦(3回目)。関脇貴花田は初日から4連敗、10勝5敗で最年少大関昇進はならず。大関霧島が水戸泉に寄り切られた際に右足首をひねり休場、2場所連続負け越しとなり大関陥落、日本人の横綱・大関が不在になることが確定。

11.27 〔ゴルフ〕賞金王は尾崎・塩谷　男子プロゴルフツアーの賞金王が1億8682万円を獲得した尾崎将司に確定。女王は5779万円の塩谷育代。

11.28〜29 〔柔道〕嘉納杯開催　第5回嘉納治五郎杯国際柔道大会が東京体育館で開催される。39ヶ国・地域から172選手が参加。

11.29 〔相撲〕尾曽が初優勝　第41回全日本相撲選手権で尾曽武人(専大)が禧久昭広(鹿児島商高教)を破り初優勝。

11.29 〔競馬〕初の父子2代制覇　第12回ジャパンカップが東京競馬場(芝2400m)で行われ、日本のトウカイテイオー(岡部幸雄騎手)が2分24秒6で1着。初の父子2代制覇。

11.30 〔プロ野球〕デストラーデが退団　プロ野球パ・リーグ、西武の主砲デストラーデ選手が退団を表明。

12.5 〔フィギュアスケート〕小岩井が日本人2人目の優勝　フィギュアスケートの世界ジュニア選手権女子シングルスで小岩井久美子(東海ク)が初優勝。日本人の優勝は2人目。

12.6 〔マラソン〕福岡国際マラソン開催　第46回福岡国際マラソンでテナ・ネゲレ(エチオピア)が2時間9分4秒で初優勝。日本勢最高は早乙女等の7位。

12.6	〔ノルディックスキー〕荻原が日本人初優勝	ノルディックスキー・ワールドカップ複合第1戦がフィンランド・ブオカッティで開催され、荻原健司(北野建設)が日本人初優勝。
12.6	〔スピードスケート〕W杯で橋本が優勝	スピードスケート・ワールドカップ軽井沢大会女子1000mで橋本聖子が優勝。
12.13	〔サッカー〕トヨタカップ開催	サッカーの第13回クラブ世界一決定戦(トヨタカップ)でサンパウロFC(ブラジル)がFCバルセロナ(スペイン)を破り初優勝。
12.13	〔柔道〕福岡国際開催	第10回福岡国際女子柔道選手権が福岡国際センターで開催され、48kg級で田村亮子(福岡工大付属高)、52kg級で溝口紀子(埼玉大)がともに3連覇。日本は8階級中3階級を制覇。
12.19	〔ノルディックスキー〕東輝が最長不倒で初優勝	スキー・ジャンプ・ワールドカップ札幌大会が宮の森シャンツェで開幕。15ヶ国から49人、日本選手15人が参加。20日、ラージヒル(90m級)が大倉山シャンツェで開催され、東輝が最長不倒で初優勝。
12.20	〔駅伝〕全国高校駅伝開催	全国高校駅伝男子は西脇工(兵庫)が2年ぶり3度目、女子は市立船橋(千葉)が大会新記録で3年ぶり2回目の優勝。
12.20	〔ノルディックスキー〕荻原が3連勝	ノルディックスキー・ワールドカップ複合第3戦がスイス・サンモリッツで開催され、荻原健司(北野建設)が第1戦フィンランド、第2戦フランスに続いて3連勝。2位に河野孝典(野沢温泉ク)、3位に阿部雅司(東京美装)が入り、日本勢がワールドカップ史上初の表彰台独占。
12.20	〔武道〕スポーツ・チャンバラ国際大会	横浜市武道館でスポーツ・チャンバラ国際大会が開催される。
12.26	〔卓球〕全日本選手権開催	卓球の全日本選手権が東京武道館で開催され、女子単で元世界チャンピオンの小山ちれ(元中国・何智麗)が初優勝。27日、男子単で斎藤清が8回目の優勝。
12.27	〔競馬〕有馬記念史上最高万馬券	第37回有馬記念レースが中山競馬場(芝2500m)で行われ、15番人気のメジロパーマー(山田泰誠騎手)が2分33秒5で1着となった。馬番連勝が有馬記念史上最高の3万1550円。
12月	〔一般〕日本プロスポーツ大賞決定	1992年(平成4年)の日本プロスポーツ大賞(日本プロスポーツ協会主催)は、大賞が貴乃花光司(大相撲)、殊勲賞が尾崎将司(男子プロゴルフ)、三浦知良(サッカー)、石井丈裕(プロ野球)に決定。

1993年
(平成5年)

1.1 〔サッカー〕日産横浜マリノスが2連覇　第72回天皇杯全日本サッカー選手権決勝が国立競技場で開催され、日産横浜マリノスが読売クラブを破り2連覇。

1.1 〔ノルディックスキー〕ラージヒルで葛西が優勝　スキーのワールドカップ・ジャンプ第7戦がドイツで開催され、ラージヒルで葛西紀明が優勝。

1.3 〔駅伝〕早大が8年ぶり優勝　第69回東京-箱根間往復大学駅伝競は、早大が往路・復路とも制し11時間3分34秒の大会新記録で8年ぶり12回目の総合優勝。

1.3 〔アメリカンフットボール〕アサヒビールが優勝　アメリカンフットボールの第10回日本選手権が東京ドームで開催され、アサヒビールが京大を破り初優勝。

1.5 〔ノルディックスキー〕日本が5連勝　ノルディックスキーのワールドカップ複合第5戦がドイツで開催され、日本(荻原健司、阿部雅司)が優勝、個人戦を含め5連勝。

1.7 〔ラグビー〕伏見工が12年ぶり優勝　全国高校ラグビー選手権決勝が東大阪・花園で開催され、伏見工(京都)が12年ぶり優勝。

1.8 〔高校サッカー〕国見が2年ぶり優勝　全国高校サッカー選手権決勝が国立競技場で開催され、国見(長崎)が2年ぶり優勝。

1.9 〔プロ野球〕斎藤が投手最高年俸　プロ野球セ・リーグの斎藤雅樹(巨人)が投手最高年俸となる1億1800万円で契約更改。

1.9 〔バスケットボール〕全日本選手権開催　全日本総合バスケット選手権が東京・代々木で開催され、女子はシャンソンが3連覇。10日、男子は日鉱共石が優勝。

1.13 〔柔道〕田辺が引退　女子柔道バルセロナ・オリンピックの銀メダリスト、田辺陽子(26)が「気持ちのハリをなくした」と引退。

1.15 〔ラグビー〕神戸製鋼が5連覇　ラグビーの第30回日本選手権が国立競技場で開催され、神戸製鋼が法大を破り5連覇。

1.16 〔スピードスケート〕全日本スプリント開催　スピードスケートの全日本スプリント選手権が伊香保で開催され、女子総合で楠瀬志保(佐田建設)が橋本聖子の10連覇を阻み初優勝。男子は宮部保範が3回目の優勝。

1.20 〔野球〕稲尾・村山が殿堂入り　稲尾和久・元投手、村山実・元投手が野球殿堂入り。

1.24 〔相撲〕曙・貴ノ花が昇進　大相撲初場所で大関曙(本名チャド・ローウェン、

23歳、アメリカ・ハワイ州出身、東関部屋)が13勝2敗で優勝。今場所12日目(21日)、十両の智ノ花が花ノ国を相手に、29年ぶりに「いぞり」の大技を見せる。殊勲賞は該当なし。敢闘賞は前頭3枚目・若翔洋(初)と前頭14枚目・大翔山(初)。技能賞は前頭3枚目・若花田(4回目)。27日、日本相撲協会が春場所の番付編成会議と理事会を開き、曙を史上初の外国人横綱(第64代)に、貴花田改め貴ノ花(本名花田光司、20歳、東京都出身、藤島部屋)を史上最年少大関に昇進させることを満場一致で承認。

1.29　〔相撲〕二子山部屋が角界最大に　大相撲の二子山部屋と藤島部屋が合併し、新二子山部屋が誕生。藤島部屋の38人が移籍して二子山部屋が角界最大勢力に。

1.31　〔マラソン〕浅利が日本最高タイ　93大阪国際女子マラソンで浅利純子(ダイハツ)が2時間26分26秒の日本最高タイ記録で優勝。

2.3〜14　〔アルペンスキー〕世界選手権開催　アルペンスキー世界選手権盛岡・雫石大会が開催される。44ヶ国・地域が参加。12日間の会期中、初日など4日間が悪天候のため競技不能となり、10種目中1種目を残し残す事態に。

2.6　〔スピードスケート〕W杯で清水が優勝　スピードスケート・ワールドカップ・バゼルガディビネ大会(イタリア)で500m初出場の清水宏保(日大)が優勝。

2.10　〔ボクシング〕大橋が初防衛失敗　プロ・ボクシングWBA世界ストロー級タイトルマッチが東京体育館で開催され、チャンピオンの大橋秀行がチャナ(タイ)に判定負け、初防衛に失敗。

2.11　〔バスケットボール〕日本リーグ開催　バスケットボールの日本リーグ女子でシャンソン化粧品が22勝0敗で3連覇。14日、男子は熊谷組が20勝2敗で優勝。

2.13　〔ボート〕足こぎボートで太平洋横断　ハワイ・オアフ島を92年10月29日(現地時間)に出発した冒険家堀江謙一の足こぎボート「マーメイド号」が沖縄本島沖合の東経128度線を突破、107日間をかけて太平洋約7500kmの単独横断に成功。

2.14　〔マラソン〕谷川が東京国際2位　東京国際マラソンでアベベ・メコネン(エチオピア)が優勝。谷川真理(資生堂)が自己記録を大幅に更新して2位に。

2.14　〔テニス〕伊達が決勝で敗れる　テニスのアジア女子オープンが兵庫・尼崎市総合体育館で開催され、シングルスでノボトナ(チェコ)が伊達公子を破り優勝、単複2冠を達成。

2.14　〔柔道〕田村がフランスで優勝　柔道のフランス国際大会がパリで開催され、女子48kg級で田村亮子が優勝。

2.19　〔ノルディックスキー〕世界選手権開催　ノルディックスキー世界選手権がスウェーデン・ファルンで開催され、複合団体で荻原健司(北野建設)が初優勝。25日、複合団体で日本(荻原健司、河野孝典、阿部雅司)が優勝。27日、ジャンプ・ノーマルヒルで原田雅彦が優勝。28日に閉幕。

2.28　〔スピードスケート〕世界スプリント開催　スピードスケートの93年世界スプリント選手権が群馬・伊香保で開催され、男子500mで宮部保範が優勝、日本勢が表彰台を独占。宮部保範は総合2位。女子では島崎京子が総合4位。

3.1　〔アルペンスキー〕全日本選手権開催　アルペンスキーの第71回全日本選手権が北海道・いわない国際スキー場で開催され、男子滑降で富井剛志(野沢温泉)、女子滑降で加藤祐希(筑波大)が優勝。

3.2　〔プロ野球〕江夏が覚醒剤所持　神奈川県警がプロ野球の江夏豊・元投手(44)を覚せい剤所持現行犯で逮捕。7月1日、検察が酌量の余地なしとして求刑4年。15日、横浜地裁で懲役2年4ヶ月の実刑判決。

3.6　〔ノルディックスキー〕日本人初のW杯個人総合優勝　ノルディックスキー複合ワールドカップ第8戦(個人第6戦)がフィンランド・ラハティで開催され、荻原健司(23、北野建設)が優勝。今季個人5勝目をあげ、日本人初のスキーワールドカップ個人総合優勝を確定。

3.7　〔マラソン〕名古屋国際で松野が2位　93名古屋国際女子マラソンでカミラ・グラダス(ポーランド)が初優勝。松野明美が2位。

3.7　〔バレーボール〕日本リーグ順位決定　バレーボールの日本リーグ・女子最終順位決定リーグが東京・代々木で開催され、中田久美引退後の日立が3年連続17回目の優勝。14日、男子は富士フイルムが優勝。

3.7　〔ゴルフ〕プロツアー開幕　プロゴルフツアー開幕戦、男子の東建コーポレーションで飯合肇が優勝。女子のダイキンオーキッドは城戸富貴が初優勝。

3.9　〔ノルディックスキー〕W杯複合で日本優勝　ノルディックスキー・ワールドカップ・リレハンメル大会の複合団体戦で日本(荻原健司、河野孝典、阿部雅司)が優勝。

3.14　〔体操〕塚原を理事解任　日本体操協会が女子強化策に異議を唱える塚原光男(朝日生命ク監督)を理事解任。

3.17　〔マラソン〕小鴨が退社・引退　女子マラソンの小鴨由水が「仕事として走る自信をなくした」として所属のダイハツ退社を表明、引退。

3.22　〔プロ野球〕フリーエージェント制導入　プロ野球のオーナー会議がフリーエージェント制の研究専門委員会の中間答申案を討議、同制度の今季オフからの導入を大筋で了承。9月21日、プロ野球が一定の条件を満たした選手に移籍の自由を認めるフリーエージェント制を93年オフから導入することに決定。有資格者は60人。24日、ドラフトについても93年11月から大学・社会人の1位・2位指名は希望球団を優先させる新制度を採用。

3.23　〔団体〕初の女性会長　日本体育協会が役員改選を行い、青木半治会長、堤義明副会長の辞任を承認。新会長を6月の評議員会で選出することとする。7月30日、難航していた新会長人事で高原須美子・同協会幹事(元経企庁長官)が内定。8月6日、第12代会長に就任。1911年の創設以来初の女性会長が誕生。

1993年 (平成5年)

3.26　〔高校野球〕女性初の始球式　選抜高校野球で森山真弓文相が始球式を行う。女性による始球式は初めて。

3.28　〔相撲〕史上2組目の兄弟優勝　大相撲春場所は、小結・若花田が14勝1敗で初優勝。弟の大関貴ノ花に続く兄弟優勝は、伯父の花田相談役(元横綱若乃花)と父の二子山親方(元大関先代貴ノ花)についで史上2組目、同時期に相撲を取っていた兄弟としては史上初。殊勲賞は小結・若花田(2回目)と前頭2枚目・旭道山(2回目)。敢闘賞は小結・若翔洋(2回目)。技能賞は小結・若花田(5回目)。新横綱曙は10勝5敗、新大関貴ノ花は11勝4敗。

3.31　〔野球〕福岡ドーム完成　日本初の屋根開閉式野球場となる福岡ドームが完工。4月2日オープン。

4.5　〔高校野球〕上宮が初優勝　第65回選抜高校野球は、上宮(大阪)が大宮東(埼玉)を3-0で破り初優勝。大阪勢の優勝は3年ぶり。

4.8　〔サッカー〕W杯予選始まる　ワールドカップサッカー・アジア地区1次予選F組(日本、タイ、スリランカ、アラブ首長国連邦、バングラデシュ)1回戦が神戸と西京極で開幕。18日、日本がアラブ首長国連邦を2-0で破り4戦全勝、首位で折り返す。5月7日、1次予選F組最終戦がドバイで開催され、日本はアラブ首長国連邦と引き分けて同組1位となり、最終予選進出が決定。

4.10　〔テニス〕伊達が女子単2連覇　テニスのジャパンオープンが東京・有明で開催され、女子シングルスで伊達公子がロッティア(オランダ)を破り2連覇。11日、男子シングルスは初出場のピート・サンプラス(アメリカ)が優勝。

4.13～18　〔体操〕世界選手権開催　体操の世界選手権がイギリス・バーミンガムで開催される。「E難度」が採用されて初の大会で日本勢は振るわず、個人総合で男子は田中光が16位、女子は小菅麻里が20位。

4.16　〔自転車〕アマ・プロ混成チーム　国際自転車競技連合初主催のワールドカップに日本がアマ・プロ混成チームで参加することを発表。

4.18　〔柔道〕16歳阿武が初優勝　第8回全日本女子柔道選手権が名古屋市総合体育館で開催され、16歳の阿武教子(福岡・柳川高2年)が大会史上最年少で初優勝。

4.18　〔競馬〕武豊がさつき賞父子2代制覇　第53回皐月賞レースが中山競馬場(芝2000m)で行われ、ナリタタイシン(武豊騎手)が2分00秒2で1着となった。武豊騎手は父の武邦彦騎手(1974年)と父子2代制覇。

4.19　〔マラソン〕谷口がボストン4位　ボストン・マラソンで谷口浩美が4位。

4.25　〔マラソン〕吉田がパリで優勝　第17回パリ・マラソンで吉田光代(ダイハツ)が2時間29分16秒の大会新記録で初優勝。日本女子では小島和恵(89年)、山本佳子(90年)に次いで3人目。

4.25　〔卓球〕松下がプロ第1号　卓球の全日本1位の松下浩二が日本卓球協会にレジスタード・プレーヤー(認定プロ)資格を申請、認められプロ選手第1号に。

4.25		〔競馬〕メジロマックイーン 3 連覇ならず　第 107 回天皇賞 (春) レースが京都競馬場 (芝 3200m) で行われ、ライスシャワー (的場均騎手) が 3 分 17 秒 1 で完勝。圧倒的人気のメジロマックイーンは 3 連覇ならず。
4.29		〔柔道〕小川が 5 連覇　全日本柔道選手権が日本武道館で開催され、小川直也五段が 5 連覇。
4.30		〔格闘技〕「K-1」初開催　立ち技格闘技世界一をワンナイトトーナメントで決定することをコンセプトとする新しい格闘技「K-1」の初イベントとなる「K-1 GRAND PRIX '93」が東京・代々木第一体育館で開催された。8 人の実力者が集まり、日本からは佐竹雅昭が出場した。
4.30~5.2		〔テニス〕デ杯 2 回戦開催　テニスのデ杯 (NEC) アジア・オセアニアゾーン 2 回戦が佐賀で開催され、日本は敗退。
5.1		〔登山〕中国で雪崩・遭難　千葉県市川山岳会の登山隊 6 人が中国で雪崩に遭い、2 人が死亡、3 人が行方不明に。
5.2		〔バレーボール〕移籍自由化へ　日本バレーボール協会が「実業団選手が移籍した場合は 2 年間、試合出場停止」とする登録規定を削除、移籍自由化へ。
5.5		〔陸上〕森岡が日本新記録　静岡国際陸上の女子三段跳びで森岡洋子が 13m06 の日本新記録。
5.5		〔バレーボール〕全日本選手権開催　バレーボール第 42 回全日本男女選手権は大阪城ホールで開催され、男子は NEC が連覇、女子は日立が 16 回目の優勝。
5.5		〔シンクロナイズドスイミング〕奥野がソロ初優勝　シンクロナイズドスイミングの日本選手権で奥野史子がソロ初優勝。デュエット、チームと合わせ 3 冠を達成。
5.9		〔陸上〕吉田が日本新記録　水戸国際陸上の男子走り高跳びで吉田孝久が 2m31 の日本新記録。
5.10~18		〔アジア競技大会〕初の東アジア競技大会　第 1 回東アジア競技大会が上海で開催される。9 ヶ国・地域の約 1900 人が参加、日本選手団は 352 人。12 競技 168 種目で金メダル獲得数は中国 105、日本 25、韓国 23。
5.11		〔J リーグ〕賞金総額 1 億 7300 万円　日本プロサッカーリーグ (J リーグ) がシリーズ、個人賞の表彰規定を発表。賞金総額は 1 億 7300 万円。
5.13		〔相撲〕二子山勢が優勝・3 賞独占　大相撲夏場所は、大関・貴ノ花が 14 勝 1 敗で 3 回目の優勝。殊勲賞は関脇・若ノ花 (3 回目)。敢闘賞は小結・貴ノ浪 (初)。技能賞は前頭 6 枚目・貴闘力 (初)。二子山部屋勢が三賞を独占。
5.15		〔J リーグ〕J リーグ開幕　日本プロサッカーリーグ (J リーグ) が東京・国立競技場で開幕。横浜マリノスが読売ヴェルディ川崎を 2-1 で破った開幕戦のテレビ視聴率は 32.4％。同日のプロ野球・巨人 - 広島戦は 17.5％。
5.16		〔卓球〕世界卓球選手権開催　世界卓球選手権がスウェーデン・イエーテボリで開催され、団体戦で日本女子が 7 位。17 日、男子は 8 位。

5.16	〔ゴルフ〕尾崎が5回目の優勝　ゴルフの日本プロ選手権が兵庫・山の原で開催され、尾崎将司が5回目の優勝。
5.23	〔相撲〕貴ノ花が優勝　大相撲夏場所千秋楽で大関貴ノ花と横綱曙の1敗対決で貴ノ花が勝ち、14勝1敗で優勝。先場所優勝の若ノ花は10勝5敗で大関昇進が遠のく。
5.26	〔柔道〕古賀にJOCスポーツ賞　92年度JOCスポーツ賞最優秀賞が柔道の古賀稔彦に決定。
5.30	〔競馬〕柴田19度目で初栄冠　第60回日本ダービー(東京優駿)が東京競馬場(芝2400m)で行われ、ウイニングチケット(柴田政人騎手)が2分25秒5で1着。柴田政人騎手は19度目の挑戦で初栄冠、武豊騎手の4冠を阻止。売上高545億余円は史上最高。
6.3	〔フィギュアスケート〕外国人選手参加承認　日本スケート連盟がペア、アイスダンスについて、日本選手と組む場合に限り外国人選手の参加を承認。
6.5〜10	〔相撲〕武蔵丸が故郷に錦　大相撲がアメリカ巡業(サンノゼ、ハワイ)を行う。10日、ハワイ場所で武蔵丸が総合優勝、故郷に錦を飾る。13日に帰国。
6.10	〔野球〕キューバが日本圧倒　キューバのアマ野球チームが国際親善試合のため来日。プロ2軍などと対戦し、通算8勝1敗と日本を圧倒。
6.11〜13	〔水泳〕千葉が日本新記録　水泳の日本選手権が静岡県立水泳場で開催され、オリンピック後不振の続いていた千葉すず(イトマンSS)が女子400m自由形で日本新記録。12日、同100mでも日本新記録。13日、同200mにも優勝して2年連続3冠。今大会で日本水泳連盟がドーピング検査を初実施。
6.13	〔大学野球〕青学が初優勝　第42回全日本大学野球選手権が神宮球場で開催され、青山学院大が初優勝。
6.13	〔ゴルフ〕全米女子プロ選手権開催　ゴルフの全米女子プロ選手権がメリーランド州で開催され、シーハン(アメリカ)が9年ぶり優勝。岡本綾子は37位、小林浩美は62位。
6.13	〔競馬〕武豊GI最多15勝　競馬の宝塚記念でメジロマックイーンが優勝、同馬の通算賞金が史上初の9億円突破。武豊騎手のGI15勝も史上最多。
6.15	〔Jリーグ〕黒字スタート　日本プロサッカーリーグ(Jリーグ)の92年度決算が1億4000万円の黒字。初年度は黒字スタート。
6.20	〔ゴルフ〕全米オープン開催　全米オープンゴルフがニュージャージー州で開催され、リー・ジャンセンが優勝。尾崎直道は25位。
6.21	〔相撲〕智ノ花が入幕　大相撲智ノ花が入幕を果たし、学生出身の幕内力士が7人に。
6.21	〔ボクシング〕井岡3階級制覇ならず　プロ・ボクシングWBC世界フライ級タイトルマッチが大阪府立体育館で開催され、挑戦者の井岡弘樹がデビッド・グリマン(ベネズエラ)に8回TKO負け。WBCストロー級、WBAジュニア・フライ級に続くフライ級のタイトル獲得に失敗、東洋人初の3階級制

覇ならず。

6.27 〔卓球〕卓球協会に女性事務局長　日本卓球協会が元全日本チャンピオンの横田幸子を事務局長に起用。日本アイスホッケー連盟の指方幸子に次ぐ女性事務局長。

6.27 〔ゴルフ〕岡本が19年目初優勝　ゴルフの全日本女子オープンが東名古屋で開催され、岡本綾子がプレーオフで村井真由美を破り、挑戦19年目にして初優勝。

6.30 〔オリンピック〕2億7900万フランの赤字　フランス会計監査院が、アルベールビル冬季オリンピックが2億7900万フラン(約55億8000万円)の赤字と発表。施設建設費の高騰が原因。

7.4 〔ゴルフ〕服部がプロ3年目初勝利　女子ゴルフのミズノレディースで服部道子が優勝、プロ3年目で初勝利。

7.7 〔Jリーグ〕鹿島アントラーズが優勝　日本プロサッカーリーグ(Jリーグ)前期戦(サントリーシリーズ)で鹿島アントラーズが12勝3敗となり、最終節を待たずに優勝決定(最終成績は13勝5敗)。14日、前期の全日程を終了。90試合の総入場者は151万8801人、1試合平均1万6876人。

7.8～18 〔ユニバーシアード〕アメリカで夏季大会　93(第17回)ユニバーシアード夏季大会がアメリカ・ニューヨーク州バファローで開催される。11日、水泳の女子200mバタフライで漢人陽子が今大会日本勢初の金メダル。15日、テニス混合ダブルスで平木理化・原田夏希組が3個目の金メダル。日本のメダル獲得数は金5、銀13、銅12。

7.17 〔Jリーグ〕初のオールスター戦　日本プロサッカーリーグ(Jリーグ)で初のオールスター戦が開催され、東軍(鹿島など5チーム)が西軍(横浜など5チーム)を3-1で破り初優勝。

7.18 〔ゴルフ〕小林浩美がツアー初優勝　米女子プロゴルフツアーのJALビッグアップル・クラシックがニューヨーク州ニューロシェルで開催され、小林浩美がツアー初優勝。樋口久子、岡本綾子に次いで日本女子3人目。8月22日、2勝目をあげる。

7.18 〔相撲〕曙が巴戦制す　大相撲名古屋場所は、横綱曙、大関貴ノ花、関脇若ノ花(13勝2敗)の巴戦になり、曙が4回目の優勝。殊勲賞は前頭10枚目・安芸ノ島(6回目)。敢闘賞は前頭1枚目・琴錦(3回目)。技能賞は関脇・若ノ花(6回目)。21日、若ノ花が大関に昇進し、貴ノ花とともに史上初の兄弟同時大関となる。

7.22 〔ボクシング〕辰吉が暫定王者　プロ・ボクシングWBC世界バンタム級暫定王座決定戦が大阪府立体育館で開催され、ランキング2位の辰吉丈一郎が3位のビクトル・ラバナレス(メキシコ)を判定で破り、91年に王座を奪われた雪辱を果たす。9月15日、辰吉が左目網膜はく離で入院。所属ジムの大阪帝拳が暫定王座返上を表明。

7.22～8.1 〔大会〕第4回ワールドゲームズ　第4回ワールドゲームズがオランダの

ハーグで開催され、日本を含む49ヶ国から2275人が参加、26の競技が行われた。

7.25　〔ゴルフ〕全米女子オープン開催　ゴルフの第48回全米女子オープンでマーテン(アメリカ)が逆転優勝。小林浩美は4位、岡本綾子は7位。

7.27　〔オリンピック〕五輪放映権が史上最高額　アメリカNBCテレビが、96年アトランタ夏季オリンピック大会の放映権契約額を4億5600万ドル(約490億円)と発表。バルセロナ大会の4億0100万ドルを大幅に上回る史上最高額。

7.29　〔マラソン〕藤村が日本勢初優勝　93北海道マラソン女子で新星の藤村信子が独走、日本勢として初優勝。

7.31　〔社会人野球〕日本石油が最多7回目の優勝　第64回都市対抗野球が東京ドームで開催され、日本石油(横浜)が7年ぶり7度目の最多優勝。

8.2　〔障害者スポーツ〕世界ろう者競技大会開催　4年に1度開催される第17回世界ろう者競技大会がブルガリアのソフィアで開幕。参加52ヶ国、約2300人。日本は過去最多のメダル16個(金メダル4個)を獲得。

8.12　〔水泳〕千葉が2分の壁突破　水泳パンパシフィックの女子200m自由形で千葉すずが1分59秒56。76年の世界記録から17年遅れで「2分」の壁を突破。

8.13〜22　〔マラソン〕世界陸上開催　世界陸上競技選手権大会がドイツ・シュツットガルトで開催される。参加189ヶ国・地域、約1900人。世界新記録4個が誕生し、マーリーン・オッティ(ジャマイカ)の金メダル、中・長距離での中国勢躍進が話題に。日本勢では15日の女子マラソンで浅利純子(23)が金メダル、安部友恵が銅メダルを獲得。陸上日本女子の金メダルはオリンピック、世界選手権を通じて初、男子を合わせても戦後初の快挙。

8.23　〔高校野球〕育英が初優勝　全国高校野球選手権第75回記念大会は、育英(兵庫)が春日部共栄(埼玉)を3-2で破り初優勝。兵庫勢の優勝は12年ぶり。

9.7　〔テニス〕伊達が全米オープン惜敗　テニスの全米オープン女子シングルス準々決勝で、日本選手として18年ぶりにベスト8入りを果たした伊達公子が惜敗。26日発表の世界ランキングで12位、賞金20万ドルはともに日本勢の過去最高。

9.13　〔大学野球〕東大が40年振り勝ち点　東京6大学野球の東大対法大戦で、東大が40年振りの勝ち点。

9.14　〔大リーグ〕鈴木がマリナーズと契約　米1Aの鈴木誠投手(18)が大リーグのシアトル・マリナーズと契約。94年2Aからスタート。

9.18　〔オリンピック〕女子2競技を採用へ　国際オリンピック委員会が96年アトランタ大会から女子サッカー、女子三段跳びを正式競技に採用することを決定。22日、ファン・アントニオ・サマランチ会長が無投票で3選、97年まで17年間の長期政権に。23日、5都市が立候補していた2000年大会の開催地決定の決戦投票が行われ、シドニーが最有力候補と目された北京を2票差で破り当選。

9.19	〔陸上〕真木が世界新記録　陸上女子選抜尼崎大会の2万 m で真木和が 10 年ぶりに世界記録を更新。
9.21	〔国民体育大会〕自治体初のスポーツ賞制定　滋賀県が国民体育大会優勝選手らに 30 万～50 万円の報奨金を贈る、自治体初のスポーツ賞制定を発表。
9.24	〔F1〕プロストが引退　自動車レースの F1 世界選手権で 3 度総合優勝のアラン・プロスト (ウィリアムズ・ルノー) が今季限りの引退を表明。
9.26	〔相撲〕曙が優勝　大相撲秋場所は、横綱・曙が 14 勝 1 敗で 5 回目の優勝。殊勲賞は該当なし。敢闘賞は前頭 13 枚目・久島海 (2 回目)。技能賞は前頭 10 枚目・智ノ花 (初) と前頭 14 枚目・舞の海 (3 回目)。貴ノ花は 3 敗で史上最年少横綱は実現せず。
9.27	〔柔道〕カラー柔道着導入否決　国際柔道連盟総会で欧州柔道連盟が提案したカラー柔道着導入を否決。28 日、広告入り柔道着は承認。
9.29	〔社会人野球〕熊谷組が活動休止　熊谷組が経営立て直しのため、野球部とバスケットボール部の活動を休止。
9.30	〔登山〕ヒマラヤで遭難　インド北部ヒマラヤのニルカンタ峰 (6596m) を登山中の北海道「帯広ビスタリクラブ」7 人のうち 6 人が氷河崩れで行方不明に。
10.3	〔ゴルフ〕東海クラシック開催　東海クラシック・ゴルフで男子は藤木三郎、女子は服部道子が優勝。
10.3	〔柔道〕田村が世界選手権優勝　世界柔道選手権がカナダ・ハミルトンで開催され、男子は 86kg 級の中村佳央ら 3 個の金メダルを獲得。女子の金メダルは 48kg 級で最年少優勝した田村亮子 (18) の 1 つだけ。
10.7～17	〔陸上〕ベテランズ陸上開催　アジア初のベテランズ陸上宮崎大会が開催される。78ヶ国・地域から約 1 万 2000 人が参加、75 個の世界新記録が誕生。
10.13	〔プロ野球〕西武が 4 年連続優勝　プロ野球パ・リーグは、マジックを 1 としたまま 4 連敗していた西武 (森祇晶監督) が、この日のロッテ戦で 4 年連続 10 回目の優勝を決める。最終順位は 2 位日本ハム、3 位オリックス、4 位近鉄、5 位ロッテ、6 位ダイエー。
10.15	〔プロ野球〕ヤクルトが 2 連覇　プロ野球セ・リーグはヤクルト (野村克也監督) が 2 連覇。最終順位は 2 位中日、3 位巨人、4 位阪神、5 位横浜、6 位広島。
10.24	〔F1〕F1 日本グランプリ開催　自動車レースの F1 日本グランプリが鈴鹿サーキットで開催され、アイルトン・セナが 4 勝目。
10.26	〔国民体育大会〕朝原が日本新記録　東四国国体の男子 100m で、走り高跳び選手の朝原宣治が 10 秒 9 で 2 年ぶりに日本記録を更新。
10.28	〔サッカー〕ドーハの悲劇　サッカーの 94 年ワールドカップ・アメリカ大会出場権をかけたアジア地区最終予選の最終戦がカタール・ドーハで行われる。勝てば初の本大会出場が決まる日本代表はイラクと対戦、ロスタイム

に追いつかれ 2-2 で引き分ける。この結果得失点差で韓国に抜かれ 3 位に転落、予選敗退に終わる (ドーハの悲劇)。この試合のテレビ中継の平均視聴率は 48%。11 月 11 日、マリウス・ヨハン・オフトが代表監督を辞任。12 月 8 日、オフトが来季から J リーグに昇格するジュビロ磐田の監督に就任。

10.29 〔競馬〕メジロマックイーン引退 10 億円獲得馬のメジロマックイーンが前脚の故障のため引退。

10.30 〔ボクシング〕ナザロフがライト級王座 プロ・ボクシング WBA 世界ライト級タイトルマッチがヨハネスブルクで開催され、グッシー・ナザロフが王座を獲得。協栄ジム所属の旧ソ連人ボクサーとして 2 人目の世界チャンピオン。

11.1 〔プロ野球〕ヤクルトが 2 回目の日本一 プロ野球・第 44 回日本シリーズは、セ・リーグ優勝のヤクルト (野村克也監督) が西武を 4 勝 3 敗で破り 14 年ぶり 2 回目の日本一に輝いた。シリーズ MVP は川崎憲次郎。

11.3 〔プロ野球〕古田・工藤が MVP プロ野球の MVP がセ・リーグは古田捕手 (ヤクルト)、パ・リーグは工藤投手 (西武) に決定。

11.3 〔プロ野球〕5 人が FA 宣言 プロ野球セ・リーグの松永浩美 (阪神) がフリーエージェント初申請。8 日、落合博満 (中日)、駒田徳広 (巨人)、槙原寛己 (巨人) が申請、計 5 人がフリーエージェント宣言。29 日、松永がダイエー入り、フリーエージェントの移籍第 1 号が成立。12 月 21 日、落合が推定年俸 3 億 6000 万円で巨人入り、槙原の巨人残留を除く 4 人全員の移籍が決定。

11.8 〔プロ野球〕横浜が 6 選手解雇 プロ野球セ・リーグの横浜球団が FA 資格獲得の高木豊、屋鋪要ら 6 選手を解雇。

11.11 〔自動車〕ドリーム号が優勝 オーストラリア大陸縦断ソーラーカーレースで本田の「ドリーム号」が 2 位に大差をつけ、平均時速 84.6km の新記録で優勝。

11.16 〔プロ野球〕大型トレード成立 プロ野球パ・リーグ、西武とダイエーの間で 3 対 3(西武・秋山幸二、ダイエー・佐々木誠など) の大型トレードが成立。

11.16 〔J リーグ〕平塚・磐田が加盟 J リーグ理事会がジャパンフットボールリーグ 1 位のベルマーレ平塚、2 位のジュビロ磐田の J リーグ加盟を承認。

11.19 〔一般〕高校総体参加広げる 全国高等学校体育連盟の秋季理事会で、94 年 4 月 1 日から朝鮮高級学校や高等専修学校などの連盟非加盟校に全国高校総合体育大会参加を認めることを正式承認。全国高体連への加盟は認めず。

11.20 〔プロ野球〕初の「逆指名」 プロ野球で新制度導入後初のドラフトが実施され、事前の「逆指名」により 1・2 位指名選手が確定、抽選は行われず。

11.21 〔相撲〕曙が 3 場所連続優勝 大相撲九州場所は、横綱・曙と関脇・武蔵丸のハワイ勢による初の外国人同士の優勝決定戦となり、曙が 6 回目の優勝。殊勲賞は関脇・武蔵丸 (初)。敢闘賞は小城錦 (前頭 1・6 回目)。技能賞は前頭 2 枚目・智ノ花 (2 回目)。小錦は負け越して大関陥落、大関貴ノ花も負け越し。

11.29　〔社会人野球〕大昭和製紙が休部　大昭和製紙が経営難を理由に野球部などを休部。

12.1　〔一般〕流行語大賞決定　第10回(1993年)新語・流行語大賞(草柳大蔵審査委員長)が決定。スポーツ界では、年間大賞部門に"Jリーグ"が選ばれた。受賞者は川淵三郎(日本プロサッカー・リーグチェアマン)。新語部門・金賞部門は"サポーター"、受賞者は設楽りさ子(女優)。新語部門・銅賞部門は"FA(フリーエージェント)"、受賞者は落合博満(野球選手)。特別賞部門・年間傑作語録賞部門は"悪妻は夫をのばす"、受賞者は落合信子(落合博満夫人)。

12.4　〔プロ野球〕秋山が2億円プレーヤー　プロ野球パ・リーグで西武からダイエーに移籍した秋山が、落合に次ぎ日本人2人目の2億円プレーヤーに。

12.6　〔Jリーグ〕川崎で本拠地移転騒動　Jリーグの読売ヴェルディ川崎が川崎市に対し、東京都調布市への本拠地移転を申し出る。8日、ヴェルディが移転を発表し、川崎市が反発。14日、Jリーグ実行委員会が「名分がない」として移転の白紙撤回を勧告、ヴェルディは移転希望を残したまま勧告を受け入れる。

12.6　〔Jリーグ〕ヴェルディが2連覇　Jリーグ・ナビスコカップで読売ヴェルディ川崎が2連覇。

12.8　〔Jリーグ〕ヴェルディが後期優勝　Jリーグ後期戦で読売ヴェルディ川崎が浦和レッズを破り15勝2敗となり、最終節を待たずに優勝決定。

12.12　〔サッカー〕トヨタカップ開催　サッカーのクラブ世界一決定戦トヨタカップでサンパウロFC(ブラジル)がACミラン(イタリア)を破り2連覇。

12.12　〔柔道〕田村が福岡国際4連覇　福岡国際女子柔道48kg級で田村亮子が4連覇。48kg級では史上2人目。

12.15　〔ノルディックスキー〕荻原が3連勝　ノルディックスキーのワールドカップ複合で荻原健司が3連勝。

12.18　〔アルペンスキー〕滑降で川端が3位　アルペンスキーのワールドカップがオーストリアで開催され、女子滑降で川端絵美が日本女子初の表彰台となる3位。

12.20　〔登山〕チョモランマ登頂　群馬県山岳連盟登山隊(10人)の2人がチョモランマ登頂に成功。厳冬期の南西壁からの登頂は世界初。

12.23　〔ボクシング〕薬師寺が王座奪取　プロ・ボクシングWBC世界バンタム級タイトルマッチで挑戦者の薬師寺保栄が辺丁一(韓国)に判定勝ち、初挑戦で王座奪取に成功。

12.26　〔競馬〕トウカイテイオーが有馬記念制覇　第38回有馬記念レースが中山競馬場(芝2500m)で行われ、1年ぶりにレースに出走したトウカイテイオー(田原成貴騎手)が2分30秒9で1着となり、有終の美を飾る。売上高788億8415万2000円は中央競馬の新記録。

12月　〔一般〕日本プロスポーツ大賞決定　1993年(平成5年)の日本プロスポー

ツ大賞(日本プロスポーツ協会主催)は、大賞が三浦知良(Jリーグ)、殊勲賞が曙太郎(大相撲)、古田敦也(プロ野球)、ラモス瑠偉(Jリーグ)に決定。

サッカー、Jリーグ発足

　日本サッカー協会は1991年に「日本プロサッカーリーグ(通称・Jリーグ)」設立を決定、1993年発足に向けて準備を開始。翌1992年3月、それまでのサッカー日本リーグの日程を終了、同リーグ27年の歴史の幕を閉じた。同年秋Jリーグカップ戦をおこない、1993年5月、いよいよJリーグが発足した。Jリーグは欧州型のスポーツクラブを範として、各チームがフランチャイズ地域を定め、独自のサッカー場を持つだけでなく、年齢別(19歳未満、16歳未満、13歳未満)のチームを持って一貫指導する体制とする。従来の日本スポーツ界は学校スポーツと社会人スポーツ(多くは民間会社所属)のアマチュア・スポーツを基幹としていた。Jリーグは、地域フランチャイズ制の独立クラブ、プロとアマチュアの垣根をはずす、テレビ放映権はリーグが一括管理する、などの点でプロ野球とは異なる方式を採った。Jリーグ発足に向けて新設された茨城県立鹿島サッカースタジアム完工記念試合で最初のゴールをきめたのは元ブラジル代表のジーコ(のちに日本代表チーム監督)で、これは彼の生涯800得点目の記念すべきゴールだった。ジーコのほか、リネカー(イングランド)、リトバルスキー(ドイツ)、トニーニョ(ブラジル)、ビスコンティ(アルゼンチン)など各国の代表チームを経験している世界の一線級がJリーグ発足当初から各チームに加わったことも日本のサッカーの水準を引き上げることに大きく貢献。Jリーグを軸とするサッカーは日本のスポーツ界に新しい構図をもたらした。

1994年
(平成6年)

1.1 〔サッカー〕横浜フリューゲルスが初優勝　天皇杯全日本サッカー選手権で横浜フリューゲルスが延長戦の末初優勝。

1.3 〔駅伝〕箱根史上初の10時間台　第70回東京‐箱根間往復大学駅伝競は、山梨学院大が史上初の10時間台となる10時間59分13秒で2度目の総合優勝。10年ぶりに出場した慶大は20校中19位。

1.14 〔F1〕ホンダがル・マン参戦　F1を撤退したホンダがスポーツカー「NSX」でルマン24時間耐久レースへ参戦。

1.15 〔ラグビー〕神戸製鋼が6連覇　ラグビー日本選手権で神戸製鋼が明大を破り6連覇。

1.15 〔柔道〕カラー柔道着導入せず　欧州柔道連盟がカラー柔道着の94年導入を断念。

1.16 〔Jリーグ〕読売ヴェルディ川崎が初代王者　Jリーグチャンピオンシップ第2戦が1-1の引き分けとなり、9日の第1戦に2-0で勝った読売ヴェルディ川崎が鹿島アントラーズを通算1勝1分けで破りJリーグ初代王者に。この日の試合でジーコ(鹿島)が審判の判定に抗議して唾を吐き退場となる。18日、最優秀選手に三浦知良(川崎)、新人王に沢登正朗(清水)を選出。20日、Jリーグがジーコに対し4試合出場停止処分。

1.16 〔テニス〕伊達が海外初優勝　女子テニスのニューサウスウェールズ・オープンで伊達公子が海外初優勝。17日、世界ランキング9位に。日本選手のトップ10入りは史上初。25日、全豪オープンで世界4位のコンチタ・マルティネス(スペイン)を破り、沢松和子以来21年ぶりの4大大会ベスト4進出。準決勝でシュテフィ・グラフ(ドイツ)に敗退。ランキングは7位に。

1.18 〔オリンピック〕冬季五輪最高の放映権　米CBSテレビが長野オリンピックの国内向け放映権を3億7500万ドル(約420億円)で獲得。冬季オリンピックとしては史上最高額。

1.19 〔野球〕王・与那嶺が殿堂入り　王貞治、与那嶺要が野球殿堂入り。

1.20 〔オリンピック〕大阪市が五輪立候補へ　大阪市が2008年オリンピックの開催地に立候補する方針を発表。

1.21 〔ボクシング〕辰吉がアメリカで試合へ　日本ボクシングコミッションが、左目網膜はく離で国内の試合を禁じられた辰吉丈一郎のアメリカでの再起試合を黙認する裁定を下す。

1.23 〔マラソン〕片岡が初優勝　東京シティマラソン(ハーフ)で片岡純子(富士銀行)が1時間08分41秒の日本最高記録で初優勝。

1994年(平成6年)

1.23 〔相撲〕貴ノ花が4場所ぶり優勝　大相撲初場所は、大関カド番の貴ノ花が関脇武蔵丸の「勇み足」で白星を拾い、14勝1敗で4回目の優勝。殊勲賞は前頭3枚目・武双山(初)。敢闘賞は関脇・貴ノ浪(2回目)。技能賞は関脇・武蔵丸(2回目)。26日、武蔵丸と貴ノ浪が17年ぶりとなる大関同時昇進。

1.29 〔Jリーグ〕三浦が日本人初の2億円台　Jリーグの三浦知良(川崎)が日本人初の2億円台となる2億4000万円で契約更改。

1.29 〔ノルディックスキー〕葛西が135m　全日本スキー選手権ラージヒルで葛西紀明(地崎工業)が127mを記録。30日には135mを記録。

1.30 〔マラソン〕1レース3人が日本最高記録　大阪国際女子マラソンで安部友恵(旭化成)が2時間26分09秒で初優勝。2位の藤村信子(ダイハツ)、3位の浅利純子(ダイハツ)も2時間26分26秒の従来記録を更新、1レースで3人が日本最高記録をマーク。

1.31 〔オリンピック〕メダル報奨金は非課税　リレハンメル冬季オリンピックからメダル報奨金を非課税にすることが決定。

2.1 〔ノルディックスキー〕荻原が全日本初制覇　ノルディックスキー複合で荻原健司(北野建設)が全日本初制覇。

2.1 〔相撲〕小錦が帰化　大相撲の小錦の帰化申請に許可がおりる。本名サレバ・アティサノエから吉田八十吉へ。

2.6 〔マラソン〕折り返し点を間違える　第43回別府大分毎日マラソンで先頭集団の大半が折り返し点を間違え、外国招待2選手が気付かないままゴールインして失格となる。

2.10 〔サッカー〕新監督に加茂　サッカー日本代表の新監督に元ブラジル代表監督のパウロ・ロベルト・ファルカンが就任。10月18日、広島アジア大会での指導内容に問題があるとして、日本サッカー協会がファルカンとの契約を更新せず新外国人監督を招聘する事を決定。紆余曲折の末、加茂周が新監督に就任。

2.12〜27 〔オリンピック〕リレハンメル冬季五輪開催　第17回冬季オリンピック・リレハンメル大会がノルウェーで開催される。史上最多の67ヶ国・地域から約2200人の選手・役員が参加。開会式でサマランチ国際オリンピック委員会が、内戦の続く10年前のオリンピック開催地サラエボのために黙祷を呼びかけ、戦いを止めるよう訴える。14日、スピードスケート男子500mで堀井学が銅メダル。17日、スピードスケート女子3000mで橋本聖子が同走のグンダ・ニーマン(ドイツ)の転倒の巻き添えとなるが、再レースで4分21秒07の日本新記録で6位。19日、ノルディックスキー複合個人で河野孝典が銀メダル。荻原健司は4位に終わる。20日、スピードスケート男子1万mでヨハンオラフ・コス(ノルウェー)が優勝、1500、5000と合わせ全て世界新記録で3冠。22日、ジャンプラージヒル団体で日本(西方、岡部、葛西、原田)が銀メダル。24日、ノルディックスキー複合団体で日本(阿部雅司、荻原健司、河野孝典)が前回アルベールビル大会に続き2連覇。冬季五輪での日本の連覇は史上初。25日、スピードスケート女子5000mで山本宏

1994年(平成6年)

美が銅メダル。25日、フィギュアスケートの女子自由演技でナンシー・ケリガンが銀メダル。ハーディングは8位。金メダルはオクサナ・バイウル(ウクライナ)。日本のメダル獲得数は金1、銀2、銅2の計5個。今大会は環境保全を前面に打ち出し、施設建設にあたって木の伐採を極力避けるなど、自然に配慮した工夫がみられた。

2.13　〔テニス〕アジア女子オープン開催　テニスのアジア女子オープンが尼崎で開催され、マヌエラ・マレーバ・フラニエール(スイス)が優勝、引退に花を添える。

2.14　〔Jリーグ〕ジーコ引退発表　Jリーグの鹿島アントラーズが、ジーコが「契約切れを機に」6月に引退すると発表。

2.27　〔駅伝〕横浜国際女子駅伝開催　横浜国際女子駅伝でロシアが2時間15分31秒の大会新記録で優勝。2位は中国、3位はルーマニア、日本は4位。

2.28　〔相撲〕武双山が最短で三役　大相撲春場所新番付で武双山が小結を飛び越えて関脇に昇進。8場所目での三役入りは昭和以降では最短記録。

3.7　〔Jリーグ〕チーム名変更　Jリーグの読売ヴェルディ川崎がチーム名をヴェルディ川崎に変更。8日、Jリーグが、残り時間に関わらず得点が入った時点で試合終了とする延長戦方式を「サドンデス(突然死)」から「V(victory=勝利)ゴール」に改名。

3.10～19　〔パラリンピック〕パラリンピック開催　身障者五輪(パラリンピック)がリレハンメルで開催される。日本のメダル獲得数は銀3、銅3で過去最高。

3.13　〔マラソン〕浅井が初優勝　名古屋国際女子マラソンで浅井えり子が初優勝。

3.13　〔ノルディックスキー〕荻原が史上初総合2連覇　ノルディックスキーのワールドカップ札幌大会複合第11戦で、最終戦を待たずに荻原健司の史上初の総合2連覇が決定。

3.15　〔バレーボール〕外国人学校に門戸　日本バレーボール協会(松village康隆会長)が朝鮮高級学校など外国人学校の全国大会(95年3月)参加を決定。高校総体以外の大会開放は初。

3.17　〔ボクシング〕日本人唯一のヘビー級　プロ・ボクシング・ヘビー級の西島洋介山(20)が帰国第1戦を行い、無名のアメリカ人ボクサーに5回KO勝ち。西島は「忍者」のニックネームでアメリカ武者修行を行い、92年に13年ぶりとなる日本人唯一のヘビー級プロボクサーとしてデビュー。

3.18　〔プロ野球〕セ・リーグに警告制度　プロ野球セ・リーグが選手の遅延行為に審判が警告書を出すことを決定。警告3回で即時退場とし出場停止処分も行う、サッカーのイエローカード・レッドカードに似た制度。

3.26　〔フィギュアスケート〕佐藤が優勝　フィギュアスケート世界選手権が千葉・幕張メッセで開催され、女子シングルで佐藤有香(法大)が優勝。2位のスルヤ・ボナリー(フランス)がメダルを外すなどして抗議。

3.27　〔相撲〕曙が7回目の優勝　大相撲春場所は、横綱・曙が12勝3敗で7回目の優勝。殊勲賞は前頭1枚目・魁皇(初)。敢闘賞は前頭2枚目・寺尾(3回

— 350 —

目)と前頭12枚目・貴闘力(4回目)。技能賞は関脇・琴錦(4回目)と前頭6枚目・小城錦(初)。

3.28 〔ヨット〕白石が最年少記録　白石鉱次郎(26)が「スピリット・オブ・ユーコー」で93年10月3日の出港以来176日ぶりに静岡県松崎港に帰港、ヨット単独無寄港世界一周の最年少記録を樹立。

4.4 〔高校野球〕智弁和歌山が初優勝　第66回選抜高校野球大会は、決勝で智弁和歌山が常総学院(茨城)を7-5で破り初優勝。3月26日の開幕第3試合で金沢(石川)の中野真投手が江の川(島根)相手に高校野球史上16年ぶり2度目となる完全試合を達成。

4.7 〔大学野球〕東京6大学野球で女子選手を認める　東京6大学野球連盟が理事会で今季から女子選手の登録を認めることを決定。

4.9 〔プロ野球〕プロ野球開幕　プロ野球が開幕。10日はセ・パ両リーグの全試合で史上初の先発投手予告。

4.10 〔テニス〕伊達が3連覇　ジャパンオープンテニス女子シングルスで伊達公子が3連覇。

4.17 〔マラソン〕朝比奈がマラソン初優勝　ロッテルダム・マラソンで朝比奈三代子(旭化成)が2時間25分52秒の日本最高記録でマラソン初優勝。

4.17 〔柔道〕阿武が2連覇　全日本女子柔道選手権大会無差別級で阿武教子(福岡・柳川高)が2連覇。

4.17 〔競馬〕ナリタブライアンが圧勝　第54回皐月賞レースが中山競馬場(芝2000m)で行われ、1番人気のナリタブライアン(南井克巳騎手)が1分59秒0で1着で圧勝。

4.23 〔スピードスケート〕橋本がスケート引退　スピードスケートの橋本聖子がスケートの第一線から引退し、96年アトランタ・オリンピックの自転車競技出場を目指すと表明。

4.24 〔マラソン〕谷川がパリで優勝　パリ・マラソンで谷川真理(良品計画)が日本歴代9位、大会新記録の2時間27分55秒で初優勝。

4.24 〔競馬〕ビワハヤヒデが完勝　第109回天皇賞(春)レースが阪神競馬場(芝3200m)で行われ、ビワハヤヒデ(岡部幸雄騎手)が3分22秒6で1着。菊花賞に続きGIレース2勝目。

4.29 〔柔道〕小川6連覇ならず　全日本柔道選手権大会で金野潤三段(綜合警備保障)が決勝進出3度目にして初優勝。小川直也(日本中央競馬会)は準決勝で敗れ6連覇ならず。

5.1 〔ゴルフ〕中日クラウンズ開催　中日クラウンズゴルフでロジャー・マッカイ(オーストラリア)が優勝。

5.4 〔ボクシング〕川島が世界王座　プロ・ボクシングWBC世界ジュニア・バンタム級タイトルマッチが横浜文化体育館で行われ、挑戦者の川島郭志がホセ・ルイス・ブエノ(メキシコ)に判定勝ち、王座を獲得。

1994年（平成6年）

5.5 〔陸上〕三室が日本新記録　静岡国際陸上の女子棒高跳びで三室聡子(静岡・浜松東高)が自己の持つ記録を9cm更新する3m20の日本新記録。

5.5 〔バレーボール〕全日本選手権開催　バレーボールの全日本選手権で男子はNECが3連覇、女子は日立が2年連続17回目の優勝。

5.5 〔シンクロナイズドスイミング〕奥野が2年連続3冠　シンクロナイズドスイミングの日本選手権で奥野史子(井村シンクロ)がソロ、デュエット、チームの2年連続3冠を達成。

5.11 〔プロ野球〕危険球退場制度　神宮球場で行われたプロ野球セ・リーグのヤクルト - 巨人戦が死球を巡って乱闘となり、グラッデン(巨人)が指を骨折、グラッデンと中西親志捕手(巨人)が退場処分となり、西村龍次投手(ヤクルト)も危険球を投げたとして退場処分になる。13日、セ・リーグが頭部への死球があった場合に投手を即退場とする試合協定事項を設け、即日発効。今季限りの時限立法扱い。20日、郭源治(中日)が対阪神戦で投球を打者の左側頭部に当てて危険球退場第1号に。

5.12 〔サッカー〕アルゼンチン代表が訪日中止　日本政府がディエゴ・マラドーナ選手に対し入国拒否を決めた(麻薬に関する逮捕歴があることが理由)ことから、サッカーのキリンカップに出場予定のアルゼンチン代表が訪日を中止。

5.13 〔団体〕朝鮮高級学校が準加盟　広島市高校体育連盟が全国で初めて朝鮮高級学校の準加盟を認める。

5.15 〔ゴルフ〕合田が初優勝　日本プロゴルフ選手権で合田洋が尾崎将司を1打差で抑えて初優勝。

5.15 〔柔道〕田村が全4試合一本勝ち　第17回全日本女子柔道体重別選手権48kg級で田村亮子(帝京大)が4試合全て一本勝ちで4連覇。

5.18 〔プロ野球〕槙原が完全試合　プロ野球セ・リーグの槙原寛己(巨人)が福岡ドームで行われた対広島7回戦でプロ野球史上15人目、16年ぶりの完全試合。

5.22 〔ゴルフ〕山岡が10年目で初優勝　女子プロゴルフツアーで43歳の山岡明美がプロ10年目で初優勝。

5.22 〔相撲〕貴ノ花が5回目の優勝　大相撲夏場所は、大関・貴ノ花が大関・武蔵丸を破り14勝1敗で5回目の優勝。殊勲賞は小結・寺尾(2回目)。敢闘賞は貴闘力(前頭1・5回目)。技能賞は前頭12枚目・舞の海(4回目)。

5.22 〔自動車〕安藤が総合初優勝　94国際サイクルロードレースでアマの安藤康洋(宮田工業)が総合初優勝。

5.29 〔大学野球〕天覧早慶戦　天皇・皇后が観戦する3度目、44年ぶりの天覧早慶戦が行われ、慶大が5-2で勝利。この季の6大学野球は明大が優勝、法大、慶大、早大の順で、立大と東大が勝ち点と勝率で並んで5位。

5.29 〔競馬〕ナリタブライアンが2冠　第61回日本ダービー(東京優駿)が東京競馬場(芝2400m)で行われ、ナリタブライアン(南井克巳騎手)が2着に5

— 352 —

馬身差の2分25秒7で圧勝。さつき賞に続きクラシック2冠。

6.1 〔バレーボール〕**NKKが男子廃部** 日本リーグ優勝5度のNKK男子バレーボール部が不況と成績低迷などを理由に廃部。

6.7 〔ヨット〕**「酒呑童子」救助される** 関西国際空港開港記念の環太平洋ヨットレースに参加するため2月11日に兵庫県西宮港を出港し、3月7日にハワイ・オアフ島の西北西約3300kmの太平洋上で無線交信したのを最後に連絡が途絶えていた1人乗りヨット「酒呑童子」(長さ13.14m)の諸井清二(56)が、鳥島の東約300kmの地点でセントビンセント国籍の貨物船「ビエンナ・ウッド」号に救助される。

6.11 〔Jリーグ〕**サンフレッチェ広島が前期優勝** Jリーグ前期のサンフレッチェ広島-ジュビロ磐田戦が磐田スタジアムで行われ、広島が勝って初優勝。

6.12 〔陸上〕**ジェンガがジュニア世界新記録** 日本陸上の男子3000m障害でケニアからの留学生ダニエル・ジェンガ(仙台育英高)が8分19秒21のジュニア世界新記録。

6.12 〔水泳〕**平野が日本新記録** 水泳の日本選手権男子1500m自由形で平野雅人が15分26秒87の日本新記録、公認記録保持者の藤本雅之を抑え初優勝。

6.17 〔Jリーグ〕**三浦がジェノアに移籍** Jリーグの三浦知良(川崎)がイタリアのプロサッカーリーグ・セリエAのジェノアに1年間の期限付き移籍を発表。9月4日、セリエAの開幕試合でヘディングの際に全治1ヶ月の重傷を負う。12月4日、対サンプドリア戦の前半13分に味方フォワードが頭で落としたボールを右足で蹴り込み、セリエAアジア人初ゴールを記録。

6.17~7.17 〔サッカー〕**W杯アメリカ大会開催** サッカーの第15回ワールドカップ・アメリカ大会がシカゴのソルジャーフィールドで開幕。ヨーロッパや中南米以外で開催される初の大会で、各地の予選を勝ち抜いた24ヶ国が出場。6月30日、国際サッカー連盟が、試合後のドーピング検査で禁止薬物の興奮剤系エフェドリンが検出されたディエゴ・マラドーナに対し正式処分決定まで全てのサッカー活動を禁止、大会から追放。7月2日、コロンビアのメデジン市で、同国代表のアンドレス・エスコバルが対アメリカ戦で自殺点を与えたことをなじられ、数人の男に12発の銃弾を浴びせられて殺害される。17日、カリフォルニア州パサデナのローズボウルで決勝が行われ、ワールドカップ決勝史上初のPK戦でブラジルがイタリアを破り、史上最多となる4回目の優勝。イタリアはエースのロベルト・バッジョがPKを外し無念の敗退。8月24日、マラドーナに対し95年9月まで一切の試合出場停止処分。

6.18 〔高校総体〕**高橋が日本新記録** 近畿高校総体の陸上男子200mで高橋和裕(奈良・添上高3年)が20秒57の日本新記録。

6.19 〔柔道〕**東京が2年連続優勝** 全日本女子柔道団体で東京が奈良を2-0で破り2年連続4回目の優勝。

6.19 〔自動車〕**トヨタがルマンで2位** 自動車のルマン24時間耐久レースでポルシェが優勝。トヨタが2位。

6.19〜20	〔ボート〕ボート全日本開催　ボート全日本の女子シングルスカルで渋田紀子 (早大) が2位に大差で2連覇。男子は小日向謙一 (新潟大) が3連覇。
6.26	〔ゴルフ〕服部が初優勝　ゴルフの日本女子オープンで服部道子がプロ入り4年目で初優勝。
7.14〜17	〔水泳〕マスターズ水泳開催　日本マスターズ水泳が開催される。世界新記録6個、日本新記録81個が誕生。
7.15	〔社会人野球〕新日鉄が一部休部　新日鉄が会社の業績不振のため、8つの野球部のうち室蘭 (北海道)、堺 (大阪)、光 (山口) の休部を正式発表。
7.17	〔相撲〕武蔵丸が初優勝　大相撲名古屋場所は、大関・武蔵丸が貴ノ花を破り、15戦全勝で初優勝。外国人力士の優勝は4人目。若ノ花が14勝1敗、貴ノ花は11勝4敗。殊勲賞は前頭2枚目・浜ノ嶋 (初)。敢闘賞は小結・貴闘力 (6回目)。技能賞は前頭4枚目・舞の海 (5回目)。
7.19	〔テニス〕雉牟田が引退　女子プロテニスプレーヤーの雉牟田明子が引退。
7.22	〔相撲〕地方巡業を自主興行へ　日本相撲協会が95年春場所後の春巡業から地方巡業を自主興行とすることを発表。
7.23〜24	〔柔道〕金鷲旗高校柔道開催　金鷲旗高校柔道男子は世田谷学園 (東京) が3連覇、女子は柳川 (福岡) が5連覇。
7.24	〔陸上〕日本選手初の金メダル　世界ジュニア陸上がリスボンで開催され、女子1万mで山崎陽子 (筑波大) が32分34秒11で優勝。日本選手として史上初の金メダル。
7.24	〔競馬〕27万1230円の万馬券　新潟競馬第4レースで中央競馬史上最高配当となる27万1230円の万馬券が出る。
7.27	〔オリンピック〕公式スポンサー業種発表　長野オリンピック組織委員会が国内公式スポンサーの対象となる8業種を発表。1業種1社とし20億円で販売。
7.28	〔プロ野球〕広沢が1000試合連続出場　プロ野球セ・リーグの広沢克己 (ヤクルト) が史上4人目の1000試合連続出場。
7.28	〔サッカー〕横浜マリノス優勝　全日本ユースサッカーで横浜マリノスが2回目の優勝。
7.28	〔サッカー〕略称はLリーグ　日本サッカー協会が日本女子サッカーリーグの略称をLリーグとすることを発表。
7.30	〔プロ野球〕赤堀が18連続SP　プロ野球パ・リーグの赤堀元之 (近鉄) が対日本ハム戦でプロ野球新記録の18連続セーブポイントを達成。8月13日、21でストップ。
8.4	〔高校総体〕添上高が初の4冠　高校総体の陸上男子1600mリレーで添上高 (奈良) が高校新記録で優勝。第1走者の高橋和裕が100、200、400mリレーとあわせ、男子大会史上初の4冠。

1994年 (平成6年)

8.4　〔新体操〕川本が完全制覇 V　新体操の第46回全日本学生選手権で川本ゆかり(東女体大)が女子個人総合と種目別4種目を完全制覇。

8.6　〔Jリーグ〕ヴェルディ川崎が3連覇　Jリーグ・ナビスコカップでヴェルディ川崎が3連覇。

8.7　〔レスリング〕山本ら4人が優勝　世界女子レスリングがブルガリアで開催され、山本美憂(日体パンサーズ)ら4人が優勝。

8.10　〔プロ野球〕イチローが57試合連続出塁　プロ野球パ・リーグのイチロー(オリックス、本名鈴木一朗)が対日本ハム戦で57試合連続出塁のプロ野球新記録。27日の対近鉄戦で69でストップ。

8.12　〔高校総体〕遊沢が高校3冠　高校総体卓球で遊沢亮(大阪・上宮)が男子単、複、団体で優勝、史上8人目の3冠を達成。

8.18　〔オリンピック〕李登輝来賓の波紋　アジアオリンピック評議会が台湾の李登輝総統を来賓として広島アジア大会に招待したことが明らかになり、中国が日本入国に強く反対。9月7日、台湾総統府スポークスマンが、李総統が招待に応じて開会式に出席することを発表。アメリカ政府が一部高官の台湾訪問を解禁するなど、79年以来断行していた台湾との関係改善を決定し、中国政府に通告。8日、中国政府が「出席が大会に重大なトラブルを招く」と警告、アメリカの新政策も内政干渉として批判。12日、アジアオリンピック評議会が招待取り消しを決定。15日、台湾が李総統の出席を事実上断念。しかし、中国政府は徐立徳行政院副院長らの訪日にも強い反対を表明、日本政府を非難し訪日許可決定の再考を求めた。19日、台湾オリンピック委員会が李総統が出席しないことを正式に発表。27日、中国外務省が徐副院長の訪日に同意した日本政府に抗議する一方、中国の大会参加を確認。30日、徐副院長が来日。10月1日、中国反発の中、徐副院長が広島入り。アジア大会の歓迎レセプションで中国側関係者と同席。

8.21　〔高校野球〕佐賀県勢が初優勝　第76回全国高校野球選手権大会は、決勝が史上初の九州勢対決となり、佐賀商(佐賀)が樟南(鹿児島)を8-4で破り、佐賀県勢として初優勝。19日、第4試合の佐賀商－北海高戦が試合途中で激しい雨に見舞われ中断、試合終了が20時43分と60回大会以降で最も遅い終了時刻となる。

8.29　〔高校野球〕作新学院が4年ぶり優勝　第39回全国高校軟式野球大会で作新学院が平安を2-1で破り4年ぶり4回目の優勝。

8.29　〔相撲〕舞の海が新小結　大相撲の新番付が発表され、舞の海が現役最軽量で新小結となる。

9.1　〔シンクロナイズドスイミング〕世界選手権開催　第7回世界水泳選手権がローマで開幕。9日、シンクロナイズドスイミング・ソロで奥野史子が銀メダル。10日、デュオで奥野史子・立花美哉組が銀メダル。11月23日、国際水泳連盟が女子400m自由形で優勝した楊愛華(中国)がドーピング検査で陽性反応を示したと発表、2年間の資格停止処分を科す。

9.3　〔国民体育大会〕国体夏季大会開催　名古屋市総合体育館などで「わかしゃ

1994年 (平成6年)　　　　　　　　　　　　　　　　　　　　日本スポーツ事典

ち国体」夏季大会開幕。

9.4 　〔競馬〕武豊がフランス GI 初優勝　競馬の武豊騎手がフランスの GI レースで日本人として初優勝。

9.6 　〔競馬〕柴田騎手が引退　中央競馬の柴田政人騎手が引退。4月の落馬事故で左腕などを痛め、復帰を断念。

9.11 　〔剣道〕石田が連覇　全日本女子剣道で石田真理子五段 (大阪府警) が連覇。

9.15 　〔プロ野球〕北別府が引退　プロ野球セ・リーグの北別府学投手 (広島) が引退。

9.18 　〔テニス〕増田が2連覇　全日本テニスでプロの増田健太郎が2連覇。

9.18 　〔ボクシング〕鬼塚6度目で防衛失敗　プロ・ボクシング WBA 世界ジュニア・バンタム級タイトルマッチでチャンピオンの鬼塚勝也 (協栄) が同級1位の李炯哲 (韓国) に敗れ、6度目の防衛に失敗。

9.20 　〔プロ野球〕イチローがシーズン 200 安打　プロ野球パ・リーグのイチロー外野手 (オリックス) がグリーンスタジアム神戸で行われた対ロッテ24回戦で3打席連続安打、前人未到のシーズン 200 安打を達成。イチローは7日の藤井寺球場での対近鉄戦で 185 安打を記録し 130 試合制での最多安打記録を更新、14日には 116 試合目となる東京ドームでの対日本ハム戦で 192 安打目を放ち、140 試合制での藤村富美男の 191 安打を抜いてシーズン最多安打の本プロ野球新記録を達成していた。最終的な記録は 210 安打。

9.25 　〔相撲〕貴ノ花が最年少全勝優勝　大相撲秋場所で貴ノ花が史上最年少の全勝優勝で6回目の優勝。殊勲賞は琴稲妻と武双山、敢闘賞は武双山、技能賞は該当なし。11日目 (21日) の大関武蔵丸と前頭1枚目琴の若の対戦が80年初場所14日目の北の湖と若乃花の横綱対決以来14年ぶりの水入りとなり、琴の若が上手投げで勝つ。26日、横綱審議委員会が日本相撲協会から諮問された貴ノ花の横綱昇進について、時期尚早として推薦を拒否。

10.2 　〔プロ野球〕西武がリーグ初の5連覇　プロ野球パ・リーグは西武 (森祇晶監督) がリーグ初の5連覇で11回目の優勝。5年連続全球団に勝ち越しもリーグ初。最終順位は2位オリックス・近鉄 (同率2位)、4位ダイエー、5位ロッテ、6位日本ハム。

10.2 　〔ゴルフ〕尾崎将司が2年ぶり優勝　ゴルフの日本オープンで尾崎将司が2年ぶりの優勝。

10.2～16 　〔アジア競技大会〕広島でアジア大会　第12回アジア競技大会広島大会が開幕、メーンスタジアムの広島広域公園陸上競技場で開会式が行われる。日本での開催は 1958 年の東京大会以来36年ぶりで、首都以外での開催は史上初。初参加の中央アジア5ヶ国や20年ぶりに選手団を派遣するカンボジアなど42ヶ国・地域から史上最大の約 7300 人の選手・役員が参加。3日、空手道女子型で横山久美が広島アジア大会金メダル第1号となる。5日、空手道で日本が11種目中9個の金メダルを獲得。馬術個人で44歳の主婦八木三枝子が金メダルを獲得。8日、水泳女子 50m 自由型で世界記録保持者の楽

— 356 —

靖宣(中国)が2度のフライングで失格し、日本選手が2位・3位となる。14日、野球で日本が韓国を6-5で破り金メダルを獲得。16日に閉幕、金メダル獲得数は1位が中国の137、2位は韓国の63、日本は前回同様3位の59。11月28日、水泳女子200m個人メドレーで世界記録を出した呂彬(17歳)、男子200m自由型で優勝した熊国鳴ら中国のメダリスト11人(水泳7、陸上1、カヌー2、自転車1)に筋肉増強剤ジヒドロテストステロンの陽性反応が出たことが判明。12月3日、アジア・オリンピック評議会が22個(金15、銀6、銅1)のメダル剥奪を決定。4日、中国オリンピック委員会が遺憾の意を表明するとともに、事実関係の究明や選手・関係者の厳重処分のための特別チーム設置を明らかにする。

10.6　〔プロ野球〕最多安打賞創設　プロ野球セ・パ・両リーグが、イチローの活躍を機に最多安打賞を創設。

10.8　〔プロ野球〕巨人が最終戦で優勝　プロ野球セ・リーグは巨人(長嶋茂雄監督)と中日が69勝60敗で並び、史上初の同率での最終戦直接決戦となる。ナゴヤ球場で行われた最終戦で巨人が6-3で勝利、4年ぶり27回目の優勝。最終順位は2位中日、3位広島、4位ヤクルト・阪神(同率4位)、6位横浜。

10.9　〔ゴルフ〕東海クラシック開催　東海クラシック・ゴルフ男子でコーリー・ペイビンが優勝。女子は2日に服部道子が優勝。

10.12　〔プロ野球〕王がダイエー監督　プロ野球パ・リーグ、福岡ダイエーホークスが王貞治・元巨人監督の新監督就任を発表。現場復帰は7年ぶり。

10.13　〔プロ野球〕西本が引退　プロ野球セ・リーグの西本聖投手(巨人)が引退。

10.19　〔プロ野球〕小松が引退　プロ野球セ・リーグの小松辰雄投手(中日)が引退。

10.23　〔陸上〕伊東が日本新記録　陸上の日本グランプリファイナル、男子200mで伊東浩司(富士通)が20秒44の日本新記録。

10.24　〔プロ野球〕沢村賞に山本　プロ野球の沢村賞が山本昌広投手(中日)に決定。29試合14完投2完封の19勝8敗で、2年連続最多勝。

10.24　〔社会人野球〕日本通運が初優勝　社会人野球で日本通運が日産自動車を9-8で破り初優勝。

10.24　〔相撲〕貴・若が東西大関　大相撲新番付が発表され、貴ノ花改め貴乃花が東大関、若ノ花改め若乃花が西大関となる。

10.29　〔プロ野球〕長嶋巨人初の日本一　プロ野球・第45回日本シリーズの第6戦が東京ドームで行われ、セ・リーグ優勝の巨人(長嶋茂雄監督)が3-1で西武に勝利。通算4勝2敗で5年ぶり18回目、「長嶋巨人」としては初の日本一に輝いた。シリーズMVPは槙原寛己。

10.29　〔ラグビー〕W杯出場権獲得　ラグビー・ワールドカップで日本が出場権を獲得。

10.29～11.3　〔国民体育大会〕国体秋季大会開催　国民体育大会「わかしゃち国体」秋季大会で愛知が天皇・皇后両杯を獲得。

10.30　〔競馬〕ネーハイシーザーが天皇賞勝利　第110回天皇賞(秋)レースが東京競馬場(芝2000m)で行われ、ネーハイシーザー(塩村克己騎手)が1分58秒6で1着となった。

10.31　〔プロ野球〕桑田・イチローがMVP　プロ野球のMVPがセ・リーグは桑田真澄投手(26歳、巨人)、パ・リーグはイチロー外野手(21歳、オリックス)に決定。新人王はセ・リーグが藪恵壱投手(阪神)、パ・リーグが渡辺秀一投手(ダイエー)。

10.31　〔大学野球〕丸山が3冠王　東京6大学野球で丸山(慶大)が88年の大森(慶大)以来6年振り、戦後7人目の3冠王に。

11.3　〔剣道〕西川が優勝　全日本剣道選手権で西川清紀七段(警視庁)が5年ぶりの優勝。警察官の優勝は6年連続。

11.6　〔駅伝〕早大が3連覇　全日本大学駅伝で早大が3連覇。2位は山梨学院大。

11.6　〔競馬〕ナリタブライアンが3冠達成　第55回菊花賞レースが京都競馬場(芝3000m)で行われ、ナリタブライアン(南井克巳騎手)が3分04秒6で1着となった。

11.7　〔登山〕ツインズ登頂　日本シッキム・ヒマラヤ登山隊が世界第3位の未踏峰である氷雪の双耳峰「ツインズ」(7350m)登頂に成功。

11.16　〔Jリーグ〕ヴェルディ川崎が優勝　Jリーグ後期ニコスシリーズでヴェルディ川崎が優勝。

11.18　〔バレーボール〕山田理事が辞任　バレーボールの女子全日本や日立の監督を務めた山田重雄・日本バレーボール協会常務理事が、週刊誌などの元選手とのスキャンダル報道で辞任。

11.20　〔マラソン〕東京国際で盛山が2位　第16回東京国際女子マラソンでV.エゴロワ(ロシア)が2時間30分09秒で連覇。盛山玲世(芙蓉)が2位。

11.20　〔プロ野球〕篠塚が引退　プロ野球セ・リーグの篠塚和典(巨人)が現役引退、巨人の守備コーチに。

11.20　〔相撲〕貴乃花が優勝・横綱昇進　大相撲九州場所は、大関・貴乃花が曙を破り、大関では双葉山以来となる2場所連続全勝で7回目の優勝。大関若乃花は8勝7敗、大関挑戦の武双山は負け越し。殊勲賞は該当なし。敢闘賞は浪乃花(前頭1・5回目)。技能賞は該当なし。21日、横綱審議委員会が日本相撲協会から諮問された貴乃花の横綱昇進について満場一致で推薦。

11.27　〔駅伝〕京産大が大会新記録　全日本大学女子駅伝で初出場の京産大が2時間10分21秒の大会新記録で優勝。

11.27　〔新体操〕川本が2年連続完全優勝　全日本新体操選手権で川本ゆかり(東女体大)が2年連続完全優勝、引退の花道を飾る。

11.27　〔ラグビー〕神戸製鋼の連勝ストップ　ラグビー関西社会人リーグで神戸製鋼がワールドに24-25で敗れる。6年間続いた連勝記録が71でストップ。

11.27　〔相撲〕吉橋が優勝　全日本相撲選手権で吉橋宏之(日通)が優勝。

11.29	〔バレーボール〕Vリーグ発足　都内のホテルでバレーボールのVリーグ発足記念パーティが行われた。プロ化をめぐる対立で日立を解雇された大林素子も出席。
12.1	〔サッカー〕トヨタカップ開催　サッカーのクラブ世界一決定戦第15回トヨタカップで無名のベレス・サルスフィエルド (アルゼンチン) がACミラン (イタリア) を2-0で破り初優勝。
12.2	〔Jリーグ〕ヴェルディ川崎が年間チャンピオン　Jリーグのサントリー・チャンピオンシップでヴェルディ川崎がサンフレッチェ広島に1-0で勝利、2連勝で2年連続年間チャンピオンに。5日、Jリーグ年間表彰でMVPがペレイラ (川崎)、新人賞が田坂和昭 (平塚) に決定。
12.4	〔マラソン〕福岡国際マラソン開催　第48回岡国際マラソンでボアイ・アコナイ (タンザニア) が2時間9分45秒で初優勝。
12.4	〔スピードスケート〕糸川が日本新記録　スピードスケート・ワールドカップ・ヘーレンフェイン大会の5000mで糸川敏彦が自己の持つ日本記録を3秒近く更新する6分46秒54で2位。
12.10	〔柔道〕田村が福岡国際5連覇　第12回福岡国際女子柔道選手権。72kg級で阿武教子が中国の喬艶敏を下し3連覇。11日、48kg級で田村亮子 (帝京大) が大会初の5連覇、連勝記録を61に。
12.10～11	〔バレーボール〕東海大が男女とも優勝　全日本大学バレーで東海大が男女アベック優勝。男子は2連覇、女子は3年ぶりの優勝。
12.16	〔スピードスケート〕上原が日本新記録　浅間選抜スケートの1500mで上原三枝 (JNF) が2分7秒04の日本新記録。橋本聖子の記録を7年ぶりに0秒07上回る。
12.18	〔アメリカンフットボール〕立命大が初優勝　アメリカンフットボール東西大学王座決定戦で立命大が初優勝。
12.21	〔陸上〕木村が日本新記録　大阪陸上競技協会強化記録会の女子5000mで木村泰子 (京産業大) が15分19秒04の日本新記録。
12.23	〔レスリング〕森山が13年連続優勝　全日本レスリング選手権のグレコ90kg級で37歳の森山泰年 (自衛隊) が13年連続優勝で大会史上最年長優勝。連勝記録を37に伸ばす。
12.25	〔駅伝〕全国高校駅伝開催　全国高校駅伝が京都のコースで行われ、男子は西脇工 (兵庫) が高校最高記録の2時間3分21秒で2年ぶり4回目の優勝。女子は仙台育英 (宮城) が2年連続2回目の優勝。女子の連覇は初めて。
12.25	〔競馬〕ナリタブライアンが4冠達成　第39回有馬記念レースが中山競馬場 (芝2500m) で行われ、ナリタブライアン (南井克巳騎手) が2分32秒2で1着となった。
12.27	〔バスケットボール〕名短大付が4度目の3冠　全国高校選抜バスケット女子で名短大付 (愛知) が優勝、4度目の3冠達成。

12.28	〔バレーボール〕**大林・吉原がプロ第1号** バレーボールの大林素子(27)・吉原知子(24)両選手が、イタリアのプロリーグ(セリエA)のアンコナとの契約を発表。日本バレーボール界のプロ契約選手第1号となる。プロ化問題などで日立本社で対立した大林と吉原は11月30日に解雇(嘱託解除)された。12月1日、日本バレーボール協会が日立を解雇された大林素子らに対し、解雇による移籍は本人の自由意志による移籍とは異なるとして、移籍の自由を認める判断を示していた。
12月	〔一般〕**日本プロスポーツ大賞決定** 1994年(平成6年)の日本プロスポーツ大賞(日本プロスポーツ協会主催)は、大賞がイチロー(プロ野球)、殊勲賞が貴乃花光司(大相撲)、薬師寺保栄(プロボクシング)、南井克巳(中央競馬)に決定。
12月	〔一般〕**流行語大賞決定** 第11回(1994年)新語・流行語大賞が決定。スポーツ界では、大賞部門に"イチロー(効果)"が選ばれた。受賞者は鈴木一朗(オリックスブルーウェーブ)。

1995 年
(平成 7 年)

1.1 〔駅伝〕旭化成が 6 年連続優勝　全日本実業団駅伝で旭化成が 4 時間 15 分 02 秒で 6 年連続 18 回目の優勝。

1.1 〔サッカー〕ベルマーレ平塚に天皇賜杯　第 74 回天皇杯全日本サッカー選手権でベルマーレ平塚がセレッソ大阪を 2-0 で破り 3 回目の優勝。

1.3 〔駅伝〕山梨学院大が箱根 2 連覇　第 71 回東京 - 箱根間往復大学駅伝競走は、山梨学院大が早大を逆転、11 時間 03 分 46 秒で 2 年連続 3 度目の総合優勝。往路優勝は早大、復路優勝は中大。

1.3 〔アメリカンフットボール〕松下電工が初優勝　アメリカンフットボール日本選手権ライスボウルで松下電工が立命大を 16-14 で破り初優勝。

1.4 〔野球〕アジアジュニア野球開催　第 1 回アジアジュニア野球で日本がオーストラリアを 1-0 で破り初代王者に。

1.4 〔ノルディックスキー〕船木がラージヒル勝利　ワールドカップ・スキージャンプのラージヒル第 3 戦で 19 歳の新鋭・船木和喜が開幕戦に続いて 2 勝目。

1.6 〔ラグビー〕大東大が 6 年ぶり優勝　全国大学ラグビーで大東大が明大に 22-17 で逆転勝ち、6 年ぶり 3 回目の優勝。

1.7 〔ラグビー〕相模台工が連覇　全国高校ラグビーで相模台工が長崎北陽台を 27-12 で破り 2 連覇。

1.8 〔高校サッカー〕市立船橋が初優勝　全国高校サッカー選手権で市立船橋が帝京を 5-0 で破り初優勝。

1.8 〔ラグビー〕神戸製鋼が 7 連覇　第 47 回全国社会人ラグビーで神戸製鋼が東芝府中を 37-14 で破り 7 年連続 7 回目の優勝、新日鉄釜石の連覇記録に並ぶ。

1.9 〔大リーグ〕野茂がドジャースと契約　プロ野球パ・リーグの野茂英雄投手 (26) が米大リーグ入りのため近鉄を任意退団。18 日、野茂とマリナーズとの事前交渉があったのではないかとの疑惑が持たれていたが、大リーグコミッショナー事務局の調査の結果、事前交渉はなかったと判断される。2 月 13 日、米大リーグ、ナショナル・リーグの名門ロサンゼルス・ドジャースと契約。大リーグがストライキ中のため、ドジャース傘下の 3A アルバカーキとのマイナー契約。契約金はマイナー契約としては史上最高の 2 億円 (推定)。

1.14 〔ノルディックスキー〕船木が国内初勝利　ノルディックスキーの HTB 杯ジャンプで船木和喜が最長不倒をマーク、国内大会で初勝利 (少年組を除く)。

1.15 〔ラグビー〕神戸製鋼が圧勝で 7 連覇　ラグビーの第 32 回日本選手権が国立競技場で開催され、神戸製鋼が大会最多得点記録となる 102-14 で大東大

に圧勝、新日鉄釜石に並ぶ7連覇で7回目の優勝。

1.16 〔駅伝〕宮城が優勝　都道府県女子駅伝で宮城が2時間17分50秒で初優勝。

1.20 〔サッカー〕ジーコがサッカー学校開設　Jリーグ・鹿島アントラーズで活躍した元ブラジル代表のジーコがリオデジャネイロ郊外にサッカー学校を開設。

1.22 〔相撲〕貴乃花が3場所連続優勝　大相撲初場所は、横綱・貴乃花と大関・武蔵丸が13勝2敗で並び優勝決定戦となり、貴乃花が寄り切りで勝って3場所連続6回目の優勝。殊勲賞は関脇・魁皇 (2回目)。敢闘賞は小結・安芸乃島 (6回目) と前頭11枚目・大翔鳳 (2回目)。技能賞は該当なし。

1.23 〔テニス〕沢松がベスト8入り　全豪オープンテニス女子シングルスで、前日伊達公子を破った沢松奈生子がフェルナンデスを破りベスト8入り (準々決勝で敗退)。28日、マリー・ピエルスが初優勝。29日、男子シングルスはアンドレ・アガシが初優勝。

1.31 〔国民体育大会〕ふくしま国体冬季スケート開催　ふくしま国体冬季大会スケートで長野が男女総合で初優勝、北海道の9連覇を阻む。女子総合も3年ぶり6回目の優勝。

2.4～5 〔ハンドボール〕日本リーグ開催　ハンドボール日本リーグのプレーオフで男子は中村荷役が初優勝。女子は大崎電気が3年ぶり8回目の優勝。

2.5 〔マラソン〕別府大分マラソン開催　別府大分マラソンでパトリック・キャロル (オーストラリア) が2時間09分39秒の自己ベストで逆転初優勝。

2.5 〔テニス〕伊達が初優勝　女子テニスの東レ・パンパシフィック・オープン最終日、東京体育館で決勝が行われ、シングルスで世界ランキング10位・第5シードの伊達公子が世界6位・第3シードのリンゼイ・ダベンポート (アメリカ) をストレートで破り初優勝。同大会は全英オープンなど4大大会に次ぐランクに位置づけられるビッグタイトルの1つで、伊達は12回を超える同大会のみならず、このランクの大会で優勝した初の日本人選手となった。

2.7 〔スキー〕全国高校スキー開催　全国高校スキー大会で岩井涼子が女子5kmに続いて10kmでも優勝、史上4人目の2冠。8日、男子15kmで島田武彦が優勝、10kmと合わせ史上初の男子距離2冠。

2.11 〔ノルディックスキー〕荻原健司が複合個人で優勝　ノルディックスキーのワールドカップがノルウェーで開催され、複合個人で荻原健司が優勝、通算15勝目をあげクラウス・ズルセンバハー (オーストリア) の持つワールドカップ最多優勝記録を更新。2位に弟の荻原次晴。

2.12 〔マラソン〕東京国際マラソン開催　東京国際マラソンでエリック・ワイナイナ (ケニア) が優勝。期待の谷口浩美は折り返し点で棄権。

2.12 〔スピードスケート〕白幡が世界選手権総合2位　スピードスケート世界選手権男子総合で白幡圭史 (専大) が2位、日本男子初のメダルを獲得。

2.12 〔スピードスケート〕清水が世界歴代2位で優勝　スピードスケートのワールドカップ・カルガリー大会男子500mで清水宏保 (日大) が35秒83の日

本新記録、世界歴代2位で優勝。

2.19 〔ノルディックスキー〕荻原が史上初3連覇　ノルディックスキーのワールドカップ複合個人第9戦がオーストリア・バードゴイセルンで行われ、荻原健司(北野建設)が優勝。今季5勝目で史上初の総合3連覇を達成。ワールドカップ最多優勝記録も16に更新。

2.19 〔ショートトラック〕植松が4種目完全制覇　スピードスケートのショートトラック全日本選手権で植松純が男子1000、3000mで優勝。前日の500、1500と合わせ4種目完全制覇。

2.22 〔国民体育大会〕冬季国体スキー開催　冬季国体スキーで長野が17年ぶり2度目の男女総合優勝。北海道はスケートに続きスキーでも長野に優勝を阻まれ4連覇ならず。

2.26 〔駅伝〕横浜国際で日本が優勝　横浜国際女子駅伝で日本(高橋、木村、田中、岡本、山田、弘山)が2年振り3回目の優勝。

3.11 〔Jリーグ〕ヴェルデイ川崎が2連覇　Jリーグスーパーカップで94年度リーグチャンピオンのヴェルデイ川崎が天皇杯優勝のベルマーレ平塚をPK戦で破り2連覇。

3.11 〔ラグビー〕W杯が5協会共同に決定　ラグビー・ワールドカップ99年大会がウェールズ、フランスなど5協会の共同開催に決定。日本は3ヶ国共同開催で立候補していたが、過半数の支持を得られず。

3.11 〔スピードスケート〕日本男子初のW杯種目別総合優勝　ワールドカップ・スピードスケート最終戦ハーマル大会で宮部行範が男子1000mの総合優勝を決める。日本男子初の種目別総合優勝。

3.12 〔ノルディックスキー〕世界選手権開催　ノルディックスキー世界選手権がカナダ・サンダーベイで開催され、ジャンプ・ノーマルヒルで岡部孝信が初優勝、斎藤浩哉も2位。日本選手が世界選手権やオリンピックで1位・2位を独占したのは72年の札幌オリンピックで表彰台を独占して以来。15日、複合団体で日本(阿部雅司、荻原次晴、荻原健司、河野孝典)が優勝、93年ファルン大会に続いて連覇。17日、ジャンプ団体で日本(西方仁也、斎藤浩哉、安崎直幹、岡部孝信)が3位。優勝はフィンランド。

3.13 〔ボクシング〕日本王座連続防衛新記録　プロ・ボクシング日本ジュニア・ミドル級タイトルマッチでチャンピオンの上山仁が20度目の王座防衛に成功、日本王座連続防衛記録を40年ぶりに更新。試合後、現役引退を表明。

3.17 〔大学野球〕東京6大学野球初の女性選手　アメリカの女性投手ジョディ・ハーラーが明治大短大経済科の入試に合格。東京6大学野球初の女性選手が誕生。9月19日、ハーラーが対東大戦に先発登板、1回2/3を投げて無失点、5四球で降板。11月28日、ハーラーがアメリカに帰国。

3.19 〔マラソン〕びわ湖毎日で中村が優勝　びわ湖毎日マラソンでマラソン初挑戦の中村祐二(山梨学院大)が学生として37年ぶりの優勝。

3.26 〔アイスホッケー〕コクドが7回目の優勝　アイスホッケーの日本リーグ・

プレーオフ最終戦でコクドが西武鉄道を破り7回目の優勝。

3.26　〔相撲〕曙が1年ぶり優勝　大相撲春場所は、横綱・曙が14勝1敗で1年ぶり8回目の優勝。殊勲賞は前頭6枚目・寺尾(3回目)。敢闘賞は関脇・安芸乃島(7回目)。技能賞は該当なし。

3.28　〔バスケットボール〕松下電器が5年ぶり優勝　バスケットボール日本リーグ男子の決勝トーナメントで松下電器がジャパンエナジーを破り5年ぶり13回目の優勝。

4.3　〔水泳〕中村が日本新記録　水泳の日本短水路選手権最終日、女子100m背泳ぎで中村真衣(15)が59秒19の日本新記録、今季世界最高記録で優勝。

4.5　〔高校野球〕観音寺中央が初出場初優勝　第67回選抜高校野球大会は、初出場の観音寺中央(香川)が銚子商(千葉)を4-0で破り初優勝。阪神大震災のため、今大会の開会式や応援は質素なものとなった。

4.9　〔競馬〕桜花賞はワンダーパヒューム　第55回桜花賞レースが京都競馬場(芝1600m)で行われ、ワンダーパヒューム(田原成貴騎手)が1分34秒4で1着となった。

4.15　〔陸上〕高松が日本新記録　アメリカ留学中の高松仁美がCAA選手権女子走り高跳びで6m61の日本新記録。

4.15　〔プロ野球〕落合が2000本安打　プロ野球セ・リーグの落合博満(巨人)がプロ野球史上27人目の2000本安打を達成。

4.16　〔柔道〕阿武が3連覇　全日本女子柔道選手権決勝で阿武教子が浅田ゆかりに優勢勝ちして3連覇。

4.16　〔競馬〕さつき賞はジェニュイン　第55回皐月賞レースが中山競馬場(芝2000m)で行われ、ジェニュイン(岡部幸雄騎手)が2分02秒5で1着となった。

4.21　〔プロ野球〕野田が日本新19奪三振　プロ野球パ・リーグの野田浩司(オリックス)が対ロッテ3回戦で19奪三振の日本新記録。

4.23　〔競馬〕天皇賞はライスシャワー　第111回天皇賞(春)レースが京都競馬場(芝3200m)で行われ、ライスシャワー(的場均騎手)が3分19秒9で1着となった。

4.29　〔柔道〕小川が6回目の優勝　全日本柔道選手権で小川直也五段が2年ぶり6回目の優勝。

4.31　〔シンクロナイズドスイミング〕日本選手権開催　シンクロナイズドスイミングの日本選手権が東京辰巳国際水泳場で開催され、最終日のソロで立花美哉(井村シンクロ)が初優勝。デュエット、チームと合わせ3冠。

5.2　〔大リーグ〕野茂がメジャー初先発　野茂英雄投手(26、ロサンゼルス・ドジャース)がサンフランシスコで行なわれた対ジャイアンツ戦で大リーグ初先発。5イニングを投げて1安打無失点、7奪三振。7日、2度目の登板では5回途中でノックアウトされ、9安打7失点。

5.3	〔陸上〕志水が日本新記録	静岡国際陸上の女子500mで志水見千子(リクルート)が15分18秒88の日本新記録。
5.7	〔陸上〕片岡が日本新記録	水戸国際陸上の女子1万mで片岡純子が31分31秒12の日本新記録。
5.7	〔バレーボール〕全日本バレー開催	全日本バレーボールで男子はサントリーが4年ぶり4回目の優勝で2冠達成、女子はユニチカが4年ぶり17回目の優勝。
5.11	〔登山〕エベレスト北東稜ルート登頂	日大エベレスト登山隊(平山善吉総隊長)が世界最高峰エベレスト(8848m、中国名チョモランマ)に残された未踏の北東稜ルートからの世界初登頂に成功。登頂したのは古野淳(34)、井本重喜(32)の隊員2人とシェルパ4人の計6人。
5.12	〔バレーボール〕大林が東洋紡とプロ契約	イタリアのセリエAに所属していた女子バレーボールの大林素子(27)が帰国。6月10日、Vリーグの東洋紡とプロ契約。17日、日本バレーボール協会が大林の全日本入りを発表。
5.13	〔ヨット〕アメリカズカップ開催	ヨットレースの第29回アメリカズカップ第5戦で朝鮮艇のチームニュージーランドが防衛艇のヤングアメリカを破り、5戦全勝で初めてアメリカズカップを獲得。
5.14	〔ゴルフ〕佐々木が初のプロ日本一	日本プロゴルフ選手権で佐々木久行が通算16アンダーで逆転優勝、プロ10年目で初のプロ日本一。
5.14	〔柔道〕女子体重別選手権開催	全日本女子柔道体重別選手権が東京・代々木第2体育館で開催され、48kg級決勝で右膝を痛めていた田村亮子が長井淳子を優勢で破り5連覇、64連勝。72kg超級では阿武教子が3連覇。
5.21	〔相撲〕貴乃花が2場所ぶり優勝	大相撲夏場所は、貴乃花と曙が13勝1敗で横綱同士の史上3度目の連続相星決戦となり、貴乃花が勝ち14勝1敗で9回目の優勝。殊勲賞は前頭4枚目・武双山(3回目)。敢闘賞は前頭4枚目・武双山(2回目)。技能賞は該当なし。
5.21	〔自動車〕柿木が総合3位に	95国際サイクルロードレースの最終戦大阪大会が終了し、柿木孝之が総合3位に。
5.25	〔大学野球〕東洋大が8回目の優勝	東都大学野球で東洋大が青学大に延長サヨナラ勝ち、8回目の優勝。
5.28	〔競馬〕日本ダービーはタヤスツヨシ	第62回日本ダービー(東京優駿)が東京競馬場(芝2400m)で行われ、タヤスツヨシ(小島貞博騎手)が2分27秒3で1着となった。
5.30	〔大学野球〕法大が2季連続優勝	東京6大学野球の早慶戦で早大が慶大に連勝できず、法大の2季連続優勝が決定。
6.2	〔大リーグ〕野茂が先発初勝利	米大リーグ、ロサンゼルス・ドジャースの野茂英雄がドジャーススタジアムでの対メッツ戦で先発登板、2-1で勝って待望の初勝利。日本人投手としては65年の村上雅則(ジャイアンツ)以来30年ぶりの勝ち星。7日、対エクスポ戦に先発し、8回を1点に抑えて2勝目。

1995年(平成7年)

6.4 〔ラグビー〕日本が記録的な惨敗　ラグビーの第3回ワールドカップ予選プール最終日、日本がニュージーランドに大会史上最多失点となる17-145で記録的な惨敗。24日、ヨハネスブルクで決勝が行われ、開催国の南アフリカがニュージーランドを史上初の延長戦の末15-12で破り初優勝。

6.5 〔相撲〕曙が帰化申請　大相撲の横綱曙(本名リチャード・ローウェン、26)が東京法務局に帰化を申請。

6.6 〔テニス〕伊達初のベスト4　全仏オープンテニス第9日、女子シングルス準々決勝で第9シードの伊達公子が第12シードのイバ・マヨリ(クロアチア)を破り、日本女子選手で初のベスト4進出。8日、準決勝で世界ランキング1位・第1シードのアランチャ・サンチェス(スペイン)にストレート負け。10日、第2シードのシュテフィ・グラフ(ドイツ)がサンチェスを破り2年ぶり4回目の優勝。11日、男子シングルスはトーマス・ムスター(オーストラリア)が初優勝。

6.7 〔サッカー〕女子世界選手権開催　サッカーの第2回女子世界選手権がスウェーデンで開催され、日本がブラジルを2対1で破る。10日、A組3位で試合を終えていた日本が8チームによる決勝トーナメント進出を決めると同時にアトランタ・オリンピック出場権も獲得。

6.9 〔水泳〕水泳日本選手権開催　水泳日本選手権が福山市で開催され、女子100mバタフライで中学2年の青山綾里が1分0秒19の日本新記録、今季世界最高をマーク。女子200m平泳ぎでは岩崎恭子が平凡な記録ながら優勝し復活の兆しを見せる。10日、女子100m平泳ぎで田中雅美(東京・八王子高2年)が1分10秒00の日本新記録で2連覇。

6.10 〔陸上〕陸上日本選手権開催　陸上の第79回日本選手権が東京・国立競技場で開催され、女子5000mで八嶋あつみが15分14秒77の日本新記録。11日最終日、女子1万mで鈴木博美(リクルート)が片岡純子を破り初優勝。

6.10 〔水球〕日体大376連勝でストップ　日体大の水球チームが専修大に敗れ、21年間続いた連勝記録が376でストップ。

6.16 〔オリンピック〕2002年冬季五輪決定　国際オリンピック委員会総会がブダペストで開催され、2002年冬季オリンピック大会の開催地がアメリカ・ユタ州のソルトレークシティーに決定。アメリカでの開催は冬季が4回目、夏季を合わせると96年アトランタ大会を含めて8回目。18日、委員の定年を現行の75歳から80歳に引き上げることを決定。

6.18 〔柔道〕埼玉が初優勝　柔道の全日本女子団体優勝大会の16チームによる決勝トーナメントで埼玉が初優勝。

6.18 〔F1〕日本人がルマン初優勝　第63回ルマン24時間耐久レースがフランス・ルマン市郊外のサルテ・サーキットで開催され、マクラーレンF1GTRの関谷正徳(45)、ダルマス(33、フランス)、レート(29、フランス)組が優勝。日本人ドライバーの優勝は史上初めて。

6.19 〔大学野球〕法大が10年ぶり優勝　全日本大学野球選手権が神宮球場で開催され、法大が東北福祉大を9-5で破り10年ぶり7回目の優勝。

6.22	〔高校サッカー〕各種学校参加認める　日本サッカー協会が理事会を開き、96年度の全国高校サッカー選手権に朝鮮高級学校などの各種学校、専修学校の参加を認めることを正式決定。
6.22	〔ゴルフ〕日本女子オープン開催　ゴルフの日本女子オープンが山口県宇部市で開幕、服部道子がホールインワン。25日、プロ13年目の塩谷育代 (33) がツアー初勝利。
6.28	〔大学野球〕日米大学野球開催　日米大学野球選手権大会最終戦で地元アメリカが日本を5-4で破り、2年ぶり15回目の優勝。
7.3	〔テニス〕松岡・伊達がベスト8　全英オープンテニス第7日、男子シングルスで松岡修造 (27) が、女子シングルスで伊達公子がともにベスト8に進出。男子は33年の佐藤次郎以来62年ぶり、女子は史上初。伊達は4日に第4シードのヤナ・ノボトナ (チェコ) に、松岡は5日に第2シードのピート・サンプラス (アメリカ) に敗れ、いずれもベスト4進出はならず。8日、女子はシュテフィ・グラフ (ドイツ) が2年ぶり6回目の優勝。9日、男子はサンプラスが3連覇。10日、最新の世界ランキングで松岡が108位から71位に躍進。
7.5	〔プロ野球〕西崎がノーヒットノーラン　プロ野球パ・リーグの西崎幸広 (日本ハム) が対西武14回戦で史上60人目のノーヒットノーラン。
7.5	〔大リーグ〕野茂が月間MVP　米大リーグ、ロサンゼルス・ドジャースの野茂英雄投手が6月の月間最優秀投手賞を受賞。
7.7	〔陸上〕室伏が3連覇　学生陸上対校選手権のハンマー投げで室伏広治が70m40の大会新記録で3連覇。
7.10	〔大リーグ〕野茂がオールスター戦先発　米大リーグのオールスター戦の先発投手に野茂英雄が選ばれたと発表。11日、先発登板して2回を打者6人で抑え、3個の三振を奪う。
7.13	〔プロ野球〕イチローがファン投票新記録　プロ野球オールスターのファン投票でイチロー (21歳、オリックス) が99万4933票の新記録。従来の記録である94年の秋山 (ダイエー) を倍近く上回る。また、史上初めて巨人の選手が1人も選出されず。
7.14	〔ゴルフ〕杉本が逆転で連覇　第80回日本アマチュアゴルフ選手権最終日、杉本周作がプレーオフに持ち込み、逆転で連覇。
7.16	〔マラソン〕札幌国際ハーフマラソン開催　札幌国際ハーフマラソン女子で真木和が1時間10分10秒の大会新記録で優勝。男子はケニアの留学生ステファン・マヤカが優勝。9月29日、薬物検査で陽性反応が出た真木の優勝が取り消され、国際陸上連盟から3ヶ月の出場停止処分を受ける。
7.16	〔相撲〕貴乃花が10回目の優勝　大相撲名古屋場所は、横綱・貴乃花が大関武蔵丸を破り、大関・若乃花が横綱・曙に3敗目を喫したため、14日目で10回目の優勝が決定。千秋楽、貴乃花が曙に敗れ13勝2敗。殊勲賞は前頭4枚目・剣晃 (初) と前頭1枚目・琴錦 (5回目)。敢闘賞は小結・琴の若

1995 年 (平成 7 年)

(初)。技能賞は関脇・武双山 (初)。

7.22　〔Jリーグ〕横浜マリノスが第1ステージ優勝　Jリーグ第1ステージ最終節で横浜マリノスが鹿島アントラーズを 1-0 で破り、ヴェルディ川崎に勝ち点 3 差をつけて初優勝。

7.28　〔バスケットボール〕女子アジア選手権開催　アトランタ・オリンピック予選を兼ねたバスケットボール女子アジア選手権で日本が韓国に逆転勝ち、中国、韓国と並んで 3 勝 1 敗となる。30 日、3 位決定戦で台湾を破り、20 年ぶりの出場権を獲得。

7.30　〔ボクシング〕薬師寺が防衛失敗　プロ・ボクシング WBC 世界バンタム級タイトルマッチが愛知県体育館で開催され、チャンピオンの薬師寺保栄 (27) がウェイン・マッカラー (アイルランド) に判定負け、5 度目の王座防衛に失敗。

8.1　〔社会人野球〕日本石油が 2 年ぶり優勝　第 66 回都市対抗野球決勝が東京ドームで開催され、日本石油 (横浜市) が NKK (福山市) に 8-7 で延長 10 回サヨナラ勝ち、2 年ぶり 8 回目の優勝。

8.2　〔新体操〕山田が 4 種目完全優勝　新体操の第 47 回全日本学生選手権で山田海蜂 (日女体大) が女子個人総合に続きロープ、ボール、クラブ、リボンの全 4 種目を制し、完全優勝。

8.2　〔サッカー〕アジア・スーパーカップ開催　サッカーのアジア・クラブ王者を決める第 1 回アジア・スーパーカップで横浜フリューゲルスが優勝。

8.6　〔トライアスロン〕死亡事故で大会中止　滋賀県新旭町で開催されたトライアスロン大会で、35 歳の男性がマラソン途中で脱水症状となり急性心不全で死亡。大会は中止に。

8.6　〔水泳〕元淵が 6 連覇 2 冠　水泳の日本選手権女子 1m 板飛び込みで元淵幸が 6 連覇。3m 板飛び込みと 2 冠。

8.10　〔陸上〕山崎が世界陸上で 7 位　第 5 回世界陸上選手権男子 400m 障害で山崎一彦が 7 位入賞。

8.10　〔水泳〕パシフィック選手権開催　水泳パシフィック選手権がアトランタのジョージア工科大水泳センターで開幕、女子 100m 背泳ぎで稲田法子 (17) が 1 分 2 秒 2 の日本新記録で優勝。女子 200m 自由型で千葉すず (20) が 2 分 0 秒 00 で優勝。11 日、女子 400m 個人メドレーで黒鳥文絵が 4 分 44 秒 22 で優勝。12 日、女子 200m 背泳ぎで稲田法子が 2 分 11 秒 54 の日本新記録で 2 位。13 日、男子 200m 平泳ぎで林享が 2 分 13 秒 60 の日本新記録で優勝。

8.19　〔高校野球〕那覇商が初優勝　第 42 回全国高校定時制通信制軟式野球で那覇商が静岡商を 13-4 で破り初優勝。

8.21　〔高校野球〕帝京が 2 回目の優勝　第 77 回全国高校野球選手権大会は、決勝で帝京 (東東京) が星稜 (石川) を 3-1 で破り 6 年ぶり 2 回目の優勝。7 日の開会式で阪神大震災のため選抜大会で自粛していたブラスバンドが復活。15 日の柳川 (福岡)-享栄 (愛知) 戦では、柳川が 93 年以来となる大会史上 5

度目のトリプルプレー。

8.23〜9.3 〔ユニバーシアード〕ユニバ福岡大会開催 第18回ユニバーシアード福岡大会が福岡市を中心に開幕、福岡ドームで開会式が行われる。日本開催は神戸大会以来10年ぶり3度目。史上最多の164ヶ国・地域が参加。24日、水泳女子800m自由型で木原珠子が優勝し、この大会の金メダル1号となる。柔道男子95kg級で真喜志慶治が優勝、体操男子団体総合で日本が25年ぶりに優勝。25日、柔道男子86kg級で田辺勝が、男子78kg級で窪田和則が優勝。26日、柔道男子71kg級で地元の中村兼三が優勝。女子200m背泳ぎで地元の肥川葉子が、男子100m平泳ぎで林享が優勝。27日、柔道女子48kg級で田村亮子が全試合一本勝ちで優勝、公式戦連勝記録を68に伸ばす。水泳女子200mバタフライで国光朋子が世界チャンピオンの劉黎敏(中国)を破って優勝。28日、水泳女子200m個人メドレーで黒鳥文絵が400mに続いて優勝。29日、テニスの女子ダブルス決勝で平木理化・浅越しのぶ組が優勝。水泳の男子1500m自由型で安井久登が優勝。30日、陸上女子800m準決勝で岡本久美子(筑波大)が2分3秒45の日本新記録で決勝に進出。テニス女子シングルス決勝で柴田薫(慶大)が平木理化を破り優勝。9月3日最終日、気温30度で雨が降るなど高い湿度の最悪の状態でマラソンが行われ、女子マラソンでトップを走っていた鯉川なつえが39km地点で倒れて棄権するなど、出場男女30人のうち完走は男子11、女子7だけ。女子は草萱昌子、男子は森川貴生が優勝。日本は史上最高の金メダル24個を獲得。

8.26 〔プロ野球〕佐藤が最年長ノーヒットノーラン プロ野球パ・リーグの佐藤義則(オリックス)が対近鉄19回戦で史上61人目、パ・リーグでは23人目となるノーヒットノーランを史上最年長の40歳で達成。

8.27 〔マラソン〕有森が3年ぶり復活 北海道マラソンで有森裕子が初優勝。バルセロナ・オリンピックで銀メダルを獲得した後にかかとを痛め、94年11月には手術を受けていたが、3年ぶりに復活。

8.29 〔高校野球〕作新学院が2連覇 全国高校軟式野球で作新学院が能代を6-1で破り2年連続5回目の優勝。

9.3 〔サッカー〕清水市商が3年連続優勝 全日本ユースサッカーで清水市商がクラブ代表の横浜マリノスを5-0で破り3年連続4回目の優勝。

9.5 〔団体〕日本体協第13代会長に安西監事 日本体育協会は安西孝之監事(61歳、昭和エンジニアリング社長)が第13代会長に選出した。体協では3月に初の女性会長の高原須美子会長を再任したが、フィンランド大使内定のため6月13日に会長辞任を了承、新会長選出が焦点となっていた。

9.9 〔国民体育大会〕ふくしま国体夏季大会開催 第50回国民体育大会(ふくしま国体)夏季大会が郡山市の郡山カルチャーパークプールを主会場に開幕。

9.9 〔プロ野球〕ブロスがノーヒットノーラン プロ野球セ・リーグのテリー・ブロス(ヤクルト)が対巨人戦でノーヒットノーラン。

9.10 〔大学野球〕東北福祉大が100連勝 仙台6大学リーグの秋季リーグで東北福祉大が仙台大に勝ち、リーグ戦100連勝を達成。

9.19 〔プロ野球〕"がんばろう KOBE"オリックス初優勝　プロ野球パ・リーグはオリックス(仰木彬監督)が西武を8-2で破り、敵地西武球場で球団買収7年目の初優勝が決定。阪急時代を含めると11年ぶり11回目の優勝。1月に阪神淡路大震災が発生、一時は本拠地の神戸でのゲーム開催も危ぶまれたが、被災者たちの希望の灯となるべく、ユニホームに"がんばろうKOBE"のワッペンをつけて戦ったチームは地元・神戸市で熱烈な歓迎を受けた。18日発売の「週刊現代」がオリックスが地元神戸で優勝したというグラビア記事を載せるが、オリックスは13日から4連敗して発売日までに優勝が決定しないという一幕も。最終順位は2位ロッテ、3位西武、4位日本ハム、5位ダイエー、6位近鉄。

9.24 〔相撲〕貴乃花が場所連続優勝　大相撲秋場所は、横綱・貴乃花が15戦全勝で11回目の優勝。全勝優勝は横綱昇進後初めて。殊勲賞は関脇・魁皇(3回目)。敢闘賞は前頭1枚目・琴稲妻(初)と前頭8枚目・土佐ノ海(初)。技能賞は小結・琴錦(5回目)。

9.29 〔柔道〕世界選手権開催　世界柔道選手権が千葉・幕張メッセで開催され、男子78kg級で古賀稔彦が5試合全て一本勝ちで金メダル。30日、男子71kg級で秀島大介が郭大城(韓国)を破り金メダルを獲得。10月1日、女子48kg級決勝で田村亮子が李愛月(中国)を破り初の連覇。日本の金メダルは男子2、女子1。6日、田村がこの大会で痛めた右肩の診察を受け、右肩鎖関節挫傷などと診断される。29日に秋田で行われる全国女子体重別選手権を欠場することに。

9.30 〔プロ野球〕ヤクルトが2年ぶり優勝　プロ野球セ・リーグはヤクルト(野村克也監督)が神宮球場で巨人を5-0で破り、2年ぶり4回目の優勝が決定。開幕から首位を独走。最終順位は2位広島、3位巨人、4位横浜、5位中日、6位阪神。

9.30 〔大リーグ〕野茂が地区優勝に貢献　米大リーグの野茂英雄(ロサンゼルス・ドジャース)がナ・リーグ西地区の地区優勝がかかった対パドレス戦で先発登板。8回を6安打2失点、毎回の11奪三振と力投。ドジャースが7-2で勝って野茂は13勝目、7年ぶり8度目の地区優勝に貢献。

10.1 〔ゴルフ〕伊沢がツアー初勝利　ゴルフ日本オープンで伊沢利光が通算7アンダーで初優勝。伊沢はこれがツアー初勝利。

10.2 〔テニス〕伊達が世界5位　女子テニス協会が最新の世界ランキングを発表、伊達公子が自己最高の5位。1位はシュテフィ・グラフ(ドイツ)。11月13日には4位に。

10.6 〔体操〕日本が14年ぶり銀メダル　世界体操選手権鯖江大会の男子団体総合で日本が81年モスクワ大会以来14年ぶりの銀メダルを獲得。9日、男子鞍馬で畠田好章が黄華東(中国)と同点で銀メダルを獲得。10日、平行棒で田中光が銅メダル、鉄棒で畠田好章が銀メダルを獲得。

10.6 〔プロ野球〕パ・リーグ全日程終了　プロ野球パ・リーグが全日程を終了。イチロー(オリックス)が2年連続の首位打者と打点王、盗塁王、安打数、出

塁率を制し、本塁打を除く全タイトルを獲得。打点王は初芝(ロッテ)、田中(日本ハム)がイチローと同点で初タイトルを獲得。小久保(ダイエー)が28本塁打で、パ・リーグでは7年ぶりの日本人本塁打王に。

10.8 〔プロ野球〕原が引退試合で本塁打 プロ野球セ・リーグの原辰徳(巨人)が引退試合となる対広島戦に4番で出場、第2打席で本塁打を放つ。15年間の選手生活で通算382本塁打。

10.8 〔ゴルフ〕東海クラシック開催 東海クラシックゴルフ男子で河村雅之がツアー初優勝。1日、女子は村口史子が優勝。

10.11 〔相撲〕大相撲パリ巡業 パリ巡業中の大相撲一行がシラク大統領と会見。出羽海理事長がフランスの核実験に遺憾の意を表明、大統領は返答せず。同日、大相撲の荷物が格納されている倉庫が火事になり、化粧まわしなどが焼失し土俵入りが中止となる。

10.12 〔プロ野球〕ヤクルトがリーグ優勝 プロ野球セ・リーグが全日程を終了。優勝したヤクルトが全球団に勝ち越す。個人タイトルは江藤(広島)が本塁打と打点の2冠。首位打者はパウエル(中日)が2年連続、盗塁王は緒方(広島)が初のタイトル。

10.12 〔大学野球〕青学大が優勝 東都大学野球で青学大が2季ぶり5回目の優勝。

10.15 〔社会人野球〕三菱自動車川崎が優勝 社会人野球日本選手権で三菱自動車川崎(関東)が三菱自動車京都(近畿)を破り初優勝。

10.15 〔ゴルフ〕小林が4年ぶり優勝 女子ゴルフの富士通レディースで帰国第1戦の小林浩美が優勝、4年ぶり8度目の国内ツアー勝利。22日、紀文レディースにも勝って2週連続優勝。

10.19 〔国民体育大会〕ふくしま国体開催 ふくしま国体が閉幕。天皇杯、皇后杯とも福島が獲得。陸上の成年女子三段跳びで阿部祥子が13m31の日本新記録。

10.22 〔大学野球〕明大が3季ぶり優勝 東京6大学野球で明大が法大を破り完全優勝で3季ぶり28回目の優勝。

10.22 〔サッカー〕プリマハムが優勝 第7回日本女子サッカーリーグ(Lリーグ)の前期最終試合が鈴鹿スポーツガーデンなどで行われ、プリマハムが日興証券を破り9戦全勝で優勝。

10.22 〔F1〕F1日本グランプリ開催 自動車レースのF1世界選手権日本グランプリでミヒャエル・シューマッハー(ドイツ)の2年連続総合優勝が決定。

10.25 〔オリンピック〕東アジア大会を大阪市で開催 日本オリンピック委員会が2001年の第3回東アジア大会を大阪市で開催することを決定。

10.26 〔プロ野球〕ヤクルトが3回目の日本一に プロ野球・第46回日本シリーズは、セ・リーグ優勝のヤクルト(野村克也監督)がオリックスを3-1で破り、通算4勝1敗で2年ぶり3回目の日本一。シリーズMVPはT.オマリー。

10.28 〔プロ野球〕オマリー・イチローがMVP プロ野球のMVPがセ・リーグはトーマス・オマリー内野手(ヤクルト)が初、パ・リーグはイチロー外野

1995年(平成7年)

手(オリックス)が2年連続で受賞。新人王はセ・リーグが山内泰幸(広島)、パ・リーグが平井正史(オリックス)。

10.28 〔障害者スポーツ〕**身障者スポーツ大会開催**　福島市で全国身体障害者スポーツ大会が皇太子を迎えて開幕。29日、大分で国際車椅子マラソンが行われ、ハインツ・フレイ(スイス)が世界新記録で優勝。

10.29 〔柔道〕**女子体重別選手権開催**　柔道の第1回全国女子体重別選手権が秋田市立体育館で開催される。全7階級が行われ、66kg級で一見理沙(茨城・土浦日大高2年)が優勝。アジア選手権の66kg級には大石愛子が派遣されることに。

11.3 〔駅伝〕**ワコールが6連覇**　第6回淡路島女子駅伝競走大会でワコール(上林、坂下、長江、真木、片原、井幡)が2時間0分36秒で6連覇。優勝メンバーには7月の札幌国際ハーフマラソンで禁止薬物を使用して3ヶ月の出場停止処分を受けた真木和も含まれる。

11.3 〔体操〕**全日本選手権開催**　全日本体操選手権団体で女子は朝日生命クが12連覇、男子は紀陽銀行が11年ぶり8回目の優勝。4日、個人総合で女子は橋口美穂が逆転して初優勝、男子は畠田好章が2回目の優勝。

11.3 〔剣道〕**石田が2回目の優勝**　全日本剣道選手権で石田利也七段が3年ぶり2回目の優勝。

11.4 〔相撲〕**柳川が学生横綱**　全国学生相撲選手権大会で柳川伸行が優勝、学生横綱となる。

11.5 〔駅伝〕**早大が4連覇**　第27回全日本大学駅伝で早大が最終区で3位から逆転して4連覇。

11.5 〔野球〕**インターコンチネンタルカップ開催**　アマチュア野球のインターコンチネンタルカップでキューバが7連覇。日本は2位。

11.7 〔大学野球〕**明大が16年ぶり優勝**　明治神宮野球大会大学の部で明大が16年ぶりの優勝。

11.9 〔大リーグ〕**野茂が新人王**　米大リーグの野茂英雄投手(27歳、ロサンゼルス・ドジャース)がナ・リーグ新人王に選出される。全米野球記者協会所属の記者28人による投票で18人の1位票を獲得、2位のチッパー・ジョーンズ内野手(ブレーブス)に14点差をつけた。

11.10 〔登山〕**ゴーキョ峰で遭難**　エベレスト(中国名チョモランマ)山群にあるゴーキョ峰(5360m)の標高4700m付近で大規模な雪崩が発生、同峰からの下山途中で山小屋にいた日本人13人を含む26人が巻き込まれ行方不明となる。12日までに日本人10人、ネパール人シェルパ8人の遺体が発見され、シェルパ3人が救出される。14日、日本人全員の遺体を発見。

11.11 〔水泳〕**青山が日本新記録**　イトマン招待水泳競技大会が東大阪市の近大プールで行われ、女子50mバタフライで青山綾里が27秒49の日本新記録。

11.12 〔野球〕**三菱自動車川崎が初優勝**　第5回アマチュア野球王座決定戦で三菱自動車川崎が法大を破り初優勝。

― 372 ―

11.14	〔団体〕朝鮮高級学校参加へ	全国高校体育連盟が新たに6競技の選抜大会に朝鮮高級学校の参加を認めることを決定。
11.15	〔Ｊリーグ〕ヴェルディ川崎が3連覇	Ｊリーグ後期でヴェルディ川崎が独走で3連覇。
11.17	〔バレーボール〕Ｗ杯開催	95ワールドカップ・バレーボール女子でキューバが3連覇。日本は6位。
11.19	〔マラソン〕東京国際で浅利が優勝	95東京国際女子マラソンで浅利純子が途中転倒するが2時間28分46秒で逆転優勝。
11.19	〔ゴルフ〕岡田が最年長優勝	ゴルフのエリエール女子オープンで岡田美智子(50歳10ヶ月)が優勝、最年長優勝記録を更新。
11.21	〔ノルディックスキー〕荻原が負傷	ノルディックスキー複合の荻原健司がフィンランドでの合宿中に転倒して左手を負傷。手術を受けるため、ワールドカップ4連覇は絶望的に。12月6日、アメリカ・コロラド州で行われたワールドカップで、左手を負傷していた荻原が10位に。
11.23	〔サッカー〕駒大が初優勝	全日本大学サッカーで駒大が筑波大を3-2で破り初優勝。
11.26	〔駅伝〕京都産業大学が2連覇	全日本大学女子駅伝が大阪市で開催され、京都産業大学が2時間8分28秒の大会新記録で2連覇。
11.26	〔ゴルフ〕塩谷が賞金女王	女子プロゴルフツアー最終戦明治乳業カップで塩谷育代(33)がプレーオフで平田充代を破り優勝。賞金女王を奪還。
11.26	〔相撲〕初の兄弟優勝決定戦	大相撲九州場所は、横綱・貴乃花と大関・若乃花が12勝3敗で並び、史上初の兄弟優勝決定戦で若乃花が勝って16場所ぶりの優勝。殊勲賞は前頭1枚目・土佐ノ海(初)。敢闘賞は関脇・魁皇(初)と前頭5枚目・湊富士(初)。技能賞は土佐ノ海(初)。
11.28	〔サッカー〕トヨタカップ開催	サッカーの第16回トヨタカップでアヤックス(オランダ)がグレミオ(ブラジル)をＰＫ戦で破り優勝。南米代表の4連覇ならず。
12.2	〔新体操〕全日本選手権開催	新体操の全日本選手権女子個人総合で山尾朱子が初優勝。男子は朝野健二が優勝。
12.3	〔マラソン〕福岡国際マラソン開催	福岡国際マラソンでルイス・アントニオ・ドスサントス(ブラジル)が初優勝。2位はセラーノ、3位は大家正喜。
12.3	〔ホッケー〕東海女子大が優勝	第56回女子全日本ホッケー選手権が東京・三菱養和グランドで行われ、東海女子大(岐阜)が優勝。
12.3	〔ゴルフ〕尾崎が9度目の賞金王	ゴルフの日本シリーズ日立カップで尾崎将司が優勝、賞金3000万円を獲得。今季1億9200万円で2年連続9度目の賞金王。
12.4～7	〔スノーボード〕五輪にスノーボード	国際オリンピック委員会の理事会が長野県軽井沢町で開催される。5日、長野オリンピックでスノーボードを採

1995年(平成7年)　　　　　　　　　　　　　　　　　　　　　　日本スポーツ事典

用することを正式決定。

12.6 　〔Jリーグ〕横浜マリノスが初優勝　Jリーグチャンピオンシップで横浜マリノスがヴェルディ川崎を1-0で破り、通算2勝0敗で初優勝。

12.9 　〔フィギュアスケート〕NHK杯開催　フィギュアスケートの第17回NHK杯が名古屋で開催され、ペアでシシュコーワ・ナウモフ組(ロシア)が優勝。女子シングルでは陳露(中国)が優勝、全日本チャンピオンの横谷花絵は2位。

12.9 　〔柔道〕福岡国際開催　第13回福岡国際女子柔道選手権72kg超級で阿武教子(明大1年)が3連覇。10日、48kg級で田村亮子が全試合一本勝ちで6連覇、公式戦連勝記録を77に伸ばす。

12.10 　〔駅伝〕ワコールが3年ぶり優勝　第13回実業団対抗女子駅伝が岐阜県で開催され、ワコール(京都)が3年ぶり5回目の優勝。

12.10 　〔相撲〕全日本選手権開催　全日本相撲選手権で禧久昭弘が前学生横綱の後藤泰一を破り2回目の優勝。

12.11 　〔ボクシング〕ルイシト小泉が2階級制覇　プロ・ボクシングWBC世界フェザー級タイトルマッチが後楽園ホールで行われ、挑戦者のルイシト小泉がマヌエル・メディナ(メキシコ)を判定で破り、史上5人目のフェザー、バンタム2階級制覇。

12.19 　〔ボクシング〕竹原がミドル級王者　プロ・ボクシングWBA世界ミドル級タイトルマッチで挑戦者の竹原慎二(23)がカストロ(アルゼンチン)を破り、日本人史上最重量級王者、東洋初の同級王者に。

12.23 　〔駅伝〕全国高校駅伝開催　全国高校駅伝が京都で開催され、女子は埼玉栄が仙台育英を逆転で破り初優勝。男子は西脇工が連覇。

12.23 　〔卓球〕小山が4連覇　全日本卓球選手権が東京武道館で開催され、女子単決勝で小山ちれが東童多英子を破り4連覇。

12.23 　〔スピードスケート〕全日本スプリント開催　スピードスケートの第22回全日本スプリント選手権大会が帯広で開催され、女子総合で島崎京子が3連覇。男子総合は宮部保範が3年ぶり4回目の優勝。

12.24 　〔ハンドボール〕全日本選手権開催　ハンドボールの全日本総合選手権が神戸で開催され、女子はオムロンが34-28で大崎電気を破り2年連続6回目の優勝。

12.25 　〔サッカー〕日体大が2年ぶり優勝　第4回全日本大学女子サッカー選手権が神戸で開催され、日体大が日女体大を破り2年ぶり3回目の優勝。

12.28 　〔マラソン〕松野が引退　女子マラソンの松野明美が現役引退を表明。

12月 　〔一般〕日本プロスポーツ大賞決定　1995年(平成7年)の日本プロスポーツ大賞(日本プロスポーツ協会主催)は、大賞がイチロー(プロ野球)、殊勲賞が尾崎将司(男子プロゴルフ)、貴乃花光司(大相撲)、伊達公子(テニス)に決定。

12月 〔一般〕流行語大賞決定　第12回(1995年)新語・流行語大賞が決定。スポーツ界では、大賞部門に"NOMO"が選ばれた。受賞者は野茂英雄(LAドジャース)。同じく大賞部門に"がんばろうKOBE"、受賞者は仰木彬(オリックス監督)。トップテン入賞部門は"変わらなきゃ"、受賞者は辻義文(日産自動車(株)社長)。

> **"がんばろうKOBE"、1995年**
> 　1995年(平成7年)、社会人ラグビー選手権で東芝府中を37-14で下した神戸製鋼は、1月15日、日本選手権で大学の覇者・大東大を102-14で一蹴、晴れの日本一の座に就いた。2日後、17日早朝、兵庫県南部を震源とするM7.2の大地震が阪神・淡路を襲った。神戸製鋼本社・工場は甚大な被害。折りしも全豪オープン・テニスに出場していた沢松奈生子は神戸の実家が崩壊したと聞き「負けても帰る家が無い」と心を決めて出場しつづけ8強にすすんだ。3月、東京でオウム真理教による地下鉄サリン事件発生。プロ野球開幕の春を迎えて、神戸を本拠地とするパ・リーグのオリックス・ブルーウェーブは「がんばろうKOBE」の合言葉を肩につけて奮戦、仰木彬監督のもと、イチロー外野手(打率3割4分2厘で2年連続首位打者)、長谷川滋利投手(12勝7敗)らの活躍でリーグ優勝をはたし、震災後の神戸の人々を鼓舞した(残念ながら日本シリーズはヤクルトに1勝4敗で敗れた)。海の向こうからも朗報がとどいた。プロ野球・近鉄バファローズ(大阪)から米大リーグのサンフランシスコ・ドジャースに移籍した野茂英雄投手が"トルネード投法"と名づけられた独特の投球フォームで快投、三振を奪うたびに観客席にKの札が並べられた。前年は選手のストライキでシーズン後半がおこなわれずファンが離れかかっていた大リーグの人気をとりもどす一助にもなった。野茂投手はチームの地区優勝に貢献し、ナ・リーグ新人王に選ばれた。

1996年
(平成8年)

1.1 〔駅伝〕**旭化成7連覇ならず**　全日本実業団対抗駅伝で鐘紡が7連覇を狙う旭化成を最終7区で振り切り、1秒差で4回目の優勝。

1.1 〔サッカー〕**名古屋グランパスが初優勝**　第75回天皇杯全日本サッカー選手権決勝で名古屋グランパスがサンフレッチェ広島を3-0で破り、前身のトヨタ自動車時代を含めて初優勝。

1.3 〔駅伝〕**中大が箱根優勝**　第72回東京-箱根間往復大学駅伝競走は、中大が往路優勝の早大を逆転、11時間04分15秒で32年ぶり14度目の総合優勝。3連覇を狙った山梨学院大は往路4区でエース中村祐二が右足のアキレス腱を痛め途中棄権。

1.3 〔アメリカンフットボール〕**京大が4回目の優勝**　アメリカンフットボール日本選手権ライスボウルで京大が松下電工を35-21で破り4回目の優勝。

1.5 〔スピードスケート〕**全日本選手権開催**　第64回全日本スピードスケート選手権が苫小牧で開催され、男子総合で白幡圭史が2連覇。女子総合は1500、3000、5000m3冠の上原三枝が優勝。

1.7 〔ラグビー〕**大工大高が7年ぶり優勝**　全国高校ラグビー決勝で大工大高が決勝史上最多得点となる50-10で秋田工を破り7年ぶり4回目の優勝。

1.7 〔スピードスケート〕**W杯メデオ大会開催**　スピードスケートのワールドカップ・メデオ大会男子500mで宮部保範と堀井学が36秒73の同タイムで優勝。宮部は1000mにも優勝。

1.8 〔高校サッカー〕**高校サッカー開催**　全国高校サッカー選手権決勝が国立競技場で開催され、静岡学園と鹿児島実が2-2で引き分け、4年ぶり7度目の両校優勝でともに初優勝。

1.14 〔駅伝〕**京都が4年ぶり優勝**　全国都道府県対抗女子駅伝が京都で開催され、地元京都が2時間17分19秒で4年ぶり7回目の優勝。2位は宮城、3位は熊本。

1.14 〔ノルディックスキー〕**荻原が今季初優勝**　ノルディックスキー複合のワールドカップがスロバキアで開催され、荻原健司が今季初優勝。

1.14 〔フィギュアスケート〕**中学生初の優勝**　全日本フィギュアスケート男子で本田武史(14歳、仙台・七北田中)が中学生として初の優勝。女子は95年4月1日にプロからアマチュアへ復帰した伊藤みどりが4年ぶり9回目の優勝。

1.15 〔ラグビー〕**明大が11回目の優勝**　第32回全国大学ラグビー選手権で明大が早大をノートライに抑え43-9で圧勝、選手権史上最多となる2年ぶり11回目の優勝。

1.17　〔スキー〕横山が4年連続2冠　全日本学生スキー、距離の女子5km、10kmで横山寿美子が史上初の4年連続2冠を達成。

1.21　〔駅伝〕広島が優勝　第1回全国都道府県対抗男子駅伝が広島で開催され、地元広島が2時間17分34秒で優勝。

1.21　〔相撲〕貴ノ浪が初優勝　大相撲初場所は、大関・貴ノ浪と横綱貴乃花が14勝1敗で並び、前場所に続いて同部屋力士による優勝決定戦となり、貴ノ浪が初優勝。殊勲賞は関脇・魁皇（4回目）。敢闘賞は前頭1枚目・貴闘力（7回目）、前頭5枚目・剣晃（初）、前頭16枚目・玉春日（初）の3人。技能賞は該当なし。横綱昇進を目指した大関若乃花は初日から3連敗して4日から休場。横綱曙も初日から2連敗し、右膝に水が溜まり3日目から休場。9日目（15日）には貴闘力対土佐ノ海戦で控え力士貴ノ浪が物言いをつけ貴闘力の勝ちになるという、史上3度目の珍事が発生。

1.22　〔相撲〕武蔵丸が帰化　ハワイ出身の大関武蔵丸の帰化が認められる。日本名は武蔵丸光洋。

1.24　〔野球〕衣笠・藤田が殿堂入り　衣笠祥雄（49歳、元広島内野手）と藤田元司（64歳、元巨人投手・監督）が野球殿堂入り。

1.28　〔マラソン〕大阪国際で鈴木が2位　大阪国際女子マラソンで34歳のカトリン・ドーレ（ドイツ）が5年ぶりの優勝、初マラソンの鈴木博美が2位。注目の安部友恵はスタート直後に転倒し、5位に終わる。

1.28　〔ラグビー〕神戸製鋼8連覇逃す　第48回全国社会人ラグビー準々決勝で神戸製鋼がサントリーと引き分け、トライ数で及ばず準決勝進出を逃す。史上初の8連覇はならず。

2.4　〔マラソン〕別府大分毎日マラソン開催　第45回別府大分毎日マラソンでゲルト・タイス（24、南アフリカ）が2時間08分30秒の大会新記録で優勝。

2.4　〔テニス〕沢松がベスト8　女子テニスの東レ・パンパシフィック・オープンでイバ・マヨリ（クロアチア）がサンチェス（スペイン）をストレートで破り初優勝。日本勢では沢松奈生子が連覇を目指した伊達公子を破りベスト8入り。

2.4　〔ノルディックスキー〕原田がTBH杯優勝　スキーのTBH杯ジャンプが札幌・大倉山シャンツェで開催され、原田雅彦が優勝。

2.9　〔オリンピック〕長野放映権料で合意　長野オリンピックの国内向け放映権料で合意が成立。総額3750万ドル（約40億円）、NHKが75％、民放側が25％を負担。

2.11　〔ラグビー〕引き分けで両者優勝　ラグビーの第48回全国社会人大会決勝が東大阪市で行われ、サントリーと三洋電機が引き分けで両者優勝。

2.11　〔バスケットボール〕シャンソンが6連覇　バスケットボール日本リーグ女子決勝シリーズが東京・代々木で開催され、シャンソンがJエナジーを82-69で破り6連覇、10回目の優勝。

2.12　〔マラソン〕東京国際マラソン開催　東京国際マラソンでバンデルレイ・リ

マ (ブラジル) が接戦を制し、2 時間 08 分 38 秒で初優勝。

2.12 〔競馬〕**女性騎手誕生** 日本中央競馬会の競馬学校で騎手課程 12 期生の卒業式が行われ、3 人の女性騎手が卒業。3 月 2 日、女性騎手 3 人がデビュー。17 日、中央競馬第 1 回中山競馬第 8 日第 5 レースで牧原由貴子 (18) がアラビアンナイトに騎乗し女性騎手の勝利第 1 号。

2.18 〔スピードスケート〕**清水が今季世界最高記録** スピードスケートの世界スプリント選手権男子 500m で清水宏保が 35 秒 95 の今季世界最高記録で優勝。

2.23 〔国民体育大会〕**国体冬季スキー開催** 国民体育大会冬季大会スキーで北海道が 2 年ぶり 45 度目の男女総合優勝、女子総合では 3 年連続 23 回目の優勝。

2.23 〔アルペンスキー〕**世界選手権開催** アルペンスキーの世界選手権男子大回転でアルベルト・トンバ (イタリア) が優勝。オリンピック、ワールドカップ総合を加えて 3 冠。

2.23 〔スピードスケート〕**W 杯ローズビル大会開催** スピードスケートのワールドカップ・ローズビル大会女子 500m で岡崎朋美が優勝。24 日、男子 1500m で野明弘幸が日本新記録で優勝。25 日、ミルウォーキー大会女子 1500m で清水美映が優勝。

2.25 〔駅伝〕**日本が 2 年連続優勝** 横浜国際女子駅伝で日本が 2 年連続 4 回目の優勝。優勝候補のルーマニアは 2 位、3 位は中国。

2.25 〔ラグビー〕**社会人代表が 8 連覇** ラグビー第 33 回日本選手権が国立競技場で開催され、サントリーが 49-24 で明大を破り初の日本一。社会人代表が 8 連覇。

3.1 〔J リーグ〕**95 年度最優秀選手** J リーグの 95 年度最優秀選手がストイコビッチ (名古屋) に決定。

3.1 〔ノルディックスキー〕**W 杯ジャンプ開催** ノルディックスキー・ワールドカップ・ジャンプ個人第 24 戦ノーマルヒルがフィンランド・ラハティで開催され、原田雅彦が優勝。2 日、ジャンプ団体で日本 (原田、斎藤、西方、岡部) がドイツに大差をつけ、3 年ぶり 2 回目の優勝。3 日、個人第 25 戦のラージヒルでも原田が優勝、通算 4 勝目。

3.1 〔スピードスケート〕**W 杯カルガリー大会開催** スピードスケートのワールドカップ・カルガリー大会男子 1000m で堀井学が 1 分 11 秒 67 の世界新記録で優勝。2 日、男子 500m で清水宏保が 35 秒 39、男子 1500m で野明弘幸が 1 分 50 秒 61、それぞれ世界新記録で優勝。3 日、女子 1000m で岡崎朋美と楠瀬志保が 1 分 19 秒 62 の同タイム優勝。女子 5000m で上原三枝が 7 分 18 秒 63 で優勝。男子 1000m で堀井学が 1 分 12 秒 10 で優勝。

3.3 〔マラソン〕**びわ湖毎日マラソン開催** びわ湖毎日マラソンでヨアキム・ピネイロ (ポルトガル) が 2 時間 09 分 32 秒の大会新記録で優勝。

3.3 〔サッカー〕**フジタが初優勝** 女子サッカー全日本選手権でフジタが読売西友を 3-2 で破り初優勝。

3.3 〔バレーボール〕**V リーグ決勝** V リーグ女子の決勝リーグ最終日、ユニチ

カがNECを3-1で破り初優勝。10日、男子決勝リーグでNECがサントリーを3-0で破り初優勝。

3.6 〔高校野球〕禁止項目追加　日本高校野球連盟が特殊な牽制などのトリックプレーを高校野球特別規則の禁止項目に追加。

3.8 〔団体〕外国人学校も参加へ　全国中学校体育連盟が97年度から在日外国人学校の競技参加を認める決定を下す。

3.10 〔マラソン〕真木が初優勝　オリンピック代表選考を兼ねた名古屋国際女子マラソンで、初マラソンの真木和が2時間27分32秒で優勝。17日、マラソン代表が女子は真木和、浅利純子、有森裕子、男子は谷口浩美、実井謙二郎、大家正喜に決定。女子の松野明美は落選。

3.16 〔スピードスケート〕清水が優勝　スピードスケートの第1回世界種目別選手権男子500mで清水宏保が2回の合計タイム1分12秒06で優勝。

3.17 〔ノルディックスキー〕荻原4連覇ならず　ノルディックスキーのワールドカップ複合個人総合でクヌート・トーレ・アーペラント(ノルウェー)が1456点で初優勝。荻原健司は1256点の2位で4連覇ならず。

3.24 〔サッカー〕28年ぶり五輪出場　サッカーのアトランタ・オリンピック・アジア最終予選で日本がサウジアラビアを2-1で破り、68年メキシコ大会以来28年ぶり5度目の出場権を獲得。

3.24 〔相撲〕貴乃花が12回目の優勝　大相撲春場所は、横綱・貴乃花が14勝1敗で12回目の優勝。春場所では初優勝。横綱曙は全休。殊勲賞は前頭6枚目・旭豊(初)。敢闘賞は前頭4枚目・琴の若(2回目)。技能賞は関脇・武双山(2回目)。元大関・霧島が負け越して十両陥落が確実になり引退、年寄り錣山を襲名。

3.29 〔ハンドボール〕オムロンが優勝　ハンドボール日本リーグプレーオフ第2日が東京体育館で行われ、オムロンが2年ぶり9回目の優勝。

3.31 〔柔道〕田村が6連覇80連勝　第19回全日本女子柔道選抜体重別選手権が東京・代々木第2体育館で行われ、48kg級で田村亮子が6連覇、連勝記録を80に。4月19日、文部省が田村をスポーツ功労者表彰。

4.4 〔水泳〕日本選手権開催　競泳の日本選手権が東京・辰巳国際水泳場で開幕、女子200mバタフライで鹿島瞳が2分8秒69の日本新記録で優勝、同200m自由型でも千葉すずが1分59秒48の日本新記録で優勝。6日、女子100mバタフライで青山綾里(14)が58秒83の今季世界最高記録で優勝。

4.5 〔高校野球〕鹿児島県勢初優勝　第68回選抜高校野球大会は、鹿児島実が智弁和歌山を6-3で破り鹿児島県勢として初優勝。

4.7 〔柔道〕中村兄弟五輪へ　柔道の全日本選抜体重別選手権で中村圭央、行成、兼三の3兄弟が優勝、揃ってオリンピック代表に。

4.7 〔競馬〕桜花賞はファイトガリバー　第56回桜花賞レースが阪神競馬場(芝1600m)で行われ、ファイトガリバー(田原成貴騎手)が1分34秒4で1着となった。

1996年(平成8年)

4.14　〔柔道〕阿武が4連覇　第11回全日本女子柔道選手権無差別級で阿武教子が4連覇。

4.14　〔競馬〕さつき賞はイシノサンデー　第56回皐月賞レースが中山競馬場(芝2000m)で行われ、イシノサンデー(四位洋文騎手)が2分00秒7で1着となった。

4.15　〔マラソン〕ボストンで藤村が3位　ボストン・マラソン男子はモーゼス・タヌイ(ケニア)、女子はウタ・ピピヒ(ドイツ)が優勝。藤村信子は3位。

4.20　〔テニス〕ジャパンオープン開催　テニスのジャパンオープン女子ダブルスで伊達公子・杉山愛組が優勝。21日、女子シングルスで伊達がフレージャー(アメリカ)にストレート勝ちで4回目の優勝。杉山愛は準決勝で敗退。男子シングルスはサンプラス(アメリカ)が優勝。

4.21　〔競馬〕天皇賞はサクラローレル　第113回天皇賞(春)レースが京都競馬場(芝3200m)で行われ、サクラローレル(横山典弘騎手)が3分17秒8で1着となった。

4.22　〔相撲〕曙が帰化　大相撲の横綱曙(本名チャド・ローウェン)の日本帰化が認められる。

4.28　〔テニス〕伊達がグラフを破る　女子テニスの国別対抗戦KBフェド杯ワールドグループ1回戦で伊達公子が世界ランク1位のグラフ(ドイツ)をフルセットで破る。日本はドイツに3-2で勝利、初のベスト4進出を決める。7月14日、準決勝で全敗し決勝進出はならず。

4.28　〔柔道〕かにばさみ禁止　全日本柔道選手権の審判会議が危険だとしてかにばさみの禁止を決定。

4.29　〔柔道〕小川が7回目の優勝　全日本柔道選手権で小川直也が三谷浩一郎に一本勝ち、2年連続7回目の優勝。

5.4　〔体操〕塚原が父子2代五輪代表　アトランタ・オリンピック選考会を兼ねた体操のNHK杯最終日、自由演技が行われ、塚原直也が父子2代のオリンピック出場を決める。

5.5　〔シンクロナイズドスイミング〕立花が2年連続3冠　シンクロナイズドスイミング日本選手権で立花美哉がソロ、デュエット、チームを制し、2年連続3冠。

5.6　〔陸上〕米倉が日本新で優勝　陸上の春季サーキット第5戦が水戸市立競技場で行われ、男子棒高跳びで米倉照恭が5m60の日本新記録で優勝。

5.6　〔バレーボール〕黒鷲選手権開催　第45回黒鷲全日本バレーボール選手権決勝が大阪府立体育館で開催され、女子はダイエーが4年ぶり3回目の優勝、男子はNECが優勝。

5.8　〔陸上〕伊藤がドーピング違反　国際陸連が陸上男子100mの伊藤喜剛をドーピングにより4年間の資格停止処分に。

5.9　〔プロ野球〕鹿取が211SP　プロ野球パ・リーグの鹿取(西武)が江夏豊と

並ぶ210セーブポイントの日本タイ記録。16日、対日本ハム戦で211セーブポイントの新記録達成。

5.9 〔高校野球〕記録員がベンチ入りへ　今夏の全国高校野球選手権から監督、責任教師、登録選手16人に加え、記録員1人がベンチ入りすることに。

5.10 〔登山〕日本女性2人目の登頂　東京都大田区の会社員難波康子(47)が日本女性2人目のエベレスト(チョモランマ)登頂に成功。下山途中で遭難し、12日に遺体で発見される。

5.12 〔ゴルフ〕尾崎が6回目の優勝　日本プロゴルフで尾崎将司が4日間首位を独走、2位に8打差をつけ3年ぶり6回目の優勝。

5.12 〔ゴルフ〕全米女子プロで小林5位　全米女子プロゴルフでローラ・デービス(イギリス)が優勝。小林浩美が5位と健闘。

5.12 〔自転車〕橋本が7度目五輪代表　自転車・トラックの第43回全日本プロ選手権大会が福島県いわき平競技場で行われ、3000m個人追い抜き女子2種目で橋本聖子が1位となり、夏冬あわせて7度目のオリンピック代表に。

5.14 〔大学野球〕井口が大学最多本塁打　青学大の井口忠仁が通算23号本塁打を放ち、神宮球場の大学最多記録を28年ぶりに更新。29日、東都大学野球で青学大が2季連続6回目の優勝。

5.17 〔プロ野球〕伊良部が1000奪三振　プロ野球パ・リーグの伊良部秀輝(ロッテ)が対日本ハム戦で通算1000奪三振を達成。

5.21 〔ボクシング〕山口がジュニア・フライ級王座　プロ・ボクシングWBA世界ジュニア・フライ級タイトルマッチが大阪で開催され、挑戦者の山口圭司がカルロス・ムリージョ(パナマ)を2-1の判定で破り、王座を奪取。

5.22 〔相撲〕八百長報道を告訴　日本相撲協会が春場所中に八百長相撲があったと報道した「週刊ポスト」の責任者を名誉毀損で告訴。6月18日、故元鳴門親方(元関脇高鉄山)の証言をもとに単行本『八百長』を出版した鹿砦社の松岡利康社長を名誉毀損で告訴。

5.25 〔水泳〕青山綾里らが日本新記録　水泳のアトランタ・オリンピック代表選手団壮行会が東京・辰巳国際水泳場で行われ、女子50mバタフライで青山綾里が自己の持つ日本記録を0秒47縮め世界最高にあと0秒20に迫る26秒75をマークするなど、3種目で日本新記録が誕生。

5.26 〔大学野球〕高橋が大学3冠王　東京6大学野球で法大が2季ぶり36回目の優勝。6月2日、高橋由伸(慶大)が打率.512、打点18、本塁打5で戦後8人目の3冠王に。

5.26 〔ゴルフ〕青木が今季初勝利　米プロゴルフツアーのベルサウス・クラシックがテネシー州ナッシュビルのスプリングハウスGCで開催され、青木功が逆転の通算14アンダーで今季初勝利。

5.26 〔相撲〕貴乃花が13回目の優勝　大相撲夏場所は、横綱・貴乃花が14勝1敗で13回目の優勝。殊勲賞は関脇・魁皇(5回目)。敢闘賞は該当なし。技能賞は・玉春日(前頭6回目)。

1996年(平成8年)

5.31	〔サッカー〕**2002年W杯は日韓共催**　国際サッカー連盟理事会がチューリヒで開催され、全会一致で2002年ワールドカップが日韓共同開催に決定。11月6日、開会式と閉幕戦を韓国、決勝戦を日本で行うことで合意。12月25日、国内開催地が札幌市、宮城県、新潟県、横浜市、神戸市、大分県など10会場に決定。
6.2	〔バレーボール〕**五輪出場権獲得**　アトランタ・オリンピック女子バレーボール世界最終予選最終日、日本が台湾にストレート勝ちし、首位で出場権を獲得。6日、大林素子(28)、中西千枝子(29)ら代表12人が発表される。
6.2	〔競馬〕**日本ダービーはフサイチコンコルド**　第63回日本ダービー(東京優駿)が東京競馬場(芝2400m)で行われ、フサイチコンコルド(藤田伸二騎手)が2分26秒1で1着となった。
6.7	〔陸上〕**日本選手権開催**　陸上の第80回日本選手権第2日が大阪の長居陸上競技場で行われ、女子100m障害で金沢イボンが13秒08の日本新記録で2連覇。女子100mでは準決勝で11秒48の日本新記録を出した北田敏恵が3連覇。第4日(9日)、女子1万mで鈴木博美が31分19秒40の日本新記録で優勝。
6.11	〔プロ野球〕**渡辺がノーヒットノーラン**　プロ野球パ・リーグの渡辺久信(西武)が西武球場で行われた対オリックス戦で史上63人目、リーグ24人目のノーヒットノーラン。
6.14	〔大リーグ〕**衣笠を抜く世界記録**　米大リーグのカル・リプケン(オリオールズ)が13日に2215試合連続出場を達成、衣笠祥雄の世界記録に並ぶ。14日、対ロイヤルズ戦で2216試合の新記録を達成。
6.15	〔大学野球〕**青学大が3年ぶり優勝**　第45回全日本大学野球選手権大会決勝が神宮球場で行われ、青学大が九州共立大を9-4で破り3年ぶり2回目の優勝。
6.16	〔ゴルフ〕**全米オープンで尾崎不振**　全米オープンゴルフでスティーブ・ジョーンズ(アメリカ)が逆転優勝。尾崎将司は67位に終わる。
6.19	〔Jリーグ〕**京都パープルサンガが初勝利**　今季Jリーグに昇格し開幕17連敗の不名誉な記録を作った京都パープルサンガが21戦目で浦和を1-0で破り初勝利。
6.20	〔ゴルフ〕**高村が最年少優勝**　ゴルフの日本女子オープンが茨城県・龍ヶ崎カントリー倶楽部で開幕、森口祐子がホールインワン。23日、高村亜紀(24)が史上最年少優勝。
6.24	〔ボクシング〕**竹原が初防衛失敗**　プロ・ボクシングWBA世界ミドル級タイトルマッチが横浜アリーナで開催され、チャンピオン竹原慎二がウィリアム・ジョッピー(アメリカ)に9回TKO負け、初防衛に失敗。
6.27	〔ゴルフ〕**3人連続ホールインワン**　男子ゴルフのPGAフィランスロピー第1日、3番ホールで海老原清治、増田都彦、井田安則が3人連続ホールインワン。同一ホールでの3連続ホールインワンは国内2度目。

1996年(平成8年)

7.3　〔プロ野球〕落合が500号本塁打　プロ野球セ・リーグの落合博満(巨人)が対ヤクルト戦でプロ野球史上7人目の500本塁打を達成。

7.4~5　〔テニス〕伊達がベスト4惜敗　全英オープンテニス女子シングルスで日本女子として初めてベスト4に進出した伊達公子がシュテフィ・グラフ(ドイツ)と対戦。試合は日没中断をはさみ2日がかりとなり、第3セットを3-6で奪われ敗退。6日、グラフがアランチャ・サンチェス(スペイン)を破り7回目の優勝。7日、男子シングルスはリカルド・クライチェク(オランダ)がマラビーヤ・ワシントン(アメリカ)を破り初優勝。

7.5　〔サッカー〕順天堂大が6回目の優勝　全日本大学サッカー選手権で順天堂大が駒大を4-1で破り6回目の優勝。

7.7　〔競馬〕マヤノトップガンがGI3勝目　競馬の宝塚記念で1番人気のマヤノトップガンが優勝。95年の菊花賞、有馬記念に続きGI3勝目。

7.8　〔高校野球〕参加校が前年を下回る　全国高校野球選手権参加校が4089校に確定。史上最高の95年より9校減で、前年を下回るのは戦後初。

7.10　〔プロ野球〕イチローがファン投票トップ　プロ野球オールスターゲームのファン投票でイチローが2年連続トップとなる86万5086票を獲得。オールスターゲームは20、21、23日に行われ、全パの2勝1敗。

7.19~8.4　〔オリンピック〕アトランタ五輪開催　第26回オリンピックが米国アトランタで開催される。開会式では田村亮子が日本選手団の旗手をつとめ、元プロ・ボクシング世界ヘビー級チャンピオンのモハメド・アリが聖火に点灯。初出場の9ヶ国を含め、国際オリンピック委員会に加盟する197ヶ国・地域が史上初めて勢ぞろい、参加選手は1万人以上。21日、柔道女子72kg級で田辺陽子が銀メダル。男子サッカーの予選リーグで日本がブラジルを1-0で破る大金星。26日、柔道女子48kg級決勝で優勝確実とみられていた田村亮子がケー・スンヒ(北朝鮮)に敗れ銀メダル。柔道女子はほかに52kg級で菅原教子が3位、61kg級で恵本裕子が金メダル。男子60kg級で野村忠宏が金メダル。ほかに65kgで中村行成が2位、71kg級で中村兼三が1位、78kg級で古賀稔彦が2位。自転車では男子1000mタイムトライアルで十文字貴信が3位。27日未明、アトランタのオリンピック百年公園で爆発が起こり、2人が死亡し100人以上が負傷。28日、女子マラソンでファツマ・ロバ(エチオピア)が優勝、有森裕子は銅メダル。陸上の男子100mでドノバン・ベーリー(カナダ)が9秒84の世界新記録で優勝。29日、陸上男子走り幅跳びでカール・ルイス(35)が8m50で優勝、オリンピック4連覇。31日、女子板飛込みで元渕幸が6位に入り、女子飛込みとしては60年ぶりの入賞。8月1日、ヨットの女子470級で重由美子・木下アリーシア組が2位に入り、ヨットではオリンピック初のメダル。陸上男子200mでM.ジョンソン(アメリカ)が19秒32の世界新記録で優勝。2日、野球決勝で日本がキューバに9-13で敗れ銀メダル。キューバは2連覇。シンクロナイズドスイミングで日本がチームで銅メダル。レスリングのフリースタイル74kg級で太田拓弥が敗者復活戦を勝ち上がって銅メダル。陸上女子1万mで千葉真子が5位、川上優子が7位と、同種目で日本選手初入賞。男子1600mリ

− 383 −

1996 年 (平成 8 年)　　　　　　　　　　　　　　　　　　　　　　　　日本スポーツ事典

レーで日本が32年以来64年ぶりの決勝進出。4日、男子マラソンでジョサイア・チュグワネ (南アフリカ) が2時間12分36秒で優勝。谷口浩美は19位。日本のメダル獲得数は金3、銀6、銅5。

7.21　〔相撲〕貴乃花が14回目の優勝　大相撲名古屋場所は、横綱・貴乃花が13勝2敗で14回目の優勝。殊勲賞は関脇・魁皇 (6回目) と前頭2枚目・琴の若 (初)。敢闘賞は小結・貴闘力 (8回目)。技能賞は該当なし。

8.10　〔ゴルフ〕福嶋が国内最少ストローク　ゴルフのNEC軽井沢72(パー72) で福嶋晃子 (23) が2イーグル6バーディーの63で回り、国内女子ツアーの最少ストローク記録を1打短縮。

8.11　〔プロ野球〕野口がノーヒットノーラン　プロ野球セ・リーグの野口 (中日) が対巨人戦で史上64人目のノーヒットノーラン。

8.15　〔パラリンピック〕パラリンピック開催　アトランタでパラリンピックが開幕。127ヶ国・地域が参加。23日、水泳女子100m自由型の成田真由美 (25) が1分36秒23の世界新記録。24日、女子50m自由形 (障害度4グループ) でも44秒47の世界新記録。

8.21　〔高校野球〕松山商が優勝　第78回全国高校野球選手権大会は、松山商 (愛媛) が熊本工 (熊本) を延長11回6-3で破り、27年ぶり5回目の優勝。ボールボーイとして大会運営に協力してきた地元兵庫県内の高校野球部員の負担をなくすため、今大会では出場校の部員がボールボーイをつとめた。

8.25　〔テニス〕伊達が逆転優勝　女子テニスのトーシバ・クラシックがカリフォルニア州・サンディエゴで開催され、決勝で第4シードの伊達公子が第1シードのアランチャ・サンチェスに逆転勝ちして優勝。

8.30　〔高校野球〕中京商が2回目の優勝　第41回全国高校軟式野球大会決勝が明石公園球場で行われ、中京商が松山商を4-0で破り5年ぶり2回目の優勝。中京商の古河投手が全4試合を完封し72奪三振、66年の丹下 (北海) の持つ奪三振記録67(5試合) を大幅に更新。また、全試合完封は64年の平沼 (慶応) 以来史上2人目。

9.1　〔ゴルフ〕芹沢が挑戦9度目の初優勝　ゴルフの日本マッチプレー選手権で芹沢信雄がブラント・ジョーブ (アメリカ) を1アップで破り、9回目の挑戦で初優勝。

9.1　〔ゴルフ〕岡本が通算60勝　女子プロゴルフのフジサンケイレディースで岡本綾子が優勝、通算60勝を達成 (海外ツアーの18勝を含む)。樋口久子の72勝に次ぐ記録。

9.2　〔社会人野球〕本田技研が優勝　都市対抗野球で本田技研が三菱重工広島を8-7で破り初優勝。

9.5　〔オリンピック〕大阪市が2008年夏季五輪に立候補　大阪市が2008年夏季オリンピックの開催地に立候補。10月23日、横浜市も立候補。

9.6　〔相撲〕年寄名跡売買問題で処分　日本相撲協会が理事会を開き、年寄名跡売買問題で二子山巡業部長を解任し、役員給与を6ヶ月間3割減俸とする処

− 384 −

分を決定。兄の花田勝治前理事長も相撲博物館館長も辞職する。11月24日、先代二子山の花田勝治 (元横綱初代若乃花) が年寄名跡の譲渡所得で得た3億円の所得を申告していなかったとして修正申告をしていたことが明らかになる。

9.8 〔ゴルフ〕塩谷が国内3冠王　日本女子プロゴルフで塩谷育代が逆転で初優勝。史上4人目の国内女子メジャー3冠王に。

9.15 〔ラグビー〕オックスフォード大に初勝利　ラグビーの親善試合で関東学院大が名門オックスフォード大 (イギリス) を41-29で破る。大学単独チームの勝利は52年以来続く同親善試合で初めて。

9.16 〔陸上〕木村が世界新記録　全日本マスターズ陸上の男子三段跳びで85～89歳で木村喜三が7m18をマーク、走り高跳び、走り幅跳びに続き3つめの世界新記録。

9.17 〔大リーグ〕野茂がノーヒットノーラン　米大リーグの野茂英雄 (28、ドジャース) がコロラド州デンバーで行われた対ロッキーズ戦で日本人初のノーヒットノーラン。

9.21 〔野球〕プロの五輪出場可　国際野球連盟の臨時総会でプロ選手のオリンピック出場を可決。

9.22 〔相撲〕貴乃花が全勝で15回目の優勝　大相撲秋場所は、横綱・貴乃花が15戦全勝で15回目の優勝。殊勲賞は該当なし。敢闘賞は関脇・貴闘力 (9回目) と前頭1枚目・旭豊 (初)。技能賞は小結・琴錦 (6回目)。

9.23 〔プロ野球〕オリックスが2年連続優勝　プロ野球パ・リーグはオリックス (仰木彬監督) が日本ハムに延長10回7-6でサヨナラ勝ち、2年連続2回目の優勝が決定。最終順位は2位日本ハム、3位西武、4位近鉄、5位ロッテ、6位ダイエー。

9.24 〔テニス〕伊達が引退　女子テニスの伊達公子が都内のホテルで記者会見し、「25歳は人生の区切り」と現役引退を表明。

9.25 〔Jリーグ〕清水エスパルスが初優勝　Jリーグのヤマザキナビスコカップ決勝、清水エスパルス - ヴェルディ川崎が3-3でPK戦となり、清水が初優勝。

9.27 〔大リーグ〕ボンズが40本塁打40盗塁　米大リーグのバリー・ボンズ (ジャイアンツ) が対ロッキーズ戦で大リーグ史上2人目の40本塁打40盗塁を達成。

9.29 〔ゴルフ〕日本オープン開催　日本オープンゴルフで初出場のピーター・テラベイネン (アメリカ) が通算2アンダーで優勝。

9.30 〔プロ野球〕公式戦135試合に　プロ野球の公式戦が97年から135試合になることが決定。99年以降は改めて検討。

10.6 〔プロ野球〕巨人が2年ぶり優勝　プロ野球セ・リーグは巨人 (長嶋茂雄監督) がナゴヤ球場で中日を5-2で破り、2年ぶり28回目の優勝が決定。7月はじめの時点で首位広島に11.5ゲーム差をつけられながらの大逆転は「メーク

ドラマ」とよばれた。最終順位は2位中日、3位広島、4位ヤクルト、5位横浜、6位阪神。

10.9 〔プロ野球〕セ・パ全日程終了　プロ野球が全日程を終了。セ・リーグのパウエル(中日)、パ・リーグのイチロー(オリックス)がともに3年連続首位打者。

10.9 〔バスケットボール〕シャンソンが史上初100連勝　バスケットボール日本リーグ女子でシャンソンが三井生命を84-73で破り、史上初の100連勝を達成。

10.10 〔駅伝〕早大が逆転初優勝　全日本大学選抜駅伝で早大が2時間05分11秒で逆転初優勝。

10.10 〔競馬〕ナリタブライアンが引退　史上5頭目の3冠馬ナリタブライアン(牡、6歳)が引退。

10.13 〔大学野球〕明大が2季ぶり優勝　東京6大学野球で明大が早大に連勝、8戦全勝で2季ぶり29回目の優勝。

10.13 〔F1〕F1日本グランプリ開催　自動車レースのF1世界選手権最終戦日本グランプリが鈴鹿サーキットで開催され、デーモン・ヒル(イギリス)が今季8勝目をあげ、初の総合優勝。

10.16 〔国民体育大会〕ひろしま秋季国体開催　ひろしま国体秋季大会で広島県が男女総合優勝。開催県の優勝は33年連続。

10.19 〔社会人野球〕住友金属が3年ぶり優勝　社会人野球の日本選手権で住友金属が西濃運輸を7-5で破り3年ぶり7回目の優勝。

10.24 〔プロ野球〕オリックスが初の日本一に　プロ野球・第47回日本シリーズ第5戦がグリーンスタジアム神戸で行われ、パ・リーグ優勝のオリックス(仰木彬監督)が巨人を5-2で破り、4勝1敗で初の日本一に輝いた。前身の阪急時代を含めると19年ぶり4回目。最高殊勲選手にはオリックスのトロイ・ニールが選ばれた。

10.26 〔プロ野球〕松井・イチローがMVP　プロ野球の96年最優秀選手にセ・リーグは松井秀喜(巨人)が初めて、パ・リーグはイチロー(オリックス)が3年連続で選ばれる。新人王はセ・リーグが仁志(巨人)、パ・リーグが金子誠。

10.27 〔競馬〕4歳馬が59年ぶり勝利　第114回天皇賞(秋)レースが東京競馬場(芝2000m)で行われ、バブルガムフェロー(蛯名正義騎手)が1分58秒7で1着となった。

11.2 〔体操〕塚原が最年少優勝　全日本体操選手権男子個人総合で19歳4ヶ月の塚原直也(明大)が史上最年少優勝。

11.2 〔野球〕日米野球で野茂が先発　日米野球第2戦が東京ドームで開催され、野茂英雄(ドジャース)が2年ぶりに日本のマウンドに上がる。1回にイチローに中前安打を打たれるが、3回を無失点に抑える。10日、全日程を終了。通算成績は大リーグ選抜の4勝2敗2分け。

11.3	〔競馬〕菊花賞はダンスインザダーク　第56回菊花賞レースが京都競馬場 (芝3000m) で行われ、マヤノトップガン (田原成貴騎手) が3分04秒4で1着となった。
11.5	〔プロ野球〕長嶋一茂が引退　プロ野球セ・リーグの巨人を自由契約になった長嶋一茂 (30) が、今季限りの引退を表明。
11.9	〔Jリーグ〕鹿島アントラーズが年間王者　1ステージ制で行われたJリーグで鹿島アントラーズが優勝、初の年間チャンピオンに。得点王は三浦知良 (川崎)。
11.9	〔競馬〕武が年間最多勝新記録　京都競馬第12レースで武豊が今季139勝目をあげ、年間最多勝記録を更新。
11.17	〔マラソン〕東京国際で藤村が優勝　東京国際女子マラソンで藤村信子が2時間28分58秒で初優勝。
11.17	〔ゴルフ〕尾崎がプロ100勝　ダンロップフェニックスゴルフで尾崎将司が優勝、日本史上初のプロ100勝を達成。
11.21	〔プロ野球〕ドラフト会議開催　プロ野球ドラフト会議が開催され、注目の井口忠仁 (青学大) はダイエーに。
11.24	〔相撲〕武蔵丸が2回目の優勝　大相撲九州場所は、史上初の力士5人 (11勝4敗の武蔵丸、曙、貴ノ浪、若乃花、魁皇) による優勝決定戦となり、トーナメントで武蔵丸、曙、貴ノ浪の3人に絞られ、巴戦で大関武蔵丸が2回目の優勝。殊勲賞は前頭1枚目・土佐ノ海 (2回目)。敢闘賞は関脇・魁皇 (2回目) と前頭15枚目・栃東 (初)。技能賞は該当なし。横綱貴乃花は全休。
11.26	〔サッカー〕トヨタカップ開催　トヨタカップサッカーでユベントス (イタリア) がリバープレート (アルゼンチン) を1-0で破り2回目の優勝。
12.1	〔マラソン〕福岡国際マラソン開催　福岡国際マラソンでオリンピック銀メダリストの李鳳柱 (韓国) が韓国選手初の優勝。
12.3	〔ボクシング〕山口が防衛失敗　プロ・ボクシングWBA世界ジュニア・フライ級タイトルマッチでチャンピオンの山口圭司がピチット・チョー・シリワット (タイ) に2回TKO負け、2度目の防衛に失敗。
12.7	〔プロ野球〕清原が巨人入団　フリーエージェント宣言して阪神と巨人が獲得に乗り出していたプロ野球パ・リーグの清原和博内野手 (西武) が巨人に入団。背番号は5。
12.8	〔柔道〕福岡国際で田村が7連覇　福岡国際女子柔道48kg級で田村亮子が7連覇。
12.9	〔プロ野球〕落合が日本ハム入団　プロ野球セ・リーグの落合博満が自由契約となり巨人を退団、日本ハム入り。背番号は3。
12.22	〔駅伝〕全国高校駅伝開催　全国高校駅伝で男子は報徳学園、女子は埼玉栄が優勝。
12.22	〔競馬〕有馬記念はサクラローレル　第41回有馬記念レースが中山競馬場

(芝2500m) で行われ、サクラローレル (横山典弘騎手) が 2 分 33 秒 8 で 1 着となった。

12.26 〔マラソン〕有森が事実上のプロ宣言　女子マラソンの有森裕子が記者会見を行い、97 年 1 月 1 日付でリクルートの契約社員となる事を明らかにする。事実上のプロ宣言。

12 月 〔一般〕日本プロスポーツ大賞決定　1996 年 (平成 8 年) の日本プロスポーツ大賞 (日本プロスポーツ協会主催) は、大賞が尾崎将司 (男子プロゴルフ)、殊勲賞がイチロー (プロ野球)、松井秀喜 (プロ野球)、十文字貴信 (自転車競技) に決定。

12 月 〔一般〕流行語大賞決定　第 13 回 (1996 年) 新語・流行語大賞が決定。スポーツ界では、大賞部門に "自分で自分をほめたい" が選ばれた。受賞者は有森裕子 (マラソンランナー)。大賞部門は "メークドラマ"、受賞者は長嶋茂雄 (巨人軍監督)。

スポーツの「ビジネス」化

職業に就きそれで生計をたて余暇にスポーツを娯む「アマチュア・スポーツ」が広くおこなわれ、一部にそれを職業とする「プロフェッショナル・スポーツ」があるという構図が長くつづいてきた。第二次大戦前に日本で「プロ」が成立していたのは相撲 (大相撲) と野球 (職業野球と呼ばれた) と拳闘 (ボクシング) だけだ。20 世紀後半、とりわけ最後の四半世紀に世界中でスポーツの「プロ」化が急速にすすんだ。スポーツの「プロ」化とは「見せもの」として興行することであり、テレビの普及によって興行の舞台が肥大した。「スポーツ好き」といえばむかしはなにかの「スポーツをする」ことだったが、今では「スポーツを観る」(多くはテレビ観戦) 人が増えた。そのマーケットに向けて競技会が設定され、放映権が売られ、テレビ放映に適した競技時間が選ばれ、ときにはテレビ放映に具合のよいようにルールが改められる。スポーツ・ビジネスのもう一つの大きな領域は用品・用具産業である。スキー、スケート、あるいは自転車などの用具ばかりでなく、1 秒の何分の一を争う種目では靴や着衣まで先端技術が競われる。ゴルフ用具などでは新製品はアマチュアにも波及するし、頂点が「プロ」化されていない分野でも用品・用具の技術がすすんだ例もある (釣具など)。とはいえ今日のスポーツは、「プロ」化 =「興行」化 =「ビジネス」化、そして「する」より「観る」スポーツへの傾きが強まっている。

1997年
(平成9年)

1.1 〔駅伝〕旭化成が3秒差で優勝　全日本実業団駅伝で旭化成がエスビーを3秒差で振り切り優勝。

1.1 〔サッカー〕ヴェルディ川崎が4回目の優勝　天皇杯全日本サッカー選手権決勝でヴェルディ川崎がサンフレッチェ広島を3-0で破り9年ぶり4回目の優勝。

1.3 〔駅伝〕神奈川大が箱根初優勝　第73回東京-箱根間往復大学駅伝競走は、往路優勝の神奈川大が復路でも差を広げ、2位に8分18秒の大差の11時間14分2秒で初の総合優勝。予選会出場大学の総合優勝は史上初。

1.3～4 〔スピードスケート〕日本勢がW杯開幕6連勝　スピードスケートのワールドカップ・カルガリー大会男子500mで清水宏保が35秒50、35秒51をマークし2連勝。女子500mでは岡崎朋美が39秒15の好記録で2勝目。日本勢が開幕6連勝。

1.5 〔フィギュアスケート〕佐藤が2位　フィギュアスケートのオープンフィギュア選手権で佐藤有香が2位。

1.6 〔大リーグ〕ドジャース球団売却　野茂英雄が所属する米大リーグのドジャース会長ピーター・オマリーが「個人オーナーによる運営は限界」と売却の意向を表明。9月4日、ルパード・マードック率いるテレビ網のFOXグループが約400億円(推定)で買収することが明らかに。

1.7 〔ラグビー〕西陵商が劇的な逆転優勝　全国高校ラグビー決勝で西陵商(愛知)が啓光学園を26-25で破り、愛知県勢として初優勝。試合終了直前のトライ、ゴールによる劇的な逆転勝ち。

1.8 〔大リーグ〕長谷川がエンゼルスと契約　米大リーグ入りを希望していた長谷川滋利投手(オリックス)とアナハイム・エンゼルスの契約が決定。13日には伊良部秀輝投手(ロッテ、27)が希望していた大リーグへの移籍が決まったと報道される。

1.11～12 〔スピードスケート〕W杯で堀井が連勝　スピードスケートのワールドカップ・ミルウォーキー大会男子1000mで堀井学が1分12秒99、1分12秒76(リンクレコード)で2連勝。

1.15 〔ラグビー〕明大が最多優勝記録更新　全国大学ラグビーで明大が早大を32-22で破り2年連続12回目の優勝、最多優勝記録を更新。

1.19 〔マラソン〕千葉が優勝　97東京シティーハーフマラソンの女子で千葉真子(旭化成)が世界歴代2位の記録で優勝。

1.19 〔柔道〕W杯で日本は3位　ワールドカップ女子柔道決勝でキューバが韓国

を破り優勝。日本は準決勝でキューバに敗れ3位。

1.19 〔自動車〕篠塚が日本人初優勝　97ダカール‐アガデス‐ダカール・ラリー(旧パリ・ダカール・ラリー)の自動車四輪部門で篠塚建次郎(48)が日本人初の総合優勝。

1.25 〔相撲〕若乃花が優勝　大相撲初場所は、大関・若乃花が14勝1敗で3回目の優勝。千秋楽では武蔵丸に敗れ、初の全勝優勝を逃す。殊勲賞は前頭1枚目・土佐ノ海(3回目)。敢闘賞は前頭11枚目・琴龍(初)。技能賞は前頭3枚目・旭鷲山(初)。

2.4 〔バスケットボール〕萩原がWNBA参加　萩原美樹子(ジャパンエナジー)の米女子プロバスケットボール協会(WNBA)参加が発表される。27日、サクラメント・モナークスに所属決定。日本初のプロが誕生。

2.5 〔高校野球〕コール方法変更　高校野球のコールが国際ルールに合わせてボール・ストライクの順に変更されることとなった。選抜大会から実施。

2.11 〔ラグビー〕社会人代表が9連覇　ラグビー日本選手権で東芝府中が明大を69-8で破り初優勝。社会人代表が9連覇。

2.18 〔ラグビー〕日本代表監督に平尾　ラグビー日本代表監督に平尾誠二。

2.20 〔ボクシング〕川島が防衛失敗　プロ・ボクシングWBC世界ジュニア・バンタム級タイトルマッチでチャンピオンの川島郭志が同級1位のジェリー・ペニャロサ(フィリピン)に判定で敗れ、7度目の王座防衛に失敗。日本人王者が不在に。

2.22 〔スピードスケート〕日本勢が表彰台独占　スピードスケートのワールドカップ・インスブルック大会男子500mで1位井上純一、2位堀井学、3位清水宏保と、日本勢が表彰台を独占。

2.23 〔国民体育大会〕国体冬季スキー開催　国民体育大会冬季大会スキーで北海道が総合優勝。

2.23 〔ノルディックスキー〕萩原が復活の金　ノルディックスキー世界選手権がノルウェー・トロンヘイムで開催され、複合個人で荻原健司が復活の金メダル。

2.27 〔施設〕ドーム完工式　大阪ドームの完工式が行われる。3月12日にはナゴヤドームの完工式も。5月8日、ナゴヤドームで行われた中日‐阪神5回戦で雨漏り。

2.28 〔スピードスケート〕W杯インツェル大会開催　スピードスケートのワールドカップ・インツェル大会男子500mで清水宏保が2連прошедших。女子500mでも島崎京子が今季3勝目、日本女子最多の通算7勝目。

3.1 〔ノルディックスキー〕原田が日本人初優勝　世界ノルディックスキー選手権ジャンプ個人ラージヒルで原田雅彦が日本人として初優勝。

3.7 〔柔道〕小川がプロレス入り　柔道の小川直也が「柔道で飯は食えない」とプロレス入りを発表。4月12日にデビュー戦。

3.9	〔陸上〕苅部が銅	世界室内陸上男子400mで苅部俊二が銅メダル。日本選手が個人種目でメダルを獲得したのは大会史上初。
3.9	〔マラソン〕名古屋で鈴木は2位	名古屋国際女子マラソンでビクタギロワが初優勝、鈴木博美は2位。
3.9	〔バレーボール〕大林が引退	バレーボールの大林素子がVリーグ優勝決定戦の東洋紡対NEC戦を最後に引退。優勝はNEC。
3.16	〔バレーボール〕日立がVリーグ転落	バレーボールの日本リーグ時代に6連覇を含む18度優勝の日立がVリーグで7位、入れ替え戦に2連敗し、実業団に転落。
3.16	〔ノルディックスキー〕ジャンプW杯開催	ノルディックスキー・ジャンプのワールドカップ個人23戦ラージヒルがノルウェーで行われ、船木和喜(デサント)が優勝、斎藤浩哉(雪印)が2位。
3.23	〔相撲〕貴乃花が16回目の優勝	大相撲春場所は、4力士(12勝3敗の魁皇、貴乃花、武蔵丸、曙)による優勝決定戦(トーナメント)となり、横綱・貴乃花が曙を破り16回目の優勝。殊勲賞は前頭1枚目・魁皇(7回目)。敢闘賞は前頭6枚目・玉春日(2回目)と前頭13枚目・出島(初)。技能賞は前頭13枚目・出島(初)。
3.25	〔プロ野球〕プロのアマ復帰条件を緩和	日本高校野球連盟が、元プロ野球選手が教職2年でアマに復帰できるようにする短縮案を承認。
4.2	〔大リーグ〕野茂が通算30勝	米大リーグの野茂英雄(ドジャース)が対フィリーズ戦に先発、通算30勝目をあげる。シーズン初登板での勝利はこれが初めて。
4.5	〔Jリーグ〕鹿島アントラーズが優勝	サッカーのJリーグ・スーパーカップで96年度Jリーグ王者の鹿島アントラーズが天皇杯優勝のヴェルディ川崎を3-2で破り優勝。
4.9	〔高校野球〕天理が初優勝	第69回選抜高校野球大会は、天理(奈良)が中京大中京(愛知)を4-1で破り初優勝。
4.13	〔競馬〕さつき賞で最高万馬券	第57回皐月賞レースが中山競馬場(芝2000m)で行われ、サニーブライアン(大西直宏騎手)が2分02秒0で1着となった。
4.14	〔ボクシング〕辰吉2階級制覇ならず	プロ・ボクシングWBC世界ジュニア・フェザー級タイトルマッチで挑戦者の辰吉丈一郎が敗れ、バンタム級に続く2階級制覇ならず。チャンピオンのダニエル・サラゴサ(メキシコ)は4度目の防衛に成功。
4.15	〔大リーグ〕長谷川がメジャー初勝利	米大リーグの長谷川滋利(エンゼルス)が対ヤンキース戦でメジャー初勝利。日本人投手3人目。
4.16	〔プロ野球〕野村監督1000勝	プロ野球セ・リーグの野村克也監督(ヤクルト)が対横浜2回戦でプロ野球史上9人目の1000勝を達成。
4.22	〔マラソン〕有森がタレント活動	マラソンの有森裕子がタレント活動を開

始。23日、三菱自動車工業が広告への起用を発表。

4.23 〔ヨット〕南波が転落・行方不明　97香港-大阪国際帆船レースに参加していた日本を代表するヨットレーサー南波誠(46)がヨットから海に転落、行方不明に。27日、捜索を打ち切り。

4.25 〔大リーグ〕野茂が500奪三振　米大リーグの野茂英雄(ドジャース)が66試合目の登板となる対マーリンズ戦で通算500奪三振。史上2位のスピード記録。

4.26 〔競馬〕女性騎手初勝利　ばんえい競馬で辻本由美が7戦目で初勝利。同競馬での女性騎手初勝利。

4.27 〔競馬〕天皇賞はマヤノトップガン　第115回天皇賞(春)レースが京都競馬場(芝3200m)で行われ、マヤノトップガン(田原成貴騎手)が3分14秒4で1着となった。

4.29 〔プロ野球〕和田が開幕21試合連続安打　プロ野球セ・リーグの和田豊(阪神)が対巨人4回戦で開幕21試合連続安打のプロ野球新記録を達成。5月4日、24でストップ。

4.30 〔プロ野球〕大野がセ最年長完封　プロ野球セ・リーグの大野豊(広島)が41歳8ヶ月のセ・リーグ最年長完封記録。

5.2 〔冒険〕単独歩行で北極点到達　徒歩とスキーにより単独で北極点を目指していた冒険家河野兵市(39)が北極点に到達。3月5日にカナダ・ワードハント島を出発し、60日間で約780kmを踏破。単独歩行での北極点到達は世界で3人目、日本人では初めて。

5.4 〔ゴルフ〕尾崎が3連覇　男子プロゴルフの中日クラウンズで尾崎将司が3年連続5回目の優勝。3連覇は78〜80年の青木功以来、史上2人目。

5.12 〔相撲〕満員御礼途切れる　大相撲夏場所2日目、89年九州場所11日目から続いていた満員御礼が途切れる。25日、横綱曙が13場所ぶり9回目の優勝。

5.15 〔陸上〕日本人初10秒0台　東アジア大会陸上男子100mで朝原宣治が追い風参考ながら10秒04を記録。日本人初の10秒0台。

5.18 〔ゴルフ〕丸山が10年シード獲得　ゴルフの日本プロ選手権で丸山茂樹が逆転優勝、メジャー初勝利で10年シードを獲得。

5.18 〔ゴルフ〕50歳66日池渕が優勝　女子ゴルフのヤクルトレディースで池渕富子が12年ぶりのツアー優勝。50歳66日は史上2番目の年長優勝。

5.19 〔卓球〕松下がプロ第1号　卓球の松下浩二がミキハウスと4年契約。日本初のプロ選手が誕生。

5.23 〔サッカー〕サッカーくじ法案　超党派のスポーツ議員連盟が提出した「スポーツ振興くじ(サッカーくじ)」関連3法案が衆院文教委員会で共産党を除く各党の賛成多数で可決される。6月18日、第140通常国会が閉会し、スポーツ振興くじは継続審議となる。

5.25 〔相撲〕曙が優勝　大相撲夏場所は、横綱・曙が結びの一番で貴乃花を破って2敗で並び、優勝決定戦にも勝って13勝2敗で9回目の優勝。殊勲賞は前頭1枚目・玉春日(初)。敢闘賞は関脇・土佐ノ海(2回目)と前頭6枚目・栃東(2回目)。技能賞は前頭5枚目・小城錦(2回目)。

5.28 〔プロ野球〕落合が両リーグ各1000本安打　プロ野球パ・リーグの落合博満内野手(日本ハム、43)が東京ドームで行われた対ダイエー戦で通算2276本目の安打を放ち、セ・パ両リーグでの各1000本安打を達成。

5.30 〔大リーグ〕伊良部がヤンキースと契約　プロ野球パ・リーグの伊良部秀輝投手(28、ロッテ)が米大リーグのニューヨーク・ヤンキースと正式契約。4年契約で総額1280万ドル(約15億円)(推定)、うち契約金850万ドルで、新人としてはアメリカ球界史上最高額。7月10日、地元ニューヨークでの対タイガース戦に先発で初登板、2失点9奪三振で勝利投手に。初登板初勝利は日本選手初。その後は不振が続き、28日にマイナーの3Aコロンバスに降格。

6.1 〔大学野球〕慶大が9季ぶり優勝　東京6大学野球春のリーグ戦最終週の早慶戦で慶大が連勝、9季ぶり28回目の優勝。

6.1 〔競馬〕サニーブライアンが2冠　第64回日本ダービー(東京優駿)が東京競馬場(芝2400m)で行われ、サニーブライアン(大西直宏騎手)が2分25秒9で1着となった。

6.7 〔テニス〕平木がダブルスで優勝　全仏オープンテニス混合ダブルスで平木理化(NTT)、マヘシュ・ブパシ(インド)組が優勝。日本選手の4大大会優勝は22年ぶり5人目。7日、女子シングルスでイバ・マヨリ(クロアチア)が4大大会初優勝。8日、男子シングルスでグスタボ・クエルテン(ブラジル)が優勝。ブラジル選手の優勝は4大大会で初めて。

6.16 〔オリンピック〕メダル順位目標削除へ　文相の諮問機関である保健体育審議会が、答申案からオリンピックのメダル順位目標を削除する方針を決定。24日、中間まとめを公表。

6.21 〔大学野球〕日本が3年ぶり優勝　第26回日米大学野球選手権が神宮球場で開幕し、日本が先勝。26日、最終戦が福島・いわきグリーンスタジアムで行われ、日本が投打にわたってアメリカを圧倒、3年ぶり10回目の優勝。

6.21 〔バスケットボール〕萩原デビュー戦で3点ゴール　米女子プロバスケットボールリーグ(WNBA)で萩原美樹子(モナークス)が対スターズ戦で途中出場。デビュー戦で3点ゴールを決める。

6.23 〔相撲〕親子三役2組誕生　大相撲名古屋場所の番付が発表され、玉ノ井親方(元関脇栃東)の次男栃東と高崎親方(元関脇小城ノ花)の次男小城錦が小結に昇進、親子三役が2組誕生。

6.23 〔冒険〕単独歩行で北極海横断　午前10時18分(日本時間24日午前0時18分)、大場満郎(44)が世界初の歩行(スキーと徒歩)での北極海単独横断に成功。出発点のロシア・コムソモレツ島(北緯81度16分、東経95度39分)からゴールのカナダ・ワードハント島(北緯83度6分、西経74度23分)ま

で直線距離約 1850km を 121 日かけて踏破。

6.24　〔プロ野球〕イチローが連続打席無三振 209　プロ野球パ・リーグのイチロー外野手(オリックス、23)が東京ドームで行われた対日本ハム戦で、4月16日の対ロッテ戦第3打席から続く連続打席無三振を209とし、プロ野球新記録を達成。

6.24　〔柔道〕形の大会新設　全日本柔道連盟と講道館が形を競う大会「全日本柔道形競技大会」を新設。

6.28　〔重量挙げ〕三宅が初優勝　全日本重量挙げ 76kg 級で三宅敏博が初優勝。父の義行はメキシコ・オリンピック銅メダリスト。

6.30　〔ゴルフ〕岡本が最年長優勝　ゴルフの日本女子オープンで岡本綾子が4年ぶり2回目の優勝。最年長優勝記録を更新。

7.2　〔陸上〕朝原が日本新記録　ローザンヌ国際陸上の男子 100m で朝原宣治が 10秒08 の日本新記録。日本人初の10秒0台。

7.5　〔プロ野球〕長嶋監督が通算 700 勝　プロ野球セ・リーグで巨人が阪神を破り、長嶋茂雄監督が史上13人目、現役では3人目の通算700勝を達成。

7.6　〔ホッケー〕天理大学が f リーグ初代女王　女子ホッケーの日本リーグ、f リーグで天理大学が初代女王に。

7.11　〔一般〕スポーツ功労者表彰　スキーの原田雅彦、荻原健司、水泳の青山綾里ら選手10人とその指導者8人にスポーツ功労者表彰が送られた。

7.12　〔アメリカンフットボール〕門戸開放見送り　アメリカンフットボールで、従来どおり甲子園ボウル勝者を日本選手権ライスボウル大学代表とすることに。地方の大学への門戸開放は見送り。

7.13　〔ゴルフ〕全米女子オープン開催　ゴルフの全米女子オープン選手権でアリソン・ニコラス(イギリス)が通算10アンダーをマーク、ナンシー・ロペス(アメリカ)を1打でかわし初優勝。福嶋晃子は通算2アンダーの9位タイ。

7.20　〔相撲〕貴乃花が 17 回目の優勝　大相撲名古屋場所は、横綱・貴乃花がと横綱・曙の相星決戦となり、貴乃花が13勝2敗で17回目の優勝。殊勲賞は前頭1枚目・貴闘力(2回目)。敢闘賞は前頭11枚目・栃乃洋(初)。技能賞は小結・栃東(初)。

7.24〜25　〔プロ野球〕宣が外国人初セーブ　プロ野球オールスターゲームは1勝1敗。第2戦で全セの宣銅烈(中日)が外国人選手初セーブを記録。

8.1　〔陸上〕世界陸上開催　第6回世界陸上選手権がアテネで開幕。200ヶ国・地域が参加。5日、女子1万mで千葉真子が銅メダル。オリンピック・世界選手権を通じて、日本女子選手がマラソン以外の種目でメダルを獲得したのは28年アムステルダム・オリンピック800mでの人見絹枝の銀メダル以来。9日、女子マラソンで鈴木博美(28)が2時間29分48秒で優勝。上位3選手の合計タイムを競う団体でも優勝。

8.3　〔プロ野球〕宣が 18 連続 SP　プロ野球セ・リーグの宣銅烈(中日)が対ヤ

クルト 18 回戦で 18 連続セーブポイントのセ・リーグ新記録。次の登板では救援に失敗、負け投手に。

8.7～17　〔大会〕第 5 回ワールドゲームズ　第 5 回ワールドゲームズがフィンランドのラハティで開催され、日本を含む 71 ヶ国から 1725 人が参加、29 の競技が行われた。日本は女子綱引き 520kg 級で銀メダルを獲得。

8.11　〔テニス〕松岡が引退　テニスの松岡修造が引退会見。「テニスから離れるつもりはない」と発言、今後は指導者に。

8.13　〔オリンピック〕大阪市が 2008 五輪国内候補　2008 年夏季オリンピックの国内候補都市について、日本オリンピック委員会主催の国内候補地一本化選定会議 (古橋広之進委員長) が東京都渋谷区の国立オリンピック記念青少年総合センターで開催され、投票で大阪市が横浜市を退け国内立候補都市に決定。

8.16　〔プロ野球〕佐々木が通算 193SP　プロ野球セ・リーグの佐々木主浩 (横浜) が対巨人 18 回戦で今季 28 セーブ目をあげ、通算 193 セーブポイントのセ・リーグ新記録。28 日には 15 試合連続セーブのプロ野球新記録を達成。9 月 6 日に 16 でストップ。10 月 5 日、対中日 26 回戦で今季 38 セーブ目をあげ、シーズン最多セーブ記録を達成。41 セーブポイントで最優秀救援投手も確定。

8.16　〔プロレスリング〕試合中の事故で死亡　前日に広島市内で行われた試合中に頭を打ち意識を失った女子プロレスラーのプラム麻里子 (本名梅田麻里子、29 歳) が急性脳腫脹で死亡。国内での試合中の事故によるプロレスラーの死亡は初めて。

8.17　〔高校野球〕夙川学院が優勝　第 1 回高校女子公式野球大会で夙川学院 (兵庫) が優勝。

8.19　〔パラリンピック〕五輪ユニホーム使用へ　パラリンピック選手も五輪ユニホームに。日本オリンピック委員会や各競技団体は難色を示していたが、橋本龍太郎首相が「スポーツ団体として大きく受け止めてほしい」と強く要望を出したことなどから了承。

8.21　〔高校野球〕智弁和歌山が初優勝　第 79 回全国高校野球選手権大会は、決勝で智弁和歌山 (和歌山) が平安 (京都) を 6-3 で破り初優勝。開会式では先導・司会とも高校生が務め話題となった。

8.25　〔野球〕盲学校野球大会開催　全国盲学校野球大会が 66 年の第 11 回大会以来 31 年ぶりに開催される。

8.27　〔ノルディックスキー〕原田がラージヒル優勝　ノルディックスキー・ジャンプのサマーグランプリ第 4 戦がイタリアのプレダッツォで行われ、ラージヒルで原田雅彦が最終第 5 戦を待たずに優勝を決める。

9.1　〔プロ野球〕FA 資格取得で合意　プロ野球の経営側と選手会がフリーエージェント資格取得を 9 年とすることに合意。外国人枠は 4 人 (投手・野手各 2 人) に。

1997年(平成9年)

9.2　〔プロ野球〕石井がノーヒットノーラン　プロ野球セ・リーグの石井一久(ヤクルト)が横浜スタジアムで行われた対横浜23回戦でセ・リーグ27人目(30度目)のノーヒットノーラン。

9.4　〔オリンピック〕五輪108年ぶり故郷に　国際オリンピック委員会総会がスイス・ローザンヌで開催され、フアン・アントニオ・サマランチ会長の4選が決定。対立候補はなし。副会長に初の女性副会長となるアニタ・デフランツ。5日、総会での決戦投票でアテネがローマを66対41の大差で破り、2004年大会の開催地に決定。第1回大会以来108年ぶりに「故郷」での開催。

9.4　〔相撲〕優勝決定戦も番付反映　日本相撲協会が、11月の大相撲九州場所から優勝決定戦も番付に反映することに決定。

9.5　〔体操〕塚原が父子2代メダリスト　世界体操選手権男子個人総合で塚原直也が銅メダル。オリンピック3大会連続金メダルの父・光男に続く父子2代のメダリストに。団体男子は4位、女子は9位。7日、種目別平行棒でも塚原が銅メダル。

9.7　〔ゴルフ〕丸山が最年少優勝　日本マッチプレーゴルフ・プロミス杯で丸山茂樹が4回目の出場で初優勝。中島常幸の最年少優勝記録28歳を1歳更新。

9.13　〔国民体育大会〕なみはや国体夏季大会開催　第52回国民体育大会(なみはや国体)夏季大会が開幕、大阪府門真市の府立門真スポーツセンターで開会式が行われる。

9.18　〔バスケットボール〕67年以来の世界選手権出場へ　男子バスケットボールのアジア選手権準決勝で日本がサウジアラビアを108-92で破り、67年第5回大会以来となる世界選手権出場権を獲得。

9.21　〔相撲〕貴乃花が18回目の優勝　大相撲秋場所は、横綱・貴乃花と大関・武蔵丸が2敗で並んで優勝決定戦となり、貴乃花が寄り切って13勝2敗で18回目の優勝。殊勲賞は前頭1枚目・出島(初)。敢闘賞は前頭2枚目・栃乃洋(2回目)。技能賞は関脇・栃東(2回目)と前頭1枚目・出島(2回目)。

9.22　〔サッカー〕呂比須が日本代表候補　ブラジルから12日に帰化したばかりの呂比須ワグナーがサッカー日本代表候補入り。

9.25　〔バスケットボール〕Jエナジーが休部　男子バスケットボールのJエナジーが会社のリストラ策で休部に。前身を含め全日本総合選手権で8度優勝の名門。女子は存続。

9.28　〔プロ野球〕ヤクルトが5回目の優勝　プロ野球セ・リーグはヤクルト(野村克也監督)が2年ぶり5回目の優勝。最終順位は2位横浜、3位広島、4位巨人、5位阪神、6位中日。

9.28　〔大学野球〕高橋が23本塁打　東京6大学野球秋のリーグ戦、慶大‐法大で高橋由伸(慶大)が23本塁打のリーグ新記録。田淵幸一の記録を29年ぶりに更新。試合は5-2で慶大が勝つ。

9.28　〔サッカー〕日本が韓国に逆転負け　サッカーの98年ワールドカップ・フランス大会アジア地区最終予選B組第4節、日本‐韓国1回戦が東京・国立

― 396 ―

日本スポーツ事典　　　　　　　　　　　　　　　　　　　　　　1997年 (平成9年)

競技場で行われ、日本が1-2で逆転負け。

10.1 〔Jリーグ〕初のフェアプレー賞　Jリーグでヴィッセル神戸がフェアプレー賞を受賞。Jリーグ創設5年目にして初の該当チーム。

10.3 〔プロ野球〕西武が12回目の優勝　プロ野球パ・リーグは西武 (東尾修監督) が3年ぶり12回目の優勝。最終順位は2位オリックス、3位近鉄、4位日本ハム・ダイエー (同率4位)、6位ロッテ。

10.4 〔サッカー〕W杯予選不振　サッカーのワールドカップ・フランス大会アジア地区最終予選B組第5節、日本がアウェーでカザフスタンと引き分ける。試合後、日本サッカー協会が成績不振を理由に加茂周監督 (57) を更迭。岡田武史コーチ (41) を後任監督に昇格させる。日本は第6節の対ウズベキスタン戦、第8節の対アラブ首長国連邦 (UAE) 戦でも引き分け (第7節は試合なし) 自力2位の可能性が消滅、しかもアウェーでの韓国戦を残すという絶望的な状況に陥る。UAE戦では終始UAE寄りのジャッジと異様に短いロスタイムが問題となり、不本意な結果も相俟ってサポーターが試合後に暴れまわる事態に。

10.5 〔陸上〕苅部が日本新記録　陸上日本選手権男子400m障害で苅部俊二が日本新記録。男子100mでは朝原宣治が2連覇、故南部忠平以来となる走り幅跳びとの2冠を達成。

10.5 〔ゴルフ〕福嶋が3試合連続優勝　女子ゴルフの広済堂レディースで福嶋晃子が3試合連続優勝を達成。ツアー制度発足後初の快挙。4試合連続はならず。

10.6 〔柔道〕カラー柔道着導入決定　国際柔道連盟総会が加盟77ヶ国・地域の役員らが出席してパリで開催され、観客や審判が選手を識別しやすくすることを目的にカラー柔道着の導入を可決。実施は98年1月から。一貫してカラー柔道着に反対してきた全日本柔道連盟は、国内試合は白い柔道着のみで行う方針を表明。

10.9 〔柔道〕日本が金4個獲得　世界柔道女子72kg級で阿武教子が優勝。オリンピックも含め、日本女子重量級初の金メダル。12日、女子48kg級で田村亮子が日本女子史上初の3連覇。日本は男女合わせて金4、銀3、銅3を獲得。

10.11 〔格闘技〕PRIDE初興行　実力者が統一ルールの下で最強を競うことをコンセプトとする新しい格闘技「PRIDE」の初興行「PRIDE.1」の初興行が東京ドームで開催され、Special Mutchを含む8試合が行われた。注目の高田延彦vsヒクソン・グレイシーはヒクソンが勝利。そのほか日本人は村上一成、元横綱・双羽黒の北尾光覇が勝った。

10.12 〔プロ野球〕イチローが4年連続首位打者　プロ野球パ・リーグが全日程を終了。観客1001万2500人で史上初めて1000万人を突破。イチロー (オリックス) が打率.345で4年連続4度目の首位打者に。

10.13 〔プロ野球〕大野が最年長タイトルホルダー　プロ野球セ・リーグが全日程を終了。大野豊 (広島) が2度目の最優秀防御率を獲得、最年長タイトルホルダーとなる。

− 397 −

10.14 〔大学野球〕リーグ戦で大乱闘　東京6大学野球秋のリーグ戦、明大‐立大4回戦でタッチプレーが原因で乱闘が発生、立大の樋渡勇哉投手が脇腹を蹴られ担架で退場。15日、東京6大学野球連盟が、明大側から申し入れのあった山口孝野球部長、別府隆彦総監督の辞任と、荒井信久監督、暴力行為を行った選手5人の今季リーグ戦出場停止を決定。

10.19 〔陸上〕室伏が自己新記録　陸上グランプリファイナル男子ハンマー投げで室伏広治が75m72の自己新記録、父の日本新記録にあと24cm。

10.21 〔プロレスリング〕全日本女子プロレス倒産　マッハ文朱などを輩出した全日本女子プロレス興行が2回目の不渡りを出し、事実上倒産。負債総額10億円。

10.22 〔Jリーグ〕コンサドーレ札幌が昇格　ジャパンフットボールリーグ(JFL)でコンサドーレ札幌が優勝、Jリーグ昇格が確定。

10.22 〔相撲〕五輪種目に相撲申請へ　国際相撲連盟が、2008年夏季オリンピックを目指しオリンピック種目承認申請を発表。

10.23 〔プロ野球〕ヤクルトが4回目の日本一　プロ野球・第48回日本シリーズ第5戦で、セ・リーグ優勝のヤクルト(野村克也監督)が西武を3-0で破り、通算4勝1敗で2年ぶり4回目の日本一。シリーズMVPは古田敦也。

10.25 〔国民体育大会〕なみはや国体秋季大会開催　なみはや国体秋季大会が開幕。史上初めて外国籍の社会人選手が出場。

10.26 〔競馬〕牝馬17年ぶりの優勝　第116回天皇賞(秋)レースが東京競馬場(芝2000m)で行われ、エアグルーヴ(武豊騎手)が1分59秒0で1着となった。

10.27 〔大学野球〕法大が完全優勝　東京6大学野球で法大が完全優勝。東大が2季ぶりに最下位脱出。

11.1 〔サッカー〕W杯予選で日本2位　サッカーのワールドカップ・フランス大会アジア地区最終予選B組第9節、日本‐韓国2回戦がソウルのオリンピックスタジアムで行われ、日本が名波浩と呂比須ワグナーのゴールで2-0で快勝。2日、アラブ首長国連邦がホームで最下位ウズベキスタンにまさかの引き分けを喫し、日本が2位に浮上。日本は最終戦のカザフスタン戦も5-1で快勝、3勝4分1敗の勝ち点13でB組2位となり、A組2位のイランとアジア地区第3代表の座をかけて戦うことに。

11.5 〔Jリーグ〕清水エスパルスが経営危機　Jリーグの清水エスパルスが20億円の累積赤字を公表、経営危機が明らかに。27日、新会社を設立して存続の方向へ。

11.16 〔サッカー〕W杯44年目の出場権　サッカーのワールドカップ・アジア地区第3代表決定戦、日本対イランが中立地のマレーシア・ジョホールバルのラーキンスタジアムで行われる。試合は2-2で延長となり、試合終了間際、この試合2アシストを決めていた中田英寿のドリブルシュートをイランGKがはじき、こぼれ球を途中出場の岡野雅行が押し込み「ジョホールバルの歓喜」と呼ばれるようになるゴールデンゴール(延長戦は試合が入った時点

で試合終了とするゴールデンゴール方式で行われた)。予選挑戦 10 回目、44 年目で悲願の本大会出場権を獲得したこの試合のテレビ中継は、日曜深夜にも関わらず平均視聴率 47.9% を記録。

11.18 〔プロ野球〕5 球団 10 選手が脱税　プロ野球選手が名古屋市内の経営コンサルタントを通じて脱税した事件で、名古屋地検特捜部が小久保裕紀 (ダイエー) らセ・パ両リーグの 5 球団 10 選手を所得税法違反で在宅起訴。脱税総額は 1 億 7000 万円。19 日、西武が大石知宜バッテリーコーチ (43) を事実上解雇。98 年 1 月 12 日、名古屋地裁が小久保らダイエー 2 選手に懲役 1 年執行猶予 2 年と罰金の有罪判決。14 日、波留敏夫外野手 (27、横浜) ら 3 選手に懲役 10 ヶ月執行猶予 2 年と罰金。12 月 4 日、名古屋地裁が脱税を請け負っていた坂本幸則 (42) に対して懲役 4 年 6 ヶ月、罰金 1 億円の実刑判決。

11.21 〔プロ野球〕ドラフト会議開催　プロ野球ドラフト会議で東京 6 大学野球 3 冠王の高橋由伸 (慶大) が逆指名で巨人、川口知哉投手 (平安高) も希望通りオリックスが交渉権を獲得。

11.22 〔スピードスケート〕堀井が優勝を分ける　スピードスケートのワールドカップ・カルガリー大会男子 1000m で堀井学 (25) が 1 分 10 秒 63 をマーク、ヤン・ボス (オランダ) と優勝を分ける。

11.22 〔相撲〕貴ノ浪が 2 回目の優勝　大相撲九州場所は、大関・貴ノ浪が優勝決定戦で大関貴ノ浪が貴乃花を上手投げで破り、14 勝 1 敗で前年初場所以来 11 場所ぶり 2 回目の優勝。殊勲賞は該当なし。敢闘賞は前頭 6 枚目・武双山 (3 回目)。技能賞は該当なし。負け越しが決まった小錦が休場、高砂親方を通じて正式に引退表明。87 年に外国人初の大関に昇進、93 年に陥落。年寄佐ノ山を襲名。千秋楽 (23 日)、2 回目の優勝。

11.22 〔ボクシング〕辰吉が王座奪還　プロ・ボクシング WBC 世界バンタム級タイトルマッチが大阪城ホールで行われ、挑戦者の辰吉丈一郎 (27) がシリモンコン (タイ) に 7 回 TKO 勝ち、3 年ぶりに王座を奪還。

11.24 〔サッカー〕早大が初の 2 部陥落　サッカーの関東大学リーグ入れ替え戦で早大が慶大に敗れ、創部 74 年で初の 2 部陥落。

11.30 〔マラソン〕伊藤が初優勝　東京国際女子マラソンで伊藤真貴子 (第一生命) が 2 時間 27 分 35 秒で初優勝。

12.1 〔オリンピック〕滑降コース問題決着　長野オリンピック男子滑降コース問題について討議する同組織委員会 (NAOC) の会長諮問機関「検討委員会」が東京都内で開かれ、組織委員会側が譲歩してスタート地点を標高 1765m とし、国立公園第 1 種特別地域を一部通過するコース設定で決着した。この問題では、10 月 21 日、長野県自然保護検討会議 (WWF) が男子滑降コースのスタート地点の引き上げ反対を決定。28 日、世界自然保護基金 (WWF) 日本委員会が国際スキー連盟にスタート地点引き上げ反対の文書を提出していた。

12.2 〔サッカー〕トヨタカップ開催　トヨタカップサッカーでボルシア・ドルトムント (ドイツ) がクルゼイロ (ブラジル) を 2-0 で破り初優勝。

1997年(平成9年)　　　　　　　　　　　　　　　　　　日本スポーツ事典

12.8　　〔野球〕プロ退団者受け入れ　日本野球連盟が99年から1チーム2人までプロ退団者を受け入れることを決定。プロ・アマ野球が柳川事件以来の断絶状態を解消し和解へ。

12.13　〔Jリーグ〕ジュビロ磐田が年間王者　Jリーグの年間王者を決める97サントリー・チャンピオンシップの第2戦が鹿島スタジアムで行われ、後期優勝のジュビロ磐田が前期優勝の鹿島アントラーズを破り初の年間チャンピオンに。

12.14　〔柔道〕田村が福岡国際8連覇　福岡国際女子柔道48kg級で田村亮子が8連覇。

12.21　〔駅伝〕全国高校駅伝開催　全国高校駅伝競争大会が京都市・西京極陸上競技場をスタート地点に開催され、男子(第48回)は西脇工(兵庫)が日本最高記録で優勝、女子(第9回)は埼玉栄(埼玉)が3連覇。

12.21　〔ノルディックスキー〕原田がラージヒル優勝　ノルディックスキーのワールドカップ・ジャンプ個人第7戦ラージヒルがスイス・エンゲルベルクで行われ、原田雅彦が逆転優勝。

12.23　〔ラグビー〕早大が69失点　全国大学ラグビー準々決勝で早大が京産大に史上最悪の69失点で敗れる。

12.23　〔ボクシング〕飯田が世界王座　プロ・ボクシングWBA世界ジュニア・バンタム級タイトルマッチで飯田覚士が王座を奪取。

12.29　〔ノルディックスキー〕W船木がW杯通算7勝　ワールドカップスキージャンプ・ラージヒルで船木和喜・斎藤浩哉が1位・2位に。船木は通算7勝目で、原田雅彦と並び日本選手最多。

12月　〔一般〕日本プロスポーツ大賞決定　1997年(平成9年)の日本プロスポーツ大賞(日本プロスポーツ協会主催)は、大賞が中田英寿(Jリーグ)、殊勲賞が辰吉丈一郎(プロボクシング)、古田敦也(プロ野球)、福嶋晃子(女子プロゴルフ)に決定。

登山者の作法

　むかしから山岳修行がおこなわれてきたことに示されるとおり、登山は身体の鍛錬とともに忍耐・克己心など精神面の修行にもなる。スポーツとして登山をする人々も独特の誇りと自負をもっていた。ところが登山の大衆化とともに登山者の誇りも自負も失われ作法が乱れ、独善的な行為で落石を招くなどのことが報じられるようになった。登山の大衆化に伴う悪行の最たるものはゴミを捨て置いてくることである。富士山はそのゴミ汚染ゆえにユネスコの世界遺産への申請がはばかられてきた。地元の静岡・山梨両県や有志によって富士山浄化の努力が続けられてきた。NPO「富士山を世界遺産にする国民会議」(会長・中曽根康弘元首相)も活動を続けている。しかし富士山麓には違法投棄された産業廃棄物が堆積しているという。世界遺産には自然遺産と文化遺産とある。富士山そのものは自然遺産だが、富士山を讃え守ってきた歴史という文化を伴ってもいる。ゴミや廃棄物は、いわば「負の文化」遺産である。登山に伴う山岳の汚染は富士山だけではない。ヒマラヤも例外ではない。1990年代に入り、米国、ソ連(当時)、中国などの登山隊が環境浄化に取り組みはじ

― 400 ―

めた。日本の登山家・野口健は、「エベレスト大掃除登山隊」をくりかえし組織し、自ら先頭にたってゴミを回収する努力をつづけている。ゴミ汚染は実は山だけではない。キャンプ場、海水浴場などでも同じことがみられる。ほっておいてもすぐ土に還る材質ではないものを多量に使う現代、スポーツの場面でのゴミは深刻な課題となりつつある。

1998年
(平成10年)

1.1 〔サッカー〕鹿島アントラーズが優勝　天皇杯全日本サッカー選手権決勝で鹿島アントラーズが横浜フリューゲルスを3-0で破り初優勝、参加6107チームの頂点に。

1.2 〔ノルディックスキー〕W杯メダル独占　長野オリンピックの前哨戦、スキーのワールドカップ・ジャンプ第9戦ラージヒルがドイツで行われ、船木和喜が優勝、原田雅彦が2位、斎藤浩哉3位。史上初めて日本勢が表彰台を独占。

1.3 〔駅伝〕神奈川大が箱根2連覇　第74回東京‐箱根間往復大学駅伝競走は、神奈川大が往路・復路とも制し、11時間1分43秒で完全優勝で2連覇。

1.4 〔ノルディックスキー〕船木が3連勝　ワールドカップ・ジャンプで船木和喜が26年ぶりの3連勝。

1.6 〔ノルディックスキー〕船木がジャンプ週間総合王者　船木和喜が4戦3勝と圧倒的な強さを見せ、日本人初のジャンプ週間総合王者に。

1.7 〔オリンピック〕聖火消えるハプニング　長野へ向かう途中の聖火が宮崎、青森で相次いで火が消える前代未聞のハプニングが発生。強風と雪が原因。

1.7 〔ラグビー〕国学院久我山が優勝　全国高校ラグビーで国学院久我山が伏見工を破り11年ぶり5回目の優勝。

1.8 〔高校サッカー〕東福岡が優勝　全国高校サッカー選手権決勝で東福岡が優勝、インターハイ・全日本ユースと合わせ史上初の3冠を達成。連勝も49に。

1.10 〔ラグビー〕関東学院大が優勝　ラグビー大学選手権決勝で関東学院大が明大を30-17で破り初優勝。

1.10 〔テニス〕杉山が日本人初の2冠　テニスの豪州ハードコート選手権で杉山愛がシングルス、ダブルスの2冠。海外ツアーで日本人初。

1.11 〔ラグビー〕東芝府中が2連覇　全国社会人ラグビーで東芝府中が2連覇。

1.11 〔ノルディックスキー〕W杯ジャンプのメダル独占　スキーのワールドカップ・ジャンプ第12戦ノーマルヒルがオーストリア・ラムソーで行われ、原田雅彦が優勝、2位が船木和喜、3位が斎藤浩哉。1日の第9戦に続いて日本勢が表彰台を独占。

1.13 〔大リーグ〕吉井がメッツと契約　吉井理人投手(ヤクルト)が米大リーグのメッツと契約。

1.20 〔ラグビー〕大学スポーツ界に不祥事　帝京大学のラグビー部員ら8人が、都内のカラオケボックスで女性会社員に乱暴した疑いで警視庁に逮捕される。21日、日本体育大学スケート部アイスホッケー部門の5人が、前年5

月に部員のアパートで女性会社員に乱暴し警視庁玉川署に逮捕されていたことが発覚する。大学スポーツ界で不祥事が相次いで発覚。

1.25 〔相撲〕**武蔵丸が優勝** 大相撲初場所は、大関・武蔵丸が12勝3敗で3回目の優勝。殊勲賞は関脇・栃東(初)。敢闘賞は関脇・武双山(4回目)。技能賞は小結・琴錦(7回目)。

2.1 〔ラグビー〕**東芝府中が優勝** ラグビー日本選手権決勝で東芝府中がトヨタ自動車を破り2年連続2回目の優勝、史上6チーム目の連覇を達成。社会人3、学生2チームによる変則トーナメントという新方式での初代王者に。

2.7～22 〔オリンピック〕**長野五輪開催** 第18回冬季オリンピック長野大会が開催される。日本での開催は72年札幌大会以来26年ぶり。冬季五輪としては最も低緯度地域での開催となる。史上最多の72ヶ国・地域から選手・役員約3500人が参加。開会式で横綱曙が土俵入り、伊藤みどりが聖火を点火。10日、スピードスケート男子500mで清水宏保が金メダル。11日、ノルディックスキー・ジャンプのノーマルヒルで船木和喜が銀メダル。フリースタイルの女子モーグルで里谷多英が1位、日本女子の金メダルは冬季オリンピックで初めて。14日、スピードスケート女子500mで岡崎朋美(26)が銅メダル。15日、ジャンプのラージヒルで船木和喜が金メダル、原田雅彦も銅メダル。スピードスケート男子1000mで清水宏保が銅メダル。16日、スピードスケート女子1500mでマリアンヌ・ティメル(オランダ)が世界新記録で優勝。フィギュアスケートのアイスダンスではグリシェフ、プラトフ組(ロシア)が連覇を達成。17日、スキー・ジャンプ団体で日本が2回目で逆転優勝。21日、スケートのショートトラック男子500mで西谷岳文が金メダル、植松仁が銅メダル。今大会から正式競技となったカーリングでは男女とも予選5位。日本は冬季史上最多のメダル10個(金5、銀1、銅4)を獲得、国別で7位。大会中、国際オリンピック委員会(IOC)がスノーボードで金メダルを獲得したロス・レバグリアティ(カナダ)からドーピング違反でメダルを剥奪するが、12日に国際スポーツ調停裁判所がIOCの決定を覆す判定を下し、IOCがこれを受け入れて同選手の優勝が決定。7月8日、組織委員会が実質黒字45億円の収支見通しを承認。

2.16 〔プロ野球〕**プロ野球初の女性会長** プロ野球セ・リーグの会長にフィンランド大使の高原須美子(64、前日本体育協会会長)が内定。女性会長はセ・パ両リーグを通じて初。

3.2 〔バスケットボール〕**シャンソンが8連覇** 女子バスケットボール日本リーグ決勝でシャンソンがジャパンエナジーを振り切り、史上初の8連覇を達成。

3.5～14 〔パラリンピック〕**長野パラリンピック開催** 長野冬季パラリンピックが開幕。史上最多の32ヶ国から選手・役員1100人余が参加。日本選手団は70人で過去最大規模。長野オリンピックのスケート会場エムウェーブで開会式が行われ、タレント神田うのがバレエを舞う。6日、女子滑降のチェアスキークラスで大日向邦子が金メダル。8日、新設の距離スキー知的障害者クラス男子5kmクラシカルで安彦諭(16)が銀メダル。日本のメダル獲得数はドイツに次ぎ2位の41個(金12、銀16、銅13)。

3.7	〔サッカー〕岡田監督初黒星　サッカーのダイナスティカップで日本が 3 連覇を達成するが、最終戦で中国に 0-2 で完敗。岡田武史監督就任後の初黒星。
3.8	〔マラソン〕高橋マラソン 2 戦目で優勝　98 名古屋国際女子マラソンでマラソン 2 戦目の高橋尚子 (積水化学) が 2 時間 25 分 48 秒の日本最高記録で優勝。
3.22	〔相撲〕若乃花が優勝　大相撲春場所は、大関・若乃花が 14 勝 1 敗で 4 回目の優勝。殊勲賞は小結・魁皇 (8 回目)。敢闘賞は前頭 6 枚目・土佐ノ海 (3 回目) と前頭 7 枚目・蒼樹山 (初)。技能賞は前頭 1 枚目・千代大海 (初)。
3.28	〔スピードスケート〕清水が世界新記録で金　スピードスケート世界種目別選手権 2 日目がカルガリーで開催され、男子 500m で清水宏保 (24) が世界初の 34 秒台となる 34 秒 82 の驚異的な世界新記録で、長野オリンピックに続き金メダルを獲得。
3.29	〔競馬〕日経賞で大万馬券　競馬の日経賞で最低人気のテンジンショウグンが優勝。馬連で重賞史上最高となる 21 万 3370 円の大万馬券。
4.1	〔ゴルフ〕杉原ががんを告白　男子ゴルフの杉原輝雄が前立腺がんを告白。闘病しながらツアー続行。
4.4	〔プロレスリング〕猪木が引退　プロレスラーのアントニオ猪木 (55) が引退試合を行い、38 年のレスラー生活に幕を閉じる。経営者として新団体 UFO をスタート。
4.5	〔大リーグ〕吉井がメジャー初登板勝利　米大リーグの吉井理人 (32、メッツ) がシェイスタジアムで行われた対パイレーツ戦に先発で初登板。7 回無失点の好投で日本人 6 人目の勝利投手に。
4.8	〔高校野球〕横浜高が選抜優勝　第 70 回記念選抜高校野球大会は、決勝で横浜高が関大一高を 3-0 で破り 25 年ぶり 2 回目の優勝。横浜高のエース松坂大輔は全試合完投で投球数 618 球、完封 3 試合。3 月 31 日の 2 回戦では PL 学園が創価高に 9-0 で圧勝、春夏合わせて 80 勝で甲子園通算勝利数歴代 2 位タイを記録。また、開幕前夜の 3 月 24 日に日本航空高の部員 9 人が食中毒で腹痛を訴えるハプニングも発生 (25 日の 1 回戦では仙台育英に 4-3 で勝利)。
4.15	〔卓球〕松下が名門ボルシアに移籍　卓球の松下浩二がドイツのプロリーグ、ブンデスリーガ 2 部での活躍を認められ、1 部の名門ボルシア・デュッセルドルフに移籍。
4.19	〔テニス〕杉山がジャパンオープン優勝　テニスのジャパンオープン女子シングルスで杉山愛がコリーナ・モラリュー (アメリカ) を破り 2 年連続 2 回目の優勝。
4.22	〔プロ野球〕1 イニング 13 点の日本タイ記録　プロ野球セ・リーグで最下位のヤクルトが対中日戦の 1 回に 1 イニング 13 点の日本タイ記録。打者 16 人、3 本塁打の猛攻で、10 連続安打も日本タイ記録。
4.26	〔陸上〕室伏が父の日本記録を更新　ハンマー投げで室伏広治が 76m65 を

マーク、父・重信の持つ日本記録を14年ぶりに69cm更新。

4.28 〔大リーグ〕野茂が日本人選手初の本塁打　米大リーグの野茂英雄 (ドジャース) が通算100試合目の登板で3安打完投、今季2勝目。打撃でも日本人選手初の本塁打を放つ。

4.29 〔Jリーグ〕中山が4試合連続ハットトリック　4月25日にJリーグ新記録の3試合連続ハットトリックを達成したジュビロ磐田の中山雅史 (30)、世界にも例のない4試合連続ハットトリックを達成。4試合の合計得点は16点。

5.1 〔ゴルフ〕中島がホールインワン　中日クラウンズゴルフの1番ミドルホール (341ヤード) で中島常幸がホールインワン。パー4でのホールインワンは日本ツアー史上初。

5.3 〔柔道〕田村が8連覇　全日本女子柔道選抜体重別選手権48kg級で田村亮子 (22、トヨタ自動車) が8連覇。社会人デビュー戦を飾る。

5.8 〔サッカー〕サッカーくじ法案可決　衆院文教委員会でサッカーくじ法案が可決される。12日、衆院本会議でスポーツ振興投票 (くじ) 法が成立。1口100円で2000年にスタート。

5.13 〔サッカー〕中田がアジア最優秀選手　サッカー日本代表の中田英寿が97年アジア最優秀選手に選ばれる。

5.17 〔登山〕カンチェンジュンガ下山途中で遭難　ネパール・ヒマラヤのカンチェンジュンガ (8586m) に登頂し下山途中の日本山岳会青年部の5人 (谷川太郎隊長) が遭難。2人が死亡、3人が重軽傷。

5.19 〔Jリーグ〕ストイチコフが柏レイソル入団　サッカー・ブルガリア代表でワールドカップ・アメリカ大会得点王のフリスト・ストイチコフがJリーグの柏レイソルに入団。7月からチームに合流。

5.24 〔相撲〕若乃花が優勝・横綱昇進　大相撲夏場所千秋楽で大関若乃花が武蔵丸を押し出しで破り、12勝3敗で2場所連続5回目の優勝。殊勲賞は琴錦と小城錦、敢闘賞は出島と若の里、殊勲賞は安芸乃島。25日、日本相撲協会の横綱審議委員会が満場一致で横綱に推薦。27日、第66代横綱昇進が正式決定し、史上初の兄弟横綱が誕生。

5.26 〔プロ野球〕川尻がノーヒットノーラン　プロ野球セ・リーグの川尻哲郎 (阪神) がプロ野球史上66人目のノーヒットノーランを達成。脱税事件による出場停止の汚名返上。

5.31 〔ゴルフ〕谷口がプロ7年目初優勝　ゴルフの三菱ギャランで谷口徹が優勝。PL学園で桑田真澄や清原和博の同期、プロ7年目で初勝利。

6.1 〔大リーグ〕野茂がメッツに移籍　米大リーグの野茂英雄 (ドジャース) が球団への不信感からトレードを要求、了承される。4日、メッツ移籍が発表される。

6.2 〔サッカー〕日本代表登録メンバー発表　サッカー日本代表の岡田武史監督がワールドカップ・フランス大会の日本代表登録メンバー22人を発表。ヨー

ロッパ入りした25選手のうち、三浦知良、北沢豪、市川大祐の3人が落選。「キングカズ」の落選が物議をかもす。

6.4 〔プロ野球〕佐々木が217SP　プロ野球セ・リーグの佐々木主浩(30、横浜)が対巨人戦で通算217セーブポイントのプロ野球新記録を達成。8月5日、対阪神戦で通算194セーブを達成、江夏豊の持つプロ野球記録を更新。9月4日、通算200セーブを達成。12月1日、「ハマの大魔神」が他の2語とともに流行語大賞に選ばれる。9日、プロ野球史上最高額の年俸4億8000万円の1年契約で来季の契約を更改。

6.7 〔自動車〕ルマン24時間で日産が3位　自動車耐久レースのルマン24時間で星野一義、鈴木亜久里、影山正彦組の日産R390GT1が3位に。星野は現役最後のルマン出場で自己最高位。

6.7 〔競馬〕スペシャルウィークがダービー制覇　第65回日本ダービー(東京優駿)が東京競馬場(芝2400m)で行われ、スペシャルウィーク(武豊騎手)が2分25秒8で1着となった。

6.10 〔サッカー〕W杯フランス大会開催　W杯・フランス大会がパリ近郊のサンドニ競技場で開幕。出場チームは過去最多の32チーム。開幕戦では前回優勝のブラジルがスコットランドを破る。1次リーグH組の日本は14日、トゥールーズでアルゼンチンに0-1で惜敗。20日、日本がクロアチアに0-1で敗れる。日本でのNHKの世帯平均視聴率は関東地区で60.9％に達し、この年の視聴率1位。26日、日本がジャマイカに1-2で敗れ、3戦全敗で1次リーグ敗退。この試合で中山雅史がワールドカップ日本初得点を記録。29日、日本代表が成田空港に帰国、フォワードの軸として期待されながら無得点に終わった城彰二が心無いファンに水をかけられるなど厳しい出迎えを受ける。7月12日、地元フランスが3-0でブラジルを破り初優勝。開催国の優勝は78年大会のアルゼンチン以来。日本が初出場した今大会は国内でも高い関心を呼ぶが、1次リーグ3試合で日本の旅行会社が予約していた約2万3000枚のチケットが確保できていないことが判明、観戦ツアーの半数近くが中止されて社会問題に。この問題に関連して、6月15日にフランス司法当局が国際サッカー連盟の広報を担当する大手マーケティング会社の系列企業に勤務していたコンサルタントの身柄を拘束。また、21日には北部の町ランスでドイツのフーリガンが警官隊と衝突、警官隊1人が重体となる。

6.14 〔ゴルフ〕青木がシニアツアー優勝　ゴルフ米シニアツアーのベルサウス・クラシックで青木功が今季初勝利、通算8勝目。

6.16 〔相撲〕日本相撲協会が申告漏れ　日本相撲協会が97年12月期までの3年間に入場料など法人所得3億5000万円を申告漏れ、追徴課税の通知を受ける。

6.24 〔プロ野球〕プロ野球選手に入札制導入　日本のプロ野球選手を入札制で米大リーグの球団が獲得できることに。

6.28 〔ゴルフ〕野呂がプロ8年目初優勝　ゴルフの日本女子オープンで野呂奈津子が優勝。プロ8年目でメジャー初勝利。

7.6 〔Jリーグ〕アントラーズの監督辞任　Jリーグ鹿島アントラーズのジョア

ン・カルロス監督が突然辞任。主力選手でジョルジーニョ(ブラジル代表)との対立が原因。

7.7 〔プロ野球〕ロッテがプロ野球ワースト18連敗　プロ野球パ・リーグのロッテが17連敗、ヤクルトの記録を28年ぶりに抜くプロ野球ワースト記録。次節でも敗れて18連敗に。

7.8 〔プロ野球〕ダイエーが4試合連続2ケタ得点　プロ野球パ・リーグのダイエーが4試合連続2ケタ得点。47年ぶりのプロ野球タイ記録。

7.12 〔ゴルフ〕大場が8打差逆転初優勝　女子プロゴルフの東洋水産レディースで大場美智恵が史上最大となる8打差を逆転して初優勝。

7.16 〔プロ野球〕41年ぶり兄弟投手対決　プロ野球セ・リーグの中日-広島戦が41年ぶりの兄弟投手対決となり、山田洋(中日)が兄の山田勉(広島)に投げ勝つ。

7.18 〔高校野球〕東奥義塾-深浦は122-0　第80回全国高校野球選手権の青森県大会2回戦で東奥義塾が深浦を相手に86安打を放ち、122-0で7回コールド勝ち。

7.19 〔Jリーグ〕ナビスコカップはジュビロが優勝　Jリーグ・ヤマザキナビスコカップ決勝が国立競技場で行われ、ジュビロ磐田がジェフ市原を4-0で破り初優勝。

7.19 〔相撲〕貴乃花が5場所ぶり優勝　大相撲名古屋場所は、横綱・貴乃花が武蔵丸を破り14勝1敗で5場所ぶり19回目の優勝。新横綱若乃花は10勝5敗。千秋楽は曙に敗れ全勝優勝を逃す。殊勲賞は前頭4枚目・出島(2回目)。敢闘賞は前頭9枚目・琴の若(3回目)。技能賞は関脇・千代大海(2回目)。

7.21 〔Jリーグ〕中田がペルージャへ移籍　Jリーグの中田英寿(21、ベルマーレ平塚)が世界最高峰リーグと目されるイタリア・セリエAのペルージャへ移籍することが決定。24日、現地で5年間の選手契約を結ぶ。背番号は平塚時代と同じ7。後に平塚とペルージャの間で移籍金未払い問題が生じるが、9月4日に重松良典・平塚社長とアレサンドロ・ガウチ・ペルージャ社長が都内で交渉を行い、30日までにペルージャ側が移籍金330万ドルを2回に分けて支払うことで合意する。

7.22 〔プロ野球〕松井が史上最長本塁打　プロ野球オールスター第1戦で松井秀喜(巨人)が史上最長160mの大本塁打を放つ。

7.31 〔プロ野球〕侮辱行為のガルベスを無期限出場停止　プロ野球セ・リーグの巨人-阪神15回戦の6回、巨人の先発ガルベス投手が先頭の坪井にソロ本塁打を打たれた直後に主審に向かって猛烈に抗議。長嶋監督に投手交代を告げられベンチに向かう途中、主審に向かってボールを投げつける。主審は「侮辱行為」として退場を宣告。8月1日、セ・リーグと巨人がガルベスを今シーズン無期限出場停止処分とする。4日、長嶋監督が、対阪神3連戦で2人の退場者を出したことへの謝罪の意味を込めて頭を丸刈りに。

8.3 〔アメリカンフットボール〕アメフト日本代表チーム結成　アメリカンフッ

トボール日本代表チームが初めて結成され、フィンランドに 39-7 で圧勝。99 年の第 1 回ワールドカップにも出場決定。

8.8 〔Jリーグ〕ジュビロ磐田が第 1 ステージ優勝　Jリーグ第 1 ステージ最終節でジュビロ磐田がベルマーレ平塚を 3-1 で破り優勝。2 位の清水エスパルスと勝ち点で並び、得失点差で上回る。

8.9 〔ゴルフ〕片山がプロ 4 年目初勝利　サンコーグランドサマーゴルフで片山晋呉がツアー初勝利。アマ時代怪物といわれた逸材がプロ 4 年目で開花。

8.9 〔競馬〕武豊がフランス GI 制覇　フランス競馬のモーリス・ド・ギース賞でシーキングザパール (武豊騎乗) が優勝。16 日、ジャック・ル・マロワ賞でタイキシャトル (岡部幸雄騎乗) が優勝し、日本馬が 2 週連続で G1 レースを制覇。

8.11 〔サッカー〕早大がトーナメント優勝　第 22 回総理大臣杯全日本サッカートーナメント決勝で早大が青学大を 3-1 で破り優勝。昨シーズン創部 74 年で初めて関東大学リーグ 2 部に降格となった早大が意地を見せる。

8.20 〔高校野球〕横浜高が春夏連覇達成　第 80 回全国高校野球選手権大会は、準々決勝で横浜高が PL 学園を延長 17 回の死闘で破る。横浜高のエース松坂が 250 球で完投。22 日、決勝で松坂は京都成章を相手にノーヒットノーランを達成、横浜高が 3-0 で勝って 18 年ぶり 2 回目の優勝、春夏連覇を達成。決勝戦でのノーヒットノーランは 59 年ぶり 2 人目の快挙。大会第 6 日 (11 日) の 1 回戦では鹿児島実業の杉内俊哉が八戸工大一を相手にノーヒットノーランを達成。

8.20 〔サッカー〕新監督にトルシエ　サッカー日本代表の新監督に、アフリカで実績をあげ「白い呪術師」といわれるフィリップ・トルシエ (43、フランス) が決定。日本サッカー協会は当初アーセン・ベンゲル (元名古屋グランパス監督) に監督就任を要請したが断られ、代わりの監督を紹介するよう依頼。ベンゲルがフランス・サッカー協会に相談、スケジュールの空いていたトルシエを紹介されての決定。

8.23 〔ゴルフ〕小林が米ツアー 3 勝目　米女子プロゴルフツアーのレインボーフーズ・クラシックで小林浩美がプレーオフの末に優勝。5 年ぶりとなる米ツアー 3 勝目。

9.1 〔プロ野球〕清原が 13 年連続 20 本塁打　プロ野球セ・リーグの清原が入団以来 13 年連続 20 本塁打を達成、原辰徳 (元巨人) の記録を抜いてプロ野球新記録。

9.2 〔プロ野球〕現役最年長の大野が引退　プロ野球セ・リーグの現役最年長、大野豊 (広島) が引退。今季開幕投手もつとめたが、血行障害再発で決意。

9.5 〔ボクシング〕畑山が世界王座　プロ・ボクシング WBA 世界スーパーフェザー級タイトルマッチが東京・両国国技館で行われ、挑戦者で同級 2 位の畑山隆則が崔龍洙 (韓国) を 2-0 の判定で破り、王座を獲得。

9.6 〔マラソン〕シドニーで男女とも優勝　シドニー・マラソン男子で高橋健一

(富士通)が2時間15分51秒、女子は小松ゆかり(天満屋)が2時間29分9秒でそれぞれ優勝。

9.12 〔国民体育大会〕かながわ・ゆめ国体開催　第53回国体(かながわ・ゆめ国体)が開幕。

9.13 〔サッカー〕中田がセリエAデビュー　サッカーの中田英寿(ペルージャ)がユベントスとの開幕戦でセリエAにデビュー。3-4で敗れるが、中田は2得点をあげる大活躍。

9.14 〔大リーグ〕鈴木が渡米7年目の初勝利　米大リーグの鈴木誠(マリナーズ)が渡米7年目にして初勝利。日本プロ野球未経験の日本人投手としては初の勝利。

9.17 〔テニス〕沢松が引退表明　女子テニスの沢松奈生子(25)が今季限りの引退を表明。

9.21 〔プロ野球〕ヤクルト・野村監督が退団　プロ野球セ・リーグ、ヤクルトの野村克也監督が今季限りの退団を発表。10月25日、阪神監督就任が決定。6年連続Bクラスと低迷する球団の建て直しに挑む。

9.22 〔Jリーグ〕前園サントスへ期限付き移籍　Jリーグの前園真聖(ヴェルディ川崎)がブラジル全国リーグ1部の名門サントスへ3ヶ月の期限付き移籍を発表。29日、正式に契約。

9.23 〔Jリーグ〕バジーリオが通算5000ゴール　Jリーグのバジーリオ(柏レイソル)がJリーグ通算5000ゴールを決める。リーグ発足以来1957日目。

9.27 〔相撲〕貴乃花が優勝　大相撲秋場所は、横綱・貴乃花が13勝2敗で20回目の優勝。横綱若乃花はこの日武蔵丸に敗れ12勝3敗。殊勲賞は前頭2枚目・琴乃若(2回目)。敢闘賞は該当なし。技能賞は関脇・千代大海(3回目)。

9.30 〔プロ野球〕落合が引退　プロ野球パ・リーグの落合博満(44、日本ハム)の今季限りの引退が決定。7日の試合を最後に引退。3度の3冠王に輝く大打者。

10.2 〔陸上〕伊東が日本新記録　陸上男子200mで伊東浩司が20秒16の日本新記録。前年の世界陸上2位に相当する好タイム。

10.5 〔大学野球〕東大が15年ぶり勝ち点　東京6大学野球で東大が早大から15年ぶりに勝ち点を上げる。

10.7 〔プロ野球〕西武がリーグ優勝　プロ野球パ・リーグは西武(東尾修監督)が大混戦を制し13回目の優勝。最終順位は2位日本ハム、3位オリックス・ダイエー(同率3位)、5位近鉄、6位ロッテ。

10.8 〔陸上〕室伏が日本新記録　第15回中部実業団・東海学生対抗陸上の男子ハンマー投げで室伏広治が77m35の日本新記録。

10.8 〔プロ野球〕横浜がリーグ優勝　プロ野球セ・リーグは横浜ベイスターズが甲子園球場で行われた対阪神戦で38年ぶりの優勝を決める。権藤博監督就任1年目での悲願達成。最終順位は2位中日、3位巨人、4位ヤクルト、5位広島、6位阪神。

1998年(平成10年)

10.9	〔ゴルフ〕福嶋が米ツアー出場権を獲得　米女子プロゴルフツアーの翌季出場権を懸けた最終予選会がフロリダ州デートナビーチで行われ、福嶋晃子が5位に入って出場権を獲得。
10.10	〔アイスホッケー〕NHL開幕戦が行われる　日本でナショナルホッケーリーグ(NHL、北米のプロアイスホッケーリーグ)の開幕戦が行われ、シャークスとフレームスが3-3で引き分ける。
10.10	〔レスリング〕浜口が75kg級2連覇　女子レスリング世界選手権75kg級で浜口京子が2連覇。46kg級では池田美憂が準優勝。
10.12	〔プロ野球〕イチローが初の5年連続首位打者　プロ野球セ・パ両リーグが全日程を終了。パ・リーグではイチロー(オリックス)が打率.358でプロ野球史上初の5年連続首位打者を獲得。セ・リーグでは松井秀喜(巨人)が本塁打王と打点王の2冠。
10.18	〔サッカー〕前園がブラジルデビュー戦で初ゴール　サッカーの前園真聖(サントス)がブラジル全国リーグ1部デビュー戦で移籍後初ゴールを決める。
10.26	〔プロ野球〕横浜が38年ぶり日本一　プロ野球・第49回日本シリーズ第6戦が横浜球場で行われ、セ・リーグ優勝の横浜(権藤博監督)が西武を2-1で破り、通算4勝2敗で大洋ホエールズ時代の1960年以来38年ぶり2回目の日本一に輝いた。シリーズMVPは鈴木尚典。
10.26	〔サッカー〕99年ワールドユース出場権を獲得　サッカー19歳以下日本代表がアジアユース4位以内を決め、99年ワールドユース出場権を獲得。
10.28	〔プロ野球〕川上がセ・リーグ新人王　プロ野球セ・リーグの新人王が川上憲伸投手(中日)に決定。14勝をあげ、大学時代からのライバル高橋由伸(巨人)を抑え受賞。
10.28	〔Jリーグ〕マリノスがフリューゲルスを吸収合併　Jリーグの横浜マリノスによる経営難の横浜フリューゲルス吸収合併が決定。佐藤工業が経営難でフリューゲルスから撤退したため。12月2日、合併調印が行われる。99年2月、新チームの横浜Fマリノスが発足。11月12日にはベルマーレ平塚の親会社フジタが撤退の方針を固め、身売り先の企業を探していることが明らかになるなど、Jリーグ各クラブの苦しい経営事情が次々と表面化。
10.31	〔ラグビー〕日本がW杯出場権獲得　ラグビーのワールドカップ・アジア地区最終予選で日本が本大会出場権を獲得。
11.1	〔駅伝〕駒大が全日本大学駅伝初優勝　第30回全日本大学駅伝対校選手権大会が名古屋市‐伊勢市間で行われ、駒大が初優勝。
11.1	〔競馬〕天皇賞後に場内で安楽死処分　第118回天皇賞(秋)レースが東京競馬場(芝2000m)で行われ、オフサイドトラップ(柴田善臣騎手)が1分59秒3で1着となった。
11.6	〔プロ野球〕日米野球でソーサが初打席本塁打　日米野球・巨人対大リーグ選抜が東京ドームで開催され、サミー・ソーサが初打席に本塁打を放つ。試合は4-1で大リーグ選抜が勝利。

11.13 〔相撲〕式守伊之助が骨折でも2番裁く　大相撲の行司、式守伊之助が土俵下に落ちた魁皇に直撃され、左腕を粉砕骨折。痛みに耐え、その後の2番を裁く。

11.14 〔Jリーグ〕鹿島アントラーズが第2ステージ優勝　Jリーグ第2ステージで鹿島アントラーズが13連勝、優勝を決める。この日、ラモス瑠偉(41、ベルディ川崎、元日本代表)が対柏レイソル戦を最後に引退。

11.15 〔マラソン〕東京国際マラソンで浅利が優勝　第20回東京国際マラソンで浅利純子(ダイハツ)が2時間28分29秒で2回目の優勝。2位は同タイムの市橋有里。

11.20 〔プロ野球〕西武が松坂を1位指名　プロ野球ドラフト会議で、3球団による抽選の末、西武が甲子園春夏連覇の松坂大輔投手(18、横浜高)を1位指名。松坂はドラフト前の5日にプロ入りの意思を表明し横浜を間接的に指名していたが、東尾修監督の説得で12月19日に入団を正式表明。28日、入団発表が行われる。

11.21 〔相撲〕琴錦が史上初の平幕優勝2度　大相撲九州場所は、西前頭12枚目琴錦が大関貴ノ浪を寄り切りで破り、14勝1敗で43場所ぶり2回目の優勝。平幕で2度の優勝は史上初。琴錦は殊勲賞と技能賞も獲得。横綱曙は全休。殊勲賞は前頭12枚目・琴錦(7回目)。敢闘賞は前頭9枚目・土佐ノ海(4回目)。技能賞は前頭1枚目・栃東(3回目)と前頭12枚目・琴錦(8回目)。

11.22 〔大リーグ〕木田がFAで大リーグ移籍　プロ野球パ・リーグの木田優夫(オリックス)がフリーエージェントで米大リーグのデトロイト・タイガースへ移籍。

11.22 〔ゴルフ〕服部が賞金女王に　エリエール女子ゴルフで服部道子が10位となり、最終獲得金額8157万円で賞金女王に。男子賞金王は1億7962万円で尾崎将司。

11.28 〔Jリーグ〕鹿島アントラーズが年間王者　Jリーグチャンピオンシップ第2戦が茨城・カシマスタジアムで行われ、鹿島アントラーズがジュビロ磐田を2-1で破る。第1戦(21日、国立競技場)と合わせ2勝0敗で鹿島が2年ぶり2度目の年間王者に。

11.30 〔高校野球〕開星高が優勝取り消しに　高校野球中国大会で開星高が優勝するが、部員の出場規定違反で取り消しに。

12.1 〔サッカー〕トヨタカップでレアルが優勝　サッカーのクラブ世界一決定戦トヨタカップでレアル・マドリー(スペイン)がバスコ・ダ・ガマ(ブラジル)を2-0で破り優勝。MVPは決勝点を決めたラウール。

12.2 〔プロ野球〕ダイエーにスパイ疑惑　プロ野球パ・リーグの福岡ダイエーホークスの選手・職員が、福岡ドームの設備を使って相手バッテリーのサインを盗み、打者に伝えていたと報道される。11日、同球団の調査委員会が「疑念を抱かれたような事実は確認できなかった」との結論を公表。14日、パ・リーグの臨時理事会がプロ野球関係者ではない第3者による調査委員会を設置して独自に調査することを決定。99年1月18日、パ・リーグ特別調査

委員会が「間違いなくサイン盗みが行われていたとの確証は得られなかったが、疑惑を完全に払拭することはできない」との結論をパ・リーグ会長に提出、スパイ疑惑は灰色決着に。19日、パ・リーグの理事監督合同会議が東京都内のホテルで開かれ、「不正行為を行わない」とする監督宣言を採択。

12.6　〔マラソン〕カビガが福岡国際マラソン優勝　第52回福岡国際マラソン選手権大会でジャクソン・カビガ(ケニア)が2時間8分42秒で初優勝。

12.6〜20　〔アジア競技大会〕バンコクで4回目のアジア大会　第13回アジア競技大会がタイのバンコクで開催。参加41ヶ国・地域、選手・役員約9000人、競技数36。開会式に先立って行われた女子マラソンで高橋尚子(26)が独走、日本最高記録の2時間21分47秒で優勝。7日、水泳女子400m個人メドレーで田島寧子、男子200m自由形で市川洋介が金メダル。8日、自転車のマウンテンバイク・男子クロスカントリーで宇田川聡仁が金メダル。水泳男子100mバタフライで山本貴司、女子200m平泳ぎで田中雅美が金メダル。10日、水泳女子100mバタフライで青山綾里(16)が1分の壁を破って優勝。柔道男子100kg級で井上康生が、100kg超級で篠原信一が優勝。11日、水泳男子200mバタフライで山本貴司が金メダル。13日、陸上男子100m準決勝で伊東浩司が10秒00の日本新記録。200、400mと合わせて3冠を達成、大会MVPも獲得。ハンマー投げの室伏広治も78m57の日本新記録で金メダル。男子1万mの高尾憲司、女子走り高跳びの太田陽子も金メダルを獲得。15日、陸上400mリレーで日本が大会新記録で2連覇、男子走り幅跳びでも森長正樹が金メダル。空手女子形で若井敦子、53kg級で藤岡映里、60kg以上級で鍋城泉が金メダル。金メダル獲得数は中国が129個で1位、2位が韓国の65個、日本は52個(銀61、銅68)で3位。

12.7　〔Jリーグ〕中山がJリーグMVP　Jリーグが表彰選手を発表。MVPは4試合連続ハットトリックなど、リーグ新記録の36得点をあげた中山雅史(ジュビロ磐田)。

12.16　〔プロ野球〕イチローが年俸5億円　プロ野球パ・リーグのイチロー(オリックス)が年俸5億円で契約更改。佐々木(横浜)の4億8000万円を超え、日本球界史上最高額。

12.19　〔アメリカンフットボール〕立命館大が大学日本一　アメリカンフットボールの東西王座決定戦、第53回甲子園ボウルで立命館大が4年ぶり2度目の大学日本一に。

12.20　〔駅伝〕西脇工・田村が優勝　全国高校駅伝男子は西脇工(兵庫)が2連覇、女子は田村(福島)が初優勝。

12.23　〔ボクシング〕飯田が防衛失敗　プロ・ボクシングWBA世界スーパーフライ級タイトルマッチでチャンピオンの飯田覚士が2回途中に右肩を脱臼、ヘスス・ロハスに判定負けして王座防衛に失敗。

12.28　〔バスケットボール〕田臥中心の能代工が3年連続3冠　バスケットボールの第29回全国高校バスケットボール選抜優勝大会(ウィンターカップ)決勝で能代工が市立船橋を98-76で破り4年連続17回目の優勝。田臥勇太を中

心に、高校総体と国体を合わせ3年連続3冠を達成。

12.29 〔サッカー〕三浦がザグレブと契約　サッカーの三浦知良(ヴェルディ川崎)がクロアチア・ザグレブと契約。94年のセリエAペルージャ移籍に続き、再びヨーロッパへ挑戦。

12.29 〔ボクシング〕辰吉が防衛失敗　プロ・ボクシングWBC世界バンタム級タイトルマッチでチャンピオンの辰吉丈一郎がウィラポンにKO負け、王座防衛に失敗。

12月 〔一般〕日本プロスポーツ大賞決定　1998年(平成10年)の日本プロスポーツ大賞(日本プロスポーツ協会主催)は、大賞が佐々木主浩(プロ野球)、殊勲賞が中田英寿(Jリーグ)、中山雅史(Jリーグ)、イチロー(プロ野球)に決定。

12月 〔一般〕流行語大賞決定　第15回(1998年)新語・流行語大賞が決定。スポーツ界では、大賞部門に"ハマの大魔神"が選ばれた。受賞者は佐々木主浩(横浜ベイスターズ)。

"横浜熱狂"の年、1998年

　1998年(平成10年)、正月恒例の関東大学箱根駅伝で神奈川大学(横浜市神奈川区)が前年の初優勝につづいて連覇。1月10日、全国大学ラグビー選手権大会で春口広監督率いる関東学院大学(横浜市金沢区)が、大学ラグビーの名門・明治大学を30-17で下して初の全国制覇。高校野球では、松坂大輔投手を擁する横浜高校が高校球史に残る熱戦のすえ春・夏連覇(史上5校目)。プロ野球セ・リーグでは、権藤博監督率いる"マシンガン打線"の横浜ベイスターズが快進撃、最終回は"大魔神"佐々木主浩投手が抑えこむ(45セーヴ・ポイントの日本記録でMVP)。リーグ戦の終盤に同投手の腕をかたどった像が横浜駅隣接の公共通路に置かれると"大魔神"像を拝む人、賽銭を積む人が現れた。横浜ベイスターズは追いすがる中日、巨人を振りきって38年ぶりのリーグ優勝。その勢を駆ってパ・リーグ優勝の西武を4勝2敗で下して日本一に。その祝勝パレードには40万人が熱狂。商店・飲食店の祝勝大売出しも賑わい、市中が沸き立つさまはスポーツを超えた社会現象と評された。しんがりはサッカー、これで横浜マリノスがJリーグ優勝となれば、この年は申し分なく"横浜の年"だったが、マリノスは前期・後期とも4位に終わった。

1999 年
(平成 11 年)

1.1 〔サッカー〕横浜フリューゲルスが有終の美　第 78 回天皇杯全日本サッカー選手権決勝が国立競技場で開催され、横浜フリューゲルスが清水エスパルスに 2-1 で逆転勝ちして初優勝。経営難で横浜マリノスへの吸収合併が決まっていたフリューゲルスが有終の美。

1.3 〔駅伝〕順天堂大が箱根優勝　第 75 回東京 - 箱根間往復大学駅伝競走は、往路 2 位の順天堂大が 9 区で往路優勝の駒大を逆転し、11 時間 7 分 47 秒で 9 度目の総合優勝。3 連覇を狙った神奈川大は 3 位。

1.3 〔ノルディックスキー〕葛西が W 杯ラージヒル優勝　ノルディックスキーのワールドカップ・ジャンプ個人第 11 戦がインスブルックで開催され、ラージヒルで葛西紀明が優勝。

1.7 〔ラグビー〕啓光学園が優勝　全国高校ラグビー決勝が花園ラグビー場で行われ、啓光学園が大阪工大高校を破り 7 年ぶりの優勝。

1.8 〔高校サッカー〕東福岡が 2 連覇　全国高校サッカー選手権決勝で東福岡が帝京を 4-2 で破り 2 連覇。同大会での 2 連覇は 14 年ぶり。

1.9 〔バスケットボール〕ジャパンエナジーが 3 連覇　バスケットボールの全日本総合選手権女子でジャパンエナジーがシャンソンを破り 3 連覇。

1.10 〔ノルディックスキー〕船木が今季初優勝　ノルディックスキーのワールドカップ・ジャンプ個人第 14 戦がスイス・エンゲルベルクで行われ、船木和喜が今季初優勝。

1.15 〔ラグビー〕関東学院大が 2 連覇　全国大学ラグビー決勝で関東学院大が明大に決勝最多スコアの 47-28 で圧勝、2 連覇。

1.21 〔ゴルフ〕男子プロゴルフ界分裂　日本プロゴルフ協会 (PGA) の下部組織ツアー・オブ・ジャパンが独立を宣言、男子プロゴルフ界が分裂。

1.24 〔相撲〕千代大海が優勝・5 年ぶり新大関　大相撲初場所は、初日、天覧相撲で横綱貴乃花が琴錦に完敗、大関武蔵丸も栃東に敗れる。4 日目 (13 日)、貴乃花が 3 敗目を喫する。全勝は早くも若乃花、千代大海、小城錦、千代天山の 4 人だけに。千秋楽、関脇・千代大海が 13 勝 2 敗で初優勝。殊勲賞は関脇・千代大海 (初) と関脇・武双山 (4 回目)。敢闘賞は関脇・千代大海 (初) と前頭 14 枚目・千代天山 (初)。技能賞は前頭 3 枚目・安芸乃島 (3 回目)。横綱曙は休場。27 日、千代大海が大関に昇進し、5 年ぶりの新大関誕生。

1.31 〔プロレスリング〕ジャイアント馬場逝く　プロレスラーのジャイアント馬場 (全日本プロレス) が東京医大病院にて大腸癌の肝転移による肝不全により死去。61 歳。60 年 9 月にプロレス入り、生涯現役を貫き、通算 5769 試合に出場。馬場の業績を称え、5 月の全日本プロレス東京ドーム大会が「ジャ

— 414 —

イアント馬場引退記念興行」として開催される。

2.1 〔施設〕西武球場がドーム化　所沢市の西武ライオンズ球場をドーム化する工事が終了。

2.2 〔オリンピック〕長野五輪招致に買収疑惑　オリンピック招致に絡む買収疑惑で、長野冬季オリンピック招致委員会が焼却処分したとされる会計帳簿の一部が判明。接待費は1200万円。同日、国際オリンピック委員会(IOC)の「ドーピングに関する世界会議」がローザンヌで開幕、出席者からIOCを批判する意見が相次ぐ。3日、ソルトレークシティー冬季オリンピック招致に絡む買収疑惑で、元招致委員会会長のトム・ウェルチがCNNテレビに対して金銭贈与を認める。6日、長野市で長野オリンピックの招致疑惑をIOCに報告する日本オリンピック委員会(JOC)の「IOC問題プロジェクト」が調査を開始。9日、ソルトレークシティーのオリンピック招致疑惑を調査していた同組織委員会の倫理委員会が、約300ページの調査報告書を公表。長野に敗れたことが明らかになった前後から15人のIOC委員に対して買収工作を行っていたことが明らかになる。12日、JOCの「IOC問題プロジェクト」第2回会合で、規定違反があったIOC委員は9人であったとの調査結果をまとめる。

2.8 〔競馬〕JRA労組が退職金制度を要求　中央競馬会の馬券売場で働くパート労働者で作る同競馬会従事員労組が農水省正門前で集会を開き、退職金の制度化などを要求。

2.14 〔マラソン〕東京国際マラソンで世界歴代2位タイム　東京国際マラソンでゲルト・タイス(南アフリカ)が世界歴代2位のタイムで初優勝。

2.17 〔サッカー〕三浦がクロアチアリーグ初出場　サッカーの三浦知良(クロアチア・ザグレブ)がクロアチアリーグに初出場。FWとして先発し、3-0勝利に貢献。

2.20 〔プロレスリング〕ジャンボ鶴田引退　全日本プロレスの3冠統一ヘビー級王者ジャンボ鶴田が引退、19年の現役生活にピリオド。

2.26 〔ノルディックスキー〕船木・宮平・原田で表彰台を独占　ノルディックスキー世界選手権がオーストリア・ラムソーで開催され、ジャンプ・ノーマルヒルで船木和喜が優勝。2位に宮平秀治、3位に原田雅彦で、日本勢が表彰台を独占。

2.28 〔駅伝〕日本が独走で5連覇　99横浜国際女子駅伝で日本が独走で5連覇。

2.28 〔ラグビー〕東芝府中が3連覇　第36回ラグビー日本選手権決勝が国立競技場で行われ、東芝府中が神戸製鋼をFW戦で圧倒して24-13、史上3チーム目の3連覇で3回目の優勝。

3.9 〔ノルディックスキー〕葛西がラージヒル優勝　ノルディックスキーのワールドカップがノルウェー・トロンヘイムで行われ、ジャンプ個人ラージヒルで葛西紀明が優勝。原田雅彦は3位。

3.11 〔ノルディックスキー〕荻原が2年ぶり表彰台　ノルディックスキーのワール

1999年(平成11年)　　　　　　　　　　　　　　　　　　　　日本スポーツ事典

　　　　　ドカップ複合個人第15戦スプリントで荻原健司が2位。2年ぶりの表彰台。
3.12　〔相撲〕3横綱1大関1関脇休場で陳謝　大相撲の横綱曙が春場所も休場することを決める。曙はこれで3場所連続11度目の休場。春場所11日目(24日)、横綱貴乃花と大関千代大海が休場。これで3横綱1大関1関脇が休場となり、時津風理事長が陳謝。
3.20　〔サッカー〕鹿島アントラーズが新記録の16連勝　サッカーのJ1リーグ第1ステージで鹿島アントラーズがサンフレッチェ広島を破り、リーグ新記録の16連勝。
3.21　〔ノルディックスキー〕葛西が日本人最多のシーズン6勝　ノルディックスキーのワールドカップ・ジャンプ個人最終戦で葛西紀明が今季6勝目。シーズン6勝は日本人最多で、日本勢の通算勝利数でも節目の50勝目。
3.22　〔バスケットボール〕いすゞ自動車が4連覇・2冠　バスケットボール日本リーグ男子でいすゞ自動車が東芝を85-74で破り4連覇。全日本総合との2冠を達成。
3.28　〔相撲〕武蔵丸が4回目の優勝　大相撲春場所は、大関・武蔵丸が13勝2敗で4回目の優勝。殊勲賞は小結・安芸乃島(7回目)。敢闘賞は前頭7枚目・雅山(初)と前頭9枚目・千代天山(2回目)。技能賞は該当なし。
4.1　〔水泳〕田中が日本人初の優勝　水泳の世界短水路選手権女子50m平泳ぎで田中雅美が30秒80の日本新記録で優勝。日本人の世界選手権での優勝は短水路、長水路を通じて初めて。
4.2　〔競馬〕JRA春闘で全レース中止　中央競馬の春闘団交が物別れに終わり、3日に中央競馬場で行われる全レースが中止に。
4.4　〔高校野球〕沖縄県勢初の優勝　第71回選抜高校野球大会は、決勝で沖縄尚学が水戸商に2点を先取されるが7-2で逆転勝ち、春夏を通じて沖縄県勢として初優勝。
4.7　〔プロ野球〕松坂が初先発初勝利　プロ野球パ・リーグの松坂大輔(西武)が対日本ハム戦でプロ初先発。6回1死までノーヒットノーランに押さえ、8回を5安打9奪三振の好投で初勝利。
4.11　〔競馬〕桜花賞はプリモディーネが勝利　第59回桜花賞レースが阪神競馬場(芝1600m)で行われ、プリモディーネ(福永祐一騎手)が1分35秒5で1着となった。
4.13　〔プロ野球〕上原がプロ初勝利　プロ野球セ・リーグの上原浩治(巨人)が対広島戦に先発登板。7回を3安打6奪三振の無失点に抑え、2度目の先発でプロ初勝利。7月4日、対横浜戦でセ・パ両リーグを通じて10勝1番乗り。巨人での新人2ケタ勝利は66年の堀内以来8人目。
4.16　〔プロ野球〕中日が開幕11連勝　プロ野球セ・リーグの中日が巨人を6-1で破り、45年ぶりの日本タイ記録となる開幕11連勝。
4.19　〔マラソン〕有森が自己ベストを更新　ボストン・マラソンで有森裕子が2時間26分39秒で3位。2年9ヶ月ぶりのフルマラソンで自己ベストを更新。

— 416 —

1999年(平成11年)

4.24	〔サッカー〕日本がワールドユース準優勝　サッカーのワールドユース選手権決勝がナイジェリア・ラゴスで行われ、日本はスペインに0-4で敗れ準優勝に終わる。4失点は決勝での最多失点タイ。
5.2	〔ゴルフ〕岡本が1年10ヶ月ぶり勝利　女子ゴルフのカトキチクイーンズで岡本綾子が通算4アンダーの212で逆転優勝、1年10ヶ月ぶりに勝利。最終日はベストスコアの69をマーク。
5.2	〔柔道〕田村が107連勝9連覇　全日本女子柔道選抜体重別48kg級決勝で田村亮子が長井淳子に3-0で判定勝ち、国内107連勝で9連覇。
5.7	〔大リーグ〕大リーグ初の日本人投手対決　米大リーグのヤンキース(伊良部秀輝)-マリナーズ(鈴木誠)戦で大リーグ史上初の日本人投手対決が実現。10-1でヤンキースが勝ち、伊良部が今季初勝利。
5.8	〔プロ野球〕佐々岡がノーヒットノーラン　プロ野球セ・リーグの佐々岡真司(広島)が対中日戦でノーヒットノーランを達成。許した走者は1死球と2つの失策の3人。
5.9	〔大リーグ〕野茂が移籍後初先発　米大リーグの野茂英雄がブルワーズ移籍後初先発。7回途中まで投げ、98年8月26日以来の白星で通算50勝目。
5.20	〔大リーグ〕大リーグ日本人通算100勝　米大リーグの吉井理人(メッツ)が対ブルワーズ戦で勝利投手となり、日本人通算100勝目。日本人メジャー初勝利は64年の村上雅則。
5.23	〔ゴルフ〕村口史子が2週連続優勝　女子プロゴルフツアーの中京TV・ブリヂストンゴルフ最終日、村口史子がツアー新記録の1ラウンド19パット。通算9アンダー207で2週連続優勝。
5.24	〔相撲〕武蔵丸が優勝・横綱昇進　大相撲夏場所は、大関・武蔵丸が13勝2敗で5回目の優勝。武蔵川部屋創設18年目で初となる第67代横綱に昇進。殊勲賞は前頭1枚目・土佐ノ海(4回目)と前頭3枚目・千代天山(初)。敢闘賞は関脇・魁皇(3回目)。技能賞は前頭10枚目・若の里(初)。
5.26	〔Jリーグ〕ジュビロ磐田が第1ステージ2連覇　サッカーのJ1リーグ第1ステージでジュビロ磐田がアビスパ福岡を延長戦の末1-0で破り、勝ち点34で第1ステージ2連覇。
6.6	〔競馬〕アドマイヤベガがダービー勝利　第66回日本ダービー(東京優駿)が東京競馬場(芝2400m)で行われ、アドマイヤベガ(武豊騎手)が2分25秒3で1着となった。
6.7	〔サッカー〕名波がベネチアへ移籍　サッカーのJ1リーグの名波浩(ジュビロ磐田)がセリエAのベネチアへ移籍。ベネチア首脳陣と磐田幹部が直接交渉し、条件面で合意。3年契約で移籍金3億円、年俸8000万円(推定)。
6.12	〔プロ野球〕新庄が敬遠球をサヨナラ打　プロ野球セ・リーグの新庄剛志(阪神)が、対巨人戦の延長12回裏1死一・三塁で槙原(巨人)の投げた敬遠球を左前打、5-4で阪神がサヨナラ勝ち。
6.13	〔水泳〕千葉が55秒を切る日本新記録　日本水泳選手権女子100m自由形

— 417 —

で千葉すずが初めて55秒を切る54秒99の日本新記録。

6.16 〔陸上〕男子100で伊東が9秒9　陸上の東海大・日大対校戦の男子100mで、オープン参加の伊東浩司が9秒9の手動計時日本最高記録。これまでの記録は10秒1。

6.19 〔オリンピック〕2006年冬季五輪はトリノ　国際オリンピック委員会総会で2006年冬季オリンピックの開催地がイタリア・トリノに決定。スイス・シオンを53票対36票で破る。

6.27 〔ゴルフ〕村井が国内メジャー初優勝　日本女子オープンゴルフで村井真由美が通算7アンダー281で2位に1打差、4日間首位を譲らず国内メジャー初優勝。

6.27 〔ボクシング〕畑山が防衛失敗　プロ・ボクシングWBA世界スーパーフェザー級タイトルマッチでチャンピオンの畑山隆則がラクバ・シンにTKO負け、2度目の王座防衛に失敗。日本人の世界チャンピオンが不在に。

6.30 〔プロ野球〕ローズがサイクル安打　プロ野球セ・リーグのローズ(横浜)が対広島戦でサイクル安打(中堅二塁打、四球、中前安打、右翼三塁打、中堅本塁打)。3度のサイクル安打はプロ野球史上初。

7.3 〔ラグビー〕日本がパシフィック・リム優勝　ラグビーのパシフィック・リム選手権でフィジーがサモアに敗れ、日本の初優勝が決定。成績は4勝1敗の勝ち点19。

7.4 〔競馬〕海外GIで史上3頭目勝利　フランス競馬のサンクルー大賞でエルコンドルパサーが優勝。日本馬の海外GI制覇は史上3頭目。

7.5 〔ラグビー〕村田が日本人プロ第1号　ラグビーの村田亙がフランス1部Bリーグのアビロンバイヨンヌと契約。日本人プロ第1号が誕生。

7.7 〔プロ野球〕ロッテが18年ぶり首位　プロ野球パ・リーグでロッテが日本ハムを5-4で破り、18年ぶりの首位に。1年前のこの日にはプロ野球新記録の17連敗を喫した。

7.9 〔自転車〕神山に薬物違反発覚　競輪の第一人者、神山雄一郎の薬物違反が発覚。6月のアジア選手権に出場した際のドーピング検査で薬物反応を示し、資格停止1ヶ月。

7.17 〔大リーグ〕大家がメジャー昇格　大家友和投手がメジャー昇格。レッドソックス所属で日本人9人目の大リーガーに。

7.18 〔相撲〕関脇出島が優勝・大関昇進　大相撲名古屋場所は、関脇・出島が13勝2敗で逆転で初優勝。学生相撲出身では16年ぶり4人目の大関に昇進。殊勲賞は関脇・出島(3回目)。敢闘賞は関脇・出島(3回目)と小結・土佐ノ海(5回目)。技能賞は関脇・出島(3回目)。

7.31 〔ボクシング〕戸高が世界王座　プロ・ボクシングWBA世界スーパーフライ級タイトルマッチで挑戦者の戸高秀樹がヘスス・ロハス(ベネズエラ)に3-0で判定勝ち。日本人世界王者不在は33日でストップ。

8.7	〔プロ野球〕野村監督初の退場処分　プロ野球セ・リーグで野村克也(阪神監督)が対ヤクルト戦でアウトの判定を巡り塁審に暴言、現役・監督時代を通じて初の退場処分に。
8.21	〔高校野球〕桐生一高が初優勝　第81回全国高校野球選手権大会は、決勝で桐生一高(群馬)が岡山理大付に14-1で圧勝、エース正田樹の4連投で参加4096校の頂点に立つ。群馬県勢の優勝は史上初。
8.24	〔Jリーグ〕三浦が日本復帰　サッカーの三浦知良がJ1リーグの京都パープルサンガと正式契約、日本サッカー界に復帰。背番号36、契約期間は6ヶ月間、京都がクロアチア・ザグレブに支払う移籍金は5000万円(推定)。
8.26	〔マラソン〕世界陸上選手権開催　第7回世界陸上選手権男子400m決勝でマイケル・ジョンソンが43秒18の世界新記録で4連覇。88年にレイノルズが出した43秒29を11年ぶりに更新。27日、男子200mでグリーンが優勝。100mに続いての2冠達成で、短距離2種目優勝は世界陸上初。29日、女子マラソンで市橋有里がトップと3秒差の2時間27分2秒で銀メダル、オリンピック代表当確に。28日、男子マラソンで佐藤信之が銅メダル。男女揃ってのメダルは91年以来。
9.5	〔ゴルフ〕米山がプロ入り最速優勝　フジサンケイレディースゴルフで米山みどりが2位に3打差をつけ優勝。プロ転向370日での勝利は村口史子の381日を抜く最速記録。
9.8	〔大リーグ〕野茂が1000奪三振　米大リーグの野茂英雄(ブルワーズ)が対ダイヤモンドバックス戦で1000奪三振を達成。通算147試合目での達成は大リーグ史上3番目の速さ。
9.9	〔テニス〕杉山組が日本選手初優勝　全米オープンテニス混合ダブルスで杉山愛、ブパシ組が優勝。同大会での日本女子選手の優勝は初めて。
9.12	〔レスリング〕浜口が3連覇達成　世界女子レスリング75kg級決勝で浜口京子が5分18秒フォール勝ち、3連覇を達成。
9.16	〔野球〕日本がシドニー五輪出場権獲得　野球のシドニー・オリンピック・アジア地区予選で日本が中国を3-0で破る。2戦2勝で2以内が確定、出場権を獲得。
9.22	〔プロ野球〕松井が40号本塁打　プロ野球セ・リーグの松井秀喜(巨人)が対阪神戦で40号本塁打。日本人選手の40本塁打は89年の落合博満以来10年ぶり。
9.23	〔Jリーグ〕Jリーグ初のチーム通算500得点　サッカーのJ1リーグ第2ステージ第10節、鹿島アントラーズ対ジェフ市原が国立競技場で開催され、鹿島が2-0で勝利。鹿島は前半34分のFW長谷川のゴールで、Jリーグ初のチーム通算500得点。93年5月16日のJリーグ開幕戦でジーコが第1号ゴールを決めてから253試合で達成。
9.25	〔プロ野球〕ダイエーが11年目で初優勝　プロ野球パ・リーグはダイエーが日本ハムを5-4で破り、球団創設11年目で初優勝。王貞治監督は史上5

1999年(平成11年)　　　　　　　　　　　　　　　　　　　　　　　　日本スポーツ事典

人目のセ・パ両リーグ優勝監督となる。最終順位は2位西武、3位オリックス、4位ロッテ、5位日本ハム、6位近鉄。

9.26　〔マラソン〕犬伏が日本人初の2時間6分台　ベルリン・マラソンで犬伏孝行が日本人初の6分台となる2時間6分57秒の日本最高記録で2位。

9.26　〔相撲〕横綱若乃花が負け越し　大相撲秋場所は、横綱・武蔵丸が12勝3敗で6回目の優勝。殊勲賞は前頭1枚目・栃東(2回目)。敢闘賞は前頭3枚目・安芸乃島(8回目)。技能賞は前頭3枚目・安芸乃島(4回目)。横綱若乃花は千秋楽に武蔵丸に寄り倒され8敗目。1場所15日制で皆勤した横綱が負け越したのは89年秋場所の大乃国以来2人目。

9.29　〔プロ野球〕松坂が最多勝獲得　プロ野球パ・リーグの松坂大輔(西武)が対ロッテ戦で7回1失点の好投で16勝目。高卒新人としては54年の宅和本司以来45年ぶり2人目の最多勝タイトルを獲得。

9.30　〔プロ野球〕中日が11年ぶり優勝　プロ野球セ・リーグは中日(星野仙一監督)が11年ぶり5回目の優勝。最終順位は2位巨人、3位横浜、4位ヤクルト、5位広島、6位阪神。

10.1　〔プロ野球〕西武コーチ5人が退団　プロ野球パ・リーグの西武が参謀格の伊原春樹守備・走塁コーチら5人のコーチの退団を発表。20人いたコーチスタッフを14人に削減する大粛清。

10.3　〔ゴルフ〕尾崎直道が日本タイトル4冠　日本オープンゴルフで尾崎直道が通算10オーバー298で初優勝。史上5人目となる日本タイトル4冠を達成。

10.3　〔競馬〕フランス凱旋門賞で日本馬が2着　世界最高峰の競馬レース、フランスの凱旋門賞(国際GI)でエルコンドルパサーが2分の1馬身差で敗れ2着。日本馬としては過去最高の成績。

10.10　〔柔道〕田村が世界柔道4連覇　世界柔道女子48kg級で田村亮子が4連覇。この大会で日本は男女合わせて8階級を制覇。

10.14　〔体操〕塚原が2大会連続メダル　世界体操選手権個人総合で塚原直也が2位、前回(3位)に続いて2大会連続でメダルを獲得。

10.15　〔サッカー〕前園がギマラエスと仮契約　サッカーのJ1リーグの前園真聖(ヴェルディ川崎)がポルトガルリーグ1部のギマラエスと仮契約。ギマラエスは5人の外国人選手枠が埋まっており、当面は練習生扱い。

10.16　〔ラグビー〕日本は4大会連続予選敗退　ラグビー・ワールドカップの予選リーグで日本がアルゼンチンに敗れ、3連敗の白星なしで4大会連続予選敗退。

10.17　〔ゴルフ〕福嶋が米ツアー2勝目　米女子プロゴルフツアーのAFLACチャンピオンズゴルフ最終日、首位と4打差の6位でスタートした福嶋晃子が逆転優勝。米ツアー2勝目。

10.22　〔剣道〕国士舘大学剣道部が解散　国士舘大学剣道部が、9月に起きた部員の傷害致死事件のため解散。全日本学生優勝大会で男子11回、女子6回の優勝を誇る名門が不祥事のため消滅。

1999年(平成11年)

10.23　〔サッカー〕セリエAで初の日本人対決　イタリアプロサッカーリーグのセリエA、ペルージャ(中田英寿)-ベネチア(名波浩)で初の日本人対決が実現。試合は2-1でペルージャが勝利。

10.24　〔国民体育大会〕室伏が日本記録を更新　熊本国体のハンマー投げで室伏広治が79m17をマーク、自己の持つ日本記録を60cm更新。世界陸上セビリア大会の2位に相当する好記録。

10.26　〔大リーグ〕野茂がタイガースに移籍　米大リーグの野茂英雄がブルワーズを退団。代理人を通じて契約延長交渉を進めていたが、合意に至らず。以後フリーエージェントとして他球団と入団交渉、デトロイト・タイガースに移籍。

10.28　〔プロ野球〕ダイエーが初の日本一　プロ野球・第50回日本シリーズの第5戦でパ・リーグ優勝のダイエー(王貞治監督)が中日を6-4で破り、通算4勝1敗で初の日本一に輝いた。九州に本拠を置く球団としては1958年の西鉄以来41年ぶり。シリーズMVPは2本塁打の秋山幸二。

10.30　〔プロ野球〕上原・松坂が新人王　プロ野球セ・リーグの上原浩治(巨人)がセ・リーグ新人王に。ベストナイン、最多勝利、最優秀防御率など7冠。パ・リーグ新人王は松坂大輔(西武)。

10.31　〔F1〕F1日本グランプリ開催　自動車レースのF1世界選手権最終戦・日本グランプリで予選2位のハッキネンが逆転優勝。アーバインを逆転して総合2連覇。

11.3　〔Jリーグ〕ナビスコカップで柏レイソルが初優勝　サッカーのJリーグヤマザキナビスコカップ決勝で柏レイソルが鹿島アントラーズをPK戦で破り初優勝。

11.4　〔大学野球〕東京6大学初の日本人女性投手　東京6大学野球の東大・立大戦で、リーグ初の日本人女性投手となる竹本恵(東大)が初登板。打者1人に6球を投げて四球1。

11.6　〔サッカー〕日本がシドニー五輪出場権を獲得　サッカーのシドニー・オリンピック・アジア地区最終予選で日本がカザフスタンに3-1で快勝、2大会連続6度目の出場権を獲得。

11.18　〔サッカー〕ジュビロがアジア・スーパーカップ出場　アジア・スーパーカップ決勝第2戦がサウジアラビアで行われ、アウェーのジュビロ磐田が1-2でアル・イテハドに敗れる。ジュビロはホームでの第1戦で1-0で勝利しており、通算1勝1敗、アウェーでのゴール数の差で初優勝。ジュビロは2001年開催予定の第2回クラブ世界選手権出場権を獲得するが、同大会は中止に。

11.21　〔相撲〕舞の海が引退を表明　大相撲九州場所は、横綱・武蔵丸が12勝3敗で7回目の優勝。殊勲賞は小結・土佐ノ海(5回目)。敢闘賞は関脇・魁皇(4回目)。技能賞は関脇・栃東(4回目)。舞の海が千秋楽に敗れて幕下に陥落が決定、引退を表明。9年半の土俵で最高位は小結、小柄な体から多彩な技を繰り出してファンを魅了した。

1999年(平成11年)

11.23	〔Jリーグ〕清水エスパルスが第2ステージ初優勝　サッカーのJ1リーグ第2ステージで清水エスパルスが横浜Fマリノスを2-1で破り、最終戦を待たずに初優勝が決定。
11.23	〔ラグビー〕慶大が創部100周年に全勝優勝　関東大学ラグビー対抗戦で慶大が早大に29-21で逆転勝ちして全勝優勝。15年ぶりの優勝で創部100周年に花を添える。
11.27	〔Jリーグ〕浦和レッズがJ2降格　サッカーのJ1リーグ第2ステージ最終節、浦和レッズがサンフレッチェ広島に1-0で延長Vゴール勝ちするが、得失点差でアビスパ福岡に1点及ばず年間順位15位となり、J2降格が決定。
11.28	〔ゴルフ〕村口が初の賞金女王　女子プロゴルフ最終戦、JLPGA明治乳業カップで村口史子が24位。獲得賞金6689万1682円で、プロ10年目で初の賞金女王に。
11.28	〔競馬〕スペシャルウィークが初の同一年3冠　第19回ジャパンカップが東京競馬場(芝2400m)で行われ、日本のスペシャルウィーク(武豊騎手)が2分25秒5で1着となった。
11.30	〔Jリーグ〕トヨタカップでイングランド勢初優勝　サッカーの第20回トヨタカップでマンチェスター・ユナイテッド(イングランド)がパルメイラス(ブラジル)を1-0で破り、イングランド勢初の優勝。
12.11	〔Jリーグ〕ジュビロ磐田が年間王者　サッカー・Jリーグのサントリーチャンピオンシップ第2戦でジュビロ磐田が清水エスパルスに延長Vゴール負け。勝ち点2で並ばれるが、史上初のPK戦を4-2で制して2年ぶりの年間王者に。
12.12	〔柔道〕田村が福岡国際10連覇を達成　福岡国際女子柔道48kg級決勝で田村亮子がサボンに判定勝ち、10連覇を達成。
12.14	〔プロ野球〕工藤が巨人にFA移籍　フリーエージェント宣言したプロ野球パ・リーグの工藤公康(ダイエー)が巨人に入団。契約年数は本人の申し出により1年で、契約金7500万円、年俸1億5000万円(金額は推定)。
12.18	〔大リーグ〕佐々木マリナーズと契約　プロ野球セ・リーグの佐々木主浩(横浜)が米大リーグのマリナーズと正式契約。3年契約で総額約15億円、背番号も希望通り22。
12.22	〔大リーグ〕伊良部がエクスポズに移籍　米大リーグの伊良部秀輝(ヤンキース)が1対3の大型トレードでエクスポズに移籍。日本人選手がカナダの球団と契約するのは初めて。
12.23	〔卓球〕福原が史上最年少勝利も4回戦敗退　全日本卓球選手権で福原愛が4回戦敗退。史上最年少の11歳7ヶ月で初戦突破するなど「愛ちゃん旋風」を起こす。
12.25	〔スピードスケート〕清水が初の総合3連覇　スピードスケート全日本スプリント選手権男子500mで清水宏保が35秒24の屋外世界最高記録。1000mも制し、男子史上初の総合3連覇。

12.26	〔競馬〕グラスワンダーが有馬記念2連覇	第44回有馬記念レースが中山競馬場(芝2500m)で行われ、グラスワンダー(的場均騎手)が2分37秒2で1着となった。
12月	〔一般〕日本プロスポーツ大賞決定	1999年(平成11年)の日本プロスポーツ大賞(日本プロスポーツ協会主催)は、大賞が松坂大輔(プロ野球)、殊勲賞が武蔵丸光洋(大相撲)、上原浩治(プロ野球)、中田英寿(Jリーグ)に決定。
12月	〔一般〕流行語大賞決定	第16回(1999年)新語・流行語大賞が決定。スポーツ界では、大賞部門に"リベンジ"が選ばれた。受賞者は松坂大輔(西武ライオンズ)。大賞部門は"雑草魂"、受賞者は上原浩治(読売ジャイアンツ)。

122対0、高校野球青森大会で

　第80回全国高校野球選手権大会の青森大会の二回戦で東奥義塾と深浦高が対戦、東奥は初回に39点をあげたあとも毎回2ケタ得点、7回終了122-0でコールド勝ち。東奥は青森県代表として全国大会のベスト8に進出したこともある強豪、対する深浦は野球部員10人、うち6人は5月に卓球部や柔道部から集められた急造チームだった。試合時間は3時間47分、交替要員もいない深浦はおそらく3時間以上守備についていたろう。深浦側が試合をつづけることをやめれば"放棄試合"として処理されたはず。すでに0-93の5回終了時に深浦の監督は試合続行をやめようと提案したが選手はつづけようと答えた。健康管理面、一方的な展開の中でのプレイヤーの心理など、配慮されるべきことは確かにある。青森県高校野球連盟は翌年1月、7回7点差に加え、5回15点差もコールドとする、5回より前でも健康管理上の配慮で部長が申し出ればコールドにできるように規則を改めた。だがこの試合当日の規則はそうではない。試合を"放棄"せずルールどおり7回まで戦いとげたことは、アマチュア・スポーツとして、とくに学校教育の一環のスポーツとして正しかったろう。最後まで頑張ってくれてよかった、と深浦の監督は目を潤ませて語ったという。プロではなくアマチュアのスポーツの精神としては、最後まで気を抜かずプレイをつづけた東奥もまた誉められてよい。

2000 年
(平成 12 年)

1.1 〔サッカー〕名古屋グランパスが天皇杯優勝　第 79 回天皇杯全日本サッカー選手権で名古屋グランパスがサンフレッチェを 2-0 で下し、4 年ぶり 2 回目の優勝。

1.3 〔駅伝〕駒沢大が初の箱根完全優勝　第 76 回東京 - 箱根間往復大学駅伝競走は、往路 1 位の駒沢大が復路も制し、11 時間 3 分 17 秒で、出場 34 回目で初の完全優勝を達成。

1.7 〔ラグビー〕東海大仰星が初優勝　第 79 回全国高校ラグビー選手権で、東海大仰星 (大阪) が埼工大深谷 (埼玉) を 31-7 で破り、初優勝。

1.8 〔高校サッカー〕市立船橋が 3 年ぶり優勝　第 78 回全国高校サッカー選手権で、市立船橋 (千葉) が鹿児島実業 (鹿児島) を 2-0 で破り、3 年ぶり 3 回目の優勝。

1.9 〔バスケットボール〕シャンソンが 4 年ぶり優勝　バスケットボール全日本総合選手権女子でシャンソン化粧品が 4 年ぶり 10 回目の優勝。

1.15 〔ラグビー〕慶大が 14 年ぶり優勝　第 36 回全国大学ラグビー選手権で、慶大が関東学院大に 22-7 で勝ち、14 年ぶり 3 回目の優勝。創立 100 周年目のメモリアル大学日本一となった。

1.15 〔施設〕川崎球場取り壊し決定　川崎市の高橋市長は、耐震診断によって危険が指摘されていた川崎球場の使用を今年度限りで中止し、取り壊すことを発表。1952 年に解説された川崎球場は大洋、ロッテのフランチャイズ球場として使われ、1988 年 10 月 19 日のロッテ対近鉄ダブルヘッダーなどの名勝負の舞台となる一方、観客動員の少ない球場としても知られた。1991 年限りでロッテが本拠地を千葉に移して以降はアマチュア野球やプロレスの会場として使用された。3 月 26 日、川崎球場最後のプロ野球試合となるオープン戦が行われた。

1.22～23 〔ノルディックスキー〕W 杯札幌大会開催　22～23 日、ノルディックワールドカップ札幌大会が開催され、ジャンプ個人ラージヒル第 14 戦、第 15 戦ともにマルティン・シュミット (ドイツ) が優勝。第 15 戦では斎藤浩哉 (雪印) が 3 位に入った。25～26 日にはワールドカップ白馬大会 (長野) が開かれ、団体ラージヒル第 1 戦でフィンランドが優勝。日本 (斎藤浩哉、船木和喜、葛西紀明、原田雅彦) は 4 位。個人第 16 戦ラージヒルはヤニ・ソイニネン (フィンランド) が優勝。

1.23 〔相撲〕武双山が優勝　大相撲初場所は、関脇・武双山が 13 勝 2 敗で初優勝。殊勲賞は関脇・武双山 (5 回目) と小結・雅山 (初)。敢闘賞は前頭 12 枚目・隆乃若 (初) と前頭 13 枚目・旭天鵬 (初)。技能賞は関脇・武双山 (3 回目)。

1.25　〔オリンピック〕大阪市が五輪に立候補　大阪市が2008年夏季オリンピック開催都市に立候補。

1.29　〔フリースタイル〕デュアルモーグル初の優勝　長野・斑尾高原で開催されたフリースタイルスキーのワールドカップで、附田雄剛(リステル)がデュアルモーグルで日本人として初の優勝を果たした。

1.30　〔マラソン〕弘山晴美が2位　大阪国際女子マラソンで弘山晴美(資生堂)が2位。優勝はシモン(ルーマニア)。

1.30　〔ラグビー〕神戸製鋼が8回目の優勝　第52回全国社会人大会で、神戸製鋼がワールドに35-26で勝ち、5年ぶり8回目の優勝。

2.1　〔オリンピック〕サマランチ会長を事情聴取　国際オリンピック委員会広報官が、2002年ソルトレークシティー冬季オリンピック大会の招致スキャンダルに関連し、サマランチ同会長が1月31日にニューヨークでアメリカ司法当局から初の事情聴取を受けたことを明らかにする。

2.6　〔マラソン〕榎木が別府大分優勝　別府大分毎日マラソンで榎木和貴(旭化成)が2時間10分44秒で優勝。2位はカンディエ(ケニア)、3位は渋谷明憲(鐘紡)。

2.12　〔プロ野球〕栄光の「3」復活　プロ野球・巨人のキャンプ地・宮崎県総合運動公園で、今シーズンから背番号「3」を使う長嶋茂雄監督がユニホームを初披露。巨人の栄光の背番号「3」の復活は26年ぶり。

2.26～27　〔ノルディックスキー〕全日本選手権開催　第78回全日本スキー選手権大会(札幌)で、ジャンプラージヒルは、優勝・吉岡和也(デサント)、2位・原田雅彦(雪印)、3位・東輝(日本空調サービス)。ノーマルヒルは、優勝・原田雅彦、2位・東輝、3位・西森享平(白馬スキークラブ)。

2.27　〔ラグビー〕神戸製鋼が日本一　第37回日本選手権で、神戸製鋼がトヨタ自動車を49-20で下し、5年ぶり8回目の優勝。

3.3～5　〔スピードスケート〕世界距離別選手権開催　スピードスケートの世界距離別選手権が開催され(長野)、男子500mで清水宏保(NEC)が優勝した。

3.4　〔サッカー〕ジュビロ磐田が初優勝　ゼロックス・スーパーカップ(東京・国立競技場)で、ジュビロ磐田が名古屋グランパスに1-1(PK3-2)で勝ち、初優勝した。

3.5　〔マラソン〕川島がびわ湖毎日2位　第55回びわ湖毎日マラソンで川島伸次(旭化成)が2位。3位は武井隆次(エスビー食品)。優勝はマルティン・フィス(スペイン)。

3.12　〔マラソン〕高橋がシドニー出場権獲得　名古屋国際女子マラソンで高橋尚子が優勝。シドニー・オリンピックの代表切符を獲得。

3.16　〔相撲〕横綱若乃花が引退　大相撲春場所5日目、横綱若乃花が栃東に敗れ、2勝3敗と黒星が先行。記者会見で「体力を補う気力が限界に達した」と引退を表明。史上初の兄弟横綱時代は11場所でが終わった。千秋楽(26日)、東前頭14枚目の貴闘力が13勝2敗で初優勝。幕尻(幕内番付最下位力士)

優勝は史上初めてで、32歳6ヶ月での初優勝も最年長記録。殊勲賞は前頭14枚目・貴闘力 (3回目)。敢闘賞は関脇・雅山 (2回目) と前頭14枚目・貴闘力 (10回目)。技能賞は関脇・武双山 (4回目)。29日、日本相撲協会が12勝3敗の関脇無双山の大関昇進を決定。

4.1 〔アイスホッケー〕西武鉄道が3年ぶり優勝　第34回日本アイスホッケーリーグで、西武鉄道が3年ぶり10回目の優勝。

4.3 〔大リーグ〕野茂が開幕先発勝利　米大リーグの野茂英雄 (デトロイト・タイガース) がカリフォルニア州で行われた対アスレチックス戦に登板。日本人選手初の開幕先発をつとめ、奪三振8の力投で勝利投手となる。

4.4 〔高校野球〕東海大相模が悲願の初優勝　第72回選抜高校野球大会は、決勝で東海大相模 (神奈川) が智弁和歌山 (和歌山) を4-2で破り、3度目の決勝進出で悲願の初優勝。

4.4～5.25 〔大学野球〕亜大が3季ぶり優勝　東都大学野球春季リーグ戦は、亜大が3季ぶり13回目の優勝。

4.8～5.28 〔大学野球〕法大が3季ぶり優勝　東京六大学野球春季リーグ戦は、法大が3季ぶり39回目の優勝。

4.9 〔柔道〕田村が48kg級優勝　第23回全日本女子柔道選抜体重別選手権48kg級で田村亮子 (トヨタ自動車) が優勝。

4.23 〔水泳〕中村が世界新記録を更新　競泳の日本選手権最終日、女子50m背泳ぎで中村真衣が28秒67をマーク、28年ぶりに世界新記録を更新。日本人選手の水泳での世界記録更新はミュンヘンオリンピック以来28年ぶり。

4.30 〔ゴルフ〕田中が初優勝　第41回中日クラウンズゴルフで田中秀道が初優勝。

5.2～5 〔シンクロナイズドスイミング〕日本選手権開催　シンクロナイズドスイミングの第76回日本選手権兼ジャパンオープンが東京・辰巳国際水泳場で開催され、ソロでは立花美哉 (井村シンクロクラブ) が優勝。デュエットでは立花美哉・武田美保 (井村シンクロクラブ) 組が、チームでは日本が優勝した。

5.6 〔競馬〕日本人所有馬が初優勝　競馬の第126回ケンタッキー・ダービーでフサイチペガサスが日本人所有馬として初優勝。

5.7 〔バレーボール〕全日本選手権開催　第49回全日本バレーボール選手権大会で、男子はサントリーが松下電器に3-1で勝ち、5年ぶり5回目の優勝。女子はユニチカがイトーヨーカドーを3-0で下し5年ぶり18回目の優勝。

5.13 〔陸上〕室伏広治が日本新記録　国際グランプリ大阪大会で、男子ハンマー投げの室伏広治 (ミズノ) は日本人として初めて80mを超える80m23の日本新記録で優勝した。

5.13 〔Jリーグ〕カズが100ゴール　Jリーグ・京都パープルサンガの三浦知良がヴィッセル戦でゴールを決め、Jリーグ176試合目で史上初の100ゴールを達成した。

5.21 〔相撲〕小結魁皇が初優勝　大相撲夏場所は、小結・魁皇が14勝1敗で初優

勝。新入幕から43場所を経ての優勝は歴代5位のスロー記録。殊勲賞は小結・魁皇 (9回目)。敢闘賞は関脇・雅山 (3回目)、小結・魁皇 (5回目)、前頭12枚目・栃乃花 (初) の3人。技能賞は前頭12枚目・栃乃花 (初)。24日、日本相撲協会が11勝4敗の関脇雅山の大関昇進を決定。初土俵から12場所のスピード出世。

5.27 〔Jリーグ〕横浜F・マリノスがファースト・ステージ優勝　横浜F・マリノスが、Jリーグ1部 (J1) ファースト・ステージでの優勝を決める。

5.28 〔競馬〕河内がダービー初制覇　第67回日本ダービー (東京優駿) が東京競馬場 (芝2400m) で行われ、アグネスフライト (河内洋騎手) が2分26秒2で1着となった。

5.31 〔ラグビー〕吉田がコロミエに入団　ラグビー元日本代表の吉田義人がフランス1部リーグのコロミエに入団。

6.6   〔相撲〕大鵬が還暦土俵入り　元横綱の大鵬親方の還暦を記念して、東京・国技館で還暦土俵入りが行われた。大鵬親方は現役時代に使った化粧まわしに赤い綱を占めて雲竜型の土俵入りを披露。露払いは元横綱千代の富士の九重親方、太刀持ちは北の湖親方が務め、昭和後期の大相撲を代表する名横綱3人が揃う豪華な顔ぶれとなった。

6.11 〔ボクシング〕畑山が2階級制覇　WBA世界ライト級タイトルマッチ (東京・有明コロシアム) は、畑山隆則 (横浜光) がヒルベルト・セラノ (ベネズエラ) に8回KO勝ちで王座に就いた。畑山は1999年7月に引退したが、2000年に現役復帰。この試合が復帰第1戦で、WBA世界スーパーフェザー級に続き、2階級制覇となった。

6.18 〔大学野球〕亜大が10年ぶり優勝　第49回全日本大学野球選手権決勝 (東京・神宮球場) は、亜大が東北福祉大を5-4で破り、10年ぶり3回目の優勝。

6.20 〔プロ野球〕両リーグ140試合で統一　プロ野球のセ・パ両リーグは、来季から両リーグとも公式戦140試合とすることで合意。両リーグで140試合となるのは36年ぶり。

6.30 〔F1〕トヨタがF1参戦　トヨタ自動車が2002年からのF1参戦を発表。

7.5   〔バレーボール〕ユニチカ・日立が廃部　ユニチカが女子バレーボール部を廃部を決定。ユニチカの前進は日紡貝塚で、東京オリンピックで優勝した"東洋の魔女"日本代表を生んだ栄光のチームだった。11月27日、日立も女子バレーボール部を廃部。

7.6   〔サッカー〕2006年W杯はドイツ　国際サッカー連盟の理事会がスイス・チューリヒで開催され、投票の結果ドイツが2006年ワールドカップの開催国に決定。

7.8   〔サッカー〕東海大が9年ぶり優勝　第24回総理大臣杯全日本大学サッカートーナメント決勝で、東海大が法大に1-0で勝ち、9年ぶり2回目の優勝。

7.22～26 〔プロ野球〕オールスターゲーム開催　プロ野球オールスターゲームが、22日・東京ドーム、23日・神戸グリーンスタジアム、26日・長崎ビッグN

スタジアムで開催された。結果はセ・リーグの3勝0敗だった。

7.23 〔相撲〕曙が19場所ぶり優勝　大相撲名古屋場所は、横綱・曙が13勝2敗で10回目の優勝。19場所ぶりとあって優勝決定後に土俵下で涙ぐむ一幕も。殊勲賞は関脇・魁皇 (10回目)。敢闘賞は前頭11枚目・高見盛 (初) と前頭13枚目・安美錦 (初)。技能賞は関脇・栃東 (5回目)。26日、日本相撲協会が11勝4敗の関脇魁皇の大関昇進を決定。福岡県出身の大関は82年ぶり。

8.2 〔社会人野球〕三菱自動車川崎が初優勝　第71回都市対抗野球決勝戦 (東京ドーム) で、三菱自動車川崎 (川崎市) が大阪ガス (大阪市) を9-3で破り初優勝。

8.3 〔水泳〕千葉の提訴を棄却　オリンピック選考を巡る千葉すずと日本水泳連盟の争いで、千葉の提訴を受けたスポーツ仲裁裁判所 (CAS) は「選考は妥当」と千葉の訴えは棄却。その一方、日本水泳連盟の情報開示不足を指摘して補償金の支払いを命じた。選手側の知る権利を認められた千葉は「今後につながれば…」、古橋広之進水連会長は「透明性の必要を認識」とコメント。

8.18 〔プロ野球〕秋山が2000本安打　秋山幸二 (福岡ダイエーホークス) が北九州市民球場で行われた対ロッテ戦で、5回に三遊間安打を放ち、プロ野球28人目の2000本安打を達成。セレモニーでは愛娘の真凛ちゃんから花束を受け取った。

8.21 〔高校野球〕智弁和歌山が2回目の優勝　第82回全国高校野球選手権大会は、決勝で智弁和歌山が東海大浦安 (千葉) に11-6で逆転勝ち、3年ぶり2回目の優勝。智弁和歌山は史上初の大会100安打、大会通算11本塁打などの新記録を達成した。

8.27 〔ボクシング〕徳山が世界王座　WBC世界スーパーフライ級タイトルマッチ (大阪府立体育館第一競技場) で、徳山昌守 (金沢) がチャンピオンのチョー・インジュ(韓国) に判定勝ちし、王座を獲得した。徳山は在日朝鮮人3世で、在日を公表するボクサーとして初の世界チャンピオン。

9.6～10.26 〔大学野球〕東洋大が11季ぶり優勝　東都大学野球秋季リーグ戦は、東洋大が11季ぶり9回目の優勝。

9.9 〔国民体育大会〕とやま国体開催　第55回国民体育大会 (2000年とやま国体) が富山県で開幕。夏季大会は9月9日～12日。秋季大会は10月14日～19日。

9.9 〔陸上〕室伏広治が日本新記録　スーパー陸上 (神奈川・横浜国際総合競技場) で、男子ハンマー投げの室伏広治 (ミズノ) は81m08の日本新記録で優勝。自らが持つ日本記録を更新した。

9.9～10.31 〔大学野球〕慶大が7季ぶり優勝　東京六大学野球秋季リーグ戦は、慶大が7季ぶり29回目の優勝。

9.10 〔テニス〕杉山・デキュジス組が初優勝　テニスの全米オープン女子ダブルスで杉山愛、ジュリー・アラール・デキュジス (フランス) 組が初優勝。4大大会での日本人の優勝は25年ぶり2度目。

2000年(平成12年)

9.15～10.1 〔オリンピック〕シドニー五輪開催　第27回夏季オリンピックがオーストラリアのシドニーで開催される。個人参加資格の東ティモールを含む200ヶ国・地域が参加して、28競技300種目が行われる。開会式では韓国と北朝鮮がオリンピック史上初めて合同で入場行進。16日、柔道女子48kg級で「最高で金　最低でも金」と宣言して臨んだ田村亮子が悲願の金メダルを獲得、「初恋の人と巡り合えた気持ち」と喜びを語った。ほかに52kg級で楢崎教子が銀メダル、57kg級で日下部基栄が銅メダル、78kg超級で山下まゆみが銅メダル。柔道男子60kg級では野村忠宏が2連覇。ほかに81kg級で滝本誠が金メダル、100kg級で井上康生が金メダル、100kg超級で篠原信一が銀メダル。今大会で正式種目となったテコンドーでは、女子67kg級で岡本依子が銅メダルを獲得。レスリングでは69kg級で永田克彦が銀メダル。水泳では日本の女子が健闘、100m背泳ぎで中村真衣が銀メダル、200m背泳ぎで中尾美樹が銅メダル、400m個人メドレーで田島寧子が銀メダル、田島は「めっちゃ悔しいです、金がいいです」と悔しさを明るく表現し一躍有名になった。400mメドレーリレーで日本が銅メダル。シンクロナイズドスイミングは、チームで日本がこれまで定位置となっていた銅メダルから前進し銀メダル、デュエットで立花美哉・武田美保が銀メダル。ソフトボールで宇津木妙子監督率いる日本は主将の宇津木麗華が3連続本塁打を放つなど活躍、2位の大健闘をみせた。20日、男子サッカーで日本が32年ぶりのベスト8進出(23日、準々決勝でアメリカに敗退)。24日、女子マラソンで高橋尚子が2時間23分14秒のオリンピック最高記録で陸上日本女子史上初の金メダルを獲得。高橋はゴール後も余裕の表情で「すごく楽しい42kmでした」とコメント。日本のメダル獲得数は金5、銀8、銅5。

9.17 〔相撲〕武蔵丸が5場所ぶり優勝　大相撲秋場所は、横綱・武蔵丸が14勝1敗で8回目の優勝。殊勲賞は該当なし。敢闘賞は前頭10枚目・若の里(2回目)。技能賞は前頭2枚目・追風海(初)と前頭7枚目・栃乃花(2回目)。

9.24 〔プロ野球〕巨人がリーグ優勝　プロ野球セ・リーグは巨人(長嶋茂雄監督)が2位中日との直接対決で逆転勝ち、4年ぶり29回目の優勝。最終順位は2位中日、3位横浜、4位ヤクルト、5位広島、6位阪神。

10.1 〔大リーグ〕佐々木が新人セーブ新記録　米大リーグの佐々木主浩(マリナーズ)が今季最終戦で37セーブ目を挙げ、大リーグの新人セーブ記録を14年ぶりに更新した。記録達成と同時にチームはプレーオフ進出も決めた。

10.7 〔プロ野球〕ダイエーがリーグ優勝　プロ野球パ・リーグはダイエー(王貞治監督)が地元福岡ドーム最終戦でオリックスを破り、2年連続2回目の優勝。最終順位は2位西武、3位日本ハム、4位オリックス、5位ロッテ、6位近鉄。

10.8 〔F1〕F1日本グランプリでシューマッハーが優勝　自動車レースのF1世界選手権日本グランプリでミヒャエル・シューマッハー(ドイツ)が5年ぶり3度目の総合優勝を決める。

10.9 〔ボクシング〕戸高が王座失う　WBA世界スーパーフライ級タイトルマッチ(愛知県体育館)で王者・戸高秀樹(緑)がレオ・ガメス(ベネズエラ)の挑

戦を受け、7回KO負け。王座を明け渡した。

10.18～29 〔パラリンピック〕パラリンピック・シドニー大会開催　第11回パラリンピック・シドニー大会が開催される。18競技に史上最多の121ヶ国・地域から3823選手が参加。20日、競泳女子150m個人メドレーで成田真由美が世界新記録で金メダル。成田はこの大会で計6個の金メダルを獲得。22日、陸上女子100m(車椅子)で荒井のり子がアトランタに続き連覇を達成。日本のメダル獲得数は金13、銀17、銅11。

10.21～28 〔プロ野球〕ONシリーズ制し巨人が日本一　王貞治・長嶋茂雄の両雄が監督として初対決したプロ野球・第51回日本シリーズは、第6戦が東京ドームで行われ、セ・リーグ優勝の巨人(長嶋茂雄監督)が9-3でダイエーに快勝。対戦成績を4勝2敗とし、6年ぶり19回目の日本一に輝いた。シリーズMVPは松井秀喜。

10.22 〔社会人野球〕松下電器が初優勝　第27回社会人野球日本選手権決勝戦(大阪ドーム)で、松下電器(近畿)が東芝(関東)を8-3で下し初優勝した。

10.27 〔マラソン〕高橋に国民栄誉賞授与　マラソンの高橋尚子選手に国民栄誉賞授賞が決定。受賞が重圧になることを危惧する声もあったが、高橋は「この賞をバネに上を目指していきたい」と前向きに語った。30日表彰。

10.29 〔サッカー〕日本がアジアカップ優勝　サッカーの第12回アジアカップ決勝がベイルートで行われ、日本がサウジアラビアを1-0で破り2大会ぶり2回目の優勝。

10.30 〔プロ野球〕松井・松中がMVP　プロ野球の個人賞が発表される。セ・リーグMVPは松井秀喜(巨人)。首位打者は2年目の金城龍彦(横浜)。金城はセ・リーグの新人王も獲得した。パ・リーグMVPは松中信彦(ダイエー)。首位打者は7年連続でイチロー(オリックス)。7回は張本勲と並ぶ最多記録。パの最優秀防御率に輝いた戎信行(オリックス)はこの年、プロ生活10年目で初勝利を挙げ、8勝。初めて手にしたタイトルだった。

11.3 〔駅伝〕東京が22回目の優勝　第43回東日本縦断駅伝競走大会最終日、東京が前日まで1位の埼玉を逆転、43時間15分47秒で2年ぶり22度目の総合優勝。

11.3 〔プロ野球〕日米野球で佐々木凱旋　日米野球が3日開幕。大リーグ選抜は東京ドームなどで8試合を行い、全日本に対し5勝2敗1分。佐々木主浩投手が大リーグの守護神として第1戦と最終戦にリリーフ登板、日本打線を抑えた。

11.4 〔Jリーグ〕鹿島アントラーズがナビスコカップ優勝　Jリーグ・ヤマザキナビスコカップ決勝(東京・国立競技場)で、鹿島アントラーズが川崎フロンターレを2-0で破り、3年ぶり2回目の優勝。MVPは鹿島のMF中田浩二。

11.5 〔駅伝〕順大が初優勝　第32回全日本大学駅伝対校選手権大会が熱田神宮西門前-伊勢神内宮宇治橋前で開催され、順大が初優勝。

11.6 〔大リーグ〕佐々木がア・リーグ新人王　米大リーグの佐々木主浩投手(マ

リナーズ) がア・リーグ新人王を受賞。

11.6 〔柔道〕田村に総理大臣顕彰　柔道の田村亮子選手に総理大臣顕彰。

11.19 〔マラソン〕土佐礼子が東京国際2位　東京国際女子マラソンで土佐礼子(三井海上)が2位。優勝はチェプチュンバ(ケニア)。

11.19 〔大リーグ〕イチローがマリナーズ入団　プロ野球パ・リーグのイチロー外野手(オリックス)が米大リーグのマリナーズに入団することが発表された。9日、日本人選手初の入札制度(ポスティングシステム)で入札移籍金14億円を提示したマリナーズが独占交渉権を獲得、3年契約が決まりこの日の正式発表となった。日本人野手として初の大リーガーとなる。

11.19 〔サッカー〕中京大が優勝　サッカーの全日本大学選手権で中京大が初優勝。

11.19 〔相撲〕曙が2場所ぶり優勝　大相撲九州場所は、横綱・曙が14勝1敗で11回目の優勝。殊勲賞は小結・若の里(初)と前頭9枚目・琴光喜(初)。敢闘賞は前頭9枚目・琴光喜(初)。技能賞は前頭9枚目・琴光喜(初)。琴光喜が3賞を独占。

11.22 〔大学野球〕慶大が8年ぶり優勝　第31回明治神宮野球大会決勝(東京・神宮球場)は、慶大が延長10回1-0で東海大を制し、8年ぶり3回目の優勝を決めた。

11.25 〔新体操〕松永が全日本4達覇　新体操の全日本選手権女子個人総合で松永理絵子が4達覇。

11.26 〔Jリーグ〕鹿島アントラーズがセカンド・ステージ優勝　鹿島アントラーズが、Jリーグ1部(J1)セカンド・ステージでの優勝を決める。

11.28 〔サッカー〕トヨタカップ開催　サッカーのクラブ世界一決定戦、トヨタカップが東京・国立競技場で開催され、ボカ・ジュニアーズ(アルゼンチン)が2-1でレアル・マドリード(スペイン)を破り、優勝した。

12.1～3 〔ショートトラック〕W杯野辺山大会開催　ショートトラックW杯野辺山大会(長野)が開催され、男子では寺尾悟(トヨタ自動車)が500mで2位、3000mで3位に入った。女子は田中千景(長野県教員クラブ)が3000mで3位に入った。

12.3 〔マラソン〕藤田が日本最高記録で初優勝　第54回福岡国際マラソンで藤田敦史(富士通)が2時間6分51秒の日本最高記録で初優勝。

12.3 〔格闘技〕小笠原がムエタイ王者　ムエタイのラジャダムナンスタジアム・ジュニアミドル級王座決定戦が開催され、小笠原仁がタイのデンスッキー・ハマーチャイウィラーに1R1分14秒KO勝ちし、1978年の藤原に次ぐ日本人2人目のムエタイ王者となった。

12.5 〔Jリーグ〕ヴェルディ新監督に松木　Jリーグのヴェルディ川崎新監督に松木安太郎。

12.6 〔ボクシング〕星野が最高齢記録で初王座　WBA世界ミニマム級タイトルマッチ(神奈川・パシフィコ横浜)で、星野敬太郎(MI花形)が王者・ガンボ

ア小泉 (フィリピン) を判定で破り、チャンピオンとなった。星野は 31 歳、世界初奪取の最高齢記録を更新した。

12.8～10 〔フィギュアスケート〕全日本選手権開催　フィギュアスケートの第 69 回全日本選手権大会が開催された (長野・ビッグハット)。男子シングルは優勝・本田武史 (法大)、2 位・田村岳斗 (日大)、3 位・竹内洋輔 (法大)。女子シングルは優勝・村主章枝 (早大)、2 位・荒川静香 (早大)、3 位・恩田美栄 (東海学園高)。

12.9 〔J リーグ〕鹿島アントラーズが年間王者　J リーグ・チャンピオンシップでセカンド・ステージ優勝の鹿島アントラーズが 2 年ぶり 3 度目の年間王者に。天皇杯、ナビスコカップと合わせ、J リーグ発足以来初の 3 冠を達成。

12.10 〔大リーグ〕新庄がメッツ入団　プロ野球セ・リーグの新庄剛志外野手 (阪神) はフリーエージェントにより、米大リーグ、ニューヨーク・メッツ入団が決定。16 日、来日中のメッツのボビー・バレンタイン監督とともに会見を行った。

12.10 〔柔道〕田村が福岡国際 11 連覇　福岡国際女子柔道選手権 48kg 級で田村亮子が 11 連覇。

12.11 〔J リーグ〕中村が年間最優秀選手　J リーグの年間最優秀選手に中村俊輔 (横浜 F マリノス) が選ばれる。

12.16 〔卓球〕小山が 8 回目の優勝　全日本卓球選手権女子単で小山ちれが 2 年連続 8 回目の優勝。

12.16 〔スピードスケート〕三宮・清水らが優勝　スピードスケート・ワールドカップが開幕。女子 1000m で三宮恵利子が 1 分 16 秒 81 の国内最高記録で優勝。男子 500m では清水宏保が 35 秒 10 の国内最高記録をマークし優勝。

12.17 〔プロ野球〕川崎が中日に FA 入団　FA 宣言したプロ野球セ・リーグの川崎憲次郎投手 (ヤクルト) が中日に入団。

12.17 〔アメリカンフットボール〕法大が甲子園ボウル優勝　アメリカンフットボール第 55 回甲子園ボウルで法大が 3 年ぶりの優勝。

12.24 〔駅伝〕全国高校駅伝開催　全国高校駅伝が京都で開催され、男子は大牟田 (福岡) が 9 年ぶり 5 回目の優勝、女子は立命館宇治 (京都) が初優勝。

12.24 〔競馬〕史上初の GI 年間完全制覇　第 45 回有馬記念レースが中山競馬場 (芝 2500m) で行われ、テイエムオペラオー (和田竜二騎手) が 2 分 34 秒 1 で 1 着となった。テイエムオペラオーはこの年、春の天皇賞、宝塚記念、秋の天皇賞、ジャパンカップ、有馬記念と、日本競馬史上初めて古馬牡馬中長距離 GI 年間完全制覇を達成。京都記念、阪神大賞典、京都大賞典を加えると重賞 8 連勝で、テンポイント、シンボリルドルフ以来 3 頭目となる満票で JRA 賞年度代表馬および最優秀 4 歳以上牡馬に選ばれた。

12 月 〔一般〕日本プロスポーツ大賞決定　2000 年 (平成 12 年) の日本プロスポーツ大賞 (日本プロスポーツ協会主催) は、大賞が松井秀喜 (プロ野球)、殊勲賞が佐々木主浩 (プロ野球)、中村俊輔 (J リーグ)、畑山隆則 (プロボクシ

グ) に決定。

12月 〔一般〕流行語大賞決定　第17回 (2000年) 新語・流行語大賞が決定。スポーツ界では、特別賞部門に"最高で金 最低でも金"が選ばれた。受賞者は田村亮子 (柔道・金メダリスト)。トップテン入賞部門は"Qちゃん"、受賞者は高橋尚子 (マラソン・金メダリスト)・小出義雄 (積水化学・女子マラソン部監督)。トップテン入賞部門は"めっちゃ悔し〜い"、受賞者は田島寧子 (水泳・銀メダリスト)。

女子マラソン、2時間20分のカベ、日本勢の活躍

　女子マラソンは、クリスチャンセン (ノルウェー) が1985年に記録した2時間21秒6が長らく世界記録であった。1998年4月、ロルーペ (ケニア) がロッテルダム・マラソンで2時間20分47秒で走り、クリスチャンセンの記録を13年ぶりに更新し、女子マラソンは2時間20分台に乗った。同じ年の3月、マラソン2度目の高橋尚子は名古屋マラソンで2時間25分48秒でそれまでの朝比奈 (高橋) 三代子の日本記録を4年ぶりに4秒短縮した。その12月、第13回アジア大会 (バンコク) の初日の女子マラソンで、高橋はスタート直後からいきなりスパート、そのまま独走して2時間21分47秒 (この時点で世界歴代5位)、2位3位に13分あまりの大差で圧勝。当日の気温は30度Cを超え湿度90%以上という気象条件からすると驚異的な快速で並外れた強さをみせつけた。高橋は2000年のシドニー五輪で、シモン (ルーマニア)、チェゴチュンバ (ケニア) を振りきって2時間23分14秒で優勝。これは同じオーストラリアでおこなわれた1956年のメルボルン大会の男子マラソンの優勝タイム (フランスのミムン、2時間25分00) より早い。高橋はシドニー五輪の1年後、ベルリン・マラソンで2時間19分46秒と女子マラソンで世界で初めて2時間20分を切る世界最高記録をうちたてた。1週間後のシカゴ・マラソンでヌデレバ (ケニア) が2時間18分47秒で走り、高橋の記録はたちまち破られてしまったが、2時間20分のカベを世界で最初に突破したという栄誉は消えない。2003年にラドクリフ (英) が2時間15分25秒とさらに記録を縮めた。2004年のアテネ五輪ではそのラドクリフを抑えて野口みずきが優勝、五輪女子マラソンを日本が連覇した。同じ2004年、渋井陽子が2時間19秒41 (ベルリン)、翌2005年、野口が2時間19分12秒 (ベルリン) で走り、高橋の日本最高記録を塗り替えた。日本の女子マラソンは、1992年のバルセロナ、1996年のアトランタと五輪2大会つづけて有森裕子が2位、3位、1997年の世界陸上 (アテネ) で鈴木博美が優勝、1998年のアジア大会では優勝した高橋につづき甲斐智子が競技場内で抜かれて3位、2001年世界陸上 (カナダ・エドモントン) では土佐礼子が2位、さらに渋井が4位、松尾和美が9位で国別対抗で日本が優勝、とこれまでも好成績を残してきた。高橋が2時間20分のカベを打ち破ると、女子マラソンの第一線はたちまち2時間20分を切る争いになった。これからも日本女子はケニアを筆頭とするアフリカ勢や欧州勢と競い合っていくだろう。

2001 年
(平成 13 年)

1.1 〔駅伝〕コニカが初優勝　第 45 回全日本実業団対抗駅伝 (群馬県庁発着・7 区間 100km) でコニカが 4 時間 49 分 44 秒で初優勝。2 連覇を狙った富士通は 2 位に終わった。

1.1 〔サッカー〕アントラーズが優勝　第 80 回天皇杯全日本サッカー選手権決勝 (東京・国立競技場) で鹿島アントラーズが清水エスパルスに 3-2 で V ゴール勝ちして 3 年ぶり 2 回目の優勝。鹿島はナビスコ杯・J リーグと合わせ、今季 3 冠を独占。

1.1 〔ノルディックスキー〕葛西が優勝　ワールドカップジャンプ個人第 5 戦 (独・ガルミッシュパルテンキルヘン) ラージヒルで葛西紀明 (マイカル) が今季初優勝。日本人選手の優勝は 1999 年 3 月の葛西自身以来。

1.3 〔駅伝〕順天堂大が箱根優勝　第 77 回東京 - 箱根間往復大学駅伝競走は、往路 2 位の順天堂大が往路優勝の中大や連覇を狙った駒沢大を抑え、通算 11 時間 14 分 5 秒で 2 年ぶり 10 度目の総合優勝。

1.3 〔アメリカンフットボール〕アサヒ飲料が日本一　第 54 回ライスボウル (日本選手権としては 18 回目・東京ドーム) で社会人 X リーグの覇者アサヒ飲料が学生日本一の法政大学に 52-13 で圧勝。初出場で日本一になった。

1.7 〔ラグビー〕伏見工が 3 度目優勝　第 80 回全国高校ラグビー決勝 (大阪・花園ラグビー場) で、伏見工 (京都) が佐賀工を 21-3 で下し、8 年ぶり 3 回目の優勝。

1.7 〔バスケットボール〕全日本総合選手権開催　全日本総合選手権 (男子は第 76 回、女子は第 67 回。東京・代々木第 2 体育館) 女子決勝でジャパンエナジーが連覇を狙ったシャンソン化粧品を 68-64 で破り、2 年ぶり 10 回目の優勝。翌 8 日男子はいすゞ自動車が連覇を狙った東芝を 79-61 で破り、2 年ぶり 6 回目の優勝。

1.8 〔高校サッカー〕国見が 4 回目の優勝　第 79 回全国高校サッカー選手権決勝 (東京・国立競技場) で国見 (長崎) が草津東 (滋賀) に 3-0 で快勝、8 年ぶり 4 回目の優勝を果たした。

1.13 〔野球〕根本ら 4 名が殿堂入り　根本陸夫氏 (元監督)、小山正明氏 (元投手)、武田孟氏 (学生野球)、長谷川良平氏 (元投手) が野球殿堂入り。

1.13 〔ラグビー〕関東学院大が大学日本一　第 37 回全国大学ラグビー決勝 (東京・国立競技場) で、関東学院大が法大を 42-15 で破り、2 年ぶり 3 度目の大学日本一になった。

1.14 〔アイスホッケー〕西武鉄道が優勝　第 68 回全日本選手権決勝 (札幌市月寒体育館) で、西武鉄道がコクドをで 6-4 で破り、1979 年以来 21 大会ぶり 7

回目の優勝を果たした。

1.19 〔ノルディックスキー〕**日本が4回目の優勝**　ワールドカップジャンプ団体第2戦(米・ソルトレークシティ)ラージヒルで、日本(船木・吉岡・原田・葛西)が優勝。日本の勝利は2シーズンぶり4度目。

1.21 〔ラグビー〕**神戸製鋼が2年連続優勝**　第53回全国社会人大会決勝(東京・秩父宮)で、神戸製鋼がトヨタ自動車を29-26で振り切り、2年連続9回目の優勝。9回の優勝は、12回の八幡製鉄に次ぎ、新日鉄釜石に並ぶ歴代2位タイ。

1.21 〔スピードスケート〕**世界スプリント開催**　世界スプリント選手権(ドイツ・インツェル)で、男子は清水宏保(NEC)が、女子は三宮恵利子(富士急)がともに総合2位。

1.21 〔相撲〕**貴乃花が21回目の優勝**　大相撲初場所は、横綱・貴乃花が横綱・武蔵丸との優勝決定戦を制し、14勝1敗で21回目の優勝。殊勲賞は関脇・若の里(2回目)。敢闘賞は前頭3枚目・和歌乃山(初)。技能賞は小結・栃乃洋(初)。

1.21 〔自動車〕**パリ・ダカールで増岡2位**　第23回パリ・ダカールラリー四輪部門で、増岡浩(三菱パジェロ・エボリューション)はトップに2分39秒差の2位に終わった。優勝はドイツの女性ドライバー・ユタ・クラインシュミット。

1.21 〔格闘技〕**武田がムエタイ王者**　ムエタイのラジャダムナンスタジアム・ウェルター級王座決定戦が開催され、武田幸三がタイのチャンピオンのチャラームダム・シットラットラガーンに2R2分12秒KOで勝ち、日本人3人目のムエタイ王者となった。

1.22 〔相撲〕**曙が引退**　横綱曙が引退発表。前年九州場所で11回目の優勝を果たし、年間最多勝となったが、両ひざの故障でこの初場所は休場していた。初土俵以来、若乃花・貴乃花兄弟とライバル関係にあり、特に貴乃花との2強時代は「曙貴時代」と称されたが、横綱として史上最長身・最重量が仇となり、結局怪我には勝てなかった。

1.28 〔マラソン〕**渋井が初マラソンで優勝**　大阪国際女子マラソン(大阪・長居陸上競技場発着)で初マラソンの渋井陽子(三井海上)が日本歴代4位・世界歴代12位となる2時間23分11秒で優勝。初マラソンとしては最高記録。

2.10 〔フィギュアスケート〕**村主が初優勝**　4大陸選手権(米・ソルトレークシティ)女子シングルで村主章枝(早大)がSP2位から逆転で初優勝。恩田美栄(東海学園高)も3位に入った。

2.16 〔スケルトン〕**W杯で越は6位**　ワールドカップ最終第5戦(米・ソルトレークシティ)で、越和宏(ホクト産業)は6位に終わった。第4戦長野大会で優勝して総合1位に立っていたが、この結果僅差で総合2位に後退して、今季W杯制覇はならなかった。

2.18 〔マラソン〕**高橋が日本最高記録で優勝**　第35回青梅マラソン女子30kmにシドニー五輪金メダリストの高橋尚子(積水化学)が参加し、1時間41分57

秒の日本最高記録で優勝した。

2.18 〔マラソン〕高橋は代表内定ならず　世界選手権代表選考会を兼ねた東京国際マラソン(東京・国立競技場発着)で、高橋健一が初優勝。しかし平凡な記録だったため代表内定には至らなかった。

2.25 〔ラグビー〕初の両者優勝　第38回日本選手権決勝(東京・国立競技場)で、神戸製鋼とサントリーが対戦。27-27の引き分けで、大会史上初めて両者優勝となった。神戸製鋼は2年連続9回目の優勝。サントリーは5年ぶり2回目の優勝。

3.3 〔Jリーグ〕清水エスパルスが初優勝　ゼロックス・スーパーカップ(東京・国立競技場)で天皇杯優勝の清水エスパルスはJ1王者の鹿島アントラーズを3-0で圧倒し初優勝を果たした。

3.4 〔スピードスケート〕清水が総合優勝　ワールドカップ今季最終戦カルガリー大会男子500mで、清水宏保(NEC)が34秒82で前日に続き優勝し、今季7勝目を挙げた。これで清水は4季ぶり3度目のワールドカップ同種目総合優勝を達成した。

3.5 〔バレーボール〕東洋紡が2回目の優勝　Vリーグ女子決勝ラウンド最終日決勝(大阪市中央体育館)で、東洋紡が3-1で久光製薬を下し、2年ぶり2回目の優勝。最高殊勲賞には吉原知子が選ばれた。

3.7 〔バスケットボール〕ジャパンエナジー2冠　女子Wリーグ・ファイナル第4戦(東京・代々木第2体育館)で、ジャパンエナジーが11連覇を狙ったシャンソン化粧品を95-78で下して11年ぶり7回目の優勝。全日本総合選手権と合わせ2冠を達成した。

3.10 〔スピードスケート〕清水が世界新記録　世界距離別選手権(米・ソルトレークシティ)男子500mで、清水宏保が2回目に34秒32の世界新記録を出し、4季連続5回目の優勝。それまでの記録はジェレミー・ウォザースプーン(カナダ)が2000年1月にマークした34秒63。

3.11 〔マラソン〕松尾が初優勝　名古屋国際女子マラソン(名古屋・瑞穂陸上競技場発着)で、松尾和美(天満屋)が2時間26分1秒で初優勝。世界選手権代表の有力候補に躍り出た。

3.11 〔バレーボール〕サントリーが2年連続優勝　Vリーグ男子決勝ラウンド決勝(東京・代々木競技場)で、サントリーが3-1でJTを破り2年連続3回目の優勝。

3.11 〔ボクシング〕セレス小林が世界王座　WBA世界スーパーフライ級タイトルマッチ(横浜アリーナ)で、挑戦者の同級9位セレス小林(国際)がチャンピオンレオ・ガメス(ベネズエラ)を10回TKOで破り、2度目の世界挑戦で王座に就いた。

3.15 〔スピードスケート〕今井が日本新記録　カルガリーフィナーレ大会(カナダ・カルガリー)男子1500mで、今井裕介が1分45秒49の日本新記録を出した。これは従来の世界記録を上回る記録だったが、同走の選手が今井の

記録を上回る記録だったため、今井は世界記録保持者にはなれなかった。

3.18 〔ハンドボール〕**日本リーグ開催** 日本リーグプレーオフ決勝 (東京・駒沢体育館) で、男子はリーグ戦2位のホンダが、25-24で1位湧永製薬に逆転勝ち、女子はリーグ戦1位のイズミが、26-19で2位オムロンに快勝。男女ともに3連覇を達成した。

3.20 〔バスケットボール〕**いすゞ自動車が6回目の優勝** 男子スーパーリーグ・プレーオフファイナル最終戦 (東京体育館) で、いすゞ自動車がトヨタ自動車に72-69で逆転勝ちして2年ぶり6回目の優勝。いすゞは全日本総合選手権に続く2冠を達成。

3.20 〔柔道〕**国士舘が2連覇** 第23回全国高校選手権男子団体決勝 (東京・日本武道館) で国士舘 (東京) が世田谷学園 (東京) に勝ち、2連覇を達成した。

3.22 〔オリンピック〕**JOC会長特例で留任** 日本オリンピック委員会 (JOC) の八木祐四郎会長の留任が決定した。八木会長は役員就任時に70歳未満という内規に抵触するが、「定年制」を変えることはせず、今回限りの特例として続投が決まったもの。

3.25 〔相撲〕**魁皇が2回目の優勝** 大相撲春場所は、2敗で並んでいた大関・魁皇が千秋楽で大関・武双山を破り、結びの一番で横綱貴乃花が敗れたため、魁皇の前年夏場所以来の2回目の優勝が決まった。殊勲賞は関脇・栃乃洋 (初) と小結・栃東 (3回目)。敢闘賞は前頭10枚目・玉乃島 (初)。技能賞は前頭3枚目・琴光喜 (2回目)。

3.26 〔バレーボール〕**全国高校選抜優勝大会開催** 第32回全国高校選抜優勝大会 (春高バレー) 決勝 (東京・代々木競技場) で、男子は深谷 (埼玉) が6年ぶり2回目の優勝。女子は三田尻女 (山口) が初優勝し、前年の高校総体・国体と合わせ3冠を達成した。

3月 〔団体〕**安西会長続投** 日本体育協会は安西孝之会長の続投を決定した。安西会長は4期目。

4.1 〔柔道〕**体重別選手権開催** 第34回全日本選抜体重別選手権 (福岡市民体育館) 100kg級決勝で、シドニー五輪金メダルの井上康生 (綜合警備保障) が兄の井上智和 (警視庁) を破り2連覇。100kg超級では篠原信一 (天理大教) が5連覇を達成した。

4.2 〔大リーグ〕**イチロー先発デビュー** 大リーグ・マリナーズのイチロー外野手が開幕戦で1番ライトで先発デビュー。第4、第5打席でヒットを放ち、5打数2安打と好スタート。前年の新人王佐々木主浩投手も初セーブを記録した。また翌3日にはメッツの新人新庄剛志外野手も開幕戦で代走として途中出場し、初打席では初安打を放った。

4.4 〔大リーグ〕**野茂がノーヒットノーラン** 大リーグ・レッドソックスの野茂英雄投手が対オリオールズ戦に今季初先発し、メジャーで1996年9月以来の自身2度目となるノーヒットノーランを記録した。ア・リーグ、ナ・リーグの両方で達成したのは大リーグ史上4人目の快挙。

4.4　〔高校野球〕常総学院が初優勝　第73回選抜高校野球大会は、決勝で、常総学院(茨城)が仙台育英(宮城)に7-6で競り勝ち初優勝を果たした。この大会では21世紀枠で出場した宜野座(沖縄)がベスト4に進出して話題を呼んだ。

4.5　〔アイスホッケー〕コクドが10回目の優勝　日本リーグ・プレーオフ決勝第3戦(東京・東伏見)で、リーグ1位のコクドがリーグ3位の雪印に4-3で勝って3連勝とし、2季ぶり10回目の優勝を果たした。

4.8　〔柔道〕田村が前人未到11連覇　第24回全日本女子選抜体重別選手権(横浜文化体育館)48kg級でシドニー五輪金メダルの田村亮子(トヨタ自動車)が山口香の10連覇の記録を塗り替え、前人未到の11連覇を達成した。

4.14　〔大学野球〕初の女性投手　東京六大学野球春季リーグが開幕。開幕戦の対慶大戦で東大のリリーフとして竹本恵投手が登板した。竹本は日本人女性として初めてのリーグ戦出場。結果は打者2人に死球・適時打とさんざんで、わずか5球で降板した。

4.15　〔競馬〕アグネスタキオンがさつき賞制覇　第61回皐月賞レースが中山競馬場(芝2000m)で行われ、アグネスタキオン(河内洋騎手)が2分00秒3で1着となった。

4.16　〔ボクシング〕星野が初防衛に失敗　WBA世界ミニマム級タイトルマッチ(パシフィコ横浜)で、王者星野敬太郎(花形)は挑戦者同級1位のチャナ・ポーパオイン(タイ)に1-2の判定で敗れ、初防衛に失敗した。

4.19　〔水泳〕7種目で日本新記録　第77回日本選手権(横浜国際プール)が開幕。競泳では7種目で日本新記録が更新された。

4.22　〔柔道〕薪谷が初優勝　体重無差別の全日本女子選手権(愛知県武道館)決勝で薪谷翠(筑波大)が連覇を狙ったシドニー五輪銅メダリストの山下まゆみ(大阪府警)を破り、初優勝を果たした。

4.26　〔卓球〕世界選手権開催　世界選手権団体女子準々決勝で、日本がルーマニアに3-2で競り勝ち準決勝進出を決め、18年ぶりのメダル獲得が確定した。翌27日は準決勝で優勝した中国に敗れ、結局メダルの色は銅メダルとなった。なお男子は史上最低タイの13位に終わった。

4.28　〔高校野球〕池田・蔦監督が死去　徳島県立池田高校野球部監督として甲子園を沸かせた蔦文也氏が死去した。蔦監督の下からは畠山準・水野雄仁などプロ野球選手が巣立ち、「野球に理屈はいらん。思い切り、のびのび打ったらええんじゃ」と語るなどその徹底した攻撃野球は「やまびこ打線」と称され、自身も「攻めダルマ」と呼ばれるなど、高校野球のスタイルを大きく転換するほどの影響を与えた。

4.29　〔柔道〕井上が初優勝　全日本選手権(東京・日本武道館)決勝で、シドニー五輪100kg級金メダリストの井上康生(綜合警備保障)が、4連覇を目指していた篠原信一(天理大教)に優勢勝ちし初優勝を果たした。最重量級以外の優勝は1974年以来の快挙。

4.29　〔競馬〕天皇賞3連覇　第123回天皇賞(春)レースが京都競馬場(芝3200m)で行われ、テイエムオペラオー(和田竜二騎手)が3分16秒2で1着となった。

5.2　〔卓球〕武田・川越組が銅メダル　世界選手権女子ダブルス準々決勝で、日本の武田明子・川越真由組がクロアチアのペアを3-1で破って準決勝進出を決め、26年ぶりのメダル獲得が決まった。6日の準決勝では中国ペアに敗れ、結局メダルの色は銅メダル。

5.3　〔シンクロナイズドスイミング〕日本選手権開催　シンクロナイズドスイミングの日本選手権(東京・辰巳国際水泳場)のソロで立花美哉(井村シンクロク)が7連覇。デュエットでは立花美哉・武田美保組が4連覇。

5.6　〔バレーボール〕全日本選手権開催　第50回全日本選手権決勝(大阪府立体育会館)で、男子は連覇と3冠を狙ったサントリーをJTが3-1で下し初優勝。女子はNECがVリーグで優勝した東洋紡を3-0で破り4年ぶり2回目の優勝を果たした。

5.18　〔大会〕東アジア大会開催　4年に1度の第3回東アジア大会が大阪市を中心に開催された。9日間の期間中、ホスト国の日本は61個の金メダルを獲得し、85個の中国に次いで2番目だった。

5.25　〔大学野球〕日大が20回目の優勝　東都大学野球春季リーグで日大が17季ぶり20回目の優勝。全対戦相手から勝ち点を挙げる「完全優勝」だった。優勝した日大の林弘典外野手(3年)は首位打者となり、MVP・ベストナインにも選出された。

5.27　〔相撲〕「感動した!」貴乃花優勝　大相撲夏場所は、前日右ひざを負傷した横綱・貴乃花が本割りでは横綱・武蔵丸になすすべなく敗れたが、優勝決定戦では上手投げで勝って仁王立ち、13勝2敗で22回目の優勝を果たした。表彰式には小泉首相が登場。「痛みに耐えてよく頑張った。感動した」とのコメントが話題となった。殊勲賞は小結・朝青龍(初)。敢闘賞は該当なし。技能賞は小結・琴光喜(3回目)。

5.27　〔競馬〕ジャングルポケットが日本ダービー制覇　第68回日本ダービー(東京優駿)が東京競馬場(芝2400m)で行われ、ジャングルポケット(角田晃一騎手)が2分27秒0で1着となった。

5.29　〔大学野球〕法大が40回目の優勝　東京六大学野球春季リーグで法大が立大との直接対決を制して、2季ぶり40回目の優勝。2位早大の鳥谷敬内野手(2年)は戦後11人目の三冠王。

6.10　〔陸上〕日本選手権開催　第85回日本選手権女子走り幅跳びで、花岡麻帆(Office24)・池田久美子(福島大)がともに世界選手権参加標準記録を上回る日本新記録を出した。また男子ハンマー投げでは室伏広治(ミズノ)が7連覇を達成した。

6.10　〔サッカー〕日本は準優勝　コンフェデレーションズカップ決勝(横浜国際総合競技場)で、日本はフランスに0-1で敗れ準優勝。この大会日本はカナダ、カメルーンに勝ち、ブラジルと引き分けて予選リーグを突破。準決勝ではオーストラリアを1-0で下して決勝に進出した。日本のフル代表がFIFA

2001年(平成13年)

主催の国際大会で決勝にまで進出したのは初めての快挙だった。

6.20 〔プロ野球〕小林が11試合連続SP　ロッテの小林雅英投手が、対オリックス戦(神戸)で11試合連続セーブポイントのパ・リーグ新記録を達成。

6.20 〔プロ野球〕長嶋監督1000勝　巨人の長嶋茂雄監督が対中日戦(札幌)で勝ち、1000勝を達成した。監督通算15年目で、日本プロ野球史上10人目の記録。

6.20 〔大学野球〕東海大が25年ぶり優勝　第50回全日本大学野球選手権決勝(神宮)で、東海大(首都)が日大(東都)を2-0の完封で破り、25年ぶり3回目の優勝。東都リーグ代表の3連覇を阻止した。

6.29 〔高校野球〕PL学園出場差し止め　日本高校野球連盟が野球部内で暴力事件を起こした大阪PL学園に対し、夏の甲子園の予選大会への出場差し止めを決定した。PLは春夏合わせて32回甲子園に出場し、春3回・夏4回優勝している強豪校だった。7月6日には6ヵ月間の対外試合禁止処分が下り、翌春の選抜大会出場への道も断たれた。

6.30 〔大学野球〕日米大学野球開催　第30回日米大学野球第4戦(神宮)で、日本が米国を3-1で破り、最終戦を残して2年ぶり12回目の優勝を決めた。日本は国内開催大会に限ると10連覇。

7.1 〔ボクシング〕畑山が防衛失敗　WBA世界ライト級タイトルマッチ(さいたまスーパーアリーナ)で、王者畑山隆則(横浜光)が挑戦者同級1位ジュリアン・ロルシー(フランス)に0-3の判定で敗れ、3度目の防衛に失敗した。

7.2 〔大リーグ〕イチローがファン投票1位　大リーグ・オールスターゲームのファン投票結果が発表され、マリナーズのイチロー外野手が337万票余りを獲得し、両リーグを通じて最多得票で選出された。イチローはこの時点で、打率はリーグ2位、安打数・盗塁数ともリーグ1位に立っており、日本からの票に頼らなくても最多得票だった。

7.4 〔大リーグ〕佐々木がオールスター出場　大リーグ・オールスターゲームの監督推薦選手が発表され、マリナーズの佐々木主浩投手の出場が決まった。佐々木はこの時点で両リーグトップの29セーブを挙げていた。日本人投手としては1995年の野茂英雄(当時ドジャース)以来2人目の出場。

7.4 〔サッカー〕日本が2年連続優勝　キリンカップ最終戦(大分総合競技場)、日本代表はユーゴスラビア代表に1-0で勝ち、1日にも対パラグアイ戦(札幌ドーム)で2-0と快勝していた日本は、この大会2年連続5回目の優勝を果たした。

7.7 〔Jリーグ〕ジュビロ磐田が4度目の制覇　Jリーグ1部(J1)第1ステージはジュビロ磐田が独走し、2試合を残してこの日1999年第1ステージ以来通算4度目のステージ制覇を決めた。

7.8 〔テニス〕杉山組が準優勝　ウィンブルドン選手権女子ダブルス決勝で、杉山愛(ワコール)、キム・クライシュテルス(ベルギー)組は敗れて準優勝。杉山はデキュジス(フランス)と組んだ前年に続き、2年連続の準優勝だった。

| 7.10 | 〔大リーグ〕オールスター開催　大リーグのオールスターゲーム(シアトル・セーフコフィールド)にイチロー外野手(マリナーズ)が1番センターで先発出場。第1打席ではメジャー屈指の好投手ランディ・ジョンソンから内野安打を奪った。また佐々木主浩投手(マリナーズ)もリリーフ登板し、セーブを記録した。

| 7.13 | 〔オリンピック〕2008夏季五輪は北京　国際オリンピック委員会(IOC)総会で、2008年夏季五輪開催地が大差で北京に決定。最終候補5都市のうちに残っていた大阪は、第1回目の投票で6票しか得られずに最下位で落選した。

| 7.14 | 〔陸上〕室伏が日本新記録　男子ハンマー投げの室伏広治(ミズノ)が、中京大での記録会で自身の持つ記録を大幅に更新する83m47の日本新記録を樹立した。これはこの時点でこの年の世界1位に相当する記録だった。

| 7.14 | 〔陸上〕日本学生種目別選手権開催　第12回日本学生種目別選手権(岩手・北上総合公園陸上競技場)女子100mで、二瓶秀子(福島大院)が11秒36の日本新記録で優勝。従来の記録は前年7月に坂上香織(ミキハウス)が出した11秒42。また翌15日には女子400m障害で、吉田真希子(福島大TC)が56秒83の日本新記録を出した。

| 7.15 | 〔ゴルフ〕丸山がツアー初優勝　米国プロゴルフツアーのミルウォーキー・オープンで、日本の丸山茂樹がプレーオフの末、逆転でツアー初優勝を果たした。米国男子ツアーでの日本人選手の優勝は、1983年にハワイアン・オープンで勝った青木功以来18年ぶり2人目。

| 7.20 | 〔シンクロナイズドスイミング〕世界選手権開催　第9回世界選手権(福岡・マリンメッセ福岡)のシンクロナイズドスイミング・デュエット決勝で、立花美哉・武田美保組が初優勝。シンクロでは五輪・世界選手権を通じて初めての金メダルを獲得した。また前日19日のソロ決勝では立花美哉が2大会連続となる銅メダル、21日のチーム決勝では日本はロシアに次ぎ銀メダルを獲得した。

| 7.21 | 〔相撲〕魁皇がカド番で優勝　大相撲名古屋場所は、14日目にカド番大関・魁皇が横綱・武蔵丸を破り、大関・魁皇が13勝2敗で3回目の優勝。カド番大関の優勝は1994年初場所の貴ノ花以来史上4人目。殊勲賞は小結・若の里(3回目)。敢闘賞は前頭7枚目・玉乃島(2回目)。技能賞は関脇・栃東(6回目)と前頭13枚目・時津海(初)。

| 7.22 | 〔水泳〕世界選手権開催　第9回世界選手権(福岡・マリンメッセ福岡)のシンクロナイズド高飛び込みで、宮崎多紀理(ミキハウス)・大槻枝美(早大)組が銅メダルを獲得した。これは五輪・世界選手権を通じて飛び込み競技で日本選手が獲得した初めてのメダル。また24日には男子3m板飛び込みで寺内健(甲子園大)も銅メダルを獲得した。

| 7.26 | 〔水泳〕世界選手権開催　第9回世界選手権(福岡・マリンメッセ福岡)の競泳女子800mリレーで日本は5着でゴールしたが、1着のオーストラリア・2着の米国が失格と判定され、繰り上がりで銅メダルを獲得した。この大会の

競泳種目では、他に男子 50m 自由形で山野井智広 (ヴァージン)、男子 200m 平泳ぎで北島康介 (日体大)、女子 100m バタフライで大西順子 (ミキハウス) が、いずれも銅メダルを獲得した。

7.26～29 〔柔道〕世界選手権開催　世界選手権 (男子は第 22 回・女子は第 12 回、ミュンヘン・五輪ホール) が 4 日間にわたり開かれ、男女各 8 階級のうち、日本は男子は 100kg 級で井上康生 (綜合警備保障)、女子では 48kg 級で田村亮子 (トヨタ自動車)、70kg 級で上野雅恵 (住友海上火災)、78kg 級で阿武教子 (警視庁) が、それぞれ金メダルを獲得した。このうち田村亮子は史上初の 5 連覇。

7.31 〔社会人野球〕河合楽器が初優勝　第 72 回都市対抗野球決勝 (東京ドーム) で、河合楽器 (浜松市) が三菱自動車岡崎 (岡崎市) を 6-3 で破り初優勝。河合楽器は 26 回目の出場で頂点に立った。

8.2 〔大リーグ〕佐々木が通算 300 セーブ　大リーグ・マリナーズの佐々木主浩投手が、対タイガース戦 (デトロイト) で今季 34 セーブ目を挙げ、日米通算 300 セーブを達成した。

8.3～12 〔陸上〕世界選手権開幕　第 8 回世界陸上選手権大会 (カナダ・エドモントン) が開幕。3 日の男子マラソンで日本は団体で 2 位になったが、個人では油谷繁 (中国電力) の 5 位が最高とふるわなかった。5 日男子ハンマー投げ決勝で室伏広治 (ミズノ) は 2 位に入り、史上初めて投擲種目でのメダルを獲得。10 日男子 400m 障害決勝で為末大 (法大) がトラック種目で日本男子史上初の銅メダルを獲得した。さらに最終日 12 日女子マラソンで土佐礼子 (三井海上) が銀メダルを獲得した。

8.7 〔高校総体〕高校総体開催　高校総体で、男子は能代工 (秋田) が福岡大大濠 (福岡) を 109-78 の大差で破り、2 年連続 20 回目の優勝。女子は桜花学園 (愛知) が熊本国府 (熊本) に勝ち 3 年連続 11 回目の優勝。

8.8 〔高校総体〕市立船橋が 4 回目の優勝　高校総体で市立船橋 (千葉) が藤枝東 (静岡) を 3-0 で破り、3 年ぶり 4 回目の優勝。

8.15 〔サッカー〕日本がチャレンジカップ勝利　アジア王者とオセアニア王者が対戦するチャレンジカップ (静岡スタジアム) で日本代表はオーストラリア代表に 3-0 で快勝。初タイトルを獲得した。

8.16～26 〔大会〕第 6 回ワールドゲームズ　アジアで初の開催となる第 6 回ワールドゲームズは、93 ヶ国から 2193 人が参加、秋田県内で 31 の競技が行われた。日本は金 9、銀 6、銅 10 のメダルを獲得。

8.17 〔プロ野球〕山本昌が 1500 奪三振　中日の山本昌広投手が対ヤクルト戦 (ナゴヤドーム) で通算 1500 奪三振を記録。プロ 44 人目で、プロ入り 15 年目での記録だった。

8.22 〔高校野球〕日大三が初優勝　第 83 回全国高校野球選手権大会は、日大三 (西東京) が近江 (滋賀) を 5-2 で破り、初優勝を果たした。日大三の大会通算チーム打率は .427 で、前回大会での智弁和歌山を上回る大会記録の強打だった。

8.25	〔ボクシング〕**新井田がミニマム級王座**　WBA 世界ミニマム級タイトルマッチ (パシフィコ横浜) で、世界初挑戦の新井田豊 (横浜光) が王者チャナ・ポーパオイン (タイ) に 3-0 で判定勝ち。プロ無敗で世界王者となった。
8.27	〔プロ野球〕**小笠原が 7 試合連続得点**　日本ハムの小笠原道大内野手が対ダイエー戦 (東京ドーム) で 17 試合連続得点のプロ新記録を達成。それまでの記録は 1950 年の呉昌征 (毎日) の 16 試合で、51 年ぶりの記録更新だった。
9.5	〔テニス〕**杉山組決勝進出ならず**　全米オープン混合ダブルス準決勝で、杉山愛 (ワコール)、エリス・フェレイラ (南ア) 組は敗れ、杉山はウィンブルドン女子ダブルスに続く決勝進出はならなかった。
9.9	〔オリンピック〕**八木 JOC 会長が急死**　日本オリンピック委員会 (JOC) の八木祐四郎会長が急死。八木会長は 3 月に特例として会長に再選されて、わずか半年での死去だった。
9.11	〔陸上〕**同時多発テロで来日中止**　アメリカで同時多発テロが勃発。航空機を使った事件の余波で選手の移動に支障が出たため、15 日のスーパー陸上に来日予定の米国選手が不出場が決まった。大リーグは 1 週間試合を中止、新庄剛志が入団したニューヨーク・メッツの本拠地は救援物資の備蓄場となった。
9.23	〔相撲〕**琴光喜が平幕優勝**　大相撲秋場所は、前頭 2 枚目・琴光喜が 13 勝 2 敗で初優勝。琴光喜の優勝は初土俵から 16 場所目で、これは輪島の 15 場所に次ぐスピード記録。6 人いる横綱大関のうち 4 人が途中休場。殊勲賞は前頭 2 枚目・琴光喜 (2 回目)。敢闘賞は前頭 1 枚目・朝青龍 (初)。技能賞は前頭 2 枚目・琴光喜 (4 回目) と前頭 4 枚目・海鵬 (初)。
9.24	〔プロ野球〕**ローズが最多タイ 55 号**　近鉄のタフィ・ローズ外野手が、対西武最終戦 (大阪ドーム) の 5 回、松坂大輔投手から 55 号ホームランを放ち、1964 年に王貞治選手が記録した日本プロ野球シーズン最多本塁打記録に 37 年ぶりに並んだ。
9.26	〔プロ野球〕**近鉄 4 回目の優勝**　パ・リーグは、近鉄が、対オリックス戦 (大阪ドーム) で北川博敏の代打逆転サヨナラ満塁ホームランで劇的勝利をおさめ、12 年ぶり 4 度目のリーグ優勝を果たした。梨田昌孝監督は就任 2 年目で、前年最下位のチームがリーグ優勝したのはプロ野球史上 5 度目、同一監督では長嶋監督時代の巨人以来 2 度目。近鉄はこれが最後のリーグ優勝となった。最終順位は 2 位ダイエー、3 位西武、4 位オリックス、5 位ロッテ、6 位日本ハム。
9.28	〔プロ野球〕**長嶋が終身名誉監督**　巨人の長嶋茂雄監督が退任会見し、巨人の終身名誉監督になった。後任には原辰徳ヘッドコーチが昇格。25 日に現役時代からの好敵手・中日の星野仙一監督が記者会見で辞任を発表 (後任は山田久志ヘッドコーチ) したばかりだった。また 30 日には西武の東尾修監督も退任を発表した。
9.29	〔大リーグ〕**イチローが新人最多安打**　大リーグ・マリナーズのイチロー外野手が対アスレチックス戦で、4 回にシーズン 234 本目となるヒットを放ち、

大リーグ新人最多安打記録(1911年、ジョー・ジャクソン)を90年ぶりに更新した。その後イチローはシーズン242安打まで記録を伸ばした。

9.30 〔マラソン〕高橋が世界最高記録　第28回ベルリンマラソンで、シドニー五輪女子マラソン金メダルの高橋尚子(積水化学)が、女子では世界で初めて2時間20分を切る2時間19分46秒の世界最高記録で優勝した。しかしこの記録はわずか1週間後、シカゴ・マラソンでキャサリン・ヌデレバ(ケニア)に塗り替えられた。

10.6 〔プロ野球〕ヤクルトが6回目の優勝　プロ野球セリーグは、ヤクルトスワローズが対横浜戦(横浜スタジアム)で延長の末6-4で勝ち4年ぶり6度目のセ・リーグ優勝を果たした。若松勉監督は就任3年目で初優勝。最終順位は2位巨人、3位横浜、4位広島、5位中日、6位阪神。

10.7 〔大リーグ〕イチローが2冠　米・大リーグのレギュラーシーズンが終了し、日本人選手では新人・イチロー外野手(マリナーズ)が打率.350、56盗塁で首位打者と盗塁王の2冠。また野茂英雄投手(レッドソックス)はシーズン220三振を奪い、6年ぶり2度目の奪三振王になった。

10.12 〔大学野球〕駒大が8連勝で優勝　東都大学野球秋季リーグで、駒大が1引き分けをはさみ開幕8連勝で優勝。駒大の優勝は1997年秋以来8季ぶり26度目。ただしその後亜大に連敗し、完全優勝はならなかった。

10.14 〔社会人野球〕九州勢初優勝　第28回社会人野球選手権決勝(大阪ドーム)で、三菱重工長崎(九州)が東芝(関東)に5-0で完勝。九州勢として初優勝を果たした。

10.14 〔大学野球〕慶応大が30回目の優勝　東京六大学野球秋季リーグで、慶応大が開幕8連勝で2季ぶり30回目の優勝。ただ最終週の早慶戦では早大に勝ち点を奪われ、完全優勝はならなかった。また慶大の喜多外野手は打率.535で、シーズン最高打率をマークした。

10.18 〔体操〕世界選手権への派遣中止　日本体操協会が、10月28日から開催される第35回世界体操選手権(ベルギー・ヘント)へ日本選手団の派遣中止を決定した。同時多発テロ・米軍アフガン侵攻など国際情勢の悪化を受けたもの。

10.19 〔ボクシング〕新井田が無敗で引退　WBA世界ミニマム級チャンピオンの新井田豊(横浜光)が、腰痛のため現役引退を発表。新井田はプロ無敗で世界王座についたが、初防衛戦を行うことなく、タイトル返上・引退することになった。

10.21 〔競馬〕マンハッタンカフェが菊花賞制覇　第62回菊花賞レースが京都競馬場(芝3000m)で行われ、マンハッタンカフェ(蛯名正義騎手)が3分07秒2で1着となった。

10.22 〔大リーグ〕マリナーズ敗退　米・大リーグのプレーオフ・リーグ優勝決定戦で、イチロー、佐々木が所属するマリナーズはヤンキースに大敗。ワールドシリーズ進出はならなかった。

10.24	〔オリンピック〕JOC 新会長に竹田　日本オリンピック委員会 (JOC) の新会長に竹田恒和氏が選任された。前月八木祐四郎会長が急死したのを受けた人事。竹田会長は第4代目のJOC会長。
10.25	〔プロ野球〕ヤクルトが4年ぶり日本一　プロ野球・第52回日本シリーズは、セ・リーグ優勝のヤクルト(若松勉監督)が3勝1敗のあとの第5戦(神宮)で4-2で近鉄を下し、通算4勝1敗。4年ぶり5回目の日本一になった。シリーズMVPにはヤクルトの古田敦也捕手が選ばれた。
10.26	〔大リーグ〕イチロー国民栄誉賞辞退　大リーグ・マリナーズのイチロー外野手が、日本政府から国民栄誉賞授賞について打診されたが、「まだ若い」と辞退する意向をあきらかにした。
10.27	〔プロ野球〕MVP 発表　プロ野球のMVPはセ・リーグはロベルト・ペタジーニ内野手(ヤクルト)、パ・リーグはタフィ・ローズ外野手(近鉄)と、両リーグの本塁打王がともに初受賞。新人王はセ・リーグが赤星憲広外野手(阪神)、パ・リーグが大久保勝信投手(オリックス)。
10.27	〔Jリーグ〕横浜F・マリノスが初優勝　Jリーグ・ナビスコ杯決勝(東京・国立競技場)で、横浜F・マリノスがジュビロ磐田をPK戦の末下し、初優勝を果たした。
10.28	〔競馬〕アグネスデジタルが天皇賞4連覇　第124回天皇賞(秋)レースが東京競馬場(芝2000m)で行われ、アグネスデジタル(四位洋文騎手)が2分02秒0で1着となった。
11.1	〔プロ野球〕マスターズリーグ開催　プロ野球マスターズリーグが開幕。毎年シーズンオフの時期に往年の名選手が5チームに分かれてプレーを披露する。
11.3	〔剣道〕岩佐が初優勝　第49回全日本選手権(東京・日本武道館)決勝で、岩佐英範六段(警視庁)が佐藤充伸五段(仙台高教)を破り初優勝。連覇を狙った栄花直輝六段(北海道警)は場外反則負けで2回戦敗退に終わった。
11.4	〔駅伝〕駒沢大が3回目の優勝　第33回全日本大学駅伝(熱田神宮→伊勢神宮)で、駒沢大が5時間14分12秒で2大会ぶり3回目の優勝。2位は山梨学院大で、連覇を狙った順天堂大は3位に終わった。
11.4	〔レスリング〕日本が国別対抗戦初王座　女子レスリング国別対抗戦・第1回ワールドカップ(パリ)で、総当たりのリーグ戦形式で行われ、日本は6戦全勝で初代王座を獲得した。MVPは56kg級世界王者の山本聖子が受賞。
11.17	〔野球〕野球W杯で日本破れる　プロ・アマ混成チームでのぞんだ野球ワールドカップ(台北)準決勝で、日本はキューバに延長の末1-3で敗れて決勝進出を逸した。日本はプロのトップクラス選手の参加が少ない中、予選を全勝で通過したが、アマ世界最強といわれるキューバの前に屈した。なお翌18日には台湾との3位決定戦でも敗れ、2大会ぶりのメダルも逃した。
11.17	〔Jリーグ〕鹿島アントラーズが優勝　Jリーグ1部(J1)第2ステージは、鹿島アントラーズが最終節を残し、前年第2ステージに続き6度目のステー

ジ優勝を決めた。これで第1ステージの覇者ジュビロ磐田と年間王者を決めるチャンピオンシップに進出した。

11.18 〔マラソン〕東京国際女子マラソン開催　2001東京国際女子マラソン(国立競技場発着)で、デラルツ・ツル(エチオピア)が2時間25分8秒で優勝。日本勢は赤木純子(積水化学)の6位が最高で、有森裕子(リクルートAC)は10位に終わった。

11.18 〔サッカー〕駒沢大が3回目の優勝　第50回全日本大学サッカー選手権決勝(東京スタジアム)で駒沢大が国士舘大に2-1で勝ち、4年ぶり3回目の優勝を果たした。

11.18 〔バレーボール〕女子ワールドGC杯開催　女子のワールドGC杯最終日(マリンメッセ福岡)、日本は米国に3-1で勝ち、3勝目を挙げてロシアと並んだが、セット率で3位となった。優勝は全勝の中国。日本の3位という成績は、この大会では過去最高順位だった。なおこの後行われた男子大会では日本は5位に終わった。

11.19 〔プロ野球〕ドラフト会議開催　新人選手選択(ドラフト)会議があり、総計87人が指名された。夏の甲子園で活躍した寺原隼人(日南学園)は4球団の抽選でダイエーが、東京六大学リーグの史上最高打率の喜多隆志(慶大)はロッテが獲得、また甲子園優勝校日大三高からは4人が指名された。

11.19 〔大学野球〕駒大・報徳が優勝　明治神宮野球大会決勝(神宮)、大学は駒沢大(東都)が城西大(首都)に5-3で勝ち、8年ぶり4回目の優勝。高校は報徳学園(近畿・兵庫)が関西(中国・岡山)に10-1で圧勝、初優勝を果たした。

11.20 〔大リーグ〕イチローがMVP　大リーグ・マリナーズのイチロー外野手が、アメリカンリーグのMVPに選出された。イチローは日本人初の野手の大リーガーとして活躍して、打率、安打数、盗塁数などでリーグトップの成績を挙げ、6日にはゴールドグラブ賞、12日にはア・リーグ新人王にも選ばれていた。MVPと新人王の同時受賞はメジャー史上2人目。

11.24 〔体操〕全日本選手権開催　全日本選手権(高知県立青少年センター)男子個人総合で、冨田洋之(順大)が、史上最多の6連覇を狙った塚原直也(朝日生命)を抑えて初優勝。女子では溝口絵里加(朝日生命ク)が初優勝。

11.24 〔Jリーグ〕J1全日程終了　Jリーグ1部(J1)の全日程が終了。アビスパ福岡とセレッソ大阪がJ2に降格。J2から京都パープルサンガとベガルタ仙台がJ1に昇格することが決まった。

11.24 〔相撲〕武蔵丸が9回目の優勝　大相撲九州場所は、横綱・武蔵丸が14日目に関脇栃東を直接対決で下し、9回目の優勝。成績は13勝2敗。殊勲賞は該当なし。敢闘賞は小結・朝青龍(2回目)、前頭1枚目・若の里(3回目)、前頭15枚目・武雄山(初)の3人。技能賞は関脇・栃東(7回目)。

11.25 〔ラグビー〕関東学院大が3年連続優勝　関東大学ラグビー・リーグ戦グループ全勝同士の対決で、関東学院大が法大に32-15で逆転勝ち。3年連続6回目の優勝を果たした。

11.25	〔ゴルフ〕不動が2年連続賞金女王　女子プロゴルフツアー・LPGA選手権で不動裕理が3位になり、2年連続の賞金女王を決めた。また男子プロゴルフツアー・カシオワールドでは、賞金ランク2位の片山晋呉が4位に終わり、この結果伊沢利光の年間賞金王が確定した。
11.25	〔レスリング〕世界選手権開催　世界選手権(ブルガリア・ソフィア)女子56kg級の山本聖子と51kg級坂本日登美が2連覇を達成。75kg級浜口京子はメダルに届かなかった。
11.25	〔競馬〕ジャングルポケットが勝利　第21回ジャパンカップが東京競馬場(芝2400m)で行われ、日本のジャングルポケット(O.ペリエ騎手)が2分23秒8で1着となった。
11.27	〔サッカー〕トヨタカップ開催　第22回トヨタカップ(東京・国立競技場)は、欧州代表バイエルン・ミュンヘン(ドイツ)が南米代表ボカ・ジュニアーズ(アルゼンチン)を延長の末1-0で破り、25年ぶり2度目のクラブチーム世界一になった。
11.27	〔相撲〕栃東が大関昇進　日本相撲協会は、九州場所で12勝を挙げた関脇栃東の大関昇進を決め、玉ノ井部屋に伝達した。直前3場所の勝ち星は34勝だった。
12.1	〔サッカー〕W杯組み合わせ決定　2002日韓共催ワールドカップの組み合わせ抽選が釜山で行われ、日本は1次リーグH組でベルギー、ロシア、チュニジアと対戦することが決まった。
12.2	〔マラソン〕清水が3秒差で2位　アジア大会代表選考会を兼ねた第55回福岡国際マラソン(平和台陸上競技場発着)で、世界選手権金メダリストのゲザハン・アベラ(エチオピア)が2時間9分25秒で2年ぶり2回目の優勝。日本勢は清水康次(NTT西日本)がアベラにわずか3秒差で2位、5000m・1万mの日本記録保持者・高岡寿成(カネボウ)は3位だった。
12.2	〔ラグビー〕早大が14回目の優勝　関東大学ラグビー対抗戦グループの早明戦(東京・国立競技場)は早稲田大が明治大に試合終了直前のPGで36-34で逆転勝ちし、対抗戦11年ぶり14回目の優勝を果たした。早大の全勝優勝は14年ぶり。
12.2	〔バスケットボール〕全日本学生選手権開催　全日本学生選手権決勝リーグ最終日(東京・代々木第2体育館)、男子は日体大が2年ぶり14回目の優勝、女子も日体大が愛知学泉大の6連覇を阻み、6年ぶり16回目の優勝を果たした。
12.5	〔プロ野球〕野村監督辞任　阪神の野村克也監督が、妻の脱税容疑での逮捕を受けて監督辞任を表明。この問題は以前から風説としては流れており、阪神球団の対応が後手後手に回ってしまった点に批判が起こった。
12.8	〔体操〕中日カップ開催　中日カップ名古屋国際大会(名古屋市総合体育館)男子個人総合で、塚原直也(朝日生命)が最終種目の鉄棒で逆転優勝。全日本選手権優勝の冨田洋之(セントラルスポーツ)は4位だった。

12.8　〔Jリーグ〕鹿島アントラーズが年間王者　Jリーグ1部(J1)チャンピオンシップは、鹿島アントラーズが延長の末1-0で第2戦を制し、2年連続年間王者になった。第1戦では第1ステージの覇者ジュビロ磐田と引き分けており、通算1勝1分けでの優勝。

12.8～9　〔柔道〕福岡国際開催　第19回福岡国際女子選手権(福岡国際センター)で、全8階級のうち4階級で日本人選手が制覇。63kg級谷本歩実(筑波大)、48kg級北田佳世(ミキハウス)、52kg級横沢由貴(三井住友海上)、無差別級薪谷翠(筑波大)が優勝した。

12.9　〔バレーボール〕全日本大学選手権開催　全日本大学選手権決勝(東京体育館)、男子は筑波大がストレートで大商大を下し5年連続5回目の優勝、女子は嘉悦大が3-1で第一幼児教育短大を破り2年連続3回目の優勝を果たした。

12.10　〔Jリーグ〕MVP・新人王決定　Jリーグの年間最優秀選手(MVP)に藤田俊哉(磐田)、新人王に山瀬功治(札幌)が選出・表彰された。

12.15　〔ハンドボール〕大同特殊鋼が3年連続優勝　全日本総合選手権(東京・駒沢体育館)男子決勝で大同特殊鋼がホンダを接戦の末22-21で振り切り、3年連続10回目の優勝を果たした。

12.15　〔フィギュアスケート〕グランプリファイナル開催　グランプリ(GP)ファイナル最終日(カナダ・キッチナー)、NHK杯で好成績をおさめ五輪代表に内定した男子シングルの本田武史(法大)・女子シングルの恩田美栄(東海学園大)はともに5位に終わった。優勝は男子がアレクセイ・ヤグディン、女子はイリーナ・スルツカヤのロシア勢だった。

12.16　〔アメリカンフットボール〕関学大が2年ぶり王座　第56回東西大学王座決定戦「甲子園ボウル」(甲子園球場)で、関学大(関西代表)が法大(関東代表)を24-6で破り、2年ぶり22度目の王座についた。

12.17　〔プロ野球〕阪神の監督に星野　阪神から次期監督への就任を要請されていた星野仙一前中日監督が正式に受諾。野村克也監督の辞任会見から続いていた騒動がようやく落着した。

12.18　〔アメリカンフットボール〕アサヒ飲料が2年連続王者　第15回日本社会人選手権決勝「東京スーパーボウル」(東京ドーム)で、アサヒ飲料(西地区2位)が松下電工(西地区1位)に14-7で逆転勝ち、2年連続2度目のXリーグ王者となった。

12.22　〔卓球〕全日本選手権開催　全日本選手権(東京武道館)女子シングルスで梅村礼(日本生命)が初優勝。9回目の優勝を狙った小山ちれ(池田銀行)は準決勝で敗退、また13歳1か月の福原愛(ミキハウスJSC)は史上最年少で準々決勝に進出した。翌23日男子シングルスでは松下浩二(ミキハウス)が連覇を狙った偉関晴光(ラララ)を決勝で下し6年ぶり3回目の優勝を果たした。

12.23　〔駅伝〕全国高校駅伝開催　男子第52回、女子第13回の全国高校駅伝(京都・西京極陸上競技場付設マラソンコース)で、男子(7区間42.195km)は

仙台育英(宮城)が2時間3分46秒で2年ぶり3回目の優勝。女子(5区間 21.0975km)は諫早(長崎)が1時間8分10秒で初優勝した。

12.23 〔フィギュアスケート〕**村主が五輪代表決定**　全日本選手権(大阪・なみはやドーム)女子シングルで、村主章枝(早大)が荒川静香(早大)・安藤美姫(オリオンク)を抑え2年連続3回目の優勝を果たし、ソルトレーク五輪代表に滑り込んだ。

12.23 〔レスリング〕**全日本選手権開催**　全日本選手権(東京・代々木第2体育館)男子グレコローマン69kg級でシドニー五輪銀メダリストの永田克彦(新日本プロレス職)が5連覇を達成。女子56kg級では世界王者山本聖子(日大)が2連覇、女子75kg級では浜口京子(アニマル浜口ジム)が6連覇を達成した。

12.23 〔競馬〕**マンハッタンカフェが有馬記念制覇**　第46回有馬記念レースが中山競馬場(芝2500m)で行われ、マンハッタンカフェ(蛯名正義騎手)が2分33秒1で1着となった。

12.27 〔バスケットボール〕**全国高校選抜開催**　第32回全国高校選抜優勝大会(東京体育館)女子決勝で、桜花学園(愛知)が丹原(愛媛)を72-59で破り6年連続13回目の優勝を果たし、今季3冠(高校総体・国体と合わせ)を達成した。また翌28日の男子決勝では、能代工(秋田)が福岡大大濠(福岡)を90-78で破り、3年ぶり18回目の優勝。高校総体と合わせ2冠を達成した。

12.27 〔ハンドボール〕**全日本総合選手権開催**　全日本総合選手権女子決勝(市川市塩浜市民体育館)で、広島オムロンを29-23で破り、前身のイズミ時代と合わせ3年連続4回目の優勝を果たした。

12.27 〔スピードスケート〕**全日本スプリント開催**　ソルトレーク五輪の代表選考会を兼ねた第28回全日本スプリント選手権(長野・エムウェーブ)で、男子は500mを2日とも制した武田豊樹(SHI)、女子は1000mを2日とも制した外ノ池亜希(アルピコ)が初優勝した。清水宏保(NEC)は総合5位で1000mの代表から外れた。また岡崎朋美は2日目の500mで1位となり、3大会連続の代表となった。

12.30 〔ショートトラック〕**全日本選手権開催**　ソルトレーク五輪の代表選考会を兼ねた第25回全日本選手権(東京・江戸川区スポーツランド)で、男子は1000m・1500m・3000mを制した寺尾悟(トヨタ自動車)が4大会連続7度目の総合優勝、女子は全種目を制した田中千景(長野県教員ク)が3大会連続3度目の総合優勝を果たした。なお長野五輪金メダリストの西谷岳文(メッツ)が3000mで転倒・骨折するアクシデントがあった。

12月 〔一般〕**日本プロスポーツ大賞決定**　2001年(平成13年)の日本プロスポーツ大賞(日本プロスポーツ協会主催)は、大賞がイチロー(プロ野球)、殊勲賞がタフィー・ローズ(プロ野球)、伊沢利光(男子プロゴルフ)、古田敦也(プロ野球)に決定。

12月 〔一般〕**流行語大賞決定**　第18回(2001年)新語・流行語大賞が決定。スポーツ界では、語録賞部門に"ファンの皆さま本当に日本一、おめでとうござい

ます"が選ばれた。受賞者は若松勉(ヤクルトスワローズ監督)。

イチローの、大リーグの、2001

　プロ野球・パ・リーグで7年連続首位打者のイチロー(=登録名、本名・鈴木一朗)がオリックスから米大リーグのシアトル・マリナーズに移籍した。春のオープン戦で、次打者のライト前ヒットで一塁走者は二塁をまわり三塁へ向かった。三塁手がかまえたグラブに右翼手イチローからの送球がピタリと入り走者を刺した。日本なら「矢のような送球」と言うが現地の放送は"レーザー・ビーム"と叫んだ(このあとイチローの送球はしばしばそう表現される)。何試合かあと、ライト前ヒットで本塁に向かおうとする二塁走者を三塁コーチがおしとどめた。イチローあっては、二塁は得点圏(スコアリング・ポジション)とは限らなくなった。オールスター戦にファン投票1位で出場、2メートルを超す巨漢の剛速球左腕・ランディ・ジョンソンと初対戦、一塁線に痛打(一塁手の好守で記録は内野安打)。この年イチローは打率3割5分、盗塁56はいずれもア・リーグ首位で二冠(ジャッキー・ロビンソン以来52年ぶり)。好守・強肩のイチローの守備範囲は背番号に因んで"Area 51"と呼ばれた。新人王、MVP。チームは116勝(1906年のカブスと並ぶ大リーグタイ記録)で地区優勝したが、リーグ優勝決定戦でニューヨーク・ヤンキースに敗れてワールド・シリーズに進むことはできなかった。それより前、9月11日朝、ニューヨーク・マンハッタンに並び立つ世界貿易センター・ビルに大型旅客機が相次いで激突。犠牲者6千人余、「9.11」と略称されることになる大事件である。大リーグ野球も数日中止。ニューヨーク・メッツのシェイ・スタジアムは救援物資の備蓄場となった。ボビー・バレンタイン監督が率いるメッツが事件後最初にこの球場でおこなったゲームで、この年に阪神タイガースから移籍した新庄剛志外野手がライトへの犠牲フライで1打点をあげた。21世紀最初の年、2001年にイチローは米国球界に鮮烈な印象を刻みこんだ。それは人々が「9.11」の年として記憶することになった年である。

2002 年
(平成 14 年)

1.1 〔駅伝〕コニカが 2 年連続優勝　第 46 回全日本実業団対抗駅伝 (群馬県庁発着・7 区間 100km) でコニカが 4 時間 45 分 32 秒の大会新記録で 2 年連続 2 回目の優勝を果たした。

1.1 〔サッカー〕清水エスパルス初優勝　第 81 回天皇杯全日本選手権決勝 (東京・国立競技場) で、清水エスパルスがセレッソ大阪に 3-2 で延長 V ゴール勝ちし、3 回目の決勝進出で初優勝を果たした。

1.3 〔駅伝〕駒沢大が 2 度目の総合優勝　第 78 回東京 - 箱根間往復大学駅伝競走は、往路 2 位の駒沢大が復路新記録の走りで往路優勝の神奈川大を逆転。連覇を狙った順天堂大も抑え、通算 11 時間 5 分 35 で 2 年ぶり 2 度目の総合優勝を果たした。

1.3 〔アメリカンフットボール〕関学大が日本一　第 19 回日本選手権「ライスボウル」(東京ドーム) で、学生王者の関学大が社会人 X リーグの覇者アサヒ飲料を 30-27 で振り切り、5 回目の挑戦で初優勝を遂げた。学生が日本一になったのは 6 年ぶり。

1.7 〔ラグビー〕啓光学園が 3 回目の優勝　第 81 回全国高校ラグビー決勝 (大阪・花園ラグビー場) で、啓光学園 (大阪) が東福岡 (福岡) から 8 トライを奪って 50-17 で圧勝し 3 年ぶり 3 回目の優勝。決勝戦の 50 得点は史上最多タイ記録。

1.8 〔高校サッカー〕国見が 2 年連続優勝　第 80 回全国高校サッカー選手権決勝 (東京・国立競技場) で、国見 (長崎) が 3-1 で岐阜工 (岐阜) を破り、2 年連続 5 回目の優勝を果たした。国見は全日本ユースと合わせ 2 冠を達成した。

1.11 〔野球〕山内ら殿堂入り　山内一弘氏 (元外野手・監督)、鈴木啓示氏 (元投手・監督)、福本豊氏 (元外野手)、田宮謙二郎氏 (元外野手・監督) らが野球殿堂入り。

1.12 〔ラグビー〕関東学院大が 2 連覇　第 38 回全国大学ラグビー決勝 (東京・国立競技場) で、関東学院大が早稲田大を 21-16 で破り、2 年連続 4 度目の大学日本一になった。関東学院大は優勝回数で歴代 3 位の同志社大と並んだ。

1.13 〔ラグビー〕サントリーが 2 回目の優勝　第 54 回全国社会人大会決勝 (大阪・花園ラグビー場) で、サントリーが 3 連覇を狙った神戸製鋼を 50-31 で破り、6 年ぶり 2 回目の優勝。サントリーの前回の優勝は、引き分け両者優勝となったもので、単独優勝は初めて。

1.13 〔バスケットボール〕全日本総合選手権開催　全日本総合選手権 (男子は第 77 回、女子は第 68 回。東京・代々木第 2 体育館) 女子決勝でジャパンエナジーがシャンソン化粧品を 86-59 で破り、2 年連続 11 回目の優勝。翌 14 日

男子決勝はアイシン精機がボッシュを 60-54 で破り初優勝。

1.13 〔自動車〕増岡が総合優勝　第 24 回パリ・ダカールラリー四輪部門で、増岡浩 (三菱パジェロ) が初めて総合優勝し、前回僅差の 2 位に終わった悔しさを晴らした。日本人の総合優勝は 1997 年の篠塚建次郎以来 2 度目。

1.14 〔アイスホッケー〕王子製紙が 2 年ぶり優勝　第 69 回全日本選手権決勝 (東京・代々木競技場) で、王子製紙がリーグ戦 1 位のコクドを で 5-2 で破り、2 年ぶり 33 回目の優勝を果たした。コクドは 3 年連続準優勝。

1.20 〔スピードスケート〕世界スプリント開催　世界スプリント選手権 (ノルウェイ・ハーマル) 最終日、男子 500m で清水宏保 (NEC) が 35 秒 17 で今シーズン初勝利を挙げた。総合優勝はジェレミー・ウォザースプーン (カナダ) だった。

1.26 〔プロ野球〕TBS がオーナー会社に　横浜ベイスターズの親会社だったマルハが、保有株を TBS に売却する件について、プロ野球オーナー会議が了承。これで放送メディアである TBS が初めてオーナー会社になることが決定した。

1.27 〔マラソン〕大阪国際女子マラソン開催　大阪国際女子マラソン (大阪・長居陸上競技場発着) で、弘山晴美 (資生堂) が 2 時間 24 分 34 秒で 2 位。優勝はローナ・キプラガト (ケニア)。

1.27 〔相撲〕栃東が初優勝　大相撲初場所は、大関・栃東が大関千代大海に本割り・優勝決定戦で連勝。13 勝 2 敗で初優勝。新大関が優勝するのは 1969 年名古屋場所の清国以来 33 年ぶり。栃東は序の口から全ての段で優勝したことになる。また父親の玉ノ井親方も 30 年前に優勝経験があり、親子優勝としては史上 3 組目。殊勲賞は該当なし。敢闘賞は前頭 8 枚目・武雄山 (2 回目)。技能賞は関脇・琴光喜 (5 回目) と前頭 11 枚目・時津海 (2 回目)。

1.29 〔ボクシング〕星野がミニマム級王座　前チャンピオン新井田豊が無敗のまま王座を返上したため行われた WBA 世界ミニマム級王座決定戦 (パシフィコ横浜) で、同級 2 位の星野敬太郎 (花形) が同級 3 位ガンボア小泉 (フィリピン) を 3-0 の大差の判定で破り、王座に返り咲いた。32 歳 5 ヵ月での王座奪取は日本プロ・ボクシング史上 2 位の高齢。

2.1 〔相撲〕北の湖理事長選出　日本相撲協会の役員が改選され、北の湖親方が第 9 代理事長に就任した。前任の時津風親方から 16 歳の若返りとなった。

2.3 〔ラグビー〕サントリーが 2 年連続優勝　第 39 回日本選手権決勝 (東京・秩父宮ラグビー場) で、サントリーが神戸製鋼に 28-17 で逆転勝ちし 2 年連続 3 回目の優勝を果たした。

2.8〜24 〔オリンピック〕ソルトレーク冬季五輪開催　21 世紀最初のオリンピックとなる第 19 回冬季オリンピックがアメリカのソルトレークで開催される。日本は海外開催の冬季五輪としては過去最大 109 人の選手団を派遣。旗手はスピードスケートの三宮恵利子が務めた。女子フリースタイルスキーのモーグルで長野五輪金メダリストの里谷多英 (フジテレビ) が 3 位に入り、冬季五輪個人種目で 2 大会連続でのメダル獲得は初めての快挙となった。上村愛

子 (北野建設) は6位入賞。スピードスケート男子500mで、連覇を狙った清水宏保 (NEC) はわずか0秒03差で2位。日本勢は男子500mでは6大会連続してのメダル獲得。しかし日本のメダル獲得数は銀1銅1に終わり、長野以降の選手育成が進んでいなかったことを露呈した。また大会を通じて審判の判定への疑問が噴出。地元米国よりの判定が多かったことから「愛国五輪」とまで呼ばれた。フィギュア・ペアでは採点の不正が明らかとなり、2組に金メダルが与えられる異常事態を招いた。さらに大会最終日にはドーピング問題で、スキー距離競技の金メダルが剥奪され、選手村から追放される事件も起きた。

2.10 〔マラソン〕ワイナイナが2回目の優勝　2002東京国際マラソン (東京・国立競技場発着) で、シドニー五輪銀メダルのエリック・ワイナイナ (コニカ) が2時間8分43秒の自己最高で7年ぶり2回目の優勝を果たした。ワイナイナは19歳でケニアから来日し、日本で走りを磨いた選手。なお日本人では間野敏男 (八番製麺) の5位が最高だった。

2.23 〔Jリーグ〕清水エスパルスが2年連続優勝　ゼロックス・スーパーカップ (東京・国立競技場) で、天皇杯優勝の清水エスパルスがJ1王者の鹿島アントラーズにPK戦の末に辛勝。2年連続2回目の優勝を果たした。

3.7 〔フィギュアスケート〕日本男子初優勝　世界ジュニア選手権 (ノルウェイ・ハーマル) 男子シングルで、高橋大輔が優勝。この大会での日本男子選手の優勝は初めてで、これまでは本田武史の2位が最高。

3.7 〔パラリンピック〕冬季パラリンピック開幕　ソルトレーク冬季パラリンピックが開幕 (16日まで)。日本は36人の選手団を派遣したが、実施種目の違いもあってメダル獲得は3個に留まり、長野大会 (41個) から大きく減らした。

3.9 〔スピードスケート〕武田がW杯総合2位　ワールドカップ今季最終戦インツェル大会2日目男子500mで、武田豊樹 (SHI) が35秒62で前日に続き優勝し、今季3勝目を挙げた。これで武田は同種目W杯総合2位に入った。

3.10 〔マラソン〕野口が初マラソン初優勝　名古屋国際女子マラソン (名古屋・瑞穂陸上競技場発着) で、初マラソンの野口みずき (グローバリー) が2時間25分35秒で初優勝。初マラソンとしては日本歴代2位の記録だった。

3.10 〔バレーボール〕久光製薬が初優勝　Vリーグ女子決勝ラウンド最終日決勝 (大阪市中央体育館) で、久光製薬が3-1でNECを下し初優勝 (チームの前身ダイエー時代を含めると4年ぶり3回目の優勝)。

3.13 〔バスケットボール〕ジャパンエナジーが2年連続優勝　女子Wリーグ・ファイナル最終第5戦 (東京・代々木第2体育館) で、ジャパンエナジーがシャンソン化粧品を93-69で下して2年連続8回目の優勝。全日本総合選手権と合わせ2年連続の2冠を達成した。

3.16 〔バスケットボール〕トヨタ自動車が初優勝　男子スーパーリーグ・プレーオフファイナル第2戦 (東京・代々木競技場) で、トヨタ自動車が連覇を狙ったいすゞ自動車に69-66で第1戦に続いて勝ち初優勝。いすゞ自動車は業績不振により休部が決まっていた。

3.17　〔ハンドボール〕日本リーグ開催　日本リーグプレーオフ決勝(東京・駒沢体育館)で、男子はリーグ戦1位のホンダが、30-29で3位湧永製薬に逆転勝ち、女子はリーグ戦1位の広島が、26-21で2位日立栃木に快勝し、男女ともに4連覇。

3.17　〔バレーボール〕サントリーが3年連続優勝　Vリーグ男子決勝ラウンド決勝(東京・代々木競技場)で、サントリーがフルセットの末3-2で東レを破り3年連続4回目の優勝を果たした。

3.21　〔フィギュアスケート〕本田が銅メダル　世界選手権(長野・エムウェーブ)男子シングルで、本田武史(法大)が銅メダルを獲得。日本男子では1977年の佐野稔以来25年ぶり2人目。また23日には女子シングルで、村主章枝(早大)も銅メダルを獲得。日本女子としては4人目のメダリストとなった。

3.21　〔柔道〕国士舘が3年連続優勝　第23回全国高校選手権男子団体決勝(東京・日本武道館)で国士舘(東京)が東海大相模(神奈川)に勝ち、3年連続5回目の優勝。3連覇は過去に天理(奈良)・世田谷学園(東京)が達成している。

3.23　〔相撲〕武蔵丸が10回目の優勝　大相撲春場所は、横綱・武蔵丸が13勝2敗で10回目の優勝。殊勲賞は関脇・朝青龍(2回目)。敢闘賞は前頭11枚目・隆乃若(2回目)。技能賞は前頭6枚目・安美錦(初)。

3.26　〔バレーボール〕全国高校選抜開催　第33回全国高校選抜優勝大会(春高バレー)決勝(東京・代々木競技場)で、男子は東北(宮城)が、女子は成徳学園(東京)がともに初優勝を果たした。女子2連覇を目指した三田尻女(山口)は決勝で敗れ準優勝だった。

3.26　〔アイスホッケー〕コクドが11回目の優勝　日本リーグ・プレーオフ決勝第5戦(東京・東伏見)で、リーグ4位のコクドがリーグ2位の西武鉄道に延長の末3-2で競り勝ち、通算3勝2敗で2季連続11回目の優勝を果たした。

4.1　〔大リーグ〕米・大リーグが開幕　米・大リーグが開幕。2年目のイチローは先発出場し、3安打の活躍。この年は野茂、佐々木、長谷川、新庄のほか、石井、小宮山も参戦した。

4.2　〔水泳〕山田が世界新記録で優勝　日本短水路選手権(東京・辰巳国水泳場)女子800m自由形決勝レースで、山田沙知子(KONAMI)が8分14秒35の世界新記録で優勝した。日本女子の自由形種目の世界記録は、長水路を含め初めての快挙。

4.5　〔高校野球〕報徳学園が28年ぶり優勝　第74回選抜高校野球大会は、決勝で報徳学園(兵庫)が鳴門工(徳島)を8-2の大差で破り、28年ぶり2回目の優勝。報徳学園は前年秋の明治神宮大会も制しており、2冠達成となった。

4.7　〔シンクロナイズドスイミング〕立花・武田組が5連覇　シンクロナイズドスイミングの日本選手権(東京・辰巳国際水泳場)のデュエットで立花美哉・武田美保組が5連覇を達成。

4.7　〔柔道〕体重別選手権開催　第35回全日本選抜体重別選手権(福岡市民体育館)で、全7階級で新王者が誕生し、新旧交代を印象づけた。中でも注目さ

れたのは重量級で、100kg 級では鈴木桂治 (国士舘大)、100kg 超級では棟田康幸 (明大) が優勝。この大会を欠場した世界王者井上康生を合わせ、3 つどもえの争いとなっていく。

4.14　〔柔道〕田村 65 連勝でストップ　第 25 回全日本女子選抜体重別選手権 (横浜文化体育館) 48kg 級 1 回戦でシドニー五輪金メダルの田村亮子 (トヨタ自動車) が高校 2 年生相手にまさかの敗戦。田村の敗戦は 1996 年アトランタ五輪決勝以来 6 年ぶりで、連勝記録は 65 でストップした。

4.14　〔競馬〕ノーリーズンがさつき賞制覇　第 62 回皐月賞レースが中山競馬場 (芝 2000m) で行われ、ノーリーズン (B.ドイル騎手) が 1 分 58 秒 5 で 1 着となった。

4.21　〔マラソン〕大南が優勝　ロッテルダム・マラソンで、日本女子は大南敬美 (UFJ 銀行) が日本歴代 6 位の好記録で優勝。2 位に千葉真子 (豊田自動織機)、3 位にも赤木純子 (積水化学) が入り、表彰台を独占した。

4.21　〔柔道〕塚田が初優勝　体重無差別の第 17 回全日本選手権 (愛知県武道館) 決勝で塚田真希 (東海大) は連覇を狙った薪谷翠 (筑波大) を小差の判定で破り、初優勝を果たした。

4.28　〔プロ野球〕高津が通算 200 セーブ　ヤクルトの高津臣吾投手が甲子園での対阪神戦でセーブを挙げ、通算 200 セーブを達成。日本では佐々木主浩投手に次いで史上 2 人目の記録。

4.28　〔競馬〕マンハッタンカフェが天皇賞制覇　第 125 回天皇賞 (春) レースが京都競馬場 (芝 3200m) で行われ、マンハッタンカフェ(蛯名正義騎手) が 3 分 19 秒 5 で 1 着となった。

4.29　〔柔道〕井上が 2 連覇　体重無差別の全日本選手権 (東京・日本武道館) 決勝で、シドニー五輪 100kg 級金メダリストの井上康生 (綜合警備保障) が、全日本選抜体重別を制した棟田康幸 (明大) に優勢勝ちし 2 連覇。

5.3　〔陸上〕渋井が日本新記録　陸上カージナル招待 (米・パロアルト) 女子 1 万 m で、渋井陽子 (三井住友海上) が 30 分 48 秒 89 の日本新記録で優勝した。従来の記録を 2 年ぶりに 20 秒以上更新するもので、日本女子では初の 30 分台だった。

5.6　〔陸上〕末続が最高記録で優勝　日本グランプリ第 5 戦水戸国際で、男子 100m の末続慎吾 (ミズノ) が日本人国内最高記録となる 10 秒 05 で優勝した。

5.6　〔バレーボール〕東レが 3 回目の優勝　第 51 回全日本選手権決勝 (大阪府立体育会館) で、男子は東レがサントリーを 3-0 で破り 39 年ぶり 3 回目の優勝。女子も東レ (前身はユニチカ) が東洋紡を 3-1 で破り初優勝。男女アベック優勝は 1997 年の NEC 以来 2 回目。

5.7　〔プロ野球〕武田が全 12 球団から白星　武田一浩投手 (巨人) が対中日戦 (ナゴヤドーム) で勝利投手となり、セパ全 12 球団から白星を挙げるという珍記録を達成した。野村収、古賀正明に次いで、史上 3 人目。

5.17　〔サッカー〕W 杯日本代表メンバー発表　日本サッカー協会が W 杯 (31 日か

ら)の日本代表メンバーを発表。代表入りが有力視されていた選手のうち、名波浩(磐田)、高原直泰(磐田)、中村俊輔(横浜)が外れ、これまで招集されていなかった中山雅史(磐田)、秋田豊(鹿島)が代表入りし、大きな話題となった。

5.18 〔ボクシング〕佐藤が世界王座　WBA世界スーパーバンタム級タイトルマッチ(さいたまスーパーアリーナ)で、挑戦者同級6位の佐藤修(協栄)がチャンピオンのヨーダムロン・シンワンチャー(タイ)に8回KO勝ちし、タイトル奪取に成功した。

5.23 〔大学野球〕亜細亜大が14回目の優勝　東都大学野球春季リーグで亜細亜大が最終週を待たず4季ぶり14回目の優勝を決めた。89奪三振で5勝を挙げた木佐貫洋投手(亜大)がMVPを獲得した。

5.25 〔相撲〕武蔵丸が2場所連続優勝　大相撲夏場所は、横綱・武蔵丸が13勝2敗で11回目の優勝。優勝回数は横綱曙に並び歴代7位タイ。殊勲賞は該当なし。敢闘賞は関脇・朝青龍(3回目)と前頭14枚目・北勝力(初)。技能賞は前頭10枚目・旭鷲山(2回目)。

5.26 〔競馬〕タニノギムレットが日本ダービー制覇　第69回日本ダービー(東京優駿)が東京競馬場(芝2400m)で行われ、タニノギムレット(武豊騎手)が2分26秒2で1着となった。

5.31 〔サッカー〕日韓共催W杯開催　第17回ワールドカップ大会が開幕。日本と韓国の共催によりアジアで初めて開催される大会で、世界32ヵ国の代表チーム参加。日本は1次リーグ2勝1分でH組1位となってW杯初の勝ち点、初勝利、初の決勝トーナメント進出を決めたが、決勝トーナメント1回戦でトルコに0-1で敗れ、惜しくもベスト8進出はならなかった。大会は6月30日ブラジルがドイツを2-0で下し2大会ぶり史上最多5回目の優勝。大会期間中を通じて日本中がサッカー熱で沸き返り、日本が決勝トーナメントで敗れた後も、4強に勝ち残った韓国の熱狂が伝わるなど、まさにサッカー漬けの1ヵ月だった。

6.1 〔大学野球〕早大が33回目の優勝　東京六大学野球春季リーグ早慶1回戦で早大が慶大に完封勝ちし、6季ぶり33回目の優勝を決めた。早大の和田毅投手は翌日の2回戦でも途中登板し、通算400奪三振を達成した。

6.11 〔水泳〕競泳の日本選手権が開幕　競泳の日本選手権(東京辰巳国際水泳場)が開幕(16日まで)。大会期間中10種目で日本新記録が更新された。男子では北島康介(東京SC)、山本貴司(近大職)が3冠、女子では萩原智子(山梨学院大)が4冠を達成した。

6.19 〔大学野球〕亜細亜大が2年ぶり優勝　第51回全日本大学野球選手権決勝(神宮)で、亜細亜大(東都)が早大(東京六)に2-1で勝ち、2年ぶり4回目の優勝。決勝戦は木佐貫(亜大)と和田(早大)の見応えある投げ合いとなった。

6.21 〔大リーグ〕野茂がメジャー1500奪三振　大リーグ・ドジャースの野茂英雄投手が対レッドソックス戦に先発し、3回にメジャー1500奪三振を達成した。

6.27　〔大リーグ〕佐々木がメジャー 100 セーブ　大リーグ・マリナーズの佐々木主浩投手が対アスレチックス戦でセーブを挙げ、メジャー通算 100 セーブをマークした。佐々木の 100 セーブは 160 試合目での達成で、これは大リーグ最速記録。

6.30　〔大リーグ〕ファン投票イチローが最多得票　大リーグ・オールスターゲームのファン投票結果が発表され、マリナーズのイチロー外野手が 251 万票余りを獲得し、2 年連続両リーグを通じての最多得票で選出された。またマリナーズの佐々木主浩投手も監督推薦で出場することになった。

7.4　〔大学野球〕日米大学野球優勝ならず　第 31 回日米大学野球第 5 戦 (米ニュージャージー州・トレントン) で、日本が米国に 1-2 で敗れ、通算 2 勝 3 敗で優勝はならなかった。日本のチーム打率は大会史上最低。日本は米国開催では一度も優勝できていない。

7.4　〔相撲〕貴乃花が 7 場所連続休場　横綱貴乃花が名古屋場所 (愛知県体育館) 休場を決め、師匠の二子山親方が理事長に報告。前年の夏場所に痛めた右ひざが完治せず、これで 7 場所連続休場となった。横綱在位中の休場回数でも史上最多を更新し 15 場所となった。

7.6　〔体操〕NHK 杯開催　第 41 回 NHK 杯最終日 (東京体育館)、冨田洋之 (順天堂大) が 4 連覇を狙った塚原直也 (朝日生命) を抑えて初優勝。女子では 15 歳の大島杏子 (朝日生命ク) が初優勝。

7.9　〔プロ野球〕日本ハムが札幌移転　プロ野球オーナー会議で日本ハム球団の札幌移転が全会一致で承認され正式決定となった。移転は 2004 年から。

7.9　〔大リーグ〕イチロー・佐々木活躍なし　大リーグ・オールスターゲーム (米ミルウォーキー・ミラーパーク) で、イチローは先発出場したがノーヒット、佐々木も 6 番手として登板したが相手に逆転を許すなど精彩を欠いた。試合は延長 11 回の末 7-7 で引き分けて、MVP も該当者なしで、後味の悪いものとなった。

7.14　〔ラグビー〕5 回連続の W 杯出場　第 5 回ワールドカップ・アジア地区最終予選で、日本が韓国に 55-17 で大勝。最終の台湾戦を待たず、5 回連続の本大会出場を決めた。

7.20　〔陸上〕福士が日本新記録　ベルギーで行われた陸上の国際競技会女子 5000m で、福士加代子 (ワコール) が 14 分 55 秒 21 の日本新記録をマーク。福士は 5 日にパリで 3000m 日本新、12 日にローマで 5000m 日本新と絶好調で、この月 3 回目の日本新記録だった。

7.21　〔プロ野球〕小林が 13 試合連続セーブ　ロッテの小林雅英投手が、対日本ハム戦 (東京ドーム) で自身が前年にマークした記録を更新する 13 試合連続セーブを達成。

7.21　〔相撲〕千代大海が 4 回目の優勝　大相撲名古屋場所は、大関・千代大海を 1 差で追っていた関脇・朝青龍が敗れ、千代大海が 2 回目の優勝。結びの一番でも横綱武蔵丸を押し出し 14 勝 1 敗。殊勲賞は関脇・朝青龍 (3 回目) と小結・土佐ノ海 (6 回目)。敢闘賞は前頭 8 枚目・霜鳥 (初)。技能賞は前頭 2

— 457 —

2002年(平成14年)

枚目・高見盛(初)。

7.22 〔サッカー〕川淵新体制がスタート　前日に日本サッカー協会の川淵三郎新体制がスタートし、トルシエ監督の後任の日本代表監督には鹿島アントラーズのジーコ総監督が就任した。またU21代表チームの監督には山本昌邦コーチが就任する。

7.24 〔相撲〕朝青龍が大関昇進　日本相撲協会は番付編成会議と臨時理事会で、名古屋場所で12勝を挙げた関脇朝青龍の大関昇進を決定。高砂部屋に使者が赴き伝達した。モンゴル出身力士として初の大関。また幕下付出しを除くと、初土俵から22場所での大関昇進は最速記録。

7.29 〔プロ野球〕山口が球速日本タイ記録　オリックスの山口和男投手が、対ダイエー戦(神戸)9回に球速158kmの日本タイ記録を出した。1993年伊良部秀輝投手も158kmを記録している。

8.1 〔プロ野球〕川上がノーヒットノーラン　中日の川上憲伸投手が対巨人戦(東京ドーム)で史上70人目のノーヒットノーランを記録した。9回を四球1人だけの102球で抑えたもの。

8.2 〔ソフトボール〕上野が完全試合　第10回世界選手権決勝トーナメント1回戦で日本の上野由岐子投手が完全試合を達成。中国に5-0で完勝してこの大会3位以内が確定して、アテネ五輪出場権を確保した。その後結局日本は米国に敗れ2位となり、7大会ぶりに銀メダルを獲得した。

8.8 〔高校総体〕帝京が3回目の優勝　高校総体決勝で、帝京(東京)が国見(長崎)を2-1で下し、20年ぶり3回目の優勝を果たした。

8.12 〔プロ野球〕張が28イニング連続奪三振　西武の張誌家投手が28イニング連続奪三振の日本プロ野球記録をマークした。従来の記録は1968年の江夏、1980の木田がマークした23イニング。

8.17 〔Jリーグ〕ジュビロ磐田が2年連続制覇　Jリーグ1部(J1)第1ステージ最終節、前節首位に立ったジュビロ磐田がこの日も勝って、2年連続の第1ステージ制覇を決めた。

8.21 〔高校野球〕明徳義塾が初優勝　第84回全国高校野球選手権大会は、明徳義塾(高知)が智弁和歌山(和歌山)を7-2で破り、初優勝を果たした。この大会では四国代表4校ベスト8に進み話題を呼んだ。

8.24 〔水泳〕パンパシフィック選手権開催　競泳のパンパシフィック選手権(横浜国際プール)が開幕(29日まで)。大会期間中、日本選手は男子100m平泳ぎの北島康介、女子200m個人メドレーで萩原智子が金メダル、ほか12個のメダルを獲得し、8つの日本記録が更新された。

8.27 〔サッカー〕稲本がハットトリック　ワールドカップで活躍した稲本潤一選手(フラム)が、対ボローニャ戦で1試合3得点のハットトリックをマークした。ヨーロッパの公式戦で日本人選手初の快挙。

9.3 〔プロ野球〕小林が23試合連続SP　ロッテの小林雅英投手が、対近鉄戦(大阪ドーム)で23試合連続セーブポイントのプロ野球新記録を達成した。

— 458 —

従来は佐々木主浩投手(当時横浜)がマークした22試合。小林はこの後も33試合まで記録を伸ばした。

9.3 〔社会人野球〕いすゞ自動車が初優勝　第73回都市対抗野球決勝(東京ドーム)で、いすゞ自動車(藤沢市)がホンダ熊本(大津町)を2-0で破り初優勝。いすゞ自動車は今季限りでの休部が決まっていた。

9.14 〔陸上〕室伏が日本人初優勝　男子ハンマー投げの室伏広治(ミズノ)が、国際グランプリファイナルで81m14をマークして優勝。陸上の国際グランプリファイナルでは日本人として史上初の種目別優勝だった。

9.21 〔プロ野球〕西武が4年ぶり優勝　パ・リーグは、西武が4年ぶり14度目のリーグ優勝を決めた。この日西武は敗れたが、マジック対象チームのダイエーが引き分けたため。伊原春樹監督は就任1年目での優勝。最終順位は2位近鉄・ダイエー(同率2位)、4位ロッテ、5位日本ハム、6位オリックス。

9.22 〔大リーグ〕イチローが2年連続200安打　大リーグ・マリナーズのイチロー外野手が対エンゼルス戦で、シーズン200本目となるヒットを放った。新人の年から2年連続200安打達成は、大リーグ史上7人目。

9.22 〔相撲〕武蔵丸が12回目の優勝　大相撲秋場所は、横綱対決で、武蔵丸が貴乃花を下し、武蔵丸が13勝2敗で12回目の優勝。7場所連続休場し、横綱審議委員会から出場勧告まで受けた貴乃花は12勝3敗の成績で復活した。殊勲賞は該当なし。敢闘賞は前頭7枚目・琴光喜(2回目)。技能賞は該当なし。またこの日関取在位110場所(歴代1位)、通算1795回出場(歴代2位)の元関脇寺尾が引退届を提出した。

9.24 〔プロ野球〕巨人が2年ぶりリーグ優勝　セ・リーグは巨人が2年ぶり30度目のリーグ優勝を決めた。この日マジック対象チームのヤクルトが敗れたため。巨人の原辰徳監督は就任1年目での優勝。最終順位は2位ヤクルト、3位中日、4位阪神、5位広島、6位横浜。

9.26 〔プロ野球〕森が監督退任　横浜の森祇晶監督が退任を正式発表した。常勝西武の指揮官として期待されて横浜の監督になったが、2002年は最下位に沈み、3年契約の2年目での退任となった。また23日には日本ハムの大島康徳監督の退任も明らかになっていた。

9.29 〔アジア競技大会〕釜山でアジア大会　第14回アジア競技大会が韓国の釜山で開催。史上最多の44ヵ国・地域が参加し38の競技が行われた。10月14日までの大会期間中、日本は金メダル44個を含む189個のメダルを獲得したが、中国(308個)・韓国(260個)には惨敗という結果だった。

9.29 〔マラソン〕高橋がベルリン2連覇　第29回ベルリンマラソンで、シドニー五輪女子マラソン金メダルの高橋尚子(積水化学)が、2時間21分49秒で2連覇を果たした。前年は世界最高記録で優勝したが、この日は世界最高記録には及ばなかった。高橋は1998年以降マラソン6連勝。

10.2 〔プロ野球〕カブレラが55本塁打　西武のアレックス・カブレラ選手が、対近鉄最終戦(西武ドーム)で55号ホームランを放ち、1964年の王貞治選手、2001年のタフィ・ローズ選手の日本プロ野球シーズン最多本塁打記録に並

んだ。

10.2 〔大学野球〕和田が通算444奪三振　東京六大学野球秋季リーグで、早大の和田毅投手が対法大戦で11三振を奪って大学通算444奪三振となり、江川卓(法大→巨人)の持つ奪三振記録を25年ぶりに更新した。和田はこの後も通算476三振まで記録をのばした。

10.2 〔水泳〕北島が世界新記録　釜山アジア大会競泳男子200m平泳ぎで、北島康介(日体大)が2分9秒97の世界新記録で優勝した。競泳のオリンピック実施種目での日本選手の世界記録は、1972年ミュンヘン五輪の田口信教(100m平泳ぎ)、青木まゆみ(100mバタフライ)以来30年ぶり。

10.9 〔ボクシング〕佐藤が防衛失敗　WBA世界スーパーバンタム級タイトルマッチ(東京・代々木競技場)で、チャンピオン佐藤修(協栄)が挑戦者同級1位のサリム・メジクンヌ(フランス)に0-3の判定負け。初防衛に失敗した。

10.13 〔マラソン〕高岡が日本最高記録　第25回シカゴ・マラソンで、高岡寿成(カネボウ)が2時間6分16秒の日本最高記録で3位となった。高岡はこれで1万m、5000m、3000mと合わせ、4種目で日本記録保持者となった。

10.13 〔F1〕佐藤が5位初入賞　フォーミュラワン(F1)世界選手権シリーズ最終戦日本グランプリ(三重・鈴鹿サーキット)で、佐藤琢磨(ジョーダン・ホンダ)が5位に初入賞。F1での日本人の入賞は1997以来5年ぶり。

10.17 〔プロ野球〕松井が大リーグへ　セ・リーグの全日程が終了し、巨人の松井秀喜外野手が本塁打王・打点王の2冠を達成したが、首位打者は中日の福留孝介選手に次ぐ2位に終わって3冠王を逸した。松井は翌年からは米国でプレーすることになった。

10.20 〔競馬〕ヒシミラクルが菊花賞制覇　第63回菊花賞レースが京都競馬場(芝3000m)で行われ、ヒシミラクル(角田晃一騎手)が3分05秒9で1着となった。

10.27 〔競馬〕シンボリクリスエスが天皇賞制覇　第126回天皇賞(中山競馬場)で、単勝3番人気のシンボリクリスエスが優勝。3歳馬の天皇賞制覇は史上3頭目の快挙。また岡部幸雄騎手は天皇賞6勝目を挙げた。

10.29 〔国民体育大会〕よさこい高知国体開催　第57回国民体育大会「よさこい高知国体」で、開催県の高知県が男女総合優勝の県に与えられる天皇杯を獲得できないことが確定した。1964年以降38年にわたる「慣例」が途切れ、結局翌30日に東京都が天皇杯を獲得することが決定、開催県高知は10位に終わった。

10.29 〔社会人野球〕日本生命が2回目の優勝　第29回社会人野球選手権決勝(大阪ドーム)で、日本生命(近畿)がホンダ(関東)に4-1で勝ち、12年ぶり2回目の優勝を果たした。

10.30 〔プロ野球〕巨人が20回目の日本一　プロ野球・第53回日本シリーズは、セ・リーグ優勝の巨人(原辰徳監督)が3連勝のあとの第4戦(西武ドーム)で6-2で西武を下し4連勝。2年ぶり20回目の日本一になった。シリーズ

MVP は二岡智宏。

11.1 〔プロ野球〕松井・カブレラが MVP　プロ野球の MVP はセ・リーグは2冠の松井秀喜外野手(巨人)が3度目の受賞、パ・リーグはアレックス・カブレラ内野手(西武)が初受賞。新人王はセ・リーグが石川雅規投手(ヤクルト)、パ・リーグが正田樹投手(日本ハム)。

11.2 〔大学野球〕早大が 34 回目の優勝　東京六大学野球秋季リーグで、早稲田大が春秋連続 34 回目の優勝。春秋連覇は 1991 年の慶大以来 11 年ぶりで、早大としては 52 年ぶり2度目。

11.3 〔駅伝〕駒沢大が2連覇　第 34 回全日本大学駅伝(熱田神宮→伊勢神宮)で、駒沢大が5時間 18 分 41 秒で2年連続4回目の優勝。2位も2年連続で山梨学院大が入った。

11.3 〔新体操〕村田が2連覇　第 55 回全日本新体操選手権(ツインメッセ静岡)で、村田由香里(東女短大)が4種目全部でトップの得点をマークして2連覇を達成した。

11.3 〔剣道〕安藤が初優勝　第 50 回全日本選手権(東京・日本武道館)決勝で、安藤戒牛五段(愛知県警)が岩佐英範六段(警視庁)を破り初優勝。岩佐六段は史上2人目の2連覇を狙ったが、決勝で敗れ準優勝に終わった。

11.4 〔Jリーグ〕鹿島アントラーズが3回目の優勝　Jリーグ・ナビスコ杯決勝(東京・国立競技場)で、鹿島アントラーズが浦和レッズを 1-0 で下し、2年ぶり3回目の優勝を果たした。

11.4 〔レスリング〕世界女子選手権開催　第 126 回天皇賞(秋)レースが東京競馬場(芝 2000m)で行われ、シンボリクリスエス(岡部幸雄騎手)が1分 58 秒5で1着となった。

11.5 〔大学野球〕亜細亜大が 15 回目の優勝　東都大学野球秋季リーグは亜細亜大と青学大が首位に並び、16 年ぶりに優勝決定戦が行われ、亜大が 3-0 で勝ち春秋連続 15 回目の優勝。春秋連覇は 1999 年の青学大以来で、亜大としては4年ぶり。

11.6 〔社会人野球〕野村がシダックス GM 兼監督　プロ野球阪神の前監督野村克也氏が社会人野球シダックスの GM 兼監督に就任。この日記者会見で抱負を語った。

11.8 〔相撲〕貴乃花が九州場所休場　横綱貴乃花が九州場所(福岡国際センター)休場届を提出した。貴乃花は右ひざを痛め7場所連続休場していたが、先場所は 12 勝を挙げ、復活を印象づけていた。

11.9 〔体操〕全日本選手権開催　第 56 回全日本選手権(ツインメッセ静岡)男子個人総合で冨田洋之(順大)が大差で2連覇。女子では石坂真奈美(朝日生命ク)が初優勝。

11.11 〔高校野球〕高野連の第5代会長に脇村　日本高校野球連盟の第5代会長に東大野球部 OB の脇村春夫氏が内定した。6日に現会長の牧野直隆氏が任期途中での勇退を表明していたのを受け、脇村氏が牧野氏からの就任要請を承

諾したもの。

11.13 〔大リーグ〕イチローが2年連続ゴールドグラブ賞　大リーグ・マリナーズのイチロー外野手が、アメリカンリーグのゴールドグラブ賞を2年連続2度目の受賞。

11.17 〔マラソン〕松岡が3秒差で2位　2002東京国際女子マラソン(国立競技場発着)で、松岡理恵(天満屋)がトップと3秒差で2位に入った、優勝はバヌーエリア・ムラシャニ(タンザニア)。

11.17 〔野球〕日米野球は負け越す　日米野球2002の最終戦、全日本は大リーグ選抜に2-4で敗れ、3連勝後4連敗で負け越した。

11.18 〔大学野球〕亜細亜大が2回目の優勝　明治神宮野球大会決勝(神宮)、大学は亜細亜大(東都)が東北福祉大(北海道・東北)に5-3で勝ち4年ぶり2回目の優勝。亜大は春の大学選手権でも優勝しており、1997年の近大以来5年ぶりの春秋制覇。高校は中京(東海・岐阜)が延岡学園(九州・宮崎)を8-6で振り切り、初優勝を果たした。

11.19 〔プロ野球〕ペタジーニが巨人と契約　ヤクルトを退団したペタジーニ選手が巨人と総額20億円以上で契約。他球団の主力選手を高額で獲得する巨人の手法はその後も続き、賛否両論を巻き起こしていく。

11.20 〔プロ野球〕ドラフト会議開催　新人選手選択(ドラフト)会議があり、総計90人が指名された。"松坂世代"が大学4年になり、木佐貫、和田、新垣など好投手が自由獲得枠で指名され、抽選となったのは東北高校の高井雄平投手だけだった。本来は戦力均衡を目指していたドラフト制度の形骸化が印象づけられた。

11.22 〔相撲〕朝青龍が初優勝　大相撲九州場所は、大関・朝青龍が14勝1敗で初優勝。モンゴル出身力士の優勝は初めて。また初土俵から24場所での優勝は、幕下付出しを除くと貴花田と並ぶ最速タイ記録。殊勲賞は該当なし。敢闘賞は小結・隆乃若(3回目)、前頭1枚目・貴ノ浪(3回目)、前頭11枚目・岩木山(初)の3人。技能賞は該当なし。

11.23 〔体操〕鹿島が銅メダル　世界種目別選手権(ハンガリー・デブレツェン)男子鞍馬で鹿島丈博(順大)が銅メダルを獲得した。

11.23 〔Jリーグ〕ジュビロ磐田が優勝　Jリーグ1部(J1)第2ステージは、ジュビロ磐田が第1ステージに次いで優勝。史上初めて両ステージを制覇した完全優勝を果たした。このためチャンピオンシップは実施されないことになった。

11.24 〔サッカー〕筑波大が22年ぶり優勝　第50回全日本大学サッカー選手権決勝(東京スタジアム)で筑波大が国士舘大に延長の末2-1で勝ち、22年ぶり7回目の優勝を果たした。

11.24 〔ラグビー〕関東学院大が4年連続優勝　関東大学ラグビー・リーグ戦グループ全勝同士の対決で、関東学院大が法大に35-32で競り勝ち、4年連続7回目の優勝を果たした。4連覇はリーグ新記録。

11.24	〔競馬〕ファルブラヴがジャパンカップ制覇　第22回ジャパンカップが東京競馬場(芝2400m)で行われ、単勝9番人気のファルブラヴ(L.デットーリ騎手)が2分12秒2で1着、イタリア所属の馬として初制覇。1番人気のシンボリクリスエスは3着に終わった。
11.30	〔Jリーグ〕J1昇格・降格決定　Jリーグ1部(J1)の全日程が終了。サンフレッチェ広島とコンサドーレ札幌がJ2に降格。J2から大分トリニータとセレッソ大阪がJ1に昇格する。
11.30	〔フィギュアスケート〕恩田が初優勝　NHK杯女子シングルで、恩田美栄(東海学園大)が初優勝。日本女子の優勝は11年ぶり。恩田はグランプリシリーズ2勝目。翌1日男子シングルでは連覇を狙った本田武史(法大)は2位に終わった。
12.1	〔マラソン〕尾方が2秒差で2位　第56回福岡国際マラソン(平和台陸上競技場発着)で、尾方剛(中国電力)がトップに2秒差で2位となった。優勝はシドニー五輪金メダルのゲザハン・アベラ。3位には日本企業所属でシドニー銀メダルのエリック・ワイナイナ(コニカ)が入った。
12.1	〔ラグビー〕早大が2年連続優勝　関東大学ラグビー対抗戦グループの早明戦(東京・国立競技場)は早稲田大が明治大に24-0で完勝。対抗戦2年連続15回目の優勝を果たした。早大の全勝優勝は2年連続。
12.1	〔バスケットボール〕全日本学生選手権開催　全日本学生選手権決勝リーグ最終日(東京・代々木第2体育館)、男子は専修大が初優勝、女子は日体大が2年連続17回目の優勝を果たした。
12.1	〔ゴルフ〕不動が3年連続賞金女王　女子のLPGAツアー選手権リコー杯で不動裕理が3位に入り、3年連続の賞金女王を決めた。3年連続は1988年ツアー制度発足後初めて。また男子のカシオワールドでは、賞金ランク争いをしていたライバルが上位に入らず、この大会を欠場した谷口徹が初の賞金王になることが確定した。
12.2	〔野球〕長嶋が五輪日本代表監督　長嶋茂雄前巨人監督が野球の日本代表監督に就任。長嶋監督の下、プロ中心のチームでアテネ五輪に臨むことが決まった。
12.3	〔サッカー〕トヨタカップ開催　第23回トヨタカップ(横浜国際総合競技場)は、欧州代表レアル・マドリード(スペイン)が南米代表オリンピア(パラグアイ)に2-0で勝ち、4年ぶり2度目の世界一になった。
12.7	〔体操〕冨田が初優勝　中日カップ名古屋国際大会(名古屋市総合体育館)男子個人総合で、冨田洋之(セントラルスポーツ)が初優勝し、前年優勝の塚原直也(朝日生命)は2位に入った。
12.8	〔バレーボール〕全日本大学選手権開催　全日本大学選手権決勝(東京体育館)、男子は筑波大がストレートで東海大を下し6年連続6回目の優勝、女子も筑波大が3-0で東北福祉大を破り15年ぶり4回目の優勝を果たした。
12.8	〔柔道〕福岡国際開催　第20回福岡国際女子選手権(福岡国際センター)で、

全 8 階級のうち 5 階級で日本人選手が優勝。48kg 級では田村亮子 (トヨタ自動車) が 2 年ぶり 12 回目の優勝を果たした。

12.14 〔ハンドボール〕全日本総合選手権開催　全日本総合選手権 (名古屋・枇杷島スポーツセンター) 男子決勝で、3 年連続決勝で敗れているホンダが 34 － 29 で湧永製薬を破り、4 年ぶりに優勝。女子は広島オムロンを 35-28 で破り、前身のイズミ時代と合わせ 4 年連続 5 回目の優勝を果たした。

12.14 〔フィギュアスケート〕安藤が女子初の 4 回転に成功　ジュニア・グランプリファイナル (オランダ・ハーグ) 女子シングルで、安藤美姫 (愛知・城山中 3 年) が女子では世界で初めて 4 回転ジャンプに成功した。最終順位は 3 位だった。

12.15 〔アメリカンフットボール〕立命館大が 4 年ぶり優勝　第 57 回東西大学王座決定戦「甲子園ボウル」(甲子園球場) で、立命館大 (関西代表) が早大 (関東代表) を 51-14 で破り、4 年ぶり 3 回目の優勝。これで通算成績は関西代表の 28 勝 25 敗 4 分けとなった。

12.15 〔ゴルフ〕丸山・伊沢組が優勝　国別対抗の EMC ワールドカップ (メキシコ・ビスタバジャルタ GC) で、日本の丸山茂樹・伊沢利光組が 2 位米国に 2 打差をつけて優勝。日本の優勝は 1957 年以来 45 年ぶり 2 度目。

12.15 〔スピードスケート〕田畑が 5 連覇　第 71 回全日本選手権 (青森・八戸市長根運動公園スケートリンク) で、女子は全 4 種目を制した田畑真紀 (富士急) が 5 連覇を達成した。

12.15 〔ボクシング〕辰吉がノンタイトル戦で復帰　WBC 世界バンタム級元チャンピオンで、2 度世界王座に返り咲いた経験のある辰吉丈一郎 (大阪帝拳) がノンタイトル戦で復帰。4 年ぶりの勝利を TKO で飾った。

12.16 〔J リーグ〕J リーグの MVP 決定　J リーグの年間最優秀選手 (MVP) に得点王となった高原直泰 (磐田)、新人王に坪井慶介 (浦和) が選出・表彰された。

12.17 〔アメリカンフットボール〕シーガルズが 4 年ぶり優勝　X リーグの王者を決める第 16 回日本社会人選手権決勝「東京スーパーボウル」(東京ドーム) で、シーガルズ (中地区 1 位) が富士通 (東地区 1 位) に 14-7 で勝ち、4 年ぶり 3 回目の優勝を果たした。

12.18 〔卓球〕全日本選手権開催　全日本選手権 (東京武道館) 女子シングルス 1 回戦で伊藤和子 (エクセディ) が通算 100 勝を達成。これは男女を通じて初めての記録で伊藤は 67 歳。また 23 日には 14 歳 1 ヵ月の福原愛 (ミキハウス JSC) は女子ダブルスで初優勝。中学生の全日本制覇は史上初。

12.19 〔大リーグ〕ヤンキースが松井を獲得　大リーグ・ニューヨーク・ヤンキースが巨人から FA 宣言した松井秀喜選手の獲得を発表。松井は日本人長距離バッターとして初めてメジャーに挑戦することが決まった。

12.22 〔駅伝〕全国高校駅伝開催　男子第 53 回、女子第 14 回の全国高校駅伝 (京都・西京極陸上競技場付設マラソンコース) で、男子 (7 区間 42.195km) は西脇工

(兵庫) が 2 時間 4 分 3 秒で 4 年ぶり 8 回目の優勝。女子 (5 区間 21.0975km) は筑紫女学園 (福岡) が 1 時間 8 分 24 秒で 3 年ぶり 3 回目の優勝を果たした。

12.22 〔フィギュアスケート〕**全日本選手権開催** 全日本選手権 (京都アクアアリーナ) 女子シングルで、村主章枝 (早大) が恩田美栄 (東海学園大)、荒川静香 (早大) を抑え 3 年連続 4 回目の優勝を果たした。4 回転ジャンプに失敗した安藤美姫 (オリオンク) は 5 位、また 3 連続 3 回転ジャンプに成功した小学 6 年生の浅田真央 (東海ク) が 7 位に入って注目された。

12.22 〔競馬〕**シンボリクリスエスが有馬記念制覇** 第 47 回有馬記念レースが中山競馬場 (芝 2500m) で行われ、シンボリクリスエス (O. ペリエ騎手) が 2 分 32 秒 6 で 1 着となった。前年のマンハッタンカフェに続き、2 年連続で 3 歳馬が制した。騎手ペリエは有馬記念初勝利。

12.23 〔レスリング〕**全日本選手権開催** 全日本選手権 (東京・代々木第 2 体育館) 男子グレコローマン 74kg 級でシドニー五輪銀メダリストの永田克彦 (新日本プロレス職) が 6 連覇を達成。女子 55kg 級では世界王者吉田沙保里 (中京女大) が初優勝、女子 72kg 級では浜口京子 (アニマル浜口ジム) が 7 連覇。また伊調姉妹の優勝も話題となった。

12.26 〔スピードスケート〕**全日本スプリント開催** 第 29 回全日本スプリント選手権 (札幌・真駒内屋外競技場) で、男子は全 4 種目完全制覇した清水宏保 (NEC) が 2 年ぶり 6 度目の総合優勝。女子は 2 日目の 1000m を制した外ノ池亜希 (アルピコ) が 2 年連続 2 回目の優勝を果たした。

12 月 〔一般〕**日本プロスポーツ大賞決定** 2002 年 (平成 14 年) の日本プロスポーツ大賞 (日本プロスポーツ協会主催) は、大賞が 2002FIFA ワールドカップ日本選手団 (サッカー)、殊勲賞が松井秀喜 (プロ野球)、丸山茂樹 (男子プロゴルフ)、朝青龍明徳 (大相撲)、今年から始まった最高新人賞が石川雅規 (プロ野球) に決定。

12 月 〔一般〕**流行語大賞決定** 第 19 回 (2002 年) 新語・流行語大賞が決定。スポーツ界では、年間大賞部門に " W 杯 (中津江村) " が選ばれた。受賞者は坂本休 (中津江村・村長)。トップテン入賞部門は " ベッカム様 "、受賞者は藤本信一郎 (ウェスティンホテル淡路・総支配人)。特別賞部門は " Godzilla "、受賞者は松井秀喜 (読売巨人軍・プロ野球選手)。

プロ・スポーツ人の引退後

アマチュアには引退は無いが、プロ・スポーツでは引退するときが必ず来る。大相撲やプロ野球では、もと関取が親方になったりもと選手が監督やコーチをつとめている例が多い。しかし親方や監督・コーチの座は限られており引退した人すべてがその座に就けるわけではない。またすべての人が指導・育成の手腕を備えているとは言えない。名選手必ずしも名コーチではない。引退というと功なり名をとげたすがたを思うが、スポーツにはつきもののケガなどに因る故障などの理由で早くに廃業しなければならないこともある。世界のスポーツ界には、びっくりするような高額の年俸で現役から優雅な暮らしをしている人がいるが、それは全体からみればほんのひとつまみほどの人々である。20 歳台、30 歳台で引退するプロ・スポーツ

選手のその後をどうするか。サッカーのJリーグでは引退選手の再就職を支援する「キャリア・サポート・センター」を設けている。また人材紹介サービス会社がスポーツ選手向けの就職支援プログラムを開発するなどの動きもみられる。プロ野球・横浜ベイスターズを経て今は米大リーグで活躍する大家(おおか)友和投手は2003年に立命館大学に入学、シーズン中は休学しながら経営学の勉学をつづけている。プロ・スポーツの機構は、選手育成の一方で(Jリーグの例にみられるように)引退(廃業)者を支援する仕組みをそなえることが必要だろう。そして(大家投手のように)個々の本人の努力も求められる。20歳台、30歳台は人生の半ばにも達していない。その先は長い。

2003 年
(平成 15 年)

1.1 〔駅伝〕コニカが 3 年連続優勝　第 47 回全日本実業団対抗駅伝 (群馬県庁発着・7 区間 100km) でコニカが 4 時間 44 分 48 秒の大会新記録で 3 年連続 3 回目の優勝。

1.1 〔サッカー〕京都パープルサンガが初優勝　第 82 回天皇杯全日本サッカー選手権決勝 (東京・国立競技場) で京都パープルサンガが鹿島アントラーズに 2-1 で逆転勝ちして初優勝。京都は初めてのタイトル獲得。また関西チームのビッグタイトル獲得も初めて。

1.3 〔駅伝〕駒沢大が箱根 2 連覇　第 79 回東京 - 箱根間往復大学駅伝競走は、往路 2 位の駒沢大が往路優勝の山梨学院大を 9 区で逆転し、通算 11 時間 3 分 47 秒で 2 年連続 3 度目の総合優勝。

1.3 〔アメリカンフットボール〕立命大が初の日本一に　第 56 回ライスボウル (日本選手権としては 20 回目・東京ドーム) で学生日本一の立命館大学が社会人 X リーグの覇者シーガルズに 36-13 で逆転勝ち。3 度目の挑戦で、初の日本一に。

1.7 〔ラグビー〕啓光学園が 2 年連続優勝　第 82 回全国高校ラグビー決勝 (大阪・近鉄花園ラグビー場) で啓光学園 (大阪) が東福岡を 26-20 で破り、2 年連続 4 回目の優勝。

1.7 〔バスケットボール〕全国高校選抜開催　第 33 回全国高校バスケットボール選抜大会決勝 (東京・代々木体育館) で、男子は洛南 (京都) が北陸 (福井) を 61-59 で破り 26 回目の出場で初優勝。女子は常葉学園 (静岡) が中村学園女 (福岡) に 65-54 で逆転勝ちし初優勝。常葉学園は高校総体・国体と合わせ 3 冠達成。

1.10 〔野球〕上田・関根が殿堂入り　上田利治氏 (元捕手・監督)、関根潤三氏 (元投手・監督・解説者) が野球殿堂入り。

1.11 〔ラグビー〕早学が 13 年ぶり日本一　第 39 回全国大学ラグビー決勝 (東京・国立競技場) で早稲田大学が関東学院大学を 27-22 で破り、13 年ぶり 11 度目の大学日本一に。

1.12 〔バスケットボール〕全日本総合選手権開催　全日本総合選手権 (男子は第 78 回、女子は第 69 回。東京・代々木第 2 体育館) 女子決勝でジャパンエナジーがシャンソン化粧品を 75-54 で破り、3 年連続 12 回目の優勝。13 日男子はアイシンが松下電器を 90-73 で破り、2 年連続 2 回目の優勝。

1.13 〔高校サッカー〕市立船橋が 3 年ぶり優勝　第 81 回全国高校サッカー選手権決勝 (東京・国立競技場) で市立船橋 (千葉) が国見 (長崎) を 1-0 で破り、3 年ぶり 4 回目の優勝。

1.14 〔大リーグ〕松井がヤンキースと契約　元巨人の松井秀喜外野手が、大リーグのニューヨーク・ヤンキースと契約。日本時間15日未明にマンハッタンの高級ホテルで入団発表が行われた。

1.14 〔アイスホッケー〕コクドが4年ぶり優勝　第70回全日本選手権(Aグループ)決勝で、コクドが西武鉄道を延長の末1-0で下し4年ぶり8回目の優勝。全試合無失点の優勝は史上初。

1.19 〔自動車〕増岡が2年連続優勝　第25回パリ・ダカールラリー四輪部門で、増岡浩(三菱パジェロ・エボリューション)が2年連続2度目の総合優勝。

1.20 〔相撲〕貴乃花が引退　横綱貴乃花が引退発表。初場所2日目に左肩を負傷休場し、進退をかけて再出場したがふるわずに引退した。兄若乃花とともに「若貴ブーム」をつくり、22回の幕内優勝は歴代4位、平成の名横綱と呼ばれた。

1.25 〔ラグビー〕サントリーが2年連続優勝　第55回全国社会人大会決勝(東京・国立競技場)で、サントリーが東芝府中を38-25で破り、2年連続3回目の優勝。来季から「トップリーグ」になるため最後の大会であった。

1.26 〔マラソン〕野口が大阪国際優勝　大阪国際女子マラソン(大阪・長居陸上競技場発着)で野口みずき(グローバリー)が日本歴代2位・世界歴代8位となる2時間21分18秒の好記録で優勝。

1.26 〔相撲〕朝青龍が連続優勝・横綱昇進　大相撲初場所は、大関・朝青龍が14勝1敗で2回目の優勝。殊勲賞は該当なし。敢闘賞は小結・若の里(4回目)と前頭13枚目・春日王(初)。技能賞は該当なし。29日の番付編成会議で大関朝青龍の第68代横綱昇進を満場一致で決定。モンゴル出身力士の横綱は初めて。

2.1～8 〔アジア競技大会〕青森で冬季アジア大会　第5回アジア冬季競技大会が青森で開催された。日本での冬季大会開催は第1,2回の札幌以来13年ぶり。5競技51種目に史上最多29ヵ国から1000人が参加した。競技最終日の7日までに日本は史上2位となる24個の金メダルを獲得した。

2.9 〔サッカー〕高原がカーンを破る初ゴール　ドイツ・ブンデスリーガ1部ハンブルガーSVに移籍したFW高原直泰選手が移籍後初ゴール。この得点は世界最高のゴールキーパーといわれるオリバー・カーンの最長無失点記録をストップさせたものだった。

2.9 〔ノルディックスキー〕葛西が最長不倒の優勝　W杯ジャンプ第22戦(ドイツ・ビリンゲン)ラージヒルで、葛西紀明(土屋ホーム)が最長不倒147mを飛び2季ぶりの優勝。宮平秀治(ミズノ)も2位に入った。

2.14 〔フィギュアスケート〕日本女子が表彰台独占　4大陸選手権(北京・首都体育館)女子シングルで村主章枝(早大)・荒川静香(早大)・中野友加里(東海ク)が表彰台を独占。翌日の男子シングルでも本田武史(法大)が2回目の優勝を果たした。

2.16 〔マラソン〕松宮が世界最高タイムで優勝　熊日30kmロードレースで、松

宮隆行 (コニカ) がスティーブ・ジョーンズ (英) の記録を4秒更新する1時間28分36秒の世界最高タイムで優勝した。

2.19 〔スキー〕三浦親子3代が氷河滑走　三浦敬三・雄一郎・雄大の親子3代がヨーロッパ・モンブラン山系の氷河滑走に成功。敬三氏は99歳で、この日の滑走は白寿を記念するためのもの。

2.22 〔サッカー〕鹿島アントラーズが初代王者　A3マツダチャンピオンカップ最終日 (東京・国立競技場)、鹿島アントラーズが城南一和 (韓国) と引き分けて無敗で初代王者になった。この大会は日中韓のクラブチームチャンピオンを決めるもの。

2.23 〔ラグビー〕NECが日本一に　第40回日本選手権決勝 (東京・国立競技場) で、リーグ7位で決勝初進出のNECが3連覇を狙ったサントリーに36-26で逆転勝ち。翌年から衣替えするため最後となった大会で日本一になった。

2.23 〔ノルディックスキー〕世界選手権開催　ノルディックスキー世界選手権 (イタリア・バルディフィエメ) ジャンプ・ラージヒル団体で、日本が2大会ぶり3度目の銀メダルを獲得。前日行われた個人ラージヒルでも葛西紀明 (土屋ホーム) が銅メダルを獲得していた。葛西は28日の個人ノーマルヒルでも銅メダルを獲得した。

2.27 〔オリンピック〕竹田JOC会長が続投　日本オリンピック委員会は、八木前会長の急死を受けて2001年に就任していた竹田恒和会長の2年間の続投を決定した。

3.1 〔Jリーグ〕ジュビロ磐田が3年ぶり優勝　ゼロックス・スーパーカップ (東京・国立競技場) でJ1王者のジュビロ磐田が、天皇杯優勝の京都パープルサンガに3-0で完勝。3年ぶり2回目の優勝。

3.1 〔フィギュアスケート〕太田が優勝　世界ジュニア選手権 (チェコ・オストラバ) で、太田由希奈が優勝、安藤美姫が2位、浅田舞が4位に入った。

3.2 〔マラソン〕藤原が初マラソン最高の3位　第58回びわ湖毎日マラソンで、一般参加の藤原正和 (中大) が初マラソンの日本最高となる2時間8分12秒で日本人最高の3位に入った。この記録は日本学生最高記録ともなった。

3.2 〔テニス〕杉山がシングルス優勝　女子テニスのステートファーム・クラシック (米アリゾナ州・スコッツデール) 女子シングルス決勝で、杉山愛 (ワコール) が世界ランク3位のキム・クライシュテルス (ベルギー) を破り5年ぶりのシングルス優勝を果たした。杉山はクライシュテルスと組んだ女子ダブルスでも優勝し大会2冠を達成。

3.9 〔マラソン〕大南が名古屋で初優勝　名古屋国際女子マラソン (名古屋・瑞穂陸上競技場発着) で、大南敬美 (UFJ銀行) が2時間25分3秒で初優勝。

3.9 〔バスケットボール〕アイシンが初優勝　男子スーパーリーグ・プレーオフ決勝第2戦 (東京・代々木第2体育館) で、アイシンが連覇を狙ったトヨタ自動車を73-65で下して初優勝し、全日本総合選手権に続く2冠を達成。

3.9 〔バレーボール〕NECが3年ぶり優勝　Vリーグ女子決勝ラウンド決勝 (東

京・代々木競技場）で、NECが3-0のストレートで武富士に勝ち3年ぶり3回目の優勝。

3.9 〔卓球〕福原が一般大会で初優勝　ドリームチャレンジ・カップで14歳の中学二年生・福原愛が世界選手権代表メンバーらを退け、一般大会女子シングルスで初優勝。

3.16 〔バスケットボール〕ジャパンエナジーが3年連続優勝　女子Wリーグ・プレーオフ決勝第3戦（東京・代々木第2体育館）で、ジャパンエナジーが日本航空を96-73で下して3年連続9回目の優勝。全日本総合選手権と合わせ3年連続の2冠を達成。

3.16 〔バレーボール〕サントリーが4年連続優勝　Vリーグ男子決勝ラウンド決勝（東京・代々木競技場）で、サントリーが3-1でJTを破り4年連続5回目の優勝。

3.21 〔柔道〕世田谷学園が6年ぶり優勝　第25回全国高校選手権（東京・日本武道館）男子団体決勝で世田谷学園（東京）が近大福山（広島）に勝ち、6年ぶり9回目の優勝。

3.23 〔ハンドボール〕ホンダが5年連続優勝　日本リーグ男子決勝（東京・駒沢体育館）で、リーグ戦1位のホンダが、延長の末35－34の大接戦で2位湧永製薬を制し、5年連続7回目の優勝を果たした。

3.23 〔相撲〕千代大海が4場所ぶり優勝　大相撲春場所は、カド番大関・千代大海が横綱・朝青龍を破り、12勝3敗で3回目の優勝。殊勲賞は該当なし。敢闘賞は前頭1枚目・旭天鵬（2回目）。技能賞は前頭2枚目・高見盛（2回目）。新横綱朝青龍は10勝5敗に終わった。

3.25 〔アイスホッケー〕コクドが3季連続優勝　日本リーグ・プレーオフ決勝戦（東京・東伏見）で、リーグ4位のコクドがリーグ1位の西武鉄道を4-0で下し、3季連続12回目の優勝を果たした。

3.27 〔フィギュアスケート〕本田が2大会連続銅メダル　世界選手権（米・ワシントン）男子シングルで本田武史（法大）が3位。本田は前年長野大会に続く2大会連続の銅メダル獲得。

3.28 〔サッカー〕ジーコ・ジャパン初勝利はお預け　国際親善試合・日本対ウルグアイ（東京・国立競技場）は2-2の引き分けで、ジーコ・ジャパンの初勝利はお預け。この試合はもともと米国で行われる予定だったが、イラク戦争開戦の影響で日本開催となったもの。

3.29 〔フィギュアスケート〕村主が2大会連続の銅メダル　世界選手権（米・ワシントン）女子シングルで村主章枝（早大）が3位。村主は前々日の本田武史と同じく、前年長野大会に続く2大会連続の銅メダル獲得。

3.31 〔大リーグ〕松井が適時打デビュー　大リーグ・ヤンキースの松井秀喜選手が開幕戦の初打席初球タイムリーヒットでデビュー。またドジャースの野茂英雄投手は開幕戦で先発完封勝利。メジャー通算99勝目を挙げ好スタートを切った。

3.31　〔高校野球〕選抜で引き分け再試合　第75回選抜高校野球大会は、準々決勝第4試合花咲徳栄(埼玉)対東洋大姫路(兵庫)が延長15回引き分け再試合となった。2000年に延長戦の回数制限が短縮されてから、初めての適用。

3.31　〔アメリカンフットボール〕篠竹監督が勇退　日大フェニックスを17度の学生チャンピオン・4度の日本一に導いた篠竹幹夫監督が勇退。

4.3　〔高校野球〕広陵が12年ぶり優勝　第75回選抜高校野球大会は、決勝で広陵(広島)が横浜(神奈川)を15-3で破り12年ぶり3回目の優勝。広陵の決勝での20安打は決勝戦の最多記録。

4.6　〔柔道〕井上40連勝でストップ　第36回全日本選抜体重別選手権(福岡市民体育館)100kg級決勝で、シドニー五輪金メダルの井上康生(綜合警備保障)が鈴木桂治(平成管財)に敗れる波乱。2000年4月以来の井上康生の個人連勝記録は40で止まった。

4.7　〔団体〕日本スポーツ仲裁機構発足　国際大会への代表選考やドーピング処分など、スポーツ関連の個人・競技団体間の紛争を仲裁する日本スポーツ仲裁機構(JSAA)が発足。

4.16　〔サッカー〕ジーコ・ジャパン初勝利　国際親善試合・日韓戦(韓国・ソウル)で、日本代表は試合終了間際に1点を挙げ、1-0で勝利。ジーコ・ジャパンとして4試合目での初勝利だった。

4.20　〔大リーグ〕野茂がメジャー100勝　大リーグ・ドジャースの野茂英雄投手が対ジャイアンツ戦で好投。今季2勝目を挙げ、大リーグ9年目で日本人投手初の通算100勝をマークした。

4.20　〔競馬〕ネオユニヴァースがさつき賞制覇　第63回皐月賞レースが中山競馬場(芝2000m)で行われ、単勝1番人気のネオユニヴァース(M.デムーロ騎手)が2分01秒2で1着となった。ミルコ・デムーロ騎手はGI初勝利。

4.23　〔プロ野球〕高津が通算230セーブ　ヤクルトの高津臣吾投手が東京ドームでの対巨人戦でセーブを挙げ、通算230セーブを達成。元横浜・佐々木主浩投手の持っていた日本記録229を更新した。

4.23　〔プロ野球〕開幕早々石毛解任　オリックスの石毛宏典監督が成績不振の責任を問われ解任された。後任監督にはレオン・リー打撃コーチが就任。

4.24　〔水泳〕日本選手権開催　日本選手権(東京・辰巳国際水泳場)第3日男子100m背泳ぎ準決勝で、錦織篤(ミキハウス茨城)が54秒54の日本新記録をマーク。それまでの記録は1988年ソウル五輪決勝での鈴木大地の55秒05で、最後に残っていた80年代の日本記録だった。またこの大会では最終日の27日までに、7種目で8つの日本新記録が生まれた。

4.29　〔柔道〕井上が3連覇　全日本選手権(東京・日本武道館)で井上康生(綜合警備保障)が、3週間前の全日本選抜体重別選手権で敗れた鈴木桂治(平成管財)を決勝で内また一本で下し、史上4人目の3連覇を達成。またシドニー五輪100km超級銀メダルの篠原信一(天理大教)は準決勝で敗れ、正式に引退を表明した。

5.4 〔競馬〕ヒシミラクルが天皇賞制覇　第127回天皇賞(春)レースが京都競馬場(芝3200m)で行われ、単勝7番人気のヒシミラクル(角田晃一騎手)が3分17秒0で1着。前年秋の菊花賞に続き、長距離のGIレースを制覇。

5.5 〔陸上〕末続が10秒03で優勝　日本グランプリ第4戦水戸国際で、男子100mの末続慎吾(ミズノ)が日本人国内最高記録となる10秒03で優勝。日本人初の9秒台にあと一歩と迫った。

5.5 〔バレーボール〕全日本選手権開催　第52回全日本選手権決勝(大阪府立体育会館)で、男子はNECが堺に3-0で勝ち、4年ぶり7回目の優勝。女子はパイオニアがJTに3-0で勝って初優勝。

5.15 〔サッカー〕SARSがスポーツに影響　新型肺炎SARSがアジアを中心に猛威を振るい、各種スポーツ大会が影響を受け、この日サッカー東アジア選手権(28日開幕予定)の延期も発表された。前々日にはキリンカップ出場予定だったナイジェリアの来日中止が決まったばかりだった。

5.16 〔大リーグ〕イチローが通算500安打　大リーグ・マリナーズのイチロー選手が、メジャー354試合目で通算500安打を達成。

5.22 〔登山〕エベレスト最高齢登頂　世界最高峰エベレスト登山に挑んでいたプロスキーヤー三浦雄一郎さんが登頂に成功。三浦さんは70歳で、エベレスト登頂の世界最高齢記録。

5.23 〔卓球〕福原がベスト8進出　世界選手権個人戦(フランス・パリ)で史上最年少の日本代表福原愛(ミキハウスJSC)が世界ランク上位者を次々倒し、女子シングルスベスト8に進出。準々決勝で敗れたが、日本選手のなかで最高の成績だった。

5.24 〔相撲〕安芸乃島が引退　歴代最多の三賞と金星を獲得した元関脇安芸乃島が夏場所14日目に引退を表明。年寄「藤島」を名乗ることに。

5.25 〔相撲〕朝青龍が3回目の優勝　大相撲夏場所は、横綱・朝青龍が13勝2敗で3回目の優勝。殊勲賞は前頭3枚目・旭鷲山(初)。敢闘賞は小結・旭天鵬(3回目)。技能賞は前頭7枚目・安美錦(2回目)。

5.28 〔大学野球〕亜細亜大が3季連続優勝　東都大学野球で亜細亜大が3季連続16回目の優勝。3季連続優勝は亜大としては初。

6.1 〔ボート〕武田が7連覇　第81回全日本選手権(埼玉・戸田コース)男子シングルスカル決勝で武田大作(ダイキ)が7連覇を達成。

6.1 〔競馬〕ネオユニヴァースが日本ダービー制覇　第70回日本ダービー(東京優駿)が東京競馬場(芝2400m)で行われ、ネオユニヴァース(M.デムーロ騎手)が2分28秒5で1着。さつき賞に続く2冠を達成。ミルコ・デムーロ騎手は外国人騎手として初めて日本ダービーで勝利した。

6.2 〔大学野球〕早大が3季連続優勝　東京六大学野球で早稲田大が全ての対戦相手から勝ち点を挙げる完全優勝で3季連続35回目の優勝。3季連続優勝は早大としては52年ぶり。

6.7 〔陸上〕末続が日本新記録で優勝　第87回日本選手権男子200m決勝で、末

続慎吾(ミズノ)が20秒03の日本新記録で優勝。この記録はシドニー五輪の優勝タイムを上回る世界レベルの好記録。

6.8 〔テニス〕杉山組が初優勝　4大大会の一つ全仏オープン(パリ・ローランギャロス)女子ダブルスで、杉山愛(ワコール)、キム・クライシュテルス(ベルギー)組が初優勝。杉山選手としては2000年全米オープン女子ダブルス以来の4大大会制覇。

6.18 〔大学野球〕日本文理大が初優勝　第52回全日本大学野球選手権決勝(東京・神宮)で、2回目の出場の日本文理大(九州)が前年優勝の亜細亜大(東都)を4-3で破り、初優勝。

6.20 〔プロ野球〕高津が270SP　ヤクルトの高津臣吾投手が、対横浜戦(神宮)で270セーブポイントのプロ野球新記録を達成。

6.22 〔サッカー〕日本が1次リーグ敗退　コンフェデレーションズカップ(フランス)1次リーグ最終戦で日本代表はコロンビアに1-0で敗れ、1勝2敗で1次リーグ敗退が決まった。

6.28 〔ゴルフ〕宮里が初優勝　日本女子アマチュア選手権最終日決勝ラウンドで、東北高校3年の宮里藍が初優勝。兄宮里優作に続く、史上初の兄妹でのアマ日本一となった。

6.29 〔陸上〕室伏が日本新記録　プラハ国際大会(チェコ・プラハ)男子ハンマー投げで、室伏広治(ミズノ)が自身の持つ記録を1m39更新する84m86の日本新記録で優勝。この記録は世界歴代3位に相当する好記録。

7.1 〔プロ野球〕サイクル安打連発　ヤクルトの稲葉篤紀外野手とダイエーの村松有人外野手がサイクル安打達成。サイクル安打自体は珍しくないが、同日に2人が達成したのはプロ野球史上初。翌2日には阪神・桧山進次郎外野手も達成した。

7.3 〔プロ野球〕阪神から最多9人選出　オールスターゲームのファン投票の結果が発表され、セ・リーグは首位独走の阪神から史上最多の9人が選ばれた。なかでも今岡誠二塁手は史上最多得票。

7.5 〔プロ野球〕立浪が2000本安打　中日の立浪和義内野手が東京ドームでの対巨人戦で史上30人目の2000本安打を達成。

7.5 〔格闘技〕魔裟斗がチャンピオン　K-1のミドル級世界チャンピオンを決めるトーナメント「K-1 WORLD MAX」がさいたまスーパーアリーナで15,600人の入場者を集めて開催され、日本の魔裟斗が決勝戦でアルバート・クラウスに2R2分26秒K.O.勝ち、世界チャンピオンとなった。

7.6 〔テニス〕杉山組が初優勝　ウィンブルドン選手権女子ダブルス決勝で、杉山愛(ワコール)、キム・クライシュテルス(ベルギー)組が初優勝。全仏に続き4大大会2連覇を達成した。

7.15 〔大リーグ〕オールスターに日本人選手活躍　大リーグのオールスターゲームに松井秀喜外野手(ヤンキース)とイチロー外野手(マリナーズ)が先発出場。長谷川滋利投手(マリナーズ)もリリーフ登板した。

7.16 〔シンクロナイズドスイミング〕世界水泳選手権開催　世界水泳選手権のシンクロナイズドスイミング・フリールーティンコンビネーションで日本が金メダルを獲得。18 日にはデュエットで立花美哉、武田美保組が、19 日にはチーム決勝でともに銀メダルを獲得した。

7.20 〔相撲〕魁皇が 12 場所ぶり優勝　大相撲名古屋場所は、大関・魁皇が 3 敗同士で並んでいた大関・千代大海を破り、12 勝 3 敗で 4 回目の優勝。殊勲賞は前頭 3 枚目・高見盛 (初)。敢闘賞は該当なし。技能賞は前頭 7 枚目・時津海 (3 回目)。

7.21 〔水泳〕世界水泳選手権開催　世界水泳選手権の競泳男子 100m 平泳ぎ決勝で北島康介 (日体大) が 59 秒 78 の世界新記録で初の金メダルを獲得。24 日の 200m 決勝でも 2 分 9 秒 42 の世界新記録で 2 冠を達成した。この大会では他に男子 200m バタフライで山本貴司 (近大職) が銀、女子 50m 背泳ぎで稲田法子 (セントラルスポーツ)、女子 200m バタフライで中西悠子 (枚方 SS)、男子 400m メドレーリレーで日本チームが各々銅メダルを獲得。競泳で 6 個のメダルは史上最多。

8.2 〔J リーグ〕横浜 F・マリノスが優勝　J リーグ 1 部 (J1) 第 1 ステージは、就任 1 年目の岡田武史監督率いる横浜 F・マリノスが優勝。横浜は 2000 年前期以来 3 度目のステージ制覇。

8.4 〔高校総体〕国見が 3 年ぶり優勝　高校総体で国見 (長崎) が連覇を狙った帝京 (東京) を延長の末 1-0 で破り、3 年ぶり 4 回目の優勝。

8.4 〔団体〕日本スポーツ仲裁機構初判断　日本スポーツ仲裁機構が日体大コーチの資格停止処分について、処分取り消しの判断を決め、これが発足後初の仲裁判断となった。

8.8 〔高校野球〕甲子園で降雨再試合　第 85 回全国高校野球選手権大会 (阪神甲子園球場) 第 2 日第 2 試合倉敷工 (岡山) 対駒大苫小牧 (南北海道) は 4 回裏途中まで 8-0 と大差がついたが 10 大会ぶり史上 6 度目の降雨ノーゲーム。翌日の再試合では前日リードしていた駒大苫小牧が逆に 2-5 で敗れた。

8.19 〔体操〕日本は銅メダル　世界体操選手権 (米カリフォルニア州・アナハイム) 男子団体総合決勝で日本は銅メダルを獲得。日本の団体でのメダル獲得は 1995 年以来 8 年ぶり。個人総合では冨田洋之 (セントラルスポーツ) が 21 日に銅メダルを獲得、種目別では鹿島丈博 (セントラルスポーツ) が 23 日に鞍馬、24 日に鉄棒で金メダルを獲得した。

8.20 〔プロ野球〕川相が通算 512 犠打　巨人の川相昌弘内野手が対横浜戦 (東京ドーム) で通算 512 犠打を記録。それまでの大リーグ記録を抜いて世界新記録を達成した。

8.23 〔高校野球〕常総学院が初優勝　第 85 回全国高校野球選手権大会は、決勝で常総学院 (茨城) が東北 (宮城) に 4-2 で逆転勝ちし、初優勝を果たした。今大会での引退を表明していた木内幸男監督が有終の美を飾った。

8.25 〔陸上〕世界陸上選手権開催　第 9 回世界陸上選手権大会 (フランス・パリ) ハンマー投げ決勝で室伏広治 (ミズノ) は前回の 2 位に続き銅メダルを獲得。

また29日には200m決勝で末続慎吾(ミズノ)が3位となり、日本人初の陸上短距離でのメダルを獲得した。

8.31　〔マラソン〕野口が銀メダル　第9回世界陸上選手権大会(フランス・パリ)女子マラソンで野口みずき(グローバリー)が銀メダル。千葉真子(豊田自動織機)が銅メダルを獲得。優勝はキャサリン・ヌデレバ。これで世界選手権の女子マラソンでは日本人選手は4大会連続のメダル獲得となった。また日本人最高成績の野口はアテネ五輪代表に内定した。

9.2　〔社会人野球〕三菱ふそう川崎が2回目の優勝　第74回都市対抗野球決勝(東京ドーム)で、三菱ふそう川崎(川崎市)がシダックス(調布市)に5-4で逆転勝ち。三菱ふそう川崎は3年ぶり2回目の優勝。就任1年目での初優勝を狙った野村克也監督率いるシダックスはあと一歩及ばなかった。

9.9　〔プロ野球〕山田監督解任　中日ドラゴンズは山田久志監督の休養を発表。事実上の解任で、成績不振(この時点でリーグ5位に低迷)の責任を取らされた形。佐々木恭介ヘッドコーチが監督代行になった。

9.11〜14　〔柔道〕世界選手権開催　世界選手権(男子は第23回・女子は第13回、大阪城ホール)が4日間にわたり開かれ、男女各8階級のメダルを争った。男子は100kg級で井上康生(綜合警備保障)、100km超級で棟田康幸(警視庁)、無差別級で鈴木桂治(平成管財)が、女子では48kg級で田村亮子(トヨタ自動車)、70kg級で上野雅恵(三井住友海上)、78kg級で阿武教子(警視庁)が、それぞれ金メダルを獲得した。このうち田村亮子は前人未踏の6連覇。

9.13　〔ラグビー〕「トップリーグ」スタート　社会人ラグビーの地域リーグを再編・創設した新しいリーグ「トップリーグ」がスタート。開幕戦では、前年の社会人大会王者のサントリーと日本選手権9回優勝の神戸製鋼が東京・国立競技場に3万5000人の観衆を集めて対戦した。

9.14　〔レスリング〕世界フリースタイル選手権開催　世界フリースタイル選手権(ニューヨーク・マディソンスクエアガーデン)決勝で、女子51kg級伊調千春、55kg級吉田沙保里、59kg級山本聖子、63kg級伊調馨、72kg級浜口京子の5人が金メダルを獲得。

9.15　〔プロ野球〕阪神が18年ぶり優勝　セ・リーグは阪神タイガースが18年ぶり4度目のセ・リーグ優勝を果たした。星野仙一監督は就任2年目での優勝達成。ペナント・レースは独走状態で、9月15日の優勝決定は両リーグを通じて、史上2番目の早さだった。最終順位は2位中日、3位巨人・ヤクルト(同率3位)、5位広島、6位横浜。

9.15　〔大リーグ〕松井が100打点記録　大リーグ・ヤンキースの松井秀喜外野手が100打点を記録。ヤンキースの新人としては、トニー・ラゼリ、ジョー・ディマジオに次ぐ3人目の快挙。

9.20　〔大リーグ〕イチローが3年連続200安打　大リーグ・マリナーズのイチロー外野手が新人の年から3年連続となる200安打を達成。これはメジャーでも56年ぶり史上3人目の快挙。

9.21　〔相撲〕朝青龍が4回目の優勝　大相撲秋場所は、横綱・朝青龍が14日め

に大関・千代大海を直接対決で下し、4回目の優勝。千秋楽でも勝ち成績は13勝2敗。殊勲賞は関脇・若の里 (4回目)。敢闘賞は前頭1枚目・高見盛 (2回目) と前頭2枚目・旭天鵬 (4回目)。技能賞は前頭5枚目・岩木山 (初)。

9.25 〔大リーグ〕野茂が日米通算 3000 奪三振　大リーグ・ドジャースの野茂英雄投手がパドレス戦に先発し、3回に日米通算 3000 奪三振を達成した。

9.25 〔相撲〕公傷制度を廃止　日本相撲協会が理事会で、本場所で負傷休場した力士を救済する公傷制度を初場所から廃止する決定をした。公傷制度は1972年から実施されてきたが、安易な利用が目立ってきていた。同時に幕内・十両の定員を各2人ずつ増員することも決定された。

9.26 〔プロ野球〕原監督が辞任　巨人の原辰徳監督が記者会見で、成績不振の責任をとり監督辞任を発表。後任に堀内恒夫元コーチが就任。同席した渡辺恒雄オーナーの「読売グループ内の人事異動」という発言が話題になった。

9.28 〔ゴルフ〕宮里が優勝　ミヤギテレビ杯ダンロップ女子オープンで、アマチュアの高校3年生宮里藍が優勝。アマチュアがプロ参加の大会を制したのは30年ぶり2人目の快挙。また18歳3か月でのツアー優勝は史上最年少。

9.30 〔プロ野球〕ダイエーが3年ぶり優勝　パ・リーグは、ダイエーが3年ぶり3度目のリーグ優勝。前身の南海時代を含めると13度目のパ・リーグ制覇。王貞治監督としては1987年巨人監督としてのセ・リーグ優勝と合わせ、4度目のリーグ優勝となった。最終順位は2位西武、3位近鉄、4位ロッテ、5位日本ハム、6位オリックス。

10.4 〔ボクシング〕戸高が王座返り咲き　WBA世界バンタム級暫定王座決定戦で、同級世界4位の戸高秀樹 (緑) が同級5位のレオ・ガメス (ベネズエラ) を2-1の判定で破り、3年ぶりに王座に返り咲いた。戸高は1997年WBAスーパーフライ級王座についており、日本人史上5人目の2階級制覇。

10.7 〔プロ野球〕西武・オリックスに新監督　西武ライオンズの新監督に現役引退を表明したばかりの伊東勤元捕手・コーチが就任。また西武ライオンズの伊原春樹前監督がオリックスの新監督に就任することも正式に決まった。

10.8 〔プロ野球〕中日の新監督に落合　中日ドラゴンズの新監督に落合博満氏が就任することが発表された。中日はシーズン終盤に山田久志監督を事実上解任していた。

10.12 〔レスリング〕浜口3連覇はならず　第3回ワールドカップ (国別対抗戦、東京・代々木第2体育館) で、全勝同士の対決となった最終戦で日本は3-3の同点から最後の浜口京子が米国に敗れ、3連覇はならなかった。

10.13 〔サッカー〕市立船橋高が初優勝　第14回全日本ユース選手権決勝 (埼玉スタジアム) で市立船橋高 (関東・千葉) が1-0で静岡学園 (東海) を下し初優勝。

10.19 〔ゴルフ〕丸山が優勝　米国プロゴルフツアーに参戦している丸山茂樹が、クライスラー・クラシックで通算22アンダー・266で優勝。米ツアー通算3勝目をあげた。

10.20 〔プロ野球〕沢村賞に井川と斉藤　沢村賞選考委員会が開かれ、阪神の井川

慶投手とダイエーの斎藤和巳投手の2人が選ばれた。ともにシーズン20勝を挙げており、また2人同時受賞は1966年の村山(阪神)・堀内(巨人)以来史上2度目。

10.24 〔大学野球〕青学大が8季ぶり優勝　東都大学野球秋季リーグで2位につけていた日大が敗れ、青学大の8季ぶり9回目の優勝が決まった。

10.25 〔大リーグ〕ヤンキース優勝逃す　大リーグのワールドシリーズ第6戦(ニューヨーク・ヤンキースタジアム)で、松井秀喜が所属するヤンキースは2-0でマーリンズに敗れ、通算2勝4敗となりワールドチャンピオンを逸した。松井は4番レフトで先発したが、移籍1年目での日本人初のワールドチャンピオンはならなかった。

10.26 〔競馬〕ザッツザプレンディが菊花賞制覇　第64回菊花賞レースが京都競馬場(芝3000m)で行われ、単勝5番人気のザッツザプレンティ(安藤勝己騎手)が3分04秒8で1着。9年ぶり史上6頭目の3冠(さつき賞・ダービー・菊花賞)制覇を狙ったネオユニヴァースは3着に終わった。

10.27 〔プロ野球〕ダイエーが2回目の日本一　プロ野球・第54回日本シリーズは3勝3敗のあとの最終第7戦(福岡ドーム)でパ・リーグ優勝の福岡ダイエー(王貞治監督)が6-2で阪神を下して通算4勝3敗、1999年以来2回目の日本一に輝いた。このシリーズでは史上初めて全てホームチームが勝ち、「内弁慶シリーズ」と話題になった。シリーズMVPは杉内俊哉。

10.27 〔ラグビー〕日本代表は4戦全敗　W杯オーストラリア大会予選1次リーグで、日本代表は最終戦の対米国戦も敗れ、4戦全敗で敗退した。この大会ではスコットランド、フランス、フィジーなど格上相手に善戦したが、結局勝利を挙げることはできなかった。

10.28 〔プロ野球〕星野退任で後任岡田　前日日本シリーズを終えたばかりの阪神・星野仙一監督が、主に体調面の理由により退任を発表。後任監督に岡田彰布コーチの昇格が決まった。

10.29 〔プロ野球〕MVPは井川・城島　プロ野球のMVPはセ・リーグは井川慶投手(阪神)、パ・リーグは城島健司捕手(ダイエー)がともに初受賞。新人王はセ・リーグが木佐貫洋投手(巨人)、パ・リーグが和田毅投手(ダイエー)。

11.1 〔大学野球〕早大が4季連続優勝　東京六大学野球秋季リーグ(神宮)で、早大が対慶大1回戦に勝ち、開幕9連勝で4季連続36回目の優勝を決めた。翌2日の2回戦も競り勝ち、早大としては初めての10戦全勝でリーグ戦完全優勝を果たした。

11.2 〔駅伝〕東海大が初優勝　第35回全日本大学駅伝(熱田神宮→伊勢神宮)で、東海大が5時間21分6秒で初優勝。大会史上初めて区間賞なしでの優勝だった。史上5度目の3連覇を狙った駒沢大は4位に終わった。

11.2 〔競馬〕シンボリクリスエスが天皇賞2連覇　第128回天皇賞(秋)レースが東京競馬場(芝2000m)で行われ、シンボリクリスエス(O.ペリエ騎手)が1分58秒0で圧勝。史上初の秋の天皇賞2連覇を達成した。

— 477 —

11.3	〔プロ野球〕バレンタインがロッテ監督	ロッテ・オリオンズは大リーグ・メッツのボビー・バレンタイン前監督の時期新監督就任を発表。同氏は1995年にロッテ監督となり、チームを10年ぶりのAクラスに導いたが、翌年シーズン途中に辞任し、メッツ監督を2002年まで務めていた。
11.3	〔Jリーグ〕浦和レッズが初優勝	Jリーグ・ナビスコ杯決勝(東京・国立競技場)で、浦和レッズが連覇を狙った鹿島アントラーズを4-0で破り初優勝。Jリーグ発足以来、初タイトルを獲得した。
11.3	〔剣道〕近本が初優勝	第51回全日本選手権(東京・日本武道館)で、3回目出場の近本巧六段(愛知県警)が連覇を狙った安藤戒牛五段(愛知県警)をメン2本で破り初優勝を果たした。
11.4	〔大リーグ〕イチローにゴールドグラブ賞	大リーグ・マリナーズのイチロー外野手が3年連続3度目のア・リーグのゴールドグラブ賞を受賞した。この年イチローは12捕殺を記録し、失策はわずか2だった。
11.6	〔相撲〕曙が格闘家としてK-1参戦	東関部屋の元横綱曙親方が5日夜に日本相撲協会に退職届を提出し、この日記者会見。格闘家としてK-1に参戦し、大晦日にボブ・サップと対戦することを発表した。
11.7	〔野球〕アジア野球選手権開催	アテネ五輪予選を兼ねたアジア野球選手権最終日、長嶋茂雄監督率いる日本は韓国を2-0で下し、3戦全勝で1位となり五輪出場権を獲得した。日本は公開競技時代も含め、6大会連続の五輪出場。なお同日、米大陸予選準々決勝でシドニー金メダルの米国がメキシコに敗れ、初めて出場権を逸した。
11.15	〔バレーボール〕ワールドカップ開催	女子のワールドカップ(1日から)最終日、日本は中国にストレートで敗れ7勝4敗で5位に終わり、この大会でのアテネ五輪出場権獲得はならなかった。この大会でキューバ、ポーランド、韓国など強豪に競り勝ったが、あと一歩及ばなかった。なおこのあと30日まで行われた男子大会では、日本は3連勝のあと8連敗を喫し9位に終わった。
11.15	〔相撲〕武蔵丸が引退	九州場所7日目、進退をかけて出場していた横綱武蔵丸は土佐ノ海に敗れて3勝4敗となり、引退を決めた。優勝12回は歴代6位、通算勝ち星は歴代4位の706。また連続勝ち越し55場所は歴代1位の記録だった。これでハワイ出身の現役力士がいなくなり、大相撲はモンゴル勢の時代に移っていくことになる。
11.16	〔マラソン〕高橋が終盤に失速し2位	アテネ五輪代表選考会を兼ねた第25回東京国際女子マラソン(国立競技場発着)で、シドニー五輪金メダリストでマラソン7連勝を狙った高橋尚子が終盤に失速し、2位に終わった。優勝は高橋を39km地点で逆転したエルフィネッシュ・アレム(エチオピア)。
11.17	〔大学野球〕東亜大・愛工大明電が優勝	明治神宮野球大会決勝(神宮)、大学は東亜大(中国・四国)が神奈川大(神奈川)に10-9で競り勝ち、9年ぶり2回目の優勝。高校は愛工大明電(東海・愛知)が延長10回大阪桐蔭(近畿)を6-4で振り切り、初優勝を果たした。

11.19	〔プロ野球〕ドラフト会議開催　新人選手選択 (ドラフト) 会議があり、2001年に自由獲得枠が導入されて初めて全く重複指名がなく、抽選のない選択会議になった。いわゆる逆指名の問題も含め、ドラフト会議の形骸化が浮き彫りになった。
11.21	〔プロ野球〕日本ハムが新庄と仮契約　日本ハムは大リーグ・メッツでプレーしていた新庄剛志外野手と仮契約。本拠地を札幌に移す年に、人気選手の補強に成功した。
11.22	〔ラグビー〕関東学院大が5年連続優勝　関東大学ラグビー・リーグ戦グループで全勝対決があり、関東学院大が法大を62-26で圧倒、5年連続8回目の優勝を果たした。
11.23	〔サッカー〕筑波大が2年連続優勝　第52回全日本大学サッカー選手権決勝 (東京・国立競技場) で筑波大が、全日本大学トーナメント・関東大学リーグに続くシーズン3冠を目ざした駒沢大に1-0で勝ち、この大会2年連続8回目の優勝を果たした。
11.23	〔相撲〕栃東が11場所ぶり優勝　大相撲九州場所は、大関・栃東が横綱・朝青龍との相星決戦に勝ち、13勝2敗で2回目の優勝。殊勲賞は前頭1枚目・栃乃洋 (2回目) と前頭2枚目・土佐ノ海 (7回目)。敢闘賞は前頭3枚目・玉乃島 (3回目)。技能賞は該当なし。
11.29	〔Jリーグ〕横浜F・マリノスが年間制覇　Jリーグ1部 (J1) 第2ステージ最終節で、横浜F・マリノスがジュビロ磐田に逆転勝ち。勝ち点3以内に5チームがひしめく大混戦を制し、第1ステージに続き優勝。年間完全制覇を達成した。横浜の年間制覇は8年ぶり2度目。
11.30	〔社会人野球〕日産自動車が初優勝　第30回社会人野球選手権決勝 (大阪ドーム) で、日産自動車 (関東) が延長10回サヨナラで大阪ガス (近畿) を下し、初優勝。
11.30	〔ゴルフ〕不動が史上初の年間10勝　リコー杯で、既に年間賞金女王が確定している不動裕理が優勝。男女通じて史上初の年間10勝をマークした。また日本女子プロ協会が集計するランキング9部門の全てでトップとなった。
11.30	〔競馬〕タップダンスがジャパンカップ制覇　第23回ジャパンカップが東京競馬場 (芝2400m) で行われ、日本のタップダンスシチー (佐藤哲三騎手) が2分28秒7、9馬身差で1着となった。1番人気のシンボリクリスエスが3着、4歳2冠を制したネオユニヴァースが4着になるなど、日本調教馬が5着までを占めた。
12.6	〔体操〕中日カップ開催　中日カップ名古屋国際大会 (名古屋市総合体育館) 男子個人総合で、冨田洋之 (セントラルスポーツ) が2連覇。2位にも塚原直也 (朝日生命) が入った。一方女子は石坂真奈美 (朝日生命ク) の5位が最高だった。
12.7	〔マラソン〕国近が初優勝　アテネ五輪代表選考会を兼ねた第57回福岡国際マラソン (平和台陸上競技場発着) で、国近友昭 (エスビー食品) が日本歴代6位タイの2時間7分52秒で初優勝し、代表の座が確実になった。2位

― 479 ―

には3秒差で諏訪利成 (日清食品) が入り、日本最高記録保持者の高岡寿成 (カネボウ) は3位に終わった。

12.7　〔ラグビー〕早稲田が対抗戦3年連続全勝優勝　関東大学ラグビー対抗戦グループの早明戦 (東京・国立競技場) は早稲田が明治を29-17で振り切り、対抗戦3年連続全勝優勝を決めた。

12.7　〔ゴルフ〕伊沢が2年ぶり年間賞金王　男子プロゴルフツアー最終戦JTカップ日本シリーズ (東京よみうりCC) で、ここまで賞金ランキングトップの伊沢利光が2位に入って、2年ぶり2度目の年間賞金王が確定した。

12.8　〔大リーグ〕松井稼がメッツへ移籍　西武からFA宣言していた松井稼頭央内野手が、大リーグ・メッツへの移籍を表明。大リーグ史上初の日本人内野手となることが決定した。

12.10　〔サッカー〕日本対韓国は引き分け　東アジア選手権最終日 (横浜国際総合競技場) 日本対韓国は0-0で引き分け。両チーム2勝1分けで、勝ち点でも得失点差でも並んだが、韓国が総得点で1点上回り初代王座についた。この大会3試合で日本DF陣は無失点だった。

12.13〜14　〔柔道〕福岡国際女子選手権開催　第21回福岡国際女子選手権 (福岡国際センター) で、全8階級のうち78kg超級を除く7階級を日本選手が制覇。中でも70kg級上野雅恵と63kg級上野順恵 (ともに三井住友海上) は姉妹そろっての初優勝だった。

12.14　〔サッカー〕トヨタカップ開催　第24回トヨタカップ (横浜国際総合競技場) は、南米代表ボカ・ジュニアーズが欧州代表ACミランをPK戦で破り、3年ぶり2回目の優勝を果たした。

12.14　〔バスケットボール〕全日本学生選手権開催　全日本学生選手権決勝リーグ最終日 (東京・代々木第2体育館)、男子は日大が8年ぶり11回目の優勝、女子は日体大が3年連続18回目の優勝を果たした。

12.14　〔バレーボール〕全日本大学選手権開催　全日本大学選手権決勝 (東京体育館)、男子は東海大がフルセットの末7連覇を狙った筑波大を破り9年ぶり4回目の優勝、女子は筑波大がストレートで嘉悦大を破り2年連続5回目の優勝を果たした。

12.14　〔フィギュアスケート〕村主がGPファイナル初優勝　グランプリ (GP) ファイナル最終日 (米コロラド州コロラドスプリングス)、SPで首位に立った村主章枝 (新横浜プリンスク) が自由演技でも1位で初優勝を果たした。荒川静香 (早大) は3位、恩田美栄 (東海学園大) は5位だった。

12.15　〔Jリーグ〕年間MVP・新人王決定　Jリーグの年間最優秀選手 (MVP) にエメルソン (浦和レッズ)、新人王に那須大亮 (横浜F・マリノス) が選出・表彰された。

12.16　〔アメリカンフットボール〕オンワードスカイラークスが初優勝　第17回日本社会人選手権「ジャパンXボウル」(東京ドーム) で、初出場オンワードスカイラークス (東地区1位) が、4年ぶり5度目の王座を狙ったアサヒビー

ル(東地区2位)を13-10で振り切り初優勝を果たした。

12.17 〔水泳〕北島が日本スポーツ賞　第53回日本スポーツ賞グランプリに競泳平泳ぎの北島康介(東京SC)が史上初めて2年連続で選ばれた。

12.20 〔ハンドボール〕全日本選手権開催　全日本選手権(広島市東区スポーツセンター)女子決勝で広島メイプルレッズがシャトレーゼを27-16で破り5大会連続6回目の優勝。翌21日の男子決勝では湧永製薬が連覇を狙ったホンダを29-24で破り、13大会ぶり12回目の優勝を果たした。

12.21 〔駅伝〕全国高校駅伝開催　男子第54回、女子第15回の全国高校駅伝(京都・西京極陸上競技場付設マラソンコース)で、男子(7区間42.195km)は仙台育英(宮城)が2時間2分7秒の大会新記録で2年ぶり4回目の優勝。女子(5区間21.0975km)は須磨学園(兵庫)が1時間7分46秒で初優勝した。

12.21 〔アメリカンフットボール〕立命大が2年連続王座　第58回東西大学王座決定戦「甲子園ボウル」(甲子園球場)で、立命大(関西代表)が法大(関東代表)に61-6で圧勝。2年連続4度目の王座についた。

12.23 〔レスリング〕全日本選手権開催　全日本選手権(東京・代々木第2体育館)女子55kg級で、この階級の世界王者吉田沙保里(中京女大)が59kg級の世界王者山本聖子(ジャパンビバレッジ)を延長の末破り2連覇。また女子72kg級の浜口京子は前人未到の8連覇を達成した。他の女子2階級は世界選手権を制した伊調千春・馨(ともに中京女大)の姉妹が順当勝ち。一方男子グレコローマン74kg級ではシドニー五輪銀メダリストの永田克彦(新日本プロレス職)が敗れる番狂わせがあった。

12.25 〔スピードスケート〕全日本スプリント開催　第30回全日本スプリント選手権(栃木・日光霧降スケートセンター屋外リンク)で、男子は500mを2日とも制した清水宏保(NEC)が2年連続7度目の総合優勝。女子は同じく500mを2日とも制した新谷志保美(竹村製作所)が初優勝した。

12.27 〔フィギュアスケート〕全日本選手権開催　全日本選手権(長野・ビッグハット)女子シングルで、世界ジュニア2位の16歳・安藤美姫(オリオン)が自由演技で4回転ジャンプを決めて初優勝。グランプリ・ファイナルを制し4連覇を狙った村主章枝(新横浜プリンスク)は2位、SPで首位だった荒川静香(早大)は3位だった。

12.28 〔バスケットボール〕能代工が2年ぶり優勝　第34回全国高校選抜優勝大会(東京体育館)男子決勝で、能代工(秋田)が福岡大大濠(福岡)を86-75で破り、2年ぶり19回目の優勝。前日27日に行われた女子決勝では桜花学園(愛知)が東京成徳大(東京)を108-75で完勝。2年ぶり14回目の優勝を果たし、今季3冠(高校総体・国体と合わせ)を達成した。

12.28 〔競馬〕シンボリクリスエスが有馬記念制覇　第48回有馬記念レースが中山競馬場(芝2500m)で行われ、単勝1番人気のシンボリクリスエス(O.ペリエ騎手)が2着に9馬身差をつけコース新記録の2分30秒5で1着。シンボリクリスエスはこれが引退レースだった。

12.31 〔格闘技〕曙vsボブ・サップが紅白に勝つ　大晦日の恒例格闘技イベント

K-1で、曙 vs ボブ・サップという注目の一戦。試合内容はボブ・サップが圧勝したあっけないものだったが、テレビの瞬間視聴率は一時紅白歌合戦を上回った。

12月 〔一般〕**日本プロスポーツ大賞決定** 2003年(平成15年)の日本プロスポーツ大賞(日本プロスポーツ協会主催)は、大賞が松井秀喜(プロ野球)、殊勲賞が阪神タイガース(プロ野球)、不動裕理(女子プロゴルフ)、横浜F・マリノス(Jリーグ)、最高新人賞が和田毅(プロ野球)に決定。

12月 〔一般〕**流行語大賞決定** 第20回(2003年)新語・流行語大賞が決定。スポーツ界では、トップテン部門に"勝ちたいんや!"が選ばれた。受賞者は星野仙一(前阪神タイガース監督)。

ドーピング

　スポーツ競技の出場者が運動能力を高める目的で事前に興奮剤や刺激剤を服用することはドーピング(doping)と呼ばれ、不正行為として禁止されている。英語のdope(名詞)はもともとは濃厚な液体(潤滑剤として用いる)やドープ塗料(一種のワニス)などを指す語で、俗語として麻酔剤・催眠薬の意で用いられ、俗語の動詞で麻薬を与える、麻酔をかけるの意で用いられる。その用法から(競馬で馬に)興奮剤を与えることを指す。ドーピング検査(dope check)は競技後に尿または血液を採って検査する。もとは競馬で始められた。オリンピックや各種競技の世界大会ではドーピング検査がおこなわれるようになった。競技前に興奮剤などを服用する一時的なドーピングだけでなく、筋肉増強剤などの薬物を定常的に服用することもドーピングの一種で、米国の大リーグ野球の著名な選手がその疑いをもたれている。米国の陸上競技のもと世界記録保持者もこれによって資格停止(出場禁止)処分を受けたあと引退した。世界反ドーピング機関(WADA)の第1回世界会議が1999年にローザンヌ(スイス)で開かれ、2003年にコペンハーゲンでおこなわれた第2回会議でドーピング取り締まりの世界統一規定が承認された。WADAの報告によると2005年に実施されたドーピング検査で陽性反応が最も多かったのは自転車(482件)、次いで野球(390件)、サッカー(343件)、陸上競技(342件)。検出された薬物は筋肉増強作用をもつステロイド系のものが48%を占めた。ドーピングはスポーツ競技者にとって不正行為であるにとどまらず、特殊な薬物を長期にわたって服用することによって健康を損なうおそれも大きい。冷戦体制下の旧・共産圏で国威発揚を目的として"薬漬け"にされた競技者が廃人になったとうこともも噂された。今は国威発揚のためでなく個人のカネのためのドーピングが横行している。

2004 年
(平成 16 年)

1.1 〔駅伝〕中国電力が初優勝　第 48 回全日本実業団対抗駅伝 (群馬県庁発着・7 区間 100km) で中国電力が 4 時間 47 分 3 秒で初優勝。4 連覇を狙ったコニカミノルタは 2 位に終わった。

1.1 〔サッカー〕ジュビロ磐田が 21 年ぶり優勝　第 83 回天皇杯全日本サッカー選手権決勝 (東京・国立競技場) でジュビロ磐田がセレッソ大阪を 1-0 で破り、前身のヤマハ発動機時代以来 21 大会ぶり 2 回目の優勝を果たした。

1.3 〔駅伝〕駒沢大が箱根 3 連覇　第 80 回東京 - 箱根間往復大学駅伝競走は、往路優勝の駒沢大が復路でも優勝。通算 11 時間 7 分 51 秒で 3 年連続 4 度目の総合優勝を果たした。2 位東海大に 5 分以上の大差をつける圧勝だった。

1.3 〔アメリカンフットボール〕立命館大が 2 連覇　第 21 回日本選手権「ライスボウル」(東京ドーム) で、学生日本一の立命館大が社会人 X リーグ王者オンワードスカイラークスに 28-16 で勝ち 2 年連続 2 回目の優勝。2 連覇達成はアサヒビール以来 10 年ぶり。これで学生は社会人に 3 連勝。

1.4 〔バスケットボール〕ジャパンエナジー・アイシンが優勝　全日本総合選手権 (男子は第 79 回、女子は第 70 回。東京・代々木第 2 体育館) 女子決勝でジャパンネナジーが富士通を 102-86 で圧倒し、4 年連続 13 回目の優勝。12 日に行われた男子決勝ではアイシンがトヨタ自動車を 66-51 で破り 3 年連続 3 回目の優勝。3 連覇は 1988 年の松下電器以来の記録。

1.7 〔ラグビー〕啓光学園が 3 連覇　第 83 回全国高校ラグビー決勝 (大阪・近鉄花園ラグビー場) で啓光学園 (大阪) が 15-0 で大分舞鶴 (大分) に完勝、3 年連続 5 回目の優勝を果たした。3 連覇は 1950 年の秋田工以来、戦後 2 校目の快挙。

1.9 〔野球〕仰木・秋山が殿堂入り　仰木彬氏 (元監督)、秋山登氏 (元投手・監督) が野球殿堂入り。

1.10 〔ボクシング〕イーグル赤倉が世界王座　WBC 世界ミニマム級タイトルマッチで、挑戦者同級 3 位のイーグル赤倉 (角海老宝石) が王者ホセ・アントニオ・アギーレに 3-0 で判定勝ちし、王座奪取に成功。イーグル赤倉は日本人を妻に持ち、日本のジムに所属するタイ人ボクサー。

1.12 〔高校サッカー〕国見が 2 年ぶり優勝　第 82 回全国高校選手権決勝 (東京・国立競技場) で、国見 (長崎) が筑陽学園 (福岡) に 6-0 で圧勝し、2 年ぶり 6 回目の優勝を果たした。決勝の 6 点差は大会タイ記録。また通算優勝 6 回は、戦後では帝京 (東京) に並ぶタイ記録。国見の FW 平山相太は前回に続き 2 年連続得点王となり、通算得点 17 は大会新記録となった。

1.16 〔卓球〕福原・小西組が 2 連覇　全日本選手権 (東京体育館) 女子ダブルスで

福原愛・小西杏組が2連覇。また男子シングルスでは偉関晴光(健勝苑)が41歳6か月で3年ぶり4回目の優勝を果たし最年長優勝記録を更新。前日行われた女子シングルスで18歳の平野早矢香(ミキハウス)が初優勝したのと好対照をみせた。

1.17　〔ラグビー〕関東学院大が2年ぶり優勝　第40回全国大学選手権決勝(東京・国立競技場)で、関東学院大が連覇を狙った早稲田大に33-7で快勝。2年ぶり5回目の優勝を果たした。

1.18　〔バスケットボール〕アテネ五輪出場権獲得　アテネ五輪予選のアジア女子選手権(仙台市体育館)準決勝で、日本が2度の延長の大接戦の末、実力で勝る韓国に競り勝って決勝進出。自動的にアテネ五輪出場権を確保した。なお翌19日の決勝では中国に敗れ準優勝だった。

1.24　〔相撲〕朝青龍が2場所ぶり優勝　大相撲初場所は、横綱・朝青龍が15戦全勝で5回目の優勝。全集優勝は1996年以来44場所ぶり。殊勲賞は該当なし。敢闘賞は前頭4枚目・琴光喜(3回目)。技能賞は前頭5枚目・垣添(初)。

1.25　〔マラソン〕坂本が優勝　2004大阪国際女子マラソン(大阪・長居陸上競技場発着)で坂本直子(天満屋)が2時間25分29秒で優勝。アテネ五輪出場に向け大きく前進した。

1.25　〔ラグビー〕神戸製鋼が初代王者に　新たにスタートしたトップリーグ最終節、前節まで首位だったサントリーが敗れ、神戸製鋼が逆転で初代王者となった。またセコムとサニックスの下位2チームはリーグ降格が決定した。

1.30　〔プロ野球〕川島コミッショナー退任　オーナー会議で、6年間コミッショナーを務めた川島広守氏の退任と根来泰周前公正取引委員会委員長の新コミッショナー就任が承認された。

2.7〜8　〔柔道〕日本勢が5階級制覇　フランス国際大会(パリ・ベルシー体育館)で、日本が5階級で優勝。なかでも注目されたアトランタ・シドニー両五輪で金メダルを獲得した野村忠宏(ミキハウス)が復活優勝を果たし、五輪3連覇に向けスタートを切った。なおこの月後半にはドイツ国際も開催され、そちらでも日本選手が5階級を制覇した。

2.15　〔マラソン〕野口が日本最高記録で優勝　第38回青梅マラソン女子30kmにアテネ五輪代表に内定している野口みずき(グローバリー)が参加し、1時間39分9秒の日本最高記録で優勝した。従来の記録は2001年に高橋尚子が記録した1時間41分57秒。

2.18　〔サッカー〕ワールドカップ予選がスタート　2006年ドイツワールドカップのアジア地区1次予選が始まり、日本は初戦でオマーンに終了間際の久保(横浜)の得点で1-0で辛勝。ジーコジャパンは厳しいスタートとなった。

2.28　〔ノルディックスキー〕葛西が通算15勝　W杯ジャンプ第19戦(米・ソルトレーク)ラージヒルで、葛西紀明(土屋ホーム)が優勝。葛西は31歳8ヵ月で、W杯ジャンプ最年長優勝記録を更新した。通算勝利数でも15勝目とし、船木和喜(フィット)を抜いて日本選手単独1位となった。

2.28	〔スノーボード〕山岡が総合優勝　ワールドカップ新潟大会 (上越国際スキー場)、女子ハーフパイプで山岡聡子 (アネックス) が最終戦を待たず種目別の総合優勝を決めた。
2.29	〔バレーボール〕パイオニアが初優勝　Vリーグ女子優勝決定戦第2戦 (東京体育館) で、パイオニアが3-1で東レを下した。パイオニアは前日の第1戦では2-3で敗れていたが、得失セット率で上回り、初優勝した。
2.29	〔ショートトラック〕神野・西谷が優勝　第27回全日本選手権 (長野・やまびこスケートの森アイスアリーナ) で、女子は全種目を制した神野由佳 (綜合警備保障) が2年連続の総合優勝。男子は西谷岳文 (サンコー) が前回に続き総合優勝した。
2.29	〔アイスホッケー〕コクドが4連覇　第38回日本リーグ後期の最終戦 (新横浜スケートセンター) で前期の覇者コクドが2位の王子製紙を6-3で下し、前・後期完全制覇でリーグ4連覇を果たした。
3.5	〔ノルディックスキー〕高橋が初優勝　ノルディックスキーW杯複合個人第18戦スプリント (フィンランド・ラハティ) で高橋大斗 (土屋ホーム) がW杯初優勝。高橋は翌6日に同地で行われた最終戦でも優勝した。
3.6	〔Jリーグ〕ジュビロ磐田が2連覇　ゼロックス・スーパーカップ (東京・国立競技場) で、天皇杯優勝のジュビロ磐田が1-1からPK戦4-2でリーグ戦で完全優勝した横浜F・マリノスを破り、2年連続3回目の優勝を果たした。
3.6	〔フィギュアスケート〕安藤が初優勝　世界ジュニア選手権 (オランダ・ハーグ) 女子シングルで、安藤美姫 (オリオンク) が初優勝。日本女子としては史上4人目の優勝となった。
3.7	〔マラソン〕小島がびわ湖毎日2位　アテネ五輪の代表選考を兼ねた第59回びわ湖毎日マラソン (滋賀・皇子山陸上競技場発着) で小島忠幸 (旭化成) が2時間08分18秒で日本人トップの2位に入り、五輪出場候補に名乗りを上げた。
3.7	〔バレーボール〕サントリーが5連覇　Vリーグ男子優勝決定戦最終戦 (東京体育館) で、サントリーが3-0でJTに対して2勝とし、5連覇を達成した。
3.7	〔ゴルフ〕宮里が初勝利　ダイキン・オーキッド (沖縄・琉球CC) で18歳の宮里藍が、プロ転向後146日目 (4試合目) のツアー最速となる優勝を決めた。
3.13～14	〔ダンス〕チアダンス初の優勝　アメリカで行われた全米チアダンス選手権04に出場した神奈川県立厚木高のダンスドリル部が、チームパフォーマンス部門で、日本人チームとして初の総合グランプリを獲得した。
3.14	〔マラソン〕土佐が初優勝　アテネ五輪代表の最終選考会を兼ねた名古屋国際女子マラソン (名古屋・瑞穂公園陸上競技場発着) で、土佐礼子 (三井住友海上) が2時間23分57秒で初優勝。代表選考4レースでの日本人トップの中で最高のタイムをマークし、五輪出場に近づいた。
3.14	〔スピードスケート〕小林が銅メダル獲得　世界距離別選手権 (韓国・ソウ

ル) 男子 1000m で、小林正暢 (山形県体協) が銅メダルを獲得し、96 年の第 1 回大会から日本が続けていたメダル獲得が途切れる危機を救った。

3.15 〔マラソン〕アテネ五輪代表決定　日本陸上競技連盟は、アテネ五輪の男女マラソン代表を決定した。女子は野口みずき (グローバリー)、土佐礼子 (三井住友海上) 坂本有子 (天満屋) が選出され、シドニー五輪金メダルの高橋尚子 (スカイネットアジア航空) は選ばれなかった。男子は国近友昭 (エスビー食品)、油谷繁 (中国電力)、諏訪利成 (日清食品) に決まった。

3.16 〔バスケットボール〕ジャパンエナジーが 4 季連続優勝　女子 W リーグ・プレーオフ決勝第 4 戦 (東京・代々木第 2 体育館) で、ジャパンエナジーがシャンソン化粧品を 76-75 で下し、4 季連続 10 度目 (共同石油時代を含む) の優勝を果たした。

3.18 〔サッカー〕アテネ五輪出場権獲得　アテネ五輪アジア最終予選 B 組最終日 (東京・国立競技場) で、日本はアラブ首長国連邦に 3-0 で勝って首位を守り、3 大会連続 7 度目の五輪出場を決めた。

3.20 〔柔道〕国士舘が 2 年ぶり優勝　第 26 回全国高校選手権 (東京・日本武道館) 男子団体決勝で国士舘 (東京) が世田谷学園 (東京) を下し、2 年ぶり 6 回目の優勝を果たした。

3.21 〔ラグビー〕東芝府中が 5 年ぶり優勝　第 41 回日本選手権決勝 (東京・国立競技場) で、東芝府中が神戸製鋼を 22-10 で破り、5 年ぶり 4 回目の優勝。新設されたトップリーグ、マイクロソフトカップともに 2 位だった東芝府中がシーズン最後に優勝を手にした。

3.21 〔ハンドボール〕ホンダ・広島メイプルレッズが優勝　日本リーグ男子決勝 (東京・駒沢体育館) で、リーグ 1 位のホンダが 25-19 でリーグ戦 3 位の大同特殊鋼を下して優勝。女子決勝ではリーグ 1 位の広島メイプルレッズが 3 位オムロンに 35-27 で快勝。男女ともに 6 連覇となった。

3.23 〔バスケットボール〕アイシンが 2 連覇　男子スーパーリーグ・プレーオフ決勝第 3 戦 (東京・代々木第 2 体育館) で、リーグ 1 位のアイシンが 2 位の東芝を 81-78 で下して 2 勝 1 敗とし、2 年連続で優勝した。アイシンは全日本総合選手権とあわせて 2 季連続の 2 冠を達成。

3.26 〔高校野球〕ダルビッシュがノーヒットノーラン　第 76 回選抜高校野球大会は、第 4 日目、東北 (宮城) のダルビッシュ有投手が、熊本工 (熊本) 戦でノーヒットノーランを達成。大会史上 12 人目。

3.27 〔プロ野球〕パ・リーグ史上最多観客　パ・リーグが開幕し、1 日の観客動員数が史上最多の 13 万 7 千人を記録したことを発表した。これまでの最多は 01 年の開幕日の 13 万 6 千人。

3.27 〔フィギュアスケート〕荒川が初優勝　世界選手権 (ドイツ・ドルトムント) 最終日、女子シングルで荒川静香 (早大) が初優勝した。初出場の安藤美姫 (オリオンク) は 4 位、村主章枝 (新横浜プリンスク) は 7 位だった。また、25 日の男子シングルでは、初出場の高橋大輔 (岡山・倉敷翠松高) が 11 位となり、来季の男子の出場枠 2 を確保した。

3.28　〔相撲〕朝青龍が2場所連続全勝優勝　大相撲春場所は、横綱・朝青龍が2場所連続の全勝で6回目の優勝。殊勲賞は前頭12枚目・朝赤龍(初)。敢闘賞は前頭13枚目・琴ノ若(4回目)。技能賞は前頭12枚目・朝赤龍(初)。

3.30　〔大リーグ〕東京ドームで大リーグ開幕　米・大リーグの開幕戦デビルレイズ-ヤンキースが、東京ドームで行われた。ヤンキースの松井秀喜選手は1回の第1打席で二塁打の後、先制のホームを踏んだ。試合は8-3でデビルレイズが勝った。

4.4　〔高校野球〕済美が初優勝　第76回選抜高校野球大会は、決勝で済美(愛媛)が愛工大名電(愛知)を6-5で破り初出場で初優勝。済美は4月で創部3年目に入ったばかり。またこの試合は雨の影響で、選抜決勝史上初のナイターとなった。

4.4　〔柔道〕井上が3年ぶり優勝　アテネ五輪代表最終選考会を兼ねた第37回全日本選抜体重別選手権(福岡市民体育館)で、100kg級は井上康生(綜合警備保障)が3年ぶり3回目の優勝を果たし、五輪代表の座を確実にした。この大会で60kg級の野村忠宏(ミキハウス)のほか66kg級、73kg級、81kg級、90kg級の五輪代表が決まった(66kg級は代表候補)。

4.5　〔テコンドー〕岡本がアテネ五輪代表に　日本オリンピック委員会(JOC)はアテネ五輪にテコンドーの岡本依子(ルネスかなざわ)を派遣する方針を決めた。テコンドーは国内団体が日本連合と全日本協会に分裂しており、JOCは組織が統一されなければ選手の派遣を見送るとしていたが、統一はできないままに、五輪憲章特別規定を理由に派遣することにした。

4.6　〔大リーグ〕松井が開幕戦本塁打　米・大リーグ、メッツの松井稼頭央は、ブレーブスとの開幕戦でメジャー初打席の初球を本塁打にした。3打数3安打3打点の大活躍。同日、開幕戦を迎えたマリナーズのイチローは4打数1安打。ドジャースの野茂英雄は5日に開幕戦のパドレス戦で先発したが、5回7失点で敗戦投手となった。また、カージナルスの田口壮は入団3年目で初めて開幕メジャー入りしたものの、5日の開幕戦には出場しなかった。

4.11　〔柔道〕谷が2連覇　アテネ五輪代表最終選考会を兼ねた第27回全日本女子選抜体重別選手権(横浜文化体育館)48kg級は、谷亮子(トヨタ自動車)が2年連続13回目の優勝を果たし五輪出場を決めた。4大会連続の出場となる。そのほか52kg級、57kg級、63kg級、70kg級、78kg級の代表選手が決まった(57kg級は代表候補)。

4.13　〔レスリング〕伊調姉妹がアテネ五輪代表に　全日本選抜選手権最終日(東京・駒沢体育館)で、女子48kg級プレーオフで伊調千春(中京女子大)が優勝し、63kg級の代表にすでに決まっている妹の伊調馨とともに、アテネ五輪への姉妹での出場を決めた。

4.18　〔柔道〕塚田が優勝　体重無差別の全日本女子選手権(愛知県武道館)決勝で塚田真希(綜合警備保障)が初戦から決勝まで5試合すべてを一本勝ちし優勝。78kg超級での五輪出場を決めた。

4.18　〔競馬〕ダイワメジャーが勝利　第64回皐月賞レースが中山競馬場(芝2000m)

2004 年 (平成 16 年)　　　　　　　　　　　　　　　　　　　日本スポーツ事典

で行われ、単勝 10 番人気のダイワメジャー (M. デムーロ騎手) が 1 分 58 秒 6 で 1 着となった。

4.22 〔高校野球〕日本学生野球協会が新方針　大学、高校野球を総括する日本学生野球協会は、プロ野球の選手、監督、コーチが退団後、大学の野球部の監督に就任することを認める方針を固めた。プロ球団のアマチュア選手獲得を巡るトラブルなどから、学生野球界は退団者を含むプロ野球関係者の指導を制限していた。

4.22 〔ゴルフ〕青木が殿堂入り　青木功が米・フロリダ州セントオーガスティンにある世界ゴルフ殿堂に入ることが決まった。日本人では前年に殿堂入りした樋口久子に続き 2 人目。

4.25 〔水泳〕三木が日本新記録　アテネ五輪代表選考会を兼ねた第 80 回日本選手権 (東京・辰巳国際水泳場) 最終日、200m 個人メドレーで三木二郎 (東京 SC) が 1 分 59 秒 99 の日本新記録で優勝した。三木は 20 日の 400m 個人メドレーでも、4 分 14 秒 79 の日本新記録を出し初優勝。この大会で、100m 平泳ぎで 5 連覇、200m 平泳ぎで 4 連覇した北島康介 (東京 SC) や三木ら、男女 20 人の五輪代表選手が決まった。

4.26 〔サッカー〕アテネ五輪出場権獲得　女子サッカーのアテネ五輪アジア予選決勝 (広島広域公園) で、日本は中国に 0-1 で破れたが、アジアの五輪出場枠である 2 位以内に入ったことから、2 大会ぶり 2 度目の五輪出場が決まった。

4.29 〔柔道〕鈴木が初優勝　体重無差別の全日本選手権 (東京・日本武道館) で、鈴木桂治 (平成管財) が決勝で井上康生 (綜合警備保障) に優勢で勝ち、初優勝した。この大会で 100kg 級の五輪代表に井上、100kg 超級の代表に鈴木が決まった。

5.2 〔競馬〕イングランディーレが勝利　第 129 回天皇賞 (春) レースが京都競馬場 (芝 3200m) で行われ、単勝 10 番人気のイングランディーレ (横山典弘騎手) が 3 分 18 秒 5 で 1 着となった。

5.5 〔J リーグ〕森本が最年少ゴール　J リーグ 1 部 (J1) 東京ヴェルディの FW 森本貴幸が、ジェフ市原戦で 15 歳 11 ヵ月の J リーグ最年少ゴールを決めた。今季の開幕戦で J1 最年少出場を果たしたばかり。また、16 歳の誕生日を迎えた 5 月 7 日、J リーグ規約が定める「満 16 歳以上」の条件を満たしたことから東京ヴェルディとプロ契約を結び、最年少プロとなった。

5.5 〔バレーボール〕JT・東レが優勝　第 53 回全日本選手権決勝 (大阪府立体育会館) は史上初めて男女が同じ組み合わせで行われた。男子は JT が東レを 3-1 で下して 3 年ぶり 2 回目の優勝。女子は東レが JT にフルセットの末 3-2 で勝って 2 年ぶり 2 回目の優勝。

5.5 〔シンクロナイズドスイミング〕立花が 2 冠　日本選手権兼ジャパンオープン最終日 (東京・辰巳国際水泳場) で、デュエットは立花美哉・武田美保組 (井村シンクロク) が 7 連勝。ソロでは立花が 10 連覇を達成した。チームはアテネ五輪代表メンバーの日本が優勝した。

5.8 〔陸上〕室伏が 2 連覇　大阪国際グランプリ (大阪・長居陸上競技場) で、男

— 488 —

子ハンマー投げの室伏広治(ミズノ)が2年連続4回目の優勝。

5.8 〔重量挙げ〕三宅兄妹が優勝　重量挙げ全日本選手権(石川県産業展示館2号館)で、三宅敏博(自衛隊)が男子77kg級で2年連続5回目の優勝を果たし、前日に、女子48kg級で大会新記録で優勝した妹の三宅宏実とともに2年連続で兄妹日本一となった。

5.11 〔相撲〕貴ノ浪が引退　元大関で東前頭13枚目の貴ノ浪が引退し音羽山親方となった。優勝2回。幕内出場1118回は歴代7位、同647勝は歴代8位タイ、大関在位は37場所で歴代4位。

5.16 〔バレーボール〕アテネ五輪出場権獲得　バレーボールのアテネ五輪世界最終予選兼アジア予選最終日(東京体育館)に、日本女子はロシアにストレートで敗れ6勝1敗としたが、1位となり、2大会ぶり五輪出場を決めた。

5.16 〔柔道〕7階級ともアテネ五輪出場　アテネ五輪アジア予選を兼ねた柔道アジア選手権最終日(カザフスタン・アルマトイ)で、日本は男子66kg級と女子57kg級の五輪出場枠を確保。これにより、日本は男女7階級すべてで五輪に出場できることになった。

5.17 〔大学野球〕明治大学が12季ぶり優勝　東京六大学野球で明治大学が早稲田大学に5-4で勝ち、12季ぶり31回目の優勝を決めた。一場靖弘(4年)は完投で今季6勝目(通算24勝目)を挙げた。

5.21 〔大リーグ〕イチローが2000本安打　大リーグ・マリナーズのイチロー外野手が、本拠地セーフコフィールドで日米通算2000本安打を達成した。内訳は日本で1278本大リーグで722本。

5.23 〔相撲〕朝青龍が3場所連続優勝　大相撲夏場所は、横綱・朝青龍が優勝決定戦で北勝力を破り、13勝2敗で7回目の優勝。殊勲賞は前頭1枚目・北勝力(初)。敢闘賞は前頭1枚目・北勝力(2回目)と前頭16枚目・白鵬(初)。技能賞は前頭5枚目・玉乃島(初)。

5.26 〔大学野球〕日本大学が全勝優勝　東都大学野球春季リーグで、すでに優勝を決めていた日本大学が青山学院大に勝ち、開幕から10戦全勝として日程を終えた。10戦全勝は1956年秋の日大以来。3完封を含む5勝を挙げた那須野巧(4年)が最高殊勲選手、最優秀投手、ベストナインに輝いた。

5.30 〔競馬〕キングカメハメハがダービー勝利　第71回日本ダービー(東京優駿)が東京競馬場(芝2400m)で行われ、単勝1番人気のキングカメハメハ(安藤勝己騎手)が2分23秒3で1着となった。

5.31 〔高校野球〕甲子園球児21年ぶり東大入り　東大野球部に松江北高校卒の楠井一騰投手が入部した。楠井投手は2002年の選抜高校野球大会で甲子園に出場しており、甲子園球児が東大野球部に入団するのは1983年の布施英一選手(国立高)以来21年ぶり、甲子園で登板経験のある投手としては1982年の市川武史(国立高)以来22年ぶり。春の新人戦で31日に初登板、6失点のほろ苦いデビュー。

6.4 〔陸上〕室伏・末續らが優勝　陸上のアテネ五輪代表選考会を兼ねた第88回

日本選手権最終日(鳥取・布勢総合運動公園陸上競技場)、室伏広治(ミズノ)が男子ハンマー投げ10連覇、妹の女子ハンマー投げ室伏由佳(ミズノ)は大会新記録で初優勝。末続慎吾(ミズノ)は100mで2連覇。4日に行われた女子1万mでは福士加代子(ワコール)が3連覇を果たした。

6.4 〔プロ野球〕清原が2000本安打　巨人の清原和博内野手が、対ヤクルト戦(東京・神宮球場)の1回に、ベバリンから中前安打を打ち通算2000本安打を達成した。プロ31人目。19年2141試合目での達成となる遅いペースだった。同じ試合で巨人の工藤公康投手は5回に2500奪三振を記録した。プロ8人目。試合は4-7でヤクルトが勝った。また同日、近鉄の中村紀洋内野手は、対ロッテ戦(千葉・マリンスタジアム)で300号となる本塁打を放った。プロ29人目。

6.7 〔プロ野球〕王が監督通算1000勝　ダイエーの王貞治監督が監督通算1000勝目を挙げた。プロ野球11人目で、現役では最多。

6.14 〔プロ野球〕近鉄・オリックスが合併へ　プロ野球パ・リーグの大阪近鉄バファローズとオリックス・ブルーウェーブが、球団の合併で基本的に合意していることがわかった。13日14日に今季終了後の合併に向けて話し合いを重ねていることを、両球団が明らかにした。近鉄は年間40億円を超える赤字を抱え、売却先を摸索していた。

6.16 〔大学野球〕東北福祉大が13年ぶり優勝　第53回全日本大学野球選手権決勝(東京・神宮球場)で、東北福祉大(仙台六)3-1で日大(東都)を下し、13年ぶり2回目の優勝をした。13日の2回戦では、明大(東京六)の一場靖弘(4年)が広島経大(広島六)を相手に完全試合を達成した。大会史上4人目。

6.20 〔ゴルフ〕宮里が2連勝　アピタ・サークルK・サンクス・レディース(岐阜・ユーグリーン中津川GC)で、宮里藍が、13日のサントリーレディース(兵庫・ジャパンメモリアルGC)に続く2連勝を果たした。19歳での2週連続優勝は、女子ツアー制度が施行された88年以降では最年少記録。

6.20 〔F1〕佐藤が3位入賞　F1シリーズ第9戦、米国・グランプリで、佐藤琢磨(BARホンダ)が日本人ドライバーの史上最高に並ぶ3位入賞を果たした。これまでは90年の日本グランプリでの鈴木亜久里の3位入賞が、唯一の表彰台だった。

6.24 〔オリンピック〕井上主将・浜口旗手　日本オリンピック委員会(JOC)は、アテネ五輪日本選手団の主将に柔道男子の井上康生(綜合警備保障)を、旗手にレスリング女子の浜口京子(ジャパンビバレッジ)を決めた。

6.26 〔Jリーグ〕横浜が3ステージ連続優勝　Jリーグ1部(J1)第1ステージ最終節で首位の横浜が鹿島に1-0で勝ち、5度目のステージ優勝を果たした。Jリーグ史上初の3ステージ連続優勝となった。

6.26 〔ゴルフ〕宮里が最年少優勝　日本女子アマチュア選手権決勝(兵庫・六甲国際GC)で、中学3年の宮里美香(琉球)が14歳8ヵ月の史上最年少で優勝した。

6.28 〔ボクシング〕川嶋が世界王座　WBCダブル世界戦(神奈川・横浜アリー

ナ)、スーパーフライ級タイトルマッチで川嶋勝重(大橋)が、9連続防衛を目指した王者の徳山昌守に1回TKO勝ちし、初の王座に就いた。ミニマム級タイトルマッチでは王者イーグル京和(角海老宝石)が日本同級王者の小熊坂論(新日本木村)を8回負傷判定で下し、初防衛に成功。イーグル京和は今回からリングネームの「赤倉」を「京和」に改めた。

7.3 〔プロ野球〕ライブドアが近鉄買収に名乗り インターネット関連企業のライブドアが、大阪近鉄バファローズの買収に向け交渉中であることを明らかにした。

7.3 〔ボクシング〕新井田が王座奪回 WBA世界ミニマム級タイトルマッチ(東京・後楽園ホール)で、挑戦者の元WBA同級チャンピオン・新井田豊(横浜光)が、ノエル・アランブレット(ベネズエラ)を判定で破り、2001年10月に防衛戦を1度も行うことなく返上した王座に返り咲いた。アランブレットは同級のチャンピオンだったが、前日の計量で失格となり王座を剥奪されていたため、この試合は王座空位の状態で行われた。

7.7 〔プロ野球〕「もう一組の合併」浮上 プロ野球のオーナー会議が開かれ、大阪近鉄バファローズとオリックス・ブルーウェーブのほかに、パ・リーグでもう一組の合併計画が進んでいることを、この日球団創設時以来26年ぶりにオーナー会議に出席した西武ライオンズの堤義明オーナーが、明らかにした。

7.8 〔アイスホッケー〕日本リーグ休止 アジアリーグアイスホッケー実行委員会は、前年に日韓の実業団5チームで発足したアジアリーグに今季からロシア、中国のチームを加え、4ヵ国8チームとすると発表した。昨季、アジアリーグと同時開催されていた日本リーグは休止する。日本リーグは38年の歴史があった。アジアリーグに、日本からはコクド、日光アイスバックス、日本製紙、王子製紙が参加する。

7.11 〔プロ野球〕パ・リーグが2連勝 プロ野球オールスター戦第2戦(長野オリンピックスタジアム)は、合併問題に揺れるパ・リーグが第1戦(10日 ナゴヤドーム)に続いて勝利した。MVPは、第1戦が松坂大輔(西武)、第2戦が新庄剛志(日ハム)。新庄は阪神在籍の99年以来の受賞で、セ、パ両リーグでのMVP受賞は落合博満、清原和博に次いで3人目。

7.13 〔大リーグ〕イチロー2塁打・松井は三振 大リーグのオールスターゲーム(米テキサス州・ヒューストン)に、イチロー外野手(マリナーズ)は先発出場し、初回にクレメンス(アストロズ)から二塁打を放って先制の口火を切った。出場選手の最後の1人を決めるインターネット投票で選ばれた松井秀喜(ヤンキース)は、9回に代打で出場したが三振に終わった。

7.18 〔相撲〕朝青龍が4場所連続優勝 大相撲名古屋場所は、横綱・朝青龍が13勝2敗で8回目の優勝。殊勲賞は該当なし。敢闘賞は前頭14枚目・豊桜(初)。技能賞は該当なし。

7.25 〔ゴルフ〕不動が通算30勝 不動裕理が、ゴルフ5レディース(北海道・アルペンGC美唄)で優勝してツアー30勝となり、生涯にわたりツアーに出

場できる永久シード権を獲得した。日本女子史上6人目。27歳での30勝達成は史上最年少記録。

8.1 〔プロ野球〕**金本が701試合連続全イニング出場** 阪神の金本知憲外野手が、対巨人戦 (阪神甲子園球場) で701試合連続全イニング出場を達成し、プロ野球新記録となった。

8.7 〔サッカー〕**日本が2連覇** アジアカップ最終日 (中国・北京) で日本は中国を3-1で破り、2大会連続3回目の優勝。05年6月のコンフェデレーションズカップ (ドイツ) に、アジア代表として出場することになった。MVPには中村俊輔が選ばれた。

8.10 〔プロ野球〕**近鉄・オリックスが合併に合意** 大阪近鉄バファローズとオリックス・ブルーウェーブの両球団は、合併に関する基本合意書に調印した。チーム名と専用球場は合意書に含まれず、公表されなかった。

8.13 〔プロ野球〕**一場が金銭授受** プロ野球・巨人は、明治大学4年の一場靖弘投手にスカウトが約200万円の現金を渡していたことを公表した。渡辺恒雄オーナーは道義的責任をとり、辞任した。巨人は一場投手のドラフト会議での獲得を目指していたが、日本学生野球憲章や全日本大学野球連盟の規定は、大学生がプロ球団から金銭を受けとることを禁止している。一場投手は14日、明大野球部を退部した。

8.13〜29 〔オリンピック〕**アテネ五輪開催** 第28回オリンピックが近代五輪発祥の地のギリシア・アテネで開催される。28競技301種目に202カ国・地域から1万人を超える選手が参加。日本からは312選手 (男子141人・女子171人) が参加し、金メダル16・銅メダル9・銅メダル12、あわせて史上最多の37個のメダルを獲得した。金メダル16個は過去最多の東京五輪と同数。開会式翌日に柔道女子48kg級の谷亮子 (旧姓田村、トヨタ自動車) が日本最初の金メダルを獲得。谷は直前の左足首のけがを克服して2連覇を成し遂げた。直後に男子60kg級の野村忠宏 (ミキハウス) が、個人種目では日本選手初の五輪3連覇を達成。夏季五輪での日本歴代100個目となる金メダルを手にした。柔道では男子66kg級・内柴正人 (旭化成)、同100kg超級・鈴木桂治 (平成管財) が金メダル、90kg級で泉浩が銀メダル。女子63kg級・谷本歩美 (コマツ)、同70kg級・上野雅恵 (三井住友海上)、同78kg級・阿武教子 (警視庁)、同78kg超級・塚田真希 (綜合警備保障) も金メダルを獲得。52kg級で横沢由貴が銀メダル。しかし、男子100kg級で優勝候補と目されていた井上康生 (綜合警備保障) は4回戦でまさかの一本負け。敗者復活戦でも敗れ、メダルを逃した。競泳では北島康介 (東京SC) が男子100m平泳ぎ、200m平泳ぎで金メダルに輝いた。100m平の金メダル獲得後のインタビューでコメントした「ちょー気持ちいい」はこの年の流行語になった。ほかに男子100m背泳ぎで森田智己が銅メダル、男子200mバタフライで山本貴司が銀メダルを、男子400mメドレーリレーで日本が銅メダル。女子では800m自由形の柴田亜衣 (鹿屋体大) が、日本女子の自由形では初めてのメダルとなる金を獲得した。また女子200mバタフライで中西悠子が銅メダル、200m背泳ぎで中村礼子が銅メダルを獲得。シンクロナイズドスイミングはチームで日本が銀メダル、デュエットでも立花美哉・武田美保が銀メダルを

獲得。またセーリング男子470級で日本は銅メダル。この大会から正式種目になった女子レスリングでは4階級すべてでメダルを獲得。中でも、55kg級・吉田沙保里(中京女大)、63kg級・伊調馨(中京女大)は金メダル。ほかに48kg級で伊調千春が銀メダル、72kg級で浜口京子が銅メダルを獲得。レスリング男子は、フリースタイル55kg級で田南部力が銅メダル、同60kg級で井上謙二が銅メダルを獲得。低迷が続いていた男子体操は、米田功(徳洲会)、水鳥寿思(徳洲会)、冨田洋之(セントラルスポーツ)、鹿島丈博(セントラルスポーツ)、塚原直也(朝日生命)、中野大輔(九州共立大)から成る団体が28年ぶりの金メダルを獲得し、お家芸復活となった。個人では、男子鞍馬で鹿島丈博が銅メダル、平行棒で冨田洋之が銀メダル、鉄棒で米田功が銅メダルを獲得した。22日に行われた女子マラソンは30度を超える猛暑の中のレースだったが、野口みずき(グローバリー)が2時間26分20秒で優勝。日本は00年シドニー五輪の高橋尚子に続き、2大会連続の金メダルとなった。同日、男子ハンマー投げの室伏広治(ミズノ)が82m91をマーク、銀メダルを受け取った。しかし、29日に国際オリンピック委員会(IOC)が優勝のアヌシュ(ハンガリー)をドーピング違反で失格処分とし金メダルを剥奪することを決定したため、室伏が繰り上げで優勝となった。また、長嶋茂雄監督が病気療養中のため、中畑清ヘッドコーチが指揮をとった野球は銅メダル。ソフトボールも銅メダルではあったが、1次リーグで中国を相手に上野由岐子(日立&ルネサス高崎)が五輪初の完全試合を達成した。自転車では男子チーム・スプリントで日本が銀メダル。そのほか、41歳で5度目の五輪出場の山本博(埼玉・大宮開成高校教員)がアーチェリーでロサンゼルス五輪の銀メダルから20年ぶりに、銅メダルを獲得するなど、話題の多い五輪だった。

8.17 〔プロ野球〕工藤が200勝 巨人の工藤公康投手は、対ヤクルト戦(東京ドーム)で完投で勝利投手となり、通算200勝を達成した。プロ野球23人目。41歳3ヵ月の史上最年長での到達となった。工藤は、この試合の7回にプロ23年目にして初本塁打を放ち、自ら試合を決めた。

8.22 〔高校野球〕駒大苫小牧が初優勝 第86回全国高校野球選手権大会は、決勝で駒大苫小牧(南北海道)が、春夏連覇を狙う済美(愛媛)を13-10で破り初優勝。北海道勢の甲子園での優勝は春夏通じて初めて。また13得点は決勝戦での最多得点記録。

8.31 〔大リーグ〕イチローが月間56安打 大リーグ・マリナーズのイチローがブルージェイズ戦で5打数3安打2打点を記録。これで8月の月間安打数が56となり、1936年にインディアンスのロイ・ウエザリーがマークした記録に68年ぶりに並んだ。

9.2 〔大リーグ〕イチローが月間MVP 大リーグの8月の月間MVP・野手部門にイチローが選出された。日本人選手としては野茂英雄、伊良部秀輝に次ぐ3人目で野手としては初の受賞。チームは最下位だが月間56安打を記録したことが評価された。

9.5 〔オートバイ〕藤波が総合優勝 スイスで行われたオートバイのトライアル世界選手権第10選スイス・グランプリで、藤波貴久(ホンダ)が総合優勝を

2004年(平成16年) 日本スポーツ事典

果たした。藤波は1999年から5年連続で2位を占めていた。2輪モータースポーツの最高峰クラスで日本人が総合王者になったのは初めて。

9.6 〔社会人野球〕王子製紙が初優勝 都市対抗野球決勝で、王子製紙(春日井市)がホンダ(狭山市)を延長10回6-5のサヨナラで下し、初優勝した。高校野球では度々全国制覇している愛知県勢だが都市対抗野球では8度目の決勝進出で初の栄冠。

9.7 〔バスケットボール〕田臥がサンズ入り アメリカ・プロバスケットボールで、田臥勇太がフェニックス・サンズと複数年契約を結んだ。田臥は2003年に日本人として初めてNBAのナゲッツと契約したが、プレシーズン試合出場後、開幕前に解雇されていた。

9.8 〔プロ野球〕合併を承認 プロ野球のオーナー会議が東京都内のホテルで開かれ、オリックス・ブルーウェーブと大阪近鉄バファローズの合併を正式に承認した。"もう一組の合併"として福岡ダイエーホークスと千葉ロッテマリーンズの合併が検討されたが合意に至らなかったことが明らかになった。これにより来季はセ・リーグ6球団、パ・リーグ5球団で運営される見通しとなった。

9.15 〔プロ野球〕楽天がパ・リーグ参入 楽天は9月15日、来季からプロ野球パ・リーグに新規参入する方針を明らかにし、24日に正式に加盟申請した。

9.17 〔プロ野球〕史上初のストライキ 労働組合日本プロ野球選手会は18(土)・19(日)の2日間計12試合でストライキを決行、70周年を迎えるプロ野球で初のストライキとなった。選手会は6日の臨時運営委員会で、近鉄とオリックスの合併が1年間凍結されない場合は11日以降の9月の毎週土・日曜の公式戦30試合でストライキを行うことを決めていた。9日・10日の初の経営側との団体交渉では11・12日のストライキが回避されたが、16・17日の2度目の交渉では、来季からの新規参入は時間的に難しいとする経営側との間で10時間に及ぶ話し合いの末、交渉が決裂、古田敦也選手会長がストライキ決行を表明した。その後22日の交渉では経営側が来季からの参入を認める方針を出したため25・26日のストは回避された。

9.17～9.28 〔パラリンピック〕アテネ・パラリンピック開催 アテネ・パラリンピックが17日に開幕。大会史上最多の136カ国・地域から3969選手が参加、日本からは過去最多の選手163人、役員108人が参加した。大会は28日までに19競技162種目が行われ、日本は女子競泳の成田真由美が今大会個人最多の8個のメダルを獲得するなど、17個の金メダルを含む52個のメダルを獲得、金メダル数・メダル総数とも過去最多となった。

9.19 〔オートバイ〕玉田が優勝 オートバイの世界選手権シリーズ第12戦の日本グランプリ(GP)決勝が栃木・ツインリンクもてぎで行われ、最高峰クラスのモトGPで玉田誠(ホンダ)が43分43秒220で勝利した。国内開催のGP最高峰クラスでの日本人の勝利は1996年・2000年に鈴鹿で勝利した阿部典史(ヤマハ)以来4年ぶり2人目。

9.20 〔プロ野球〕新庄が幻の満塁本塁打 プロ野球の新庄外野手はダイエー戦9

回裏同点 2 死満塁から初球を左中間フェンス越えの満塁打を放った。ただし喜びのあまり一・二塁間で一塁走者と抱き合い先に立ったため、この時点でアウトとなり、本塁打は幻、記録上は単打と打点 1 に終わった。

9.23 〔オリンピック〕室伏に金メダル授与　ハンマー投げの室伏広治に横浜国際総合競技場でアテネオリンピックの金メダルが授与された。室伏はアテネ五輪のハンマー投げで 2 位となり、1 位のアヌシュ(ハンガリー) がドーピング違反で金メダルを剥奪されたため繰り上げ 1 位となり、この日、1 カ月遅れの金メダルを手にした。

9.26 〔マラソン〕渋井が日本最高記録で優勝　第 31 回ベルリン・マラソンで渋井陽子が優勝した。2 時間 19 分 41 秒のタイムは世界歴代 4 位、2001 年に高橋尚子が同じベルリンで記録した 2 時間 19 分 46 秒を更新する日本最高記録。渋井の優勝でベルリン大会での日本女子は 5 連覇を達成した。男子の日本人選手は渡辺真一が 2 時間 9 分 32 秒で 6 位に入ったのが最高。

9.26 〔相撲〕魁皇が 5 回目の優勝　大相撲秋場所は、大関・魁皇が 13 勝 2 敗で 5 回目の優勝。大関以下での優勝回数 5 回は若乃花 (3 代目)・武蔵丸らと並ぶ 2 位タイ。横綱朝青龍は 9 勝 6 敗で横綱昇進後初めての 1 ケタ勝利に終わった。殊勲賞は前頭 3 枚目・栃乃洋 (3 回目)。敢闘賞は前頭 9 枚目・琴ノ若 (5 回目) と前頭 15 枚目・露鵬 (初)。技能賞は該当なし。

9.27 〔プロ野球〕松中が三冠王　プロ野球のパ・リーグが全日程を終了。ダイエーの松中信彦が打率 3 割 5 分 8 厘、44 本塁打、120 打点で、1986 年の落合博満 (ロッテ)・バース (阪神) 以来 18 年ぶり 7 人目の三冠王に輝いた。また近鉄大阪バファローズはヤフー BB スタジアムでの対オリックス最終戦で敗れ、1950 年の球団創設以来 7252 試合目の最終試合を白星で飾れなかった。通算成績は 3261 勝 3720 敗 271 分。

9.30 〔プロ野球〕新球団監督に仰木　オリックスは、仰木彬氏に近鉄との統合で生まれる新球団の監督就任を要請していたが、仰木氏が受諾したことを、この日発表した。

10.1 〔プロ野球〕中日が 5 年ぶり優勝　セ・リーグは中日が 5 年ぶり 6 回目の優勝を果たした。落合博満監督は就任 1 年目でリーグ優勝を成し遂げ、これは 1950 年の 2 リーグ分立後では、2002 年の巨人・原辰徳監督、同年の西武・伊原春樹監督以来 11 人目で、コーチや 2 軍監督を経験していない新人監督としては 1950 年の毎日・湯浅禎夫監督以来 2 人目。最終順位は 2 位ヤクルト、3 位巨人、4 位阪神、5 位広島、6 位横浜。

10.1 〔大リーグ〕イチローが年間最多安打記録　大リーグ、マリナーズのイチローは本拠地シアトルのセーフコ・フィールドで行われたレンジャーズ戦で 3 安打を放ち、今季の通算安打を 259 とし、1920 年にジョージ・シスラー (セントルイス・ブラウンズ) が記録した年間最多安打 257 を 84 年ぶりに更新、大リーグの新記録を達成した。4 年間の通算安打数も 921 本となり、1929～1932 年にビル・テリーが記録した 918 安打を上回る大リーグ新記録となった。イチローはさらに 3 日の最終戦までに年間安打記録を 262 本に伸ばした。打率は.372 で 3 年ぶり 2 度目のア・リーグ首位打者となった。

10.3 〔プロ野球〕西武がプレーオフ第2ステージへ　プロ野球パ・リーグのプレーオフ第1ステージは、西武ドームで行われた第3戦で西武ライオンズ(レギュラーシーズン2位)が日本ハムファイターズ(同3位)を下した。対戦成績2勝1敗で、レギュラーシーズン1位のダイエーとのプレーオフ第2ステージへの進出が決まった。

10.4 〔プロ野球〕井川がノーヒットノーラン　プロ野球セ・リーグ、阪神の井川慶投手が広島市民球場で行われた広島戦でノーヒットノーランを達成。2002年8月1日の中日・川上憲伸投手以来、2年ぶり、プロ野球史上71人目。8回1死までは1人の走者も出さず、許した走者はこの回のエラーと死球、9回の四球の3人だった。

10.9 〔レスリング〕日本が全勝優勝　東京の駒沢体育館で行われたレスリング女子の第4回ワールドカップ最終日、日本は6カ国リーグ戦でロシア、中国に勝ち、全勝優勝を果たした。55kg級の吉田沙保里はただ一人全試合に出場し、1996年以来の自身の連勝記録を79に伸ばした。

10.10 〔F1〕日本グランプリ開催　自動車のF1第17戦日本グランプリ(GP)決勝が三重・鈴鹿サーキットで行われ、M.シューマッハー(ドイツ・フェラーリ)が優勝、日本の佐藤琢磨(BARホンダ)は4位に終わった。またF1参戦50戦目となるトヨタは、トゥーリ(イタリア)、パニス(フランス)が11、14位に終わる不振だった。

10.11 〔プロ野球〕西武が2年ぶり優勝　パ・リーグは、福岡ドームで行われたプレーオフ第2ステージ最終戦で、西武がダイエーに4-3で勝って対戦成績を3勝2敗とし、2年ぶり15回目の優勝を決めた。伊東勤監督は就任1年目でリーグ制覇。最終順位は2位ダイエー、3位日本ハム、4位ロッテ、5位近鉄、6位オリックス。

10.13 〔大学野球〕那須野が10連勝　東都大学野球秋季リーグで、日本大学の那須野巧(4年)が対東洋大学戦で7回3失点で勝ち投手となり、春からの連勝を10に伸ばした。10連勝はリーグ新記録。那須野は翌14日の対東洋大学戦では10回途中から救援登板をしたが、11回に2点を失って負け投手になり、連勝記録は10で止まった。

10.13 〔サッカー〕日本が最終予選進出　2006ワールドカップ・ドイツ大会のアジア1次予選3組オマーン戦(オマーン・マスカット)で、日本は1-0で勝利。最終戦を待たずに1次予選1位突破を決めた。ゴールは鈴木隆行(鹿島)。

10.16 〔プロ野球〕セ・リーグ全日程終了　セ・リーグの全日程が終了し、広島の嶋重宣外野手が189本3割3分7厘で最多安打と首位打者を獲得。最多打点は金本知憲外野手(阪神)の113点。プロ13年目での初タイトルとなった。最多盗塁は赤星憲広外野手(阪神)で、セ史上初の4年連続獲得。最多勝利投手の川上憲伸(中日)は、18日に沢村賞を受賞した。

10.18 〔プロ野球〕ソフトバンクがダイエー買収へ　ソフトバンクの孫正義社長が、プロ野球の福岡ダイエーホークスの買収計画を発表した。

10.18 〔プロ野球〕横浜新監督に牛島　プロ野球・横浜球団は記者会見で、山下大

輔監督に代わり牛島和彦監督が就任することを発表した。

10.22 〔プロ野球〕横浜・阪神も一場に現金授受　プロ野球・横浜の砂原幸雄オーナーは会見で、明治大学4年の一場靖弘投手にスカウトが60万円の現金を渡していたことの責任を取り辞任することを表明した。同日、阪神も会見を開き、一場投手にスカウトが25万円の現金を渡していたことを認め、久万俊二郎オーナーと野崎勝義球団社長が引責辞任することを表明した。

10.23 〔大学野球〕田中が7号本塁打　東京六大学野球秋季リーグ戦 (東京・神宮球場) で法政大学の田中彰は、自らの誕生日のこの日、シーズン本塁打のリーグ新記録となる今季7号本塁打を放った。従来は68年春の田淵幸一 (法政) ら10人が持つ6本が最高だった。

10.24 〔競馬〕デルタブルースが勝利　第65回菊花賞レースが京都競馬場 (芝3000m) で行われ、単勝8番人気のデルタブルース (岩田康誠騎手) が3分04秒8で1着となった。

10.25 〔プロ野球〕西武が12年ぶり日本一　プロ野球・第55回日本シリーズ第7戦 (ナゴヤドーム) で、パ・リーグ優勝の西武 (伊東勤監督) が中日を7-2で下し、4勝3敗で日本一になった。西武の日本シリーズ制覇は12年ぶり9回目。西武・伊東監督と中日・落合博満監督の1年目監督の対決は伊東監督に軍配が上がった。就任1年目で日本一になった監督は史上7人目。西武はレギュラーシーズンは2位だったが、今季パ・リーグで導入されたプレーオフを勝ち抜き、日本一まで登り詰めた。MVPは石井貴投手 (西武)。

10.27 〔プロ野球〕松中・川上がMVP　プロ野球のMVPはパ・リーグは松中信彦内野手 (ダイエー) が4年ぶり2度目の受賞、セ・リーグは川上憲伸投手 (中日) が初受賞。新人王はパ・リーグは三瀬幸司投手 (ダイエー)、セ・リーグは川島亮投手 (ヤクルト)。

10.27 〔大リーグ〕レッドソックスが優勝　米・大リーグのワールドシリーズ最終戦で、レッドソックスがカージナルスに勝利して4連勝となりワールドシリーズを制覇した。カージナルスの田口壮外野手は、ポストシーズン19試合のうち先発出場は23日のワールドシリーズ第1戦のみだったが、その試合で安打を打ち打点もあげた。

10.30 〔フィギュアスケート〕ハリファクスでグランプリシリーズ開催　フィギュアスケートのグランプリ (GP) シリーズ第2戦カナダ第3日がハリファクスであり、女子で恩田美栄が2位、村主章枝が4位に入った。男子の本田武史は7位に終わった。

10.31 〔ゴルフ〕井上が初勝利　ゴルフのABCチャンピオンシップ最終日が兵庫・ABCゴルフ倶楽部で行われ、プロ7年目の井上信が通算15アンダーでツアー初勝利を挙げた。年間シード権外の予選会にあたるマンデートーナメントから勝ち上がっての優勝は、1979年の佐藤昌一、1985年のブライアン・ジョーンズに次ぐ史上3人目の快挙。

10.31 〔スピードスケート〕全日本距離別選手権開催　スピードスケートの全日本距離別選手権最終日が長野市のエムウェーヴであり、男子500mで加藤条

治が2連覇、1500mは牛山貴広が優勝、女子500mは19歳の吉井小百合が初優勝、1500mは田畑真紀が1分59秒65の国内最高記録で6連覇を果たした。

11.1 〔大学野球〕慶大が6季ぶり優勝　東京六大学野球は全日程を終了。早稲田大学に連勝した慶応義塾大学が勝ち点4で法政大学と並び、勝率で上回って、6季ぶり31回目の優勝を果たした。慶大は12日開幕の明治神宮大会に出場する。

11.1 〔相撲〕稀勢の里が入幕　大相撲の新番付が発表され、萩原改め稀勢の里が入幕を果たした。18歳3カ月での入幕は、昭和以降では貴花田の17歳8カ月に次ぐ2番目の若さ。九州場所は14日が初日。

11.2 〔プロ野球〕新規参入は楽天　日本プロ野球組織（NPB＝日本野球機構）は実行委員会とオーナー会議を開き、来季からの新規参入球団を楽天とすることを決めた。球団名は「東北楽天ゴールデンイーグルス」、本拠地は仙台市の県営宮城球場。新球団参入は1954年の高橋ユニオンズ以来51シーズンぶり。先に加盟申請していたライブドアの参入はならなかった。

11.3 〔プロ野球〕スーパー・ワールドカップ開催に合意　日本・アメリカ・韓国のプロ野球組織は、各国代表チームで争うスーパー・ワールドカップ（W杯、仮称）を2006年3月に開催することで合意した。

11.3 〔バスケットボール〕田臥が開幕戦7得点　アメリカ・プロバスケットボール（NBA）初の日本人選手となったフェニックス・サンズの田臥勇太は、ホークスとの開幕戦で第4クオーター2分から途中出場、10分間で7得点、1アシストを記録した。田臥は9月7日にサンズと複数年契約を結び、11月1日に今季開幕メンバー12人に日本人として初めて登録されていた。

11.5 〔大学野球〕中大が51季ぶり優勝　東都大学野球秋季リーグが全日程を終了。中央大学が勝ち点4で51季ぶり24回目の優勝を果たした。中大は12日開幕の明治神宮大会に出場する。

11.6 〔フィギュアスケート〕荒川が総合初優勝　フィギュアスケートのグランプリ（GP）シリーズ第3戦NHK杯第3日が名古屋市総合体育館であり、女子でショートプログラム1位の荒川静香がフリーで順位を落としたものの総合で初優勝。フリー1位の安藤美姫が総合2位、恩田美栄が総合4位に入った。

11.7 〔駅伝〕駒沢大学が2大会ぶり優勝　第36回全日本大学駅伝対抗選手権が名古屋市の熱田神宮から伊勢市の伊勢神宮までの8区間106.8kmで行われ、駒沢大学が5時間18分2秒で2大会ぶり5回目の優勝を果たした。駒大は4区間で区間賞となるなど1区から一度も首位を譲らない圧勝だった。

11.8 〔プロ野球〕西武売却を否定　プロ野球パ・リーグの西武ライオンズの親会社コクドは、球団を売却しない方針を表明した。西武は今季日本シリーズを制覇したが、親会社のコクドが所有する西武鉄道株が有価証券報告書虚偽記載問題で株価が急落、財務が悪化し、球団売却を複数企業に打診していることが6日明らかになっていた。

11.13 〔体操〕冨田・市川が天皇杯優勝　体操の天皇杯第58回全日本選手権第2日

が東京・代々木競技場で行われ、男子総合は冨田洋之が 2 年ぶり 3 回目の優勝を果たした。塚原直也は 2 位、米田功が 3 位。女子は市川千尋が初優勝した。

11.14　〔野球〕日米野球全日程を終了　日米野球 2004 の第 8 戦 (最終戦) が東京ドームで行われ、大リーグ選抜が 5-0 で日本選抜に勝ち、単線成績を 5 勝 3 敗で終えた。

11.16　〔大リーグ〕MVP はゲレロ　大リーグのア・リーグの最優秀選手 (MVP) にエンゼルスのウラジーミル・ゲレロが選ばれた。イチローの 2001 年以来 2 度目の受賞はならなかった。

11.17　〔プロ野球〕ドラフト会議開催　プロ野球の新人選択 (ドラフト) 会議が行われ、阪神タイガースが 8 順目でアメリカ・カリフォルニア州のマタデーハイスクールに在籍する辻本賢人を指名。辻本は 15 歳でドラフト史上最年少での指名となった。15 歳での入団は過去にドラフト制度前の 1936 年の西沢道夫 (名古屋)、ドラフト外入団の 1968 年の近藤義之 (近鉄) がいる。

11.17　〔相撲〕武双山が引退　大相撲の東大関・武双山が九州場所 4 日目に引退届を提出した。武双山はカド番で迎えた今場所で初日から 3 連敗と不振だった。優勝 1 回、幕内通算成績は 520 勝 366 敗 122 休。大関のままの引退は 1990 年の北天佑などで以来 14 年ぶり。

11.20　〔J リーグ〕浦和レッズが初優勝　J リーグ 1 部 (J1) 第 2 ステージは浦和レッドダイヤモンズが初のステージ優勝を果たした。この日浦和レッズは名古屋グランパスに敗れたものの、2 位のガンバ大阪も敗れたため、2 試合を残して優勝が決まった。

11.21　〔マラソン〕東京国際で嶋原が 2 位　2004 年東京国際女子マラソンが行われ、ブルーナ・ジェノベーゼ (イタリア) が 2 時間 26 分 34 秒で優勝、嶋原清子が 9 秒差の 2 時間 26 分 43 秒で 2 位に入る健闘を見せた。千葉真子は終盤にペースを落とし 4 位だった。

11.24　〔バスケットボール〕bj リーグ発足　バスケットボールの日本初のプロリーグが発足した。バスケットの b、ジャパンの j をとった「bj リーグ」と名付けられ、6 チームで発足、2005 年 11 月に開幕する。

11.26　〔ラグビー〕ウェールズに大敗　ラグビーの日本代表は遠征先の英国カーディフで最終戦を行い、ウェールズ代表に 0-98 で敗れ、3 戦全敗で遠征を終えた。98 点差の大敗は日本代表史上 3 番目のワースト記録。

11.28　〔J リーグ〕観客数トップはアルビレックス新潟　サッカー J リーグ 1 部 (J1) のアルビレックス新潟が今季最終戦を終えた。主催 15 試合の平均観客数は 37,689 人で、1996 年以降 J1 の観客数トップを続けてきた浦和レッドダイヤモンズ (今季 36,660 人) を上回り初の 1 位となった。

11.28　〔ゴルフ〕不動が 5 年連続賞金女王　女子プロゴルフの JPGA ツアー選手権リコー杯で不動裕理が通算 2 アンダーで逆転優勝。獲得賞金 1 億 4277 万円で 5 年連続の賞金女王となった。前日まで 1 位だった 19 歳の宮里藍は 1 打差の 2 位タイで史上最年少女王はならなかった。

11.28 〔相撲〕**朝青龍が優勝**　大相撲九州場所は、横綱・朝青龍が 13 勝 2 敗で 9 回目の優勝。朝青龍は年間 78 勝となり歴代 7 位タイとなった。東大関の魁皇は横綱朝青龍を倒し 12 勝 3 敗で来場所の綱取りに希望を残した。殊勲賞は白鵬 (初)、敢闘賞は琴欧州 (初) の欧州出身力士が占め、技能賞は若の里 (2 回目) が受賞した。

11.28 〔競馬〕**ダンノロブロイが勝利**　第 24 回ジャパンカップが東京競馬場 (芝 2400m) で行われ、日本のゼンノロブロイ (O. ペリエ騎手) が 2 分 24 秒 2 で 1 着となり、秋の天皇賞に続く GI2 連覇を果たした。3 馬身差の 2 着にはコスモバルクが入り、地方競馬所属馬としては 1985 年のロッキータイガー以来の健闘を見せた。

11.30 〔プロ野球〕**ソフトバンクがダイエー買収**　プロ野球パ・リーグの福岡ダイエーホークスをソフトバンクに売却する正式契約が結ばれた。ダイエーホークスは親会社のダイエーの経営悪化のため、球団の売却条件に権限を持つアメリカ投資会社コロニーがソフトバンクを売却先候補に推薦、12 日にダイエー、ソフトバンク両社の社長が会談、売却を基本合意した。買収額は総額 200 億円。ソフトバンクはコロニーから興行権も買収する。

12.1 〔卓球〕**世界ジュニア開催**　卓球の世界ジュニアは神戸市のワールド記念ホールで団体決勝などが行われ、女子決勝では日本が中国に 0-3 で敗れ初優勝はならなかった。エース福原がストレート負けするなど日本は完敗で、福原は 2002 年 6 月以来中国選手に対し 25 連敗となった。

12.4 〔スピードスケート〕**清水・大菅が W 杯で優勝**　スピードスケートのワールドカップ (W 杯) 長野大会が行われ、男子 500m で清水宏保が国内初の 34 秒台となる 34 秒 95 で 2 連覇、この種目で通算 34 勝目を挙げた。加藤条治は 35 秒 23 で 3 位。女子 500m では大菅小百合が中国の王と同じ 38 秒 13 の国内最高記録で優勝、岡崎朋美は 500m と 1000m で 3 位となった。

12.4 〔フィギュアスケート〕**浅田が初優勝**　フィギュアスケートのジュニアグランプリ (GP) ファイナルがヘルシンキで行われ、女子で 14 歳の浅田真央が初優勝した。日本女子はこの大会で 2001 年の安藤美姫以来 4 連覇。

12.5 〔マラソン〕**尾方が初優勝**　第 58 回福岡国際マラソン選手権大会が福岡市で行われ、尾方剛が 2 時間 9 分 10 秒で初優勝し、2005 年の世界選手権代表に内定した。2 位は大崎悟史、世界歴代 2 位の記録をもつサミー・コリル (ケニア) は 3 位。

12.5 〔ラグビー〕**早稲田大学が 4 連覇**　ラグビーの関東大学対抗戦は早稲田大学が明治大学を 49-19 で破り、4 年連続の全勝で通算 17 回目の優勝を果たした。対抗戦の 4 連覇は 1991〜1994 年の明治大学以来で早稲田大学としては初めて。

12.5 〔アメリカンフットボール〕**法政大学が 2 連覇**　アメリカンフットボールの関東大学選手権は法政大学が中央大学を決勝で破り 2 年連続 13 回目の優勝。19 日の東西大学王座決定戦・甲子園ボウルに出場する。

12.5 〔ゴルフ〕**片山が 4 年ぶり賞金王**　男子プロゴルフは日本シリーズ JT カッ

プを終え今季の全日程を終了、片山晋呉が獲得賞金1億1951万円で4年ぶり2度目の賞金王となった。獲得金額では、女子女王の不動裕理 (1億4277万円)、2位の宮里藍 (1億2297万円) を下回った。

12.11 〔Jリーグ〕横浜が2年連続年間王者　サッカーJリーグ1部 (J1) は年間王者を決めるサントリー・チャンピオンシップ第2戦が埼玉スタジアムで行われ、第1ステージ優勝の横浜F・マリノスが浦和レッドダイヤモンズに1勝1敗の末のPK戦で破り、2年連続3度目の年間王者となった。2005年からは1シーズン制となるためチャンピオンシップは今年が最後となった。

12.12 〔駅伝〕三井住友海上が2連覇　第24回全日本実業団対抗女子駅伝が岐阜県の長良川競技場発着の6区間42.195kmで行われ、三井住友海上が前年の大会記録を上回る2時間13分17秒で2年連続4回目の優勝を果たした。

12.13 〔Jリーグ〕中沢がMVP　サッカーJリーグの年間表彰式が横浜アリーナで開かれ、最優秀選手賞 (MVP) に年間王者となった横浜F・マリノスのDFの中沢佑二が選ばれた。中沢は初受賞で日本人DFのMVP受賞も初めて。新人王は16歳の高校生Jリーガー森本貴幸 (東京ヴェルディ)。

12.18 〔アメリカンフットボール〕松下電工が9年ぶり優勝　アメリカンフットボールのジャパンエックスボールは、松下電工が決勝でアサヒビールを下し、9年ぶり4回目の優勝。優勝回数で最多のアサヒビールに並んだ。最優秀選手 (MVP) は松下電工のキッカー太田雅宏。

12.18 〔フィギュアスケート〕荒川が総合2位　フィギュアスケートのグランプリ (GP) ファイナルは最終日が北京で行われ、イリーナ・スルツカヤ (ロシア) が3年ぶり4回目の優勝を果たした。SP2位の荒川静香は自由でもミスが続き総合で2位だった。

12.19 〔スピードスケート〕石野・牛山が初優勝　スピードスケートの全日本選手権が帯広の森スピードスケート場で行われ、女子では19歳の石野枝里子が初の総合優勝。10代での総合優勝は橋本聖子以来。田畑真紀は4位に終わり大会7連覇を果たせなかった。男子は牛山貴広が総合で初優勝した。

12.19 〔競馬〕武が年間最多勝記録　競馬の武豊が阪神競馬第2競走でダブリティンパニーに騎乗し1着となり、今年205勝目を挙げ、自身が前年記録したJRA主催レースでの年間最多勝記録を更新した。この日さらに2勝し記録を207勝までのばした。

12.21 〔サッカー〕サッカーくじ直営販売へ　サッカーくじ (スポーツ振興くじ、toto) を運営する独立行政法人日本スポーツ振興センターは、販売を委託しているりそな銀行との契約が切れる2006年3月で販売委託をやめ、直営販売することを決めた。サッカーくじは2001年に始まり、初年は604億円を売り上げたが、その後は販売不振で今年の売上げは155億円だった。

12.22 〔プロ野球〕岩隈が楽天入り　プロ野球パ・リーグの岩隈久志の新球団楽天への金銭トレードが決まった。今季所属した近鉄とオリックスの合併発表以来半年以上にわたって揺れ続けた問題は、オリックスの小泉社長が"超法規的"に判断し、リーグ最多勝投手は新球団で来季を迎えることとなる。

12.23　〔ショートトラック〕神野が2大会連続完全優勝　スピードスケートのショートトラック全日本距離別選手権が大阪プールアイススケート場で行われ、女子で神野由佳が優勝、2大会連続の3種目完全制覇を果たした。

12.23　〔レスリング〕全日本選手権開催　レスリングの全日本選手権が代々木第2体育館で行われ、女子55kg級で吉田沙保里が3連覇を果たし、最優秀選手に送られる天皇杯を獲得した。63kg級では伊調馨が3連覇、72kg級では浜口京子が自身の持つ女子連覇記録を更新する9連覇を達成した。

12.24　〔プロ野球〕ダイエー売却を承認　日本プロ野球組織 (NPB) のオーナー会議が開かれ、パ・リーグのダイエーからソフトバンクへの球団譲渡が全会一致で承認され、福岡ソフトバンクホークスの誕生が正式に決まった。球団の経営主体が変わるのは2002年の横浜ベイスターズ (マルハからTBSへ) 以来。

12.24　〔サッカー〕日体大が5連覇　全日本大学女子サッカーは神戸ユニバー記念競技場で行われた決勝で日体大が勝ち、大会史上初の5連覇を達成した。

12.26　〔駅伝〕仙台育英・諫早が優勝　全国高校駅伝 (男子第55回、女子第16回) は京都の西京極陸上競技場付設マラソンコースで行われ、男子は仙台育英が2時間1分32秒の大会新記録で2年連続5度目、女子は諫早が1時間7分33秒で3年ぶり2回目の優勝を果たした。

12.26　〔ラグビー〕東芝府中が初優勝　ラグビーのトップリーグは東芝府中が29-10でヤマハ発動機を破り、勝ち点を45として創設2季目で初優勝を決めた。

12.26　〔フィギュアスケート〕安藤が2連覇　フィギュアスケートの第73回全日本選手権が横浜プリンスホテルスケートセンターで行われ、安藤美姫が2連覇を果たした。2位はトリプルアクセルを決めた14歳の浅田真央、3位は村主章枝。

12.26　〔競馬〕ゼンノロブロイが勝利　第49回有馬記念レースが中山競馬場 (芝2500m) で行われ、ゼンノロブロイ (O. ペリエ騎手) が2分29秒5で1着となり、秋の天皇賞、ジャパンカップに続くGI3連覇を果たした。オリビエ・ペリエ騎手と藤沢調教師はこのレース初の3連覇。

12.27〜28　〔バスケットボール〕金沢総合・能代工が優勝　バスケットボールの全国高校選抜が東京体育館で行われ、女子は金沢総合 (神奈川) が83-76で桜花学園 (愛知) を破り初優勝。公立校の優勝は1978年の小林 (宮崎) 以来26年ぶり。男子は能代工 (秋田) が93-87で北陸 (福井) を破り2年連続20回目の優勝。

12.29　〔スピードスケート〕吉井が初優勝　スピードスケートの第31回全日本スプリント選手権が長野県の茅野市運動公園国際スケートセンターで行われ、吉井小百合が最終種目の1000mで岡崎朋美を逆転し初優勝した。

12.31　〔格闘技〕大晦日恒例格闘技　大晦日の恒例行事となった格闘技イベントで、K-1注目の魔裟斗 vs 山本KID徳郁は魔裟斗の判定勝ち。曙はホイス・グレーシーに手首を決められてギブアップ。一方PRIDE「男祭り」で吉田秀彦はルーロン・ガードナーに判定で敗れた。

12 月　〔一般〕日本プロスポーツ大賞決定　2004 年 (平成 16 年) の日本プロスポーツ大賞 (日本プロスポーツ協会主催) は、大賞が朝青龍明徳 (大相撲)、殊勲賞が松中信彦 (プロ野球)、浦和レッドダイヤモンズ (J リーグ)、不動裕理 (女子プロゴルフ)、最高新人賞が宮里藍 (女子プロゴルフ) に決定。

12 月　〔一般〕流行語大賞決定　第 21 回 (2004 年) 新語・流行語大賞が決定。スポーツ界では、年間大賞部門に"チョー気持ちいい"が選ばれた。受賞者は北島康介 (アテネオリンピック水泳代表選手)。トップテン部門は"気合だー!"、受賞者はアニマル浜口。トップテン部門は"新規参入"、受賞者は堀江貴文 (ライブドア社長)。

パラリンピック

　パラリンピック (Paralympic Games) は、オリンピック (夏季、冬季) と同じ年に同じ開催地でおこなわれる障害者の総合競技会である。五輪ロンドン大会が開催された 1948 年にロンドンのストーク・マンデビル病院で脊椎損傷者のために開かれた競技会に始まる。もともとは英語の Paraplegia(下半身不随) とオリンピックをつないだ造語で、東京五輪のときに初めて「パラリンピック」という名称が用いられたが正式の競技会名は「国際ストーク・マンデビル競技会」であった。ソウル五輪のときからパラリンピックを正式名称とし、"Para"は「もう一つの」の意とされ、翌年に国際パラリンピック委員会が設立されてこれが公式の解釈と定められた。現在のパラリンピックは下半身不随者に限らず各種の障害者が障害の種類や程度によってグループ分けされて各種の競技に挑んでいる。シドニー大会の競泳で成田真由美は 6 個の金メダルを獲得して"大会の顔"と呼ばれ閉会式では日本チームの旗手をつとめた。成田は中学生時代に患った脊髄炎が因で下半身麻痺、その上に交通事故の後遺症が重なった。しかし成田はめげず水泳で甦った。"シドニー大会の顔"は明るい笑顔で人々を惹きつけた。アテネ大会で金メダルの数を一つ増やした成田の ID カードの裏に一人の女性の写真があった。前大会のあと亡くなったカイ・エスペンハイン (独) の写真である。カイが出場していたらという思いが強かったのだろう、ドイツ・チームの励ましを受けて笑顔の成田が涙した。カイに勝てなかった種目のメダルを、成田は心のなかで畏友の霊に捧げたのではなかったか。

2005 年
(平成 17 年)

1.1　〔駅伝〕コニカミノルタが 2 年ぶり優勝　第 49 回全日本実業団対抗駅伝 (群馬県庁発着・7 区間 100km) でコニカミノルタが 4 時間 48 分 57 秒で 2 年ぶり 4 回目の優勝。

1.1　〔サッカー〕東京ヴェルディが 8 年ぶり優勝　第 84 回天皇杯全日本サッカー選手権決勝 (東京・国立競技場) で東京ヴェルディがジュビロ磐田を 2-1 で破り、前身の読売クラブ・ヴェルディ川崎時代を含め、8 年ぶり 5 回目の優勝を果たした。

1.3　〔駅伝〕駒沢大が箱根 4 連覇　第 81 回東京 - 箱根間往復大学駅伝競走は、往路 2 位の駒沢大が往路優勝の東海大を 7 区で逆転し、通算 11 時間 3 分 48 秒で 4 年連続 5 度目の総合優勝を果たした。4 連覇は史上 5 校目。

1.3　〔アメリカンフットボール〕松下電工が 10 年ぶり優勝　第 22 回日本選手権「ライスボウル」(東京ドーム) で、社会人 X リーグ王者松下電工が、3 連覇を狙った学生日本一の立命館大を 26-7 で破り、10 年ぶり 2 回目の優勝を果たした。社会人代表が学生代表に勝ったのは 4 年ぶりで、対戦成績は 11 勝 11 敗のタイになった。

1.7　〔ラグビー〕啓光学園が 4 連覇　第 84 回全国高校ラグビー決勝 (大阪・近鉄花園ラグビー場) で啓光学園 (大阪) が 31-14 で天理 (奈良) を下し、4 年連続 6 回目の優勝。4 連覇は戦前の同志社中に次ぐ記録で、戦後初。また通算 6 度の優勝は史上 3 位タイ。

1.9　〔バスケットボール〕日本航空・アイシンが優勝　全日本総合選手権 (男子は第 80 回、女子は第 71 回。東京・代々木第 2 体育館) 女子決勝で日本航空がシャンソン化粧品を 76-67 で破り初優勝。1990 年以降続いていたシャンソンと JOMO (=ジャパンエナジー、共同石油) の 2 強時代に風穴を開けた。翌 10 日男子決勝ではアイシンがトヨタ自動車を 66-51 で破り、4 年連続 4 回目の優勝。4 連覇は 1969 年の日本鉱業以来の記録。

1.9　〔柔道〕井上が優勝　2 大会ぶりに体重無差別で行われた嘉納杯国際大会 (日本武道館) で、井上康生 (綜合警備保障) が 5 試合中 4 試合で一本勝ちし、アテネ五輪で敗れて以来の復活優勝を果たした。

1.10　〔高校サッカー〕鹿児島実が 9 年ぶり優勝　第 83 回全国高校選手権決勝 (東京・国立競技場) で鹿児島実 (鹿児島) が市立船橋 (千葉) を 0-0 の末に PK 戦で破り 9 年ぶり 2 回目の優勝。前回の優勝は決勝で引き分けての両校優勝だったので、単独優勝は初めて。また決勝戦の引き分けが廃止されて以降、実際に PK 戦で決着がついたのは初めてだった。

1.11　〔野球〕村田・森が殿堂入り　村田兆治氏 (元投手)、森祇晶氏 (元捕手・監

督) が野球殿堂入り。

1.15 〔卓球〕福原が2冠　全日本選手権 (東京体育館) 女子ダブルスで福原愛・小西杏組が3連覇。福原はシングルスでは6回戦で敗れたが、14日に混合ダブルスでも史上最年少優勝を果たしており、2冠を達成した。

1.15 〔スピードスケート〕岡崎が日本記録で優勝　ワールドカップ・カルガリー大会女子500mで、岡崎朋美 (富士急) が自身の持つ日本記録を更新する37秒73で優勝。岡崎のW杯優勝は5年ぶりで通算12勝目。

1.21 〔相撲〕朝青龍が2場所連続優勝　大相撲初場所は、横綱・朝青龍が3度目の全勝で10回目の優勝。殊勲賞は該当なし。敢闘賞は該当なし。技能賞は小結・白鵬 (初)。

1.22 〔相撲〕栃東が大関返り咲き　初場所 (両国国技館) 14日目、先場所大関から陥落した関脇栃東が10勝を挙げ、大関返り咲きを決めた。栃東は2度陥落して2度とも返り咲くことになり、史上初めての記録。

1.30 〔マラソン〕小崎が2位　大阪国際女子マラソン (大阪・長居陸上競技場発着) で小崎まり (ノーリツ) が2時間23分59秒で2位に入った。優勝はエレナ・プロコプツカ (ラトビア)、3位には弘山晴美が続いた。

2.5 〔ノルディックスキー〕船木が6季ぶり優勝　W杯ジャンプ第20戦 (札幌・大倉山) ラージヒルで、船木和喜 (フィット) が6季ぶりの優勝。ただしW杯総合ポイント上位者は欠場していた。

2.6 〔ラグビー〕東芝府中が優勝　トップリーグ上位8強が参加するマイクロソフトカップ決勝 (東京・秩父宮ラグビー場) で、トップリーグで優勝した東芝府中がヤマハ発動機を20-6で破り、2冠を達成した。

2.9 〔サッカー〕最終予選スタート　2006ワールドカップ・ドイツ大会のアジア最終予選1戦で日本は北朝鮮に2-1で辛勝。前半開始早々MF小笠原 (鹿島) のFKで先制したが、後半16分に追いつかれ、そのまま引き分けに持ち込まれるかに思われたが、終了間際大黒 (ガ大阪) が代表初ゴールを決めて劇的勝利を挙げた。

2.13 〔マラソン〕高岡が初優勝　2005東京国際マラソン (国立競技場発着) で、日本最高記録保持者の高岡寿成 (カネボウ) が2時間7分41秒で初優勝。高岡はマラソン5回目で初めて優勝した。

2.13 〔ゴルフ〕宮里・北田組が初代女王　女子の国別対抗戦、第1回ワールドカップで、日本の宮里藍・北田瑠衣組が2位に2打差で優勝。初代女王の座に就いた。

2.19 〔フィギュアスケート〕村主が2年ぶり優勝　4大陸選手権 (韓国・江陵) 女子シングルで村主章枝 (ダイナシティ) が2年ぶり3回目の優勝。村主と世界選手権代表の座を争った恩田美栄 (東海学園大) は2位に終わった。

2.20 〔スピードスケート〕ワールドカップ・ヘーレンフェイン大会開催　ワールドカップ最終戦ヘーレンフェイン大会 (オランダ) 男子500mで加藤条治 (三協精機) が35秒02で2位に入り、この種目で総合2位に入った。また女子

500m では岡崎朋美が総合 3 位に入った。

2.20 〔ショートトラック〕神野・寺尾が総合優勝　第 28 回全日本選手権 (京都アクアリーナ) で、女子は全 4 種目を制した神野由佳 (綜合警備保障) が 3 年連続 3 度目の総合優勝。男子は初日に 2 種目を制した寺尾悟 (トヨタ自動車) が 3 年ぶり 8 度目の総合優勝を果たした。

2.20 〔アイスホッケー〕王子製紙が 3 年ぶり優勝　第 72 回全日本選手権決勝 (長野・ビッグハット) で、王子製紙が日本製紙を 5-2 で下し、3 年ぶり 34 回目の優勝を果たした。

2.26 〔J リーグ〕東京ヴェルディが 10 年ぶり優勝　ゼロックス・スーパーカップ (東京・国立競技場) で、天皇杯優勝の東京ヴェルディが 2-2 から PK 戦 5-4 で J1 王者の横浜 F・マリノスを破り、10 年ぶり 3 回目の優勝を果たした。

2.26 〔フリースタイル〕上村が 2 季ぶり優勝　ワールドカップ・ボス (ノルウェイ) 大会で、上村愛子が 2 季ぶり 2 回目の優勝。「セブン・オー」といわれる大技を決め、エアで高得点をマークした。

2.27 〔ラグビー〕NEC が 2 年ぶり優勝　第 42 回日本選手権決勝 (東京・秩父宮ラグビー場) で、NEC がトヨタ自動車を 17-13 で下し、2 年ぶり 2 回目の優勝。なおシーズン 3 冠を狙った東芝府中は準決勝で敗退した。

3.3 〔フィギュアスケート〕浅田・織田がアベック優勝　世界ジュニア選手権 (カナダ・キッチナー) 女子シングルで、浅田真央 (東海ク) が大会史上初めてトリプルアクセルを成功させ初出場で初優勝。女子シングルで日本選手は 3 大会連続 5 回目の優勝となった。また浅田は前年末のジュニアグランプリ・ファイナルにも勝っており 2 冠を達成した。また 5 日の男子シングル・フリーでは織田信成 (大阪ク) が SP2 位から逆転優勝を果たし、初のアベック優勝となった。

3.4 〔スピードスケート〕加藤が優勝　世界距離別選手権 (独・インツェル) 男子 500m で、加藤条治 (三協精機) が 1 位、清水宏保 (NEC) が 2 位となり、トリノ五輪代表に内定した。

3.12 〔バレーボール〕東レが初優勝　V リーグ男子優勝決定戦第 2 戦 (さいたまスーパーアリーナ) で、東レが 3-1 で第 1 戦に続き NEC を破り、初優勝を果たした。

3.13 〔マラソン〕原が初優勝　名古屋国際女子マラソン (名古屋・瑞穂公園陸上競技場発着) で、初マラソンの原裕美子 (京セラ) が 2 時間 24 分 19 秒で初優勝。日本最高記録保持者の渋井陽子は 7 位に終わった。

3.15 〔バスケットボール〕シャンソン化粧品が 5 年ぶり優勝　女子 W リーグ・プレーオフ決勝第 4 戦 (東京・代々木第 2 体育館) で、シャンソン化粧品が日本航空を 80-62 で下し、通算 3 勝 1 敗で 5 年ぶり 15 回目の優勝。全日本総合選手権の雪辱を果たした。

3.18 〔スノーボード〕成田が総合優勝　ワールドカップ・ハーフパイプ最終戦 (スウェーデン・タンダダレン) で、成田夢露 (夢くらぶ) がシーズン 2 勝目、種

目別の総合優勝した。

3.19 〔フィギュアスケート〕世界選手権開催　世界選手権(ロシア・モスクワ)女子シングルで村主章枝(ダイナシティ)が5位、安藤美姫(中京大中京高)が6位、荒川静香(プリンスホテル)が9位となり、トリノ五輪出場枠3を確保した。また17日に行われた男子シングルでは高橋大輔(関大)は15位に沈み、男子の出場枠は1となった。

3.20 〔ハンドボール〕大崎電気・広島メイプルレッズが優勝　日本リーグ男子決勝(東京・駒沢体育館)で、リーグ戦1位の大崎電気が28-24でリーグ戦2位の大同特殊鋼を下し初優勝。女子決勝ではリーグ1位の広島メイプルレッズが2位オムロンを28-27で破り7連覇を達成した。

3.20 〔バレーボール〕NECが2年ぶり優勝　Vリーグ女子優勝決定戦最終第3戦(東京・代々木競技場)で、NECが3-1でパイオニアを破り、2年ぶり4回目の優勝を果たした。

3.20 〔フリースタイル〕上村が銅メダル　世界選手権(フンランド・ルカ)女子デュアルモーグルで、上村愛子(北野建設)が銅メダルを獲得。トリノ五輪代表に内定した。

3.20 〔柔道〕桐蔭学園が初優勝　第27回全国高校選手権(東京・日本武道館)男子団体決勝で桐蔭学園(神奈川)が埼玉栄(埼玉)に勝ち初優勝。決勝戦常連校の世田谷学園や前年優勝校国士舘は早々に敗退した。

3.20 〔F1〕トヨタが2位　F1シリーズ第2戦マレーシア・グランプリで、トヨタが2位となり、参戦4年目にして初めて表彰台に立った。

3.22 〔団体〕日本体協会長に森前首相　日本体育協会が役員を改選。森喜朗前首相を第14代会長に選出した。首相経験者として初めての会長就任となる。

3.24 〔オリンピック〕JOC役員改選　日本オリンピック委員会(JOC)が役員改選を行い、竹田恒和会長の続投を決定。また小谷実可子氏の新理事就任が決まった。小谷理事は38歳で最年少理事。

3.24 〔バスケットボール〕東芝が5年ぶり優勝　男子スーパーリーグ・プレーオフ決勝最終第5戦(東京・代々木第2体育館)で、東芝が3年連続2冠を狙ったアイシンを75-73の接戦で下し、通算3勝2敗で5年ぶり2回目の優勝を果たした。

3.25 〔サッカー〕日本がイランに敗れる　2006ワールドカップ・ドイツ大会のアジア最終予選第2戦(イラン・テヘラン)で、日本はイランに1-2で敗れた。前半先制された日本は、後半に福西(磐田)のゴールで追いついたが、後半30分に決勝点を奪われ敗北。勝ち点3のままでB組3位に転落した。

3.27 〔アイスホッケー〕コクドが初優勝　アジアリーグ・プレーオフ決勝第4戦(東京・東伏見)で、シーズン2位のコクドが連覇を狙った1位の日本製紙を5-2で下し、通算3勝1敗で初優勝を果たした。

3.27 〔相撲〕朝青龍が3場所連続優勝　大相撲春場所は、横綱・朝青龍が14勝1敗で11回目の優勝。殊勲賞は該当なし。敢闘賞は前頭7枚目・玉乃島(4回

2005 年 (平成 17 年)

目)。技能賞は前頭 10 枚目・海鵬 (2 回目) と前頭 11 枚目・安馬 (初)。

3.30 〔サッカー〕日本が辛勝　2006 ワールドカップ・ドイツ大会のアジア最終予選第 3 戦 (埼玉スタジアム) で、日本はバーレーンに 1-0 で辛勝。後半相手のオウンゴールに救われての勝利だったが、勝ち点 3 を加え B 組 2 位に浮上した。

4.1 〔卓球〕福原が中国スーパーリーグへ　福原愛 (青森山田高) が中国スーパーリーグ遼寧省チームへの入団を調印。中国スーパーリーグは卓球では世界最高峰のレベル。

4.3 〔大リーグ〕大リーグ開幕　米・大リーグも開幕し、ヤンキースの松井秀喜選手が開幕戦は 3 安打 3 打点 1 本塁打の大活躍。翌 4 日開幕となったマリナーズのイチローは 2 安打、メッツの松井稼頭央は 2 年連続初打席本塁打を放った。

4.3 〔柔道〕内柴が優勝　第 38 回全日本選抜体重別選手権 (福岡市民体育館) で、アテネ五輪金メダリストの内柴正人 (旭化成) が 66kg 級で順当に優勝。ただ重量級の実力者井上・鈴木・棟田の 3 人は大会欠場した。

4.4 〔高校野球〕愛工大名電が初優勝　第 77 回選抜高校野球大会は、決勝で愛工大名電 (愛知) が神村学園 (鹿児島) を 9-2 で破り初優勝。愛工大名電は前年春の選抜大会では決勝で敗れており、その雪辱を果たした。

4.4 〔シンクロナイズドスイミング〕鈴木・原田組が初優勝　日本選手権 (東京・辰巳国際水泳場) デュエットで、鈴木絵美子・原田早穂組 (ミキハウス) が初優勝。鈴木と原田はアテネ五輪ではチーム銀メダルの一員だった。

4.4 〔ボクシング〕高山が世界王座　WBC 世界ミニマム級タイトルマッチで、挑戦者同級 13 位の高山勝成 (グリーンツダ) がチャンピオンイサック・ブストス (メキシコ) を 3-0 の判定で破り、世界戦初挑戦で王座を奪取した。

4.10 〔柔道〕谷が 3 連覇　第 28 回全日本女子選抜体重別選手権 (横浜文化体育館) 48kg 級でアテネ五輪金メダルの谷亮子 (トヨタ自動車) が 3 年連続 14 度目の最多優勝。

4.16 〔ボクシング〕長谷川が世界王座　WBC 世界バンタム級タイトルマッチで、挑戦者同級 4 位の長谷川穂積 (千里馬神戸) が、9 年にわたり無敗を 14 回連続防衛を続けていたチャンピオンのウィラポン・ナコンルアンプロモーション (タイ) を 3-0 の判定で破り、世界戦初挑戦で王座奪取に成功した。また WBA 世界ミニマム級タイトルマッチでは、王者新井田豊 (横浜光) が挑戦者同級 4 位の金在原 (韓国) に判定勝ちし、2 度目の防衛に成功。

4.17 〔ゴルフ〕横峯が初優勝　ライフガード・レディースで 19 歳の横峯さくらがプロ初優勝。18 歳でツアー優勝した宮里藍に次ぐ、史上 2 番目の年少優勝者となった。

4.17 〔柔道〕塚田が 4 連覇　体重無差別の全日本女子柔道選手権大会 (愛知県武道館) 決勝で塚田真希 (綜合警備保障) が薪谷翠 (ミキハウス) を判定で破り 4 連覇。塚田は 10 日の体重別選手権に続いて薪谷を下した。

4.17	〔競馬〕ディープインパクトが勝利　第65回皐月賞レースが中山競馬場(芝2000m)で行われ、ディープインパクト(武豊騎手)が1分59秒2で1着。無敗のまま3冠に向けてスタートを切った。武豊騎手はさつき賞3回目の優勝。
4.21	〔水泳〕日本選手権開催　第81回日本選手権(東京・辰巳国際水泳場)が開幕。男子200m平泳ぎでアテネ五輪金メダリストの北島康介(日本コカ・コーラ)がまさかの3位に敗れる波乱があった。大会期間中の日本記録は1つだけという低調な大会だった。
4.24	〔プロ野球〕古田が2000本安打　ヤクルトの古田敦也捕手が対広島戦(松山)6回に通算2000本安打を達成した。プロ32人目で、捕手では"師匠"野村克也に次ぎ2人目。また大学・社会人を経てプロ入りした選手では初めて。
4.25	〔プロ野球〕池永が復権　根来泰周コミッショナーが、「黒い霧事件」で1970年に球界から永久追放された池永正明元西鉄投手の処分を解除した。池永氏からの申請書に応えたもので、失格処分から35年を経ての復権。
4.29	〔柔道〕鈴木が2連覇　全日本選手権(東京・日本武道館)で、アテネ五輪金メダリスト鈴木桂治(平成管財)が史上9人目の2連覇を達成。決勝は旗判定となり、2-1での辛勝だった。
5.1	〔競馬〕スズカマンボが勝利　第131回天皇賞(春)レースが京都競馬場(芝3200m)で行われ、単勝13番人気のスズカマンボ(安藤勝己騎手)が3分16秒5で1着。人気馬が軒並み下位に沈んだため、3連単の配当ははGI史上最高の139万9420円になった。
5.3	〔陸上〕沢野が日本新記録　世界選手権代表選考会を兼ねた静岡国際(草薙陸上競技場)男子棒高跳びで、沢野大地(ニシスポーツ)が自身の持つ記録を3cm更新する5m83の日本新記録で優勝した。
5.5	〔プロ野球〕王が監督通算1067勝　ソフトバンクの王貞治監督が監督通算1067勝を挙げ、通算勝利数が巨人の川上哲治元監督を抜いて歴代9位となった。
5.5	〔バレーボール〕東レ・パイオニアが優勝　第54回全日本選手権決勝(大阪府立体育会館)で、男子は東レが3-1でNECに勝ち、3年ぶり4回目の優勝でVリーグと合わせて2冠を達成した。女子はパイオニアがシーガルズに3-0で勝って2年ぶり2回目の優勝。
5.6	〔プロ野球〕セ・パ両リーグ交流戦がスタート　日本プロ野球史上初のセ・パ両リーグ交流戦がスタートした。多くの野球ファンが望んでいたが、1ヵ月以上の長期間にわたる点など問題点も指摘された。
5.11	〔プロ野球〕クルーンが最速記録　横浜のクルーン投手が対阪神戦(甲子園)延長12回に登板し、自身の持つ日本プロ野球最速記録を更新する球速161kmを記録した。クルーンは5月11日に球速159kmの日本最速を記録していた。
5.13	〔プロ野球〕西口ノーヒットノーランならず　西武の西口文也投手が9回2

	死までノーヒットノーランを続けたが、最後の打者に打たれて大記録を逸した。西口は3年前にも9回2死から初安打を打たれた経験があり、2度同じ経験をした投手は1980年代の仁科時成(ロッテ)以来2人目となる珍記録。
5.18	〔大学野球〕青山学院大が3季ぶり優勝　東都大学野球春季リーグで青山学院大が開幕6連勝を挙げ、最終節を待たず3季ぶり10回目の優勝を決めた。このシーズンは亜細亜大が不祥事による出場停止のため5校で争われた。
5.22	〔相撲〕朝青龍が4場所連続優勝　大相撲夏場所は、横綱・朝青龍が15戦全勝で12回目の優勝。殊勲賞は該当なし。敢闘賞は前頭9枚目・旭鷲山(初)と前頭10枚目・普天王(初)。技能賞は小結・琴光喜(6回目)。
5.29	〔競馬〕ディープインパクトが2冠　第72回日本ダービー(東京優駿)が東京競馬場(芝2400m)で行われ、圧倒的1番人気のディープインパクト(武豊騎手)が2分23秒3で1着。無敗のままさつき賞に続く2冠を達成。武豊騎手は自身の持つダービー最多勝記録を4にのばした。
5.30	〔大学野球〕早稲田大が3季ぶり優勝　東京六大学野球で早稲田大が全ての対戦相手から勝ち点を挙げる完全優勝で3季ぶり37回目の優勝。完全優勝も3季ぶり。
6.2	〔陸上〕日本選手権開催　第89回日本選手権(東京・国立競技場)が開幕。女子1万mでは福士加代子(ワコール)が4連覇を達成。4日には男子ハンマー投げで室伏広治(ミズノ)が全種目を通じても史上最多の11連覇を果たした。また5日には女子400mで丹野麻美(福島大)が自身の持つ記録を0秒95も更新する51秒93の日本新記録を樹立した。
6.3	〔サッカー〕日本がバーレーンに勝利　2006ワールドカップ・ドイツ大会のアジア最終予選第4戦(バーレーン)で、日本はバーレーンに1-0で勝ち、勝ち点9で2位を守った。日本は前半34分MF小笠原(鹿島)のミドルシュートで挙げた1点を守りきった。
6.4	〔サッカー〕日本がブラジルと引き分ける　コンフェデレーションズカップ1次リーグ最終戦(ドイツ・ケルン)で日本はブラジルに善戦し2-2で引き分けた。得失点差で準決勝進出はならなかったが、国際Aマッチでブラジルから2点を奪ったのは初めてのこと。
6.8	〔サッカー〕ワールドカップ出場決定　2006ワールドカップ・ドイツ大会のアジア最終予選第5戦(タイ・バンコク)で、日本は北朝鮮を2-0で下し、本大会出場決定一番乗りとなった。0-0の重苦しい中、後半28分FW柳沢(鹿島)のゴールで先制、終了間際にも大黒(ガ大阪)が追加点を挙げた。この試合は当初は平壌で開催される予定だったが、前の試合で平壌の観客が暴徒化したことから、第3国での無観客試合となった。
6.10	〔プロ野球〕清原が504号本塁打　巨人の清原和博内野手が、対西武戦(東京ドーム)4回に、通算504本目の本塁打を放った。504号は張本・衣笠と並ぶ歴代6位の記録。
6.13	〔大学野球〕青学大が6年ぶり優勝　第54回全日本大学野球選手権決勝(東京・神宮)で、青学大(東都)が近大(関西)に延長10回2-1でサヨナラ勝ち

し、6年ぶり4回目の優勝を果たした。

6.14　〔プロ野球〕ロッテが交流戦初代王者　千葉ロッテが交流戦の初代王者に決定。17日には単独優勝を決めた。

6.14　〔大リーグ〕イチローが1000安打　大リーグ・マリナーズのイチロー外野手が大リーグ通算1000安打を記録。出場696試合での記録で、メジャー史上3番目のスピード記録。

6.15　〔大リーグ〕野茂が200勝　大リーグ・デビルレイズの野茂英雄投手が日米通算200勝を達成した。野茂は日本での5年間に78勝を挙げ、95年渡米して122勝を挙げた日本人メジャーリーガーの先駆者。

6.25　〔アーチェリー〕守屋が銀メダル　世界選手権(マドリード)男子個人決勝で、守屋龍一(近大)が銀メダルを獲得した。世界選手権での日本選手の銀メダルは1977年以来28年ぶり。

7.3　〔競馬〕シーザリオが米GI制覇　米国のGIレースアメリカンオークス(米・カリフォルニア州)に出走した日本のオークス馬シーザリオがコースレコードで優勝。日本馬が米GIレースで勝ったのは史上初。福永祐一騎手は海外GI4勝目。

7.8　〔オリンピック〕野球・ソフトボールが五輪除外　国際オリンピック委員会(IOC)総会で、2012年夏季五輪から野球とソフトボールを除外することを決定した。両競技とも日本のメダル獲得が有望な競技で、国内関係者に大きなショックを与えた。

7.9　〔体操〕水鳥・石坂が優勝　第44回NHK杯最終日(福井・サンドーム)、男子は水鳥寿思(徳洲会)が第一人者冨田洋之(セントラルスポーツ)を抑え初優勝。女子では石坂真奈美(国士舘大)が3連覇。

7.10　〔ボート〕武田が初優勝　ワールドカップ・ルツェルン大会男子軽量級シングルスカル決勝で、武田大作(ダイキ)が優勝。日本選手のワールドカップ大会での優勝は史上初。

7.11　〔大学野球〕日本が2連覇　第34回日米大学野球第3戦(東京ドーム)で日本が米国に6-2で勝ち、3連勝で2年連続14回目の優勝を決めた。日本開催大会に限ると12連覇となる。

7.11　〔プロレスリング〕橋本が急死　「破壊王」の異名を取る人気プロレスラー橋本真也が40歳で脳幹出血により急逝。まだ現役復帰しての活躍が期待されていたため、多くのプロレスファンに衝撃を与えた。

7.12　〔大リーグ〕イチローが2打点　大リーグのオールスターゲームにイチロー外野手(マリナーズ)は途中出場して2点タイムリーヒット。イチローはオールスター戦先発を初めて外れた。また他の日本人選手は出場していない。

7.14～24　〔大会〕第7回ワールドゲームズ　第7回ワールドゲームズがドイツのデュイスブルクで開催された。日本は公式競技で金4、銀8、銅6の計18個、公開競技で銅1個のメダルを獲得。

7.18　〔ボクシング〕徳山が王座奪回　WBC世界スーパーフライ級タイトルマッチ

(大阪市中央体育館) で、挑戦者の前チャンピオン徳山昌守 (金沢) が現チャンピオン川嶋勝重 (大橋) を 3-0 の判定で破り、王座返り咲きを果たした。1 年前、逆の立場で対戦したリターンマッチだった。

7.20 〔シンクロナイズドスイミング〕世界水泳選手権開催　世界水泳選手権 (カナダ・モントリオール) で、フリールーティンコンビネーションで日本が銀メダルを獲得。22 日にはデュエットで鈴木絵美子、原田早穂組が銅メダル、23 日にはチーム決勝で日本チームは銀メダルを獲得した。

7.24 〔水泳〕世界選手権開催　世界水泳選手権 (カナダ・モントリオール) 競泳決勝が始まり、この大会では日本選手は金メダルは獲得できなかったが、銀・銅のメダル数は合計 9 個で、日本として世界選手権史上最多の獲得となった。平泳ぎは北島康介 (日本コカ・コーラ) は 100m で銀、50m で銅、今村元気 (ムラサキスポーツ) は 200m で銅、200m バタフライは松田丈志 (中京大) が銀、中西悠子 (枚方 SS) が銅、200m 背泳ぎでは中村礼子 (東京 SC) が銅、自由形では柴田亜衣が 400m で銀、800m で銅、最終日 31 日には男子 400m メドレーリレーでも銅メダルを獲得した。

7.24 〔相撲〕朝青龍が 5 場所連続優勝　大相撲名古屋場所は、横綱・朝青龍が 13 勝 2 敗で 13 回目の優勝。殊勲賞は小結・琴欧州 (初)。敢闘賞は前頭 6 枚目・黒海 (初)。技能賞は前頭 3 枚目・普天王 (初)。

8.3 〔高校野球〕明徳義塾が出場辞退　第 87 回全国高校野球選手権大会 (阪神甲子園球場) に出場が決まっていた明徳義塾が部員の不祥事で出場辞退。夏の甲子園代表校が直前に出場辞退するのは史上初めて。大会には代わりに高知高校が出場した。

8.6 〔ボクシング〕イーグル京和が王座奪回　WBC 世界ミニマム級タイトルマッチ (東京・後楽園ホール) で、挑戦者の同級 2 位イーグル京和 (角海老宝石) がチャンピオン高山勝成 (グリーンツダ) を 3-0 の判定で破り、王座返り咲きを果たした。高山は初防衛に失敗、イーグル京和はタイ出身の日本ジム所属ボクサー。

8.6〜14 〔陸上〕世界選手権開催　第 10 回世界陸上選手権大会 (ヘルシンキ) が開幕。男子 400m 障害決勝で為末大 (APF) が 2001 年世界選手権以来 2 度目の銅メダルを獲得。また男子マラソンでは尾方剛 (中国電力) も銅メダルを獲得した。その他では男子棒高跳びの沢野大地 (ニシスポーツ)、男子 50km 競歩の山崎勇喜 (順大) など 6 つの入賞を果たした。

8.8 〔高校総体〕青森山田が初優勝　高校総体で青森山田 (青森) が那覇西 (沖縄) に 4-1 で快勝し初優勝を果たした。

8.17 〔サッカー〕日本が 1 位　2006 ワールドカップ・ドイツ大会のアジア最終予選第 6 戦 (横浜国際総合競技場) で日本はイランに 2-1 で勝ち、結局 B 組 1 位で予選を通過した。

8.20 〔プロ野球〕門倉がセパ全球団から勝ち星　門倉健投手 (横浜) が対中日戦 (ナゴヤドーム) で勝利投手となり、セパ全 12 球団から勝ち星を挙げた。2002 年の武田一浩投手以来史上 4 人目の記録。

8.20 〔高校野球〕駒大苫小牧が2連覇　第87回全国高校野球選手権大会は、決勝で駒大苫小牧 (南北海道) が京都外大西 (京都) に5-3で勝ち、2年連続2回目の優勝を果たした。夏の甲子園2連覇は1947～48年の小倉以来57年ぶり史上6校目の快挙。

8.21 〔ボクシング〕亀田が東洋太平洋王座獲得　東洋太平洋フライ級タイトルマッチ (横浜文化体育館) で、ユニークな言動で注目を集めている亀田興毅 (協栄) が3回TKO勝ち。「浪速の闘拳」の強さを見せつけた。

8.22 〔高校野球〕駒大苫小牧で暴力事件　夏の甲子園2連覇の異形を達成した駒大苫小牧で、野球部長が部員に暴力を振るっていた事実が明らかになり、学校長が謝罪会見。27日に高野連は部長の謹慎と野球部への警告処分を発表し、優勝を取り消さないことを決定した。

8.27 〔プロ野球〕西口パーフェクトならず　西武の西口文也投手が9回打者27人をパーフェクトに抑えたが、味方の援護がなく延長戦に入り28人目の打者にヒットを打たれるという珍記録。西口は2002年8月・2005年5月に9回2死までノーヒットノーランを続けたことがあり、3たび悲運に泣いた。

8.31 〔プロ野球〕斉藤が開幕15連勝　ソフトバンクの斎藤和巳投手が開幕15連勝を記録。これは1981年の間柴茂有投手 (日本ハム) 以来、史上2人目。

8.31 〔ボート〕世界選手権開催　日本で初めて開催された世界選手権 (岐阜・長良川国際レガッタコース) で、男子軽量級シングルスカルに出場した浦和重 (NTT東日本) が6分46秒52の世界最高タイムを出した。しかしこの記録は翌日の準決勝で破られ、浦自身も準決勝で敗退した。

9.1 〔社会人野球〕三菱ふそう川崎が2年ぶり優勝　第76回都市対抗野球決勝 (東京ドーム) で、三菱ふそう川崎 (川崎市) が日産自動車 (横須賀市) を6-3で破り、2年ぶり3回目の優勝を果たした。

9.2 〔水泳〕佐藤が日本新記録　日本学生選手権 (大阪・なみはやドーム) 男子400mリレー予選で、日大の第1泳者佐藤久佳が100m自由形で49秒73の日本新をマーク。日本人で初めて50秒の壁を破った。佐藤は4日には男子100m自由形決勝で49秒71を出し、記録を更新した。

9.7 〔大リーグ〕松井が400号本塁打　大リーグ・ヤンキースの松井秀喜外野手が、対デビルレイズ戦の4回にホームランを打ち、日米通算400号を記録した。松井は日本での10年間に332本塁打を打ち、2003年に渡米して3年目での記録だった。

9.8～11 〔柔道〕世界選手権開催　世界選手権 (男子は第24回・女子は第14回、エジプト・カイロ) が開幕、男女各8階級のメダルを争った。日本はこの大会は男子100kg級の鈴木桂治 (平成管財)、90kg級の泉浩 (旭化成)、女子無差別級の薪谷翠 (ミキハウス) の3つの金メダルに留まり、1995年大会以来の最少。

9.25 〔マラソン〕野口が日本最高記録で優勝　第32回ベルリンマラソンで、アテネ五輪金メダリスト野口みずき (グローバリー) が、アジア最高記録ともなる2時間19分12秒の日本最高記録で優勝した。これで野口はマラソン5

戦4勝となった。

9.25 〔プロ野球〕田尾監督解任　楽天は田尾安志監督の解任を発表。パ・リーグ新加入の楽天は戦力が揃わず、極度の成績不振になっており、結局シーズン97敗、首位とは51.5ゲーム差という球史に残る惨敗だった。

9.25 〔プロ野球〕松中が2冠王　パ・リーグの全日程が終了し、ソフトバンクの松中信彦選手が本塁打王・打点王の2冠を獲得したが、惜しくも2年連続の3冠王を逸した。またソフトバンクの杉内俊哉投手が防御率と最多勝のタイトルを獲得した。

9.25 〔相撲〕朝青龍が6場所連続優勝　大相撲秋場所は、横綱・朝青龍が優勝決定戦で琴欧州を下し、13勝2敗で14回目の優勝。6連覇は1960年代に大鵬が2度記録して以来38年ぶり史上2人目。殊勲賞は該当なし。敢闘賞は関脇・琴欧州(2回目)と前頭16枚目・稀勢の里(初)。技能賞は該当なし。

9.26 〔レスリング〕世界選手権開催　世界選手権(ハンガリー・ブダペスト)が開幕。この大会で日本女子は、51kg級坂本日登美、55kg級吉田沙保里、59kg級正田絢子、63kg級伊調馨の4人が金メダル。72kg級浜口京子は銀メダルに終わり3連覇はならなかった。

9.29 〔プロ野球〕阪神が2年ぶり優勝　セ・リーグは阪神タイガースが2年ぶり5回目の優勝を果たした。岡田彰布監督は就任2年目での胴上げ。最終的には2位中日に10ゲーム差をつけての完勝だった。最終順位は2位中日、3位横浜、4位ヤクルト、5位巨人、6位広島。

10.1 〔プロ野球〕岩瀬が46セーブ　中日の岩瀬仁紀投手が対広島戦でシーズン46セーブ目を挙げ、プロ野球記録を更新した。従来の記録は1998年に横浜の佐々木主浩投手がマークした45セーブ。

10.2 〔大リーグ〕イチローが5年連続200安打　米・大リーグのレギュラーシーズンが終了し、日本人選手ではイチロー外野手(マリナーズ)が5年連続200安打を達成した。

10.2 〔ゴルフ〕宮里が最年少優勝　日本女子オープン選手権(戸塚CC)で、宮里藍が20歳105日の史上最年少優勝を果たした。従来の記録は樋口久子の23歳60日。なお日本女子オープンは国内最高峰のメジャー大会で、宮里はメジャー大会初制覇。

10.3 〔プロ野球〕ドラフト会議開催　高校生の新人選手選択(ドラフト)会議があり、総計38人が指名された。夏の甲子園で活躍した辻内崇伸(大阪桐蔭)は抽選で巨人が、片山博視(報徳学園)と陽仲寿(福岡第一)も競合・抽選となった。なおドラフト会議での抽選が3年ぶりということもあってか、辻内と陽の抽選に際して、交渉権獲得球団が誤って発表されるという不祥事も起きた。

10.5 〔プロ野球〕原が監督復帰　巨人が記者会見で、堀内恒夫監督の退任と原辰徳監督の復帰を発表した。原監督は2003年のシーズン後にコーチ人事をめぐり辞任したが、これで2度目の監督就任となる。

10.14	〔プロ野球〕青木が202安打	セ・リーグの全日程が終了し、ヤクルトの青木宣親外野手が202安打のセ・リーグ新記録を樹立(プロ野球記録はイチロー)、首位打者を獲得した。また横浜の三浦大輔投手は防御率と奪三振の2冠を手にした。
10.17	〔プロ野球〕ロッテが31年ぶり優勝	パ・リーグは、プレーオフ第2ステージ最終戦で、シーズン2位のロッテが1位のソフトバンクに3-2で勝ち、通算3勝2敗で優勝を果たした。ロッテの優勝は前身の毎日・大毎も含め、1974年以来31年ぶり5度目で、バレンタイン監督は2度目の就任から2年目での制覇。ソフトバンクは前年(ダイエー)に続きレギュラーシーズンで1位の成績を挙げながらリーグ優勝を逃した。最終順位は2位ソフトバンク、3位西武、4位オリックス、5位日本ハム、6位楽天。
10.18	〔プロ野球〕古田が兼任監督に	ヤクルトの新監督に古田敦也捕手が就任することが、発表された。古田監督は選手兼任で指揮を執る。兼任監督が誕生するのは31年ぶり。また20日には野村克也氏が楽天次期監督就任を受諾したことも公表された。
10.23	〔大学野球〕法大が9季ぶり優勝	東京六大学野球秋季リーグ(神宮)で、法大が立大に連勝して勝ち点5の完全優勝を果たした。法大の優勝は9季ぶり41度目。
10.23	〔競馬〕ディープインパクトが3冠	第66回菊花賞レースが京都競馬場(芝3000m)で行われ、単勝支持率が79%を超えた圧倒的1番人気のディープインパクト(武豊騎手)が3分04秒6で勝ち、無敗のまま3冠を達成した。無敗の3冠馬は1984年のシンボリルドルフに次いで、史上2頭目。なおこのレースの単勝の配当は100円で、菊花賞史上最低だった。
10.26	〔プロ野球〕ロッテが31年ぶり日本一	プロ野球・第56回日本シリーズは、パ・リーグ優勝のロッテ(B.バレンタイン監督)が3連勝のあとの第4戦(甲子園)で、阪神を3-2で下し、4勝0敗で日本一に輝いた。ロッテの日本一は1974年以来31年ぶり3回目。プレーオフを勝ち上がってきたロッテと、実戦から遠ざかっていた阪神との差がでた、ともいわれた。シリーズMVPは今江敏晃。
10.27	〔大学野球〕青学大が春秋連覇	東都大学野球秋季リーグ最終週、青学大が東洋大に連勝し、勝ち点5で11回目の優勝。青学大は春秋連覇を達成した。
10.30	〔競馬〕ヘヴンリーロマンスが初制覇	第132回天皇賞(秋)レースが東京競馬場(芝2000m)で行われ、単勝14番人気の牝馬ヘヴンリーロマンス(松永幹夫騎手)が2分00秒1でGI初制覇。2着は1番人気のゼンノロブロイだったが、3着馬が13番人気だったため、3連単の配当が122万6130円とGI史上2番目の高額になった。
11.3	〔剣道〕原田が初優勝	第53回全日本選手権(東京・日本武道館)、決勝で9回目出場の原田悟六段(警視庁)が初出場の内村良一四段(警視庁)を延長の末コテ1本で破り初優勝を果たした。
11.4	〔プロ野球〕金本・杉内がMVP	プロ野球のMVPはセ・リーグは金本知憲

外野手 (阪神)、パ・リーグは杉内俊哉投手 (ダイエー) がともに初受賞。新人王はセ・リーグが青木宣親外野手 (ヤクルト)、パ・リーグが久保康友投手 (ロッテ) が選出された。

11.5　〔新体操〕村田が5連覇　第58回全日本選手権 (兵庫県立総合体育館) 女子個人総合で、村田由香里 (東女体大) が5連覇を達成。村田は全種目で1位の完勝だった。

11.5　〔Jリーグ〕ジェフ千葉が初優勝　Jリーグ・ナビスコ杯決勝 (東京・国立競技場) で、ジェフユナイテッド千葉がガンバ大阪を、0-0から延長でも決着がつかず、PK戦5-4で破り初優勝。Jリーグ発足以来、初タイトルを獲得した。

11.6　〔駅伝〕日大が14年ぶり優勝　第37回全日本大学駅伝 (熱田神宮→伊勢神宮) で、日大が5時間18分34秒で14年ぶり2回目の優勝。連覇を狙った駒沢大は3位に終わった。

11.13　〔プロ野球〕ロッテが初代王者に　日本・韓国・台湾のリーグ優勝チームと中国の選抜チームで争うアジアシリーズで、日本の千葉ロッテマリーンズが決勝で韓国のサムスンを5-3で下し、初代王者になった。ロッテは交流戦、パ・リーグペナントレース、日本シリーズ、アジアシリーズの4冠を達成した。

11.15　〔高校野球〕駒大苫小牧が史上初の3冠　明治神宮野球大会決勝 (神宮)、大学は九産大 (九州) が東北福祉大 (北海道・東北) に2-1で逆転勝ち、高校は駒大苫小牧 (北海道) が関西 (中国・岡山) を5-0で破り、ともに初優勝を果たした。駒大苫小牧は史上初めて、夏の甲子園・秋の国体・明治神宮の3冠を達成した。

11.18　〔プロ野球〕ドラフト会議開催　大学・社会人の新人選手選択 (ドラフト) 会議があり、58人が指名された。プロ予備軍育成のために創設された独立リーグ「四国アイランドリーグ」からは初年度は1人も指名されなかった。

11.19　〔スピードスケート〕加藤が世界新記録で初優勝　ワールドカップ・ソルトレークシティ大会男子500mで、加藤条治 (日本電産サンキョー) が34秒30の世界新記録で初優勝。従来の記録は2001年に清水宏保 (NEC) が出した34秒32だった。

11.20　〔マラソン〕高橋が初優勝　2005東京国際女子マラソン (国立競技場発着) で、シドニー五輪金メダリスト高橋尚子が2時間24分39秒で初優勝。2年前の同じ大会で終盤に失速して2位に終わり、アテネ五輪出場権を失った雪辱を果たした。

11.23　〔ラグビー〕早稲田が5連覇　関東大学ラグビー対抗戦グループの早慶戦 (東京・秩父宮ラグビー場) は早稲田が慶応に54－0で圧勝、最終早明戦を残して対抗戦5年連続18回目の優勝を決めた。この後12月4日に早大は早明戦にも圧勝し、史上初の5年連続全勝優勝も果たした。

11.24　〔体操〕冨田が初優勝　世界選手権 (豪・メルボルン) 男子個人総合で、冨田洋之 (セントラルスポーツ) が初優勝。2位にも水鳥寿思 (徳洲会) が入った。

日本選手の世界選手権個人総合制覇は31年ぶり、また金・銀ともに獲得したのは35年ぶりの快挙。

11.26 〔ラグビー〕関東学院大が2年ぶり優勝　関東大学ラグビー・リーグ戦グループで1敗同士の対決があり、関東学院大が連覇を狙った法大を50-14で圧倒、2年ぶり9回目の優勝を果たした。

11.26 〔フィギュアスケート〕小塚が初優勝　ジュニアグランプリ(GP)ファイナル最終日(チェコ・オストラバ)、男子シングルで小塚崇彦(中京大中京)が初優勝。日本男子選手がジュニアGPファイナルで優勝したのは史上初。

11.27 〔社会人野球〕松下電器が5年ぶり優勝　第32回社会人野球選手権決勝(大阪ドーム)で、松下電器(近畿)が延長11回サヨナラでNTT西日本(近畿)を下し、5年ぶり2回目の優勝。

11.27 〔ゴルフ〕不動が6年連続賞金女王　女子のリコー杯で不動裕理が2位に入り、年間獲得賞金額で宮里藍を逆転して6年連続賞金女王に決定した。男子ではカシオワールドを欠場した片山晋呉の2年連続賞金王が決まった。

11.27 〔相撲〕朝青龍が史上初の7連覇　大相撲九州場所は、横綱・朝青龍が14勝1敗で史上初の7連覇・年6場所完全制覇を達成した。朝青龍は千秋楽にも勝ち、年間勝ち星は史上最高の84勝に到達した、年間勝ち星記録の更新は1978年の北の湖以来27年ぶり。殊勲賞は関脇・琴欧州(2回目)。敢闘賞は関脇・琴欧州(3回目)、前頭4枚目・雅山(4回目)、前頭14枚目・栃乃花(2回目)の3人。技能賞は前頭7枚目・時天空(初)。

11.27 〔競馬〕アルカセットが勝利　第25回ジャパンカップが東京競馬場(芝2400m)で行われ、イギリスのアルカセット(L.デットーリ騎手)が2分22秒1で1着。2着にハーツクライ、1番人気のゼンノロブロイは3着だった。

11.30 〔相撲〕琴欧州が大関昇進　日本相撲協会が関脇琴欧州の大関昇進を決め、佐渡ケ嶽部屋に伝達した。琴欧州は欧州出身力士として初の大関。

12.3 〔Jリーグ〕ガンバ大阪が初優勝　5チームに優勝の可能性が残る大混戦になったJリーグ1部(J1)第2ステージ最終節でガンバ大阪が勝って逆転優勝を果たした。関西のチームは初優勝。またガンバ大阪はJリーグ発足時の10チームで唯一優勝経験がなかったチームだった。

12.4 〔マラソン〕福岡国際で藤田が3位　第59回福岡国際マラソン(平和台陸上競技場発着)で、藤田敦史(富士通)が日本人最高の3位。優勝はウクライナのドミトロ・バラノフスキー。

12.4 〔ゴルフ〕宮里が米ツアー出場権獲得　翌年の米女子プロゴルフツアーへの出場権をかけた最終予選会(米・フロリダ州)で、宮里藍が2位に12打差をつけ圧勝。ツアー出場権を獲得し、米国進出が決定した。

12.9 〔サッカー〕日本はブラジルと同組　2006ドイツワールドカップの組み合わせ抽選がライプチヒで行われ、日本は1次リーグF組でブラジル、クロアチア、オーストラリアとの対戦が決まった。

12.10 〔Jリーグ〕甲府がJ1昇格　Jリーグ入れ替え戦の第2戦が行われ、ヴァン

フォーレ甲府が柏レイソルに第1戦に続き連勝。J1昇格を決めた。次期J1には甲府の他、京都、福岡の昇格が決まっており、一方J2降格は柏の他、東京ヴ、神戸の3チームとなった。

12.10〜11　〔柔道〕日本勢が史上初の全階級制覇　第23回福岡国際女子選手権(福岡国際センター)で、全8階級を日本選手が制覇。全階級制覇は大会史上初。

12.11　〔バレーボール〕筑波大・青学大が優勝　全日本大学選手権決勝(東京体育館)、男子は筑波大が東海大を3-1で破り2年連続8回目の優勝、女子は青学大が筑波大に3-1で勝ち17年ぶり2回目の優勝を果たした。

12.15　〔プロ野球〕仰木前監督が死去　このシーズン9月までオリックス監督を務めていた仰木彬氏が病死。近鉄・オリックスで監督を務め、その采配ぶりは「仰木マジック」と呼ばれるほど巧みで、また野茂、イチローらを育てた事でも知られた。

12.17　〔フィギュアスケート〕浅田が初優勝　グランプリ(GP)ファイナル最終日(東京・国立代々木競技場)、15歳の中学3年生でトリノ五輪出場資格のない浅田真央(東海ク)が、女王イリーナ・スルツカヤ(ロシア)を抑えて初優勝。日本選手のGPファイナル優勝は2003年の村主章枝以来2人目。

12.18　〔サッカー〕トヨタカップ開催　世界クラブ選手権(トヨタカップ)の決勝(横浜国際総合競技場)で、サンパウロ(ブラジル)がリバプール(イングランド)を1-0で破り初優勝。トヨタカップとしては12年ぶり3度目のクラブ世界一になった。

12.18　〔アメリカンフットボール〕法大が5年ぶり優勝　3年連続同じカードとなった東西大学王座決定戦「甲子園ボウル」(甲子園球場)で、法大(関東代表)が4連覇を狙った立命大(関西代表)に17-14で競り勝ち5年ぶり4回目の優勝を果たした。

12.18　〔バスケットボール〕東海大・松蔭大が初優勝　全日本学生選手権決勝リーグ最終日(東京・代々木第2体育館)、男子は東海大が青学大を破り、女子は松蔭大が鹿屋体育大を破り、ともに初優勝。

12.19　〔アメリカンフットボール〕オービックシーガルズが3年ぶり優勝　第19回日本社会人選手権「ジャパンエックスボウル」(東京ドーム)で、オービックシーガルズ(東地区1位)が、連覇を狙った松下電工(西地区1位)に25-16で逆転勝ちし、3年ぶり4回目の優勝を果たした。

12.19　〔ショートトラック〕寺尾・神野が総合優勝　トリノ五輪の代表選考会を兼ねた第29回全日本選手権(東京・江戸川区スポーツランド)で、男子は3種目を制した寺尾悟(トヨタ自動車)が2大会連続9度目の総合優勝、女子は全種目を制した神野由佳(綜合警備保障)が4大会連続4度目の総合優勝を果たした。

12.20　〔Jリーグ〕MVPにアラウージョ　Jリーグの年間最優秀選手(MVP)にアラウージョ(ガンバ大阪)、新人王にカレン・ロバート(ジュビロ磐田)が選出・表彰された。

12.21～23　〔レスリング〕全日本選手権開催　全日本選手権 (東京・代々木第2体育館) が開催され、女子ではアテネ五輪出場組が強さを見せた。なかでも55kg級世界王者吉田沙保里 (綜合警備保障) は4連覇で連勝記録を86に伸ばし、72kg級では浜口京子が10連覇を達成した。また伊調姉妹や山本聖子、坂本日登美ら実力者が順当に優勝した。

12.25　〔駅伝〕仙台育英・興譲館が優勝　男子第56回、女子第17回の全国高校駅伝 (京都・西京極陸上競技場付設マラソンコース) で、男子 (7区間 42.195km) は仙台育英 (宮城) が2時間5分4秒で3年連続6回目の優勝。女子 (5区間 21.0975km) は興譲館 (岡山) が1時間6分54秒で初優勝した。

12.25　〔ハンドボール〕大崎電気・オムロンが優勝　全日本総合選手権 (福井県営体育館) 男子決勝で大崎電気が大同特殊鋼を38-32で破り、16大会ぶり9回目の優勝。女子決勝ではオムロンが7連覇を狙った広島メイプルレッズを35-23で破り7年ぶり9回目の優勝を果たした。

12.25　〔フィギュアスケート〕村主・高橋が優勝　トリノ五輪の代表権をかけた全日本選手権 (東京・代々木競技場) 女子シングルで村主章枝 (avex) が逆転優勝で代表の座をつかんだ。他に3位の荒川静香 (プリンスホテル)、6位の安藤美姫 (中京大中京) が累積ポイントで上位になり、トリノ五輪出場を決めた。一方前日24日に行われた男子シングルは高橋大輔 (関大) が優勝して代表となったが、採点集計にミスがあり2位の織田信成を優勝者として表彰まで行うという前代未聞の大混乱が起きた。

12.25　〔競馬〕ハーツクライがGI初制覇　第50回有馬記念レースが中山競馬場 (芝2500m) で行われ、単勝4番人気のハーツクライ (C.ルメール騎手) が2分31秒9でGI初制覇。無敗の3冠馬で圧倒的1番人気だったディープインパクトは半馬身及ばず2着となり、デビュー以来初黒星を喫した。

12.28　〔スピードスケート〕長島・吉井が初優勝　第32回全日本スプリント選手権 (長野・エムウェーブ) で、男子は長島圭一郎 (日本電産サンキョー) が初めての総合優勝。女子は吉井小百合 (日本電産サンキョー) が初優勝した。

12.30　〔バスケットボール〕福岡第一・中村学園女が優勝　第36回全国高校選抜優勝大会 (東京体育館) 男子決勝で、福岡第一 (福岡) が延岡学園 (宮崎) を76-64で破り初優勝。前日29日に行われた女子決勝では中村学園女 (福岡) が桜花学園 (愛知) を76-71で破り10年ぶり3回目の優勝を果たした。

12.31　〔格闘技〕五味が初代ライト級王者　PRIDEの年末イベント「PRIDE男祭り2005 頂01 - ITADAKI」がさいたまスーパーアリーナで開催された。ライト級チャンピオンを決定する「PRIDE GP 2005 ライト級トーナメント決勝戦」では五味隆典が桜井"マッハ"速人に1R3分56秒KOで勝ち、初代チャンピオンに輝いた。

12月　〔一般〕日本プロスポーツ大賞決定　2005年 (平成17年) の日本プロスポーツ大賞 (日本プロスポーツ協会主催) は、大賞が朝青龍明徳 (大相撲)、殊勲賞が千葉ロッテマリーンズ (プロ野球)、ガンバ大阪 (Jリーグ)、井口資仁 (プロ野球)、最高新人賞が琴欧州勝紀 (大相撲) に決定。

「スポーツ」と日本

　大昔から祭りのときなどに力くらべや駆けっこや取っ組み合いがおこなわれていたろう。スポーツ史の書物をひもとくまでもなく、世界各地の民族にそれぞれそのような伝統があったにちがいない。しかし今日スポーツと呼ばれることがらは近代ヨーロッパで成立したとみてよいだろう。その意味でスポーツはヨーロッパ発祥であり、今日でも競技団体などほとんどがヨーロッパ主導である。ここで思い返してみてほしい。体操、重量挙げ、格闘技(レスリング、ボクシングほか)、陸上競技(競走、跳躍、投擲)、水泳、スキー、スケート、各種の球技など、五輪や世界選手権大会などで日本はほとんどの競技で優勝したり上位に入賞した実績がある。そういう国は多くないがいずれも、ヨーロッパ基準が当たり前のヨーロッパ諸国(およびヨーロッパ人が移民してつくった国)である。非ヨーロッパ諸国では日本だけである。日本はスキーもスケートもできる。できない国もある。ヨーロッパ発祥で、ヨーロッパ主導の、いわばヨーロッパ仕様のスポーツを日本はひととおりこなしている。近代ヨーロッパの技術・文明を取り入れわがものとしてきたわが国の産業・社会の歴史と、ヨーロッパ仕様を取り入れてきたスポーツの歴史は並行している。柔道は「国際化」されJUDOとなり、武道としての柔道がそなえていた或る側面は失われたと見る人がいる。相撲はそのような意味での「国際化」を求めず、しかしいまや大相撲にはいくたりもの外国籍の力士が活躍している。スポーツはヨーロッパ仕様が世界標準としておこなわれる。それと別にわが国伝統の鍛錬・修行の武道精神が保持されている。ヨーロッパ仕様のスポーツと別の伝統をもつのは、非ヨーロッパ諸民族におしなべて共通している。「スポーツ」は「近代」「ヨーロッパ」と結びついているのであり、世界の人類史のなかでみれば、「科学は知の一領野に局在する」(フーコー『知の考古学』)になぞらえていえば、「スポーツ」は人類の体育活動の一領野に局在するという性質のものである。

競技別索引

競技別索引　目次

大会 ……………………………… 524
 オリンピック ……………… 524
 アジア競技大会 …………… 525
 ユニバーシアード ………… 525
 国民体育大会 ……………… 526
 高校総体 …………………… 527
複合競技 ………………………… 527
 トライアスロン …………… 527
陸上 ……………………………… 527
 マラソン …………………… 529
 駅伝 ………………………… 533
 競歩 ………………………… 534
体操 ……………………………… 534
 新体操 ……………………… 535
ダンス …………………………… 535
野球 ……………………………… 536
 プロ野球 …………………… 536
 大リーグ …………………… 543
 社会人野球 ………………… 544
 大学野球 …………………… 545
 高校野球 …………………… 547
ソフトボール …………………… 548
サッカー ………………………… 548
 Jリーグ …………………… 551
 高校サッカー ……………… 552
ラグビー ………………………… 553
アメリカンフットボール ……… 554
バスケットボール ……………… 555
ハンドボール …………………… 556

バレーボール …………………… 557
テニス …………………………… 559
バドミントン …………………… 560
卓球 ……………………………… 561
ホッケー ………………………… 562
ゴルフ …………………………… 562
ボウリング ……………………… 566
水上競技 ………………………… 566
水泳 ……………………………… 566
 シンクロナイズドスイミング … 567
 水球 ………………………… 568
ボート …………………………… 568
カヌー …………………………… 568
ヨット …………………………… 568
スキー …………………………… 569
 アルペンスキー …………… 569
 ノルディックスキー ……… 570
 フリースタイル …………… 571
スノーボード …………………… 571
スケート ………………………… 571
 スピードスケート ………… 571
 ショートトラック ………… 573
 フィギュアスケート ……… 573
ボブスレー ……………………… 574
リュージュ ……………………… 575
スケルトン ……………………… 575
アイスホッケー ………………… 575
カーリング ……………………… 575
バイアスロン …………………… 575

武道 ……………………… 575	一般(スポーツ界) …………… 592
相撲 …………………… 575	スポーツ学 ……………… 593
柔道 …………………… 580	スポーツ医学 …………… 593
剣道 …………………… 582	団体 ……………………… 593
空手 …………………… 582	施設 ……………………… 593
テコンドー …………… 583	
なぎなた ……………… 583	
弓道 …………………… 583	
アーチェリー ………… 583	
フェンシング ………… 583	
格闘技 …………………… 583	
ボクシング …………… 583	
レスリング …………… 585	
プロレスリング ……… 585	
重量挙げ ………………… 585	
自転車 …………………… 586	
自動車 …………………… 586	
F1 ……………………… 586	
オートバイ …………… 587	
射撃 ……………………… 587	
馬術 ……………………… 587	
競馬 …………………… 587	
冒険 ……………………… 590	
登山 …………………… 590	
熱気球 ………………… 592	
社会スポーツ …………… 592	
綱引き ………………… 592	
エアロビクス ………… 592	
ゲートボール ………… 592	
障害者スポーツ ………… 592	
パラリンピック ……… 592	

【大会】

金メダル 10 個を獲得	1967.10.29
札幌プレ五輪開催	1971.2.7～14
中学生全国競技大会	1979.8.16
初のワールドゲームズ	1981.7.25～8.2
第 2 回ワールドゲームズ	1985.7.25～8.4
スポーツインターナショナル開催	1985.8 月
第 3 回ワールドゲームズ	1989.7.20～30
第 4 回ワールドゲームズ	1993.7.22～8.1
第 5 回ワールドゲームズ	1997.8.8
東アジア大会開催	2001.5.18
第 6 回ワールドゲームズ	2001.8.16～26
第 7 回ワールドゲームズ	2005.7.14～24

【オリンピック】

インスブルック冬季五輪開催	1964.1.29～2.9
オリンピック標語決まる	1964.4.1
駒沢オリンピック公園が完成	1964.7.23
聖火が採火される	1964.8.21
聖火が本土に到着	1964.9.9
アジア初・東京五輪開催	1964.10.10～24
五輪映画で波紋	1965.3.20
札幌五輪誘致委	1965.5.7
東京五輪委解散	1965.6.30
女子バレーが五輪復帰	1965.10.6～9
72 冬季五輪は札幌	1966.4.24～26
札幌五輪組織委始動	1966.7.26
金栗 54 年ぶりゴール	1967.3.21
グルノーブル冬季五輪開催	1968.2.6～18
南アの五輪参加取り消し	1968.4.21
メキシコ五輪代表決定	1968.7.24
メキシコ五輪開催	1968.10.12～27
札幌五輪会期決定	1969.6.8
聖火リレー計画決まる	1970.3.9
五輪予選は 3 位	1971.9.23～10.4
五輪予選で日本首位	1971.11.14～28
日本が初の五輪出場	1971.11.28
札幌冬季五輪開催	1972.2.3～13
ミュンヘン五輪開催	1972.8.26～9.11
デンバーが冬季五輪返上	1972.11.7
アマ規定違反で追及	1972.11.15
インスブルック冬季五輪開催	1976.2.4～16
アジア予選出場権獲得ならず	1976.3.31
モントリオール五輪開催	1976.7.17～8.1
モスクワ五輪独占放送	1977.3.9
五輪名古屋市誘致に意欲	1977.8.25
野球を五輪公認競技に	1978.5.15
88 五輪名古屋誘致へ	1978.7.19
企業 CM に道	1979.2.26
アジア初の IOC 副会長に清川	1979.4.5
中国 28 年ぶり五輪復帰	1979.10.25
日本初の予選落ち	1980.1.23
レークプラシッド冬季五輪開催	1980.2.13～24
政府が五輪不参加決定	1980.4.21
モスクワ五輪不参加決定	1980.5.24
西側不参加のモスクワ五輪開催	1980.7.19～8.3
女子マラソンが五輪種目に	1981.2.23
名古屋五輪落選	1981.9.30
JOC 初の女性委員	1982.3.24
IOC 総会開催	1982.5.28
オリンピック出場権獲得	1983.11.20
オリンピック出場権を獲得	1983.12.1
サラエボ冬季五輪開催	1984.2.8～19
10 秒 34 を 16 年ぶり公認	1984.3.17
ロサンゼルス五輪開催	1984.7.28～8.12
薬物違反で 6 人を追放	1984.11.10
五輪ボイコット防止策協議	1984.12.1
ドーピング検査機関認定へ	1985.2.1
JOC がアマ規定見直し求める	1985.4.3
3 競技のプロ参加承認	1986.2.10
IOC 総会開く	1986.10.15
ドーピングの統一罰則決定	1987.5.11
猪谷が IOC 理事	1987.5.11
日本は準優勝	1987.6.13
アジア選手権開催	1987.10.25
ソウル五輪出場できず	1987.10.26
カルガリー冬季五輪開催	1988.2.13～28
長野冬季五輪決定	1988.6.1
ソウル五輪最年長代表	1988.6.5
ソウル五輪予選で日本敗退	1988.6.6
橋本が日本新記録	1988.6.11
ソウル五輪派遣団最終決定	1988.7.11
選手強化へ中間報告	1988.8.26
ソウル五輪開催	1988.9.17～10.2
バサロ泳法を禁止に	1988.10 月
JOC 法人化	1989.3.1
財団法人日本オリンピック委員会発足	1989.7.19
98 年冬季五輪に長野が立候補	1990.2.12
冬季の滑降コース決定	1990.4.4

堤JOC会長が辞意	1990.4.11	八木JOC会長が急死	2001.9.9
96五輪はアトランタ	1990.9.13	JOC新会長に竹田	2001.10.24
JOC新体制	1991.3.27	ソルトレーク冬季五輪開催	2002.2.8～24
「五輪オーダー金賞」受賞	1991.4.17	竹田JOC会長が続投	2003.2.27
98年長野冬季五輪決定	1991.6.16	岡本がアテネ五輪代表に	2004.4.5
バレーボール五輪出場権獲得	1991.8.18	井上主将・浜口旗手	2004.6.24
長野五輪組織委員会長に斎藤氏	1991.10.17	アテネ五輪開催	2004.8.13～29
メダリストに報奨金	1992.1.16	室伏に金メダル授与	2004.9.23
アルベールビル冬季五輪開催	1992.2.8～23	JOC役員改選	2005.3.24
バルセロナ五輪開催	1992.7.25～8.9	野球・ソフトボールが五輪除外	2005.7.8
2億7900万フランの赤字	1993.6.30		
五輪放映権が史上最高額	1993.7.27	【アジア競技大会】	
女子2競技を採用へ	1993.9.18	バンコクでアジア大会	1966.12.9～19
冬季五輪最高の放映権	1994.1.18	タイで再びアジア大会	1968.12.17
大阪市が五輪立候補へ	1994.1.20	バンコクでアジア大会	1970.12.9～20
メダル報奨金は非課税に	1994.1.31	テヘランでアジア大会	1974.9.1～16
リレハンメル冬季五輪開催	1994.2.12～27	バンコクでアジア競技大会	1978.12.9～20
公式スポンサー業種発表	1994.7.27	ニューデリーでアジア大会	
李登輝来賓の波紋	1994.8.18		1982.11.19～12.4
2002年冬季五輪決定	1995.6.16	アジア大会を広島招致へ	1983.10.26
東アジア大会を大阪市で開催	1995.10.25	94広島大会が決定	1984.9.28
五輪にスノーボード	1995.12.4～7	初の冬季アジア大会開催	1986.3.1～8
長野放映権料で合意	1996.2.9	ソウルでアジア大会	1986.9.20～10.5
28年ぶり五輪出場	1996.3.24	第2回冬季大会は日本で	1988.4.22
塚原が父子2代五輪代表	1996.5.4	橋本が初の4冠女王	1990.3.9～14
五輪出場権獲得	1996.6.2	北京でアジア大会	1990.9.22～10.7
アトランタ五輪開催	1996.7.19～8.4	初の東アジア競技大会	1993.5.10～18
大阪市が2008年夏季五輪に立候補	1996.9.5	広島でアジア大会	1994.10.2～16
プロの五輪出場可	1996.9.21	バンコクで4回目のアジア大会	1998.12.6～20
メダル順位目標削除へ	1997.6.16	釜山でアジア大会	2002.9.29
大阪市が2008五輪国内候補	1997.8.13	青森で冬季アジア大会	2003.2.1～8
五輪108年ぶり故郷に	1997.9.4		
五輪種目に相撲申請へ	1997.10.22	【ユニバーシアード】	
滑降コース問題決着	1997.12.1	プラハで冬季大会開催	1964.2.11～17
聖火消えるハプニング	1998.1.7	ブダペスト大会開催	1965.8.20～29
長野五輪開催	1998.2.7～22	ユニバーシアード東京開催決定	1965.8.31
長野五輪招致に買収疑惑	1999.2.2	冬季トリノ大会開催	1966.2.5～13
2006年冬季五輪はトリノ	1999.6.19	ユニバ東京大会開催	1967.8.27～9.4
日本がシドニー五輪出場権獲得	1999.9.16	インスブルックで冬季大会	1968.1.9～18
日本がシドニー五輪出場権を獲得	1999.11.6	ユニバで日本勢の優勝無し	1970.4.2～9
大阪市が五輪に立候補	2000.1.25	3位まで日本が独占	1972.2.26～3.5
サマランチ会長を事情聴取	2000.2.1	ソフィア大会開催	1977.8.17～28
シドニー五輪開催	2000.9.15～10.1	メキシコで夏季大会	1979.9.3～13
JOC会長特例で留任	2001.3.22	東大エイトが2冠	1981.7.5
2008夏季五輪は北京	2001.7.13	85ユニバは神戸開催	1981.11.28
		日本はメダル11個	1983.7.10

国民体育大会

ベルノ冬季大会開催	1985.2.19
神戸ユニバ開催	1985.8.24〜9.4
ユニバーシアード開催	1987.7.8〜19
ソフィア冬季大会開催	1989.3.6
史上初の金メダル0	1989.8.22〜30
札幌冬季大会開催	1991.3.2〜10
イギリスで夏季大会	1991.7.14〜25
アメリカで夏季大会	1993.7.8〜18
ユニバ福岡大会開催	1995.8.23〜9.3

【国民体育大会】

新潟国体開催	1964.6.6〜11
国体夏季大会が中止	1964.6.27
東京が総合で3連勝	1965.1.29
北海道国体冬季17連覇	1965.2.17
国体夏季大会開催	1965.9.22
国体秋季大会開催	1965.10.29
国体スケート大会開催	1966.1.30
国体スキー開催	1966.2.23
夏季大分国体開催	1966.9.21
国体秋季大会開催	1966.10.25
国体スケート開催	1967.1.29
国体スキー開催	1967.2.17
埼玉で国体夏季大会開催	1967.9.20
埼玉国体開催	1967.10.27
北海道が優勝	1968.1.28
福井国体夏季大会開催	1968.9.7
福井国体大会開催	1968.10.1〜6
国体スケート競技会	1969.1.29
初の2県優勝	1969.9.10
長崎国体開催	1969.10.26〜31
岩手国体開催	1970.10.15
鹿児島国体	1972.10.27
沖縄復帰記念国体	1973.5.3
作新また銚子に破れる	1973.10.18
国体冬季スキー	1974.2.17
国体冬季スケート開催	1975.2.5
みえ国体開催	1975.10.26〜31
北海道が総合11連覇	1976.1.25〜28
富山県でスキー大会開催	1976.2.14〜17
夏季大会が佐賀県で開催	1976.9.19〜22
国体秋季大会開催	1976.10.29
冬季スケート競技会	1977.1.22〜25
冬季スキー競技会開催	1977.2.17〜20
夏季大会を青森県で開催	1977.9.4〜7
あすなろ国体開催	1977.10.2〜7
北海道が13連覇	1978.1.22〜25
国体スキーで不正	1978.2.18
夏季大会が長野で開催	1978.9.10〜13
やまびこ国体開催	1978.10.15〜20
国体冬季スケート開催	1979.1.25〜28
冬季スキー競技会開催	1979.2.17〜20
夏季大会開催	1979.9.16〜19
宮崎県でふるさと国体	1979.10.14〜19
冬季スケート競技会開催	1980.1.26〜29
冬季スキー競技会開催	1980.2.14〜17
夏季大会が開催	1980.9.7〜10
栃の葉国体開催	1980.10.13〜17
国体スケートで北海道16連覇	1981.1.26〜29
国体スキーは北海道3連覇	1981.2.21〜24
外国籍高校生に国体参加への道	1981.7.21
国体夏季大会開催	1981.9.13〜16
びわこ国体開催	1981.10.13〜18
国体スケートで北海道V17逃す	1982.1.26〜29
国体スキーは北海道が総合4連覇	1982.2.18〜21
国体夏季大会開催	1982.9.12〜15
国体秋季大会開催	1982.10.3〜8
国体スキーは北海道が総合5連覇	1983.2.−〜25
あかぎ国体開催	1983.10.15〜20
わかくさ国体開催	1984.9.8〜11
国体秋季大会開催	1984.10.12〜17
国体スケートで北海道が2連覇	1985.2.1
わかとり国体開催	1985.10.20〜25
かいじ国体開催	1986.9.7
かいじ国体開催	1986.10.12〜17
中学生の国体参加を検討	1986.11.11
中学生も国体参加へ	1987.6.26
沖縄国体開催	1987.9.20
国体が全国一巡	1987.10.25〜30
冬季国体開催	1988.2.25
京都国体開催	1988.9.4
京都国体開催	1988.10.15〜20
国体冬季スキー大会開催	1989.2.19
はまなす国体夏季大会開幕	1989.9.3
国体秋季大会開催	1989.9.17
国体スキー競技会開催	1990.2.20〜23
とびうめ国体夏季大会開催	1990.9.9
国体秋季大会開催	1990.10.21
石川国体夏季大会開催	1991.9.8

石川国体秋季大会開催	1991.10.12
国体スキー競技会開催	1992.2.28
国体夏季大会開催	1992.9.6
国体秋季大会開催	1992.10.4
自治体初のスポーツ賞制定	1993.9.21
朝原が日本新記録	1993.10.26
国体夏季大会開催	1994.9.3
国体秋季大会開催	1994.10.29～11.3
ふくしま国体冬季スケート開催	1995.1.31
冬季国体スキー開催	1995.2.22
ふくしま国体夏季大会開催	1995.9.9
ふくしま国体開催	1995.10.19
国体冬季スキー開催	1996.2.23
ひろしま秋季国体開催	1996.10.16
国体冬季スキー開催	1997.2.23
なみはや国体夏季大会開催	1997.9.13
なみはや国体秋季大会開催	1997.10.25
かながわ・ゆめ国体開催	1998.9.12
室伏が日本記録を更新	1999.10.24
とやま国体開催	2000.9.9
よさこい高知国体開催	2002.10.29

【高校総体】

大村が日本新記録	1986.12.19
全国高校総体開催	1992.8.4
高橋が日本新記録	1994.6.18
添上高が初の4冠	1994.8.4
遊沢が高校3冠	1994.8.12
高校総体開催	2001.8.7
市立船橋が4回目の優勝	2001.8.8
帝京が3回目の優勝	2002.8.8
国見が3年ぶり優勝	2003.8.4
青森山田が初優勝	2005.8.8

【複合競技】

近代五種選考会開催	1967.6.28～7.2
鬼塚が日本新	1971.10.9～10,15～17
近代五種で日本は8位	1971.10.9～13
生田が十種競技日本新	1972.5.27～28
寺西・辰巳が日本新記録	1983.5.1

【トライアスロン】

初のトライアスロン大会	1978.2.18
日本初のトライアスロン大会	1981.8.20
トライアスロン宮古島大会	1985.4.28
中山が2連覇	1986.4.27
前田が優勝	1987.4.19
山本が初優勝	1988.4.24
第1回レディーズトライアスロン開催	1988.7月
外国人が初優勝	1989.4.23
死亡事故で大会中止	1995.8.6

【陸上】

飯島秀雄が100m10秒1	1964.6.14
全日本選手権開催	1964.7.3～5
円谷が世界最高記録	1964.8.27
アジア初・東京五輪開催	1964.10.10～24
飯島が日本記録	1965.7.18
ブダペスト大会開催	1965.8.20～29
日本陸連会長に河野氏	1965.9.7
菅原が好記録	1966.6.5
沢木が日本新で優勝	1966.6.22
飯島が優勝	1966.6.26
鳥居が新記録	1966.8.13
石田が三冠王	1966.9.4
ユニバ東京大会開催	1967.8.27～9.4
性別検査で失格者出る	1968.2.25
日本選手権開催	1968.8.29～9.1
メキシコ五輪開催	1968.10.12～27
走り高跳びと競歩で日本新	1969.6.7～8
やり投げで日本新	1969.7.19
杉岡が日本新	1969.9.19～21
太平洋沿岸5ヶ国競技会開催	1969.9.28
日本選手権開催	1970.5.29～31
山田が走り幅跳び日本新	1970.6.7
陸上4種目で日本新	1971.5.28～30
河野が日本新	1971.10.2～3
林が10年ぶり日本新	1972.6.2～4
ミュンヘン五輪開催	1972.8.26～9.11
河野・井上が日本新	1972.10.7～8
女子1500で日本新	1973.6.1～3
女子陸上西ドイツ勢強し	1973.9.29～30
テヘランでアジア大会	1974.9.1～16
中・高校生が活躍	1974.9.28～29
棒高跳び5年ぶりの日本新	1975.4.27
陸上日本選手権開催	1975.5.30～6.1
高根沢が日本新記録	1975.10.12
第1回日中親善陸上競技開催	1975.10.19
全日本陸上開催	1975.11.8
広告ゼッケン認める	1977.3.5
マスターズ陸上開催	1977.5.1

鎌田が1万m日本新	1977.6.30	8ヶ国陸上競技大会開催	1982.9.24
鎌田が日本新記録	1977.7.5	清水が男子100で日本新	1982.10.6
石井が日本新記録	1977.9.3	瀬古が2万で日本新記録	1982.10.16
原田が日本新記録	1977.10.15	瓜生が日本記録更新	1982.10.17
小川が日本新記録	1977.10.23	ニューデリーでアジア大会	
日本陸上選手権開催	1977.10.28〜30		1982.11.19〜12.4
川崎が日本新	1977.12.3〜4	高橋が日本新記録	1983.4.24
川崎が日本新記録	1978.5.5	寺西・辰巳が日本新記録	1983.5.1
阿万が日本新記録	1978.8.3	高野が日本新記録	1983.6.25
豊田が日本新記録	1978.9.2	日本はメダル11個	1983.7.10
八木が日本新記録	1978.9.10	第1回世界陸上選手権開催	1983.8.7〜14
長尾が日本新	1978.9.25	瀬古が2万で日本新	1983.9.24
渋沢が日本新記録	1979.3.17	日本陸連が賞金・報酬を容認	1983.9.30
阪本・川崎が日本新記録	1979.4.22	室伏が10年連続11回目の優勝	1983.10.2
アジア陸上競技大会開催	1979.5.31〜6.3	あかぎ国体開催	1983.10.15〜20
瀬古が日本新記録	1979.6.24	10秒34を16年ぶり公認	1984.3.17
臼井・武田が日本新記録	1979.7.6	不破が男子100日本タイ	1984.5.6
中村が日本新記録	1979.7.11	ロサンゼルス五輪開催	1984.7.28〜8.12
臼井が幅跳び日本新	1979.8.6	陸上競技に賞金導入	1984.10.25
メキシコで夏季大会	1979.9.3〜13	瀬古が日本新記録	1985.5.11
豊田が日本新記録	1979.10.27	瀬古が日本新記録	1985.7.2
瀬古が日本新記録	1980.5.17	神戸ユニバ開催	1985.8.24〜9.4
深尾が日本新記録	1980.6.1	日・米・ソ対抗陸上開催	1985.9.21
瀬古・三宅が日本新	1980.7.7	山下が三段跳び日本新記録	1985.10.5
武田が日本新	1980.9.20	マスターズ陸上開催	1985.10.12〜13
高橋・秋元が日本新	1980.10.14	女子三段跳び復活	1985.11.4
初のマスターズ大会	1980.10.18〜19	海外での賞金容認	1986.3.15
日本新記録相次ぐ	1980.10.25	8年ぶり日本新記録	1986.4.27
瀬古に日本スポーツ賞	1980.12.23	三宅が日本記録更新	1986.5.3
瀬古が3万mで世界新	1981.3.22	日本選手権開催	1986.5.30〜6.1
棒高跳びで高橋が日本新	1981.3.24	瀬古が日本新記録	1986.7.11
渋沢が女子やり投げ日本新	1981.4.11	他競技からのプロ出場容認	1986.8.24
増田が女子5000日本新	1981.5.3	ソウルでアジア大会	1986.9.20〜10.5
女子走り高跳びで福光が日本新	1981.6.7	国際室内陸上開催	1987.1.15
室伏が日本新	1981.6.21	15年ぶり日本新記録	1987.5.10
瀬古が1万m惜敗	1981.7.8	中山が世界新記録	1987.7.2
走り高跳びで片峰が日本新	1981.8.30	中道が日本タイ10秒1	1987.7.12
びわこ国体開催	1981.10.13〜18	東京国際ナイター開催	1987.9.23
やり投げで吉田が日本新	1981.10.24	東京国際陸上開催	1988.5.13
増田が1万m日本新	1981.10.25	ソウル五輪代表決定	1988.6.17
女子1万で増田が日本新	1982.5.2	マスターズで森田が世界新記録	1988.7.31
高野が400で日本新	1982.5.23	青戸が男子100日本新	1988.9.11
秋元が400障害で日本新	1982.6.20	ソウル五輪開催	1988.9.17〜10.2
阪本が走り高跳びで日本新	1982.7.3	東京国際開催	1988.10.8
高橋が棒高跳びで日本新	1982.7.25	国際室内陸上大阪大会開催	1989.2.11
磯崎が400で日本新	1982.8.3	岩崎が100m障害日本新記録	1989.5.7
		溝口がやり投げ世界歴代2位	1989.5.27

全日本陸上選手権開催	1989.6.17	世界陸上開催	1997.8.1
W杯で溝口がやり投げ2位	1989.9.10	苅部が日本新記録	1997.10.5
TOTOスーパー陸上開催	1989.9.16	室伏が自己新記録	1997.10.19
北京でアジア大会	1990.9.22〜10.7	室伏が父の日本記録を更新	1998.4.26
国際室内陸上開催	1991.2.11	伊東が日本新記録	1998.10.2
国際スーパー大会開催	1991.5.6	室伏が日本新記録	1998.10.8
野村が日本新記録	1991.8.11	バンコクで4回目のアジア大会	1998.12.6〜20
世界陸上開催	1991.8.23		
三段跳びで日本新	1992.2.11	男子100で伊東が9秒9	1999.6.16
優秀選手に賞金	1992.3.29	世界陸上選手権開催	1999.8.26
真木が日本新記録	1992.5.3	室伏が日本記録を更新	1999.10.24
日本選手権開催	1992.6.12〜14	室伏広治が日本新記録	2000.5.13
バルセロナ五輪開催	1992.7.25〜8.9	室伏広治が日本新記録	2000.9.9
全国高校総体開催	1992.8.4	シドニー五輪開催	2000.9.15〜10.1
東京国際スーパー陸上開催	1992.9.19	パラリンピック・シドニー大会開催	2000.10.18〜29
森岡が日本新記録	1993.5.5		
吉田が日本新記録	1993.5.9	日本選手権開催	2001.6.10
世界陸上開催	1993.8.13〜22	室伏が日本新記録	2001.7.14
女子2競技を採用へ	1993.9.18	日本学生種目別選手権開催	2001.7.14
真木が世界新記録	1993.9.19	世界選手権開幕	2001.8.3〜12
ベテランズ陸上開催	1993.10.7〜17	同時多発テロで来日中止	2001.9.11
朝原が日本新記録	1993.10.26	渋井が日本新記録	2002.5.3
三室が日本新記録	1994.5.5	末續が最高記録で優勝	2002.5.6
ジェンガがジュニア世界新記録	1994.6.12	福士が日本新記録	2002.7.20
高橋が日本新記録	1994.6.18	室伏が日本人初優勝	2002.9.14
日本選手初の金メダル	1994.7.24	末續が10秒03で優勝	2003.5.5
添上高が初の4冠	1994.8.4	末續が日本新記録で優勝	2003.6.7
広島でアジア大会	1994.10.2〜16	室伏が日本新記録	2003.6.29
伊東が日本新記録	1994.10.23	世界陸上選手権開催	2003.8.25
木村が日本新記録	1994.12.21	室伏が2連覇	2004.5.8
高松が日本新記録	1995.4.15	室伏・末續らが優勝	2004.6.4
志水が日本新記録	1995.5.3	アテネ五輪開催	2004.8.13〜29
片岡が日本新記録	1995.5.7	室伏に金メダル授与	2004.9.23
陸上日本選手権開催	1995.6.10	沢野が日本新記録	2005.5.3
室伏が3連覇	1995.7.7	日本選手権開催	2005.6.2
山崎が世界陸上で7位	1995.8.10	世界選手権開催	2005.8.6〜14
ユニバ福岡大会開催	1995.8.23〜9.3		
ふくしま国体開催	1995.10.19	【マラソン】	
米倉が日本新で優勝	1996.5.6	君原が日本選手権優勝	1964.4.12
伊藤がドーピング違反	1996.5.8	アジア初・東京五輪開催	1964.10.10〜24
日本選手権開催	1996.6.7	寺沢が日本最高記録	1964.12.6
アトランタ五輪開催	1996.7.19〜8.4	寺沢が日本最高記録	1965.2.7
木村が世界新記録	1996.9.16	重松がボストンで優勝	1965.4.19
苅部が銅	1997.3.9	びわ湖マラソンで岡部2位	1965.5.9
日本人初10秒0台	1997.5.15	重松が世界最高タイム	1965.6.12
朝原が日本新記録	1997.7.2	重松にヘルムス賞	1966.1.13
		寺沢が別府4連勝	1966.2.13

君原がボストンで優勝	1966.4.19	別府大分で宗茂が日本最高	1978.2.5
広島が首位と0秒6差	1966.11.27	青梅マラソン参加者史上最高	1978.2.19
青梅マラソン開催	1967.3.5	国際女性マラソン開催	1978.3.19
金栗54年ぶりゴール	1967.3.21	女性マラソン大会開催	1978.4.16
佐々木が世界最高で2位	1967.12.3	毎日マラソンで宗猛優勝	1978.4.16
円谷が自殺	1968.1.9	瀬古が福岡で優勝	1978.12.3
NHK初のマラソン完全中継	1968.4.14	瀬古が初優勝	1978.12.31
君原が快勝	1968.6.15	喜多が優勝	1979.2.4
メキシコ五輪代表決定	1968.7.24	青海マラソンに最多参加者	1979.2.18
メキシコ五輪開催	1968.10.12~27	瀬古がボストン2位	1979.4.11
福岡マラソン開催	1968.12.8	毎日マラソンで宗茂優勝	1979.4.15
上岡が別府毎日優勝	1969.2.2	モスクワ・プレ五輪開催	1979.7.21~8.5
采谷がボストンで優勝	1969.4.21	東京国際女子マラソン開催	1979.11.18
毎日マラソン開催	1969.5.11	瀬古が日本人初2連覇	1979.12.2
マンチェスターで采谷が4位	1969.7.20	別府大分で武富が優勝	1980.2.3
ソウルで宇佐美が優勝	1969.9.28	青梅マラソンに13000人参加	1980.2.17
福岡で谷村が3位	1969.12.7	東京国際女子マラソン開催	1980.11.16
君原が別府で優勝	1970.2.8	瀬古が3連覇	1980.12.7
毎日マラソン開催	1970.4.12	別府大分で宗茂が1位	1981.2.1
ボストンで日本は不振	1970.4.20	第1回東京マラソン	1981.2.8
宇佐美が福岡で優勝	1970.12.6	女子マラソンが五輪種目に	1981.2.23
君原が別府連覇	1971.2.7	東京-NY友好マラソン開催	1981.3.1
びわ湖で采谷が優勝	1971.3.21	瀬古・佐々木が最高記録	1981.4.20
アテネで宇佐美が優勝	1971.4.6	東京国際女子マラソン開催	1981.11.15
ミュンヘンで宇佐美優勝	1971.9.12	伊藤が福岡国際2位	1981.12.6
福岡マラソンで宇佐美2位	1971.12.5	東京マラソン開催	1982.1.31
ミュンヘン五輪開催	1972.8.26~9.11	別府大分で西村が2位	1982.2.7
福岡マラソン開催	1972.12.3	増田が日本最高記録	1982.2.21
君原が別府で優勝	1973.2.4	増田が20kmで世界最高記録	1982.3.7
びわ湖マラソンで北山2位	1973.3.18	佐々木がマラソン日本最高記録	1982.6.6
福岡マラソンはショーター連覇	1973.12.2	東京国際女子マラソン開催	1982.11.14
ゴーマン美智子がボストンで優勝	1974.4.15	喜多が福岡国際マラソン2位	1982.12.5
福岡でショーター4連覇	1974.12.8	大阪女子マラソン開催	1983.1.30
別府毎日で小沢が初優勝	1975.2.2	瀬古が日本最高記録	1983.2.13
宇佐美が4回目の優勝	1975.4.20	中日名古屋スピードマラソン開催	1983.2.27
福岡国際マラソン開催	1975.12.7	川口がびわ湖毎日マラソン優勝	1983.3.13
重竹が初優勝	1976.2.1	盲人健康マラソン開催	1983.8.28
宇佐美が5回目の優勝	1976.4.18	増田が日本最高記録	1983.9.11
宗猛が日本人初優勝	1976.10.3	世界初の車いすマラソン	1983.11.13
福岡で宗茂は4位	1976.12.5	佐々木が日本人初の優勝	1983.11.20
別府大分で浜田が優勝	1977.2.6	瀬古が優勝	1983.12.4
青梅マラソンで死者	1977.2.20	増田が大阪女子マラソン2位	1984.1.29
毎日マラソン開催	1977.4.17	別府大分毎日マラソン開催	1984.2.5
女子ミニマラソン開催	1977.11.6	東京国際マラソン開催	1984.2.12
福岡国際マラソン開催	1977.12.4	ロサンゼルス五輪開催	1984.7.28~8.12
ホノルルに日本人140	1977.12.11	北京で喜多が優勝	1984.10.14

東京国際女子マラソンで浅井2位	1984.11.18
中山が福岡国際マラソン初優勝	1984.12.2
大阪国際女子マラソン開催	1985.1.27
宗茂が東京国際優勝	1985.2.10
佐々木が自己最高記録で優勝	1985.3.3
中山が日本最高記録で2位	1985.4.14
神戸ユニバ開催	1985.8.24〜9.4
中山が海外で初優勝	1985.9.15
北京で宗兄弟が1・2位	1985.10.13
東京女子国際マラソン開催	1985.11.17
福岡国際で新宅が初優勝	1985.12.1
大阪国際女子マラソン開催	1986.1.26
別府大分で児玉が優勝	1986.2.2
ダイエーカップ開催	1986.2.9
勝田マラソン開催	1986.2.11
名古屋国際女子マラソン開催	1986.3.2
渋谷がびわ湖マラソン優勝	1986.3.9
瀬古が8ヶ月ぶり復活	1986.3.16
瀬古がロンドンで優勝	1986.4.20
ソウルでアジア大会	1986.9.20〜10.5
児玉が日本最高記録	1986.10.19
瀬古がシカゴで優勝	1986.10.26
東京国際女子マラソン開催	1986.11.16
福岡国際マラソン開催	1986.12.7
中山に日本スポーツ賞	1986.12.20
別府大分で西村が優勝	1987.2.1
東京国際で谷口が優勝	1987.2.8
名古屋国際で小島が2位	1987.3.1
瀬古がボストンで優勝	1987.4.20
谷口が自己最高で優勝	1987.5.10
世界陸上開催	1987.9.6
東京国際女子マラソン開催	1987.11.15
中山が今季世界最高	1987.12.6
大阪国際女子マラソン開催	1988.1.31
別府大分マラソン開催	1988.2.7
東京国際女子マラソン開催	1988.2.14
名古屋国際女子マラソン開催	1988.3.6
瀬古がびわ湖毎日優勝	1988.3.13
ボストンで谷口10位	1988.4.18
ソウル五輪開催	1988.9.17〜10.2
谷口が北京で2位	1988.10.16
NYで工藤が7位	1988.11.6
東京国際女子マラソン開催	1988.11.20
福岡国際で渋谷が初優勝	1988.12.4
瀬古が引退	1988.12.6
大阪国際女子マラソン開催	1989.1.29
清水が別府大分優勝	1989.2.5
名古屋国際女子マラソン開催	1989.3.5
びわ湖毎日マラソンで小指が優勝	1989.3.12
東京国際で谷口が優勝	1989.3.19
W杯マラソンで宮原が2位	1989.4.15
ロッテルダムで須永が4位	1989.4.16
ボストンマラソン開催	1989.4.17
小島が日本最高記録	1989.4.30
東京国際女子マラソン開催	1989.11.19
福岡国際マラソン開催	1989.12.3
大阪国際女子マラソンで兵頭が2位	1990.1.28
別府大分で米重2位	1990.2.4
東京国際で中山が優勝	1990.2.12
名古屋国際女子マラソン開催	1990.3.4
びわ湖毎日マラソン開催	1990.3.11
ロッテルダムで谷口が優勝	1990.4.22
パリ・マラソン日本人が2連覇	1990.5.6
宗猛がモスクワで3位	1990.8.11
福岡国際で弘山が2位	1990.12.2
東京国際女子マラソンで谷川3位	1990.12.9
有森が日本最高記録で2位	1991.1.27
別府大分で森下が初優勝	1991.2.3
小指が胸の差で2位	1991.2.10
山下が名古屋初優勝	1991.3.3
世界陸上開催	1991.8.23
東京国際で谷川が優勝	1991.11.17
福岡国際で森田が優勝	1991.12.1
小鴨が日本最高記録	1992.1.26
別府・大分マラソン開催	1992.2.2
森下が初優勝	1992.2.9
名古屋で大江が初優勝	1992.3.1
山本が日本女子初の2位	1992.4.20
バルセロナ五輪開催	1992.7.25〜8.9
北海道マラソン開催	1992.8.30
1万6000kmラリー	1992.9.1
東京国際女子マラソン開催	1992.11.15
福岡国際マラソン開催	1992.12.6
浅利が日本最高タイ	1993.1.31
谷川が東京国際2位	1993.2.14
名古屋国際で松野が2位	1993.3.7
小鴨が退社・引退	1993.3.17
谷口がボストン4位	1993.4.19
吉田がパリで優勝	1993.4.25
藤村が日本勢初優勝	1993.7.29

マラソン

世界陸上開催	1993.8.13～22
片岡が初優勝	1994.1.23
1レース3人が日本最高記録	1994.1.30
折り返し点を間違える	1994.2.6
浅井が初優勝	1994.3.13
朝比奈がマラソン初優勝	1994.4.17
谷川がパリで優勝	1994.4.24
東京国際で盛山が2位	1994.11.20
福岡国際マラソン開催	1994.12.4
別府大分マラソン開催	1995.2.5
東京国際マラソン開催	1995.2.12
びわ湖毎日で中村が優勝	1995.3.19
札幌国際ハーフマラソン開催	1995.7.16
ユニバ福岡大会開催	1995.8.23～9.3
有森が3年ぶり復活	1995.8.27
東京国際で浅利が優勝	1995.11.19
福岡国際マラソン開催	1995.12.3
松野が引退	1995.12.28
大阪国際で鈴木が2位	1996.1.28
別府大分毎日マラソン開催	1996.2.4
東京国際マラソン開催	1996.2.12
びわ湖毎日マラソン開催	1996.3.3
真木が初優勝	1996.3.10
ボストンで藤村が3位	1996.4.15
アトランタ五輪開催	1996.7.19～8.4
東京国際で藤村が優勝	1996.11.17
福岡国際マラソン開催	1996.12.1
有森が事実上のプロ宣言	1996.12.26
千葉が優勝	1997.1.19
名古屋で鈴木は2位	1997.3.9
有森がタレント活動	1997.4.22
世界陸上開催	1997.8.1
伊藤が初優勝	1997.11.30
高橋マラソン2戦目で優勝	1998.3.8
シドニーで男女とも優勝	1998.9.6
東京国際マラソンで浅利が優勝	1998.11.15
カビガが福岡国際マラソン優勝	1998.12.6
バンコクで4回目のアジア大会	1998.12.6～20
東京国際マラソンで世界歴代2位タイム	1999.2.14
有森が自己ベストを更新	1999.4.19
世界陸上選手権開催	1999.8.26
犬伏が日本人初の2時間6分台	1999.9.26
弘山晴美が2位	2000.1.30
榎木が別府大分優勝	2000.2.6
川島がびわ湖毎日2位	2000.3.5
高橋がシドニー出場権獲得	2000.3.12
シドニー五輪開催	2000.9.15～10.1
高橋に国民栄誉賞授賞	2000.10.27
土佐礼子が東京国際2位	2000.11.19
藤田が日本最高記録で初優勝	2000.12.3
渋井が初マラソンで優勝	2001.1.28
高橋が日本最高記録で優勝	2001.2.18
高橋は代表内定ならず	2001.2.18
松尾が初優勝	2001.3.11
世界選手権開幕	2001.8.3～12
高橋が世界最高記録	2001.9.30
東京国際女子マラソン開催	2001.11.18
清水が3秒差で2位	2001.12.2
大阪国際女子マラソン開催	2002.1.27
ワイナイナが2回目の優勝	2002.2.10
野口が初マラソン初優勝	2002.3.10
大南が優勝	2002.4.21
高橋がベルリン2連覇	2002.9.29
高岡が日本最高記録	2002.10.13
松岡が3秒差で2位	2002.11.17
尾方が2秒差で2位	2002.12.1
野口が大阪国際優勝	2003.1.26
松宮が世界最高タイムで優勝	2003.2.16
藤原が初マラソン最高の3位	2003.3.2
大南が名古屋で初優勝	2003.3.9
野口が銀メダル	2003.8.31
高橋が終盤に失速し2位	2003.11.16
国近が初優勝	2003.12.7
坂本が優勝	2004.1.25
野口が日本最高記録で優勝	2004.2.15
小島がびわ湖毎日2位	2004.3.7
土佐が初優勝	2004.3.14
アテネ五輪代表決定	2004.3.15
アテネ五輪開催	2004.8.13～29
渋井が日本最高記録で優勝	2004.9.26
東京国際で嶋原が2位	2004.11.21
尾方が初優勝	2004.12.5
小崎が2位	2005.1.30
高岡が初優勝	2005.2.13
原が初優勝	2005.3.13
世界選手権開催	2005.8.6～14
野口が日本最高記録で優勝	2005.9.25
高橋が初優勝	2005.11.20
福岡国際で藤田が3位	2005.12.4

【駅伝】

中大が初の箱根6連覇	1964.1.3
実業団駅伝で旭化成が優勝	1964.12.20
日大が箱根総合優勝	1965.1.3
順天大が新記録で初優勝	1966.1.3
旭化成が3連勝	1966.12.18
日大が箱根優勝	1967.1.3
日大が箱根2連覇	1968.1.3
青森・東京駅伝は東京が優勝	1968.11.4〜10
大阪・福岡駅伝は広島が優勝	1968.11.4〜10
小林高が優勝	1968.12.29
日体大が箱根優勝	1969.1.3
リッカーAが優勝	1969.8.7
東京が連覇	1969.11.10〜16
大濠が優勝	1969.12.28
日体大が箱根連覇	1970.1.3
第1回全日本大学駅伝開催	1970.3.2〜3
東京が青森・東京駅伝連覇	1970.11.9〜15
相原が初優勝	1970.12.27
日体大が箱根3連覇	1971.1.3
青森・東京間駅伝で東京4連覇	1971.11.8〜14
中津商が優勝	1971.12.26
日体大が箱根4連覇	1972.1.3
青森・東京駅伝は東京5連覇	1972.11.6〜12
世羅が優勝	1972.12.24
日体大が箱根5連覇	1973.1.3
青森・東京駅伝は東京6連覇	1973.11.5〜11
小林高が5回目の優勝	1973.12.23
日大が箱根優勝	1974.1.3
青森・東京駅伝は東京が有終の美	1974.11.4〜10
世羅が優勝	1974.12.22
大東大が新記録で箱根初優勝	1975.1.3
大東大が総合優勝	1976.1.3
大牟田高が2連覇	1976.12.26
日体大が箱根優勝	1977.1.3
日体大が箱根連覇	1978.1.3
日体大が2連覇	1978.1.22
順天堂大が2回目の優勝	1979.1.3
福岡大が初の優勝	1979.1.21
日体大が大会新で8度目優勝	1980.1.3
順天堂が箱根優勝	1981.1.3
全日本大学駅伝で福岡大優勝	1981.1.18
旭化成が全日本4連覇	1981.12.20
順天大が箱根2連覇	1982.1.3
旭化成が初の5連覇	1982.1.15
福岡大が大学駅伝連覇	1982.1.17
8年ぶりに東日本縦断駅伝開催	1982.11.3〜7
旭化成・九州実業団が優勝	1982.12.19
日体大が3年ぶり優勝	1983.1.3
旭化成が6連覇	1983.1.15
千葉県が優勝	1983.1.23
日体大が優勝	1983.1.23
名岐駅伝開催	1983.2.13
世界初の国際女子駅伝開催	1983.3.20
東京が総合優勝	1983.11.3
全日本大学女子駅伝開催	1983.11.23
早大が箱根完全優勝	1984.1.3
エスビー食品が初出場初優勝	1984.12.16
報徳が高校駅伝2連覇	1984.12.23
早大が箱根2連覇	1985.1.3
名岐駅伝開催	1985.2.3
東京が大会新記録	1985.11.4
エスビー食品が優勝	1985.12.15
報徳学園が史上初の3連覇	1985.12.22
順天堂大が総合優勝	1986.1.3
名岐駅伝開催	1986.2.2
国際女子駅伝開催	1986.2.23
東京が2年連続優勝	1986.11.3
世界駅伝開催	1986.11.30
市立船橋が優勝	1986.12.21
順天堂大が箱根2連覇	1987.1.3
神奈川初優勝	1987.1.18
国際女子駅伝開催	1987.2.22
埼玉が優勝	1987.11.8
埼玉栄高が初優勝	1987.12.20
順天堂大が箱根3連覇	1988.1.3
名岐駅伝開催	1988.2.7
横浜女子国際駅伝開催	1988.2.28
海外初の駅伝	1988.4.9
東京が2年ぶり優勝	1988.11.3
大牟田高が大会新記録優勝	1988.12.25
順天堂大が箱根4連覇	1989.1.3
名岐駅伝開催	1989.2.5
大東大が優勝	1989.11.5
全国高校駅伝開催	1989.12.24
大東大が箱根優勝	1990.1.3
日本が横浜国際優勝	1990.2.25

— 533 —

大東大が2年連続	1990.11.4
全国高校駅伝開催	1990.12.23
大東大が箱根2連覇	1991.1.3
横浜国際女子駅伝開催	1991.2.24
日大が初優勝	1991.11.3
全国高校駅伝開催	1991.12.22
山梨学院大が初優勝	1992.1.3
早大が初出場優勝	1992.11.1
全国高校駅伝開催	1992.12.20
早大が8年ぶり優勝	1993.1.3
箱根史上初の10時間台	1994.1.3
横浜国際女子駅伝開催	1994.2.27
早大が3連覇	1994.11.6
京産大が大会新記録	1994.11.27
全国高校駅伝開催	1994.12.25
旭化成が6年連続優勝	1995.1.1
山梨学院大が箱根2連覇	1995.1.3
宮城が優勝	1995.1.16
横浜国際で日本が優勝	1995.2.26
ワコールが6連覇	1995.11.3
早大が4連覇	1995.11.5
京都産業大学が2連覇	1995.11.26
ワコールが3年ぶり優勝	1995.12.10
全国高校駅伝開催	1995.12.23
旭化成7連覇ならず	1996.1.1
中大が箱根優勝	1996.1.3
京都が4年ぶり優勝	1996.1.14
広島が優勝	1996.1.21
日本が2年連続優勝	1996.2.25
早大が逆転初優勝	1996.10.10
全国高校駅伝開催	1996.12.22
旭化成が3秒差で優勝	1997.1.1
神奈川大が箱根初優勝	1997.1.3
全国高校駅伝開催	1997.12.21
神奈川大が箱根2連覇	1998.1.3
駒大が全日本大学駅伝初優勝	1998.11.1
西脇工・田村が優勝	1998.12.20
順天堂大が箱根優勝	1999.1.3
日本が独走で5連覇	1999.2.28
駒沢大が初の箱根完全優勝	2000.1.3
東京が22回目の優勝	2000.11.3
順大が初優勝	2000.11.5
全国高校駅伝開催	2000.12.24
コニカが初優勝	2001.1.1
順天堂大が箱根2連覇	2001.1.3
駒沢大が3回目の優勝	2001.11.4
全国高校駅伝開催	2001.12.23
コニカが2年連続優勝	2002.1.1
駒沢大が2度目の総合優勝	2002.1.3
駒沢大が2連覇	2002.11.3
全国高校駅伝開催	2002.12.22
コニカが3年連続優勝	2003.1.1
駒沢大が箱根2連覇	2003.1.3
東海大が初優勝	2003.11.2
全国高校駅伝開催	2003.12.21
中国電力が初優勝	2004.1.1
駒沢大が箱根3連覇	2004.1.3
駒沢大学が2大会ぶり優勝	2004.11.7
三井住友海上が2連覇	2004.12.12
仙台育英・諫早が優勝	2004.12.26
コニカミノルタが2年ぶり優勝	2005.1.1
駒沢大が箱根4連覇	2005.1.3
日大が14年ぶり優勝	2005.11.6
仙台育英・興讓館が優勝	2005.12.25

【競歩】

走り高跳びと競歩で日本新	1969.6.7～8
女子競歩を公認	1980.11.22
日・米・ソ対抗陸上開催	1985.9.21
世界選手権開催	2005.8.6～14

【体操】

欧州遠征で鶴見・遠藤が優勝	1964.4.17～25
体操の五輪最終選考	1964.6.27～28
アジア初・東京五輪開催	1964.10.10～24
ブダペスト大会開催	1965.8.20～29
世界選手権開催	1966.9.20～26
ユニバ東京大会開催	1967.8.27～9.4
NHK杯開催	1968.7.13～14
メキシコ五輪開催	1968.10.12～27
全日本選手権開催	1968.11.21～24
日体大が全種目優勝	1969.7.24～27
男女とも日体大が優勝	1969.11.13～16
世界優秀女子競技会開催	1969.11.22～23
世界選手権で日本男子優勝	1970.10.22～27
中山・松久が優勝	1970.11.20～23
国際体操競技会開催	1970.12.5～13
ミュンヘン五輪開催	1972.8.26～9.11
監物・長谷川が優勝	1972.11.16～19
国際選抜競技会開催	1972.12.2～3,9～10
塚原・松久が優勝	1973.11.1～4

テヘランでアジア大会	1974.9.1～16	全日本選手権開催	1992.11.15
男子4連覇・女子6位	1974.10.20～27	塚原を理事解任	1993.3.14
監物・松久が優勝	1974.11.22～24	世界選手権開催	1993.4.13～18
梶山が優勝	1974.11.30～12.1	ユニバ福岡大会開催	1995.8.23～9.3
岡崎が中学生初の優勝	1975.10.12	日本が14年ぶり銀メダル	1995.10.6
国際選抜大会開催	1975.11.16	全日本選手権開催	1995.11.3
モントリオール五輪開催	1976.7.17～8.1	塚原が父子2代五輪代表	1996.5.4
日本選手権開催	1976.10.10	塚原が最年少優勝	1996.11.2
笠松・岡崎が優勝	1977.6.5	塚原が父子2代メダリスト	1997.9.5
全日本選手権開催	1977.10.22	塚原が2大会連続メダル	1999.10.14
NHK杯開催	1978.7.1	世界選手権への派遣中止	2001.10.18
世界選手権開催	1978.10.29	全日本選手権開催	2001.11.24
全日本選手権開催	1978.11.18	中日カップ開催	2001.12.8
日本団体が5連勝	1978.11.22～29	NHK杯開催	2002.7.6
具志堅・加納が優勝	1979.9.29	全日本選手権開催	2002.11.9
全日本選手権開催	1979.10.26	鹿島が銅メダル	2002.11.23
世界選手権11連覇ならず	1979.12.3	冨田が初優勝	2002.12.7
中日カップで具志堅優勝	1979.12.16	日本は銅メダル	2003.8.19
具志堅が3位	1980.10.24	中日カップ開催	2003.12.6
全日本選手権開催	1980.11.24	アテネ五輪開催	2004.8.13～29
具志堅・加納が2連覇	1981.10.25	冨田・市川が天皇杯優勝	2004.11.13
NHK杯で加納・具志堅が連覇	1982.6.12	水鳥・石坂が優勝	2005.7.9
具志堅・森尾が優勝	1982.10.31	冨田が初優勝	2005.11.24
世界体操選手権開催	1983.10.26		
ロサンゼルス五輪開催	1984.7.28～8.12	【新体操】	
信田がNHK杯最年少優勝	1985.7.7	新体操国際招待競技大会開催	1982.6.5～6
全日本体操選手権開催	1985.10.13	山崎が4連覇	1982.11.13
日本が4位転落	1985.11.6	全日本新体操開催	1985.11.3
具志堅が引退	1985.11.14	W杯東京大会開催	1986.10.17～18
信田・水鳥が優勝	1986.11.1	秋山・石関が優勝	1986.11.9
世界選手権開催	1987.10.18	秋山が完全優勝	1987.11.15
高校生コンビが1・2位	1988.6.5	秋山が全日本5連覇	1988.11.12
望月が初優勝	1988.8.9	秋山が史上初の6連覇	1989.11.4
男女とも史上最年少優勝	1988.12.3	秋山7連覇ならず引退	1990.11.17
全日本学生体操選手権開催	1989.8.1～4	全日本選手権開催	1991.11.23
体操世界選手権開催	1989.10.13～17	川本が完全制覇V	1994.8.4
鉄棒で池谷が銅	1989.10.22	川本が2年連続完全優勝	1994.11.27
全日本体操選手権開催	1989.11.11	山田が4種目完全優勝	1995.8.2
西川が個人総合優勝	1990.10.28	全日本選手権開催	1995.12.2
鱒江市で世界体操選手権	1990.11.2	松永が全日本4達覇	2000.11.25
全日本選手権開催	1990.11.3	村田が2連覇	2002.11.3
中日カップ開催	1990.11.17	村田が5連覇	2005.11.5
体操世界選手権開催	1991.9.6～15		
全日本選手権開催	1991.11.3	【ダンス】	
バルセロナ五輪開催	1992.7.25～8.9	チアダンス初の優勝	2004.3.13～14
全日本学生選手権開催	1992.8.19		

野球

【野球】

世界アマ野球で日本優勝	1966.8.22～25
野球団体分裂	1966.9.17
アジア野球選手権開催	1967.8.25～9.3
日本が初優勝	1967.8.26
和歌山チームが優勝	1968.8.24
米オリオールズ来日	1971.10.21
クラブ対抗で全浦和が優勝	1976.8.25
調布リーグが優勝	1976.8.28
少女野球大会開催	1977.11.6
小学生の変化球禁止	1978.4.20
野球を五輪公認競技に	1978.5.15
アマ野球で日本4位	1978.9.6
レッズが来日	1978.11.21
日本が同率2位	1980.9.5
佐伯・小川が殿堂入り	1981.2.3
ロイヤルズ来日	1981.10.31～11.23
世界アマチュア野球選手権開催	1982.9.14
決勝で延長45回	1983.9.20
ロサンゼルス五輪開催	1984.7.28～8.12
後楽園に屋根付き野球場計画	1984.9.5
オリオールズが来日	1984.10.25
長嶋・西本・金田ら殿堂入り	1988.1.19
アマ野球選手権開催	1988.9.7
大リーグ選抜来日	1988.11.3
島・野村・野口が殿堂入り	1989.1.20
勝利打点全廃	1989.2.14
日本学生野球協会がJOC加盟へ	1989.11.6
真田・張本・故佐伯が殿堂入り	1990.1.24
全日本アマチュア野球連盟が発足	1990.6.20
日本石油がアマ初代王者	1991.11.16
初のアマ・プロ交歓試合	1992.3.7
バルセロナ五輪開催	1992.7.25～8.9
東芝がアマ王座	1992.11.15
稲尾・村山が殿堂入り	1993.1.20
福岡ドーム完成	1993.3.31
キューバが日本圧倒	1993.6.10
王・与那嶺が殿堂入り	1994.1.19
広島でアジア大会	1994.10.2～16
アジアジュニア野球開催	1995.1.4
インターコンチネンタルカップ開催	1995.11.5
三菱自動車川崎が初優勝	1995.11.12
衣笠・藤田が殿堂入り	1996.1.24
アトランタ五輪開催	1996.7.19～8.4
プロの五輪出場可	1996.9.21
日米野球で野茂が先発	1996.11.2
盲学校野球大会開催	1997.8.25
プロ退団者受け入れ	1997.12.8
日本がシドニー五輪出場権獲得	1999.9.16
根本ら4名が殿堂入り	2001.1.13
野球W杯で日本破れる	2001.11.17
山内ら殿堂入り	2002.1.11
日米野球は負け越す	2002.11.17
長嶋が五輪日本代表監督	2002.12.2
上田・関根が殿堂入り	2003.1.10
アジア野球選手権開催	2003.11.7
仰木・秋山が殿堂入り	2004.1.9
アテネ五輪開催	2004.8.13～29
日米野球全日程を終了	2004.11.14
村田・森が殿堂入り	2005.1.11
野球・ソフトボールが五輪除外	2005.7.8

【プロ野球】

王が4打席連続本塁打	1964.5.3
南海・近鉄戦で大乱闘	1964.6.7
広瀬が27試合連続安打	1964.6.13
金田が奪三振世界記録	1964.7.16
王が日本最多53号本塁打	1964.9.6
南海が9回目の優勝	1964.9.19
阪神がリーグ優勝	1964.9.30
南海が2回目の日本一	1964.10.10
金田が巨人へ	1964.12.12
東大・新治が大洋入団	1965.2.28
内村コミッショナー退任	1965.4.30
サンケイ・スワローズ誕生	1965.5.10
バッキーがノーヒットノーラン	1965.6.28
巨人が通算2000勝	1965.7.25
中日13連勝の日本新	1965.8.2
「八時半の男」活躍	1965.8.24
野村が最多312号	1965.9.12
南海が10回目の優勝	1965.9.26
野村が戦後初の三冠王	1965.10.5
巨人が18回目の優勝	1965.10.14
巨人が2年ぶり日本一	1965.11.5
初の新人選択会議開催	1965.11.17
南海の蔭山監督が急死	1965.11.17
川上・鶴岡が殿堂入り	1965.12.4
メキシコ・タイガースが来日	1966.3.6
佐々木が完全試合	1966.5.1
田中が完全試合	1966.5.12
小山が通算58無四球試合	1966.6.17

稲尾が250勝	1966.6.28	江夏が9連続三振	1971.7.17
堀内が開幕13連勝	1966.7.27	高橋が完全試合	1971.8.21
王が250号	1966.8.18	巨人がリーグ7連覇	1971.9.23
ドラフト会議で混乱	1966.9.5	阪急が2年ぶり優勝	1971.9.28
巨人が2年連続優勝	1966.9.23	巨人がリーグ7連覇	1971.10.17
南海が3年連続優勝	1966.10.9	外木場が無安打無失点	1972.4.29
巨人が日本シリーズ連覇	1966.10.12～18	王が通算500号	1972.6.6
ドジャースが来日	1966.10.20～11.16	小山が通算310勝	1972.6.16
小山が250勝	1967.5.9	長嶋が通算400号	1972.6.22
金田がリーグ新16奪三振	1967.6.7	阪急が2連覇	1972.9.26
若生がノーヒットノーラン	1967.9.17	福本が世界新	1972.10.5
阪神が放棄試合	1967.9.23	巨人が8年連続優勝	1972.10.7
阪急が初優勝	1967.10.1	西鉄が太平洋に売却	1972.10.20
巨人がリーグ3連覇	1967.10.7	巨人がシリーズ8連覇	1972.10.21～28
堀内がノーヒットノーラン	1967.10.10	堀内・福本にMVP	1972.10.29
巨人が日本一3連覇	1967.10.21～28	東映が日拓に球団売却	1973.1.16
城之内がノーヒットノーラン	1968.6.16	南海が前期優勝	1973.7.11
野村が初の400号本塁打	1968.7.12	野村が通算2351本安打	1973.8.3
外木場が完全試合	1968.9.14	江夏がノーヒットノーラン	1973.8.30
江夏がシーズン354奪三振	1968.9.17	八木沢が完全試合	1973.10.10
巨人がリーグ優勝	1968.10.8	王がリーグ初三冠王	1973.10.22
阪急が連覇	1968.10.11	巨人が史上初9連覇	1973.10.22
巨人が日本一	1968.10.12～20	南海が7年ぶり優勝	1973.10.24
ドラフト会議開催	1968.11.12	巨人がシリーズ9連覇	1973.11.1
ロッテ・オリオンズ誕生	1969.1.16	MVPは王と野村	1973.11.2
サンケイ・アトムズ誕生	1969.4.8	日拓が日本ハムに球団売却	1973.11.12
成田がノーヒットノーラン	1969.8.16	ドラフト会議開催	1973.11.20
王が7季連続40本	1969.9.30	セーブポイントなど新設	1974.3.1
八百長事件発覚	1969.10.7	川上監督初の退場	1974.7.9
巨人が5年連続優勝	1969.10.9	ロッテが4年ぶり優勝	1974.10.9
金田が400勝そして引退	1969.10.10	中日が巨人10連覇阻止	1974.10.12
王が通算400号	1969.10.18	長嶋が引退	1974.10.14
阪急が3年連続優勝	1969.10.19	王が2年連続三冠王	1974.10.15
巨人がリーグ5連覇	1969.11.2	川上監督退任	1974.10.21
三沢・太田が近鉄入り	1969.11.20	ロッテが24年ぶり日本一	1974.10.23
野村が450本塁打	1970.4.24	王vsアーロン	1974.11.2
八百長事件で永久追放	1970.5.25	指名打者制度採用	1974.11.18
野村が通算1322打点	1970.6.2	ドラフト会議開催	1974.11.19
山内が4000塁打	1970.8.4	星野に沢村賞	1974.11.26
佐々木が完全試合	1970.10.6	指名打者制を承認	1974.12.20
ロッテが初優勝	1970.10.7	神部がノーヒットノーラン	1975.4.20
巨人がリーグ6連覇	1970.10.23	野村が2500安打	1975.5.13
巨人が6年連続日本一	1970.11.2	巨人初の最下位	1975.10.10
永田が球団経営引退	1971.1.22	広島が26年目の初優勝	1975.10.15
野村が500号本塁打	1971.7.2	阪急が3年ぶりリーグ優勝	1975.10.20
ロッテが試合放棄	1971.7.13	阪急が40年目で初の日本一	1975.11.2

加藤・山本が MVP	1975.11.4	野村が 3000 試合出場	1980.8.1
江夏が南海へ移籍	1976.1.26	衣笠が連続試合日本新	1980.8.4
加藤がノーヒットノーラン	1976.4.18	柴田が通算 2000 本	1980.8.7
戸田がノーヒットノーラン	1976.5.11	西武が本塁打の日本新記録	1980.8.12
王が通算 2000 四死球	1976.5.30	野球選手会を認可	1980.8.22
張本が通算 2500 安打	1976.6.10	福本が通算 800 盗塁	1980.9.13
王が 700 号本塁打	1976.7.23	木田が新人 20 勝目	1980.9.25
野村が 5000 塁打達成	1976.8.24	広島が 2 連覇	1980.10.17
阪急が完全優勝	1976.9.30	近鉄が 2 連覇	1980.10.18
王がルースを超える	1976.10.10	長嶋監督辞任	1980.10.21
クラウンライターライオンズへ	1976.10.12	広島が 2 年連続日本一	1980.11.2
巨人が 3 年ぶり優勝	1976.10.16	王が現役引退	1980.11.4
阪急が 2 年連続日本一	1976.11.2	山本・木田が MVP	1980.11.4
福本が通算 597 盗塁	1977.7.6	野村が現役引退	1980.11.15
王が四球世界新記録	1977.7.18	ドラフト会議開催	1980.11.26
タイムのルール改正	1977.8.1	岩本・飯田が殿堂入り	1981.1.23
大洋が横浜へ移転	1977.8.2	大杉が 2000 本安打	1981.7.21
王が世界新 756 号	1977.9.3	オールスター戦開催	1981.7.28
巨人が 2 年連続優勝	1977.9.23	門田が月間 16 本塁打	1981.7.31
阪急が 3 連覇	1977.10.15	巨人が 144 試合連続得点	1981.8.5
阪急が日本一	1977.10.27	江本が首脳批判し引退	1981.8.27
江川がクラウン入団拒否	1977.12.3	セ・リーグ観客 2 億人	1981.9.2
王が高額所得者トップ	1978.5.1	田淵が 400 号本塁打	1981.9.6
王が通算 800 本塁打	1978.8.30	巨人・日本ハムが優勝	1981.9.23
今井が完全試合	1978.8.31	日本ハムが初優勝	1981.10.13
阪急がリーグ優勝	1978.9.27	巨人が日本一	1981.10.25
ヤクルトが 29 年目初優勝	1978.10.4	江川・江夏が MVP	1981.10.27
西武ライオンズ誕生	1978.10.12	張本が引退	1981.10.30
ヤクルトが初の日本一	1978.10.22	ドラフト会議開催	1981.11.25
空白の一日の江川入団	1978.11.21	鈴木・外岡両会長が殿堂入り	1982.1.29
江川問題が決着	1979.1.31	山田が通算 200 勝	1982.4.29
日本プロ野球選手会設立	1979.2.1	江夏・福本・衣笠が偉業	1982.7.2
西武が開幕 12 連敗	1979.4.14	井上がビーンボール禁止適用第 1 号	1982.8.6
高橋が 33 試合連続安打	1979.7.31	斎藤が 27 セーブ	1982.10.5
広岡がヤクルト退団	1979.8.17	落合が 3 冠王	1982.10.9
セ界観客が 1000 万人突破	1979.9.25	西武がリーグ優勝	1982.10.14
広島が初の日本一	1979.10.6	中日が 8 年ぶり優勝	1982.10.18
ヤミ入場券疑惑	1979.10.7	西武が初の日本一	1982.10.30
王が 18 年連続 30 本	1979.10.10	中尾・落合が MVP	1982.11.1
近鉄が 30 年目の初優勝	1979.10.16	パ・リーグ 1 シーズン制復帰	1982.11.24
広島が初の日本一	1979.11.4	ドラフト会議開催	1982.11.25
江夏・マニエルが MVP	1979.11.6	福士が韓国球界へ	1982.12.22
張本が 3000 本安打	1980.5.28	三原・内村が殿堂入り	1983.1.24
堀内が通算 200 勝	1980.6.2	鈴木が 400 完投	1983.4.22
主審に暴行で退場処分	1980.7.5	角が 12 連続 SP	1983.5.11
飛ばすバット禁止	1980.7.30	野村が全 12 球団から白星	1983.5.15

福本が世界新の939盗塁	1983.6.3	清原が高卒新人最多本塁打	1986.9.27
オールスターでパが3連勝	1983.7.26	西武が2年連続優勝	1986.10.9
江夏が31セーブ	1983.9.23	広島が2年ぶり優勝	1986.10.12
松本が75盗塁	1983.10.3	バースが2年連続3冠王	1986.10.17
鈴木が無四球試合74の新記録	1983.10.5	西武が日本一	1986.10.27
西武・巨人がリーグ優勝	1983.10.10	山本浩二引退	1986.10.28
平松が200勝	1983.10.21	北別府・石毛がMVP	1986.10.29
小林が引退表明	1983.10.23	アメリカが日本に圧勝	1986.11.1
西武が2年連続日本一	1983.11.7	フリーエージェント制要求	1986.12.3
王が巨人監督就任	1983.11.8	落合が日本人初の年俸1億円	1986.12.23
原・東尾がMVP	1983.11.9	落合に内閣総理大臣賞	1987.1.29
ドラフト会議開催	1983.11.22	掛布が謹慎処分	1987.3.22
江夏が西武移籍	1983.12.13	加藤が2000本安打	1987.5.5
西武が江夏入団を発表	1984.1.11	衣笠が世界新記録	1987.6.13
新浦が韓国球界入り	1984.1.13	桑田が10代で10勝目	1987.7.8
鈴木が300勝	1984.5.5	近藤が最年少ノーヒットノーラン	1987.8.9
乱数表使用を禁止	1984.5.23	衣笠が500号本塁打	1987.8.11
江川が8連続奪三振	1984.7.24	門田が2000本安打	1987.8.26
福本が1000盗塁	1984.8.7	巨人が初代ジュニアチャンピオン	1987.9.14
鈴木が3000奪三振	1984.9.1	衣笠が引退	1987.9.21
東尾が200勝	1984.9.15	日本シリーズでDH制採用	1987.9.24
阪急がリーグ優勝	1984.9.23	巨人が4年ぶり優勝	1987.10.9
田淵が引退	1984.9.29	西武が3年連続優勝	1987.10.10
広島が4回目の優勝	1984.10.4	新井がシーズン184安打	1987.10.21
広島が4年ぶり日本一	1984.10.22	篠塚・正田が首位打者	1987.10.22
ドラフト会議開催	1984.11.20	西武が日本一	1987.11.1
王がベーブ・ルース賞受賞	1984.12.18	山倉・東尾がMVP	1987.11.4
杉下・白石・荒巻が殿堂入り	1985.1.23	江川が引退	1987.11.12
郭・田中がノーヒットノーラン	1985.6.4,9	ドラフト会議開催	1987.11.18
317勝の鈴木が引退	1985.7.11	東尾が賭博で処分	1987.12.14
山本が通算500号本塁打	1985.7.26	東京ドーム完成	1988.3.17
西武がリー優勝	1985.10.9	西武球場は雪で中止	1988.4.8
阪神が21年ぶりに優勝	1985.10.16	バースを解雇	1988.6.27
落合・バースが3冠王	1985.10.21	史上最長試合	1988.8.4
阪神が初の日本一	1985.11.2	門田が40歳年間最多本塁打	1988.8.27
バース・落合がMVP	1985.11.5	福岡ダイエーホークス誕生	1988.9.13
広岡監督が辞任	1985.11.8	掛布が引退	1988.9.14
パ・リーグ1シーズン制へ	1985.11.14	中日が6年ぶり優勝	1988.10.7
選手会を労組認定	1985.11.14	オリックス・ブレーブス誕生	1988.10.19
桑田・清原がプロ入りへ	1985.11.20	西武が4年連続優勝	1988.10.19
労働組合選手会が初の大会	1986.1.9	セ・リーグ全日程終了	1988.10.21
落合が球界最高年俸	1986.1.11	パ・リーグ全日程終了	1988.10.23
両リーグがナイター開幕	1986.4.4	西武が3年連続日本一	1988.10.27
第8代コミッショナー選任	1986.5.8	郭・門田がMVP	1988.10.29
衣笠が2000試合連続出場	1986.6.7	高卒新人初のゴールデングラブ賞	1988.11.15
西武が1イニング6本塁打	1986.8.6		

プロ野球　　　　　　　競技別索引　　　　　　　日本スポーツ事典

門田がオリックス移籍	1988.11.15
東尾が引退	1988.11.22
西本・加茂川と中尾をトレード	1988.11.23
ドラフト会議開催	1988.11.24
コミッショナーに吉国氏	1989.3.7
土井コーチを賭博で逮捕	1989.5.12
村田が完投で200勝	1989.5.13
斎藤が11試合連続完投勝利	1989.7.15
選手会2代目会長に原	1989.7.25
巨人が25回目の優勝	1989.10.6
近鉄が9年ぶり優勝	1989.10.14
若松が引退	1989.10.17
3連敗4連勝で巨人が日本一	1989.10.29
クロマティとブライアントがMVP	1989.11.25
巨人が「3軍」新設	1989.12.9
野茂が史上最高額契約	1989.12.14
登板日漏洩の桑田に処分	1990.3.16
セ・パ両リーグ開幕	1990.4.7
柴田がノーヒットノーラン	1990.4.25
野茂が17奪三振	1990.4.29
審判員が労組加盟	1990.7.7
オリックスが本拠地を神戸に	1990.8.13
巨人が史上最短優勝	1990.9.8
西武が7回目の優勝	1990.9.23
マサカリ投法村田が引退	1990.9.26
西武が6回目の日本一	1990.10.24
斎藤・野茂がMVP	1990.10.26
日米選抜対抗戦開催	1990.11.2
ドラフト会議開催	1990.11.24
落合が裁定でサイン	1991.3.8
ロッテ本拠地を千葉へ	1991.7.31
門田が2500本安打	1991.8.7
西武が8回目の優勝	1991.10.3
広島が6回目の優勝	1991.10.13
西武が7回目の日本一	1991.10.28
佐々岡・郭がMVP	1991.10.30
日韓親善プロ野球開催	1991.11.2
選手会東京大会	1991.12.3
落合が3億円で更改	1991.12.9
湯舟がノーヒットノーラン	1992.6.14
清原が通算200号	1992.6.26
北別府が通算200勝	1992.7.16
門田が引退	1992.9.4
6時間26分で引き分け	1992.9.11
西武が3年連続優勝	1992.9.30
藤田監督勇退	1992.10.4
ヤクルトが14年ぶり優勝	1992.10.10
川上に文化功労者	1992.10.20
西武が8回目の日本一	1992.10.26
ハウエル・石井がMVP	1992.10.28
日米大会開催	1992.10.30
横浜ベイスターズ誕生	1992.11.11
松井が巨人入団内定	1992.11.21
デストラーデが退団	1992.11.30
斎藤が投手最高年俸	1993.1.9
江夏が覚醒剤所持	1993.3.2
フリーエージェント制導入	1993.3.22
西武が4年連続優勝	1993.10.13
ヤクルトが2連覇	1993.10.15
ヤクルトが2回目の日本一	1993.11.1
5人がFA宣言	1993.11.3
古田・工藤がMVP	1993.11.3
横浜が6選手解雇	1993.11.8
大型トレード成立	1993.11.16
初の「逆指名」	1993.11.20
秋山が2億円プレーヤー	1993.12.4
セ・リーグに警告制度	1994.3.18
プロ野球開幕	1994.4.9
危険球退場制度	1994.5.11
槙原が完全試合	1994.5.18
広沢が1000試合連続出場	1994.7.28
赤堀が18連続SP	1994.7.30
イチローが57試合連続出塁	1994.8.10
北別府が引退	1994.9.15
イチローがシーズン200安打	1994.9.20
西武がリーグ初の5連覇	1994.10.2
最多安打賞創設	1994.10.6
巨人が最終戦で優勝	1994.10.8
王がダイエー監督	1994.10.12
西本が引退	1994.10.13
小松が引退	1994.10.19
沢村賞に山本	1994.10.24
長嶋巨人初の日本一	1994.10.29
桑田・イチローがMVP	1994.10.31
篠塚が引退	1994.11.20
落合が2000本安打	1995.4.15
野田が日本新19奪三振	1995.4.21
西崎がノーヒットノーラン	1995.7.5
イチローがファン投票新記録	1995.7.13
佐藤が最年長ノーヒットノーラン	1995.8.26
ブロスがノーヒットノーラン	1995.9.9

"がんばろうKOBE"オリックス初優勝	1995.9.19
ヤクルトが2年ぶり優勝	1995.9.30
パ・リーグ全日程終了	1995.10.6
原が引退試合で本塁打	1995.10.8
ヤクルトがリーグ優勝	1995.10.12
ヤクルトが3回目の日本一に	1995.10.26
オマリー・イチローがMVP	1995.10.28
鹿取が211SP	1996.5.9
伊良部が1000奪三振	1996.5.17
渡辺がノーヒットノーラン	1996.6.11
落合が500号本塁打	1996.7.3
イチローがファン投票トップ	1996.7.10
野口がノーヒットノーラン	1996.8.11
オリックスが2年連続優勝	1996.9.23
公式戦135試合に	1996.9.30
巨人が2年ぶり優勝	1996.10.6
セ・パ全日程終了	1996.10.9
オリックスが初の日本一に	1996.10.24
松井・イチローがMVP	1996.10.26
長嶋一茂が引退	1996.11.5
ドラフト会議開催	1996.11.21
清原が巨人入団	1996.12.7
落合が日本ハム入団	1996.12.9
プロのアマ復帰条件を緩和	1997.3.25
野村監督1000勝	1997.4.16
和田が開幕21試合連続安打	1997.4.29
大野がセ最年長完封	1997.4.30
落合が両リーグ各1000本安打	1997.5.28
イチローが連続打席無三振209	1997.6.24
長嶋監督が通算700勝	1997.7.5
宣が外国人初セーブ	1997.7.24～25
宣が18連続SP	1997.8.3
佐々木が通算193SP	1997.8.16
FA資格取得で合意	1997.9.1
石井がノーヒットノーラン	1997.9.2
ヤクルトが5回目の優勝	1997.9.28
西武が12回目の優勝	1997.10.3
イチローが4年連続首位打者	1997.10.12
大野が最年長タイトルホルダー	1997.10.15
ヤクルトが4回目の日本一	1997.10.23
5球団10選手が脱税	1997.11.18
ドラフト会議開催	1997.11.21
プロ野球初の女性会長	1998.2.16
1イニング13点の日本タイ記録	1998.4.22
川尻がノーヒットノーラン	1998.5.26
佐々木が217SP	1998.6.4
プロ野球選手に入札制導入	1998.6.24
ロッテがプロ野球ワース18連敗	1998.7.7
ダイエーが4試合連続2ケタ得点	1998.7.8
41年ぶり兄弟投手対決	1998.7.16
松井が史上最長本塁打	1998.7.22
侮辱行為のガルベスを無期限出場停止	1998.7.31
清原が13年連続20本塁打	1998.9.1
現役最年長の大野が引退	1998.9.2
ヤクルト・野村監督が退団	1998.9.21
落合が引退	1998.9.30
西武がリーグ優勝	1998.10.7
横浜がリーグ優勝	1998.10.8
イチローが初の5年連続首位打者	1998.10.12
横浜が38年ぶり日本一	1998.10.26
川上がセ・リーグ新人王	1998.10.28
日米野球でソーサが初打席本塁打	1998.11.6
西武が松坂を1位指名	1998.11.20
ダイエーにスパイ疑惑	1998.12.2
イチローが年俸5億円	1998.12.16
松坂が初先発初勝利	1999.4.7
上原がプロ初勝利	1999.4.13
中日が開幕11連勝	1999.4.16
佐々岡がノーヒットノーラン	1999.5.8
新庄が敬遠球をサヨナラ打	1999.6.12
ローズがサイクル安打	1999.6.30
ロッテが18年ぶり首位	1999.7.7
野村監督初の退場処分	1999.8.7
松井が40号本塁打	1999.9.22
ダイエーが11年目で初優勝	1999.9.25
松坂が最多勝獲得	1999.9.29
中日が11年ぶり優勝	1999.9.30
西武コーチ5人が退団	1999.10.1
ダイエーが初の日本一	1999.10.28
上原・松坂が新人王	1999.10.30
工藤が巨人にFA移籍	1999.12.14
川崎球場取り壊し決定	2000.1.15
栄光の「3」復活	2000.2.12
両リーグ140試合で統一	2000.6.20
オールスターゲーム開催	2000.7.22～26
秋山が2000本安打	2000.8.18
巨人がリーグ優勝	2000.9.24
ダイエーがリーグ優勝	2000.10.7
ONシリーズ制し巨人が日本一	2000.10.21～28

| プロ野球 | | 競技別索引 | | 日本スポーツ事典 |

松井・松中が MVP	2000.10.30	西武・オリックスに新監督	2003.10.7
日米野球で佐々木凱旋	2000.11.3	中日の新監督に落合	2003.10.8
川崎が中日に FA 入団	2000.12.17	沢村賞に井川と斉藤	2003.10.20
小林が 11 試合連続 SP	2001.6.20	ダイエーが 2 回目の日本一	2003.10.27
長嶋監督 1000 勝	2001.6.20	星野退任で後任岡田	2003.10.28
山本昌が 1500 奪三振	2001.8.17	MVP は井川・城島	2003.10.29
小笠原が 7 試合連続得点	2001.8.27	バレンタインがロッテ監督	2003.11.3
ローズが最多タイ 55 号	2001.9.24	ドラフト会議開催	2003.11.19
近鉄 4 回目の優勝	2001.9.26	日本ハムが新庄と仮契約	2003.11.21
長嶋が終身名誉監督	2001.9.28	川島コミッショナー退任	2004.1.30
ヤクルトが 6 回目の優勝	2001.10.6	パ・リーグ史上最多観客	2004.3.27
ヤクルトが 4 年ぶり日本一	2001.10.25	清原が 2000 本安打	2004.6.4
MVP 発表	2001.10.27	王が監督通算 1000 勝	2004.6.7
マスターズリーグ開催	2001.11.1	近鉄・オリックスが合併へ	2004.6.14
ドラフト会議開催	2001.11.19	ライブドアが近鉄買収に名乗り	2004.6.30
野村監督辞任	2001.12.5	「もう一組の合併」浮上	2004.7.7
阪神の監督に星野	2001.12.17	パ・リーグが 2 連勝	2004.7.11
TBS がオーナー会社に	2002.1.26	金本が 701 試合連続全イニング	
高津が通算 200 セーブ	2002.4.28	出場	2004.8.1
武田が全 12 球団から白星	2002.5.7	近鉄・オリックスが合併に合意	2004.8.10
日本ハムが札幌移転	2002.7.9	一場が金銭授受	2004.8.13
小林が 13 試合連続セーブ	2002.7.21	工藤が 200 勝	2004.8.17
山口が球速日本タイ記録	2002.7.29	合併を承認	2004.9.8
川上がノーヒットノーラン	2002.8.1	楽天がパ・リーグ参入	2004.9.15
張が 28 イニング連続奪三振	2002.8.12	史上初のストライキ	2004.9.17
小林が 23 試合連続 SP	2002.9.3	新庄が幻の満塁本塁打	2004.9.20
西武が 4 年ぶり優勝	2002.9.21	松中が三冠王	2004.9.27
巨人が 2 年ぶりリーグ優勝	2002.9.24	新球団監督に仰木	2004.9.30
森が監督退任	2002.9.26	中日が 5 年ぶり優勝	2004.10.1
カブレラが 55 本塁打	2002.10.2	西武がプレーオフ第 2 ステージ	
松井が大リーグへ	2002.10.17	へ	2004.10.3
巨人が 20 回目の日本一	2002.10.30	井川がノーヒットノーラン	2004.10.4
松井・カブレラが MVP	2002.11.1	西武が 2 年ぶり優勝	2004.10.11
ペタジーニが巨人と契約	2002.11.19	セ・リーグ全日程終了	2004.10.16
ドラフト会議開催	2002.11.20	ソフトバンクがダイエー買収へ	2004.10.18
開幕早々石毛解任	2003.4.23	横浜新監督に牛島	2004.10.18
高津が通算 230 セーブ	2003.4.23	横浜・阪神も一場に現金授受	2004.10.22
高津が 270SP	2003.6.20	西武が 12 年ぶり日本一	2004.10.25
サイクル安打連発	2003.7.1	松中・川上が MVP	2004.10.27
阪神から最多 9 人選出	2003.7.3	新規参入は楽天	2004.11.2
立浪が 2000 本安打	2003.7.5	スーパー・ワールドカップ開催	
川相が通算 512 犠打	2003.8.20	に合意	2004.11.3
山田監督解任	2003.9.9	西武売却を否定	2004.11.8
阪神が 18 年ぶり優勝	2003.9.15	ドラフト会議開催	2004.11.17
原監督が辞任	2003.9.26	ソフトバンクがダイエー買収	2004.11.30
ダイエーが 3 年ぶり優勝	2003.9.30	岩隈が楽天入り	2004.12.22
		ダイエー売却を承認	2004.12.24

古田が 2000 本安打	2005.4.24	野茂が月間 MVP	1995.7.5
池永が復権	2005.4.25	野茂がオールスター戦先発	1995.7.10
王が監督通算 1067 勝	2005.5.5	野茂が地区優勝に貢献	1995.9.30
セ・パ両リーグ交流戦がスタート	2005.5.6	野茂が新人王	1995.11.9
クルーンが最速記録	2005.5.11	衣笠を抜く世界記録	1996.6.14
西口ノーヒットノーランならず	2005.5.13	野茂がノーヒットノーラン	1996.9.17
清原が 504 号本塁打	2005.6.10	ボンズが 40 本塁打 40 盗塁	1996.9.27
ロッテが交流戦初代王者	2005.6.14	日米野球で野茂が先発	1996.11.2
門倉がセパ全球団から勝ち星	2005.8.20	ドジャース球団売却	1997.1.6
西口パーフェクトならず	2005.8.27	長谷川がエンゼルスと契約	1997.1.8
斉藤が開幕 15 連勝	2005.8.31	野茂が通算 30 勝	1997.4.2
松中が 2 冠王	2005.9.25	長谷川がメジャー初勝利	1997.4.15
田尾監督解任	2005.9.25	野茂が 500 奪三振	1997.4.25
阪神が 2 年ぶり優勝	2005.9.29	伊良部がヤンキースと契約	1997.5.30
岩瀬が 46 セーブ	2005.10.1	吉井がメッツと契約	1998.1.13
ドラフト会議開催	2005.10.3	吉井がメジャー初登板勝利	1998.4.5
原が監督復帰	2005.10.5	野茂が日本人選手初の本塁打	1998.4.28
青木が 202 安打	2005.10.14	野茂がメッツに移籍	1998.6.1
ロッテが 31 年ぶり優勝	2005.10.17	プロ野球選手に入札制導入	1998.6.24
古田が兼任監督に	2005.10.18	鈴木が渡米 7 年目の初勝利	1998.9.14
ロッテが 31 年ぶり日本一	2005.10.26	日米野球でソーサが初打席本塁打	1998.11.6
金本・杉内が MVP	2005.11.4	木田が FA で大リーグ移籍	1998.11.22
ロッテが初代王者に	2005.11.13	大リーグ初の日本人投手対決	1999.5.7
ドラフト会議開催	2005.11.18	野茂が移籍後初先発	1999.5.9
仰木前監督が死去	2005.12.15	大リーグ日本人通算 100 勝	1999.5.20
		大家がメジャー昇格	1999.7.17
【大リーグ】		野茂が 1000 奪三振	1999.9.8
村上が大リーガー入り	1964.8.31	野茂がタイガースに移籍	1999.10.26
村上が大リーグ初勝利	1964.9.29	佐々木マリナーズと契約	1999.12.18
村上契約問題解決	1965.4.28	伊良部がエクスポズに移籍	1999.12.22
ドジャースが来日	1966.10.20〜11.16	野茂が開幕先発勝利	2000.4.3
米オリオールズ来日	1971.10.21	佐々木が新人セーブ新記録	2000.10.1
王 vs アーロン	1974.11.2	日米野球で佐々木凱旋	2000.11.3
レッズ来日	1978.11.21	佐々木がア・リーグ新人王	2000.11.6
ロイヤルズ来日	1981.10.31〜11.23	イチローがマリナーズ入団	2000.11.19
オリオールズが来日	1984.10.25	新庄がメッツ入団	2000.12.10
江夏が大リーグ契約	1984.12.26	イチロー先発デビュー	2001.4.2
江夏が大リーグ自由契約に	1985.4.3	野茂がノーヒットノーラン	2001.4.4
アメリカが日本に圧勝	1986.11.1	イチローがファン投票 1 位	2001.7.2
大リーグ選抜来日	1988.11.3	佐々木がオールスター出場	2001.7.4
マリナーズを買収	1992.1.23	オールスター開催	2001.7.10
日米大会開催	1992.10.30	佐々木が通算 300 セーブ	2001.8.2
鈴木がマリナーズと契約	1993.9.14	同時多発テロで来日中止	2001.9.11
野茂がドジャースと契約	1995.1.9	イチローが新人最多安打	2001.9.29
野茂がメジャー初先発	1995.5.2	イチローが 2 冠	2001.10.7
野茂が先発初勝利	1995.6.2	マリナーズ敗退	2001.10.22

| 社会人野球 | 競技別索引 | | 日本スポーツ事典 |

イチロー国民栄誉賞辞退	2001.10.26	富士鉄広畑が初優勝	1968.8.6
イチローが MVP	2001.11.20	電電関東が初優勝	1969.8.5
米・大リーグが開幕	2002.4.1	大昭和が優勝	1970.7.24～8.3
野茂がメジャー1500奪三振	2002.6.21	日本楽器が初優勝	1972.8.6
佐々木がメジャー100セーブ	2002.6.27	大昭和北海道が初優勝	1974.7.25～8.4
ファン投票イチローが最多得票	2002.6.30	電電関東が6年ぶり優勝	1975.8.3
イチロー・佐々木活躍なし	2002.7.9	鐘淵化学が優勝	1975.11.10
イチローが2年連続200安打	2002.9.22	日本鋼管が優勝	1976.8.1
イチローが2年連続ゴールドグラブ賞	2002.11.13	新日鉄名古屋が優勝	1976.11.6
日米野球は負け越す	2002.11.17	神戸製鋼が初優勝	1977.8.2
ヤンキースが松井を獲得	2002.12.19	東芝が初優勝	1978.8.8
松井がヤンキースと契約	2003.1.14	北海道拓銀が初優勝	1978.11.5
松井が適時打デビュー	2003.3.31	三菱重工広島が初優勝	1979.8.7
野茂がメジャー100勝	2003.4.20	住友金属が2回目の優勝	1979.11.11
イチローが通算500安打	2003.5.16	日本鋼管福山が優勝	1980.6.4
オールスターに日本人選手活躍	2003.7.15	大昭和製紙が優勝	1980.11.12
松井が100打点記録	2003.9.15	電電東京が都市対抗初優勝	1981.8.2
イチローが3年連続200安打	2003.9.20	住友金属が都市対抗初優勝	1982.8.8
野茂が日米通算3000奪三振	2003.9.25	ヤマハ発動機が初優勝	1982.10.31
ヤンキース優勝逃す	2003.10.25	東芝が5年ぶり優勝	1983.8.3
イチローにゴールドグラブ賞	2003.11.4	住友金属が4年ぶり優勝	1983.10.31
松井稼がメッツへ移籍	2003.12.8	日本生命が都市対抗初優勝	1985.8.2
東京ドームで大リーグ開幕	2004.3.30	本田技研が優勝	1985.10.28
松井が開幕戦本塁打	2004.4.6	日本石油が優勝	1986.8.2
イチローが2000本安打	2004.5.21	ヤマハが15年ぶり優勝	1987.8.5
イチロー2塁打・松井は三振	2004.7.13	東芝が5年ぶり優勝	1988.8.7
イチローが月間56安打	2004.8.31	プリンスホテルが都市対抗初優勝	1989.7.31
イチローが月間MVP	2004.9.2	ヤマハが都市対抗優勝	1990.7.30
イチローが年間最多安打記録	2004.10.1	日本生命が初優勝	1990.10.18
レッドソックスが優勝	2004.10.27	東芝が3年ぶり優勝	1991.8.1
日米野球全日程を終了	2004.11.14	日本生命が優勝	1992.8.27
MVPはゲレロ	2004.11.16	日本石油が最多7回目の優勝	1993.7.31
大リーグ開幕	2005.4.3	熊谷組が活動休止	1993.9.29
イチローが1000安打	2005.6.14	大昭和製紙が休部	1993.11.29
野茂が200勝	2005.6.15	新日鉄が一部休部	1994.7.15
イチローが2打点	2005.7.12	日本通運が初優勝	1994.10.24
松井が400号本塁打	2005.9.7	日本石油が2年ぶり優勝	1995.8.1
イチローが5年連続200安打	2005.10.2	三菱自動車川崎が優勝	1995.10.15
		本田技研が優勝	1996.9.2
【社会人野球】		住友金属が3年ぶり優勝	1996.10.19
日通浦和が都市対抗初優勝	1964.7.26～8.4	三菱自動車川崎が初優勝	2000.8.2
電電近畿が初優勝	1965.7.25～8.4	松下電器が初優勝	2000.10.22
社会人野球アジア大会開催	1965.12.4～12	河合楽器が初優勝	2001.7.31
熊谷組が優勝	1966.8.1	九州勢初優勝	2001.10.14
日石が大会新5回目の優勝	1967.8.8	いすゞ自動車が初優勝	2002.9.3
		日本生命が2回目の優勝	2002.10.29

野村がシダックス GM 兼監督	2002.11.6	日米大学野球で日本勝利	1978.7.4
三菱ふそう川崎が2回目の優勝	2003.9.2	明大島岡監督辞任	1978.9.3
日産自動車が初優勝	2003.11.30	同大が優勝	1978.10.15
王子製紙が初優勝	2004.9.6	東洋大が優勝	1978.10.25
三菱ふそう川崎が2年ぶり優勝	2005.9.1	早大が27回目の優勝	1978.10.30
松下電器が5年ぶり優勝	2005.11.27	中大が優勝	1979.5.18
		早大が優勝	1979.5.28
【大学野球】		大商大が優勝	1979.5.28
渡辺が完全試合	1964.5.17	中大が6年ぶり優勝	1979.6.10
首都大学野球連盟が発足	1964.6.22	日米大学野球開催	1979.7.3
駒大が大学王座	1964.6.23	明大が優勝	1979.10.28
首都大学野球連盟を承認	1964.7.13	国士大が初優勝	1979.10.31
末次が最多9本塁打	1964.9.15	近大が優勝	1980.5.6
慶大がリーグ最下位	1966.6.6	明大が連覇	1980.5.20
田淵が大学通算10号	1967.5.22	駒大が優勝	1980.5.23
中大が初優勝	1967.6.18	史上初の兄弟首位打者	1980.6.2
久保田が完全試合	1969.6.12	明大が優勝	1980.6.13
山中が連盟最多48勝	1969.10.20	日米大学野球開催	1980.6.27
中京大が初優勝	1970.6.24	原が通算136安打	1980.9.22
東海大が第1回王者	1970.11.10	亜大が優勝	1980.10.17
法大が4季連続優勝	1971.5.31	法大・大経大が優勝	1980.10.27
日米大学野球初優勝	1972.7.18	東京6大学リーグ戦開催	1981.5.24
慶大が史上初3連覇	1972.10.30	全日本で明大が優勝	1981.6.10
藤波が最多安打	1973.10.12	日本が日米大学野球優勝	1981.6.30
江川は法大へ	1974.3.7	関西6大学野球連盟が発展解消	1982.2.9
早大が完全優勝	1974.6.3	法大が6大学野球2連覇	1982.5.23
明大が3年ぶり優勝	1975.5.25	明大が優勝	1983.5.23
駒沢大が11年ぶり優勝	1975.6.11	日本が2年ぶり優勝	1983.7.6
大学野球の史上最長試合	1975.10.28	法大が2年ぶり優勝	1984.6.17
法政大が優勝	1976.5.24	日米大学野球開催	1984.7.16
駒大・森が完全試合	1976.6.6	法大が2シーズンぶり優勝	1985.5.19
東海大が2回目の優勝	1976.6.11	東洋大が6年ぶり優勝	1985.5.24
日米大学野球選手権	1976.6.26	大阪大が関西代表	1985.6.3
東洋大が初優勝	1976.10.22	法大が2連覇	1985.6.18
法大が春秋連続優勝	1976.10.25	国士大野球部が公式戦出場辞退	1985.6.27
明治神宮野球大会開催	1976.11.9	日米大学野球で日本が優勝	1985.7.4
駒大が優勝	1977.5.25	慶応が26シーズンぶり優勝	1985.10.20
立命大が優勝	1977.5.29	駒大が17度目優勝	1985.10.24
駒大が3回目の優勝	1977.6.8	明治神宮野球大会開催	1985.11.11
日米大学野球選手権開催	1977.7.10	東洋大が優勝	1986.5.22
駒沢大が2連覇	1977.10.13	法大が優勝	1986.6.2
法大が4シーズン連覇	1977.10.23	東洋大が初優勝	1986.6.15
明大が優勝	1978.5.23	明大が4季ぶり優勝	1986.10.25
専大が13年ぶり優勝	1978.5.26	駒大が優勝	1986.11.4
立大が優勝	1978.5.29	愛工大が初優勝	1986.11.10
明大が大学日本一	1978.6.8	駒大が2季連続優勝	1987.5.22

大学野球

慶大が優勝	1987.5.25
慶大が24年ぶり優勝	1987.6.13
法大が30回目の優勝	1987.10.25
東洋大が3季ぶり優勝	1987.10.28
明治神宮野球大会開催	1987.11.9
駒大が優勝	1988.5.13
法大が優勝	1988.5.24
近畿大が初優勝	1988.6.13
日米大学野球開催	1988.7.1
法大が3季連続優勝	1988.10.23
青学大が初優勝	1988.10.25
法政大が4連覇	1989.5.21
専修大が優勝	1989.5.26
近畿大が関西勢初の2連覇	1989.6.9
日米大学野球でアメリカが優勝	1989.6.30
慶大の若松がノーヒットノーラン	1989.10.1
立教大が優勝	1989.10.21
亜大が優勝	1990.5.18
早大が8年ぶり優勝	1990.6.4
亜大が19年ぶり優勝	1990.6.12
日本が日米大学野球優勝	1990.6.26
立大が11回目の優勝	1990.10.31
東大が通算200勝	1991.4.13
東洋大が7季ぶり優勝	1991.5.15
慶大が8季ぶり優勝	1991.6.2
東北福祉大が延長17回制す	1991.6.15
日米大学野球開催	1991.6.25
慶大が春秋連覇	1991.11.2
駒大が9年ぶり優勝	1992.6.14
慶大が2季ぶり優勝	1992.11.2
青学が初優勝	1993.6.13
東大が40年振り勝ち点	1993.9.13
東京6大学野球で女子選手を認める	1994.4.7
天覧早慶戦	1994.5.29
丸山が3冠王	1994.10.31
東京6大学野球初の女性選手	1995.3.17
東洋大が8回目の優勝	1995.5.25
法大が2季連続優勝	1995.5.30
法大が10年ぶり優勝	1995.6.19
日米大学野球開催	1995.6.28
東北福祉大が100連勝	1995.9.10
青学大が優勝	1995.10.12
明大が3季ぶり優勝	1995.10.22
明大が16年ぶり優勝	1995.11.7
井口が大学最多本塁打	1996.5.14
高橋が大学3冠王	1996.5.26
青学大が3年ぶり優勝	1996.6.15
明大が2季ぶり優勝	1996.10.13
慶大が9季ぶり優勝	1997.6.1
日本が3年ぶり優勝	1997.6.21
高橋が23本塁打	1997.9.28
リーグ戦で大乱闘	1997.10.14
法大が完全優勝	1997.10.27
東大が15年ぶり勝ち点	1998.10.5
東京6大学初の日本人女性投手	1999.11.4
亜大が3季ぶり優勝	2000.4.4～5.25
法大が3季ぶり優勝	2000.4.8～5.28
亜大が10年ぶり優勝	2000.6.18
東洋大が11季ぶり優勝	2000.9.6～10.26
慶大が7季ぶり優勝	2000.9.9～10.31
慶大が8年ぶり優勝	2000.11.22
初の女性投手	2001.4.14
日大が20回目の優勝	2001.5.25
法大が40回目の優勝	2001.5.29
東海大が25年ぶり優勝	2001.6.20
日米大学野球開催	2001.6.30
駒大が8連勝で優勝	2001.10.12
慶応大が30回目の優勝	2001.10.14
駒大・報徳が優勝	2001.11.19
亜細亜大が14回目の優勝	2002.5.23
早大が33回目の優勝	2002.6.1
亜細亜大が2年ぶり優勝	2002.6.19
日米大学野球優勝ならず	2002.7.4
和田が通算444奪三振	2002.10.2
早大が34回目の優勝	2002.11.2
亜細亜大が15回目の優勝	2002.11.5
亜細亜大が2回目の優勝	2002.11.18
亜細亜大が3季連続優勝	2003.5.28
早大が3季連続優勝	2003.6.2
日本文理大が初優勝	2003.6.18
青学大が8季ぶり優勝	2003.10.24
早大が4季連続優勝	2003.11.1
東亜大・愛工大明電が優勝	2003.11.17
明治大学が12季ぶり優勝	2004.5.17
日本大学が全勝優勝	2004.5.26
東北福祉大が13年ぶり優勝	2004.6.16
那須野が10連勝	2004.10.13
田中が7号本塁打	2004.10.23
慶大が6季ぶり優勝	2004.11.1
中大が51季ぶり優勝	2004.11.5
青山学院大が3季ぶり優勝	2005.5.18

早稲田大が3季ぶり優勝	2005.5.30
青学大が6年ぶり優勝	2005.6.13
日本が2連覇	2005.7.11
法大が9季ぶり優勝	2005.10.23
青学大が春秋連覇	2005.10.27
駒大苫小牧が史上初の3冠	2005.11.15

【高校野球】

徳島海南が選抜初優勝	1964.4.5
高知が初優勝	1964.8.9〜18
岡山東商が初優勝	1965.4.4
三池工が初出場初優勝	1965.8.22
中京商が優勝	1966.4.3
中京商が春夏連覇	1966.8.24
野上がノーヒットノーラン	1967.3.31
津久見が選抜優勝	1967.4.7
習志野が初優勝	1967.8.20
選抜チームが米遠征	1967.8.24
大宮工が初優勝	1968.4.6
興国が初優勝	1968.8.22
三重が選抜初優勝	1969.4.6
決勝が引き分け再試合	1969.8.18〜19
選抜出場漏れで紛争	1970.2.20
箕島が選抜初優勝	1970.4.6
東海大相模が優勝	1970.8.20
日大三高が初優勝	1971.4.6
桐蔭が優勝	1971.8.16
日大桜丘が初優勝	1972.4.7
津久見が初優勝	1972.8.23
横浜高が選抜初優勝	1973.4.6
広島商が優勝	1973.8.22
作新また銚子に破れる	1973.10.18
金属バット使用許可	1974.3.4
報徳が選抜初優勝	1974.4.6
銚子商が初優勝	1974.8.19
高知が初優勝	1975.4.6
習志野が8年ぶり優勝	1975.8.24
戸田がノーヒットノーラン	1976.3.29
崇徳が選抜初優勝	1976.4.6
桜美林が初出場初優勝	1976.8.21
平安高が6回目の優勝	1976.8.30
明治神宮野球大会開催	1976.11.9
箕島高が選抜優勝	1977.4.7
軟式野球大会が中止	1977.8.19
東洋大姫路が初優勝	1977.8.20
浜松商が選抜初優勝	1978.4.5

PL学園が初優勝	1978.8.20
箕島が3回目の優勝	1979.4.7
箕島が春夏連覇	1979.8.21
高知商が初優勝	1980.4.6
都立高初の夏の甲子園へ	1980.7.31
横浜高が初優勝	1980.8.22
PLが春初優勝	1981.4.8
報徳学園が夏初優勝	1981.8.21
日田林工が野球部解散	1981.12.21
史上初の甲子園100勝	1982.3.31
PL学園が選抜2連覇	1982.4.5
池田高校が初優勝	1982.8.20
池田が夏春連覇	1983.4.5
ピッチングマシンで死亡事故	1983.6.25
PL学園が5年ぶり優勝	1983.8.21
池田高で不祥事	1983.9.19
池田高の選抜推薦取り消し	1984.1.17
岩倉が初出場初優勝	1984.4.4
取手二が初優勝	1984.8.21
明徳義塾が推薦辞退	1985.1.18
飛ぶバットの使用禁止	1985.3.5
伊野商が初出場初優勝	1985.4.7
美津濃製金属バット禁止	1985.7.19
PL学園が3回目の優勝	1985.8.21
池田高が選抜優勝	1986.4.5
選手喫煙で処分	1986.8.14
天理高が奈良県勢初優勝	1986.8.21
PLが5年ぶり優勝	1987.4.4
芝草がノーヒットノーラン	1987.8.15
PL学園が春夏連覇	1987.8.21
明治神宮野球大会開催	1987.11.9
宇和島東が初出場初優勝	1988.4.5
甲子園600号本塁打	1988.8.16
広島商が6回目の優勝	1988.8.22
東邦が4回目の優勝	1989.4.5
帝京が初優勝	1989.8.22
近大付属が選抜初優勝	1990.4.4
天理が4年ぶり優勝	1990.8.21
朝鮮高級学校が初出場	1991.3.6
広陵が2回目の優勝	1991.4.5
初出場大阪桐蔭が優勝	1991.8.21
帝京が初優勝	1992.4.7
西日本短大付が初優勝	1992.8.25
女性初の始球式	1993.3.26
上宮が初優勝	1993.4.5
育英が初優勝	1993.8.23

| ソフトボール | | 競技別索引 | | 日本スポーツ事典 |

智弁和歌山が初優勝	1994.4.4	明徳義塾が出場辞退	2005.8.3
佐賀県勢が初優勝	1994.8.21	駒大苫小牧が2連覇	2005.8.20
作新学院が4年ぶり優勝	1994.8.29	駒大苫小牧で暴力事件	2005.8.22
観音寺中央が初出場初優勝	1995.4.5	駒大苫小牧が史上初の3冠	2005.11.15
那覇商が初優勝	1995.8.19		
帝京が2回目の優勝	1995.8.21	【ソフトボール】	
作新学院が2連覇	1995.8.29	日本が世界選手権優勝	1970.8.30
禁止項目追加	1996.3.6	高島屋が優勝	1972.9.23〜25
鹿児島県勢初優勝	1996.4.5	女子選手権開催返上	1978.4.10
記録員がベンチ入りへ	1996.5.9	ソフトボールは世界女子に不参加	1982.5.16
参加校が前年を下回る	1996.7.8		
松山商が優勝	1996.8.21	国体が全国一巡	1987.10.25〜30
中京商が2回目の優勝	1996.8.30	シドニー五輪開催	2000.9.15〜10.1
コール方法変更	1997.2.5	上野が完全試合	2002.8.2
プロのアマ復帰条件を緩和	1997.3.25	アテネ五輪開催	2004.8.13〜29
天理が初優勝	1997.4.9	野球・ソフトボールが五輪除外	2005.7.8
夙川学院が優勝	1997.8.17		
智弁和歌山が初優勝	1997.8.21	【サッカー】	
横浜高が選抜優勝	1998.4.8	早大が25年ぶり日本一	1964.1.15
東奥義塾‐深浦が122-0	1998.7.18	八幡・古河が両者優勝	1965.1.17
横浜高が春夏連覇達成	1998.8.20	日本サッカーリーグ開幕	1965.6.6
開星高が優勝取り消しに	1998.11.30	東洋工業が初優勝	1966.1.13〜16
沖縄県勢初の優勝	1999.4.4	東洋工業が2連覇	1966.11.13
桐生一高が初優勝	1999.8.21	早大が優勝	1967.1.12〜15
東海大相模が悲願の初優勝	2000.4.4	日本は無得点負け	1967.2.19〜26
智弁和歌山が2回目の優勝	2000.8.21	全英アマ選抜が来日	1967.5.25〜30
常総学院が初優勝	2001.4.4	ブラジル・パルメイラス来日	1967.6.18〜25
池田・蔦監督が死去	2001.4.28		
PL学園出場差し止め	2001.6.29	アジア予選で優勝	1967.10.10
日大三が初優勝	2001.8.22	東洋工業が8年連続優勝	1967.11.26
駒大・報徳が優勝	2001.11.19	サッカー日本選手権開催	1968.1.1
報徳学園が28年ぶり優勝	2002.4.5	英アーセナル来日	1968.5.23〜29
明徳義塾が初優勝	2002.8.21	メキシコ五輪開催	1968.10.12〜27
高野連の第5代会長に脇村	2002.11.11	東洋工業が4連覇	1968.12.8
亜細亜大が2回目の優勝	2002.11.18	東洋工業が連覇	1968.12.22
選抜で引き分け再試合	2003.3.31	ヤンマーが優勝	1969.1.1
広陵が12年ぶり優勝	2003.4.3	ベラクルスが来日	1969.3.21〜29
甲子園で降雨再試合	2003.8.8	全英選抜が来日	1969.5.13〜21
常総学院が優勝	2003.8.23	ボルシアが来日	1969.6.15〜24
東亜大・愛工大明電が優勝	2003.11.17	W杯アジア予選敗退	1969.10.18
ダルビッシュがノーヒットノーラン	2004.3.26	三菱重工が初優勝	1969.11.23
		東洋工業が優勝	1970.1.1
済美が初優勝	2004.4.4	東洋工業が連覇	1970.11.1
日本学生野球協会が新方針	2004.4.22	スウェーデン・チームが来日	1970.11.15〜23
甲子園球児21年ぶり東大入り	2004.5.31		
駒大苫小牧が初優勝	2004.8.22	ヤンマーが優勝	1971.1.1
愛工大名電が初優勝	2005.4.4	英トッテナムが来日	1971.5.29〜6.9

全英アマ選抜が来日	1971.6.20～7.7	初の女子国際大会	1981.9.6～9
五輪予選は3位	1971.9.23～10.4	釜本が通算200得点	1981.11.1
ヤンマーが優勝	1971.12.5	トヨタカップ開催	1981.12.13
三菱重工が優勝	1972.1.1	日本鋼管が天皇杯初優勝	1982.1.1
ハンガリー・チーム来日	1972.9.3～10	ジャパンカップ開催	1982.5.30～6.9
第1回日韓サッカー	1972.9.14	三菱重工が優勝	1982.10.31
日立が初優勝	1972.11.26	国士舘大が初優勝	1982.12.11
日立が優勝	1973.1.1	トヨタカップ開催	1982.12.12
チリ・チームが来日	1973.1.13～20	ヤマハ発動機が初優勝	1983.1.1
アジア・ユース決勝敗退	1973.4.14～27	尾崎が日本人2人目のプロ選手	1983.3.18
日英親善サッカー開催	1973.4.25～5.3	読売クラブが初優勝	1983.11.27
W杯予選は準決勝敗退	1973.5.18～28	トヨタカップ開催	1983.12.11
FCケルンが来日	1973.6.26～7.3	日産自動車が天皇杯初優勝	1984.1.1
早大が優勝	1973.11.21～25	釜本が現役引退	1984.2.13
三菱重工が初優勝	1973.11月	ジャパンカップ開催	1984.6.5
三菱重工が優勝	1974.1.1	釜本の引退試合開催	1984.8.25
三国交歓試合開催	1974.1.13～20	日本が日韓サッカー5年ぶり勝利	1984.9.30
全英アマ選抜が来日	1974.6.6～12	読売クラブが2連覇	1984.11.18
W杯サッカー大会開催	1974.6.13～7.7	トヨタカップ開催	1984.12.9
ヤンマーが優勝	1974.12.8	読売クラブが2冠	1985.1.1
ヤンマーが4年ぶり優勝	1975.1.1	読売クラブが3冠達成	1985.7.7
早大が3年ぶり優勝	1975.11.3	W杯予選で日本惜敗	1985.11.3
ヤンマーが3回目の優勝	1975.12.14	トヨタカップ開催	1985.12.8
日立製作所が優勝	1976.1.1	日産自動車が天皇杯優勝	1986.1.1
アジア予選出場権獲得ならず	1976.3.31	3競技のプロ参加承認	1986.2.10
法政大が6年ぶり優勝	1976.11.28	古河電工が日本リーグ優勝	1986.3.8
古河電工が優勝	1977.1.1	全日空を処分	1986.3.22
古河電工が初優勝	1977.2.5	サッカーもプロ容認	1986.4.17
W杯予選で日本連敗	1977.3.10	キリンカップ開催	1986.5.18
初の少年サッカー大会	1977.8.1～6	日本人プロ第1号	1986.5.28
ペレの引退試合に大観衆	1977.9.14	奥寺が日本代表復帰	1986.8.11
日本初のプロ選手	1977.10.22	早大が7度目優勝	1986.11.30
フジタ工業が2冠	1978.1.1	トヨタカップ開催	1986.12.14
フジタ工業が優勝	1978.1.29	読売クラブが天皇杯優勝	1987.1.1
女子サッカー王座決定戦	1978.3.4	読売クラブが2年ぶり優勝	1987.5.17
ジャパン・カップ開催	1978.5.29	順天堂大が4年ぶり優勝	1987.8.29
三菱重工が優勝	1978.10.28	第1回世界少年サッカー開催	1987.8.30
三菱重工が優勝	1979.1.1	ソウル五輪出場できず	1987.10.26
女子サッカー連盟発足	1979.2.1	順天堂大が初優勝	1987.11.29
ジャパンカップ開幕	1979.5.27	トヨタカップ開催	1987.12.13
フジタ工業が優勝	1979.12.1	第1回大学女子サッカー開催	1987.12.13
フジタ工業が優勝	1980.1.1	読売クラブが天皇杯2連覇	1988.1.1
女子サッカー選手権開催	1980.3.22～23	奥寺が引退	1988.5.12
ヤンマーが優勝	1980.10.18	ヤマハ発動機が初優勝	1988.5.22
天皇杯で三菱重工が優勝	1981.1.1	筑波大が初の決勝PK戦制す	1988.8.24～28
筑波大が完全優勝	1981.7.26		

サッカー　　　　　　　　　競技別索引　　　　　　　　　日本スポーツ事典

世界少年サッカー開催	1988.8.26〜28
トヨタカップ開催	1988.12.11
日産自動車が天皇杯優勝	1989.1.1
日産自動車が3冠	1989.4.26
日本のW杯最終予選進出は絶望的	1989.6.4
学生スポーツ初の冠大会	1989.8.11
日産自動車が2年連続優勝	1990.1.1
日産が2年連続3冠	1990.4.8
チャレンジ92選手権開催	1990.11.23
松下電器が初の賜杯	1991.1.1
読売クラブが優勝	1991.4.14
住友金属がジーコと契約	1991.5.21
アジア女子選手権開催	1991.5.26
キリンカップで日本初優勝	1991.6.2〜9
チャレンジ選手権開催	1991.11.3
日産自動車が天皇賜杯	1992.1.1
読売クラブが2連覇	1992.3.15
日本が海外初優勝	1992.8.22
日本がアジア杯優勝	1992.11.8
トヨタカップ開催	1992.12.13
日産横浜マリノスが2連覇	1993.1.1
W杯予選始まる	1993.4.8
女子2競技を採用へ	1993.9.18
ドーハの悲劇	1993.10.28
トヨタカップ開催	1993.12.12
横浜フリューゲルスが初優勝	1994.1.1
新監督に加茂	1994.2.10
アルゼンチン代表が訪日中止	1994.5.12
W杯アメリカ大会開催	1994.6.17〜7.17
横浜マリノス優勝	1994.7.28
略称はLリーグ	1994.7.28
トヨタカップ開催	1994.12.1
ベルマーレ平塚に天皇賜杯	1995.1.1
ジーコがサッカー学校開設	1995.1.20
女子世界選手権開催	1995.6.7
アジア・スーパーカップ開催	1995.8.2
清水市商が3年連続優勝	1995.9.3
プリマハムが優勝	1995.10.22
駒大が初優勝	1995.11.23
トヨタカップ開催	1995.11.28
日体大が2年ぶり優勝	1995.12.25
名古屋グランパスが初優勝	1996.1.1
フジタが初優勝	1996.3.3
28年ぶり五輪出場	1996.3.24
2002年W杯は日韓共催	1996.5.31
順天堂大が6回目の優勝	1996.7.5
アトランタ五輪開催	1996.7.19〜8.4
トヨタカップ開催	1996.11.26
ヴェルディ川崎が4回目の優勝	1997.1.1
サッカーくじ法案	1997.5.23
呂比須が日本代表候補	1997.9.22
日本が韓国に逆転負け	1997.9.28
W杯予選不振	1997.10.4
W杯予選で日本2位	1997.11.1
W杯44年目の出場権	1997.11.16
早大が初の2部陥落	1997.11.24
トヨタカップ開催	1997.12.2
鹿島アントラーズが優勝	1998.1.1
岡田監督初黒星	1998.3.7
サッカーくじ法案可決	1998.5.8
中田がアジア最優秀選手	1998.5.13
日本代表登録メンバー発表	1998.6.2
W杯フランス大会開催	1998.6.10
早大がトーナメント優勝	1998.8.11
新監督にトルシエ	1998.8.20
中田がセリエAデビュー	1998.9.13
前園がブラジルデビュー戦で初ゴール	1998.10.18
99年ワールドユース出場権を獲得	1998.10.26
トヨタカップでレアルが優勝	1998.12.1
三浦がザグレブと契約	1998.12.29
横浜フリューゲルスが有終の美	1999.1.1
三浦がクロアチアリーグ初出場	1999.2.17
鹿島アントラーズが新記録の16連勝	1999.3.20
日本がワールドユース準優勝	1999.4.24
名波がベネチアへ移籍	1999.6.7
前園がギマラエスと仮契約	1999.10.15
セリエAで初の日本人対決	1999.10.23
日本がシドニー五輪出場権を獲得	1999.11.6
ジュビロがアジア・スーパーカップ出場	1999.11.18
名古屋グランパスが天皇杯優勝	2000.1.1
ジュビロ磐田が初優勝	2000.3.4
2006年W杯はドイツ	2000.7.6
東海大が9年ぶり優勝	2000.7.8
シドニー五輪開催	2000.9.15〜10.1
日本がアジアカップ優勝	2000.10.29
中京大が優勝	2000.11.19
トヨタカップ開催	2000.11.28
アントラーズが優勝	2001.1.1

日本は準優勝	2001.6.10	プロ10チーム決まる	1991.2.14
日本が2年連続優勝	2001.7.4	Jリーグ初の公式戦開催	1992.9.5
日本がチャレンジカップ勝利	2001.8.15	賞金総額1億7300万円	1993.5.11
駒沢大が3回目の優勝	2001.11.18	Jリーグ開幕	1993.5.15
トヨタカップ開催	2001.11.27	黒字スタート	1993.6.15
W杯組み合わせ決定	2001.12.1	鹿島アントラーズが優勝	1993.7.7
清水エスパルス初優勝	2002.1.1	初のオールスター戦	1993.7.17
W杯日本代表メンバー発表	2002.5.17	平塚・磐田が加盟	1993.11.16
日韓共催W杯開催	2002.5.31	ヴェルディが2連覇	1993.12.6
川淵新体制がスタート	2002.7.22	川崎で本拠地移転騒動	1993.12.6
稲本がハットトリック	2002.8.27	ヴェルディが後期優勝	1993.12.8
筑波大が22年ぶり優勝	2002.11.24	読売ヴェルディ川崎が初代王者	1994.1.16
トヨタカップ開催	2002.12.3	三浦が日本人初の2億円台	1994.1.29
京都パープルサンガが初優勝	2003.1.1	ジーコ引退発表	1994.2.14
高原がカーンを破る初ゴール	2003.2.9	チーム名変更	1994.3.7
鹿島アントラーズが初代王者	2003.2.22	サンフレッチェ広島が前期優勝	1994.6.11
ジーコ・ジャパン初勝利はお預け	2003.3.28	三浦がジェノアに移籍	1994.6.17
		ヴェルディ川崎が3連覇	1994.8.6
ジーコ・ジャパン初勝利	2003.4.16	ヴェルディ川崎が優勝	1994.11.16
SARSがスポーツに影響	2003.5.15	ヴェルディ川崎が年間チャンピオン	1994.12.2
日本が1次リーグ敗退	2003.6.22		
市立船橋高が初優勝	2003.10.13	ヴェルディ川崎が2連覇	1995.3.11
筑波大が2年連続優勝	2003.11.23	横浜マリノスが第1ステージ優勝	1995.7.22
日本対韓国は引き分け	2003.12.10		
トヨタカップ開催	2003.12.14	ヴェルディ川崎が3連覇	1995.11.15
ジュビロ磐田が21年ぶり優勝	2004.1.1	横浜マリノスが初優勝	1995.12.6
ワールドカップ予選がスタート	2004.2.18	95年度最優秀選手	1996.3.1
アテネ五輪出場権獲得	2004.3.18	京都パープルサンガが初勝利	1996.6.19
アテネ五輪出場権獲得	2004.4.26	清水エスパルスが初優勝	1996.9.25
日本が2連覇	2004.8.7	鹿島アントラーズが年間王者	1996.11.9
日本が最終予選進出	2004.10.13	鹿島アントラーズが優勝	1997.4.5
サッカーくじ直営販売へ	2004.12.21	初のフェアプレー賞	1997.10.1
日体大が5連覇	2004.12.24	コンサドーレ札幌が昇格	1997.10.22
東京ヴェルディが8年ぶり優勝	2005.1.1	清水エスパルスが経営危機	1997.11.5
最終予選スタート	2005.2.9	ジュビロ磐田が年間王者	1997.12.13
日本がイランに敗れる	2005.3.25	中山が4試合連続ハットトリック	1998.4.29
日本が辛勝	2005.3.30		
日本がバーレーンに勝利	2005.6.3	ストイチコフが柏レイソル入団	1998.5.19
日本がブラジルと引き分ける	2005.6.4	アントラーズの監督辞任	1998.7.6
ワールドカップ出場決定	2005.6.8	ナビスコカップはジュビロが優勝	1998.7.19
日本が1位	2005.8.17		
日本はブラジルと同組	2005.12.9	中田がペルージャへ移籍	1998.7.21
トヨタカップ開催	2005.12.18	ジュビロ磐田が第1ステージ優勝	1998.8.8
		前園サントスへ期限付き移籍	1998.9.22
【Jリーグ】		バジーリオが通算5000ゴール	1998.9.23
プロリーグ発足へ	1989.4.14	マリノスがフリューゲルスを吸収合併	1998.10.28

— 551 —

鹿島アントラーズが第2ステージ優勝	1998.11.4
鹿島アントラーズが年間王者	1998.11.28
中山がJリーグMVP	1998.12.7
ジュビロ磐田が第1ステージ2連覇	1999.5.26
三浦が日本復帰	1999.8.24
Jリーグ初のチーム通算500得点	1999.9.23
ナビスコカップで柏レイソルが初優勝	1999.11.3
清水エスパルスが第2ステージ初優勝	1999.11.23
浦和レッズがJ2降格	1999.11.27
トヨタカップでイングランド勢初優勝	1999.11.30
ジュビロ磐田が年間王者	1999.12.11
カズが100ゴール	2000.5.13
横浜F・マリノスがファースト・ステージ優勝	2000.5.27
鹿島アントラーズがナビスコカップ優勝	2000.11.4
鹿島アントラーズがセカンド・ステージ優勝	2000.11.26
ヴェルディ新監督に松木	2000.12.5
鹿島アントラーズが年間王者	2000.12.9
中村が年間最優秀選手	2000.12.11
清水エスパルスが初優勝	2001.3.3
ジュビロ磐田が4度目の制覇	2001.7.7
横浜F・マリノスが優勝	2001.10.27
鹿島アントラーズが優勝	2001.11.17
J1全日程終了	2001.11.24
鹿島アントラーズが年間王者	2001.12.8
MVP・新人王決定	2001.12.10
清水エスパルスが2年連続優勝	2002.2.23
ジュビロ磐田が2年連続制覇	2002.8.17
鹿島アントラーズが3回目の優勝	2002.11.4
ジュビロ磐田が優勝	2002.11.23
J1昇格・降格決定	2002.11.30
JリーグのMVP決定	2002.12.16
ジュビロ磐田が3年ぶり優勝	2003.3.1
横浜F・マリノスが優勝	2003.8.2
浦和レッズが初優勝	2003.11.3
横浜F・マリノスが年間制覇	2003.11.29
年間MVP・新人王決定	2003.12.15
ジュビロ磐田が2連覇	2004.3.6
森本が最年少ゴール	2004.5.5
横浜が3ステージ連続優勝	2004.6.26
浦和レッズが初優勝	2004.11.20
観客数トップはアルビレックス新潟	2004.11.28
横浜が2年連続年間王者	2004.12.11
中沢がMVP	2004.12.13
東京ヴェルディが10年ぶり優勝	2005.2.26
ジェフ千葉が初優勝	2005.11.5
ガンバ大阪が初優勝	2005.12.3
甲府がJ1昇格	2005.12.10
MVPにアラウージョ	2005.12.20

【高校サッカー】

藤枝東が2連覇	1964.1.8
浦和市立が優勝	1965.1.8
習志野と大阪明星が両校優勝	1966.1.3〜8
藤枝東・秋田商が両校優勝	1967.1.3〜8
初芝が優勝	1969.1.3〜7
浦和南が3冠	1970.1.3〜7
浦和市立が優勝	1973.1.7
日朝交歓試合開催	1973.1.10〜24
北陽が優勝	1974.1.3〜8
浦和南が2回目の優勝	1976.1.8
浦和南高が優勝	1977.1.8
帝京高が優勝	1980.1.8
高校サッカーは引き分け	1985.1.8
清水市商が初優勝	1986.1.8
東海大一が優勝	1987.1.8
国見が初優勝	1988.1.8
清水市商が3年ぶり優勝	1989.1.10
南宇和が優勝	1990.1.8
国見が3年ぶり優勝	1991.1.8
7年ぶり両校優勝	1992.1.8
国見が2年ぶり優勝	1993.1.8
市立船橋が初優勝	1995.1.8
各種学校参加認める	1995.6.22
高校サッカー開催	1996.1.8
東福岡が優勝	1998.1.8
東福岡が2連覇	1999.1.8
市立船橋が3年ぶり優勝	2000.1.8
国見が4回目の優勝	2001.1.8
市立船橋が4回目の優勝	2001.8.8
国見が2年連続優勝	2002.1.8
帝京が3回目の優勝	2002.8.8
市立船橋が3年ぶり優勝	2003.1.13
国見が3年ぶり優勝	2003.8.4

国見が2年ぶり優勝	2004.1.12
鹿児島実が9年ぶり優勝	2005.1.10
青森山田が初優勝	2005.8.8

【ラグビー】

八幡製鉄が2連覇	1964.1.8
同志社が全日本選手権優勝	1964.3.20
八幡製鉄が優勝	1965.1.8
法政大が優勝	1965.1.8〜1.10
秋田工が優勝	1965.1.9
八幡が4年連続優勝	1966.1.8
盛岡工が初優勝	1966.1.9
ウェリントン・クラブ来日	1966.10.26〜11.1
日本は9戦全敗	1967.2.26〜3.21
東西の大学ラグビー	1967.11.23
近鉄が2連覇	1968.1.2〜8
近鉄がラグビー日本一	1968.1.15
NZポンソンビーが来日	1968.3.10〜24
ニュージーランドに遠征	1968.5.11〜6.8
早大と専大が優勝	1968.12.8
早慶が両校優勝	1969.1.5
日本が全勝で優勝	1969.3.8〜16
日体大・法大が優勝	1969.12.21
日体大が初優勝	1970.1.1
日本がアジア選手権連覇	1970.1.10〜
日体大が日本一	1970.1.15
NZ大学選抜チームに惨敗	1970.3.1〜21
カナダに完敗	1970.3.15〜28
新日鉄釜石とリコーが優勝	1970.12.30
早大が優勝	1971.1.5
早大が日本一	1971.1.15
英チーム来日	1971.9.21〜28
早大が日本一	1972.1.15
全豪チームが来日	1972.3.17〜4.8
アジア選手権で日本優勝	1972.11.4〜
明大が優勝	1973.1.6
リコーが優勝	1973.1.7
リコーが日本一	1973.1.15
ウェールズに完敗	1973.10.6
全日本チーム善戦	1973.10.13
日本フランスに敗れる	1973.10.27
リコーが2連覇	1974.1.15
ニュージーランドチーム来日	1975.3.9〜23
全日本が英国チームに初勝利	1975.3.21〜30
明大が早大を破り優勝	1976.1.4
三菱重工京都が優勝	1976.1.8
国学院久我山高が初優勝	1976.1.9
明大が初優勝	1976.1.15
日英親善試合	1976.9.29
早大が優勝	1977.1.3
新日鉄釜石が優勝	1977.1.8
目黒が優勝	1977.1.9
新日鉄釜石が初優勝	1977.1.15
早大が不祥事	1977.2.19
国際親善ラグビー開催	1977.9.8
トヨタ自工が日本一	1978.1.15
日体大が優勝	1979.1.3
国学院久我山が優勝	1979.1.7
新日鉄釜石が日本一	1979.1.15
日英親善試合開催	1979.5.7〜20
新日鉄釜石が2連覇	1980.1.15
釜石が初の3連覇	1981.1.15
早稲田が5年ぶり優勝	1981.12.6
明大が大学日本一	1982.1.3
新日鉄釜石が優勝	1982.1.8
新日鉄釜石が初の4連覇	1982.1.15
早大がケンブリッジを破る	1982.3.10
早大が対抗戦全勝優勝	1982.12.5
新日鉄釜石が史上初の5連覇	1983.1.15
新日鉄釜石が5連覇	1983.11.15
早大が交流試合出場権を失う	1983.12.4
新日鉄釜石が6年連続優勝	1984.1.15
日仏対抗ラグビー開催	1984.9.23〜11.7
日本がアジア選手権優勝	1984.10.27
新日鉄釜石が史上初の7連覇	1985.1.15
明大が対抗戦優勝	1985.12.1
大学選手権は引き分け	1986.1.4
社会人はトヨタが優勝	1986.1.6
大東文化大一高が初優勝	1986.1.7
慶大が初優勝	1986.1.15
明大が対抗戦優勝	1986.12.7
国学院久我山が優勝	1987.1.7
トヨタが2連覇	1987.1.8
大東大が優勝	1987.1.10
トヨタが日本一	1987.1.15
中道が日本タイ10秒1	1987.7.12
NZ代表に完敗	1987.10.21
秋田工が優勝	1988.1.7
東芝府中が初優勝	1988.1.9
早大が11年ぶり優勝	1988.1.10
早大が日本一	1988.1.15

アメリカンフットボール　　　競技別索引　　　日本スポーツ事典

天皇崩御で決勝戦中止	1989.1.7
初出場の神戸製鋼が優勝	1989.1.15
日英親善ラグビーで初勝利	1989.5.28
天理が優勝	1990.1.7
神戸製鋼が2連覇	1990.1.15
W杯出場権獲得	1990.4.15
熊谷工が初優勝	1991.1.7
神戸製鋼が3連覇	1991.1.15
ワールドカップ開催	1991.10.3
啓光学園が初優勝	1992.1.7
神戸製鋼が4連覇	1992.1.15
日本がアジア大会優勝	1992.9.26
伏見工が12年ぶり優勝	1993.1.7
神戸製鋼が5連覇	1993.1.15
神戸製鋼が6連覇	1994.1.15
W杯出場権獲得	1994.10.29
神戸製鋼の連勝ストップ	1994.11.27
大東大が6年ぶり優勝	1995.1.6
相模台工が連覇	1995.1.7
神戸製鋼が7連覇	1995.1.8
神戸製鋼が圧勝で7連覇	1995.1.15
W杯が5協会共同に決定	1995.3.11
日本が記録的な惨敗	1995.6.4
大工大高が7年ぶり優勝	1996.1.7
明大が11回目の優勝	1996.1.15
神戸製鋼8連覇逃す	1996.1.28
引き分けで両者優勝	1996.2.11
社会人代表が8連覇	1996.2.25
オックスフォード大に初勝利	1996.9.15
西陵商が劇的な逆転優勝	1997.1.7
明大が最多優勝記録更新	1997.1.15
社会人代表が9連覇	1997.2.11
日本代表監督に平尾	1997.2.18
早大が69失点	1997.12.23
国学院久我山が優勝	1998.1.7
関東学院大が優勝	1998.1.10
東芝府中が2連覇	1998.1.11
大学スポーツ界に不祥事	1998.1.20
東芝府中が優勝	1998.2.1
日本がW杯出場権獲得	1998.10.31
啓光学園が優勝	1999.1.7
関東学院大が2連覇	1999.1.15
東芝府中が3連覇	1999.2.28
日本がパシフィック・リム優勝	1999.7.3
村田が日本人プロ第1号	1999.7.5
日本は4大会連続予選敗退	1999.10.16
慶大が創部100周年に全勝優勝	1999.11.23
東海大仰星が初優勝	2000.1.7
慶大が14年ぶりの優勝	2000.1.15
神戸製鋼が8回目の優勝	2000.1.30
神戸製鋼が日本一	2000.2.27
吉田がコロミエに入団	2000.5.31
伏見工が3度目優勝	2001.1.7
関東学院大が大学日本一	2001.1.13
神戸製鋼が2年連続優勝	2001.1.21
初の両者優勝	2001.2.25
関東学院大が3年連続優勝	2001.11.25
早大が14回目の優勝	2001.12.2
啓光学園が3回目の優勝	2002.1.7
関東学院大が2連覇	2002.1.12
サントリーが2回目の優勝	2002.1.13
サントリーが2年連続優勝	2002.2.3
5回連続のW杯出場	2002.7.14
関東学院大が4年連続優勝	2002.11.24
早大が2年連続優勝	2002.12.1
啓光学園が2年連続優勝	2003.1.7
早学が13年ぶり日本一	2003.1.11
サントリーが2年連続優勝	2003.1.25
NECが日本一に	2003.2.23
「トップリーグ」スタート	2003.9.13
日本代表は4戦全敗	2003.10.27
関東学院大が5年連続優勝	2003.11.22
早稲田が対抗戦3年連続全勝優勝	2003.12.7
啓光学園が3連覇	2004.1.7
関東学院大が2年ぶり優勝	2004.1.17
神戸製鋼が初代王者に	2004.1.25
東芝府中が5年ぶり優勝	2004.3.21
ウェールズに大敗	2004.11.26
早稲田大学が4連覇	2004.12.5
東芝府中が初優勝	2004.12.26
啓光学園が4連覇	2005.1.7
東芝府中が優勝	2005.2.6
NECが2年ぶり優勝	2005.2.27
早稲田が5連覇	2005.11.23
関東学院大が2年ぶり優勝	2005.11.26

【アメリカンフットボール】

関西選抜がライスボウル勝利	1964.1.1
東軍がライスボウル圧勝	1965.1.1
日大が甲子園ボウル勝利	1965.1.15
西軍がライスボウル勝利	1966.1.15

関西がライスボウル制覇	1970.1.15	オービックシーガルズが3年ぶり優勝	2005.12.19
西宮ボウル関東勝利	1970.5.30		
関学が日大を下す	1970.12.13	【バスケットボール】	
ライスボウルで関西が優勝	1976.1.11	全日本選手権開催	1964.1.7～12
初のジャパンボウル開催	1976.1.18	東南アジア選手権開催	1966.9.19～25
関西学院大が5連覇	1977.12.11	全日本選手権開催	1967.1.10～15
後楽園で全米公式戦	1977.12.11	世界選手権開催	1967.4.15～22
京大が大学日本一	1983.12.11	ユニバ東京大会開催	1967.8.27～9.4
第1回全日本選手権開催	1984.1.3	アジア選手権開催	1967.9.25～10.1
日大が初の日本一	1985.1.3	松下電器・ニチボーが優勝	1967.12.3
関学大が甲子園ボウル2連覇	1985.12.7	ニチボー平野の連勝止まる	1968.1.8
実業団がライスボウル初優勝	1986.1.3	日本鉱業とニチボー平野が連覇	1969.1.7～12
京大が優勝	1986.12.14	日本鋼管・ユニチカが優勝	1970.1.2～11
京大がライスボウル優勝	1987.1.3	日本鋼管・ユニチカが優勝	1970.5.24
京大が2連覇	1987.12.13	日本鋼管・ユニチカが優勝	1971.1.3～10
京大が2年連続優勝	1988.1.3	五輪アジア予選で優勝	1971.11.26
日大が学生日本一	1988.12.11	日本鋼管・ユニチカ山崎が優勝	1971.12.19
日大が4年ぶり優勝	1989.1.3	日本鉱業・ユニチカが優勝	1972.1.2～9
シルバースターが社会人日本一	1989.12.6	日本鉱業・ユニチカが優勝	1972.12.9
日大が2連覇	1990.1.3	日本鋼管・第一勧銀が優勝	1973.1.3～7
松下電工が初優勝	1990.12.12	住友金属・第一勧銀が優勝	1974.1.2～6
日大が3連覇	1991.1.3	住友金属・第一勧銀が優勝	1974.12.1
オンワードが初優勝	1992.1.3	全日本総合選手権開催	1975.1.2～8
アサヒビールが優勝	1993.1.3	車いすバスケット開催	1975.5.3
立命大が初優勝	1994.12.18	松下電器が優勝	1975.7.6
松下電工が初優勝	1995.1.3	生井がMVP	1975.10.3
京大が4回目の優勝	1996.1.3	アジア男子選手権で完敗	1975.11.26
門戸開放見送り	1997.7.12	明大が2年連続優勝	1975.12.21
アメフト日本代表チーム結成	1998.8.3	松下電器が初優勝	1976.1.6
立命館大が大学日本一	1998.12.19	日立戸塚が初優勝	1976.1.8
法大が甲子園ボウル優勝	2000.12.17	松下電器が全勝優勝	1976.11.28
アサヒ飲料が日本一	2001.1.3	日本鋼管・日立戸塚が優勝	1977.1.6
関学大が2年ぶり王座	2001.12.16	日本リーグ開催	1977.11.10
アサヒ飲料が2年連続王者	2001.12.18	住友金属・ユニチカが優勝	1978.1.6
関学大が日本一	2002.1.3	アジア選手権で日本3位	1978.8.5
立命館大が4年ぶり優勝	2002.12.15	共同石油・日本鋼管が優勝	1978.11.3
シーガルズが4年ぶり優勝	2002.12.17	松下電器・共同石油が優勝	1979.1.15
立命大が初の日本一に	2003.1.3	松下電器が3年ぶり優勝	1979.6.17
篠竹監督が勇退	2003.3.31	共同石油が2連覇	1979.11.18
オンワードスカイラークスが初優勝	2003.12.16	日本は五輪出場ならず	1979.12.12
立命大が2年連続王座	2003.12.21	ユニチカ・住友金属が優勝	1980.1.14
立命館大が2連覇	2004.1.3	松下電器・第一勧銀が優勝	1980.12.7
法政大学が2連覇	2004.12.5	全日本選手権開催	1981.1.10
松下電工が9年ぶり優勝	2004.12.18	松下が日本リーグ3連覇	1981.6.14
松下電工が10年ぶり優勝	2005.1.3	松下電器が3回目の優勝	1982.1.10
法大が5年ぶり優勝	2005.12.18		

日本リーグ開催	1982.10.17
共同石油・松下電器が2連覇	1983.1.8
シャンソン3連覇ならず	1985.2.23
全日本選手権開催	1985.3.24
日本リーグ開催	1986.2.16
全日本選手権開催	1986.3.22
4ヶ国対抗戦開催	1986.6.23
日本リーグ開催	1987.2.15
シャンソン・松下が優勝	1987.3.21
共同石油が優勝	1987.12.24
全日本総合バスケット開催	1988.1.9
松下電器が5連覇	1988.3.6
ソウル五輪予選で日本敗北	1988.6.6
全日本選手権開催	1989.1.10
日本リーグ開催	1989.3.4
全日本選手権開催	1990.1.6
共同石油が優勝	1990.2.12
松下電器が優勝	1990.3.4
シャンソンが4年ぶり優勝	1991.1.5
日本リーグ開催	1991.3.2
シャンソン化粧品が優勝	1991.12.8
全日本選手権開催	1992.1.11
NKKが13年ぶり優勝	1992.3.8
全日本選手権開催	1993.1.9
日本リーグ開催	1993.2.11
熊谷組が活動休止	1993.9.29
名短大付が4度目の3冠	1994.12.27
松下電器が5年ぶり優勝	1995.3.28
女子アジア選手権開催	1995.7.28
シャンソンが6連覇	1996.2.11
シャンソンが史上初100連勝	1996.10.9
萩原がWNBA参加	1997.2.4
萩原デビュー戦で3点ゴール	1997.6.21
67年以来の世界選手権出場へ	1997.9.18
Jエナジーが休部	1997.9.25
シャンソンが8連覇	1998.3.2
田臥中心の能代工が3年連続3冠	1998.12.28
ジャパンエナジーが3連覇	1999.1.9
いすゞ自動車が4連覇・2冠	1999.3.22
シャンソンが4年ぶり優勝	2000.1.9
全日本総合選手権開催	2001.1.7
ジャパンエナジー2冠	2001.3.7
いすゞ自動車が6回目の優勝	2001.3.20
高校総体開催	2001.8.7
全日本学生選手権開催	2001.12.2
全国高校選抜開催	2001.12.27
全日本総合選手権開催	2002.1.13
ジャパンエナジーが2年連続優勝	2002.3.13
トヨタ自動車が初優勝	2002.3.16
全日本学生選手権開催	2002.12.1
全国高校選抜開催	2003.1.7
全日本総合選手権開催	2003.1.12
アイシンが初優勝	2003.3.9
ジャパンエナジーが3年連続優勝	2003.3.16
全日本学生選手権開催	2003.12.14
能代工が2年ぶり優勝	2003.12.28
ジャパンエナジー・アイシンが優勝	2004.1.4
アテネ五輪出場権獲得	2004.1.18
ジャパンエナジーが4季連続優勝	2004.3.16
アイシンが2連覇	2004.3.23
田臥がサンズ入り	2004.9.7
田臥が開幕戦7得点	2004.11.3
bjリーグ発足	2004.11.24
金沢総合・能代工が優勝	2004.12.27～12.28
日本航空・アイシンが優勝	2005.1.9
シャンソン化粧品が5年ぶり優勝	2005.3.15
東芝が5年ぶり優勝	2005.3.24
東海大・松蔭大が初優勝	2005.12.18
福岡第一・中村学園女が優勝	2005.12.30

【ハンドボール】

世界選手権は予選敗退	1967.1.12～21
西ドイッチーム来日	1967.9.9～27
全立大と大洋デパートが優勝	1969.8.9～13
全日本総合選手権開催	1970.8.18～22
大洋デパート3連覇	1970.12.18～20
五輪予選で日本首位	1971.11.14～28
日本が初の五輪出場	1971.11.28
大崎電気・ビクターが優勝	1971.12.14～19
湧永・東京重機が優勝	1972.12.6～10
大同製鋼・ビクターが優勝	1973.12.12～16
デンマーク・チームが来日	1974.3.31～4.8
大同製鋼・東京重機が優勝	1974.12.11～15
日本初の観客なし試合	1975.2.28,3.2
史上初の3年連続三冠王	1975.12.14
湧水薬品・ビクターが優勝	1977.11.26
全日本総合選手権開催	1977.12.11

日本スポーツ事典　　競技別索引　　バレーボール

大同特殊鋼・日本ビクターが優勝	1978.11.12
日本リーグ開催	1979.10.28
モスクワ出場権獲得	1979.12.9
湧水薬品・日本ビクターが優勝	1979.12.16
湧水薬品・ジャスコが優勝	1980.12.20
全日本選手権開催	1981.12.20
大同特殊鋼が5連覇	1982.11.7
湧水製薬が史上初の4連覇	1982.12.19
オリンピック出場権獲得	1983.11.20
田口らを無期限登録抹消	1985.6.11
湧氷製菓が優勝	1986.5.18
湧永製薬・大崎電気が優勝	1988.3.5
大崎電気が優勝	1988.12.25
日本リーグ開催	1995.2.4〜5
全日本選手権開催	1995.12.24
オムロンが優勝	1996.3.29
日本リーグ開催	2001.3.18
大同特殊鋼が3年連続優勝	2001.12.15
全日本総合選手権開催	2001.12.27
日本リーグ開催	2002.3.17
全日本総合選手権開催	2002.12.14
ホンダが5年連続優勝	2003.3.23
全日本選手権開催	2003.12.20
ホンダ・広島メイプルレッズが優勝	2004.3.21
大崎電気・広島メイプルレッズが優勝	2005.3.20
大崎電気・オムロンが優勝	2005.12.25

【バレーボール】

男子バレーが欧州遠征	1964.6.11〜7.9
日紡貝塚が欧州遠征で全勝	1964.6.16〜7.12
アジア初・東京五輪開催	1964.10.10〜24
大松監督ニチボー退社	1965.2.1
ニチボーの連勝続く	1965.7.30
女子バレーが五輪復帰	1965.10.6〜9
中大70連勝でストップ	1966.6.23
ニチボー連勝ストップ	1966.8.6
世界選手権で日本5位	1966.8.30〜9.11
世界女子バレーに共産圏不参加	1967.1.26〜28
日本リーグ開催	1967.8.13
ユニバ東京大会開催	1967.8.27〜9.4
日ソ対抗はソ連勝ち越し	1968.4.3〜17
メキシコ五輪開催	1968.10.12〜27
日本鋼管と日立武蔵が連覇	1969.2.23
15分完封完全試合	1969.7.12
チェコとポーランドが来日	1969.7.21
ヤシカが初の日本一	1969.11.13〜16
日本鋼管・ユニチカが優勝	1970.3.15
世界選手権で日本健闘	1970.9.20〜10.2
日本鋼管が優勝	1970.11.13〜15
ユニチカ貝塚が優勝	1970.11.20〜22
日本鋼管とユニチカが優勝	1971.3.21
日ソ交歓でソ連が勝ち越す	1971.5.19〜30
東ドイツと交歓試合	1971.7.5〜9
日本鋼管・日立武蔵が優勝	1971.11.19〜21,26〜28
松下が初優勝	1972.3.17
男女がソ連遠征	1972.4.24〜29
ミュンヘン五輪開催	1972.8.26〜9.11
日中交歓試合開催	1972.10.5〜17
アマ規定違反で追及	1972.11.15
日本鋼管・ヤシカが優勝	1973.3.20
ソ連チーム来日	1973.5.7〜29
日中交歓試合開催	1973.7.7〜22
日本男子が予選敗退	1973.9.22〜30
W杯で日本2位	1973.10.20〜28
世界選手権で女子優勝	1974.10.12〜27
日立がリーグ優勝	1975.3.8
日ソ対抗開催	1975.5.25
日立が5回目の優勝	1976.2.14
新日鉄が3連覇	1976.2.28
日ソ対抗戦開催	1976.3.20
日本が優勝	1976.5.22
モントリオール五輪開催	1976.7.17〜8.1
中大が10回目の優勝	1976.9.12
日立が史上初4連覇	1977.2.19
男女ともに4連覇	1977.3.11
日本女子がW杯初優勝	1977.11.15
日本はW杯男子2位	1977.11.29
全日本選手権開催	1977.12.25
日立が5連覇	1978.3.5
日本鋼管が優勝	1978.3.12
ヤシカが廃部に	1978.5.8
世界女子選手権開催	1978.9.6
日本は世界選手権11位	1978.10.1
ユニチカ・日本鋼管が優勝	1978.11.5
小学生の連盟発足	1979.1.20
日本リーグ開催	1979.3.11
NHK杯で日本優勝	1979.5.26
日立が9回目の優勝	1979.10.28
新日鉄が6回目の優勝	1979.11.4

アジア男子選手権で日本3位	1979.12.23	全日本選手権開催	1989.5.7
日本初の予選落ち	1980.1.23	NHK杯開催	1989.6.2~4
日本リーグ開催	1980.2.17	女子W杯開催	1989.11.7
全日本に初の中学生	1980.11.21	男子ワールドカップ開催	1989.11.17
日本リーグ開催	1981.3.7	イトーヨーカドーが8年目の初	
第1回ライオンカップ開催	1981.8.18~20	優勝	1990.2.24
W杯女子で日本は2位	1981.11.16	新日鉄が連覇	1990.3.7
W杯男子で日本は6位	1981.11.28	世界選手権出場権を獲得	1990.4.22
日立が日本リーグ4年ぶり優勝	1982.2.20	全日本選手権開催	1990.5.6
富士フイルムが日本リーグ初優		日本は世界女子選手権8位	1990.9.1
勝	1982.3.14	NHK杯で日本が優勝	1990.10.12~14
日ソ対抗バレーボール開催	1982.6.13	FIVB世界4強大会開催	1990.11.9
女子バレー初の女性監督	1982.8.12	朝鮮高級学校の加盟拒否	1990.11.16
女子バレーで日本不振	1982.9.25	日本リーグ開催	1991.3.8
日立が史上初の完全優勝	1983.2.19	全日本選手権開催	1991.5.6
新日鉄が優勝	1983.3.13	バレーボール五輪出場権獲得	1991.8.18
アジア選手権開催	1983.11.17	ワールドカップ開催	1991.11.8~17
オリンピック出場権を獲得	1983.12.1	W杯男子開催	1991.11.22~12.1
ロサンゼルス五輪開催	1984.7.28~8.12	日本リーグ開催	1992.3.15
ジャパンカップ開催	1984.11.15	大林が最優秀選手	1992.4.26
日立が4年連続の完全優勝	1985.3.3	全日本選手権開催	1992.5.5
全日本選手権開催	1985.5.6	日本リーグ順位決定	1993.3.7
神戸ユニバ開催	1985.8.24~9.4	移籍自由化へ	1993.5.2
日本がW杯6位	1985.11.21	全日本選手権開催	1993.5.5
日立の連勝ストップ	1986.1.24	外国人学校に門戸	1994.3.15
日本リーグ開催	1986.3.1	全日本選手権開催	1994.5.5
全日本選手権開催	1986.5.5	NKKが男子廃部	1994.6.1
日ソ対抗はソ連全勝	1986.6.22	山田理事が辞任	1994.11.18
日本は世界選手権7位	1986.9.13	Vリーグ発足	1994.11.29
ジャパンカップ開催	1986.11.8~17	東海大が男女とも優勝	1994.12.10~11
日立が史上初6連覇	1987.2.28	大林・吉原がプロ第1号	1994.12.28
富士フイルムが4年連続優勝	1987.3.15	全日本バレー開催	1995.5.7
東海大四・扇城が優勝	1987.3.25	大林が東洋紡とプロ契約	1995.5.12
全日本選手権開催	1987.4.19	W杯開催	1995.11.17
NHK杯開催	1987.5.31	Vリーグ決勝	1996.3.3
日本は準優勝	1987.6.13	黒鷲選手権開催	1996.5.6
アジア選手権開催	1987.10.25	五輪出場権獲得	1996.6.2
日本電気が初優勝	1988.2.7	大林が引退	1997.3.9
富士フイルムが5連覇	1988.3.19	日立がVリーグ転落	1997.3.16
全日本選手権開催	1988.5.5	全日本選手権開催	2000.5.7
NHK杯で日本全敗	1988.5.29	ユニチカ・日立が廃部	2000.7.5
NHK杯男子で日本優勝	1988.6.12	東洋紡が2回目の優勝	2001.3.5
日ソ対抗戦6戦全敗	1988.7.2	サントリーが2年連続優勝	2001.3.11
ソウル五輪派遣団最終決定	1988.7.11	全国高校選抜優勝大会開催	2001.3.26
88ジャパンカップ開催	1988.11.3	全日本選手権開催	2001.5.6
日立が日本リーグ優勝	1989.2.14	女子ワールドGC杯開催	2001.11.18
新日鉄6年ぶり優勝	1989.3.18	全日本大学選手権開催	2001.12.9

久光製薬が初優勝	2002.3.10
サントリーが3年連続優勝	2002.3.17
全国高校選抜開催	2002.3.26
東レが3回目の優勝	2002.5.6
全日本大学選手権開催	2002.12.8
NECが3年ぶり優勝	2003.3.9
サントリーが4年連続優勝	2003.3.16
全日本選手権開催	2003.5.5
ワールドカップ開催	2003.11.15
全日本大学選手権開催	2003.12.14
パイオニアが初優勝	2004.2.29
サントリーが5連覇	2004.3.7
JT・東レが優勝	2004.5.5
アテネ五輪出場権獲得	2004.5.16
東レが初優勝	2005.3.12
NECが2年ぶり優勝	2005.3.20
東レ・パイオニアが優勝	2005.5.5
筑波大・青学大が優勝	2005.12.11

【テニス】

ユニバ東京大会開催	1967.8.27〜9.4
16歳沢松が優勝	1967.11.21
デ杯予選勝ちすすむ	1968.5.10〜12
沢松姉妹がウインブルドン出場	1968.6.24
渡辺と沢松が連勝	1968.11.1〜9
日本インドに9連敗	1969.5.10〜12
沢松が全英ジュニア優勝	1969.6.25〜7.5
沢松が女子3連覇	1969.11.6〜14
豪がデ杯東洋ゾーン出場	1969.11.17
デ杯東洋ゾーンは豪に完敗	1970.4.17〜21
沢松和が女子4連覇	1970.11.3〜11
デ杯で豪に勝利	1971.4.23〜26
デ杯東洋ゾーンで決勝敗退	1971.5.15〜17
神和住・畠中が優勝	1971.11.8〜15
デ杯東洋ゾーンA決勝敗退	1972.4.29〜5.2
全日本選手権開催	1972.11.1〜11
坂井と沢松が優勝	1973.2.26〜3.4
デ杯東洋ゾーン開催	1973.4.21〜23
神和住が連覇	1973.10.25〜31
神和がプロ転向	1973.11.5
デ杯東洋ゾーンはインドに敗退	1974.5.3〜5
沢松がプロに	1974.6.10
ジャパン・オープン開催	1974.10.8〜14
坂井・左手が優勝	1974.10.30〜11.8
全英で沢松組が優勝	1975.6.23〜7.5
福井が3年連続三冠	1975.8.3〜10
日本が12連覇	1975.12.11
アマの坂井が優勝	1976.12.19
全日本選手権開催	1977.11.15
ベテランテニス選手権開催	1977.12.2〜4
デ杯で日本が敗れる	1978.1.20〜22
サントリーカップ開催	1978.4.23
全日本選手権開催	1978.10.13
全日本プロ選手権開催	1978.10.15
グンゼ・ワールド開催	1978.11.25
佐藤組が2位	1979.1.3
デ杯で日本敗れる	1979.2.11
アマ福井が優勝	1979.2.24
レディース決勝大会開催	1979.8.22〜23
福井がプロに逆転勝ち	1979.10.8
初のレディース大会	1979.11.12〜15
九鬼が優勝	1979.11.18
デ杯で日本が完敗	1980.2.10
柳川商高が連続優勝	1980.8.2〜9
九鬼・古橋が優勝	1980.10.5
古橋4大タイトル獲得	1980.12.12
初の大学軟式庭球リーグ	1981.6.17
全日本選手権開催	1981.10.4
セイコー・ワールド開催	1981.11.1
アジア初のフェデレーションカップ開催	1981.11.9〜15
全日本テニス選手権開催	1982.9.28
全日本テニス選手権開催	1983.9.12〜9.17
日本が対インド戦14連敗	1983.10.2
井上がジャパン・オープン初優勝	1983.10.24
園田学園が8連覇	1984.6.10
小学生大会開催	1984.8.7〜8
全日本テニス選手権開催	1984.9.15
デ杯で日本が優勝	1984.9.28〜30
デ杯で日本はアメリカに完敗	1985.3.10
全日本テニス選手権開催	1985.9.23
デ杯で日本敗退	1985.10.5
ジャパン・オープン開催	1985.10.14
フェデレーションテニス開催	1985.10.14
パンパシフィックオープン開催	1985.12.15
3競技のプロ参加承認	1986.2.10
日本代表に企業スポンサー	1986.4.18
小泉幸枝が女子単優勝	1986.5.5
ワールドテニス開催	1986.5.11
全日本学生テニス開催	1986.8.3
全日本選手権開催	1986.9.15〜21

| バドミントン | 競技別索引 | 日本スポーツ事典 |

項目	日付	項目	日付
ジャパン・オープン開催	1987.4.18	松岡ベスト8ならず	1992.10.18
ワールドテニス開催	1987.5.10	伊達が決勝で敗れる	1993.2.14
全日本選手権開催	1987.9.18～27	伊達が女子単2連覇	1993.4.10
全日本プロテニス開催	1987.10.11	デ杯2回戦開催	1993.4.30～5.2
ジャパン・オープン開催	1988.4.11～17	アメリカで夏季大会	1993.7.8～18
パン・パシフィック・オープン開催	1988.5.1	伊達が全米オープン惜敗	1993.9.7
グンゼ・ワールド開催	1988.7.6～10	伊達が海外初優勝	1994.1.16
土橋が史上初4連覇	1988.7.31	アジア女子オープン開催	1994.2.13
伊達3冠達成	1988.8.7	伊達が3連覇	1994.4.10
ソウル五輪開催	1988.9.17～10.2	雉牟田が引退	1994.7.19
全日本選手権開催	1988.10.8	増田が2連覇	1994.9.18
国別フェデレーションカップ開催	1988.12.4	沢松がベスト8入り	1995.1.23
パンパシフィック・オープン開催	1989.2.5	伊達が初優勝	1995.2.5
デ杯開催	1989.4.7～9	伊達初のベスト4	1995.6.6
岡本がジャパンオープン初優勝	1989.4.22	松岡・伊達がベスト8	1995.7.3
全日本選手権開催	1989.9.15	ユニバ福岡大会開催	1995.8.23～9.3
フェデレーション杯開催	1989.10.1～9	伊達が世界5位	1995.10.2
伊達が全豪オープンでベスト16	1990.1.27	沢松がベスト8	1996.2.4
パンパシフィック・オープン開催	1990.1.30～2.4	ジャパンオープン開催	1996.4.20
全日本室内選手権開催	1990.3.18	伊達がグラフを破る	1996.4.28
サントリー・ジャパンオープン開催	1990.4.15	伊達がベスト4惜敗	1996.7.4～5
ワールド大会開催	1990.7.15	伊達が逆転優勝	1996.8.25
全日本選手権開催	1990.9.17	伊達が引退	1996.9.24
セイコー・スーパーテニス開催	1990.10.14	平木がダブルスで優勝	1997.6.7
全日本プロテニス選手権開催	1990.10.21	松岡が引退	1997.8.11
雉子牟田が準優勝	1991.1.6	杉山が日本人初の2冠	1998.1.10
パン・パシフィック・オープン開催	1991.1.29～2.3	杉山がジャパンオープン優勝	1998.4.19
サントリー・ジャパンオープン開催	1991.4.8～14	沢松が引退表明	1998.9.17
グンゼ・ワールド開催	1991.7.14	杉山組が日本選手初優勝	1999.9.9
伊達が準優勝	1991.8.17	杉山・デキュジス組が初優勝	2000.9.10
全日本選手権開催	1991.9.14	杉山組が準優勝	2001.7.8
セイコー・スーパーテニス開催	1991.10.13	杉山組決勝進出ならず	2001.9.5
パンパシフィック・オープン開催	1992.2.2	杉山がシングルス優勝	2003.3.2
日本は5年連続初戦敗退	1992.2.2	杉山組が初優勝	2003.6.8
16歳杉山が優勝	1992.3.15	杉山組が初優勝	2003.7.6
伊達が初優勝	1992.4.11		
日本男子初のツアー優勝	1992.4.26	**【バドミントン】**	
全仏オープン開催	1992.5.31	トマス杯で日本敗退	1964.3.13～14
沢松はベスト8ならず	1992.6.22	日本がユーバー杯王座	1966.5.21
グンゼ・ワールド開催	1992.7.8	男女とも日本が優勝	1968.8.18～15
全日本選手権開催	1992.9.19	ユーバー杯は日本が防衛	1969.6.14
		小島が4連覇	1969.12.1～6
		小島が男子3連覇	1970.11.5～8
		栂野尾・中山が優勝	1971.12.7～12
		日本がユーバー杯連覇	1972.6.6～11
		トマス杯予選敗退	1972.10.7～8

全日本選手権開催	1972.12.13～17	アジア選手権開催	1972.9.2～13
中国チームが来日	1973.9.2～16	全日本選手権開催	1972.12.5～10
欧州選抜チーム来日	1974.1.13～27	世界選手権開催	1973.4.5～15
湯木が全英選手権優勝	1974.3.19～24	長谷川・大関が優勝	1973.12.6～9
テヘランでアジア大会	1974.9.1～16	アジア選手権開催	1974.4.2～15
女子単複とも日本が優勝	1975.3.19～22	阿部・横田が初優勝	1974.11.14～16
ユーバー杯で日本敗れる	1975.6.6	世界選手権開催	1975.2.5～17
全英で湯木が優勝	1977.3.26	日中交歓卓球開催	1975.5.11～24
湯木が6回目の優勝	1977.4.24	河野・井上組優勝	1976.5.7
世界女子選手権開催	1977.5.8	阿部兄弟ペアが優勝	1976.11.26
湯木6連覇ならず	1977.12.17	世界選手権で河野が優勝	1977.4.5
植野・米倉組が優勝	1978.1.29	河野が優勝	1977.10.25
徳田・高田組が優勝	1978.3.18	全日本選手権開催	1977.11.27
世界女子選手権優勝	1978.5.20	高島・嶋内が優勝	1979.1.14
銭谷・徳田が優勝	1978.11.19	初出場の小野が優勝	1979.5.6
植野・米倉組が優勝	1979.1.21	有島が2連覇	1979.12.9
銭谷が4連覇	1979.12.1	全日本選手権開催	1980.12.7
米倉が優勝	1980.3.9	世界選手権で日本は無冠	1981.4.14～26
全日本選手権開催	1980.11.22	卓球に賞金導入	1981.4月
日本リーグ開催	1981.1.15	全日本選手権開催	1981.12.6
ユーバー杯で日本が連覇	1981.5.31	アジア卓球選手権開催	1982.5.24～6.3
日本リーグ開催	1981.12.20	斉藤が男子初の3冠	1982.12.26
日韓バドミントン競技会開催	1982.6.12	世界卓球選手権大会開催	1983.4.28～5.9
全日本総合バドミントン選手権開催	1982.12.18	斉藤が3連覇	1984.11.25
		全日本選手権開催	1985.12.27
実業団選手権開催	1986.6.17	卓球で功労金支給	1986.9.27
世界団体選手権開催	1990.6.2	世界選手権開催	1987.2.18～24
		国際卓球連盟会長に荻村氏	1987.2.27
【卓球】		全日本卓球開催	1987.12.20
日中交歓大会開催	1964.5.18～6.1	アジア卓球選手権開催	1988.5.6
世界選手権開催	1965.4.15～25	アジア選手権開催	1988.5.15～22
世界卓球選手権開催	1965.4.25	全日本卓球団体戦開催	1988.11.6
長谷川が初優勝	1965.12.5	全日本卓球開催	1988.12.18
日中卓球は中国強し	1966.5.7	アジアカップで斎藤が優勝	1989.5.16
世界選手権開催	1967.4.11～21	全日空杯開催	1989.6.1～4
東南アジア選手権開催	1968.4.8～15	全日本卓球開催	1989.12.17
アジア選手権開催	1968.9.22～29	第1回ワールド・チームカップ開催	1990.5.22
全日本選手権開催	1968.11.25～12.1		
国際オープン大会開催	1969.1.18～2.2	男子W杯開催	1990.11.11～14
世界選手権開催	1969.4.17～27	全日本選手権開催	1990.12.23
全日本選手権開催	1969.12.5～8	世界卓球選手権が開幕	1991.4.24
全日本選手権開催	1970.11.21～26	全日本選手権開催	1991.12.21
世界選手権開催	1971.3.28～4.7	卓球グランプリ開催	1992.6.4
日中交歓で中国強し	1971.4.13～26	全日本選手権開催	1992.12.26
AA友好試合開催	1971.11.3～14	松下がプロ第1号	1993.4.25
長谷川・大関が優勝	1971.12.3～7	世界卓球選手権開催	1993.5.16
		卓球協会に女性事務局長	1993.6.27

ホッケー　　　　　　　　　　競技別索引　　　　　　　日本スポーツ事典

遊沢が高校3冠	1994.8.12
小山が4連覇	1995.12.23
松下がプロ第1号	1997.5.19
松下が名門ボルシアに移籍	1998.4.15
福原が史上最年少勝利も4回戦敗退	1999.12.23
小山が8回目の優勝	2000.12.16
世界選手権開催	2001.4.26
武田・川越組が銅メダル	2001.5.2
全日本選手権開催	2001.12.22
全日本選手権開催	2002.12.18
福原が一般大会で初優勝	2003.3.9
福原がベスト8進出	2003.5.23
福原・小西組が2連覇	2004.1.16
世界ジュニア開催	2004.12.1
福原が2冠	2005.1.15
福原が中国スーパーリーグへ	2005.4.1

【ホッケー】

インド選抜チーム来日	1966.9.17〜10.2
全日本選手権開催	1967.12.2〜5
全日本選手権開催	1968.11.22〜25
天理と聖徳が連覇	1970.12.4〜7
世界選手権で日本9位	1971.10.15〜24
天理・聖徳が連覇	1971.11.25〜27
全聖徳が女子連覇	1972.10.14〜15
全日本選手権は両者優勝	1972.11.30〜12.2
アジア女子選手権開催	1974.7.22〜27
全聖徳が優勝	1974.11.2〜4
天理大が連覇	1974.12.5〜8
天理大が7年連続優勝	1975.12.1
天理大が優勝	1977.11.27
天理大が優勝	1978.11.21
全岐阜女商が優勝	1979.11.26
天理大が3連覇	1979.12.2
女子ホッケー選手権	1980.7.5〜7
東農大が初優勝	1980.11.6
東海女子大が優勝	1995.12.3
天理大学がfリーグ初代女王	1997.7.6

【ゴルフ】

呂が総合優勝	1966.4.10
橘田が国内最高22アンダー	1966.9.9
カナダ杯開催	1966.11.13
日本選手権開催	1968.9.6〜8
日本オープン開催	1968.10.2〜4

ワールドカップ開催	1968.11.14〜17
「連続パット」制廃止へ	1969.8.1
樋口が2年連続優勝	1970.7.23〜24
佐藤が優勝	1970.8.26〜28
アマ・ゴルフで日本8位	1970.9.23〜26
橘田が日本オープン優勝	1970.9.30〜10.1
W杯で日本は10位	1970.11.12〜17
杉原が優勝	1970.11.25〜29
呂が優勝	1971.4.26〜29
樋口が連覇	1971.7.24〜25
尾崎が日本選手権優勝	1971.9.16〜19
樋口がJGPオープン優勝	1971.9.21〜22
樋口が女子オープン優勝	1971.11.10〜12
尾崎が日本シリーズ優勝	1971.11.17〜21
清元が女子選手権優勝	1972.6.1〜2
河野が3連覇	1972.6.8〜9
樋口が連覇	1972.7.12〜14
樋口がJCPオープン連覇	1972.9.14〜15
尾崎1打差で2位	1972.9.28〜10.1
太平洋マスターズ開催	1972.10.5〜8
金井がプロ選手権優勝	1972.10.19〜22
佐々木が優勝	1972.11.8〜10
尾崎が賞金2751万	1972.11.15〜16,18〜19
樋口が初優勝	1973.4.8
樋口が6連勝	1973.8.23
青木が2打差の2位	1973.9.27〜30
尾崎が太平洋マスターズ優勝	1973.10.11〜14
青木がプロ選手権優勝	1973.10.18〜21
杉原が日本シリーズ優勝	1973.11.29〜30,12.1〜2
樋口が優勝	1974.3.31〜4.1
樋口が女子プロ選手権優勝	1974.7.26〜28
尾崎が優勝	1974.8.15〜18
日米対抗戦開催	1974.9.14〜16
尾崎が日本オープン優勝	1974.9.26〜29
樋口が日本オープン優勝	1974.11.8〜10
尾崎が3回目の優勝	1974.11.14〜17
男子W杯で日本2位	1974.11.21〜24
世界アマ選手権開催	1974.11.30〜11.2
日英マッチプレー開催	1975.3.14〜16
日本プロマッチ開催	1975.5.14〜18
アマ選手権で倉本が優勝	1975.6.25〜28
女子プロゴルフ選手権開催	1975.7.11〜13
村上が悲願の日本一	1975.9.25
東海クラシック開催	1975.10.26
村上が4冠	1975.11.16

日米対抗ゴルフ開催	1975.11.23	青木功が開幕勝利	1981.3.23
総武国際オープン開催	1976.4.25	マッチプレー選手権で青木が優勝	1981.5.17
森がアマ優勝	1976.6.26	大迫が初の2冠	1981.7.12
樋口が優勝	1976.8.7	日本プロで青木が優勝	1981.8.2
ニクラウスが5回目の優勝	1976.9.5	全米プロで青木が4位	1981.8.9
藤木が2回目の優勝	1976.9.8	青木がワールドシリーズ3位	1981.8.30
金井が4年ぶりに優勝	1976.9.26	羽川が日本オープン初優勝	1981.11.1
太平洋マスターズ開催	1976.10.10	日本シリーズ東京で羽川が初勝	1981.12.6
賞金獲得1位は青木	1976.12.13	岡本がアリゾナクラシックで優勝	1982.2.28
ハワイで村上が2位	1977.2.6	倉本が全英オープン4位	1982.7.18
樋口が日本人初の優勝	1977.6.12	倉本が初出場で優勝	1982.7.25
アマ選手権で倉本が優勝	1977.6.24	岡本綾子が2位	1982.8.22
倉本が優勝	1977.9.13	青木がワールドシリーズ3位	1982.8.29
中島が戦後最年少優勝	1977.9.25	岡本が3年ぶり優勝	1982.9.26
日本オープン開催	1977.11.20	東海クラシックゴルフ開催	1982.10.10
青木が3度目の王冠	1978.4.30	36歳矢部が初優勝	1982.10.31
宮沢が17歳アマ女王	1978.6.8	中島が三冠王	1982.12.5
中部が6回目の優勝	1978.6.24	日本男子初のアメリカツアー優勝	1983.2.13
全英オープン開催	1978.7.15	樋口が通算60勝	1983.4.4
小林が初優勝	1978.8.20	岡本がアメリカツアー2勝目	1983.6.27
清元が初優勝	1978.9.3	中島が6年ぶり優勝	1983.7.31
青木が世界制覇	1978.10.16	青木が1打差で優勝を逃す	1983.8.14
日本オープン開催	1978.11.5	岡本が2年連続2位	1983.8.21
日本シリーズで青木が優勝	1978.12.3	青木が海外2勝目	1983.9.4
青木が大会初2連勝	1979.4.29	大迫が3年ぶり優勝	1983.9.25
青木が2連覇	1979.5.20	青木が4年ぶり優勝	1983.12.4
湯原が優勝	1979.6.9	岡本がJ&Bプロアマ優勝	1984.4.15
岡本が17アンダー	1979.7.15	岡本が逆転で今季2勝目	1984.6.17
全英オープンで青木7位	1979.7.21	服部が史上最年少優勝	1984.6.22
謝が初優勝	1979.9.6	中島が2連覇	1984.8.5
青木がホールインワン	1979.10.12	岡本が全英優勝	1984.10.6
女子初の賞金1億円超え	1979.10.28	青木が南アフリカの大会に参加	1984.12.6〜9
郭が初優勝	1979.11.4	41歳新井が2位タイ	1985.2.3
マスターズで鈴木優勝	1979.11.18	青木が1打差で2位タイ	1985.4.7
青木が連覇	1979.12.2	服部が初出場初優勝	1985.8.10
青木5回目の優勝	1980.5.4	尾崎健夫が初優勝	1985.8.11
安田が優勝	1980.5.18	関東・関西オープンゴルフ開催	1985.9.8
倉本が優勝	1980.6.7	中島兄妹プロ誕生	1985.9.10
青木が全米オープン2位	1980.6.15	日本女子プロ選手権開催	1985.9.22
大迫が初優勝	1980.7.13	中島が日本オープン初優勝	1985.10.13
青木・2位	1980.8.17	中島が年間1億円獲得	1985.12.1
樋口が3年ぶり優勝	1980.9.7	尾崎健夫が初優勝	1985.12.8
山本が優勝	1980.10.5		
菊池が初優勝	1980.11.3		
大迫が優勝	1980.11.9		
尾崎が逆転優勝	1980.12.7		

| ゴルフ | 競技別索引 | 日本スポーツ事典 |

岡本が海外6勝目	1986.2.2
金井が初優勝	1986.3.2
中島がマスターズ8位	1986.4.13
重信が初優勝	1986.4.27
中島が中日クラウンズ2位	1986.5.4
中島が今季初勝利	1986.5.18
岡本が全米プロ3位	1986.6.1
杉原が通算50勝	1986.6.8
青木が2年半ぶり優勝	1986.6.15
服部3連覇ならず	1986.6.20
美津濃オープン開催	1986.6.29
日本女子オープン開催	1986.7.6
岡本が3位タイ	1986.7.13
青木が5年ぶり優勝	1986.7.27
中島恵利華がプロ11試合目初勝利	1986.8.10
全米プロで青木は36位	1986.8.11
日経カップで尾崎が優勝	1986.8.17
青木が逆転優勝	1986.8.31
岡本がツアー通算7勝	1986.9.7
関東・関西オープン開催	1986.9.7
生駒が初優勝	1986.9.14
中島が2連覇	1986.10.12
ニッサンカップ開催	1986.11.9
マツダジャパンクラシック開催	1986.11.9
中村が2年ぶり優勝	1986.12.7
静岡オープン開催	1987.3.22
岡本が海外通算8勝目	1987.4.12
青木が通算50勝	1987.4.26
尾崎がプロ通算50勝	1987.5.3
岡本が米ツアー優勝	1987.5.17
日本マッチプレー開催	1987.5.17
岡本が全米女子3位	1987.5.24
中島が全米オープン9位	1987.6.21
岡本が米ツアー10勝目	1987.6.22
日本プロゴルフ開催	1987.7.26
服部がベストアマ	1987.7.27
倉本が国内最小スコア	1987.8.23
岡本が今季4勝目	1987.8.30
永田が公式戦初優勝	1987.9.13
東海クラシック開催	1987.10.4
青木が4年ぶり優勝	1987.10.11
岡本が米賞金女王	1987.11.8
大迫が賞金女王	1987.11.29
初の外国人賞金王	1987.12.6
尾崎と暴力団との交際発覚	1987.12.20
岡本が緒戦勝利	1988.2.27
中島和也がデビュー戦優勝	1988.3.6
静岡オープン開催	1988.3.20
岡本が2連覇	1988.4.10
中日クラウンズ開催	1988.5.1
白浜・生駒が優勝	1988.5.8
岡本が全米女子プロ3位タイ	1988.5.22
服部が9打差圧勝	1988.6.9
全米オープンで中島は32位	1988.6.19
全英オープンで青木は7位	1988.7.18
全米女子オープンで岡本は12位	1988.7.24
尾崎健夫が大会新記録優勝	1988.7.24
岡本が今季3勝目	1988.7.31
中島が日本人過去最高位	1988.8.14
尾崎が通算54勝	1988.8.14
日本女子プロゴルフ開催	1988.9.11
東海クラシック開催	1988.10.2
日本オープン開催	1988.10.8
尾崎3週連続優勝	1988.10.23
マツダジャパンクラシック開催	1988.11.4
ダンロップトーナメント開催	1988.11.17
吉川初の賞金女王	1988.11.27
日本シリーズ開催	1988.12.4
日本はキリンカップ最下位	1988.12.15～18
青木が4大ツアー制覇	1989.1.22
静岡オープンで鈴木が優勝	1989.3.19
マスターズゴルフで尾崎は18位	1989.4.9
ダンロップ・オープン開催	1989.4.23
尾崎が今季初優勝	1989.5.7
日本プロマッチプレーで尾崎が初優勝	1989.5.14
岡本が逆転負けで2位	1989.5.21
全米オープン開催	1989.6.18
小林が日本女子オープン優勝	1989.7.2
全米女子オープン開催	1989.7.16
日本プロゴルフ選手権開催	1989.8.6
全米プロゴルフ選手権開催	1989.8.13
関東オープンで水巻が優勝	1989.9.3
日本女子プロゴルフ選手権で谷が優勝	1989.9.10
日本オープン尾崎が2連覇	1989.10.8
ダンロップフェニックス開催	1989.11.19
平瀬が初優勝	1989.11.26
ダンロップオープン開催	1990.4.22
フジサンケイ・クラシック開催	1990.5.6
日本女子オープンで森口優勝	1990.7.1
加瀬がツアー初勝利	1990.8.5
岡本が海外17勝目	1990.8.12

全米プロゴルフで青木は40位	1990.8.12
日本女子プロゴルフ開催	1990.9.9
中島が日本オープン逆転優勝	1990.10.7
旭硝子世界選手権開催	1990.11.1〜4
ダンロップフェニックス開催	1990.11.18
マスターズ・トーナメント開催	1991.4.14
ダンロップオープン開催	1991.4.28
岡本1打差で2位	1991.6.30
フィランスロピー・タケダ開催	1991.7.7
全米女子オープン開催	1991.7.14
全英オープン開催	1991.7.21
尾崎が内最小スコアタイ	1991.8.18
杉原敏一が父を破り初優勝	1991.9.5
東海クラシック開催	1991.10.6
中島が2連覇	1991.10.13
ダンロップ・フェニックス開催	1991.11.24
女子初の通算賞金5億円	1991.12.2
尾崎がプロ最多73勝	1992.5.3
倉本が優勝	1992.5.17
岡本が海外通算18勝目	1992.6.7
全米オープン開催	1992.6.21
日蔭が10年ぶり優勝	1992.6.28
全米プロゴルフ開催	1992.8.16
マルマンオープン開催	1992.8.23
青木が初優勝	1992.9.27
東海クラシック開催	1992.10.4
尾崎が日本オープン開催	1992.10.12
倉本が終身シード権獲得	1992.10.25
賞金王は尾崎・塩谷	1992.11.27
プロツアー開幕	1993.3.7
尾崎が5回目の優勝	1993.5.16
全米女子プロ選手権開催	1993.6.13
全米オープン開催	1993.6.20
岡本が19年目初優勝	1993.6.27
服部がプロ3年目初勝利	1993.7.4
小林浩美がツアー初優勝	1993.7.18
全米女子オープン開催	1993.7.25
東海クラシック開催	1993.10.3
中日クラウンズ開催	1994.5.1
合田が初優勝	1994.5.15
山岡が10年目で初優勝	1994.5.22
服部が初優勝	1994.6.26
尾崎将司が2年ぶり優勝	1994.10.2
東海クラシック開催	1994.10.9
佐々木が初のプロ日本一	1995.5.14
日本女子オープン開催	1995.6.22
杉本が逆転で連覇	1995.7.14
伊沢がツアー初勝利	1995.10.1
東海クラシック開催	1995.10.8
小林が4年ぶり優勝	1995.10.15
岡田が最年長優勝	1995.11.19
塩谷が賞金女王	1995.11.26
尾崎が9度目の賞金王	1995.12.3
全米女子プロで小林5位	1996.5.12
尾崎が6回目の優勝	1996.5.12
青木が今季初勝利	1996.5.26
全米オープンで尾崎不振	1996.6.16
高村が最年少優勝	1996.6.20
3人連続ホールインワン	1996.6.27
福嶋が国内最少ストローク	1996.8.10
岡本が通算60勝	1996.9.1
芹沢が挑戦9度目の初優勝	1996.9.1
塩谷が国内3冠王	1996.9.8
日本オープン開催	1996.9.29
尾崎がプロ100勝	1996.11.17
尾崎が3連覇	1997.5.4
50歳66日池渕が優勝	1997.5.18
丸山が10年シード獲得	1997.5.18
岡本が最年長優勝	1997.6.30
全米女子オープン開催	1997.7.13
丸山が最年少優勝	1997.9.7
福嶋が3試合連続優勝	1997.10.5
杉原ががんを告白	1998.4.1
中島がホールインワン	1998.5.1
谷口がプロ7年目初優勝	1998.5.31
青木がシニアツアー優勝	1998.6.14
野呂がプロ8年目優勝	1998.6.28
大場が8打差逆転初優勝	1998.7.12
片山がプロ4年目初勝利	1998.8.9
小林が米ツアー3勝目	1998.8.23
福嶋が米ツアー出場権を獲得	1998.10.9
服部が賞金女王に	1998.11.22
男子プロゴルフ界分裂	1999.1.21
岡本が1年10ヶ月ぶり勝利	1999.5.2
村口史子が2週連続優勝	1999.5.23
村井が国内メジャー初優勝	1999.6.27
米山がプロ入り最速優勝	1999.9.5
尾崎直道が日本タイトル4冠	1999.10.3
福嶋が米ツアー2勝目	1999.10.17
村口が初の賞金女王	1999.11.28
田中が初優勝	2000.4.30
丸山がツアー初優勝	2001.7.15

不動が2年連続賞金女王	2001.11.25
不動が3年連続賞金女王	2002.12.1
丸山・伊沢組が優勝	2002.12.15
宮里が初優勝	2003.6.28
宮里が優勝	2003.9.28
丸山が優勝	2003.10.19
不動が史上初の年間10勝	2003.11.30
伊沢が2年ぶり年間賞金王	2003.12.7
宮里が初勝利	2004.3.7
青木が殿堂入り	2004.4.22
宮里が2連勝	2004.6.20
宮里が最年少優勝	2004.6.26
不動が通算30勝	2004.7.25
井上が初勝利	2004.10.31
不動が5年連続賞金女王	2004.11.28
片山が4年ぶり賞金王	2004.12.5
宮里・北田組が初代女王	2005.2.13
横峯が初優勝	2005.4.17
宮里が最年少優勝	2005.10.2
不動が6年連続賞金女王	2005.11.27
宮里が米ツアー出場権獲得	2005.12.4

【ボウリング】

プロ協会設立	1967.1.27
中山が全日本選手権優勝	1970.3.22
全日本選手権開催	1971.2.17～18
並木が優勝	1971.3.16～17
ボウリングブーム	1971.9月
国際女子選手権開催	1977.3.31

【水上競技】

全日本サーフィン大会開催	1966.7.11
サーフィン協会発足	1974.1.1

【水泳】

室内水泳選手権で新記録続出	1964.4.11～12
日本選手権開催	1964.7.16～19
アジア初・東京五輪開催	1964.10.10～24
山田スイミングクラブ誕生	1965.3月
ブダペスト大会開催	1965.8.20～29
日本選手権開催	1966.8.28～30
学生選手権開催	1967.7.27～29
5種目で日本新記録	1967.8.8～10
ユニバ東京大会開催	1967.8.27～9.4
古橋が殿堂入り	1967.12.8
日本選手権開催	1968.8.29～31
メキシコ五輪開催	1968.10.12～27
木原が水着モデルに	1969.1.21
高校勢が活躍	1969.8.29～31
女子4種目で日本新	1970.8.24～29
バンコクでアジア大会	1970.12.9～20
中・高生が日本新	1971.8.26～29
西側が全米選手権で優勝	1971.8.28
日本新続出	1972.7.20～23
ミュンヘン五輪開催	1972.8.26～9.11
山田SCが解散	1972.12.18
田口・西側が優勝	1973.8.3～5
テヘランでアジア大会	1974.9.1～16
田口が100m2位	1975.7.22～27
日本選手権開催	1975.8.27～30
モントリオール五輪開催	1976.7.17～8.1
夏季大会が佐賀県で開催	1976.9.19～22
稲葉が日本新記録	1977.4.26
稲葉が優勝	1977.7.8
山崎が日本新記録	1977.7.26
塚崎が日本新記録	1977.8.1～22
夏季大会を青森県で開催	1977.9.4～7
高橋が日本新記録	1978.3.31
高橋が平泳ぎ日本新記録	1978.5.7
塚崎が日本新記録	1978.6.4
塚崎が日本新	1978.7.2
世界水泳選手権開催	1978.8.25
夏季大会が長野で開催	1978.9.10～13
水泳常盤が日本新記録	1979.1.21
斉藤が日本新記録	1979.5.6
高橋・赤井が日本新記録	1979.6.10
斉藤が日本新記録	1979.6.17
高橋が日本新記録	1979.7.8
水泳日本新記録相次ぐ	1979.8.4
W杯競技会開催	1979.9.1
夏季大会開催	1979.9.16～19
渡辺・三科が日本新記録	1980.4.5
坂本が日本新記録	1980.6.6
日本記録更新相次ぐ	1980.6.21
簗瀬が日本新記録	1980.8.10
史上初の小学生チャンピオン	1980.8.29
坂本が日本新記録	1980.8.31
夏季大会が開催	1980.9.7～10
男子200m背泳ぎで日本新	1981.6.6
坂本が自由形日本新	1981.6.13
安斉が自由形日本新	1981.7.17

岡本が自由形日本新	1981.7.19	国体夏季大会開催	1992.9.6
女子自由形で二つの日本新	1981.8.3	千葉が日本新記録	1993.6.11〜13
長崎が2種目で日本新	1981.8.29	アメリカで夏季大会	1993.7.8〜18
水泳で8つの日本新	1981.8.30	千葉が2分の壁突破	1993.8.12
国体夏季大会開催	1981.9.13〜16	平野が日本新記録	1994.6.12
斉藤が自由形で日本新	1982.4.3	マスターズ水泳開催	1994.7.14〜17
高橋が平泳ぎで日本新	1982.6.6	世界選手権開催	1994.9.1
日中対抗水泳競技大会開催	1982.6.12	広島でアジア大会	1994.10.2〜16
世界水泳選手権開催	1982.7.29〜8.7	中村が日本新記録	1995.4.3
大貫がドーバー海峡横断	1982.7.31	水泳日本選手権開催	1995.6.9
前田が背泳ぎで日本新	1982.8.8	元渕が6連覇2冠	1995.8.6
日本選手権開催	1982.8.28〜31	パシフィック選手権開催	1995.8.10
坂がバタフライ日本新記録	1982.9.3	ユニバ福岡大会開催	1995.8.23〜9.3
国体夏季大会開催	1982.9.12〜15	青山が日本新記録	1995.11.11
ニューデリーでアジア大会		日本選手権開催	1996.4.4
	1982.11.19〜12.4	青山綾里らが日本新記録	1996.5.25
斉藤が日本新記録	1983.4.2	パラリンピック開催	1996.8.15
中学生の関戸が日本新記録	1983.6.4	スポーツ功労者表彰	1997.7.11
プレ五輪開催	1983.7.14〜17	バンコクで4回目のアジア大	
関戸が日本新記録	1983.7.17	会	1998.12.6〜20
水泳日本選手権開催	1983.8.5〜8.7	田中が日本人初の優勝	1999.4.1
長崎が日本新記録	1983.8.27	千葉が55秒を切る日本新記録	1999.6.13
緒方が日本新記録	1983.8.28	中村が世界新記録を更新	2000.4.23
緒方が日本新記録	1985.8.4	千葉の提訴を棄却	2000.8.3
パシフィック選手権開催	1985.8.15〜18	シドニー五輪開催	2000.9.15〜10.1
初の世界マスターズ開催	1986.7.12〜17	パラリンピック・シドニー大会	
日本選手権開催	1986.8.2	開催	2000.10.18〜29
世界選手権開催	1986.8.13〜23	7種目で日本新記録	2001.4.19
ソウルでアジア大会	1986.9.20〜10.5	世界選手権開催	2001.7.22
不破が日本新記録	1986.12.5	世界選手権開催	2001.7.26
ユニバーシアード開催	1987.7.8〜19	山田が世界新記録で優勝	2002.4.2
ソウル五輪代表決定	1988.6.17	競泳の日本選手権が開幕	2002.6.11
水泳選手権開催	1988.8.7	パンパシフィック選手権開催	2002.8.24
ソウル五輪開催	1988.9.17〜10.2	北島が世界新記録	2002.10.2
日本スポーツ賞に水泳の鈴木	1988.12.16	日本選手権開催	2003.4.24
高瀬が背泳ぎで日本新記録	1989.6.9	世界水泳選手権開催	2003.7.21
水泳日本選手権大会開催	1989.8.3〜6	北島が日本スポーツ賞	2003.12.17
パンパシフィック水泳大会開		三木が日本新記録	2004.4.25
催	1989.8.17〜20	アテネ五輪開催	2004.8.13〜29
日本選手権開催	1990.6.10	アテネ・パラリンピック開催	
世界水泳選手権開催	1991.1.13		2004.9.17〜9.28
日本水泳選手権開催	1991.6.6〜9	日本選手権開催	2005.4.21
パンパシフィック水泳選手権		世界選手権開催	2005.7.24
催	1991.8.22〜25	佐藤が日本新記録	2005.9.2
日本選手権開催	1992.4.16〜20		
アジア選手権開催	1992.4.25〜28	【シンクロナイズドスイミング】	
バルセロナ五輪開催	1992.7.25〜8.9	世界水泳選手権開催	1978.8.25

W杯第1回大会開催	1979.8.29～9.3	早大が初のエイト6連勝	1977.4.17
国体夏季大会開催	1981.9.13～16	レガッタで慶大圧勝	1978.4.16
びわこ国体開催	1981.10.13～18	エイトで東北大が優勝	1978.8.27
ロサンゼルス五輪開催	1984.7.28～8.12	軽量級選手権開催	1979.6.17
日本選手権開催	1986.8.4	東大がエイト優勝	1979.8.26
世界選手権開催	1986.8.13～23	エイトで東大が連覇	1980.8.24
ジャパン・シンクロ開催	1986.8.30	東大エイトが2冠	1981.7.5
小谷が2年連続3冠	1988.8.17	東大がボート3冠	1981.8.30
ソウル五輪開催	1988.9.17～10.2	東大がボート3連勝	1982.6.27
小谷がソロ3位	1989.9.7～9	東大がエイト4連覇	1982.8.29
日本選手権開催	1990.5.5	中大が2冠	1983.8.23
世界水泳選手権開催	1991.1.13	全日本選手権開催	1984.8.26
バルセロナ五輪開催	1992.7.25～8.9	ソーラーボートで太平洋横断	1985.8.5
奥野がソロ初優勝	1993.5.5	早慶初の同着	1986.4.13
奥野が2年連続3冠	1994.5.5	足こぎボートで太平洋横断	1993.2.13
世界選手権開催	1994.9.1	ボート全日本開催	1994.6.19～20
日本選手権開催	1995.4.31	武田が7連覇	2003.6.1
立花が2年連続3冠	1996.5.5	武田が初優勝	2005.7.10
アトランタ五輪開催	1996.7.19～8.4	世界選手権開催	2005.8.31
日本選手権開催	2000.5.2～5		
シドニー五輪開催	2000.9.15～10.1	【カヌー】	
日本選手権開催	2001.5.3	日本選手権大会開催	1966.8.19～21
世界選手権開催	2001.7.20	全日本選手権開催	1967.8.18～20
立花・武田組が5連覇	2002.4.7	全日本選手権開催	1968.11.14～15
世界水泳選手権開催	2003.7.16	全日本選手権開催	1970.8.18～20
立花が2冠	2004.5.5	三瓶がカヤック連覇	1971.8.28～29
アテネ五輪開催	2004.8.13～29	カヌーで対馬海峡横断	1983.8.4
鈴木・原田組が初優勝	2005.4.4	広島でアジア大会	1994.10.2～16
世界水泳選手権開催	2005.7.20		
		【ヨット】	
【水球】		ヨットで太平洋横断	1964.7.29
史上初の100連勝	1980.9.7	ヨットで大西洋横断	1965.7.13
日体大が公式戦200連勝	1985.9.7	全日本選手権開催	1966.11.3～6
五輪代表選手が大麻所持	1986.7.26	鹿島が太平洋横断	1967.7.13
日体大が10連覇	1986.9.5	日本人初ヨット世界一周	1970.4.21
日体大が300連勝	1990.8.30	世界一周「白鴎号」凱旋	1970.8.22
日体大376連勝でストップ	1995.6.10	全日本選手権開催	1972.11.4～5
		単独無寄港世界一周	1974.5.4
【ボート】		世界一週から帰国	1974.7.28
全日本選手権開催	1966.8.27～28	海洋博記念で戸塚が優勝	1975.11.2
全日本選手権開催	1967.9.2～3	「サンバードV」が優勝	1976.5.4
全日本選手権開催	1968.8.23～25	夏季大会が佐賀県で開催	1976.9.19～22
エイトは同大が連覇	1969.8.30～31	世界一周ヨット帰港	1977.7.31
全日本選手権開催	1970.8.29～30	手作りヨットで太平洋横断	1977.10.8
夏季大会が佐賀県で開催	1976.9.19～22	甲斐・小宮組が初優勝	1979.8.15
東レ滋賀が優勝	1976.11.7	堀江が縦回り地球1周	1982.11.9

初の地球一周レース開催	1983.5.17
世界一周から帰国	1986.4.13
日本海ヨットレース開催	1986.7.31
ダブルハンドヨットレース	1987.4.23
女性初の太平洋単独往復	1988.8.19
今給黎が鹿児島帰港	1988.12.31
超小型外洋ヨットで太平洋単独横断	1989.8.30
「たか号」が連絡を絶つ	1991.12.26
日本艇は最下位の4位	1992.4.9
女性初の無寄港世界一周	1992.7.15
白石が最年少記録	1994.3.28
「酒吞童子」救助される	1994.6.7
アメリカズカップ開催	1995.5.13
アトランタ五輪開催	1996.7.19～8.4
南波が転落・行方不明	1997.4.23
アテネ五輪開催	2004.8.13～29

【スキー】

アジア初・東京五輪開催	1964.10.10～24
北海道国体冬季17連覇	1965.2.17
国体スキー開催	1966.2.23
国体スキー開催	1967.2.17
楠村がスピード日本一	1967.3.9
三浦が富士山頂から滑降	1967.4.25
北海道が優勝	1968.1.28
モンブラン初滑降	1968.6.20
グリーンランド横断成功	1968.9.3
鈴木がモンブラン滑降	1968(この年)
同僚後押しで失格	1969.1.20
身障者スキー開催	1973.2.9
国体冬季スキー	1974.2.17
日大・大東大が優勝	1976.1.20
富山県でスキー大会開催	1976.2.14～17
全国身障者スキー大会開催	1976.3.6
冬季スキー競技会開催	1977.2.17～20
国体スキーで不正	1978.2.18
冬季スキー競技会開催	1979.2.17～20
冬季スキー競技会開催	1980.2.14～17
国体スキーは北海道3連覇	1981.2.21～24
初のスキーマラソン大会	1981.3.8
国体スキーは北海道が総合4連覇	1982.2.18～21
初のローラースキー選手権大会	1982.10.16
全日本学生スキー開催	1983.1.20
国体スキーは北海道が総合5連覇	1983.2.--～25
札幌国際スキーマラソン開催	1983.3.6
国体スケートで北海道が2連覇	1985.2.1
7大陸最高峰から滑降	1985.11.27
全日本学生スキー開催	1988.1.16
国体冬季スキー大会開催	1989.2.19
国体スキー競技会開催	1990.2.20～23
国体スキー競技会開催	1992.2.28
全国高校スキー開催	1995.2.7
冬季国体スキー開催	1995.2.22
横山が4年連続2冠	1996.1.17
国体冬季スキー開催	1996.2.23
国体冬季スキー開催	1997.2.23
長野パラリンピック開催	1998.3.5～14
三浦親子3代が氷河滑走	2003.2.19

【アルペンスキー】

プラハで冬季大会開催	1964.2.11～17
冬季トリノ大会開催	1966.2.5～13
全日本選手権開催	1967.2.28～3.3
丸山が大会初の3冠王	1967.3.3
グルノーブル冬季五輪開催	1968.2.6～18
全日本アルペン開催	1969.3.3～14
最年少モンブラン滑降	1969.4.7
全日本選手権開催	1970.2.8～15
ユニバで日本勢の優勝無し	1970.4.2～9
三浦がエベレスト滑降	1970.5.6
札幌プレ五輪開催	1971.2.7～14
全日本選手権開催	1972.2.28～3.5
W杯初の日本開催	1973.3.12～15
全日本選手権開催	1973.3.18～19
全日本選手権開催	1974.2.27～3.1
ワールドカップ苗場で開催	1975.2.21～23
千葉が2種目優勝	1975.3.6～9
市村が7位に入賞	1976.1.24
回転で和海が7位	1978.2.5
小島が13年ぶり女子三冠	1978.2.28
早坂が三冠王	1979.3.1
全日本選手権開催	1979.3.8～11
片桐が史上初4連覇	1979.3.25
全日本で児玉が2冠	1981.3.5
武田が女子滑降・大回転で優勝	1982.2.24～3.1
7大陸最高峰から滑降	1985.11.27
全日本選手権開催	1986.2.25
W杯富良野大会開催	1986.3.1
全日本選手権開催	1987.2.15

W杯富良野大会開催	1987.2.28～3.1
全日本選手権開催	1987.4.4
岡部が日本人過去最高2位	1988.3.22
川端が史上初4種目制覇	1988.4.6
日本女子初の世界選手権入賞	1989.2.5
全日本選手権開催	1989.2.27
W杯富良野大会開催	1989.3.3～5
全日本選手権開催	1990.3.6～8
W杯女子開催	1991.2.23～24
川端が2連覇	1992.3.9
世界選手権開催	1993.2.3～14
全日本選手権開催	1993.3.1
滑降で川端が3位	1993.12.18
世界選手権開催	1996.2.23

【ノルディックスキー】

プラハで冬季大会開催	1964.2.11～17
冬季トリノ大会開催	1966.2.5～13
ノルディック大会開催	1966.2.9～12
ジャンプで藤沢が2位	1966.2.16～27
斎藤がジュニア部門1位	1967.1.15
藤沢がジャンプ1位	1967.1.29
藤沢が優勝	1967.2.19
全日本選手権開催	1967.2.23～28
インスブルックで冬季大会	1968.1.9～18
中学生の石川が優勝	1968.2.22
岩谷が初の二冠王	1969.1.19
勝呂が連覇	1969.2.25～3.2
全日本選手権開催	1970.2.8～15
笠谷が世界選手権2位	1970.2.14
ユニバで日本勢の優勝無し	1970.4.2～9
笠谷が112.5m	1971.1.7
札幌プレ五輪開催	1971.2.7～14
全日本選手権開催	1971.2.8～14
笠谷が最長不倒で優勝	1971.12.29
札幌冬季五輪開催	1972.2.3～13
3位まで日本が独占	1972.2.26～3.5
全日本選手権開催	1972.2.28～3.5
笠谷にヘルムス賞	1973.1.25
全日本選手権開催	1973.2.10～16
全日本選手権開催	1974.1.31～2.7
世界選手権開催	1974.2.16～24
笠谷が2位	1974.3.10
笠谷幸生が雪印杯優勝	1975.1.5
札幌で女性最長不倒記録	1975.1.13
角田が全日本選手権優勝	1975.2.5～10

国際ジャンプ大会開催	1977.1.15～16
伊藤が2回目の優勝	1978.2.4
全日本選手権開催	1978.2.7
秋元が優勝	1979.2.12
宮様スキー競技会開催	1979.2.25
八木が日本人初W杯優勝	1980.1.12
岩崎が初優勝	1980.2.3
レークプラシッド冬季五輪開催	1980.2.13～24
八木が4位	1980.3.25
全日本選手権開催	1981.2.6
ジャンプW杯札幌大会	1981.2.14
秋元がスイスで栄冠	1981.12.26
スキーW杯開催	1982.1.15
ノルディックスキー選手権催	1982.2.4～8
スキーマラソン大会開催	1982.2.14
ノルディックスキー選手権開催	1983.2.11
ジャンプW杯開催	1985.2.9
秋元が国内初の120超	1985.2.16
ベルノ冬季大会開催	1985.2.19
ジャンプW杯札幌大会	1986.1.25
秋元がNHK杯初優勝	1986.2.2
ノルディックスキー選手権開催	1986.2.8
札幌国際マラソン開催	1986.2.9
秩父宮杯で秋元優勝	1986.2.25
秋元が転倒し重傷	1986.3.9
ジャンプW杯開催	1987.12.19～24
ジャンプW杯開催	1988.12.17～19
札幌五輪記念で高校生が優勝	1989.1.14
ソフィア冬季大会開催	1989.3.6
ジャンプW杯札幌大会開催	1989.12.16～17
安崎がHTB杯優勝	1990.1.13
佐々木が史上初4種目制覇	1990.2.18
W杯札幌大会開催	1990.12.16
東昭広がジャンプ初V	1991.1.27
団体で世界選手権初のメダル	1991.2.7～17
ジャンプW杯札幌大会開催	1991.12.14～15
アルベールビル冬季五輪開催	1992.2.8～23
荻原が日本人初優勝	1992.12.6
東輝が最長不倒で初優勝	1992.12.19
荻原が3連勝	1992.12.20
ラージヒルで葛西が優勝	1993.1.1
日本が5連勝	1993.1.5
世界選手権開催	1993.2.19

日本人初のW杯個人総合優勝	1993.3.6	【フリースタイル】		
W杯複合で日本優勝	1993.3.9	長野五輪開催	1998.2.7～22	
荻原が3連勝	1993.12.15	デュアルモーグル初の優勝	2000.1.29	
葛西が135m	1994.1.29	ソルトレーク冬季五輪開催	2002.2.8～24	
荻原が全日本初制覇	1994.2.1	上村が2季ぶり優勝	2005.2.26	
リレハンメル冬季五輪開催	1994.2.12～27	上村が銅メダル	2005.3.20	
荻原が史上初総合2連覇	1994.3.13			
船木がラージヒル勝利	1995.1.4	【スノーボード】		
船木が国内初勝利	1995.1.14	五輪にスノーボード	1995.12.4～7	
荻原健司が複合個人で優勝	1995.2.11	長野五輪開催	1998.2.7～22	
荻原が史上初3連勝	1995.2.19	山岡が総合優勝	2004.2.28	
世界選手権開催	1995.3.12	成田が総合優勝	2005.3.18	
荻原が負傷	1995.11.21			
荻原が今季初優勝	1996.1.14	【スケート】		
原田がTBH杯優勝	1996.2.4	東京が総合で3連勝	1965.1.29	
W杯ジャンプ開催	1996.3.1	北海道国体冬季17連覇	1965.2.17	
荻原4連覇ならず	1996.3.17	国体スケート大会開催	1966.1.30	
荻原が復活の金	1997.2.23	国体スケート開催	1967.1.29	
原田が日本人初優勝	1997.3.1	北海道が優勝	1968.1.28	
ジャンプW杯開催	1997.3.16	国体スケート競技会	1969.1.29	
スポーツ功労者表彰	1997.7.11	国体冬季スケート開催	1975.2.5	
原田がラージヒル優勝	1997.8.27	北海道が総合11連覇	1976.1.25～28	
原田がラージヒル優勝	1997.12.21	冬季スケート競技会	1977.1.22～25	
W船木がW杯通算7勝	1997.12.29	北海道が13連覇	1978.1.22～25	
W杯メダル独占	1998.1.2	国体冬季スケート開催	1979.1.25～28	
船木が3連勝	1998.1.4	冬季スケート競技会開催	1980.1.26～29	
船木がジャンプ週間総合王者	1998.1.6	国体スケートで北海道16連覇	1981.1.26～29	
W杯ジャンプのメダル独占	1998.1.11	国体スケートで北海道V17逃す	1982.1.26～29	
長野五輪開催	1998.2.7～22	国体スケートで北海道が2連覇	1985.2.1	
葛西がW杯ラージヒル優勝	1999.1.3	ふくしま国体冬季スケート開催	1995.1.31	
船木が今季初優勝	1999.1.10	長野パラリンピック開催	1998.3.5～14	
船木・宮平・原田で表彰台を独占	1999.2.26			
葛西がラージヒル優勝	1999.3.9	【スピードスケート】		
荻原が2年ぶり表彰台	1999.3.11	インスブルック冬季五輪開催	1964.1.29～2.9	
葛西が日本人最多のシーズン6勝	1999.3.21	鈴木恵一が優勝	1964.2.22～23	
W杯札幌大会開催	2000.1.22～23	鈴木が2連勝	1965.2.13～14	
全日本選手権開催	2000.2.26～27	全日本スケート開催	1965.2.22～25	
葛西が優勝	2001.1.1	女子世界選手権開催	1966.2.12～13	
日本が4回目の優勝	2001.1.19	鈴木が世界選手権2位	1966.2.19～20	
葛西が最長不倒の優勝	2003.2.9	日本選手権開催	1966.2.23～26	
世界選手権開催	2003.2.23	全日本選手権開催	1966.12.22～23	
葛西が通算15勝	2004.2.28	鈴木が3回目の優勝	1967.2.11～12	
高橋が初優勝	2004.3.5	女子世界選手権開催	1967.2.18～19	
船木が6季ぶり優勝	2005.2.5	世界女子選手権開催	1968.1.27～28	

スピードスケート　競技別索引　日本スポーツ事典

鈴木が500mで世界新	1968.1.28
グルノーブル冬季五輪開催	1968.2.6～18
鈴木が世界選手権2連覇	1968.2.24～25
鈴木がまた世界新	1968.3.1
有賀が日本新連発も及ばず	1969.2.1～2
鈴木が3連覇	1969.2.15
三協勢が上位	1969.2.18～22
大塚・斎藤が優勝	1970.2.10～
スプリント選手権開催	1970.2.21
ユニバで日本勢の優勝無し	1970.4.2～9
世界女子スケート開催	1971.2.6～7
札幌プレ五輪開催	1971.2.7～14
根本・小池が優勝	1971.2.25～26
5種目で日本新	1972.1.21～23
札幌冬季五輪開催	1972.2.3～13
世界選手権開催	1972.2.19～20
3位まで日本が独占	1972.2.26～3.5
女子世界選手権開催	1972.3.4～5
世界スプリント開催	1973.2.3～4
男子世界大会開催	1973.2.17～18
日本選手権開催	1973.2.22～24
小野沢が世界選手権2位	1973.2.24～25
世界選手権開催	1974.2.9～10
世界スプリント開催	1974.2.16～17
全日本競技会開催	1974.2.21～24
長谷川が世界選手権で2位	1974.2.23～24
第1回スプリント選手権開催	1975.1.24～25
世界選手権で川原入賞	1975.2.8～9
世界スプリントで鈴木入賞	1975.2.15～16
全日本選手権開催	1975.2.20～23
川原がジュニア総合優勝	1975.3.2
浅間選抜競技会開催	1975.11.28
全日本スプリント開催	1977.1.14
長屋が日本新記録	1977.2.12
山本が優勝	1977.2.20～22
ソ連スケート選手権開催	1977.3.23
全日本スプリント開催	1978.1.14
全日本選手権開催	1978.2.21～22
長屋が5連覇	1979.1.13
長屋が日本新記録	1979.1.27
山本が日本新	1979.2.11
戸田・加藤が初優勝	1979.2.19
戸田がインドア世界一	1979.4.8
五輪代表が決定	1979.12.15
市村・長屋が優勝	1979.12.15
清水・八重樫が総合優勝	1979.12.21
長屋が2位	1980.1.12
レークプラシッド冬季五輪開催	1980.2.13～24
山本が国内最高記録	1980.12.19
全日本で高校生の宮坂が優勝	1981.2.20
黒岩が世界スプリント入賞	1981.2.22
黒岩が相次ぎ新記録	1981.12.18
橋本聖子が日本新	1982.2.13
黒岩が日本新記録	1982.12.10
橋本が4種目完全優勝	1983.1.11
黒岩が日本新記録	1983.1.15
黒岩が完全優勝	1983.2.6
黒岩が今季5度目の日本新記録	1983.2.19
黒岩が日本初の総合優勝	1983.2.27
男子500で黒岩が優勝	1983.11.26
男子500で黒岩が優勝	1983.12.8
黒岩・橋本が優勝	1983.12.17
黒岩に日本スポーツ賞	1983.12.24
サラエボ冬季五輪開催	1984.2.8～19
三谷が男子2冠	1984.12.2
橋本が日本新記録	1984.12.8
橋本が総合4連覇	1985.1.10
世界選手権が橋本が総合7位	1985.2.10
全日本実業団スピードスケート開催	1985.12.20
橋本が総合5連覇	1986.1.10
橋本・黒岩が総合優勝	1986.1.18
橋本が世界選手権6位	1986.2.9
世界スプリント長野大会開催	1986.2.22
黒岩・橋本が日本新記録	1986.3.18
黒岩が男子500で優勝	1986.12.6
大村が日本新記録	1986.12.12
大村が日本新記録	1986.12.19
全日本選手権開催	1987.1.13
黒岩が4年ぶり優勝	1987.2.1
世界選手権で橋本が総合4位	1987.2.8
全日本選手権開催	1987.12.18～19
カルガリー冬季五輪開催	1988.2.13～28
世界選手権開催	1988.3.5
橋本が国内最高記録	1988.12.9
全日本スプリント開催	1989.1.7
全日本選手権開催	1989.1.14
橋本が世界選手権初優勝	1989.2.4
橋本が日本人初のメダル	1989.2.26
W杯軽井沢大会開催	1989.12.9～10
全日本選手権開催	1990.1.5～6
橋本がW杯日本女子初優勝	1990.2.4

— 572 —

女子世界選手権で橋本が銀メダル	1990.2.10～11
橋本が初の4冠女王	1990.3.9～14
ワールドカップ松本大会開催	1990.12.8～9
全日本選手権開催	1991.1.5～6
橋本2年連続メダルならず	1991.2.3
日本男子4年ぶりメダル	1991.2.24
島崎がW杯初の総合優勝	1991.3.3
全日本選手権開催	1992.1.5
全日本スプリント開催	1992.1.11
根本が4種目制覇	1992.2.2
黒岩が2年連続3位	1992.3.1
橋本が世界選手権3位	1992.3.8
W杯で橋本が優勝	1992.12.6
全日本スプリント開催	1993.1.16
W杯で清水が優勝	1993.2.6
世界スプリント開催	1993.2.28
リレハンメル冬季五輪開催	1994.2.12～27
橋本がスケート引退	1994.4.23
糸川が日本新記録	1994.12.4
上原が日本新記録	1994.12.16
清水が世界歴代2位で優勝	1995.2.12
白幡が世界選手権総合2位	1995.2.12
日本男子初のW杯種別総合優勝	1995.3.11
全日本スプリント開催	1995.12.23
全日本選手権開催	1996.1.5
W杯メデオ大会開催	1996.1.7
清水が今季世界最高記録	1996.2.18
W杯ローズビル大会開催	1996.2.23
W杯カルガリー大会開催	1996.3.1
清水が優勝	1996.3.16
日本勢がW杯開幕6連勝	1997.1.3～4
W杯で堀井が連勝	1997.1.11～12
日本勢が表彰台独占	1997.2.22
W杯インツェル大会開催	1997.2.28
堀井が優勝を分ける	1997.11.22
長野五輪開催	1998.2.7～22
清水が世界新記録で金	1998.3.28
清水が初の総合3連覇	1999.12.25
世界距離別選手権開催	2000.3.3～5
三宮・清水らが優勝	2000.12.16
世界スプリント開催	2001.1.21
清水が総合優勝	2001.3.4
清水が世界新記録	2001.3.10
今井が日本新記録	2001.3.15
全日本スプリント開催	2001.12.27
世界スプリント開催	2002.1.20
ソルトレーク冬季五輪開催	2002.2.8～24
武田がW杯総合2位	2002.3.9
田畑が5連覇	2002.12.15
全日本スプリント開催	2002.12.26
全日本スプリント開催	2003.12.25
小林が銅メダル獲得	2004.3.14
全日本距離別選手権開催	2004.10.31
清水・大菅がW杯で優勝	2004.12.4
石野・牛山が初優勝	2004.12.19
吉井が初優勝	2004.12.29
岡崎が日本記録で優勝	2005.1.15
ワールドカップ・ヘーレンフェイン大会開催	2005.2.20
加藤が優勝	2005.3.4
加藤が世界新記録で初優勝	2005.11.19
長島・吉井が初優勝	2005.12.28

【ショートトラック】

加藤が初の世界一	1980.3.22
ショートトラック選手権開催	1985.3.17
石原が世界新記録	1986.4.5
アルベールビル冬季五輪開催	1992.2.8～23
植松が4種目完全制覇	1995.2.19
長野五輪開催	1998.2.7～22
W杯野辺山大会開催	2000.12.1～3
全日本選手権開催	2001.12.30
神野・西谷が優勝	2004.2.29
神野が2大会連続完全優勝	2004.12.23
神野・寺尾が総合優勝	2005.2.20
寺尾・神野が総合優勝	2005.12.19

【フィギュアスケート】

プラハで冬季大会開催	1964.2.11～17
佐藤が9連勝	1965.4.7
冬季トリノ大会開催	1966.2.5～13
世界選手権開催	1966.2.21～27
小塚・大川が優勝	1966.11.28～30
世界選手権で大川が5位	1967.2.28～3.5
インスブルックで冬季大会	1968.1.9～18
グルノーブル冬季五輪開催	1968.2.6～18
全日本選手権開催	1968.11.24～27
世界選手権開催	1969.2.25～3.2
樋口・山下が優勝	1969.11.24～26
ユニバで日本勢の優勝無し	1970.4.2～9
樋口・山下が3連覇	1970.11.27～29

札幌プレ五輪開催	1971.2.7～14	全日本選手権開催	1992.1.12
世界フィギュア開催	1971.2.23～27	アルベールビル冬季五輪開催	1992.2.8～23
3位まで日本が独占	1972.2.26～3.5	伊藤みどりが引退	1992.4.15
世界選手権開催	1972.3.6～11	佐藤が初優勝	1992.10.24
佐藤・渡部が初優勝	1972.11.27～28	小岩井が日本人2人目の優勝	1992.12.5
佐藤・渡部が連覇	1973.11.26～27	外国人選手参加承認	1993.6.3
佐藤・渡部が出場	1974.3.5～9	リレハンメル冬季五輪開催	1994.2.12～27
世界選手権開催	1975.3.4～8	佐藤が優勝	1994.3.26
佐藤が日本人初の銅メダル	1977.3.5	NHK杯開催	1995.12.9
全日本選手権開催	1977.12.21	中学生初の優勝	1996.1.14
世界選手権開催	1978.3.9	佐藤が2位	1997.1.5
全日本選手権開催	1978.12.24	長野五輪開催	1998.2.7～22
渡部が日本人初のメダル	1979.3.17	全日本選手権開催	2000.12.8～10
渡部・五十嵐が優勝	1979.4.14	村主が初優勝	2001.2.10
渡部が優勝	1979.10.27	グランプリファイナル開催	2001.12.15
渡部・五十嵐が優勝	1979.12.23	村主が五輪代表決定	2001.12.23
レークプラシッド冬季五輪開催	1980.2.13～24	日本男子初優勝	2002.3.7
渡部が世界4位	1980.3.15	本田が銅メダル	2002.3.21
NHK杯開催	1980.11.29	恩田が初優勝	2002.11.30
全日本選手権開催	1980.12.21	安藤が女子初の4回転に成功	2002.12.14
五十嵐が世界選手権4位	1981.3.5	全日本選手権開催	2002.12.22
五十嵐がNHK杯2連覇	1981.11.29	日本女子が表彰台独占	2003.2.14
五十嵐が3連覇	1981.12.20	太田が優勝	2003.3.1
伊藤みどり2連覇	1982.10.31	本田が2大会連続銅メダル	2003.3.27
伊藤みどりが3位	1983.12.10	村主が2大会連続の銅メダル	2003.3.29
伊藤みどりが7位入賞	1984.3.21	村主がGPファイナル初優勝	2003.12.14
伊藤みどりが4連覇	1984.11.3	全日本選手権開催	2003.12.27
伊藤みどりがNHK杯優勝	1984.11.25	安藤が初優勝	2004.3.6
全日本選手権開催	1985.1.13	荒川が初優勝	2004.3.27
ベルノ冬季大会開催	1985.2.19	ハリファクスでグランプリシリーズ開催	2004.10.30
世界選手権開催	1985.3.9	荒川が総合初優勝	2004.11.6
伊藤がNHK杯2連覇	1985.11.23	浅田が初優勝	2004.12.4
全日本フィギュア開催	1986.1.12	荒川が総合2位	2004.12.18
世界選手権開催	1987.3.9	安藤が2連覇	2004.12.26
伊藤が6回目の優勝	1987.11.14	村主が2年ぶり優勝	2005.2.19
フィギュアの規定廃止	1988.6.7	浅田・織田がアベック優勝	2005.3.3
ソフィア冬季大会開催	1989.3.6	世界選手権開催	2005.3.19
伊藤が日本初の金メダル	1989.3.18	小塚が初優勝	2005.11.26
全日本フリー選手権開催	1989.11.3	浅田が初優勝	2005.12.17
佐藤が日本選手初の優勝	1989.12.2	村主・高橋が優勝	2005.12.25
全日本選手権開催	1990.1.15		
伊藤みどり連覇ならず2位	1990.3.10	【ボブスレー】	
全日本フィギュア開催	1991.1.13	全日本選手権開催	1970.2.8～15
伊藤みどりが世界選手権総合4位	1991.3.16	札幌プレ五輪開催	1971.2.7～14
伊藤みどり逆転優勝	1991.11.9		

【リュージュ】
札幌プレ五輪開催	1971.2.7～14
札幌冬季五輪開催	1972.2.3～13

【スケルトン】
W杯で越は6位	2001.2.16

【アイスホッケー】
王子製紙が優勝	1966.2.28～3.4
岩倉組が優勝	1967.3.1～7
五輪出場権を獲得	1967.3.18～29
日ソ親善試合は全敗	1968.11.10～19
王子製紙が優勝	1968.12.15
札幌五輪会期決定	1969.6.8
西武鉄道が優勝	1970.12.1
札幌プレ五輪開催	1971.2.7～14
王子製紙が優勝	1973.2.28～3.3
世界選手権で日本6位	1973.3.31～4.15
西武鉄道が優勝	1974.2.24～3.3
世界選手権で日本は4位	1974.3.21～31
国土計画が初優勝	1975.1.19
世界選手権開催	1975.3.14～23
王子製紙が3年ぶりに優勝	1976.1.18
西武鉄道が5回目の優勝	1976.12.12
王子製紙が優勝	1977.1.16
世界選手権開催	1977.3.10～21
国土計画が優勝	1977.12.11
西武鉄道が4年ぶり優勝	1978.1.29
女子サッカー王座決定戦	1978.3.4
西武鉄道が優勝	1979.1.21
西武鉄道が2連覇	1979.2.4
王子製紙が優勝	1979.12.2
西武鉄道が優勝	1980.12.14
王子製紙が20回目の優勝	1981.1.18
日本がCグループへ転落	1981.3.29
王子製紙が5回目の優勝	1981.12.3
王子製紙の連勝止まる	1981.12.30
国体スケートで北海道V17逃す	1982.1.26～29
全日本女子アイスホッケー大会開催	1982.3.10
王子製紙が2連覇	1982.12.11
国土計画が優勝	1985.12.22
3競技のプロ参加承認	1986.2.10
王子製紙が優勝	1986.12.7
世界選手権開催	1987.3.29
王子製紙2連覇	1987.12.13
国土計画が3年ぶり優勝	1988.12.13
国土計画が2年ぶり優勝	1990.1.13
王子製紙が日本リーグ優勝	1990.12.24
国土計画が優勝	1991.12.22
コクドが7回目の優勝	1995.3.26
大学スポーツ界に不祥事	1998.1.20
NHL開幕戦が行われる	1998.10.10
西武鉄道が3年ぶり優勝	2000.4.1
西武鉄道が優勝	2001.1.14
コクドが10回目の優勝	2001.4.5
王子製紙が2年ぶり優勝	2002.1.14
コクドが11回目の優勝	2002.3.26
コクドが4年ぶり優勝	2003.1.14
コクドが3季連続優勝	2003.3.25
コクドが4連覇	2004.2.29
日本リーグ休止	2004.7.8
王子製紙が3年ぶり優勝	2005.2.20
コクドが初優勝	2005.3.27

【カーリング】
長野五輪開催	1998.2.7～22

【バイアスロン】
渋谷が5位入賞	1969.2.28
全日本選手権開催	1970.2.13
札幌プレ五輪開催	1971.2.7～14

【武道】
古武道演武大会開催	1978.2.19
スポーツ・チャンバラ国際大会	1992.12.20

【相撲】
大鵬が12回目の優勝	1964.1.26
大鵬が13回目の優勝	1964.3.22
栃ノ海が3回目の優勝	1964.5.24
富士錦が平幕優勝	1964.7.5
大鵬が14回目の優勝	1964.9.20
部屋別総当り実施へ	1964.9.26
大鵬が連続優勝	1964.11.22
佐田の山が優勝・横綱昇進	1965.1.24
大鵬が優勝	1965.3.21
佐田の山が優勝	1965.5.23
大鵬が17回目の優勝	1965.7.11
大相撲初のソ連興行	1965.7.25～8.10
柏戸が3回目の優勝	1965.9.19
大鵬が優勝	1965.11.21

柏戸優勝・栃光引退	1966.1.30	大鵬が32回目の優勝	1971.1.24
大鵬が19回目の優勝	1966.3.27	玉の海が5回目の優勝	1971.3.28
大鵬が20回目の優勝	1966.5.29	大鵬が引退	1971.5.14
大鵬が21回目の優勝	1966.7.17	北の富士が全勝優勝	1971.5.23
大鵬が22回目の優勝	1966.9.25	玉の海が6回目の優勝	1971.7.18
大鵬優勝・栃ノ海引退	1966.11.27	北の富士が全勝優勝	1971.9.26
野見が全日本連覇	1966.12.4	玉の海が急死	1971.10.11
大鵬が5度目全勝優勝	1967.1.29	大相撲の黒い交際発覚	1971.11.14～28
北の富士が初優勝	1967.3.26	北の富士が連続優勝	1971.11.28
大鵬が25回目の優勝	1967.5.28	「黒い霧」事件処分	1971.12.4
柏戸が5回目の優勝	1967.7.16	公傷制度発表	1971.12.22
大鵬が全勝優勝	1967.9.24	行司30人全員辞表	1971.12.25
佐田の山が5回目の優勝	1967.11.26	栃東が初優勝	1972.1.23
高見山が入幕	1968.1.6	前の山に無気力相撲	1972.3.24
佐田の山が連続優勝	1968.1.28	長谷川が初優勝	1972.3.26
佐田の山が引退	1968.3.14	輪島が初優勝	1972.5.28
麒麟児が初優勝	1968.3.24	高見山が初優勝	1972.7.16
玉乃島が初優勝	1968.5.26	北の富士が全勝優勝	1972.9.24
琴桜が初優勝	1968.7.21	琴桜が3回目の優勝	1972.11.26
大鵬が27回目の優勝	1968.9.29	琴桜が連続優勝	1973.1.21
豊山が引退	1968.9.29	行司は各部屋の所属に	1973.3.18
花田が最年少初入幕	1968.11.2	北の富士が10回目の優勝	1973.3.25
大鵬が全勝で28回目の優勝	1968.11.24	大相撲中国興行	1973.4.5～8
時津風理事長急逝	1968.12.16	輪島が全勝優勝	1973.5.27
大鵬が3場所連続優勝	1969.1.26	琴桜が5回目の優勝	1973.7.15
大鵬45連勝でストップ	1969.3.10	輪島が全勝優勝	1973.9.23
琴桜が2回目の優勝	1969.3.23	輪島が連続優勝	1973.11.25
大相撲ビデオ判定導入	1969.5.13	北の湖が初優勝	1974.1.20
大鵬が30回目の優勝	1969.5.25	武蔵川理事長退任	1974.1.29
大関2場所負け越しで陥落	1969.6.4	輪島が5回目の優勝	1974.3.24
柏戸が引退	1969.7.9	北の湖が2回目の優勝	1974.5.26
清国が初優勝	1969.7.20	琴桜が引退	1974.7.4
大鵬に一代年寄	1969.8.29	北の富士が引退	1974.7.8
玉乃島が2回目の優勝	1969.9.28	輪島が6回目の優勝	1974.7.21
北の富士が2回目の優勝	1969.11.23	北の湖が横綱昇進	1974.7.22
輪島が連覇	1969.11.29～30	輪島が連続優勝	1974.9.22
田中が優勝	1969.12.7	トンガから入門	1974.10.25
輪島が花籠部屋へ	1969.12.7	魁傑が優勝	1974.11.24
北の富士が連続優勝	1970.1.25	北の湖が3回目の優勝	1975.1.26
北・玉が同時横綱昇進	1970.1.26	貴ノ花が悲願の初優勝	1975.3.23
大鵬が31回目の優勝	1970.3.22	北の湖が4回目の優勝	1975.5.25
北の富士が4回目の優勝	1970.5.24	金剛が平幕優勝	1975.7.25
北の富士が連続優勝	1970.7.19	貴ノ花が3場所ぶり優勝	1975.9.28
玉の海が3回目の優勝	1970.9.27	明大が16年ぶり優勝	1975.11.9
玉の海が連続優勝	1970.11.29	三重ノ海が初優勝	1975.11.23
田中が連続優勝	1970.12.12	日大が団体優勝	1976.1.11

北の湖が5回目の優勝	1976.1.25	北の湖が22回目の優勝	1981.5.24
横綱審議会委員長に石井氏	1976.1.26	千代の富士が優勝・綱とり	1981.7.19
輪島が8回目の優勝	1976.3.28	76年ぶり大関不在	1981.8.31
北の湖が6回目の優勝	1976.5.23	琴風が初優勝	1981.9.27
輪島が9回目の優勝	1976.7.18	千代の富士が年間3段階優勝	1981.11.22
魁傑が2回目の優勝	1976.9.26	服部が全日本選手権優勝	1981.12.6
北の湖が7回目の優勝	1976.11.28	北の湖が23回目の優勝	1982.1.24
輪島が10回目の優勝	1977.1.23	藤島部屋創設	1982.2.11
北の湖が全勝優勝	1977.3.27	北の湖が幕内通算700勝	1982.3.15
若三杉が初優勝	1977.5.22	両国に新国技館建設へ	1982.3.27
輪島が3度目の全勝優勝	1977.7.17	千代の富士が4回目の優勝	1982.3.28
北の湖が全勝優勝	1977.9.25	千代の富士が2場所連続優勝	1982.5.23
長岡が2連覇	1977.11.5	朝汐が関脇返り咲き	1982.6.21
輪島が12回目の優勝	1977.11.27	千代の富士が優勝	1982.7.18
長岡がアマ横綱2連覇	1977.12.4	北の湖が通算873勝	1982.9.21
北の湖が全勝優勝	1978.1.22	隆の里が全勝で初優勝	1982.9.26
北の湖が2場所連続優勝	1978.3.26	千代の富士が7回目の優勝	1982.11.28
北の湖が3場所連続優勝	1978.5.21	若島津が幕入り12揚所の大関	
若三杉が横綱昇進	1978.5.24	昇進	1982.12.1
北の湖が4場所連続優勝	1978.7.16	服部が2連覇	1982.12.12
北の湖が5場所連続優勝	1978.9.24	若乃花引退・琴風優勝	1983.1.14
北の湖が年間最多82勝	1978.11.23	千代の富士が優勝	1983.3.9
若乃花が全勝優勝	1978.11.26	北天佑が初優勝・大関昇進	1983.5.22
小笠原が優勝	1978.12.3	隆の里が優勝・横綱昇進	1983.7.17
北の湖が15回目の優勝	1979.1.21	双葉山以来の新横綱全勝優勝	1983.9.25
北の湖が16回目の優勝	1979.3.25	大ノ国が3横綱に土	1983.11.18
若乃花が3回目の優勝	1979.5.20	千代の富士が優勝	1983.11.27
輪島が13回目の優勝	1979.7.15	久島が史上初の高校生アマ横綱	1983.12.11
北の湖が17回目の優勝	1979.9.23	隆の里が4回目の優勝	1984.1.22
三重の海が優勝	1979.11.25	若島津が初優勝	1984.3.25
永岡が優勝	1979.12.2	北の湖が24回目の優勝	1984.5.20
三重ノ海が2場所連続優勝	1980.1.20	若島津が優勝	1984.7.15
初の親子2代大関	1980.1.23	平幕の多賀竜が初優勝	1984.9.23
北の湖が18回目の優勝	1980.3.23	千代の富士が10度目優勝	1984.11.25
北の湖が19度目優勝	1980.5.25	久島が2連覇	1984.12.9
高見山が帰化	1980.6.3	両国国技館完成	1985.1.9
北の湖が3場所連続優勝	1980.7.20	北の湖が引退	1985.1.15
若乃花が4回目の優勝	1980.9.28	千代の富士が全勝優勝	1985.1.27
三重ノ海が引退	1980.11.11	朝潮が初優勝	1985.3.24
輪島が14回目の優勝	1980.11.23	千代の富士が12回目の優勝	1985.5.24
冨田が優勝	1980.12.7	米初の大相撲公演	1985.6.14
高見山が1368回連続出場	1981.1.15	北天佑が優勝	1985.7.21
貴ノ花が大関50場所で引退	1981.1.17	千代の富士が全勝優勝	1985.9.22
千代の富士が初優勝	1981.1.25	久島が2年連続学生横綱	1985.11.2
輪島・増位山が引退	1981.3.10	千代の富士が優勝	1985.11.24
北の湖が21回目の優勝	1981.3.22	花籠親方廃業	1985.12.21
		北尾が大関昇進	1985.12.26

相撲　　　　　競技別索引　　　　日本スポーツ事典

千代の富士が3場所連続優勝	1986.1.26
関脇保志が初優勝	1986.3.23
東関部屋創始	1986.4.23
久島が個人2連覇	1986.5.3
吉田司家が倒産	1986.5.6
千代の富士が16回目優勝	1986.5.25
初のカナダ人力士廃業	1986.7.2
千代の富士が2場所連続優勝	1986.7.20
千代の富士が3場所連続優勝	1986.9.20
初のパリ公演	1986.10.10～12
久島が3連覇	1986.11.1
千代の富士が4場所連続優勝	1986.11.23
久島敗れる	1986.12.7
千代の富士が5場所連続優勝	1987.1.25
北勝海が優勝	1987.3.21
大乃国が全勝で初優勝	1987.5.24
千代の富士が21回目の優勝	1987.7.19
北勝海が優勝	1987.9.27
千代の富士が全勝優勝	1987.11.22
久島が出羽海部屋入門	1987.12.16
双羽黒が暴力・失踪	1987.12.27
旭富士が初優勝	1988.1.24
理事長に二子山	1988.2.1
大乃国が優勝	1988.3.27
物言い3度	1988.5.3
千代の富士が23度目優勝	1988.5.22
千代の富士が24回目優勝	1988.7.17
千代の富士が25回目の優勝	1988.9.25
千代の富士が46連勝	1988.11.19
斉藤が優勝	1988.12.18
北勝海が8場所ぶり優勝	1989.1.23
大関朝潮が引退	1989.3.16
千代の富士が27回目の優勝	1989.3.26
貴花田が最年少幕下優勝	1989.5.19
北勝海が5回目の優勝	1989.5.21
史上初の同部屋横綱対決	1989.7.16
千代の富士が全勝優勝	1989.9.22
貴花田が最年少十両昇進	1989.9.27
林が初優勝	1989.11.4
小錦が初優勝	1989.11.26
成松が初優勝	1989.12.3
森山長官が賜杯担当断念	1990.1.5
千代の富士が30回目の優勝	1990.1.21
北勝海が巴戦制し優勝	1990.3.25
旭富士が優勝	1990.5.27
大相撲サンパウロ公演	1990.6.4
旭富士が2場所連続優勝・横綱昇進	1990.7.22
北勝海が7回目の優勝	1990.9.23
初の外国人学生横綱	1990.11.3
千代の富士が31回目の優勝	1990.11.25
全日本選手権開催	1990.12.2
霧島が最高齢優勝	1991.1.27
北勝海が優勝	1991.3.24
1045勝の千代の富士が引退	1991.5.14
旭富士が4回目の優勝	1991.5.26
貴花田が史上最年少3役	1991.6.24
琴富士が平幕優勝	1991.7.21
「待った」に罰金	1991.8.9
琴錦が平幕優勝	1991.9.22
大相撲ロンドン公演	1991.10.9
小錦が2年ぶり優勝	1991.11.24
全日本選手権開催	1991.12.1
貴花田が初優勝	1992.1.14
小錦が3回目の優勝	1992.3.22
北勝海が引退	1992.5.8
関脇曙が優勝	1992.5.24
スペイン・ドイツ興行	1992.6.11～12
平幕水戸泉が初優勝	1992.7.18
貴花田が優勝	1992.9.27
曙が優勝	1992.11.22
尾曽が初優勝	1992.11.29
曙・貴ノ花が昇進	1993.1.24
二子山部屋が角界最大に	1993.1.29
史上2組目の兄弟優勝	1993.3.28
二子山勢が優勝・3賞独占	1993.5.13
貴ノ花が優勝	1993.5.23
武蔵丸が故郷に錦	1993.6.5～10
智ノ花が入幕	1993.6.21
曙が巴戦制す	1993.7.18
曙が優勝	1993.9.26
曙が3場所連続優勝	1993.11.21
貴ノ花が4場所ぶり優勝	1994.1.23
小錦が帰化	1994.2.1
無双山が最短で三役	1994.2.28
曙が7回目の優勝	1994.3.27
貴ノ花が5回目の優勝	1994.5.22
武蔵丸が初優勝	1994.7.17
地方巡業を自主興行へ	1994.7.22
舞の海が新小結	1994.8.29
貴ノ花が最年少全勝優勝	1994.9.25
貴・若が東西大関	1994.10.24
貴乃花が優勝・横綱昇進	1994.11.20

― 578 ―

吉橋が優勝	1994.11.27	武双山が優勝	2000.1.23
貴乃花が3場所連続優勝	1995.1.22	横綱若乃花が引退	2000.3.16
曙が1年ぶり優勝	1995.3.26	小結魁皇が初優勝	2000.5.21
貴乃花が2場所ぶり優勝	1995.5.21	大鵬が還暦土俵入り	2000.6.6
曙が帰化申請	1995.6.5	曙が19場所ぶり優勝	2000.7.23
貴乃花が10回目の優勝	1995.7.16	武蔵丸が5場所ぶり優勝	2000.9.17
貴乃花が場所連続優勝	1995.9.24	曙が2場所ぶり優勝	2000.11.19
大相撲パリ巡業	1995.10.11	貴乃花が21回目の優勝	2001.1.21
柳川が学生横綱	1995.11.4	曙が引退	2001.1.22
初の兄弟優勝決定戦	1995.11.26	魁皇が2回目の優勝	2001.3.25
全日本選手権開催	1995.12.10	「感動した!」貴乃花優勝	2001.5.27
貴ノ浪が初優勝	1996.1.21	魁皇がカド番で優勝	2001.7.21
武蔵丸が帰化	1996.1.22	琴光喜が平幕優勝	2001.9.23
貴乃花が12回目の優勝	1996.3.24	武蔵丸が9回目の優勝	2001.11.24
曙が帰化	1996.4.22	栃東が大関昇進	2001.11.27
八百長報道を告訴	1996.5.22	栃東が初優勝	2002.1.27
貴乃花が13回目の優勝	1996.5.26	北の湖理事長選出	2002.2.1
貴乃花が14回目の優勝	1996.7.21	武蔵丸が10回目の優勝	2002.3.23
年寄名跡売買問題で処分	1996.9.6	武蔵丸が2場所連続優勝	2002.5.25
貴乃花が全勝で15回目の優勝	1996.9.22	貴乃花が7場所連続休場	2002.7.4
武蔵丸が2回目の優勝	1996.11.24	千代大海が4回目の優勝	2002.7.21
若乃花が優勝	1997.1.25	朝青龍が大関昇進	2002.7.24
貴乃花が16回目の優勝	1997.3.23	武蔵丸が12回目の優勝	2002.9.22
満員御礼途切れる	1997.5.12	貴乃花が九州場所休場	2002.11.8
曙が優勝	1997.5.25	朝青龍が初優勝	2002.11.22
親子三役2組誕生	1997.6.23	貴乃花が引退	2003.1.20
貴乃花が17回目の優勝	1997.7.20	朝青龍が連続優勝・横綱昇進	2003.1.26
優勝決定戦も番付反映	1997.9.4	千代大海が4場所ぶり優勝	2003.3.23
貴乃花が18回目の優勝	1997.9.21	安芸乃島が引退	2003.5.24
五輪種目に相撲申請へ	1997.10.22	朝青龍が3回目の優勝	2003.5.25
貴ノ浪が2回目の優勝	1997.11.22	魁皇が12場所ぶり優勝	2003.7.20
武蔵丸が優勝	1998.1.25	朝青龍が4回目の優勝	2003.9.21
若乃花が優勝	1998.3.22	公傷制度を廃止	2003.9.25
若乃花が優勝・横綱昇進	1998.5.24	曙が格闘家としてK-1参戦	2003.11.6
日本相撲協会が申告漏れ	1998.6.16	武蔵丸が引退	2003.11.15
貴乃花が5場所ぶり優勝	1998.7.19	栃東が11場所ぶり優勝	2003.11.23
貴乃花が優勝	1998.9.27	朝青龍が2場所ぶり優勝	2004.1.24
式守伊之助が骨折でも2番裁く	1998.11.13	朝青龍が2場所連続全勝優勝	2004.3.28
琴錦が史上初の平幕優勝2度	1998.11.21	貴ノ浪が引退	2004.5.11
千代大海が優勝・5年ぶり新大関	1999.1.24	朝青龍が3場所連続優勝	2004.5.23
3横綱1大関1関脇休場で陳謝	1999.3.12	朝青龍が4場所連続優勝	2004.7.18
武蔵丸が4回目の優勝	1999.3.28	魁皇が5回目の優勝	2004.9.26
武蔵丸が優勝・横綱昇進	1999.5.24	稀勢の里が入幕	2004.11.1
関脇出島が優勝・大関昇進	1999.7.18	武双山が引退	2004.11.17
横綱若乃花が負け越し	1999.9.26	朝青龍が優勝	2004.11.28
舞の海が引退を表明	1999.11.21	朝青龍が2場所連続優勝	2005.1.21

栃東が大関返り咲き	2005.1.22	山下が2冠	1978.11.26
朝青龍が3場所連続優勝	2005.3.27	フランス国際で山下優勝	1979.1.14
朝青龍が4場所連続優勝	2005.5.22	山下が史上初3連覇	1979.4.29
朝青龍が5場所連続優勝	2005.7.24	川村が初優勝	1979.7.27
朝青龍が6場所連続優勝	2005.9.25	山下が優勝	1979.9.30
朝青龍が史上初の7連覇	2005.11.27	初の日本人会長	1979.12.5
琴欧州が大関昇進	2005.11.30	4階級で日本金メダル	1979.12.9
		藤猪に日本スポーツ賞	1979.12.22
【柔道】		山口がホノルルで3位	1980.2.17
モスクワ国際柔道開催	1964.3.4	山下が最多優勝	1980.4.29
神永昭夫が3回目の優勝	1964.4.26	山下が骨折	1980.5.25
明大が学生柔道4連覇	1964.6.20	全日本女子開催	1980.9.21
柔剣道の高校職員に検定へ	1964.6月	第1回世界女子柔道	1980.11.29
アジア初・東京五輪開催	1964.10.10~24	山下が全日本5連覇	1981.4.29
三船十段死去	1965.1.27	山口・笹原が全日本4連覇	1981.5.24
坂口が全日本優勝	1965.5.1~2	全盲の講道館五段誕生	1981.5月
嘉納会長再選を拒否	1965.10.12	国際柔道連盟が段位認定へ	1981.9.1
世界柔道選手権開催	1965.10.15	山下が世界選手権初の2冠	1981.9.3
世界学生柔道で日本が優勝	1966.6.23	山下が史上初の6連覇	1982.4.29
初の体重別選手権開催	1966.8.28	正力松太郎杯開催	1982.6.5~6
岡野が初優勝	1967.4.29~30	世界学生柔道選手権で日本が優勝	1982.8.7
全階級制覇ならず	1967.8.9~12	全日本柔道選手権開催	1982.9.12
ユニバ東京大会開催	1967.8.27~9.4	山下が5回目の優勝	1982.9.19
松阪が初優勝	1968.4.28~29	山下が無差別級2連覇	1982.11.13
体重別柔道開催	1969.8.10	世界女子柔道で金メダルならず	1982.12.5
世界選手権開催	1969.10.23~26	日本が7種目で金メダル	1983.1.6
体重別柔道大会開催	1970.8.9	山下が7連覇	1983.4.29
体重別柔道開催	1971.7.11	山口が6連覇	1983.9.11
関根が優勝	1972.4.29	山下が95kg超級初の3連覇	1983.10.13
体重別柔道開催	1972.7.2	第1回福岡国際開催	1983.12.10~11
ミュンヘン五輪開催	1972.8.26~9.11	日本が個人戦5種目制覇	1984.1.7
上村が初優勝	1973.4.29	山下が8連覇	1984.4.29
世界選手権全階級制覇	1973.6.22~24	ロサンゼルス五輪開催	1984.7.28~8.12
佐藤が全日本選手権優勝	1974.5.5	山口が52kg級7連覇	1984.9.9
上村が2年ぶり優勝	1975.4.29	山下に国民栄誉賞	1984.9.28
全日本学生柔道選手権開催	1975.11.1	山口が世界選手権初優勝	1984.11.11
遠藤が初優勝	1976.4.29	世界学生柔道選手権開催	1984.12.8
中央大が10年ぶり優勝	1976.6.13	日本が正力松太郎杯優勝	1985.1.12
モントリオール五輪開催	1976.7.17~8.1	山下が9連覇203連勝	1985.4.29
山下が史上最年少で優勝	1977.4.29	山下が現役引退発表	1985.6.17
山下が95kg超級優勝	1977.7.3	神戸ユニバ開催	1985.8.24~9.4
山下が2階級で優勝	1978.2.9	山口が52kg級8連覇	1985.9.8
山下が2連覇	1978.4.29	世界柔道選手権開催	1985.9.26~29
山下が戦後最年少五段	1978.7.13	福岡国際開催	1985.12.7
中学2年の山口が優勝	1978.7.28	日本スポーツ賞授賞	1985.12.21
無差別級で山下が優勝	1978.11.1	正力松太郎杯で日本2位	1986.1.11

八戸が初優勝	1986.3.2	嘉納杯開催	1992.11.28～29
正木が全日本初優勝	1986.4.29	福岡国際開催	1992.12.13
全日本大学柔道開催	1986.6.15	田辺が引退	1993.1.13
全日本選手権開催	1986.7.13	田村がフランスで優勝	1993.2.14
山口が9連覇	1986.9.7	16歳阿武が初優勝	1993.4.18
福岡国際開催	1986.12.13～14	小川が5連覇	1993.4.29
正力松太郎杯で日本2連敗	1987.1.10～11	古賀にJOCスポーツ賞	1993.5.26
江崎が48kg級優勝	1987.4.5	カラー柔道着導入否決	1993.9.27
田辺が初優勝	1987.4.19	田村が世界選手権優勝	1993.10.3
正木が無差別級連覇	1987.4.29	田村が福岡国際4連覇	1993.12.12
全日本で東海大が優勝	1987.6.28	カラー柔道着導入せず	1994.1.15
山口が10連覇	1987.9.6	阿武が2連覇	1994.4.17
小川が史上初の10代王者	1987.11.19～22	小川6連覇ならず	1994.4.29
日本スポーツ賞に柔道の小川	1987.12.19	田村が全4試合一本勝ち	1994.5.15
正力松太郎杯で日本3連敗	1988.1.9～10	東京が2年連続優勝	1994.6.19
田辺が連覇	1988.4.17	金鷲旗高校柔道開催	1994.7.23～24
斉藤が悲願の初優勝	1988.4.29	田村が福岡国際5連覇	1994.12.10
天理大が日本一	1988.6.26	阿武が3連覇	1995.4.16
ソウル五輪開催	1988.9.17～10.2	小川が6回目の優勝	1995.4.29
福岡国際開催	1988.12.10～11	女子体重別選手権開催	1995.5.14
斉藤五段が引退	1989.3.24	埼玉が初優勝	1995.6.18
田辺が3連覇	1989.4.16	ユニバ福岡大会開催	1995.8.23～9.3
小川が全日本初優勝	1989.4.29	世界選手権開催	1995.9.29
東海大が9回目の優勝	1989.6.25	女子体重別選手権開催	1995.10.29
江崎が山口を破り優勝	1989.7.9	福岡国際開催	1995.12.9
小川が95kg超級優勝	1989.7.16	田村が6連覇80連勝	1996.3.31
世界柔道選手権開催	1989.10.10～15	中村兄弟五輪へ	1996.4.7
全日本学生柔道開催	1989.11.12	阿武が4連覇	1996.4.14
福岡国際女子柔道開催	1989.12.9～10	かにばさみ禁止	1996.4.28
田辺が4連覇	1990.4.22	小川が7回目の優勝	1996.4.29
小川が柔道選手権2連覇	1990.4.29	アトランタ五輪開催	1996.7.19～8.4
東海大が全日本学生柔道優勝	1990.6.24	福岡国際で田村が7連覇	1996.12.8
体重別選手権開催	1990.7.15	W杯で日本は3位	1997.1.19
北京でアジア大会	1990.9.22～10.7	小川がプロレス入り	1997.3.7
嘉納杯国際大会開催	1990.12.2	形の大会新設	1997.6.24
福岡国際で田村が史上最年少優勝	1990.12.9	カラー柔道着導入決定	1997.10.6
田辺が5連覇	1991.4.14	日本が金4個獲得	1997.10.9
小川が3連覇	1991.4.29	田村が福岡国際8連覇	1997.12.14
明大が19年ぶり優勝	1991.6.30	田村が8連覇	1998.5.3
小川が史上初3連覇	1991.7.28	バンコクで4回目のアジア大会	1998.12.6～20
田村が48kg級2連覇	1991.12.8	田村が107連勝9連覇	1999.5.2
田辺が全日本6連覇	1992.4.19	田村が世界柔道4連覇	1999.10.10
小川が4連覇	1992.4.29	田村が福岡国際10連覇を達成	1999.12.12
女子体重別選手権開催	1992.5.10	田村が48kg級優勝	2000.4.9
小川が史上初3連覇	1992.7.8	シドニー五輪開催	2000.9.15～10.1
バルセロナ五輪開催	1992.7.25～8.9	田村に総理大臣顕彰	2000.11.6

剣道　　　競技別索引　　　日本スポーツ事典

田村が福岡国際11連覇	2000.12.10
国士舘が2連覇	2001.3.20
体重別選手権開催	2001.4.1
田村が前人未到11連覇	2001.4.8
薪谷が初優勝	2001.4.22
井上が初優勝	2001.4.29
世界選手権開催	2001.7.26～29
福岡国際開催	2001.12.8～9
国士舘が3年連続優勝	2002.3.21
体重別選手権開催	2002.4.7
田村65連勝でストップ	2002.4.14
塚田が初優勝	2002.4.21
井上が2連覇	2002.4.29
福岡国際開催	2002.12.8
世田谷学園が6年ぶり優勝	2003.3.21
井上40連勝でストップ	2003.4.6
井上が3連覇	2003.4.29
世界選手権開催	2003.9.11～14
福岡国際女子選手権開催	2003.12.13～14
日本勢が5階級制覇	2004.2.7～8
国士舘が2年ぶり優勝	2004.3.20
井上が3年ぶり優勝	2004.4.4
谷が2連覇	2004.4.11
塚田が優勝	2004.4.18
鈴木が初優勝	2004.4.29
7階級ともアテネ五輪出場	2004.5.16
アテネ五輪開催	2004.8.13～29
井上が優勝	2005.1.9
桐蔭学園が初優勝	2005.3.20
内柴が優勝	2005.4.3
谷が3連覇	2005.4.10
塚田が4連覇	2005.4.17
鈴木が2連覇	2005.4.29
世界選手権開催	2005.9.8～11
日本勢が史上初の全階級制覇	2005.12.10～11

【剣道】

柔剣道の高校職員に検定へ	1964.6月
千葉が優勝	1966.12.4
堀田が優勝	1967.12.3
国士舘が2年ぶり優勝	1968.11.10
山崎が優勝	1968.12.1
第1回世界選手権開催	1969.4.4
千葉が優勝	1969.12.7
国際剣道連盟発足	1970.4.4
第1回世界選手権開催	1970.4.5,10
中村が優勝	1970.12.6
千葉が3回目の優勝	1972.12.3
世界選手権で日本優勝	1973.4.8
山田が優勝	1973.12.2
横尾が初優勝	1974.12.8
右田が優勝	1976.12.5
明治村剣道大会開催	1977.3.27
小川が優勝	1977.12.11
石橋が優勝	1978.12.10
山田が優勝	1979.8.4
末野が初優勝	1979.12.9
矢野が優勝	1980.5.3
栃の葉国体開催	1980.10.13～17
外山が優勝	1980.12.7
中田が優勝	1981.12.6
福之上が初の高校生優勝	1982.5.3
世界剣道選手権開催	1982.7.31
石田六段が初優勝	1982.11.3
森田が2年ぶり優勝	1983.5.3
婦人剣道大会開催	1984.8.21
日本が世界選手権6連覇	1985.4.13
全日本剣道選手権開催	1985.11.3
岩堀が優勝	1986.11.3
高校生が優勝	1987.5.31
西川が初優勝	1987.11.3
溝口が初出場初優勝	1988.5.2
林が初優勝	1988.11.3
全日本女子で倉地が優勝	1989.5.4
西川が2年ぶり優勝	1989.11.3
12年ぶり初出場初優勝	1990.11.3
宮崎が史上初の連覇	1991.11.3
初の剣道兄弟対決	1992.11.3
石田が連覇	1994.9.11
西川が優勝	1994.11.3
石田が2回目の優勝	1995.11.3
国士舘大学剣道部が解散	1999.10.22
岩佐が初優勝	2001.11.3
安藤が初優勝	2002.11.3
近本が初優勝	2003.11.3
原田が初優勝	2005.11.3

【空手】

日本が世界選手権優勝	1970.10.10,13
国体夏季大会開催	1981.9.13～16
びわこ国体開催	1981.10.13～18

広島でアジア大会　　　　　　1994.10.2～16
バンコクで4回目のアジア大
　会　　　　　　　　　　　　1998.12.6～20

【テコンドー】
シドニー五輪開催　　　　　　2000.9.15～10.1
岡本がアテネ五輪代表に　　　2004.4.5

【なぎなた】
連盟が体協加盟　　　　　　　1978.6.28

【弓道】
今村が接戦を制し優勝　　　　1969.10.4～5
全日本選手権開催　　　　　　1970.7.4～5
全日本選手権開催　　　　　　1971.5.2～4
伊勢神宮で弓道選手権
桜井・榊原が優勝　　　　　　1972.10.8～10
　　　　　　　　　　　　　　1974.5.2
全日本弓道大会開催　　　　　1974.5.3～4
鈴木が選手権優勝　　　　　　1974.10.8～10
弓道選手権開催　　　　　　　1975.5.1～2

【アーチェリー】
6種目で日本新　　　　　　　1970.11.3～4
中本が世界新　　　　　　　　1971.5.29
ミュンヘン五輪開催　　　　　1972.8.26～9.11
広瀬・福田が優勝　　　　　　1974.11.3～4
モントリオール五輪開催　　　1976.7.17～8.1
亀井が2位　　　　　　　　　1977.2.9～12
河淵が優勝　　　　　　　　　1978.9.17
ロサンゼルス五輪開催　　　　1984.7.28～8.12
石津が日本人初優勝　　　　　1985.8.10
全米選手権で児玉が優勝　　　1986.8.8
山本が世界新記録　　　　　　1990.5.13
アテネ五輪開催　　　　　　　2004.8.13～29
守屋が銀メダル　　　　　　　2005.6.25

【フェンシング】
全日本選手権開催　　　　　　1969.11.20～22
全日本選手権開催　　　　　　1971.3.18～21
全日本選手権開催　　　　　　1972.3.27～30

【格闘技】
キックボクシング登場　　　　1966.4.11
キックボクシングを初放映　　1968.3月
アリvs猪木は引き分け　　　　1976.6.26
藤原が初代外国人王者　　　　1978.3.18

「K-1」初開催　　　　　　　1993.4.30
PRIDE初興行　　　　　　　　1997.10.11
小笠原がムエタイ王者　　　　2000.12.3
武田がムエタイ王者　　　　　2001.1.21
魔裟斗がチャンピオン　　　　2003.7.5
曙vsボブ・サップが紅白に勝
　つ　　　　　　　　　　　　2003.12.31
大晦日恒例格闘技　　　　　　2004.12.31
五味が初代ライト級王者　　　2005.12.31

【ボクシング】
海老原が王座失う　　　　　　1964.1.23
アジア初・東京五輪開催　　　1964.10.10～24
原田がバンタム級王座　　　　1965.5.18
桜井がプロ初戦勝利　　　　　1965.6.3
ムサシ中野が8連続KO勝ち　　1966.11.13
藤猛が世界王座　　　　　　　1967.4.30
沼田が世界王座　　　　　　　1967.6.15
小林が世界王座　　　　　　　1967.12.14
原田が王座失う　　　　　　　1968.2.27
西城がフェザー級王座　　　　1968.9.27
メキシコ五輪開催　　　　　　1968.10.12～27
藤猛が王座失う　　　　　　　1968.12.12
海老原がフライ級復活　　　　1969.3.30
海老原が防衛失敗　　　　　　1969.10.19
ファイティング原田引退　　　1970.1.6
沼田が世界王座　　　　　　　1970.4.5
大場がフライ級王座　　　　　1970.10.22
柴田がフェザー級王者　　　　1970.12.11
小林が防衛失敗　　　　　　　1971.7.29
輪島が世界王座　　　　　　　1971.10.31
柴田が2度目の王座獲得　　　1973.3.12
日本初のヘビー級戦　　　　　1973.9.1
柴田が王座失う　　　　　　　1973.10.17
柴田が3度目王座獲得　　　　1974.2.28
ガッツ石松が世界王座　　　　1974.4.11
輪島が王座失う　　　　　　　1974.6.4
小熊がフライ級王座　　　　　1974.10.1
花形がフライ級王座　　　　　1974.10.18
小熊が防衛失敗　　　　　　　1975.1.8
輪島が王座奪回　　　　　　　1975.1.21
輪島が3度目の王座　　　　　1975.2.17
花形が王座失う　　　　　　　1975.4.1
輪島が王座失う　　　　　　　1975.6.7
柴田が王座失う　　　　　　　1975.7.5
輪島が王座奪回　　　　　　　1976.2.17

| ボクシング | 競技別索引 | | 日本スポーツ事典 |

ガッツ石松が防衛失敗	1976.5.8	大橋が防衛失敗	1990.10.25
輪島が防衛失敗	1976.5.18	畑中が世界王座	1991.2.3
ロイヤル小林が世界王座	1976.10.9	レパード玉熊が王座失う	1991.3.14
具志堅が世界王座	1976.10.10	畑中が王座失う	1991.6.14
ロイヤル小林が王座失う	1976.11.24	辰吉が王座奪取	1991.9.19
ボクシング保険が発足	1977.1.3	井岡が2階級制覇	1991.12.17
工藤が世界王座	1978.8.9	鬼塚・平仲が王座獲得	1992.4.10
工藤が世界王座	1978.8.9	旧ソ連出身初の王者	1992.6.23
工藤が防衛失敗	1979.10.24	平仲が初防衛失敗	1992.9.9
工藤が4度目防衛失敗	1979.10.28	辰吉が防衛失敗	1992.9.17
初のジュニア選手権開催	1979.12.10～16	大橋が王座奪還	1992.10.14
中島が世界王座	1980.1.3	井岡が王座失う	1992.11.18
磯部が最年長新人王	1980.2.22	大橋が初防衛失敗	1993.2.10
中島は王座失う	1980.3.24	井岡3階級制覇ならず	1993.6.21
大熊が王座奪回	1980.5.18	辰吉が暫定王者	1993.7.22
上原が世界王座	1980.8.2	ナザロフがライト級王座	1993.10.30
具志堅14度目で防衛失敗	1981.3.8	薬師寺が王座奪取	1993.12.23
上原が防衛失敗	1981.4.9	辰吉がアメリカで試合へ	1994.1.21
日本が無冠に	1981.5.12	日本人唯一のヘビー級	1994.3.17
世界戦初の日本人審判	1981.6.25	川島が世界王座	1994.5.4
三原が世界王座	1981.11.7	鬼塚6度目で防衛失敗	1994.9.18
渡嘉敷が世界王座	1981.12.16	日本王座連続防衛新記録	1995.3.13
三原正が初防衛失敗	1982.2.2	薬師寺が防衛失敗	1995.7.30
金平協栄ジム会長を永久追放	1982.3.29	ルイシト小泉が2階級制覇	1995.12.11
渡辺が世界王座	1982.4.8	竹原がミドル級王者	1995.12.19
友利が世界王座	1982.4.13	山口がジュニア・フライ級王座	1996.5.21
渡嘉敷が王座失う	1983.7.10	竹原が初防衛失敗	1996.6.24
小林がフライ級王座	1984.1.18	山口が防衛失敗	1996.12.3
渡辺がWBC王座獲得	1984.7.5	川島が防衛失敗	1997.2.20
赤井が現役引退	1985.2.5	辰吉2階級制覇ならず	1997.4.14
CT検査異常で引退勧告	1985.11.3	辰吉が王座奪還	1997.11.22
小野が初代日本王者	1986.2.10	飯田が世界王座	1997.12.23
渡辺が防衛失敗	1986.3.30	畑山が世界王座	1998.9.5
デビュー戦で死亡	1986.5.9	飯田が防衛失敗	1998.12.23
浜田が新王座	1986.7.24	辰吉が防衛失敗	1998.12.29
六車がバンタム級王座	1987.3.29	畑山が防衛失敗	1999.6.27
六車が初防衛失敗	1987.5.24	戸高が世界王座	1999.7.31
浜田が防衛失敗	1987.7.22	畑山が2階級制覇	2000.6.11
井岡がストロー級初代王者	1987.10.18	徳山が世界王座	2000.8.27
井岡が初防衛	1988.1.31	戸高が王座失う	2000.10.9
東京でヘビー級タイトル戦	1988.3.21	星野が最高齢記録で初王座	2000.12.6
ソウル五輪開催	1988.9.17～10.2	セレス小林が世界王座	2001.3.11
井岡が防衛失敗	1988.11.13	星野が初防衛に失敗	2001.4.16
大橋がストロー級王者	1990.2.7	畑山が防衛失敗	2001.7.1
東京でタイソン王座陥落	1990.2.11	新井田がミニマム級王座	2001.8.25
レパード玉熊が世界王座	1990.7.29	新井田が無敗で引退	2001.10.19

— 584 —

星野がミニマム級王座	2002.1.29	ソウル五輪開催	1988.9.17〜10.2
佐藤が世界王座	2002.5.18	世界選手権開催	1990.9.6〜9
佐藤が防衛失敗	2002.10.9	女子世界選手権開催	1991.8.25
辰吉がノンタイトル戦で復帰	2002.12.15	バルセロナ五輪開催	1992.7.25〜8.9
戸高が王座返り咲き	2003.10.4	山本ら4人が優勝	1994.8.7
イーグル赤倉が世界王座	2004.1.10	森山が13年連続優勝	1994.12.23
川嶋が世界王座	2004.6.28	アトランタ五輪開催	1996.7.19〜8.4
新井田が王座奪回	2004.7.3	浜口が75kg級2連覇	1998.10.10
高山が世界王座	2005.4.4	浜口が3連覇達成	1999.9.12
長谷川が世界王座	2005.4.16	シドニー五輪開催	2000.9.15〜10.1
徳山が王座奪回	2005.7.18	日本が国別対抗戦初王座	2001.11.4
イーグル京和が王座奪回	2005.8.6	世界選手権開催	2001.11.25
亀田が東洋太平洋王座獲得	2005.8.21	全日本選手権開催	2001.12.23
		世界女子選手権開催	2002.11.4
【レスリング】		全日本選手権開催	2002.12.23
アジア初・東京五輪開催	1964.10.10〜24	世界フリースタイル選手権開催	2003.9.14
アマレス世界選手権開催	1965.6.3	浜口3連覇はならず	2003.10.12
金子が世界選手権初優勝	1966.6.18	全日本選手権開催	2003.12.23
メキシコ五輪開催	1968.10.12〜27	伊調姉妹がアテネ五輪代表に	2004.4.13
田中と森田が優勝	1969.3.3〜11	アテネ五輪開催	2004.8.13〜29
全日本選手権開催	1970.2.27〜3.1	日本が全勝優勝	2004.10.9
全日本選手権開催	1970.11.1〜3	全日本選手権開催	2004.12.23
5階級で連続優勝	1972.6.29〜7.2	世界選手権開催	2005.9.26
杉山・田上が3連覇	1972.7.5〜7	全日本選手権開催	2005.12.21〜23
ミュンヘン五輪開催	1972.8.26〜9.11		
和田・磯貝が連覇	1973.8.9〜12	【プロレスリング】	
全日本選手権開催	1974.6.28〜30	元横綱輪島がプロレス入り	1986.4.13
日本選手権開催	1975.6.5〜8	初のカナダ人力士廃業	1986.7.2
モントリオール五輪開催	1976.7.17〜8.1	北尾がプロレスデビュー	1990.2.4
全日本アマ選手権開催	1977.6.3〜5	小川がプロレス入り	1997.3.7
グレコローマン大会開幕	1977.10.14	試合中の事故で死亡	1997.8.16
52kg級で高田が優勝	1977.10.23	全日本女子プロレス倒産	1997.10.21
高田が6連覇	1978.7.7〜9	猪木が引退	1998.4.4
57kg級で富山が優勝	1978.8.27	ジャイアント馬場逝く	1999.1.31
高田が7連覇	1979.6.24	ジャンボ鶴田引退	1999.2.20
世界選手権開催	1979.8.28	橋本が急死	2005.7.11
富山が優勝	1980.12.13〜14		
世界選手権で朝倉が優勝	1981.9.14	【重量挙げ】	
レスリングで日本不振	1982.8.11〜14	三宅がフェザー級優勝	1965.10.28
日本人13年ぶりの優勝	1983.9.24	大内がミドル級世界新記録	1965.11.21
ロサンゼルス五輪開催	1984.7.28〜8.12	新興国大会に不参加	1966.3.9
アマレスもプロ参加容認	1986.5.20	世界選手権開催	1966.10.15〜21
優勝に功労金	1986.6.6	国体秋季大会開催	1966.10.25
谷津がプロ初優勝	1986.6.29	大内が世界新	1967.6.18
全日本レスリング開催	1987.7.5	メキシコ五輪開催	1968.10.12〜27
世界選手権開催	1987.8.28	三宅弟が初優勝	1969.9.22〜25

長崎国体開催	1969.10.26～31
三宅アマ違反で注意	1970.6.30
堀越が日本新	1970.7.3～5
世界選手権開催	1970.9.12～20
ライト級で日本新	1971.7.24～25
加藤と後藤が日本新	1972.6.2～4
堀越が日本新	1973.8.6～8
三木が世界新記録	1976.4.17
因幡が世界新記録	1976.6.13
モントリオール五輪開催	1976.7.17～8.1
安藤が日本新	1977.6.11～12
56kg級で細谷が優勝	1977.9.18
平井が日本新記録	1978.6.24
佐藤が日本新記録	1978.7.9
世界選手権開催	1978.10.4～8
因幡が5連覇	1978.11.2
福田・大川が日本新	1980.9.7
重量挙げで日本は3位	1981.8.19
砂岡が日本新記録	1982.10.7
砂岡が4連覇	1983.7.12
全日本重量挙げ開催	1986.6.1
ソウルでアジア大会	1986.9.20～10.5
砂岡が日本新記録	1988.6.22
三宅が初優勝	1997.6.28
三宅兄妹が優勝	2004.5.8

【自転車】

全日本選手権開催	1967.6.30～7.2
中野が世界で初優勝	1977.8.31
中野が世界2連覇	1978.8.21
中野が3年連続優勝	1979.9.2
中野が4連覇	1980.9.7
中野が賞金総額1億円	1980.12.8
中野が世界選手権5連覇	1981.9.5
国際サイクルロードレース開催	1982.5.9
全日本アマチュア自転車競技選手権開催	1982.6.6
中野が6連覇	1982.8.29
中野3連覇ならず	1982.11.23
中野が史上初の7連覇	1983.8.28
ロサンゼルス五輪開催	1984.7.28～8.12
中野が8連覇	1984.8.31
中野が9連覇	1985.8.24
競輪グランプリ開催	1985.12.30
中野が10連覇	1986.9.1
日本人が11連覇	1987.8.26
橋本が日本新記録	1988.6.11
世界選手権開催	1990.8.20
中野が引退	1992.6.8
橋本が自転車五輪代表	1992.6.14
バルセロナ五輪開催	1992.7.25～8.9
アマ・プロ混成チーム	1993.4.16
広島でアジア大会	1994.10.2～16
橋本が7度目五輪代表	1996.5.12
アトランタ五輪開催	1996.7.19～8.4
バンコクで4回目のアジア大会	1998.12.6～20
神山に薬物違反発覚	1999.7.9
アテネ五輪開催	2004.8.13～29

【自動車】

日産ブルーバードが1位	1966.4.11
日本初の長距離耐久レース	1967.4.8
JAFグランプリ開催	1969.5.2
鈴木が富士200マイル連覇	1970.11.23
高原敬武が3連勝	1975.3.23
高橋国光が2回目の優勝	1975.11.23
富士で生沢が優勝	1976.9.5
富士グラン・チャンピオンシリーズ開催	1983.10.23
ロードレースで鈴木3位	1984.5.13
中嶋が2冠	1984.11.4
国際サイクル・ロードレース開催	1986.5.18
ルマン24時間開催	1987.6.14
大石が総合優勝	1990.5.27
世界選手権シリーズ第1戦	1991.4.12
日本車がルマン初優勝	1991.6.23
小河が激突死	1992.5.24
マツダがル・マン参加休止	1992.10.26
ドリーム号が優勝	1993.11.11
安藤が総合初優勝	1994.5.22
トヨタがルマンで2位	1994.6.19
柿木が総合3位に	1995.5.21
篠塚が日本人初優勝	1997.1.19
ルマン24時間で日産が3位	1998.6.7
パリ・ダカールで増岡2位	2001.1.21
増岡が総合優勝	2002.1.13
増岡が2年連続優勝	2003.1.19

【F1】

富士スピードウェイ開催	1976.10.24
鈴鹿で初のF1レース	1976.10.25

ホンダ車が優勝	1984.7.8
中嶋がF1ドライバー	1986(この年)
中嶋が6位	1987.5.3
中嶋が4位	1987.7.12
日本グランプリ開催	1987.11.1
ホンダ車がコンストラクターズ	1988.8.28
日本グランプリ開催	1988.10.30
鈴木が日本グランプリ3位	1990.10.21
中嶋・鈴木が5・6位	1991.3.10
F1日本グランプリ開催	1991.10.20
本田がF1世界選手権撤退	1992.7.18
F1日本グランプリ開催	1992.10.25
プロストが引退	1993.9.24
F1日本グランプリ開催	1993.10.24
ホンダがル・マン参戦	1994.1.14
日本人がルマン初優勝	1995.6.18
F1日本グランプリ開催	1995.10.22
F1日本グランプリ開催	1996.10.13
F1日本グランプリ開催	1999.10.31
トヨタがF1参戦	2000.6.30
F1日本グランプリでシューマッハーが優勝	2000.10.8
佐藤が5位初入賞	2002.10.13
佐藤が3位入賞	2004.6.20
日本グランプリ開催	2004.10.10
トヨタが2位	2005.3.20

【オートバイ】

50ccバイクでサハラ横断	1987.3.30
オートバイで北極点到達	1987.4.20
平が世界選手権5位	1988.3.27
オートバイで両極点走破	1992.1.3
藤波が総合優勝	2004.9.5
玉田が優勝	2004.9.19

【射撃】

アジア選手権開催	1967.7.21～23
アマ規程違反で初の除名処分	1970.11.18
"黒い霧"事件で処分	1971.7月
日本がクレー射撃優勝	1973.4.8～11
初のアジアクレー射撃選手権開催	1981.5.17～19
射撃に功労金制度	1983.11.19
ロサンゼルス五輪開催	1984.7.28～8.12
ソウル五輪開催	1988.9.17～10.2
バルセロナ五輪開催	1992.7.25～8.9

【馬術】

浅野が連続優勝	1970.10.24
ソウル五輪最年長代表	1988.6.5
広島でアジア大会	1994.10.2～16

【競馬】

ハヤトーに薬物投与	1964.3.14
シンザン初の五冠馬	1965.12.26
ハクズイコウが天皇賞制覇	1966.4.29
テイトオーが日本ダービー制覇	1966.5.29
コレヒデが有馬記念制覇	1966.12.25
スピードシンボリが天皇賞制覇	1967.4.29
アサデンコウが日本ダービー制覇	1967.5.14
ヒカルタカイが天皇賞制覇	1968.4.29
マーチスがさつき賞制覇	1968.5.19
タニノハローモアが日本ダービー制覇	1968.7.7
アサカオーが菊花賞制覇	1968.11.17
ニットエイトが天皇賞	1968.11.23
リュウズキが有馬記念制す	1968.12.22
ワイルドモアがさつき賞制覇	1969.4.20
タケシバオーが天皇賞制覇	1969.4.29
ダイシンボルガードが日本ダービー制覇	1969.5.25
アカネテンリュウが菊花賞制覇	1969.11.16
メジロタイヨウが天皇賞制覇	1969.11.30
スピードシンボリが有馬記念制覇	1969.12.21
タニノムーティエがさつき賞制覇	1970.4.12
リキエイカンが天皇賞制覇	1970.4.29
タニノムーティエがダービー勝利	1970.5.24
ダテテンリュウが勝利	1970.11.15
メジロアサマが天皇賞	1970.11.29
スピードシンボリが有馬記念連覇	1970.12.20
メジロムサシが天皇賞	1971.4.29
ヒカルイマイがさつき賞制覇	1971.5.2
ヒカルイマイがダービー制覇	1971.6.13
ニホンピロムーテーが菊花賞	1971.11.14
トウメイが天皇賞制覇	1971.11.28
トウメイが有馬記念制覇	1971.12.19
ベルワイドが天皇賞制覇	1972.5.7
ランドプリンスさつき賞制覇	1972.5.28
ロングエースが日本ダービー制す	1972.7.9

イシノヒカルが菊花賞制覇	1972.11.12
ヤマニンウェーブが天皇賞	1972.11.26
イシノヒカルが有馬記念制覇	1972.12.17
福永が最多勝騎手	1972.12.29
ハイセイコーが7勝目	1973.3.4
ハイセイコーさつき賞制覇	1973.4.15
タイテエムが天皇賞制覇	1973.4.29
タケホープが日本ダービー制覇	1973.5.27
タケホープ菊花賞制覇	1973.11.11
タナノチカラが天皇賞制覇	1973.11.25
ストロングエイトが有馬記念制覇	1973.12.16
キタノカチドキが勝利	1974.5.3
タケホープが天皇賞制覇	1974.5.5
コーネルランサーが日本ダービー制覇	1974.5.26
キタノカチドキ菊花賞制覇	1974.11.10
ハイセイコー引退	1974.12.15
日本ダービーはカブラヤオー	1975.5.25
コクサイプリンスが菊花賞勝利	1975.11.9
有馬記念はイシノアラシ	1975.12.14
トウショウボーイが1着	1976.4.25
エリモジョージが天皇賞勝利	1976.4.29
テイタニヤがGI連覇	1976.5.23
ダービーはクライムカイザー	1976.5.30
天皇賞はアイフル	1976.11.28
有馬記念はトウショウボーイ	1976.12.19
天皇賞はテンポイント	1977.4.29
日本ダービーはラッキールーラ	1977.5.29
菊花賞はプレストウコウ	1977.11.13
天皇賞はホクトボーイ	1977.11.27
テンポイントが勝利	1977.12.18
テンポイントが骨折	1978.1.22
さつき賞はファンタスト	1978.4.16
天皇賞はグリーングラス	1978.4.29
日本ダービーはサクラショウリ	1978.5.28
菊花賞はインターグシケン	1978.11.12
天皇賞はテンメイ勝利	1978.11.26
有馬記念はカネミノブが圧勝	1978.12.17
福永が危篤状態	1979.3.4
天皇賞はカシュウチカラ	1979.4.29
カツラノハイセイコが快勝	1979.5.27
女性初の調教助手	1979.6.1
サラブレッド競市開催	1979.10.23
スリージャイアンツが勝利	1979.11.25
有馬記念はグリーングラス勝利	1979.12.16
天皇賞はニチドウタロー勝利	1980.4.29
ダービーはオペックホース	1980.5.25
菊花賞はノースガスト	1980.11.9
天皇賞はプリティキャスト	1980.11.23
ホウヨウボーイが勝利	1980.12.21
ブロケードが桜花賞制覇	1981.4.5
カツラノハイセイコが天皇賞制覇	1981.4.29
カツトップエースが2冠	1981.5.31
ミナガワマンナが菊花賞制覇	1981.11.9
初のジャパンカップ開催	1981.11.22
有馬記念はアンバーシャダイが制覇	1981.12.20
アズマハンターがさつき賞	1982.4.18
モンテプリンスが天皇賞制覇でモ優勝	1982.4.29
バンブーアトラスがダービー制覇	1982.5.30
競馬で電気ショック使用	1982.10.3
メジロティターンが天皇賞制覇	1982.10.31
ヒカリデュールが有馬記念勝利	1982.12.26
競馬場にシルバーシート	1983.1.29
史上初の親子制覇	1983.4.18
初の賞金4億円獲得馬	1983.4.29
ミスターシービーが2冠制覇	1983.5.29
ミスターシービーが19年ぶり3冠馬	1983.11.13
リードホーユーが有馬記念制覇	1983.12.25
さつき賞でシンボリルドルフが勝利	1984.4.15
シンボリルドルフがダービー勝利	1984.5.27
増沢騎手が最多1340勝	1984.10.14
ミスターシービーが19年ぶり4冠馬	1984.10.28
シンボリルドルフが3冠達成	1984.11.11
ジャパンカップで日本馬初制覇	1984.11.25
シンボリルドルフが4歳馬初の年間4冠	1984.12.23
シンボリルドルフが5冠馬	1985.4.29
シリウスシンボリがダービー勝利	1985.5.26
カフェイン検出で処分	1985.6.2
天皇賞はギャロップダイナが勝利	1985.10.27
ミホシンザンが菊花賞勝利	1985.11.10
シンボリルドルフが6冠馬	1985.11.24
シンボリルドルフが有馬記念2連覇	1985.12.22

ダイナコスモスがさつき賞勝利	1986.4.13
クシロキングが天皇賞制覇	1986.4.29
メジロラモーヌがオークス圧勝	1986.5.18
ダイナガリバーがダービー勝利	1986.5.25
日本初のナイター競馬	1986.7.31
史上最高の大穴	1986.9.1
天皇賞はサクラユタカオー	1986.10.26
メジロデュレンが菊花賞勝利	1986.11.9
有馬記念はダイナガリバー	1986.12.21
ミホシンザンが天皇賞制覇	1987.4.29
マックスビューティが2冠達成	1987.5.24
メリーナイスがダービー圧勝	1987.5.31
天皇賞はニッポーテイオー	1987.11.1
サクラスターオーが2冠達成	1987.11.8
岡部が年間最多132勝	1987.12.6
メジロデュレンが有馬記念勝利	1987.12.27
タマモクロスが天皇賞勝利	1988.4.29
10番人気コスモドリームが1着	1988.5.22
日本ダービーでサクラチヨノオー勝利	1988.5.29
天皇賞はクマモクロス	1988.10.30
菊花賞でスーパークリーク勝利	1988.11.6
馬券売り上げ2兆円突破	1988.12.3
有馬記念はオグリキャップ	1988.12.25
桜花賞は関西馬が3連覇	1989.4.9
公営出身馬が16年ぶりさつき賞勝利	1989.4.16
公営出身馬が21年ぶり天皇賞制覇	1989.4.29
オークスはライトカラー	1989.5.21
ダービーはウィナーズサークル	1989.5.28
武豊が天皇賞春秋制覇	1989.10.29
バンブービギンが菊花賞優勝	1989.11.5
4番人気イナリワンが勝利	1989.12.24
アグネスフローラが桜花賞勝利	1990.4.8
ハクタイセイが史上3頭目の父子制覇	1990.4.15
武豊が史上初の天皇賞3連覇	1990.4.29
関西馬がGIレース5連覇	1990.5.20
アイネスフウジンがダービー優勝	1990.5.27
武豊が通算400勝	1990.8.5
天皇賞はヤエノムテキ	1990.10.28
菊花賞は4番人気メジロマックイーン	1990.11.4
引退のオグリキャップが勝利	1990.12.23
桜花賞はシスタートウショウ	1991.4.7
トウカイテイオーが父子制覇	1991.4.14
3代で天皇賞制覇	1991.4.28
オークスはイソノルーブル	1991.5.19
トウカイテイオーが2冠	1991.5.26
「馬番連勝複式」発売	1991.10.5
増沢が2000勝	1991.10.20
天皇賞で進路妨害の波乱	1991.10.27
菊花賞はレオダーバン	1991.11.3
有馬記念初の単勝万馬券	1991.12.22
メジロマックイーンが天皇賞連覇	1992.4.26
アドラーブルがオークス勝利	1992.5.24
ミホノブルボンが圧勝	1992.5.31
馬番連勝2403.3倍	1992.7.11
天皇賞で馬連1万7220円	1992.11.1
ライスシャワーが菊花賞勝利	1992.11.8
初の父子2代制覇	1992.11.29
有馬記念史上最高万馬券	1992.12.27
武豊がさつき賞父子2代制覇	1993.4.18
メジロマックイーン3連覇ならず	1993.4.25
柴田19度目で初栄冠	1993.5.30
武豊GI最多15勝	1993.6.13
メジロマックイーン引退	1993.10.29
トウカイテイオーが有馬記念制覇	1993.12.26
ナリタブライアンが圧勝	1994.4.17
ビワハヤヒデが完勝	1994.4.24
ナリタブライアンが2冠	1994.5.29
27万1230円の万馬券	1994.7.24
武豊がフランスGI初優勝	1994.9.4
柴田騎手が引退	1994.9.6
ネーハイシーザーが天皇賞勝利	1994.10.30
ナリタブライアンが3冠達成	1994.11.6
ナリタブライアンが4冠達成	1994.12.25
桜花賞はワンダーパヒューム	1995.4.9
さつき賞はジェニュイン	1995.4.16
天皇賞はライスシャワー	1995.4.23
日本ダービーはタヤスツヨシ	1995.5.28
女性騎手誕生	1996.2.12
桜花賞はファイトガリバー	1996.4.7
さつき賞はイシノサンデー	1996.4.14
天皇賞はサクラローレル	1996.4.21
日本ダービーはフサイチコンコルド	1996.6.2
マヤノトップガンがGI3勝目	1996.7.7
ナリタブライアンが引退	1996.10.10

4歳馬が59年ぶり勝利	1996.10.27
菊花賞はダンスインザダーク	1996.11.3
武が年間最多勝新記録	1996.11.9
有馬記念はサクラローレル	1996.12.22
さつき賞で最高万馬券	1997.4.13
女性騎手初勝利	1997.4.26
天皇賞はマヤノトップガン	1997.4.27
サニーブライアンが2冠	1997.6.1
牝馬17年ぶりの優勝	1997.10.26
日経賞で大万馬券	1998.3.29
スペシャルウィークがダービー制覇	1998.6.7
武豊がフランスGI制覇	1998.8.9
天皇賞後に場内で安楽死処分	1998.11.1
JRA労組が退職金制度を要求	1999.2.8
JRA春闘で全レース中止	1999.4.2
桜花賞はプリモディーネが勝利	1999.4.11
アドマイヤベガがダービー勝利	1999.6.6
海外GIで史上3頭目勝利	1999.7.4
フランス凱旋門賞で日本馬が2着	1999.10.3
スペシャルウィークが初の同一年3冠	1999.11.28
グラスワンダーが有馬記念2連覇	1999.12.26
日本人所有馬が初優勝	2000.5.6
河内がダービー初制覇	2000.5.28
史上初のGI年間完全制覇	2000.12.24
アグネスタキオンがさつき賞制覇	2001.4.15
天皇賞3連覇	2001.4.29
ジャングルポケットが日本ダービー制覇	2001.5.27
マンハッタンカフェが菊花賞制覇	2001.10.21
アグネスデジタルが天皇賞4連覇	2001.10.28
ジャングルポケットが勝利	2001.11.25
マンハッタンカフェが有馬記念制覇	2001.12.23
ノーリーズンがさつき賞制覇	2002.4.14
マンハッタンカフェが天皇賞制覇	2002.4.28
タニノギムレットが日本ダービー制覇	2002.5.26
ヒシミラクルが菊花賞制覇	2002.10.20
シンボリクリスエスが天皇賞制覇	2002.10.27
ファルブラヴがジャパンカップ制覇	2002.11.24
シンボリクリスエスが有馬記念制覇	2002.12.22
ネオユニヴァースがさつき賞制覇	2003.4.20
ヒシミラクルが天皇賞制覇	2003.5.4
ネオユニヴァースが日本ダービー制覇	2003.6.1
ザッツザプレンディが菊花賞制覇	2003.10.26
シンボリクリスエスが天皇賞2連覇	2003.11.2
タップダンスがジャパンカップ制覇	2003.11.30
シンボリクリスエスが有馬記念制覇	2003.12.28
ダイワメジャーが勝利	2004.4.18
イングランディーレが勝利	2004.5.2
キングカメハメハがダービー勝利	2004.5.30
デルタブルースが勝利	2004.10.24
ダンノロブロイが勝利	2004.11.28
武が年間最多勝記録	2004.12.19
ゼンノロブロイが勝利	2004.12.26
ディープインパクトが勝利	2005.4.17
スズカマンボが勝利	2005.5.1
ディープインパクトが2冠	2005.5.29
シーザリオが米GI制覇	2005.7.3
ディープインパクトが3冠	2005.10.23
ヘヴンリーロマンスが初制覇	2005.10.30
アルカセットが勝利	2005.11.27
ハーツクライがGI初制覇	2005.12.25

【冒険】

植村がアマゾン下り	1968.9月
植村が北極圏犬ぞり旅行	1976.5.8
日本人初の北極点到達	1978.4.27
植村が北極点到達	1978.4.30
植村がグリーンランド縦断	1978.8.22
植村に英から受賞	1979.2.22
犬橇国際隊が初の南極大陸横断	1990.3.3
単独歩行で北極点到達	1997.5.2
単独歩行で北極海横断	1997.6.23

【登山】

ギャチュン・カン初登頂	1964.4.10
中共隊がゴサインタンに登頂	1964.5.2

立教隊がパタンツェ登頂	1964.5.16	エベレストで転落死	1981.1.12
アンナプル南峰に世界初登頂	1964.10.13	シシャパン峰に女性初の無酸素登頂	1981.4.30
ヒマラヤ登山全面禁止	1965.3.19	ミンヤ・コンガで滑落死	1981.5.10
マッターホルン北壁登頂	1965.8.6	アムネマチン登頂に成功	1981.5.22
アイガー北壁初登頂	1965.8.16	ダウラギリIに登頂	1981.6.2
登山団体が一本化	1966.2.5	早大隊がK2に初登頂	1981.8.7
アルプス3大北壁登頂	1966.8.11	アコンカグア南壁冬季単独初登頂	1981.8.17
マッターホルン北壁登頂	1967.2.7	ジャオンリ峰で女性3人が死亡	1981.9.23
女性初の北壁登頂	1967.7.19	ナンダカート峰で7人が死亡	1981.9.23
グランドジョラス登頂	1967.7.22	マナスル主峰に登頂	1981.10.21
小原がヒマラヤで行方不明	1968.7.7	ヒマラヤ登山に警告	1981.11.23
パキスタン7000m級に登頂	1968.7.29	中国がチョモランマ冬期登山を認可	1982.4.9
ハルヒラ連邦5座に登頂	1968.8.初旬	ミニヤコンガで遭難	1982.5.1
ヒマラヤの登山解除	1968(この年)	中国側初のチョゴリ無酸素登頂	1982.8.14
外国登山で遭難つづく	1968(この年)	シシヤパンマ峰に登頂	1982.10.12
南米アンデス遠征	1968(この年)	世界初の厳冬期登頂	1982.12.13
アルプス三大北壁征服ならず	1968(この年)	エベレスト単独登頂後に遭難	1982.12.27
アイガー北壁直登に成功	1969.8.15	ナンガパルバットに初登頂	1983.7.31
冬季アイガー北壁登頂	1970.1.27	エベレスト無酸素登頂成功	1983.10.8
日本隊エベレスト初登頂	1970.5.11	エベレスト東南稜から登頂	1983.12.16
渡部がエベレストで女性の高度記録	1970.5.17	植村がマッキンリー冬季単独登頂	1984.2.12
マルカー未踏ルート踏破	1970.5.20	カンチェンジュンガ3峰縦走	1984.5.18～20
マナスル西面初登頂	1971.5.17	アムネマチンIIに初登頂	1984.9.19
グランドジョラス北壁女性初登頂	1971.7.17	山田がマナスル登頂	1985.12.14
ヤルン・カン峰初登頂	1973.5.16	クーラ・カンリ登頂	1986.4.22
エベレスト登頂	1973.10.26	ローツェ登頂	1986.5.4
女性初マナスル登頂	1974.5.4	ニエンチンタングラ峰初登頂	1986.5.8
ダウラギリ5峰に初登頂	1975.5.1	チャンツェ峰登頂	1986.5.10
ダウラギリに大阪隊が登頂	1975.5.9	崑崙山脈未踏峰に登頂	1986.8.16
チューレン・ヒマール登頂	1975.5.13	友好登山計画調印	1987.2.24
女性初のエベレスト登頂	1975.5.16	チョモランマ・サガルマタ登頂	1988.5.5
マッキンレーで遭難	1976.5.9	女性世界初の5大陸最高峰踏破	1988.6.14
ヒマラヤジャヌー北壁初登頂	1976.5.11	マッキンリーで遭難	1989.3.6
マッキンレー南峰登頂	1976.5.26	中高年パーティが遭難	1989.10.9
エルブルース山登頂	1976.7.31	女性初の6大陸最高峰登頂	1991.1.19
スキャン・カンリ登頂	1976.9.6	カンチェンジュンガ登頂	1991.5.28
マッターホルン北壁登頂	1977.2.16	女性初の7大陸最高峰制覇	1992.6.28
カラコルムK2登頂	1977.8.8	ナムチャバルワ初登頂	1992.10.30
アイガー北壁単独登頂	1978.3.9	中国で雪崩・遭難	1993.5.1
ランタンリルン登頂	1978.10.24	ヒマラヤで遭難	1993.9.30
ゴーキョ・ピーク登頂	1979.1.4	チョモランマ登頂	1993.12.20
グランドジョラス北壁登頂	1979.3.4	ツインズ登頂	1994.11.7
ダウラギリ交差縦走	1979.10.16		
チョモランマ登頂	1980.5.3		
カンチェンジュンガ登頂	1980.5.14		

エベレスト北東稜ルート登頂　1995.5.11
ゴーキョ峰で遭難　1995.11.10
日本女性2人目の登頂　1996.5.10
カンチェンジュンガ下山途中で
　遭難　1998.5.17
エベレスト最高齢登頂　2003.5.22

【熱気球】
太平洋横断の世界最長記録　1981.11.10〜12
熱気球で長距離飛行　1984.2.5
熱気球で初の太平洋横断　1991.1.18

【社会スポーツ】
初の「体育の日」　1966.10.10
フィールドアスレチック開設　1974.7月
なわ跳び世界記録　1975.5.29
初の知的障害者体育大会　1981.4.26
第1回IMSC開催　1984.4.24〜28
マスターズゲームス開催　1985.8.7
社会体育指導者制度　1986.11.7

【綱引き】
初の綱引き選手権　1981.2.8
第5回ワールドゲームズ　1997.8.8

【エアロビクス】
エアロビックス日本紹介　1981.3.18

【ゲートボール】
ゲートボールに統一ルール　1982.8.25
日本ゲートボール連合設立　1984.12.21
ゲートボール選手権開催　1985.11.21

【障害者スポーツ】
身体障害者スポーツ大会開催　1965.11.6
身障者スキー開催　1973.2.9
身障者スポーツ施設設立　1974.5.1
車いすバスケット開催　1975.5.3
フェスピック開催　1975.6.1
全国身障者スキー大会開催　1976.3.6
世界ろう者競技大会開催　1993.8.2
身障者スポーツ大会開催　1995.10.28

【パラリンピック】
アジア初のパラリンピック開催　1964.11.8
パラリンピック開催　1988.10.15
パラリンピック開催　1994.3.10〜19
パラリンピック開催　1996.8.15
五輪ユニホーム使用へ　1997.8.19
長野パラリンピック開催　1998.3.5〜14
パラリンピック・シドニー大会
　開催　2000.10.18〜29
冬季パラリンピック開幕　2002.3.7
アテネ・パラリンピック開催
　　　　　　　　　　2004.9.17〜9.28

【一般(スポーツ界)】
日本女子体育大学設立　1965.1.25
日本プロスポーツ大賞決定　1968.12月
日本プロスポーツ大賞決定　1969.12月
スポーツ障害補償を検討　1970.6.11
日本プロスポーツ大賞決定　1970.12月
日本プロスポーツ大賞決定　1971.12月
日本プロスポーツ大賞決定　1972.12月
日本プロスポーツ大賞決定　1973.12月
日本プロスポーツ大賞決定　1974.12月
アマのCM出演規制　1975.1.28
古賀にソ連スポーツ・マスター　1975.12.17
日本プロスポーツ大賞決定　1975.12月
日本プロスポーツ大賞決定　1976.12.16
スポーツ指導者制度　1977.1.26
日本プロスポーツ大賞決定　1977.12月
冠大会認める　1978.7.4
日本プロスポーツ大賞決定　1978.12月
日本プロスポーツ大賞決定　1979.12月
日本プロスポーツ大賞決定　1980.12月
アマの冠大会容認へ　1981.5.6
生涯スポーツ振興の答申　1981.6月
日本プロスポーツ大賞決定　1981.12月
早大がスポーツ特別入試　1982.4.7
企業の選手勧誘の自粛要請　1982.4.26
日本プロスポーツ大賞決定　1982.12月
日本プロスポーツ大賞決定　1983.12月
日韓スポーツ交流協定調印　1984.9.13
日本プロスポーツ大賞決定　1984.12月
アマ資格自由化へ　1985.12.3
日本プロスポーツ大賞決定　1985.12月
流行語大賞決定　1985.12月
新アマ規定制定　1986.5.7
「スポーツ・エイド」開催　1986.5.25
アマ規定緩和に歯止め　1986.11.19
日本プロスポーツ大賞決定　1986.12月
流行語大賞決定　1986.12月

日本プロスポーツ大賞決定	1987.12月	【スポーツ学】		
流行語大賞決定	1987.12月	体育学研究科創設	1964.4.1	
日本プロスポーツ大賞決定	1988.12月			
日本プロスポーツ大賞決定	1989.12月	【スポーツ医学】		
日本プロスポーツ大賞決定	1990.12月	スポーツ整形外科開設	1980.6.1	
流行語大賞決定	1990.12月	スポーツドクター認定	1983.1.16	
日本プロスポーツ大賞決定	1991.12月			
流行語大賞決定	1991.12月	【団体】		
日本プロスポーツ大賞決定	1992.12月	河野新体制スタート	1975.3.26	
高校総体参加広げる	1993.11.19	国際女性スポーツ会議開催	1980.10.9	
流行語大賞決定	1993.12.1	日本体育協会新会長に青木氏	1989.12.20	
日本プロスポーツ大賞決定	1993.12月	初の女性会長	1993.3.23	
日本プロスポーツ大賞決定	1994.12月	朝鮮高級学校が準加盟	1994.5.13	
流行語大賞決定	1994.12月	日本体協第13代会長に安西監事	1995.9.5	
日本プロスポーツ大賞決定	1995.12月	朝鮮高級学校参加へ	1995.11.14	
流行語大賞決定	1995.12月	外国人学校も参加へ	1996.3.8	
日本プロスポーツ大賞決定	1996.12月	安西会長続投	2001.3月	
流行語大賞決定	1996.12月	日本スポーツ仲裁機構発足	2003.4.7	
スポーツ功労者表彰	1997.7.11	日本スポーツ仲裁機構初判断	2003.8.4	
日本プロスポーツ大賞決定	1997.12月	日本体協会長に森前首相	2005.3.22	
日本プロスポーツ大賞決定	1998.12月			
流行語大賞決定	1998.12月	【施設】		
日本プロスポーツ大賞決定	1999.12月	岸記念体育会館落成	1964.7.10	
流行語大賞決定	1999.12月	代々木体育館が落成	1964.9.5	
日本プロスポーツ大賞決定	2000.12月	日本武道館開館	1964.10.3	
流行語大賞決定	2000.12月	施設を住民に開放	1973.3.28	
日本プロスポーツ大賞決定	2001.12月	後楽園に屋根付き野球場計画	1984.9.5	
流行語大賞決定	2001.12月	後楽園球場が閉園	1987.11.3	
日本プロスポーツ大賞決定	2002.12月	東京ドーム完成	1988.3.17	
流行語大賞決定	2002.12月	福岡ドーム完成	1993.3.31	
日本プロスポーツ大賞決定	2003.12月	ドーム完工式	1997.2.27	
流行語大賞決定	2003.12月	西武球場がドーム化	1999.2.1	
日本プロスポーツ大賞決定	2004.12月	川崎球場取り壊し決定	2000.1.15	
流行語大賞決定	2004.12月			
日本プロスポーツ大賞決定	2005.12月			

人名索引

【あ】

愛甲 猛
　横浜高が初優勝　　　　　　　　1980.8.22
　ドラフト会議開催　　　　　　　1980.11.26

相沢 悦子
　中国チームが来日　　　　　　1973.9.2～16
　女子単複とも日本が優勝　　　1975.3.19～22

相沢 マチ子
　小島が4連覇　　　　　　　　1969.12.1～6
　栂野尾・中山が優勝　　　　　1971.12.7～12
　全日本選手権開催　　　　　　1972.12.13～17

相原 俊子
　体操の五輪最終選考　　　　　1964.6.27～28
　アジア初・東京五輪開催　　　1964.10.10～24

相原 豊
　体操世界選手権開催　　　　　1991.9.6～15
　全日本選手権開催　　　　　　1992.11.15

青井 由美子
　日本新記録相次ぐ　　　　　　1980.10.25

青木 功
　橘田が日本オープン優勝　　　1970.9.30～10.1
　金井がプロ選手権優勝　　　　1972.10.19～22
　青木が2打差の2位　　　　　　1973.9.27～30
　青木がプロ選手権優勝　　　　1973.10.18～21
　尾崎が優勝　　　　　　　　　1974.8.15～18
　男子W杯で日本2位　　　　　　1974.11.21～24
　賞金獲得1位は青木　　　　　　1976.12.13
　青木が3度目の王冠　　　　　　1978.4.30
　全英オープン開催　　　　　　1978.7.15
　青木が世界制覇　　　　　　　1978.10.16
　日本シリーズで青木が優勝　　1978.12.3
　日本プロスポーツ大賞決定　　1978.12月
　青木が大会初2連勝　　　　　　1979.4.29
　青木が2連覇　　　　　　　　　1979.5.20
　全英オープンで青木7位　　　　1979.7.21
　青木がホールインワン　　　　1979.10.12
　青木が連覇　　　　　　　　　1979.12.2
　日本プロスポーツ大賞決定　　1979.12月
　青木5回目の優勝　　　　　　　1980.5.4
　青木が全米オープン2位　　　　1980.6.15
　青木が2位　　　　　　　　　　1980.8.17
　尾崎が逆転優勝　　　　　　　1980.12.7
　日本プロスポーツ大賞決定　　1980.12月
　青木功が開幕勝利　　　　　　1981.3.23
　マッチプレー選手権で青木が
　　優勝　　　　　　　　　　　1981.5.17
　日本プロで青木が優勝　　　　1981.8.2
　全米プロで青木が4位　　　　　1981.8.9
　青木がワールドシリーズ3位　 1981.8.30
　日本シリーズ東京で羽川が初
　　優勝　　　　　　　　　　　1981.12.6
　青木がワールドシリーズ3位　 1982.8.29
　日本男子初のアメリカツアー
　　優勝　　　　　　　　　　　1983.2.13
　青木が1打差で優勝を逃す　　　1983.8.14
　青木が海外2勝目　　　　　　　1983.9.4
　青木が4年ぶり優勝　　　　　　1983.12.4
　青木が南アフリカの大会に参
　　加　　　　　　　　　　　　1984.12.6～9
　青木が1打差で2位タイ　　　　 1985.4.7
　青木が2年半ぶり優勝　　　　　1986.6.15
　青木が5年ぶり優勝　　　　　　1986.7.27
　全米プロで青木は36位　　　　 1986.8.11
　青木が逆転優勝　　　　　　　1986.8.31
　関東・関西オープン開催　　　1986.9.7
　青木が通算50勝　　　　　　　 1987.4.26
　青木が4年ぶり優勝　　　　　　1987.10.11
　初の外国人賞金王　　　　　　1987.12.6
　全英オープンで青木は7位　　　1988.7.18
　日本オープン開催　　　　　　1988.10.8
　日本はキリンカップ最下位　　1988.12.15～18
　青木が4大ツアー制覇　　　　　1989.1.22
　全米オープン開催　　　　　　1989.6.18
　全米プロゴルフ選手権開催　　1989.8.13
　全米プロゴルフで青木は40位　 1990.8.12
　ダンロップ・フェニックス開催 1991.11.24
　青木が初優勝　　　　　　　　1992.9.27
　青木が今季初勝利　　　　　　1996.5.26
　尾崎が3連覇　　　　　　　　　1997.5.4
　青木がシニアツアー優勝　　　1998.6.14
　丸山がツアー初優勝　　　　　2001.7.15
　青木が殿堂入り　　　　　　　2004.4.22

青木 宣親
　青木が202安打　　　　　　　　2005.10.14
　金本・杉内がMVP　　　　　　 2005.11.4

青木 半治
　日本体育協会新会長に青木氏　1989.12.20
　初の女性会長　　　　　　　　1993.3.23

青木 まゆみ
　女子4種目で日本新　　　　　　1970.8.24～29

日本新続出	1972.7.20～23	赤井 茂斗子	
ミュンヘン五輪開催	1972.8.26～9.11	高橋・赤井が日本新記録	1979.6.10
山田SCが解散	1972.12.18	日本記録更新相次ぐ	1980.6.21
北島が世界新記録	2002.10.2	赤石 光生	
青木 洋		ロサンゼルス五輪開催	1984.7.28～8.12
世界一週から帰国	1974.7.28	バルセロナ五輪開催	1992.7.25～8.9
蒼樹山		赤木 純子	
若乃花が優勝	1998.3.22	東京国際女子マラソン開催	2001.11.18
青地 清二		大南が優勝	2002.4.21
全日本選手権開催	1967.2.23～28	**赤沢 実**	
全日本選手権開催	1971.2.8～14	6種目で日本新	1970.11.3～4
札幌冬季五輪開催	1972.2.3～13	**アガシ, アンドレ**	
青戸 慎司		沢松はベスト8ならず	1992.6.22
青戸が男子100日本新	1988.9.11	**赤羽 綾子**	
全日本陸上選手権開催	1989.6.17	全日本選手権開催	1977.10.22
青ノ里		全日本選手権開催	1979.10.26
大鵬が連続優勝	1964.11.22	**アカバロ, オラシオ**	
青葉 昌幸		海老原がフライ級復活	1969.3.30
全日本選手権開催	1964.7.3～5	**赤星 憲広**	
青葉城		MVP発表	2001.10.27
金剛が平幕優勝	1975.7.25	セ・リーグ全日程終了	2004.10.16
青葉山		**赤堀 元之**	
三重ノ海が初優勝	1975.11.23	赤堀が18連続SP	1994.7.30
若乃花が全勝優勝	1978.11.26	**秋田 豊**	
若乃花が4回目の優勝	1980.9.28	W杯日本代表メンバー発表	2002.5.17
青柳 徹		**安芸乃島**	
全日本選手権開催	1987.1.13	千代の富士が24回目優勝	1988.7.17
全日本選手権開催	1987.12.18～19	千代の富士が25回目の優勝	1988.9.25
カルガリー冬季五輪開催	1988.2.13～28	千代の富士が27回目の優勝	1989.3.26
世界選手権開催	1988.3.5	北勝海が巴戦制し優勝	1990.3.25
全日本選手権開催	1989.1.14	旭富士が優勝	1990.5.27
全日本選手権開催	1990.1.5～6	旭富士が2場所連続優勝・横綱昇進	1990.7.22
全日本選手権開催	1991.1.5～6	千代の富士が31回目の優勝	1990.11.25
全日本選手権開催	1992.1.5	旭富士が4回目の優勝	1991.5.26
青山 綾里		小錦が3回目の優勝	1992.3.22
水泳日本選手権開催	1995.6.9	曙が巴戦制す	1993.7.18
青山が日本新記録	1995.11.11	貴乃花が3場所連続優勝	1995.1.22
日本選手権開催	1996.4.4	曙が1年ぶり優勝	1995.3.26
青山綾里らが日本新記録	1996.5.25	若乃花が優勝・横綱昇進	1998.5.24
スポーツ功労者表彰	1997.7.11	千代大海が優勝・5年ぶり新大関	1999.1.24
バンコクで4回目のアジア大会	1998.12.6～20	横綱若乃花が負け越し	1999.9.26
赤井 英和		安芸乃島が引退	2003.5.24
赤井が現役引退	1985.2.5		

秋保 篤
全日本選手権開催　　　　　1969.11.20～22
秋元 一広
全日本選手権開催　　　　　1978.2.7
秋元 千鶴子
秋元が400障害で日本新　　1982.6.20
秋元 正博
秋元が優勝　　　　　　　　1979.2.12
八木が日本人初W杯優勝　　1980.1.12
秋元がスイスで栄冠　　　　1981.12.26
スキーW杯開催　　　　　　1982.1.15
ノルディックスキー選手権開催　　　　　　　　　　　1982.2.4～8
ジャンプW杯開催　　　　　1985.2.9
秋元が国内初の120超　　　1985.2.16
秋元がNHK杯初優勝　　　1986.2.2
ノルディックスキー選手権開催　1986.2.8
秩父宮杯で秋元優勝　　　　1986.2.25
秋元が転倒し重傷　　　　　1986.3.9
秋山 エリカ
全日本新体操開催　　　　　1985.11.3
秋山・石関が優勝　　　　　1986.11.9
秋山が完全優勝　　　　　　1987.11.15
秋山が全日本5連覇　　　　1988.11.12
秋山が史上初の6連覇　　　1989.11.4
秋山7連覇ならず引退　　　1990.11.17
秋山 幸二
西武が7回目の日本一　　　1991.10.28
大型トレード成立　　　　　1993.11.16
秋山が2億円プレーヤー　　1993.12.4
ダイエーが初の日本一　　　1999.10.28
秋山が2000本安打　　　　　2000.8.18
秋山 登
仰木・秋山が殿堂入り　　　2004.1.9
秋山 真男
小島が4連覇　　　　　　　1969.12.1～6
小島が男子3連覇　　　　　1970.11.5～8
全日本選手権開催　　　　　1972.12.13～17
秋山 芳子
ミュンヘン五輪開催　　　　1972.8.26～9.11
芥田 武夫
長嶋・西本・金田ら殿堂入り　1988.1.19
曙
千代の富士が31回目の優勝　1990.11.25
霧島が最高齢優勝　　　　　1991.1.27
北勝海が優勝　　　　　　　1991.3.24
貴花田が初優勝　　　　　　1992.1.14
関脇曙が優勝　　　　　　　1992.5.24
曙が優勝　　　　　　　　　1992.11.22
曙・貴ノ花が昇進　　　　　1993.1.24
史上2組目の兄弟優勝　　　1993.3.28
貴ノ花が優勝　　　　　　　1993.5.23
曙が巴戦制す　　　　　　　1993.7.18
曙が優勝　　　　　　　　　1993.9.26
曙が3場所連続優勝　　　　1993.11.21
日本プロスポーツ大賞決定　1993.12月
曙が7回目の優勝　　　　　1994.3.27
貴ノ花が5回目の優勝　　　1994.5.22
貴乃花が優勝・横綱昇進　　1994.11.20
曙が1年ぶり優勝　　　　　1995.3.26
貴乃花が2場所ぶり優勝　　1995.5.21
曙が帰化申請　　　　　　　1995.6.5
貴乃花が10回目の優勝　　　1995.7.16
貴乃花が場所連続優勝　　　1995.9.24
貴ノ浪が初優勝　　　　　　1996.1.21
貴乃花が12回目の優勝　　　1996.3.24
曙が帰化　　　　　　　　　1996.4.22
貴乃花が13回目の優勝　　　1996.5.26
武蔵丸が2回目の優勝　　　1996.11.24
貴乃花が16回目の優勝　　　1997.3.23
満員御礼途切れる　　　　　1997.5.12
曙が優勝　　　　　　　　　1997.5.25
貴乃花が17回目の優勝　　　1997.7.20
長野五輪開催　　　　　　　1998.2.7～22
貴乃花が5場所ぶり優勝　　1998.7.19
貴乃花が優勝　　　　　　　1998.9.27
琴錦が史上初の平幕優勝2度　1998.11.21
千代大海が優勝・5年ぶり新大関　　　　　　　　　　1999.1.24
3横綱1大関1関脇休場で陳謝　1999.3.12
武蔵丸が優勝・横綱昇進　　1999.5.24
曙が19場所ぶり優勝　　　　2000.7.23
曙が2場所ぶり優勝　　　　2000.11.19
曙が引退　　　　　　　　　2001.1.22
武蔵丸が2場所連続優勝　　2002.5.25
曙が格闘家としてK-1参戦　2003.11.6
曙vsボブ・サップが紅白に勝つ　　　　　　　　　　2003.12.31
大晦日恒例格闘技　　　　　2004.12.31

曙 太郎
曙が格闘家として K-1 参戦	2003.11.6
大晦日恒例格闘技	2004.12.31

浅井 えり子
東京国際女子マラソンで浅井2位	1984.11.18
ソウルでアジア大会	1986.9.20〜10.5
東京国際女子マラソン開催	1992.11.15
浅井が初優勝	1994.3.13

朝倉 利夫
世界選手権で朝倉が優勝	1981.9.14

浅越 しのぶ
ユニバ福岡大会開催	1995.8.23〜9.3

朝潮
北の湖が 17 回目の優勝	1979.9.23
北の湖が 18 回目の優勝	1980.3.23
北の湖が 19 度目優勝	1980.5.25
北の湖が 3 場所連続優勝	1980.7.20
北の湖が 22 回目の優勝	1981.5.24
千代の富士が優勝・綱とり	1981.7.19
千代の富士が年間 3 段階優勝	1981.11.22
千代の富士が 2 場所連続優勝	1982.5.23
朝汐が関脇返り咲き	1982.6.21
千代の富士が優勝	1982.7.18
若乃花引退・琴風優勝	1983.1.14
千代の富士が優勝	1983.3.9
朝潮が初優勝	1985.3.24
大関朝潮が引退	1989.3.16

朝青龍
「感動した!」貴乃花優勝	2001.5.27
琴光喜が平幕優勝	2001.9.23
武蔵丸が 9 回目の優勝	2001.11.24
武蔵丸が 10 回目の優勝	2002.3.23
武蔵丸が 2 場所連続優勝	2002.5.25
千代大海が 4 回目の優勝	2002.7.21
朝青龍が大関昇進	2002.7.24
朝青龍が初優勝	2002.11.22
日本プロスポーツ大賞決定	2002.12 月
朝青龍が連続優勝・横綱昇進	2003.1.26
千代大海が 4 場所ぶり優勝	2003.3.23
朝青龍が 3 回目の優勝	2003.5.25
朝青龍が 4 回目の優勝	2003.9.21
栃東が 11 場所ぶり優勝	2003.11.23
朝青龍が 2 場所ぶり優勝	2004.1.24
朝青龍が 2 場所連続全勝優勝	2004.3.28
朝青龍が 3 場所連続優勝	2004.5.23
朝青龍が 4 場所連続優勝	2004.7.18
魁皇が 5 回目の優勝	2004.9.26
朝青龍が優勝	2004.11.28
日本プロスポーツ大賞決定	2004.12 月
朝青龍が 2 場所連続優勝	2005.1.21
朝青龍が 3 場所連続優勝	2005.3.27
朝青龍が 4 場所連続優勝	2005.5.22
朝青龍が 5 場所連続優勝	2005.7.24
朝青龍が 6 場所連続優勝	2005.9.25
朝青龍が史上初の 7 連覇	2005.11.27
日本プロスポーツ大賞決定	2005.12 月

浅瀬川
大鵬が 19 回目の優勝	1966.3.27

朝赤龍
朝青龍が 2 場所連続全勝優勝	2004.3.28

浅田 舞
太田が優勝	2003.3.1

浅田 真央
全日本選手権開催	2002.12.22
浅田が初優勝	2004.12.4
安藤が 2 連覇	2004.12.26
浅田・織田がアベック優勝	2005.3.3
浅田が初優勝	2005.12.17

浅田 ゆかり
阿武が 3 連覇	1995.4.16

朝野 健二
全日本選手権開催	1995.12.2

浅野 輝彦
走り高跳びと競歩で日本新	1969.6.7〜8

浅野 典子
ミュンヘン五輪開催	1972.8.26〜9.11

浅野 義雄
勝呂が連覇	1969.2.25〜3.2

浅野 義長
浅野が連続優勝	1970.10.24

朝原 宣治
朝原が日本新記録	1993.10.26
日本人初 10 秒 0 台	1997.5.15
朝原が日本新記録	1997.7.2
苅部が日本新記録	1997.10.5

旭国
北の富士が全勝優勝	1972.9.24
輪島が全勝優勝	1973.9.23

輪島が5回目の優勝　　　　　1974.3.24
貴ノ花が悲願の初優勝　　　　1975.3.23
北の湖が4回目の優勝　　　　1975.5.25
金剛が平幕優勝　　　　　　　1975.7.25
貴ノ花が3場所ぶり優勝　　　1975.9.28
北の湖が5回目の優勝　　　　1976.1.25
輪島が8回目の優勝　　　　　1976.3.28

朝比奈 三代子
朝比奈がマラソン初優勝　　　1994.4.17

旭富士
千代の富士が10度目優勝　　　1984.11.25
朝潮が初優勝　　　　　　　　1985.3.24
千代の富士が全勝優勝　　　　1985.9.22
千代の富士が3場所連続優勝　1986.1.26
千代の富士が16回目優勝　　　1986.5.25
大乃国が全勝で初優勝　　　　1987.5.24
千代の富士が21回目の優勝　　1987.7.19
北勝海が優勝　　　　　　　　1987.9.27
旭富士が初優勝　　　　　　　1988.1.24
千代の富士が23度目優勝　　　1988.5.22
北勝海が8場所ぶり優勝　　　1989.1.23
北勝海が5回目の優勝　　　　1989.5.21
旭富士が優勝　　　　　　　　1990.5.27
旭富士が2場所連続優勝・横
　綱昇進　　　　　　　　　　1990.7.22
旭富士が4回目の優勝　　　　1991.5.26
貴花田が初優勝　　　　　　　1992.1.14

朝日山
トンガから入門　　　　　　　1974.10.25

旭豊
貴乃花が12回目の優勝　　　　1996.3.24
貴乃花が全勝で15回目の優勝　1996.9.22

浅利 純子
浅利が日本最高タイ　　　　　1993.1.31
世界陸上開催　　　　　　　　1993.8.13〜22
1レース3人が日本最高記録　1994.1.30
東京国際で浅利が優勝　　　　1995.11.19
真木が初優勝　　　　　　　　1996.3.10
東京国際マラソンで浅利が優勝
　　　　　　　　　　　　　　1998.11.15

浅利 正勝
全日本選手権開催　　　　　　1973.2.10〜16

アシュフォード, エベリン
国際女性スポーツ会議開催　　1980.10.9

東 信二
有馬記念はアンバーシャダイ
　が制覇　　　　　　　　　　1981.12.20
サクラスターオーが2冠達成　1987.11.8

東関
北の湖が24回目の優勝　　　　1984.5.20
東関部屋創始　　　　　　　　1986.4.23

アスムッセン, C.
初のジャパンカップ開催　　　1981.11.22

麻生 太郎
日本がクレー射撃優勝　　　　1973.4.8〜11

阿知 波恵子
樋口・山下が3連覇　　　　　1970.11.27〜29

アッシェンバッハ
世界選手権開催　　　　　　　1974.2.16〜24

アッシュ
全英で沢松組が優勝　　　　　1975.6.23〜7.5

アドコックス, ビル
福岡マラソン開催　　　　　　1968.12.8
毎日マラソン開催　　　　　　1970.4.12
宇佐美が福岡で優勝　　　　　1970.12.6

阿南 準郎
広島が2年ぶり優勝　　　　　1986.10.12

アニマル浜口
全日本選手権開催　　　　　　2001.12.23
全日本選手権開催　　　　　　2002.12.23
流行語大賞決定　　　　　　　2004.12月

アヌシュ
アテネ五輪開催　　　　　　　2004.8.13〜29

安彦 諭
長野パラリンピック開催　　　1998.3.5〜14

油谷 繁
世界選手権開幕　　　　　　　2001.8.3〜12
アテネ五輪代表決定　　　　　2004.3.15

阿部 一視
札幌プレ五輪開催　　　　　　1971.2.7〜14

阿部 勝幸
長谷川・大関が優勝　　　　　1971.12.3〜7
阿部兄弟ペアが優勝　　　　　1976.11.26

阿部 祥子
ふくしま国体開催　　　　　　1995.10.19

阿部 重男
南米アンデス遠征　　　　　　1968(この年)

阿部 巨史
全日本選手権開催　　　　　1970.11.1〜3
5階級で連続優勝　　　　　1972.6.29〜7.2
ミュンヘン五輪開催　　　　1972.8.26〜9.11

安部 友恵
世界陸上開催　　　　　　　1993.8.13〜22
1レース3人が日本最高記録　1994.1.30
大阪国際で鈴木が2位　　　　1996.1.28

阿部 典史
玉田が優勝　　　　　　　　2004.9.19

阿部 博幸
全日本選手権開催　　　　　1980.12.7

阿部 雅司
荻原が3連勝　　　　　　　1992.12.20
日本が5連勝　　　　　　　1993.1.5
世界選手権開催　　　　　　1993.2.19
W杯複合で日本優勝　　　　1993.3.9
リレハンメル冬季五輪開催　1994.2.12〜27
世界選手権開催　　　　　　1995.3.12

阿部 勝
阿部・横田が初優勝　　　　1974.11.14〜16

阿部 道
日本プロスポーツ大賞決定　1973.12月

阿部 和香子
国際サイクルロードレース開催　1982.5.9
全日本アマチュア自転車競技
　選手権開催　　　　　　　1982.6.6

アベベ
アジア初・東京五輪開催　　1964.10.10〜24
びわ湖マラソンで岡部2位　　1965.5.9
メキシコ五輪開催　　　　　1968.10.12〜27

アベラ, ゲザハン
清水が3秒差で2位　　　　　2001.12.2
尾方が2秒差で2位　　　　　2002.12.1

アーペラント, クヌートトーレ
荻原4連覇ならず　　　　　1996.3.17

安馬
朝青龍が3場所連続優勝　　　2005.3.27

天野 博江
日本がユーバー杯王座　　　　1966.5.21
ユーバー杯は日本が防衛　　　1969.6.14
栂野尾・中山が優勝　　　　　1971.12.7〜12

阿万 亜里沙
阿万が日本新記録　　　　　1978.8.3

安美錦
曙が19場所ぶり優勝　　　　2000.7.23
武蔵丸が10回目の優勝　　　2002.3.23
朝青龍が3回目の優勝　　　　2003.5.25

アームストロング
福岡マラソンはショーター連覇　1973.12.2

アムリトラジ, A.
デ杯東洋ゾーンはインドに敗
　退　　　　　　　　　　　1974.5.3〜5

アムリトラジ, V.
デ杯東洋ゾーンはインドに敗
　退　　　　　　　　　　　1974.5.3〜5

アーメド, サラ
中山が日本最高記録で2位　　1985.4.14

新井 規矩雄
41歳新井が2位タイ　　　　1985.2.3

荒井 理
札幌プレ五輪開催　　　　　1971.2.7〜14
札幌冬季五輪開催　　　　　1972.2.3〜13

荒井 信久
リーグ戦で大乱闘　　　　　1997.10.14

荒井 のり子
パラリンピック・シドニー大
　会開催　　　　　　　　　2000.10.18〜29

新井 宏昌
新井がシーズン184安打　　1987.10.21

荒井 政雄
日本選手権開催　　　　　　1975.6.5〜8
モントリオール五輪開催　　1976.7.17〜8.1

荒井 幸雄
山倉・東尾がMVP　　　　　1987.11.4

アラウージョ
MVPにアラウージョ　　　　2005.12.20

新垣 渚
ドラフト会議開催　　　　　2002.11.20

荒川 静香
全日本選手権開催　　　　　2000.12.8〜10
村主が五輪代表決定　　　　2001.12.23
全日本選手権開催　　　　　2002.12.22
日本女子が表彰台独占　　　2003.2.14
村主がGPファイナル初優勝　2003.12.14
全日本選手権開催　　　　　2003.12.27
荒川が初優勝　　　　　　　2004.3.27
荒川が総合初優勝　　　　　2004.11.6

荒川が総合2位　2004.12.18
世界選手権開催　2005.3.19
村主・高橋が優勝　2005.12.25
荒木 久美
名古屋国際女子マラソン開催　1990.3.4
荒木 大輔
横浜高が初優勝　1980.8.22
荒木 俊明
全日本選手権開催　1971.3.18〜21
荒勢
田中が連続優勝　1970.12.12
北の湖が2回目の優勝　1974.5.26
輪島が連続優勝　1974.9.22
魁傑が優勝　1974.11.24
貴ノ花が悲願の初優勝　1975.3.23
北の湖が全勝優勝　1977.9.25
荒谷 一夫
3位まで日本が独占　1972.2.26〜3.5
全日本選手権開催　1974.1.31〜2.7
荒巻 淳
杉下・白石・荒巻が殿堂入り　1985.1.23
アリ, ムハマド
アリ vs 猪木は引き分け　1976.6.26
アリ, モハメド
アトランタ五輪開催　1996.7.19〜8.4
アリオー
世界選手権シリーズ第1戦　1991.4.12
有賀 秋子
女子世界選手権開催　1967.2.18〜19
有賀が日本新連発も及ばず　1969.2.1〜2
有島 規郎
有島が2連覇　1979.12.9
有馬 光男
山田が優勝　1973.12.2
有森 裕子
有森が日本最高記録で2位　1991.1.27
バルセロナ五輪開催　1992.7.25〜8.9
有森が3年ぶり復活　1995.8.27
真木が初優勝　1996.3.10
アトランタ五輪開催　1996.7.19〜8.4
有森が事実上のプロ宣言　1996.12.26
流行語大賞決定　1996.12月
有森がタレント活動　1997.4.22

有森が自己ベストを更新　1999.4.19
東京国際女子マラソン開催　2001.11.18
アルダ, ベン
青木が2打差の2位　1973.9.27〜30
総武国際オープン開催　1976.4.25
アルレドンド, レネ
浜田が防衛失敗　1987.7.22
アレクサンドル
世界選手権開催　1973.4.5〜15
世界選手権開催　1975.2.5〜17
アレクセエフ
世界選手権開催　1970.9.12〜20
アレム, エルフィネッシュ
高橋が終盤に失速し2位　2003.11.16
アーロン, ハンク
王 vs アーロン　1974.11.2
阿波野 秀幸
山倉・東尾が MVP　1987.11.4
アン清村
ジャパン・オープン開催　1974.10.8〜14
全英で沢松組が優勝　1975.6.23〜7.5
安斉 公浩
安斉が自由形日本新　1981.7.17
安西 孝之
日本体協第13代会長に安西監事　1995.9.5
安西会長続投　2001.3月
アンデルセン
ロサンゼルス五輪開催　1984.7.28〜8.12
安藤 戒牛
安藤が初優勝　2002.11.3
近本が初優勝　2003.11.3
安藤 勝己
ザッツザプレンディが菊花賞制覇　2003.10.26
キングカメハメハがダービー勝利　2004.5.30
スズカマンボが勝利　2005.5.1
安藤 謙吉
長崎国体開催　1969.10.26〜31
世界選手権開催　1970.9.12〜20
モントリオール五輪開催　1976.7.17〜8.1
安藤が日本新記録　1977.6.11〜12

安藤 美姫
村主が五輪代表決定	2001.12.23
安藤が女子初の4回転に成功	2002.12.14
全日本選手権開催	2002.12.22
太田が優勝	2003.3.1
全日本選手権開催	2003.12.27
安藤が初優勝	2004.3.6
荒川が初優勝	2004.3.27
荒川が総合初優勝	2004.11.6
浅田が初優勝	2004.12.4
安藤が2連覇	2004.12.26
世界選手権開催	2005.3.19
村主・高橋が優勝	2005.12.25

安藤 康洋
安藤が総合初優勝	1994.5.22

アントニオ, アギーレ, ホセ
イーグル赤倉が世界王座	2004.1.10

アントニオ猪木
アリvs猪木は引き分け	1976.6.26
猪木が引退	1998.4.4

アンドリアノフ
国際選抜競技会開催	1972.12.2～3,9～10
梶山が優勝	1974.11.30～12.1

アンドレツティ
富士スピードウェイ開催	1976.10.24

阿武 教子
16歳阿武が初優勝	1993.4.18
阿武が2連覇	1994.4.17
田村が福岡国際5連覇	1994.12.10
阿武が3連覇	1995.4.16
女子体重別選手権開催	1995.5.14
福岡国際開催	1995.12.9
阿武が4連覇	1996.4.14
日本が金4個獲得	1997.10.9
世界選手権開催	2001.7.26～29
世界選手権開催	2003.9.11～14
アテネ五輪開催	2004.8.13～29

【い】

飯島 秀雄
飯島秀雄が100m10秒1	1964.6.14
飯島が日本記録	1965.7.18
ブダペスト大会開催	1965.8.20～29
飯島が優勝	1966.6.26
日本選手権開催	1968.8.29～9.1
ドラフト会議開催	1968.11.12
10秒34を16年ぶり公認	1984.3.17
東京国際ナイター開催	1987.9.23

飯田 藍
坂井・左手が優勝	1974.10.30～11.8

飯田 覚士
飯田が世界王座	1997.12.23
飯田が防衛失敗	1998.12.23

飯田 徳治
南海の蔭山監督が急死	1965.11.17
岩本・飯田が殿堂入り	1981.1.23

井岡 弘樹
井岡がストロー級初代王者	1987.10.18
井岡が初防衛	1988.1.31
井岡が防衛失敗	1988.11.13
井岡が2階級制覇	1991.12.17
井岡が王座失う	1992.11.18
井岡3階級制覇ならず	1993.6.21

猪谷 千春
IOC総会開催	1982.5.28
猪谷がIOC理事	1987.5.11

猪谷 素子
全日本選手権開催	1970.2.8～15

五十嵐 文男
全日本選手権開催	1977.12.21
世界選手権開催	1978.3.9
渡部・五十嵐が優勝	1979.4.14
NHK杯開催	1980.11.29
全日本選手権開催	1980.12.21
五十嵐が世界選手権4位	1981.3.5
五十嵐がNHK杯2連覇	1981.11.29
五十嵐が3連覇	1981.12.20

井川 慶
沢村賞に井川と斉藤	2003.10.20
MVPは井川・城島	2003.10.29
井川がノーヒットノーラン	2004.10.4

イカンガー
東京国際マラソン開催	1984.2.12

イカンガー, ジュマ
ダイエーカップ開催	1986.2.9
福岡国際マラソン開催	1986.12.7

生沢 徹
富士で生沢が優勝	1976.9.5

生田 正範
　生田が十種競技日本新　　　　1972.5.27～28
井口 妙
　日本選手権開催　　　　　　　1968.8.29～31
　高校勢が活躍　　　　　　　　1969.8.29～31
　女子4種目で日本新　　　　　1970.8.24～29
井口 資仁
　日本プロスポーツ大賞決定　　2005.12月
井口 忠仁
　井口が大学最多本塁打　　　　1996.5.14
イグナトバ, リリア
　W杯東京大会開催　　　　　　1986.10.17～18
イーグル赤倉
　イーグル赤倉が世界王座　　　2004.1.10
イーグル京和
　川嶋が世界王座　　　　　　　2004.6.28
　イーグル京和が王座奪回　　　2005.8.6
池上 昌弘
　メジロアサマが天皇賞　　　　1970.11.29
　トウショウボーイが1着　　　1976.4.25
池田 勝明
　千葉が2種目優勝　　　　　　1975.3.6～9
池田 久造
　アマ規定違反で追及　　　　　1972.11.15
池田 久美子
　日本選手権開催　　　　　　　2001.6.10
池田 敬子
　体操の五輪最終選考　　　　　1964.6.27～28
　アジア初・東京五輪開催　　　1964.10.10～24
　世界選手権開催　　　　　　　1966.9.20～26
　全日本選手権開催　　　　　　1968.11.21～24
池田 尚弘
　アジア初・東京五輪開催　　　1964.10.10～24
池田 信孝
　栂野尾・中山が優勝　　　　　1971.12.7～12
池田 美憂
　浜口が75kg級2連覇　　　　　1998.10.10
池谷 幸雄
　高校生コンビが1・2位　　　1988.6.5
　ソウル五輪開催　　　　　　　1988.9.17～10.2
　全日本学生体操選手権開催　　1989.8.1～4
　鉄棒で池谷が銅　　　　　　　1989.10.22
　バルセロナ五輪開催　　　　　1992.7.25～8.9

　全日本学生選手権開催　　　　1992.8.19
池永 正明
　八百長事件で永久追放　　　　1970.5.25
　池永が復権　　　　　　　　　2005.4.25
池渕 富子
　50歳66日池渕が優勝　　　　　1997.5.18
池森 ルイス剛
　初の外国人学生横綱　　　　　1990.11.3
生駒 佳与子
　生駒が初優勝　　　　　　　　1986.9.14
　白浜・生駒が優勝　　　　　　1988.5.8
伊佐 忠義
　アルプス3大北壁登頂　　　　1966.8.11
砂岡 良治
　砂岡が日本新記録　　　　　　1982.10.7
　砂岡が4連覇　　　　　　　　1983.7.12
　ロサンゼルス五輪開催　　　　1984.7.28～8.12
　全日本重量挙げ開催　　　　　1986.6.1
　ソウルでアジア大会　　　　　1986.9.20～10.5
　砂岡が日本新記録　　　　　　1988.6.22
伊沢 厚
　日本選手権開催　　　　　　　1975.6.5～8
伊沢 利光
　伊沢がツアー初勝利　　　　　1995.10.1
　不動が2年連続賞金女王　　　2001.11.25
　日本プロスポーツ大賞決定　　2001.12月
　丸山・伊沢組が優勝　　　　　2002.12.15
　伊沢が2年ぶり年間賞金王　　2003.12.7
石井 和恵
　全日本で高校生の宮坂が優勝　1981.2.20
石井 一久
　石井がノーヒットノーラン　　1997.9.2
　米・大リーグが開幕　　　　　2002.4.1
石井 菊代
　中・高生が日本新　　　　　　1971.8.26～29
石井 重胤
　アルプス3大北壁登頂　　　　1966.8.11
石井 貴
　西武が12年ぶり日本一　　　　2004.10.25
石井 隆士
　石井が日本新記録　　　　　　1977.9.3
石井 丈裕
　西武が8回目の日本一　　　　1992.10.26

ハウエル・石井が MVP 1992.10.28
日本プロスポーツ大賞決定 1992.12 月
イシイ, デビッド
　日本プロゴルフ開催 1987.7.26
　初の外国人賞金王 1987.12.6
石井 雅子
　日本選手権開催 1966.8.28〜30
　5 種目で日本新記録 1967.8.8〜10
石井 光次郎
　横綱審議会委員長に石井氏 1976.1.26
石井 由紀
　W 杯第 1 回大会開催 1979.8.29〜9.3
石岡 千秋
　全日本選手権開催 1986.2.25
石上 寿子
　ノルディックスキー選手権開催 1982.2.4〜8
石神 寿子
　ノルディックスキー選手権開催 1983.2.11
石川 きぬ子
　中学生の石川が優勝 1968.2.22
石川 健二
　アジア初・東京五輪開催 1964.10.10〜24
　5 種目で日本新記録 1967.8.8〜10
　ユニバ東京大会開催 1967.8.27〜9.4
石川 洋子
　全日本選手権開催 1968.11.24〜27
石川 誠
　全日本選手権開催 1969.11.20〜22
石川 雅規
　松井・カブレラが MVP 2002.11.1
　日本プロスポーツ大賞決定 2002.12 月
石川 恵
　東海クラシック開催 1988.10.2
石倉 あゆみ
　名古屋国際女子マラソン開催 1989.3.5
石毛 宏典
　ドラフト会議開催 1980.11.26
　江川・江夏が MVP 1981.10.27
　北別府・石毛が MVP 1986.10.29
　西武が 3 年連続日本一 1988.10.27
　開幕早々石毛解任 2003.4.23

石坂 真奈美
　全日本選手権開催 2002.11.9
　中日カップ開催 2003.12.6
　水鳥・石坂が優勝 2005.7.9
石沢 隆夫
　林が 10 年ぶり日本新 1972.6.2〜4
　河野・井上が日本新 1972.10.7〜8
　女子 1500 で日本新 1973.6.1〜3
石津 裕子
　石津が日本人初優勝 1985.8.10
石塚 美文
　全日本剣道選手権開催 1985.11.3
石関 博之
　秋山・石関が優勝 1986.11.9
石田 和春
　杉山・田上が 3 連覇 1972.7.5〜7
　ミュンヘン五輪開催 1972.8.26〜9.11
　全日本選手権開催 1974.6.28〜30
　日本選手権開催 1975.6.5〜8
石田 健一
　石田六段が初優勝 1982.11.3
石田 利也
　初の剣道兄弟対決 1992.11.3
　石田が 2 回目の優勝 1995.11.3
石田 弘行
　アマ選手権で倉本が優勝 1975.6.25〜28
石田 真理子
　石田が連覇 1994.9.11
石田 義久
　石田が三冠王 1966.9.4
石谷 光男
　全日本選手権開催 1968.11.14〜15
石野 枝里子
　石野・牛山が初優勝 2004.12.19
石幡 忠雄
　全日本スケート開催 1965.2.22〜25
　全日本選手権開催 1966.12.22〜23
　鈴木が 3 回目の優勝 1967.2.11〜12
　三協勢が上位 1969.2.18〜22
石原 辰義
　石原が世界新記録 1986.4.5
泉 香澄
　福岡国際女子柔道開催 1989.12.9〜10

泉 憲二
　アマ選手権で倉本が優勝　　1975.6.25～28
泉 宜広
　別府・大分マラソン開催　　1992.2.2
泉 浩
　アテネ五輪開催　　2004.8.13～29
　世界選手権開催　　2005.9.8～11
伊勢 多恵美
　日本記録更新相次ぐ　　1980.6.21
　水泳で8つの日本新　　1981.8.30
偉関 晴光
　全日本選手権開催　　2001.12.22
　福原・小西組が2連覇　　2004.1.16
磯貝 博子
　飯島が日本記録　　1965.7.18
磯貝 美奈子
　15年ぶり日本新記録　　1987.5.10
　全日本陸上選手権開催　　1989.6.17
磯貝 頼秀
　全日本選手権開催　　1970.11.1～3
　5階級で連続優勝　　1972.6.29～7.2
　和田・磯貝が連覇　　1973.8.9～12
　全日本選手権開催　　1974.6.28～30
　日本選手権開催　　1975.6.5～8
磯崎 公美
　磯崎が400で日本新　　1982.8.3
　8ヶ国陸上競技大会開催　　1982.9.24
磯部 サタ
　アジア初・東京五輪開催　　1964.10.10～24
磯辺 サタ
　ニチボーの連勝続く　　1965.7.30
磯村 芳幸
　関東・関西オープン開催　　1986.9.7
井田 安則
　3人連続ホールインワン　　1996.6.27
板井
　千代の富士が27回目の優勝　　1989.3.26
　1045勝の千代の富士が引退　　1991.5.14
板井 栄一
　東海クラシック開催　　1991.10.6
板垣 宏
　ノルディック大会開催　　1966.2.9～12
　インスブルックで冬季大会　　1968.1.9～18

　グルノーブル冬季五輪開催　　1968.2.6～18
板垣 宏志
　全日本選手権開催　　1972.2.28～3.5
　全日本選手権開催　　1973.2.10～16
　角田が全日本選手権優勝　　1975.2.5～10
板楠 忠士
　嘉納杯国際大会開催　　1990.12.2
市川 崑
　五輪映画で波紋　　1965.3.20
市川 大祐
　日本代表登録メンバー発表　　1998.6.2
市川 武史
　甲子園球児21年ぶり東大入り　　2004.5.31
市川 千尋
　冨田・市川が天皇杯優勝　　2004.11.13
市川 千尋
　冨田・市川が天皇杯優勝　　2004.11.13
市川 洋介
　バンコクで4回目のアジア大会　　1998.12.6～20
市口 政光
　アジア初・東京五輪開催　　1964.10.10～24
一ノ関 史郎
　アジア初・東京五輪開催　　1964.10.10～24
一場 靖弘
　明治大学が12季ぶり優勝　　2004.5.17
　東北福祉大が13年ぶり優勝　　2004.6.16
　一場が金銭授受　　2004.8.13
　横浜・阪神も一場に現金授受　　2004.10.22
市橋 有里
　東京国際マラソンで浅利が優勝
　　　　　　　　　　　　1998.11.15
　世界陸上選手権開催　　1999.8.26
市橋 善行
　全日本選手権開催　　1970.2.8～15
市村 政美
　千葉が2種目優勝　　1975.3.6～9
　市村が7位に入賞　　1976.1.24
伊調 馨
　世界女子選手権開催　　2002.11.4
　全日本選手権開催　　2002.12.23
　世界フリースタイル選手権開催　　2003.9.14
　全日本選手権開催　　2003.12.23

― 607 ―

伊調姉妹がアテネ五輪代表に	2004.4.13	ファン投票イチローが最多得票	2002.6.30
アテネ五輪開催	2004.8.13～29	イチロー・佐々木活躍なし	2002.7.9
全日本選手権開催	2004.12.23	イチローが2年連続200安打	2002.9.22
世界選手権開催	2005.9.26	イチローが2年連続ゴールド	
全日本選手権開催	2005.12.21～23	グラブ賞	2002.11.13
伊調 千春		イチローが通算500安打	2003.5.16
全日本選手権開催	2002.12.23	オールスターに日本人選手活躍	2003.7.15
世界フリースタイル選手権開催	2003.9.14	イチローが3年連続200安打	2003.9.20
全日本選手権開催	2003.12.23	イチローにゴールドグラブ賞	2003.11.4
伊調姉妹がアテネ五輪代表に	2004.4.13	松井が開幕戦本塁打	2004.4.6
アテネ五輪開催	2004.8.13～29	イチローが2000本安打	2004.5.21
全日本選手権開催	2005.12.21～23	イチロー2塁打・松井は三振	2004.7.13
イチロー		イチローが月間56安打	2004.8.31
イチローが57試合連続出塁	1994.8.10	イチローが月間MVP	2004.9.2
イチローがシーズン200安打	1994.9.20	イチローが年間最多安打記録	2004.10.1
最多安打賞創設	1994.10.6	MVPはゲレロ	2004.11.16
桑田・イチローがMVP	1994.10.31	大リーグ開幕	2005.4.3
日本プロスポーツ大賞決定	1994.12月	イチローが1000安打	2005.6.14
流行語大賞決定	1994.12月	イチローが2打点	2005.7.12
イチローがファン投票新記録	1995.7.13	イチローが5年連続200安打	2005.10.2
パ・リーグ全日程終了	1995.10.6	青木が202安打	2005.10.14
オマリー・イチローがMVP	1995.10.28	仰木前監督が死去	2005.12.15
日本プロスポーツ大賞決定	1995.12月	**井出 かなめ**	
イチローがファン投票トップ	1996.7.10	世界女子スケート開催	1971.2.6～7
セ・パ全日程終了	1996.10.9	**出河 満男**	
松井・イチローがMVP	1996.10.26	全日本選手権開催	1974.6.28～30
日米野球で野茂が先発	1996.11.2	日本選手権開催	1975.6.5～8
日本プロスポーツ大賞決定	1996.12月	**出町 豊**	
イチローが連続打席無三振209	1997.6.24	アジア初・東京五輪開催	1964.10.10～24
イチローが4年連続首位打者	1997.10.12	**糸井 統**	
イチローが初の5年連続首位打者	1998.10.12	日本水泳選手権開催	1991.6.6～9
イチローが年俸5億円	1998.12.16	**伊藤 和子**	
日本プロスポーツ大賞決定	1998.12月	全日本選手権開催	2002.12.18
松井・松中がMVP	2000.10.30	**伊藤 勝二**	
イチローがマリナーズ入団	2000.11.19	日本選手権開催	1966.8.28～30
イチロー先発デビュー	2001.4.2	学生選手権開催	1967.7.27～29
イチローがファン投票1位	2001.7.2	**伊東 勝人**	
オールスター開催	2001.7.10	全日本選手権開催	1991.12.1
イチローが新人最多安打	2001.9.29	**伊藤 清美**	
イチローが2冠	2001.10.7	三協勢が上位	1969.2.18～22
マリナーズ敗退	2001.10.22	ユニバで日本勢の優勝無し	1970.4.2～9
イチロー国民栄誉賞辞退	2001.10.26	5種目で日本新	1972.1.21～23
イチローがMVP	2001.11.20	世界選手権開催	1972.2.19～20
日本プロスポーツ大賞決定	2001.12月	3位まで日本が独占	1972.2.26～3.5
米・大リーグが開幕	2002.4.1		

伊藤 国光
伊藤が福岡国際2位	1981.12.6
北京で喜多が優勝	1984.10.14
児玉が日本最高記録	1986.10.19

伊東 浩司
伊東が日本新記録	1994.10.23
伊東が日本新記録	1998.10.2
バンコクで4回目のアジア大会	1998.12.6〜20
男子100で伊東が9秒9	1999.6.16

伊藤 繁雄
東南アジア選手権開催	1968.4.8〜15
アジア選手権開催	1968.9.22〜29
全日本選手権開催	1968.11.25〜12.1
世界選手権開催	1969.4.17〜27
全日本選手権開催	1969.12.5〜8
全日本選手権開催	1970.11.21〜26
世界選手権開催	1971.3.28〜4.7
阿部・横田が初優勝	1974.11.14〜16

伊藤 繁
全日本選手権開催	1968.11.25〜12.1

伊藤 高男
角田が全日本選手権優勝	1975.2.5〜10
伊藤が2回目の優勝	1978.2.4
全日本選手権開催	1978.2.7

伊藤 次男
全日本選手権開催	1968.8.23〜25

伊東 勤
西武・オリックスに新監督	2003.10.7
西武が2年ぶり優勝	2004.10.11
西武が12年ぶり日本一	2004.10.25

伊藤 敏夫
アルプス3大北壁登頂	1966.8.11

伊藤 真貴子
伊藤が初優勝	1997.11.30

伊藤 正徳
日本ダービーはラッキールーラ	1977.5.29
メジロティターンが天皇賞制覇	1982.10.31

伊藤 みどり
全日本選手権開催	1980.12.21
伊藤みどり2連覇	1982.10.31
伊藤みどりが3位	1983.12.10
伊藤みどりが7位入賞	1984.3.21
伊藤みどりが4連覇	1984.11.3
伊藤みどりがNHK杯優勝	1984.11.25
全日本選手権開催	1985.1.13
伊藤がNHK杯2連覇	1985.11.23
全日本フィギュア開催	1986.1.12
世界選手権開催	1987.3.9
伊藤が6回目の優勝	1987.11.14
カルガリー冬季五輪開催	1988.2.13〜28
伊藤が日本初の金メダル	1989.3.18
全日本フリー選手権開催	1989.11.3
全日本選手権開催	1990.1.15
伊藤みどり連覇ならず2位	1990.3.10
全日本フィギュア開催	1991.1.13
伊藤みどりが世界選手権総合4位	1991.3.16
伊藤みどり逆転優勝	1991.11.9
全日本選手権開催	1992.1.12
アルベールビル冬季五輪開催	1992.2.8〜23
伊藤みどりが引退	1992.4.15
中学生初の優勝	1996.1.14
長野五輪開催	1998.2.7〜22

伊東 恵
世界選手権開催	1986.8.13〜23

伊藤 喜剛
伊藤がドーピング違反	1996.5.8

糸川 敏彦
糸川が日本新記録	1994.12.4

稲尾 和久
稲尾が250勝	1966.6.28
西鉄が太平洋に売却	1972.10.20
稲尾・村山が殿堂入り	1993.1.20

稲岡 美千代
日本選手権開催	1968.8.29〜9.1
中・高校生が活躍	1974.9.28〜29
陸上日本選手権開催	1975.5.30〜6.1

稲田 明
初の体重別選手権開催	1966.8.28

稲田 悦子
佐野・渡部が初優勝	1972.11.27〜28

稲田 法子
パシフィック選手権開催	1995.8.10
世界水泳選手権開催	2003.7.21

稲葉 篤紀
サイクル安打連発	2003.7.1

稲葉 和世
稲葉が日本新記録	1977.4.26
稲葉が優勝	1977.7.8

因幡 英昭
因幡が世界新記録	1976.6.13
因幡が5連覇	1978.11.2

稲村 成浩
世界選手権開催	1990.8.20

稲本 潤一
稲本がハットトリック	2002.8.27

犬伏 孝行
犬伏が日本人初の2時間6分台	1999.9.26

伊納 保夫
浅野が連続優勝	1970.10.24

井上 明
決勝が引き分け再試合	1969.8.18〜19

井上 悦子
井上がジャパン・オープン初優勝	1983.10.24
全日本テニス選手権開催	1985.9.23
全日本選手権開催	1986.9.15〜21
全日本選手権開催	1987.9.18〜27
全日本選手権開催	1989.9.15

井上 喜久子
ソウル五輪最年長代表	1988.6.5

井上 恭一郎
日本選手権開催	1970.5.29〜31

井上 謙二
アテネ五輪開催	2004.8.13〜29

井上 康生
バンコクで4回目のアジア大会	1998.12.6〜20
シドニー五輪開催	2000.9.15〜10.1
体重別選手権開催	2001.4.1
井上が初優勝	2001.4.29
世界選手権開催	2001.7.26〜29
体重別選手権開催	2002.4.7
井上が2連覇	2002.4.29
井上40連勝でストップ	2003.4.6
井上が3連覇	2003.4.29
世界選手権開催	2003.9.11〜14
井上が3年ぶり優勝	2004.4.4
鈴木が初優勝	2004.4.29
井上主将・浜口旗手	2004.6.24
アテネ五輪開催	2004.8.13〜29
井上が優勝	2005.1.9

井上 茂徳
中野3連覇ならず	1982.11.23

井上 純一
アルベールビル冬季五輪開催	1992.2.8〜23
日本勢が表彰台独占	1997.2.22

井上 信
井上が初勝利	2004.10.31

井上 哲夫
全日本選手権開催	1970.11.21〜26
長谷川・大関が優勝	1971.12.3〜7
アジア選手権開催	1972.9.2〜13
長谷川・大関が優勝	1973.12.6〜9

井上 智和
体重別選手権開催	2001.4.1

井上 登
川上・鶴岡が殿堂入り	1965.12.4

井上 信
井上が初勝利	2004.10.31

井上 美加代
河野・井上が日本新	1972.10.7〜8
女子1500で日本新	1973.6.1〜3

井上 三次
全日本選手権開催	1967.6.30〜7.2

猪熊 功
アジア初・東京五輪開催	1964.10.10〜24

伊原 春樹
西武コーチ5人が退団	1999.10.1
西武が4年ぶり優勝	2002.9.21
西武・オリックスに新監督	2003.10.7
中日が5年ぶり優勝	2004.10.1

今井 祥司
カヌーで対馬海峡横断	1983.8.4

今井 通子
女性初の北壁登頂	1967.7.19
グランドジョラス北壁女性初登頂	1971.7.17
国際女性スポーツ会議開催	1980.10.9

今井 裕介
今井が日本新記録	2001.3.15

今井 雄太郎
　今井が完全試合　　　　　　　　1978.8.31
今江 敏晃
　ロッテが31年ぶり日本一　　　　2005.10.26
今岡 誠
　阪神から最多9人選出　　　　　　2003.7.3
今給黎 教子
　女性初の太平洋単独往復　　　　　1988.8.19
　今給黎が鹿児島帰港　　　　　　 1988.12.31
　女性初の無寄港世界一周　　　　　1992.7.15
今村 元気
　世界選手権開催　　　　　　　　　2005.7.24
今村 満
　全日本選手権開催　　　　　1967.6.30～7.2
井本 重喜
　エベレスト北東稜ルート登頂　　　1995.5.11
イユン
　女子単複とも日本が優勝　　　1975.3.19～22
伊良部 秀輝
　伊良部が1000奪三振　　　　　　　1996.5.17
　長谷川がエンゼルスと契約　　　　1997.1.8
　伊良部がヤンキースと契約　　　　1997.5.30
　大リーグ初の日本人投手対決　　　1999.5.7
　伊良部がエクスポズに移籍　　　 1999.12.22
　山口が球速日本タイ記録　　　　　2002.7.29
　イチローが月間MVP　　　　　　　 2004.9.2
入江 隆
　ロサンゼルス五輪開催　　　1984.7.28～8.12
入江 勉
　世界アマ選手権開催　　　　1974.11.30～11.2
　関東・関西オープンゴルフ開催　　1985.9.8
岩木山
　朝青龍が初優勝　　　　　　　　 2002.11.22
　朝青龍が4回目の優勝　　　　　　 2003.9.21
岩隈 久志
　岩隈が楽天入り　　　　　　　　 2004.12.22
岩佐 英範
　岩佐が初優勝　　　　　　　　　　2001.11.3
　安藤が初優勝　　　　　　　　　　2002.11.3
岩崎 恭子
　バルセロナ五輪開催　　　　 1992.7.25～8.9
　水泳日本選手権開催　　　　　　　1995.6.9

岩崎 邦宏
　アジア初・東京五輪開催　　 1964.10.10～24
　日本選手権開催　　　　　　　1966.8.28～30
岩崎 利彦
　岩崎が100m障害日本新記録　　　　1989.5.7
岩崎 基志
　岩崎が初優勝　　　　　　　　　　1980.2.3
岩崎 雄二
　堀越が日本新　　　　　　　　1970.7.3～5
　ライト級で日本新　　　　　　1971.7.24～25
　加藤と後藤が日本新　　　　　　1972.6.2～4
岩瀬 仁紀
　岩瀬が46セーブ　　　　　　　　　2005.10.1
岩田 康誠
　デルタブルースが勝利　　　　　 2004.10.24
岩谷 俊一
　岩谷が初の二冠王　　　　　　　　1969.1.19
　ユニバで日本勢の優勝無し　　　1970.4.2～9
イワノーワ
　東京国際女子マラソン開催　　　 1982.11.14
岩堀 透
　岩堀が優勝　　　　　　　　　　　1986.11.3
岩元 市三
　バンブーアトラスがダービー
　　制覇　　　　　　　　　　　　　1982.5.30
岩本 義行
　広瀬が27試合連続安打　　　　　　1964.6.13
　岩本・飯田が殿堂入り　　　　　　1981.1.23

　　　　　　　　　【う】
ウイルコーラ
　ジャンプで藤沢が2位　　　　 1966.2.16～27
ウィンディ
　阪急が初優勝　　　　　　　　　　1967.10.1
ウィンドル
　女子陸上西ドイツ勢強し　　　1973.9.29～30
植木 毅
　モンブラン初滑降　　　　　　　　1968.6.20
植木 守
　ライト級で日本新　　　　　　1971.7.24～25
　堀越が日本新　　　　　　　　　1973.8.6～8

上田 利治
阪急が3年ぶりリーグ優勝	1975.10.20
阪急が40年目で初の日本一	1975.11.2
阪急が完全優勝	1976.9.30
阪急が2年連続日本一	1976.11.2
阪急が3連覇	1977.10.15
阪急が日本一	1977.10.27
阪急がリーグ優勝	1978.9.27
阪急がリーグ優勝	1984.9.23
上田・関根が殿堂入り	2003.1.10

上武 洋次郎
アジア初・東京五輪開催	1964.10.10～24
メキシコ五輪開催	1968.10.12～27

ウェード, バージニア
国際女性スポーツ会議開催	1980.10.9

植野 恵美子
世界女子選手権開催	1977.5.8
植野・米倉組が優勝	1978.1.29

上野 純子
インスブルックで冬季大会	1968.1.9～18

上野 雅恵
世界選手権開催	2001.7.26～29
世界選手権開催	2003.9.11～14
福岡国際女子選手権開催	2003.12.13～14
アテネ五輪開催	2004.8.13～29

上野 由岐子
上野が完全試合	2002.8.2
アテネ五輪開催	2004.8.13～29

上野 順恵
福岡国際女子選手権開催	2003.12.13～14

植原 清
全日本選手権開催	1969.11.20～22
全日本選手権開催	1971.3.18～21

上原 浩治
上原がプロ初勝利	1999.4.13
上原・松坂が新人王	1999.10.30
日本プロスポーツ大賞決定	1999.12月
流行語大賞決定	1999.12月

上原 三枝
全日本選手権開催	1992.1.5
上原が日本新記録	1994.12.16
全日本選手権開催	1996.1.5
W杯カルガリー大会開催	1996.3.1

上原 康恒
上原が世界王座	1980.8.2
上原が防衛失敗	1981.4.9

植松 純
植松が4種目完全制覇	1995.2.19

植松 精一
江川は法大へ	1974.3.7

植松 仁
長野五輪開催	1998.2.7～22

上村 愛子
ソルトレーク冬季五輪開催	2002.2.8～24
上村が2季ぶり優勝	2005.2.26
上村が銅メダル	2005.3.20

植村 甲午郎
札幌五輪組織委始動	1966.7.26

植村 直己
植村がアマゾン下り	1968.9月
日本隊エベレスト初登頂	1970.5.11
植村が北極圏犬ぞり旅行	1976.5.8
エルブルース山登頂	1976.7.31
植村が北極点到達	1978.4.30
植村がグリーンランド縦断	1978.8.22
植村に英から受賞	1979.2.22
植村がマッキンリー冬季単独登頂	1984.2.12
山下に国民栄誉賞	1984.9.28

上村 春樹
上村が初優勝	1973.4.29
上村が2年ぶり優勝	1975.4.29
モントリオール五輪開催	1976.7.17～8.1

ウェンツェル
ワールドカップ苗場で開催	1975.2.21～23

ウォザースプーン, ジェレミー
世界スプリント開催	2002.1.20

ウォルド, アニタ
札幌で女性最長不倒記録	1975.1.13

宇佐美 彰朗
メキシコ五輪代表決定	1968.7.24
ソウルで宇佐美が優勝	1969.9.28
福岡で谷村が3位	1969.12.7
宇佐美が福岡で優勝	1970.12.6
アテネで宇佐美が優勝	1971.4.6
ミュンヘンで宇佐美優勝	1971.9.12
福岡マラソンで宇佐美2位	1971.12.5

福岡でショーター4連覇	1974.12.8
宇佐美が4回目の優勝	1975.4.20
宇佐美が5回目の優勝	1976.4.18

牛島 和彦
箕島が3回目の優勝	1979.4.7
落合が日本人初の年俸1億円	1986.12.23
横浜新監督に牛島	2004.10.18

牛山 貴広
全日本距離別選手権開催	2004.10.31
石野・牛山が初優勝	2004.12.19

臼井 淳一
臼井・武田が日本新記録	1979.7.6
臼井が幅跳び日本新	1979.8.6

宇田 明彦
ダテテンリュウが勝利	1970.11.15

宇田川 聡仁
バンコクで4回目のアジア大会	1998.12.6～20

内柴 正人
アテネ五輪開催	2004.8.13～29
内柴が優勝	2005.4.3

内田 浩一
菊花賞は4番人気メジロマックイーン	1990.11.4

内田 博喜
ベルノ冬季大会開催	1985.2.19

内野 幸吉
ボストンで日本は不振	1970.4.20

内村 祐之
内村コミッショナー退任	1965.4.30
三原・内村が殿堂入り	1983.1.24

内村 良一
原田が初優勝	2005.11.3

宇津木 妙子
シドニー五輪開催	2000.9.15～10.1

宇津木 麗華
シドニー五輪開催	2000.9.15～10.1

ウッド
世界選手権開催	1969.2.25～3.2

内海 祐吾
全日本選手権開催	1991.11.23

采谷 義秋
メキシコ五輪代表決定	1968.7.24

福岡マラソン開催	1968.12.8
上岡が別府毎日優勝	1969.2.2
采谷がボストンで優勝	1969.4.21
マンチェスターで采谷が4位	1969.7.20
毎日マラソン開催	1970.4.12
宇佐美が福岡で優勝	1970.12.6
びわ湖で采谷が優勝	1971.3.21
びわ湖マラソンで北山2位	1973.3.18

梅田 昭彦
田中と森田が優勝	1969.3.3～11
5階級で連続優勝	1972.6.29～7.2
ミュンヘン五輪開催	1972.8.26～9.11

梅村 礼
全日本選手権開催	2001.12.22

浦 和重
世界選手権開催	2005.8.31

瓜田 吉久
瓜田が日本記録更新	1982.10.17

【え】

栄花 直輝
岩佐が初優勝	2001.11.3

江川 卓
横浜高が選抜初優勝	1973.4.6
広島商が優勝	1973.8.22
作新また銚子に破れる	1973.10.18
ドラフト会議開催	1973.11.20
江川は法大へ	1974.3.7
江川がクラウン入団拒否	1977.12.3
空白の一日の江川入団	1978.11.21
江川問題が決着	1979.1.31
江川・江夏がMVP	1981.10.27
江川が8連続奪三振	1984.7.24
江川が引退	1987.11.12
和田が通算444奪三振	2002.10.2

エゴロワ
女子世界選手権開催	1966.2.12～13

江坂 君子
室内水泳選手権で新記録続出	1964.4.11～12

江崎 史子
江崎が48kg級優勝	1987.4.5
江崎が山口を破り優勝	1989.7.9

江刺 家進		
札幌プレ五輪開催		1971.2.7～14
江田 照男		
天皇賞で進路妨害の波乱		1991.10.27
枝野 とみえ		
アジア選手権開催		1974.4.2～15
エッシャー		
国際選抜大会開催		1975.11.16
江藤 智		
ヤクルトがリーグ優勝		1995.10.12
江藤 慎一		
王が日本最多53号本塁打		1964.9.6
江藤 正基		
日本人13年ぶりの優勝		1983.9.24
ロサンゼルス五輪開催		1984.7.28～8.12
エドベリ, ステファン		
ワールドテニス開催		1986.5.11
ジャパン・オープン開催		1987.4.18
岡本がジャパンオープン初優勝		1989.4.22
サントリー・ジャパンオープン開催		1990.4.15
サントリー・ジャパンオープン開催		1991.4.8～14
セイコー・スーパーテニス開催		1991.10.13
恵那桜		
北勝海が5回目の優勝		1989.5.21
江夏 豊		
ドラフト会議で混乱		1966.9.5
江夏がシーズン354奪三振		1968.9.17
日本プロスポーツ大賞決定		1968.12月
江夏が9連続三振		1971.7.17
江夏がノーヒットノーラン		1973.8.30
江夏が南海へ移籍		1976.1.26
江夏・マニエルがMVP		1979.11.6
江川・江夏がMVP		1981.10.27
江夏・福本・衣笠が偉業		1982.7.2
江夏が31セーブ		1983.9.23
江夏が西武移籍		1983.12.13
西武が江夏入団を発表		1984.1.11
江夏が大リーグ契約		1984.12.26
江夏が大リーグ自由契約に		1985.4.3
江夏が覚醒剤所持		1993.3.2
鹿取が211SP		1996.5.9
佐々木が217SP		1998.6.4
張が28イニング連続奪三振		2002.8.12

榎木 和貴		
榎木が別府大分優勝		2000.2.6
榎本 正一		
沢松和が女子4連覇		1970.11.3～11
戎 信行		
松井・松中がMVP		2000.10.30
蛯名 正義		
4歳馬が59年ぶり勝利		1996.10.27
マンハッタンカフェが菊花賞制覇		2001.10.21
マンハッタンカフェが有馬記念制覇		2001.12.23
マンハッタンカフェが天皇賞制覇		2002.4.28
海老原 清治		
3人連続ホールインワン		1996.6.27
海老原 博幸		
海老原が王座失う		1964.1.23
藤猛が世界王座		1967.4.30
海老原がフライ級復活		1969.3.30
海老原が防衛失敗		1969.10.19
エメルソン		
年間MVP・新人王決定		2003.12.15
江本 孟紀		
江本が首脳批判し引退		1981.8.27
恵本 裕子		
アトランタ五輪開催		1996.7.19～8.4
エラート, クリスチナ		
佐野・渡部が出場		1974.3.5～9
エンゲン		
ジャンプで藤沢が2位		1966.2.16～27
遠藤 昭夫		
早大が完全優勝		1974.6.3
遠刕 信一		
初の体重別選手権開催		1966.8.28
遠藤 純男		
遠藤が初優勝		1976.4.29
モントリオール五輪開催		1976.7.17～8.1
遠藤 幸雄		
欧州遠征で鶴見・遠藤が優勝		1964.4.17～25
体操の五輪最終選考		1964.6.27～28
アジア初・東京五輪開催		1964.10.10～24
世界選手権開催		1966.9.20～26

NHK 杯開催	1968.7.13～14
メキシコ五輪開催	1968.10.12～27

【お】

生出 芳枝
W 杯初の日本開催	1973.3.12～15

生沼 スミエ
女子バレー初の女性監督	1982.8.12

王 貞治
王が4打席連続本塁打	1964.5.3
王が日本最多53号本塁打	1964.9.6
巨人が18回目の優勝	1965.10.14
王が250号	1966.8.18
巨人が日本シリーズ連覇	1966.10.12～18
巨人が日本一	1968.10.12～20
王が7季連続40本	1969.9.30
巨人が5年連続優勝	1969.10.9
王が通算400号	1969.10.18
野村が450本塁打	1970.4.24
王が通算500号	1972.6.6
堀内・福本に MVP	1972.10.29
王がリーグ初三冠王	1973.10.22
MVP は王と野村	1973.11.2
日本プロスポーツ大賞決定	1973.12月
中日が巨人10連覇阻止	1974.10.12
長嶋が引退	1974.10.14
王が2年連続三冠王	1974.10.15
王 vs アーロン	1974.11.2
日本プロスポーツ大賞決定	1974.12月
王が通算2000四死球	1976.5.30
王が700号本塁打	1976.7.23
王がルースを超える	1976.10.10
日本プロスポーツ大賞決定	1976.12.16
王が四球世界新記録	1977.7.18
王が世界新756号	1977.9.3
日本プロスポーツ大賞決定	1977.12月
王が高額所得者トップ	1978.5.1
王が通算800本塁打	1978.8.30
王が18年連続30本	1979.10.10
王が現役引退	1980.11.4
西武が2年連続日本一	1983.11.7
王が巨人監督就任	1983.11.8
山下に国民栄誉賞	1984.9.28
王がベーブ・ルース賞受賞	1984.12.18
巨人が4年ぶり優勝	1987.10.9
門田が40歳年間最多本塁打	1988.8.27
清原が通算200号	1992.6.26
王・与那嶺が殿堂入り	1994.1.19
王がダイエー監督	1994.10.12
ダイエーが11年目で初優勝	1999.9.25
ダイエーが初の日本一	1999.10.28
ダイエーがリーグ優勝	2000.10.7
ON シリーズ制し巨人が日本一	2000.10.21～28
ローズが最多タイ55号	2001.9.24
カブレラが55本塁打	2002.10.2
ダイエーが3年ぶり優勝	2003.9.30
ダイエーが2回目の日本一	2003.10.27
王が監督通算1000勝	2004.6.7
王が監督通算1067勝	2005.5.5

仰木 彬
新球団監督に仰木	2004.9.30

大石 愛子
女子体重別選手権開催	1995.10.29

大石 一夫
大石が総合優勝	1990.5.27

大内 仁
アジア初・東京五輪開催	1964.10.10～24
大内がミドル級世界新記録	1965.11.21
国体秋季大会開催	1966.10.25
バンコクでアジア大会	1966.12.9～19
大内が世界新	1967.6.18
三宅弟が初優勝	1969.9.22～25
堀越が日本新	1970.7.3～5
世界選手権開催	1970.9.12～20
ライト級で日本新	1971.7.24～25
加藤と後藤が日本新	1972.6.2～4
テヘランでアジア大会	1974.9.1～16

大江 光子
名古屋で大江が初優勝	1992.3.1

大家 友和
大家がメジャー昇格	1999.7.17

大川 克弘
福田・大川が日本新	1980.9.7

大川 久美子
小塚・大川が優勝	1966.11.28～30
世界選手権で大川が5位	1967.2.28～3.5
インスブルックで冬季大会	1968.1.9～18
グルノーブル冬季五輪開催	1968.2.6～18

大川 毅
東映が日拓に球団売却　　　　1973.1.16
仰木 彬
近鉄が9年ぶり優勝　　　　　1989.10.14
"がんばろうKOBE"オリックス初優勝　　　　　　1995.9.19
流行語大賞決定　　　　　　1995.12月
オリックスが2年連続優勝　　1996.9.23
オリックスが初の日本一に　　1996.10.24
仰木・秋山が殿堂入り　　　　2004.1.9
新球団監督に仰木　　　　　　2004.9.30
仰木前監督が死去　　　　　　2005.12.15
大儀見 薫
ダブルハンドヨットレース　　1987.4.23
大久保 勝信
MVP発表　　　　　　　　　2001.10.27
大黒 将志
最終予選スタート　　　　　　2005.2.9
ワールドカップ出場決定　　　2005.6.8
大社 義規
日拓が日本ハムに球団売却　　1973.11.12
大崎 悟史
尾方が初優勝　　　　　　　　2004.12.5
大崎 昭一
ダイシンボルガードが日本ダービー制覇　　　　　　1969.5.25
有馬記念はグリーングラス勝利　　　　　　　　　1979.12.16
カツトップエースが2冠　　　1981.5.31
天皇賞で馬連1万7220円　　1992.11.1
大迫 明伸
ソウル五輪開催　　　　1988.9.17～10.2
大迫 たつ子
樋口が日本オープン優勝　　1974.11.8～10
女子プロゴルフ選手権開催　1975.7.11～13
大迫が初優勝　　　　　　　　1980.7.13
大迫が優勝　　　　　　　　　1980.11.9
大迫が初の2冠　　　　　　　1981.7.12
大迫が3年ぶり優勝　　　　　1983.9.25
大迫が賞金女王　　　　　　　1987.11.29
日本女子プロゴルフ開催　　　1988.9.11
大迫 夕起子
陸上日本選手権開催　　　1975.5.30～6.1

大沢 啓二
日本ハムが初優勝　　　　　　1981.10.13
大潮
輪島が12回目の優勝　　　　1977.11.27
千代の富士が7回目の優勝　　1982.11.28
北勝海が優勝　　　　　　　　1987.9.27
千代の富士が全勝優勝　　　　1989.9.22
大下 弘
川上監督退任　　　　　　　　1974.10.21
大島 杏子
NHK杯開催　　　　　　　　2002.7.6
大島 道子
中・高校生が活躍　　　　1974.9.28～29
大島 康徳
森が監督退任　　　　　　　　2002.9.26
大菅 小百合
清水・大菅がW杯で優勝　　　2004.12.4
大杉 勝男
ヤクルトが初の日本一　　　　1978.10.22
大杉が2000本安打　　　　　1981.7.21
福本が世界新の939盗塁　　　1983.6.3
大関 千秋
全日本選手権開催　　　　　　1986.2.25
大関 時子
札幌冬季五輪開催　　　　1972.2.3～13
大関 行江
アジア選手権開催　　　　1968.9.22～29
全日本選手権開催　　　1968.11.25～12.1
全日本選手権開催　　　1970.11.21～26
世界選手権開催　　　　　1971.3.28～4.7
AA友好試合開催　　　　　1971.11.3～14
長谷川・大関が優勝　　　　1971.12.3～7
アジア選手権開催　　　　1972.9.2～13
長谷川・大関が優勝　　　　1973.12.6～9
アジア選手権開催　　　　1974.4.2～15
阿部・横田が初優勝　　　1974.11.14～16
太田 章
ロサンゼルス五輪開催　　1984.7.28～8.12
ソウル五輪開催　　　　1988.9.17～10.2
太田 幸司
決勝が引き分け再試合　　1969.8.18～19
三沢・太田が近鉄入り　　　1969.11.20

大田 卓司
西武が2年連続日本一　　　　　　1983.11.7
太田 拓弥
バルセロナ五輪開催　　　　1992.7.25〜8.9
アトランタ五輪開催　　　　1996.7.19〜8.4
太田 寿
全日本選手権開催　　　　　　1970.2.8〜15
太田 雅宏
松下電工が9年ぶり優勝　　　　2004.12.18
太田 由希奈
太田が優勝　　　　　　　　　　　2003.3.1
大高 優子
札幌プレ五輪開催　　　　　　1971.2.7〜14
札幌冬季五輪開催　　　　　　1972.2.3〜13
大谷 佐知子
全日本に初の中学生　　　　　　1980.11.21
大谷 泰司
阪神が放棄試合　　　　　　　　　1967.9.23
大杖 正彦
全日本アルペン開催　　　　　1969.3.3〜14
大杖 美保子
全日本選手権開催　　　　　1967.2.28〜3.3
大塚 癸未男
びわ湖で采谷が優勝　　　　　　　1971.3.21
大塚 博文
大塚・斎藤が優勝　　　　　　　1970.2.10〜
札幌プレ五輪開催　　　　　　1971.2.7〜14
大塚 裕
ノルディック大会開催　　　　1966.2.9〜12
大槻 枝美
世界選手権開催　　　　　　　　　2001.7.22
大槻 憲一
びわ湖で采谷が優勝　　　　　　　1971.3.21
福岡マラソン開催　　　　　　　　1972.12.3
福岡マラソンはショーター連覇　　1973.12.2
巨砲
若乃花が3回目の優勝　　　　　　1979.5.20
北の湖が21回目の優勝　　　　　　1981.3.22
琴風が初優勝　　　　　　　　　　1981.9.27
双葉山以来の新横綱全勝優勝　　　1983.9.25
大西 順子
世界選手権開催　　　　　　　　　2001.7.26
大西 直宏
さつき賞で最高万馬券　　　　　　1997.4.13
サニーブライアンが2冠　　　　　　1997.6.1
大錦
輪島が全勝優勝　　　　　　　　　1973.9.23
千代の富士が12回目の優勝　　　　1985.5.24
大貫 映子
大貫がドーバー海峡横断　　　　　1982.7.31
大野 豊
大野がセ最年長完封　　　　　　　1997.4.30
大野が最年長タイトルホルダー
　　　　　　　　　　　　　　　1997.10.13
現役最年長の大野が引退　　　　　1998.9.2
大野木 智子
水泳選手権開催　　　　　　　　　1988.8.7
大乃国
大ノ国が3横綱に土　　　　　　　1983.11.18
千代の富士が優勝　　　　　　　　1983.11.27
隆の里が4回目の優勝　　　　　　1984.1.22
若島津が初優勝　　　　　　　　　1984.3.25
若島津が優勝　　　　　　　　　　1984.7.15
千代の富士が12回目の優勝　　　　1985.5.24
北天佑が優勝　　　　　　　　　　1985.7.21
大乃国が全勝で初優勝　　　　　　1987.5.24
北勝海が優勝　　　　　　　　　　1987.9.27
大乃国が優勝　　　　　　　　　　1988.3.27
千代の富士が46連勝　　　　　　1988.11.19
琴富士が平幕優勝　　　　　　　　1991.7.21
横綱若乃花が負け越し　　　　　　1999.9.26
大場 政夫
大場がフライ級王座　　　　　　1970.10.22
日本プロスポーツ大賞決定　　　　1971.12月
日本プロスポーツ大賞決定　　　　1972.12月
大場 美智恵
大場が8打差逆転初優勝　　　　　1998.7.12
大場 満郎
単独歩行で北極海横断　　　　　　1997.6.23
大橋 秀行
大橋がストロー級王者　　　　　　1990.2.7
大橋が防衛失敗　　　　　　　　　1990.10.25
大橋が王座奪還　　　　　　　　1992.10.14
大橋が初防衛失敗　　　　　　　　1993.2.10
大林 素子
大林が最優秀選手　　　　　　　　1992.4.26

Vリーグ発足　　　　　　1994.11.29
　大林・吉原がプロ第1号　1994.12.28
　大林が東洋紡とプロ契約　1995.5.12
　五輪出場権獲得　　　　　1996.6.2
　大林が引退　　　　　　　1997.3.9
大日向 邦子
　長野パラリンピック開催　1998.3.5～14
大南 敬美
　大南が優勝　　　　　　　2002.4.21
　大南が名古屋で初優勝　　2003.3.9
大村 正彦
　大村が日本新記録　　　　1986.12.12
　大村が日本新記録　　　　1986.12.19
大森 謙治
　全日本選手権開催　　　　1967.8.18～20
大家 正喜
　福岡国際マラソン開催　　1995.12.3
　真木が初優勝　　　　　　1996.3.10
大山 三喜雄
　全日本スプリント開催　　1977.1.14
　全日本スプリント開催　　1978.1.14
大和田 正春
　赤井が現役引退　　　　　1985.2.5
岡川 恵美子
　全日本テニス選手権開催　1982.9.28
　全日本選手権開催　　　　1990.9.17
岡崎 恵美子
　W杯初の日本開催　　　　1973.3.12～15
　全日本選手権開催　　　　1973.3.18～19
岡崎 聡子
　岡崎が中学生初の優勝　　1975.10.12
　日本選手権開催　　　　　1976.10.10
　笠松・岡崎が優勝　　　　1977.6.5
岡崎 朋美
　W杯ローズビル大会開催　1996.2.23
　W杯カルガリー大会開催　1996.3.1
　日本勢がW杯開幕6連勝　1997.1.3～4
　長野五輪開催　　　　　　1998.2.7～22
　全日本スプリント開催　　2001.12.27
　清水・大菅がW杯で優勝　2004.12.4
　吉井が初優勝　　　　　　2004.12.29
　岡崎が日本記録で優勝　　2005.1.15
　ワールドカップ・ヘーレンフェ
　　イン大会開催　　　　　2005.2.20

岡崎 若華
　全日本選手権開催　　　　1989.2.27
小笠原 武則
　小笠原が優勝　　　　　　1978.12.3
小笠原 仁
　小笠原がムエタイ王者　　2000.12.3
小笠原 道大
　小笠原が7試合連続得点　2001.8.27
小笠原 満男
　最終予選スタート　　　　2005.2.9
　日本がバーレーンに勝利　2005.6.3
尾形
　北の湖が2場所連続優勝　1978.3.26
岡田 彰布
　早大が27回目の優勝　　　1978.10.30
　星野退任で後任岡田　　　2003.10.28
　阪神が2年ぶり優勝　　　2005.9.29
緒方 孝市
　ヤクルトがリーグ優勝　　1995.10.12
緒方 茂生
　水泳日本選手権開催　　　1983.8.5～8.7
　緒方が日本新記録　　　　1983.8.28
　緒方が日本新記録　　　　1985.8.4
岡田 妙子
　中・高校生が活躍　　　　1974.9.28～29
岡田 武史
　W杯予選不振　　　　　　1997.10.4
　岡田監督初黒星　　　　　1998.3.7
　日本代表登録メンバー発表　1998.6.2
　横浜F・マリノスが優勝　2003.8.2
尾方 剛
　尾方が2秒差で2位　　　2002.12.1
　尾方が初優勝　　　　　　2004.12.5
　世界選手権開催　　　　　2005.8.6～14
岡田 英雄
　アマ規定違反で追及　　　1972.11.15
岡田 弘隆
　バルセロナ五輪開催　　　1992.7.25～8.9
岡田 美智子
　岡田が最年長優勝　　　　1995.11.19
岡田 義男
　世界選手権開催　　　　　1969.10.23～26

岡野 功
- アジア初・東京五輪開催　1964.10.10〜24
- 世界柔道選手権開催　1965.10.15
- 岡野が初優勝　1967.4.29〜30
- 松阪が初優勝　1968.4.28〜29

岡野 俊一郎
- 96五輪はアトランタ　1990.9.13

岡野 雅行
- W杯44年目の出場権　1997.11.16

岡野 雄司
- 全日本陸上選手権開催　1989.6.17

岡部 邦明
- アジア初・東京五輪開催　1964.10.10〜24

岡部 孝信
- 世界選手権開催　1995.3.12
- W杯ジャンプ開催　1996.3.1

岡部 哲也
- 全日本選手権開催　1987.2.15
- 岡部が日本人過去最高2位　1988.3.22
- 全日本選手権開催　1989.2.27

岡部 宏和
- びわ湖マラソンで岡部2位　1965.5.9

岡部 幸明
- アジア初・東京五輪開催　1964.10.10〜24

岡部 幸雄
- 天皇賞はグリーングラス　1978.4.29
- さつき賞でシンボリルドルフが勝利　1984.4.15
- シンボリルドルフが3冠達成　1984.11.11
- シンボリルドルフが4歳馬初の年間4冠　1984.12.23
- シンボリルドルフが5冠馬　1985.4.29
- シンボリルドルフが6冠馬　1985.11.24
- シンボリルドルフが有馬記念2連覇　1985.12.22
- ダイナコスモスがさつき賞勝利　1986.4.13
- クシロキングが天皇賞制覇　1986.4.29
- 岡部が年間最多132勝　1987.12.6
- 有馬記念はオグリキャップ　1988.12.25
- 天皇賞はヤエノムテキ　1990.10.28
- 菊花賞はレオダーバン　1991.11.3
- 初の父子2代制覇　1992.11.29
- ビワハヤヒデが完勝　1994.4.24
- さつき賞はジェニュイン　1995.4.16
- 武豊がフランスGI制覇　1998.8.9

シンボリクリスエスが天皇賞制覇　2002.10.27
- 世界女子選手権開催　2002.11.4

岡村 晴二
- 手作りヨットで太平洋横断　1977.10.8

岡村 富雄
- ユニバで日本勢の優勝無し　1970.4.2〜9
- 3位まで日本が独占　1972.2.26〜3.5

岡本 綾子
- 岡本が17アンダー　1979.7.15
- 岡本がアリゾナクラシックで優勝　1982.2.28
- 岡本綾子が2位　1982.8.22
- 岡本が3年ぶり優勝　1982.9.26
- 東海クラシックゴルフ開催　1982.10.10
- 日本プロスポーツ大賞決定　1982.12月
- 岡本がアメリカツアー2勝目　1983.6.27
- 岡本が2年連続2位　1983.8.21
- 岡本がJ&Bプロアマ優勝　1984.4.15
- 岡本が逆転で今季2勝目　1984.6.17
- 岡本が全英優勝　1984.10.6
- 日本プロスポーツ大賞決定　1984.12月
- 岡本が海外6勝目　1986.2.2
- 岡本が全米プロ3位　1986.6.1
- 岡本が3位タイ　1986.7.13
- 岡本がツアー通算7勝　1986.9.7
- 岡本が海外通算8勝目　1987.4.12
- 岡本が米ツアー優勝　1987.5.17
- 岡本が全米女子3位　1987.5.24
- 岡本が米ツアー10勝目　1987.6.22
- 服部がベストアマ　1987.7.27
- 岡本が今季4勝目　1987.8.30
- 岡本が米賞金女王　1987.11.8
- 日本プロスポーツ大賞決定　1987.12月
- 岡本が緒戦勝利　1988.2.27
- 岡本が2連覇　1988.4.10
- 岡本が全米女子プロ3位タイ　1988.5.22
- 全米女子オープンで岡本は12位　1988.7.24
- 岡本が今季3勝目　1988.7.31
- 岡本が逆転負けで2位　1989.5.21
- 全米女子オープン開催　1989.7.16
- 岡本が海外17勝目　1990.8.12
- 日本女子プロゴルフ開催　1990.9.9
- 岡本1打差で2位　1991.6.30
- 全米女子オープン開催　1991.7.14

おかも

岡本が海外通算 18 勝目　　　1992.6.7
全米女子プロ選手権開催　　　1993.6.13
岡本が 19 年目初優勝　　　　1993.6.27
小林浩美がツアー初優勝　　　1993.7.18
全米女子オープン開催　　　　1993.7.25
岡本が通算 60 勝　　　　　　1996.9.1
岡本が最年長優勝　　　　　　1997.6.30
岡本が 1 年 10 ヶ月ぶり勝利　1999.5.2

岡本 久美子
全日本選手権開催　　　　　　1988.10.8
岡本がジャパンオープン初優勝　1989.4.22
ユニバ福岡大会開催　　　　　1995.8.23〜9.3

岡本 敬子
日本選手権大会開催　　　　　1966.8.19〜21
全日本選手権開催　　　　　　1968.11.14〜15

岡本 幸恵
岡本が自由形日本新　　　　　1981.7.19

岡本 依子
シドニー五輪開催　　　　　　2000.9.15〜10.1
岡本がアテネ五輪代表に　　　2004.4.5

小川 功
小川が優勝　　　　　　　　　1977.12.11

小川 正太郎
佐伯・小川が殿堂入り　　　　1981.2.3

小川 直也
小川が史上初の 10 代王者　　1987.11.19〜22
日本スポーツ賞に柔道の小川　1987.12.19
小川が全日本初優勝　　　　　1989.4.29
小川が 95kg 超級優勝　　　　 1989.7.16
世界柔道選手権開催　　　　　1989.10.10〜15
小川が柔道選手権 2 連覇　　　1990.4.29
体重別選手権開催　　　　　　1990.7.15
嘉納杯国際大会開催　　　　　1990.12.2
小川が 3 連覇　　　　　　　　1991.4.29
小川が史上初 3 連覇　　　　　1991.7.28
小川が 4 連覇　　　　　　　　1992.4.29
小川が史上初 3 連覇　　　　　1992.7.8
バルセロナ五輪開催　　　　　1992.7.25〜8.9
小川が 5 連覇　　　　　　　　1993.4.29
小川 6 連覇ならず　　　　　　1994.4.29
小川が 6 回目の優勝　　　　　1995.4.29
小川が 7 回目の優勝　　　　　1996.4.29
小川がプロレス入り　　　　　1997.3.7

小河 等
小河が激突死　　　　　　　　1992.5.24

小川 勝昇
全日本選手権開催　　　　　　1985.1.13
全日本フィギュア開催　　　　1986.1.12

小川 稔
小川が日本新記録　　　　　　1977.10.23

沖田 文勝
君原が別府連覇　　　　　　　1971.2.7

沖津 はる江
全日本アルペン開催　　　　　1969.3.3〜14
札幌プレ五輪開催　　　　　　1971.2.7〜14
全日本選手権開催　　　　　　1972.2.28〜3.5
W 杯初の日本開催　　　　　　1973.3.12〜15
全日本選手権開催　　　　　　1973.3.18〜19
全日本選手権開催　　　　　　1974.2.27〜3.1

小城錦
曙が 3 場所連続優勝　　　　　1993.11.21
曙が 7 回目の優勝　　　　　　1994.3.27
曙が優勝　　　　　　　　　　1997.5.25
親子三役 2 組誕生　　　　　　1997.6.23
若乃花が優勝・横綱昇進　　　1998.5.24
千代大海が優勝・5 年ぶり新
　大関　　　　　　　　　　　1999.1.24

小城ノ花
親子三役 2 組誕生　　　　　　1997.6.23

荻村 伊智朗
国際卓球連盟会長に荻村氏　　1987.2.27

荻原 健司
ソフィア冬季大会開催　　　　1989.3.6
アルベールビル冬季五輪開催
　　　　　　　　　　　　　　1992.2.8〜23
荻原が日本人初優勝　　　　　1992.12.6
荻原が 3 連勝　　　　　　　　1992.12.20
日本が 5 連勝　　　　　　　　1993.1.5
世界選手権開催　　　　　　　1993.2.19
日本人初の W 杯個人総合優勝　1993.3.6
W 杯複合で日本優勝　　　　　1993.3.9
荻原が 3 連勝　　　　　　　　1993.12.15
荻原が全日本初制覇　　　　　1994.2.1
リレハンメル冬季五輪開催　　1994.2.12〜27
荻原が史上初総合 2 連覇　　　1994.3.13
荻原健司が複合個人で優勝　　1995.2.11
荻原が史上初 3 連覇　　　　　1995.2.19
世界選手権開催　　　　　　　1995.3.12
荻原が負傷　　　　　　　　　1995.11.21
荻原が今季初優勝　　　　　　1996.1.14

荻原4連覇ならず	1996.3.17
荻原が復活の金	1997.2.23
スポーツ功労者表彰	1997.7.11
荻原が2年ぶり表彰台	1999.3.11

荻原 次晴

荻原健司が複合個人で優勝	1995.2.11
世界選手権開催	1995.3.12

奥寺 康彦

日本初のプロ選手	1977.10.22
ジャパンカップ開催	1982.5.30～6.9
尾崎が日本人2人目のプロ選手	1983.3.18
キリンカップ開催	1986.5.18
日本人プロ第1号	1986.5.28
奥寺が日本代表復帰	1986.8.11
奥寺が引退	1988.5.12

奥野 史子

バルセロナ五輪開催	1992.7.25～8.9
奥野がソロ初優勝	1993.5.5
奥野が2年連続3冠	1994.5.5
世界選手権開催	1994.9.1

小熊 坂論

川嶋が世界王座	2004.6.28

小熊 正二

小熊がフライ級王座	1974.10.1
小熊が防衛失敗	1975.1.8
柴田が王座失う	1975.7.5

小倉 新司

陸上4種目で日本新	1971.5.28～30

尾崎 加寿夫

尾崎が日本人2人目のプロ選手	1983.3.18

尾崎 健夫

尾崎健夫が初優勝	1985.8.11
尾崎健夫が初優勝	1985.12.8
尾崎健夫が大会新記録優勝	1988.7.24

尾崎 直道

日本シリーズ開催	1988.12.4
全米プロゴルフ選手権開催	1989.8.13
ダンロップフェニックス開催	1989.11.19
日本プロスポーツ大賞決定	1991.12月
全米オープン開催	1993.6.20
尾崎直道が日本タイトル4冠	1999.10.3

尾崎 将司

徳島海南が選抜初優勝	1964.4.5
尾崎が日本選手権優勝	1971.9.16～19
尾崎が日本シリーズ優勝	1971.11.17～21
日本プロスポーツ大賞決定	1971.12月
河野が3連覇	1972.6.8～9
尾崎1打差で2位	1972.9.28～10.1
太平洋マスターズ開催	1972.10.5～8
金井がプロ選手権優勝	1972.10.19～22
尾崎が賞金2751万	1972.11.15～16,18～19
青木が2打差の2位	1973.9.27～30
尾崎が太平洋マスターズ優勝	1973.10.11～14
青木がプロ選手権優勝	1973.10.18～21
杉原が日本シリーズ優勝	1973.11.29～30,12.1～2
尾崎が優勝	1974.8.15～18
尾崎が日本オープン優勝	1974.9.26～29
尾崎が3回目の優勝	1974.11.14～17
男子W杯で日本2位	1974.11.21～24
日本プロスポーツ大賞決定	1974.12月
尾崎が逆転優勝	1980.12.7
日経カップで尾崎が優勝	1986.8.17
青木が逆転優勝	1986.8.31
関東・関西オープン開催	1986.9.7
尾崎がプロ通算50勝	1987.5.3
尾崎と暴力団との交際発覚	1987.12.20
尾崎健夫が大会新記録優勝	1988.7.24
尾崎が通算54勝	1988.8.14
日本オープン開催	1988.10.8
尾崎3週連続優勝	1988.10.23
日本プロスポーツ大賞決定	1988.12月
マスターズゴルフで尾崎は18位	1989.4.9
尾崎が今季初優勝	1989.5.7
日本プロマッチプレーで尾崎が初優勝	1989.5.14
全米オープン開催	1989.6.18
日本プロゴルフ選手権開催	1989.8.6
日本オープン尾崎が2連覇	1989.10.8
日本プロスポーツ大賞決定	1989.12月
フジサンケイ・クラシック開催	1990.5.6
日本プロスポーツ大賞決定	1990.12月
マスターズ・トーナメント開催	1991.4.14
尾崎が内最小スコアタイ	1991.8.18
尾崎がプロ最多73勝	1992.5.3
全米オープン開催	1992.6.21
尾崎が日本オープン優勝	1992.10.12
賞金王は尾崎・塩谷	1992.11.27
日本プロスポーツ大賞決定	1992.12月
尾崎が5回目の優勝	1993.5.16

合田が初優勝	1994.5.15	バースが2年連続3冠王	1986.10.17
尾崎将司が2年ぶり優勝	1994.10.2	落合が日本人初の年俸1億円	1986.12.23
尾崎が9度目の賞金王	1995.12.3	日本プロスポーツ大賞決定	1986.12月
日本プロスポーツ大賞決定	1995.12月	落合に内閣総理大臣賞	1987.1.29
尾崎が6回目の優勝	1996.5.12	落合が裁定でサイン	1991.3.8
全米オープンで尾崎不振	1996.6.16	落合が3億円で更改	1991.12.9
尾崎がプロ100勝	1996.11.17	5人がFA宣言	1993.11.3
日本プロスポーツ大賞決定	1996.12月	流行語大賞決定	1993.12.1
尾崎が3連覇	1997.5.4	落合が2000本安打	1995.4.15
服部が賞金女王に	1998.11.22	落合が500号本塁打	1996.7.3
小崎 まり		落合が日本ハム入団	1996.12.9
小崎が2位	2005.1.30	落合が両リーグ各1000本安打	1997.5.28
尾崎 行雄		落合が引退	1998.9.30
東映が日拓に球団売却	1973.1.16	松井が40号本塁打	1999.9.22
長内 清一		中日の新監督に落合	2003.10.8
日本選手権開催	1975.6.5～8	パ・リーグが2連勝	2004.7.11
小沢 欽一		松中が三冠王	2004.9.27
別府毎日で小沢が初優勝	1975.2.2	中日が5年ぶり優勝	2004.10.1
小沢 重男		西武が12年ぶり日本一	2004.10.25
ハルヒラ連邦5座に登頂	1968.8.初旬	**音羽山**	
小沢 樹里		貴ノ浪が引退	2004.5.11
ベルノ冬季大会開催	1985.2.19	**鬼塚 勝也**	
小島 忠幸		鬼塚・平仲が王座獲得	1992.4.10
小島がびわ湖毎日2位	2004.3.7	鬼塚6度目で防衛失敗	1994.9.18
オジュール		**鬼塚 純一**	
W杯初の日本開催	1973.3.12～15	鬼塚が日本新	1971.10.9～10,15～17
小田 千恵子		生田が十種競技日本新	1972.5.27～28
NHK杯開催	1968.7.13～14	**小野 清子**	
日体大が全種目優勝	1969.7.24～27	体操の五輪最終選考	1964.6.27～28
男女とも日体大が優勝	1969.11.13～16	アジア初・東京五輪開催	1964.10.10～24
世界優秀女子競技会開催	1969.11.22～23	JOC初の女性委員	1982.3.24
織田 信成		**小野 健治**	
浅田・織田がアベック優勝	2005.3.3	小野が初代日本王者	1986.2.10
村主・高橋が優勝	2005.12.25	**小野 誠治**	
落合 信子		初出場の小野が優勝	1979.5.6
流行語大賞決定	1993.12.1	有島が2連覇	1979.12.9
落合 博満		全日本選手権開催	1980.12.7
落合が3冠王	1982.10.9	**斧 隆夫**	
中尾・落合がMVP	1982.11.1	全日本選手権開催	1967.6.30～7.2
日本プロスポーツ大賞決定	1982.12月	**小野 喬**	
落合・バースが3冠王	1985.10.21	体操の五輪最終選考	1964.6.27～28
バース・落合がMVP	1985.11.5	アジア初・東京五輪開催	1964.10.10～24
日本プロスポーツ大賞決定	1985.12月	**小野 弘**	
落合が球界最高年俸	1986.1.11	堀越が日本新	1970.7.3～5

加藤と後藤が日本新	1972.6.2～4	**【か】**	
ミュンヘン五輪開催	1972.8.26～9.11	何 明忠	
小野 佑策		青木が2打差の2位	1973.9.27～30
ミュンヘン五輪開催	1972.8.26～9.11	甲斐 俊光	
小野 祐策		静岡オープン開催	1988.3.20
堀越が日本新	1970.7.3～5	甲斐 幸	
世界選手権開催	1970.9.12～20	甲斐・小宮組が初優勝	1979.8.15
小野沢 良子		魁皇	
世界スプリント開催	1973.2.3～4	曙が7回目の優勝	1994.3.27
小野沢が世界選手権2位	1973.2.24～25	貴乃花が3場所連続優勝	1995.1.22
小幡 キヨ子		貴乃花が場所連続優勝	1995.9.24
喜多が優勝	1979.2.4	初の兄弟優勝決定戦	1995.11.26
別府大分で武富が優勝	1980.2.3	貴ノ浪が初優勝	1996.1.21
小原 ケイ		貴乃花が13回目の優勝	1996.5.26
小原がヒマラヤで行方不明	1968.7.7	貴乃花が14回目の優勝	1996.7.21
外国登山で遭難つづく	1968(この年)	武蔵丸が2回目の優勝	1996.11.24
小日向 謙一		貴乃花が16回目の優勝	1997.3.23
ボート全日本開催	1994.6.19～20	若乃花が優勝	1998.3.22
オフト, マリウス・ヨハン		式守伊之助が骨折でも2番裁く	
ドーハの悲劇	1993.10.28		1998.11.13
オマリー		武蔵丸が優勝・横綱昇進	1999.5.24
ドジャースが来日	1966.10.20～11.16	舞の海が引退を表明	1999.11.21
オマリー, トーマス		小結魁皇が初優勝	2000.5.21
ヤクルトが3回目の日本一に	1995.10.26	曙が19場所ぶり優勝	2000.7.23
オマリー・イチローがMVP	1995.10.28	魁皇が2回目の優勝	2001.3.25
オライリー		魁皇がカド番で優勝	2001.7.21
ボストンで日本は不振	1970.4.20	魁皇が12場所ぶり優勝	2003.7.20
小和田 敏子		魁皇が5回目の優勝	2004.9.26
全日本選手権開催	1968.11.25～12.1	朝青龍が優勝	2004.11.28
世界選手権開催	1969.4.17～27	魁輝	
全日本選手権開催	1969.12.5～8	若乃花が3回目の優勝	1979.5.20
恩田 美栄		魁傑	
全日本選手権開催	2000.12.8～10	長谷川が初優勝	1972.3.26
村主が初優勝	2001.2.10	琴桜が連続優勝	1973.1.21
グランプリファイナル開催	2001.12.15	北の富士が10回目の優勝	1973.3.25
恩田が初優勝	2002.11.30	輪島が5回目の優勝	1974.3.24
全日本選手権開催	2002.12.22	魁傑が優勝	1974.11.24
村主がGPファイナル初優勝	2003.12.14	北の湖が3回目の優勝	1975.1.26
ハリファクスでグランプリシ		貴ノ花が悲願の初優勝	1975.3.23
リーズ開催	2004.10.30	金剛が平幕優勝	1975.7.25
荒川が総合初優勝	2004.11.6	北の湖が6回目の優勝	1976.5.23
村主が2年ぶり優勝	2005.2.19	魁傑が2回目の優勝	1976.9.26
		北の湖が7回目の優勝	1976.11.28
		輪島が10回目の優勝	1977.1.23

かいさ　人名索引

カイザー
女子世界選手権開催　1966.2.12〜13
女子世界選手権開催　1967.2.18〜19
カイザー, スチイエン
世界女子選手権開催　1968.1.27〜28
海乃山
柏戸優勝・栃光引退　1966.1.30
大鵬が全勝優勝　1967.9.24
佐田の山が5回目の優勝　1967.11.26
海鵬
琴光喜が平幕優勝　2001.9.23
朝青龍が3場所連続優勝　2005.3.27
開隆山
大鵬が13回目の優勝　1964.3.22
海和 俊宏
回転で海和が7位　1978.2.5
全日本選手権開催　1979.3.8〜11
カウニステ
有賀が日本新連発も及ばず　1969.2.1〜2
加賀 武見
アサカオーが菊花賞制覇　1968.11.17
ベルワイドが天皇賞制覇　1972.5.7
福永が最多勝騎手　1972.12.29
有馬記念はイシノアラシ　1975.12.14
ダービーはクライムカイザー　1976.5.30
有馬記念はカネミノブが圧勝　1978.12.17
鏡山
佐田の山が引退　1968.3.14
柏戸が引退　1969.7.9
垣添
朝青龍が2場所ぶり優勝　2004.1.24
柿沼 和恵
全国高校総体開催　1992.8.4
柿木 孝之
柿木が総合3位に　1995.5.21
鍵山 正和
全日本フィギュア開催　1991.1.13
全日本選手権開催　1992.1.12
郭 源治
危険球退場制度　1994.5.11
郭 泰源
郭・田中がノーヒットノーラン　1985.6.4,9
郭・門田がMVP　1988.10.29

佐々岡・郭がMVP　1991.10.30
郭 抹若
大相撲中国興行　1973.4.5〜8
郭 吉雄
郭が初優勝　1979.11.4
景浦 将
川上・鶴岡が殿堂入り　1965.12.4
掛布 雅之
掛布が謹慎処分　1987.3.22
掛布が引退　1988.9.14
蔭山 和夫
南海の蔭山監督が急死　1965.11.17
影山 正彦
ルマン24時間で日産が3位　1998.6.7
葛西 紀明
札幌五輪記念で高校生が優勝　1989.1.14
ラージヒルで葛西が優勝　1993.1.1
葛西が135m　1994.1.29
葛西がW杯ラージヒル優勝　1999.1.3
葛西がラージヒル優勝　1999.3.9
葛西が日本人最多のシーズン
　6勝　1999.3.21
W杯札幌大会開催　2000.1.22〜23
葛西が優勝　2001.1.1
日本が4回目の優勝　2001.1.19
葛西が最長不倒の優勝　2003.2.9
世界選手権開催　2003.2.23
葛西が通算15勝　2004.2.28
河西 昌枝
アジア初・東京五輪開催　1964.10.10〜24
笠木 聡臣
エイトは同大が連覇　1969.8.30〜31
笠原 隆弘
ソウル五輪代表決定　1988.6.17
風間 深志
オートバイで北極点到達　1987.4.20
オートバイで両極点走破　1992.1.3
笠松 茂
中山・松久が優勝　1970.11.20〜23
国際体操競技会開催　1970.12.5〜13
ミュンヘン五輪開催　1972.8.26〜9.11
監物・長谷川が優勝　1972.11.16〜19
国際選抜競技会開催　1972.12.2〜3,9〜10
塚原・松久が優勝　1973.11.1〜4

— 624 —

男子4連覇・女子6位	1974.10.20～27	全日本選手権開催	1973.3.18～19
監物・松久が優勝	1974.11.22～24	柏戸	
笠松・岡崎が優勝	1977.6.5	大鵬が13回目の優勝	1964.3.22
全日本選手権開催	1977.10.22	栃ノ海が3回目の優勝	1964.5.24
笠谷 幸生		富士錦が平幕優勝	1964.7.5
プラハで冬季大会開催	1964.2.11～17	大鵬が連続優勝	1964.11.22
冬季トリノ大会開催	1966.2.5～13	佐田の山が優勝・横綱昇進	1965.1.24
ジャンプで藤沢が2位	1966.2.16～27	大鵬が優勝	1965.3.21
勝呂が連覇	1969.2.25～3.2	佐田の山が優勝	1965.5.23
笠谷が世界選手権2位	1970.2.14	大鵬が17回目の優勝	1965.7.11
笠谷が112.5m	1971.1.7	柏戸が3回目の優勝	1965.9.19
札幌プレ五輪開催	1971.2.7～14	大鵬が優勝	1965.11.21
全日本選手権開催	1971.2.8～14	柏戸優勝・栃光引退	1966.1.30
笠谷が最長不倒で優勝	1971.12.29	大鵬が21回目の優勝	1966.7.17
札幌冬季五輪開催	1972.2.3～13	大鵬が22回目の優勝	1966.9.25
笠谷にヘルムス賞	1973.1.25	大鵬優勝・栃ノ海引退	1966.11.27
全日本選手権開催	1974.1.31～2.7	大鵬が5度目全勝優勝	1967.1.29
世界選手権開催	1974.2.16～24	柏戸が5回目の優勝	1967.7.16
笠谷が2位	1974.3.10	麒麟児が初優勝	1968.3.24
笠谷幸生が雪印杯優勝	1975.1.5	琴桜が2回目の優勝	1969.3.23
角田が全日本選手権優勝	1975.2.5～10	大鵬が30回目の優勝	1969.5.25
梶川 博		柏戸が引退	1969.7.9
ミュンヘン五輪開催	1972.8.26～9.11	大鵬に一代年寄	1969.8.29
梶谷 信之		北・玉が同時横綱昇進	1970.1.26
ロサンゼルス五輪開催	1984.7.28～8.12	貴花田が最年少幕下優勝	1989.5.19
鹿島 郁夫		春日王	
ヨットで大西洋横断	1965.7.13	朝青龍が連続優勝・横綱昇進	2003.1.26
鹿島が太平洋横断	1967.7.13	春日野	
鹿島 丈博		武蔵川理事長退任	1974.1.29
鹿島が銅メダル	2002.11.23	双羽黒が暴力・失踪	1987.12.27
日本は銅メダル	2003.8.19	理事長に二子山	1988.2.1
アテネ五輪開催	2004.8.13～29	春日富士	
鹿島 瞳		旭富士が2場所連続優勝・横綱昇進	1990.7.22
日本選手権開催	1996.4.4	一見 理沙	
梶山 広司		女子体重別選手権開催	1995.10.29
男子4連覇・女子6位	1974.10.20～27	加瀬 秀樹	
監物・松久が優勝	1974.11.22～24	加瀬がツアー初勝利	1990.8.5
梶山が優勝	1974.11.30～12.1	堅石 洋美	
国際選抜大会開催	1975.11.16	世界女子柔道で金メダルならず	1982.12.5
モントリオール五輪開催	1976.7.17～8.1	片岡 純子	
NHK杯開催	1978.7.1	片岡が初優勝	1994.1.23
柏木 正義		片岡が日本新記録	1995.5.7
札幌プレ五輪開催	1971.2.7～14	陸上日本選手権開催	1995.6.10
3位まで日本が独占	1972.2.26～3.5		
W杯初の日本開催	1973.3.12～15		

か た き

片桐 幹雄
　片桐が史上初4連覇　　　　　　1979.3.25
片峰 隆
　走り高跳びで片峰が日本新　　　　1981.8.30
片山 晋呉
　片山がプロ4年目初勝利　　　　　1998.8.9
　不動が2年連続賞金女王　　　　　2001.11.25
　片山が4年ぶり賞金王　　　　　　2004.12.5
　不動が6年連続賞金女王　　　　　2005.11.27
片山 博視
　ドラフト会議開催　　　　　　　　2005.10.3
カチエイ
　世界スプリントで鈴木入賞　　　1975.2.15～16
ガッツ石松
　ガッツ石松が世界王座　　　　　　1974.4.11
　日本プロスポーツ大賞決定　　　　1975.12月
　ガッツ石松が防衛失敗　　　　　　1976.5.8
葛城 隆蔵
　日本がクレー射撃優勝　　　　　1973.4.8～11
ガーディナー
　全日本プロ選手権開催　　　　　　1978.10.15
加藤 和宏
　ホウヨウボーイが勝利　　　　　　1980.12.21
　初の賞金4億円獲得馬　　　　　　1983.4.29
　シリウスシンボリがダービー
　　勝利　　　　　　　　　　　　　1985.5.26
加藤 喜代三
　ミュンヘン五輪開催　　　　　　1972.8.26～9.11
加藤 喜代美
　全日本選手権開催　　　　　　　1970.2.27～3.1
　全日本選手権開催　　　　　　　1970.11.1～3
　5階級で連続優勝　　　　　　　1972.6.29～7.2
加藤 幸雄
　南米アンデス遠征　　　　　　　1968(この年)
加藤 沢男
　NHK杯開催　　　　　　　　　1968.7.13～14
　メキシコ五輪開催　　　　　　　1968.10.12～27
　男女とも日本大が優勝　　　　　1969.11.13～16
　中山・松久が優勝　　　　　　　1970.11.20～23
　ミュンヘン五輪開催　　　　　　1972.8.26～9.11
　監物・長谷川が優勝　　　　　　1972.11.16～19
　塚原・松久が優勝　　　　　　　1973.11.1～4
　モントリオール五輪開催　　　　1976.7.17～8.1

加藤 条治
　全日本距離別選手権開催　　　　　2004.10.31
　清水・大菅がW杯で優勝　　　　2004.12.4
　ワールドカップ・ヘーレンフェ
　　イン大会開催　　　　　　　　　2005.2.20
　加藤が優勝　　　　　　　　　　　2005.3.4
　加藤が世界新記録で初優勝　　　　2005.11.19
加藤 滝男
　アイガー北壁直登に成功　　　　　1969.8.15
加藤 斌
　中京商が春夏連覇　　　　　　　　1966.8.24
加藤 武司
　世界選手権開催　　　　　　　　1966.9.20～26
　NHK杯開催　　　　　　　　　1968.7.13～14
　メキシコ五輪開催　　　　　　　1968.10.12～27
　男女とも日体大が優勝　　　　　1969.11.13～16
　男子4連覇・女子6位　　　　　1974.10.20～27
加藤 正
　加藤と後藤が日本新　　　　　　1972.6.2～4
　ミュンヘン五輪開催　　　　　　1972.8.26～9.11
　堀越が日本新　　　　　　　　　1973.8.6～8
加藤 則夫
　全盲の講道館五段誕生　　　　　　1981.5月
加藤 初
　加藤がノーヒットノーラン　　　　1976.4.18
加藤 英夫
　中京商が春夏連覇　　　　　　　　1966.8.24
加藤 英司
　加藤が2000本安打　　　　　　　1987.5.5
加藤 秀司
　加藤・山本がMVP　　　　　　　1975.11.4
加藤 富士子
　全日本選手権開催　　　　　　　1967.2.23～28
加藤 冨士子
　ノルディック大会開催　　　　　1966.2.9～12
加藤 正雄
　ライト級で日本新　　　　　　　1971.7.24～25
加藤 美善
　戸田・加藤が初優勝　　　　　　　1979.2.19
　五輪代表が決定　　　　　　　　　1979.12.15
　加藤が初の世界一　　　　　　　　1980.3.22
加藤 保男
　エベレスト単独登頂後に遭難　　　1982.12.27

かのう

加藤 祐希
　全日本選手権開催　　　　　　　　1993.3.1
門倉 健
　門倉がセパ全球団から勝ち星　　　2005.8.20
門田 博光
　門田が月間16本塁打　　　　　　　1981.7.31
　門田が2000本安打　　　　　　　　1987.8.26
　門田が40歳年間最多本塁打　　　　1988.8.27
　郭・門田がMVP　　　　　　　　　1988.10.29
　門田がオリックス移籍　　　　　　1988.11.15
　日本プロスポーツ大賞決定　　　　1988.12月
　門田が2500本安打　　　　　　　　1991.8.7
　門田が引退　　　　　　　　　　　1992.9.4
ガードナー, ルーロン
　大晦日恒例格闘技　　　　　　　　2004.12.31
門永 吉典
　アジア初・東京五輪開催　　1964.10.10〜24
香取 光子
　NHK杯開催　　　　　　　　1968.7.13〜14
　全日本選手権開催　　　　　1968.11.21〜24
鹿取 義隆
　鹿取が211SP　　　　　　　　　　　1996.5.9
金井 清一
　金井がプロ選手権優勝　　　1972.10.19〜22
　金井が4年ぶりに優勝　　　　　　1976.9.26
　関東・関西オープンゴルフ開催　　1985.9.8
　金井が初優勝　　　　　　　　　　1986.3.2
金井 洋子
　札幌国際マラソン開催　　　　　　1986.2.9
金栗 四三
　金栗54年ぶりゴール　　　　　　　1967.3.21
金沢 イボン
　日本選手権開催　　　　　　　　　1996.6.7
金丸 明人
　全日本選手権開催　　　　　　　　1986.7.13
金子 篤博
　3位まで日本が独占　　　　1972.2.26〜3.5
金子 春雄
　ミンヤ・コンガで滑落死　　　　　1981.5.10
金子 裕之
　最年少モンブラン滑降　　　　　　1969.4.7
金子 誠
　松井・イチローがMVP　　　　　1996.10.26

金子 正明
　金子が世界選手権初優勝　　　　　1966.6.18
　メキシコ五輪開催　　　　　1968.10.12〜27
金城
　北の湖が全勝優勝　　　　　　　　1977.3.27
　北の湖が15回目の優勝　　　　　　1979.1.21
金田 正一
　金田が奪三振世界記録　　　　　　1964.7.16
　金田が巨人へ　　　　　　　　　　1964.12.12
　巨人が18回目の優勝　　　　　　　1965.10.14
　稲尾が250勝　　　　　　　　　　　1966.6.28
　金田がリーグ新16奪三振　　　　　1967.6.7
　巨人がリーグ3連覇　　　　　　　1967.10.7
　金田が400勝そして引退　　　　　 1969.10.10
　日本プロスポーツ大賞決定　　　　1969.12月
　南海が前期優勝　　　　　　　　　1973.7.11
　ロッテが4年ぶり優勝　　　　　　1974.10.9
　ロッテが24年ぶり日本一　　　　　1974.10.23
　長嶋・西本・金田ら殿堂入り　　　1988.1.19
　流行語大賞決定　　　　　　　　　1991.12月
金平 正紀
　金平協栄ジム会長を永久追放　　　1982.3.29
金光 興二
　江川は法大へ　　　　　　　　　　1974.3.7
金村 義明
　報徳学園が夏初優勝　　　　　　　1981.8.21
　ドラフト会議開催　　　　　　　　1981.11.25
金本 知憲
　金本が701試合連続全イニン
　　グ出場　　　　　　　　　　　　2004.8.1
　セ・リーグ全日程終了　　　　　　2004.10.16
　金本・杉内がMVP　　　　　　　 2005.11.4
兼山 広吉
　全日本選手権開催　　　　　 1970.2.8〜15
加納 誠
　世界選手権開催　　　　　　　　　1987.3.9
　ソフィア冬季大会開催　　　　　　1989.3.6
加納 弥生
　全日本選手権開催　　　　　　　　1978.11.18
　具志堅・加納が優勝　　　　　　　1979.9.29
　全日本選手権開催　　　　　　　　1980.11.24
　具志堅・加納が2連覇　　　　　　1981.10.25
嘉納 履正
　嘉納会長再選を拒否　　　　　　　1965.10.12

カビガ, ジャクソン
　カビガが福岡国際マラソン優勝　1998.12.6
カブレラ, アレックス
　カブレラが55本塁打　2002.10.2
　松井・カブレラがMVP　2002.11.1
我部 貴美子
　日本選手権開催　1966.8.28～30
　5種目で日本新記録　1967.8.8～10
鎌田 俊明
　鎌田が1万m日本新　1977.6.30
　鎌田が日本新記録　1977.7.5
鎌田 誠
　5階級で連続優勝　1972.6.29～7.2
　全日本選手権開催　1974.6.28～30
　日本選手権開催　1975.6.5～8
蒲池 猛夫
　ロサンゼルス五輪開催　1984.7.28～8.12
釜本 邦茂
　英アーセナル来日　1968.5.23～29
　ヤンマーが優勝　1974.12.8
　ヤンマーが3回目の優勝　1975.12.14
　釜本が通算200得点　1981.11.1
　釜本が現役引退　1984.2.13
　釜本の引退試合開催　1984.8.25
上岡 忠明
　上岡が別府毎日優勝　1969.2.2
　采谷がボストンで優勝　1969.4.21
　ソウルで宇佐美が優勝　1969.9.28
上川 誠二
　落合が日本人初の年俸1億円　1986.12.23
神永 昭夫
　神永昭夫が3回目の優勝　1964.4.26
　アジア初・東京五輪開催　1964.10.10～24
神野 由佳
　神野・西谷が優勝　2004.2.29
　神野が2大会連続完全優勝　2004.12.23
　神野・寺尾が総合優勝　2005.2.20
　寺尾・神野が総合優勝　2005.12.19
上山 仁
　日本王座連続防衛新記録　1995.3.13
神山 雄一郎
　神山に薬物違反発覚　1999.7.9

神和住 純
　デ杯東洋ゾーンで決勝敗退　1971.5.15～17
　神和住・畠中が優勝　1971.11.8～15
　デ杯東洋ゾーンA決勝敗退
　　　　　　　　　1972.4.29～5.2
　全日本選手権開催　1972.11.1～11
　デ杯東洋ゾーン開催　1973.4.21～23
　神和住が連覇　1973.10.25～31
　神和がプロ転向　1973.11.5
禿 博信
　ダウラギリIに登頂　1981.6.2
亀井 孝
　亀井が2位　1977.2.9～12
ガメス, レオ
　セレス小林が世界王座　2001.3.11
亀田 興毅
　亀田が東洋太平洋王座獲得　2005.8.21
加茂 周
　新監督に加茂　1994.2.10
　W杯予選不振　1997.10.4
加茂川 重治
　西本・加茂川と中尾をトレード　1988.11.23
カラショワ
　世界優秀女子競技会開催　1969.11.22～23
カリギス
　坂井と沢松が優勝　1973.2.26～3.4
ガリソン, ジナ
　ワールドテニス開催　1987.5.10
苅部 俊二
　苅部が銅　1997.3.9
　苅部が日本新記録　1997.10.5
ガルベス
　侮辱行為のガルベスを無期限
　　出場停止　1998.7.31
カレガ
　日本がクレー射撃優勝　1973.4.8～11
カレラ
　日本選手権開催　1975.8.27～30
河合 章二
　全日本選手権開催　1967.8.18～20
河合 季信
　ショートトラック選手権開催　1985.3.17

川相 昌弘
　川相が通算512犠打　　　　　2003.8.20
川上 憲伸
　川上がセ・リーグ新人王　　　1998.10.28
　川上がノーヒットノーラン　　 2002.8.1
　井川がノーヒットノーラン　　 2004.10.4
　セ・リーグ全日程終了　　　　 2004.10.16
　松中・川上がMVP　　　　　　 2004.10.27
川上 哲治
　巨人が18回目の優勝　　　　　 1965.10.14
　川上・鶴岡が殿堂入り　　　　 1965.12.4
　巨人が2年連続優勝　　　　　 1966.9.23
　巨人が日本シリーズ連覇　　　 1966.10.12～18
　巨人がリーグ3連覇　　　　　 1967.10.7
　巨人が日本一3連覇　　　　　 1967.10.21～28
　巨人がリーグ優勝　　　　　　 1968.10.8
　巨人が日本一　　　　　　　　 1968.10.12～20
　巨人が5年連続優勝　　　　　 1969.10.9
　巨人がリーグ5連覇　　　　　 1969.11.2
　野村が通算1322打点　　　　　 1970.6.2
　巨人がリーグ6連覇　　　　　 1970.10.23
　巨人が6年連続日本一　　　　 1970.11.2
　巨人がリーグ7連覇　　　　　 1971.9.23
　巨人がリーグ7連覇　　　　　 1971.10.17
　巨人が8年連続優勝　　　　　 1972.10.7
　巨人がシリーズ8連覇　　　　 1972.10.21～28
　野村が通算2351本安打　　　　 1973.8.3
　巨人が史上初9連覇　　　　　 1973.10.22
　巨人がシリーズ9連覇　　　　 1973.11.1
　川上監督初の退場　　　　　　 1974.7.9
　川上監督退任　　　　　　　　 1974.10.21
　川上に文化功労者　　　　　　 1992.10.20
　王が監督通算1067勝　　　　　 2005.5.5
川上 優子
　アトランタ五輪開催　　　　　 1996.7.19～8.4
川口 孝志郎
　川口がびわ湖毎日マラソン優勝　1983.3.13
川口 孝夫
　ミュンヘン五輪開催　　　　　 1972.8.26～9.11
川口 知哉
　ドラフト会議開催　　　　　　 1997.11.21
川越 真由
　武田・川越組が銅メダル　　　 2001.5.2
川崎 清貴
　全日本陸上開催　　　　　　　 1975.11.8
　川崎が日本新　　　　　　　　 1977.12.3～4
　川崎が日本新記録　　　　　　 1978.5.5
　阪本・川崎が日本新記録　　　 1979.4.22
川崎 憲次郎
　ヤクルトが2回目の日本一　　 1993.11.1
　川崎が中日にFA入団　　　　　 2000.12.17
川崎 佐知子
　全日本選手権開催　　　　　　 1971.3.18～21
川嶋 勝重
　川嶋が世界王座　　　　　　　 2004.6.28
　徳山が王座奪回　　　　　　　 2005.7.18
川島 正次郎
　札幌五輪誘致委　　　　　　　 1965.5.7
　札幌五輪組織委始動　　　　　 1966.7.26
川島 伸次
　川島がびわ湖毎日2位　　　　　2000.3.5
川島 郭志
　川島が世界王座　　　　　　　 1994.5.4
　川島が防衛失敗　　　　　　　 1997.2.20
川島 広守
　登板日漏洩の桑田に処分　　　 1990.3.16
　川島コミッショナー退任　　　 2004.1.30
川島 亮
　松中・川上がMVP　　　　　　 2004.10.27
川尻 哲郎
　川尻がノーヒットノーラン　　 1998.5.26
川尻 寿彦
　カヌーで対馬海峡横断　　　　 1983.8.4
川添 哲夫
　千葉が3回目の優勝　　　　　 1972.12.3
河内 洋
　カツラノハイセイコが天皇賞制覇　1981.4.29
　ヒカリデュールが有馬記念勝利　1982.12.26
　メジロラモーヌがオークス圧勝　1986.5.18
　アグネスフローラが桜花賞勝利　1990.4.8
　河内がダービー初制覇　　　　 2000.5.28
　アグネスタキオンがさつき賞制覇　2001.4.15
川手 雅博
　甲子園600号本塁打　　　　　　1988.8.16
川西 繁子
　5種目で日本新記録　　　　　　1967.8.8～10

かわは

日本選手権開催	1968.8.29〜31
女子4種目で日本新	1970.8.24〜29

川端 絵美
川端が史上初4種目制覇	1988.4.6
日本女子初の世界選手権入賞	1989.2.5
W杯女子開催	1991.2.23〜24
川端が2連覇	1992.3.9
滑降で川端が3位	1993.12.18

川端 順
バース・落合がMVP	1985.11.5

川端 義雄
ランドプリンスさつき賞制覇	1972.5.28

河原 智
全日本選手権開催	1968.11.25〜12.1
国際オープン大会開催	1969.1.18〜2.2

川原 正行
全日本競技会開催	1974.2.21〜24
世界選手権で川原入賞	1975.2.8〜9
浅間選抜競技会開催	1975.11.28

川淵 三郎
流行語大賞決定	1993.12.1
川淵新体制がスタート	2002.7.22

川俣 真由美
高校生が優勝	1987.5.31

河村 雅之
東海クラシック開催	1995.10.8

川村 芳子
弓道選手権開催	1975.5.1〜2

川村 順子
川村が初優勝	1979.7.27

川本 ゆかり
秋山7連覇ならず引退	1990.11.17
全日本選手権開催	1991.11.23
川本が完全制覇V	1994.8.4
川本が2年連続完全優勝	1994.11.27

河盛 純造
デ杯東洋ゾーンは豪に完敗	1970.4.17〜21
沢松和が女子4連覇	1970.11.3〜11
デ杯で豪に勝利	1971.4.23〜26

河盛 順造
日本インドに9連敗	1969.5.10〜12

神田 道夫
熱気球で長距離飛行	1984.2.5

漢人 陽子
アメリカで夏季大会	1993.7.8〜18

神野 正雄
女子1500で日本新	1973.6.1〜3

神部 年男
神部がノーヒットノーラン	1975.4.20

ガンボア小泉
星野が最高齢記録で初王座	2000.12.6
星野がミニマム級王座	2002.1.29

【き】

木内 幸男
取手二が初優勝	1984.8.21
常総学院が初優勝	2003.8.23

禧久 昭広
尾曽が初優勝	1992.11.29

禧久 昭弘
全日本選手権開催	1995.12.10

菊池 勝司
菊池が初優勝	1980.11.3

菊地 二久
全日本選手権開催	1970.2.13

木口 宣昭
田中と森田が優勝	1969.3.3〜11

樴崎 公美
ニューデリーでアジア大会	1982.11.19〜12.4

木佐貫 洋
亜細亜大が14回目の優勝	2002.5.23
亜細亜大が2年ぶり優勝	2002.6.19
ドラフト会議開催	2002.11.20
MVPは井川・城島	2003.10.29

岸 滋彦
関西馬がGIレース5連覇	1990.5.20

雉子牟田 明子
全日本テニス選手権開催	1983.9.12〜9.17
雉子牟田が準優勝	1991.1.6
全仏オープン開催	1992.5.31
雉子牟田が引退	1994.7.19

稀勢の里
稀勢の里が入幕	2004.11.1
朝青龍が6場所連続優勝	2005.9.25

稀勢の里 寛
稀勢の里が入幕　2004.11.1
木田 勇
山本・木田が MVP　1980.11.4
日本プロスポーツ大賞決定　1980.12 月
張が 28 イニング連続奪三振　2002.8.12
喜多 隆志
ドラフト会議開催　2001.11.19
喜多 秀喜
喜多が優勝　1979.2.4
第 1 回東京マラソン　1981.2.8
喜多が福岡国際マラソン 2 位　1982.12.5
北京で喜多が優勝　1984.10.14
木田 優夫
木田が FA で大リーグ移籍　1998.11.22
北尾
千代の富士が 10 度目優勝　1984.11.25
千代の富士が全勝優勝　1985.1.27
朝潮が初優勝　1985.3.24
北天佑が優勝　1985.7.21
千代の富士が全勝優勝　1985.9.22
千代の富士が優勝　1985.11.24
北尾が大関昇進　1985.12.26
千代の富士が 16 回目優勝　1986.5.25
千代の富士が 2 場所連続優勝　1986.7.20
双羽黒が暴力・失踪　1987.12.27
北尾 光司
北尾がプロレスデビュー　1990.2.4
北尾 光覇
PRIDE 初興行　1997.10.11
北川 博敏
近鉄 4 回目の優勝　2001.9.26
北沢 豪
日本代表登録メンバー発表　1998.6.2
北沢 欣浩
サラエボ冬季五輪開催　1984.2.8〜19
北島 康介
世界選手権開催　2001.7.26
競泳の日本選手権が開幕　2002.6.11
パンパシフィック選手権開催　2002.8.24
北島が世界新記録　2002.10.2
世界水泳選手権開催　2003.7.21
北島が日本スポーツ賞　2003.12.17
三木が日本新記録　2004.4.25

アテネ五輪開催　2004.8.13〜29
流行語大賞決定　2004.12 月
日本選手権開催　2005.4.21
世界選手権開催　2005.7.24
北島 真智恵
全日本選手権開催　1987.4.4
北瀬海
輪島が 8 回目の優勝　1976.3.28
北の湖が 6 回目の優勝　1976.5.23
北の湖が全勝優勝　1977.3.27
北田 佳世
福岡国際開催　2001.12.8〜9
北田 スミ子
全日本総合バドミントン選手
権開催　1982.12.18
北田 敏恵
日本選手権開催　1996.6.7
北田 瑠衣
宮里・北田組が初代女王　2005.2.13
北の湖
北の富士が 10 回目の優勝　1973.3.25
輪島が連続優勝　1973.11.25
輪島が 5 回目の優勝　1974.3.24
北の湖が 2 回目の優勝　1974.5.26
輪島が 6 回目の優勝　1974.7.21
北の湖が横綱昇進　1974.7.22
輪島が連続優勝　1974.9.22
魁傑が優勝　1974.11.24
日本プロスポーツ大賞決定　1974.12 月
北の湖が 3 回目の優勝　1975.1.26
貴ノ花が悲願の初優勝　1975.3.23
北の湖が 4 回目の優勝　1975.5.25
金剛が平幕優勝　1975.7.25
北の湖が 5 回目の優勝　1976.1.25
北の湖が 6 回目の優勝　1976.5.23
北の湖が 7 回目の優勝　1976.11.28
北の湖が全勝優勝　1977.3.27
北の湖が全勝優勝　1977.9.25
北の湖が全勝優勝　1978.1.22
北の湖が 2 場所連続優勝　1978.3.26
北の湖が 3 場所連続優勝　1978.5.21
北の湖が 4 場所連続優勝　1978.7.16
北の湖が 5 場所連続優勝　1978.9.24
北の湖が年間最多 82 勝　1978.11.23
日本プロスポーツ大賞決定　1978.12 月

北の湖が15回目の優勝	1979.1.21		北の富士が連続優勝	1970.7.19
北の湖が16回目の優勝	1979.3.25		大鵬が32回目の優勝	1971.1.24
北の湖が17回目の優勝	1979.9.23		北の富士が全勝優勝	1971.5.23
北の湖が18回目の優勝	1980.3.23		北の富士が全勝優勝	1971.9.26
北の湖が19度目優勝	1980.5.25		玉の海が急死	1971.10.11
北の湖が3場所連続優勝	1980.7.20		大相撲の黒い交際発覚	1971.11.14〜28
千代の富士が初優勝	1981.1.25		北の富士が連続優勝	1971.11.28
北の湖が21回目の優勝	1981.3.22		栃東が初優勝	1972.1.23
北の湖が22回目の優勝	1981.5.24		長谷川が初優勝	1972.3.26
千代の富士が年間3段階優勝	1981.11.22		高見山が初優勝	1972.7.16
北の湖が23回目の優勝	1982.1.24		北の富士が全勝優勝	1972.9.24
北の湖が幕内通算700勝	1982.3.15		北の富士が10回目の優勝	1973.3.25
千代の富士が4回目の優勝	1982.3.28		大相撲中国興行	1973.4.5〜8
千代の富士が優勝	1982.7.18		琴桜が5回目の優勝	1973.7.15
北の湖が通算873勝	1982.9.21		輪島が全勝優勝	1973.9.23
隆の里が全勝で初優勝	1982.9.26		輪島が連続優勝	1973.11.25
千代の富士が優勝	1983.3.9		輪島が5回目の優勝	1974.3.24
双葉山以来の新横綱全勝優勝	1983.9.25		北の湖が2回目の優勝	1974.5.26
大ノ国が3横綱に土	1983.11.18		北の富士が引退	1974.7.8
千代の富士が優勝	1983.11.27		輪島が6回目の優勝	1974.7.21
北の湖が24回目の優勝	1984.5.20		北の湖が横綱昇進	1974.7.22
北の湖が引退	1985.1.15		貴ノ花が大関50場所で引退	1981.1.17
千代の富士が全勝優勝	1985.9.22		**北別府 学**	
千代の富士が3場所連続優勝	1986.1.26		北別府・石毛がMVP	1986.10.29
北勝海が優勝	1987.9.27		北別府が通算200勝	1992.7.16
千代の富士が24回目優勝	1988.7.17		北別府が引退	1994.9.15
千代の富士が31回目の優勝	1990.11.25		**北村 辰夫**	
貴ノ花が最年少全勝優勝	1994.9.25		冬季トリノ大会開催	1966.2.5〜13
大鵬が還暦土俵入り	2000.6.6		**北山 吉信**	
北の湖理事長選出	2002.2.1		びわ湖マラソンで北山2位	1973.3.18
朝青龍が史上初の7連覇	2005.11.27		**橘田 規**	
北の富士			橘田が国内最高22アンダー	1966.9.9
大鵬が12回目の優勝	1964.1.26		**橘田 光弘**	
栃ノ海が3回目の優勝	1964.5.24		橘田が日本オープン優勝	1970.9.30〜10.1
大鵬が連続優勝	1964.11.22		杉原が優勝	1970.11.25〜29
柏戸優勝・栃光引退	1966.1.30		**城戸 富貴**	
大鵬が19回目の優勝	1966.3.27		プロツアー開幕	1993.3.7
大鵬が20回目の優勝	1966.5.29		**衣笠 祥雄**	
大鵬が5度目全勝優勝	1967.1.29		衣笠が連続試合日本新	1980.8.4
北の富士が初優勝	1967.3.26		江夏・福本・衣笠が偉業	1982.7.2
大鵬が25回目の優勝	1967.5.28		日本プロスポーツ大賞決定	1984.12月
琴桜が2回目の優勝	1969.3.23		衣笠が2000試合連続出場	1986.6.7
北の富士が連続優勝	1970.1.25		衣笠が世界新記録	1987.6.13
北・玉が同時横綱昇進	1970.1.26		衣笠が500号本塁打	1987.8.11
大鵬が31回目の優勝	1970.3.22		衣笠が引退	1987.9.21
北の富士が4回目の優勝	1970.5.24			

日本プロスポーツ大賞決定	1987.12月	**木村 さえ子**	
流行語大賞決定	1987.12月	ロサンゼルス五輪開催	1984.7.28～8.12
衣笠・藤田が殿堂入り	1996.1.24	**木村 トヨ子**	
衣笠を抜く世界記録	1996.6.14	室内水泳選手権で新記録続	
木下 アリーシア		出	1964.4.11～12
アトランタ五輪開催	1996.7.19～8.4	**木村 泰子**	
木下 直子		木村が日本新記録	1994.12.21
全日本学生テニス開催	1986.8.3	**キャステラ, ロバート・ド**	
木原 珠子		伊藤が福岡国際2位	1981.12.6
ユニバ福岡大会開催	1995.8.23～9.3	**許 勝三**	
木原 美知子		総武国際オープン開催	1976.4.25
日本選手権開催	1964.7.16～19	**清川 正二**	
アジア初・東京五輪開催	1964.10.10～24	アジア初のIOC副会長に清川	1979.4.5
日本選手権開催	1966.8.28～30	**旭鷲山**	
5種目で日本新記録	1967.8.8～10	若乃花が優勝	1997.1.25
木原が水着モデルに	1969.1.21	貴乃花が16回目の優勝	1997.3.23
キプラガト, ローナ		武蔵丸が2場所連続優勝	2002.5.25
大阪国際女子マラソン開催	2002.1.27	朝青龍が3回目の優勝	2003.5.25
木俣 達彦		朝青龍が4場所連続優勝	2005.5.22
中日が巨人10連覇阻止	1974.10.12	**旭天鵬**	
君原 健二		武双山が優勝	2000.1.23
君原が日本選手権優勝	1964.4.12	千代大海が4場所ぶり優勝	2003.3.23
アジア初・東京五輪開催	1964.10.10～24	朝青龍が3回目の優勝	2003.5.25
寺沢が別府4連勝	1966.2.13	朝青龍が4回目の優勝	2003.9.21
君原がボストンで優勝	1966.4.19	**旭道山**	
君原が快勝	1968.6.15	北勝海が8場所ぶり優勝	1989.1.23
メキシコ五輪代表決定	1968.7.24	平幕水戸泉が初優勝	1992.7.18
メキシコ五輪開催	1968.10.12～27	貴花田が優勝	1992.9.27
マンチェスターで采谷が4位	1969.7.20	史上2組目の兄弟優勝	1993.3.28
君原が別府で優勝	1970.2.8	**清国**	
君原が別府連覇	1971.2.7	大鵬が12回目の優勝	1964.1.26
ミュンヘン五輪開催	1972.8.26～9.11	佐田の山が優勝・横綱昇進	1965.1.24
福岡マラソン開催	1972.12.3	大鵬が優勝	1965.3.21
君原が別府で優勝	1973.2.4	大鵬が17回目の優勝	1965.7.11
木村 和司		柏戸が3回目の優勝	1965.9.19
奥寺が日本代表復帰	1986.8.11	大鵬が5度目全勝優勝	1967.1.29
木村 喜三		佐田の山が連続優勝	1968.1.28
木村が世界新記録	1996.9.16	大鵬が3場所連続優勝	1969.1.26
木村 憲司		大鵬が30回目の優勝	1969.5.25
冬季アイガー北壁登頂	1970.1.27	清国が初優勝	1969.7.20
木村 興治		日本プロスポーツ大賞決定	1969.12月
世界選手権開催	1965.4.15～25	北の富士が4回目の優勝	1970.5.24
世界卓球選手権開催	1965.4.25	大鵬が32回目の優勝	1971.1.24
世界選手権開催	1967.4.11～21	北の富士が全勝優勝	1971.5.23

長谷川が初優勝	1972.3.26	麒麟児が初優勝	1968.3.24
琴桜が5回目の優勝	1973.7.15	**麒麟児〔1953年生〕**	
輪島が連続優勝	1973.11.25	北の湖が3回目の優勝	1975.1.26
栃東が初優勝	2002.1.27	貴ノ花が悲願の初優勝	1975.3.23

清田 明子
伊勢神宮で弓道選手権　1972.10.8～10

清の華
大相撲中国興行　1973.4.5～8

清原 和博
取手二が初優勝	1984.8.21
PL学園が3回目の優勝	1985.8.21
桑田・清原がプロ入りへ	1985.11.20
清原が高卒新人最多本塁打	1986.9.27
流行語大賞決定	1986.12月
清原が通算200号	1992.6.26
清原が巨人入団	1996.12.7
谷口がプロ7年目初優勝	1998.5.31
清原が13年連続20本塁打	1998.9.1
清原が2000本安打	2004.6.4
パ・リーグが2連勝	2004.7.11
清原が504号本塁打	2005.6.10

清元 登子
清元が女子選手権優勝　1972.6.1～2
清元が初優勝　1978.9.3

キリー，ジャン・クロード
グルノーブル冬季五輪開催　1968.2.6～18

霧島
若島津が優勝	1984.7.15
千代の富士が4場所連続優勝	1986.11.23
物言い3度	1988.5.3
千代の富士が46連勝	1988.11.19
北勝海が5回目の優勝	1989.5.21
小錦が初優勝	1989.11.26
千代の富士が30回目の優勝	1990.1.21
北勝海が巴戦制し優勝	1990.3.25
霧島が最高齢優勝	1991.1.27
小錦が3回目の優勝	1992.3.22
曙が優勝	1992.11.22
貴乃花が12回目の優勝	1996.3.24

麒麟児〔1942年生〕
大鵬が20回目の優勝	1966.5.29
大鵬が22回目の優勝	1966.9.25
大鵬が5度目全勝優勝	1967.1.29
大鵬が25回目の優勝	1967.5.28
佐田の山が引退	1968.3.14

北の湖が4回目の優勝	1975.5.25
金剛が平幕優勝	1975.7.25
貴ノ花が3場所ぶり優勝	1975.9.28
輪島が9回目の優勝	1976.7.18
魁傑が2回目の優勝	1976.9.26
北の湖が5場所連続優勝	1978.9.24
若乃花が全勝優勝	1978.11.26
千代の富士が4回目の優勝	1982.3.28
大乃国が優勝	1988.3.27

ギルクス
湯木が全英選手権優勝　1974.3.19～24
女子単複とも日本が優勝　1975.3.19～22

金 在原
長谷川が世界王座　2005.4.16

金 政治
ソウルで宇佐美が優勝　1969.9.28

金 性俊
中島が世界王座　1980.1.3
中島は王座失う　1980.3.24

金 松順
女子世界選手権開催　1966.2.12～13

キング
全英で沢松組が優勝　1975.6.23～7.5

金城 龍彦
松井・松中がMVP　2000.10.30

【く】

具 玉姫
東海クラシック開催　1987.10.4

グアルディ
世界選手権開催　1990.8.20

九鬼 潤
沢松和が女子4連覇	1970.11.3～11
デ杯東洋ゾーンA決勝敗退	1972.4.29～5.2
福井がプロに逆転勝ち	1979.10.8
九鬼が優勝	1979.11.18
九鬼・古橋が優勝	1980.10.5

日下部 基栄
シドニー五輪開催　2000.9.15～10.1
草壁 政治
金井がプロ選手権優勝　1972.10.19～22
草萱 昌子
ユニバ福岡大会開催　1995.8.23～9.3
具志堅 幸司
具志堅・加納が優勝　1979.9.29
中日カップで具志堅優勝　1979.12.16
具志堅が3位　1980.10.24
全日本選手権開催　1980.11.24
具志堅・加納が2連覇　1981.10.25
NHK杯で加納・具志堅が連覇　1982.6.12
具志堅・森尾が優勝　1982.10.31
世界体操選手権開催　1983.10.26
ロサンゼルス五輪開催　1984.7.28～8.12
具志堅が引退　1985.11.14
具志堅 用高
具志堅が世界王座　1976.10.10
日本プロスポーツ大賞決定　1976.12.16
日本プロスポーツ大賞決定　1977.12月
日本プロスポーツ大賞決定　1978.12月
日本プロスポーツ大賞決定　1979.12月
日本プロスポーツ大賞決定　1980.12月
具志堅14度目で防衛失敗　1981.3.8
久島 啓太
久島が史上初の高校生アマ横綱　1983.12.11
久島が2連覇　1984.12.9
久島が2年連続学生横綱　1985.11.2
久島が個人2連覇　1986.5.3
久島が3連覇　1986.11.1
久島敗れる　1986.12.7
久島が出羽海部屋入門　1987.12.16
久島海
北勝海が巴戦制し優勝　1990.3.25
曙が優勝　1993.9.26
楠井 一騰
甲子園球児21年ぶり東大入り　2004.5.31
楠瀬 志保
全日本スプリント開催　1993.1.16
W杯カルガリー大会開催　1996.3.1
楠村 喜一
楠村がスピード日本一　1967.3.9

クーディ
太平洋マスターズ開催　1972.10.5～8
工藤 章
全日本選手権開催　1974.6.28～30
日本選手権開催　1975.6.5～8
工藤 一彦
ドラフト会議開催　1974.11.19
工藤 一良
NYで工藤は7位　1988.11.6
工藤 公康
報徳学園が夏初優勝　1981.8.21
西武が日本一　1986.10.27
流行語大賞決定　1986.12月
西武が日本一　1987.11.1
古田・工藤がMVP　1993.11.3
工藤が巨人にFA移籍　1999.12.14
清原が2000本安打　2004.6.4
工藤が200勝　2004.8.17
工藤 政志
工藤が世界王座　1978.8.9
工藤が世界王座　1978.8.9
工藤が防衛失敗　1979.10.24
工藤が4度目防衛失敗　1979.10.28
国近 友昭
国近が初優勝　2003.12.7
アテネ五輪代表決定　2004.3.15
クーニャ, アウロラ
東京国際女子マラソン開催　1988.11.20
久野 英子
女性初のエベレスト登頂　1975.5.16
久保 晃
近代五種で日本は8位　1971.10.9～13
久保 皖司
アジア選手権開催　1967.7.21～23
久保 竜彦
ワールドカップ予選がスタート　2004.2.18
久保 敏文
天皇賞はホクトボーイ　1977.11.27
久保 康友
金本・杉内がMVP　2005.11.4
窪田 和則
ユニバ福岡大会開催　1995.8.23～9.3

久保田 美郎
久保田が完全試合　　　　　　1969.6.12
久万 俊二郎
横浜・阪神も一場に現金授受　2004.10.22
熊谷 克仁
全日本選手権開催　　　　　　1987.4.4
熊谷 毅志
全日本選手権開催　　　　1974.2.27〜3.1
熊沢 重文
10番人気コスモドリームが1着　1988.5.22
有馬記念初の単勝万馬券　　　1991.12.22
熊野 輝光
バース・落合がMVP　　　　　1985.11.5
隈本 富夫
日本選手権大会開催　　　　1966.8.19〜21
久米 直子
坂本が日本新記録　　　　　　1980.8.31
クライシュテルス, キム
杉山組が準優勝　　　　　　　2001.7.8
杉山組がシングルス優勝　　　2003.3.2
杉山組が初優勝　　　　　　　2003.6.8
杉山組が初優勝　　　　　　　2003.7.6
クラインシュミット, ユタ
パリ・ダカールで増岡2位　　2001.1.21
クラウス, アルバート
魔裟斗がチャンピオン　　　　2003.7.5
倉地 富美恵
全日本女子で倉地が優勝　　　1989.5.4
グラッデン
危険球退場制度　　　　　　　1994.5.11
グラハム
太平洋マスターズ開催　　　1972.10.5〜8
グラフ, シュテフィ
グンゼ・ワールド開催　　　1988.7.6〜10
ソウル五輪開催　　　　　1988.9.17〜10.2
伊達が全豪オープンでベスト16　1990.1.27
パンパシフィック・オープン
　開催　　　　　　　　　　1990.1.30〜2.4
沢松はベスト8ならず　　　　1992.6.22
伊達が海外初優勝　　　　　　1994.1.16
伊達初のベスト4　　　　　　1995.6.6
松岡・伊達がベスト8　　　　1995.7.3
伊達が世界5位　　　　　　　1995.10.2
伊達がグラフを破る　　　　　1996.4.28
伊達がベスト4惜敗　　　　1996.7.4〜5
蔵間
北の湖が全勝優勝　　　　　　1978.1.22
北の湖が2場所連続優勝　　　1978.3.26
北の湖が22回目の優勝　　　　1981.5.24
蔵本 孝二
モントリオール五輪開催　　1976.7.17〜8.1
倉本 昌弘
アマ選手権で倉本が優勝　　1975.6.25〜28
アマ選手権で倉本が優勝　　　1977.6.24
倉本が優勝　　　　　　　　　1977.9.13
倉本が優勝　　　　　　　　　1980.6.7
日本プロスポーツ大賞決定　　1981.12月
倉本が全英オープン4位　　　1982.7.18
倉本が初出場で優勝　　　　　1982.7.25
倉本が国内最小スコア　　　　1987.8.23
倉本が優勝　　　　　　　　　1992.5.17
倉本が終身シード権獲得　　　1992.10.25
クーリア
グンゼ・ワールド開催　　　　1991.7.14
クリコフ
世界スプリントで鈴木入賞　1975.2.15〜16
クリスチャンセン
谷口が自己最高で優勝　　　　1987.5.10
ボストンマラソン開催　　　　1989.4.17
栗橋 茂
ドラフト会議開催　　　　　　1973.11.20
栗原 景太郎
世界一周「白鴎号」凱旋　　　1970.8.22
クリメンコ
国際体操競技会開催　　　　1970.12.5〜13
栗本 剛
全日本選手権開催　　　　　　1990.12.2
クルーン
クルーンが最速記録　　　　　2005.5.11
クルーン, マーク
クルーンが最速記録　　　　　2005.5.11
グレイ
鈴木が世界選手権2位　　　1966.2.19〜20
グレイシー, ヒクソン
PRIDE初興行　　　　　　　　1997.10.11

クレーカー
　中日カップで具志堅優勝　　　　1979.12.16
グレーシー，ホイス
　大晦日恒例格闘技　　　　　　　2004.12.31
黒石 恒
　女性初マナスル登頂　　　　　　1974.5.4
黒岩 彰
　黒岩が世界スプリント入賞　　　1981.2.22
　黒岩が相次ぎ新記録　　　　　　1981.12.18
　黒岩が日本新記録　　　　　　　1982.12.10
　黒岩が日本新記録　　　　　　　1983.1.15
　黒岩が完全優勝　　　　　　　　1983.2.6
　黒岩が今季5度目の日本新記録　1983.2.19
　黒岩が日本初の総合優勝　　　　1983.2.27
　男子500で黒岩が優勝　　　　　1983.11.26
　男子500で黒岩が優勝　　　　　1983.12.8
　黒岩・橋本が優勝　　　　　　　1983.12.17
　黒岩に日本スポーツ賞　　　　　1983.12.24
　三谷が男子2冠　　　　　　　　1984.12.2
　橋本・黒岩が総合優勝　　　　　1986.1.18
　世界スプリント長野大会開催　　1986.2.22
　黒岩・橋本が日本新記録　　　　1986.3.18
　黒岩が男子500で優勝　　　　　1986.12.6
　黒岩が4年ぶり優勝　　　　　　1987.2.1
　カルガリー冬季五輪開催　　　　1988.2.13〜28
　全日本スプリント開催　　　　　1989.1.7
黒岩 敏幸
　日本男子4年ぶりメダル　　　　1991.2.24
　アルベールビル冬季五輪開催
　　　　　　　　　　　　　　　　1992.2.8〜23
　黒岩が2年連続3位　　　　　　1992.3.1
黒岩 康志
　W杯軽井沢大会開催　　　　　　1989.12.9〜10
黒江 幸弘
　日通浦和が都市対抗初優勝　　　1964.7.26〜8.4
黒沢 勝吉
　全日本選手権開催　　　　　　　1971.5.2〜4
黒沢 秀夫
　日本選手権大会開催　　　　　　1966.8.19〜21
黒沢 正江
　勝田マラソン開催　　　　　　　1986.2.11
黒鳥 文絵
　パシフィック選手権開催　　　　1995.8.10
　ユニバ福岡大会開催　　　　　　1995.8.23〜9.3

黒姫山
　北の富士が連続優勝　　　　　　1970.1.25
　大鵬が32回目の優勝　　　　　1971.1.24
　北の富士が連続優勝　　　　　　1971.11.28
　輪島が全勝優勝　　　　　　　　1973.5.27
　輪島が連続優勝　　　　　　　　1973.11.25
　若三杉が初優勝　　　　　　　　1977.5.22
　若乃花が全勝優勝　　　　　　　1978.11.26
　北の湖が15回目の優勝　　　　1979.1.21
　北の湖が16回目の優勝　　　　1979.3.25
クロブコウスカ，エバ
　性別検査で失格者出る　　　　　1968.2.25
クロマティ
　クロマティとブライアントが
　　MVP　　　　　　　　　　　　1989.11.25
黒宮 るり子
　6種目で日本新　　　　　　　　1970.11.3〜4
桑田 茂
　落合が日本人初の年俸1億円　　1986.12.23
桑田 真澄
　PL学園が5年ぶり優勝　　　　1983.8.21
　岩倉が初出場初優勝　　　　　　1984.4.4
　取手二が初優勝　　　　　　　　1984.8.21
　PL学園が3回目の優勝　　　　1985.8.21
　桑田・清原がプロ入りへ　　　　1985.11.20
　桑田が10代で10勝目　　　　　1987.7.8
　登板日漏洩の桑田に処分　　　　1990.3.16
　桑田・イチローがMVP　　　　1994.10.31
　谷口がプロ7年目初優勝　　　　1998.5.31
桑原 稔
　全日本選手権開催　　　　　　　1970.7.4〜5

【け】

ゲザハン，アベラ，
　清水が3秒差で2位　　　　　　2001.12.2
　尾方が2秒差で2位　　　　　　2002.12.1
ゲディス，ジェーン
　岡本が全米女子3位　　　　　　1987.5.24
ゲーリック，ルー
　衣笠が世界新記録　　　　　　　1987.6.13
ケール
　ダンロップ・オープン開催　　　1989.4.23
ゲレルティス
　全英で沢松組が優勝　　　　　　1975.6.23〜7.5

けれろ　人名索引　日本スポーツ事典

ゲレロ, ウラジーミル
　MVPはゲレロ　　　　　　　　　　2004.11.16
ケレンデルストラ
　小野沢が世界選手権2位　　　　1973.2.24～25
剣晃
　貴乃花が10回目の優勝　　　　　　1995.7.16
　貴ノ浪が初優勝　　　　　　　　　1996.1.21
監物 永三
　NHK杯開催　　　　　　　　　　1968.7.13～14
　メキシコ五輪開催　　　　　　　1968.10.12～27
　日体大が全種目優勝　　　　　　1969.7.24～27
　世界選手権で日本男子優勝
　　　　　　　　　　　　　　　1970.10.22～27
　ミュンヘン五輪開催　　　　　　1972.8.26～9.11
　監物・長谷川が優勝　　　　　　1972.11.16～19
　国際選抜競技会開催　　　　1972.12.2～3,9～10
　男子4連覇・女子6位　　　　　1974.10.20～27
　監物・松久が優勝　　　　　　　1974.11.22～24
　梶山が優勝　　　　　　　　　　1974.11.30～12.1
　モントリオール五輪開催　　　　　1976.7.17～8.1
　日本選手権開催　　　　　　　　　1976.10.10

【こ】

呉 昌征
　小笠原が7試合連続得点　　　　　2001.8.27
鯉川 なつえ
　ユニバ福岡大会開催　　　　　　1995.8.23～9.3
肥川 葉子
　ユニバ福岡大会開催　　　　　　1995.8.23～9.3
小池 里美
　世界女子スケート開催　　　　　　1971.2.6～7
　札幌プレ五輪開催　　　　　　　　1971.2.7～14
　根本・小池が優勝　　　　　　　1971.2.25～26
　世界スプリント開催　　　　　　　1973.2.3～4
　小野沢が世界選手権2位　　　　1973.2.24～25
　全日本競技会開催　　　　　　　1974.2.21～24
小池 秀郎
　ドラフト会議開催　　　　　　　　1990.11.24
小泉 章夫
　世界初の厳冬期登頂　　　　　　　1982.12.13
小泉 純一郎
　「感動した!」貴乃花優勝　　　　　2001.5.27
小泉 幸枝
　小泉幸枝が女子単優勝　　　　　　1986.5.5

小泉 隆司
　岩隈が楽天入り　　　　　　　　2004.12.22
小出 義雄
　流行語大賞決定　　　　　　　　2000.12月
小岩井 久美子
　小岩井が日本人2人目の優勝　　　1992.12.5
合志 幸子
　女子4種目で日本新　　　　　　1970.8.24～29
　田口・西側が優勝　　　　　　　　1973.8.3～5
合田 洋
　合田が初優勝　　　　　　　　　　1994.5.15
高鉄山
　大鵬が19回目の優勝　　　　　　　1966.3.27
　大鵬優勝・栃ノ海引退　　　　　　1966.11.27
　大鵬が5度目全勝優勝　　　　　　1967.1.29
　八百長報道を告訴　　　　　　　　1996.5.22
河埜 和正
　川上監督初の退場　　　　　　　　1974.7.9
河野 謙三
　日本陸連会長に河野氏　　　　　　1965.9.7
河野 高明
　日本オープン開催　　　　　　　1968.10.2～4
　ワールドカップ開催　　　　　　1968.11.14～17
　W杯で日本は10位　　　　　　　1970.11.12～17
　河野が3連覇　　　　　　　　　　1972.6.8～9
河野 孝典
　アルベールビル冬季五輪開催
　　　　　　　　　　　　　　　　1992.2.8～23
　荻原が3連勝　　　　　　　　　　1992.12.20
　世界選手権開催　　　　　　　　　1993.2.19
　W杯複合で日本優勝　　　　　　　1993.3.9
　リレハンメル冬季五輪開催　　　1994.2.12～27
　世界選手権開催　　　　　　　　　1995.3.12
河野 信子
　陸上4種目で日本新　　　　　　1971.5.28～30
　河野が日本新　　　　　　　　　　1971.10.2～3
　河野・井上が日本新　　　　　　　1972.10.7～8
　女子1500で日本新　　　　　　　　1973.6.1～3
河野 兵市
　単独歩行で北極点到達　　　　　　1997.5.2
河野 満
　世界選手権開催　　　　　　　　1967.4.11～21
　アジア選手権開催　　　　　　　1968.9.22～29
　全日本選手権開催　　　　　　　1968.11.25～12.1

― 638 ―

全日本選手権開催	1970.11.21～26
世界選手権開催	1971.3.28～4.7
アジア選手権開催	1972.9.2～13
アジア選手権開催	1974.4.2～15
世界選手権で河野が優勝	1977.4.5
河野が優勝	1977.10.25
全日本選手権開催	1977.11.27

郷原 洋行
菊花賞はプレストウコウ	1977.11.13
天皇賞はカシュウチカラ	1979.4.29
スリージャイアンツが勝利	1979.11.25
ダービーはオペックホース	1980.5.25
天皇賞はニッポーテイオー	1987.11.1
ダービーはウィナーズサークル	1989.5.28

高望山
千代の富士が優勝	1982.7.18
千代の富士が優勝	1983.11.27

小浦 猛志
デ杯東洋ゾーンは豪に完敗	1970.4.17～21
沢松和子女子4連覇	1970.11.3～11
デ杯で豪に勝利	1971.4.23～26

古賀 稔彦
小川が柔道選手権2連覇	1990.4.29
体重別選手権開催	1990.7.15
バルセロナ五輪開催	1992.7.25～8.9
古賀にJOCスポーツ賞	1993.5.26
世界選手権開催	1995.9.29
アトランタ五輪開催	1996.7.19～8.4

古賀 正明
武田が全12球団から白星	2002.5.7

古賀 正一
古賀にソ連スポーツ・マスター	1975.12.17

小鴨 由水
小鴨が退社・引退	1993.3.17

小久保 裕紀
パ・リーグ全日程終了	1995.10.6
5球団10選手が脱税	1997.11.18

コグラー, アルミン
スキーW杯開催	1982.1.15

コクラン, M.
W杯初の日本開催	1973.3.12～15

九重
大鵬が還暦土俵入り	2000.6.6

小指 徹
びわ湖毎日マラソンで小指が優勝	1989.3.12
福岡国際マラソン開催	1989.12.3
小指が胸の差で2位	1991.2.10

越 和宏
W杯で越は6位	2001.2.16

越野 忠則
バルセロナ五輪開催	1992.7.25～8.9

小島 一平
小島が4連覇	1969.12.1～6
小島が男子3連覇	1970.11.5～8
栂野尾・中山が優勝	1971.12.7～12
全日本選手権開催	1972.12.13～17

小島 和恵
名古屋国際で小島が2位	1987.3.1
東京国際女子マラソン開催	1987.11.15
大阪国際女子マラソン開催	1989.1.29
小島が日本最高記録	1989.4.30
パリ・マラソン日本人が2連覇	1990.5.6
吉田がパリで優勝	1993.4.25

小島 景子
千葉が2種目優勝	1975.3.6～9
小島が13年ぶり女子三冠	1978.2.28
全日本選手権開催	1979.3.8～11

小島 孝治
ニチボーの連勝続く	1965.7.30

小島 貞博
ミホノブルボンが圧勝	1992.5.31
日本ダービーはタヤスツヨシ	1995.5.28

小島 太
福永が最多勝騎手	1972.12.29
日本ダービーはサクラショウリ	1978.5.28
天皇賞はサクラユタカオー	1986.10.26
日本ダービーでサクラチヨノオー勝利	1988.5.29

コス, ヨハンオラフ
リレハンメル冬季五輪開催	1994.2.12～27

小塚 崇彦
小塚が初優勝	2005.11.26

小塚 嗣彦
世界選手権開催	1966.2.21～27
小塚・大川が優勝	1966.11.28～30
世界選手権で大川が5位	1967.2.28～3.5

— 639 —

こすけ

全日本選手権開催	1968.11.24〜27
世界選手権開催	1969.2.25〜3.2
樋口・山下が3連覇	1970.11.27〜29
札幌プレ五輪開催	1971.2.7〜14

小菅 麻里
男女とも史上最年少優勝	1988.12.3
全日本体操選手権開催	1989.11.11
全日本選手権開催	1990.11.3
体操世界選手権開催	1991.9.6〜15
全日本選手権開催	1991.11.3
全日本選手権開催	1992.11.15
世界選手権開催	1993.4.13〜18

小瀬戸 俊昭
アジア初・東京五輪開催	1964.10.10〜24

小高 正宏
ロサンゼルス五輪開催	1984.7.28〜8.12

小谷 博太郎
全日本選手権開催	1970.2.8〜15

小谷 実可子
世界選手権開催	1986.8.13〜23
小谷が2年連続3冠	1988.8.17
ソウル五輪開催	1988.9.17〜10.2
小谷がソロ3位	1989.9.7〜9
日本選手権開催	1990.5.5
世界水泳選手権開催	1991.1.13
JOC役員改選	2005.3.24

児玉 晶子
全米選手権で児玉が優勝	1986.8.8

児玉 修
全日本で児玉が2冠	1981.3.5

児玉 泰介
別府大分で児玉が優勝	1986.2.2
児玉が日本最高記録	1986.10.19

黒海
朝青龍が5場所連続優勝	2005.7.24

コックシー，マーサ
国際女性マラソン開催	1978.3.19

琴稲妻
貴ノ花が最年少全勝優勝	1994.9.25
貴乃花が場所連続優勝	1995.9.24

後藤 和子
日本がユーバー杯王座	1966.5.21

後藤 泰一
全日本選手権開催	1995.12.10

後藤 忠治
アジア初・東京五輪開催	1964.10.10〜24

後藤 長三郎
堀越が日本新	1970.7.3〜5

後藤 良
加藤と後藤が日本新	1972.6.2〜4

後藤 秀子
坂井と沢松が優勝	1973.2.26〜3.4
神和住が連覇	1973.10.25〜31

後藤 良一
堀越が日本新	1973.8.6〜8

琴欧州
朝青龍が優勝	2004.11.28
朝青龍が5場所連続優勝	2005.7.24
朝青龍が6場所連続優勝	2005.9.25
朝青龍が史上初の7連覇	2005.11.27
琴欧州が大関昇進	2005.11.30
日本プロスポーツ大賞決定	2005.12月

琴ヶ梅
千代の富士が全勝優勝	1985.9.22
千代の富士が3場所連続優勝	1986.1.26
千代の富士が2場所連続優勝	1986.7.20
旭富士が初優勝	1988.1.24
千代の富士が23度目優勝	1988.5.22
史上初の同部屋横綱対決	1989.7.16
千代の富士が全勝優勝	1989.9.22
小錦が初優勝	1989.11.26

琴風
輪島が12回目の優勝	1977.11.27
北の湖が3場所連続優勝	1978.5.21
三重ノ海が2場所連続優勝	1980.1.20
北の湖が18回目の優勝	1980.3.23
北の湖が19度目の優勝	1980.5.25
琴風が初優勝	1981.9.27
若乃花引退・琴風優勝	1983.1.14
千代の富士が12回目の優勝	1985.5.24
千代の富士が優勝	1985.11.24

琴桜
柏戸が3回目の優勝	1965.9.19
大鵬優勝・栃ノ海引退	1966.11.27
柏戸が5回目の優勝	1967.7.16
大鵬が全勝優勝	1967.9.24

佐田の山が5回目の優勝	1967.11.26
琴桜が2回目の優勝	1969.3.23
清国が初優勝	1969.7.20
北の富士が4回目の優勝	1970.5.24
大鵬が32回目の優勝	1971.1.24
北の富士が全勝優勝	1971.5.23
北の富士が全勝優勝	1971.9.26
北の富士が連続優勝	1971.11.28
前の山に無気力相撲	1972.3.24
長谷川が初優勝	1972.3.26
琴桜が3回目の優勝	1972.11.26
琴桜が連続優勝	1973.1.21
北の富士が10回目の優勝	1973.3.25
大相撲中国興行	1973.4.5～8
琴桜が5回目の優勝	1973.7.15
輪島が連続優勝	1973.11.25
輪島が5回目の優勝	1974.3.24
北の湖が2回目の優勝	1974.5.26
琴桜が引退	1974.7.4
輪島が6回目の優勝	1974.7.21
北の湖が横綱昇進	1974.7.22

琴天山

初のカナダ人力士廃業	1986.7.2

琴錦

旭富士が優勝	1990.5.27
旭富士が2場所連続優勝・横綱昇進	1990.7.22
北勝海が7回目の優勝	1990.9.23
千代の富士が31回目の優勝	1990.11.25
霧島が最高齢優勝	1991.1.27
琴錦が平幕優勝	1991.9.22
小錦が2年ぶり優勝	1991.11.24
曙が優勝	1992.11.22
曙が巴戦制す	1993.7.18
曙が7回目の優勝	1994.3.27
貴乃花が10回目の優勝	1995.7.16
貴乃花が場所連続優勝	1995.9.24
貴乃花が全勝で15回目の優勝	1996.9.22
武蔵丸が優勝	1998.1.25
若乃花が優勝・横綱昇進	1998.5.24
琴錦が史上初の平幕優勝2度	1998.11.21
千代大海が優勝・5年ぶり新大関	1999.1.24

琴ノ若

貴ノ花が最年少全勝優勝	1994.9.25
貴乃花が10回目の優勝	1995.7.16

貴乃花が12回目の優勝	1996.3.24
貴乃花が14回目の優勝	1996.7.21
貴乃花が5場所ぶり優勝	1998.7.19
貴乃花が優勝	1998.9.27
朝青龍が2場所連続全勝優勝	2004.3.28
魁皇が5回目の優勝	2004.9.26

琴富士

千代の富士が25回目の優勝	1988.9.25
琴富士が平幕優勝	1991.7.21
琴錦が平幕優勝	1991.9.22

琴別府

曙が優勝	1992.11.22

琴光喜

曙が2場所ぶり優勝	2000.11.19
魁皇が2回目の優勝	2001.3.25
「感動した!」貴乃花優勝	2001.5.27
琴光喜が平幕優勝	2001.9.23
栃東が初優勝	2002.1.27
武蔵丸が12回目の優勝	2002.9.22
朝青龍が2場所ぶり優勝	2004.1.24
朝青龍が4場所連続優勝	2005.5.22

琴龍

若乃花が優勝	1997.1.25

コナーズ

全英で沢松組が優勝	1975.6.23～7.5

コナーズ, ジミー

サントリーカップ開催	1978.4.23

小西 杏

福原・小西組が2連覇	2004.1.16
福原が2冠	2005.1.15

小西 一三

デ杯予選勝ちすすむ	1968.5.10～12
日本インドに9連敗	1969.5.10～12
沢松が女子3連覇	1969.11.6～14

小西 政継

ヒマラヤジャヌー北壁初登頂	1976.5.11

小錦

双葉山以来の新横綱全勝優勝	1983.9.25
平幕の多賀竜が初優勝	1984.9.23
千代の富士が12回目の優勝	1985.5.24
千代の富士が優勝	1985.11.24
関脇保志が初優勝	1986.3.23
千代の富士が3場所連続優勝	1986.9.20
千代の富士が4場所連続優勝	1986.11.23

千代の富士が5場所連続優勝	1987.1.25
大乃国が全勝で初優勝	1987.5.24
小錦が初優勝	1989.11.26
北勝海が巴戦制し優勝	1990.3.25
旭富士が4回目の優勝	1991.5.26
小錦が2年ぶり優勝	1991.11.24
小錦が3回目の優勝	1992.3.22
関脇曙が優勝	1992.5.24
曙が3場所連続優勝	1993.11.21
小錦が帰国	1994.2.1
貴ノ浪が2回目の優勝	1997.11.22

古葉 竹識
広島が26年目の初優勝	1975.10.15
広島が初の日本一	1979.10.6
広島が初の日本一	1979.11.4
広島が2連覇	1980.10.17
広島が2年連続日本一	1980.11.2
広島が4回目の優勝	1984.10.4
広島が4年ぶり日本一	1984.10.22

木場 良平
バルセロナ五輪開催	1992.7.25〜8.9

小林 功
沢松が女子3連覇	1969.11.6〜14
デ杯東洋ゾーンは豪に完敗	1970.4.17〜21

小林 健一
デビュー戦で死亡	1986.5.9

小林 光二
小林がフライ級王座	1984.1.18

小林 茂樹
世界スプリント開催	1973.2.3〜4
男子世界大会開催	1973.2.17〜18

小林 繁
江川問題が決着	1979.1.31
小林が引退表明	1983.10.23

小林 秀一
ドラフト会議開催	1973.11.20

小林 貴子
全日本学生柔道開催	1989.11.12
女子体重別選手権開催	1992.5.10

小林 孝至
ソウル五輪開催	1988.9.17〜10.2
世界選手権開催	1990.9.6〜9

小林 武
全日本選手権開催	1974.6.28〜30

日本選手権開催	1975.6.5〜8

小林 利明
エベレスト単独登頂後に遭難	1982.12.27

小林 弘
小林が世界王座	1967.12.14
日本プロスポーツ大賞決定	1969.12月
日本プロスポーツ大賞決定	1970.12月
小林が防衛失敗	1971.7.29

小林 浩美
小林が日本女子オープン優勝	1989.7.2
全米女子プロ選手権開催	1993.6.13
小林浩美がツアー初優勝	1993.7.18
全米女子オープン開催	1993.7.25
小林が4年ぶり優勝	1995.10.15
全米女子プロで小林5位	1996.5.12
小林が米ツアー3勝目	1998.8.23

小林 富士夫
小林が初優勝	1978.8.20

小林 正暢
小林が銅メダル獲得	2004.3.14

小林 政雄
札幌プレ五輪開催	1971.2.7〜14

小林 政敏
札幌冬季五輪開催	1972.2.3〜13

小林 雅英
小林が11試合連続SP	2001.6.20
小林が13試合連続セーブ	2002.7.21
小林が23試合連続SP	2002.9.3

小林 三留
第1回世界選手権開催	1970.4.5,10

小林 美和子
高校勢が活躍	1969.8.29〜31

小林 れい子
全日本選手権開催	1980.12.21

コーファックス
ドジャースが来日	1966.10.20〜11.16

駒田 徳広
3連敗4連勝で巨人が日本一	1989.10.29
5人がFA宣言	1993.11.3

小松 辰雄
小松が引退	1994.10.19

小松 ゆかり
シドニーで男女とも優勝	1998.9.6

— 642 —

ゴーマン 美智子
　ゴーマン美智子がボストンで
　　優勝　　　　　　　　　　　1974.4.15
五味 隆典
　五味が初代ライト級王者　　　2005.12.31
コミッショナー，エッカート
　ドジャースが来日　　　1966.10.20～11.16
小宮 栄子
　全日本弓道大会開催　　　　1974.5.3～4
小宮 亮
　甲斐・小宮組が初優勝　　　　1979.8.15
小宮山 悟
　米・大リーグが開幕　　　　　2002.4.1
ゴメス
　東京 - NY 友好マラソン開催　　1981.3.1
小山 ちれ
　全日本選手権開催　　　　　1992.12.26
　小山が 4 連覇　　　　　　　1995.12.23
　小山が 8 回目の優勝　　　　2000.12.16
　全日本選手権開催　　　　　2001.12.22
小山 勉
　アジア初・東京五輪開催　　1964.10.10～24
小山 正明
　小山が通算 58 無四球試合　　1966.6.17
　小山が 250 勝　　　　　　　　1967.5.9
　小山が通算 310 勝　　　　　　1972.6.16
　根本ら 4 名が殿堂入り　　　　2001.1.13
コーリー
　全英で沢松組が優勝　　　1975.6.23～7.5
コリル，サミー
　尾方が初優勝　　　　　　　　2004.12.5
コール，ボビー
　男子 W 杯で日本 2 位　　　1974.11.21～24
コルブト
　国際体操競技会開催　　　　1970.12.5～13
金剛
　輪島が連続優勝　　　　　　　1974.9.22
　魁傑が優勝　　　　　　　　　1974.11.24
　北の湖が 4 回目の優勝　　　　1975.5.25
　金剛が平幕優勝　　　　　　　1975.7.25
近藤 貞雄
　中日が 8 年ぶり優勝　　　　　1982.10.18

近藤 小
　湯木 6 連覇ならず　　　　　　1977.12.17
近藤 真一
　近藤が最年少ノーヒットノーラン　1987.8.9
権藤 博
　横浜がリーグ優勝　　　　　　1998.10.8
　横浜が 38 年ぶり日本一　　　1998.10.26
近藤 雅子
　アジア初・東京五輪開催　　1964.10.10～24
近藤 有慶
　全日本選手権開催　　　　1968.11.25～12.1
金野 昭次
　全日本選手権開催　　　　　1971.2.8～14
　札幌冬季五輪開催　　　　　1972.2.3～13
金野 潤
　小川 6 連覇ならず　　　　　　1994.4.29
今野 美加代
　第 1 回日中親善陸上競技開催　1975.10.19
今野 安子
　全日本選手権開催　　　　1968.11.25～12.1
　世界選手権開催　　　　　　1969.4.17～27
　全日本選手権開催　　　　　1969.12.5～8
　AA 友好試合開催　　　　　　1971.11.3～14
　アジア選手権開催　　　　　1972.9.2～13
　全日本選手権開催　　　　　1972.12.5～10
今野 祐二郎
　全日本選手権開催　　　　　1969.12.5～8
今野 裕二郎
　全日本選手権開催　　　　　1970.11.21～26

【さ】

崔 熙埔
　大橋が王座奪還　　　　　　　1992.10.14
西城 正三
　西城がフェザー級王座　　　　1968.9.27
　日本プロスポーツ大賞決定　　1968.12 月
斎藤 明夫
　斎藤が 27 セーブ　　　　　　　1982.10.5
斎藤 英四郎
　長野五輪組織委員長に斎藤氏　1991.10.17
斉藤 一雄
　斉藤が優勝　　　　　　　　　1988.12.18
　全日本選手権開催　　　　　　1991.12.1

斉藤 和己
　沢村賞に井川と斉藤　　　　　　2003.10.20
　斉藤が開幕15連勝　　　　　　　2005.8.31
斎藤 和巳
　沢村賞に井川と斉藤　　　　　　2003.10.20
　斉藤が開幕15連勝　　　　　　　2005.8.31
斎藤 勝豊
　全日本選手権開催　　　　　　1974.6.28～30
斎藤 公男
　ノルディック大会開催　　　　　1966.2.9～12
　斎藤がジュニア部門1位　　　　　1967.1.15
　3位まで日本が独占　　　　　　1972.2.26～3.5
斎藤 清
　斉藤が男子初の3冠　　　　　　1982.12.26
　斉藤が3連覇　　　　　　　　　1984.11.25
　全日本選手権開催　　　　　　　1985.12.27
　全日本卓球開催　　　　　　　　1988.12.18
　アジアカップで斎藤が優勝　　　　1989.5.16
　全日空杯開催　　　　　　　　　1989.6.1～4
　全日本卓球開催　　　　　　　　1989.12.17
　全日本選手権開催　　　　　　　1990.12.23
　全日本選手権開催　　　　　　　1992.12.26
斎藤 幸子
　女子世界選手権開催　　　　　　1966.2.12～13
　日本選手権開催　　　　　　　　1966.2.23～26
　全日本選手権開催　　　　　　1966.12.22～23
　女子世界選手権開催　　　　　　1967.2.18～19
　世界女子選手権開催　　　　　　1968.1.27～28
　三協勢が上位　　　　　　　　　1969.2.18～22
　大塚・斎藤が優勝　　　　　　　1970.2.10～
　根本・小池が優勝　　　　　　　1971.2.25～26
　5種目で日本新　　　　　　　　1972.1.21～23
　女子世界選手権開催　　　　　　1972.3.4～5
斉藤 タマエ
　初のアジアクレー射撃選手権
　　開催　　　　　　　　　　　1981.5.17～19
斎藤 登志信
　世界選手権開催　　　　　　　　1990.8.20
斎藤 秀子
　札幌冬季五輪開催　　　　　　　1972.2.3～13
斉藤 仁
　日本が7種目で金メダル　　　　　1983.1.6
　ロサンゼルス五輪開催　　　　　1984.7.28～8.12
　山下が9連覇203連勝　　　　　　1985.4.29

世界柔道選手権開催　　　　　　　1985.9.26～29
斉藤が悲願の初優勝　　　　　　　1988.4.29
ソウル五輪開催　　　　　　　　1988.9.17～10.2
斉藤五段が引退　　　　　　　　　1989.3.24
斎藤 浩哉
　世界選手権開催　　　　　　　　1995.3.12
　W杯ジャンプ開催　　　　　　　1996.3.1
　ジャンプW杯開催　　　　　　　1997.3.16
　W船木がW杯通算7勝　　　　　　1997.12.29
　W杯メダル独占　　　　　　　　1998.1.2
　W杯ジャンプのメダル独占　　　　1998.1.11
　W杯札幌大会開催　　　　　　　2000.1.22～23
斎藤 真
　全日本選手権開催　　　　　　1974.6.28～30
　日本選手権開催　　　　　　　　1975.6.5～8
斎藤 雅樹
　斎藤が11試合連続完投勝利　　　　1989.7.15
　斎藤・野茂がMVP　　　　　　　1990.10.26
　斎藤が投手最高年俸　　　　　　1993.1.9
斉藤 勝
　国際サイクルロードレース開催　　1982.5.9
斉藤 美佳
　斉藤が日本新記録　　　　　　　1979.6.17
　女子自由形で二つの日本新　　　　1981.8.3
　斉藤が自由形で日本新　　　　　　1982.4.3
　日本選手権開催　　　　　　　　1982.8.28～31
　斉藤が日本新記録　　　　　　　1983.4.2
斎藤 洋子
　陸上4種目で日本新　　　　　　1971.5.28～30
ザイフェルト
　世界選手権開催　　　　　　　　1969.2.25～3.2
佐伯 勇
　真田・張本・故佐伯が殿堂入り　　1990.1.24
佐伯 達夫
　川上・鶴岡が殿堂入り　　　　　1965.12.4
　佐伯・小川が殿堂入り　　　　　1981.2.3
早乙女 等
　福岡国際マラソン開催　　　　　1992.12.6
坂 太平
　坂がバタフライ日本新記録　　　　1982.9.3
　ニューデリーでアジア大会
　　　　　　　　　　　　　　　1982.11.19～12.4
堺 栄一
　栂野尾・中山が優勝　　　　　　1971.12.7～12

酒井 勉
　クロマティとブライアントが
　　MVP　　　　　　　　　　　　1989.11.25
坂井 利郎
　デ杯予選勝ちすすむ　　　　　1968.5.10～12
　デ杯で豪に勝利　　　　　　　1971.4.23～26
　デ杯東洋ゾーンで決勝敗退　　1971.5.15～17
　神和住・畠中が優勝　　　　　1971.11.8～15
　デ杯東洋ゾーンA決勝敗退
　　　　　　　　　　　　　　　1972.4.29～5.2
　全日本選手権開催　　　　　　1972.11.1～11
　坂井と沢松が優勝　　　　　　1973.2.26～3.4
　デ杯東洋ゾーン開催　　　　　1973.4.21～23
　神和住が連覇　　　　　　　　1973.10.25～31
　デ杯東洋ゾーンはインドに敗
　　退　　　　　　　　　　　　1974.5.3～5
　坂井・左千が優勝　　　　　　1974.10.30～11.8
酒井 美代子
　全日本選手権開催　　　　　　1967.2.28～3.3
坂上 洋子
　山口が52kg級8連覇　　　　　　1985.9.8
　バルセロナ五輪開催　　　　　1992.7.25～8.9
栄 和人
　世界選手権開催　　　　　　　1987.8.28
坂上 香織
　日本学生種目別選手権開催　　　2001.7.14
榊原 春満
　桜井・榊原が優勝　　　　　　　1974.5.2
坂口 征二
　坂口が全日本優勝　　　　　　1965.5.1～2
　日本プロスポーツ大賞決定　　　1972.12月
坂田 秀一
　全日本弓道大会開催　　　　　1974.5.3～4
阪田 哲男
　世界アマ選手権開催　　　　　1974.11.30～11.2
坂梨 智子
　中・高校生が活躍　　　　　　1974.9.28～29
坂野 和代
　女子4種目で日本新　　　　　　1970.8.24～29
逆鉾
　若島津が初優勝　　　　　　　1984.3.25
　北の湖が24回目の優勝　　　　1984.5.20
　若島津が優勝　　　　　　　　1984.7.15
　千代の富士が3場所連続優勝　1986.9.20

　北勝海が優勝　　　　　　　　1987.9.27
　千代の富士が全勝優勝　　　　1987.11.22
　旭富士が初優勝　　　　　　　1988.1.24
　千代の富士が24回目優勝　　　1988.7.17
　北勝海が8場所ぶり優勝　　　　1989.1.23
坂本 真一
　全日本テニス選手権開催　　　　1984.9.15
阪本 孝男
　阪本・川崎が日本新記録　　　　1979.4.22
　阪本が走り高跳びで日本新　　　1982.7.3
坂本 勉
　ロサンゼルス五輪開催　　　　　1984.7.28～8.12
坂本 直子
　坂本が優勝　　　　　　　　　　2004.1.25
坂本 日登美
　世界選手権開催　　　　　　　　2001.11.25
　世界選手権開催　　　　　　　　2005.9.26
　全日本選手権開催　　　　　　2005.12.21～23
坂本 弘
　坂本が日本新記録　　　　　　　1980.6.6
　坂本が日本新記録　　　　　　　1980.8.31
　坂本が自由形日本新　　　　　　1981.6.13
坂本 休
　流行語大賞決定　　　　　　　　2002.12月
坂本 有子
　アテネ五輪代表決定　　　　　　2004.3.15
阪本 礼子
　全日本選手権開催　　　　　　1970.11.21～26
　長谷川・大関が優勝　　　　　1971.12.3～7
桜井 健二
　桜井・榊原が優勝　　　　　　　1974.5.2
桜井 孝雄
　アジア初・東京五輪開催　　　1964.10.10～24
　桜井がプロ初戦勝利　　　　　　1965.6.3
桜井 "マッハ" 速人
　五味が初代ライト級王者　　　　2005.12.31
桜間 幸次
　アジア初・東京五輪開催　　　1964.10.10～24
桜間 洋二
　全日本選手権開催　　　　　　1974.6.28～30
佐々岡 真司
　佐々岡・郭がMVP　　　　　　　1991.10.30
　佐々岡がノーヒットノーラン　　1999.5.8

佐々木 一成
ノルディックスキー選手権開催	1986.2.8
佐々木が史上初4種目制覇	1990.2.18

佐々木 主浩
佐々木が通算193SP	1997.8.16
佐々木が217SP	1998.6.4
日本プロスポーツ大賞決定	1998.12月
流行語大賞決定	1998.12月
佐々木マリナーズと契約	1999.12.18
佐々木が新人セーブ新記録	2000.10.1
日米野球で佐々木凱旋	2000.11.3
佐々木がア・リーグ新人王	2000.11.6
日本プロスポーツ大賞決定	2000.12月
イチロー先発デビュー	2001.4.2
佐々木がオールスター出場	2001.7.4
オールスター開催	2001.7.10
佐々木が通算300セーブ	2001.8.2
マリナーズ敗退	2001.10.22
米・大リーグが開幕	2002.4.1
高津が通算200セーブ	2002.4.28
佐々木がメジャー100セーブ	2002.6.27
ファン投票イチローが最多得票	2002.6.30
イチロー・佐々木活躍なし	2002.7.9
小林が23試合連続SP	2002.9.3
高津が通算230セーブ	2003.4.23
岩瀬が46セーブ	2005.10.1

佐々木 恭介
山田監督解任	2003.9.9

佐々木 宏一郎
佐々木が完全試合	1970.10.6

佐々木 二郎
ミュンヘン五輪開催	1972.8.26～9.11

佐々木 精一郎
君原がボストンで優勝	1966.4.19
佐々木が世界最高で2位	1967.12.3
メキシコ五輪代表決定	1968.7.24
君原が別府連覇	1971.2.7

佐々木 節子
アジア初・東京五輪開催	1964.10.10～24

佐々木 禎
全日本選手権開催	1974.6.28～30

佐々木 竜雄
アジア初・東京五輪開催	1964.10.10～24
全日本選手権開催	1970.11.1～3
5階級で連続優勝	1972.6.29～7.2

ミュンヘン五輪開催	1972.8.26～9.11

佐々木 哲英
加藤と後藤が日本新	1972.6.2～4
ミュンヘン五輪開催	1972.8.26～9.11

佐々木 富雄
全日本アルペン開催	1969.3.3～14

佐々木 直哉
全日本選手権開催	1966.8.27～28

佐々木 七恵
東京国際女子マラソン開催	1980.11.16
瀬古・佐々木が最高記録	1981.4.20
佐々木がマラソン日本最高記録	1982.6.6
佐々木が日本人初の優勝	1983.11.20
佐々木が自己最高記録で優勝	1985.3.3

佐々木 信孝
札幌プレ五輪開催	1971.2.7～14

佐々木 光
全日本大学柔道開催	1986.6.15

佐々木 久行
佐々木が初のプロ日本一	1995.5.14

佐々木 誠
大型トレード成立	1993.11.16

佐々木 マサ子
佐々木が優勝	1972.11.8～10

佐々木 正純
田中と森田が優勝	1969.3.3～11

佐々木 末昭
日本選手権開催	1964.7.16～19
アジア初・東京五輪開催	1964.10.10～24

佐々木 吉郎
佐々木が完全試合	1966.5.1

笹原 富美雄
体重別柔道開催	1969.8.10
世界選手権開催	1969.10.23～26
体重別柔道大会開催	1970.8.9
体重別柔道開催	1971.7.11
体重別柔道開催	1972.7.2
ミュンヘン五輪開催	1972.8.26～9.11

笹原 美智子
山口・笹原が全日本4連覇	1981.5.24
全日本柔道選手権開催	1982.9.12

指方 幸子
卓球協会に女性事務局長	1993.6.27

定岡 正二
　ドラフト会議開催　　　　　　　　　1974.11.19
佐竹 雅昭
　「K-1」初開催　　　　　　　　　　1993.4.30
佐田の海
　輪島が14回目の優勝　　　　　　　 1980.11.23
　千代の富士が年間3段階優勝　　　　 1981.11.22
　北の湖が23回目の優勝　　　　　　　 1982.1.24
　朝潮が初優勝　　　　　　　　　　　1985.3.24
佐田の山
　佐田の山が優勝・横綱昇進　　　　　1965.1.24
　大鵬が優勝　　　　　　　　　　　　1965.3.21
　佐田の山が優勝　　　　　　　　　　1965.5.23
　大鵬が17回目の優勝　　　　　　　　1965.7.11
　柏戸が3回目の優勝　　　　　　　　1965.9.19
　大鵬が19回目の優勝　　　　　　　　1966.3.27
　大鵬が20回目の優勝　　　　　　　　1966.5.29
　大鵬優勝・栃ノ海引退　　　　　　　1966.11.27
　大鵬が5度目全勝優勝　　　　　　　1967.1.29
　佐田の山が5回目の優勝　　　　　　1967.11.26
　佐田の山が連続優勝　　　　　　　　1968.1.28
　佐田の山が引退　　　　　　　　　　1968.3.14
　北・玉が同時横綱昇進　　　　　　　1970.1.26
佐藤 章
　女子4種目で日本新　　　　　　　 1970.8.24～29
佐藤 修
　佐藤が世界王座　　　　　　　　　　2002.5.18
　佐藤が防衛失敗　　　　　　　　　　2002.10.9
佐藤 和男
　全日本選手権開催　　　　　　　　1967.2.23～28
佐藤 和夫
　ジャンプで藤沢が2位　　　　　　 1966.2.16～27
　全日本選手権開催　　　　　　　　1967.2.23～28
佐藤 京子
　パキスタン7000m級に登頂　　　　　 1968.7.29
佐藤 貞雄
　杉山・田上が3連覇　　　　　　　　 1972.7.5～7
　全日本選手権開催　　　　　　　　1974.6.28～30
佐藤 新二
　ユニバで日本勢の優勝無し　　　　　 1970.4.2～9
佐藤 精一
　佐藤が優勝　　　　　　　　　　　 1970.8.26～28
佐藤 琢磨
　佐藤が5位初入賞　　　　　　　　　2002.10.13

佐藤が3位入賞　　　　　　　　　　　2004.6.20
日本グランプリ開催　　　　　　　　　2004.10.10
佐藤 忠正
　全日本選手権開催　　　　　　　　1970.8.18～20
佐藤 常貴雄
　全日本選手権開催　　　　　　　　1967.2.23～28
佐藤 哲三
　タップダンスがジャパンカッ
　プ制覇　　　　　　　　　　　　　　2003.11.30
佐藤 寿治
　男女とも史上最年少優勝　　　　　　1988.12.3
　全日本体操選手権開催　　　　　　　1989.11.11
佐藤 朝生
　札幌五輪組織委始動　　　　　　　　1966.7.26
佐藤 友美
　ユニバで日本勢の優勝無し　　　　　 1970.4.2～9
佐藤 直子
　全日本選手権開催　　　　　　　 1969.11.20～22
　佐藤組が2位　　　　　　　　　　　　1979.1.3
佐藤 尚二
　3位まで日本が独占　　　　　　　 1972.2.26～3.5
佐藤 信夫
　プラハで冬季大会開催　　　　　　 1964.2.11～17
　佐藤が9連勝　　　　　　　　　　　　1965.4.7
　冬季トリノ大会開催　　　　　　　　1966.2.5～13
　世界選手権開催　　　　　　　　　1966.2.21～27
佐藤 信之
　世界陸上選手権開催　　　　　　　　1999.8.26
佐藤 宣践
　岡野が初優勝　　　　　　　　　　 1967.4.29～30
　全階級制覇ならず　　　　　　　　　1967.8.9～12
　体重別柔道開催　　　　　　　　　　1971.7.11
　世界選手権全階級制覇　　　　　　 1973.6.22～24
　佐藤が全日本選手権優勝　　　　　　1974.5.5
佐藤 久佳
　佐藤が日本新記録　　　　　　　　　2005.9.2
佐藤 充伸
　岩佐が初優勝　　　　　　　　　　　2001.11.3
佐藤 光正
　佐藤が日本新記録　　　　　　　　　1978.7.9
佐藤 満
　世界選手権開催　　　　　　　　　　1987.8.28
　ソウル五輪開催　　　　　　　　　1988.9.17～10.2

佐藤 満留
　ノルディック大会開催　　　　1966.2.9～12
佐藤 稔
　国際サイクル・ロードレース
　　開催　　　　　　　　　　　　1986.5.18
佐藤 恵
　北京でアジア大会　　　　　1990.9.22～10.7
佐藤 安孝
　アジア初・東京五輪開催　　1964.10.10～24
佐藤 有香
　佐藤が日本選手初の優勝　　　　1989.12.2
　佐藤が初優勝　　　　　　　　　1992.10.24
　佐藤が優勝　　　　　　　　　　1994.3.26
　佐藤が２位　　　　　　　　　　1997.1.5
佐藤 義則
　佐藤が最年長ノーヒットノー
　　ラン　　　　　　　　　　　　1995.8.26
佐藤 利香
　全日本卓球開催　　　　　　　1988.12.18
　全日本選手権開催　　　　　　1991.12.21
里谷 多英
　長野五輪開催　　　　　　　1998.2.7～22
　ソルトレーク冬季五輪開催　2002.2.8～24
真田 重蔵
　真田・張本・故佐伯が殿堂入り　1990.1.24
佐野 稔
　樋口・山下が３連覇　　　　1970.11.27～29
　佐野・渡部が初優勝　　　　1972.11.27～28
　佐野・渡部が連覇　　　　　1973.11.26～27
　佐野・渡部が出場　　　　　　1974.3.5～9
　世界選手権開催　　　　　　　1975.3.4～8
　佐野が日本人初の銅メダル　　　1977.3.5
　本田が銅メダル　　　　　　　　2002.3.21
佐野 三治
　「たか号」が連絡を絶つ　　　　1991.12.26
佐ノ山
　貴ノ浪が２回目の優勝　　　　　1997.11.22
サバチーニ
　ジャパン・オープン開催　　　1985.10.14
　ワールド大会開催　　　　　　　1990.7.15
　パン・パシフィック・オープ
　　ン開催　　　　　　　　　1991.1.29～2.4
　グンゼ・ワールド開催　　　　　1991.7.14
　伊達が準優勝　　　　　　　　　1991.8.17

　パンパシフィック・オープン開催　1992.2.2
サビジャービ,リサ
　Ｗ杯富良野大会開催　　　　　　1986.3.1
サフロノフ
　世界スプリントで鈴木入賞　1975.2.15～16
猿渡 武嗣
　日本選手権開催　　　　　　　1968.8.29～9.1
沢木 啓祐
　ブダペスト大会開催　　　　　1965.8.20～29
　沢木が日本新で優勝　　　　　　1966.6.22
　日本選手権開催　　　　　　　1968.8.29～9.1
　太平洋沿岸５ヶ国競技会開催　　1969.9.28
沢田 敦
　全日本選手権開催　　　　　　1979.3.8～11
沢田 登美江
　世界選手権開催　　　　　　　1973.4.5～15
沢田 久喜
　全日本選手権開催　　　　　　1973.2.10～16
沢野 大地
　沢野が日本新記録　　　　　　　2005.5.3
　世界選手権開催　　　　　　　2005.8.6～14
沢登 正朗
　読売ヴェルディ川崎が初代王者　1994.1.16
沢光
　栃ノ海が３回目の優勝　　　　　1964.5.24
沢松 和子
　16歳沢松が優勝　　　　　　　　1967.11.21
　沢松姉妹がウインブルドン出場　1968.6.24
　渡辺と沢松が連勝　　　　　　1968.11.1～9
　沢松が全英ジュニア優勝　　　1969.6.25～7.5
　沢松が女子３連覇　　　　　　1969.11.6～14
　沢松和が女子４連覇　　　　　1970.11.3～11
　全日本選手権開催　　　　　　1972.11.1～11
　坂井と沢松が優勝　　　　　　1973.2.26～3.4
　神和住が連覇　　　　　　　　1973.10.25～31
　沢松がプロに　　　　　　　　　1974.6.10
　ジャパン・オープン開催　　　1974.10.8～14
　全英で沢松組が優勝　　　　　1975.6.23～7.5
　日本プロスポーツ大賞決定　　　1975.12月
沢松 順子
　沢松姉妹がウインブルドン出場　1968.6.24
沢松 奈生子
　全日本選手権開催　　　　　　　1988.10.8

沢松はベスト8ならず	1992.6.22
沢松がベスト8入り	1995.1.23
沢松がベスト8	1996.2.4
沢松が引退表明	1998.9.17

沢村 忠
キックボクシング登場	1966.4.11
キックボクシングを初放映	1968.3月
日本プロスポーツ大賞決定	1968.12月
日本プロスポーツ大賞決定	1973.12月

サンプラス，ピート
ワールド大会開催	1990.7.15
伊達が女子単2連覇	1993.4.10
松岡・伊達がベスト8	1995.7.3
ジャパンオープン開催	1996.4.20

三瓶 由利子
| 全日本選手権開催 | 1970.8.18〜20 |
| 三瓶がカヤック連覇 | 1971.8.28〜29 |

三宮 恵利子
三宮・清水らが優勝	2000.12.16
世界スプリント開催	2001.1.21
ソルトレーク冬季五輪開催	2002.2.8〜24

【し】

四位 洋文
| さつき賞はイシノサンデー | 1996.4.14 |
| アグネスデジタルが天皇賞4連覇 | 2001.10.28 |

ジェノベーゼ，ブルーナ
| 東京国際で嶋原が2位 | 2004.11.21 |

シェブレンド
| 世界選手権で川原入賞 | 1975.2.8〜9 |

シェルボ
| 中日カップ開催 | 1990.11.17 |

ジェンガ，ダニエル
| ジェンガがジュニア世界新記録 | 1994.6.12 |

シェンク
| 鈴木が世界選手権2連覇 | 1968.2.24〜25 |
| 世界選手権開催 | 1972.2.19〜20 |

塩川 正十郎
| 中学生の国体参加を検討 | 1986.11.11 |

塩谷 育代
| 賞金王は尾崎・塩谷 | 1992.11.27 |
| 日本女子オープン開催 | 1995.6.22 |

| 塩谷が賞金女王 | 1995.11.26 |
| 塩谷が国内3冠王 | 1996.9.8 |

塩野 静雄
| 全日本弓道大会開催 | 1974.5.3〜4 |

塩村 克己
| ネーハイシーザーが天皇賞勝利 | 1994.10.30 |

鹿戸 明
| 天皇賞はテンポイント | 1977.4.29 |
| テンポイントが勝利 | 1977.12.18 |

式守 伊之助（30代目）
| 式守伊之助が骨折でも2番裁く | 1998.11.13 |

重 由美子
| アトランタ五輪開催 | 1996.7.19〜8.4 |

重岡 孝文
| 全階級制覇ならず | 1967.8.9〜12 |

重竹 幸夫
| 重竹が初優勝 | 1976.2.1 |

重信 秀人
| 重信が初優勝 | 1986.4.27 |

重松 森雄
寺沢が日本最高記録	1965.2.7
重松がボストンで優勝	1965.4.19
重松が世界最高タイム	1965.6.12
重松にヘルムス賞	1966.1.13
君原がボストンで優勝	1966.4.19

重松 良典
| 中田がペルージャへ移籍 | 1998.7.21 |

ジーコ
読売ヴェルディ川崎が初代王者	1994.1.16
ジーコ引退発表	1994.2.14
ジーコがサッカー学校開設	1995.1.20
Jリーグ初のチーム通算500得点	1999.9.23
川淵新体制がスタート	2002.7.22
ジーコ・ジャパン初勝利はお預け	2003.3.28
ジーコ・ジャパン初勝利	2003.4.16
ワールドカップ予選がスタート	2004.2.18

錣山
| 貴乃花が12回目の優勝 | 1996.3.24 |

獅子井 英子
| ショートトラック選手権開催 | 1985.3.17 |

設楽 りさ子
　流行語大賞決定　　　　　　　　　1993.12.1
実井 謙二郎
　真木が初優勝　　　　　　　　　　1996.3.10
司東 利恵
　世界水泳選手権開催　　　　　　　1991.1.13
シドロフ,B.
　東京マラソン開催　　　　　　　　1982.1.31
品川 あや子
　全日本選手権開催　　　　　1970.8.18〜20
篠崎 祥子
　アジア初・東京五輪開催　　1964.10.10〜24
篠塚 和典
　篠塚が引退　　　　　　　　　　　1994.11.20
篠塚 建次郎
　1万6000kmラリー　　　　　　　　1992.9.1
　篠塚が日本人初優勝　　　　　　　1997.1.19
　増岡が総合優勝　　　　　　　　　2002.1.13
篠塚 利夫
　篠塚・正田が首位打者　　　　　　1987.10.22
信田 美帆
　信田がNHK杯最年少優勝　　　　　1985.7.7
　信田・水島が優勝　　　　　　　　1986.11.1
篠竹 幹夫
　篠竹監督が勇退　　　　　　　　　2003.3.31
篠原 信一
　シドニー五輪開催　　　　　2000.9.15〜10.1
　体重別選手権開催　　　　　　　　2001.4.1
　井上が初優勝　　　　　　　　　　2001.4.29
　井上が3連覇　　　　　　　　　　2003.4.29
篠巻 政利
　ユニバ東京大会開催　　　　　1967.8.27〜9.4
　体重別柔道開催　　　　　　　　　1969.8.10
　世界選手権開催　　　　　　1969.10.23〜26
　ミュンヘン五輪開催　　　　　1972.8.26〜9.11
　世界選手権全階級制覇　　　　1973.6.22〜24
芝草 宇宙
　芝草がノーヒットノーラン　　　　1987.8.15
柴田 亜衣
　アテネ五輪開催　　　　　　　2004.8.13〜29
　世界選手権開催　　　　　　　　　2005.7.24
柴田 勲
　巨人が日本シリーズ連覇　　　1966.10.12〜18

柴田が通算2000本　　　　　　　　1980.8.7
柴田 薫
　ユニバ福岡大会開催　　　　　1995.8.23〜9.3
柴田 国明
　柴田がフェザー級王者　　　　　　1970.12.11
　柴田が2度目の王座獲得　　　　　1973.3.12
　柴田が王座失う　　　　　　　　　1973.10.17
　柴田が3度目王座獲得　　　　　　1974.2.28
　日本プロスポーツ大賞決定　　　　1974.12月
　柴田が王座失う　　　　　　　　　1975.7.5
柴田 国男
　3位まで日本が独占　　　　　1972.2.26〜3.5
柴田 智恵野
　日本選手権開催　　　　　　　1968.8.29〜31
　女子4種目で日本新　　　　　1970.8.24〜29
柴田 政人
　さつき賞はファンタスト　　　　　1978.4.16
　天皇賞はプリティキャスト　　　　1980.11.23
　ブロケードが桜花賞制覇　　　　　1981.4.5
　ミホシンザンが菊花賞勝利　　　　1985.11.10
　ミホシンザンが天皇賞制覇　　　　1987.4.29
　4番人気イナリワンが勝利　　　　1989.12.24
　柴田19度目で初栄冠　　　　　　　1993.5.30
　柴田騎手が引退　　　　　　　　　1994.9.6
柴田 保光
　柴田がノーヒットノーラン　　　　1990.4.25
柴田 善臣
　天皇賞後に場内で安楽死処分　　　1998.11.1
シーハヌマン,ラクレー
　キックボクシング登場　　　　　　1966.4.11
シハルリーゼ
　梶山が優勝　　　　　　　　　1974.11.30〜12.1
シーハン
　全米女子プロ選手権開催　　　　　1993.6.13
渋井 陽子
　渋井が初マラソンで優勝　　　　　2001.1.28
　渋井が日本新記録　　　　　　　　2002.5.3
　渋井が日本最高記録で優勝　　　　2004.9.26
　原が初優勝　　　　　　　　　　　2005.3.13
渋木 綾乃
　アジア初・東京五輪開催　　1964.10.10〜24
渋沢 奈保美
　渋沢が日本新記録　　　　　　　　1979.3.17

渋沢が女子やり投げ日本新　1981.4.11
渋田 紀子
　ボート全日本開催　1994.6.19〜20
渋谷 俊浩
　渋谷がびわ湖マラソン優勝　1986.3.9
　福岡国際で渋谷が初優勝　1988.12.4
渋谷 明憲
　榎木が別府大分優勝　2000.2.6
渋谷 健
　渋谷が5位入賞　1969.2.28
渋谷 多喜
　NHK杯開催　1968.7.13〜14
渋谷 幹
　渋谷が5位入賞　1969.2.28
嶋 重宣
　セ・リーグ全日程終了　2004.10.16
島 秀之助
　島・野村・野口が殿堂入り　1989.1.20
島内 よし子
　全日本選手権開催　1981.12.6
嶋内 よし子
　高島・嶋内が優勝　1979.1.14
島岡 吉郎
　明大島岡監督辞任　1978.9.3
島崎 京子
　島崎がW杯初の総合優勝　1991.3.3
　世界スプリント開催　1993.2.28
　全日本スプリント開催　1995.12.23
　W杯インツェル大会開催　1997.2.28
嶋田 功
　タケホープが日本ダービー制覇　1973.5.27
　タケホープが天皇賞制覇　1974.5.5
　テイタニヤがGI連覇　1976.5.23
　天皇賞はアイフル　1976.11.28
島田 幸作
　日本選手権開催　1968.9.6〜8
　杉原が優勝　1970.11.25〜29
　青木が2打差の2位　1973.9.27〜30
　青木がプロ選手権優勝　1973.10.18〜21
　日英マッチプレー開催　1975.3.14〜16
嶋原 清子
　東京国際で嶋原が2位　2004.11.21

島本 啓次郎
　江川は法大へ　1974.3.7
清水 英次
　トウメイが天皇賞制覇　1971.11.28
　トウメイが有馬記念制覇　1971.12.19
　天皇賞はテンメイ勝利　1978.11.26
清水 康次
　清水が3秒差で2位　2001.12.2
清水 悟
　清水が別府大分優勝　1989.2.5
清水 久雄
　テイトオーが日本ダービー制覇　1966.5.29
清水 宏保
　W杯で清水が優勝　1993.2.6
　清水が世界歴代2位で優勝　1995.2.12
　清水が今季世界最高記録　1996.2.18
　W杯カルガリー大会開催　1996.3.1
　清水が優勝　1996.3.16
　日本勢がW杯開幕6連勝　1997.1.3〜4
　日本勢が表彰台独占　1997.2.22
　W杯インツェル大会開催　1997.2.28
　長野五輪開催　1998.2.7〜22
　清水が世界新記録で金　1998.3.28
　清水が初の総合3連覇　1999.12.25
　世界距離別選手権開催　2000.3.3〜5
　三宮・清水らが優勝　2000.12.16
　世界スプリント開催　2001.1.21
　清水が総合優勝　2001.3.4
　清水が世界新記録　2001.3.10
　全日本スプリント開催　2001.12.27
　世界スプリント開催　2002.1.20
　ソルトレーク冬季五輪開催　2002.2.8〜24
　全日本スプリント開催　2002.12.26
　全日本スプリント開催　2003.12.25
　清水・大菅がW杯で優勝　2004.12.4
　加藤が優勝　2005.3.4
　加藤が世界新記録で初優勝　2005.11.19
清水 美映
　W杯ローズビル大会開催　1996.2.23
志水 見千子
　志水が日本新記録　1995.5.3
清水 幸治
　3位まで日本が独占　1972.2.26〜3.5

清水 禎宏
　清水が男子100で日本新　　　1982.10.6
志村 直紀
　ノルディック大会開催　　　1966.2.9〜12
志村 亮
　ドラフト会議開催　　　　　1988.11.24
霜鳥
　千代大海が4回目の優勝　　　2002.7.21
下村 英士
　薬物違反で6人を追放　　　1984.11.10
シモン
　弘山晴美が2位　　　　　　　2000.1.30
謝 永郁
　尾崎が日本シリーズ優勝　　1971.11.17〜21
謝 敏男
　橘田が日本オープン優勝　　1970.9.30〜10.1
　謝が初優勝　　　　　　　　　　1979.9.6
　東海クラシックゴルフ開催　　1982.10.10
謝 麗華
　東京国際女子マラソンで谷川
　　3位　　　　　　　　　　　　1990.12.9
ジャイアント馬場
　ジャイアント馬場逝く　　　　1999.1.31
ジャクソン, ジョー
　イチローが新人最多安打　　　2001.9.29
ジャボンチンスキー
　アジア初・東京五輪開催　　1964.10.10〜24
ジャンセン, リー
　全米オープン開催　　　　　　1993.6.20
ジャンボ鶴田
　ジャンボ鶴田引退　　　　　　1999.2.20
周 恩来
　大相撲中国興行　　　　　　　1973.4.5〜8
十文字 貴信
　アトランタ五輪開催　　　　1996.7.19〜8.4
　日本プロスポーツ大賞決定　　1996.12月
シュタイナー, ワルター
　笠谷が2位　　　　　　　　　　1974.3.10
　国際ジャンプ大会開催　　　1977.1.15〜16
シュット
　有賀が日本新連発も及ばず　　1969.2.1〜2

シューバ
　世界フィギュア開催　　　　1971.2.23〜27
　世界選手権開催　　　　　　　1972.3.6〜11
シューマッハー, ミヒャエル
　F1日本グランプリ開催　　　1995.10.22
　F1日本グランプリでシュー
　　マッハーが優勝　　　　　　2000.10.8
　日本グランプリ開催　　　　　2004.10.10
シュミット, マルティン
　W杯札幌大会開催　　　　　2000.1.22〜23
シュライバー
　パン・パシフィック・オープ
　　ン開催　　　　　　　　　　1988.5.1
城 彰二
　W杯フランス大会開催　　　　1998.6.10
庄司 敏夫
　アジア初・東京五輪開催　　1964.10.10〜24
城島 健司
　MVPは井川・城島　　　　　2003.10.29
正田 樹
　桐生一高が初優勝　　　　　　1999.8.21
　松井・カブレラがMVP　　　2002.11.1
正田 耕三
　篠塚・正田が首位打者　　　　1987.10.22
　セ・リーグ全日程終了　　　　1988.10.21
正田 絢子
　世界選手権開催　　　　　　　2005.9.26
城之内 邦夫
　城之内がノーヒットノーラン　1968.6.16
　金田が400勝そして引退　　　1969.10.10
城之内 邦雄
　巨人が日本シリーズ連覇　　1966.10.12〜18
　巨人がリーグ3連覇　　　　　1967.10.7
正力 松太郎
　巨人が5年連続優勝　　　　　1969.10.9
　正力松太郎杯で日本2位　　　1986.1.11
ショーター
　福岡マラソンで宇佐美2位　　1971.12.5
　福岡マラソン開催　　　　　　1972.12.3
　びわ湖マラソンで北山2位　　1973.3.18
ショーター, フランク
　福岡マラソンはショーター連覇　1973.12.2
　福岡でショーター4連覇　　　1974.12.8

ジョーンズ,S.
　NYで工藤は7位　1988.11.6
ジョンソン,ベン
　ソウル五輪開催　1988.9.17～10.2
　国際室内陸上開催　1991.2.11
ジョンソン,マイケル
　アトランタ五輪開催　1996.7.19～8.4
　世界陸上選手権開催　1999.8.26
ジョンソン,ランディ
　オールスター開催　2001.7.10
白井 貴子
　日本女子がW杯初優勝　1977.11.15
白井 義男
　藤猛が世界王座　1967.4.30
　琴桜が引退　1974.7.4
白石 勝己
　杉下・白石・荒巻が殿堂入り　1985.1.23
白石 鉱次郎
　白石が最年少記録　1994.3.28
白石 正三
　全日本選手権開催　1986.9.15～21
　全日本プロテニス開催　1987.10.11
白崎 法子
　全日本選手権開催　1967.8.18～20
白瀬 京子
　世界一周「白鴎号」凱旋　1970.8.22
白幡 圭史
　白幡が世界選手権総合2位　1995.2.12
　全日本選手権開催　1996.1.5
白浜 育男
　白浜・生駒が優勝　1988.5.8
シン,J.
　デ杯東洋ゾーンはインドに敗退　1974.5.3～5
新谷 孝行
　日本選手権開催　1966.8.28～30
新庄 剛志
　新庄が敬遠球をサヨナラ打　1999.6.12
　新庄がメッツ入団　2000.12.10
　イチロー先発デビュー　2001.4.2
　同時多発テロで来日中止　2001.9.11
　米・大リーグが開幕　2002.4.1
　日本ハムが新庄と仮契約　2003.11.21

　パ・リーグが2連勝　2004.7.11
　新庄が幻の満塁本塁打　2004.9.20
新宅 雅也
　瀬古・三宅が日本新　1980.7.7
　8ヶ国陸上競技大会開催　1982.9.24
　福岡国際で新宅が初優勝　1985.12.1
　中山が今季世界最高　1987.12.6
薪谷 翠
　薪谷が初優勝　2001.4.22
　福岡国際開催　2001.12.8～9
　塚田が初優勝　2002.4.21
　塚田が4連覇　2005.4.17
　世界選手権開催　2005.9.8～11
進藤 聖一
　ユニバで日本勢の優勝無し　1970.4.2～9
　3位まで日本が独占　1972.2.26～3.5
　全日本選手権開催　1975.2.20～23
神野 正英
　日本選手権開催　1968.8.29～9.1
　日本選手権開催　1970.5.29～31
　陸上4種目で日本新　1971.5.28～30
　林が10年ぶり日本新　1972.6.2～4
　河野・井上が日本新　1972.10.7～8
　陸上日本選手権開催　1975.5.30～6.1
シンプソン,R.
　小泉幸枝が女子単優勝　1986.5.5
シンプソン,S.
　中島が全米オープン9位　1987.6.21
　中日クラウンズ開催　1988.5.1
陣幕
　1045勝の千代の富士が引退　1991.5.14
新谷 志保美
　全日本スプリント開催　2003.12.25
シンワンチャー,ヨーダムロン
　佐藤が世界王座　2002.5.18

【す】

末続 慎吾
　末続が最高記録で優勝　2002.5.6
　末続が10秒03で優勝　2003.5.5
　末続が日本新記録で優勝　2003.6.7
　世界陸上選手権開催　2003.8.25
　室伏・末続らが優勝　2004.6.4

末次 民夫
巨人がリーグ7連覇　　　　　　1971.10.17
末野 栄二
末野が初優勝　　　　　　　　　1979.12.9
須貝 昇
中島が2連覇　　　　　　　　　1991.10.13
須貝 彦三
タイテエムが天皇賞制覇　　　　1973.4.29
須貝 等
世界柔道選手権開催　　　　　1985.9.26～29
菅田 順和
中野が世界で初優勝　　　　　　1977.8.31
菅 真理子
日本選手権開催　　　　　　　1973.2.22～24
菅 貞敬
アジア初・東京五輪開催　　　1964.10.10～24
菅原 武男
菅原が好記録　　　　　　　　　1966.6.5
日本選手権開催　　　　　　　1968.8.29～9.1
菅原 教子
アトランタ五輪開催　　　　　1996.7.19～8.4
菅原 弥三郎
全日本選手権開催　　　　　　1974.6.28～30
日本選手権開催　　　　　　　1975.6.5～8
モントリオール五輪開催　　　1976.7.17～8.1
菅原 泰夫
日本ダービーはカブラヤオー　　1975.5.25
ミナガワマンナが菊花賞制覇　　1981.11.9
杉 勲
弓道選手権開催　　　　　　　　1975.5.1～2
杉内 俊哉
横浜高が春夏連覇達成　　　　　1998.8.20
ダイエーが2回目の日本一　　　2003.10.27
松中が2冠王　　　　　　　　　2005.9.25
金本・杉内がMVP　　　　　　　2005.11.4
杉浦 忠
南海が10回目の優勝　　　　　　1965.9.26
巨人がシリーズ9連覇　　　　　1973.11.1
杉岡 邦由
杉岡が日本新　　　　　　　　1969.9.19～21
杉下 茂
杉下・白石・荒巻が殿堂入り　　1985.1.23

杉原 輝雄
杉原が優勝　　　　　　　　　1970.11.25～29
尾崎が日本シリーズ優勝　　　1971.11.17～21
尾崎が賞金2751万　　　　1972.11.15～16,18～19
杉原が日本シリーズ優勝
　　　　　　　　　　　　　　1973.11.29～30,12.1～2
杉原が通算50勝　　　　　　　　1986.6.8
ダンロップオープン開催　　　　1990.4.22
ダンロップオープン開催　　　　1991.4.28
杉原ががんを告白　　　　　　　1998.4.1
杉原 敏一
杉原敏一が父を破り初優勝　　　1991.9.5
杉本 周作
杉本が逆転で連覇　　　　　　　1995.7.14
杉本 英世
尾崎が日本選手権優勝　　　　1971.9.16～19
杉山 愛
16歳杉山が優勝　　　　　　　　1992.3.15
ジャパンオープン開催　　　　　1996.4.20
杉山が日本人初の2冠　　　　　1998.1.10
杉山がジャパンオープン優勝　　1998.4.19
杉山組が日本選手初優勝　　　　1999.9.9
杉山・デキュジス組が初優勝　　2000.9.10
杉山組が準優勝　　　　　　　　2001.7.8
杉山組決勝進出ならず　　　　　2001.9.5
杉山がシングルス優勝　　　　　2003.3.2
杉山組が初優勝　　　　　　　　2003.6.8
杉山組が初優勝　　　　　　　　2003.7.6
杉山 三郎
田中と森田が優勝　　　　　　　1969.3.3～11
全日本選手権開催　　　　　　　1970.11.1～3
杉山・田上が3連覇　　　　　　1972.7.5～7
杉山 隆一
三菱重工が優勝　　　　　　　　1974.1.1
村主 章枝
全日本選手権開催　　　　　　2000.12.8～10
村主が初優勝　　　　　　　　　2001.2.10
村主が五輪代表決定　　　　　　2001.12.23
本田が銅メダル　　　　　　　　2002.3.21
全日本選手権開催　　　　　　　2002.12.22
日本女子が表彰台独占　　　　　2003.2.14
村主が2大会連続の銅メダル　　2003.3.29
村主がGPファイナル初優勝　　　2003.12.14
全日本選手権開催　　　　　　　2003.12.27
荒川が初優勝　　　　　　　　　2004.3.27

ハリファクスでグランプリシリーズ開催	2004.10.30
安藤が2連覇	2004.12.26
村主が2年ぶり優勝	2005.2.19
世界選手権開催	2005.3.19
浅田が初優勝	2005.12.17
村主・高橋が優勝	2005.12.25

勝呂 祐司
全日本選手権開催	1971.2.8～14

勝呂 裕司
勝呂が連覇	1969.2.25～3.2
全日本選手権開催	1970.2.8～15
札幌プレ五輪開催	1971.2.7～14
札幌冬季五輪開催	1972.2.3～13
角田が全日本選手権優勝	1975.2.5～10

スコバ
パン・パシフィック・オープン開催	1988.5.1

鈴木 亜久里
鈴木が日本グランプリ3位	1990.10.21
中嶋・鈴木が5・6位	1991.3.10
ルマン24時間で日産が3位	1998.6.7
佐藤が3位入賞	2004.6.20

鈴木 絵美子
鈴木・原田組が初優勝	2005.4.4
世界水泳選手権開催	2005.7.20

鈴木 勝己
なわ跳び世界記録	1975.5.29

鈴木 久美江
日本選手権開催	1970.5.29～31
陸上4種目で日本新	1971.5.28～30

鈴木 恵一
インスブルック冬季五輪開催	1964.1.29～2.9
鈴木恵一が優勝	1964.2.22～23
鈴木が2連勝	1965.2.13～14
全日本スケート開催	1965.2.22～25
鈴木が世界選手権2位	1966.2.19～20
日本選手権開催	1966.2.23～26
全日本選手権開催	1966.12.22～23
鈴木が3回目の優勝	1967.2.11～12
鈴木が500mで世界新	1968.1.28
グルノーブル冬季五輪開催	1968.2.6～18
鈴木が世界選手権2連覇	1968.2.24～25
鈴木がまた世界新	1968.3.1

鈴木が3連覇	1969.2.15
スプリント選手権開催	1970.2.21
札幌プレ五輪開催	1971.2.7～14
札幌冬季五輪開催	1972.2.3～13

鈴木 啓示
鈴木が400完投	1983.4.22
鈴木が無四球試合74の新記録	1983.10.5
鈴木が300勝	1984.5.5
鈴木が3000奪三振	1984.9.1
317勝の鈴木が引退	1985.7.11
山内ら殿堂入り	2002.1.11

鈴木 桂治
体重別選手権開催	2002.4.7
井上40連勝でストップ	2003.4.6
井上が3連覇	2003.4.29
世界選手権開催	2003.9.11～14
鈴木が初優勝	2004.4.29
アテネ五輪開催	2004.8.13～29
鈴木が2連覇	2005.4.29
世界選手権開催	2005.9.8～11

鈴木 健二
栂野尾・中山が優勝	1971.12.7～12

鈴木 弘一
静岡オープンで鈴木が優勝	1989.3.19

鈴木 三成
鈴木が選手権優勝	1974.10.8～10

鈴木 誠一
鈴木が冨士200マイル連覇	1970.11.23

鈴木 大地
ユニバーシアード開催	1987.7.8～19
ソウル五輪開催	1988.9.17～10.2
日本スポーツ賞に水泳の鈴木	1988.12.16
日本水泳選手権開催	1991.6.6～9
日本選手権開催	2003.4.24

鈴木 尚典
横浜が38年ぶり日本一	1998.10.26

鈴木 隆行
日本が最終予選進出	2004.10.13

鈴木 毅
鈴木がモンブラン滑降	1968(この年)

鈴木 登
エベレスト無酸素登頂成功	1983.10.8

鈴木 則夫
マスターズで鈴木優勝	1979.11.18

鈴木 博
伊勢神宮で弓道選手権　　　　　1972.10.8〜10
鈴木 宏尚
ノルディック大会開催　　　　　1966.2.9〜12
鈴木 博美
陸上日本選手権開催　　　　　　1995.6.10
大阪国際で鈴木が2位　　　　　1996.1.28
日本選手権開催　　　　　　　　1996.6.7
名古屋で鈴木は2位　　　　　　1997.3.9
世界陸上開催　　　　　　　　　1997.8.1
鈴木 誠
鈴木がマリナーズと契約　　　　1993.9.14
鈴木が渡米7年目の初勝利　　　1998.9.14
大リーグ初の日本人投手対決　　1999.5.7
鈴木 正樹
三協勢が上位　　　　　　　　1969.2.18〜22
札幌冬季五輪開催　　　　　　1972.2.3〜13
世界スプリント開催　　　　　1973.2.3〜4
男子世界大会開催　　　　　　1973.2.17〜18
世界選手権開催　　　　　　　1974.2.9〜10
世界スプリント開催　　　　　1974.2.16〜17
世界スプリントで鈴木入賞　　1975.2.15〜16
鈴木 光広
ロードレースで鈴木3位　　　　1984.5.13
鈴木 幸夫
勝田マラソン開催　　　　　　　1986.2.11
鈴木 竜二
鈴木・外岡両会長が殿堂入り　　1982.1.29
スタウト, L.
東京国際女子マラソン開催　　　1981.11.15
スタケビッチ
世界女子スケート開催　　　　1971.2.6〜7
スタドラー, C.
青木がワールドシリーズ3位　　1982.8.29
スタンカ, J.
南海が2回目の日本一　　　　　1964.10.10
ステニナ, ワレンチナ
女子世界選手権開催　　　　　1966.2.12〜13
ステバンスカヤ
小野沢が世界選手権2位　　　1973.2.24〜25
ステンソン, ステン
世界選手権開催　　　　　　　1974.2.9〜10

ステンマルク
ワールドカップ苗場で開催　　1975.2.21〜23
ストイコビッチ
95年度最優秀選手　　　　　　　1996.3.1
ストレンジ, カーチス
全米オープンで中島は32位　　　1988.6.19
全米オープン開催　　　　　　　1989.6.18
全米プロゴルフ選手権開催　　　1989.8.13
須永 宏
ロッテルダムで須永が4位　　　1989.4.16
砂原 幸雄
横浜・阪神も一場に現金授受　　2004.10.22
スピッツ
笠谷にヘルムス賞　　　　　　　1973.1.25
スペイブレック
ロードレースで鈴木3位　　　　1984.5.13
スペンサー
阪急が初優勝　　　　　　　　　1967.10.1
須磨 周司
世界選手権開催　　　　　　　1969.10.23〜26
角 三男
角が12連続SP　　　　　　　　1983.5.11
角 南保
堀越が日本新　　　　　　　　1970.7.3〜5
世界選手権開催　　　　　　　1970.9.12〜20
加藤と後藤が日本新　　　　　1972.6.2〜4
スミス
太平洋沿岸5ヶ国競技会開催　　1969.9.28
スミス, ジョイス
東京国際女子マラソン開催　　　1979.11.18
東京国際女子マラソン開催　　　1980.11.16
角田 幸司
角田が全日本選手権優勝　　　1975.2.5〜10
スルツカヤ, イリーナ
グランプリファイナル開催　　　2001.12.15
荒川が総合2位　　　　　　　　2004.12.18
浅田が初優勝　　　　　　　　　2005.12.17
スルーマン, ジェフ
中島が日本人過去最高位　　　　1988.8.14
諏訪 利成
国近が初優勝　　　　　　　　　2003.12.7
アテネ五輪代表決定　　　　　　2004.3.15

【せ】

盛山 玲世
東京国際で盛山が2位　1994.11.20
瀬尾 京子
全日本学生選手権開催　1992.8.19
関 健寿
秋山が全日本5連覇　1988.11.12
関 ナツエ
橋本が日本新記録　1988.6.11
関 正子
世界選手権開催　1965.4.15～25
世界卓球選手権開催　1965.4.25
関戸 直美
中学生の関戸が日本新記録　1983.6.4
関戸が日本新記録　1983.7.17
水泳日本選手権開催　1983.8.5～8.7
関根 忍
体重別柔道開催　1971.7.11
関根が優勝　1972.4.29
ミュンヘン五輪開催　1972.8.26～9.11
関根 潤三
上田・関根が殿堂入り　2003.1.10
関根 英之
小川が全日本初優勝　1989.4.29
全日本学生柔道開催　1989.11.12
北京でアジア大会　1990.9.22～10.7
関谷 正徳
日本人がルマン初優勝　1995.6.18
瀬古 利彦
瀬古が福岡で優勝　1978.12.3
瀬古が初優勝　1978.12.31
瀬古がボストン2位　1979.4.11
瀬古が日本新記録　1979.6.24
瀬古が日本人初2連覇　1979.12.2
瀬古が日本新記録　1980.5.17
瀬古・三宅が日本新　1980.7.7
瀬古が3連覇　1980.12.7
瀬古に日本スポーツ賞　1980.12.23
瀬古が3万mで世界新　1981.3.22
瀬古・佐々木が最高記録　1981.4.20
瀬古が1万m惜敗　1981.7.8
瀬古が2万で日本新記録　1982.10.16
瀬古が日本最高記録　1983.2.13
瀬古が2万で日本新　1983.9.24
瀬古が優勝　1983.12.4
ロサンゼルス五輪開催　1984.7.28～8.12
エスビー食品が初出場初優勝　1984.12.16
瀬古が日本新記録　1985.5.11
瀬古が日本新記録　1985.7.2
瀬古が8ヶ月ぶり復活　1986.3.16
瀬古がロンドンで優勝　1986.4.20
瀬古が日本新記録　1986.7.11
瀬古がシカゴで優勝　1986.10.26
瀬古がボストンで優勝　1987.4.20
瀬古がびわ湖毎日優勝　1988.3.13
瀬古が引退　1988.12.6
セナ, アイルトン
日本グランプリ開催　1988.10.30
F1日本グランプリ開催　1993.10.24
銭谷 欣治
湯木6連覇ならず　1977.12.17
銭谷・徳田が優勝　1978.11.19
銭谷が4連覇　1979.12.1
芹沢 信雄
芹沢が挑戦9度目の初優勝　1996.9.1
セレス小林
セレス小林が世界王座　2001.3.11
ゼレゾフスキー
世界スプリント長野大会開催　1986.2.22
セロン, ディオニシオ
別府・大分マラソン開催　1992.2.2

【そ】

ソイニネン, ヤニ
W杯札幌大会開催　2000.1.22～23
宗 茂
宇佐美が5回目の優勝　1976.4.18
福岡で宗茂は4位　1976.12.5
別府大分で宗茂が日本最高　1978.2.5
毎日マラソンで宗茂優勝　1979.4.15
モスクワ・プレ五輪開催　1979.7.21～8.5
瀬古が日本人初2連覇　1979.12.2
別府大分で宗茂が1位　1981.2.1
瀬古が優勝　1983.12.4
宗茂が東京国際優勝　1985.2.10
北京で宗兄弟が1・2位　1985.10.13
宗 猛
宗猛が日本人初優勝　1976.10.3

毎日マラソンで宗猛優勝	1978.4.15	北の富士が全勝優勝	1971.5.23
瀬古が日本人初2連覇	1979.12.2	北の富士が全勝優勝	1971.9.26
瀬古が3連覇	1980.12.7	栃東が初優勝	1972.1.23
別府大分で宗茂が1位	1981.2.1	長谷川が初優勝	1972.3.26
瀬古が優勝	1983.12.4	高見山が初優勝	1972.7.16
ロサンゼルス五輪開催	1984.7.28〜8.12	北の富士が10回目の優勝	1973.3.25
北京で宗兄弟が1・2位	1985.10.13	輪島が全勝優勝	1973.9.23
宗猛がモスクワで3位	1990.8.11	輪島が6回目の優勝	1974.7.21

宗玄 清蔵

全日本選手権開催	1967.6.30〜7.2	輪島が連続優勝	1974.9.22
		魁傑が優勝	1974.11.24

外木場 義郎

大豪

外木場が完全試合	1968.9.14	大鵬が12回目の優勝	1964.1.26
外木場が無安打無失点	1972.4.29	大鵬が優勝	1965.3.21
		柏戸が3回目の優勝	1965.9.19

外村 康二

ロサンゼルス五輪開催	1984.7.28〜8.12	大鵬が優勝	1965.11.21

曾根 幹子

大受

日本選手権開催	1970.5.29〜31	北の富士が4回目の優勝	1970.5.24
第1回日中親善陸上競技開催	1975.10.19	大鵬が32回目の優勝	1971.1.24
全日本陸上開催	1975.11.8	玉の海が5回目の優勝	1971.3.28
		北の富士が全勝優勝	1971.5.23

園田 勇

ユニバ東京大会開催	1967.8.27〜9.4	琴桜が連続優勝	1973.1.21
体重別柔道開催	1969.8.10	北の富士が10回目の優勝	1973.3.25
世界選手権開催	1969.10.23〜26	輪島が全勝優勝	1973.5.27
体重別柔道大会開催	1970.8.9	琴桜が5回目の優勝	1973.7.15
体重別柔道開催	1972.7.2	輪島が全勝優勝	1973.9.23
モントリオール五輪開催	1976.7.17〜8.1		

太寿山

園田 義男

ユニバ東京大会開催	1967.8.27〜9.4	千代の富士が23度目優勝	1988.5.22
		史上初の同部屋横綱対決	1989.7.16

園原 健弘

大寿山

日・米・ソ対抗陸上開催	1985.9.21	琴風が初優勝	1981.9.27
		隆の里が全勝で初優勝	1982.9.26

宣 銅烈

大翔鳳

宣が外国人初セーブ	1997.7.24〜25	貴花田が優勝	1992.9.27
宣が18連続SP	1997.8.3	貴乃花が3場所連続優勝	1995.1.22

孫 正義

大翔山

ソフトバンクがダイエー買収へ	2004.10.18	曙・貴ノ花が昇進	1993.1.24
ソフトバンクがダイエー買収	2004.11.30		

タイス, ゲルト

別府大分毎日マラソン開催	1996.2.4

【た】

タイソン, マイク

東京でヘビー級タイトル戦	1988.3.21
東京でタイソン王座陥落	1990.2.11

大麒麟

大道 和子

北の富士が4回目の優勝	1970.5.24	全日本選手権開催	1979.3.8〜11
北の富士が連続優勝	1970.7.19		
玉の海が3回目の優勝	1970.9.27		
大鵬が32回目の優勝	1971.1.24		

大鵬
大鵬が 12 回目の優勝	1964.1.26
大鵬が 13 回目の優勝	1964.3.22
栃ノ海が 3 回目の優勝	1964.5.24
富士錦が平幕優勝	1964.7.5
大鵬が連続優勝	1964.11.22
佐田の山が優勝・横綱昇進	1965.1.24
大鵬が優勝	1965.3.21
大鵬が 17 回目の優勝	1965.7.11
大鵬が優勝	1965.11.21
大鵬が 19 回目の優勝	1966.3.27
大鵬が 20 回目の優勝	1966.5.29
大鵬が 21 回目の優勝	1966.7.17
大鵬が 22 回目の優勝	1966.9.25
大鵬優勝・栃ノ海引退	1966.11.27
大鵬が 5 度目全勝優勝	1967.1.29
北の富士が初優勝	1967.3.26
大鵬が 25 回目の優勝	1967.5.28
柏戸が 5 回目の優勝	1967.7.16
大鵬が全勝優勝	1967.9.24
佐田の山が 5 回目の優勝	1967.11.26
佐田の山が連続優勝	1968.1.28
麒麟児が初優勝	1968.3.24
大鵬が 3 場所連続優勝	1969.1.26
大鵬 45 連勝でストップ	1969.3.10
琴桜が 2 回目の優勝	1969.3.23
大相撲ビデオ判定導入	1969.5.13
大鵬が 30 回目の優勝	1969.5.25
柏戸が引退	1969.7.9
清国が初優勝	1969.7.20
大鵬に一代年寄	1969.8.29
玉乃島が 2 回目の優勝	1969.9.28
北の富士が連続優勝	1970.1.25
北・玉が同時横綱昇進	1970.1.26
大鵬が 31 回目の優勝	1970.3.22
北の富士が 4 回目の優勝	1970.5.24
北の富士が連続優勝	1970.7.19
玉の海が 3 回目の優勝	1970.9.27
玉の海が連続優勝	1970.11.29
日本プロスポーツ大賞決定	1970.12 月
大鵬が 32 回目の優勝	1971.1.24
玉の海が 5 回目の優勝	1971.3.28
大鵬が引退	1971.5.14
北の富士が全勝優勝	1971.5.23
北の湖が横綱昇進	1974.7.22
北の湖が年間最多 82 勝	1978.11.23
貴ノ花が大関 50 場所で引退	1981.1.17
北の湖が幕内通算 700 勝	1982.3.15
千代の富士が 4 回目の優勝	1982.3.28
北の湖が通算 873 勝	1982.9.21
隆の里が全勝で初優勝	1982.9.26
北の湖が引退	1985.1.15
千代の富士が全勝優勝	1985.9.22
千代の富士が 3 場所連続優勝	1986.1.26
千代の富士が 46 連勝	1988.11.19
1045 勝の千代の富士が引退	1991.5.14
貴花田が初優勝	1992.1.14
大鵬が還暦土俵入り	2000.6.6
朝青龍が 6 場所連続優勝	2005.9.25

大松 博文
アジア初・東京五輪開催	1964.10.10〜24
大松監督ニチボー退社	1965.2.1
ニチボーの連勝続く	1965.7.30

平 忠彦
平が世界選手権 5 位	1988.3.27

大竜川
玉乃島が 2 回目の優勝	1969.9.28

田尾 敏彰
ノルディックスキー選手権開催	1986.2.8

田尾 安志
早大が完全優勝	1974.6.3
松中が 2 冠王	2005.9.25
田尾監督解任	2005.9.25

高井 雄平
ドラフト会議開催	2002.11.20

高尾 憲司
バンコクで 4 回目のアジア大会	1998.12.6〜20

高岡 寿成
清水が 3 秒差で 2 位	2001.12.2
高岡が日本最高記録	2002.10.13
国近が初優勝	2003.12.7
高岡が初優勝	2005.2.13

高木 邦夫
ソフトバンクがダイエー買収	2004.11.30

高木 長之助
体重別柔道大会開催	1970.8.9
上村が初優勝	1973.4.29
世界選手権全階級制覇	1973.6.22〜24
上村が 2 年ぶり優勝	1975.4.29

高木 紀子
　日本がユーバー杯王座　　　　　1966.5.21
　ユーバー杯は日本が防衛　　　　1969.6.14
高木 豊
　横浜が6選手解雇　　　　　　　1993.11.8
高倉 照幸
　巨人がリーグ3連覇　　　　　　1967.10.7
高坂 美恵子
　中・高校生が活躍　　　　　1974.9.28〜29
　陸上日本選手権開催　　　　1975.5.30〜6.1
高島 規郎
　全日本選手権開催　　　　　1972.12.5〜10
　高島・嶋内が優勝　　　　　　　1979.1.14
高須 愛子
　美津濃オープン開催　　　　　　1986.6.29
鷹巣 南雄
　日本オープン開催　　　　　　1968.10.2〜4
　日本プロマッチ開催　　　　1975.5.14〜18
高瀬 千香子
　高瀬が背泳ぎで日本新記録　　　1989.6.9
　水泳日本選手権大会開催　　　1989.8.3〜6
高田 繁
　巨人が日本一　　　　　　　1968.10.12〜20
　藤波が最多安打　　　　　　　　1973.10.12
高田 延彦
　PRIDE 初興行　　　　　　　　　1997.10.11
高田 幹子
　徳田・高田組が優勝　　　　　　1978.3.18
高田 光政
　アイガー北壁初登頂　　　　　　1965.8.16
　アルプス3大北壁登頂　　　　　1966.8.11
　グランドジョラス登頂　　　　　1967.7.22
高田 康雄
　日本選手権開催　　　　　　1968.8.29〜31
高田 裕司
　全日本選手権開催　　　　　1974.6.28〜30
　日本選手権開催　　　　　　　1975.6.5〜8
　モントリオール五輪開催　　1976.7.17〜8.1
　全日本アマ選手権開催　　　　1977.6.3〜5
　52kg級で高田が優勝　　　　　　1977.10.23
　高田が6連覇　　　　　　　　　1978.7.7〜9
　高田が7連覇　　　　　　　　　1979.6.24
　世界選手権開催　　　　　　　　1979.8.28

ロサンゼルス五輪開催　　　　1984.7.28〜8.12
高津 臣吾
　高津が通算200セーブ　　　　　2002.4.28
　高津が通算230セーブ　　　　　2003.4.23
　高津が270SP　　　　　　　　　2003.6.20
貴闘力
　北勝海が7回目の優勝　　　　　1990.9.23
　北勝海が優勝　　　　　　　　　1991.3.24
　1045勝の千代の富士が引退　　　1991.5.14
　旭富士が4回目の優勝　　　　　1991.5.26
　琴富士が平幕優勝　　　　　　　1991.7.21
　二子山勢が優勝・3賞独占　　　1993.5.13
　曙が7回目の優勝　　　　　　　1994.3.27
　貴ノ花が5回目の優勝　　　　　1994.5.22
　武蔵丸が初優勝　　　　　　　　1994.7.17
　貴ノ浪が初優勝　　　　　　　　1996.1.21
　貴乃花が14回目の優勝　　　　　1996.7.21
　貴乃花が全勝で15回目の優勝　　1996.9.22
　貴乃花が17回目の優勝　　　　　1997.7.20
　横綱若乃花が引退　　　　　　　2000.3.16
高根沢 威夫
　棒高跳び5年ぶりの日本新　　　1975.4.27
　高根沢が日本新記録　　　　　　1975.10.12
高野 進
　高野が400で日本新　　　　　　1982.5.23
　高野が日本新記録　　　　　　　1983.6.25
　日本はメダル11個　　　　　　　1983.7.10
高野 裕光
　全日本選手権開催　　　　　　　1986.7.13
鷹野 靖子
　女子世界選手権開催　　　　1966.2.12〜13
　日本選手権開催　　　　　　1966.2.23〜26
隆の里
　北の湖が3場所連続優勝　　　　1980.7.20
　若乃花が4回目の優勝　　　　　1980.9.28
　輪島が14回目の優勝　　　　　　1980.11.23
　千代の富士が年間3段階優勝　　1981.11.22
　北の湖が23回目の優勝　　　　　1982.1.24
　隆の里が全勝で初優勝　　　　　1982.9.26
　隆の里が優勝・横綱昇進　　　　1983.7.17
　双葉山以来の新横綱全勝優勝　　1983.9.25
　日本プロスポーツ大賞決定　　　1983.12月
　隆の里が4回目の優勝　　　　　1984.1.22
　千代の富士が3場所連続優勝　　1986.1.26

隆ノ里
輪島が12回目の優勝	1977.11.27

貴ノ浪
二子山勢が優勝・3賞独占	1993.5.13
貴ノ花が4場所ぶり優勝	1994.1.23
貴ノ浪が初優勝	1996.1.21
貴乃花が13回目の優勝	1996.5.26
武蔵丸が2回目の優勝	1996.11.24
貴ノ浪が2回目の優勝	1997.11.22
琴錦が史上初の平幕優勝2度	1998.11.21
朝青龍が初優勝	2002.11.22
貴ノ浪が引退	2004.5.11

貴ノ花〔1950生〕
花田が最年少初入幕	1968.11.2
北の富士が連続優勝	1970.1.25
大鵬が31回目の優勝	1970.3.22
北の富士が4回目の優勝	1970.5.24
玉の海が3回目の優勝	1970.9.27
玉の海が連続優勝	1970.11.29
玉の海が5回目の優勝	1971.3.28
大鵬が引退	1971.5.14
北の富士が全勝優勝	1971.5.23
北の富士が全勝優勝	1971.9.26
栃東が初優勝	1972.1.23
高見山が初優勝	1972.7.16
北の富士が全勝優勝	1972.9.24
北の富士が10回目の優勝	1973.3.25
輪島が5回目の優勝	1974.3.24
北の湖が2回目の優勝	1974.5.26
輪島が連続優勝	1974.9.22
北の湖が3回目の優勝	1975.1.26
貴ノ花が悲願の初優勝	1975.3.23
金剛が平幕優勝	1975.7.25
貴ノ花が3場所ぶり優勝	1975.9.28
貴ノ花が大関50場所で引退	1981.1.17
藤島部屋創設	1982.2.11

貴乃花〔1972生〕
日本プロスポーツ大賞決定	1991.12月
貴花田が初優勝	1992.1.14
日本プロスポーツ大賞決定	1992.12月
曙・貴ノ花が昇進	1993.1.24
史上2組目の兄弟優勝	1993.3.28
二子山勢が優勝・3賞独占	1993.5.13
貴ノ花が優勝	1993.5.23
曙が巴戦制す	1993.7.18
曙が優勝	1993.9.26
曙が3場所連続優勝	1993.11.21
貴ノ花が4場所ぶり優勝	1994.1.23
貴ノ花が5回目の優勝	1994.5.22
武蔵丸が初優勝	1994.7.17
貴ノ花が最年少全勝優勝	1994.9.25
貴・若が東西大関	1994.10.24
貴乃花が優勝・横綱昇進	1994.11.20
日本プロスポーツ大賞決定	1994.12月
貴乃花が3場所連続優勝	1995.1.22
曙が1年ぶり優勝	1995.3.26
貴乃花が2場所ぶり優勝	1995.5.21
貴乃花が10回目の優勝	1995.7.16
貴乃花が場所連続優勝	1995.9.24
初の兄弟優勝決定戦	1995.11.26
日本プロスポーツ大賞決定	1995.12月
貴ノ浪が初優勝	1996.1.21
貴乃花が12回目の優勝	1996.3.24
貴乃花が13回目の優勝	1996.5.26
貴乃花が14回目の優勝	1996.7.21
貴乃花が全勝で15回目の優勝	1996.9.22
武蔵丸が2回目の優勝	1996.11.24
貴乃花が16回目の優勝	1997.3.23
曙が優勝	1997.5.25
貴乃花が17回目の優勝	1997.7.20
貴乃花が18回目の優勝	1997.9.21
貴ノ浪が2回目の優勝	1997.11.22
貴乃花が5場所ぶり優勝	1998.7.19
貴乃花が優勝	1998.9.27
千代大海が優勝・5年ぶり新大関	1999.1.24
3横綱1大関1関脇休場で陳謝	1999.3.12
貴乃花が21回目の優勝	2001.1.21
曙が引退	2001.1.22
魁皇が2回目の優勝	2001.3.25
「感動した!」貴乃花優勝	2001.5.27
魁皇がカド番で優勝	2001.7.21
貴乃花が7場所連続休場	2002.7.4
武蔵丸が12回目の優勝	2002.9.22
貴乃花が九州場所休場	2002.11.8
貴乃花が引退	2003.1.20

孝乃富士
旭富士が優勝	1990.5.27

隆乃若
武双山が優勝	2000.1.23
武蔵丸が10回目の優勝	2002.3.23
朝青龍が初優勝	2002.11.22

高橋 勇
全日本選手権開催　　　　　1973.2.10～16
高橋 栄子
アジア初・東京五輪開催　　1964.10.10～24
高橋 悦二郎
日本新続出　　　　　　　　1972.7.20～23
高橋 和裕
高橋が日本新記録　　　　　　　1994.6.18
添上高が初の4冠　　　　　　　1994.8.4
高橋 一三
巨人が5年連続優勝　　　　　　1969.10.9
高橋 勝年
日本マッチプレー開催　　　　　1987.5.17
高橋 カネ子
全日本スケート開催　　　　1965.2.22～25
高橋 清美
高橋・赤井が日本新記録　　　　1979.6.10
高橋が日本新記録　　　　　　　1979.7.8
水泳選手権開催　　　　　　　　1988.8.7
高橋 国光
高橋国光が2回目の優勝　　　　1975.11.23
高橋 健一
シドニーで男女とも優勝　　　　1998.9.6
高橋は代表内定ならず　　　　　2001.2.18
高橋 定昌
登山団体が一本化　　　　　　　1966.2.5
高橋 成忠
リキエイカンが天皇賞制覇　　　1970.4.29
高橋 繁浩
高橋が日本新記録　　　　　　　1978.3.31
高橋が平泳ぎ日本新記録　　　　1978.5.7
世界水泳選手権開催　　　　　　1978.8.25
高橋 繁治
塚崎が日本新　　　　　　　　　1978.7.2
高橋 省子
世界選手権開催　　　　　　1975.2.5～17
高橋 大輔
日本男子初優勝　　　　　　　　2002.3.7
荒川が初優勝　　　　　　　　　2004.3.27
世界選手権開催　　　　　　　　2005.3.19
村主・高橋が優勝　　　　　　　2005.12.25
高橋 大斗
高橋が初優勝　　　　　　　　　2004.3.5

高橋 高吉
ノルディック大会開催　　　　1966.2.9～12
ユニバで日本勢の優勝無し　　1970.4.2～9
高橋 卓己
高橋・秋元が日本新　　　　　　1980.10.14
棒高跳びで高橋が日本新　　　　1981.3.24
高橋が棒高跳びで日本新　　　　1982.7.25
高橋 卓巳
高橋が日本新記録　　　　　　　1983.4.24
高橋 とも子
日本がユーバー杯王座　　　　　1966.5.21
ユーバー杯は日本が防衛　　　　1969.6.14
高橋 尚子
高橋マラソン2戦目で優勝　　　1998.3.8
バンコクで4回目のアジア大会　　　　　　　　　　　　1998.12.6～20
高橋がシドニー出場権獲得　　　2000.3.12
シドニー五輪開催　　　　　2000.9.15～10.1
高橋に国民栄誉賞授賞　　　　　2000.10.27
流行語大賞決定　　　　　　　　2000.12月
高橋が日本最高記録で優勝　　　2001.2.18
高橋が世界最高記録　　　　　　2001.9.30
高橋がベルリン2連覇　　　　　2002.9.29
高橋が終盤に失速し2位　　　　2003.11.16
野口が日本最高記録で優勝　　　2004.2.15
アテネ五輪代表決定　　　　　　2004.3.15
アテネ五輪開催　　　　　　2004.8.13～29
渋井が日本最高記録で優勝　　　2004.9.26
高橋が初優勝　　　　　　　　　2005.11.20
高橋 信雄
アマ・ゴルフで日本8位　　　1970.9.23～26
高橋 英利
水泳で8つの日本新　　　　　　1981.8.30
高橋が平泳ぎで日本新　　　　　1982.6.6
日本選手権開催　　　　　　1982.8.28～31
高橋 弘子
勝呂が連覇　　　　　　　　1969.2.25～3.2
高橋 稔
スキーマラソン大会開催　　　　1982.2.14
高橋 義輝
田中と森田が優勝　　　　　　1969.3.3～11
高橋 由伸
高橋が大学3冠王　　　　　　　1996.5.26
高橋が23本塁打　　　　　　　　1997.9.28

ドラフト会議開催	1997.11.21
川上がセ・リーグ新人王	1998.10.28

高橋 慶彦
高橋が33試合連続安打	1979.7.31
広島が初の日本一	1979.11.4

高橋 義正
高橋が完全試合	1971.8.21

高橋 善正
八木沢が完全試合	1973.10.10

貴花田
貴花田が最年少幕下優勝	1989.5.19
貴花田が最年少十両昇進	1989.9.27
北勝海が優勝	1991.3.24
1045勝の千代の富士が引退	1991.5.14
旭富士が4回目の優勝	1991.5.26
貴花田が史上最年少3役	1991.6.24
琴富士が平幕優勝	1991.7.21
貴花田が初優勝	1992.1.14
貴花田が優勝	1992.9.27
曙が優勝	1992.11.22
曙・貴ノ花が昇進	1993.1.24
朝青龍が初優勝	2002.11.22
稀勢の里が入幕	2004.11.1

高原 須美子
初の女性会長	1993.3.23
日本体協第13代会長に安西監事	1995.9.5
プロ野球初の女性会長	1998.2.16

高原 直泰
W杯日本代表メンバー発表	2002.5.17
Jリーグの MVP 決定	2002.12.16
高原がカーンを破る初ゴール	2003.2.9

高松 仁美
高松が日本新記録	1995.4.15

高見 利彦
田中が連続優勝	1970.12.12

高見盛
曙が19場所ぶり優勝	2000.7.23
千代大海が4回目の優勝	2002.7.21
千代大海が4場所ぶり優勝	2003.3.23
魁皇が12場所ぶり優勝	2003.7.20
朝青龍が4回目の優勝	2003.9.21

高見山
高見山が入幕	1968.1.6
佐田の山が連続優勝	1968.1.28
北の富士が連続優勝	1970.7.19
大鵬が32回目の優勝	1971.1.24
北の富士が全勝優勝	1971.5.23
高見山が初優勝	1972.7.16
北の富士が全勝優勝	1972.9.24
琴桜が3回目の優勝	1972.11.26
北の富士が10回目の優勝	1973.3.25
輪島が5回目の優勝	1974.3.24
輪島が6回目の優勝	1974.7.21
魁傑が優勝	1974.11.24
金剛が平幕優勝	1975.7.25
北の湖が5回目の優勝	1976.1.25
北の湖が全勝優勝	1977.9.25
高見山が帰化	1980.6.3
高見山が1368回連続出場	1981.1.15
北の湖が21回目の優勝	1981.3.22
千代の富士が優勝・綱とり	1981.7.19
北の湖が24回目の優勝	1984.5.20
東関部屋創始	1986.4.23
小錦が初優勝	1989.11.26
関脇曙が優勝	1992.5.24

高村 亜紀
高村が最年少優勝	1996.6.20

高山 亜樹
バルセロナ五輪開催	1992.7.25~8.9

高山 勝也
高山が世界王座	2005.4.4
イーグル京和が王座奪回	2005.8.6

多賀竜
平幕の多賀竜が初優勝	1984.9.23

滝口 直樹
世界学生柔道選手権開催	1984.12.8

滝本 誠
シドニー五輪開催	2000.9.15~10.1

田口 勝利
田口らを無期限登録抹消	1985.6.11

田口 壮
松井が開幕戦本塁打	2004.4.6
レッドソックスが優勝	2004.10.27

田口 信教
高校勢が活躍	1969.8.29~31
バンコクでアジア大会	1970.12.9~20
日本新続出	1972.7.20~23
ミュンヘン五輪開催	1972.8.26~9.11

たくら

田口・西側が優勝	1973.8.3〜5
田口が100m2位	1975.7.22〜27
日本選手権開催	1975.8.27〜30
北島が世界新記録	2002.10.2

ダグラス, ジェームス
東京でタイソン王座陥落	1990.2.11

宅和 本司
松坂が最多勝獲得	1999.9.29

武 邦彦
ロングエースが日本ダービー制す	1972.7.9
タケホープ菊花賞制覇	1973.11.11
キタノカチドキが勝利	1974.5.3
キタノカチドキ菊花賞制覇	1974.11.10
有馬記念はトウショウボーイ	1976.12.19
菊花賞はインターグシケン	1978.11.12
武豊がさつき賞父子2代制覇	1993.4.18

武 豊
菊花賞でスーパークリーク勝利	1988.11.6
桜花賞は関西馬が3連覇	1989.4.9
公営出身馬が21年ぶり天皇賞制覇	1989.4.29
武豊が天皇賞春秋制覇	1989.10.29
日本プロスポーツ大賞決定	1989.12月
武豊が史上初の天皇賞3連覇	1990.4.29
武豊が通算400勝	1990.8.5
引退のオグリキャップが勝利	1990.12.23
3代で天皇賞制覇	1991.4.28
天皇賞で進路妨害の波乱	1991.10.27
メジロマックイーンが天皇賞連覇	1992.4.26
武豊がさつき賞父子2代制覇	1993.4.18
柴田19度目で初栄冠	1993.5.30
武豊GI最多15勝	1993.6.13
武豊がフランスGI初優勝	1994.9.4
武が年間最多勝新記録	1996.11.9
牝馬17年ぶりの優勝	1997.10.26
スペシャルウィークがダービー制覇	1998.6.7
武豊がフランスGI制覇	1998.8.9
アドマイヤベガがダービー勝利	1999.6.6
スペシャルウィークが初の同一年3冠	1999.11.28
河内がダービー初制覇	2000.5.28
タニノギムレットが日本ダービー制覇	2002.5.26

人名索引

ヒシミラクルが菊花賞制覇	2002.10.20
武が年間最多勝記録	2004.12.19
ディープインパクトが勝利	2005.4.17
ディープインパクトが2冠	2005.5.29
ディープインパクトが3冠	2005.10.23

武井 隆次
川島がびわ湖毎日2位	2000.3.5

竹内 寿平
第8代コミッショナー選任	1986.5.8

竹内 洋輔
全日本選手権開催	2000.12.8〜10

武上 四郎
ドラフト会議で混乱	1966.9.5

武田 明子
武田・川越組が銅メダル	2001.5.2

武田 一浩
武田が全12球団から白星	2002.5.7
門倉がセパ全球団から勝ち星	2005.8.20

武田 幸三
武田がムエタイ王者	2001.1.21

武田 治郎
世界一周「白鴎号」凱旋	1970.8.22

武田 大作
武田が7連覇	2003.6.1
武田が初優勝	2005.7.10

武田 孟
根本ら4名が殿堂入り	2001.1.13

竹田 恒和
JOC新会長に竹田	2001.10.24
竹田JOC会長が続投	2003.2.27
JOC役員改選	2005.3.24

竹田 恒徳
札幌五輪誘致委	1965.5.7
札幌五輪組織委始動	1966.7.26
IOC総会開催	1982.5.28

武田 敏彦
臼井・武田が日本新記録	1979.7.6
武田が日本新	1980.9.20

武田 豊樹
全日本スプリント開催	2001.12.27
武田がW杯総合2位	2002.3.9

武田 久吉
登山団体が一本化	1966.2.5

— 664 —

武田 真由巳
武田が女子滑降・大回転で優勝　　　　　　　　　1982.2.24～3.1
武田 美保
日本選手権開催　　　　　　　2000.5.2～5
シドニー五輪開催　　　　　2000.9.15～10.1
日本選手権開催　　　　　　　　2001.5.3
世界選手権開催　　　　　　　　2001.7.20
立花・武田組が5連覇　　　　　　2002.4.7
世界水泳選手権開催　　　　　　　2003.7.16
立花が2冠　　　　　　　　　　　2004.5.5
アテネ五輪開催　　　　　　2004.8.13～29
武田 豊
全日本アマチュア野球連盟が発足　　　　　　　　　　　　1990.6.20
武富 豊
別府大分で武富が優勝　　　　　　1980.2.3
竹中 悦子
小島が4連覇　　　　　　　　1969.12.1～6
栂野尾・中山が優勝　　　　　1971.12.7～12
全日本選手権開催　　　　　1972.12.13～17
竹中 昇
エベレストで転落死　　　　　　　1981.1.12
竹中 マチ子
中国チームが来日　　　　　　1973.9.2～16
女子単複とも日本が優勝　　　1975.3.19～22
竹原 慎二
竹原がミドル級王者　　　　　　1995.12.19
竹原が初防衛失敗　　　　　　　1996.6.24
竹本 恵
東京6大学初の日本人女性投手　1999.11.4
初の女性投手　　　　　　　　　2001.4.14
竹本 ゆかり
日本選手権開催　　　　　　　1968.8.29～31
竹本 由紀夫
ドラフト会議開催　　　　　　　1980.11.26
武山 修子
世界選手権開催　　　　　　　1972.3.6～11
田坂 和昭
ヴェルディ川崎が年間チャンピオン　　　　　　　　　　1994.12.2
田阪 登紀夫
アジア選手権開催　　　　　　1968.9.22～29
全日本選手権開催　　　　　　1969.12.5～8

田崎 裕子
東京女子国際マラソン開催　　　1985.11.17
田島 直人
テヘランでアジア大会　　　　1974.9.1～16
田島 日出雄
タナノチカラが天皇賞制覇　　　1973.11.25
ハイセイコー引退　　　　　　　1974.12.15
田島 寧子
バンコクで4回目のアジア大会　　　　　　　　　　1998.12.6～20
シドニー五輪開催　　　　　2000.9.15～10.1
流行語大賞決定　　　　　　　　2000.12月
田島 良保
ヒカルイマイがさつき賞制覇　　　1971.5.2
ヒカルイマイがダービー制覇　　　1971.6.13
菊花賞はノースガスト　　　　　　1980.11.9
オークスはライトカラー　　　　　1989.5.21
多田 雄幸
初の地球一周レース開催　　　　　1983.5.17
橘 道子
清元が女子選手権優勝　　　　　1972.6.1～2
立花 美哉
世界選手権開催　　　　　　　　　1994.9.1
日本選手権開催　　　　　　　　　1995.4.31
立花が2年連続3冠　　　　　　　1996.5.5
日本選手権開催　　　　　　　2000.5.2～5
シドニー五輪開催　　　　　2000.9.15～10.1
日本選手権開催　　　　　　　　　2001.5.3
世界選手権開催　　　　　　　　　2001.7.20
立花・武田組が5連覇　　　　　　2002.4.7
世界水泳選手権開催　　　　　　　2003.7.16
立花が2冠　　　　　　　　　　　2004.5.5
アテネ五輪開催　　　　　　2004.8.13～29
立浪
双羽黒が暴力・失踪　　　　　　1987.12.27
立浪 和義
郭・門田がMVP　　　　　　　1988.10.29
高卒新人初のゴールデングラブ賞　　　　　　　　　　　　1988.11.15
立浪が2000本安打　　　　　　　　2003.7.5
タップス, トニー
東京でヘビー級タイトル戦　　　　1988.3.21
辰巳 公子
寺西・辰巳が日本新記録　　　　　1983.5.1

辰吉 丈一郎
辰吉が王座奪取	1991.9.19
日本プロスポーツ大賞決定	1991.12月
辰吉が初防衛失敗	1992.9.17
辰吉が暫定王者	1993.7.22
辰吉がアメリカで試合へ	1994.1.21
辰吉2階級制覇ならず	1997.4.14
辰吉が王座奪還	1997.11.22
日本プロスポーツ大賞決定	1997.12月
辰吉が防衛失敗	1998.12.29
辰吉がノンタイトル戦で復帰	2002.12.15

伊達 公子
伊達3冠達成	1988.8.7
伊達が全豪オープンでベスト16	1990.1.27
全日本室内選手権開催	1990.3.18
伊達が準優勝	1991.8.17
全日本選手権開催	1991.9.14
伊達が初優勝	1992.4.11
全仏オープン開催	1992.5.31
全日本選手権開催	1992.9.19
伊達が決勝で敗れる	1993.2.14
伊達が女子単2連覇	1993.4.10
伊達が全米オープン惜敗	1993.9.7
伊達が海外初優勝	1994.1.16
伊達が3連覇	1994.4.10
沢松がベスト8入り	1995.1.23
伊達が初優勝	1995.2.5
伊達初のベスト4	1995.6.6
松岡・伊達がベスト8	1995.7.3
伊達が世界5位	1995.10.2
日本プロスポーツ大賞決定	1995.12月
沢松がベスト8	1996.2.4
ジャパンオープン開催	1996.4.20
伊達がグラフを破る	1996.4.28
伊達がベスト4惜敗	1996.7.4～5
伊達が逆転優勝	1996.8.25
伊達が引退	1996.9.24

伊達 治一郎
杉山・田上が3連覇	1972.7.5～7
モントリオール五輪開催	1976.7.17～8.1

立野 千代里
バルセロナ五輪開催	1992.7.25～8.9

ターナー, シェリー
岡本が全米女子プロ3位タイ	1988.5.22

田中 彰
田中が7号本塁打	2004.10.23

田中 聡子
アジア初・東京五輪開催	1964.10.10～24
日本選手権開催	1966.8.28～30

田中 茂樹
君原がボストンで優勝	1966.4.19

田中 隆之
ソウルで宇佐美が優勝	1969.9.28

田中 忠道
田中と森田が優勝	1969.3.3～11

田中 千景
W杯野辺山大会開催	2000.12.1～3
全日本選手権開催	2001.12.30
寺尾・神野が総合優勝	2005.12.19

田中 勉
田中が完全試合	1966.5.12

田中 光
世界選手権開催	1993.4.13～18
日本が14年ぶり銀メダル	1995.10.6

田中 英寿
田中が優勝	1969.12.7
田中が連続優勝	1970.12.12

田中 秀道
田中が初優勝	2000.4.30

田中 雅美
水泳日本選手権開催	1995.6.9
バンコクで4回目のアジア大会	1998.12.6～20
田中が日本人初の優勝	1999.4.1

田中 三恵
佐々木が日本人初の優勝	1983.11.20

田中 幸雄〔1959生〕
郭・田中がノーヒットノーラン	1985.6.4,9

田中 幸雄〔1967生〕
パ・リーグ全日程終了	1995.10.6

田辺 清
デ杯東洋ゾーンはインドに敗退	1974.5.3～5

田南部 力
アテネ五輪開催	2004.8.13～29

田辺 勝
ユニバ福岡大会開催	1995.8.23～9.3

田辺 陽子
福岡国際開催	1985.12.7
田辺が初優勝	1987.4.19
田辺が連覇	1988.4.17
田辺が3連覇	1989.4.16
福岡国際女子柔道開催	1989.12.9〜10
田辺が4連覇	1990.4.22
田辺が5連覇	1991.4.14
田辺が全日本6連覇	1992.4.19
女子体重別選手権開催	1992.5.10
バルセロナ五輪開催	1992.7.25〜8.9
田辺が引退	1993.1.13
アトランタ五輪開催	1996.7.19〜8.4

谷 公郎
全日本選手権開催	1970.11.1〜3

谷 福美
日本女子プロゴルフ選手権で谷が優勝	1989.9.10

谷 まゆみ
6種目で日本新	1970.11.3〜4

谷 亮子
谷が2連覇	2004.4.11
アテネ五輪開催	2004.8.13〜29
谷が3連覇	2005.4.10

谷上 ひとみ
女子4種目で日本新	1970.8.24〜29

谷川 真理
東京国際女子マラソンで谷川3位	1990.12.9
東京国際で谷川が優勝	1991.11.17
名古屋で大江が初優勝	1992.3.1
東京国際女子マラソン開催	1992.11.15
谷川が東京国際2位	1993.2.14
谷川がパリで優勝	1994.4.24

谷川原 君代
ジャパン・オープン開催	1974.10.8〜14
坂井・左手が優勝	1974.10.30〜11.8

谷口 徹
谷口がプロ7年目初優勝	1998.5.31
不動が3年連続賞金女王	2002.12.1

谷口 伴之
ボストンで谷口10位	1988.4.18

谷口 浩美
東京国際で谷口が優勝	1987.2.8
谷口が自己最高で優勝	1987.5.10
東京国際マラソン開催	1988.2.14
谷口が北京で2位	1988.10.16
東京国際で谷口が優勝	1989.3.19
ロッテルダムで谷口が優勝	1990.4.22
世界陸上開催	1991.8.23
バルセロナ五輪開催	1992.7.25〜8.9
谷口がボストン4位	1993.4.19
東京国際マラソン開催	1995.2.12
真木が初優勝	1996.3.10
アトランタ五輪開催	1996.7.19〜8.4

谷口 明見
ジャンプで藤沢が2位	1966.2.16〜27
全日本選手権開催	1967.2.23〜28

谷沢 英彦
全日本選手権開催	1989.9.15

谷田 絹子
アジア初・東京五輪開催	1964.10.10〜24

谷村 隼美
福岡で谷村が3位	1969.12.7

谷本 歩実
福岡国際開催	2001.12.8〜9

谷本 歩美
アテネ五輪開催	2004.8.13〜29

ダーネンズ
世界選手権開催	1990.8.20

田上 高
全日本選手権開催	1970.11.1〜3
杉山・田上が3連覇	1972.7.5〜7
ミュンヘン五輪開催	1972.8.26〜9.11

田畑 真紀
田畑が5連覇	2002.12.15
全日本距離別選手権開催	2004.10.31
石野・牛山が初優勝	2004.12.19

田原 成貴
リードホーユーが有馬記念制覇	1983.12.25
マックスビューティが2冠達成	1987.5.24
トウカイテイオーが有馬記念制覇	1993.12.26
桜花賞はワンダーパヒューム	1995.4.9
桜花賞はファイトガリバー	1996.4.7
菊花賞はダンスインザダーク	1996.11.3
天皇賞はマヤノトップガン	1997.4.27

田臥 勇太
田臥中心の能代工が3年連続3冠	1998.12.28
田臥がサンズ入り	2004.9.7
田臥が開幕戦7得点	2004.11.3

田淵 幸一
田淵が大学通算10号	1967.5.22
ドラフト会議開催	1968.11.12
田淵が400号本塁打	1981.9.6
田淵が引退	1984.9.29
高橋が23本塁打	1997.9.28
田中が7号本塁打	2004.10.23

田部井 淳子
女性初のエベレスト登頂	1975.5.16
シシャパン峰に女性初の無酸素登頂	1981.4.30
女性世界初の5大陸最高峰踏破	1988.6.14
女性初の6大陸最高峰登頂	1991.1.19
女性初の7大陸最高峰制覇	1992.6.28

玉春日
貴ノ浪が初優勝	1996.1.21
貴乃花が13回目の優勝	1996.5.26
貴乃花が16回目の優勝	1997.3.23
曙が優勝	1997.5.25

玉田 誠
玉田が優勝	2004.9.19

玉ノ井
親子三役2組誕生	1997.6.23
栃東が大関昇進	2001.11.27
栃東が初優勝	2002.1.27

玉の海
日本プロスポーツ大賞決定	1968.12月
大鵬が31回目の優勝	1970.3.22
北の富士が4回目の優勝	1970.5.24
玉の海が3回目の優勝	1970.9.27
玉の海が連続優勝	1970.11.29
大鵬が32回目の優勝	1971.1.24
玉の海が5回目の優勝	1971.3.28
北の富士が全勝優勝	1971.5.23
北の富士が全勝優勝	1971.9.26
玉の海が急死	1971.10.11
北の富士が連続優勝	1971.11.28
北の湖が横綱昇進	1974.7.22

玉乃島
大鵬が優勝	1965.3.21
佐田の山が優勝	1965.5.23
柏戸優勝・栃光引退	1966.1.30
大鵬が20回目の優勝	1966.5.29
大鵬が21回目の優勝	1966.7.17
大鵬が22回目の優勝	1966.9.25
大鵬が5度目全勝優勝	1967.1.29
麒麟児が初優勝	1968.3.24
玉乃島が2回目の優勝	1969.9.28
北の富士が連続優勝	1970.1.25
北・玉が同時横綱昇進	1970.1.26
大鵬が31回目の優勝	1970.3.22
魁皇が2回目の優勝	2001.3.25
魁皇がカド番で優勝	2001.7.21
栃東が11場所ぶり優勝	2003.11.23
朝青龍が3場所連続優勝	2004.5.23
朝青龍が3場所連続優勝	2005.3.27

玉ノ富士
北の湖が全勝優勝	1978.1.22
北の湖が17回目の優勝	1979.9.23
三重の海が優勝	1979.11.25

田丸 仁
南海の蔭山監督が急死	1965.11.17

田宮 謙二郎
山内ら殿堂入り	2002.1.11

田村 岳斗
全日本選手権開催	2000.12.8～10

田村 亮子
福岡国際で田村が史上最年少優勝	1990.12.9
田村が48kg級2連覇	1991.12.8
女子体重別選手権開催	1992.5.10
バルセロナ五輪開催	1992.7.25～8.9
福岡国際開催	1992.12.13
田村がフランスで優勝	1993.2.14
田村が世界選手権優勝	1993.10.3
田村が福岡国際4連覇	1993.12.12
田村が全4試合一本勝ち	1994.5.15
田村が福岡国際5連覇	1994.12.10
女子体重別選手権開催	1995.5.14
ユニバ福岡大会開催	1995.8.23～9.3
世界選手権開催	1995.9.29
福岡国際開催	1995.12.9
田村が6連覇80連勝	1996.3.31
アトランタ五輪開催	1996.7.19～8.4
福岡国際で田村が7連覇	1996.12.8

日本が金4個獲得	1997.10.9	千賀ノ浦		
田村が福岡国際8連覇	1997.12.14	柏戸優勝・栃光引退	1966.1.30	
田村が8連覇	1998.5.3	近本 巧		
田村が107連勝9連覇	1999.5.2	近本が初優勝	2003.11.3	
田村が世界柔道4連覇	1999.10.10	チトワ		
田村が福岡国際10連覇を達成	1999.12.12	世界女子選手権開催	1968.1.27～28	
田村が48kg級優勝	2000.4.9	知念 利和		
シドニー五輪開催	2000.9.15～10.1	全日本学生柔道選手権開催	1975.11.1	
田村に総理大臣顕彰	2000.11.6	千葉 吟子		
田村が福岡国際11連覇	2000.12.10	アジア初・東京五輪開催	1964.10.10～24	
流行語大賞決定	2000.12月	千葉 すず		
田村が前人未到11連覇	2001.4.8	世界水泳選手権開催	1991.1.13	
世界選手権開催	2001.7.26～29	千葉が日本新記録	1993.6.11～13	
田村65連勝でストップ	2002.4.14	千葉が2分の壁突破	1993.8.12	
福岡国際開催	2002.12.8	パシフィック選手権開催	1995.8.10	
世界選手権開催	2003.9.11～14	日本選手権開催	1996.4.4	
為末 大		千葉が55秒を切る日本新記録	1999.6.13	
世界選手権開幕	2001.8.3～12	千葉の提訴を棄却	2000.8.3	
世界選手権開催	2005.8.6～14	千葉 晴久		
タルツ		W杯初の日本開催	1973.3.12～15	
世界選手権開催	1970.9.12～20	全日本選手権開催	1973.3.18～19	
ダルビッシュ 有		全日本選手権開催	1974.2.27～3.1	
ダルビッシュがノーヒット 　　ノーラン	2004.3.26	千葉が2種目優勝	1975.3.6～9	
俵 信之		千葉 弘子		
日本人が11連覇	1987.8.26	全日本選手権開催	1973.2.10～16	
丹下 健三		千葉 真子		
代々木体育館が落成	1964.9.5	アトランタ五輪開催	1996.7.19～8.4	
ダンツァー, エメリッヒ		千葉が優勝	1997.1.19	
世界選手権で大川が5位	1967.2.28～3.5	世界陸上開催	1997.8.1	
ダンネベルク		大南が優勝	2002.4.21	
宮様スキー競技会開催	1979.2.25	野口が銀メダル	2003.8.31	
丹野 麻美		東京国際で嶋原が2位	2004.11.21	
日本選手権開催	2005.6.2	千葉 仁		
		千葉が優勝	1966.12.4	
【ち】		堀田が優勝	1967.12.3	
		千葉が優勝	1969.12.7	
崔 龍洙		中村が優勝	1970.12.6	
畑山が世界王座	1998.9.5	千葉が3回目の優勝	1972.12.3	
チェプチュンバ		千葉 幹夫		
土佐礼子が東京国際2位	2000.11.19	浅野が連続優勝	1970.10.24	
チェルビンスキー		チャスラフスカ, ベラ		
福岡で宗茂が4位	1976.12.5	アジア初・東京五輪開催	1964.10.10～24	
		世界選手権開催	1966.9.20～26	
		メキシコ五輪開催	1968.10.12～27	

国際女性スポーツ会議開催	1980.10.9

チャピンズ
外国人が初優勝	1989.4.23

チュンチュン
湯木が全英選手権優勝	1974.3.19～24

張 誌家
張が28イニング連続奪三振	2002.8.12

趙 友鳳
名古屋国際女子マラソン開催	1988.3.6
名古屋国際女子マラソン開催	1989.3.5

趙 容徹
世界柔道選手権開催	1985.9.26～29

千代大海
若乃花が優勝	1998.3.22
貴乃花が5場所ぶり優勝	1998.7.19
貴乃花が優勝	1998.9.27
千代大海が優勝・5年ぶり新大関	1999.1.24
3横綱1大関1関脇休場で陳謝	1999.3.12
栃東が初優勝	2002.1.27
千代大海が4回目の優勝	2002.7.21
千代大海が4場所ぶり優勝	2003.3.23
魁皇が12場所ぶり優勝	2003.7.20
朝青龍が4回目の優勝	2003.9.21

千代天山
千代大海が優勝・5年ぶり新大関	1999.1.24
武蔵丸が優勝・横綱昇進	1999.5.24

千代の富士
北の湖が3場所連続優勝	1978.5.21
北の湖が18回目の優勝	1980.3.23
北の湖が3場所連続優勝	1980.7.20
若乃花が4回目の優勝	1980.9.28
輪島が14回目の優勝	1980.11.23
千代の富士が初優勝	1981.1.25
千代の富士が優勝・綱とり	1981.7.19
琴風が初優勝	1981.9.27
千代の富士が年間3段階優勝	1981.11.22
日本プロスポーツ大賞決定	1981.12月
千代の富士が4回目の優勝	1982.3.28
千代の富士が2場所連続優勝	1982.5.23
千代の富士が優勝	1982.7.18
千代の富士が7回目の優勝	1982.11.28
千代の富士が優勝	1983.3.9
双葉山以来の新横綱全勝優勝	1983.9.25
千代の富士が優勝	1983.11.27
隆の里が4回目の優勝	1984.1.22
若島津が優勝	1984.7.15
千代の富士が10度目優勝	1984.11.25
千代の富士が全勝優勝	1985.1.27
千代の富士が12回目の優勝	1985.5.24
千代の富士が全勝優勝	1985.9.22
千代の富士が優勝	1985.11.24
日本プロスポーツ大賞決定	1985.12月
千代の富士が3場所連続優勝	1986.1.26
千代の富士が16回目優勝	1986.5.25
千代の富士が2場所連続優勝	1986.7.20
千代の富士が3場所連続優勝	1986.9.20
千代の富士が4場所連続優勝	1986.11.23
日本プロスポーツ大賞決定	1986.12月
千代の富士が5場所連続優勝	1987.1.25
千代の富士が21回目の優勝	1987.7.19
千代の富士が全勝優勝	1987.11.22
日本プロスポーツ大賞決定	1987.12月
旭富士が初優勝	1988.1.24
千代の富士が23度目優勝	1988.5.22
千代の富士が24回目優勝	1988.7.17
千代の富士が25回目の優勝	1988.9.25
千代の富士が46連勝	1988.11.19
日本プロスポーツ大賞決定	1988.12月
千代の富士が27回目の優勝	1989.3.26
史上初の同部屋横綱対決	1989.7.16
千代の富士が全勝優勝	1989.9.22
日本プロスポーツ大賞決定	1989.12月
千代の富士が30回目の優勝	1990.1.21
北勝海が巴戦制し優勝	1990.3.25
旭富士が2場所連続優勝・横綱昇進	1990.7.22
千代の富士が31回目の優勝	1990.11.25
日本プロスポーツ大賞決定	1990.12月
1045勝の千代の富士が引退	1991.5.14
大鵬が還暦土俵入り	2000.6.6

陳 露
NHK杯開催	1995.12.9

【つ】

塚崎 修治
塚崎が日本新記録	1977.8.1～22
塚崎が日本新記録	1978.6.4
塚崎が日本新	1978.7.2

塚田 真希
塚田が初優勝	2002.4.21
塚田が優勝	2004.4.18
アテネ五輪開催	2004.8.13～29
塚田が4連覇	2005.4.17

塚原 直也
塚原が父子2代五輪代表	1996.5.4
塚原が最年少優勝	1996.11.2
塚原が父子2代メダリスト	1997.9.5
塚原が2大会連続メダル	1999.10.14
全日本選手権開催	2001.11.24
中日カップ開催	2001.12.8
NHK杯開催	2002.7.6
冨田が初優勝	2002.12.7
中日カップ開催	2003.12.6
アテネ五輪開催	2004.8.13～29
冨田・市川が天皇杯優勝	2004.11.13

塚原 光男
NHK杯開催	1968.7.13～14
メキシコ五輪開催	1968.10.12～27
世界選手権で日本男子優勝	1970.10.22～27
中山・松久が優勝	1970.11.20～23
国際体操競技会開催	1970.12.5～13
ミュンヘン五輪開催	1972.8.26～9.11
塚原・松久が優勝	1973.11.1～4
男子4連覇・女子6位	1974.10.20～27
モントリオール五輪開催	1976.7.17～8.1
全日本選手権開催	1991.11.3
塚原を理事解任	1993.3.14

附田 雄剛
デュアルモーグル初の優勝	2000.1.29

佃 正樹
江川は法大へ	1974.3.7

津沢 寿志
体重別柔道開催	1971.7.11

辻 宏子
アジア初・東京五輪開催	1964.10.10～24

辻 義文
流行語大賞決定	1995.12月

辻内 崇伸
ドラフト会議開催	2005.10.3

辻本 賢人
ドラフト会議開催	2004.11.17

辻本 由美
女性騎手初勝利	1997.4.26

蔦 文也
報徳が選抜初優勝	1974.4.6
池田・蔦監督が死去	2001.4.28

土橋 登志久
土橋が史上初4連覇	1988.7.31
全日本室内選手権開催	1990.3.18

土屋 千賀子
女性初の調教助手	1979.6.1

土屋 正勝
銚子商が初優勝	1974.8.19
ドラフト会議開催	1974.11.19

土谷 竜一
日本選手権大会開催	1966.8.19～21

堤 義明
財団法人日本オリンピック委員会発足	1989.7.19
冬季の滑降コース決定	1990.4.4
堤JOC会長が辞意	1990.4.11
「五輪オーダー金賞」受賞	1991.4.17
初の女性会長	1993.3.23
「もう一組の合併」浮上	2004.7.7

角田 晃一
桜花賞はシスタートウショウ	1991.4.7
ジャングルポケットが日本ダービー制覇	2001.5.27
ヒシミラクルが菊花賞制覇	2002.10.20
ヒシミラクルが天皇賞制覇	2003.5.4

円谷 幸吉
君原が日本選手権優勝	1964.4.12
円谷が世界最高記録	1964.8.27
アジア初・東京五輪開催	1964.10.10～24
円谷が自殺	1968.1.9

坪井 慶介
JリーグのMVP決定	2002.12.16

ツリシチェワ
世界選手権で日本男子優勝	1970.10.22～27
国際選抜競技会開催	1972.12.2～3,9～10

ツル, デラルツ
東京国際女子マラソン開催	2001.11.18

鶴岡 一人
南海が9回目の優勝	1964.9.19

南海が2回目の日本一	1964.10.10
南海が10回目の優勝	1965.9.26
南海の蔭山監督が急死	1965.11.17
川上・鶴岡が殿堂入り	1965.12.4
南海が3年連続優勝	1966.10.9

鶴ヶ嶺
大鵬が13回目の優勝	1964.3.22
大鵬が優勝	1965.11.21
大鵬が21回目の優勝	1966.7.17
大鵬優勝・栃ノ海引退	1966.11.27

鶴田 友美
杉山・田上が3連覇	1972.7.5～7

ツルブリッゲン
W杯富良野大会開催	1987.2.28～3.1

鶴見 修治
欧州遠征で鶴見・遠藤が優勝	1964.4.17～25
体操の五輪最終選考	1964.6.27～28
アジア初・東京五輪開催	1964.10.10～24
世界選手権開催	1966.9.20～26

鶴峰 治
アジア初・東京五輪開催	1964.10.10～24
ブダペスト大会開催	1965.8.20～29

【て】

デ・ビセンソ
W杯で日本は10位	1970.11.12～17

テイヘラール
小野沢が世界選手権2位	1973.2.24～25

ディマジオ,ジョー
松井が100打点記録	2003.9.15

デキュジス,ジュリー・アラール
杉山組が準優勝	2001.7.8

出島
貴乃花が16回目の優勝	1997.3.23
貴乃花が18回目の優勝	1997.9.21
若乃花が優勝・横綱昇進	1998.5.24
貴乃花が5場所ぶり優勝	1998.7.19
関脇出島が優勝・大関昇進	1999.7.18

出島 民雄
根本・小池が優勝	1971.2.25～26

手島 雅樹
6種目で日本新	1970.11.3～4

手塚 雄士
全日本選手権開催	1972.11.1～11

デストラーデ
デストラーデが退団	1992.11.30

デッカー
ロサンゼルス五輪開催	1984.7.28～8.12

デットーリ,L.
ファルブラヴがジャパンカップ制覇	2002.11.24
アルカセットが勝利	2005.11.27

テバンチェンコ
世界選手権開催	1970.9.12～20

デービス
ジャパン・オープン開催	1985.10.14

デービス,トミー
ドジャースが来日	1966.10.20～11.16

デービス,ローラ
服部がベストアマ	1987.7.27
全米女子プロで小林5位	1996.5.12

デベルナール
W杯初の日本開催	1973.3.12～15

デムーロ,ミルコ
ネオユニヴァースがさつき賞制覇	2003.4.20
ネオユニヴァースが日本ダービー制覇	2003.6.1
ダイワメジャーが勝利	2004.4.18

デモン
ミュンヘン五輪開催	1972.8.26～9.11

寺内 健
世界選手権開催	2001.7.22

寺尾
千代の富士が3場所連続優勝	1986.9.20
北勝海が8場所ぶり優勝	1989.1.23
史上初の同部屋横綱対決	1989.7.16
千代の富士が全勝優勝	1989.9.22
曙が7回目の優勝	1994.3.27
貴ノ花が5回目の優勝	1994.5.22
曙が1年ぶり優勝	1995.3.26
武蔵丸が12回目の優勝	2002.9.22

寺尾 悟
W杯野辺山大会開催	2000.12.1～3
全日本選手権開催	2001.12.30
神野・寺尾が総合優勝	2005.2.20

寺尾・神野が総合優勝	2005.12.19		【と】	
寺沢 徹		涂 阿玉		
君原が日本選手権優勝	1964.4.12	樋口が日本オープン優勝	1974.11.8〜10
寺沢が日本最高記録	1964.12.6	日本女子プロ選手権開催	1985.9.22
寺沢が日本最高記録	1965.2.7	中島が年間1億円獲得	1985.12.1
重松が世界最高タイム	1965.6.12	日本女子オープン開催	1986.7.6
寺沢が別府4連勝	1966.2.13	マツダジャパンクラシック開催	1986.11.9
君原がボストンで優勝	1966.4.19	女子初の通算賞金5億円	1991.12.2
寺田 とも子		土井 正三	
中・高校生が活躍	1974.9.28〜29	巨人がリーグ3連覇	1967.10.7
寺西 隆経		土井 正博	
寺西・辰巳が日本新記録	1983.5.1	土井コーチを賭博で逮捕	1989.5.12
寺原 隼人		ドイル,B.	
ドラフト会議開催	2001.11.19	ノーリーズンがさつき賞制覇	2002.4.14
テラベイネン,ピーター		鄧 亜萍	
日本オープン開催	1996.9.29	世界卓球選手権が開幕	1991.4.24
デリア,敏子		東童 多英子	
国際女性スポーツ会議開催	1980.10.9	小山が4連覇	1995.12.23
デリュー		トゥーリ,ヤルノ	
世界選手権開催	1975.3.4〜8	日本グランプリ開催	2004.10.10
照井 美喜子		闘竜	
全日本選手権開催	1974.1.31〜2.7	千代の富士が優勝	1982.7.18
出羽海		渡嘉敷 勝男	
大相撲初のソ連興行	1965.7.25〜8.10	渡嘉敷が世界王座	1981.12.16
時津風理事長急逝	1968.12.16	渡嘉敷が王座失う	1983.7.10
大相撲パリ巡業	1995.10.11	栂野尾 悦子	
出羽の花		世界女子選手権開催	1977.5.8
北の湖が4場所連続優勝	1978.7.16	栂野尾 昌一	
輪島が13回目の優勝	1979.7.15	栂野尾・中山が優勝	1971.12.7〜12
千代の富士が4回目の優勝	1982.3.28	時津海	
千代の富士が2場所連続優勝	1982.5.23	魁皇がカド番で優勝	2001.7.21
千代の富士が優勝	1983.3.9	栃東が初優勝	2002.1.27
北天佑が初優勝・大関昇進	1983.5.22	魁皇が12場所ぶり優勝	2003.7.20
隆の里が4回目の優勝	1984.1.22	時津風	
千代の富士が全勝優勝	1985.1.27	部屋別総当り実施へ	1964.9.26
千代の富士が21回目の優勝	1987.7.19	時津風理事長急逝	1968.12.16
出羽ノ花		武蔵川理事長退任	1974.1.29
武蔵川理事長退任	1974.1.29	3横綱1大関1関脇休場で陳謝	1999.3.12
デンシモ		北の湖理事長選出	2002.2.1
福岡国際で渋谷が初優勝	1988.12.4	時天空	
ロッテルダムで須永が4位	1989.4.16	朝青龍が史上初の7連覇	2005.11.27
福岡国際で弘山が2位	1990.12.2	常盤 玲子	
		水泳常盤が日本新記録	1979.1.21

徳田 敦子
徳田・高田組が優勝	1978.3.18
銭谷・徳田が優勝	1978.11.19
全日本総合バドミントン選手権開催	1982.12.18

徳富 斌
アジア初・東京五輪開催	1964.10.10〜24

徳山 昌守
徳山が世界王座	2000.8.27
川嶋が世界王座	2004.6.28
徳山が王座奪回	2005.7.18

土佐 礼子
土佐礼子が東京国際2位	2000.11.19
世界選手権開幕	2001.8.3〜12
土佐が初優勝	2004.3.14
アテネ五輪代表決定	2004.3.15

土佐ノ海
貴乃花が場所連続優勝	1995.9.24
初の兄弟優勝決定戦	1995.11.26
貴ノ浪が初優勝	1996.1.21
武蔵丸が2回目の優勝	1996.11.24
若乃花が優勝	1997.1.25
曙が優勝	1997.5.25
若乃花が優勝	1998.3.22
琴錦が史上初の平幕優勝2度	1998.11.21
武蔵丸が優勝・横綱昇進	1999.5.24
関脇出島が優勝・大関昇進	1999.7.18
舞の海が引退を表明	1999.11.21
千代大海が4回目の優勝	2002.7.21
武蔵丸が引退	2003.11.15
栃東が11場所ぶり優勝	2003.11.23

戸田
大鵬が3場所連続優勝	1969.1.26
大鵬45連勝でストップ	1969.3.10

戸田 忠男
山崎が優勝	1968.12.1
第1回世界選手権開催	1970.4.5,10

戸田 秀明
戸田がノーヒットノーラン	1976.3.29

戸田 博司
戸田・加藤が初優勝	1979.2.19
戸田がインドア世界一	1979.4.8

戸田 歩
全日本選手権開催	1990.12.2

戸田 善紀
戸田がノーヒットノーラン	1976.5.9

戸高 秀樹
戸高が世界王座	1999.7.31
戸高が王座失う	2000.10.9
戸高が王座返り咲き	2003.10.4

栃赤城
若三杉が初優勝	1977.5.22
北の湖が16回目の優勝	1979.3.25
輪島が13回目の優勝	1979.7.15
三重の海が優勝	1979.11.25
三重ノ海が2場所連続優勝	1980.1.20
北の湖が3場所連続優勝	1980.7.20
北の湖が21回目の優勝	1981.3.22
千代の富士が年間3段階優勝	1981.11.22

栃東〔1944生〕
玉乃島が2回目の優勝	1969.9.28
北の富士が連続優勝	1970.1.25
大鵬が32回目の優勝	1971.1.24
栃東が初優勝	1972.1.23

栃東〔1976生〕
武蔵丸が2回目の優勝	1996.11.24
曙が優勝	1997.5.25
親子三役2組誕生	1997.6.23
貴乃花が17回目の優勝	1997.7.20
貴乃花が18回目の優勝	1997.9.21
武蔵丸が優勝	1998.1.25
琴錦が史上初の平幕優勝2度	1998.11.21
千代大海が優勝・5年ぶり新大関	1999.1.24
横綱若乃花が負け越し	1999.9.26
舞の海が引退を表明	1999.11.21
横綱若乃花が引退	2000.3.16
曙が19場所ぶり優勝	2000.7.23
魁皇が2回目の優勝	2001.3.25
魁皇がカド番で優勝	2001.7.21
武蔵丸が9回目の優勝	2001.11.24
栃東が大関昇進	2001.11.27
栃東が初優勝	2002.1.27
栃東が11場所ぶり優勝	2003.11.23
栃東が大関返り咲き	2005.1.22

栃王山
大鵬が17回目の優勝	1965.7.11
大鵬が32回目の優勝	1971.1.24

栃司
北の湖が24回目の優勝	1984.5.20
千代の富士が全勝優勝	1987.11.22

栃剣
双葉山以来の新横綱全勝優勝	1983.9.25

栃錦
武蔵川理事長退任	1974.1.29

栃ノ海
栃ノ海が3回目の優勝	1964.5.24
富士錦が平幕優勝	1964.7.5
大鵬が連続優勝	1964.11.22
佐田の山が優勝・横綱昇進	1965.1.24
大鵬が優勝	1965.11.21
大鵬が20回目の優勝	1966.5.29
大鵬優勝・栃ノ海引退	1966.11.27

栃乃洋
貴乃花が17回目の優勝	1997.7.20
貴乃花が18回目の優勝	1997.9.21
貴乃花が21回目の優勝	2001.1.21
魁皇が2回目の優勝	2001.3.25
栃東が11場所ぶり優勝	2003.11.23
魁皇が5回目の優勝	2004.9.26

栃乃花
小結魁皇が初優勝	2000.5.21
武蔵丸が5場所ぶり優勝	2000.9.17
朝青龍が史上初の7連覇	2005.11.27

栃乃和歌
北勝海が優勝	1987.3.21
千代の富士が21回目の優勝	1987.7.19
千代の富士が30回目の優勝	1990.1.21
琴錦が平幕優勝	1991.9.22
小錦が3回目の優勝	1992.3.22

栃光
柏戸が3回目の優勝	1965.9.19
柏戸優勝・栃光引退	1966.1.30
北の湖が19度目優勝	1980.5.25

戸塚 宏
海洋博記念で戸塚が優勝	1975.11.2

外ノ池 亜希
全日本スプリント開催	2001.12.27
全日本スプリント開催	2002.12.26

外岡 茂十郎
鈴木・外岡両会長が殿堂入り	1982.1.29

土橋 登志夫
全日本学生テニス開催	1986.8.3

苫篠 賢治
クロマティとブライアントがMVP	1989.11.25

トーマス
青梅マラソンに13000人参加	1980.2.17

戸松 伸隆
全日本重量挙げ開催	1986.6.1

トマッセン
鈴木が世界選手権2連覇	1968.2.24〜25

トミー,C.
増田が20kmで世界最高記録	1982.3.7

富井 澄博
全日本選手権開催	1971.2.8〜14
全日本選手権開催	1972.2.28〜3.5
W杯初の日本開催	1973.3.12〜15
全日本選手権開催	1973.3.18〜19
全日本選手権開催	1974.2.27〜3.1

富井 剛志
全日本選手権開催	1993.3.1

富沢 英彦
走り高跳びと競歩で日本新	1969.6.7〜8
陸上4種目で日本新	1971.5.28〜30

冨田 忠典
冨田が優勝	1980.12.7

冨田 洋之
全日本選手権開催	2001.11.24
中日カップ開催	2001.12.8
NHK杯開催	2002.7.6
全日本選手権開催	2002.11.9
冨田が初優勝	2002.12.7
日本は銅メダル	2003.8.19
中日カップ開催	2003.12.6
アテネ五輪開催	2004.8.13〜29
冨田・市川が天皇杯優勝	2004.11.13
水鳥・石坂が優勝	2005.7.9
冨田が初優勝	2005.11.24

富原 俊雄
日本選手権開催	1966.2.23〜26

富山 英明
57kg級で富山が優勝	1978.8.27
世界選手権開催	1979.8.28
ロサンゼルス五輪開催	1984.7.28〜8.12

トムソン
　呂が優勝　　　　　　　　　　　　1971.4.26～29
巴富士
　霧島が最高齢優勝　　　　　　　　1991.1.27
友永 義治
　陸上4種目で日本新　　　　　　　1971.5.28～30
　河野・井上が日本新　　　　　　　1972.10.7～8
　女子1500で日本新　　　　　　　　1973.6.1～3
智ノ花
　曙・貴ノ花が昇進　　　　　　　　1993.1.24
　智ノ花が入幕　　　　　　　　　　1993.6.21
　曙が優勝　　　　　　　　　　　　1993.9.26
　曙が3場所連続優勝　　　　　　　1993.11.21
友利 正
　友利が世界王座　　　　　　　　　1982.4.13
外山 光利
　外山が優勝　　　　　　　　　　　1980.12.7
豊国
　大鵬が5度目全勝優勝　　　　　　1967.1.29
豊桜
　朝青龍が4場所連続優勝　　　　　2004.7.18
豊田 和泰
　史上初の兄弟首位打者　　　　　　1980.6.2
豊田 利夫
　豊田が日本新記録　　　　　　　　1979.10.27
豊田 敏夫
　豊田が日本新記録　　　　　　　　1978.9.2
鳥居 義正
　鳥居が新記録　　　　　　　　　　1966.8.13
鳥谷 敬
　法大が40回目の優勝　　　　　　　2001.5.29
鳥山 由紀子
　樋口が女子プロ選手権優勝　　　　1974.7.26～28
　樋口が日本オープン優勝　　　　　1974.11.8～10
トルシエ, フィリップ
　新監督にトルシエ　　　　　　　　1998.8.20
　川淵新体制がスタート　　　　　　2002.7.22
ドーレ, K.
　増田が大阪女子マラソン2位　　　1984.1.29
　東京国際女子マラソンで浅井
　　2位　　　　　　　　　　　　　1984.11.18
　中山が日本最高記録で2位　　　　1985.4.14
　東京女子国際マラソン開催　　　　1985.11.17

　名古屋国際女子マラソン開催　　　1986.3.2
　東京国際女子マラソン開催　　　　1987.11.15
　有森が日本最高記録で2位　　　　1991.1.27
　大阪国際で鈴木が2位　　　　　　1996.1.28
ドレイトン, ジェロム
　福岡で谷村が3位　　　　　　　　1969.12.7
　福岡国際マラソン開催　　　　　　1975.12.7
　福岡で宗茂は4位　　　　　　　　1976.12.5
ドロノワ
　国際選抜競技会開催　　　　　　　1972.12.2～3,9～10
　梶山が優勝　　　　　　　　　　　1974.11.30～12.1
トンバ, アルベルト
　世界選手権開催　　　　　　　　　1996.2.23

【な】

ナイアド, ダイアナ
　国際女性スポーツ会議開催　　　　1980.10.9
内藤 修
　ユニバで日本勢の優勝無し　　　　1970.4.2～9
　5種目で日本新　　　　　　　　　1972.1.21～23
　全日本選手権開催　　　　　　　　1975.2.20～23
長井 淳子
　女子体重別選手権開催　　　　　　1995.5.14
　田村が107連勝9連覇　　　　　　 1999.5.2
長池 徳二
　阪急が初優勝　　　　　　　　　　1967.10.1
　日本プロスポーツ大賞決定　　　　1971.12月
中内 㓛
　福岡ダイエーホークス誕生　　　　1988.9.13
長江 裕明
　世界一周から帰国　　　　　　　　1986.4.13
長尾 隆史
　第1回日中親善陸上競技開催　　　1975.10.19
　長尾が日本新　　　　　　　　　　1978.9.25
中尾 隆行
　寺沢が日本最高記録　　　　　　　1965.2.7
中尾 孝義
　中尾・落合がMVP　　　　　　　　1982.11.1
　西本・加茂川と中尾をトレード　　1988.11.23
中尾 美樹
　シドニー五輪開催　　　　　　　　2000.9.15～10.1
長岡
　長岡が2連覇　　　　　　　　　　1977.11.5

長岡がアマ横綱2連覇	1977.12.4	**中島 功**	
北の湖が15回目の優勝	1979.1.21	室内水泳選手権で新記録続出	1964.4.11～12
永岡 栄一		アジア初・東京五輪開催	1964.10.10～24
永岡が優勝	1979.12.2	**中嶋 悟**	
永川 英植		中嶋が2冠	1984.11.4
ドラフト会議開催	1974.11.19	中嶋がF1ドライバー	1986(この年)
中川 清江		中嶋が6位	1987.5.3
5種目で日本新記録	1967.8.8～10	中嶋が4位	1987.7.12
日本選手権開催	1968.8.29～31	日本グランプリ開催	1987.11.1
メキシコ五輪開催	1968.10.12～27	中嶋・鈴木が5・6位	1991.3.10
長久保 裕		F1日本グランプリ開催	1991.10.20
全日本選手権開催	1968.11.24～27	日本プロスポーツ大賞決定	1991.12月
樋口・山下が3連覇	1970.11.27～29	**中島 成雄**	
長崎 一男		中島が世界王座	1980.1.3
同僚後押しで失格	1969.1.20	中島は王座失う	1980.3.24
長崎 宏子		**長嶋 茂雄**	
史上初の小学生チャンピオン	1980.8.29	王が日本最多53号本塁打	1964.9.6
長崎が2種目で日本新	1981.8.29	末次が最多9本塁打	1964.9.15
世界水泳選手権開催	1982.7.29～8.7	巨人が2年ぶり日本一	1965.11.5
プレ五輪開催	1983.7.14～17	巨人が日本シリーズ連覇	1966.10.12～18
長崎が日本新記録	1983.8.27	巨人が5年連続優勝	1969.10.9
長沢 琴枝		巨人がリーグ5連覇	1969.11.2
全日本選手権開催	1968.11.24～27	巨人が6年連続日本一	1970.11.2
樋口・山下が3連覇	1970.11.27～29	日本プロスポーツ大賞決定	1971.12月
世界フィギュア開催	1971.2.23～27	長嶋が通算400号	1972.6.22
中沢 佑二		長嶋が引退	1974.10.14
中沢がMVP	2004.12.13	川上監督退任	1974.10.21
中島 恵利華		巨人が3年ぶり優勝	1976.10.16
中島兄妹プロ誕生	1985.9.10	巨人が2年連続優勝	1977.9.23
中島恵利華がプロ11試合目初勝利	1986.8.10	長嶋監督辞任	1980.10.21
長嶋 一茂		西武が2年連続日本一	1983.11.7
ドラフト会議開催	1987.11.18	長嶋・西本・金田ら殿堂入り	1988.1.19
藤田監督勇退	1992.10.4	藤田監督勇退	1992.10.4
長嶋一茂が引退	1996.11.5	巨人が最終戦で優勝	1994.10.8
中島 和也		長嶋巨人初の日本一	1994.10.29
中島和也がデビュー戦優勝	1988.3.6	巨人が2年ぶり優勝	1996.10.6
長嶋 清幸		流行語大賞決定	1996.12月
広島が4年ぶり日本一	1984.10.22	長嶋監督が通算700勝	1997.7.5
長島 圭一郎		栄光の「3」復活	2000.2.12
長島・吉井が初優勝	2005.12.28	巨人がリーグ優勝	2000.9.24
		ONシリーズ制し巨人が日本一	2000.10.21～28
		長嶋監督1000勝	2001.6.20
		長嶋が終身名誉監督	2001.9.28
		長嶋が五輪日本代表監督	2002.12.2

アジア野球選手権開催 2003.11.7
アテネ五輪開催 2004.8.13〜29
中島 常幸
　中島が戦後最年少優勝 1977.9.25
　日本プロスポーツ大賞決定 1981.12月
　中島が三冠王 1982.12.5
　中島が6年ぶり優勝 1983.7.31
　日本プロスポーツ大賞決定 1983.12月
　中島が2連覇 1984.8.5
　中島兄妹プロ誕生 1985.9.10
　中島が日本オープン初優勝 1985.10.13
　中島が年間1億円獲得 1985.12.1
　日本プロスポーツ大賞決定 1985.12月
　中島がマスターズ8位 1986.4.13
　中島が中日クラウンズ2位 1986.5.4
　中島が今季初勝利 1986.5.18
　美津濃オープン開催 1986.6.29
　中島が2連覇 1986.10.12
　ニッサンカップ開催 1986.11.9
　中島が全米オープン9位 1987.6.21
　東海クラシック開催 1987.10.4
　中島和也がデビュー戦優勝 1988.3.6
　全米オープンで中島は32位 1988.6.19
　尾崎健夫が大会新記録優勝 1988.7.24
　中島が日本人過去最高位 1988.8.14
　日本オープン開催 1988.10.8
　中島が日本オープン逆転優勝 1990.10.7
　マスターズ・トーナメント開催 1991.4.14
　中島が2連覇 1991.10.13
　倉本が優勝 1992.5.17
　全米プロゴルフ開催 1992.8.16
　中島がホールインワン 1998.5.1
中島 治康
　王がリーグ初三冠王 1973.10.22
中島 啓之
　ストロングエイトが有馬記念
　　制覇 1973.12.16
　コーネルランサーが日本ダー
　　ビー制覇 1974.5.26
　コクサイプリンスが菊花賞勝利 1975.11.9
　アズマハンターがさつき賞 1982.4.18
永田 克彦
　シドニー五輪開催 2000.9.15〜10.1
　全日本選手権開催 2001.12.23
　全日本選手権開催 2002.12.23
　全日本選手権開催 2003.12.23

中田 久美
　全日本に初の中学生 1980.11.21
　日本リーグ順位決定 1993.3.7
中田 浩二
　鹿島アントラーズがナビスコ
　　カップ優勝 2000.11.4
中田 茂男
　メキシコ五輪開催 1968.10.12〜27
長田 利久
　全日本選手権開催 1970.2.8〜15
中田 英寿
　W杯44年目の出場権 1997.11.16
　日本プロスポーツ大賞決定 1997.12月
　中田がアジア最優秀選手 1998.5.13
　中田がペルージャへ移籍 1998.7.21
　中田がセリエAデビュー 1998.9.13
　日本プロスポーツ大賞決定 1998.12月
　セリエAで初の日本人対決 1999.10.23
　日本プロスポーツ大賞決定 1999.12月
永田 富佐子
　永田が公式戦初優勝 1987.9.13
永田 雅一
　永田が球団経営引退 1971.1.22
　長嶋・西本・金田ら殿堂入り 1988.1.19
中田 琇士
　中田が優勝 1981.12.6
中谷 雄英
　アジア初・東京五輪開催 1964.10.10〜24
　初の体重別選手権開催 1966.8.28
長友 寧雄
　全日本選手権開催 1974.6.28〜30
　日本選手権開催 1975.6.5〜8
中西 親志
　危険球退場制度 1994.5.11
中西 清起
　高知商が初優勝 1980.4.6
中西 千枝子
　五輪出場権獲得 1996.6.2
中西 太
　八百長事件発覚 1969.10.7
　西鉄が太平洋に売却 1972.10.20
中西 悠子
　世界水泳選手権開催 2003.7.21

— 678 —

アテネ五輪開催	2004.8.13〜29		長浜 広光	
世界選手権開催	2005.7.24		田中が優勝	1969.12.7

中野 栄治
アイネスフウジンがダービー
優勝　　　　　　　　　1990.5.27

中野 浩一
中野が世界で初優勝　　　　1977.8.31
中野が世界2連覇　　　　　1978.8.21
中野が3年連続優勝　　　　1979.9.2
日本プロスポーツ大賞決定　1979.12月
中野が4連覇　　　　　　　1980.9.7
中野が賞金総額1億円　　　1980.12.8
日本プロスポーツ大賞決定　1980.12月
中野が世界選手権5連覇　　1981.9.5
日本プロスポーツ大賞決定　1981.12月
中野が6連覇　　　　　　　1982.8.29
中野3連覇ならず　　　　　1982.11.23
日本プロスポーツ大賞決定　1982.12月
中野が史上初の7連覇　　　1983.8.28
日本プロスポーツ大賞決定　1983.12月
中野が8連覇　　　　　　　1984.8.31
日本プロスポーツ大賞決定　1984.12月
中野が9連覇　　　　　　　1985.8.24
競輪グランプリ開催　　　　1985.12.30
中野が10連覇　　　　　　　1986.9.1
日本プロスポーツ大賞決定　1986.12月
日本人が11連覇　　　　　　1987.8.26
中野が引退　　　　　　　　1992.6.8

中野 大輔
アテネ五輪開催　　　　　　2004.8.13〜29

中野 秀樹
全日本選手権開催　　　　　1970.2.8〜15
全日本選手権開催　　　　　1971.2.8〜14
3位まで日本が独占　　　　1972.2.26〜3.5

中野 真
智弁和歌山が初優勝　　　　1994.4.4

中野 友加里
日本女子が表彰台独占　　　2003.2.14

永野 要祐
全日本選手権開催　　　　　1970.11.1〜3

中畑 清
選手会を労組認定　　　　　1985.11.14
労働組合選手会が初の大会　1986.1.9
アテネ五輪開催　　　　　　2004.8.13〜29

長久 保祐
世界フィギュア開催　　　　1971.2.23〜27

中部 銀次郎
世界アマ選手権開催　　　　1974.11.30〜11.2
中部が6回目の優勝　　　　1978.6.24

長洞 久美子
全日本選手権開催　　　　　1977.11.27

中道 悦子
日本選手権開催　　　　　　1973.2.22〜24

中道 貴之
中道が日本タイ10秒1　　　1987.7.12

中村 悦子
樋口が優勝　　　　　　　　1974.3.31〜4.1
樋口が女子プロ選手権優勝　1974.7.26〜28

中村 清
世界陸上開催　　　　　　　1987.9.6

中村 圭央
中村兄弟五輪へ　　　　　　1996.4.7

中村 兼三
ユニバ福岡大会開催　　　　1995.8.23〜9.3
中村兄弟五輪へ　　　　　　1996.4.7
アトランタ五輪開催　　　　1996.7.19〜8.4

中村 俊輔
中村が年間最優秀選手　　　2000.12.11
日本プロスポーツ大賞決定　2000.12月
W杯日本代表メンバー発表　2002.5.17
日本が2連覇　　　　　　　2004.8.7

中村 信
全日本選手権開催　　　　　1967.8.18〜20

中村 孝生
中村が日本新記録　　　　　1979.7.11
中日名古屋スピードマラソン
開催　　　　　　　　　1983.2.27

中村 毅
中村が優勝　　　　　　　　1970.12.6

中村 多仁子
アジア初・東京五輪開催　　1964.10.10〜24

中村 通
尾崎が3回目の優勝　　　　1974.11.14〜17
日米対抗ゴルフ開催　　　　1975.11.23

中村 透
中村が2年ぶり優勝　1986.12.7
中村 寅吉
河野が3連覇　1972.6.8～9
尾崎と暴力団との交際発覚　1987.12.20
中村 長芳
西鉄が太平洋に売却　1972.10.20
中村 紀洋
清原が2000本安打　2004.6.4
仲村 渠功
全日本選手権開催　1970.11.21～26
長谷川・大関が優勝　1971.12.3～7
中村 真衣
中村が日本新記録　1995.4.3
中村が世界新記録を更新　2000.4.23
シドニー五輪開催　2000.9.15～10.1
中村 稔
巨人が18回目の優勝　1965.10.14
中村 祐二
びわ湖毎日で中村が優勝　1995.3.19
中大が箱根優勝　1996.1.3
中村 裕造
アジア初・東京五輪開催　1964.10.10～24
中村 行成
中村兄弟五輪へ　1996.4.7
アトランタ五輪開催　1996.7.19～8.4
中村 洋一
全日本新体操開催　1985.11.3
中村 佳央
田村が世界選手権優勝　1993.10.3
中村 礼子
アテネ五輪開催　2004.8.13～29
世界選手権開催　2005.7.24
中本 新二
中本が世界新　1971.5.29
中森 智佳子
緒方が日本新記録　1985.8.4
長屋 真紀子
日本選手権開催　1973.2.22～24
第1回スプリント選手権開催　1975.1.24～25
全日本スプリント開催　1977.1.14
長屋が日本新記録　1977.2.12

ソ連スケート選手権開催　1977.3.23
全日本スプリント開催　1978.1.14
全日本選手権開催　1978.2.21～22
長屋が5連覇　1979.1.13
長屋が日本新記録　1979.1.27
長屋が2位　1980.1.12
永易 将之
八百長事件発覚　1969.10.7
中山 彰規
ブダペスト大会開催　1965.8.20～29
世界選手権開催　1966.9.20～26
ユニバ東京大会開催　1967.8.27～9.4
NHK杯開催　1968.7.13～14
メキシコ五輪開催　1968.10.12～27
全日本選手権開催　1968.11.21～24
男女とも日体大が優勝　1969.11.13～16
世界選手権で日本男子優勝　1970.10.22～27
中山・松久が優勝　1970.11.20～23
国際体操競技会開催　1970.12.5～13
ミュンヘン五輪開催　1972.8.26～9.11
中山 竹通
中山が福岡国際マラソン初優勝　1984.12.2
中山が日本最高記録で2位　1985.4.14
中山が海外で初優勝　1985.9.15
ダイエーカップ開催　1986.2.9
ソウルでアジア大会　1986.9.20～10.5
中山に日本スポーツ賞　1986.12.20
東京国際で谷口が優勝　1987.2.8
中山が世界新記録　1987.7.2
中山が今季世界最高　1987.12.6
ソウル五輪開催　1988.9.17～10.2
ボストンマラソン開催　1989.4.17
東京国際で中山が優勝　1990.2.12
別府大分で森下が初優勝　1991.2.3
森下が初優勝　1992.2.9
中山 俊行
トライアスロン宮古島大会　1985.4.28
中山が2連覇　1986.4.27
中山 雅史
中山が4試合連続ハットトリック　1998.4.29
W杯フランス大会開催　1998.6.10
中山がJリーグMVP　1998.12.7
日本プロスポーツ大賞決定　1998.12月
W杯日本代表メンバー発表　2002.5.17

中山 律子
中山が全日本選手権優勝	1970.3.22
日本プロスポーツ大賞決定	1970.12月
並木が優勝	1971.3.16〜17

南雲 美津代
全日本選手権開催	1971.2.8〜14
全日本選手権開催	1972.2.28〜3.5
W杯初の日本開催	1973.3.12〜15
全日本選手権開催	1974.2.27〜3.1
千葉が2種目優勝	1975.3.6〜9

ナコンルアンプロモーション, ウィラポン
長谷川が世界王座	2005.4.16

梨田 昌孝
近鉄4回目の優勝	2001.9.26

那須 大亮
年間MVP・新人王決定	2003.12.15

那須野 巧
日本大学が全勝優勝	2004.5.26
那須野が10連勝	2004.10.13

名波 浩
W杯予選で日本2位	1997.11.1
名波がベネチアへ移籍	1999.6.7
セリエAで初の日本人対決	1999.10.23
W杯日本代表メンバー発表	2002.5.17

ナバルコフ
笠谷が世界選手権2位	1970.2.14

ナブラチロワ, マルチナ
ワールドテニス開催	1986.5.11
パンパシフィック・オープン開催	1989.2.5
パンパシフィック・オープン開催	1992.2.2

鍋城 泉
バンコクで4回目のアジア大会	1998.12.6〜20

生井 けい子
生井がMVP	1975.10.3

並木 恵美子
並木が優勝	1971.3.16〜17

浪乃花
貴乃花が優勝・横綱昇進	1994.11.20

楢崎 教子
シドニー五輪開催	2000.9.15〜10.1

奈良野 勇
ソウルで宇佐美が優勝	1969.9.28

成田 潔思
日本隊エベレスト初登頂	1970.5.11

成田 文男
成田がノーヒットノーラン	1969.8.16

成田 真由美
パラリンピック開催	1996.8.15
パラリンピック・シドニー大会開催	2000.10.18〜29
アテネ・パラリンピック開催	2004.9.17〜9.28

成田 夢露
成田が総合優勝	2005.3.18

成富 佳代子
東京国際女子マラソン開催	1988.11.20

成松 伸哉
成松が初優勝	1989.12.3

南波 誠
南波が転落・行方不明	1997.4.23

難波 康子
日本女性2人目の登頂	1996.5.10

南部 忠平
山田が走り幅跳び日本新	1970.6.7
苅部が日本新記録	1997.10.5

【に】

新井田 豊
新井田がミニマム級王座	2001.8.25
新井田が無敗で引退	2001.10.19
星野がミニマム級王座	2002.1.29
新井田が王座奪回	2004.7.3
長谷川が世界王座	2005.4.16

新津 厚子
三協勢が上位	1969.2.18〜22

新治 伸治
東大・新治が大洋入団	1965.2.28

新浦 寿夫
興国が初優勝	1968.8.22
新浦が韓国球界入り	1984.1.13

二岡 智宏
巨人が20回目の日本一	2002.10.30

ニクラウス, ジャック
ニクラウスが5回目の優勝	1976.9.5
全英オープン開催	1978.7.15

中島がマスターズ8位	1986.4.13
ニコラス, アリソン	
全米女子オープン開催	1997.7.13
仁志 敏久	
松井・イチローがMVP	1996.10.26
西飯 徳康	
全日本選手権開催	1970.11.21～26
西浦 勝一	
ジャパンカップで日本馬初制覇	1984.11.25
西尾 茂之	
全日本選手権開催	1987.9.18～27
西岡 由美	
水泳選手権開催	1988.8.7
西方 仁也	
世界選手権開催	1995.3.12
西片 仁也	
W杯ジャンプ開催	1996.3.1
西川 清紀	
西川が初優勝	1987.11.3
西川が2年ぶり優勝	1989.11.3
西川が優勝	1994.11.3
西川 大輔	
高校生コンビが1・2位	1988.6.5
西川が個人総合優勝	1990.10.28
全日本選手権開催	1990.11.3
体操世界選手権開催	1991.9.6～15
全日本選手権開催	1991.11.3
西川 政一	
アマ規定違反で追及	1972.11.15
西川 佳明	
PLが春初優勝	1981.4.8
西側 よしみ	
日本選手権開催	1968.8.29～31
メキシコ五輪開催	1968.10.12～27
高校勢が活躍	1969.8.29～31
女子4種目で日本新	1970.8.24～29
西側が全米選手権で優勝	1971.8.28
山田SCが解散	1972.12.18
田口・西側が優勝	1973.8.3～5
テヘランでアジア大会	1974.9.1～16
錦井 利臣	
全日本選手権開催	1979.10.26
錦山	
豊山が引退	1968.9.29
錦洋	
大鵬が31回目の優勝	1970.3.22
西口 文也	
西口ノーヒットノーランならず	2005.5.13
西口パーフェクトならず	2005.8.27
錦織 篤	
日本選手権開催	2003.4.24
西崎 幸広	
西崎がノーヒットノーラン	1995.7.5
西沢 道夫	
ドラフト会議開催	2004.11.17
西島 洋介山	
日本人唯一のヘビー級	1994.3.17
西田 智恵子	
東海クラシック開催	1992.10.4
西谷 岳文	
長野五輪開催	1998.2.7～22
全日本選手権開催	2001.12.30
神野・西谷が優勝	2004.2.29
仁科 時成	
西口ノーヒットノーランならず	2005.5.13
西端 孝子	
全日本選手権開催	1971.5.2～4
西浜 直敏	
全日本選手権開催	1968.11.24～27
西前 四郎	
ダウラギリに大阪隊が登頂	1975.5.9
チューレン・ヒマールに登頂	1975.5.13
西村 昭孝	
東映が日拓に球団売却	1973.1.16
西村 龍次	
危険球退場制度	1994.5.11
西村 昌樹	
ユニバ東京大会開催	1967.8.27～9.4
ミュンヘン五輪開催	1972.8.26～9.11
西村 幹樹	
体重別柔道開催	1972.7.2
西村 義弘	
別府大分で西村が優勝	1987.2.1

西本 聖
　西本・加茂川と中尾をトレード　1988.11.23
　西本が引退　1994.10.13
西本 三恵子
　三協勢が上位　1969.2.18～22
西本 幸雄
　阪急が初優勝　1967.10.1
　阪急が3年連続優勝　1969.10.19
　阪急が2年ぶり優勝　1971.9.28
　阪急が2連覇　1972.9.26
　近鉄が30年目の初優勝　1979.10.16
　近鉄が2連覇　1980.10.18
　長嶋・西本・金田ら殿堂入り　1988.1.19
西森 享平
　全日本選手権開催　2000.2.26～27
ニッカネン, マッチ
　ジャンプW杯開催　1985.2.9
　ジャンプW杯札幌大会　1986.1.25
　ジャンプW杯開催　1987.12.19～24
布浦 裕子
　6種目で日本新　1970.11.3～4
二宮 和弘
　ユニバ東京大会開催　1967.8.27～9.4
　世界選手権全階級制覇　1973.6.22～24
　佐藤が全日本選手権優勝　1974.5.5
　モントリオール五輪開催　1976.7.17～8.1
二瓶 秀子
　日本学生種目別選手権開催　2001.7.14
ニャンブイ
　宗猛がモスクワで3位　1990.8.11
ニューカム
　デ杯東洋ゾーン開催　1973.4.21～23
ニール, トロイ
　笠谷にヘルムス賞　1973.1.25
　オリックスが初の日本一に　1996.10.24

【ぬ】

糖塚 重造
　全日本卓球開催　1987.12.20
ヌデレバ, キャサリン
　高橋が世界最高記録　2001.9.30
　野口が銀メダル　2003.8.31

沼田 義明
　沼田が世界王座　1967.6.15
　小林が世界王座　1967.12.14
　沼田が世界王座　1970.4.5

【ね】

猫田 勝敏
　アジア初・東京五輪開催　1964.10.10～24
根来 泰周
　川島コミッショナー退任　2004.1.30
　池永が復権　2005.4.25
ネペラ
　世界フィギュア開催　1971.2.23～27
　世界選手権開催　1972.3.6～11
根本 茂行
　根本・小池が優勝　1971.2.25～26
　日本選手権開催　1973.2.22～24
　全日本競技会開催　1974.2.21～24
　全日本選手権開催　1975.2.20～23
根本 奈美
　根本が4種目制覇　1992.2.2
根本 康広
　天皇賞はギャロップダイナが
　　勝利　1985.10.27
根本 康弘
　メリーナイスがダービー圧勝　1987.5.31
根本 陸夫
　根本ら4名が殿堂入り　2001.1.13
ネルソン
　ダンロップ・フェニックス開催　1991.11.24

【の】

野明 弘幸
　W杯ローズビル大会開催　1996.2.23
　W杯カルガリー大会開催　1996.3.1
ノイマン
　全米女子オープンで岡本は12位
　　　　1988.7.24
濃人 渉
　ロッテが初優勝　1970.10.7
野上 俊夫
　野上がノーヒットノーラン　1967.3.31

野口 茂樹
野口がノーヒットノーラン	1996.8.11

野口 二郎
島・野村・野口が殿堂入り	1989.1.20

野口 みずき
野口が初マラソン初優勝	2002.3.10
野口が大阪国際優勝	2003.1.26
野口が銀メダル	2003.8.31
野口が日本最高記録で優勝	2004.2.15
アテネ五輪代表決定	2004.3.15
アテネ五輪開催	2004.8.13〜29
野口が日本最高記録で優勝	2005.9.25

野崎 勝義
横浜・阪神も一場に現金授受	2004.10.22

野沢 咲子
NHK杯開催	1978.7.1

野尻 修一
田中と森田が優勝	1969.3.3〜11

野田 浩司
野田が日本新19奪三振	1995.4.21

野田 澄夫
世界選手権開催	1966.10.15〜21

能登 康宏
樋口・山下が3連覇	1970.11.27〜29

野平 祐二
スピードシンボリが天皇賞制覇	1967.4.29
ヒカルタカイが天皇賞制覇	1968.4.29
スピードシンボリが有馬記念制覇	1969.12.21
スピードシンボリが有馬記念連覇	1970.12.20

野見 典展
野見が全日本連覇	1966.12.4

野村 綾子
野村が日本新記録	1991.8.11

野村 収
野村が全12球団から白星	1983.5.15
武田が全12球団から白星	2002.5.7

野村 克也
王が日本最多53号本塁打	1964.9.6
野村が最多312号	1965.9.12
南海が10回目の優勝	1965.9.26
野村が戦後初の三冠王	1965.10.5
巨人が日本シリーズ連覇	1966.10.12〜18
野村が初の400号本塁打	1968.7.12
王が通算400号	1969.10.18
野村が450本塁打	1970.4.24
野村が通算1322打点	1970.6.2
野村が500号本塁打	1971.7.2
王が通算500号	1972.6.6
南海が前期優勝	1973.7.11
野村が通算2351本安打	1973.8.3
王がリーグ初三冠王	1973.10.22
南海が7年ぶり優勝	1973.10.24
MVPは王と野村	1973.11.2
野村が2500安打	1975.5.13
江夏が南海へ移籍	1976.1.26
張本が通算2500安打	1976.6.10
野村が5000塁打達成	1976.8.24
野村が3000試合出場	1980.8.1
野村が現役引退	1980.11.15
島・野村・野口が殿堂入り	1989.1.20
ヤクルトが14年ぶり優勝	1992.10.10
ヤクルトが2連覇	1993.10.15
ヤクルトが2回目の日本一	1993.11.1
ヤクルトが2年ぶり優勝	1995.9.30
ヤクルトが3回目の日本一に	1995.10.26
野村監督1000勝	1997.4.16
ヤクルトが5回目の優勝	1997.9.28
ヤクルトが4回目の日本一	1997.10.23
ヤクルト・野村監督が退団	1998.9.21
野村監督初の退場処分	1999.8.7
野村監督辞任	2001.12.5
阪神の監督に星野	2001.12.17
野村がシダックスGM兼監督	2002.11.6
三菱ふそう川崎が2回目の優勝	2003.9.2
古田が2000本安打	2005.4.24
古田が兼任監督に	2005.10.18

野村 貴洋子
坂井・左手が優勝	1974.10.30〜11.8
全日本選手権開催	1981.10.4

野村 忠宏
アトランタ五輪開催	1996.7.19〜8.4
シドニー五輪開催	2000.9.15〜10.1
日本勢が5階級制覇	2004.2.7〜8
井上が3年ぶり優勝	2004.4.4
アテネ五輪開催	2004.8.13〜29

野村 豊和
体重別柔道開催	1972.7.2
ミュンヘン五輪開催	1972.8.26〜9.11

世界選手権全階級制覇	1973.6.22～24	ハイデン, エリク	
野村 弘樹		山本が日本新	1979.2.11
PLが5年ぶり優勝	1987.4.4	レークプラシッド冬季五輪開催	1980.2.13～24
野茂 英雄		ハイマン, フロー	
野茂が史上最高額契約	1989.12.14	日立の連勝ストップ	1986.1.24
野茂が17奪三振	1990.4.29	パウエル	
斎藤・野茂がMVP	1990.10.26	ヤクルトがリーグ優勝	1995.10.12
日本プロスポーツ大賞決定	1990.12月	セ・パ全日程終了	1996.10.9
野茂がドジャースと契約	1995.1.9	ハウエル, ジャック	
野茂がメジャー初先発	1995.5.2	ハウエル・石井がMVP	1992.10.28
野茂が先発初勝利	1995.6.2	パウエル, マイク	
野茂が月間MVP	1995.7.5	世界陸上開催	1991.8.23
野茂がオールスター戦先発	1995.7.10	**羽川 豊**	
野茂が地区優勝に貢献	1995.9.30	羽川が日本オープン初優勝	1981.11.1
野茂が新人王	1995.11.9	日本シリーズ東京で羽川が初優勝	1981.12.6
流行語大賞決定	1995.12月		
野茂がノーヒットノーラン	1996.9.17	**萩原 智子**	
日米野球で野茂が先発	1996.11.2	競泳の日本選手権が開幕	2002.6.11
ドジャース球団売却	1997.1.6	パンパシフィック選手権開催	2002.8.24
野茂が通算30勝	1997.4.2	**萩原 美樹子**	
野茂が500奪三振	1997.4.25	萩原がWNBA参加	1997.2.4
野茂が日本人選手初の本塁打	1998.4.28	萩原デビュー戦で3点ゴール	1997.6.21
野茂がメッツに移籍	1998.6.1	**朴 讚栄**	
野茂が移籍後初先発	1999.5.9	六車が初防衛失敗	1987.5.24
野茂が1000奪三振	1999.9.8	**白鵬**	
野茂がタイガースに移籍	1999.10.26	朝青龍が3場所連続優勝	2004.5.23
野茂が開幕先発勝利	2000.4.3	朝青龍が優勝	2004.11.28
野茂がノーヒットノーラン	2001.4.4	朝青龍が2場所連続優勝	2005.1.21
佐々木がオールスター出場	2001.7.4	**羽黒岩**	
イチローが2冠	2001.10.7	輪島が全勝優勝	1973.5.27
米・大リーグが開幕	2002.4.1	バザリー, マリア	
野茂がメジャー1500奪三振	2002.6.21	W杯富良野大会開催	1986.3.1
松井が適時打デビュー	2003.3.31	**橋口 佳代子**	
野茂がメジャー100勝	2003.4.20	NHK杯開催	1968.7.13～14
野茂が日米通算3000奪三振	2003.9.25	男女とも日体大が優勝	1969.11.13～16
松井が開幕戦本塁打	2004.4.6	世界優秀女子競技会開催	1969.11.22～23
イチローが月間MVP	2004.9.2	**橋口 美穂**	
野茂が200勝	2005.6.15	全日本選手権開催	1995.11.3
仰木前監督が死去	2005.12.15	**橋本 愛子**	
野呂 奈津子		服部3連覇ならず	1986.6.20
野呂がプロ8年目初優勝	1998.6.28	**橋本 清**	
【は】		ドラフト会議開催	1987.11.18
バイウル, オクサナ			
リレハンメル冬季五輪開催	1994.2.12～27		

橋本 真也
橋本が急死	2005.7.11

橋本 聖子
橋本聖子が日本新	1982.2.13
橋本が4種目完全優勝	1983.1.11
黒岩・橋本が優勝	1983.12.17
橋本が日本新記録	1984.12.8
橋本が総合4連覇	1985.1.10
世界選手権で橋本が総合7位	1985.2.10
全日本実業団スピードスケート開催	1985.12.20
橋本が総合5連覇	1986.1.10
橋本・黒岩が総合優勝	1986.1.18
橋本が世界選手権6位	1986.2.9
世界スプリント長野大会開催	1986.2.22
黒岩・橋本が日本新記録	1986.3.18
全日本選手権開催	1987.1.13
黒岩が4年ぶり優勝	1987.2.1
世界選手権で橋本が総合4位	1987.2.8
全日本選手権開催	1987.12.18〜19
カルガリー冬季五輪開催	1988.2.13〜28
世界選手権開催	1988.3.5
橋本が日本新記録	1988.6.11
橋本が国内最高記録	1988.12.9
全日本スプリント開催	1989.1.7
全日本選手権開催	1989.1.14
橋本が世界選手権初優勝	1989.2.4
橋本が日本人初のメダル	1989.2.26
W杯軽井沢大会開催	1989.12.9〜10
全日本選手権開催	1990.1.5〜6
橋本がW杯日本女子初優勝	1990.2.4
女子世界選手権で橋本が銀メダル	1990.2.10〜11
橋本が初の4冠女王	1990.3.9〜14
ワールドカップ松本大会開催	1990.12.8〜9
全日本選手権開催	1991.1.5〜6
橋本2年連続メダルならず	1991.2.3
全日本選手権開催	1992.1.5
全日本スプリント開催	1992.1.11
アルベールビル冬季五輪開催	1992.2.8〜23
橋本が世界選手権3位	1992.3.8
橋本が自転車五輪代表	1992.6.14
W杯で橋本が優勝	1992.12.6
全日本スプリント開催	1993.1.16
リレハンメル冬季五輪開催	1994.2.12〜27
橋本がスケート引退	1994.4.23
上原が日本新記録	1994.12.16
橋本が7度目五輪代表	1996.5.12
石野・牛山が初優勝	2004.12.19

バジーリオ
バジーリオが通算5000ゴール	1998.9.23

ハース
W杯女子開催	1991.2.23〜24

バース, ランディ
落合・バースが3冠王	1985.10.21
阪神が初の日本一	1985.11.2
バース・落合がMVP	1985.11.5
日本プロスポーツ大賞決定	1985.12月
バースが2年連続3冠王	1986.10.17
バースを解雇	1988.6.27
松中が三冠王	2004.9.27

長谷川
柏戸が3回目の優勝	1965.9.19
大鵬が25回目の優勝	1967.5.28
柏戸が5回目の優勝	1967.7.16
玉の海が連続優勝	1970.11.29
大鵬が32回目の優勝	1971.1.24
北の富士が全勝優勝	1971.5.23
北の富士が全勝優勝	1971.9.26
長谷川が初優勝	1972.3.26
長谷川が世界選手権で2位	1974.2.23〜24
輪島が5回目の優勝	1974.3.24
輪島が6回目の優勝	1974.7.21

長谷川 恵子
日本選手権開催	1973.2.22〜24
世界スプリント開催	1974.2.16〜17
長谷川が世界選手権で2位	1974.2.23〜24

長谷川 滋利
佐々岡・郭がMVP	1991.10.30
長谷川がエンゼルスと契約	1997.1.8
長谷川がメジャー初勝利	1997.4.15
米・大リーグが開幕	2002.4.1
オールスターに日本人選手活躍	2003.7.15

長谷川 たか子
監督・長谷川が優勝	1972.11.16〜19

長谷川 恒男
マッターホルン北壁登頂	1977.2.16
アイガー北壁単独登頂	1978.3.9
グランドジョラス北壁登頂	1979.3.4
アコンカグア南壁冬季単独初登頂	1981.8.17

は

長谷川 智子
ソウル五輪開催	1988.9.17〜10.2

長谷川 信彦
長谷川が初優勝	1965.12.5
世界選手権開催	1967.4.11〜21
東南アジア選手権開催	1968.4.8〜15
アジア選手権開催	1968.9.22〜29
全日本選手権開催	1968.11.25〜12.1
世界選手権開催	1969.4.17〜27
全日本選手権開催	1969.12.5〜8
全日本選手権開催	1970.11.21〜26
世界選手権開催	1971.3.28〜4.7
AA友好試合開催	1971.11.3〜14
長谷川・大関が優勝	1971.12.3〜7
アジア選手権開催	1972.9.2〜13
全日本選手権開催	1972.12.5〜10
長谷川・大関が優勝	1973.12.6〜9
アジア選手権開催	1974.4.2〜15

長谷川 博幸
全日本選手権開催	1980.11.22

長谷川 穂積
長谷川が世界王座	2005.4.16

長谷川 良平
根本ら4名が殿堂入り	2001.1.13

パーソン
世界卓球選手権が開幕	1991.4.24

畑石 憲二
ワールドカップ開催	1968.11.14〜17

畠田 好章
日本が14年ぶり銀メダル	1995.10.6
全日本選手権開催	1995.11.3

畑山 隆則
畑山が世界王座	1998.9.5
畑山が防衛失敗	1999.6.27
畑山が2階級制覇	2000.6.11
日本プロスポーツ大賞決定	2000.12月
畑山が防衛失敗	2001.7.1

畠中 君代
沢松が女子3連覇	1969.11.6〜14
沢松和が女子4連覇	1970.11.3〜11
神和住・畠中が優勝	1971.11.8〜15
全日本選手権開催	1972.11.1〜11

畑中 清詞
畑中が世界王座	1991.2.3
畑中が王座失う	1991.6.14

畠山 準
池田・蔦監督が死去	2001.4.28

八戸 かおり
全日本柔道選手権開催	1982.9.12
八戸が初優勝	1986.3.2

バッキー, ジーン
バッキーがノーヒットノーラン	1965.6.28

ハッキネン
F1日本グランプリ開催	1999.10.31

初芝 清
パ・リーグ全日程終了	1995.10.6

服部 誠
日大が箱根優勝	1974.1.3

服部 正男
田中と森田が優勝	1969.3.3〜11

服部 道子
服部が史上最年少優勝	1984.6.22
服部が初出場初優勝	1985.8.10
服部3連覇ならず	1986.6.20
服部がベストアマ	1987.7.27
服部が9打差圧勝	1988.6.9
服部がプロ3年目初勝利	1993.7.4
東海クラシック開催	1993.10.3
服部が初優勝	1994.6.26
東海クラシック開催	1994.10.9
日本女子オープン開催	1995.6.22
服部が賞金女王に	1998.11.22

服部 満彦
マッターホルン北壁登頂	1965.8.6
アルプス3大北壁登頂	1966.8.11

服部 祐児
服部が全日本選手権優勝	1981.12.6
服部が2連覇	1982.12.12
久島が個人2連覇	1986.5.3

ハート, エレン
中日名古屋スピードマラソン開催	1983.2.27

花岡 麻帆
日本選手権開催	2001.6.10

花籠
輪島・増位山が引退	1981.3.10
花籠親方廃業	1985.12.21

花形 進
花形がフライ級王座	1974.10.18
花形が王座失う	1975.4.1
柴田が王座失う	1975.7.5

花田 憲子
流行語大賞決定	1991.12月

花乃湖
千代の富士が12回目の優勝	1985.5.24
北勝海が優勝	1987.3.21

花ノ国
千代の富士が25回目の優勝	1988.9.25
曙・貴ノ花が昇進	1993.1.24

花原 勉
アジア初・東京五輪開催	1964.10.10〜24

パニス, オリビエ
日本グランプリ開催	2004.10.10

羽生 和永
NHK杯開催	1968.7.13〜14

羽由 昌
日本人初ヨット世界一周	1970.4.21

羽場 恵子
高校勢が活躍	1969.8.29〜31

パーマー, チャールス
嘉納会長再選を拒否	1965.10.12

浜口 京子
浜口が75kg級2連覇	1998.10.10
浜口が3連覇達成	1999.9.12
世界選手権開催	2001.11.25
全日本選手権開催	2001.12.23
世界女子選手権開催	2002.11.4
全日本選手権開催	2002.12.23
世界フリースタイル選手権開催	2003.9.14
浜口3連覇はならず	2003.10.12
全日本選手権開催	2003.12.23
井上主将・浜口旗手	2004.6.24
アテネ五輪開催	2004.8.13〜29
全日本選手権開催	2004.12.23
世界選手権開催	2005.9.26
全日本選手権開催	2005.12.21〜23

浜田 剛史
浜田が新王座	1986.7.24
日本プロスポーツ大賞決定	1986.12月
浜田が防衛失敗	1987.7.22

浜田 美穂
長谷川・大関が優勝	1971.12.3〜7

浜田 安則
別府大分で浜田が優勝	1977.2.6

浜野 治光
フィランスロピー・タケダ開催	1991.7.7

浜ノ嶋
武蔵丸が初優勝	1994.7.17

浜村 秀雄
君原がボストンで優勝	1966.4.19

早川 一枝
室内水泳選手権で新記録続出	1964.4.11〜12
日本選手権開催	1964.7.16〜19

早坂 毅代司
早坂が三冠王	1979.3.1
ノルディックスキー選手権開催	1982.2.4〜8

林 享
パシフィック選手権開催	1995.8.10
ユニバ福岡大会開催	1995.8.23〜9.3

林 朗
林が初優勝	1988.11.3

林 香代子
林が10年ぶり日本新	1972.6.2〜4

林 民子
全日本アルペン開催	1969.3.3〜14
全日本選手権開催	1970.2.8〜15

林 弘典
日大が20回目の優勝	2001.5.25

林 正人
林が初優勝	1989.11.4

早瀬 公忠
全日本選手権開催	1964.7.3〜5

早田 卓次
体操の五輪最終選考	1964.6.27〜28
アジア初・東京五輪開催	1964.10.10〜24
NHK杯開催	1968.7.13〜14

追風海
武蔵丸が5場所ぶり優勝	2000.9.17

原 辰徳
習志野が8年ぶり優勝	1975.8.24
原が通算136安打	1980.9.22

ドラフト会議開催	1980.11.26	原田 康弘	
江川・江夏が MVP	1981.10.27	原田が日本新記録	1977.10.15
原・東尾が MVP	1983.11.9	原田 与作	
選手会2代目会長に原	1989.7.25	札幌五輪組織委始動	1966.7.26
選手会東京大会	1991.12.3	バラノフスキー,ドミトロ	
原が引退試合で本塁打	1995.10.8	福岡国際で藤田が3位	2005.12.4
清原が13年連続20本塁打	1998.9.1	張本 勲	
長嶋が終身名誉監督	2001.9.28	東映が日拓に球団売却	1973.1.16
巨人が2年ぶりリーグ優勝	2002.9.24	張本が通算2500安打	1976.6.10
巨人が20回目の日本一	2002.10.30	張本が3000本安打	1980.5.28
原監督が辞任	2003.9.26	張本が引退	1981.10.30
中日が5年ぶり優勝	2004.10.1	真田・張本・故佐伯が殿堂入り	1990.1.24
原が監督復帰	2005.10.5	松井・松中が MVP	2000.10.30
原 真		バリンジャー,P.	
シシヤパンマ峰に登頂	1982.10.12	喜多が福岡国際マラソン2位	1982.12.5
原 裕美子		波留 敏夫	
原が初優勝	2005.3.13	5球団10選手が脱税	1997.11.18
原 喜彦		バルディ	
バルセロナ五輪開催	1992.7.25～8.9	世界選手権シリーズ第1戦	1991.4.12
原田 悟		ハルトノ	
原田が初優勝	2005.11.3	湯木が全英選手権優勝	1974.3.19～24
原田 早穂		バレステロス	
鈴木・原田組が初優勝	2005.4.4	日本オープン開催	1977.11.20
世界水泳選手権開催	2005.7.20	日本オープン開催	1978.11.5
原田 夏希		バレステロス,セベ	
アメリカで夏季大会	1993.7.8～18	全英オープンで青木が7位	1988.7.18
原田 雅彦		バレル,リーロイ	
世界選手権開催	1993.2.19	世界陸上開催	1991.8.23
原田が TBH 杯優勝	1996.2.4	バレンタイン,ボビー	
W 杯ジャンプ開催	1996.3.1	新庄がメッツ入団	2000.12.10
原田が日本人初優勝	1997.3.1	バレンタインがロッテ監督	2003.11.3
スポーツ功労者表彰	1997.7.11	ロッテが31年ぶり優勝	2005.10.17
原田がラージヒル優勝	1997.8.27	ロッテが31年ぶり日本一	2005.10.26
原田がラージヒル優勝	1997.12.21	ハーレンバルター	
W 船木が W 杯通算7勝	1997.12.29	札幌国際マラソン開催	1986.2.9
W 杯メダル独占	1998.1.2	韓 長相	
W 杯ジャンプのメダル独占	1998.1.11	尾崎1打差で2位	1972.9.28～10.1
長野五輪開催	1998.2.7～22	ハンセン	
船木・宮平・原田で表彰台を独占	1999.2.26	アジア初・東京五輪開催	1964.10.10～24
葛西がラージヒル優勝	1999.3.9	半田 百合子	
W 杯札幌大会開催	2000.1.22～23	アジア初・東京五輪開催	1964.10.10～24
全日本選手権開催	2000.2.26～27	ハント,J.	
日本が4回目の優勝	2001.1.19	富士スピードウェイ開催	1976.10.24

はんは

バンパタン, V.
　セイコー・ワールド開催　　　1981.11.1
パンフィル, ワンダ
　名古屋国際女子マラソン開催　1990.3.4
播竜山
　北の湖が5場所連続優勝　　　1978.9.24

【ひ】

ビオンディ, マット
　パシフィック選手権開催　　　1985.8.15〜18
日蔭 温子
　大迫が賞金女王　　　　　　　1987.11.29
　日蔭が10年ぶり優勝　　　　　1992.6.28
東 昭広
　東昭広がジャンプ初V　　　　1991.1.27
東 輝
　札幌五輪記念で高校生が優勝　1989.1.14
　東輝が最長不倒で初優勝　　　1992.12.19
　全日本選手権開催　　　　　　2000.2.26〜27
東尾 修
　西武が初の日本一　　　　　　1982.10.30
　原・東尾がMVP　　　　　　 1983.11.9
　東尾が200勝　　　　　　　　1984.9.15
　落合が日本人初の年俸1億円　1986.12.23
　山倉・東尾がMVP　　　　　　1987.11.4
　東尾が賭博で処分　　　　　　1987.12.14
　東尾が引退　　　　　　　　　1988.11.22
　西武が12回目の優勝　　　　　1997.10.3
　西武がリーグ優勝　　　　　　1998.10.7
　西武が松坂を1位指名　　　　1998.11.20
　長嶋が終身名誉監督　　　　　2001.9.28
樋口 時彦
　アジア初・東京五輪開催　　　1964.10.10〜24
樋口 久子
　樋口が2年連続優勝　　　　　1970.7.23〜24
　樋口が連覇　　　　　　　　　1971.7.24〜25
　樋口がJGPオープン優勝　　　1971.9.21〜22
　樋口が女子オープン優勝　　　1971.11.10〜12
　樋口が連覇　　　　　　　　　1972.7.12〜14
　樋口がJCPオープン連覇　　　1972.9.14〜15
　佐々木が優勝　　　　　　　　1972.11.8〜10
　樋口が初優勝　　　　　　　　1973.4.8
　樋口が6連勝　　　　　　　　1973.8.23
　樋口が優勝　　　　　　　　　1974.3.31〜4.1
　樋口が女子プロ選手権優勝　　1974.7.26〜28
　日米対抗戦開催　　　　　　　1974.9.14〜16
　樋口が日本オープン優勝　　　1974.11.8〜10
　女子プロゴルフ選手権開催　　1975.7.11〜13
　東海クラシック開催　　　　　1975.10.26
　樋口が優勝　　　　　　　　　1976.8.7
　日本プロスポーツ大賞決定　　1976.12.16
　樋口が日本人初の優勝　　　　1977.6.12
　日本プロスポーツ大賞決定　　1977.12月
　女子初の賞金1億円超え　　　1979.10.28
　樋口が3年ぶり優勝　　　　　1980.9.7
　岡本がアリゾナクラシックで
　　優勝　　　　　　　　　　　1982.2.28
　樋口が通算60勝　　　　　　　1983.4.4
　小林浩美がツアー初優勝　　　1993.7.18
　岡本が通算60勝　　　　　　　1996.9.1
　青木が殿堂入り　　　　　　　2004.4.22
　宮里が最年少優勝　　　　　　2005.10.2
樋口 豊
　樋口・山下が優勝　　　　　　1969.11.24〜26
　樋口・山下が3連覇　　　　　1970.11.27〜29
　札幌プレ五輪開催　　　　　　1971.2.7〜14
　世界フィギュア開催　　　　　1971.2.23〜27
　3位まで日本が独占　　　　　1972.2.26〜3.5
　世界選手権開催　　　　　　　1972.3.6〜11
ピケ, ネルソン
　鈴木が日本グランプリ3位　　1990.10.21
ピストン堀口
　ムサシ中野が8連続KO勝ち　 1966.11.13
肥田 隆行
　三協勢が上位　　　　　　　　1969.2.18〜22
　札幌プレ五輪開催　　　　　　1971.2.7〜14
日高 美子
　東京国際女子マラソン開催　　1986.11.16
飛騨ノ花
　隆の里が優勝・横綱昇進　　　1983.7.17
左手 都志子
　坂井・左手が優勝　　　　　　1974.10.30〜11.8
ビット
　世界選手権開催　　　　　　　1985.3.9
秀島 大介
　世界選手権開催　　　　　　　1995.9.29
ピネイロ, ヨアキム
　びわ湖毎日マラソン開催　　　1996.3.3

日ノ出島
　トンガから入門　　　　　　1974.10.25
桧山 進次郎
　サイクル安打連発　　　　　　2003.7.1
ビュースケンス, カーラ
　名古屋国際で小島が2位　　　1987.3.1
兵頭 勝代
　大阪国際女子マラソンで兵頭
　が2位　　　　　　　　　　 1990.1.28
ビヨラン
　世界スプリント開催　　 1974.2.16〜17
平井 一正
　平井が日本新記録　　　　　　1978.6.24
平井 健一
　デ杯東洋ゾーンはインドに敗
　退　　　　　　　　　　　 1974.5.3〜5
　坂井・左手が優勝　　　1974.10.30〜11.8
平井 正史
　オマリー・イチローがMVP　1995.10.28
平尾 誠二
　日本代表監督に平尾　　　　　1997.2.18
開 健次郎
　杉山・田上が3連覇　　　　 1972.7.5〜7
平木 理化
　アメリカで夏季大会　　　 1993.7.8〜18
　ユニバ福岡大会開催　　　1995.8.23〜9.3
　平木がダブルスで優勝　　　　1997.6.7
平光 清
　川上監督初の退場　　　　　　1974.7.9
平島 栄子
　監物・長谷川が優勝　　 1972.11.16〜19
　塚原・松久が優勝　　　　 1973.11.1〜4
平瀬 真由美
　平瀬が初優勝　　　　　　　 1989.11.26
平田 充代
　塩谷が賞金女王　　　　　　 1995.11.26
平手 則男
　世界スプリント開催　　 1974.2.16〜17
　全日本競技会開催　　　 1974.2.21〜24
　第1回スプリント選手権開
　催　　　　　　　　　　 1975.1.24〜25
平仲 明信
　鬼塚・平仲が王座獲得　　　　1992.4.10

平仲が初防衛失敗　　　　　　1992.9.9
平沼 定晴
　落合が日本人初の年俸1億円　1986.12.23
平野 元治
　初のアジアクレー射撃選手権
　開催　　　　　　　　　 1981.5.17〜19
平野 早矢香
　福原・小西組が2連覇　　　　2004.1.16
平野 雅人
　平野が日本新記録　　　　　　1994.6.12
平野 美恵子
　全日本選手権開催　　　 1969.12.5〜8
　全日本選手権開催　　　1970.11.21〜26
　全日本選手権開催　　　1972.12.5〜10
平林 克敏
　日本隊エベレスト初登頂　　　1970.5.11
平松 政次
　ドラフト会議で混乱　　　　　1966.9.5
　平松が200勝　　　　　　　 1983.10.21
平山 可都良
　全日本選手権開催　　　　 1964.7.3〜5
平山 紘一郎
　ミュンヘン五輪開催　　 1972.8.26〜9.11
　全日本選手権開催　　　 1974.6.28〜30
　日本選手権開催　　　　　 1975.6.5〜8
　モントリオール五輪開催　 1976.7.17〜8.1
平山 善吉
　エベレスト北東稜ルート登頂　1995.5.11
平山 相太
　国見が2年ぶり優勝　　　　　2004.1.12
ヒル
　ボストンで日本は不振　　　　1970.4.20
　宇佐美が福岡で優勝　　　　 1970.12.6
ヒル, ロン
　福岡で谷村が3位　　　　　　1969.12.7
ビールマン, デニス
　NHK杯開催　　　　　　　 1980.11.29
ビレン
　笠谷にヘルムス賞　　　　　　1973.1.25
広岡 達朗
　ヤクルトが29年目初優勝　　 1978.10.4
　ヤクルトが初の日本一　　　 1978.10.22
　広岡がヤクルト退団　　　　　1979.8.17

西武がリーグ優勝	1982.10.14		ファムション, ジョニー	
西武が初の日本一	1982.10.30		ファイティング原田引退	1970.1.6
日本プロスポーツ大賞決定	1982.12月		ファリントン	
西武・巨人がリーグ優勝	1983.10.10		福岡マラソン開催	1972.12.3
西武が2年連続日本一	1983.11.7		ファルク	
日本プロスポーツ大賞決定	1983.12月		女子陸上西ドイツ勢強し	1973.9.29〜30
西武がリー優勝	1985.10.9		フェルケルク	
広岡監督が辞任	1985.11.8		鈴木が世界選手権2位	1966.2.19〜20

尋木 勝義
　日本新続出　　　　　　　　1972.7.20〜23

広沢 克己
　広沢が1000試合連続出場　　1994.7.28

広島 庫夫
　広島が首位と0秒6差　　　　1966.11.27

広瀬 明
　広瀬・福田が優勝　　　　　1974.11.3〜4

広瀬 叔功
　広瀬が27試合連続安打　　　1964.6.13

広瀬 叔功
　主審に暴行で退場処分　　　1980.7.5

広田 左枝子
　全日本選手権開催　　　　　1968.11.25〜12.1

弘田 澄男
　ロッテが24年ぶり日本一　　1974.10.23

弘山 勉
　福岡国際で弘山が2位　　　1990.12.2

弘山 晴美
　弘山晴美が2位　　　　　　2000.1.30
　大阪国際女子マラソン開催　2002.1.27
　小崎が2位　　　　　　　　2005.1.30

樋渡 勇哉
　リーグ戦で大乱闘　　　　　1997.10.14

ヒンターゼア
　ワールドカップ苗場で開催　1975.2.21〜23

【ふ】

ファイティング原田
　原田がバンタム級王座　　　1965.5.18
　藤猛が世界王座　　　　　　1967.4.30
　沼田が世界王座　　　　　　1967.6.15
　原田が王座失う　　　　　　1968.2.27
　ファイティング原田引退　　1970.1.6

　鈴木が3回目の優勝　　　　1967.2.11〜12
　鈴木が世界選手権2連覇　　1968.2.24〜25

フェレイラ, エリス
　杉山組決勝進出ならず　　　2001.9.5

フェンディック
　ジャパン・オープン開催　　1988.4.11〜17

フォアマン, ジョージ
　日本初のヘビー級戦　　　　1973.9.1

深尾 真美
　深尾が日本新記録　　　　　1980.6.1
　神戸ユニバ開催　　　　　　1985.8.24〜9.4

深津 尚子
　世界選手権開催　　　　　　1965.4.15〜25
　世界卓球選手権開催　　　　1965.4.25
　世界選手権開催　　　　　　1967.4.11〜21

福井 烈
　福井が3年連続三冠　　　　1975.8.3〜10
　全日本選手権開催　　　　　1977.11.15
　全日本選手権開催　　　　　1978.10.13
　アマ福井が優勝　　　　　　1979.2.24
　福井がプロに逆転勝ち　　　1979.10.8
　全日本選手権開催　　　　　1981.10.4
　全日本テニス選手権開催　　1983.9.12〜9.17
　全日本テニス選手権開催　　1985.9.23
　全日本プロテニス開催　　　1987.10.11
　全日本選手権開催　　　　　1988.10.8
　全日本選手権開催　　　　　1989.9.15

福井 敏男
　近代五種で日本は8位　　　1971.10.9〜13

福井 敏雄
　近代五種選考会開催　　　　1967.6.28〜7.2

福井 誠
　アジア初・東京五輪開催　　1964.10.10〜24

福岡 加奈子
　神和住が連覇　　　　　　　1973.10.25〜31

— 692 —

ふくみ

福岡 加余子
坂井・左手が優勝　　　　　1974.10.30〜11.8

福士 加代子
福士が日本新記録　　　　　2002.7.20
室伏・末続らが優勝　　　　2004.6.4
日本選手権開催　　　　　　2005.6.2

福士 敬章
福士が韓国球界へ　　　　　1982.12.22

福嶋 晃子
福嶋が国内最少ストローク　1996.8.10
全米女子オープン開催　　　1997.7.13
福嶋が3試合連続優勝　　　 1997.10.5
日本プロスポーツ大賞決定　1997.12月
福嶋が米ツアー出場権を獲得 1998.10.9
福嶋が米ツアー2勝目　　　 1999.10.17

福島 滋雄
アジア初・東京五輪開催　　1964.10.10〜24
5種目で日本新記録　　　　 1967.8.8〜10
日本選手権開催　　　　　　1968.8.29〜31

福島 正
浅野が連続優勝　　　　　　1970.10.24

福田 薫
ソ連スケート選手権開催　　1977.3.23

福田 輝彦
福田・大川が日本新　　　　1980.9.7

福田 正哉
全日本選手権開催　　　　　1971.3.18〜21

福田 美枝
広瀬・福田が優勝　　　　　1974.11.3〜4

福田 保夫
アマレス世界選手権開催　　1965.6.3

福留 孝介
松井が大リーグへ　　　　　2002.10.17

福永 祐一
桜花賞はプリモディーネが勝利 1999.4.11
シーザリオが米GI制覇　　　2005.7.3

福永 洋一
ニホンピロムーテーが菊花賞 1971.11.14
ヤマニンウェーブが天皇賞　1972.11.26
福永が最多勝騎手　　　　　1972.12.29
エリモジョージが天皇賞勝利 1976.4.29
福永が危篤状態　　　　　　1979.3.4

福西 崇史
日本がイランに敗れる　　　2005.3.25

福野 美恵子
東南アジア選手権開催　　　1968.4.8〜15
アジア選手権開催　　　　　1968.9.22〜29
全日本選手権開催　　　　　1968.11.25〜12.1
全日本選手権開催　　　　　1969.12.5〜8
全日本選手権開催　　　　　1970.11.21〜26

福之上 里美
福之上が初の高校生優勝　　1982.5.3

福ノ島
トンガから入門　　　　　　1974.10.25

福の花
佐田の山が5回目の優勝　　 1967.11.26
北の富士が4回目の優勝　　 1970.5.24
玉の海が連続優勝　　　　　1970.11.29
玉の海が5回目の優勝　　　 1971.3.28
北の富士が全勝優勝　　　　1971.5.23
栃東が初優勝　　　　　　　1972.1.23
琴桜が3回目の優勝　　　　 1972.11.26
魁傑が優勝　　　　　　　　1974.11.24

福原 愛
福原が史上最年少勝利も4回
　戦敗退　　　　　　　　　1999.12.23
全日本選手権開催　　　　　2001.12.22
全日本選手権開催　　　　　2002.12.18
福原が一般大会で初優勝　　2003.3.9
福原がベスト8進出　　　　 2003.5.23
福原・小西組が2連覇　　　 2004.1.16
世界ジュニア開催　　　　　2004.12.1
福原が2冠　　　　　　　　 2005.1.15
福原が中国スーパーリーグへ 2005.4.1

福原 美和
プラハで冬季大会開催　　　1964.2.11〜17
冬季トリノ大会開催　　　　1966.2.5〜13
世界選手権開催　　　　　　1966.2.21〜27
世界選手権で大川が5位　　 1967.2.28〜3.5
インスブルックで冬季大会　1968.1.9〜18

福原 吉春
冬季トリノ大会開催　　　　1966.2.5〜13

福光 久代
日本新記録相次ぐ　　　　　1980.10.25
女子走り高跳びで福光が日本新 1981.6.7

— 693 —

福本 豊
阪急が2連覇	1972.9.26
福本が世界新	1972.10.5
堀内・福本にMVP	1972.10.29
阪急が2年連続日本一	1976.11.2
福本が通算597盗塁	1977.7.6
福本が通算800盗塁	1980.9.13
江夏・福本・衣笠が偉業	1982.7.2
福本が世界新の939盗塁	1983.6.3
福本が1000盗塁	1984.8.7
パ・リーグ全日程終了	1988.10.23
山内ら殿堂入り	2002.1.11

藤 猛
藤猛が世界王座	1967.4.30
沼田が世界王座	1967.6.15
藤猛が王座失う	1968.12.12

藤猪 省三
世界選手権全階級制覇	1973.6.22～24
4階級で日本金メダル	1979.12.9
藤猪に日本スポーツ賞	1979.12.22

藤井 辰哉
全日本フリー選手権開催	1989.11.3
全日本選手権開催	1990.1.15

藤井 真弓
国際女性マラソン開催	1978.3.19

藤井 康子
日本選手権開催	1966.8.28～30
5種目で日本新記録	1967.8.8～10
日本選手権開催	1968.8.29～31

プシェック
別府大分で米重2位	1990.2.4

藤岡 映里
バンコクで4回目のアジア大会	1998.12.6～20

藤側 宏喜
田中と森田が優勝	1969.3.3～11

藤木 三郎
藤木が2回目の優勝	1976.9.8
東海クラシック開催	1993.10.3

藤木 良司
全日本選手権開催	1974.1.31～2.7

富士桜
北の富士が連続優勝	1971.11.28
輪島が連続優勝	1973.11.25
北の湖が2場所連続優勝	1978.3.26
北の湖が4場所連続優勝	1978.7.16
北の湖が15回目の優勝	1979.1.21
千代の富士が初優勝	1981.1.25
双葉山以来の新横綱全勝優勝	1983.9.25

藤沢 和雄
ゼンノロブロイが勝利	2004.12.26

藤沢 隆
プラハで冬季大会開催	1964.2.11～17
冬季トリノ大会開催	1966.2.5～13
ジャンプで藤沢が2位	1966.2.16～27
藤沢がジャンプ1位	1967.1.29
藤沢が優勝	1967.2.19

藤島
藤島部屋創設	1982.2.11
二子山部屋が角界最大に	1993.1.29

藤田 敦史
藤田が日本最高記録で初優勝	2000.12.3
福岡国際で藤田が3位	2005.12.4

藤田 伸二
日本ダービーはフサイチコンコルド	1996.6.2

藤田 俊哉
MVP・新人王決定	2001.12.10

藤田 徳明
アジア初・東京五輪開催	1964.10.10～24

藤田 元司
巨人・日本ハムが優勝	1981.9.23
西武・巨人がリーグ優勝	1983.10.10
王が巨人監督就任	1983.11.8
巨人が25回目の優勝	1989.10.6
3連敗4連勝で巨人が日本一	1989.10.29
日本プロスポーツ大賞決定	1989.12月
巨人が史上最短優勝	1990.9.8
藤田監督勇退	1992.10.4
衣笠・藤田が殿堂入り	1996.1.24

藤田 芳弘
全日本選手権開催	1974.6.28～30

藤波 貴久
藤波が総合優勝	2004.9.5

藤波 行雄
藤波が最多安打	1973.10.12
ドラフト会議開催	1973.11.20
中日が巨人10連覇阻止	1974.10.12

— 694 —

富士錦
富士錦が平幕優勝	1964.7.5

藤ノ川
北の富士が初優勝	1967.3.26
大鵬が3場所連続優勝	1969.1.26
琴桜が2回目の優勝	1969.3.23
大相撲ビデオ判定導入	1969.5.13
大鵬が30回目の優勝	1969.5.25
清国が初優勝	1969.7.20

藤村 信子
藤村が日本勢初優勝	1993.7.29
1レース3人が日本最高記録	1994.1.30
ボストンで藤村が3位	1996.4.15
東京国際で藤村が優勝	1996.11.17

藤村 富美男
イチローがシーズン200安打	1994.9.20

藤本 定義
阪神がリーグ優勝	1964.9.30
阪神が放棄試合	1967.9.23

藤本 幸子
高校勢が活躍	1969.8.29〜31

藤本 信一郎
流行語大賞決定	2002.12月

藤本 達夫
アジア初・東京五輪開催	1964.10.10〜24

藤本 英男
メキシコ五輪開催	1968.10.12〜27
杉山・田上が3連覇	1972.7.5〜7
ミュンヘン五輪開催	1972.8.26〜9.11

藤本 雅之
平野が日本新記録	1994.6.12

藤本 祐子
アジア初・東京五輪開催	1964.10.10〜24

藤本 涼子
全日本大学柔道開催	1986.6.15

藤森 栄津子
日本選手権開催	1973.2.22〜24
全日本競技会開催	1974.2.21〜24

藤森 安一
日本選手権開催	1975.6.5〜8

藤原 勝教
日本選手権開催	1986.8.2
ソウルでアジア大会	1986.9.20〜10.5

藤原 敬生
正木が全日本初優勝	1986.4.29

藤原 敏男
藤原が初代外国人王者	1978.3.18

藤原 正和
藤原が初マラソン最高の3位	2003.3.2

ブストス, イサック
高山が世界王座	2005.4.4

フセイン
ボストンで谷口10位	1988.4.18

二子山〔1928生〕
貴ノ花が悲願の初優勝	1975.3.23
北の湖が23回目の優勝	1982.1.24
藤島部屋創設	1982.2.11
千代の富士が7回目の優勝	1982.11.28
理事長に二子山	1988.2.1
大相撲サンパウロ公演	1990.6.4
「待った」に罰金	1991.8.9
貴花田が初優勝	1992.1.14
二子山部屋が角界最大に	1993.1.29

二子山〔1950生〕
二子山部屋が角界最大に	1993.1.29
史上2組目の兄弟優勝	1993.3.28
二子山勢が優勝・3賞独占	1993.5.13
貴乃花が優勝・横綱昇進	1994.11.20
年寄名跡売買問題で処分	1996.9.6
貴乃花が7場所連続休場	2002.7.4

双羽黒
千代の富士が2場所連続優勝	1986.7.20
千代の富士が3場所連続優勝	1986.9.20
千代の富士が4場所連続優勝	1986.11.23
千代の富士が5場所連続優勝	1987.1.25
双羽黒が暴力・失踪	1987.12.27
北尾がプロレスデビュー	1990.2.4

双葉山
大鵬が12回目の優勝	1964.1.15
大鵬が13回目の優勝	1964.3.22
時津風理事長急逝	1968.12.16
武蔵川理事長退任	1974.1.29
輪島が3度目の全勝優勝	1977.7.17
双葉山以来の新横綱全勝優勝	1983.9.25
千代の富士が12回目の優勝	1985.5.24
千代の富士が全勝優勝	1985.9.22
貴乃花が優勝・横綱昇進	1994.11.20
朝青龍が5場所連続優勝	2005.7.24

淵野 耕三
　弓道選手権開催　　　　　　　　1975.5.1～2
普天王
　朝青龍が4場所連続優勝　　　　2005.5.22
　朝青龍が5場所連続優勝　　　　2005.7.24
不動 裕理
　不動が2年連続賞金女王　　　　2001.11.25
　不動が3年連続賞金女王　　　　2002.12.1
　不動が史上初の年間10勝　　　　2003.11.30
　日本プロスポーツ大賞決定　　　2003.12月
　不動が通算30勝　　　　　　　　2004.7.25
　不動が5年連続賞金女王　　　　2004.11.28
　片山が4年ぶり賞金王　　　　　2004.12.5
　日本プロスポーツ大賞決定　　　2004.12月
　不動が6年連続賞金女王　　　　2005.11.27
船木 和喜
　船木がラージヒル勝利　　　　　1995.1.4
　船木が国内初勝利　　　　　　　1995.1.14
　ジャンプW杯開催　　　　　　　1997.3.16
　W船木がW杯通算7勝　　　　　1997.12.29
　W杯メダル独占　　　　　　　　1998.1.2
　船木が3連勝　　　　　　　　　1998.1.4
　船木がジャンプ週間総合王者　　1998.1.6
　W杯ジャンプのメダル独占　　　1998.1.11
　長野五輪開催　　　　　　　　　1998.2.7～22
　船木が今季初優勝　　　　　　　1999.1.10
　船木・宮平・原田で表彰台を
　　独占　　　　　　　　　　　　1999.2.26
　W杯札幌大会開催　　　　　　　2000.1.22～23
　日本が4回目の優勝　　　　　　2001.1.19
　葛西が通算15勝　　　　　　　　2004.2.28
　船木が6季ぶり優勝　　　　　　2005.2.5
舟橋 聖一
　横綱審議会委員長に石井氏　　　1976.1.26
ブパシ, マヘシュ
　平木がダブルスで優勝　　　　　1997.6.7
　杉山組が日本選手初優勝　　　　1999.9.9
ブブカ, セルゲイ
　国際室内陸上大阪大会開催　　　1989.2.11
　国際スーパー大会開催　　　　　1991.5.6
ブーマー
　阪急がリーグ優勝　　　　　　　1984.9.23
武雄山
　武蔵丸が9回目の優勝　　　　　2001.11.24
　栃東が初優勝　　　　　　　　　2002.1.27

ブライアント
　クロマティとブライアントが
　　MVP　　　　　　　　　　　1989.11.25
ブラッドリー
　日米対抗戦開催　　　　　　　　1974.9.14～16
プラム麻里子
　試合中の事故で死亡　　　　　　1997.8.16
プリ
　女子単複とも日本が優勝　　　　1975.3.19～22
プリーストナー
　世界スプリントで鈴木入賞　　　1975.2.15～16
降旗 英行
　決勝が引き分け再試合　　　　　1969.8.18～19
フリント
　別府大分毎日マラソン開催　　　1984.2.5
古川 良治
　タケシバオーが天皇賞制覇　　　1969.4.29
古沢 博
　全日本弓道大会開催　　　　　　1974.5.3～4
ブルダ
　国際体操競技会開催　　　　　　1970.12.5～13
古田 敦也
　古田・工藤がMVP　　　　　　1993.11.3
　日本プロスポーツ大賞決定　　　1993.12月
　ヤクルトが4回目の日本一　　　1997.10.23
　日本プロスポーツ大賞決定　　　1997.12月
　ヤクルトが4年ぶり日本一　　　2001.10.25
　日本プロスポーツ大賞決定　　　2001.12月
　史上初のストライキ　　　　　　2004.9.17
　古田が2000本安打　　　　　　　2005.4.24
　古田が兼任監督に　　　　　　　2005.10.18
古野 淳
　エベレスト北東稜ルート登頂　　1995.5.11
古橋 広之進
　古橋が殿堂入り　　　　　　　　1967.12.8
　堤JOC会長が辞意　　　　　　1990.4.11
　バルセロナ五輪開催　　　　　　1992.7.25～8.9
　大阪市が2008五輪国内候補　　1997.8.13
　千葉の提訴を棄却　　　　　　　2000.8.3
古橋 富美子
　九鬼・古橋が優勝　　　　　　　1980.10.5
　古橋4大タイトル獲得　　　　　1980.12.12

ブルワー
　太平洋マスターズ開催　　　1972.10.5～8
フレミング, ペギー
　世界選手権で大川が5位　　1967.2.28～3.5
プレル, アンネマリー・モーザー
　国際女性スポーツ会議開催　　1980.10.9
プレル・モザー
　ワールドカップ苗場で開催　　1975.2.21～23
プロコプツカ, エレナ
　小崎が2位　　　　　　　　2005.1.30
ブロス, テリー
　ブロスがノーヒットノーラン　1995.9.9
プロスト, アラン
　プロストが引退　　　　　　1993.9.24
不破 央
　不破が日本新記録　　　　　1986.12.5
不破 弘樹
　不破が男子100日本タイ　　 1984.5.6
　東京国際ナイター開催　　　　1987.9.23

【へ】

ヘイズ
　アマ・ゴルフで日本8位　　 1970.9.23～26
ペイト, ジェリー
　太平洋マスターズ開催　　　　1976.10.10
ベイベリンダ
　福岡でショーター4連覇　　　1974.12.8
ベーカーフィンチ
　全英オープン開催　　　　　　1991.7.21
ヘーシング, アントン
　アジア初・東京五輪開催　　　1964.10.10～24
ペタジーニ, ロベルト
　MVP発表　　　　　　　　 2001.10.27
　ペタジーニが巨人と契約　　　2002.11.19
ベッカー
　セイコー・スーパーテニス開催　1990.10.14
ベック
　湯木が全英選手権優勝　　　　1974.3.19～24
別所 毅彦
　稲尾が250勝　　　　　　　1966.6.28
別当 薫
　長嶋・西本・金田ら殿堂入り　1988.1.19

別府 隆彦
　リーグ戦で大乱闘　　　　　　1997.10.14
ペトリク
　世界優秀女子競技会開催　　　1969.11.22～23
ベバリン
　清原が2000本安打　　　　　 2004.6.4
ヘミング
　世界女子スケート開催　　　　1971.2.6～7
ベーリー, ドノバン
　アトランタ五輪開催　　　　　1996.7.19～8.4
ペリエ, オリビエ
　ジャングルポケットが勝利　　2001.11.25
　シンボリクリスエスが有馬記
　念制覇　　　　　　　　　　2002.12.22
　シンボリクリスエスが天皇賞
　2連覇　　　　　　　　　　2003.11.2
　シンボリクリスエスが有馬記
　念制覇　　　　　　　　　　2003.12.28
　ダンノロブロイが勝利　　　　2004.11.28
　ゼンノロブロイが勝利　　　　2004.12.26
ベルエス
　スプリント選手権開催　　　　1970.2.21
ベルエス, ハッセ
　札幌プレ五輪開催　　　　　　1971.2.7～14
ベルガー
　日本グランプリ開催　　　　　1987.11.1
ベルグマンズ
　福岡国際開催　　　　　　　　1986.12.13～14
ヘルビック, エディ
　びわ湖毎日マラソン開催　　　1990.3.11
ペレ
　ペレの引退試合に大観衆　　　1977.9.14
ペレイラ
　ヴェルディ川崎が年間チャン
　ピオン　　　　　　　　　　1994.12.2

【ほ】

外園 イチ子
　女性マラソン大会開催　　　　1978.4.16
ボギンスカヤ
　中日カップ開催　　　　　　　1990.11.17
北天佑
　北の湖が22回目の優勝　　　　1981.5.24

隆の里が全勝で初優勝	1982.9.26	星野 仙一		
千代の富士が7回目の優勝	1982.11.28	中日が巨人10連覇阻止	1974.10.12	
若乃花引退・琴風優勝	1983.1.14	星野に沢村賞	1974.11.26	
千代の富士が優勝	1983.3.9	中日が6年ぶり優勝	1988.10.7	
北天佑が初優勝・大関昇進	1983.5.22	中日が11年ぶり優勝	1999.9.30	
北天佑が優勝	1985.7.21	長嶋が終身名誉監督	2001.9.28	
北勝海が7回目の優勝	1990.9.23	阪神の監督に星野	2001.12.17	
武双山が引退	2004.11.17	阪神が18年ぶり優勝	2003.9.15	
北勝海		星野退任で後任岡田	2003.10.28	
千代の富士が2場所連続優勝	1986.7.20	流行語大賞決定	2003.12月	
北勝海が優勝	1987.3.21	**星野 美香**		
大乃国が全勝で初優勝	1987.5.24	全日本選手権開催	1985.12.27	
北勝海が優勝	1987.9.27	全日本卓球開催	1987.12.20	
大乃国が優勝	1988.3.27	全日本卓球開催	1989.12.17	
北勝海が8場所ぶり優勝	1989.1.23	全日本選手権開催	1990.12.23	
北勝海が5回目の優勝	1989.5.21	**細川 伸二**		
史上初の同部屋横綱対決	1989.7.16	ロサンゼルス五輪開催	1984.7.28～8.12	
北勝海が巴戦制し優勝	1990.3.25	世界柔道選手権開催	1985.9.26～29	
北勝海が7回目の優勝	1990.9.23	ソウル五輪開催	1988.9.17～10.2	
北勝海が優勝	1991.3.24	**細谷 治朗**		
小錦が3回目の優勝	1992.3.22	56kg級で細谷が優勝	1977.9.18	
北勝海が引退	1992.5.8	**ホッジ**		
北勝力		別府大分で西村が2位	1982.2.7	
武蔵丸が2場所連続優勝	2002.5.25	**堀田 国弘**		
朝青龍が3場所連続優勝	2004.5.23	堀田が優勝	1967.12.3	
保志		**堀田 美代子**		
千代の富士が優勝	1983.11.27	日本選手権大会開催	1966.8.19～21	
隆の里が4回目の優勝	1984.1.22	**ポーパオイン, チャナ**		
千代の富士が10度目優勝	1984.11.25	星野が初防衛に失敗	2001.4.16	
千代の富士が全勝優勝	1985.1.27	新井田がミニマム級王座	2001.8.25	
北天佑が優勝	1985.7.21	**ホフマン, ヤン**		
千代の富士が優勝	1985.11.24	佐野・渡部が出場	1974.3.5～9	
千代の富士が3場所連続優勝	1986.1.26	**堀井 学**		
関脇保志が初優勝	1986.3.23	リレハンメル冬季五輪開催	1994.2.12～27	
千代の富士が16回目優勝	1986.5.25	W杯メデオ大会開催	1996.1.7	
千代の富士が2場所連続優勝	1986.7.20	W杯カルガリー大会開催	1996.3.1	
星野 一義		W杯で堀井が連勝	1997.1.11～12	
ルマン24時間で日産が3位	1998.6.7	日本勢が表彰台独占	1997.2.22	
星野 敬太郎		堀井が優勝を分ける	1997.11.22	
星野が最高齢記録で初王座	2000.12.6	**堀池 嘉津子**		
星野が初防衛に失敗	2001.4.16	高校勢が活躍	1969.8.29～31	
星野がミニマム級王座	2002.1.29	**堀内 岩雄**		
星野 浩二		アジア初・東京五輪開催	1964.10.10～24	
女子4種目で日本新	1970.8.24～29			

堀内 恒夫
初の新人選択会議開催	1965.11.17
堀内が開幕13連勝	1966.7.27
巨人がリーグ3連覇	1967.10.7
堀内がノーヒットノーラン	1967.10.10
巨人がシリーズ8連覇	1972.10.21〜28
堀内・福本にMVP	1972.10.29
日本プロスポーツ大賞決定	1972年12月
巨人がシリーズ9連覇	1973.11.1
堀内が通算200勝	1980.6.2
原監督が辞任	2003.9.26
沢村賞に井川と斉藤	2003.10.20
原が監督復帰	2005.10.5

堀江 謙一
単独無寄港世界一周	1974.5.4
堀江が縦回り地球1周	1982.11.9
ソーラーボートで太平洋横断	1985.8.5
超小型外洋ヨットで太平洋単独横断	1989.8.30
足こぎボートで太平洋横断	1993.2.13

堀江 貴文
流行語大賞決定	2004.12月

堀口 圭一
野見が全日本連覇	1966.12.4

堀越 武
堀越が日本新	1970.7.3〜5
世界選手権開催	1970.9.12〜20
ライト級で日本新	1971.7.24〜25
堀越が日本新	1973.8.6〜8

ボルグ, ビョルン
サントリーカップ開催	1978.4.23

ボルコフ
世界選手権開催	1975.3.4〜8

本田 大三郎
全日本選手権開催	1967.8.18〜20

本田 武史
中学生初の優勝	1996.1.14
全日本選手権開催	2000.12.8〜10
グランプリファイナル開催	2001.12.15
日本男子初優勝	2002.3.7
本田が銅メダル	2002.3.21
恩田が初優勝	2002.11.30
日本女子が表彰台独占	2003.2.14
本田が2大会連続銅メダル	2003.3.27
村主が2大会連続の銅メダル	2003.3.29

ハリファクスでグランプリシリーズ開催	2004.10.30

本多 忠
高校勢が活躍	1969.8.29〜31
ミュンヘン五輪開催	1972.8.26〜9.11

本間 茂雄
男子4連覇・女子6位	1974.10.20〜27

本間 順次
男女とも日本が優勝	1968.8.18〜15
全日本選手権開催	1972.12.13〜17

【ま】

馬 文革
男子W杯開催	1990.11.11〜14

マイエル
鈴木が世界選手権2連覇	1968.2.24〜25

マイズ
ダンロップフェニックス開催	1990.11.18

舞の海
琴錦が平幕優勝	1991.9.22
小錦が2年ぶり優勝	1991.11.24
貴花田が優勝	1992.9.27
曙が優勝	1993.9.26
貴ノ花が5回目の優勝	1994.5.22
武蔵丸が初優勝	1994.7.17
舞の海が新小結	1994.8.29
舞の海が引退を表明	1999.11.21

マイヤーズ
女子世界選手権開催	1967.2.18〜19

マウロ, リチュッテリ
国際サイクル・ロードレース開催	1986.5.18

前島 延行
全階級制覇ならず	1967.8.9〜12

前園 真聖
前園サントスへ期限付き移籍	1998.9.22
前園がブラジルデビュー戦で初ゴール	1998.10.18
前園がギマラエスと仮契約	1999.10.15

前田 琴
前田が背泳ぎで日本新	1982.8.8

前田 睦彦
ユニバで日本勢の優勝無し	1970.4.2〜9

5種目で日本新　　　　　1972.1.21〜23
前田　豊
　　アマ規定違反で追及　　　1972.11.15
前田　芳久
　　前田が優勝　　　　　　　1987.4.19
前田川
　　佐田の山が優勝　　　　　1965.5.23
前の山
　　大鵬が5度目全勝優勝　　 1967.1.29
　　大鵬が30回目の優勝　　　1969.5.25
　　清国が初優勝　　　　　　1969.7.20
　　大鵬が31回目の優勝　　　1970.3.22
　　北の富士が4回目の優勝　 1970.5.24
　　北の富士が連続優勝　　　1970.7.19
　　玉の海が3回目の優勝　　 1970.9.27
　　大鵬が32回目の優勝　　　1971.1.24
　　北の富士が全勝優勝　　　1971.5.23
　　栃東が初優勝　　　　　　1972.1.23
　　前の山に無気力相撲　　　1972.3.24
前原　正浩
　　全日本選手権開催　　　　1981.12.6
真木　和
　　真木が日本新記録　　　　1992.5.3
　　真木が世界新記録　　　　1993.9.19
　　札幌国際ハーフマラソン開催 1995.7.16
　　ワコールが6連覇　　　　 1995.11.3
　　真木が初優勝　　　　　　1996.3.10
真喜志　慶治
　　ユニバ福岡大会開催　　　1995.8.23〜9.3
蒔田　実
　　世界剣道選手権開催　　　1982.7.31
牧野　直隆
　　高野連の第5代会長に脇村 2002.11.11
牧野　裕
　　日本プロマッチプレーで尾崎
　　が初優勝　　　　　　　　1989.5.14
槙原　寛己
　　ドラフト会議開催　　　　1981.11.25
　　5人がFA宣言　　　　　　1993.11.3
　　槙原が完全試合　　　　　1994.5.18
　　長嶋巨人初の日本一　　　1994.10.29
　　新庄が敬遠球をサヨナラ打 1999.6.12
牧原　由貴子
　　女性騎手誕生　　　　　　1996.2.12

槙平　勇荘
　　近代五種で日本は8位　　 1971.10.9〜13
マクニール
　　サントリー・ジャパンオープ
　　ン開催　　　　　　　　　1991.4.8〜14
正木　嘉美
　　世界学生柔道選手権開催　 1984.12.8
　　世界柔道選手権開催　　　 1985.9.26〜29
　　日本スポーツ賞授賞　　　 1985.12.21
　　正木が全日本初優勝　　　 1986.4.29
　　全日本選手権開催　　　　 1986.7.13
　　正木が無差別級連覇　　　 1987.4.29
　　斉藤が悲願の初優勝　　　 1988.4.29
魔裟斗
　　魔裟斗がチャンピオン　　 2003.7.5
　　大晦日恒例格闘技　　　　 2004.12.31
益子　峰行
　　全日本選手権開催　　　　 1971.2.8〜14
　　全日本選手権開催　　　　 1974.1.31〜2.7
間柴　茂有
　　斉藤が開幕15連勝　　　　 2005.8.31
増位山
　　琴桜が3回目の優勝　　　 1972.11.26
　　北の湖が2回目の優勝　　 1974.5.26
　　北の湖が17回目の優勝　　1979.9.23
　　三重の海が優勝　　　　　1979.11.25
　　三重ノ海が2場所連続優勝 1980.1.20
　　初の親子2代大関　　　　 1980.1.23
　　輪島・増位山が引退　　　1981.3.10
増岡　浩
　　パリ・ダカールで増岡2位 2001.1.21
　　増岡が総合優勝　　　　　2002.1.13
　　増岡が2年連続優勝　　　 2003.1.19
増沢　末夫
　　アサデンコウが日本ダービー
　　制覇　　　　　　　　　　1967.5.14
　　イシノヒカルが菊花賞制覇 1972.11.12
　　イシノヒカルが有馬記念制覇 1972.12.17
　　ハイセイコーさつき賞制覇 1973.4.15
　　増沢騎手が最多1340勝　　 1984.10.14
　　ダイナガリバーがダービー勝利 1986.5.25
　　有馬記念はダイナガリバー 1986.12.21
　　増沢が2000勝　　　　　　 1991.10.20
益田　昭雄
　　ドジャースが来日　　　　 1966.10.20〜11.16

八百長事件で永久追放	1970.5.25	日本プロスポーツ大賞決定	2000.12月
増田 明美		松井が大リーグへ	2002.10.17
増田が女子5000日本新	1981.5.3	松井・カブレラがMVP	2002.11.1
増田が1万m日本新	1981.10.25	ヤンキースが松井を獲得	2002.12.19
増田が日本最高記録	1982.2.21	日本プロスポーツ大賞決定	2002.12月
増田が20kmで世界最高記録	1982.3.7	流行語大賞決定	2002.12月
女子1万で増田が日本新	1982.5.2	松井がヤンキースと契約	2003.1.14
日本はメダル11個	1983.7.10	松井が適時打デビュー	2003.3.31
増田が日本最高記録	1983.9.11	オールスターに日本人選手活躍	2003.7.15
増田が大阪女子マラソン2位	1984.1.29	松井が100打点記録	2003.9.15
東京国際女子マラソン開催	1989.11.19	ヤンキース優勝逃す	2003.10.25
増田 都彦		日本プロスポーツ大賞決定	2003.12月
3人連続ホールインワン	1996.6.27	東京ドームで大リーグ開幕	2004.3.30
増田 健太郎		松井が開幕戦本塁打	2004.4.6
増田が2連覇	1994.9.18	イチロー2塁打・松井は三振	2004.7.13
マスタード,D.		大リーグ開幕	2005.4.3
小泉幸枝が女子単優勝	1986.5.5	松井が400号本塁打	2005.9.7
舛田山		**松井 英幸**	
北の湖が19度目優勝	1980.5.25	中野が10連覇	1986.9.1
輪島が14回目の優勝	1980.11.23	日本人が11連覇	1987.8.26
隆の里が優勝・横綱昇進	1983.7.17	**松浦 晋**	
益荒雄		内村コミッショナー退任	1965.4.30
千代の富士が4場所連続優勝	1986.11.23	**松浦 輝夫**	
千代の富士が5場所連続優勝	1987.1.25	日本隊エベレスト初登頂	1970.5.11
北勝海が優勝	1987.3.21	早大隊がK2に初登頂	1981.8.7
大乃国が全勝で初優勝	1987.5.24	**松枝 義幸**	
千代の富士が27回目の優勝	1989.3.26	中野が9連覇	1985.8.24
マーチン,リサ		**松尾 和美**	
大阪国際女子マラソン開催	1988.1.31	松尾が初優勝	2001.3.11
松井 稼頭央		**松尾 雄治**	
松井稼がメッツへ移籍	2003.12.8	新日鉄釜石が5連覇	1983.11.15
松井が開幕戦本塁打	2004.4.6	新日鉄釜石が史上初の7連覇	1985.1.15
大リーグ開幕	2005.4.3	**松岡 昭義**	
松井 秀喜		全日本選手権開催	1972.2.28〜3.5
西日本短大付が初優勝	1992.8.25	**松岡 修造**	
松井が巨人入団内定	1992.11.21	日本男子初のツアー優勝	1992.4.26
松井・イチローがMVP	1996.10.26	松岡ベスト8ならず	1992.10.18
日本プロスポーツ大賞決定	1996.12月	松岡・伊達がベスト8	1995.7.3
松井が史上最長本塁打	1998.7.22	松岡が引退	1997.8.11
イチローが初の5年連続首位打者	1998.10.12	**松岡 敏夫**	
松井が40号本塁打	1999.9.22	全日本選手権開催	1970.11.1〜3
ONシリーズ制し巨人が日本一	2000.10.21〜28	**松岡 義之**	
松井・松中がMVP	2000.10.30	ロサンゼルス五輪開催	1984.7.28〜8.12

松岡 理恵		外国人学校に門戸	1994.3.15
松岡が3秒差で2位	2002.11.17	**松中 信彦**	
松方 三郎		松井・松中がMVP	2000.10.30
日本隊エベレスト初登頂	1970.5.11	松中が三冠王	2004.9.27
エベレスト登頂	1973.10.26	松中・川上がMVP	2004.10.27
松ヶ根		日本プロスポーツ大賞決定	2004.12月
千代の富士が21回目の優勝	1987.7.19	松中が2冠王	2005.9.25
松木 安太郎		**松永 浩美**	
ヴェルディ新監督に松木	2000.12.5	5人がFA宣言	1993.11.3
マッケイ		**松永 政行**	
ダンロップオープン開催	1991.4.28	バルセロナ五輪開催	1992.7.25～8.9
マッケンロー		**松永 幹夫**	
ジャパン・オープン開催	1988.4.11～17	オークスはイソノルーブル	1991.5.19
松坂 大輔		ヘヴンリーロマンスが初制覇	2005.10.30
横浜高が選抜優勝	1998.4.8	**松永 満夫**	
横浜高が春夏連覇達成	1998.8.20	初の体重別選手権開催	1966.8.28
西武が松坂を1位指名	1998.11.20	**松永 満雄**	
松坂が初先発初勝利	1999.4.7	全階級制覇ならず	1967.8.9～12
松坂が最多勝獲得	1999.9.29	**松永 理絵子**	
上原・松坂が新人王	1999.10.30	松永が全日本4達覇	2000.11.25
日本プロスポーツ大賞決定	1999.12月	**松野 明美**	
流行語大賞決定	1999.12月	小鴨が日本最高記録	1992.1.26
ローズが最多タイ55号	2001.9.24	北海道マラソン開催	1992.8.30
パ・リーグが2連勝	2004.7.11	名古屋国際で松野が2位	1993.3.7
松阪 猛		松野が引退	1995.12.28
松阪が初優勝	1968.4.28～29	真木が初優勝	1996.3.10
松下 浩二		**松橋 義行**	
松下がプロ第1号	1993.4.25	全日本選手権開催	1970.11.1～3
松下がプロ第1号	1997.5.19	**松林 豊**	
松下が名門ボルシアに移籍	1998.4.15	流行語大賞決定	1985.12月
全日本選手権開催	2001.12.22	**松原 一夫**	
松下 雄二		毎日マラソン開催	1969.5.11
全日空杯開催	1989.6.1～4	**松原 誠**	
松島 睦子		野球選手会を認可	1980.8.22
全日本選手権開催	1977.11.15	**松久 ミユキ**	
松田 丈志		ユニバ東京大会開催	1967.8.27～9.4
世界選手権開催	2005.7.24	NHK杯開催	1968.7.13～14
松田 治広		世界選手権で日本男子優勝	
世界選手権開催	1966.9.20～26		1970.10.22～27
松田 博文		中山・松久が優勝	1970.11.20～23
世界柔道選手権開催	1965.10.15	塚原・松久が優勝	1973.11.1～4
松平 康隆		監物・松久が優勝	1974.11.22～24
アマ規定違反で追及	1972.11.15		

松前 重義
　初の日本人会長　　　　　　　　1979.12.5
松宮 隆行
　松宮が世界最高タイムで優勝　　2003.2.16
松村 勝美
　アジア初・東京五輪開催　1964.10.10〜24
　千葉が3回目の優勝　　　　　　1972.12.3
松村 鈴子
　中・高生が日本新　　　　　1971.8.26〜29
　日本選手権開催　　　　　　1975.8.27〜30
松村 充
　全日本選手権開催　　　　　　　1978.12.24
松村 好子
　アジア初・東京五輪開催　1964.10.10〜24
松本 勝明
　日本プロスポーツ大賞決定　　　1972.12月
松本 健次郎
　室内水泳選手権で新記録続
　　出　　　　　　　　　　　1964.4.11〜12
松本 正義
　全日本選手権開催　　　　　　　1970.2.13
松本 真知子
　千葉が2種目優勝　　　　　　1975.3.6〜9
松本 稔
　浜松商が選抜初優勝　　　　　　1978.4.5
松本 善登
　シンザン初の五冠馬　　　　　　1965.12.26
　カツラノハイセイコが快勝　　　1979.5.27
マティアス
　福岡国際マラソン開催　　　　　1989.12.3
マーテン
　全米女子オープン開催　　　　　1993.7.25
的場 均
　公営出身馬が16年ぶりさつ
　　き賞勝利　　　　　　　　　　1989.4.16
　ライスシャワーが菊花賞勝利　　1992.11.8
　メジロマックイーン3連覇な
　　らず　　　　　　　　　　　　1993.4.25
　天皇賞はライスシャワー　　　　1995.4.23
　グラスワンダーが有馬記念2
　　連覇　　　　　　　　　　　　1999.12.26
真鍋 和人
　ロサンゼルス五輪開催　　1984.7.28〜8.12

マニエル,C.
　江夏・マニエルがMVP　　　　　1979.11.6
間野 敏男
　ワイナイナが2回目の優勝　　　2002.2.10
マモ・ウォルデ
　メキシコ五輪開催　　　　1968.10.12〜27
　ソウルで宇佐美が優勝　　　　　1969.9.28
　福岡で谷村が3位　　　　　　　1969.12.7
マルカノ
　小林が防衛失敗　　　　　　　　1971.7.29
マルサル
　世界選手権開催　　　　　　　　1990.8.20
丸目 敏栄
　アカネテンリュウが菊花賞制覇　1969.11.16
丸山 一二
　全日本選手権開催　　　　　1968.11.14〜15
丸山 茂樹
　丸山が10年シード獲得　　　　　1997.5.18
　丸山が最年少優勝　　　　　　　1997.9.7
　丸山がツアー初優勝　　　　　　2001.7.15
　丸山・伊沢組が優勝　　　　　　2002.12.15
　日本プロスポーツ大賞決定　　　2002.12月
　丸山が優勝　　　　　　　　　　2003.10.19
丸山 仁也
　全日本選手権開催　　　　　1967.2.28〜3.3
　丸山が大会初の3冠王　　　　　1967.3.3
マレーバ
　ジャパン・オープン開催　　　　1987.4.18
マローン,メグ
　全米女子オープン開催　　　　　1991.7.14
マンセル,ナイジェル
　中嶋が4位　　　　　　　　　　1987.7.12
マンチランタ
　ジャンプで藤沢が2位　　　1966.2.16〜27
マンフィルド,アモス
　ワールドテニス開催　　　　　　1987.5.10

【み】

三浦 知良
　日本プロスポーツ大賞決定　　　1992.12月
　日本プロスポーツ大賞決定　　　1993.12月
　読売ヴェルディ川崎が初代王者　1994.1.16
　三浦が日本人初の2億円台　　　1994.1.29

三浦がジェノアに移籍	1994.6.17		三木 二郎	
鹿島アントラーズが年間王者	1996.11.9		三木が日本新記録	2004.4.25
日本代表登録メンバー発表	1998.6.2		右田 幸次郎	
三浦がザグレブと契約	1998.12.29		右田が優勝	1976.12.5
三浦がクロアチアリーグ初出場	1999.2.17		三沢 興一	
三浦が日本復帰	1999.8.24		帝京が初優勝	1992.4.6
カズが100ゴール	2000.5.13		三科 典由	
三浦 敬三			渡辺・三科が日本新記録	1980.4.5
三浦親子3代が氷河滑走	2003.2.19		水上 則安	
三浦 大輔			君原が別府で優勝	1973.2.4
青木が202安打	2005.10.14		宇佐美が5回目の優勝	1976.4.18
三浦 直子			三杉里	
水泳日本新記録相次ぐ	1979.8.4		関脇曙が優勝	1992.5.24
三浦 雄一郎			水口 栄二	
三浦がエベレスト滑降	1970.5.6		天理高が奈良県勢初優勝	1986.8.21
日本プロスポーツ大賞決定	1970.12月		水島 宏一	
7大陸最高峰から滑降	1985.11.27		信田・水島が優勝	1986.11.1
三浦親子3代が氷河滑走	2003.2.19		水鳥 寿思	
エベレスト最高齢登頂	2003.5.22		アテネ五輪開催	2004.8.13～29
三浦 雄大			水鳥・石坂が優勝	2005.7.9
三浦親子3代が氷河滑走	2003.2.19		冨田が初優勝	2005.11.24
三重ノ海			水野 彰夫	
北の富士が連続優勝	1970.7.19		江川は法大へ	1974.3.7
北の富士が全勝優勝	1971.9.26		水野 一良	
北の富士が連続優勝	1971.11.28		陸上4種目で日本新	1971.5.28～30
琴桜が連続優勝	1973.1.21		水野 雄仁	
北の富士が10回目の優勝	1973.3.25		池田高校が初優勝	1982.8.20
北の湖が3回目の優勝	1975.1.26		池田・蔦監督が死去	2001.4.28
貴ノ花が悲願の初優勝	1975.3.23		水野 祥太郎	
金剛が平幕優勝	1975.7.25		エベレスト登頂	1973.10.26
三重ノ海が初優勝	1975.11.23		水原 茂	
輪島が13回目の優勝	1979.7.15		東映が日拓に球団売却	1973.1.16
三重の海が優勝	1979.11.25		川上監督初の退場	1974.7.9
日本プロスポーツ大賞決定	1979.12月		西武が初の日本一	1982.10.30
三重ノ海が2場所連続優勝	1980.1.20		水巻 善典	
三重ノ海が引退	1980.11.11		関東オープンで水巻が優勝	1989.9.3
ミーカチャック			水本 良幸	
札幌国際マラソン開催	1986.2.9		緒方が日本新記録	1985.8.4
三上 肇			三瀬 幸司	
全日本選手権開催	1978.11.18		松中・川上がMVP	2004.10.27
三木 功司			禊鳳	
ミュンヘン五輪開催	1972.8.26～9.11		大鵬が22回目の優勝	1966.9.25
堀越が日本新	1973.8.6～8			
三木が世界新記録	1976.4.17			

溝口 絵里加
全日本選手権開催　　　　　　2001.11.24
溝口 和洋
溝口がやり投げ世界歴代2位　　1989.5.27
W 杯で溝口がやり投げ2位　　　1989.9.10
溝口 貴子
溝口が初出場初優勝　　　　　　1988.5.2
溝口 紀子
バルセロナ五輪開催　　　　1992.7.25〜8.9
福岡国際開催　　　　　　　　　1992.12.13
三谷 浩一郎
小川が7回目の優勝　　　　　　1996.4.29
三谷 幸宏
三谷が男子2冠　　　　　　　　1984.12.2
黒岩が4年ぶり優勝　　　　　　1987.2.1
道永 宏
モントリオール五輪開催　　1976.7.17〜8.1
三ヶ谷 礼一
アルベールビル冬季五輪開催
　　　　　　　　　　　　　　1992.2.8〜23
三栗 崇
体操の五輪最終選考　　　　1964.6.27〜28
アジア初・東京五輪開催　　1964.10.10〜24
世界選手権開催　　　　　　1966.9.20〜26
三栗 多仁子
世界選手権開催　　　　　　1966.9.20〜26
NHK 杯開催　　　　　　　　1968.7.13〜14
水戸泉
千代の富士が全勝優勝　　　　　1985.1.27
関脇保志が初優勝　　　　　　　1986.3.23
千代の富士が2場所連続優勝　　1986.7.20
物言い3度　　　　　　　　　　1988.5.3
千代の富士が23度目優勝　　　 1988.5.22
千代の富士が25回目の優勝　　 1988.9.25
小錦が初優勝　　　　　　　　　1989.11.26
平幕水戸泉が初優勝　　　　　　1992.7.18
曙が優勝　　　　　　　　　　　1992.11.22
南井 克巳
タマモクロスが天皇賞勝利　　　1988.4.29
天皇賞はクマモクロス　　　　　1988.10.30
バンブービギンが菊花賞優勝　　1989.11.5
ハクタイセイが史上3頭目の
　父子制覇　　　　　　　　　　1990.4.15
ナリタブライアンが圧勝　　　　1994.4.17

ナリタブライアンが2冠　　　　1994.5.29
ナリタブライアンが3冠達成　　1994.11.6
ナリタブライアンが4冠達成　　1994.12.25
日本プロスポーツ大賞決定　　　1994.12月
湊富士
初の兄弟優勝決定戦　　　　　　1995.11.26
湊谷 弘
体重別柔道開催　　　　　　　　1969.8.10
世界選手権開催　　　　　　1969.10.23〜26
体重別柔道大会開催　　　　　　1970.8.9
南 将之
アジア初・東京五輪開催　　1964.10.10〜24
南 喜陽
体重別柔道開催　　　　　　　　1972.7.2
世界選手権全階級制覇　　　1973.6.22〜24
南ノ島
トンガから入門　　　　　　　　1974.10.25
ミノザ
ダンロップオープン開催　　　　1990.4.22
三原 脩
西鉄が太平洋に売却　　　　　　1972.10.20
日拓が日本ハムに球団売却　　　1973.11.12
西武が初の日本一　　　　　　　1982.10.30
三原・内村が殿堂入り　　　　　1983.1.24
三原 正
三原が世界王座　　　　　　　　1981.11.7
三原正が初防衛失敗　　　　　　1982.2.2
三船 久蔵
三船十段死去　　　　　　　　　1965.1.27
三室 聡子
三室が日本新記録　　　　　　　1994.5.5
宮岡 栄子
全日本選手権開催　　　　　　1971.5.2〜4
宮川 恵子
世界選手権開催　　　　　　1969.2.25〜3.2
ユニバで日本勢の優勝無し　　1970.4.2〜9
三宅 敏博
三宅が初優勝　　　　　　　　　1997.6.28
三宅兄妹が優勝　　　　　　　　2004.5.8
三宅 直子
女子三段跳び復活　　　　　　　1985.11.4
三宅 宏実
三宅兄妹が優勝　　　　　　　　2004.5.8

三宅 房子
三宅が日本記録更新	1986.5.3

三宅 義信
アジア初・東京五輪開催	1964.10.10～24
三宅がフェザー級優勝	1965.10.28
世界選手権開催	1966.10.15～21
国体秋季大会開催	1966.10.25
メキシコ五輪開催	1968.10.12～27
三宅弟が初優勝	1969.9.22～25
長崎国体開催	1969.10.26～31
三宅アマ違反で注意	1970.6.30
世界選手権開催	1970.9.12～20
加藤と後藤が日本新	1972.6.2～4
ミュンヘン五輪開催	1972.8.26～9.11

三宅 義行
世界選手権開催	1966.10.15～21
メキシコ五輪開催	1968.10.12～27
三宅弟が初優勝	1969.9.22～25
堀越が日本新	1970.7.3～5
ライト級で日本新	1971.7.24～25

宮坂 雅昭
全日本で高校生の宮坂が優勝	1981.2.20

宮崎 多紀理
世界選手権開催	2001.7.22

宮崎 正裕
12年ぶり初出場初優勝	1990.11.3
宮崎が史上初の連覇	1991.11.3

宮里 藍
宮里が初優勝	2003.6.28
宮里が優勝	2003.9.28
宮里が初勝利	2004.3.7
宮里が2連勝	2004.6.20
不動が5年連続賞金女王	2004.11.28
片山が4年ぶり賞金王	2004.12.5
日本プロスポーツ大賞決定	2004.12月
宮里・北田組が初代女王	2005.2.13
横峯が初優勝	2005.4.17
宮里が最年少優勝	2005.10.2
不動が6年連続賞金女王	2005.11.27
宮里が米ツアー出場権獲得	2005.12.4

宮里 美香
宮里が最年少優勝	2004.6.26

宮里 優作
宮里が初優勝	2003.6.28

宮沢 晴代
宮沢が17歳アマ女王	1978.6.8

宮田 征典
「八時半の男」活躍	1965.8.24
巨人が18回目の優勝	1965.10.14

宮武 三郎
川上・鶴岡が殿堂入り	1965.12.4

宮原 厚次
ロサンゼルス五輪開催	1984.7.28～8.12
全日本レスリング開催	1987.7.5
ソウル五輪開催	1988.9.17～10.2

宮原 照彦
全日本選手権開催	1974.6.28～30
日本選手権開催	1975.6.5～8

宮原 美佐子
大阪国際女子マラソン開催	1988.1.31
W杯マラソンで宮原が2位	1989.4.15

雅山
武双山が優勝	2000.1.23
横綱若乃花が引退	2000.3.16
小結魁皇が初優勝	2000.5.21
朝青龍が史上初の7連覇	2005.11.27

宮平 秀治
船木・宮平・原田で表彰台を独占	1999.2.26
葛西が最長不倒の優勝	2003.2.9

宮部 保範
全日本スプリント開催	1993.1.16
世界スプリント開催	1993.2.28
全日本スプリント開催	1995.12.23
W杯メデオ大会開催	1996.1.7

宮部 行範
全日本スプリント開催	1992.1.11
アルベールビル冬季五輪開催	1992.2.8～23
日本男子初のW杯種目別総合優勝	1995.3.11

宮本 悳
タニノハローモアが日本ダービー制覇	1968.7.7

宮本 恵美子
アジア初・東京五輪開催	1964.10.10～24

宮本 康弘
東海クラシック開催	1975.10.26

宮本 洋子
飯島が日本記録	1965.7.18

明武谷
富士錦が平幕優勝	1964.7.5
大鵬が連続優勝	1964.11.22
佐田の山が優勝・横綱昇進	1965.1.24
柏戸が3回目の優勝	1965.9.19
大鵬が優勝	1965.11.21
大鵬が5度目全勝優勝	1967.1.29

明歩谷
富士錦が平幕優勝	1964.7.5

ミラノフ
世界フィギュア開催	1971.2.23～27

【む】

六車 卓也
六車がバンタム級王座	1987.3.29
六車が初防衛失敗	1987.5.24

武蔵
日本リーグ開催	1967.8.13
日中交歓試合開催	1973.7.7～22
岡本が米賞金女王	1987.11.8
マツダジャパンクラシック開催	1988.11.4
小林が日本女子オープン優勝	1989.7.2

武蔵川
時津風理事長急逝	1968.12.16
武蔵川理事長退任	1974.1.29
三重ノ海が引退	1980.11.11
武蔵丸が優勝・横綱昇進	1999.5.24

ムサシ中野
ムサシ中野が8連続KO勝ち	1966.11.13

武蔵丸
小錦が2年ぶり優勝	1991.11.24
平幕水戸泉が初優勝	1992.7.18
貴花田が優勝	1992.9.27
武蔵丸が故郷に錦	1993.6.5～10
曙が3場所連続優勝	1993.11.21
貴ノ花が4場所ぶり優勝	1994.1.23
貴ノ花が5回目の優勝	1994.5.22
武蔵丸が初優勝	1994.7.17
貴ノ花が最年少全勝優勝	1994.9.25
貴乃花が3場所連続優勝	1995.1.22
貴乃花が10回目の優勝	1995.7.16
武蔵丸が帰化	1996.1.22
武蔵丸が2回目の優勝	1996.11.24
若乃花が優勝	1997.1.25
貴乃花が16回目の優勝	1997.3.23
貴乃花が18回目の優勝	1997.9.21
武蔵丸が優勝	1998.1.25
若乃花が優勝・横綱昇進	1998.5.24
貴乃花が5場所ぶり優勝	1998.7.19
貴乃花が優勝	1998.9.27
千代大海が優勝・5年ぶり新大関	1999.1.24
武蔵丸が優勝・横綱昇進	1999.5.24
横綱若乃花が負け越し	1999.9.26
舞の海が引退を表明	1999.11.21
日本プロスポーツ大賞決定	1999.12月
武蔵丸が5場所ぶり優勝	2000.9.17
貴乃花が21回目の優勝	2001.1.21
「感動した!」貴乃花優勝	2001.5.27
魁皇がカド番で優勝	2001.7.21
武蔵丸が9回目の優勝	2001.11.24
武蔵丸が10回目の優勝	2002.3.23
武蔵丸が2場所連続優勝	2002.5.25
千代大海が4回目の優勝	2002.7.21
武蔵丸が12回目の優勝	2002.9.22
武蔵丸が引退	2003.11.15
魁皇が5回目の優勝	2004.9.26

武双山
貴ノ花が4場所ぶり優勝	1994.1.23
無双山が最短で三役	1994.2.28
貴ノ花が最年少全勝優勝	1994.9.25
貴乃花が優勝・横綱昇進	1994.11.20
貴乃花が2場所ぶり優勝	1995.5.21
貴乃花が10回目の優勝	1995.7.16
貴乃花が12回目の優勝	1996.3.24
貴ノ浪が2回目の優勝	1997.11.22
武蔵丸が優勝	1998.1.25
千代大海が優勝・5年ぶり新大関	1999.1.24
武双山が優勝	2000.1.23
横綱若乃花が引退	2000.3.16
魁皇が2回目の優勝	2001.3.25
武双山が引退	2004.11.17

陸奥嵐
北の富士が初優勝	1967.3.26
大鵬が31回目の優勝	1970.3.22

北の富士が4回目の優勝　　　　　1970.5.24
　大鵬が32回目の優勝　　　　　　1971.1.24
棟田 康幸
　体重別選手権開催　　　　　　　2002.4.7
　井上が2連覇　　　　　　　　　2002.4.29
　世界選手権開催　　　　　　　2003.9.11〜14
宗村 宗二
　メキシコ五輪開催　　　　　　1968.10.12〜27
村井 真由美
　岡本が19年目初優勝　　　　　　1993.6.27
　村井が国内メジャー初優勝　　　　1999.6.27
村上 一成
　PRIDE初興行　　　　　　　　1997.10.11
村上 隆
　尾崎が優勝　　　　　　　　1974.8.15〜18
　尾崎が日本オープン優勝　　　1974.9.26〜29
　尾崎が3回目の優勝　　　　　1974.11.14〜17
　日本プロマッチ開催　　　　　1975.5.14〜18
　村上が悲願の日本一　　　　　　　1975.9.25
　村上が4冠　　　　　　　　　　1975.11.16
　日本プロスポーツ大賞決定　　　　1975.12月
　ニクラウスが5回目の優勝　　　　1976.9.5
　ハワイで村上が2位　　　　　　　1977.2.6
村上 智佳子
　沢松が女子3連覇　　　　　　1969.11.6〜14
　沢松和が女子4連覇　　　　　1970.11.3〜11
　神和住・畠中が優勝　　　　　1971.11.8〜15
　全日本選手権開催　　　　　　1972.11.1〜11
村上 雅則
　村上が大リーガー入り　　　　　　1964.8.31
　村上が大リーグ初勝利　　　　　　1964.9.29
　村上契約問題解決　　　　　　　1965.4.28
　野茂が先発初勝利　　　　　　　1995.6.2
　大リーグ日本人通算100勝　　　　1999.5.20
村上 美沙子
　沢松和が女子4連覇　　　　　1970.11.3〜11
　神和住・畠中が優勝　　　　　1971.11.8〜15
村上 優子
　角田が全日本選手権優勝　　　　1975.2.5〜10
村上 由紀子
　日本選手権開催　　　　　　　1973.2.22〜24
　全日本競技会開催　　　　　　1974.2.21〜24
　全日本選手権開催　　　　　　1975.2.20〜23

村川 励子
　W杯初の日本開催　　　　　　1973.3.12〜15
村口 史子
　東海クラシック開催　　　　　　1995.10.8
　村口史子が2週連続優勝　　　　　1999.5.23
　米山がプロ入り最速優勝　　　　　1999.9.5
　村口が初の賞金女王　　　　　　1999.11.28
ムラシャニ, バヌーエリア
　松岡が3秒差で2位　　　　　　　2002.11.17
村田 兆治
　村田が完投で200勝　　　　　　　1989.5.13
　マサカリ投法村田が引退　　　　　1990.9.26
　流行語大賞決定　　　　　　　　1990.12月
　村田・森が殿堂入り　　　　　　　2005.1.11
村田 敏紀
　高校勢が活躍　　　　　　　　1969.8.29〜31
　女子4種目で日本新　　　　　1970.8.24〜29
村田 摩査信
　全日本選手権開催　　　　　　1970.2.8〜15
村田 満男
　アジア選手権開催　　　　　　1967.7.21〜23
村田 由香里
　村田が2連覇　　　　　　　　　2002.11.3
　村田が5連覇　　　　　　　　　2005.11.5
村田 亙
　村田が日本人プロ第1号　　　　　1999.7.5
邨中 正子
　全日本選手権開催　　　　　　1975.2.20〜23
村松 有人
　サイクル安打連発　　　　　　　2003.7.1
村本 みのる
　東京国際女子マラソン開催　　　　1979.11.18
村本 善之
　天皇賞にニチドウタロー勝利　　　1980.4.29
　メジロデュレンが菊花賞勝利　　　1986.11.9
　メジロデュレンが有馬記念勝利　　1987.12.27
　アドラーブルがオークス勝利　　　1992.5.24
村山 実
　稲尾・村山が殿堂入り　　　　　　1993.1.20
　沢村賞に井川と斉藤　　　　　　2003.10.20
室伏 広治
　室伏が3連覇　　　　　　　　　1995.7.7
　室伏が自己新記録　　　　　　　1997.10.19

室伏が父の日本記録を更新	1998.4.26	メノン,S.	
室伏が日本新記録	1998.10.8	デ杯東洋ゾーンはインドに敗退	1974.5.3～5
バンコクで4回目のアジア大会	1998.12.6～20	メルル	
室伏が日本記録を更新	1999.10.24	W杯女子開催	1991.2.23～24
室伏広治が日本新記録	2000.5.13		
室伏広治が日本新記録	2000.9.9	**【も】**	
日本選手権開催	2001.6.10	茂木 優	
室伏が日本新記録	2001.7.14	全日本選手権開催	1970.11.1～3
世界選手権開幕	2001.8.3～12	全日本選手権開催	1974.6.28～30
室伏が日本人初優勝	2002.9.14	日本選手権開催	1975.6.5～8
室伏が日本新記録	2003.6.29	モタ,ロサ	
世界陸上選手権開催	2003.8.25	東京国際女子マラソン開催	1986.11.16
室伏が2連覇	2004.5.8	瀬古がボストンで優勝	1987.4.20
室伏・末続らが優勝	2004.6.4	ボストンで谷口10位	1988.4.18
アテネ五輪開催	2004.8.13～29	大阪国際女子マラソンで兵頭が2位	1990.1.28
室伏に金メダル授与	2004.9.23		
日本選手権開催	2005.6.2	望月 周	
室伏 重信		日本選手権大会開催	1966.8.19～21
室伏が日本新	1981.6.21	望月 のり子	
びわこ国体開催	1981.10.13～18	全日本体操選手権開催	1985.10.13
ニューデリーでアジア大会	1982.11.19～12.4	望月が初優勝	1988.8.9
室伏が10年連続11回目の優勝	1983.10.2	全日本学生体操選手権開催	1989.8.1～4
日本選手権開催	1986.5.30～6.1	持田 典子	
ソウルでアジア大会	1986.9.20～10.5	福岡国際開催	1986.12.13～14
室伏 由佳		元木 大介	
室伏・末続らが優勝	2004.6.4	ドラフト会議開催	1990.11.24
		元田 好彦	
【め】		日本選手権大会開催	1966.8.19～21
メイオット		元淵 幸	
グンゼ・ワールド開催	1988.7.6～10	元淵が6連覇2冠	1995.8.6
メイヤー		元渕 幸	
全英で沢松組が優勝	1975.6.23～7.5	アトランタ五輪開催	1996.7.19～8.4
メコネン,アベベ		元谷 金次郎	
東京国際マラソン開催	1988.2.14	正木が無差別級連覇	1987.4.29
谷口が北京で2位	1988.10.16	元好 三和子	
飯合 肇		ロサンゼルス五輪開催	1984.7.28～8.12
プロツアー開幕	1993.3.7	モラー,ローレン	
メジクンヌ,サリム		大阪国際女子マラソン開催	1986.1.26
佐藤が防衛失敗	2002.10.9	大阪国際女子マラソン開催	1989.1.29
メネア,ピエトロ		森 繁和	
メキシコで夏季大会	1979.9.3～13	駒大・森が完全試合	1976.6.6

森 祇晶
西武が2年連続優勝	1986.10.9
西武が日本一	1986.10.27
西武が3年連続優勝	1987.10.10
西武が日本一	1987.11.1
日本プロスポーツ大賞決定	1987.12月
西武が4年連続優勝	1988.10.19
西武が3年連続日本一	1988.10.27
日本プロスポーツ大賞決定	1988.12月
西武が7回目の優勝	1990.9.23
西武が6回目の日本一	1990.10.24
日本プロスポーツ大賞決定	1990.12月
西武が8回目の優勝	1991.10.3
西武が7回目の日本一	1991.10.28
西武が3年連続優勝	1992.9.30
西武が8回目の日本一	1992.10.26
西武が4年連続優勝	1993.10.13
西武がリーグ初の5連覇	1994.10.2
森が監督退任	2002.9.26
村田・森が殿堂入り	2005.1.11

森 昌彦
巨人が日本一3連覇	1967.10.21～28

森 道応
森がアマ優勝	1976.6.26

森 喜朗
日本体協会長に森前首相	2005.3.22

森 良一
沢松和が女子4連覇	1970.11.3～11
神和住・畠中が優勝	1971.11.8～15
坂井・左手が優勝	1974.10.30～11.8

森尾 麻衣子
具志堅・森尾が優勝	1982.10.31
望月が初優勝	1988.8.9

森岡 栄治
メキシコ五輪開催	1968.10.12～27

森岡 洋子
森岡が日本新記録	1993.5.5

森川 貴生
ユニバ福岡大会開催	1995.8.23～9.3

森口 祐子
日本女子オープンで森口優勝	1990.7.1
高村が最年少優勝	1996.6.20

森沢 幸子
世界選手権開催	1967.4.11～21

全日本選手権開催	1968.11.25～12.1

森下 広一
別府大分で森下が初優勝	1991.2.3
森下が初優勝	1992.2.9
バルセロナ五輪開催	1992.7.25～8.9

森末 慎二
ロサンゼルス五輪開催	1984.7.28～8.12

森田 健
世界戦初の日本人審判	1981.6.25

森田 幸一
佐々岡・郭がMVP	1991.10.30

森田 修一
福岡国際で森田が優勝	1991.12.1

森田 武雄
田中と森田が優勝	1969.3.3～11

森田 智己
アテネ五輪開催	2004.8.13～29

森田 勝
冬季アイガー北壁登頂	1970.1.27

森田 真積
マスターズで森田が世界新記録	1988.7.31

森田 瑞恵
森田が2年ぶり優勝	1983.5.3

森田 美知子
中・高校生が活躍	1974.9.28～29

森田 美昭
君原が別府で優勝	1973.2.4

森中 千香良
阪神が放棄試合	1967.9.23

森長 正樹
バンコクで4回目のアジア大会	1998.12.6～20

森本 貴幸
森本が最年少ゴール	2004.5.5
中沢がMVP	2004.12.13

守屋 龍一
守屋が銀メダル	2005.6.25

森安 重勝
ワイルドモアがさつき賞制覇	1969.4.20

森安 弘明
ニットエイトが天皇賞	1968.11.23
リュウズキが有馬記念制す	1968.12.22

森山 輝久
　アジア初・東京五輪開催　　1964.10.10〜24
森山 眞弓
　森山長官が賜杯担当断念　　1990.1.5
森山 泰年
　森山が13年連続優勝　　　1994.12.23
諸井 清二
　「酒呑童子」救助される　　1994.6.7
モンゴメリー
　日本選手権開催　　　　　1975.8.27〜30
モンゴメリー,J.
　モントリオール五輪開催　　1976.7.17〜8.1

【や】

八木 たまみ
　八木が日本新記録　　　　　1978.9.10
八木 弘和
　宮様スキー競技会開催　　　1979.2.25
　八木が日本人初W杯優勝　　1980.1.12
　レークプラシッド冬季五輪開
　　催　　　　　　　　　1980.2.13〜24
　八木が4位　　　　　　　　1980.3.25
　全日本選手権開催　　　　　1981.2.6
八木 三枝子
　広島でアジア大会　　　　1994.10.2〜16
八木 祐四郎
　JOC会長特例で留任　　　　2001.3.22
　八木JOC会長が急死　　　　2001.9.9
　JOC新会長に竹田　　　　　2001.10.24
八木沢 荘六
　中京商が春夏連覇　　　　　1966.8.24
　ドラフト会議で混乱　　　　1966.9.5
　八木沢が完全試合　　　　　1973.10.10
八木下 てる子
　陸上4種目で日本新　　　1971.5.28〜30
薬師寺 保栄
　薬師寺が王座奪取　　　　　1993.12.23
　日本プロスポーツ大賞決定　1994.12月
　薬師寺が防衛失敗　　　　　1995.7.30
ヤグディン, アレクセイ
　グランプリファイナル開催　2001.12.15
谷沢 健一
　中日が巨人10連覇阻止　　　1974.10.12

屋鋪 要
　横浜が6選手解雇　　　　　1993.11.8
椰子ノ島
　トンガから入門　　　　　　1974.10.25
八嶋 あつみ
　陸上日本選手権開催　　　　1995.6.10
矢島 純一
　全日本選手権開催　　　　1971.2.17〜18
安井 和男
　久島敗れる　　　　　　　　1986.12.7
安井 久登
　ユニバ福岡大会開催　　　1995.8.23〜9.3
安川 第五郎
　札幌五輪組織委始動　　　　1966.7.26
安崎 直幹
　安崎がHTB杯優勝　　　　　1990.1.13
　世界選手権開催　　　　　　1995.3.12
安田 伊佐夫
　タニノムーティエがさつき賞
　　制覇　　　　　　　　　　1970.4.12
　タニノムーティエがダービー
　　勝利　　　　　　　　　　1970.5.24
安田 隆行
　トウカイテイオーが父子制覇　1991.4.14
　トウカイテイオーが2冠　　1991.5.26
保田 隆芳
　ハクズイコーが天皇賞制覇　1966.4.29
　コレヒデが有馬記念制覇　　1966.12.25
　マーチスがさつき賞制覇　　1968.5.19
安田 春雄
　橘田が日本オープン優勝　1970.9.30〜10.1
　W杯で日本は10位　　　1970.11.12〜17
　杉原が日本シリーズ優勝
　　　　　　　　　　　1973.11.29〜30,12.1〜2
　安田が優勝　　　　　　　　1980.5.18
矢田 静雄
　全日本選手権開催　　　　1970.2.27〜3.1
　全日本選手権開催　　　　1970.11.1〜3
　5階級で連続優勝　　　　1972.6.29〜7.2
谷津 嘉章
　谷津がプロ初優勝　　　　　1986.6.29
柳川 伸行
　柳川が学生横綱　　　　　　1995.11.4

― 711 ―

柳 恵誌郎
　デ杯で豪に勝利　　　　　　　　1971.4.23～26
　デ杯東洋ゾーンで決勝敗退　　　　1971.5.15～17
柳 昌子
　全日本テニス選手権開催　　　　　1984.9.15
柳沢 敦
　ワールドカップ出場決定　　　　　2005.6.8
柳田 喜久夫
　全日本選手権開催　　　　　　　　1970.11.1～3
柳田 英明
　全日本選手権開催　　　　　　　　1970.11.1～3
　5階級で連続優勝　　　　　　　　1972.6.29～7.2
　ミュンヘン五輪開催　　　　　　　1972.8.26～9.11
簗瀬 かおり
　簗瀬が日本新記録　　　　　　　　1980.8.10
　女子自由形で二つの日本新　　　　1981.8.3
　世界水泳選手権開催　　　　　　　1982.7.29～8.7
　プレ五輪開催　　　　　　　　　　1983.7.14～17
　水泳日本選手権開催　　　　　　　1983.8.5～8.7
簗輝 かおり
　ニューデリーでアジア大会
　　　　　　　　　　　　　　　　1982.11.19～12.4
矢野 かなえ
　矢野が優勝　　　　　　　　　　　1980.5.3
矢野 清
　阪急が連覇　　　　　　　　　　　1968.10.11
矢野 洋二
　千葉が優勝　　　　　　　　　　　1969.12.7
薮 恵壱
　桑田・イチローがMVP　　　　　　1994.10.31
矢部 昭
　36歳矢部が初優勝　　　　　　　　1982.10.31
山内 一弘
　山内が4000塁打　　　　　　　　　1970.8.4
　山内ら殿堂入り　　　　　　　　　2002.1.11
山内 泰幸
　オマリー・イチローがMVP　　　　1995.10.28
山尾 朱子
　全日本選手権開催　　　　　　　　1995.12.2
山岡 明美
　山岡が10年目で初優勝　　　　　　1994.5.22
山岡 聡子
　山岡が総合優勝　　　　　　　　　2004.2.28

山賀 昭子
　国際女子選手権開催　　　　　　　1977.3.31
山県 盛治
　田中と森田が優勝　　　　　　　　1969.3.3～11
山口 朝子
　全日本選手権開催　　　　　　　　1970.11.21～26
山口 香
　中学2年の山口が優勝　　　　　　 1978.7.28
　山口がホノルルで3位　　　　　　 1980.2.17
　全日本女子開催　　　　　　　　　1980.9.21
　第1回世界女子柔道　　　　　　　 1980.11.29
　山口・笹原が全日本4連覇　　　　 1981.5.24
　全日本柔道選手権開催　　　　　　1982.9.12
　世界女子柔道で金メダルならず　　1982.12.5
　山口が6連覇　　　　　　　　　　 1983.9.11
　山口が52kg級7連覇　　　　　　　 1984.9.9
　山口が世界選手権初優勝　　　　　1984.11.11
　山口が52kg級8連覇　　　　　　　 1985.9.8
　福岡国際開催　　　　　　　　　　1985.12.7
　全日本大学柔道開催　　　　　　　1986.6.15
　山口が9連覇　　　　　　　　　　 1986.9.7
　福岡国際開催　　　　　　　　　　1986.12.13～14
　山口が10連覇　　　　　　　　　　1987.9.6
　江崎が山口を破り優勝　　　　　　1989.7.9
　田村が前人未到11連覇　　　　　　2001.4.8
山口 和男
　山口が球速日本タイ記録　　　　　2002.7.29
山口 圭司
　山口がジュニア・フライ級王座　　1996.5.21
　山口が防衛失敗　　　　　　　　　1996.12.3
山口 高志
　ドラフト会議開催　　　　　　　　1974.11.19
　阪急が40年目で初の日本一　　　　1975.11.2
山口 徹正
　全日本選手権開催　　　　　　　　1968.11.14～15
　全日本選手権開催　　　　　　　　1970.8.18～20
山倉 和博
　山倉・東尾がMVP　　　　　　　　1987.11.4
山崎 一彦
　山崎が世界陸上で7位　　　　　　 1995.8.10
山崎 幸子
　山崎が日本新記録　　　　　　　　1977.7.26
山崎 小夜子
　樋口が連覇　　　　　　　　　　　1972.7.12～14

樋口が JCP オープン連覇　1972.9.14～15
 佐々木が優勝　1972.11.8～10
 女子プロゴルフ選手権開催　1975.7.11～13
山崎 正平
 山崎が優勝　1968.12.1
山崎 哲
 世界アマ選手権開催　1974.11.30～11.2
山崎 浩子
 山崎が4連覇　1982.11.13
山崎 勇喜
 世界選手権開催　2005.8.6～14
山崎 裕次郎
 ユニバ東京大会開催　1967.8.27～9.4
山崎 陽子
 日本選手初の金メダル　1994.7.24
山下 一美
 全日本選手権開催　1968.11.24～27
 世界選手権開催　1969.2.25～3.2
 樋口・山下が優勝　1969.11.24～26
 樋口・山下が3連覇　1970.11.27～29
 札幌プレ五輪開催　1971.2.7～14
 世界フィギュア開催　1971.2.23～27
山下 佐知子
 山下が名古屋初優勝　1991.3.3
 世界陸上開催　1991.8.23
山下 大輔
 ドラフト会議開催　1973.11.20
 横浜新監督に牛島　2004.10.18
山下 訓史
 山下が三段跳び日本新記録　1985.10.5
 日本選手権開催　1986.5.30～6.1
 三段跳びで日本新　1992.2.11
山下 治広
 体操の五輪最終選考　1964.6.27～28
 アジア初・東京五輪開催　1964.10.10～24
山下 博子
 杉岡が日本新　1969.9.19～21
 太平洋沿岸5ヶ国競技会開催　1969.9.28
 陸上4種目で日本新　1971.5.28～30
山下 まゆみ
 シドニー五輪開催　2000.9.15～10.1
 薪谷が初優勝　2001.4.22

山下 泰裕
 山下が史上最年少で優勝　1977.4.29
 山下が95kg超級優勝　1977.7.3
 山下が2階級で優勝　1978.2.9
 山下が2連覇　1978.4.29
 山下が戦後最年少五段　1978.7.13
 無差別級で山下が優勝　1978.11.1
 山下が2冠　1978.11.26
 フランス国際で山下優勝　1979.1.14
 山下が史上初3連覇　1979.4.29
 山下が優勝　1979.9.30
 4階級で日本金メダル　1979.12.9
 山下が最多優勝　1980.4.29
 山下が骨折　1980.5.25
 山下が全日本5連覇　1981.4.29
 山下が世界選手権初の2冠　1981.9.3
 山下が史上初の6連覇　1982.4.29
 山下が5回目の優勝　1982.9.19
 山下が無差別級2連覇　1982.11.13
 山下が7連覇　1983.4.29
 山下が95kg超級初の3連覇　1983.10.13
 山下が8連覇　1984.4.29
 ロサンゼルス五輪開催　1984.7.28～8.12
 山下に国民栄誉賞　1984.9.28
 山下が9連覇203連勝　1985.4.29
 山下が現役引退発表　1985.6.17
山瀬 功治
 MVP・新人王決定　2001.12.10
山田 輝郎
 山田SCが解散　1972.12.18
山田 恵子
 陸上4種目で日本新　1971.5.28～30
山田 啓蔵
 君原がボストンで優勝　1966.4.19
山田 沙知子
 山田が世界新記録で優勝　2002.4.2
山田 重雄
 山田理事が辞任　1994.11.18
山田 泰誠
 有馬記念史上最高万馬券　1992.12.27
山田 勉
 41年ぶり兄弟投手対決　1998.7.16
山田 昇
 山田がマナスル登頂　1985.12.14

マッキンリーで遭難	1989.3.6

山田 久志
阪急が日本一	1977.10.27
山田が通算200勝	1982.4.29
長嶋が終身名誉監督	2001.9.28
山田監督解任	2003.9.9
中日の新監督に落合	2003.10.8

山田 宏臣
山田が走り幅跳び日本新	1970.6.7

山田 洋
41年ぶり兄弟投手対決	1998.7.16

山田 博徳
山田が優勝	1973.12.2
山田が優勝	1979.8.4

山田 守
日本武道館開館	1964.10.3

山田 海蜂
山田が4種目完全優勝	1995.8.2

山中 毅
アジア初・東京五輪開催	1964.10.10～24

山中 正竹
山中が連盟最多48勝	1969.10.20

山野井 智広
世界選手権開催	2001.7.26

山野内 伸二
ユニバ東京大会開催	1967.8.27～9.4

山本 郁栄
全日本選手権開催	1970.11.1～3
ミュンヘン五輪開催	1972.8.26～9.11

山本 KID 徳郁
大晦日恒例格闘技	2004.12.31

山本 ＫＩＤ徳郁
大晦日恒例格闘技	2004.12.31

山本 清美
弓道選手権開催	1975.5.1～2

山本 邦栄
杉山・田上が3連覇	1972.7.5～7

山本 浩二
加藤・山本がMVP	1975.11.4
山本・木田がMVP	1980.11.4
山本が通算500号本塁打	1985.7.26
山本浩二引退	1986.10.28
広島が6回目の優勝	1991.10.13

山本 さち子
全日本選手権開催	1987.2.15
全日本選手権開催	1990.3.6～8

山本 聖子
日本が国別対抗戦初王座	2001.11.4
世界選手権開催	2001.11.25
全日本選手権開催	2001.12.23
世界フリースタイル選手権開催	2003.9.14
全日本選手権開催	2003.12.23
全日本選手権開催	2005.12.21～23

山本 貴司
バンコクで4回目のアジア大会	1998.12.6～20
競泳の日本選手権が開幕	2002.6.11
世界水泳選手権開催	2003.7.21
アテネ五輪開催	2004.8.13～29

山本 憲子
日本選手権開催	1964.7.16～19
アジア初・東京五輪開催	1964.10.10～24

山本 久男
やり投げで日本新	1969.7.19
陸上4種目で日本新	1971.5.28～30

山本 博
ロサンゼルス五輪開催	1984.7.28～8.12
山本が世界新記録	1990.5.13
アテネ五輪開催	2004.8.13～29

山本 宏美
リレハンメル冬季五輪開催	1994.2.12～27

山本 裕洋
体重別柔道開催	1971.7.11

山本 昌邦
川淵新体制がスタート	2002.7.22

山本 雅彦
山本が優勝	1977.2.20～22
山本が日本新	1979.2.11
山本が国内最高記録	1980.12.19

山本 昌広
沢村賞に山本	1994.10.24
山本昌が1500奪三振	2001.8.17

山本 光宏
山本が初優勝	1988.4.24

山本 美憂
山本ら4人が優勝	1994.8.7

山本 育史
全日本プロテニス選手権開催　1990.10.21
全日本選手権開催　1991.9.14
全日本選手権開催　1992.9.19

山本 洋祐
ソウル五輪開催　1988.9.17～10.2

山本 佳子
パリ・マラソン日本人が2連覇　1990.5.6
小鴨が日本最高記録　1992.1.26
山本が日本女子初の2位　1992.4.20
吉田がパリで優勝　1993.4.25

山本 善隆
尾崎が日本オープン優勝　1974.9.26～29
山本が優勝　1980.10.5

山本昌
山本昌が1500奪三振　2001.8.17

山脇 恭二
全日本体操選手権開催　1985.10.13

ヤング
世界スプリント開催　1973.2.3～4
小野沢が世界選手権2位　1973.2.24～25
長谷川が世界選手権で2位　1974.2.23～24
ジャパン・オープン開催　1974.10.8～14

ヤンシー
尾崎が太平洋マスターズ優勝　1973.10.11～14

ヤンツ
国際選抜競技会開催　1972.12.2～3,9～10

【ゆ】

湯浅 武
登板日漏洩の桑田に処分　1990.3.16

結城 谷行
ノルディックスキー選手権開催　1983.2.11

湯木 博恵
全日本選手権開催　1972.12.13～17
湯木が全英選手権優勝　1974.3.19～24
女子単複とも日本が優勝　1975.3.19～22
全英で湯木が優勝　1977.3.26
湯木が6回目の優勝　1977.4.24
湯木6連覇ならず　1977.12.17

湯沢 恵子
3位まで日本が独占　1972.2.26～3.5

遊沢 亮
遊沢が高校3冠　1994.8.12

豊山
柏戸が3回目の優勝　1965.9.19
佐田の山が5回目の優勝　1967.11.26
麒麟児が初優勝　1968.3.24
豊山が引退　1968.9.29
北の湖が2回目の優勝　1974.5.26
北の湖が全勝優勝　1977.9.25
北の湖が全勝優勝　1978.1.22

湯原 信光
湯原が優勝　1979.6.9

湯舟 敏郎
湯舟がノーヒットノーラン　1992.6.14

【よ】

楊 愛華
世界選手権開催　1994.9.1

熊 国鳴
広島でアジア大会　1994.10.2～16

陽 仲寿
ドラフト会議開催　2005.10.3

横井 文子
日本がユーバー杯王座　1966.5.21

横尾 英治
横尾が初優勝　1974.12.8

横沢 三郎
長嶋・西本・金田ら殿堂入り　1988.1.19

横沢 由貴
福岡国際開催　2001.12.8～9
アテネ五輪開催　2004.8.13～29

横田 幸子
アジア選手権開催　1974.4.2～15
阿部・横田が初優勝　1974.11.14～16
卓球協会に女性事務局長　1993.6.27

横田 幸子
全日本選手権開催　1972.12.5～10

横峯 さくら
横峯が初優勝　2005.4.17

横谷 花絵
NHK杯開催　1995.12.9

横山 寿美子
横山が4年連続2冠　1996.1.17

横山 富雄
　メジロタイヨウが天皇賞制覇　　1969.11.30
　メジロムサシが天皇賞　　　　　1971.4.29
横山 典弘
　天皇賞はサクラローレル　　　　1996.4.21
　有馬記念はサクラローレル　　　1996.12.22
　イングランディーレが勝利　　　2004.5.2
横山 久美
　広島でアジア大会　　　　　　　1994.10.2～16
横山 満子
　日本がユーバー杯王座　　　　　1966.5.21
吉井 小百合
　全日本距離別選手権開催　　　　2004.10.31
　吉井が初優勝　　　　　　　　　2004.12.29
　長島・吉井が初優勝　　　　　　2005.12.28
吉井 理人
　吉井がメッツと契約　　　　　　1998.1.13
　吉井がメジャー初登板勝利　　　1998.4.5
　大リーグ日本人通算100勝　　　 1999.5.20
吉岡 和也
　全日本選手権開催　　　　　　　2000.2.26～27
　日本が4回目の優勝　　　　　　 2001.1.19
吉川 昭男
　アルプス三大北壁征服ならず
　　　　　　　　　　　　　　　　1968(この年)
吉川 智恵子
　塚原・松久が優勝　　　　　　　1973.11.1～4
吉川 なよ子
　吉川初の賞金女王　　　　　　　1988.11.27
吉川 貴久
　アジア初・東京五輪開催　　　　1964.10.10～24
　アジア選手権開催　　　　　　　1967.7.21～23
吉国 一郎
　コミッショナーに吉国氏　　　　1989.3.7
吉沢 昭
　ユニバで日本勢の優勝無し　　　1970.4.2～9
吉沢 晴美
　全日本選手権開催　　　　　　　1971.5.2～4
吉田 沙保里
　世界女子選手権開催　　　　　　2002.11.4
　全日本選手権開催　　　　　　　2002.12.23
　世界フリースタイル選手権開催　2003.9.14
　全日本選手権開催　　　　　　　2003.12.23

アテネ五輪開催　　　　　　　　　2004.8.13～29
日本が全勝優勝　　　　　　　　　2004.10.9
全日本選手権開催　　　　　　　　2004.12.23
世界選手権開催　　　　　　　　　2005.9.26
全日本選手権開催　　　　　　　　2005.12.21～23
吉田 修司
　ドラフト会議開催　　　　　　　1988.11.24
吉田 孝久
　吉田が日本新記録　　　　　　　1993.5.9
吉田 敏忠
　田中と森田が優勝　　　　　　　1969.3.3～11
　全日本選手権開催　　　　　　　1970.11.1～3
　5階級で連続優勝　　　　　　　 1972.6.29～7.2
吉田 秀彦
　バルセロナ五輪開催　　　　　　1992.7.25～8.9
　大晦日恒例格闘技　　　　　　　2004.12.31
吉田 啓律
　全日本選手権開催　　　　　　　1990.3.6～8
吉田 真希子
　日本学生種目別選手権開催　　　2001.7.14
吉田 雅美
　やり投げで吉田が日本新　　　　1981.10.24
吉田 光代
　吉田がパリで優勝　　　　　　　1993.4.25
吉田 八栄子
　全日本アマチュア自転車競技
　　選手権開催　　　　　　　　　1982.6.6
吉田 義男
　王が日本最多53号本塁打　　　　1964.9.6
　阪神が21年ぶりに優勝　　　　　1985.10.16
　阪神が初の日本一　　　　　　　1985.11.2
吉田 義勝
　アジア初・東京五輪開催　　　　1964.10.10～24
吉田 嘉久
　アマレス世界選手権開催　　　　1965.6.3
吉田 義人
　吉田がコロミエに入団　　　　　2000.5.31
吉田 良一
　8年ぶり日本新記録　　　　　　 1986.4.27
吉鷹 幸春
　神戸ユニバ開催　　　　　　　　1985.8.24～9.4

吉永 正人
　モンテプリンスが天皇賞制覇
　　でモ優勝　　　　　　　　　　1982.4.29
　史上初の親子制覇　　　　　　1983.4.18
　ミスターシービーが2冠制覇　　1983.5.29
　ミスターシービーが19年ぶ
　　り3冠馬　　　　　　　　　　1983.11.13
　ミスターシービーが19年ぶ
　　り4冠馬　　　　　　　　　　1984.10.28

吉野 信篤
　全日本選手権開催　　　　　1967.8.18〜20

吉橋 宏之
　吉橋が優勝　　　　　　　　　1994.11.27

吉葉山
　北勝海が優勝　　　　　　　　1987.3.21

吉原 知子
　大林・吉原がプロ第1号　　　1994.12.28
　東洋紡が2回目の優勝　　　　2001.3.5

吉村 茂夫
　福岡ダイエーホークス誕生　　1988.9.13

吉村 喜信
　浅野が連続優勝　　　　　　　1970.10.24

依田 郁子
　アジア初・東京五輪開催　　1964.10.10〜24

与田 順欣
　八百長事件で永久追放　　　　1970.5.25

与田 剛
　斎藤・野茂がMVP　　　　　　1990.10.26

誉田 徹
　飯島が日本記録　　　　　　　1965.7.18

与那嶺 要
　中日が巨人10連覇阻止　　　　1974.10.12
　王・与那嶺が殿堂入り　　　　1994.1.19

米倉 照恭
　米倉が日本新で優勝　　　　　1996.5.6

米倉 よし子
　植野・米倉組が優勝　　　　　1978.1.29
　米倉が優勝　　　　　　　　　1980.3.9
　全日本総合バドミントン選手
　　権開催　　　　　　　　　　1982.12.18

米沢 そのえ
　全日本選手権開催　　　　　　1978.10.13

米重 修一
　日・米・ソ対抗陸上開催　　　1985.9.21

　別府大分で米重2位　　　　　　1990.2.4

米田 功
　アテネ五輪開催　　　　　　2004.8.13〜29
　冨田・市川が天皇杯優勝　　　2004.11.13

米田 哲也
　阪急が連覇　　　　　　　　　1968.10.11

米山 みどり
　米山がプロ入り最速優勝　　　1999.9.5

【ら】

ライトル,J.
　広島が2年連続日本一　　　　1980.11.2

楽 靖宣
　広島でアジア大会　　　　　1994.10.2〜16

ラザコビッチ
　国際体操競技会開催　　　　1970.12.5〜13

ラゼリ,トニー
　松井が100打点記録　　　　　2003.9.15

ラツオフシナ
　女子世界選手権開催　　　　1966.2.12〜13

ラテュ,セッポ
　国際スーパー大会開催　　　　1991.5.6

ラフランキ,ブルーノ
　別府大分マラソン開催　　　　1988.2.7

ラモス瑠偉
　日本プロスポーツ大賞決定　　1993.12月
　鹿島アントラーズが第2ス
　　テージ優勝　　　　　　　　1998.11.14

【り】

李 敬淵
　井岡が初防衛　　　　　　　　1988.1.31

李 炯哲
　鬼塚6度目で防衛失敗　　　　1994.9.18

李 鳳柱
　福岡国際マラソン開催　　　　1996.12.1

李 莉
　アジア選手権開催　　　　　1972.9.2〜13

リー,レオン
　開幕早々石毛解任　　　　　　2003.4.23

リスモン,カーレル
　毎日マラソン開催　　　　　　1977.4.17

りそ　　人名索引　　日本スポーツ事典

リゾ
　東海クラシック開催　　　　　　1991.10.5
リトル
　樋口が優勝　　　　　　　1974.3.31〜4.1
リマ，バンデルレイ
　東京国際マラソン開催　　　　　1996.2.12
柳 済斗
　輪島が王座失う　　　　　　　　1975.6.7
　輪島が王座奪回　　　　　　　　1976.2.17
柳 明佑
　井岡が2階級制覇　　　　　　　1991.12.17
　井岡が王座失う　　　　　　　　1992.11.18
劉 黎敏
　ユニバ福岡大会開催　　　　1995.8.23〜9.3
龍虎
　麒麟児が初優勝　　　　　　　　1968.3.24
　琴桜が2回目の優勝　　　　　　1969.3.23
　大鵬が30回目の優勝　　　　　　1969.5.25
　北の富士が4回目の優勝　　　　1970.5.24
　玉の海が3回目の優勝　　　　　1970.9.27
　玉の海が連続優勝　　　　　　　1970.11.29
呂 彬
　広島でアジア大会　　　　　1994.10.2〜16
呂 良煥
　呂が総合優勝　　　　　　　　　1966.4.10
　呂が優勝　　　　　　　　　1971.4.26〜29
　静岡オープン開催　　　　　　　1987.3.22
寥 承志
　大相撲中国興行　　　　　　　1973.4.5〜8
梁 正模
　日本選手権開催　　　　　　　1975.6.5〜8
リンドクイスト
　サントリー・ジャパンオープ
　ン開催　　　　　　　　　　　　1990.4.15

【る】

ルイシト小泉
　ルイシト小泉が2階級制覇　　　1995.12.11
ルイス，カール
　ロサンゼルス五輪開催　　　1984.7.28〜8.12
　日・米・ソ対抗陸上開催　　　　1985.9.21
　ソウル五輪開催　　　　　　1988.9.17〜10.2
　世界陸上開催　　　　　　　　　1991.8.23

　アトランタ五輪開催　　　　　1996.7.19〜8.4
ルスカ
　全階級制覇ならず　　　　　　1967.8.9〜12
　世界選手権開催　　　　　　1969.10.23〜26
ルメール，C.
　ハーツクライがGI初制覇　　　2005.12.25

【れ】

レガルド
　アマ・ゴルフで日本8位　　　1970.9.23〜26
レッセ
　福岡でショーター4連覇　　　　1974.12.8
レツセ
　福岡マラソンはショーター連覇　1973.12.2
レバグリアティ，ロス
　長野五輪開催　　　　　　　　1998.2.7〜22
レパード玉熊
　レパード玉熊が世界王座　　　　1990.7.29
　レパード玉熊が王座失う　　　　1991.3.14
レンクリ，フランツ
　札幌国際スキーマラソン開催　　1983.3.6
レンドル，イワン
　伊達が全豪オープンでベスト16　1990.1.27
　セイコー・スーパーテニス開催　1990.10.14
　松岡ベスト8ならず　　　　　　1992.10.18

【ろ】

ロイヤル小林
　ロイヤル小林が世界王座　　　　1976.10.9
　ロイヤル小林が王座失う　　　　1976.11.24
郎 平
　日本がW杯6位　　　　　　　　1985.11.21
ロジャース，ビル
　福岡国際マラソン開催　　　　　1977.12.4
ローズ
　ローズがサイクル安打　　　　　1999.6.30
ローズ，タフィ
　ローズが最多タイ55号　　　　　2001.9.24
　MVP発表　　　　　　　　　　　2001.10.27
　日本プロスポーツ大賞決定　　　2001.12月
　カブレラが55本塁打　　　　　　2002.10.2

ローズ, ライオネル
　原田が王座失う　　　　　　　　　1968.2.27
ロスターニョ
　セイコー・スーパーテニス開催　1991.10.13
ローゼンタール
　女子陸上西ドイツ勢強し　　1973.9.29〜30
ローチェ, ニコリノ
　藤猛が王座失う　　　　　　　　　1968.12.12
ロッキー青木
　太平洋横断の世界最長記録
　　　　　　　　　　　　　　　1981.11.10〜12
ロッティア
　伊達が女子単2連覇　　　　　　　1993.4.10
ロドニナ
　世界フィギュア開催　　　　　1971.2.23〜27
ロバ, ファツマ
　アトランタ五輪開催　　　　　1996.7.19〜8.4
ロバート, カレン
　MVPにアラウージョ　　　　　　2005.12.20
ロペス, カルロス
　ダイエーカップ開催　　　　　　　1986.2.9
ロペス, ナンシー
　岡本が逆転負けで2位　　　　　　1989.5.21
呂比須 ワグナー
　呂比須が日本代表候補　　　　　　1997.9.22
　W杯予選で日本2位　　　　　　　1997.11.1
露鵬
　魁皇が5回目の優勝　　　　　　　2004.9.26
ロルシー, ジュリアン
　畑山が防衛失敗　　　　　　　　　2001.7.1

【わ】

ワイナイナ, エリック
　東京国際マラソン開催　　　　　　1995.2.12
　ワイナイナが2回目の優勝　　　　2002.2.10
　尾方が2秒差で2位　　　　　　　2002.12.1
若井 敦子
　バンコクで4回目のアジア大
　　会　　　　　　　　　　　　1998.12.6〜20
若獅子
　輪島が9回目の優勝　　　　　　　1976.7.18

若島津
　千代の富士が初優勝　　　　　　　1981.1.25
　北の湖が23回目の優勝　　　　　1982.1.24
　隆の里が全勝で初優勝　　　　　　1982.9.26
　千代の富士が7回目の優勝　　　1982.11.28
　若島津が幕入り12揚所の大
　　関昇進　　　　　　　　　　　　1982.12.1
　若島津が初優勝　　　　　　　　　1984.3.25
　若島津が優勝　　　　　　　　　　1984.7.15
　千代の富士が21回目の優勝　　　1987.7.19
若翔洋
　曙・貴ノ花が昇進　　　　　　　　1993.1.24
　史上2組目の兄弟優勝　　　　　　1993.3.28
若杉山
　佐田の山が優勝・横綱昇進　　　　1965.1.24
若浪
　栃ノ海が3回目の優勝　　　　　　1964.5.24
　柏戸が5回目の優勝　　　　　　　1967.7.16
　麒麟児が初優勝　　　　　　　　　1968.3.24
　北の富士が全勝優勝　　　　　　　1971.5.23
若の里
　若乃花が優勝・横綱昇進　　　　　1998.5.24
　武蔵丸が優勝・横綱昇進　　　　　1999.5.24
　武蔵丸が5場所ぶり優勝　　　　　2000.9.17
　曙が2場所ぶり優勝　　　　　　2000.11.19
　貴ノ花が21回目の優勝　　　　　2001.1.21
　魁皇がカド番で優勝　　　　　　　2001.7.21
　武蔵丸が9回目の優勝　　　　　2001.11.24
　朝青龍が連続優勝・横綱昇進　　　2003.1.26
　朝青龍が4回目の優勝　　　　　　2003.9.21
　朝青龍が優勝　　　　　　　　　2004.11.28
若乃花〔1953生〕
　若三杉が横綱昇進　　　　　　　　1978.5.24
　若乃花が全勝優勝　　　　　　　1978.11.26
　若乃花が3回目の優勝　　　　　　1979.5.20
　若乃花が4回目の優勝　　　　　　1980.9.28
　若乃花引退・琴風優勝　　　　　　1983.1.14
若乃花〔1971生〕
　史上2組目の兄弟優勝　　　　　　1993.3.28
　二子山勢が優勝・3賞独占　　　　1993.5.13
　貴ノ花が優勝　　　　　　　　　　1993.5.23
　曙が巴戦制す　　　　　　　　　　1993.7.18
　武蔵丸が初優勝　　　　　　　　　1994.7.17
　貴ノ花が最年少全勝優勝　　　　　1994.9.25

貴・若が東西大関	1994.10.24	魁傑が優勝	1974.11.24
貴乃花が優勝・横綱昇進	1994.11.20	北の湖が3回目の優勝	1975.1.26
貴乃花が10回目の優勝	1995.7.16	魁傑が2回目の優勝	1976.9.26
初の兄弟優勝決定戦	1995.11.26	北の湖が7回目の優勝	1976.11.28
貴ノ浪が初優勝	1996.1.21	輪島が10回目の優勝	1977.1.23
貴乃花が13回目の優勝	1996.5.26	若三杉が初優勝	1977.5.22
年寄名跡売買問題で処分	1996.9.6	若三杉が横綱昇進	1978.5.24
武蔵丸が2回目の優勝	1996.11.24	**若見山**	
若乃花が優勝	1997.1.25	大鵬が13回目の優勝	1964.3.22
貴乃花が16回目の優勝	1997.3.23	**ワキウリ, ダグラス**	
若乃花が優勝	1998.3.22	世界陸上開催	1987.9.6
若乃花が優勝・横綱昇進	1998.5.24	**脇村 春夫**	
貴乃花が5場所ぶり優勝	1998.7.19	高野連の第5代会長に脇村	2002.11.11
貴乃花が優勝	1998.9.27	**若生 忠男**	
千代大海が優勝・5年ぶり新大関	1999.1.24	若生がノーヒットノーラン	1967.9.17
横綱若乃花が負け越し	1999.9.26	**輪島**	
横綱若乃花が引退	2000.3.16	輪島が連覇	1969.11.29〜30
曙が引退	2001.1.22	輪島が花籠部屋へ	1969.12.7
貴乃花が引退	2003.1.20	大鵬が32回目の優勝	1971.1.24
魁皇が5回目の優勝	2004.9.26	玉の海が5回目の優勝	1971.3.28
和歌乃山		北の富士が全勝優勝	1971.5.23
貴乃花が21回目の優勝	2001.1.21	北の富士が連続優勝	1971.11.28
若羽黒		栃東が初優勝	1972.1.23
清国が初優勝	1969.7.20	高見山が初優勝	1972.7.16
若花田		北の富士が全勝優勝	1972.9.24
琴錦が平幕優勝	1991.9.22	輪島が全勝優勝	1973.5.27
貴花田が初優勝	1992.1.14	琴桜が5回目の優勝	1973.7.15
関脇曙が優勝	1992.5.24	輪島が全勝優勝	1973.9.23
曙・貴ノ花が昇進	1993.1.24	輪島が連続優勝	1973.11.25
史上2組目の兄弟優勝	1993.3.28	輪島が5回目の優勝	1974.3.24
若穂囲 美貴		北の湖が2回目の優勝	1974.5.26
日本選手権開催	1986.8.2	輪島が王座失う	1974.6.4
若松 育太		輪島が6回目の優勝	1974.7.21
全日本選手権開催	1964.7.3〜5	北の湖が横綱昇進	1974.7.22
若松 幸司		輪島が連続優勝	1974.9.22
慶大の若松がノーヒットノーラン	1989.10.1	魁傑が優勝	1974.11.24
若松 勉		輪島が王座奪回	1975.1.21
若松が引退	1989.10.17	北の湖が3回目の優勝	1975.1.26
ヤクルトが6回目の優勝	2001.10.6	貴ノ花が悲願の初優勝	1975.3.23
ヤクルトが4年ぶり日本一	2001.10.25	北の湖が4回目の優勝	1975.5.25
流行語大賞決定	2001.12月	輪島が王座失う	1975.6.7
若三杉		金剛が平幕優勝	1975.7.25
輪島が連続優勝	1974.9.22	北の湖が5回目の優勝	1976.1.25
		輪島が8回目の優勝	1976.3.28
		輪島が9回目の優勝	1976.7.18

— 720 —

輪島が10回目の優勝	1977.1.23	和田が通算444奪三振	2002.10.2
輪島が3度目の全勝優勝	1977.7.17	ドラフト会議開催	2002.11.20
輪島が12回目の優勝	1977.11.27	MVPは井川・城島	2003.10.29
輪島が13回目の優勝	1979.7.15	日本プロスポーツ大賞決定	2003.12月
輪島が14回目の優勝	1980.11.23	**和田 徹**	
輪島・増位山が引退	1981.3.10	阪神が放棄試合	1967.9.23
千代の富士が全勝優勝	1985.9.22	**和田 豊**	
花籠親方廃業	1985.12.21	和田が開幕21試合連続安打	1997.4.29
元横綱輪島がプロレス入り	1986.4.13	**和田 理枝**	
琴光喜が平幕優勝	2001.9.23	全日本選手権開催	1980.12.7
輪島 功一		**和田 竜二**	
輪島が世界王座	1971.10.31	史上初のGI年間完全制覇	2000.12.24
日本プロスポーツ大賞決定	1973.12月	天皇賞3連覇	2001.4.29
輪島が王座失う	1974.6.4	**渡辺 功**	
輪島が王座奪回	1975.1.21	ユニバ東京大会開催	1967.8.27〜9.4
輪島が3度目の王座	1975.2.17	デ杯予選勝ちすすむ	1968.5.10〜12
輪島が王座失う	1975.6.7	沢松が女子3連覇	1969.11.6〜14
柴田が王座失う	1975.7.5	**渡部 絵美**	
輪島が王座奪回	1976.2.17	佐野・渡部が初優勝	1972.11.27〜28
輪島が防衛失敗	1976.5.18	佐野・渡部が連覇	1973.11.26〜27
磯部が最年長新人王	1980.2.22	佐野・渡部が出場	1974.3.5〜9
鷲羽山		世界選手権開催	1975.3.4〜8
輪島が全勝優勝	1973.5.27	全日本選手権開催	1977.12.21
貴ノ花が3場所ぶり優勝	1975.9.28	世界選手権開催	1978.3.9
北の湖が5回目の優勝	1976.1.25	全日本選手権開催	1978.12.24
輪島が8回目の優勝	1976.3.28	渡部が日本人初のメダル	1979.3.17
北の湖が6回目の優勝	1976.5.23	渡部・五十嵐が優勝	1979.4.14
北の湖が7回目の優勝	1976.11.28	渡部が優勝	1979.10.27
若三杉が初優勝	1977.5.22	渡部・五十嵐が優勝	1979.12.23
輪島が3度目の全勝優勝	1977.7.17	渡部が世界4位	1980.3.15
ワジュディ		伊藤みどりがNHK杯優勝	1984.11.25
湯木が全英選手権優勝	1974.3.19〜24	**渡辺 長武**	
女子単複とも日本が優勝	1975.3.19〜22	アジア初・東京五輪開催	1964.10.10〜24
早稲田 昇		**渡辺 和三**	
高校勢が活躍	1969.8.29〜31	バルセロナ五輪開催	1992.7.25〜8.9
和田 喜久男		**渡辺 健司**	
5階級で連続優勝	1972.6.29〜7.2	日本選手権開催	1990.6.10
和田・磯貝が連覇	1973.8.9〜12	**渡辺 二郎**	
和田 喜久夫		渡辺が世界王座	1982.4.8
ミュンヘン五輪開催	1972.8.26〜9.11	渡辺がWBC王座獲得	1984.7.5
和田 光二		日本プロスポーツ大賞決定	1984.12月
日本が世界選手権優勝	1970.10.10,13	渡辺が防衛失敗	1986.3.30
和田 毅		**渡辺 真一**	
早大が33回目の優勝	2002.6.1	渋井が日本最高記録で優勝	2004.9.26
亜細亜大が2年ぶり優勝	2002.6.19		

渡辺 真一		渡辺 保夫	
渋井が日本最高記録で優勝	2004.9.26	アジア初・東京五輪開催	1964.10.10～24
渡辺 泰輔		渡辺 康二	
渡辺が完全試合	1964.5.17	デ杯予選勝ちすすむ	1968.5.10～12
渡辺 武弘		渡辺と沢松が連勝	1968.11.1～9
全日本選手権開催	1991.12.21	日本インドに9連敗	1969.5.10～12
渡辺 智恵子		デ杯東洋ゾーンは豪に完敗	1970.4.17～21
水泳日本新記録相次ぐ	1979.8.4	渡部 節子	
渡辺・三科が日本新記録	1980.4.5	渡部がエベレストで女性の高	
渡部 恒明		度記録	1970.5.17
マッターホルン北壁登頂	1965.8.6	ワドキンス	
アイガー北壁初登頂	1965.8.16	アマ・ゴルフで日本8位	1970.9.23～26
アルプス3大北壁登頂	1966.8.11	ワトソン,トム	
渡辺 恒雄		倉本が全英オープン4位	1982.7.18
原監督が辞任	2003.9.26	ワルドナー	
一場が金銭授受	2004.8.13	男子W杯開催	1990.11.11～14
渡辺 久信			
流行語大賞決定	1986.12月	**【ん】**	
渡辺がノーヒットノーラン	1996.6.11	ンプキンス,ワーウィック・ト	
渡辺 秀一		ダブルハンドヨットレース	1987.4.23
桑田・イチローがMVP	1994.10.31		

日本スポーツ事典　トピックス 1964-2005

2006年8月25日　第1刷発行

編　集／日外アソシエーツ編集部
発行者／大髙利夫
発　行／日外アソシエーツ株式会社
　　　　〒143-8550 東京都大田区大森北1-23-8 第3下川ビル
　　　　電話(03)3763-5241(代表)　FAX(03)3764-0845
　　　　URL http://www.nichigai.co.jp/
発売元／株式会社紀伊國屋書店
　　　　〒163-8636 東京都新宿区新宿3-17-7
　　　　電話(03)3354-0131(代表)
　　　　ホールセール部(営業)　電話(03)5469-5918

電算漢字処理／日外アソシエーツ株式会社
印刷・製本／株式会社平河工業社

不許複製・禁無断転載　　　　　　　《中性紙三菱クリームエレガ使用》
〈落丁・乱丁本はお取り替えいたします〉
ISBN4-8169-1985-6　　　　　　　　Printed in Japan, 2006

本書はディジタルデータでご利用いただくことができます。詳細はお問い合わせください。

プロフィール、記録、業績がこの一冊でわかる！

世界スポーツ人名事典

A5・560頁　定価9,240円（本体8,800円）　2004.12刊

1995年以降に世界のトップレベルで活躍する選手・コーチ・監督など2,783人のプロフィール・記録・業績を収録。大リーグ、サッカー、陸上競技から、レスリング、馬術、テコンドーまで、様々な競技を網羅。20世紀に活躍した人物をピックアップした「往年の名選手200人」「オリンピック金メダリスト一覧」付き。

本好きのためのデータブック

ザ・ベストセラー 1985～2004

A5・670頁　定価2,500円（本体2,381円）　2005.10刊

1985～2004年のベストセラー本2,047冊を収録したデータブック。それぞれの本には、出版社・価格等の基本情報や要旨・目次のほか、ベストセラー・ランキングデータも記載。書名、著者名、出版社別の索引と、各年・各部門の「ベストセラー・ランキング表」付き。

データベースカンパニー
日外アソシエーツ
〒143-8550　東京都大田区大森北1-23-8
TEL.(03)3763-5241　FAX.(03)3764-0845　http://www.nichigai.co.jp/